Le Guide Vert,

la culture en mouvement

Vous avez envie de bouger pendant vos vacances, le week-end ou simplement quelques heures pour changer d'air ? Le Guide Vert vous apporte des idées, des conseils et une connaissance récente, indispensable, de votre destination.

Tout d'abord, **sachez que tout change.** Toutes les informations pratiques du voyage évoluent rapidement : nouveaux hôtels et restaurants, nouveaux tarifs, nouveaux horaires d'ouverture… Le patrimoine aussi est en perpétuelle évolution qu'il soit artistique, industriel ou artisanal… Des initiatives surgissent partout pour rénover, améliorer, surprendre, instruire, divertir. Même les lieux les plus connus innovent : nouveaux aménagements, nouvelles acquisitions ou animations, nouvelles découvertes enrichissent les circuits de visite.

Le Guide Vert **recense** et **présente ces changements** ; il réévalue en permanence le niveau d'intérêt de chaque curiosité afin de bien mesurer ce qui aujourd'hui vaut le voyage (distingué par ses fameuses 3 étoiles), mérite un détour (2 étoiles), est intéressant (1 étoile). Actualisation, sélection et évaluation sur le terrain sont les maîtres mots de la collection, afin que Le Guide Vert soit à chaque édition le reflet de la réalité touristique du moment.

Créé dès l'origine pour **faciliter et enrichir vos déplacements**, Le Guide Vert s'adresse encore aujourd'hui à tous ceux qui aiment connaître et comprendre ce qui fait l'identité d'une région. Simple, clair et facile à utiliser, il est aussi idéal pour voyager en famille. Le symbole signale tout ce qui est intéressant pour les enfants : zoos, parcs d'attractions, musées insolites, mais également animations pédagogiques pour découvrir les grands sites.

Ce guide vit pour vous et par vous. N'hésitez pas à nous faire part de vos remarques, suggestions ou découvertes ; elles viendront enrichir la prochaine édition de ce guide.

Anne Teffo
Responsable de la collection
Le Guide Vert Michelin

ORGANISER SON VOYAGE

QUAND ET OÙ PARTIR

À FAIRE AVANT DE PARTIR

LA GRÈCE PRATIQUE

À FAIRE ET À VOIR

POUR PROLONGER LE VOYAGE

COMPRENDRE LA GRÈCE

LA TERRE GRECQUE

HISTOIRE

CIVILISATION ET ART DE LA GRÈCE CLASSIQUE

ART ET CULTURE DE LA GRÈCE MODERNE

LA GRÈCE AUJOURD'HUI

VILLES ET SITES

À l'intérieur des deux rabats de couverture, la **carte générale** intitulée **« Les plus beaux sites »** donne :

- une **vision synthétique** de tous les lieux traités ;
- les **sites étoilés** repérables en un coup d'œil ;
- les **circuits de découverte**, en vert, autour des destinations principales.

Dans la partie **« Découvrir les sites »** :

- les **destinations principales** sont classées par ordre alphabétique ;
- les **destinations moins importantes** leur sont rattachées sous les rubriques « Aux alentours » ou « Circuits de découverte » ;
- les **informations pratiques** sont présentées dans un encadré vert à la fin de chaque chapitre.

SOMMAIRE

DÉCOUVRIR LES SITES

LA GRÈCE CONTINENTALE

LA CRÈTE 351

LES CYCLADES 395

LE DODÉCANÈSE 473

LES ÎLES IONIENNES 509

LES ÎLES DU NORD DE L'ÉGÉE 539

LES ÎLES DU GOLFE SARONIQUE 567

LES SPORADES 581

Thíra (Santorin).

B. Pérousse / MICHELIN

ORGANISER SON VOYAGE

QUAND ET OÙ PARTIR

La Grèce au fil des saisons

CHOISIR SON MOMENT

Le **printemps** est une saison très agréable, brève et intense dans tout le pays qui révèle alors sa palette de couleurs durant les mois d'avril et de mai. Le continent et les îles se couvrent d'une floraison magnifique : un vrai bonheur pour les promenades, même si la mer reste fraîche (de 15 °C à 19 °C). Immense avantage de cette période, on croise peu de touristes et les villages sont rendus à leurs habitants qui préparent l'été avec le sourire.

Les mois de **juin** et de **septembre** permettent d'apprécier la douceur de vivre du pays et de profiter des belles plages, avec une eau entre 22 °C et 24 °C. C'est tout le charme de l'été sans ses températures excessives ni ses vents violents, et avec quelques belles couleurs, mais ne vous attendez pas à être seuls dans les îles…

Durant l'**été** très ensoleillé, les Grecs, qui pour la plupart passent leurs vacances dans leur pays, s'ajoutent aux visiteurs étrangers. Les plages sont donc souvent bondées et le moindre coin d'ombre pris d'assaut. Hébergements et restaurants affichent complet avec des prix de haute saison. Et, dans toute la mer Égée, le *meltem* souffle parfois violemment.

Passé septembre, c'est de nouveau une saison très agréable avec une mer autour de 22 °C et peu de monde. L'**automne** est très doux jusqu'à la mi-novembre, mais beaucoup d'hôtels et de restaurants ferment à la fin du mois d'octobre. Mais les jours raccourcissent, et quelques pluies orageuses viennent raviver les couleurs de la végétation.

Ch. Legrand / MICHELIN

Couleurs des Cyclades (Páros).

En **hiver**, le pays présente deux visages très contrastés. Au nord et en altitude, une neige abondante tapisse les paysages avec parfois des températures vraiment basses, tandis qu'au sud et dans les îles la mer tempère les frimas : la température moyenne en janvier est de 11 °C à Athènes et de 12 °C à Héraklion. On skie à deux heures de voiture d'Athènes, mais on déjeune aux terrasses de la capitale les journées ensoleillées.

DÉCALAGE HORAIRE

La Grèce est en avance de 1h sur la France : lorsqu'il est 10h à Athènes, il est 9h à Paris. Même heure dans les îles et sur le continent.

Idées de week-ends

Nos propositions de week-ends en Grèce sont organisées au départ d'Athènes pour optimiser votre séjour. Vous pourrez choisir l'un de ces circuits ou découvrir l'une des îles voisines de la capitale.

ATHÈNES (2 À 6 JOURS)

Si vous séjournez deux jours à Athènes, consacrez le premier à la découverte de l'**Acropole** suivie d'une longue flânerie dans le quartier de **Pláka**. Le lendemain, visitez le **Musée archéologique national**, puis arpentez l'ancienne **Agora** et le cimetière du **Céramique**.

Une troisième journée ? Ne manquez pas alors le **musée Benaki** et, tout à côté, le **musée d'Art cycladique**, où vous attendent d'étonnantes idoles, témoignages de cette civilisation mal connue.

Si vous disposez de quatre jours, vous aurez largement le temps d'aller à la pointe de l'**Attique** admirer un coucher de soleil sur le temple de Poséidon au **cap Sounion**. Enfin, avec cinq ou six jours, vous pourrez, en louant une voiture ou en vous inscrivant à une excursion, découvrir le sanctuaire d'Apollon à **Delphes** ou bien, dans le Péloponnèse, les vestiges de **Mycènes**, la cité d'Agamemnon, ou le théâtre d'**Épidaure**, ou encore passer une soirée à **Nauplie**.

UNE PAUSE DANS LES ÎLES (4 JOURS)

Même avec peu de temps, grâce aux hydroglisseurs, la douceur de vivre des îles grecques est à portée de main…

À Égine, le beau temple dorique d'Afaía.

L'**Eubée** est la seconde île grecque et il faut bien 3 jours pour en faire le tour ! Montagneuse, elle possède quelques belles plages et des villages attachants... à moins de 1h d'Athènes.

Au sud de la capitale, les îles du golfe Saronique permettent de jolies escapades : **Égine** n'est qu'à 35mn du Pirée et le temple d'Afaía est l'un des mieux conservés de Grèce. À 2h de la capitale se trouve la paisible île de **Póros** ou, un peu plus loin (3h), **Hydra**, l'île chic et sans voiture, de même que Spétses.

Des Cyclades, la plus accessible reste **Kéa**, rurale et verdoyante, à 1h à partir du port de Lávrio. On dit que le village de Ioulis, perdu dans les oliviers, est l'un des plus beaux. Plus loin dans la mer Égée, **Mikonos** et **Santorin** sont les mieux desservies, par avion et par bateau pour venir y passer un grand week-end. À Mikonos, île à la mode prisée par la jet-set, les plages sont idéales pour se détendre, tandis qu'à Santorin c'est le cadre imposant de l'ancien cratère qui vous impressionnera.

En mer Ionienne, **Corfou** est aussi accessible en avion qu'en bateau, et par conséquent assez touristique, tout en restant vraiment très agréable hors saison.

AU CŒUR DE LA SPIRITUALITÉ (4 JOURS)

Durant l'Antiquité, le panthéon grec a été repris par la religion romaine, et à l'époque chrétienne l'apôtre Jean rédigea l'Apocalypse sur l'île de Pátmos alors que saint Paul évangélisait le pays. Par la suite, la tradition byzantine, avec ses icônes, s'est fortement enracinée dans la Grèce moderne et la spiritualité fait partie intégrante de la vie du pays.

Au départ d'**Athènes** en voiture, vous consacrerez votre première journée à la visite de l'antique sanctuaire de **Delphes** (à 186 km). Son cadre naturel dominant une mer d'oliviers est à la hauteur de ses vestiges antiques et de son riche musée. Vous pourrez choisir un hôtel près du site, d'où vous partirez le lendemain pour découvrir le monastère d'**Ósios Loukás** (à 36 km), l'un des plus beaux de Grèce. Dans un cirque montagneux, ce lieu harmonieux est décoré de mosaïques.

Mettez-vous ensuite en route en direction de Lamía puis de Tríkala pour rejoindre le site exceptionnel des **Météores** (à 276 km). Vous visiterez quelques-uns des monastères étonnamment perchés sur des rochers aux parois vertigineuses... avant de prendre la route du retour pour Athènes (à 362 km).

Séjours dans les îles

SANTORIN (3 JOURS)

Avec son cratère éventré envahi par la mer, les paysages de cette célèbre Cyclade sont d'une beauté à couper le souffle.

1er jour – Vous visiterez Thíra, la capitale, et passerez la soirée au village de Ia afin de profiter du coucher du soleil.

2e jour – Prenez le bateau pour circuler dans la caldeira et plonger dans les criques des îlots.

3e jour – Explorez les sites archéologiques de l'île : Akrotíri et l'ancienne Thíra. Terminez par une baignade sur l'une des belles plages du sud de l'île.

CORFOU (4 JOURS)

Cette île est une sorte de jardin d'Éden dans la mer Ionienne, face aux côtes de l'Épire et de l'Albanie toute proche. La ville de Corfou ressemble à quelque cité italienne, avec ses toits de tuiles romaines et ses cyprès.

1er jour – Vous flânerez dans les ruelles de la vieille ville, vous visiterez les églises baroques, l'un de ses riches musées, sans oublier les citadelles.

2e jour – Partez très tôt, allez jusqu'au bout de la presqu'île de Kanóni, d'où se découvre l'un des plus beaux paysages de Grèce, puis jusqu'à l'Achilleion, villa néoclassique construite par l'impératrice d'Autriche, Sissi.

3e jour – Cette journée sera consacrée à la découverte de la côte ouest de l'île : Pélekas (vue splendide) et surtout les criques de Palaiokastrítsa au pied de la montagne.

4e jour – Vous vous rendrez au nord de l'île : près de Sidári, la côte rocheuse est curieusement découpée par la mer. Et vous reviendrez par l'intérieur de l'île couverte d'oliviers centenaires.

CRÈTE ORIENTALE (5 JOURS)

À l'est de l'île, l'accueillante petite ville côtière d'Ágios Nikólaos vous permettra d'alterner balades « nature » et découverte de la civilisation minoenne.

1er jour – Pénétrez-vous du charme de la ville qui enserre son petit lac intérieur.

2e jour – Longez la côte nord du golfe de Mirambéllou jusqu'à la presqu'île de Spinalónga et son îlot fortifié.

3e jour – Découvrez la cité minoenne de Malia et son palais, et le village de Kritsá.

4e jour – Dirigez-vous vers le sud et gagnez Ierápetra et l'île de Chrysí aux plages de sable doré.

5e jour – Cap vers l'est : en partant tôt le matin, vous irez jusqu'à Váï, en passant par Sitia la blanche. Là, au-delà d'une palmeraie, se trouve une plage d'une rare beauté. Si vous avez du temps, poussez jusqu'à Káto Zákros, autre palais minoen, dans un étonnant cadre naturel.

H. Le Gac. / MICHELIN

De retour au port…

RHODES (6 JOURS)

Bon à savoir – Pour aller à Rhodes, il est préférable de prendre l'avion au départ de Paris, d'Athènes ou d'une autre grande ville européenne.

Un séjour de 6 jours permet de découvrir non seulement Rhodes mais également l'île voisine de Simi, au charme exceptionnel.

1er jour – Vous visiterez la vieille ville de Rhodes, citadelle avancée de l'Occident pendant le Moyen Âge.

2e jour – Vous découvrirez la côte orientale de l'île, notamment le village de Lindos, dominé par sa forteresse médiévale.

3e jour – Vous partirez vers la côte occidentale, assez escarpée, où quelques criques vous inviteront à la baignade. Ne manquez pas la forteresse de Monólithos, dominant de 200 m la côte sauvage et découpée, ni les ruines du château de Kritinía, construit dans un très beau site.

4e jour – Vous irez dans la montagne à la découverte des petites églises et des vignobles.

5e jour – Vous vous embarquerez pour l'île de Simi, dont l'architecture néoclassique est l'une des plus harmonieuses de Grèce.

6e jour – Vous découvrirez les plages de Simi avant de revenir à Rhodes.

Propositions d'itinéraires

Les itinéraires proposés tiennent compte, au-delà de l'attrait touristique, des possibilités d'hébergement ainsi que des facilités d'accès et de déplacement.

Bon à savoir – Il se peut que certains sites de premier ordre ne disposent pas de structure hôtelière : il faut donc séjourner dans un lieu proche qui parfois n'a guère d'intérêt en soi.

LES GRANDS SITES ANTIQUES

Circuit en boucle au départ d'Athènes - 880 km - Compter 10 jours - Étapes : Athènes, Mycènes, Nauplie, Olympie, Pátra.

Consacrez les deux premiers jours à la visite d'**Athènes**, l'Acropole et le parc archéologique (notamment l'Agora), ainsi que les grands musées (Musée archéologique national et musée d'Art cycladique).

Ensuite, prenez la route des ruines chères à Chateaubriand et aux romantiques en commençant par l'antique **Corinthe**. Poursuivez vers **Mycènes,** cité des Atrides. Depuis **Nauplie**, partez à la découverte de **Tirynthe** et de ses remparts, puis d'**Épidaure** et de son théâtre. Traversez ensuite le cœur verdoyant du Péloponnèse pour rejoindre **Olympie** et ses ruines légendaires.

Vous reviendrez par **Pátra**, sans vous y attarder, et surtout par le site de **Delphes**, à moins de 3h d'Athènes.

MERVEILLES DU PÉLOPONNÈSE

Circuit au départ de Corinthe - 635 km - Compter 8 jours - Étapes : Corinthe, Nauplie, Monemvasía, Sparte, Olympie.

Cet itinéraire permet d'explorer les principaux sites de la péninsule du Péloponnèse. Commencez par l'isthme de **Corinthe** puis prenez **Nauplie** comme point de départ de la visite des sites de **Mycènes**, **Tirynthe** et **Épidaure**.

En descendant par la côte, rejoignez la belle station balnéaire de **Leonídio** puis la bourgade hors du temps de **Monemvasía**.

Découvrez ensuite **le Magne** et ses villages désertés, **Mistras**, près de Sparte, puis plus au nord, les ruines d'**Olympie** et le temple de **Vassés**.

LA MACÉDOINE

Circuit au départ de Thessalonique - 628 km - Compter 6 jours - Étapes : Thessalonique, Kavála, Thassos.

Au départ de **Thessalonique,** deuxième ville de Grèce, ce circuit vous conduit à travers les plaines et les vallées fertiles de Macédoine orientale, berceau de la famille d'Alexandre et point de départ de son empire.

La presqu'île de **Sithonía** comporte de très beaux sites naturels : bois de pins maritimes ou parasols, plages de sable fin avec au loin les monastères du mont Áthos…

Au nord de **Kavála**, animée et colorée, se trouvent les imposants vestiges de **Philippes**, citée fondée par Philippe II de Macédoine, père d'Alexandre, puis agrandie par les Romains.

Enfin, vous embarquerez pour la belle île de **Thassos,** avec d'intéressantes ruines antiques.

LES MONTAGNES DU NORD

Circuit en boucle au départ de Thessalonique - 570 km - Compter 6 jours - Étapes : lacs Prespa, Kastoriá, Lárissa, Dio.

Ce circuit vous propose de découvrir la Grèce du Nord et son aspect très sauvage, près de la frontière albanaise.

Après **Thessalonique**, vous visiterez les tombes macédoniennes de **Lefkádia** (3e s. et 2e s. av. J.-C.) puis vous atteindrez les **lacs Prespa** (parc national) où vous pourrez découvrir une faune préservée. Vous séjournerez à **Kastoriá**, ville très attachante, construite sur un isthme.

Après avoir parcouru la chaîne montagneuse de l'Olympe, vous atteindrez **Larissá**, capitale de la Thessalie. Vous reviendrez par la côte (belles plages), en vous arrêtant à **Dion**, ville sacrée de la Macédoine antique.

À FAIRE AVANT DE PARTIR

Où s'informer ?

LA GRÈCE SUR INTERNET

www.culture.gr : site du ministère de la Culture, liste des sites et musées avec de nombreux liens (en anglais ou en grec).

www.amb-grece.fr/presse : dossiers de presse de l'ambassade de Grèce en France. Informations multiples et sélection d'articles sur la Grèce parus dans les journaux.

www.gnto.gr : site officiel de l'Office national hellénique du tourisme (en anglais ou en grec).

www.grece.infotourisme.com : site de l'Office national hellénique du tourisme de Paris (en français).

www.info-grece.com : toute l'information francophone sur la Grèce (actualité politique et culturelle, météo, vols, logement et carnet d'adresses sur place et dans chaque pays francophone).

www.phantis.com : efficace moteur de recherche grec.

www.la-grece.com : présentation vivante des us et coutumes du pays en français, avec de nombreux liens.

LES ÎLES SUR INTERNET

www.iles-cyclades.com : site avec des cartes et une présentation très complète des principales îles et de leurs bonnes adresses (en français). Vols, locations de voitures et hébergements.

www.greek-islands.org : bonnes adresses et commentaires proposés par un passionné des Cyclades avec de nombreux liens (en anglais).

www.greek-islands.net : informations générales sur les îles (en anglais).

www.explorecrete.com : site généraliste sur la Crète (en français et en anglais). Traditions, téléphones utiles et carte.

www.euromer.net : liaisons maritimes Italie-Grèce-Crète (en français).

www.gtp.gr : site de renseignements (horaires, durées) pour toutes les liaisons maritimes (en anglais). Liens pour les réservations directes auprès des compagnies.

www.bluestarferries.com : site de la compagnie Blue Star Ferries, lignes Italie-Grèce, îles Ioniennes, Cyclades et Dodécanèse (en anglais).

Les sites touristiques des îles figurent dans leurs « carnets pratiques ».

ORGANISMES DE TOURISME

Paris : Office national du tourisme de Grèce - *3 av. de l'Opéra (75001) - ✆ 01 42 60 65 75 - fax 01 42 60 10 28 - eot@club-internet.fr.*

Bruxelles : *av. Louise-Louizalaan 172 - ✆ (00 322) 647 57 70 - fax (00 322) 647 51 42.*

Montréal : *1170 pl. du Frère-André, 3e étage - ✆ (514) 871 15 35 - fax (514) 871 14 98.*

Zurich : *Löwenstrasse 25 (8001) - ✆ (01) 221 01 05 - fax (01) 212 05 16 - eot@bluewin.ch.*

AMBASSADES ET CONSULATS

Ambassades

France – *17 r. Auguste-Vacquerie - 75116 Paris - ✆ 01 47 23 72 28 - fax 01 47 23 73 85 - www.amb-grece.fr.*

Belgique – *2 av. Franklin-Roosevelt - Bruxelles 1050 - ✆ (00 322) 648 17 30 - fax (00 322) 647 45 25 - ambagre@skynet.be.*

Canada – *80 MacLaren St. - Ottawa, Ontario - K2P 0K6 - ✆ (613) 238 62 71 - fax (613) 238 56 76 - greekembott@travel-net.com.*

Consulats

France – Paris : *23 r. Galilée - ✆ 01 47 23 72 23 - fax 01 47 20 70 28 - grinfoamb.paris@wanadoo.fr ;* **Grenoble :** *8 r. Liberté - ✆ 04 76 47 39 23 - fax 04 76 47 37 76 ;* **Lyon :** *7 r. Barrème - ✆ 04 78 89 22 50 - fax 04 78 93 37 17 ;* **Marseille :** *38 r. Grignan - ✆ 04 91 33 08 69 - fax 04 91 54 08 31.*

Suisse – *Laubeggstrasse 18 - 3006 Bern - ✆ (031) 356 14 14 - fax (031) 368 12 72 - thisseas@iprolink.ch.*

B. Pérousse / MICHELIN

Moulin traditionnel des Cyclades.

AGENCES DE VOYAGES SPÉCIALISÉES

En France

Voyageurs du Monde – *Neuf agences en France - ✆ 0 892 236 161 (0,34 €/mn) - www.vdm.com.*

Acropolis Paris-Athènes – *6 r. de la Michodière - 75002 Paris - ✆ 01 44 51 03 03 - fax 01 47 42 23 85 - www.paris-athenes.com.*

Air Sud Découvertes – *25 bd de Sébastopol - 75001 Paris - ✆ 01 40 41 66 66.*

Arista – *36 r. Laffitte - 75009 Paris - ✆ 01 47 70 81 28 - www.aristavoyages.com.*

Atsaro Voyages – *9 r. de l'Échelle - 75001 Paris - ✆ 01 42 60 98 98 - www.atsaro.com.*

Merilia – *11 r. Denis-Poisson - 75017 Paris - ✆ 01 56 68 12 00 - www.merilia.com.*

La Grèce Autrement – *16 av. Marseillaise - 67000 Strasbourg - ✆ 03 88 37 24 00 - fax 03 88 37 24 10.*

Héliades – *1 parc Club du Golf - BP 422 000 - 13591 Aix-en-Provence - ✆ 0 892 231 523 (0,34 €mn) - www.heliades.fr.*

En France : culture

Arts et vie – *251 r. de Vaugirard - 75015 Paris - ✆ 01 40 43 20 21 - www.artsvie.asso.fr.* Circuits dans la Grèce continentale et la péninsule du Magne.

Clio – *27 r. du Hameau - 75015 Paris - ✆ 0 826 101 082 - www.clio.fr.* Dans tout le pays, voyages culturels et croisières animés par des conférenciers.

Terre entière – *10 r. Mézières - 75006 Paris - ✆ 01 44 39 03 03 - www.terreentiere.com.* Croisières dans les Cyclades animées par des conférenciers.

En France : randonnées

Allibert – *Cinq adresses en France - ✆ 0 825 090 190 (0,15 €/mn) - www.allibert-trekking.com.* Nombreuses randonnées accompagnées de 8 à 15 jours, dans les îles et sur le continent. Séjours d'hiver (parcours en raquettes).

Atalante – *5 r. du Sommerard - 75005 Paris - ✆ 01 55 42 81 00 - www.atalante.fr.* Cinq randonnées sur la destination.

Chemins du Sud – *52 r. des Pénitents - BP 155 - 84120 Pertuis - ✆ 04 90 09 06 06 - fax 04 90 09 06 05 - www.cheminsdusud.com.* Deux randonnées dans les Cyclades et une, hivernale, en Crète.

Nomade Aventure – *40 r. de la Montagne-Sainte-Geneviève - 75005 Paris - et une adresse à Toulouse : ✆ 0 826 100 326 (0,15 €/mn) - www.nomade-aventure.com.* Quatre propositions de randonnées de 8 à 15 jours.

Terre d'aventure – *Quatre agences en France - ✆ 0 845 847 800 (0,15 €/mn) - www.terdav.com.* Dix-huit randonnées pour découvrir la Grèce continentale et les îles.

Ucpa – *www.ucpa-vacances.com.* Propose une randonnée de 15 jours dans les Cyclades.

En Grèce

Scoutway – *1 Ptolemeon Str. - 11635 Athènes - ✆ 21072 991 11 - www.scoutway.gr.* Pionnier en Grèce dans le domaine du tourisme sportif. Dans les îles et sur le continent : parcours en VTT sur le mont Parnasse, sauts en parachute, excursions, kayak, rafting…

En Belgique

Allibert – *✆ (00 322) 526 92 90 - www.allibert-trekking.com.*

Connections – *19-21 r. du Midi - 1000 Bruxelles - ✆ (00 322) 550 01 00 - www.connections.be.* Séjours vacances et circuits accompagnés.

En Suisse

Anne-Rose Travel – *7 r. du Lac - 1207 Genève - ✆ 0041 (0)22 735 74 44 - www.anne-rose-travel.com.* Séjours, vacances et circuits accompagnés.

STA Travel – *20 bd de Grancy - 1006 Lausanne - ✆ 0041 (0)22 329 97 33 - www.statravel.ch.* Séjours, vols et circuits.

Formalités

DOCUMENTS IMPORTANTS

Papiers d'identité

La Grèce fait partie de l'Union européenne (UE) et, pour un séjour de moins de 3 mois, les ressortissants de l'UE peuvent y entrer sur simple présentation d'une **carte nationale d'identité** en cours de validité ou, bien sûr, d'un passeport. Pour les mineurs voyageant seuls et n'ayant qu'une carte d'identité, il est demandé une autorisation parentale sous forme d'attestation délivrée par la mairie ou le commissariat de police.

Pour limiter les conséquences d'une perte ou d'un vol de documents, il est recommandé de laisser une copie de votre titre de voyage et de vos documents (CNI ou passeport) dans le coffre de la réception de l'hôtel.

Pour les ressortissants **canadiens**, un passeport en cours de validité suffit.

Véhicules

Pour conduire une automobile ou un cyclomoteur, vous devez disposer de votre **permis de conduire** national ou international (ce dernier est obligatoire pour les ressortissants hors UE et hors Suisse). Si vous vous rendez en Grèce avec votre propre véhicule, munissez-vous de la **carte verte** d'assurance internationale, dotée de la mention TR non barrée (délivrée par votre compagnie d'assurances).

SANTÉ

Il n'y a aucune maladie particulière en Grèce, ni de règlement sanitaire pour entrer dans le pays.

Assurance santé – Si vous êtes assuré social, procurez-vous la **carte européenne d'assurance maladie** (ancien formulaire E 111) au moins 15 jours avant votre départ, auprès de votre centre. Elle vous donne droit aux soins hospitaliers gratuits. Mais vous devrez avancer le coût des médicaments, les frais médicaux ou le forfait hospitalier, remboursables à votre retour.

De nombreux organismes d'assistance, tels Europe Assistance ou Mondial Assistance, couvrent les dépenses d'ordre médical sur place et assurent le rapatriement en cas de problème grave.

La plupart des cartes bancaires vous assurent également dans vos voyages, renseignez-vous avant de partir.

TOURISME ET HANDICAP

Hormis la capitale et les grandes villes, il existe peu d'infrastructures adaptées aux personnes handicapées. Vous pourrez davantage compter sur l'amabilité et la gentillesse des habitants que sur des installations. Toutefois, les ferries et certains vols pour les îles sont accessibles aux fauteuils roulants.

ET LE CHIEN ?

Si vous voyagez avec lui, n'oubliez pas son **carnet international de vaccination** (où doit figurer le vaccin antirabique) et un **certificat de bonne santé**, à établir 15 jours avant le départ.

Les chiens et les chats sont admis dans certains hôtels (rares) signalés par la formule *epitrepondai zoa*.

Qu'emporter ?

Si vous partez au printemps ou en été, prévoyez des vêtements amples et légers, des lunettes de soleil, une puissante crème solaire avec son après-soleil, un chapeau et un antimoustique. Un éventail peut également vous rafraîchir lorsque le ventilateur ou la climatisation sont en panne, ou que le car est bondé et surchauffé... Les soirées étant fraîches, surtout en mer et dans les îles, notamment à cause du **meltem** (vent du nord qui souffle tout l'été sur l'Égée, parfois jusqu'à 75 km/h), ajoutez un coupe-vent dans votre sac. En hiver, manteaux et vêtements chauds sont de rigueur.

Bon à savoir – L'accès aux églises et monastères n'est possible que si les visiteurs, hommes ou femmes, sont habillés décemment. On vous prêtera souvent de longues jupes, mais un paréo peut être utile en dépannage.

Se rendre en Grèce

EN AVION

Des vols réguliers sont assurés par Air France et Olympic Airlines, la compagnie nationale grecque, au départ de Paris, de Strasbourg et des grandes villes européennes. Les aéroports desservis quotidiennement sont ceux d'Athènes, Héraklion et Thessalonique. En été, quelle que soit la compagnie choisie, réservez votre vol au moins 2 mois à l'avance.

Air France – *60 agences en France - ✆ 0 820 820 820 - www.airfrance.fr.*

Olympic Airlines – *9 r. Scribe - 75009 Paris - ✆ 01 44 94 58 58 - www.olympic-airways.com.*

Easy Jet – *www.easyjet.com.*

Bon à savoir – Pensez aussi à consulter le service en ligne **www.opodo.fr** qui fédère les meilleures offres d'Air France et de grandes compagnies internationales.

D. Hée / MICHELIN

Air et eau en hydroglisseur !

EN VOITURE OU EN CAR

Au départ de Paris, comptez au minimum 3 jours pour vous rendre en Grèce par la route. Pour composer votre itinéraire, n'hésitez pas à consulter le site **www.viamichelin.fr**

L'innovation au service de l'environnement.
Que ce soit le développement de "pneus verts" permettant une réduction de la consommation de carburant ou notre engagement en matière de développement durable, le respect de l'environnement est une préoccupation quotidienne que nous prenons en compte dans chacune de nos actions. Car œuvrer pour un meilleur environnement, c'est aussi une meilleure façon d'avancer.
www.michelin.com
MICHELIN
Une meilleure façon d'avancer

Bon à savoir – Le plus pratique est le passage par l'Italie, puis prenez le ferry *(voir ci-dessous)*.

Eurolines – *55 r. Saint-Jacques - 75005 Paris - ☏ 01 43 54 11 99 - www.eurolines.fr.* La compagnie assure des liaisons par bus durant l'été.

EN TRAIN

Plusieurs cartes et propositions tarifaires intéressantes sont mises en place par la SNCF pour faciliter vos voyages. En voici une synthèse…

La **carte Inter-Rail** concerne 30 pays regroupés en 8 zones géographiques : la zone G comprend l'Italie, la Slovénie, la Grèce et la Turquie (et des transferts en bateau). Trois possibilités de pass d'une durée variable vous permettent de voyager gratuitement à l'intérieur de la zone choisie. La carte donne droit à une réduction de 50 % sur le trajet effectué dans votre pays de résidence. Tarifs plus avantageux pour les moins de 26 ans.

Quel que soit votre âge, la **carte Euro Domino** vous permet de voyager librement de 3 à 8 jours sur une période d'un mois dans 28 pays d'Europe et d'Afrique du Nord grâce à un système de coupons. La carte Euro Domino Jeunes (moins de 26 ans) est environ 25 % moins chère.

Valable un an, la **carte Railplus** donne droit à une réduction de 25 % sur l'achat de certains billets de train à condition que le voyage comporte au moins le passage d'une frontière. Réductions pour les moins de 26 ans et les plus de 60 ans.

Renseignements SNCF – *☏ 3635 (0,34 €/mn) - www.voyages-sncf.com.*

EN BATEAU VIA L'ITALIE

Vous devrez d'abord rallier un port italien (Venise, Ancône, Bari, Brindisi, Trieste) en train, en bus ou en voiture, d'où vous gagnerez Pátra ou Igoumenitsa.

Comptez plus de 22h de trajet en train pour rejoindre Brindisi via Milan ou Turin depuis Paris-Gare de Lyon, d'où les départs sont quotidiens.

La traversée Italie-Grèce est à réserver directement auprès d'une compagnie maritime, au moins 2 mois à l'avance en été. Elle dure environ 36h depuis Venise, 20h depuis Ancône et 10h depuis Brindisi ou Bari.

Croisifrance – *19 r. La Fayette - 75009 Paris - ☏ 01 42 66 97 25.*

Eurocroisières – *5 bd des Capucines - 75002 Paris - ☏ 01 42 66 97 53.*

Euro-Mer – *5-7 quai de Sauvages - CS 10024 - 34078 Montpellier Cedex 03 - ☏ 04 67 65 67 30 - www.euromer.net.*

Navifrance – *20 r. de la Michodière - 75002 Paris - ☏ 01 42 66 65 40.*

Viamare Cap Mer – *6 r. de Milan - 75009 Paris - ☏ 01 42 80 94 87.*

Réserver son hébergement

À moins de prévoir un séjour hors saison, il est prudent de réserver votre hébergement longtemps à l'avance. La haute saison va du 15 juin au 15 septembre, avec un pic autour du 15 août.

D'octobre à mars, la plupart des établissements sont fermés.

Lors de la réservation, on vous demandera un numéro de carte de crédit.

Pour les îles, précisez à votre hôte par quel bateau vous arrivez pour que l'on vienne vous chercher.

Le site **www.greekhotel.com** propose un grand nombre d'adresses (en anglais).

D. Hée / MICHELIN

Un coin d'ombre parfumée sur la rue…

Prévoir son budget

Les prix de l'**hébergement** varient en fonction du lieu, du moment et de la durée de votre séjour. Ils passent souvent du simple au double, voire plus, entre la basse et la haute saison.

La cuisine grecque étant assez simple mais savoureuse, il est facile de se restaurer correctement à petits prix.

Bon à savoir – On facture toujours le pain en supplément.

À l'hébergement et à la restauration, il faut ajouter l'entrée des **sites** et des **musées** qui est généralement de l'ordre de 3 €, jusqu'à 8 à 12 € pour les plus importants (en forfait).

Quant aux **transports intérieurs**, le train est moins cher que le bus, et le ferry meilleur marché que les hydroglisseurs ou les « express » *(voir pp. 18-20)*.

À titre indicatif

Nos prix sont donnés par jour et par personne sur la base d'une nuit dans une chambre double, avec deux repas et les transports.

Petit budget (50 à 70 €) : une chambre dans une pension, deux repas simples et transport en bus ou ferry entre les îles.

Budget moyen (80 à 110 €) : un hôtel confortable, un déjeuner léger, un bon dîner, une voiture de location (cat. A).

Budget confortable (130 à 160 €) : un bon hôtel, un déjeuner simple, un repas gastronomique et une voiture de location (cat. A).

Les bons plans pour les jeunes...

Certaines cartes de réduction donnent droit à des tarifs préférentiels sur les transports, l'hébergement, l'entrée des musées et des sites.

Les collégiens, lycéens et étudiants peuvent se procurer l'**ISIC** (International Student Identification Card) moyennant 12 € sur présentation d'une pièce d'identité, avec photo récente et un document attestant leur statut d'étudiant. Cette carte est délivrée par les agences WASTEELS Voyages, l'OTU Voyages, les CROUS et les centres d'information jeunesse.

Pour plus d'information, s'adresser à **ISIC-France** – *119 r. St-Martin - 75004 Paris - ☏ 01 49 96 96 49 - www.isic.tm.fr.*

Pour 11 €, la **carte Go 25**, ou Carte jeune internationale, offre aux moins de 25 ans (étudiants ou non) sensiblement les mêmes réductions que l'ISIC. Pour se la procurer, contacter l'OTU Voyages, *☏ 01 55 82 32 32 - www.otu.fr.*

Pour les moins de 26 ans uniquement, le billet **BIJ** (valable 2 mois à compter du début du voyage) offre des tarifs intéressants sur certains trajets en train et en bateau. Se renseigner auprès de WASTEELS Voyages - *www.wasteels.fr.*

... et les moins jeunes

Munis de leur **carte Senior**, les ressortissants de l'Union européenne de plus de 65 ans ont droit à une réduction sur les billets de train et, sur simple présentation de leur carte d'identité, sur les entrées de sites et musées.

LA GRÈCE PRATIQUE

Adresses utiles

OFFICES DE TOURISME

Tous les centres un peu touristiques ont leur bureau d'information *(tourist information)*. Lorsqu'il n'existe pas d'office de tourisme, les agences de voyages locales privées *(tourist office* ou *agency)* prennent le relais.

Bon à savoir – Sur les plans de ville de ce guide, les offices de tourisme sont signalés par le symbole **i** et leurs coordonnées sont notées dans le carnet pratique dans la rubrique « Informations utiles ».

AMBASSADES ET CONSULATS

France – Ambassade à Athènes - *7 av. Vas. Sofias* - ✆ *21033 910 00* - *www.ambafrance-gr.org.*

Consulats à Athènes - *5-7 av. Vas. Constantinou* - ✆ *21072 977 00 et 693 240 13 43 (permanence)*; à Thessalonique - *8 r. Makenzi King* - ✆ *231 024 40 30 ou 31.* Vous trouverez aussi des agences consulaires à Argostóli, Haniá, Chíos, Corfou, Héraklion, Ioannina, Kalamáta, Mikonos, Mytilíni, Nauplie, Pátra, Rhodes, Sámos, Santorin, Siros et Vólos.

Belgique – Ambassade à Athènes - *3 r. Sekeri* - ✆ *21036 178 86* - *athens@diplobel.org.*

Consulats honoraires à Corfou, Héraklion, Le Pirée, Mytilini, Pátra, Rhodes et Thessalonique.

Canada – Ambassade à Athènes - *4 r. Ioanniou Gennadiou* - ✆ *21072 734 00* - *athns@dfait-maeci.gc.ca.*

Consulat à Thessalonique - *Banque de la Nouvelle-Écosse, Tsimiski 17* - ✆ *23102 563 50.*

Suisse – Ambassade à Athènes - *2 odos Lassiou* - ✆ *21072 303 64* - *vertretung@ath.rep.admin.ch.*

Infos pratiques

EN CAS D'URGENCE

Pour toute la Grèce, quatre numéros à retenir :

Police touristique – ✆ 171.

Police secours – ✆ 100.

Assistance médicale d'urgence – ✆ 166.

Numéro européen premiers secours – ✆ 112.

Se déplacer

EN AVION

L'avion est très utilisé entre le continent et les îles. Des vols intérieurs sont possibles avec les compagnies suivantes :

Olympic Airlines – *9 r. Scribe - 75009 Paris* - ✆ *01 449 458 58* - *www.olympic-airways.gr.*

Aegean Air – *www.aegeanair.com.*

EN BATEAU

Prendre le bateau n'est pas seulement un moyen de transport, c'est aussi l'occasion d'un voyage inoubliable de port en port parmi les plus beaux paysages d'Europe. Si vous n'êtes pas pressé, préférez les **ferries** aux hydroglisseurs, car ils possèdent un pont d'où l'on peut observer le paysage.

Les navires se rangent en **trois catégories** : les grands ferries traditionnels, très fiables et qui circulent toute l'année, même par mer très forte; les bateaux rapides (deux fois la vitesse du ferry) ou hydroglisseurs (parfois appelés catamarans); et les caïques qui proposent des liaisons entre les îles, les ports d'une même île ou les plages. Il existe plusieurs classes à bord des bateaux mais les couchettes ne se justifient que pour des trajets de plus de 10h.

Recommandations

Avant d'élaborer un éventuel itinéraire entre des îles de votre choix, vérifiez bien les connexions et leur fréquence qui varie considérablement d'un mois à l'autre. N'oubliez pas que les temps de traversée sont assez longs et dépendent toujours de l'état de la mer. En hiver ou en cas de grosse mer ou de vents violents, certaines liaisons sont interrompues. Enfin, les tables de fréquence et d'horaires des compagnies grecques sont susceptibles de changer d'une semaine à l'autre, voire d'un jour à l'autre. Prévoyez deux jours de battement pour les imprévus et, en règle générale (sauf par très beau temps), rentrez la veille de votre vol de retour ou au moins 12h avant l'heure d'enregistrement.

Réservations

Le bureau de l'office du tourisme d'Athènes fournit des informations sur tous les moyens de transport.

Pour mieux planifier vos transferts vers et entre les îles, consultez l'excellent site **www.gtp.gr** *(en anglais)* qui fournit la

Tous les jours sur VIVOLTA
Plaisir, Partage, Liberté
Philippe Gildas
Déco Gastronomie Cuisine Santé Forme
Voyage Musique Cirque Sorties Maison
Jardin Argent Loisirs Cinéma Théâtre
VIVOLTA
www.vivolta.com
Chaîne disponible sur : CANALSAT et numericable

liste des départs en fonction de vos dates, les horaires et les liens vers les sites des compagnies maritimes. Vous pouvez réserver *(recommandé en saison et pour la Pâque orthodoxe, voir p. 26 et p. 100)* vos billets depuis la France.

Bon à savoir – Si la compagnie supprime le départ, elle ne rembourse pas le billet mais vous propose de le reporter sur un départ ultérieur.

Les **billets** s'achètent dans les agences maritimes de chaque port, qui ne vendent en général que ceux de la compagnie et ne vous renseigneront pas sur leurs concurrents. Il faut donc en faire le tour...

Bon à savoir – L'achat d'un billet A/R donne droit à une réduction sur les ferries, hydroglisseurs, bus et trains.

Pour le détail des trajets entre les îles, voir leurs « carnets pratiques ».

EN BUS

Très développé, ce moyen de transport est souple, relativement bon marché et plus rapide que le train. En outre, il pallie les manques du réseau de chemin de fer. Les lignes sillonnent tout le pays et les îles (à l'exception des plus petites).

On achète son billet avant le départ, dans les gares routières pour les grandes villes (réservation possible) ou directement dans le bus pour les petits trajets provinciaux.

Pour en savoir plus : www.ktel.org.

EN DEUX-ROUES

La présentation du permis de conduire est obligatoire pour louer un deux-roues, même un 50 cm^3.

Faites-vous préciser si la location s'entend pour une journée (du matin au soir) ou 24h, les loueurs étant parfois un peu évasifs sur ce point. Vérifiez bien l'état du deux-roues : pneumatiques, freins, éclairage et niveau d'essence.

Pour votre sécurité, demandez un casque et portez-le. En raison du nombre d'accidents graves, les amendes pour défaut de port du casque sont très élevées.

EN TRAIN

Sur le continent, le réseau est assez peu développé et lent, mais bon marché. D'Athènes, on peut se rendre dans les principales villes du pays.

OSE – Centre d'information d'Athènes - *1-3 r. Karolou - ☏ (210) 529 77 77 ou 1440 (pour toute la Grèce) - www.ose.gr* (en anglais).

EN TAXI

Les taxis sont très répandus dans toute la Grèce, y compris sur les îles où ils attendent les voyageurs à l'arrivée des ferries. Les véhicules sont jaunes à Athènes, gris ou bordeaux dans le reste du pays.

Attention, dans les villes, vous n'avez à payer que le prix affiché au compteur (avec un supplément pour les trajets depuis l'aéroport ou le port). Dans les autres cas, mettez-vous d'accord sur le prix avant de monter dans le taxi. De façon générale, les tarifs sont très abordables.

Bon à savoir – Il est d'usage que le chauffeur prenne plusieurs passagers pour les courses urbaines, en cours de route, pourvu qu'ils aillent tous dans la même direction. Si vous voyez un taxi à moitié plein, n'hésitez donc pas à vous avancer pour crier votre destination !

EN VOITURE

La Grèce dispose d'un **réseau routier** de 117 000 km environ. Il est en général de bonne qualité, mais sur les grands axes il n'est pas rare que la bande d'arrêt d'urgence (lorsqu'il y en a une) soit utilisée en voie pour véhicules lents, tandis que la voie normale sert pour doubler... Dans les îles, les routes principales sont souvent étroites et sinueuses, trouées de nids-de-poule. Enfin, sur les routes de campagne et dans les villages, soyez attentif aux moutons et aux chèvres, circulant souvent librement.

Code de la route

Il est le même qu'en France. La vitesse est limitée à 50 km/h en agglomération, 80 ou 90 km/h sur route et 120 km/h sur autoroute. Le port de la **ceinture de sécurité** est obligatoire.

Loin des sites touristiques, les **panneaux de signalisation** sont le plus souvent uniquement en grec ; alors familiarisez-vous avec l'alphabet.

Parking

Il existe quelques parkings payants dans le centre d'Athènes : le plus simple est d'y laisser sa voiture (et ses clés car les gardiens la déplacent au fur et à mesure des départs), et de prendre le bus ou le métro. En effet, il est très difficile de se garer à proximité des lieux à visiter et les prix de ces parkings souterrains ne sont pas excessifs (autour de 10 € pour 24h).

En cas de stationnement illégal, il arrive que les agents confisquent l'une des plaques d'immatriculation pour être sûrs que le contrevenant viendra payer son amende au commissariat.

Cartes et plans

Pour la préparation de votre voyage et le choix de l'itinéraire, utilisez l'**Atlas Europe** et la **carte routière Grèce** (n° 737, échelle 1/700 000) publiés par Michelin. Vous pouvez également consulter le site **www.ViaMichelin.fr** qui offre une multitude d'informations pratiques d'aide à la mobilité, dont le calcul d'itinéraires détaillés avec leur temps de parcours.

Assistance automobile

Certaines cartes bancaires incluent des assurances complètes et cela vaut la peine de vous renseigner sur votre contrat pour ne pas payer deux fois des assurances…

Un rachat partiel de franchise ou une assurance CDW (Collision Damage Waiver) avec une responsabilité au tiers sont toujours proposés (env. 10/12 €/j.) par les loueurs. Sachez que la GP (Gravel Protection) est une assurance contre les dommages de projection de graviers, la SVA (Single Vehicle Accident) vous concernera si vous abîmez la voiture de ville en roulant sur une piste. La TP, ou TCP (Theft Protection), vous couvrira en cas de vol du véhicule de location.

En cas d'accident, même pour une tôle froissée, la présence de la police est indispensable pour établir le constat car, sans cela, votre assurance peut vous refuser le remboursement. Le policier doit vous remettre une copie du constat. Il faut donc l'attendre, et parfois longtemps… Après quoi, vous pourrez faire réparer votre véhicule chez un garagiste.

Essence

Les stations-service sont parfois rares dans les montagnes et les campagnes reculées. Les **carburants** sont un peu moins chers qu'en France (autour de 1,20 € pour le sans-plomb).

Très peu de stations acceptent les cartes de crédit, et c'est le pompiste qui vous sert.

Location de voitures

Pour louer une voiture, il faut avoir au moins 23 ans et le permis depuis plus d'un an. La location est généralement prévue par tranches de 24h.

Vous pourrez louer un véhicule dans les grandes villes, les aéroports, les gares, auprès des grands hôtels et des principales agences de location, sur place ou en réservant à l'avance.

Les tarifs varient considérablement en fonction du lieu, de la saison, de la durée de location et du modèle. Exemple : la catégorie A se loue à Athènes (chez une grande société de location) autour de 50 € par jour, mais entre 70 et 80 € à Mikonos en août. Dans une petite agence locale de la plupart des îles, vous négocierez la même chose autour de 50 à 60 €, voire autour de 35 € hors saison ou pour une durée de plusieurs jours.

Autoescape – *www.autoescape.com.*
Avis – *www.avis.fr.*
Europcar – *www.europcar.fr.*
Hertz – *www.hertz.fr.*

Bon à savoir – Nous avons sélectionné des agences fiables, mais vérifiez toujours soigneusement l'état du véhicule que l'on vous loue avant de signer le contrat. Faites noter les éventuels bosses ou défauts pour que l'on ne vous les impute pas ensuite.

Se loger

L'infrastructure hôtelière est développée en Grèce, des hôtels de luxe aux chambres chez l'habitant, en passant par les pensions. La qualité de l'hébergement s'est considérablement améliorée en matière de propreté et de confort (toutes les chambres sont généralement équipées d'un réfrigérateur). En revanche, il n'est pas toujours facile de dénicher l'adresse de charme, bien que la tendance actuelle soit un retour à l'architecture traditionnelle.

LES TYPES D'HÉBERGEMENT

Hôtels

L'Office national du tourisme hellénique (ONHT) distingue six catégories, dont voici les tarifs à titre indicatif :

Luxe	180 € et plus
A	130 € à 300 €
B	90 € à 170 €
C	60 € à 135 €
D	40 € à 65 €
E	25 € à 50 €

Ce classement concerne les logements déclarés à l'ONHT, qui portent une plaque bleu et jaune marquée du sigle EOT et qui affichent leurs prix. Ils sont répertoriés dans les bureaux d'information touristique locaux et les agences de voyages.

Chambres chez l'habitant

Elles sont nombreuses, accueillantes et quelquefois luxueuses, surtout dans les îles. En fait, ce sont généralement des constructions conçues par un particulier pour recevoir les touristes avec (parfois) une petite réception et un salon commun. Des panneaux *Rooms* ou *Domatia* indiquent où s'adresser. Dans les îles,

NOS CATÉGORIES DE PRIX				
	Se restaurer (prix déjeuner)		**Se loger** (prix de la chambre double)	
	Athènes	Autres villes	Athènes	Autres villes
●	jusqu'à 20 €	jusqu'à 15 €	jusqu'à 60 €	de 30 € à 45 €
●●	de 20 € à 40 €	de 15 € à 20 €	jusqu'à 100 €	de 50 € à 75 €
●●●	plus de 50 €	plus de 25 €	jusqu'à 150 €	de 80 € à 100 €
●●●●	plus de 60 €		plus de 150 €	plus de 110 €

les propriétaires attendent le client à l'arrivée des bateaux pour proposer leur logement.

Vous pouvez aussi consulter **www.familyhotels.gr**, site qui fournit de nombreux liens pour trouver des adresses de chambres et appartements chez l'habitant (en anglais).

Pour ce type d'hébergement, l'ONHT indique un tarif à partir de 30 € la nuit pour deux.

Bon à savoir – Sauf indication contraire, les prix ne comprennent pas le petit-déjeuner. Les cartes de crédit sont très rarement acceptées.

Studios équipés

Si vous voyagez en famille ou entre amis, la location d'un studio est une formule intéressante. Généralement bien équipés (1 séjour, 1 ou 2 chambres, 1 kitchenette et 1 salle de bains), ils sont prévus pour 2 à 5 personnes.

Locations de prestige

Consultez le site **www.villaamore.fr** qui propose de beaux hébergements sur toute la destination.

Agrotourisme

L'hébergement à la ferme commence à se développer. Si vous êtes intéressé, contactez l'agence **Agrotouristiki** d'Athènes – *210 331 41 14 - info@agrotour.gr*.

NOS ADRESSES D'HÉBERGEMENT ET DE RESTAURATION

Tout au long de ce guide, nous vous proposons dans les **carnets pratiques** une sélection d'hôtels et de restaurants afin de bien réussir votre séjour et de découvrir chaque site dans les meilleures conditions possibles. Le confort, la tranquillité, la qualité des services et le bon rapport qualité-prix ont été nos critères essentiels. Toutes les adresses ont été visitées et choisies avec soin en tenant compte des conditions locales d'hébergement et de restauration. Cependant, il faut signaler que certaines villes (Athènes ou Thessalonique) ou îles (Mikonos, Santorin) sont plus chères que d'autres.

Chaque établissement est précédé de piécettes *(voir le tableau ci-avant)*. Nos catégories de prix pour l'**hébergement** sont calculées sur la base d'une nuit en chambre double en haute saison (juillet-août) avec le petit-déjeuner (sauf mention contraire) en fonction des types d'établissements sélectionnés dans le guide. Pour la **restauration**, les catégories se basent sur un repas avec entrée, plat principal et éventuellement un dessert (sans la boisson).

Le Guide Michelin Europe

Mis à jour chaque année, il recommande des établissements situés à Athènes. Pour les hôtels, sont indiqués la classe, le confort, la situation, l'agrément, l'équipement et les prix. Les restaurants remarquables pour la qualité de leur cuisine sont signalés par des étoiles de bonne table (une à trois étoiles).

Se restaurer

À TABLE !

Généralistes ou spécialisées dans les produits de la mer, les **tavernes**, restaurants populaires et bon marché, servent des plats traditionnels. Les **ouzéries** se distinguent des précédentes par le menu proposé : des *mezedes*.

Bon à savoir – Si la nourriture est souvent présentée sur un comptoir, il arrive que l'on vous conduise directement en cuisine pour effectuer votre choix. Les Grecs commandent généralement plusieurs entrées et plats qu'ils se partagent. Les mets sont servis simultanément à table : si vous les voulez les uns après les autres, il faut donc les demander au fur et à mesure.

Heures des repas

Les Grecs déjeunent rarement avant 13h et ne dînent pas avant 21h. Certains restaurants ouvrent plus tôt pour s'adapter

Au menu

Entrées

Dolmades : feuilles de vigne farcies de viande et de riz.
Kokoretsi : abats de viandes rôties à la broche.
Melitzanosalata : caviar d'aubergines.
Moussaka : gratin d'aubergines et de viande hachée, sauce Béchamel.
Pastitsio : gratin de macaronis et de viande hachée, sauce Béchamel.
Pilafi : riz à l'étouffée.
Taramosalata : mélange d'œufs de poisson et de mie de pain.
Tzatziki : yaourt, concombre et ail hachés.
Psarosoupa : soupe de poissons.
Soupa avgolemono : bouillon avec riz, œufs et citron.

Poissons

Astakos : langouste (été).
Barbounia : rougets (fév. et printemps).
Garides : grosses crevettes (mai-sept.).
Glossa : sole (oct.-mai).
Kolios : maquereau (fév.-nov.).
Ksifias : espadon (juin).
Marides : friture de petits poissons.
Kalamares et *oktapodia :* calmars et poulpes (juin-sept.).
Sardeles : sardines (avr.-nov.).
Sfirida : dorade (sf été).
Tonos : thon rouge (juin-oct.).

Viandes

Arni et *arnaki :* mouton et agneau.
Bifteki : viande hachée.
Keftedes : boulettes de viande frites.
Kirino : porc.
Kotopoulo : poulet.
Moskari : veau.
Soutzoukakia : boulettes de viande à la sauce tomate, aromatisées au cumin.
Souvlaki : brochettes de viande, tomates et oignons.

Légumes

Agouria : concombres.
Domates femistes : tomates farcies au riz.
Domatosalata : salade de tomates.
Fassolakia : haricots verts.
Kolokithakia : courgettes.
Melitzanes : aubergines.
Patates : pommes de terre.
Piperies : poivrons.
Rizi : riz.
Salata horiatiki : « salade grecque ».

Fromages (tiri)

Feta : au lait de chèvre ou de brebis.
Graviera, kefalotiri, kasseri : fromages à pâte cuite plus ou moins salés.

Phototravellers / MICHELIN

Huile d'olive et saveurs crétoises.

Fruits (frouta)

Elies : olives.
Fraoules : fraises.
Karpouzi : pastèque.
Kerassia : cerises.
Lemoni : citron.
Peponi : melon.
Portokali : orange.
Rodakino : pêche.
Sika : figue.
Stafilia : raisin.
Verikoko : abricot.

Desserts (glika)

Baklava : feuilleté fourré aux noix et amandes, nappé d'un sirop au miel.
Bougatsa : chausson garni de crème saupoudré de cannelle.
Galaktoboureko : flan en feuilleté.
Halva : pâte de sésame.
Kadaïfi : pâte en filaments, fourrée de noix ou d'amandes, nappée de miel.
Loukoumades : beignets chauds au miel.
Rizogalo : riz au lait.

En-cas

Amigdalota : macarons.
Kourabiedes : sablés aux amandes.
Loukoum : pâte aromatisée et couverte de sucre glace.
Omeleta : omelette.
Spanakopita : feuilleté aux épinards.
Souvlaki me pitai : brochette enveloppée dans une crêpe.
Tiropita : feuilleté au fromage.
Yaourti me meli : yaourt au miel.
Pagoto, pagota : glace, glaces.
Granita : sorbet.

Boissons

Nero : eau du robinet.
Metaliko nero : eau minérale.
Lemonada : citronnade.
Portokalada : orangeade.
Frape : café frappé.
Metrio : café moyennement sucré.
Sketo : café sans sucre.

aux touristes, mais ne soyez pas surpris de trouver porte close à 12h ou à 19h. En revanche, vous ne choquerez personne en vous attablant à 15h ou à 22h30 !

Constitution d'un repas

La cuisine grecque est assez simple, à base d'huile d'olive, de légumes, de riz et de viande ou de poisson selon les régions. Même si les desserts sont délicieux et très sucrés, le repas traditionnel est souvent copieux et se termine en général par des fruits.

Pour en savoir plus, voir « Balade gourmande » (p. 96).

Vie quotidienne de A à Z

ARGENT

Devises et change

Pour les ressortissants de pays n'appartenant pas à l'Union européenne, il est possible de changer de l'argent dans les aéroports, les postes, les agences de change et les banques. Informez-vous sur les commissions ; elles sont très élevées dans les *tourist offices*.

Banques

Elles sont ouvertes du lundi au jeudi, 8h-14h30 (14h le vendredi), fermées le samedi, le dimanche et les jours fériés. N'oubliez pas de prendre votre numéro de passage.

Vous trouverez des **distributeurs** dans les grandes villes et sur certaines îles. Les instructions sont toujours en anglais, parfois en français. Les retraits sont payants, sauf avec une carte Visa internationale. Mais attention, en dehors des grandes villes, et notamment dans les îles, vous pourrez rarement payer le restaurant ou l'hôtel avec votre carte bancaire.

Chèques de voyage

C'est assurément le moyen le plus sûr pour vous approvisionner en liquidités. Ils sont nominatifs et remplacés en cas de perte ou de vol sur présentation du bordereau (à séparer des chèques lors de votre voyage). Les sociétés American Express, Thomas Cook, Visa et Travelex proposent des chèques de voyage, auxquelles on peut ajouter Citicorp pour les Canadiens (avec une petite commission facturée lors du change). Renseignez-vous auprès de votre banque. Leur usage se limite encore aux régions les plus touristiques et aux grandes villes. On les échange néanmoins sans problème dans toutes les banques.

COMMUNICATIONS

Internet

Le pays est dans l'ensemble bien pourvu en cybercafés, surtout dans les lieux touristiques. Mais attention, les prix et la vitesse du débit sont extrêmement variés d'un endroit à l'autre. Il existe deux types de claviers : celui avec l'alphabet grec et celui avec l'alphabet latin aux normes anglophones.

Journaux et télévision

La plupart des grands quotidiens étrangers sont disponibles, le lendemain de leur parution, à Athènes et dans les lieux touristiques.

Le monopole de l'État sur la télévision ayant disparu, on a vu fleurir d'innombrables chaînes privées. La plupart font une large place aux débats politiques et de société, aux jeux, à la variété, aux séries américaines ou mexicaines.

NET (l'une des trois chaînes publiques) est unanimement considérée comme la meilleure.

Pour suivre l'actualité en français, essayez de capter **TV5**, la chaîne francophone internationale, par satellite.

Poste

On reconnaît les bureaux de poste grecs à leur panneau bleu **ELTA**, figurant un profil d'Hermès stylisé. Ils sont généralement ouverts du lundi au vendredi de 7h30 à 14h. Dans les grandes postes, prenez un numéro de passage.

On trouve des bureaux de poste mobiles sur les principaux sites archéologiques.

En plus de l'affranchissement au tarif ordinaire (0,65 €), la poste grecque propose un tarif express. De la poste de Syntagma, à Athènes, une lettre en express (autour de 2 €) met 48h pour arriver à Paris. Pour une carte postale, vous pouvez vous procurer des timbres *gramatosimata* dans les kiosques.

Enfin, vous pourrez recevoir tout type de correspondance en poste restante, sur présentation de vos papiers d'identité.

Téléphone

L'Office de télécommunication **(OTE)** dispose de bureaux ouverts en principe de 8h à 14h du lundi au vendredi.

Vous trouverez des cabines téléphoniques pratiquement dans toutes les villes et villages. Pour se procurer une **carte téléphonique** *(karta tilefoniki)*, adressez-vous aux kiosques et à certaines épiceries. Vous trouverez des cartes pour les communications internationales *(gia exoteriko)* à partir de 5 € pour 15 à

40mn de communication selon les pays (les tarifs dépendent aussi de la société émettrice de la carte).

Bon à savoir – Si votre carte se termine en cours d'appel, vous pouvez en introduire une nouvelle sans interrompre votre communication.

La Grèce, y compris les îles et les ferries, est très bien couverte par les réseaux de **téléphonie mobile** et compte plusieurs opérateurs. Quinze jours avant votre départ, contactez le vôtre pour connaître ses modalités et lui demander de vous connecter en vous précisant ses tarifs.

Appels internationaux

– À partir de la France, la Belgique, la Suisse et le Canada pour téléphoner en Grèce, composez le 00 30 suivi du numéro de votre correspondant.

– À partir de la Grèce pour téléphoner en France, faites le 00 suivi du 33, puis le numéro de votre correspondant. Pour appeler la Belgique : 00 32 ; le Luxembourg : 00 352 ; la Suisse : 00 41 ; le Québec : 00 514.

Appels locaux

Les numéros comptent **10 chiffres** et commencent toujours par un **2** pour les postes fixes. Les indicatifs de ville ou de région sont désormais inclus dans le numéro lui-même. Pour appeler un correspondant, quel que soit l'endroit où vous vous trouvez, vous devez composer tous les chiffres fournis. Cependant, pour plus de lisibilité, on détache l'indicatif du numéro correspondant.

Les **numéros de portables** sont précédés d'un **6**. Si vous appelez ces numéros de l'étranger, composez le **00 30** pour la Grèce, puis le numéro de votre correspondant.

Renseignements téléphoniques

Pour tous les services d'OTE : ✆ 134.

Services du Bottin à Athènes et en Attique : ✆ 131.

Pour le reste de la Grèce : ✆ 132.

Télégrammes : ✆ 136.

Pour obtenir les indicatifs internationaux (en anglais ou en français) : ✆ 169.

DÉSAGRÉMENTS

Si la Grèce est un pays très accueillant, il y a, comme dans toutes les destinations touristiques, quelques règles de prudence à observer. On note une recrudescence des vols à la tire dans la capitale. Pensez à photocopier votre passeport et vos billets d'avion et à les laisser à l'hôtel. Dans ce pays méditerranéen, en observant une certaine réserve vestimentaire, les femmes seules peuvent voyager sans problème.

JOURS FÉRIÉS

1er janvier – Jour de l'An.

6 janvier – Épiphanie. Bénédiction de la mer. Dans tous les ports, petits et grands, les jeunes gens plongent pour repêcher la croix qui y est solennellement jetée par le pope.

Lundi Pur – *Katathari Deftera*, 49 jours avant la Pâque orthodoxe (variable), le premier lundi de Carême.

25 mars – Jour de l'Indépendance et fête de l'Annonciation, défilé militaire à Athènes, défilé des écoles dans toute la Grèce, le 24.

Pâques – Le Vendredi saint, une procession représentant la mise au tombeau parcourt villes et villages. La Résurrection est célébrée dès le samedi soir à minuit par des feux d'artifice. Le dimanche, on déguste le traditionnel agneau à la broche. Le lundi est également férié.

1er mai – Fête du Travail.

Pentecôte – 50 jours après Pâques.

15 août – Assomption.

28 octobre – Fête du Ochi, le « Non », rejet de l'ultimatum italien de 1940. Défilé militaire à Thessalonique.

25 décembre – Noël. Le 26 est férié.

SANTÉ

En été, attention aux **insolations** et à la déshydratation car il peut y avoir des journées caniculaires. Pensez à vous protéger la tête et les épaules et évitez les expositions prolongées aux heures les plus chaudes (de midi à 16h). L'eau est potable partout mais parfois apportée en citerne aux endroits les plus arides. Veillez à ne pas la gaspiller.

Les **pharmacies** sont généralement ouvertes tous les jours sauf dimanche (fermées le lundi, mercredi et samedi après-midi), de 8h à 14h et de 17h à 19h.

Un numéro de téléphone pour des informations médicales (en anglais) : ✆ 210 898 31 46.

S'il est interdit de fumer dans les lieux publics et les transports en commun, les fumeurs sont largement majoritaires en Grèce, où les cigarettes sont bon marché. Sur les bateaux, le coin non-fumeurs est généralement constitué de quatre fauteuils perdus dans un salon enfumé, et dans les cars, il n'est pas rare que le chauffeur fume abondamment…

SHOPPING

Les **horaires** des commerces sont compliqués et variables d'un lieu à l'autre.

– En **ville**, les magasins sont ouverts en général tous les jours de 9h à 21h, sauf

lundi, mercredi et samedi de 9h à 15h. Ils sont fermés le dimanche.

Le dimanche, les pâtissiers (donc de nombreux boulangers) et les cavistes (vins, spiritueux.) sont ouverts, pour certains jusque vers 22h.

– Dans les **villages touristiques** des îles, les horaires sont très variables. En été, certains magasins sont parfois ouverts sans interruption de 10h à 22h (parfois 23h) tous les jours de la semaine.

À toute heure du jour et une partie de la nuit, vous trouverez de grandes vitrines réfrigérées installées devant les restaurants, cafés, kiosques, magasins. Elles contiennent des boissons en tout genre, notamment des bouteilles d'eau minérale (pour des prix à peine plus élevés que dans les supermarchés).

Kiosques

Élément capital de la vie quotidienne grecque, vous trouverez toujours au moins un kiosque *(periptero)* ouvert dans votre quartier. En marge de leur activité principale (vente de tabac, journaux, boissons fraîches, friandises et gâteaux secs), la plupart d'entre eux vendent toutes sortes d'articles de première nécessité : timbres et enveloppes, cartes téléphoniques, pellicules photographiques, préservatifs, shampoing…

Marchandage

Vous risqueriez de froisser vos interlocuteurs en tentant de le faire. Vous pouvez cependant discuter du montant d'un article dans les magasins touristiques, chez les bijoutiers et les orfèvres.

US ET COUTUMES

Gestes

En Méditerranéen passionné, le Grec parle avec les mains, soulignant les temps forts d'un roulement de *komboloi*… Pour signifier un « non », il relèvera la tête, ou seulement les yeux. Pour dire « oui », il inclinera une fois la tête pour marquer son accord. Attention, une main levée, doigts écartés et paume à l'extérieur est perçue comme une insulte grave.

Lieux

Le café *(kafenion)*, véritable institution de la vie quotidienne, est encore bien souvent en province et dans les villages un bastion strictement masculin, et il vaut mieux pour les voyageuses, parfois même accompagnées, s'attabler en terrasse pour éviter un silence aussi pesant que prolongé.

Certains monastères (notamment tout le mont Áthos) sont totalement interdits aux femmes. Les Grecs sont particulièrement exigeants sur la tenue pour entrer dans les lieux saints.

Pourboire

On ne vous réclamera jamais de pourboire, mais il est d'usage de laisser quelque chose au café ou au restaurant. À l'égard des chauffeurs de taxi, l'habitude est d'arrondir à leur avantage.

Vœux

Chaque début de semaine, de mois ou de saison a son vœu, tout comme chaque occasion de la vie quotidienne. Et ne vous formalisez pas de voir les Grecs cracher de côté si vous faites trop de compliments à un bébé, c'est pour conjurer le *mati*, le mauvais œil.

Visiter

GRATUITÉ

C'est le cas le **premier dimanche de chaque mois** (sauf de juillet à septembre), le **dernier week-end de septembre** (Journées de l'héritage européen) et les **jours de fête nationale**.

Sachez que le **6 mars** (Journée Melina Mercouri), le **18 avril** (Journée internationale des monuments historiques), le **18 mai** (Journée internationale des musées), le **5 juin** (Journée internationale de l'environnement) et le **27 septembre** (Journée du tourisme), l'entrée des musées et monuments est également gratuite.

HORAIRES DE VISITE

Dans la partie descriptive du guide, les conditions de visite des monuments sont précisées. Ces informations sont données à titre indicatif dans la mesure où les prix peuvent varier et les horaires être modifiés pour diverses raisons. Si rien n'est précisé, c'est que les horaires sont valables toute l'année, sinon les horaires d'été sont valables du 1er avril au 31 octobre et ceux d'hiver du 1er novembre au 31 mars.

Musées et sites

Les musées et sites archéologiques sont fermés le 1er janvier, le Vendredi saint (ouverture à 12h), le dimanche de Pâques, le 25 mars (fête nationale), le 1er Mai, et les 25 et 26 décembre. Ils appliquent les horaires du dimanche à l'Épiphanie, le lundi Pur, le Samedi saint, le 15 août et le 28 octobre. Enfin, ils sont ouverts de 8h30 à 12h le 2 janvier, le dernier samedi de Carnaval, le Jeudi saint, la veille de Noël et du Jour de l'an.

Églises

Les églises où les popes célèbrent quotidiennement la liturgie sont ouvertes dans la matinée et parfois en fin d'après-midi ou le soir, les plus importantes restant ouvertes toute la journée. En revanche, les innombrables chapelles qui peuplent les campagnes et les villes grecques sont le plus souvent fermées. C'est aussi le cas de certaines églises et de certains monastères qui présentent un intérêt culturel ou historique.

Les *panegiri* (fêtes votives villageoises) sont l'occasion de découvrir ces monuments. Sinon, n'hésitez pas à demander à l'office de tourisme local ou à un commerçant s'il y a un gardien et s'il peut vous ouvrir. Ce sera toujours avec plaisir que l'on vous présentera les merveilles du lieu…

Voyager en famille

Les Grecs adorent les enfants et vous serez toujours très bien accueilli pour des vacances en famille (même très nombreuse). Dès que l'on quitte Athènes, on voit d'ailleurs des enfants partout et jusque tard dans les restaurants avec leurs parents.

Si la plupart des hôtels ne vous refuseront jamais un lit d'appoint, la solution idéale et économique reste la location d'un studio *(voir p. 22)*. Ils sont propres et bien équipés.

Toutefois, se déplacer en Grèce avec des enfants n'est pas forcément évident, surtout sur le continent. En effet, les distances sont parfois importantes, la chaleur étouffante et l'attente des bus ou des trains peut se prolonger… Si vous louez une voiture, ce sera plus agréable. Une solution de vacances en Grèce en famille peut consister à choisir une île bien desservie par les ferries, d'y louer un studio, et, de là, en explorer une ou deux autres…

Dans les pages de ce guide, nous vous signalons les visites ou activités particulièrement adaptées aux enfants.

Langue et lexique

TRANSCRIPTION

La particularité de l'alphabet grec et la nécessité pour la Grèce de s'adapter à ses nombreux visiteurs ont rendu indispensables, la transcription en alphabet latin pour les toponymes.

Les tentatives de translittération furent aussi diverses que foisonnantes et c'est dans un souci de clarté et d'unification

SITES OU ACTIVITÉS À FAIRE EN FAMILLE

Chapitres du guide	Nature	Musées et sites	Loisirs
Athènes	Jardin national	L'Acropole Musée d'Art populaire grec Musée Goulandis d'histoire naturelle Musée des Instruments de musique	
Ioannina	Grottes de Pérana		
Le Magne	Grottes de Diros		
Nauplie		Musée du Komboloï Musée d'Art populaire	
Pátra			Petit train à crémaillère des gorges du Vouraïkos
Massif du Pélion			Petit train du Pélion
Pilos	Lagune de Giálova		
Sparte		Musée de l'Olive et de l'Huile d'olive grecque	
Trípoli		Musée de l'Énergie hydraulique (Dimitsana)	
La Thrace	Oiseaux dans la forêt de Dadia		Descente du Néstros en canoë
Crète	Excursion en bateau vers l'île de Spinalonga (Ágios Nikólaos) Observation des dauphins (Paleohora) Cretaquarium (Goúrnes)	Site de Knossós Musée d'Histoire naturelle de Crète (Héraklion)	Balade en calèche dans la ville (Haniá)
Cyclades		Sanctuaire d'Apollon à Délos	Baignade et activités nautiques
Sporades	Parc national marin d'Alónissos		

Se faire comprendre

b se prononce v,
d se prononce ze,
s se prononce ss,
th se prononce se,
h (ch) se prononce k,
x se prononce ks,
j n'existe pas, seulement le i,
b s'orthographie mv,
d s'orthographie nt.

que l'État grec a adopté en 1999 une norme unique et valable au niveau international, dite Elot 743.
Dans la pratique, cette harmonisation s'effectue à plusieurs vitesses : il n'est pas rare de trouver sur place des modes de translittération plus anciens et de découvrir deux orthographes différentes selon que l'on se trouve d'un côté ou de l'autre d'une même place.

Le Guide Vert s'est efforcé de respecter la norme Elot 743 pour tous les noms des villes décrites, tout en conservant d'anciennes transcriptions pour les noms de rues et de curiosités qui, sur place, ne sont pas encore harmonisés.

PRONONCIATION

Attention à la prononciation : la norme Elot 743 est plus fidèle à la graphie qu'à la phonétique. Lorsque vous voyez *Leipsoi*, la bonne prononciation est « Lipsi », *Paroikia* se dit « Parikia ». Retenez qu'il y a en grec moderne cinq façons différentes d'écrire le son « i », dont quatre transcriptions différentes : i, y, ei, oi.
Bon à savoir – Le grec est une langue à accent tonique ; les accents reportés dans le lexique sont indispensables dans la prononciation.

Lexique

Dans les lieux les plus touristiques, les échanges se font facilement en anglais. Voici toutefois une liste des termes les plus courants.

Mots usuels

oui, non	nai, óchi
bonjour	kaliméra
bonsoir	kalispéra
bonne nuit	kalinychta
au revoir	geia sas, antío
monsieur	kyrie
madame	kyría
mademoiselle	despoinís
d'accord	entáxei
s'il vous plaît	parakaló
merci (beaucoup)	efcharistó (poly)
je vous en prie	parakaló
excusez-moi	me synchoreíte
pardon	sygnómi
attention	prosochí
obligatoire	ypochreotikó
interdit	apagorevménos
matin	to proï
midi	mesiméri
après-midi	apógevma
soir	vrády
nuit	nychta
plus	perissótero
moins	ligótero
où ?	poú
quand ?	póte
combien ?	pósso
cher	akrivos
bon marché	ftinós
assez	arketá
beaucoup, très, trop	poly
avec, sans	me, chorís
(un) peu	lígo
avez-vous ?	échete
petit, grand	mikró, megálo
chaud	zestó
froid	kryo
je ne comprends pas	den katalavaíno
combien de temps ?	pósi óra
hier	chthes
aujourd'hui	símera
demain	ávrio
après-demain	methávrio

Transports

billet, ticket	eisitírio
à quelle heure part ?	ti óra févgei
à quelle heure arrive ?	ti óra ftánei
où va ?	pou páei
train	tréno
bus, car	leoforeío
bateau	ploío, karávi
avion	aeropláno
bicyclette	podílato
la route (pour)	o drómos (gia)
sentier	monopáti
bon (mauvais)	kalós (kakós)
dangereux	epikíndynos
en avant, en arrière	embrós, píaso
en haut, en bas	páno, káto
station-service	venzinadiko
essence	venzíni

gare routière	stathmós ton leoforeíon
gare ferroviaire	siderodro mikos stathmós
port	limáni
aéroport	aerodrómio
arrêt, terminus	stási, térma
premier, dernier	próto, teleftaío
prochain	epómeno
mobylette	motopodílato
à gauche, à droite	aristerá, dexiá
tout droit	eftheía
ici	edó
là-bas	ekeí
à côté	dípla
en face	apénandi
centre	kéntro
rue	odós
avenue	leofóros
place	plateía
garage	gkaráz
entrée, sortie	eísodos, exodos

Services

où sont les toilettes ?	pou eínai oi toualétes
téléphone	tiléfono
banque	trápeza
poste	tachydromeío
lettre	grámma
carte de crédit	pistotikí kárta
pharmacie	farmakeío
hôpital	nosokomeío
médecin	iatrós
timbre	grammatósimo
passeport	diavatírio
carte d'identité	taftótita
carte de téléphone	tilefonikí kárta
hôtel	xenodocheío
restaurant	estiatório
ouvert	anoichtó
fermé	kleistó
petit-déjeuner	proïnó
police	astynomía

Tourisme

antiquités, ruines	archaía
cathédrale	mitrópoli
château, citadelle	kástro, froúrio
église, chapelle	ekklisía
fleuve, rivière	pótamós
fresques	toichografíes
grotte	spílaio
île (îles)	nisí (nisiá)
lac	límni
mer	thálassa
monastère	moní, monastíri
monument	mnimeío
montagne	vounó, óros
mosaïques	psifidotés
mosquée	tzamí
moulin	mylos
musée	mouseío
plage	aktí, paralía
saint, sainte	ágios, agía
statue	ágalma
temple, sanctuaire	naós, ieró
tour	pyrgos
ville haute	akrópoli
vue	théama

Chiffres et nombres

un, une	éna, mía
2	dyo
3	tría
4	téssera
5	pénte
6	éxi
7	eptá
8	októ
9	ennéa
10	déka
11	énteka
12	dódeka
13	dekatría
14	dekatéssera
15	dekapénte
16	dekaéxi
17	dekaeptá
18	dekaoktó
19	dekaennéa
20	eíkosi
21	eíkosi éna
22	eíkosi dyo
23	eíkosi tría (etc.)
30	triánta
40	saránta
50	penínta
60	exínta
70	evdomínta
80	ogdónta
90	enenínta
100	ekató
101	ekatón éna (etc.)
200	diakósia
300	triakósia
400	tetrakósia
500	pentakósia
600	exakósia
700	eptakósia
800	oktakósia
900	enneakósia
1 000	chília
10 000	déka chiliádes

À FAIRE ET À VOIR

Activités sportives

Vacances en Grèce riment presque toujours avec sites antiques, soleil et plage, ou une croisière en voilier... C'est oublier que la Grèce est un pays montagneux, connaissant les rigueurs de l'hiver, et que ses sommets, à commencer par le plus célèbre d'entre tous, l'Olympe, sont enneigés plusieurs mois.

Dans certaines régions ou îles, l'office de tourisme local délivre une carte des activités sportives des environs. Pour les sports spécifiques, comme le ski, le golf, la randonnée en montagne ou la spéléologie (praticables en de nombreux endroits), renseignez-vous auprès des fédérations.

Voir aussi nos adresses dans les « carnets pratiques ».

CANOË-KAYAK

Plusieurs organismes proposent des séjours organisés, par exemple, au lac de Kremasti ou au lac Plastira, en Thessalie. Pour de plus amples informations, s'adresser à la Fédération de canoë-kayak ou à des agences spécialisées, **Trekking Hellas** Athènes – *7 odos Filellinon - Syntagma - ☏ 21033 103 23 - fax 21032 345 48 - www.trekking.gr* (en anglais).

Le kayak de mer est un moyen simple et écologique de découvrir les îles.

GOLF

Les amateurs pourront jouer à Corfou, Rhodes, Glýfada (près d'Athènes) et Porto Karras (en Chalcidique). Pour obtenir des informations, adressez-vous à la Fédération hellénique de golf à Glýfada – *☏ 21089 457 27 - fax 21089 451 62.*

Quatre propositions de séjours par l'agence **Héliades** à Aix-en-Provence – *☏ 0 892 231 523 (0,34 €/mn) - www.heliades.fr.*

PLAGES

De gros efforts ont été fournis au cours des dernières années pour assurer la propreté des plages grecques : la grande majorité d'entre elles bénéficie désormais du fameux « pavillon bleu européen », gage de propreté des eaux et de bonne gestion environnementale.

Pour en savoir plus, consulter le site Internet www.blueflag.org/blueflag/2008/Greece.

Dans les **Cyclades**, Ándros, Íos, Mikonos, Mílos, Náxos et Santorin possèdent de très belles plages. Les îles ioniennes possèdent des plages magnifiques, de sable ou de galets, notamment à **Corfou**. Katsiki et Kathisma à **Leucade**, Mirtos à **Céphalonie** sont considérées parmi les plus belles plages de Grèce. Dans le Dodécanèse, c'est à **Kos** et à **Rhodes** qu'il faut aller. Dans les Sporades, **Skíathos** est à indiquer et dans le nord de l'Egée, **Lésvos**. Près d'Athènes, c'est en **Eubée**, **Glýfada**, au **cap Sounion** et dans les **îles du golfe Saronique** que vous pourrez vous baigner.

PROMENADES TOURISTIQUES

Signalons trois parcours pittoresques : la **ligne de Kalávrita** (Péloponnèse) par un chemin de fer à crémaillère, la **ligne « aérienne » de Leivadeiá à Lamía** que ponctuent d'impressionnants viaducs et le petit train du Pélion.

RAFTING

Des sorties d'une durée variable sur les différentes rivières du pays, des descentes plus au moins faciles, doublées de cours théoriques et pratiques sur le terrain sont de plus en plus souvent organisées.

Les sites les plus recherchés se situent dans le nome d'Evritania (région de Karpenissi), à Grevena et à Arachto.

Adressez-vous également à l'agence **Trekking-Hellas** *(voir la rubrique « Canoë-kayak »).*

Amoureux de la nature

Dans tous les cas, soyez respectueux des paysages traversés : admirez la richesse de la fragile flore mais ne cueillez rien, emportez vos détritus avec vous et, lorsque vous traversez des enclos, même si aucun animal n'est en vue, refermez toujours la barrière derrière vous.

RANDONNÉE-ESCALADE

La Grèce fourmille de sentiers, de forêts, de lacs et de parcs naturels (surtout en Grèce continentale) qui se prêtent à la marche pour tous les niveaux.

Fédération des clubs alpins – *5 odos Milioni - 10673 Athènes - ☏ 21036 459 04 - fax 21036 446 87.* Elle peut vous fournir la liste des refuges de montagne et des cartes des sentiers de randonnée *(voir les agences spécialisées, p. 13).*

Les plus sportifs entreprendront d'escalader les falaises des îles de la mer Égée (voies équipées à Chíos, Mílos, Kálymnos, Mikonos), les parois du pic Kofinas en Crète, voire même se hisser sur un rocher des Météores ! Bon nombre d'associations organisent des itinéraires plus ou moins faciles selon la composition du groupe de participants. Plusieurs agences proposent également des excursions d'une journée ou des séjours plus longs.

Contactez l'agence **Trekking-Hellas** *(voir la rubrique « Canoë-kayak »).*

SKI

Veria (Macédoine), le mont Parnasse et Karpenissi (Grèce continentale et Péloponnèse) offrent de belles pistes enneigées. Le ski connaît un essor croissant, mais les stations sont encore loin de fournir les prestations des grandes stations alpines. Elles sont néanmoins de qualité et relativement bon marché malgré un équipement hôtelier encore insuffisant.

Fédération hellénique de ski à Athènes *– 7 odos Karargiorgi Servias - ✆ 21032 301 82.*

SPORTS NAUTIQUES

Les amateurs auront le choix entre la planche à voile (les vents étant fréquents dans les îles), le ski nautique ou encore le jet-ski. Les meilleurs spots de surf se trouvent à Páros. Inutile de vous encombrer de votre matériel, les clubs locaux assurent la location, notamment à Náxos, Mikonos et Santorin.

Les fonds marins de la Méditerranée ont parfois l'attrait des mers tropicales. Les agences locales disposent de tout l'équipement et de moniteurs certifiés.

Consultez l'agence **Blue Lagoon** *– 81 r. St-Lazare - 75009 Paris - ✆ 01 44 63 64 10 et 45 r. Montgrand - 13006 Marseille - ✆ 04 91 55 84 94 - www.blue-lagoon.fr.*

YACHTING

La navigation de plaisance est l'un des moyens les plus agréables pour explorer les côtes et les îles grecques. En pleine expansion, ce style de tourisme se heurte aujourd'hui à des difficultés liées à des capacités d'accueil insuffisantes dans les ports et les marinas qui sont pris d'assaut en saison.

Bon à savoir – Les conditions climatiques (notamment les vents) sont très changeantes en mer Égée.

Vous pouvez vous renseigner aux adresses suivantes :

Air Sud Découvertes *– 25 bd Sébastopol - 75001 Paris - ✆ 01 40 41 66 66.*

Moorings *– 64 r. J.-J.-Rousseau - 75001 Paris - ✆ 01 53 00 30 30 - www.moorings.com.* Ces deux prestataires proposent des forfaits de croisières en voilier ou en bateau à moteur et des locations de yacht.

Hellenic Professionnal Yacht Owners *– marina de Zea (Le Pirée) - ✆ 21045 263 35 - fax 21042 804 65.*

Escale Yachting – *Denis Kyriazis - Thisseos 4 - Ermoupoli 84100 - Syros - ✆ 22810 861 84 - fax 22810 861 86 - info@escaleyachting.com.*

Voir aussi les sites www.vcomvoile.tm.fr et www.yachtingreece.gr.

Phototravellers / MICHELIN

Le compagnon du Grec : le « komboloï ».

Que rapporter ?

Il existe une tradition artisanale grecque, et l'on trouve des objets intéressants : certains commerçants ont su adapter avec bonheur quelques créations régionales au goût des étrangers. Mais il faut bien chercher car la plupart des articles estampillés « traditionnels » sont destinés exclusivement aux touristes et ne proviennent pas forcément d'artisans locaux.

LES BIJOUX

Dans les années 1950, **Ilias Lalzounis** innove dans la création de bijoux en copiant des objets précieux de l'Antiquité. Sous son patronage, une école et des ateliers sont fondés pour former de nouveaux artisans aux techniques séculaires du travail de l'or, et il possède même son musée *(voir p. 121).* De merveilleuses pièces inspirées des civilisations minoenne, macédonienne, grecque classique et byzantine sortent encore de ces ateliers (et à présent de chez d'autres joailliers). S'il n'est pas toujours facile de faire la différence entre les productions artisanales et industrielles, les écarts de tarifs devraient vous donner une indication.

Dans les quartiers touristiques, les boutiques proposent un large éventail de pièces d'orfèvrerie, de bijoux et de breloques, souvent de belles copies d'ancien ou de moderne. Même si elles ne sont pas réalisées par un artisan, ces parures en or présentent un bon rapport qualité-prix.

LE CUIR ET LA FOURRURE

On travaille le cuir dans les régions du **nord de la Grèce**. Sacs à main, à dos ou de voyage, besaces, chaussures, sandales ou ceintures sont également proposés à des prix intéressants dans tous les lieux touristiques. Au cours de votre séjour, vous serez peut-être étonné par le nombre impressionnant de magasins de fourrure dans le nord, et notamment à **Kastoriá**.

LES TAPIS ET LES TISSAGES

La plupart des tapis, issus de la tradition ottomane, sont tissés mécaniquement dans les usines de la région de **Thessalonique**. En revanche, certaines productions de **Crète**, de **Delphes** ou de **l'Épire** méritent une attention particulière pour le tissage et les motifs géométriques, inchangés depuis plusieurs générations.

Jadis, les jeunes filles préparaient leur trousseau en brodant des étoffes aux motifs colorés *(kendimata)* représentant des fleurs, des animaux, des paysages marins ou champêtres et des thèmes inspirés de la mythologie. On peut encore dénicher des chefs-d'œuvre dans quelques rares villages éloignés des circuits touristiques, dans le **nord de la Grèce** ou à **Karpathos**, dans le Dodécanèse.

LES OBJETS USUELS

Vous pourrez rapporter des **tavli** (jeux de jacquet d'origine ottomane), des **flitzanakia** (petites tasses à café de porcelaine blanche), des **kéramika** (pot, pichet ou tout autre objet en céramique originaire de Sifnos ou Rhodes), des **bouzoukia** (mandolines à long manche) ou enfin les fameux **komboloï** (courts chapelets que les Grecs égrènent à tout moment).

LES SPÉCIALITÉS

Les gourmands et les gourmets trouveront toutes sortes de produits à rapporter pour prolonger leur voyage par les saveurs et les parfums du pays : **miel**, **fruits confits** en sirop *(slika)*, **pistaches** d'Égine, **muscat** de Samos, ou encore une bouteille d'**ouzo** ou de **retsina**. Sans oublier l'**huile d'olive**, très fruitée, gorgée de soleil, d'exceptionnelle qualité (certains spécialistes prétendent que c'est la meilleure du monde). La plus fameuse, dit-on, est celle de Crète.

LE TRAVAIL DU BOIS

Certaines îles, comme les **Sporades du Nord**, sont réputées pour leurs meubles traditionnels : lits, buffets, coffres *(kassela)*, banquettes *(nissiotikoi kanapedes)*, vaisseliers *(piatothikia)*, tables et chaises, travaillés dans du bois de hêtre, d'arbre fruitier, de chêne ou d'acajou, composent un « mobilier des îles ». Dans le Péloponnèse, la ville de **Vitína** (sur la route de Trípoli à Olympie) est connue pour ses objets en noyer, en cerisier ou en pin. On trouve aussi bien des barrettes que des saladiers, des planches à pain ou encore les populaires pichets à eau.

Événements

En marge des festivals d'été, notamment de danse et de théâtre, ou des grandes fêtes religieuses comme le 15 août, chaque village célèbre son saint votif au cours de joyeuses *panegiri*.

Bon à savoir – N'oubliez pas que le repas et la soirée de la fête religieuse ont toujours lieu la veille de la date anniversaire proprement dite (jour de la messe commémorative). Les fêtes orthodoxes sont souvent bien plus fastueuses que celles de l'Europe occidentale.

Nous citons ici les principales manifestations, d'autres sont indiquées dans les « carnets pratiques » du guide.

6 JANVIER (ÉPIPHANIE)

Le Pirée – Bénédiction de la mer et immersion d'une croix, repêchée par des plongeurs.

6 AU 8 JANVIER

Kastoriá – Carnaval à l'occasion des Ragoutsaria.

FÉVRIER-MARS

Pátra – Carnaval le plus important de Grèce : défilé de chars.

Athènes – Carnaval masqué et déguisé.

Skiros – Carnaval, défilé et danses folkloriques.

Náoussa (Macédoine) – Carnaval des Boules, danseurs masqués.

LUNDI PUR

Athènes – Chants et danses populaires près du temple de Zeus ; concours de cerfs-volants sur la colline de Philopappou.

DIMANCHE DES RAMEAUX ET SAMEDI SAINT

Corfou – Procession en l'honneur de saint Spiridon.

VENDREDI SAINT

Toute la Grèce – Procession de l'Epitafios (mise au tombeau du Christ).

PÂQUES

Toute la Grèce – Messes de minuit en plein air le samedi.

SEMAINE DE PÂQUES

Kálymnos – Danses masculines de la Voriatiki (vent du nord).

Mégara (Attique) – Danses traditionnelles.

23 AVRIL (SAINT GEORGES)

Skála (Céphalonie) – Courses des anciens, des jeunes filles et d'ânes déguisés.

Aráchova – Fête dès le 22 avril au soir et pendant trois jours (procession, banquets, danses folkloriques et « course des vieux »).

MAI

Lésvos – Sacrifices d'animaux, courses de chevaux, danses, fêtes religieuses.

21-23 MAI

Lagkádas (près de Thessalonique) et Agia Eleni (Serres) – Cérémonies rituelles des Anastenarides qui dansent pieds nus sur la braise en tenant les icônes de saint Constantin et de sainte Hélène.

29 MAI

Mistras – Commémoration de la mort de l'empereur Constantin Paléologue le 29 mai 1453.

MAI À SEPTEMBRE

Athènes – Danses folkloriques Dora Stratou.

MAI-JUIN ET DÉBUT OCTOBRE

Athènes – Festival d'Athènes (théâtre, concerts et ballets).

SAMEDIS ET DIMANCHES DE FIN JUIN À FIN AOÛT

Épidaure – Festival de théâtre antique.

MI-JUIN À DÉBUT OCTOBRE

Pátra – Festival culturel.

J. Malburet/ MICHELIN

Le beau théâtre d'Hérode Atticus accueille chaque année les spectacles du Festival d'Athènes.

MI-JUILLET À SEPTEMBRE

Réthimno – Fête du vin.

FIN JUIN À FIN SEPTEMBRE

Héraklia – Festival culturel.

JUILLET-AOÛT

Réthimno – Festival de la Renaissance.

Thássos – Festival de drame antique.

Delphes – Manifestations artistiques.

En Piera (région du mont Olympe) – Festival théâtral organisé dans le site antique de Dion et dans la forteresse franque de Platamónas.

JUILLET-DÉBUT SEPTEMBRE

Rhodes – Festival du vin.

19 JUILLET

Toute la Grèce – Pèlerinages aux sommets consacrés à saint Élie.

AOÛT

Leucade – Festival artistique et folklorique.

6 AOÛT

Corfou – Procession en barques à l'îlot de Pontikonisi.

11 AOÛT

Corfou – Procession en l'honneur de saint Spiridon.

12-15 AOÛT

Archanes (Crète) – Festival d'art populaire et dégustation de vins.

15 AOÛT

Tínos – Pèlerinage en l'honneur de l'icône miraculeuse de la Vierge.

1er DIMANCHE APRÈS LE 15 AOÛT

Portariá (Pélion) – Reconstitution d'un mariage traditionnel.

Skíathos – Procession de l'Epitafios de la Vierge.

DERNIER DIMANCHE D'AOÛT

Kritsá (Crète) – Reconstitution d'un mariage traditionnel.

AOÛT-SEPTEMBRE

Pátra – Festival du vin.

Dodone – Représentations de théâtre antique.

Ioannina – Spectacles divers.

FIN AOÛT-DÉBUT SEPTEMBRE

Zante – Rencontres internationales de théâtre médiéval et populaire.

SEPTEMBRE

Thessalonique – Foire internationale.

Xánthi – Carnaval.

14 SEPTEMBRE

Préveli (Crète) – Fête de l'invention de la Sainte Croix.

OCTOBRE

Thessalonique – Festival de cinéma.

20 OCTOBRE

Pilos – La Navarinia, commémoration du combat naval de Navarin.

OCTOBRE ET NOVEMBRE

Thessalonique – Processions de la St-Dimitri (26 octobre). Festival Dimitria.

8 NOVEMBRE

Arkádi (Crète) – Manifestations et danses traditionnelles en souvenir du sacrifice des défenseurs du monastère.

21 NOVEMBRE

Amorgós (Cyclades) – Fête de la Présentation de la Vierge au monastère de la Chozoviótissa.

30 NOVEMBRE

Pátra – Procession en l'honneur de saint André.

24 ET 31 DÉCEMBRE

Toute la Grèce – Les enfants vont de porte en porte en chantant les *kalanda* et en s'accompagnant d'un triangle.

POUR PROLONGER LE VOYAGE

Nos conseils de lecture

HISTOIRE ET CIVILISATION

La Naissance de la Grèce, Pierre Lévêque, « Découvertes », Gallimard. Un tableau passionnant et en images de la Grèce ancienne.

L'Aventure grecque, Pierre Lévêque, Armand Colin. Une bonne synthèse de l'histoire de la Grèce ancienne.

Civilisation grecque (archaïque et classique) et *Civilisation hellénistique,* François Chamoux, « Grandes civilisations », Arthaud.

Histoire de la Grèce, Georges Contogeorgis, « Nations d'Europe », Hatier.

Histoire de l'éducation dans l'Antiquité, Henri-Irénée Marrou, « Points Histoire », Seuil. L'un des meilleurs tableaux des composantes de la culture grecque ancienne, dans un style didactique.

Le Drame de Byzance, Alain Ducellier, « Pluriel », Hachette Littératures. Pour ne pas oublier qu'entre la Grèce ancienne et la conquête ottomane, il y a cette grande civilisation à découvrir.

L'Homme grec, sous la direction de Jean-Pierre Vernant, « Points Histoire », Seuil. Les meilleurs historiens se penchent sur ce modèle qui donnera naissance à l'humanisme européen, cet ancêtre commun à tous les Européens.

Géopolitique de la Grèce, Georges Prevelakis, Éditions Complexe. Les enjeux de la politique extérieure grecque dans ses grandes lignes.

La Crète/Un peuple résistant, un univers mythique, Grèce/Un théâtre d'ombres, Autrement. Deux pertinents ouvrages collectifs.

PHILOSOPHIE, THÉÂTRE ET MYTHOLOGIE

Tous les **philosophes** et les **tragiques grecs** sont proposés en traduction avec leur texte original par les éditions Les Belles Lettres. De nombreuses traductions sont également disponibles en poche ou dans la collection « La Pléiade », chez Gallimard.

Guide de poche des auteurs grecs et latins, Pierre-Emmanuel Dauzat, Marie-Laurence Desclos, Silvia Milanezi et Jean-François Pradeau, Les Belles Lettres.

Épicure et son école, Geneviève Rodis-Lewis, « Folio », Gallimard. Excellente présentation de cette philosophie d'une étonnante actualité.

Iliade - Odyssée, Homère, « La Pléiade » ou « Folio Classiques », Gallimard, ainsi que la traduction de Frédéric Mugler aux éditions de La Différence.

Homère, Iliade, Alessandro Baricco, Albin Michel. Une « adaptation » du célèbre récit par un jeune romancier italien.

La Pensée chatoyante, Pietro Citati, L'Arpenteur. Une belle lecture des aventures d'Ulysse.

L'Univers, les dieux, les hommes, Jean-Pierre Vernant, Seuil. Remarquable présentation de la mythologie grecque.

Les Noces de Cadmos et Harmonie, Roberto Calasso, Gallimard Poche. Le roman de la mythologie grecque.

Œdipe sur la route et *Antigone*, Henry Bauchau, « Babel », Actes Sud. Une relecture romanesque et poétique de cette illustre tragédie antique.

LITTÉRATURE GRECQUE

Précis de littérature grecque, Jacqueline de Romilly, PUF.

Alexis Zorba, Le Christ recrucifié et *La Lettre au Greco,* Nikos Kazantzakis, Livre de Poche. Deux romans célèbres et un essai d'autobiographie spirituelle du célèbre écrivain crétois.

Z, Vassilis Vassilikos, Gallimard Poche. Roman bouillonnant de vie et de générosité, qui constitue un excellent témoignage sur l'histoire politique et sociale de la Grèce au début des années 1960.

Grèce, Aris Fakinos, Poche, Seuil. Comment peut-on être grec ? La politique au quotidien.

En attendant les barbares, Constantin Cavafis, « Poésie », Gallimard. Une vision nostalgique de la Grèce, dans une langue ni moderne ni archaïsante.

Poèmes 1933-1955, Georges Séféris, « Poésie », Gallimard.

Axion Esti, Gallimard, et *Les Stèles du Céramique,* L'Échoppe, d'Odysséus Elytis, peut-être le plus grand poète de la Grèce moderne. Une œuvre qui renoue les fils rompus des trois composantes de la culture hellénique : classique, byzantine et moderne.

La Petite Angleterre, Ioanna Karystiani, Seuil. C'est ainsi que les marins désignent l'île égéenne d'Ándros.

Paris-Athènes, Vassilis Alexakis, Fayard. Le regard lucide et un peu désabusé d'un écrivain grec, émigré en France, sur la Grèce d'aujourd'hui.

La Marche des Neuf, Thanassis Valthinos, Actes Sud. Une défaite racontée dans un style évocateur, proche de celui de Dino Buzzati.

Pâques au village, Antonis Sourounis, Actes Sud. Une fête à Kalamata, un portrait vivant de la Grèce, entre tradition et modernité.

Le Quart, Nikos Kavvadias, Denoël. Unique roman, ténébreux et fort, de ce poète aventurier.

REGARDS SUR LA GRÈCE

L'Été grec, Jacques Lacarrière, « Terres Humaines », Plon. Ce récit de voyages effectués entre 1947 et les années 1960 est l'un des rares livres en français qui saisisse la Grèce dans toute sa complexité.

Cinq filles en Méditerranée, Marthe Oulié, Ouest-France. En 1925, l'expédition enthousiaste de ces amies, dont Ella Maillart, de Marseille à Athènes en voilier sur les traces d'Homère.

Pour l'amour du grec, Jacqueline de Romilly et Jean-Pierre Vernant, Bayard. Par deux grands érudits passionnés.

Le Colosse de Maroussi, Henry Miller, Stock. À la veille de la Seconde Guerre mondiale, l'enthousiasme d'un écrivain américain pour le caractère passionnel du tempérament grec.

La Mandoline du capitaine Corelli, Louis de Bernières, « Folio », Gallimard. Grand succès d'édition, ce roman épique et humaniste est à sa manière une histoire flamboyante de Céphalonie.

Citrons acides et *L'Île de Prospéro,* Lawrence Durrell, Livre de Poche. L'auteur, grand connaisseur de la Méditerranée, a exploré dans le premier volume la crise anglo-chypriote des années 1950, et évoqué dans le second le charme de Corfou.

La Navigation de Circé, Sandra Petrignani, Flammarion. Remise au goût du jour de la légende de la magicienne Circé que rencontra Ulysse en son odyssée.

Le Voyage en Grèce, Hervé Duchêne, « Bouquins », Robert Laffont. Une anthologie des voyageurs en Grèce du Moyen Âge à l'époque contemporaine.

L'Île suspendue, Jacques Chauvin, Bénévent. La passion amoureuse d'un marcheur pour l'île de Karpathos qu'il sillonne depuis 1994.

Pages grecques, Michel Déon, Gallimard Poche.

Le Voyage en Grèce, Raymond Queneau, Gallimard.

Jacques Lacarrière, un helléniste passionné

Tout jeune étudiant (il a alors 22 ans), Lacarrière découvre la Grèce en 1947 alors qu'il est venu jouer à Épidaure avec une troupe théâtrale de la Sorbonne. Il y séjourne ensuite de 1952 à 1966 et y découvre la culture grecque moderne. C'est *L'Été grec,* paru en 1976, qui le fera connaître comme écrivain. Il ne cessera alors de publier tant des traductions d'auteurs anciens (Sophocle, Pausanias) que des poètes et prosateurs contemporains (Vassilikos, Séféris, Ritsos) qu'il contribuera grandement à faire connaître en France. Disparu en septembre 2005, il a laissé un *Dictionnaire amoureux de la Grèce* (Plon, 2001) qui le résume bien.

BEAUX LIVRES ET ART DE VIVRE

L'Art grec, sous la direction de Pierre Vidal-Naquet, Éditions Citadelles & Mazenod. Une somme.

L'Art grec, Alain Pasquier et Bernard Holtzmann, Réunion des musées nationaux. Bonne présentation par deux passionnés d'archéologie.

La Grèce vue d'en haut, Yann Arthus-Bertrand, Éditions de La Martinière. Un splendide album pour découvrir la Grèce comme vous ne la verrez jamais.

L'Art de vivre en Grèce, Suzanne Slesin, Stafford Cliff, Daniel Rozensztroch et Gilles de Chabaneix, Flammarion.

Mézé, la cuisine grecque, Sarah Maxwell, Könemann.

Grèce gourmande, Andy Harris, Flammarion.

Bienfaits et délices du régime crétois, Dominique Laty et Jacques Fricker, Hachette Pratique.

POUR LES ENFANTS

Le Cheval de Troie ; Icare, l'homme-oiseau ; L'Extraordinaire voyage d'Ulysse, Hélène Kérillis, Hatier.

Les Héros grecs, Florence Noiville, Actes Sud.

Contes et légendes des héros de la mythologie, Christian Grenier et Philippe Kailhenn, Nathan Jeunesse.

Contes et légendes des jeux d'Olympie, Evano, Nathan Jeunesse.

Les Douze Travaux d'Hercule, Christian Grenier et Philippe Caron, Nathan Jeunesse.

Iliade - Odyssée, Homère, « Étonnants Classiques », GF Flammarion. Avec un dossier jeu.

BANDE DESSINÉE

Astérix aux Jeux olympiques, Albert Uderzo et René Goscinny, Hachette.
L'Odyssée d'Alix – Le Cheval de Troie, Jacques Martin, Pierre Forni et Christophe Simon, Casterman.

Quelques disques

Hommage à Tsitsanis, Radio France. Pour découvrir le maître du bouzouki dans ses plus belles compositions de *rebetiko*, le blues grec.
Melina Mercouri, Polygram. Probablement l'un des meilleurs enregistrements de cette grande dame grecque à la voix bouleversante.
Greece, a musical odyssey, Putumayo. Belle anthologie des étoiles confirmées ou montantes de la chanson grecque comme Melina Aslanidou, George Dalaras ou Glykeria.
Zorba le Grec, EMI. Musique célèbre du grand compositeur Mikis Theodorakis.
FM Records édite les plus grands musiciens grecs, *www.fmrecords.net* (en anglais ; disques disponibles chez les disquaires français).
De bonnes anthologies de musique byzantine ancienne ou de chants traditionnels orthodoxes sont disponibles dans le commerce. On peut citer *Musiques sacrées,* Ocora Radio France, par l'ensemble T. Vassilikos.

Quelques DVD

Zorba le Grec de Michalis Cacoyannis (1964), avec Anthony Quinn. Cette adaptation du roman de Kazantzakis est un véritable hymne à l'esprit grec !
Jamais le dimanche de Jules Dassin (1960). Dans Le Pirée des années 1950, une prostituée au grand cœur croise le chemin d'un Américain qui cherche à comprendre cette étrange société. Le célèbre film grec de Dassin, qui dirige pour la première fois sa future épouse, Melina Mercouri.
Le Regard d'Ulysse et *L'Éternité et un jour* de Théo Angelopoulos (1997 et 1999). Les films du célèbre cinéaste grec, seule figure du cinéma grec d'aujourd'hui connue et reconnue sur le plan international, sont traversés par des thèmes récurrents : l'identité, les frontières, la mémoire.

Retrouver la Grèce en France

À PARIS

Centre culturel hellénique – *23 r. Galilée - 75116 Paris - ✆ 01 47 23 39 06.* Informations sur les expositions, manifestations et spectacles.
Librairie hellénique Desmos – *14 r. Vandamme - 75014 Paris - ✆ 01 43 20 84 04 - www.desmos-grece.com.* Intéressante pour ses ouvrages sur la langue, la littérature et le tourisme.

À MARSEILLE

Communauté grecque – *1 imp. de la Colline - 13008 Marseille - ✆ 04 91 73 39 51.* Très dynamique.
Institut culturel néo-hellénique Solomos – *64 r. St-Savournin - 13001 Marseille - ✆ 04 91 54 19 34.* Organise des cours de langue.
Bon à savoir – Vous trouverez d'autres adresses sur le site de l'**ambassade de Grèce** : www.amb-grece.fr.

Avec les Cartes et Guides Michelin, donnez du relief à vos voyages
MICHELIN
Atlas Routier France
REPÉRAGE PLUS FACILE
342 DEPARTEMENTS France 342
721 National 721
MICHELIN
FRANCE
Châteaux de la Loire
Le Guide Vert
Bonnes petites tables
du guide MICHELIN
Bretagne
VOYAGER PRATIQUE

Temple d'Athéna (Acropole, Athènes).

S. Entressangle / MICHELIN

COMPRENDRE LA GRÈCE

LA TERRE GRECQUE

La présence conjuguée de la mer et de la montagne, l'importance des presqu'îles et la profondeur de certaines baies constituant de véritables « fjords » donnent à la Grèce une physionomie originale. Ici, aucun rivage n'est très loin d'une montagne, et la mer semble omniprésente, y compris dans les lieux les plus inattendus : lorsque vous avez parcouru les pentes du fameux mont Parnasse et traversé le village d'Aráchova pour gagner le sanctuaire de Delphes, vous êtes loin de vous douter que, depuis celui-ci, vous apercevrez en contrebas les eaux étincelantes du golfe de Corinthe ! Cette alliance de la mer et de la montagne contribue à l'attirance qu'excerce cette terre aux fabuleux monuments antiques sur le voyageur, durablement ébloui par ces paysages ponctués par le feuillage argenté des oliviers aux troncs torturés et par la silhouette élancée des cyprès comme par ces anses paisibles où mouillent quelques barques colorées.

B. Brillion / MICHELIN

Paysage de Tínos (Cyclades).

Une péninsule montagneuse

À l'extrémité méridionale de la péninsule balkanique, la Grèce est un pays montagneux dont la superficie de 131 957 km^2 représente environ le quart de celle de la France. 1 000 km séparent Corfou de Kastellórizo, l'île la plus au sud du Dodécanèse, et l'extrémité occidentale de la Crète se trouve à 800 km du nord de la Thrace. L'aspect compartimenté dû à des montagnes aux vallées inextricables, comme l'éparpillement des îles donnent au voyageur une impression d'immensité sans cesse renouvelée.

Culminant à 2 917 m au **mont Olympe**, la Grèce présente un relief vigoureux, morcelé et on ne peut plus complexe. De nombreux sommets dépassent 2 000 m : 2 637 m au **Smolikas** dans la chaîne du Pinde, 2 457 m au **Parnasse**, 2 456 m au **mont Ida** en Crète, 2 407 m au **Taygète** dans le sud du Péloponnèse et, enfin, 2 182 m au **Falakro** en Macédoine.

Géologiquement, on distingue deux grandes zones. La partie occidentale : une chaîne tertiaire constituée surtout de roches calcaires poreuses au relief particulier et souvent spectaculaire (karst) prolonge les Alpes dinariques des Balkans. Trouée de grottes et de gouffres (les **katavothres**), elle comprend le massif du Pinde et son prolongement (le Parnasse), le Péloponnèse et la Crète.

Dans la partie orientale du pays (montagnes de Thrace et de Macédoine, Olympe, Pélion, Eubée), le socle ancien primaire a été bouleversé par d'importants mouvements tectoniques. On y trouve des roches cristallines fréquentes en mer Égée où, selon certains géologues, les îles pourraient être les vestiges d'un continent englouti, la légendaire **Atlantide**. L'activité volcanique s'est manifestée en différentes zones, notamment à Nissyros (Dodécanèse) et Santorin (Cyclades), où eut lieu au 17e s. av. J.-C. une éruption cataclysmique qui pourrait avoir fortement contribué à l'effondrement de la civilisation minoenne.

La Grèce continentale

LA GRÈCE CENTRALE

Comme toutes les autres régions du pays, la Grèce centrale, que longe l'île d'Eubée, se caractérise par un relief tourmenté symbolisé par le fameux **mont Parnasse**, refuge de l'oracle de Delphes. S'étendant entre mer Égée et mer Ionienne, limitée au sud-ouest par la profonde échancrure du golfe de Corinthe, elle s'étend du cap Sounion, au sud-est, aux sommets qui la séparent du nord de la Thessalie.

Au cœur de la Grèce historique, l'**Attique** forme un promontoire composé de petits massifs et de plaines plantées de vignes et d'oliviers (mais aujourd'hui industrialisées), où la densité de population est assez forte, même en dehors de l'agglomération athénienne. Encadrée de sommets, la capitale est une cité tentaculaire qui grandit de tous côtés.

Au nord de l'Attique, entre le mont Parnis et les contreforts du mont Parnasse, s'étend la **Béotie** dont les villes principales sont Thèbes et Livadiá, grands marchés agricoles. Dans la plaine, aux paysages relativement ingrats, on cultive le blé, l'orge, le maïs, tandis que le bassin de Tanagra, à l'est de Thèbes, se spécialise dans les cultures maraîchères. Asséché, le lac Copaïs est maintenant le domaine du coton, une des principales richesses agricoles de la Grèce moderne.

L'île d'**Eubée** suit les contours du continent auquel un pont la relie. Comme le reste du pays, elle est montagneuse.

La **Phocide** est quant à elle une région de transition entre la Béotie et l'Étolie. Elle s'ouvre avec le massif du Parnasse où se trouve une station de ski, près du village de montagne d'Aráchova, chose qui peut paraître inattendue dans un pays réputé pour son soleil et ses activités maritimes ! Près de là, le lac de barrage du Mornos alimente aujourd'hui en eau la ville d'Athènes. Mais la Phocide est surtout connue pour le sanctuaire d'Apollon à Delphes en contrebas duquel s'étale la « mer d'oliviers » du bassin d'Ámfissa, en bordure du golfe de Corinthe.

L'**Étolie** comprend une zone montagneuse boisée de chênes verts, un immense lac-réservoir et la vallée de l'Acheloos fertile en oliviers, tabac et primeurs. La scintillante lagune de Messolóngi donne sur le golfe de Pátra.

Le nord de la Grèce centrale est occupé par les hautes terres boisées de l'**Eurytanie**, souvent difficiles d'accès. La ville de Karpenissi, dominée par le mont Tymphreste, est établie au cœur de cette région orientée vers l'exploitation forestière. À l'ouest, à la limite de l'Étolie, les eaux retenues de l'Acheloos forment le lac de barrage de Kremasta, gros producteur d'électricité.

Au nord-est de la Phocide, enfin, la **Phtiotide** est une région agricole (coton, riz, céréales) traversée par la belle vallée du Sperchios. Lamía est un centre commerçant animé en même temps qu'un nœud routier.

LE PÉLOPONNÈSE

Relié à l'Attique par l'isthme de Corinthe que coupe le canal du même nom, le Péloponnèse constitue une grande péninsule montagneuse, compartimentée en bassins intérieurs d'effondrement et en plaines littorales bien irriguées.

Au nord-est s'étend la péninsule de l'**Argolide**, riche en céréales, cultures maraîchères ou fruitières, comme les orangers et les citronniers si nombreux autour de la cité d'Argos qui, si Nauplie en est la « capitale », lui a donné son nom. Bordant le golfe Saronique et ses îles dont certaines ne sont séparées du continent que par d'étroits chenaux, la péninsule, haut lieu de la Grèce antique, où se trouvent des centres archéologiques majeurs comme le sanctuaire d'Épidaure ou les citadelles cyclopéennes de Tirynthe, Mycènes et Midea, recèle nombre de petits ports et de minuscules stations balnéaires où il fait bon se poser, comme Néa Epídavros.

Au nord, entre la mer et la montagne, une bande fertile comprenant la **Corinthie** et l'**Achaïe** s'étend le long du golfe de Corinthe, véritable mer intérieure. Les vignobles exploités pour le vin ou les célèbres raisins secs sont entrecoupés de rangées de légumes ou d'arbres fruitiers. Troisième ville de Grèce, Pátra est un grand port.

À l'ouest, dans la plaine de l'**Élide**, les exploitations agricoles fournissent les cultures céréalières, maraîchères, ou entretiennent vergers et vignobles, dont les produits sont traités dans les conserveries locales.

Le sud se découpe en trois promontoires, dont le plus important prolonge le massif du Taygète : c'est le **Magne**, région calcaire très sauvage. De part et d'autre du Taygète, les plaines alluviales de **Laconie** et de **Messénie** produisent riz, céréales et primeurs. Les figues et les olives de Kalamáta sont réputées pour leur saveur.

À l'intérieur de la péninsule s'étend le paisible bassin d'**Arcadie** (600 à 800 m d'altitude), dont le centre est Trípoli.

LA THESSALIE

Les centres principaux de cette région, située au nord-est de la Grèce centrale, sont Lárissa et le port de Vólos.

La région est constituée par un riche bassin agricole drainé par le fleuve Pinios et encadré de hauts sommets : le **Pinde** à l'ouest qui sépare la Thessalie de l'Épire, l'**Olympe** et le **Pélion** à l'est en bordure de la mer Égée, et le **Tymphreste** au sud. Humide et froid en hiver, brûlant en été, ce bassin produit du blé, de l'orge, du maïs, de la betterave à sucre, du coton. Communiquant avec la Macédoine par les gorges du Tempé qu'empruntent le chemin de fer et l'autoroute, la Thessalie dispose aussi du port de Vólos au pied du massif du Pélion dont les pentes portent pommiers et oliviers. À l'ouest, on découvre des rochers curieusement découpés par l'érosion : les fameux **Météores**. La Thessalie est reliée à l'Épire par la route du col de Katára (1 705 m), le plus haut de Grèce.

L'ÉPIRE

De la Thessalie à la mer Ionienne, au nord-ouest du pays, les montagnes de l'Épire, creusées de vallées et de bassins, offrent des paysages majestueux et sévères. Un climat rude et des communications difficiles ont permis aux habitants de garder longtemps une certaine autonomie à l'époque de la domination ottomane.

Au centre de la province, Ioannina occupe un beau site sur un lac aux rives verdoyantes qui portent des prairies propres à l'élevage. Au nord-est s'étend le haut pays calcaire des Zagória aux belles maisons de pierre. Au sud, la lumineuse plaine d'Árta face au golfe d'Ambracie est couverte de plantations d'orangers et de rizières, tandis que celle de Préveza se consacre aux primeurs.

LA MACÉDOINE

Cette vaste région du nord de la Grèce, au climat continental, s'allonge de la frontière albanaise à celle de la Bulgarie dont la sépare la chaîne du Rhodope. Le centre de la province est marqué par l'immense plaine alluviale de l'Axios, ou Vardar, caractérisée par ses files de peupliers, ses canaux, ses anciens marais salants transformés en rizières ou en champs de coton. Plus à l'ouest, en bordure du massif du Vermio, centre de sports d'hiver, les pentes très fertiles sont exploitées depuis l'Antiquité. Des plantations de pommiers, de cerisiers, d'abricotiers, de pêchers, des cultures vivrières et de céréales y prospèrent. Au fond de son golfe s'étale la ville de Thessalonique, capitale de la Macédoine, port important et deuxième centre urbain de Grèce avec 1 million d'habitants.

Au sud-est de cette métropole, la **Chalcidique** est constituée de trois péninsules boisées dont la plus orientale abrite les monastères du mont Áthos et constitue une région autonome.

Vers Kavála s'étendent des paysages variés : plateaux, massif du Pangée, larges vallées où poussent le tabac, les céréales et la betterave à sucre.

À l'ouest, dans la région austère de Kastoriá, marquée par l'influence ottomane, on trouve de beaux lacs, dont ceux de Prespa, classés parc national, à la frontière de l'Albanie.

LA THRACE

Accordée à la Grèce par le traité de Lausanne en 1923, la Thrace grecque s'étend depuis les versants sud du Rhodope oriental jusqu'à la mer Égée. Elle présente un paysage alternant plaines et collines où l'on produit des céréales ou du coton, tandis que l'on perpétue la culture traditionnelle du tabac sur les flancs des montagnes.

Une minorité musulmane, installée à Komotiní, Alexandroúpoli et Souflí, a conservé l'usage de la langue turque, dont l'enseignement est assuré dans les écoles primaires. Les villages gardent un caractère ottoman très marqué *(voir carte détaillée p. 336)*.

Thalassa ! La mer et les îles

Toujours proche, la mer baigne une côte échancrée de criques et de calanques. Non soumise aux marées, transparente et d'une couleur jouant sur toute la gamme des bleus, il lui arrive d'être agitée, mais l'absence de courants et une visibilité le plus souvent excellente favorisent la navigation, activité dans laquelle les Grecs excellent depuis toujours.

Combien y a-t-il d'îles en Grèce ? Le chiffre atteindrait plusieurs milliers si l'on incluait tous les îlots rocheux inhabités qui bordent les côtes du pays. Réunies en archipels ou isolées, les îles grecques, baignées par une mer étincelante et couvertes de villages blancs accrochés à des versants escarpés, sont une des attractions touristiques majeures du pays.

LES ÎLES IONIENNES

Étirées en chapelet dans la mer Ionienne, à l'est du pays, ces îles proches de l'Italie sont aussi latines qu'helléniques. Bien arrosées en automne et en hiver, elles produisent en abondance céréales, olives et fruits. Elles comptent sept îles principales : **Corfou**, Paxos, Leucade, Céphalonie, Ithaque (qu'Ulysse, ou plutôt Homère, rendit célèbre), Zante et Cythère, qui, isolée à la pointe sud du Péloponnèse, est rattachée administrativement à l'Attique.

LES ÎLES DE LA MER ÉGÉE

Si certaines dépendent administrativement du continent (îles du golfe Saronique, Sporades, Thássos, Samothrace), elles n'en constituent pas moins un monde totalement différent du reste de la Grèce. Ces îles s'éparpillent entre la Grèce continentale et la Turquie.

Dans les **Cyclades** et le **Dodécanèse**, les maisons cubiques, passées à la chaux, tranchent sur la terre rocheuse et dénudée. Près de la côte turque, le Dodécanèse est constitué de 12 îles (d'où son nom), dont la principale est **Rhodes**.

Situées entre la pointe de l'Attique et la Crète, les Cyclades, constituant à elles seules un département (nome), comportent une vingtaine d'îles principales, dont certaines sont très connues, qu'il s'agisse de **Santorin**, **Mikonos**, **Délos**, **Náxos** ou **Páros**. Ces petits territoires montagneux aux paysages parfois volcaniques et spectaculaires offrent des plages superbes et des villages pittoresques qui ont contribué à les sortir de la misère, lorsque l'archipel est devenu un des hauts lieux du tourisme mondial.

Les **îles du nord de l'Égée**, Lésvos, Chíos et Sámos, sont de grands territoires plutôt verdoyants et fertiles qui ont conservé une population importante.

LA CRÈTE

Plus grande île de Grèce (sa superficie est comparable à celle de la Corse), la Crète s'allonge d'est en ouest sur plus de 250 km à une centaine de kilomètres au sud des côtes du Péloponnèse. L'île est dominée par trois massifs montagneux, les Montagnes Blanches, le mont Ida et le Dikti qui tous trois culminent à plus de 2 400 m et plongent abruptement dans les flots sur la côte sud. La partie nord de l'île, en revanche, est relativement plate. L'île compte quelques-unes des plus belles plages de Grèce. Iraklia, capitale administrative et économique de l'île, est reliée aujourd'hui par avion à Athènes mais aussi aux principales capitales européennes, preuve s'il en était besoin du succès remporté par la Crète auprès des touristes du monde entier…

Phototravellers / MICHELIN

Les oliviers crétois au printemps.

Villages de Grèce

Dans les montagnes du nord, les constructions n'ont quasiment pas changé depuis des siècles. Conçues pour se protéger du froid et de la neige, elles présentent un aspect massif, en pierre, avec des toits pentus. Plus près des côtes, les villages deviennent plus avenants, fleuris. En certains endroits, entourés de cyprès, couverts de toits de tuiles romaines, ils sont franchement méditerranéens.

Mais il faut aller dans les îles de la mer Égée pour admirer les plus beaux villages de Grèce. Ces îles présentent un port dans une anse abritée **(skala)**, un bourg **(hora)** construit sur une éminence hors de vue et d'atteinte des pirates d'autrefois, et un **kastro**, acropole grecque à l'origine, puis citadelle au temps des Vénitiens et des Ottomans. Dans les Cyclades, les villages d'une éclatante blancheur sont parcourus de ruelles sinueuses et étroites, parfois couvertes, toujours piétonnes. Le dallage constitué de larges pierres grises contraste avec la blancheur des murs.

La nature à l'épreuve

DES ÉTÉS BRÛLANTS

En Grèce, l'été est brûlant et l'hiver doux, sauf en montagne. À l'intérieur des terres, surtout dans la partie nord de la Grèce, le climat est plus continental : étouffant en été, frais ou froid en hiver, tandis que certains reliefs subissent des précipitations aussi soudaines que violentes. Les différences de température d'un moment à l'autre de la journée ou à mesure que l'on s'élève peuvent être spectaculaires… La neige est fréquente en altitude de novembre à avril, y compris en Crète.

Les **mers** sont chaudes. On peut se baigner partout entre la mi-avril et octobre. C'est en septembre que la température de l'eau, chauffée par les mois d'été, est la plus élevée.

Une lumière surprenante d'intensité baigne les îles de la mer Égée placées sous l'influence des vents étésiens, vents du nord. En hiver, c'est le **vorias**, au printemps et en été le **meltem**. En été, ce vent peut être extrêmement violent (force 9) et gêner, voire empêcher, la navigation. Il creuse la mer et déclenche des tempêtes mais il rafraîchit l'atmosphère.

LES PARCS NATIONAUX

La Grèce compte **dix** parcs nationaux où faune et flore sont protégées : lacs Prespa (Macédoine), mont Olympe (Thessalie et Macédoine), une partie de la chaîne du Pinde (Épire), mont Parnasse (Grèce centrale), cap Sounion (Attique), mont Enos (île de Céphalonie), gorges de Samaria (Crète), gorges de Vikos (Épire) et mont Oitis (Phocide). Ce sont des zones naturelles, biotopes d'importance écologique particulière par la flore,

Plages bleues

Depuis quelques années, les autorités grecques se montrent plus soucieuses de l'environnement qu'autrefois. Outre la création et l'entretien de parcs naturels, ce souci se traduit par des mesures de prévention destinées à lutter contre les incendies de forêts, souvent dévastateurs en raison de la sécheresse et du terrain accidenté. En outre, des mesures drastiques de lutte contre la pollution, industrielle notamment, ont permis à de nombreuses plages d'obtenir le label européen du ruban bleu, et ce même aux alentours d'Athènes.

ABC des principales plantes grecques

Acanthe – Ses feuilles longues, recourbées et très découpées, d'un beau vert, ont inspiré la décoration des chapiteaux corinthiens.

Amandier – Il est cultivé dans les plaines ou au fond des vallées. Sa floraison rose ou blanche est très précoce (janvier, février).

Bougainvillée – Plante grimpante à bractées groupées aux couleurs brillantes, le plus souvent fuschia. En été, dans les villages des Cyclades, sa floraison est magnifique.

Chêne vert (ou yeuse) – Il pousse sur un sol calcaire à moins de 800 m d'altitude. Contrairement aux autres espèces, ses feuilles sont persistantes.

Ciste : Son feuillage vert sombre contraste avec les fleurs blanches ou roses à pétales séparés.

Genévrier – Ses feuilles sont épineuses, et ses baies violacées sont très appréciées des oiseaux (cailles, merles).

Lentisque – Son feuillage dense est persistant. Ses petits fruits ronds et rouges virent au noir à maturité. La plante a une forte odeur de résine. L'unique lentisque de Chios (île du nord de l'Égée), une sous-espèce, produit le mastic.

Myrte – Ses fleurs blanches et ses baies noir-bleu symbolisent la passion amoureuse.

Olivier – Il pousse sur les sols calcaires ou siliceux. Son tronc est tourmenté et son feuillage argenté. Arbre symbole de la paix, il est l'un des emblèmes de la Grèce depuis l'Antiquité.

Pin d'Alep – On le trouve sur les pentes calcaires du littoral. Son feuillage est léger, son tronc tordu et son écorce grise.

Tamaris – Ce petit arbre pousse dans le sable. Il est le seul à supporter l'eau salée et procure ombre et fraîcheur au bord des plages.

la faune ou la géologie. Ils sont pratiquement inhabités. Le camping, la cueillette, la chasse et la circulation à moteur y sont interdits. Comme en France, on distingue pour chacun d'entre eux une zone centrale et une zone périphérique. Leur superficie totale est de 69 000 ha, zone périphérique comprise. Chaque parc a ses caractéristiques : dans les lacs Prespa, on dénombre une trentaine d'espèces d'oiseaux rares ; les gorges de Samaria, outre leur splendeur, se distinguent par la présence de chèvres sauvages que l'on ne retrouve nulle part ailleurs en Europe ; sur l'Olympe ou le Parnasse poussent des espèces végétales rares et d'une grande beauté. S'il n'existe pas de parcs nationaux marins hormis celui d'Alonissos, des zones protégées ont été créées autour de certaines îles, comme autour de Mílos.

LA VÉGÉTATION

La Grèce compte plus de 6 000 espèces végétales, dont près de 600 sont propres au pays.

Au pays de Dionysos, la **vigne** est chargée de soleil, cultivée pour le vin (dans le Péloponnèse, en Attique, en Macédoine, à Samos, en Eubée, en Crète ou à Santorin) ou pour le raisin de table. Couvrant 186 000 ha, les vignobles bénéficient de la variété des climats et des sols, donnant des vins de qualité à partir de cépages locaux, largement concurrencés désormais par les cépages importés.

Dans les plaines et les bassins cultivés, on rencontre des plantations d'arbres domestiques : les emblématiques **oliviers** jusqu'à 600 m d'altitude ; orangers et citronniers, amandiers dans les terres bien protégées ; mûriers, figuiers et grenadiers.

HISTOIRE

Il n'est pas exagéré de dire que la Grèce se trouve aux sources de notre civilisation européenne : il n'est que de prononcer le mot de « démocratie » pour s'en convaincre, même si dans les cités grecques le terme recouvrait une réalité bien différente de la nôtre. Cependant, l'histoire complexe et agitée de cette terre est finalement mal connue, des origines baignant dans le mythe à la nation moderne qui a adhéré à l'Europe en 1981, en passant par les cités-États de l'époque classique, l'empire d'Alexandre, la province romaine, et la longue période où la Grèce s'effaça, englobée dans deux empires, byzantin d'abord, ottoman ensuite.

P de Franqueville / MICHELIN

Détail de l'une des merveilleuses fresques minoennes du palais de Knossós en Crète.

L'Antiquité

Dans la mémoire de l'homme moderne, quelques figures associées à autant d'événements surnagent : la colère d'Achille pendant le siège de Troie, le messager mourant d'épuisement pour annoncer la victoire de Marathon, la démocratie incarnée par Périclès, les conquêtes d'Alexandre... Une telle épure, où la légende et l'histoire se mêlent intimement, ne rend pas compte de la complexité de l'histoire de la Grèce antique : ce sont d'abord des cités rivales et autonomes, souvent en conflit, parfois alliées contre des menaces extérieures, certaines exerçant provisoirement leur suprématie, mais il ne s'agit en aucun cas d'un État unifié, comme le fut l'Empire romain plus tard.

PREMIÈRES CIVILISATIONS

Si des traces d'occupation humaine du paléolithique ont été retrouvées, notamment en Thessalie, c'est au néolithique qu'apparaissent des peuples venus de l'est qui se fixent en Grèce continentale et y introduisent l'agriculture. Mais c'est dans l'archipel des Cyclades, autour de Délos, qu'une première civilisation prend son essor au 3e millénaire : marins de premier ordre, les insulaires développent le commerce et laissent les fameuses statues d'idoles aux formes épurées.

Les Minoens (2200-1300)

Cependant, autour de 2200 av. J.-C., une brillante civilisation (connue sous le nom de **minoenne** en référence au légendaire roi **Minos**) atteint en Crète une apogée qui va se poursuivre jusqu'en 1300. Dotée d'une écriture, cette culture se caractérise par la construction de véritables cités-palais labyrinthiques dont **Knossós** est l'exemple le plus connu.

L'épopée mycénienne (1600-1200)

La Grèce continentale, quant à elle, est le lieu de migration de peuples indo-européens parlant un grec archaïque : les **Ioniens** et les **Éoliens** (début du 2e millénaire), puis les **Achéens** (vers 1600). Ces derniers s'installent dans le Péloponnèse où ils fondent plusieurs cités, parmi lesquelles Pýlos et **Mycènes**, qui donnera son nom à leur civilisation.

À cette époque, qualifiée d'**helladique moyen**, la puissante cité de Mycènes voit surgir (autour de 1300) une citadelle entourée de murs cyclopéens. Autour de la cité, tout un territoire s'est mis sous sa protection. Mycènes est dirigée par un roi qu'assiste un général et qu'entourent des scribes. Une aristocratie militaire domine le peuple et les esclaves. Cette société, décrite dans les épopées homériques et que les fouilles exécutées par l'archéologue **Heinrich Schliemann** (1822-1890) ont mis au jour, pratique le culte des morts (et des divinités du panthéon grec : Zeus ou Poséidon sont mentionnés sur des tablettes) et maîtrise le travail des métaux non ferreux. S'il n'y a pas d'unité politique, chaque cité régnant sur son territoire, du moins existe-t-il une cohésion qui permet aux Achéens de s'unir pour tenter de coloniser la Crète (15e s.) et Rhodes ou pour piller les richesses de Troie (vers 1180).

Les temps obscurs (1200-750)

Si cette période, également appelée **helladique récent**, est qualifiée d'« obscure », c'est parce qu'elle a laissé peu de vestiges archéologiques et, surtout, une absence totale de traces écrites.

C'est l'arrivée des **Doriens** qui inaugure cette période. Ce peuple guerrier déferle sur le Péloponnèse, quatre-vingts ans après la chute de Troie (selon l'historien **Thucydide**), entraînant l'effondrement des royaumes mycéniens et la destruction de leurs cités, à l'exception, semble-t-il, d'Athènes où se réfugient les survivants. S'ils ne font pas preuve d'une tendresse excessive envers leurs ennemis, les Doriens apportent, en même temps que la terreur, l'usage du fer, et un décor de céramique peinte de motifs abstraits (proto-géométrique, avant 900, à laquelle va succéder l'époque dite géométrique).

La guerre de Troie a bien eu lieu !

Si bien des faits rapportés par **Homère** sont légendaires, Troie (ou Ilion) a bien existé : les ruines de cette prospère cité d'Asie Mineure ont été découvertes par Schliemann et attestent d'un long conflit qui affaiblit considérablement les Mycéniens autour de 1200 av. J.-C.

L'ÉPOQUE ARCHAÏQUE

Ces temps prennent fin autour de 750, avec l'adoption et l'adaptation par les Grecs de l'alphabet phénicien. De syllabique, l'écriture devient alphabétique. Dès lors naît une civilisation de l'écrit, ce que va traduire quelques décennies plus tard la transcription de l'*Iliade* et de l'*Odyssée*. À la même époque, en septembre 776, les premiers **jeux panhelléniques** se tiennent à Olympie. Cette date marque le point de départ de la chronologie en Grèce ancienne.

Après le 8e s., le morcellement entre les **cités-États** autonomes regroupant autour d'un noyau urbain les terres agricoles périphériques (Árgos, Sparte, Corinthe, Thèbes, Athènes…) entraîne nombre de conflits de voisinage dont témoignent entre autres les guerres lélantines (entre Chalkis et Érétria en Eubée), ou messéniennes (entre Sparte et ses voisines).

Sur le plan politique, on observe une évolution des institutions : les rois se cantonnent à un rôle religieux, le pouvoir étant exercé par des conseils de nobles, les **Eupatrides**, et l'administration dirigée par des magistrats, organisation qui va perdurer à **Sparte** : c'est le règne de l'oligarchie, où le pouvoir et la richesse sont concentrés dans les mains de l'aristocratie.

La colonisation

En commençant à se développer à partir de 775, la **colonisation** va faire évoluer les choses. Ce que **Platon** appelle « la forme la plus bénigne d'expulsion » est aussi la conséquence des désordres sociaux qui poussent à l'émigration nombre de Grecs, en même temps qu'elle permet aux cités de maîtriser les routes maritimes. La cité-mère (ou métropole) établit des cités-filles (qui, à leur tour, comme Syracuse, fondent d'autres cités-filles) avec lesquelles elle maintient des relations étroites, bien qu'elles soient politiquement indépendantes.

Quatre grands mouvements entraînent ainsi les Grecs : entre 775 et 675, les Eubéens, les Corinthiens et les Mégariens s'installent en Sicile et dans le sud de l'Italie ; de 675 à 600, les insulaires et les Milésiens colonisent la mer Noire, l'Égypte et la Cyrénaïque ; de 600 à 545, les Phocéens gagnent l'Étrurie, le sud des Gaules (installation à Massalia en 600) et la côte est de l'Espagne ; enfin, à partir de 545, les Athéniens colonisent la Thrace et les îles de l'archipel.

La prospérité économique nouvelle entraîne une évolution sociologique : les aventuriers partis chercher fortune outre-mer deviennent de riches marchands et réclament leur part de pouvoir. Des troubles sociaux s'ensuivent. Apparaît alors le système de la **tyrannie** : le

tyran (le mot n'a pas alors de signification péjorative) exerce le pouvoir en solitaire, mais en défendant les droits du peuple : c'est le cas à Athènes avec **Solon** (v. 653-558), dont les réformes politiques et sociales conduites en 594-593, et prolongées par son successeur **Pisistrate,** annoncent la future démocratie. Plus tard, en 508, **Clisthène** approfondit cette voie en réformant les institutions de la cité et en donnant un coup décisif aux institutions aristocratiques.

L'ÉPOQUE CLASSIQUE

Les guerres médiques

Le 5e s. s'ouvre par la révolte des colonies d'Ionie contre la tutelle perse du tout-puissant roi **Darius**. Un contingent athénien appelé à l'aide incendie Sardes, capitale de la satrapie. En réaction, les troupes du roi de Perse saccagent Milet. L'Ionie doit faire acte d'allégeance, mais Darius décide de ne pas en rester là : s'étant emparé de la Macédoine et

de la Thrace (490), il débarque en Attique… mais est vaincu par les Athéniens conduits par le stratège **Miltiade** à **Marathon** (490). Humilié, Darius est contraint de rembarquer pour l'Asie.

Ce haut fait d'armes ne fait que renforcer le prestige d'Athènes, dont le nouvel archonte, **Thémistocle**, fait construire une flotte de 200 trières pour défendre la cité. En 481, à la demande d'Athènes, les cités grecques (à l'exception des Thessaliens et des Béotiens) se coalisent et confient à Sparte le commandement de leur armée : c'est la **ligue de Corinthe**.

Un an plus tard débute la seconde guerre médique : **Xerxès**, successeur de Darius, à la tête d'une armée de 130 000 hommes, force le défilé des **Thermopyles** (« Les Portes Chaudes », en référence à une source), principal passage entre la Thessalie et la Grèce centrale, malgré l'héroïque résistance des 300 Spartiates de **Léonidas**. Une bataille au sort incertain se déroule sur mer au cap Artémision. Tandis que les Athéniens se replient, les Perses incendient l'Acropole. Mais ils sont battus sur mer à **Salamine** dans une bataille immortalisée par **Eschyle** et, dans leur retraite, écrasés à Platées, avant de subir en 479 un définitif revers maritime au cap Mycale.

En 478, les cités ioniennes et égéennes s'unissent à Athènes dans la **ligue de Délos** pour chasser définitivement les Perses. Une contribution est fournie par chaque cité en vue de constituer un trésor commun pour entretenir une armée terrestre et maritime.

L'apogée d'Athènes

Jamais le prestige d'Athènes n'a été aussi grand. Ce sont ses magistrats qui gèrent le trésor de la ligue, dont la cité assure la direction. En 454, elle fait transférer ce trésor de Délos jusque dans ses murs. C'est alors que **Périclès**, chef du groupe démocrate, est élu stratège et occupe le devant de la scène publique athénienne (444-428). Réélu chaque année, il incarne cette période qui voit l'affirmation de la démocratie, le renforcement de la puissance maritime, une politique urbaniste de prestige, avec notamment la construction du Parthénon.

Sur le plan extérieur, après que la paix de Callias (449-448) reconnaissant l'indépendance des cités grecques d'Asie Mineure a été signée avec les Perses, il conclut en 445 une paix avec Sparte, signée pour trente ans. Mais cet âge d'or sera de courte durée.

La guerre du Péloponnèse

Forte de son prestige, Athènes entend imposer sa loi, en particulier sur le plan économique. Corinthe et les cités de l'isthme font appel à Sparte. La guerre est déclarée : les Thébains s'emparent de Platées et les Péloponnésiens entrent en Attique, saccageant les récoltes. Enfermés derrière les Longs Murs, les Athéniens sont décimés par la peste bubonique : (Périclès lui-même en est victime en 429). Une première paix est signée par le stratège **Nicias** (421).

D.R

Buste de Périclès (conservé au musée Pio Clementino, Vatican).

En 415, **Alcibiade** convainc les Athéniens d'entreprendre une expédition en Sicile ; elle tourne à la déroute. La guerre devient « mondiale » lorsque les Perses s'allient aux Spartiates commandés par **Lysandre**, alors même que la démocratie chancelle à Athènes où, en 411, le gouvernement aristocratique dit des **Quatre-Cents** règne par la terreur. La défaite d'**Ægos Potamos** (405) scelle le déclin d'Athènes. Son empire maritime est anéanti. Sur le plan intérieur, elle subit en 404-403 la tyrannie des Trente, qui marque le bref retour au pouvoir des oligarques jusqu'au rétablissement de la démocratie. Au lendemain de la guerre du Péloponnèse, Athènes est ruinée. Symbole de ce déclin : le philosophe **Socrate**, considéré comme un opposant, est condamné en 399 à boire la ciguë.

Entre Sparte et Thèbes

Les décennies suivantes voient Sparte (401-383) et Thèbes (379-362) conduites par **Pélopidès** et **Épaminondas** se disputer la suprématie sous le regard intéressé de la Perse. Au gré des alliances, l'une puis l'autre impose son pouvoir. Les guerres se succèdent entre les deux cités : entre 395 et 387, c'est la guerre de Corinthe, qui s'achève par la « paix du roi », signée sous les auspices du Perse **Artaxerxès II**.

En 377, les cités désireuses de s'opposer à l'hégémonie de Sparte s'assemblent autour d'Athènes dans la seconde ligue de Délos. La Ligue béotienne se réorganise l'année suivante autour de Thèbes. Après la victoire de Leuctres sur les Spartiates (371), les Béotiens envahissent le Péloponnèse, ravagent Sparte et occupent la Messénie. Enfin, en 356, Mausole, satrape de Carie en Asie Mineure, s'allie avec Chíos, Rhodes et Byzance, et écrase la flotte athénienne, obligeant Athènes à reconnaître l'indépendance des cités égéennes.

L'ÉPOPÉE MACÉDONIENNE

Mais l'heure sonne de l'intervention d'un voisin, ignoré jusque-là, et qui dictera bientôt sa loi à toute la Grèce, avant d'étendre son empire jusqu'aux confins de l'Himalaya. Entre 356 et 336, **Philippe II** de Macédoine entreprend la conquête des marches de son royaume : Chalcidique, Péonie, Illyrie, Thrace, Thessalie. Puis, profitant des conflits entre les cités, il pénètre en Grèce centrale et défait la coalition athéno-thébaine à Chéronée

Les dates clés de la Grèce antique et byzantine

1800-1300 – Helladique moyen : essor des civilisations minoenne, puis mycénienne.
776 – Premiers jeux panhelléniques à Olympie.
750 – Unité de l'Attique sous Athènes.
594 – Réformes de Solon à Athènes.
508 – Clisthène instaure la démocratie à Athènes.
491-480 – Guerres médiques contre les Perses de Darius puis de Xerxès.
443-430 – Périclès, stratège d'Athènes.
431 – Guerre du Péloponnèse.
338 – Bataille de Chéronée : la Grèce passe sous le contrôle de la Macédoine.
336-323 – Épopée d'Alexandre le Grand.
27 av. J.-C. – La Grèce devient province romaine d'Achaïe.
336 – Le christianisme devient religion d'État.
339 – Derniers jeux Olympiques.
395 – Partage de l'Empire romain entre Empire d'Occident et Empire d'Orient (dont la Grèce).
1054 – Grand Schisme consacrant la rupture entre Rome et l'Église orthodoxe.
1204 – Prise et mise à sac de Constantinople par les croisés (4e croisade).
1453 – Prise de Constantinople par les Ottomans.

(338). **Démosthène**, qui avait tout tenté pour s'opposer à la mainmise du Macédonien, ne peut qu'évoquer la « Grèce tombée en esclavage ».

Le monde hellénistique

Philippe s'impose bientôt comme le chef militaire de la ligue des Hellènes qui met la Perse en coupe réglée. Mais, en 336, il est assassiné à Pella. Son fils **Alexandre le Grand** lui succède. Il écrase la révolte de Thèbes (335) avant de se lancer dans sa grande entreprise : de 334 à 323, reprenant les projets de Philippe, le jeune roi gagne l'Asie Mineure à la tête d'une armée de Macédoniens et de Grecs, point de départ d'une fulgurante campagne au cours de laquelle, après avoir soumis les Perses de **Darius III** et la Phénicie (332), il s'empare de l'Égypte (fondant **Alexandrie** en 331), de Babylone, rase Persépolis (330), s'enfonce vers l'Inde (326), se taillant un immense empire. Mais il meurt à Babylone le 13 juin 323. Ses généraux se répartissent alors son empire, ce qui ne va pas sans conflits. La Macédoine et la Grèce reviennent aux **Antigonides**. Diverses ligues se constituent pour se libérer de la Macédoine, comme en 228 au Pirée, mais en vain.

LA GRÈCE ROMANISÉE

Depuis longtemps consciente de ce qu'elle doit à la civilisation grecque, Rome ne s'intéresse militairement au monde hellénique que depuis le soutien de la Macédoine à Hannibal lors de la deuxième guerre punique. Après avoir vaincu **Philippe V de Macédoine** à Cynoscéphales (197), les Romains proclament la liberté du pays. Celle-ci est purement formelle et l'interventionnisme romain dans les affaires grecques conduit en 146 à une révolte de la Ligue achéenne, conduite par Corinthe, mais vite écrasée par les légions romaines. Les différentes ligues de cités sont alors dissoutes et la Grèce soumise à l'occupation romaine, qui s'étend à l'ensemble du monde hellénique, totalement annexé et réorganisé après le triomphe d'Octave (le futur Auguste) à Actium en 30, acquise dans le cadre de la guerre civile contre Antoine et Cléopâtre. En 27, les Romains réunissent les territoires grecs dans la **province d'Achaïe** ; des voies de circulation la relient au centre de l'Empire ; certaines villes bénéficient du statut de cités libres, fédérées ou encore alliées.

Vers l'Empire byzantin

Malgré la perte de puissance des cités, l'hellénisme se développe et la Grèce préserve son influence culturelle. La fascination exercée par Athènes sur certains empereurs (comme Hadrien) et sur les artistes n'y est pas étrangère. L'administration est surtout dirigée par les Grecs et la religion grecque, plus que tolérée. Cette relative autonomie crée peu à peu deux zones d'influence dans l'Empire : d'une part un Orient fédérant la sphère hellénistique, d'autre part un Occident latin.

À partir du 3e s., la Grèce se trouve confrontée aux invasions barbares, auxquelles la partie orientale de l'Empire résiste mieux que l'autre. Rome perd de son influence, et, en 330, l'empereur **Constantin** transfère sa capitale à Byzance, ancienne colonie grecque sur le Bosphore, qui devient **Constantinople**.

Sous le règne de **Théodose Ier le Grand**, le christianisme, très tôt prêché en Grèce par saint Paul (entre 47 et 50), devient la religion d'État (336). Les cultes païens sont de ce fait interdits et, en 339, les jeux Olympiques supprimés.

Byzantine puis ottomane

À la fin du 4e s., le territoire de l'Empire romain d'Orient regroupe les Balkans, la Grèce actuelle, l'Asie Mineure et l'Égypte. Le grec, qui est la langue de l'Église et la langue vernaculaire des régions de la Méditerranée orientale, y remplace peu à peu le latin et deviendra langue officielle (638). Totalement hellénisé, cet empire se veut le continuateur de Rome, après la chute de l'empire d'Occident en 476. Mais l'irruption des croisés venus reprendre les Lieux saints aux « infidèles », puis le déferlement de la vague ottomane vont mettre à bas cet empire et donner aux Grecs, comme aux autres peuples de la région, des maîtres, dont ils auront du mal à se débarrasser.

UN ÉTAT MENACÉ

C'est en 395 que l'Empire romain est partagé entre les deux fils de **Théodose** : à l'ouest l'Empire latin, à l'est, dirigé par **Arcadius**, l'Empire d'Orient de langue et de culture grecques, autour de Constantinople qui, après la prise de Rome en 476 par le Germain Odoacre, devient la seule capitale de l'Empire.

L'Empire byzantin est un **État théocratique** dans lequel l'empereur (qui prend le titre grec de **basileus** au début du 7e s.) et le patriarche de Constantinople exercent des fonctions complémentaires que symbolise l'emblème de l'aigle à deux têtes. Le basileus assure l'intégrité de l'État, considéré comme l'accomplissement du royaume de Dieu sur terre, le patriarche préservant la foi chrétienne. Le peuple se sent donc concerné par les questions de doctrine, car l'erreur peut non seulement mettre en danger le salut de l'âme, mais surtout menacer la sécurité de l'État. Aussi les questions religieuses influencent-elles vivement l'évolution interne de l'Empire.

Cela dit, les Grecs quant à eux demeurent longtemps indifférents aux querelles théologiques et restent tant qu'ils le peuvent (c'est-à-dire jusqu'à la fermeture des universités athéniennes de l'Académie et du Lycée, ordonnée en 529 par **Justinien Ier**) fidèles aux dieux païens.

L'Empire assiégé

S'il est un trait constant tout au long des mille ans d'existence de l'**Empire byzantin**, c'est la menace incessante d'invasions. À l'ouest, elle vient des Barbares, des Normands, des Francs et des Vénitiens ; au nord se pressent les Slaves. De l'est arrivent les Perses, les Arabes, et finalement les Turcs. Le territoire de l'Empire se réduit comme peau de chagrin, diminuant d'autant les ressources humaines, agricoles et financières qui permettent d'entretenir l'énorme bureaucratie qui s'est développée à Constantinople.

Les Byzantins résistent à leurs ennemis non seulement par la guerre – ils sont les premiers en Europe à utiliser les fameux feux grégeois qui leur donnent un grand avantage sur mer – mais ont également recours à l'intrigue et à la diplomatie, achetant certains ennemis, recevant tribut d'autres adversaires. Ils convertissent même au christianisme leurs turbulents voisins du Nord, les Bulgares.

Sous le règne brillant de **Justinien Ier** (527-565), marqué par l'édition du **Code justinien** (compilation exhaustive des textes de droit), des campagnes militaires permettent à l'empereur de reprendre l'Italie aux Ostrogoths et une partie de l'Espagne aux Wisigoths. Mais les Barbares envahissent la Thessalie et arrivent jusqu'à l'isthme de Corinthe.

Après 580, il faut faire face à une invasion des Slaves : ceux-ci mettent le siège devant Thessalonique (586), puis occupent le Péloponnèse pendant près de deux siècles.

Régnant de 610 à 641, l'empereur **Héraclius** parvient à battre les Perses et à résister au siège de sa capitale par les Avars en 626. Mais il ne peut empêcher la conquête de la Syrie, puis de l'Égypte par les Arabes (636), dont l'expansion sera provisoirement arrêtée par **Léon III l'Isaurien** un siècle plus tard.

En 783, les Slaves sont à nouveau de la partie, mais, battus par le Grec Saturikos, ils échouent devant Pátra en 805.

C'est au tour des Bulgares, qui sont en train de constituer un puissant empire au nord, de mettre le siège devant Constantinople en 813. Quatorze ans plus tard, les Arabes s'emparent de la

Crète. En 860, les Varègues de Riourik, après avoir fondé la principauté de Novgorod, pénètrent dans l'empire et tentent à leur tour de s'emparer de la capitale. Enfin, Thessalonique est prise par les Arabes en 904.

Réactions byzantines

Il ne faudrait pourtant pas croire que l'Empire se contente de subir sans réagir. En 961, **Nicéphore Phocas** reprend la Crète aux Arabes et va même jusqu'à s'emparer d'Antioche (969).

Basile II mène quant à lui entre 1001 et 1014 plusieurs campagnes contre les Bulgares : dans les défilés du Clidion, les troupes byzantines écrasent l'armée du roi **Samuil**, et en profitent pour se livrer à quelques atrocités : l'empire bulgare ne tarde pas à disparaître... provisoirement. Enfin, 1032 voit la reprise d'Édessa, la cité des icônes.

Mais, en 1071, la tendance s'inverse à nouveau : lors de la bataille de Mantzikert (Arménie), les armées byzantines sont défaites par les Turcs, ouvrant ainsi la voie à la pénétration ottomane.

Parvenue au pouvoir en 1081, la dynastie des **Comnènes** s'appuie sur l'armée et mène une politique de type oligarchique qui va accentuer l'affaiblissement de l'Empire.

Querelles byzantines

Participant pleinement du pouvoir politique, le christianisme oriental s'est érigé, entre hérésies diverses et schisme radical avec le catholicisme romain, comme l'**orthodoxie**, c'est-à-dire l'interprétation correcte des Évangiles.

Mais de **Rome**, capitale religieuse, à **Constantinople**, capitale politique, il y a plus d'un pas, et cela ne facilite pas les échanges. C'est pour cette raison que le concile de Constantinople (381) puis celui de Chalcédoine (451) élèvent le patriarche de la capitale au rang de second dignitaire de l'Église après le pape romain. Plus : la primauté est donnée à Constantinople, seconde ville de la chrétienté, pour tout l'Orient.

Des divergences d'interprétation des textes sacrés opposent les deux Églises. Il serait fastidieux de détailler toutes les **hérésies** qui se succèdent, de l'**arianisme**, prêché au 4e s. à Alexandrie par l'évêque Arius (selon qui le Christ ne possède qu'une divinité secondaire), au **monophysisme** du moine Eutychès (5e-6e s.), qui s'oppose au **nestorianisme** professé par le patriarche Nestorius au 5e s.

La querelle de l'**iconoclasme** revêt une importance considérable, parce qu'elle touche à la pratique quotidienne : tout

Phototravellers / MICHELIN

Saint Georges, un des sujets de prédilection de l'iconographie orthodoxe.

commence en 726, lorsque l'empereur **Léon III**, inquiet de l'influence des communautés monastiques, exige la destruction de toutes les images pieuses. Pendant plus d'un siècle, les uns martèlent les statues et détruisent les icônes, les autres les protègent, et tous s'entre-tuent. Il faut attendre 843 pour que l'iconoclasme soit condamné et définitivement abandonné. Depuis lors, les icônes sont l'un des éléments dominants de la ferveur orthodoxe.

Vers le Grand Schisme

Sur le plan temporel, le couronnement à Rome en 800 de Charlemagne comme empereur d'Occident par le pape scandalise les Byzantins. Leur empereur est en effet le seul héritier légitime de l'Empire romain.

S'y ajoute, dans le domaine spirituel, la **controverse du Filioque**. Cette expression du Credo (*Credo in spiritum sanctum qui ex patre filioque procedit :* « Je crois au Saint-Esprit qui procède du Père et du Fils »), introduite depuis le concile de Nicée, fait dépendre l'origine du Saint-Esprit à la fois du Père (Dieu) et *(quo)* du Fils (le Christ), ce que refusent les orthodoxes, pour qui le Saint-Esprit procède uniquement du Père pour être transmis par le Fils. En dépit de tentatives d'harmonisation, un gouffre se crée peu à peu entre l'Orient et l'Occident, l'orthodoxie et le catholicisme romain. La rupture est consommée en 1054 lors de l'excommunication réciproque du patriarche de Constantinople, Michel Cérulaire, et du pape Léon IX.

L'entreprise des croisades provoque la venue de moines, notamment des cisterciens, dont la tâche est d'œuvrer en faveur de l'œcuménisme. La situation critique de l'Empire impose le rapprochement avec Rome, que la prise de Constantinople saccagée par les croisés en 1204 rend indispensable. Le projet doit se concrétiser lors du concile de

Lyon (1274) tenu en présence de l'empereur latin Baudouin II de Courtenay et de l'empereur byzantin Michel VIII Paléologue, qui accepte les conditions posées par Rome. Mais les populations ne veulent rien entendre... C'est l'échec.

L'union est pourtant signée au **concile de Florence** (1438-1439), après un compromis sur différents points tels que la condition des âmes et la liberté des usages liturgiques. Les orthodoxes vont même jusqu'à céder sur la question du Filioque... Mais l'invasion de la Grèce par les Turcs en 1461 anéantit ces projets.

LES CROISÉS ARRIVENT !

Les croisades ont été initiées en Occident par les papes aux 11e et 12e s. dans le noble but d'aider les Byzantins à repousser les musulmans installés en Terre sainte. Force toutefois est de remarquer que les preux chevaliers francs se sont souvent détournés de leur sainte entreprise en tentant de se tailler des domaines territoriaux, tandis que les Vénitiens succombaient volontiers à l'appât des gains commerciaux.

C'est ainsi qu'en 1204, sous prétexte d'aider à résoudre la question de la succession au trône byzantin, la 4e croisade se détourne sur Constantinople, qu'elle met à sac le 12 avril, n'épargnant pas même les églises... Ce pillage, ainsi que l'occupation qui s'ensuit – aggravée, malgré certains efforts diplomatiques, par le différend religieux né du schisme de 1054 entre l'Église romaine et celle de Constantinople qui se considère désormais comme orthodoxe – entache durablement de méfiance les relations des Grecs avec les Occidentaux.

Morcellement

L'intrusion latine implante la féodalité dans l'univers byzantin : un collège de six Vénitiens et de six Français élit empereur en 1204 **Baudouin de Flandre** à la tête de l'**Empire romain de Constantinople**. Baudouin a pour fief personnel Constantinople qu'il partage avec les Vénitiens, la Thrace et le nord-ouest de l'Asie Mineure. Mais le tsar bulgare **Kalojan**, appelé en renfort, le bat à Andrinople en 1205 et l'emmène prisonnier dans sa forteresse de Tărnovo où il connaîtra un sort funeste. Son frère Henri de Flandre lui succède, suivi de Pierre et Robert de Courtenay, et enfin Baudouin II de Courtenay en 1261.

Tout en intronisant Baudouin, les croisés se sont répartis la Grèce (sauf l'Épire) selon le système féodal, les Vénitiens se réservant les îles et les places maritimes utiles à leur commerce, les chevaliers français et lombards jetant leur dévolu sur les terres.

Un **royaume de Macédoine** se développe alors autour de Thessalonique (1204-1224). La Grèce centrale est divisée en baronnies et le Péloponnèse accède au rang de **principauté de Morée**, gouvernée par les ducs d'Achaïe, le Champenois Guillaume de Champlitte, auquel succèdent les Villehardouin, et qui ont pour grands vassaux douze baronnies (parmi lesquelles les duchés de Thèbes, d'Athènes et de Náxos, comprenant les Cyclades avec des seigneurs vénitiens, et le comté de Céphalonie, englobant Zante et Leucade contrôlés aussi par les Vénitiens). Face à cette hégémonie latine, le sentiment grec se réveille et se rassemble autour de trois États indépendants : l'**empire de Nicée** (1204-1261), le **despotat d'Épire** (1205-1318) et l'**empire de Trébizonde** (1204-1461), géographiquement isolé à l'est de l'actuelle Turquie.

En 1261, l'empereur de Nicée, **Michel VIII Paléologue**, réussit à reconquérir Constantinople. Les années suivantes, les Byzantins reprennent une partie du Péloponnèse. Ils instituent en 1348 à Mystrás, citadelle fondée en 1249 (et qui devait devenir sous l'influence du philosophe **Georges Gémiste Pléthon** un centre culturel et spirituel de premier plan), le despotat de Morée qui maintiendra jusqu'en 1460.

Aux sources de l'humanisme

La fin du 14e s. voit un important exode de savants et d'intellectuels byzantins vers l'Occident : **Manuel Chrysoloras** enseigne à Florence la langue et la littérature grecques, **Georges Ermonymos** vient à Paris, où Érasme, Guillaume Budé et Reuchlin suivent son enseignement. La diffusion de leurs idées contribue à l'épanouissement de l'humanisme.

LE « JOUG » OTTOMAN

Mais d'autres assaillants s'annoncent bientôt : les Ottomans qui, en 1331, s'emparent de Nicée. La dernière heure de l'Empire byzantin est sur le point de sonner...

Le 29 mai 1453, Constantinople tombe sous l'assaut des Ottomans, et le dernier empereur, **Constantin Paléologue**, est tué. Avec la fin de cet empire millénaire,

Témoignage de quatre siècles de présence ottomane à Rhodes, la mosquée de Murad Reïs et son cimetière.

héritier de Rome, une page d'histoire se tourne. La Grèce passe alors progressivement sous domination turque, longue étape d'où émergera un État nouveau, celui qui, après bien des avatars, rejoindra enfin l'Europe, cette Europe même qui puise sa civilisation dans la culture hellénique.

Quatre siècles durant, les Grecs vont vivre sous l'emprise des Turcs ottomans. Les nouveaux maîtres sont plutôt bien accueillis par les Grecs, lassés des exactions des croisés de l'Empire latin, d'autant qu'ils jouissent de leur propre administration locale et d'une tolérance religieuse indéniable.

La mainmise des Turcs s'exerce dans d'autres domaines, celui des impôts et, surtout, par l'enrôlement des enfants dans le corps d'élite des **janissaires**. Cela contribue à l'émergence d'un renouveau du sentiment hellène, prélude à la lutte pour l'indépendance. Cette dernière, acquise au prix d'épisodes tragiques qui ont enflammé l'Europe d'alors, donne naissance à un État moderne.

Deux siècles de conquête

On aurait tort d'imaginer les Turcs déferlant, telle une horde, et s'emparant en un éclair des territoires grecs de l'Empire byzantin. Commencée à la fin du 14e s. par les provinces balkaniques et l'empire bulgare, marquée de façon emblématique par la prise de Constantinople en 1453, la conquête de la Grèce n'est achevée qu'en 1669 à Candie (Héraklion), reprise aux Vénitiens, qui parviendront à se maintenir dans les îles Ioniennes, notamment à Corfou, jusqu'au 18e s.

C'est sous le règne de **Mehmet II** (1444-1481) que s'achève l'occupation de la Grèce orientale et que tombent le duché d'Athènes, la Béotie, Lésvos, Chalkída en Eubée et Sámos. Les Turcs essuient toutefois quelques échecs, comme en 1480 devant Rhodes où ils sont repoussés par les chevaliers de Saint-Jean de Jérusalem.

Les successeurs de Mehmet II et notamment **Soliman II** dit le Magnifique, qui règne de 1520 à 1566, poursuivent son entreprise en mettant la main sur le Péloponnèse et les îles, s'assurant ainsi la maîtrise de la Méditerranée orientale. C'est ainsi que Rhodes et le Dodécanèse tombent en 1522, suivis à partir de 1537 par Nauplie, Monemvasía et les îles de la mer Égée. Seule Tínos demeure sous domination vénitienne. L'ancien corsaire, Khaïr el-Din, originaire de Lésvos, devenu sous le nom de **Barberousse** grand amiral de Soliman, fait régner la terreur sur les mers et défait la flotte de Charles Quint devant Préveza. En 1566, Chíos est à son tour prise, suivie de Chypre cinq ans plus tard, l'année même où, lors de la bataille de Lépante, la flotte vénitienne conduite par don Juan d'Autriche triomphe de la flotte turque, donnant ainsi un coup de frein à une expansion ottomane jugée jusque-là irrésistible et qui faisait trembler l'Europe.

Sous les Ottomans

Les Turcs manifestent une large tolérance religieuse envers les chrétiens et les juifs, politique due non à une particulière bonté d'âme, mais à la volonté du sultan de maintenir ces peuples non musulmans (les *raïas*) dans un état minoritaire, apte à servir les exigences de l'Empire.

L'administration, représentée par les **pachas** (dans les grandes villes) et les **agas** (dans les petites localités), récolte les impôts, généralement assez modérés. Les **raïas** peuvent être soumis à diverses corvées selon le bon plaisir des potentats locaux, installés sur les riches

Le devchirmé

Ce fut l'un des aspects de l'occupation les plus durement ressentis par les Grecs. Il s'agissait du « ramassage » forcé des enfants : convertis d'office à l'islam, ils intégraient le corps d'élite des janissaires, constituant la garde rapprochée du sultan. Les plus vifs d'esprit, après avoir été élevés dans le sérail, devenaient de hauts fonctionnaires aussi soumis que dévoués.

terres agricoles. Selon la loi ottomane, l'ensemble des terres est propriété du sultan qui en délègue parfois la gestion à de grands seigneurs guerriers en raison de leurs mérites : ceux-ci perçoivent directement leur part, reversant à l'État environ la moitié des revenus, les lieux de culte étant seuls exonérés. C'est dire que, selon la personnalité de tel ou tel, la vie des *raïas* peut être très différente.

Certains chrétiens se convertissent sans peine à l'islam ; d'autres, plus nombreux, se réfugient dans les montagnes, pour former, au creux de vallées inaccessibles, des communautés autarciques.

À partir du 17e s., lorsque commence la décadence ottomane, les **Phanariotes** (riches Stambouliotes habitant le quartier du Phanar, proche du siège du patriarcat), parfois descendants des familles impériales byzantines, réussissent à s'introduire au cœur de l'État ottoman et à accaparer de hautes fonctions : certains sont gouverneurs de provinces (Valachie et Moldavie, notamment), d'autres deviennent interprètes du sultan, voire ses ambassadeurs auprès des puissances occidentales.

Il n'en va pas de même de la plupart des intellectuels, qui choisissent l'exil, répandant à travers l'Occident les ferments de la culture grecque d'où va sortir l'humanisme ; ils sont rejoints par de riches marchands et contribuent à la constitution d'une diaspora, ferment actif du futur nationalisme hellène.

Le rôle de l'Église est également déterminant dans le maintien de la culture hellénique. Dès le début de la conquête, le sultan a non seulement confirmé le patriarche de Constantinople dans ses fonctions religieuses, mais il l'a également institué ethnarque (chef temporel), chargé des affaires internes de toutes les communautés orthodoxes de l'Empire, et responsable devant l'administration turque de la fidélité et de la bonne conduite des **roumis** (mot dérivé de « romain » et signifiant chrétien). Il arrive parfois que, se montrant fin politique, le sultan installe sur le trône patriarcal un anti-occidental convaincu (comme **Georges Scholarios**) qui, poursuivant le combat de l'orthodoxie contre l'Église romaine, coupe ses fidèles de tout contact avec les puissances européennes. Par ce double jeu, l'Église orthodoxe réussit à maintenir vivantes, durant les siècles d'occupation, la religion, la langue et les traditions du peuple grec. Les monastères, tels ceux du mont Áthos, des Météores et de Pátmos, deviennent des foyers actifs de la culture hellénique.

L'éveil national

Si, au cours du 17e s., on note quelques révoltes, c'est surtout au 18e s. que se manifeste une renaissance de l'esprit national, et en particulier sous l'impulsion de l'Église orthodoxe. De leur côté, les Vénitiens ne désarment pas, soucieux de préserver leurs comptoirs dans la Méditerranée orientale ; c'est ainsi qu'en 1687 ils réoccupent le Péloponnèse et l'île d'Égine ; au traité de Karlowitz (1699), la Sublime Porte accepte de céder la Morée à la Sérénissime. Mais c'est de la diaspora que vient l'impulsion décisive. De nombreuses sociétés secrètes bourgeoises, les **hétairies**, se sont créées aux quatre coins de l'Europe, ramassant des fonds, formant des militants pour combattre l'occupant avec l'objectif de rendre la liberté à la nation. La plus ancienne, basée à Vienne, a pour animateur **Rigas Feraios** : cet intellectuel, auteur d'un célèbre chant patriotique, est arrêté par les Autrichiens, livré aux Turcs et jeté avec ses compagnons dans la Save (1797). À la suite du cercle de Feraios, d'autres hétairies sont fondées : l'Hôtel hellénophone de Paris (1812), la Philomoussos d'Athènes (1813) et celle de Vienne (1814), et surtout la Société amicale, fondée à Odessa en 1814 et dirigée à partir de 1820 par **Alexandre Ypsilanti**, général de l'armée russe et aide de camp du tsar. Ces sociétés ont pour membres des négociants et des fonctionnaires, des armateurs, des banquiers et des écrivains résidant en Grèce ou à l'étranger, au contact de l'Europe des Lumières, puis gagnés aux idées de la Révolution française.

Sur place, une résistance armée s'organise, dans les montagnes où les Turcs hésitent à s'engager : ce sont les **klephtes** (littéralement « voleurs »), ces bandes de rebelles rustiques, habiles à tenter des coups de main audacieux. Ils sont souvent rejoints dans leur combat au nom de la *leventia* (association d'héroïsme et de sentiment de liberté) par les **armatoles**, milices composées de Grecs armés par les Turcs pour les combattre, et qui se livrent essentiellement au brigandage. Rien de commun entre les hétairies et les troupes montagnardes, sinon un même rejet de l'autorité ottomane ; rien de commun non plus dans les aspirations des uns et des autres – pour les notables, l'établissement d'une monarchie s'impose, même si l'idée républicaine véhiculée par les armées françaises se fait jour ; pour les klephtes, l'indépendance signifie un surcroît de liberté personnelle.

La Grèce moderne

Une lutte de neuf ans ponctuée de massacres, qui poussent l'Europe indignée à intervenir, permet à la Grèce d'accéder enfin à l'indépendance en 1830. Mais le jeune État demeure longtemps sous la surveillance des puissances, en particulier de l'Angleterre, qui lui imposent une monarchie et lui dictent une politique conforme à leurs intérêts. D'où une instabilité chronique marquée par des coups d'État et des abdications, voire des guerres civiles, qui ne prend fin qu'en 1974 avec la chute piteuse du « régime des colonels ». Dès lors, jouissant d'une démocratie apaisée, la Grèce peut s'arrimer à l'Europe.

G. Blot / RMN

Ibrahim Pacha (par Ch.-P. Larivière, musées des châteaux de Versailles et du Trianon).

LA « GRANDE RÉVOLUTION »

En février 1821, **Ypsilanti**, alors conseiller du tsar de Russie, tente de soulever les Roumains, espérant que l'Empire s'embrasera, mais ceux-ci se méfient d'un Grec et l'affaire se solde par quelques massacres.

Le mois suivant, c'est dans le Péloponnèse que la Grèce entreprend sa douloureuse marche vers la liberté : le 25 mars 1821, **Germanos**, métropolite de Pátra, brandit l'étendard bleu ciel à croix blanche de la révolte contre le sultan **Mahmoud II**, donnant le signal de la révolution nationale. La rébellion gagne la Morée (Péloponnèse), où 40 000 Turcs sont tués par les troupes de **Théodore Kolokotronis**, l'Épire et les îles du golfe Saronique. En représailles, le patriarche d'Istanbul est pendu et les Grecs d'Istanbul sont massacrés. En décembre, une Assemblée constituante se réunit à Épidaure… et proclame unilatéralement l'indépendance le 1er janvier 1822. Un gouvernement provisoire, dirigé par **Alexandros Mavrocordatos**, s'installe à Missolonghi, à l'entrée du golfe de Corinthe, place stratégique commandée par **Márkos Botzaris** (v. 1789-1823), et qui va devenir désormais l'objet de toutes les « attentions » des Ottomans.

Mais les Turcs réagissent : suite à l'insurrection de Lycourgos Logethin à Sámos, ils font un carnage à **Chíos** : 20 000 morts sont dénombrés, les femmes et les enfants réduits à l'esclavage. L'indignation gagne l'Europe, et les volontaires, parmi lesquels **Lord Byron** accompagné du dessinateur **Constantin Guys**, affluent en Grèce, tandis que les gouvernements européens se gardent d'intervenir en vertu de la politique de la Sainte-Alliance… L'affaire est d'autant plus mal engagée qu'une véritable guerre civile éclate entre les partisans de la monarchie et les républicains. Une seconde Assemblée constituante se réunit à Kranidi, aboutissant à la formation en 1823 d'un nouveau gouvernement provisoire dirigé par **Petros Mavromichalis**, puis par **Georgios Coundouriotis**.

Indignation

Le sacrifice héroïque des défenseurs de Missolonghi eut un retentissement important en Europe, où, dès 1821, s'était développé le mouvement des **Philhellènes**, qui puisait ses racines dans l'éducation classique. En France, ce courant fut amplifié par des écrivains comme Chateaubriand, Victor Hugo *(Les Orientales)* ou Claude Fauriel *(Chants populaires de la Grèce moderne)* et quelques artistes. Parmi ceux-ci, Eugène Delacroix, qui immortalisa l'événement dans son chef-d'œuvre allégorique, *La Grèce sur les ruines de Missolonghi* (il avait peint auparavant les *Scènes des massacres de Scio [Chios]*), David d'Angers avec l'*Enfant grec*, sculpture en marbre, et Ary Scheffer avec *Les Débris de la garnison de Missolonghi*.

Le siège de Missolonghi

Cependant, le sultan a fait appel à son vassal, le pacha d'Égypte **Méhémet Ali,** dont les troupes, conduites par son fils **Ibrahim Pacha**, mettent à feu et à sang la Morée, tandis que les Turcs assiègent Missolonghi en avril 1825, ville où Lord

Byron s'était éteint, emporté par les fièvres, après avoir galvanisé les énergies et armé les défenseurs de ses propres deniers. L'arrivée de Rachid Pacha à la tête de 15 000 hommes, tandis que les assiégés, derrière leurs faibles remparts, ne sont que 5 000, semble sonner le glas des espérances grecques. Mais les défenseurs luttent vaillamment, multipliant les sorties, et, un an plus tard, ils tiennent encore lorsque Ibrahim Pacha amène un renfort de 10 000 Égyptiens. Manquant de vivres, 9 000 habitants, femmes et enfants compris, quittent la ville dans la nuit du 22 au 23 avril 1826. Mais ils sont décimés par les Turcs, avertis par un traître, et seuls 1 800 d'entre eux atteignent Ámfissa à plus de 100 km au nord-est. Cependant, **Christos Kapsalis** et les derniers défenseurs font sauter la poudrière, s'ensevelissant sous les ruines avec les assaillants.

L'Europe intervient

Le retentissement est tel que les puissances européennes, poussées par leurs opinions publiques, se décident enfin à intervenir dans un conflit qui a fait plus de 200 000 victimes chez les Grecs. Les Russes et les Anglais adoptent le protocole de Saint-Pétersbourg proposant leur médiation et acceptent l'idée d'une Grèce autonome. La France adhère au protocole, qui est confirmé en juin par la convention de Londres. Mais la **Sublime Porte** refusant de négocier, il faudra donc l'y contraindre par la force…

En octobre 1827, une flotte anglo-russe détruit la marine turco-égyptienne à Navarin, tandis qu'un corps expéditionnaire français libère le Péloponnèse. En mai 1828, les Russes marchent sur Constantinople, contraignant le sultan à négocier : c'est le traité d'Andrinople qui, le 14 septembre 1829, reconnaît l'**indépendance** de la Grèce, que confirme le 3 février 1830 le protocole de Londres.

Le cas des îles Ioniennes

Avant même que ne se déclenche en Grèce le mouvement révolutionnaire, les îles Ioniennes sont l'enjeu de conflits qui aboutiront à leur indépendance : en 1797, à la chute de la république de Venise, elles passent sous le contrôle des Français. Après un bref intermède (1800-1807), au cours duquel les Russes les placent sous protectorat turc, elles redeviennent françaises suite à la paix de Tilsitt. En 1809, elles sont occupées par les Anglais, à l'exception de Corfou qui résiste jusqu'en 1814. C'est en 1818 que leur indépendance, sous protectorat anglais, est proclamée. Le grec devient la langue officielle.

UN ÉTAT SOUVERAIN ?

Le nouvel État n'a pas les frontières qu'on lui connaît actuellement : la Thessalie, la Macédoine, la Thrace, l'Épire, la Crète et une bonne partie des îles de la mer Égée sont encore aux mains des Turcs. En outre, les dissensions à l'intérieur du camp grec ne font que croître entre républicains et monarchistes.

Dès le printemps 1827, l'Assemblée nationale grecque réunie à Trézène propose la constitution d'un gouvernement républicain, doté d'un président élu pour sept ans et d'une chambre des députés. **Ioannis Capo d'Istria** est désigné comme président provisoire et il prend ses fonctions à Nauplie en 1828. S'il réorganise l'État et l'armée, il s'attire bientôt un mécontentement général en raison de son engagement républicain, de son autoritarisme et d'une politique jugée trop favorable à la Russie. Tout cela lui vaut d'être assassiné le 9 octobre 1831, au terme de graves dissensions.

Les puissances qui avaient aidé à l'indépendance du jeune État estimaient en outre disposer d'un droit de regard sur ses affaires intérieures. En 1832, faisant jouer une clause du protocole de Londres, les Alliés imposent le régime monarchique et offrent le trône en 1832 à un adolescent, le fils du roi de Bavière, **Otton de Wittelsbach**.

Cette royauté imposée, qui donne le trône à un étranger, tout philhellène qu'ait pu être son père, Louis Ier de Bavière, loin d'apaiser les dissensions, ouvre l'ère d'une instabilité qui va durer près d'un siècle et demi.

Les maladresses d'Otton (1835-1866)

Un an après l'arrivée du souverain, Athènes devient la capitale et en 1837 s'y ouvre la première université d'État.

Cependant, le jeune Otton ne tarde pas à s'attirer l'animosité de ses sujets par des maladresses répétées. Catholique lui-même, il épouse une catholique opposée à l'orthodoxie ; il s'entoure d'une cour constituée de Bavarois et éloigne du pouvoir les héros de la guerre d'indépendance. En outre, il montre une conception autocratique du pouvoir et ne cesse d'indisposer ses sujets, au point que ceux-ci organisent un coup d'État, le 3 septembre 1843, pour le contraindre à accorder une Constitution et à faire appel à des ministres grecs. En outre, lors de la guerre de Crimée, le soutien apporté à

Les dates clés de la Grèce moderne

1444-1566 – Les Ottomans s'emparent peu à peu de la Grèce.
1821 – L'appel du métropolite Germanos marque le début de la marche vers l'indépendance, proclamée unilatéralement l'année suivante.
1830 – Reconnaissance officielle de l'indépendance de la Grèce.
1896 – Premières olympiades des temps modernes.
1832 – Les puissances européennes imposent la monarchie à l'État grec.
1941-1944 – Occupation italo-allemande et victoire de la Résistance.
1945-1949 – Guerre civile.
1967-1974 – Dictature des colonels.
1981 – Adhésion à la Communauté européenne.
2001 – La drachme cède la place à l'euro.
2004 – Jeux olympiques d'Athènes.

la Russie se solde par l'occupation du Pirée par des troupes franco-anglaises, ce qui est très mal vécu. Le roi continuant à intervenir dans la vie politique, l'opposition libérale, secrètement entretenue par l'Angleterre, mécontente du rapprochement du monarque avec la Russie, aboutit à un nouveau coup d'État et à la destitution d'Otton.

Questions de territoire (1863-1913)

Le 6 juin 1863, le beau-frère du prince de Galles, Guillaume de Danemark (1845-1913), se voit offrit la couronne par l'Assemblée nationale grecque, sur la suggestion, que l'on imagine pressante, de l'Angleterre. Il prend le nom de **Georges Ier** et se rend populaire en obtenant des Anglais la cession des îles Ioniennes (1864) et en acceptant une nouvelle constitution libérale qui en fait le « roi des Grecs ». Fondateur d'une dynastie, qui ne s'achèvera dans les faits qu'après l'exil de Constantin II en 1967, le souverain est chargé de mener une politique conforme aux intérêts des Britanniques en Europe orientale. Sur le plan intérieur, la pression d'une bourgeoisie de plus en plus influente le conduit à introduire le régime parlementaire en 1875.

Le problème majeur demeure la question territoriale. D'importants territoires peuplés de Grecs sont toujours sous occupation ottomane. En 1866, le roi Georges favorise un soulèvement des Crétois, mais faute du soutien des grandes puissances, il doit laisser l'île au sultan. Plus tard, lors de la guerre russo-turque de 1877-1878 qui permet de libérer la Bulgarie, la Grèce envahit la Thessalie. C'est le congrès de Berlin de 1881 qui va entériner cette annexion. En mars 1896, la Crète, soutenue par des volontaires grecs, se soulève à nouveau contre le sultan : le gouvernement grec y fait débarquer des troupes mal préparées en février 1897, tandis qu'une armée commandée par le prince héritier Constantin envahit la Macédoine, où elle est sévèrement battue. La médiation des grandes puissances conduit à la signature du traité de Constantinople, qui proclame l'autonomie de la Crète sous le gouvernement du roi Georges.

Mais un vif mécontentement s'est développé dans l'opinion publique, humiliée par ces échecs. Aiguisé par la crise balkanique, il donne naissance à un nationalisme puissant dont la première expression est la proclamation en 1908 du rattachement de l'île à la Grèce par le Crétois **Éleuthérios Venizélos** (1864-1936). L'année suivante, une révolte de l'armée contraint le roi à appeler Venizélos au gouvernement. Le nouveau ministre s'attache à réunir tous les territoires habités par des Hellènes et entreprend de réorganiser l'administration, l'armée et l'économie du pays. En 1911, il fait voter une Constitution garantissant mieux les libertés individuelles.

En 1912, il fonde avec la Bulgarie, la Serbie et le Monténégro la Ligue balkanique, qui déclare la guerre à la Turquie le 18 octobre : lors de cette première **guerre balkanique**, la Grèce envahit la Macédoine et, en novembre, s'empare de Thessalonique, où le roi Georges est assassiné (mars 1913). La conférence de

D.R

Éleuthérios Venizélos.

Londres (mai 1913) met fin à ce premier conflit. Les discussions concernant le partage de la Macédoine en entraînent un second, qui oppose cette fois la Bulgarie à ses anciens alliés. Le traité de Bucarest (août 1913) consacre l'annexion de la Macédoine du Sud, de l'Épire méridionale et de la plupart des îles de la mer Égée à la Grèce, ainsi que sa souveraineté sur la Crète, et accorde la Macédoine du Nord à la Serbie. La même année, la conférence de Florence attribue au nouvel État albanais l'Épire du Nord. La question territoriale, bien que progressant, n'est toujours pas entièrement résolue.

Grande Idée et Grande Catastrophe (1914-1934)

Lorsque éclate le premier conflit mondial, le gouvernement grec est partagé entre les germanophiles suivant le roi **Constantin Ier** (1868-1923), beau-frère de Guillaume II, et partisans des Alliés, rangés derrière Venizélos, que le souverain contraint à démissionner (mars 1915). Ramené au pouvoir par les élections, Venizélos tente un rapprochement secret avec les Alliés, qui débarquent à Thessalonique (octobre 1915). À nouveau, le roi le pousse à la démission après avoir dissous la Chambre. L'armée prend alors le parti du ministre et constitue avec lui un comité de défense nationale à Thessalonique (septembre 1916). Le roi ayant entrepris de former des troupes de partisans, le général **Sarrail**, chef de l'armée française d'Orient, occupe la Thessalie. Les Alliés exigent l'abdication du roi et le renoncement au trône de son fils aîné pour y installer son deuxième fils en 1917, **Alexandre Ier** (1893-1920).

Le jeune roi confie le gouvernement à Venizélos et, le 15 septembre, la Grèce se range aux côtés des Alliés. Par les traités de Neuilly (1919) et de Sèvres (1920), elle obtient la Thrace orientale et l'administration en Asie Mineure de la région de Smyrne. Mais bientôt la Grande-Bretagne, profitant des tentations impérialistes sur l'Asie Mineure prônées par la **Mega Idea** (Grande Idée) de Venizélos, pousse celui-ci à engager une nouvelle guerre contre la République turque en annexant la région de Smyrne. Très impopulaire, le conflit provoque, immédiatement après la mort du roi, l'échec du gouvernement aux élections (novembre 1920), suivi d'un plébiscite rappelant Constantin Ier. Abandonnée par ses alliés, la Grèce ne peut tenir longtemps face à la Turquie des Jeunes Turcs de Mustafa Kemal.

Les échecs militaires sont à l'origine de la seconde abdication (septembre 1922) de Constantin au profit de son fils aîné **Georges II** (1890-1947) et de la **Grande Catastrophe** qui voit 1,5 million de Grecs d'Asie Mineure contraints à se réfugier en Grèce. Cet afflux massif de population aggrave une situation économique difficile. Les élections ayant ramené les vénizélistes au pouvoir, le nouveau roi préfère abdiquer à son tour (décembre 1923) et la République est proclamée le 25 mars 1924.

La question chypriote

Colonie britannique depuis 1925, Chypre accède à l'indépendance en 1960 et est alors gouvernée par **Mgr Makarios III**, archevêque de l'île, partisan de l'*énosis*, le rattachement à la mère patrie. En 1964, des affrontements contraignent l'ONU à déployer des Casques bleus sur l'île afin d'empêcher les violences entre les populations grecque et turque. Toutefois, la garde nationale, encouragée par les colonels, renverse Makarios en 1974. Les Turcs, craignant une annexion de l'île, ripostent en occupant le Nord. On en est toujours là trente ans plus tard, même si la partie sud du pays est devenue membre de l'Union européenne.

L'ère des convulsions (1934-1974)

Confirmée par plébiscite, la République, dont l'amiral **Coundouriotis** est élu président, va de crise en crise, voyant alterner tentatives de dictature (comme celle du général Pángalos en 1926) et gouvernements d'union républicaine. En juillet 1928, Venizélos revient à la tête du gouvernement. Mais les problèmes intérieurs contribuent à la popularité des communistes. En mars 1935, un nouveau coup d'État, soutenu par Venizélos lui-même, abolit la République. Un plébiscite rétablit bientôt la monarchie et Georges II est rappelé. Il fait aussitôt appel au **général Metaxás** qui instaure le 4 août 1936 une dictature qui durera jusqu'à sa mort en 1941. Avec l'accord du roi, Metaxás abolit la Constitution, dissout le Parlement et adopte une politique pro-fasciste, bien que la Grèce se sente menacée par l'Italie mussolinienne depuis l'annexion de l'Albanie par cette dernière. Lorsqu'en octobre 1940 l'Italie demande de laisser passer ses troupes, la Grèce rejette l'ultimatum et se range aux côtés de l'Angleterre. Les Italiens envahissent alors le territoire mais ils sont repoussés. Il faut le renfort des armées allemandes pour que la Grèce soit occupée. Le roi se réfugie en Crète, puis au Caire. Le pays occupé, partagé entre les Italiens, les Allemands (qui y exerceront leur politique d'extermination des juifs partout, surtout à Thessalonique) et les Bulgares, entre alors en résistance (avec les maquis de communistes de l'EAM, Front national de libération, et de l'ELAS, Armée nationale populaire de libération). L'offensive russe en Roumanie pousse les Allemands à évacuer la Grèce en octobre 1944, après que le roi a constitué un gouvernement en exil dirigé par **Giorgios Papandréou**, et se soit engagé à ne rentrer qu'après un plébiscite.

Occupation et guerre civile

Au moment où les Allemands évacuent la Grèce, Churchill fait débarquer l'armée britannique au Pirée, afin d'éviter une prise de pouvoir par les communistes de l'EAM et de l'ELAS qui refusent d'être désarmés et gagnent les montagnes. La guérilla contre les Anglais domine bientôt la plus grande partie du pays et n'accepte qu'une trêve contestée en février 1945, sous la pression de Staline. Lors des élections de mars 1946, l'abstention massive des républicains détermine la victoire du parti royaliste, qui s'empresse de procéder à un plébiscite favorable au retour du roi. Celui-ci meurt peu après et son frère, **Paul Ier** (1901-1964), lui succède.

Si le traité de Paris accorde les îles du Dodécanèse à la Grèce (février 1947), celle-ci connaît alors une situation intérieure des plus critiques, les partis de gauche refusant de se rallier à la monarchie. En décembre 1947, Markos Vafiadhis, le général **Markos**, soutenu par les Soviétiques, constitue un gouvernement révolutionnaire en Épire et se réfugie dans les montagnes du Nord. La **guerre civile** qui s'ensuit entre le gouvernement aidé par les Anglais et les Américains, et les communistes appuyés par les Russes, est atroce. Elle s'achève en octobre 1949, lorsque les communistes sont privés de ravitaillement par la rupture entre Tito et Staline. Les élections donnent la victoire à des partis modérés, mais les gouvernements successifs jusqu'en 1963 sont en fait coiffés par des forces d'extrême droite. Les lois d'exception votées lors de la guerre civile restent en vigueur.

Lorsque les élections de 1964 assurent la victoire du parti de l'Union du centre, **Georgios Papandréou** (1888-1968) forme le gouvernement, mais lorsqu'il tente d'épurer l'armée de ses éléments d'extrême droite, le jeune roi **Constantin II** (fils de Paul Ier) le renvoie (juillet 1965). La crise politique est telle qu'il est impossible pendant deux ans de constituer un gouvernement ! À l'approche des élections, une **junte militaire** dirigée par Georgios Papadopoulos s'empare du pouvoir le 21 avril 1967 au nom du roi. Fondé sur la terreur et la répression, le **régime des colonels** fait voter une constitution limitant les libertés individuelles et accordant un pouvoir exorbitant à l'armée. Malgré quelques mesures destinées à donner l'illusion d'une libéralisation (proclamation de la République en juillet 1973), les manifestations d'opposition prennent de l'ampleur. Les colonels n'y apportent d'autre réponse que la loi martiale et la création de tribunaux d'exception.

LA DÉMOCRATIE, ENFIN !

L'incapacité de la junte à faire face à la crise économique et à la crise chypriote rend la situation intenable. Toute honte bue, les colonels font appel en juillet 1974 à l'un de leurs farouches adversaires, le leader des partis de droite, **Constantin Caramanlis**. Celui-ci remet en vigueur la Constitution de 1952, rétablit les libertés fondamentales, légalise les partis politiques et poursuit en justice les responsables de la dictature. Le référendum du 8 décembre 1974 se prononce en faveur du régime républicain, et une nouvelle constitution est promulguée en juin 1975.

En 1981, l'arrivée au pouvoir du PASOK, parti socialiste d'**Andreas Papandréou** (fils de Giorgios Papandréou), est symbolisée par la nomination à la tête du ministère de la Culture de **Melina Mercouri**. C'est également l'année de l'**adhésion de la Grèce à la CEE**, devenue depuis lors l'Union européenne.

Désormais, la démocratie est consolidée, ce que démontre l'alternance sans drame du parti Nea Democratia (droite) et du PASOK. Si la vie politique est toujours dominée par les relations avec la Turquie (opposition à son entrée dans l'Union européenne), l'Albanie et la Macédoine (refus en 1992 de reconnaître cette république sous ce nom), une certaine détente semble se faire jour, ce qui a permis aux Athéniens d'organiser en toute sérénité les Jeux olympiques de 2004, réussite qui fait encore la fierté des Grecs.

Ils ont fait la Grèce

Des temps les plus reculés jusqu'à nos jours, quel que soit leur domaine d'activité, des personnages ont su incarner le génie de leur terre. En voici une brève sélection.

DE L'ANTIQUITÉ...

Les dates indiquées ici sont toutes antérieures à l'ère chrétienne.

Agésilas (440-360) – Roi de Sparte, brillant vainqueur des Perses en 400, puis d'Athènes et de Thèbes en 394, confortant ainsi l'hégémonie de Sparte. Mais la défaite subie devant les Thébains à Leuctres en 371 porte un rude coup au prestige de sa cité.

Alcibiade (450-404) – Athénien, proche de Périclès et ami de Socrate. Devenu stratège en 420, il mène une politique aventureuse, avant d'être obligé de s'enfuir pour avoir parodié les mystères d'Éleusis. Rappelé en 411, il remporte quelques victoires, mais est assassiné lors de la politique de terreur des Trente.

D.R.

Portrait d'Alexandre le Grand (détail de la mosaïque de « La Bataille d'Alexandre », Musée national d'archéologie de Naples).

Alexandre le Grand (356-323) – Roi de Macédoine à vingt ans, après avoir soumis la Grèce, il se lance dans une vaste entreprise de conquête. Franchissant l'Hellespont (Dardanelles), il défait les Perses au Granique et conquiert l'Asie Mineure (334). Puis il s'empare d'Halicarnasse, bat les Perses à Issos (333) et soumet la Phénicie après le siège de Tyr (332). Enfin, c'est au tour de l'Égypte (où il fonde **Alexandrie** en 331). Franchissant le Tigre et l'Euphrate, il bat Darius III à Arbèles, s'empare de Babylone et de Suse, rase Persépolis (330), conquiert la Médie et la Parthie, arrive en Bactriane (329) et s'enfonce vers l'Inde (passage de l'Indus, 326). Devant le refus de ses soldats d'aller plus loin, il rebrousse chemin, épouse Roxane de Bactriane (324) et prépare une flotte pour conquérir l'Arabie, lorsqu'il meurt prématurément. Son immense empire ne lui survivra pas.

Apelle (4e s.) – Peintre connu pour avoir exécuté entre autres le portrait d'Alexandre le Grand. Sa réputation était telle que son nom nous est connu bien qu'aucune de ses œuvres ne nous soit parvenue.

Aristophane (445-385) – Auteur comique dont les pièces pleines de verve, traitant des problèmes de son temps, ont rencontré un grand succès.

Aristote (384-322) – Philosophe, disciple de Platon, et précepteur d'Alexandre le Grand. Il fonde en 335 son école péripatéticienne à Athènes, le Lycée. Son œuvre encyclopédique a exercé une grande influence sur les penseurs de l'islam et du christianisme médiéval.

Démosthène (384-322) – Homme politique et orateur athénien, connu pour ses problèmes d'élocution qu'il parvient à surmonter, selon la chronique, en parlant avec des cailloux dans la bouche. Principal personnage politique de la cité en 340, il s'allie avec Thèbes contre les Macédoniens, mais doit partir en exil après la défaite de Chéronée (338). L'échec de sa tentative de soulever les cités grecques après la mort d'Alexandre le Grand le conduit à mettre fin à ses jours. Il ne doit pas être confondu avec un autre **Démosthène**, général athénien, vainqueur de Sparte en 425 et qui, vaincu à son tour par les Syracusains en 413, fut mis à mort par ces derniers.

Dracon – Ce législateur athénien du 7e s. créa un code dont la sévérité vaut de survivre dans la langue française au travers de l'adjectif « draconien ». Parmi les innovations de son code, la distinction établie entre le meurtre et l'homicide involontaire.

Épaminondas (418-362) – Homme d'État thébain, vainqueur des forces spartiates à Leuctres (371), il incarne la brève hégémonie de Thèbes avant de plier face à la ligue du Péloponnèse.

Eschyle (525-456) – Ce dramaturge, qui combattit à Marathon et à Salamine, a écrit quelque 80 drames dont *L'Orestie*, *Les Perses* et *Prométhée enchaîné*.

Ésope (6e s.) – Pour les uns, il n'aurait jamais existé ; pour d'autres, il s'agirait d'un esclave. Quoi qu'il en soit, les fables qui lui sont attribuées ont rencontré un grand succès et inspiré notamment La Fontaine au 17e siècle.

Euclide (8e s.) – Mathématicien, auteur des *Éléments*, série de postulats et d'axiomes, dont celui qui porte son nom : par un point d'un plan, on ne peut mener qu'une parallèle à une droite donnée.

Euripide (480-406) – Dramaturge d'un style novateur, auteur entre autres de *Médée, Andromaque, Iphigénie en Tauride*... qui inspirèrent les auteurs classiques français.

Hérodote (490-425) – Historien originaire d'Halicarnasse. Son *Histoire* en neuf volumes, même si elle ne dédaigne pas la légende, reste un instrument indispensable, ne serait-ce que pour sa description de la vie quotidienne de son temps.

Hippocrate (460-v. 377) – Le plus grand médecin de l'Antiquité dont l'éthique inspire encore ses confrères d'aujourd'hui.

Homère (autour de 800) – A-t-il vraiment existé ? Toujours est-il que l'*Iliade* relatant la guerre de Troie, et l'*Odyssée*, les péripéties du retour d'Ulysse à Ithaque, qui furent peut-être des œuvres collectives, sans cesse embellies par les aèdes, marquent le début de la littérature grecque et n'ont jamais perdu de leur popularité.

Léonidas – Roi de Sparte, qui défendit le défilé des Thermopyles contre les Perses de Xerxès (480).

Lycurgue (9ᵉ s.) – Législateur spartiate, peut-être légendaire. Après lui, dans le droit antique, l'individu prend le pas sur la famille.

Lysandre (mort en 395) – Amiral spartiate qui infligea aux Athéniens la défaite d'Ægos Potamos en 404.

Périclès (499-429) – Le plus important des hommes politiques athéniens. Chef du parti démocratique, stratège pendant trente ans, il ouvre à tout un chacun les magistratures, engage un programme de grands travaux (le Parthénon), réunit autour de lui les plus prestigieux artistes. Mais la guerre du Péloponnèse opposant Athènes à Sparte signifie sa fin politique. Il meurt de la peste qui ravage sa cité, où tous les habitants de l'Attique se sont réfugiés pour échapper à l'ennemi.

Phidias – Sculpteur chargé au 5ᵉ s. par Périclès d'élever le Parthénon et d'en assurer la célèbre décoration sculptée, partagée aujourd'hui entre Athènes, Paris (musée du Louvre) et Londres (British Museum). Il incarne l'apogée du style classique.

Philippe II de Macédoine (v. 382-336) – Roi de Macédoine en 356, il réorganise son domaine, s'empare de l'Illyrie et de la Thrace (prise de Philippopolis, l'actuelle Plovdiv en Bulgarie), puis de la Grèce après avoir écrasé les troupes coalisées d'Athènes et de Thèbes à Chéronée en 338. Mais il est assassiné à l'instigation de son épouse alors qu'il s'apprêtait à attaquer les Perses. Son œuvre sera poursuivie par son fils Alexandre le Grand.

Pindare (518-438) – Poète comblé d'honneurs qui chantait les victoires des cités aux jeux panhelléniques.

Platon (427-347) – Né en Attique, disciple de Socrate pendant huit ans, il fonde à Athènes l'Académie où il enseigne tout en composant ses fameux dialogues, dont *Le Banquet* et *La République*.

Praxitèle (4ᵉ s.) – Sculpteur exerçant à Athènes, qui influença les artistes de l'époque hellénistique. Ses œuvres, empreintes d'une grâce nonchalante, ne sont connues que par des copies.

Pythagore (v. 570-v. 480) – Philosophe et mathématicien à qui nombre de théorèmes (parfois connus avant lui) sont attribués. Son école philosophique, ésotérique, défendait le principe de la transmigration des âmes (métempsycose).

Sappho (7ᵉ s.) – Née à Lesvos, elle enseignait la danse et la musique aux jeunes filles de la noblesse. Mais ce sont surtout ses poèmes qui ont fait sa renommée, notamment *L'Ode à Aphrodite*.

Socrate (470-399) – Philosophe athénien qui, n'ayant laissé aucun écrit, est connu pour ses entretiens rapportés par Platon. Il est l'inventeur de la **maïeutique** ou l'art d'accoucher les esprits par la **dialectique**, jeu de questions et réponses. Accusé d'impiété et de corruption de la jeunesse, il est condamné à boire la ciguë.

Sophocle (495-405) – Sur les 115 pièces écrites par cet illustre dramaturge qui passa toute sa vie à Athènes, seules sept nous sont parvenues : parmi elles, *Antigone*, *Électre* et *Œdipe roi*.

Thalès (v. 625-v. 547) – Philosophe et scientifique, l'un des Sept Sages de la Grèce, qui se rendit célèbre pour avoir prédit une éclipse du soleil. S'il est sans doute le premier à avoir effectué une mesure exacte du temps, sa notoriété d'aujourd'hui est surtout due au fameux théorème qui porte son nom.

Thémistocle (v. 525-459) – Homme d'État athénien qui, après avoir remporté sur les Perses la bataille navale de Salamine (480), fit aménager les « longs murs » entre Athènes et Le Pirée. Il est ostracisé en 471 et doit partir en exil.

Thucydide (460-395) – Le chef athénien des opposants à Périclès et aux démocrates, les oligarques.

Xénophon (v. 430-v. 355) – Écrivain et philosophe, disciple de Socrate, auquel il a consacré un traité, *Les Mémorables*.

Zénon d'Élée (v. 490-v. 435) – Philosophe présocratique, auteur du célèbre paradoxe d'Achille et de la tortue établissant la non-réalité du mouvement.

... AUX TEMPS MODERNES

Márkos Botzaris (1790-1823) – Né à Souli, dans l'actuelle Albanie, il organisa la résistance de Missolonghi, avant d'être tué au combat près de Karpenissi.

Laskarina Bouboulina (1771-1825) – Originaire de Spétses, elle se battit contre les Turcs sur mer et dans le Péloponnèse.

Maria Callas (1923-1977) – Considérée comme une des plus grandes artistes lyriques, l'interprète incomparable de *Norma* et de *La Traviata*, née Maria Kalogeropoulos, avait débuté à Athènes en 1938 avant de conquérir les scènes les plus prestigieuses.

Ioannis Capo d'Istria ou **Kapodístrias** (1776-1831) – Étrange destin que celui de ce natif de Corfou, qui, secrétaire d'État des îles Ioniennes (1803), passa au service de la Russie dont il devint ministre des Affaires étrangères de 1816 à 1822. Opposé à la Sainte-Alliance, il démissionne et soutient, depuis Genève, la lutte des Grecs pour l'indépendance, avant d'être élu président du jeune État (1827), puis assassiné en raison de son autoritarisme.

Constantin Caramanlis (1907-1998) – Homme d'État de la droite modérée, fervent défenseur des libertés publiques, deux fois président de la République (1980-1985 et 1990-1995). La Grèce lui doit le retour à la démocratie après l'effondrement du « régime des colonels » et l'adhésion à l'Europe.

Germanos (1771-1826) – Métropolite de Pátra, il bénit au monastère d'Agía Lávra (Kalávrita) l'étendard de l'indépendance grecque et le fit acclamer à Pátra le 25 mars 1821 : cette date est aujourd'hui celle de la fête nationale.

Konstantinos Kanáris (1790-1877) – Premier amiral grec aux interventions décisives dans la guerre de libération, il fut par la suite plusieurs fois chef du gouvernement entre 1848 et sa mort.

Théodore Kolokotronis (1770-1843) – Originaire du Péloponnèse, il infligea aux Turcs leur première défaite importante dans les gorges de Dervenakia (1822).

Ioannis Makriyannis (1797-1864) – Un des chefs militaires de la révolution. Ses *Mémoires* constituent un témoignage précieux de la lutte populaire.

Melina Mercouri (1923-1994) – Grande figure du cinéma et de la chanson grecque, farouche opposante au régime des colonels.

Aristote Onassis (1906-1975) – Ministre de la Culture sous le gouvernement Papandréou. Né à Smyrne, il gagna la mère patrie après le massacre de sa famille par les Turcs en 1922, avant de bourlinguer un peu partout dans le monde, exerçant divers métiers. C'est en 1936 que celui qui allait devenir le symbole des armateurs grecs acheta ses premiers bateaux, et sa fortune devint considérable lorsqu'il se spécialisa dans le transport de brut par des pétroliers géants. Créateur de la compagnie aérienne Olympic Airways (1957), il défraya la chronique mondaine par sa longue liaison avec la Callas, puis son mariage avec la veuve du président Kennedy.

Andreas Papandréou (1919-1996) – Un véritable mythe ! Leader historique du PASOK qui raffermit la démocratie après l'alternance politique de 1981, malgré quelques scandales financiers. Il est le fils de **Giorgios Papandréou** dont le renvoi par le roi Constantin II préluda au coup d'État de 1967. Et comme bon sang ne saurait mentir, son fils Giorgios a pris la tête du PASOK en 2004.

Yannis Ritsos – Peut-être le plus connu des quatre grands poètes du 20e s., avec Cavafis, Séferis et Elytis... même si le prix Lénine qu'il obtint ne peut rivaliser en prestige avec le prix Nobel.

Mikis Theodorakis – Pour beaucoup, le musicien grec par excellence depuis le fameux sirtaki de *Zorba le Grec*.

Elefthérios Venizélos (1864-1936) – Ce politicien crétois, après avoir proclamé l'union de son île avec la Grèce en 1908, forma deux ans plus tard le gouvernement qui allait, au terme des guerres balkaniques, permettre à la Grèce de récupérer l'Épire, une partie de la Macédoine, de la Thrace et des îles de la mer Égée. Son action en faveur des Alliés entre 1915 et 1918 permit à la Grèce de nouveaux gains territoriaux à l'issue du conflit. Mais sa « Grande Idée » lui fit commettre l'erreur de vouloir s'emparer de Smyrne. L'échec militaire ne l'empêcha pas de continuer à tirer les fils de la politique grecque, dont il resta le principal protagoniste jusqu'à sa mort, en exil, à Paris.

CIVILISATION ET ART DE LA GRÈCE CLASSIQUE

À leur puissance politique et militaire, les cités-États de la Grèce ont ajouté une civilisation extraordinairement brillante : qu'ils soient dramaturges, poètes, philosophes, mathématiciens, architectes, sculpteurs ou peintres, nombre de Grecs de l'Antiquité ont acquis une renommée universelle qui se poursuit aujourd'hui. De même, la religion comme les fameux mythes sont connus de tous : il n'est que de citer, parmi les dieux de l'Olympe Zeus ou Aphrodite et parmi les héros de mythes Œdipe pour s'en persuader. Mais comment les Grecs de l'époque classique vivaient-ils leur quotidien ?

H. Lewandowski / RMN

La vie quotidienne est souvent représentée sur les céramiques anciennes. Ici une scène de banquet, de style corinthien (6e s. av. J.-C., cratère conservé au musée du Louvre, Paris).

Vivre au siècle de Périclès

Au 5e s. av. J.-C., l'Attique devait regrouper un peu moins de 300 000 habitants, Sparte (sur un territoire plus vaste mais plus hostile) un peu moins, et la riche Béotie des Thébains environ 150 000. Sans la Macédoine ni les colonies d'Asie Mineure ou de Grande Grèce (Italie), le total des populations devait approcher les deux millions.

LOIN DU PÉPLUM...

Les légendes et les péplums nous portent à imaginer des villes luxueuses, aux rues pavées de marbre. La réalité est tout autre, et l'urbanisme attendra **Hippodamos de Milet** (milieu du 5e s.) pour voir le jour : des rues perpendiculaires délimitant des îlots réservés aux espaces publics ou aux habitations sont tracées, des portiques *(stoa)* sont élevés autour des bâtiments officiels, l'adduction d'eau est réalisée, et le port du Pirée, voulu par **Thémistocle**, est aménagé…

Jusque-là, Athènes est faite de rues étroites, tortueuses et malodorantes se faufilant entre des habitations construites de bric et de broc, le plus souvent en torchis ou en bois. Des porcs s'y vautrent dans la fange et les ordures que les habitants déversent dans la rue depuis leurs balcons. Sans revêtement, sans lumière, les voies abritent des corporations regroupées par quartiers. C'est que la ville s'est développée au fil du temps, sans plan d'ensemble, autour de l'Acropole où s'élèvent de prestigieux monuments publics. Même l'**agora** est encombrée de baraques et toute une foule y dort à la belle étoile, quand elle ne se réfugie pas dans des habitations troglodytiques.

Des demeures modestes

Ceux qui ont un toit résident dans de modestes habitations, quel que soient leur fortune ou leur prestige : il est mal vu de se construire une riche demeure. En outre, si la femme passe le plus clair de son temps chez elle, pour l'homme grec, la vie est ailleurs : là où l'appellent les affaires de la cité et les guerres.

Frappez avant de sortir !

Les portes des habitations s'ouvraient vers l'extérieur, si bien qu'il était de coutume de frapper avant de sortir de chez soi, de façon à éviter aux passants un choc douloureux...

De plan carré, les **maisons** sont dotées d'étroites lucarnes (le verre n'existait pas) et se composent de pièces situées autour d'une cour parfois agrémentée d'un portique et d'un puits. Le sol est en terre battue. Les murs sont blanchis à la chaux. Sur la rue, des pièces indépendantes du reste de l'habitation sont occupées par des boutiques. Le chauffage provient d'un brasero (sur lequel on fait également la cuisine), et la fumée s'évacue en soulevant une tuile du toit. Certaines des demeures des quartiers populaires sont divisées en appartements. Quant au mobilier, il se réduit à l'essentiel : lits, tables basses, chaises et les indispensables lampes à huile de bronze ou de terre cuite.

Au fil des jours

Même si depuis le milieu du 5e s. les Grecs savent mesurer le temps au moyen du **gnomon** (cadran solaire) ou de la **clepsydre**, les moments de la journée sont essentiellement scandés par les repas. Le petit-déjeuner (du pain d'orge ou de blé trempé dans du vin) se prend à l'aube, le déjeuner ou **ariston**, assez léger, à midi, et le soir est occupé au dîner, plus copieux. Entre ces moments, il y a le temps du marché et celui des affaires publiques.

La base du repas grec, généralement végétarien, est la **maza**, galette de farine d'orge, qui peut aussi servir « d'assiette » pour recevoir olives ou oignons, voire des purées de fèves ou de lentilles. Le poisson est apprécié (rougets, thon, calmars, fruits de mer et anguilles), de même que le gibier, contrairement à la viande d'élevage, trop chère et souvent réservée aux fêtes religieuses.

Parmi les boissons, l'eau tient la première place, mais l'on consomme aussi du lait de chèvre ou de l'hydromel. Quant au vin, il est souvent coupé avec de... l'eau de mer ou aromatisé avec du thym ou de la cannelle. Ceux de Lesvos, de Chíos ou de Thassos étaient les plus renommés.

Le repas du soir est le plus souvent précédé d'un bain (dans une des fontaines monumentales de la ville, puis aux bains publics aménagés à partir du 4e s., ou, pour les plus aisés, à domicile), au point qu'annoncer que l'on va au bain signifie que l'on va bientôt se mettre à table...

Une réputation erronée

La frugalité des Grecs est proverbiale au point que la réputation austère du **brouet noir** spartiate a traversé les siècles. Mais tout dépend du lieu (les habitants de l'opulente Béotie passaient pour de bons vivants, volontiers goinfres !) et des circonstances : les participants des **symposia** (banquets entre hommes) mangeaient abondamment, et le vin coulait à flots, nonobstant d'autres distractions.

Concours d'élégance

Si la barbe est de tradition, les cheveux des hommes sont courts à Athènes (à l'exception des enfants), coupés ras à Sparte. Les femmes adoptent quant à elles des coiffures complexes où se mêlent chignons et tresses, et se teignent volontiers en blond. Le maquillage est essentiellement fait de céruse pour blanchir le teint (seules les prostituées se fardent de rouge) et les yeux sont ombrés de noir.

Pour l'habillement, il y a peu de distinction entre les classes sociales, si ce n'est la qualité des matériaux, plus ou moins finement tissés. Le lin et la laine sont la norme, les fourrures rares et les soieries exceptionnelles. Le vêtement de base est la tunique courte ou **chiton**, agrafée aux épaules. Pas de sous-vêtements, mais, pour les cérémonies, une sorte d'ample manteau, rectangle drapé, l'**himation**. Plus élégant, le **péplos** féminin est une tunique longue à demi-manches, souvent nouée par une ceinture à la taille. Les jeunes Spartiates quant à elles portent une tunique on ne peut plus courte qui scandalise Euripide. Enfin, si les chaussures et les sandales sont connues mais très chères, la plupart des hommes vont pieds nus.

DU BERCEAU AU TOMBEAU

Lorsque le citoyen athénien se marie, c'est avant tout dans un but de procréation (et, de préférence, d'un enfant mâle). Dans ces conditions, le mariage n'est que rarement une affaire de sentiments, ce dont témoigne l'expéditive cérémonie nuptiale spartiate où le marié « enlève » sa promise, lui coupe les cheveux, et s'unit brièvement à elle, avant de rejoindre ses compagnons...

De fait, à Athènes, la **condition féminine** n'est guère enviable : reléguée à la maison dont elle est la gardienne, l'épouse

« L'amour grec »

L'adolescent, l'**éromène**, doit imiter un modèle plus âgé, l'**éraste**, qui exerce une forme de « paternité spirituelle » aboutissant parfois à un amour qu'exacerbe la nudité dans laquelle le maître et son élève pratiquent les exercices physiques.

partage la compagnie de sa belle-mère et des autres femmes et enfants de la maisonnée. Dépourvue de tous droits politiques ou juridiques, elle ne sort que pour assister aux cérémonies religieuses, et pour les courses elle est toujours accompagnée d'un esclave. Et elle peut être répudiée en cas de mariage infertile... Quant aux hommes, ils disposent de **concubines** leur permettant de vivre une bigamie de fait, quand ils ne recourent pas aux services de **courtisanes**, souvent des esclaves, expertes en musique et en danse.

Lorsque l'enfant paraît...

Dès la naissance, il faut s'assurer qu'il porte en lui les aptitudes nécessaires au futur citoyen : en cas de doute, il est **exposé** (abandonné), et chez les Spartiates, qui ne s'embarrassent pas de sentiments, jeté du haut d'une falaise...

Emmailloté à Athènes pour que ses membres ne se déforment pas et confié aux soins d'une nourrice, il est au contraire laissé libre à Sparte et confronté dès ses premiers jours à des épreuves (on le frotte de vin rouge) et à la solitude, afin de l'endurcir. Dès l'âge de sept ans, il est enrôlé dans les casernes de l'État, où, sous la direction d'un **pédonome**, il franchira les diverses étapes de l'éducation lacédémonienne fondée sur la force virile. Vivant au milieu de ses condisciples, pris en charge par un **irène** plus âgé que lui (16 à 19 ans), il achève sa formation par la **cryptie** : laissé seul dans la forêt, il doit y trouver sa pitance avant de tuer un esclave.

À l'opposé, l'**éducation** du jeune wAthénien comporte toutes les disciplines : musicale avec un **cithariste**, intellectuelle sous l'égide d'un **grammatiste**, et physique sous la direction d'un **pédotribe**. À l'âge de dix-huit ans, il poursuit ses études avec des **sophistes**. Certains ont attaché leur nom aux lieux où ils délivraient leur enseignement : Platon à l'**Académie**, Aristote au **Lycée**. De son côté, la jeune fille s'initie aux tâches ménagères en attendant qu'on lui impose un époux.

Avant les RTT

Combien de jours travaillaient les Grecs ? À Athènes, fêtes civiques, associatives, domestiques et religieuses représentaient 152 jours fériés dévolus à la chasse, à la pêche, aux jeux ou aux concours dramatiques.

Respect des anciens

Tout Grec doit à ses parents un devoir d'assistance : s'il ne l'assume pas, il est déchu de ses droits civiques, voire condamné à la prison. Les anciens sont donc l'objet d'une attention que les **rites funéraires** traduisent par une purification devant le corps, avant qu'un cortège funèbre ne s'avance au milieu de la nuit pour ne pas souiller les rayons du soleil. Les femmes gémissent et se lamentent, et les hommes manifestent leur peine en se couvrant de poussière avant que le défunt ne soit incinéré ou bien enseveli avec une pièce dans la bouche pour payer son obole au gardien des enfers.

LES TRAVAUX ET LES JOIES

Un homme libre grec n'exerce une activité rétribuée qu'en cas de nécessité : travailler pour autrui, c'est abdiquer sa liberté. Pour autant, l'oisiveté reste mal vue, et si l'on est contraint de s'adonner au travail, les différents métiers sont socialement très hiérarchisés, le travail manuel étant au bas de l'échelle.

Au 5e s., l'agriculture (céréales, vigne, oliviers, figuiers et apiculture, le miel étant le seul sucre utilisé par les Grecs) régresse en Attique au profit du commerce et de l'artisanat dont vit la plus grande partie de la population, en particulier dans les domaines de la poterie, de la laine et des métaux, qui sont extraits des mines du Laurion dans d'épouvantables conditions. Sans parler d'industrie, certains ateliers, comme celui de l'armurier Képhalos, emploient 150 esclaves. Sur les grands travaux, comme à l'Acropole, hommes libres, esclaves et métèques sont employés pour le même salaire : ce n'est pas l'argent gagné qui distingue les individus, mais leur statut social. Peu à peu, l'argent remplace le troc : la célèbre **drachme** à l'effigie de la chouette s'impose en même temps que l'hégémonie athénienne. Le commerce de détail est assuré autour de l'agora dans des boutiques spécialisées. Faute de réseau routier, les échanges commerciaux se font par mer, enrichissant une classe de grands négociants, souvent aidés par les banques qui ont fait leur apparition à la fin du 5e s.

La vie dans la cité

La cité n'est pas forcément liée à l'existence d'une ville : c'est d'abord et avant tout une société humaine, ayant une administration et des intérêts communs, groupée autour de deux éléments fondamentaux : l'acropole, citadelle située sur une colline et jouant un rôle défensif, et l'agora, lieu où se réunit l'assemblée des citoyens, mais aussi place du marché. Tout autour, les habitations se sont agglutinées. La cité englobe également les terres agricoles environnantes. C'est ainsi que se sont constituées au fil du temps ces cités-États, dont Athènes, Thèbes et Sparte sont les exemples les plus aboutis.

UNE SOCIÉTÉ TRÈS HIÉRARCHISÉE

Au 5e s. av. J.-C., à Athènes, pour être **citoyen** à part entière, il faut être né de père et mère athéniens, et avoir atteint la majorité légale, fixée à l'âge de dix-huit ans. Dès lors, on est inscrit dans un **dème**, division politique locale (30 dèmes constituent une **tryttie**, et trois trytties une **tribu**), qui attribue au jeune homme son nom officiel. Tous les citoyens jouissent en principe des mêmes droits politiques, mais, en réalité, certains sont plus égaux que d'autres : tout dépend des revenus, les plus aisés accédant plus facilement aux magistratures. Le citoyen est censé participer à l'**ecclésia**, assemblée du peuple qui se réunit sur l'agora, avant d'adopter la Pnyx, pour des raisons d'espace.

Le **métèque** (étranger) est quant à lui un homme libre (à ce titre, il peut fréquenter les gymnases publics, servir dans l'armée et même épouser une Athénienne), mais qui ne dispose pas de droits politiques. Souvent riches, les métèques contrôlent le commerce et l'industrie.

Tout en bas de la hiérarchie vient la foule des **esclaves** : il s'agit de prisonniers de guerre, d'enfants d'esclaves, mais aussi de gens que la misère a poussés à se vendre eux-mêmes. Un grand marché aux esclaves qui se tient sur l'agora permet aux hommes libres de faire leurs achats. Les esclaves ont des fonctions très variées : gens de maison, main-d'œuvre dans l'industrie, voire employés administratifs de l'État. Les femmes, quant à elles, servent souvent aux plaisirs du maître de maison. Ne bénéficiant d'aucun droit, les esclaves ont en revanche une certaine protection, du moins à Athènes où il est interdit de les frapper et, a fortiori, de les tuer. Une fois acheté, l'esclave se voit attribuer un nom et fait partie de la famille. Les affranchis sont très rares et ne peuvent en aucun cas devenir citoyens.

LA DÉMOCRATIE ATHÉNIENNE

Il s'agit ici des institutions mises en place à Athènes par **Clisthène** dans la seconde moitié du 6e s. et confortées par **Périclès**.

Des assemblées...

L'ecclésia est convoquée tous les dix jours et l'assistance des citoyens est en principe obligatoire, d'autant qu'ils sont indemnisés par un jeton de présence. Après quelques sacrifices rituels, on y vote les lois à main levée. Celles-ci ont été proposées par la **boulê**, conseil restreint de 500 membres tirés au sort pour un an parmi les citoyens des 10 tribus représentées à parts égales, qui se réunit tous les jours.

Les membres de la boulê composent par roulement une commission de 50 membres siégeant en permanence pendant 35 ou 36 jours : les **prytanes** qui gardent les clés du Trésor public ainsi que le sceau et siègent au **bouleutérion**.

... et des magistrats

N'importe quel citoyen peut accéder à la magistrature pour peu qu'il ait satisfait à une sorte d'examen, la **dokimasie**. Une fois désigné pour un an, il prête serment, puis doit, à l'issue de son mandat, rendre compte de celui-ci devant le peuple.

La plupart sont tirés au sort, procédé généralement jugé tout aussi fiable et plus juste que l'élection : c'est le cas des **archontes**, au nombre de neuf, qui ont des attributions d'ordre religieux ; des **onze**, qui dirigent la police judiciaire, les **astynomes** étant chargés de la police urbaine et de l'enlèvement des ordures ménagères ; les **métronomes** contrôlent les poids et mesures, et les **agoranomes** les prix sur le marché. Bref, une vingtaine de charges qui assurent les fonctions religieuses, judiciaires ou financières permettant de « faire tourner » la cité.

Voyageur de passage

L'étranger arrivant à Athènes doit demander la protection du **proxénète** de sa cité d'origine. Ce citoyen est chargé de le recevoir et de le protéger en vertu des accords passés entre les cités. Mais au bout d'un mois, il doit se faire enregistrer comme **métèque**.

Héros, citoyens et mercenaires

De la guerre homérique aux conflits macédoniens, la guerre est omniprésente dans le monde grec. Mais les armes changent et les stratégies aussi. On passe du corps à corps entre « héros » à des confrontations entre groupes conscients de représenter leurs cités ou se battant pour gagner terres et fortune. La première grande révolution vient avec l'invention au 7e s. de la **phalange**, qui avance serrée et regroupée. Véritable institution civique, elle représente « la nation en marche ». Formée de fantassins, les **hoplites**, elle se substitue aux cavaliers aristocratiques seulement désireux d'afficher, comme dans l'*Iliade*, une prouesse individuelle. Armé d'une javeline ou d'une épée, coiffé d'un casque, protégé par un bouclier, une armure de cuir et des jambières, l'hoplite s'impose face aux Perses pendant les guerres médiques. Plus tard, Philippe de Macédoine perfectionne la phalange par l'adjonction d'archers et de lanceurs de javelots, et l'utilisation, jusqu'alors inconnue, de la sarisse (pique à pointe d'acier pouvant dépasser 5 m). Soldats payés par leur roi, les Macédoniens incorporent bientôt des Grecs à leurs troupes, puis n'ont plus recours qu'à des mercenaires.

D'autres magistrats sont élus au suffrage universel, également pour un an, mais rééligibles à volonté. C'est le cas des **stratèges**, au nombre de dix (un par tribu), qui constituent en quelque sorte le Conseil des ministres et assurent le pouvoir exécutif. Bien entendu, il n'est pas rare que l'un d'entre eux s'impose parmi ses pairs comme « l'homme fort » du moment.

Ces magistrats s'exposent à une sanction, l'**ostracisme** : il s'agit d'une mesure de bannissement votée à l'agora à bulletin secret par l'ecclésia. Un quorum est fixé et le malheureux magistrat qui obtient le plus grand nombre de voix est banni pour dix ans, mais il conserve sa fortune et il arrive qu'il soit rappelé en cas de situation grave. Cette procédure, instituée afin d'éviter le risque de tyrannie, sert parfois à éliminer les adversaires politiques grâce à une campagne habile.

SPARTE, UNE SOCIÉTÉ MILITARISÉE

Les Spartiates ont une conception très différente de la vie publique. Les citoyens se surnomment les **Égaux** car tous possèdent un domaine sur le territoire de la cité qui a été divisé en lots égaux, héréditaires et inaliénables. Chaque lot a reçu en partage des esclaves, les **hilotes**, propriété de l'État, à qui l'on aime bien faire sentir leur condition en décrétant périodiquement des exactions contre eux. De même, le jeune Spartiate, lors de sa formation, est autorisé (et même encouragé) à tuer un ou plusieurs hilotes, histoire de « se faire la main ». Bien entendu, tout cela ne va pas sans révoltes périodiques, qui se terminent généralement dans un bain de sang. Quant aux étrangers, réputés ennemis par nature, ils sont régulièrement expulsés.

Sparte est dirigée par deux rois issus de familles rivales qui ont un rôle de chefs militaires et sont assistés par la **géroussie**, conseil aristocratique (élu... à l'applaudimètre !). L'assemblée générale des citoyens, ou **apella**, élit les cinq magistrats chargés du pouvoir exécutif, les **éphores**, qui concentrent entre leurs mains tous les pouvoirs et font généralement régner la terreur et l'arbitraire, y compris chez les rois qu'ils sont chargés de contrôler.

Incorporé dans l'armée à l'âge de vingt ans, en formation pendant dix ans jusqu'à sa majorité fixée à l'âge de trente ans, le Spartiate n'est libéré de ses devoirs militaires que lorsqu'il atteint la soixantaine. Il va de soi que cette armée composée d'**hoplites** est la plus puissante de Grèce : ses membres, dressés dès leur plus jeune âge à défendre leur cité, font preuve d'une bravoure d'autant plus farouche qu'en cas de fuite devant l'ennemi ils seront (au mieux) déchus de leur condition de citoyens...

Des dieux et des hommes

Des divinités qui se mêlent aux hommes veillent sur eux et les surveillent, partagent leurs sentiments, joies comme peines, se chamaillent à leur image : tels sont les dieux du panthéon grec. Entre les « immortels » et les « hommes qui meurent » se tissent des relations dont la religion se fait l'expression.

RÉCITS DES ORIGINES

Les Forces primitives

La création telle que la conçoivent les Grecs procède d'une séparation entre des Forces primitives d'où naquirent les dieux. Ce que les Grecs nomment **Chaos** n'est qu'une noire Béance d'où sortent **Gaïa**, la Terre, mère universelle, puis **Éros**, le « vieil Amour ». En grec, Chaos est neutre, Gaïa féminin et Éros masculin : ils constituent trois Forces ou Principes primitifs. De Chaos sont également issus Érèbe, le Noir absolu, et Nyx, la Nuit, laquelle enfantera seule Éther, la Lumière, et Héméra, le Jour. Du sein de Gaïa sortent Ouranos, Ciel étoilé, et Pontos, Flot marin.

Dès lors qu'**Ouranos** entre en scène, l'engendrement se fait par association d'un principe mâle et d'un principe femelle. Ainsi, couvrant en permanence Gaïa, Ouranos la féconde ; mais comme il ne se dégage jamais d'elle, il n'y a pas d'espace qui permettrait à leurs enfants de voir le jour. S'adressant à ses enfants enfermés dans son ventre, Gaïa les exhorte à se révolter contre leur père. Seul Cronos « aux pensées fourbes » répond aux attentes de sa mère et, saisissant une serpe, il émascule Ouranos au cours d'un accouplement. La Terre et le Ciel se séparent, définissant ainsi l'espace ; les enfants peuvent enfin naître : les six **Titans** (dont Océan, Japet et Cronos), leurs sœurs, les six Titanides (dont Rhéa, Thétys et Mnémosyne), et les trois monstrueux Cyclopes à l'œil unique. Quant au membre castré d'Ouranos, il tombe dans Pontos, et de sa semence mêlée à l'écume marine naît Aphrodite selon une première tradition, qui, après avoir erré sur l'eau, parvient à Cythère, suivie d'Éros et d'Éris, Amour et Discorde ; dans le même temps, des gouttes du sang de Ciel se répandant sur Terre sortent les Érinyes (déesses qui s'acharneront sur les **Atrides**), les Géants et les Méliades, nymphes des frênes. Ainsi des Forces primitives naissent l'espace, le temps, les oppositions masculin/féminin, paix et amour, guerre et jalousie. Toutes les forces qui vont présider à la guerre des dieux sont en place.

Le triomphe des Olympiens

Craignant qu'un de ses enfants ne vienne à le détrôner, Cronos les avale sitôt nés. Ainsi en est-il d'Hestia, de Déméter, d'Héra, d'Hadès et de Poséidon. Lorsque vient le tour de **Zeus**, Rhéa subtilise le nouveau-né qu'elle remplace par une pierre emmaillotée, à son tour engloutie. Zeus grandit en Crète, nourri par la chèvre Amalthée. Devenu adulte, il songe à se venger de son géniteur et à libérer ses frères et sœurs. Mais là où Cronos avait usé de violence, Zeus fait preuve de ruse : il fait boire un vomitif à son père qui, après avoir dégluti la pierre, régurgite ses enfants.

Mais Gaïa ne supporte pas que Cronos soit détrôné. Zeus, aidé de ses frères et sœurs, doit affronter les Titans (qu'il vainc avec l'aide des Cyclopes), puis les Géants (dont il triomphe grâce à l'appui d'Héraklès), et enfin Typhon, que Gaïa a engendré dans l'espoir de revenir à l'ordre primordial. Installés au sommet de l'**Olympe**, les nouveaux dieux savourent alors l'ambroisie et le nectar qui leur donnent l'immortalité.

J. Malburet / MICHELIN

L'Athéna du Varvakrion (conservée au Musée archéologique d'Athènes).

L'Olympe au quotidien

Aux enfants de Cronos se rajoutent les Olympiens de la seconde génération, fruits de l'union de Zeus et de diverses déesses : **Apollon**, **Artémis**, **Athéna**, **Arès**, **Héphaïstos**, **Hermès** et **Dionysos**, sans oublier **Aphrodite**, selon la seconde légende relative à sa naissance. Les Olympiens se partagent l'univers : à Zeus échoit le ciel ; Poséidon règne sur les mers tandis qu'Hadès reçoit le royaume des Morts. Pour ce qui est des sœurs, **Hestia** demeure vierge, présidant au foyer divin ; **Déméter** reçoit en héritage les terres cultivées, et **Héra** devient l'épouse officielle de Zeus.

Mais la vie dans cette famille n'est pas de tout repos ! Jalousies, intrusions dans le monde des humains où chacun a son mot à dire… Lorsqu'il est en colère, Zeus fait éclater l'orage et lance la foudre à travers le ciel ! Il faut bien dire que Zeus est souvent pour quelque chose dans les scènes de ménage. Lorsqu'il épouse Héra, il a déjà un parcours amoureux chargé : Mètis (la Prudence ou la Perfidie), sa cousine titanide, lui a donné Athéna ; Maia, la fille du Géant Atlas, Hermès ; par Mnémosyne (la Mémoire), il est père des neuf **Muses** ; avec Thémis (la Loi), il a engendré les Heures (la Paix,

Les héros

Les enfants que les dieux (ou les déesses) ont d'une union avec un(e) mortel(le) sont des intermédiaires entre le monde divin et le monde humain : ce sont eux que les Grecs appellent des **héros** et que les cités attachent à leur histoire mythique... se plaçant ainsi sous la dépendance indirecte du dieu géniteur.

la Discipline et la Justice) et les Moires (mieux connues sous leur nom latin de Parques) ; Léto a enfanté Apollon et Artémis. Inutile de dire qu'Héra vit très mal ces infidélités, surtout lorsque son époux s'unit aux mortelles. Elle se venge alors sur les fautives ou sur le fruit de ces unions : c'est le cas avec Héraklès. Mais Zeus a plus d'un tour dans son sac et dissimule son inconduite en se métamorphosant en pluie d'or pour séduire **Léda** (qui engendre Castor et Pollux), ou en taureau pour enlever **Europe**...

Et les hommes ?

Certains mythes font de **Prométhée**, fils de Japet, le créateur de l'humanité à partir d'un peu de glaise... Mais la tradition la plus courante ne voit en lui que le bienfaiteur des humains.

Au cours d'un repas, Prométhée propose à Zeus de choisir entre un alléchant plat de graisse blanche (mais ne recouvrant que des os) et une peu ragoûtante platée recouverte de peau (mais recelant des morceaux de chair appétissants). La ruse réussit : Zeus opte pour le plat de graisse. Mais sa vengeance est immédiate : les hommes seront privés du feu qui leur permet de cuire les aliments.

À l'acte II, Prométhée dérobe le feu du ciel à la roue du Soleil et le rapporte aux humains, s'attirant une nouvelle fois la colère de Zeus qui le condamne : enchaîné sur le Caucase, son foie est sans cesse dévoré par un vautour. C'est Héraklès qui délivre Prométhée au cours de l'un des douze travaux.

Dernier épisode, Zeus offre aux hommes un cadeau empoisonné : **Pandore**. Chaque dieu est invité à apporter sa part à la création de cet être nouveau : Héphaïstos le façonne, Athéna lui prodigue l'habileté, Aphrodite la beauté, mais Hermès met en son cœur le mensonge et la fourberie. Pandore est alors offerte au naïf Épiméthée qui l'accepte malgré le conseil de son frère Prométhée de ne jamais recevoir de cadeau de Zeus. Dès lors, tous les maux s'abattent sur les humains, car la belle soulève le couvercle de la jarre dans laquelle ils sont enfermés, n'y laissant que l'Espérance.

Ainsi les dieux établissent un lien de subordination entre eux et les humains. Par la religion, les hommes reconnaissent leur soumission, qui s'exprime à travers des rites.

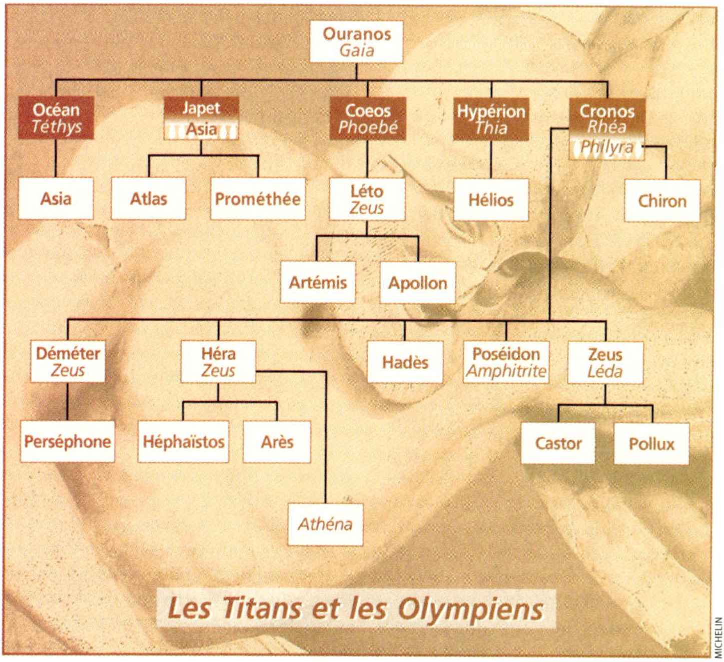

LE RÔLE DES DIEUX

nom	*domaine*	*attributs*
Aphrodite *(Vénus)*	désir amoureux	colombes, coquilles
Apollon	beaux-arts, lumière	lyre, flèches, laurier, soleil
Arès *(Mars)*	guerre	casque, armure, armes
Artémis *(Diane)*	chasteté, chasse	arc, carquois
Athéna *(Minerve)*	sagesse, arts et métiers	bouclier (égide), casque, chouette, olivier
Déméter *(Cérès)*	agriculture, amour maternel	épis de blé, sceptre, faucille
Dionysos *(Bacchus)*	vin, joie	vigne, thyrse, bouc, panthère
Hadès *(Pluton)*	royaume des morts	trône, barbe
Héphaïstos *(Vulcain)*	feu, métal	enclume, marteau
Héra *(Junon)*	épouse de Zeus, mariage	paon, diadème
Hermès *(Mercure)*	messager des dieux, commerce, éloquence	sandales et pétase, caducée, bélier
Hestia *(Vesta)*	foyer familial	feu
Poséidon *(Neptune)*	mer et tempêtes	trident
Zeus *(Jupiter)*	maître des dieux et de l'Univers	aigle, sceptre, foudre

LES GRECS ET LA RELIGION

Ce que nous appelons « **religion** » constitue un ensemble de rites codifiés, exécutés en l'honneur de divinités ou de héros dont les aventures forment un amalgame hétéroclite et complexe : la **mythologie**. Celle-ci, purement orale à l'origine, s'est fixée ensuite dans des textes écrits, dont la *Théogonie* d'**Hésiode** offre une première mise en forme systématique.

Pas de dogme...

... et pas de clergé au sens où nous l'entendons. Le prêtre est un homme ordinaire, chargé d'accomplir les rites selon un calendrier établi par les magistrats de la cité, émanation des citoyens.

Rites et pratiques

Au cœur de la religion grecque réside le sacrifice qui serait, selon Hésiode, lié à l'épisode au cours duquel Prométhée tenta de duper Zeus. S'il a sans doute existé dans les temps reculés des sacrifices humains (Agamemnon menant à l'autel sa fille Iphigénie pour que les vents soient favorables à la flotte en partance pour Troie en témoigne), dès l'époque archaïque, un animal remplace la victime humaine.

L'animal désigné pour le sacrifice doit être propre et sans défaut (une tache sur le pelage peut être rédhibitoire). La couleur comme le sexe ont leur importance : aux dieux les animaux mâles, aux déesses les femelles, aux dieux d'en haut les bêtes de couleur blanche, à ceux d'en bas les pelages noirs.

Le **sacrifice** débute à l'aube par une procession : l'animal, paré de fleurs, est conduit jusqu'à l'autel où attendent le prêtre et ses assistants, tandis que les spectateurs s'assemblent en cercle en chantant. Vient le moment de la consécration : le prêtre asperge la victime d'eau lustrale tandis que ses assistants allument le feu dans lequel sont jetés quelques poils prélevés sur l'animal. Des prières consacrent la bête à la divinité. Enfin, le prêtre tranche la gorge de l'animal, dont le sang, après avoir giclé vers le ciel, doit retomber sur l'autel. Une fois la bête exsangue, les bouchers entrent en scène : on procède à l'éviscération (un devin lit les entrailles, cherchant des signes propices ou maléfiques). Les organes sont embrochés et grillés avant d'être consommés par le prêtre et ses assistants. Commence alors le découpage de l'animal : les os sont dégagés de toute chair pour être brûlés en l'honneur des dieux friands de cette fumée odorante (dans de rares cas, la totalité de l'animal est brûlée en offrande aux dieux : c'est l'**holocauste**) ; la viande est

Socrate, un impie ?

Les Grecs ont toujours été sévères à l'égard de l'impiété. Nombre de penseurs suspects ont été l'objet de bannissement, voire de condamnation à mort comme Socrate. L'acte d'accusation mentionne que « Socrate est coupable de ne pas croire aux dieux dans lesquels croit la cité et d'introduire de nouveaux dieux ». En réalité, on reproche au philosophe les ferments critiques que recèle son enseignement, autant de dangers potentiels pour la cohésion politique de la cité. Comme toujours chez les Grecs, derrière le religieux le politique avance masqué...

débitée en parts égales et distribuée aux participants qui la consomment sur place ou l'emportent chez eux. Certains sacrifices spectaculaires (les **hécatombes** : mise à mort de 100 bœufs) donnent lieu à de véritables banquets.

Libations et prières

La place qu'occupe le sacrifice rituel explique que l'**autel** soit le lieu de culte le plus important du monde grec, plus que le **temple**, car il symbolise le rassemblement religieux. C'est ainsi que les théâtres conservent la trace de l'autel sous la forme d'une pierre fichée au centre de l'orchestra.

Si le sacrifice sanglant est la forme la plus noble, il existe d'autres pratiques, comme les **offrandes** domestiques de fruits et de légumes.

Les **libations** scandent la journée : matinales, vespérales, à l'occasion des repas... Le plus souvent, elles consistent en du vin mélangé d'eau versé sur le sol ou sur l'autel. Certaines ont un caractère particulièrement fort : ce sont celles que l'on fait sur une tombe pour établir une union symbolique entre les vivants et ceux qui ne sont plus. La **prière** est quant à elle très intéressée : si l'on s'adresse au dieu, c'est dans l'espoir d'un gain immédiat.

À côté de ces pratiques auxquelles tout citoyen peut participer, les Grecs ont développé des cultes initiatiques, tels ceux d'Éleusis ou les rites orphiques : seuls y sont admis les initiés assurés d'une immortalité bienheureuse !

Sanctuaires panhelléniques

Quatre lieux consacrés à autant de divinités abritent des sanctuaires, vastes ensembles architecturaux intégrant un ou plusieurs temples et divers bâtiments (trésor, stade, théâtre...) en étroite relation avec la « fonction des lieux ».

Délos, Delphes, Épidaure et Olympie.

L. Campion / MICHELIN

Vue de l'émouvant temple d'Isis à Délos.

À la recherche du beau idéal

Universellement admiré, à commencer par les Romains, l'art grec séduit par une perfection et une harmonie qui semblent innées. Mais ses plus belles réussites ne sont que l'aboutissement d'une longue histoire et la synthèse d'une recherche esthétique, qui ne doit pas faire oublier que, pour les Grecs, c'était une préoccupation à la fois religieuse, politique ou utilitaire qui prévalait, ce qui explique la place privilégiée des bâtiments publics. Il est vrai que les modestes habitations privées n'ont guère laissé de traces.

ARCHITECTURE : LA PERFECTION DES VOLUMES

Techniques de construction

La pierre constitue le principal matériau : tuf calcaire, souvent coquillier, et marbre provenant des carrières du Pentélique, de Thássos, de Náxos. Entaillés au pic, les blocs sont détachés à l'aide de coins de métal ou de bois ; ils sont ensuite dégrossis sur place pour en faire des éléments d'architecture, de colonnes, de chapiteaux ou des ébauches de statues.

Pesant 5 t en moyenne, ces blocs sont alors chargés sur des traîneaux de bois dont la descente est freinée par des cordes glissant autour de bornes amovibles. Au bas de la pente, des chariots ou des fardiers, tirés par des bœufs, les conduisent à destination.

Déchargés et manœuvrés à l'aide de leviers et de rouleaux, les blocs passent à l'atelier de finition : c'est là qu'ils sont taillés, décorés (cannelures, moulures) et sculptés (chapiteaux, frontons et métopes).

Le levage se pratique avec des palans à poulie et treuil ou, tout simplement, des chèvres. Les pierres appareillées posées les unes sur les autres sans mortier sont liées latéralement par des crampons en forme de H ou de N. Des goujons de bois ou de métal fixent les tambours superposés des colonnes : vous remarquerez souvent lors de vos visites les trous dans lesquels ces goujons étaient fichés. Enfin, un enduit de stuc revêt les colonnes.

Dans les constructions monumentales, les pierres sont taillées et disposées de diverses façons suivant la destination, l'époque de construction et aussi les moyens, l'ajustage des blocs étant toujours fait sans liant. On distingue l'**appareil cyclopéen**, grossier mais robuste, dans les murailles mycéniennes, notamment à Tirynthe.

L'**appareil polygonal** se retrouve à toutes les périodes : d'abord fruste puis à joints courbes et enfin droits, il est employé dans les soubassements.

L'**appareil trapézoïdal**, plus ou moins régulier, est très répandu au 4e s.

Enfin, l'**appareil rectangulaire**, le plus courant à la période classique, marque l'aboutissement d'une évolution vers la simplicité et l'efficacité.

Les palais-forteresses mycéniens (1550-1100 av. J.-C.)

Le palais mycénien, dont les principaux exemples se dressent à Mycènes, Tirynthe, Midea, Pýlos et Gla, s'inscrit sur une colline, au cœur d'une cité fortifiée de murs cyclopéens, ainsi nommés parce que la légende en attribue la construction aux **Cyclopes**, ces géants monstrueux dotés d'un œil unique au milieu du front.

Au contraire du palais minoen qui évoque un labyrinthe, il offre un plan simple et logique : une seule entrée, une cour bordée d'un côté par la salle du trône que précède un vestibule, de l'autre par les pièces de réception dont la plus importante, à colonnes, constitue le **mégaron**. Au centre de celui-ci se trouve un foyer qui sert à la fois au culte et aux usages domestiques. Au-delà, on parvient aux appartements privés du roi et de la reine, souvent équipés de bains. C'est cette disposition qui a été adoptée pour les temples.

Il est à noter qu'après la ruine de ces palais, cette tradition architecturale n'a guère eu d'influence sur les réalisations futures, même à Athènes, épargnée par les envahisseurs, mais qui n'a fait que peu de cas du savoir-faire mycénien.

Trésors

Par le raffinement des objets qui y ont été découverts, les tombes mycéniennes révèlent l'étonnante richesse des princes qui s'y firent ensevelir : aussi ont-elles été désignées longtemps sous le nom de « trésors ».

À la périphérie de la cité se répartissent les tombes (Mycènes, Orchomène) : certaines, comme à Mycènes, sont des tombes à fosse. D'autres sont des sépulcres à chambre taillés dans le roc, et enfin il existe des tombes à coupole recouvrant une chambre circulaire **(tholos)** accessible par un corridor **(dromos)** : l'exemple le plus abouti est la tombe dite d'**Agamemnon**, qui a été aménagée vers 1330 av. J.-C., ou celle de **Clytemnestre**, d'une trentaine d'années plus récente.

Les temples (à partir de 700 av. J.-C.)

Image du beau idéal, l'architecture des temples se définit par la simplicité de la structure et l'harmonie des proportions. Celles-ci sont régies par le **module**, mesure du rayon moyen de la colonne et qui en détermine la hauteur.

Les architectes, ayant observé que l'œil humain perçoit les lignes des édifices infléchies, imaginent d'y apporter des corrections optiques. Aux entablements qui semblent affaissés au milieu, ils donnent une ligne imperceptiblement courbe, le centre étant plus élevé que les extrémités. Aux colonnades verticales qui paraissent diverger, ils remédient en donnant un léger dévers aux colonnes latérales par inclinaison progressive de leur axe vers l'intérieur.

B. Pérousse / MICHELIN

Vue panoramique du temple dorique d'Afaía à Égine, remarquablement conservé.

Les sculptures figuratives, qui ont souvent un rôle didactique, sont réservées aux éléments n'ayant pas de fonction active dans le monument et occupant les places les plus visibles : tympans des frontons ou métopes de l'architrave.

On a du mal à l'imaginer aujourd'hui, mais les temples sont peints : les fonds sont généralement teintés en rouge et les parties saillantes en bleu, formant contraste. Ces couleurs vives, aujourd'hui disparues, faisaient ressortir les sculptures de pierre ou de marbre blanc. Une peinture de ton bronze doré distinguait certains éléments décoratifs tels que boucliers ou acrotères.

Trois types de temples...

À l'origine, on trouve le petit **temple in antis**, conçu comme la maison du dieu et, à ce titre, ressemblant à celle des humains : son porche à deux colonnes ouvre sur un vestibule **(pronaos)** et une salle oblongue **(naos)** dans laquelle se dresse la statue du dieu.

Le **grand temple périptère**, plus récent, est entouré de colonnes **(péristyle)** et comprend lui aussi un **pronaos** et un **naos**, auxquels s'ajoute une salle du trésor **(opisthodome)** où sont conservées les offrandes les plus précieuses. Des grilles clôturent le pronaos et l'opisthodome. Une porte ferme le naos. Enfin, la **tholos** est une rotonde à péristyle, à destination votive ou commémorative.

Un temple comporte un soubassement **(stylobate)**, des colonnes, un entablement supportant le toit couvert de tuiles et dont les extrémités se terminent en fronton.

... et trois ordres

Imposé par le peuple dorien, l'**ordre dorique**, considéré comme un style « mâle » pour la rigueur de ses lignes et la sobriété de son décor, est le plus utilisé à partir du 7e s. av. J.-C. Dépourvues de base, les colonnes striées de 20 cannelures reposent directement sur le stylobate. Leurs chapiteaux ne sont pas sculptés. L'entablement comporte trois éléments principaux superposés, l'architrave, la frise et la corniche, la frise se divisant alternativement en triglyphes à trois baguettes et en métopes, panneaux que décorent les sculptures en haut-relief. Des scènes sculptées ornent aussi les frontons triangulaires dont les angles portent des motifs décoratifs, les acrotères. Au-dessus des corniches latérales, des ornements sculptés, les antéfixes, servent de gargouilles. La plupart des temples qui subsistent en Grèce relèvent de cet ordre : ainsi le temple de Zeus à Olympie ou celui de Vassés.

Adopté par les colons ioniens d'Asie Mineure à partir du 5e s., l'**ordre ionique** est considéré comme un style « féminin », contrastant par sa légèreté, sa grâce et la richesse de son décor avec la force austère du dorique. Ses caractéristiques, très visibles dans le temple d'Athéna Niké, sur l'Acropole d'Athènes, sont ses colonnes élancées striées de 24 cannelures et reposant chacune sur un piédestal mouluré auquel répond un chapiteau à volutes. L'entablement comprend une architrave, une frise sculptée continue et une corniche à ornement d'oves et de rais-de-cœur. Enfin, les angles du fronton sont amortis par des acrotères à décor de palmettes. L'ordre ionique est essentiellement présent dans les îles de la mer Égée, mais la fameuse frise du Parthénon, temple de conception dorique, en relève.

Le troisième ordre classique est l'**ordre corinthien**. Né à Corinthe au 5e s., il ne se développe qu'à partir du siècle suivant, et plus particulièrement durant les périodes hellénistique et romaine, comme en témoignent la porte d'Hadrien à Athènes ou le temple d'Octave à Corinthe. Cette variante de l'ordre ionique s'en distingue par son chapiteau à volutes représentant des feuilles d'acanthe. L'inventeur du chapiteau corinthien serait un certain **Callimaque**, sculpteur, disciple de Phidias, qui aurait été inspiré par la vue d'un panier rempli de plantes.

Les théâtres

Dans la plupart des sanctuaires grecs (Épidaure, Delphes ou Dodone) s'élève un théâtre dans lequel se déroulaient les fêtes dionysiaques, dont les hymnes donnèrent naissance à la tragédie.

Creusé à flanc de colline, bâti d'abord en bois, puis en pierre à partir du 4e s., le théâtre comprend un ensemble de gradins en hémicycle, dont le premier rang est réservé aux prêtres et aux notables. On y accède en bas par des entrées latérales, au milieu par un promenoir, en haut par une autre allée parallèle au promenoir. Ces gradins définissent un espace circulaire **(orchestra)** où, autour de l'autel de Dionysos, prend place le chœur alternant danses et déclamations. Les acteurs, tous masculins et masqués, évoluent sur une avant-scène, le **proskénion**, étroite et légèrement surélevée. Enfin, derrière le proskénion, la scène **(skéné)** est un mur faisant office de décor, dissimulant coulisses et vestiaire.

Les **odéons**, qui se sont multipliés à l'époque romaine, sont des théâtres plus petits, souvent couverts.

Parmi les autres bâtiments d'architecture civile, il faut citer les **portiques (stoa)** abritant des boutiques, les **palestres**, terrains de sport à portiques, ou encore les **stades** réservés aux courses.

LA SCULPTURE OU LA MAÎTRISE DU MOUVEMENT

Époque archaïque

À partir du 7e s. apparaissent dans le monde grec les statues de grande taille, taillées d'abord dans des troncs d'arbres, étranges et hiératiques figures aux expressions extatiques, réalisées d'après des modèles asiatiques et surtout égyptiens.

La production du 6e s. est marquée par deux types bien connus que sont le **kouros** (garçon) nu et la **korê** (fille) vêtue d'une tunique, peplos dorien ou chiton ionien. Ces effigies de grandeur nature ou colossale étaient parfois en bronze, comme l'Apollon du Pirée, plus souvent en pierre calcaire ou en marbre et revêtues d'une vive polychromie.

Les hauts-reliefs en pierre peinte, provenant pour la plupart de frontons, impressionnent par leur aspect réaliste et expressif; les sculptures en bronze sont plus stylisées.

Les kouroi et korês du musée de l'Acropole d'Athènes, ceux du Musée national, la Gorgone du temple d'Artémis à Corcyre (musée de Corfou), la frise du trésor de Sífnos et les kouroi monumentaux du musée de Delphes.

D.R

Korê aux yeux en amande (musée de l'Acropole, Athènes).

Époque classique

Après une période de transition, marquée notamment par l'*Aurige* de Delphes (vers 475), la statuaire classique se libère de la frontalité et de la rigidité en traversant deux phases distinctes.

La **phase d'idéalisation** (5e s.) voit l'apogée de la sculpture grecque illustrée par les noms de **Polyclète**, de **Myron** et de **Phidias**. Le premier détermina un modèle type d'aspect sévère et aux proportions mathématiques, le **canon**; le deuxième travailla dans le même esprit et réalisa le célèbre *Discobole*, l'une des œuvres les plus imitées; le dernier sut donner une beauté idéale faite de force, de majesté et de sérénité aux figures de marbre : les sculptures du Parthénon témoignent de son génie. La statue d'or et d'ivoire qu'il exécuta pour le temple de Zeus à Olympie était considérée comme l'une des sept merveilles du monde antique.

Les frises du Parthénon, l'Athéna pensive du musée de l'Acropole et le superbe Poséidon au Musée archéologique national d'Athènes.

Lors de la **phase naturaliste** (4e s.), la grâce succède à la majesté et le nu féminin fait son apparition. Les artistes commencent à donner une certaine expression aux visages. Les noms les plus connus de ce temps sont ceux de **Skopas**, de **Lysippe**, le sculpteur d'Alexandre le Grand, et de **Praxitèle**, auteur de statues aux formes élancées, parmi lesquelles le célèbre *Hermès* d'Olympie.

L'Éphèbe d'Anticythère (Musée archéologique national d'Athènes) et les statues d'Athéna et d'Artémis (musée du Pirée).

Enfin, à **Tanagra** en Béotie, apparaissent (4e s.-3e s.) les gracieuses figurines funéraires en terre cuite qui ont par la suite donné leur nom à ce genre de statuettes, indépendamment de leur lieu de production.

Époque hellénistique

La sculpture devient expressionniste et orientalisante. Elle exprime avec un réalisme parfois exacerbé non seulement la douleur avec le *Laocoon et ses fils*, mais aussi le mouvement avec la *Victoire de Samothrace*, ou encore la beauté sereine de la *Vénus de Milo*. Les artistes se plaisent à représenter des vieillards et des enfants, tel l'étonnant *Jockey d'Artemision*, en bronze, du musée d'Athènes.

PEINTURE ET CÉRAMIQUE, OU LA LIGNE APPRIVOISÉE

À l'exception des fresques minoennes de Crète ou de Santorin et des peintures funéraires hellénistiques de Macédoine *(voir Lefkádia, Náoussa et Véria)*, peu de témoignages de l'art de peindre en Grèce antique nous sont parvenus. En effet, si la peinture a rempli une fonction capitale dans la mise en valeur des monuments grecs, son rôle en tant qu'art autonome fut moindre, et s'il y eut de grands peintres au 4e s., comme **Zeuxis**, **Neuxias** ou surtout **Apelle**, seuls leurs noms ont traversé le temps. Pour connaître la peinture grecque, il faut donc étudier le décor des céramiques.

Les vases et leur décor

Les figures ornant les **vases** constituent une des principales sources de documentation sur la civilisation grecque. Ces vases ont des fonctions précises : les **pithoi** servent à conserver les grains, les **amphores** à transporter de l'huile ou du vin. Les **pélikés**, les **cratères** et les **hydries** sont des jarres à huile, à vin ou à eau. Les **œnochoés** sont des cruches d'où l'on verse l'eau ou le vin dans les **canthares**, les **kylix**, des coupes à boire, et les **rhytons**, des récipients en forme de corne ou de tête d'animal. Les **lécythes** font office de vases funéraires.

On distingue plusieurs types de décors, définis par leur époque d'apparition :

Les **vases créto-mycéniens** (1700-1400) sont ornés de scènes de la flore et de la faune traitées avec beaucoup de liberté et de sens décoratif.

Cratère de Phaistos au musée d'Héraklion ; vases de Santorin au Musée national d'Athènes.

Les **vases archaïques** (1000-600) illustrent le style **géométrique** dans les Cyclades et l'Attique avec des décors de lignes brisées, de méandres, de damiers, de losanges, plus tardivement d'animaux (surtout des chevaux), puis d'humains très stylisés : un cercle pour la tête, un triangle pour le corps, des traits pour les jambes. Le style **orientalisant** à Rhodes et Corinthe présente des motifs de rosaces, lotus, sphinx et fauves.

Amphores du Céramique et du Dipylon au Musée archéologique national d'Athènes, flacons à parfum au musée de Corinthe.

Les vases à **figures noires** (avant 600-530) sont décorés de sujets tirés de la mythologie ou de l'histoire : les silhouettes peintes en noir se détachent sur un fond rouge ocre, plus rarement blanc.

Cratère d'Héraklès et de Nérée (Musée archéologique national d'Athènes).

Les vases à **figures rouges** (530-320) traitent de sujets mythologiques (style sévère du 5e s.), mais aussi familiers et même légers. Inversant la technique des figures noires, les artistes **(Andocidès, Epiktétos, Euphronios)** recouvrent la surface du vase d'un enduit noir, réservant pour les sujets le fond sur lequel de minutieux coups de pinceau dessinent les traits, indiquent le mouvement, expriment la physionomie.

Cratère de Kalyx et lécythes d'Érétrie au Musée archéologique national d'Athènes.

Le règne du « logos » : penser, parler, écrire

Tout commence par les deux fameuses épopées d'Homère, fracassantes d'exploits et de mythes ; viennent ensuite le poète-paysan Hésiode, puis les grands tragiques et historiens du 5e s. Dans le même temps, penseurs et savants s'attachent à comprendre le monde, la nature, l'homme : la physique, la mathématique, la médecine, la philosophie sont filles de la Grèce.

LES RÉCITS FONDATEURS

Deux poètes sont à l'origine de la littérature grecque. Le plus connu est bien entendu **Homère** (fin 9e s.-milieu 8e s.). D'aucuns ont supposé que ce nom recouvrait en fait plusieurs auteurs, et que ses grands textes seraient l'aboutissement de sortes de chansons de geste sans cesse peaufinées et embellies par des aèdes successifs.

Quoi qu'il en soit, deux grandes épopées signées Homère ont traversé les siècles, l'**Iliade** et l'**Odyssée**. Ces récits s'enracinent d'autant plus facilement dans l'imaginaire grec qu'ils sont appris par cœur par les écoliers et ne perdent jamais leur popularité. C'est ainsi que leurs personnages, qu'il s'agisse de dieux ou de héros, sont restés familiers à tous ou presque, à travers les siècles et les

Les Anciens revisités

Durant l'entre-deux-guerres et pendant l'Occupation, les écrivains français reprennent les œuvres de l'Antiquité grecque en les adaptant aux réalités de l'époque : Cocteau puise dans le mythe d'Œdipe le sujet de sa *Machine infernale* (1934), Giraudoux s'inspire d'Homère (*La Guerre de Troie n'aura pas lieu*, 1935) et d'Euripide (*Électre*, 1937), tandis qu'en plein conflit Sartre donne avec ses *Mouches* (1943) une version actualisée de l'œuvre d'Eschyle, et qu'Anouilh transpose Sophocle dans son *Antigone* (1944). Plus récemment, le poète et psychanalyste belge Henry Bauchau revisite ces mythes avec *Œdipe sur la route* et *Antigone*.

continents. L'*Iliade* raconte non pas la guerre de Troie, mais un épisode capital du conflit : celui de la colère d'**Achille** qui, en se retirant sous sa tente, faillit coûter la victoire aux Grecs. Seul le retour sur le champ de bataille du bouillant guerrier sauve l'armée, en particulier lorsqu'il triomphe en combat singulier d'**Hector**, le héros troyen.

Moins guerrière, l'*Odyssée* s'organise autour du long périple qui voit **Ulysse** affronter et vaincre mille dangers (le cyclope Polyphème, la magicienne Circé, les Sirènes…) avant de pouvoir retrouver sa fidèle **Pénélope** tissant son éternelle tapisserie dans son Ithaque natale. Histoires d'hommes donc, mais qui ont leur écho dans l'Olympe, où les dieux trompent leur ennui en prenant parti pour les uns ou pour les autres.

Ces dieux, précisément, **Hésiode**, poète-paysan de Béotie de la seconde moitié du 8e s., dont la biographie se laisse deviner à travers quelques confessions discrètes disséminées dans ses poèmes, nous conte leur naissance et leurs conflits dans sa *Théogonie*. Des Forces primitives aux Olympiens, en une suite de sanglantes rivalités, les dieux parviennent à se répartir le monde que les hommes peuplent de leur présence. Car les Grecs ne disent jamais qu'il pleut mais que Zeus pleut ! L'autre poème hésiodique, *Les Travaux et les Jours*, développe le mythe des cinq races et propose, à côté d'un nouveau développement sur la vie des dieux, un éloge de la vie rustique à l'orée de l'époque archaïque.

L'INVENTION DU THÉÂTRE

Même si ses débuts ne sont pas absolument clairs, tout porte à croire que le **théâtre grec** trouve son origine dans le rituel religieux entourant le culte de Dionysos. Les termes mêmes de tragédie (littéralement « le chant en l'honneur du bouc ») comme de comédie (dont l'origine serait ces cortèges bruyants précédés d'un **phallophore**, prêtre porteur d'un phallus) renvoient au culte dionysiaque, né chez les Thraces, sur le territoire de l'actuelle Bulgarie, avant d'être adopté par les Grecs. C'est dans l'enceinte des sanctuaires qu'ont été édifiés les théâtres, et les représentations ont lieu lors des fêtes consacrées au dieu. L'espace théâtral lui-même semble s'organiser en souvenir des rites primitifs : autour de l'autel où sacrifiait le prêtre, les desservants, vêtus de peaux de bouc, entonnaient des chants en dansant, circonscrivant ainsi un espace d'où serait né l'**orchestra**, lieu d'évolution du chœur.

C'est au 5e s., en Attique, que le théâtre s'affirme comme un genre majeur, se fixant à cette époque dans sa structure littéraire, alternance d'épisodes joués entre acteurs devant la **skénè** et de moments lyriques réservés au chœur, chantant et évoluant dans l'orchestra. Jouées par des comédiens uniquement masculins, masqués, chaussés de hauts cothurnes et vêtus selon une symbolique précise, les tragédies, aux sujets tirés de la mythologie ou de l'histoire, et donc connus de tous, importent avant tout par les thèmes éthiques ou politiques qui y sont développés.

Si l'on admet que la tragédie a été inventée au 6e s. par **Thespis**, ce sont trois grands noms qui au siècle suivant font briller la scène tragique : **Eschyle** (525-455), témoin de la montée en puissance d'Athènes, s'attache surtout à débattre d'une fatalité qui s'impose aux hommes comme aux dieux. Avec **Sophocle** (497-406), qui vécut à l'apogée de la splendeur athénienne, le débat se centre sur l'être humain et sa liberté *(Antigone, Œdipe roi, Électre…)*. Quant à **Euripide** (480-406), il propose une vision nettement plus « laïque » et s'attache davantage à développer des intrigues dans lesquelles la psychologie et l'idéologie tiennent une place essentielle.

La comédie est dominée par **Aristophane** (445-386) qui, tel un chansonnier, se plaît à critiquer les mœurs politiques de ses concitoyens *(Les Grenouilles, Les*

Le chœur antique

Lorsque les genres furent fixés, le chœur, expression de la cité, fut pris en charge par elle : un impôt **(chorégie)** prélevé sur les citoyens aisés permettait l'entretien des **choreutes** mis ensuite à la disposition des dramaturges chargés de concourir. L'évolution de la tragédie pourrait d'ailleurs s'analyser à partir des titres : titres collectifs chez Eschyle *(Les Perses, Les Choéphores, Les Euménides…)*, titres plus souvent centrés sur un personnage chez le plus jeune, Euripide *(Électre, Héraklès, Iphigénie en Tauride)*. Il est vrai qu'entre-temps Athènes est passée de la splendeur aux revers : l'État est moins riche et le chœur tragique se réduit au profit des acteurs, dont le nombre passe de deux chez **Eschyle** à trois avec **Sophocle**, et de l'action qui s'étoffe en une véritable intrigue chez **Euripide**.

Guêpes...) comme les travers du quotidien, ne rechignant pas lorsqu'il le faut à employer une certaine grossièreté *(Les Nuées, Lysistrata...)*. Plus tard, **Lysandre** (342-293) s'attache à nouer des intrigues romanesques autour d'aventures sentimentales (*La Fille aux cheveux noués, L'Atrabilaire*, lointaine source de notre *Misanthrope...)*.

L'HISTOIRE, LIVRE DE LA MÉMOIRE

Quand la tragédie se fait discrète, c'est l'histoire qui prend la relève. Ce qui était un sujet de poésie dramatique devient un objet d'étude. Les historiens du 5e s. tentent de s'émanciper du passé mythique et de témoigner pour l'avenir.

Père de l'histoire, **Hérodote** (vers 485-vers 425), inlassable voyageur, récolte des renseignements qui, ajoutés au fonds légendaire, lui permettent dans son *Enquête* en neuf livres de raconter les guerres médiques.

Thucydide (vers 460-vers 399) propose une relation de la guerre du Péloponnèse, dont les pages d'ouverture (connues sous le nom d'*Archéologie*) établissent une véritable méthode d'analyse critique des faits permettant d'envisager sous les causes apparentes du conflit, ses causes économiques réelles. Alternant récits, portraits et commentaires, il donne ainsi une œuvre d'une grande modernité.

Quant à **Xénophon** (vers 427-vers 355), disciple de Socrate et dirigeant de la retraite des Dix-Mille, il s'agit davantage d'un narrateur que d'un analyste : son *Anabase* comme ses *Helléniques* ne sauraient rivaliser avec les œuvres de ses deux grands devanciers.

L'EMPIRE DES PHILOSOPHES

Née au 6e s. en Ionie et en Grande-Grèce, la philosophie se donne pour objet premier d'expliquer l'univers sans le recours aux mythes. C'est à Milet, en Asie Mineure, que s'ouvre cette réflexion : **Thalès** s'attache à trouver un principe général d'organisation du cosmos. **Héraclite** (vers 540-vers 480), l'Éphésien, professe que tout est immanent et proclame qu'« on ne se baigne jamais deux fois dans le même fleuve. » **Pythagore** trouve dans la numérologie les lois secrètes qui régissent le monde et proclame sa foi dans la métempsycose (ou migration des âmes), tout en se révélant un mathématicien de génie.

Avec **Parménide** (515-450) s'ouvrent des voies nouvelles : la méthode s'inscrit au centre d'une démarche qui a pour objet de trouver la vérité comme fondement de l'Être. Son disciple, **Zénon d'Élée,** multiplie les paradoxes. **Leucippe**, lui, met en évidence la notion d'atome et parvient à expliquer l'organisation de l'Être et du Monde par le jeu de ces « insécables ». Citons encore **Anaxagore** qui, taxé d'impiété, s'enfuit d'Athènes avant qu'il ne soit trop tard.

Enfin, Socrate vint

La rupture se fait avec **Socrate** (469-399), si bien qu'on appelle **présocratiques** tous les penseurs qui l'ont précédé. Comme son enseignement était uniquement oral, sa pensée nous est surtout connue par les dialogues rapportés par son disciple, **Platon**. Socrate est d'abord l'homme d'une démarche qui consiste à faire trouver par chacun la vérité qui réside en lui-même ; pour parvenir à cet « accouchement des esprits » (la **maïeutique**), il pratique un jeu subtil de questions et de réponses (la **dialectique**) qui permet de mettre en évidence les contradictions et conduit ainsi à la révélation du savoir. Pour Socrate, tout procède du refus de l'ignorance : du « Connais-toi toi-même » au « Nul n'est méchant volontairement », les analyses de la sagesse fondent une véritable éthique.

Platon (427-348), à travers les 35 dialogues qui nous restent, aborde pratiquement tous les grands problèmes moraux et politiques. Comme son maître, il recherche sans cesse les idées derrière les apparences, condition d'une perfection qu'il représente à travers le « mythe de la caverne » et qu'il tente de réaliser dans le projet d'une politique idéale.

Autre vision, autre destin : **Aristote** (384-322) fut le précepteur d'Alexandre le Grand. À l'idéalisme platonicien, Aristote oppose une conception pragmatique et ordonnée du réel. De ce fait, il s'appuie sur les réalisations (scientifiques, littéraires, philosophiques...) qu'il organise en grandes rubriques : logique, rhétorique, éthique, politique, physique.

La quête du savoir

Les noms de Pythagore ou de Thalès résonnent à nos oreilles d'abord comme les auteurs de théorèmes mathématiques. De fait, dès lors qu'ils se mirent à étudier le monde et l'homme, les penseurs hellènes ouvrirent des voies fécondes en astronomie (Thalès avait ainsi prédit l'éclipse de Soleil du 28 mai 585 !), en physique, en mathématique, en médecine, où l'exemple d'**Hippocrate** (vers 460-377) s'imposera comme une référence clinique et éthique absolue

Un ancêtre du Guide Vert

Grand voyageur devant l'Éternel, le géographe **Pausanias** (2e s. apr. J.-C.) a donné dans sa *Description de la Grèce (Periegêsis)* une liste très précise de nombreux sites et monuments de la Grèce centrale et du Péloponnèse aujourd'hui disparus… qui se révèle par son exactitude d'un grand secours pour les archéologues.

bien au-delà du Moyen Âge (on continue, aujourd'hui, de faire prêter le serment d'Hippocrate aux futurs médecins).

Une floraison d'écoles

Diverses écoles de pensée se succéderont entre le 4e s. et le 2e s. : trois lettres d'**Épicure** (341-270) suffisent à jeter les bases de l'épicurisme, quête de la tranquillité de l'âme, tandis que le stoïcisme est illustré par **Zénon**, le cynisme par **Diogène** (l'homme qui vivait dans une jarre), ou le scepticisme par **Pyrrhon**. Mais cet éclatement de la philosophie, désormais préoccupée du seul individu, montre l'effacement définitif du modèle collectif de la cité grecque.

LES DERNIERS FEUX DE L'HELLÉNISME

« La Grèce conquise a conquis son farouche vainqueur », s'exclamait le poète latin Horace. De fait, le modèle intellectuel grec fascine les Romains, et les grands genres hellènes inspirent la mode latine. L'histoire se poursuit avec **Polybe** (vers 207-130), **Diodore**, et surtout **Plutarque** (46-125) dont les *Vies parallèles* offrent un premier véritable modèle de biographie. La géographie s'affirme avec **Strabon**. Le roman apparaît avec le fameux *Daphnis et Chloé* de **Longus** qui séduit nombre de générations de jeunes amoureux.
Enfin, les Évangiles et nombre des premiers textes chrétiens nous sont parvenus dans leur traduction en grec.

ART ET CULTURE DE LA GRÈCE MODERNE

La réputation de l'art de la Grèce classique est telle qu'il pourrait sembler impossible à un Grec d'aujourd'hui de tenter de rivaliser. Et pourtant, bien des noms viennent à l'esprit lorsque l'on évoque la Grèce, des poètes Elytis et Séféris couronnés par un prix Nobel, aux cinéastes Cacoyannis et Angelopoulos, sans oublier le plasticien Takis, les musiciens Theodorakis ou Xenakis, ni bien entendu Nana Mouskouri et la Callas. Bref, voilà qui donne envie d'aller y voir d'un peu plus près, en commençant par les longues périodes byzantine et ottomane qui ont contribué à façonner la Grèce d'aujourd'hui.

W. Gerber / MICHELIN

Fresque du monastère de Ipsilu (Lesvos).

Arts plastiques, de Byzance à nos jours

LA GRÈCE BYZANTINE

Ce qu'il est convenu d'appeler l'art byzantin recouvre, on l'oublie trop souvent, une période s'étendant sur un millénaire. C'est dire si cet art, essentiellement religieux, a eu le temps d'évoluer entre les débuts de l'Empire byzantin et la chute de Constantinople.

Coupoles et mosaïques

Né de la confrontation entre les courants de civilisation venus de Rome et de l'Asie Mineure, l'art byzantin s'exprime principalement dans l'architecture religieuse. Dans un premier temps, de même que les temples païens sont affectés à la nouvelle religion dominante, l'architecture comme la sculpture ne se distinguent guère de celles de la période hellénistique, si ce n'est par l'emploi de nouveaux symboles. Plus tard, la crise de l'iconoclasme fait disparaître toute représentation humaine des sanctuaires au profit de motifs géométriques ou floraux. Cependant, celle-ci passée, certains traits originaux se font jour : le plan centré, la coupole symbolisant la voûte céleste – exploit architectural pour l'époque puisqu'il s'agissait de faire tenir une demi-sphère sur un plan rectangulaire, ce qui n'alla pas sans poser quelques problèmes, les coupoles ayant une fâcheuse tendance à s'effondrer durant la construction ou quelques années après l'achèvement des travaux –, l'emploi de la brique soit en alternance avec la pierre, soit seule et disposée de façon décorative.

Héritant du plan basilical des édifices civils de l'Antiquité, les églises paléochrétiennes du siècle de Justinien (5e-6e s.) sont précédées par une cour *(atrium)*. Les édifices sont à plan basilical (trois nefs parallèles) ou quadrangulaire centré, à coupole massive sur pendentifs, les galeries intérieures étant réservées aux femmes. Il n'en demeure aujourd'hui que des ruines ou des restes de murs incorporés dans les édifices ultérieurs comme à Thessalonique.

Vestiges des basiliques de Philippes et du Léchaion de Corinthe.

Un deuxième âge d'or

Entre le 9e et le 12e s. se multiplient des édifices, souvent de petite taille mais de proportions harmonieuses, au plan en croix grecque inscrite, les bras de la croix apparaissant surtout de l'extérieur. Les façades sont précédées d'un narthex et les coupoles sont rendues plus hautes par l'adjonction d'un tambour. Les murs sont décorés de bas-reliefs en méplat, de marbres et de mosaïques.

Monastères de Dafní, d'Ósios Loukás, Néa Moní de Chíos, Agia Sofia de Monemvasía, Petite Métropole d'Athènes.

L'empreinte franque

Le bref intermède des empires latins a laissé quelques forteresses, souvent à l'état de vestiges. Sur le plan religieux, l'appel fait par les barons francs aux cisterciens a vu quelques monastères remodelés selon les préceptes de l'architecture bourguignonne de la maison mère. Quant aux Vénitiens, ils ont surtout bâti des forteresses.

Kastros de Chlemoútsi et de Livadiá, monastère de Dafní.

La renaissance des Paléologue

Du 13e au 16e s., cette Renaissance se traduit par des édifices à plan en croix grecque parfois combiné avec le plan basilical (étage inférieur), par la multiplication des coupoles et la généralisation du décor à fresques.

Églises de Thessalonique, d'Árta, de Kastoriá, de Mistrás.

Les églises sont richement ornées de pavements de marbre polychrome, de fresques (à partir du 13e s.) et de mosaïques dont les ors et les couleurs chaudes frappent les imaginations. Les scènes sont conçues d'après un programme liturgique et dogmatique défini : Christ Pantocrator (Créateur de tout) à la coupole, entouré d'archanges, d'apôtres ou d'évangélistes ; Vierge Théotokos (Mère de Dieu) entre les archanges Michel et Gabriel à l'abside ; scènes de la vie du Christ ou de la Vierge, pas toujours placées dans l'ordre chronologique mais suivant les fêtes de l'année, dans la nef et le narthex.

Monastères de Dafní, Ósios Loukás et Néa Moní (île de Chíos).

L'art de l'icône

À côté de ces réalisations éblouissantes, l'art chrétien oriental s'est illustré dans l'art des images ou **icônes**. Peintes sur bois, regroupées dans les églises sur l'iconostase, cloison séparant la nef du chœur où officie le prêtre, elles sont également présentes dans les intérieurs domestiques. Objets d'un culte parfois proche de l'idolâtrie (les *iconodoules*), elles ont vu leur statut défini par le **concile de Nicée** (787) : « Le Fils est l'icône vivante du Dieu invisible. »

Parmi les sujets de l'iconographie orthodoxe figurent l'hétimasie, symbolisée par un trône vide attendant le retour du Seigneur en vue du Jugement, la descente du Christ aux limbes, la dormition de la Vierge et le repas des trois anges à la table d'Abraham (hospitalité d'Abraham). Les archanges Michel et Gabriel souvent représentés comme chefs des armées célestes sont alors nommés taxiarques. Les saints les plus vénérés sont les trois hiérarques ou docteurs (Jean Chrysostome, Basile de Césarée, Grégoire de Nazianze), Jean-Baptiste (*Prodromos*, le Précurseur), représenté avec des ailes, Georges à cheval transperçant le dragon de sa lance, André de Pátra, Dimitri de Thessalonique, Michel, Nicolas, Athanase, Cyrille et Méthode ; les deux saints Théodore ; Côme et Damien, ainsi parfois que Panteleimon et Hermolaos, appelés les saints anargyres (sans argent), car ils soignaient gratuitement.

Collections du musée Benaki et du Musée byzantin et chrétien à Athènes.

> **Domenikos, le Grec**
>
> Né en Crète (alors vénitienne), Domenikos Theotokopoulos est d'abord peintre d'icônes. Il étudiera à Venise avec le Titien puis à Rome avant d'être appelé à la cour d'Espagne pour décorer le palais de l'Escurial. Mais le souverain n'apprécie pas l'œuvre du Crétois, qui se fixe à Tolède… et devient **El Greco**.

L'ÉPOQUE OTTOMANE

Dès leur arrivée, les Ottomans ont transformé selon leur habitude nombre d'églises byzantines en mosquées. Mais il reste relativement peu de témoignages architecturaux en Grèce de la longue période d'occupation ottomane, les Grecs libérés n'ayant eu de cesse que de détruire ou reconvertir mosquées, hammams, bazars et autres médersas qui avaient fleuri dans leurs cités. Vous apercevrez çà et là quelques fontaines turques.

Quant aux bâtiments militaires, ils ont le plus souvent disparu à la suite de la guerre d'indépendance. Pendant cette période, l'art chrétien se perpétue en un art dénommé post-byzantin, notamment avec la peinture d'icônes : un jeune Crétois de Candie qui allait devenir **El Greco** se fait alors connaître... Il faut toutefois citer les peintres de l'école ionienne, tels que **Panayiotis Doxaras** (1672-1729) ou **Nikolaos Doxaras** (1706-1751), qui se cantonnent aux sujets religieux, tandis que **Nikolaos Kantounis** (1767-1843) se risque au portrait.

Forteresse de Ioannina, petite mosquée de l'Agora romaine et hammam à Athènes, quartier turc de Rhodes-ville, maison de Méhemet Ali à Kavála, mosquées de Nauplie, dont l'une transformée en cinéma...

UNE PEINTURE SOUS INFLUENCES

L'accession au trône d'Otton de Bavière en 1832 est suivie par l'installation à Athènes de peintres étrangers qui enseignent à l'école des Beaux-Arts, fondée en 1843, et forment certains des peintres grecs, tandis que d'autres partent étudier la peinture à Munich. **Theodoros Vryzakis** (1819-1878) se fait connaître en traitant des sujets d'histoire *(L'Arrivée de Lord Byron)*, tandis que se développe une « peinture bourgeoise ».

Parmi les peintres les plus importants, il faut citer **Nikiforos Lytras** (1832-1904), qui se consacre à la représentation de scènes de la vie quotidienne et au portrait, **Nikolaos Gysis** (1842-1901) qui évolue vers le symbolisme, tandis que **Konstantinos Volonakis** (1839-1907), de son côté, établit sa réputation comme spécialiste des marines, mais son *Cirque de Munich* marque une évolution vers l'impressionnisme que poursuivent **Periklis Pantazis** et **Iakovos Rizos** (1849-1926). **Polychronis Lembesis** (1849-1913) fait sensation avec des nus éloignés de la tradition académique.

Au tournant du 20e siècle, les arts grecs connaissent une importante évolution, sous l'influence de **Konstantinos Parthénis** (1878-1967), engagé dans la voie de l'impressionnisme et du fauvisme, et du sculpteur **Konstantinos Dimitriadis** (1881-1943), lui-même inspiré par Rodin. Ils ouvrent l'art grec aux formes modernes et aux tendances les plus avancées de l'expression artistique, que vont marquer le peintre expressionniste **Georgios Bouzianis** (1885-1959), les modernistes **Odysseus Fokas** (1857-1946), **Nikos Ghika** (1906-1994), cubiste, et le surréaliste **Nikos Engonopoulos** (1910-1985). L'impressionnisme se perpétue avec **Nikolaos Lytras** (1883-1927).

Cependant, le désastre d'Asie Mineure (1922) se traduit par un repli sur les valeurs nationales et un retour aux sources de l'art byzantin, caractéristique dans l'œuvre de **Fotos Kontoglou**, qui décore son domicile de peintures murales (c'est l'époque où se révèle le naïf **Theophilos)**, tandis que dans une démarche opposée, **Spyros Papaloukas** (1892-1957) et **Iannis Tsarouchis** (1910-1989) s'ouvrent aux tendances les plus contemporaines, et que l'abstraction prend son essor avec **Iannis Moralis** (1916) et **Spyros Vasileou** (1902-1985).

La plupart des artistes cités ci-dessus sont exposés à la Galerie nationale-musée Alexandre-Soutsos à Athènes.

AUJOURD'HUI

Après la Seconde Guerre mondiale se développe un courant préoccupé par la recherche contemporaine. Ses membres les plus marquants sont les peintres abstraits **Alexandros Kontopoulos** (1905-1975), **Christos Lefakis** (1906-1968), **Iannis Spyropoulos** (1912-1990) et les sculpteurs **Georgios Zogolopoulos** et **Akilleus Aperghis**.

Si l'on assiste ensuite à un net retour en faveur de l'art figuratif avec le peintre **Iannis Gaitis** (1923-1984) et le sculpteur **Georgios Georgiadis** (1934), les artistes grecs engagés dans les recherches contemporaines sont de plus en plus étroitement associés aux différents mouvements artistiques du monde occidental, nombre d'entre eux travaillant à l'étranger.

À côté de **Georges Candilis** (1913), architecte qui conçut l'ensemble urbain de Toulouse-Le Mirail, et de **Mario Prassinos** (1916), qui réalisa des cartons pour les lissiers d'Aubusson, deux noms ont accédé à la renommée internationale : **Iannis Kounellis** (1936) vit et travaille en Italie, où il a participé au mouvement Arte povera ; **Panayiotis Vassilakis**, dit **Takis** (1925), est installé à Paris depuis 1954. Son nom est associé à l'art technologique et à ses recherches sur le magnétisme, par le biais d'assemblages de tiges métalliques, de clignotants, d'électro-aimants, ou par la création de pendules musicaux.

Les plus belles collections d'œuvres contemporaines grecques se trouvent au musée Frissirias d'Athènes, à la villa Vorres à Péania (aux alentours d'Athènes) et à la fondation Goulandris à Ándros (Cyclades).

Les écrivains et la langue

Le grec n'a bien entendu jamais cessé d'être parlé, mais, rançon d'une histoire aussi longue qu'agitée, il s'était fractionné en de multiples parlers, puisant çà et là chez les différents occupants leurs particularités. Aussi, dans la Grèce marchant vers l'indépendance, une question se posa bientôt, celle de l'unité de la langue.

UNE NOUVELLE KOINÈ

Déjà, à l'époque hellénistique, une langue commune, la **koinè**, s'était substituée aux divers parlers en usage.

Entre le 18ᵉ s. et le 20ᵉ s., diverses solutions furent envisagées qui agitèrent le siècle romantique et divisèrent longtemps les écrivains.

Katharévoussa ou démotique ?

Le patriarcat, dont le rôle n'avait jamais cessé d'être important sous la domination ottomane, défendait le classicisme élitiste. Les **Phanariotes**, dans une perspective plus utilitaire, souhaitaient des aménagements avec les parlers populaires, qui, pour les puristes, constituaient une langue « corrompue », où se mêlaient les influences les plus diverses.

Si **Dimitrios Katardzis** (1730-1807) proposa le premier, dans une perspective d'éducation du peuple, de tenter de résoudre la rupture de fait entre parler populaire et langue savante, c'est **Adamantios Koraïs** (1748-1833), un Phanariote né à Smyrne, qui mit au point une « langue épurée » (la *katharévoussa*) qui, sans revenir au grec des orateurs du classicisme, retrouvait les racines d'un hellénisme de référence et devait s'imposer comme la langue officielle du nouvel État. De fait, la **katharévoussa** fut utilisée dans les textes officiels, dans les administrations, dans la presse, ou encore à l'école.

Cependant, dans la rue, on continuait à parler la *dimotiki*, la « langue du peuple ». Bien plus, au lendemain de la Seconde Guerre mondiale, les journaux communistes étaient rédigés dans cette langue, de façon à être accessibles au peuple et à marquer leur opposition à la presse bourgeoise. Il fallut attendre le renversement des colonels en 1974 pour que la langue **démotique** soit enfin reconnue comme la langue officielle, même si les services de l'État diffèrent parfois sur quelques usages orthographiques. La loi n'avait fait que suivre l'évolution des écrivains qui, depuis longtemps déjà, avaient opté pour la langue populaire qui leur permettait de ne pas séparer dans leurs écrits le fond de la forme ou, comme le disait en 1885 le romancier et critique **Emmanuel Roïdis**, de « ne pas être condamné à user d'une langue à travers laquelle il est impossible d'exprimer soit des sentiments, soit des passions ».

RENAISSANCE LITTÉRAIRE

Les écoles ionienne et athénienne

C'est dans les îles Ioniennes occupées pendant vingt ans par les troupes françaises (1795-1815) que le soulèvement grec suscita les premiers poèmes néo-helléniques. **Dionysios Solomos** (1798-1857), natif d'une famille de Zante anoblie sous la domination vénitienne, commença par publier des œuvres en italien, avant d'adopter le grec. Il est l'auteur de *L'Hymne à la liberté*, inspiré par la guerre d'Indépendance et mis en musique par **Nicolaos Mantzaros**, qui est devenu l'hymne national grec. Puisant son inspiration surtout dans l'univers pastoral, il infléchit d'emblée la littérature vers le genre populaire, se souciant peu de la conformité de sa production, pour l'essentiel découverte après sa mort, aux modèles anciens.

Andreas Kalvos (1792-1869), lui aussi originaire de Zante, ami du poète romantique italien Ugo Foscolo, arrêté pour carbonarisme à Londres, occupe une place importante dans l'histoire de la littérature grecque grâce à l'originalité de ses deux recueils d'odes lyriques publiés en édition bilingue à Genève. *La Lyre* fut aussitôt traduite à Paris, les *Odes nouvelles* y furent directement éditées. Chantant la libération nationale, il ne peut s'empêcher d'y associer le glorieux passé antique au travers d'une rhétorique archaïsante abusant de figures mythologiques.

Le choix d'Athènes comme capitale du jeune État indépendant allait faire de la cité, tout imprégnée de son prestige antique, le haut lieu de la nouvelle création littéraire grecque, et le théâtre d'empoignades autour du problème de la langue. Si les romantiques de toute l'Europe, Byron en tête, s'étaient enflammés pour la révolution grecque, sur place, leurs thèmes se diffusaient par une adaptation des modèles étrangers : *Léandre* d'**Alexandre Soutsos** est un roman épistolaire qui imite *Werther*, le *Prince de Morée* de Rangravis est un reflet

Un « maître illettré »

C'est en dehors de tout mouvement littéraire ou intellectuel que **Yannis Makriyannis** (1797-1864), combattant de l'armée de libération, a laissé des *Mémoires* (rédigés entre 1829, alors qu'il venait tout juste d'apprendre à écrire, et 1851, et qui durent attendre 1907 pour être édités dans l'indifférence générale). Véritablement « découvert » par **Georges Séféris**, cet ouvrage du « maître illettré » témoigne d'une certaine période de la culture hellénique, de la lutte des humbles à la fois contre l'occupant et contre les classes dominantes ; à leur façon, ces mémoires sont le chef-d'œuvre d'un romantisme pur, indifférent aux conflits sur la langue, soucieux seulement de vérité humaine.

de l'œuvre de Walter Scott, **Aristotélis Valaoritis** dans *Athanase Diakos* tente de s'inspirer de Lamartine. Ce romantisme tardif de l'école d'Athènes est d'abord l'expression d'un nationalisme exacerbé et quelque peu chauvin, ce qui ne va pas sans nuire à la qualité des œuvres. Et les diverses variations épiques sur la guerre de libération, boursouflées d'un classicisme hors de mode, n'atteignent jamais au pathétique des grandes œuvres suscitées en Europe.

Apparaît alors dans la capitale grecque une figure originale, celle d'**Emmanuel Roïdis** (1836-1904), considéré comme le fondateur de la « nouvelle école littéraire athénienne ». Il est l'auteur de *La Papesse Jeanne*, roman satirique d'une magnifique narration, d'un style simple et brillant, d'esprit résolument voltairien et anti-romantique. D'excellentes nouvelles, réalistes et empreintes de satire sociale, complètent l'œuvre d'un écrivain dont le scepticisme heurta ses contemporains qui virent en lui plus un contempteur du renouveau hellénique qu'un défenseur prudent de l'entrée dans le monde moderne. S'il n'usa pas de la langue démotique, il s'en fit le chantre dans une acerbe critique de l'intelligentsia de son temps (*Les Idoles*, 1893).

LA GÉNÉRATION DE 1880

L'aura des poètes

En réaction contre le réalisme souvent médiocre du romantisme militant, le symbolisme s'exprime à travers des œuvres esthétisantes auxquelles se mêle souvent un parfum de néoclassicisme. Il en va ainsi de **Kostis Palamas** (1859-1943), considéré comme le chef de file de l'école athénienne, qui affirme que « le rythme de la poésie rend compte du rythme de l'univers » : partant d'une admiration de la plastique *(Chansons de ma patrie ; La Mort de Pallicare)*, il évolue vers une poésie dont le formalisme verse parfois dans l'hermétisme *(Les Douze Paroles du Tzigane ; La Flûte du roi)*. Son œuvre protéiforme, embrassant tous les genres (poésie, roman, théâtre), a pu le faire comparer à la fois à Victor Hugo et à Lamartine.

C'est à cette école symbolique que l'on peut également intégrer **Koromilas Drossinis** (1859-1951), auteur de *Toile d'araignée*, *Stalactites*, que son intérêt pour les mythes incita à mettre en valeur l'élément folklorique.

Ioannis Papadiamantopoulos (1856-1910), auteur du recueil *Tourterelles et Vipères*, est un cas à part : installé définitivement à Paris en 1882, il opta pour la langue française et prit le pseudonyme de **Jean Moréas**, évoquant selon ses dires les origines de sa famille en Morée. Après avoir fait partie de « l'école décadente », Moréas devint un grand poète symboliste *(Les Cantilènes)*, puis renoua, sous l'influence de Charles Maurras, avec la tradition gréco-latine.

Aux marges du symbolisme, **Constantin Cavafis** (1863-1933) reste le poète le plus connu et le plus traduit, et demeure pour certains le plus grand poète de langue grecque. Intimiste et raffiné, il naquit et vécut à Alexandrie et a laissé une œuvre brève mais exigeante, sans cesse retravaillée, constituée d'une suite de 107 poèmes. C'est Marguerite Yourcenar qui fit connaître en France ses vers, reflets mêlés de l'Alexandrie contemporaine et du monde des anciens Hellènes. Son œuvre est pleine de mélancolie lorsqu'elle laisse transparaître son homosexualité.

Plus jeune, **Angelos Sikélianos** (1884-1951), poète au lyrisme fougueux, ce qui le rapproche du courant romantique, et à l'imagination forte, publia, entre autres, de longues compositions poétiques comme *Le Visionnaire*, *Prologue à la vie* et *Mère de Dieu*, ainsi que des tragédies.

Naissance du roman

La génération de 1880 avait conquis la nouvelle revue *Hestia* : à partir de 1881, Palamas et Drossinis y collaborent régulièrement. La figure principale de ce groupe est **Nikolaos Politis** (1852-1921), spécialiste du folklore *(Étude sur la vie des Grecs modernes)*.

L'un des premiers à aborder la nouvelle, **Georges Vizyïnos** (1849-1896), avait auparavant publié des recueils, tels que *Prémices poétiques*, *Codrus*, *Brises de l'Attique*. Mais c'est au roman qu'il doit sa renommée. La plupart des sujets qu'il exploite se rapportent à la Thrace, terre de son enfance, et à l'étude des mœurs de l'époque.

Alexandre Papadiamántis (1851-1911), natif de Skíathos, fut l'un des premiers grands classiques de la prose grecque. Ses nouvelles (deux recueils traduits en français : *L'Amour dans la neige*, *Autour de la lagune*) et ses romans (*La Fille de Bohême* et *Les Petites Filles et la Mort*) décrivent, dans une langue à la fois raffinée et populaire, l'univers humble et souvent tragique des pêcheurs et des paysans.

Les Dits de la Proue et *Histoires de la mer* passent pour les meilleurs contes d'**Andréas Karkavitsas** (1865-1922), mais son texte le plus connu reste *Le Mendiant*, récit contenant de nombreux tableaux de mœurs.

Jean Psichari (1854-1929), originaire d'Odessa, vécut longtemps à Paris et contribua par son récit et manifeste, *Mon voyage*, à imposer la langue démotique, s'emportant contre un pays qui ne voulait pas de sa langue, dans la littérature néo-hellénique. Il écrivit aussi des romans dont *Le Rêve de Yanniri*, *Vie et amour dans la solitude*, *Les Deux Frères* et *Agnès*.

Né à Corfou, **Constantin Théotókis** (1872-1923) a quant à lui subi l'influence des grands romanciers russes. Communiste fervent en dépit de ses origines aristocratiques, il s'est attaché à décrire la réalité sociale de son pays à travers des personnages issus des classes supérieures, du prolétariat ou de la paysannerie. Parmi ses œuvres, toutes poignantes, figurent *Le Peintre antique* (1924), *Le Condamné* (1919), ainsi que ses *Esclaves dans leurs chaînes* (1922).

Également communiste, **Costas Varnalis** (1884-1974) a laissé des romans imprégnés de ses idéaux, qui lui ont valu de se voir attribuer un prix Lénine…

UNE LITTÉRATURE RECONNUE

Quatre grands poètes

Influencé d'abord par le symbolisme, **Georges Séféris** (1900-1971) exprime son angoisse devant l'existence à travers des poèmes doués d'un étonnant pouvoir d'évocation. Prix Nobel de littérature en 1963, il est l'auteur notamment de *Strophe*, *La Citerne*, *Narration légendaire*, *Poèmes*, *Cahier d'exercices* et *Journal de bord I* et *II*, *La Grive*, *Chypre ou l'oracle*…. Ses poèmes ont souvent été mis en musique, notamment par **Mikis Theodorakis**, ce qui a contribué à leur popularité.

Odysseus Elytis (1911-1996), aux poèmes teintés de surréalisme, révèle le sens sacré de la nature grecque, de la mer et surtout de la lumière. Lui aussi prix Nobel (1979), il a publié notamment un *Chant héroïque élégiaque pour l'enseigne tombé en Albanie*, *Axion Esti*, *Marie des brumes*.

Mais le surréalisme est surtout représenté en Grèce par **Andreas Embiricos** (1901-1975), auteur en 1935 du recueil *Haut-Fourneau* qui fit scandale à l'époque, dans les cénacles littéraires…

Enfin, **Yannis Ritsos** (1909-1990), d'abord futuriste et admirateur de Maïakovski, écrivit des poèmes engagés (lui aussi obtint le prix Lénine en 1977) où le quotidien se mêle à l'imaginaire, et qui évoquent l'exil, qu'il connut à maintes reprises, la mémoire et la mort : *Le Chant de ma sœur*, *Épreuve*, *Oreste*.

Le roman grec moderne

Deux prix Nobel en seize ans attribués à des poètes grecs laissent penser que la Grèce est avant tout une terre de poésie. Cependant, la génération de 1930 a grandement renouvelé la prose, et aurait mérité de conférer à la littérature néohellénique une notoriété internationale que seuls quelques romanciers ont obtenue, le plus souvent grâce au cinéma.

Stratis Myrivilis (1892 1969) est surtout connu pour ses romans de guerre (*Notre-Dame de la Sirène*, *La Vie dans le tombeau (De profundis)* et ses nouvelles.

Ilias Venezis (1904-1973) fut un écrivain imaginatif, humaniste et à l'écriture élégante. Parmi ses nombreuses œuvres figurent *Sérénité*, *Terre éolienne*, *La Grande Pitié*.

Anguelos Terzakis (1907-1961) est l'auteur de plusieurs œuvres remarquables dont *La Décadence des Skliros*, *La Cité violette*, *La Princesse Isabeau*, *Voyage avec l'étoile du soir*, *La Vie secrète*.

Thanassis Petsalis-Diomidis (1904-1995) tient une place en vue dans les lettres grecques. Ses œuvres les plus importantes sont *La Dame des honneurs*, *Au-delà de la mer*, *Nos enfants*, *Les Mavrolykos*, *La Cloche de la Sainte-Trinité*.

Michalis Karagatsis (1908-1960), conteur né, dispose d'une forte imagination créatrice reflétée dans une œuvre abondante de nouvelles et de romans, parmi lesquels *Histoire nocturne*, *L'Île perdue*, *Le Seigneur de Castropyrgos*, *Fièvre*, *Le Grand Sommeil*, *Sang perdu et gagné* et *Le Colonel Liapkin*.

Kosmas Politis (1888-1974) fut l'auteur de plusieurs ouvrages caractérisés par leur réalisme : *Le Bois de citronniers* et *Eroïca*. **Georgios Theotokas** (1905-1966) incarna la vivacité d'esprit en étant le plus cartésien des prosateurs de cette génération. Son premier ouvrage *Libre esprit* demeure le manifeste de cette génération. Ses romans les plus connus sont *Argos* et *Le Démon*. Citons enfin **Iannis Beratis** (1904-1968), dont le roman *Le Large Fleuve* décrit les combats de 1941 sur le front albanais.

Mais aucun de ces auteurs n'a accédé à la notoriété internationale de **Nikos Kazantzakis** (1883-1957), chantre de la Crète héroïque et farouche, notamment dans *Alexis Zorba* que son adaptation au cinéma allait rendre célèbre, *Le Christ recrucifié* (porté lui aussi à l'écran par Jules Dassin sous le titre *Celui qui doit mourir*), *La Liberté ou la Mort*, *La Dernière Tentation*, *Le Pauvre d'Assise*, biographie romancée, *Les Frères ennemis*. Sa *Lettre au Greco*, bilan d'une vie, est une autobiographie fascinante. Auteur polymorphe, il est aussi essayiste, dramaturge et poète, et auteur d'une épopée en 33 333 vers sensée regrouper toute son œuvre et intitulée… *L'Odyssée* !

Pandelis Prévelakis (1909-1986), lui aussi crétois, dépeignit son île dans *Le Crétois*, *Le Soleil de la mort*, *Crète infortunée*, et sa ville natale, Réthymnon, dans *Chronique d'une cité*. Il écrivit aussi *L'Ange dans le puits : une Semaine sainte*, *Le Compte à rebours* et *Poèmes 1933-1940*. **Yannis Skaribas** (1893-1984) est l'auteur de *L'Air de Figaro*, roman dont l'humour se teinte volontiers d'amertume. **Nikos G. Pentzikis** (1908-1992) est un spécialiste du monologue intérieur (*Le Jeune Homme, la mort et la résurrection*).

Bien plus connu, **Stratis Tsirkas** (1911-1980) a écrit une trilogie, *Cités à la dérive*, qui remporta en France le prix du meilleur livre étranger et que d'aucuns considèrent comme « le premier roman grec »… *Printemps perdu* et le recueil de nouvelles intitulé *L'Homme du Nil* contribuent également à sa notoriété.

Parmi les romanciers plus proches de nous marqués par la période de la dictature des colonels, on aura garde de ne pas oublier **Vassilis Vassilikos** (né en 1934) ,auteur de *Z*, dont l'adaptation cinématographique par Constantin Costa-Gavras obtint la Palme d'or cannoise. Citons également **Yorgos Ioannou** (1927-1984), qui dissèque sans complaisance la société de Thessalonique.

La jeune génération s'éloigne de l'engagement politique de ses aînés et se fait l'interprète du désarroi d'une jeunesse soumise à la société de consommation : c'est le cas de jeunes romanciers tels que **Petros Tatsopoulos** (1959), **Vangelis Raptopoulos** (1959) ou **Phedon Tamvakakis** (1960). Nés respectivement en 1967 et 1963, **Panos Karnezis** (*Histoires infâmes*, *Le Labyrinthe*) et **Nicos Panayotopoulos** (*Le Gène du doute*, *Saint Homme*) portent un regard sans concession sur les contradictions de la société grecque du début du 21ᵉs.

Enfin, il faut citer **Vassilis Alexakis**, né à Athènes en 1944, auteur d'un récit autobiographique, *Paris-Athènes*, et d'un remarquable roman, *La Langue maternelle*. *17 après J.-C.* lui a valu en 2007 le prix de l'Académie française. Partageant son temps entre Grèce et France, il a en effet choisi le français pour écrire la majeure partie de son œuvre.

Grand écran et mélodies

Cacoyannis hier, Angelopoulos plus récemment sont certainement les réalisateurs les plus célèbres d'un cinéma grec qui ne s'exporte guère en dehors des salles d'art et d'essai et de quelques festivals, mais qui a donné deux grandes stars, Melina Mercouri et Irène Papas, et a fait connaître Mikis Theodorakis, musicien qui, avec le fameux Vangélis, reste le principal représentant d'une musique qui puise souvent ses sources dans la musique populaire… quand ce n'est pas dans la recherche mathématique, comme chez Iannis Xenakis, pour la musique classique.

SALLES OBSCURES

La production grecque est une tradition ancienne puisque le premier long métrage, *Golfo*, tourné en 1918, a joui d'une grande popularité auprès d'un public souvent bon enfant, et que les studios Finos Film, fondés en 1943, ont produit plus d'une centaine de films par an jusqu'en 1969.

Immédiatement après la guerre, outre de nombreuses comédies, souvent un peu lourdes mais très populaires (et qui aujourd'hui encore réalisent des audiences confortables lorsqu'elles sont programmées sur une chaîne de télévision), genre dans lequel s'illustre **Iorgos Tzavellas** (*Marinos Kondaras*), le cinéma grec évoque l'épopée de la Résistance selon des schémas manichéens. C'est une comédie à thèse qui symbolise cette période, *Les Allemands* *reviennent* d'**Alekos Sakellarios** : elle plaide pour l'union nationale au moment où la Grèce, à l'issue de la guerre civile, subit l'anticommunisme exercé par le gouvernement.

D'Électre à Zorba

Les années 1950 voient s'exercer avec force l'influence du néoréalisme italien. **Michalis Cacoyannis**, avec son film *Le Réveil du dimanche*, ouvre une œuvre riche, marquée en 1955 par *Stella*, évocation des quartiers misérables d'Athènes, et qui fut le premier film grec à connaître un succès international. Plus tard, le réalisateur évoquera la Grèce antique avec les adaptations des tragédies d'Euripide (*Électre* ; *Les Troyennes* ; *Iphigénie*) qui révélèrent au monde le talent de tragédienne d'**Irène Papas**. Mais l'œuvre la plus connue de Cacoyannis n'est sans doute pas son meilleur film : *Zorba le Grec*, tiré du roman de Kazantzakis et interprété par Anthony Quinn et Irène Papas, connut un immense succès international, avec deux Oscars en 1964. Nul n'a oublié le fameux thème musical du *sirtaki* qui révéla au monde le nom de **Mikis Theodorakis**.

À la même époque, le Crétois **Nikos Koundouros** réalise sa *Ville magique* suivie de *L'Ogre d'Athènes*, de *La Rivière* (prix de la mise en scène au premier festival de Thessalonique), et des *Jeunes Aphrodites*. D'autres noms émergent tels que ceux d'**Alexis Damianos** (*Jusqu'au bateau*), **Robiros Manthoulis** (*Face à face*), **Takis Kanellopoulos** (*Ciel*). Citons également le Grec de Paris, **Niko Papatakis,** dont *Les Pâtres du désordre* séduisirent par la beauté des images.

Une nouvelle vague

C'est paradoxalement à l'époque du « régime des colonels » que va apparaître et s'imposer ce que l'on a appelé le « nouveau cinéma grec ». Sous ce label, des films très différents mais qui ont ensemble quelques points communs : l'attention portée à des thèmes sociaux ou « sociétaux » contemporains, le choix de formes avant-gardistes, et les conditions de réalisation à l'écart des grands studios, basées sur la solidarité entre les différents réalisateurs. Parmi ceux-ci, on retient les noms de **Costa Ferris** (Ours d'argent au festival de Berlin en 1984 avec *Rebetiko*) et de **Pandelos Voulgaris** (*Les Années de pierre*), tandis que **Damianos** poursuit son œuvre avec *Evdokia*.

Mais le cinéaste le plus illustre de cette génération est sans contestation **Théo Angelopoulos** qui se révèle avec *La Reconstitution*. *Jours de 36* , *Le Voyage des comédiens* et *Les Chasseurs* constituent une fresque historique retraçant l'histoire de la Grèce de 1936 à 1977. Tourné en 1980, *Alexandre le Grand*, Lion d'or au festival de Venise, marque le début d'une réflexion à la fois poétique et politique, que poursuivent *Voyage à Cythère* (1984, prix du meilleur scénario à Cannes), ainsi que *L'Apiculteur* et *Paysage dans le brouillard*, Lion d'argent à Venise). Il réalise encore *Le Pas suspendu de la cigogne*, *Le Regard d'Ulysse* (1995, grand prix du jury au festival de Cannes) et *L'Éternité et un jour* (1998, Palme d'or à Cannes).

Décadence

Mais la stature d'Angelopoulos ne suffit pas à masquer la crise : dans les années 1990, on ne tourne qu'une dizaine de films par an et le cinéma national ne représente plus que 5 % d'un marché investi par les superproductions américaines. Les jeunes réalisateurs n'ont souvent que le festival de Thessalonique, qui présente généralement l'intégralité de la production nationale de l'année, et les ciné-clubs pour s'exprimer. Dans ce contexte morose, certains sont toutefois parvenus à se faire remarquer, comme **Sotiris Goritsas** avec *Ils sont venus de la*

Le couple mythique du cinéma grec

Jules Dassin naît en 1911 aux États-Unis et débute sa carrière à New York tournant quatre œuvres majeures du « film noir » : *Les Démons de la liberté* (1947), *La Cité sans voiles* (1948), *Les Bas-Fonds de Frisco* (1949), et surtout *Les Forbans de la nuit* (1950). Soupçonné de communisme sous le maccarthysme, il s'exile en Europe. Après *Du rififi chez les hommes* (1955), policier tourné à Paris, il rencontre Melina Mercouri, fait d'elle son actrice fétiche et l'épouse en 1966.

Née en 1923, **Melina Mercouri**, après des débuts au théâtre, est révélée à l'écran par *Stella* (1954) de Cacoyannis, avant de devenir la star des films de Jules Dassin, *Jamais le dimanche* (1960), *Phaedra* (1962), *Topkapi* (1964), *La Promesse de l'aube* (1971) ou *Cri de femme* (1977). Chanteuse populaire (*Les Enfants du Pirée*, c'est elle !), elle s'oppose au « régime des colonels », ce qui lui vaut un exil de plusieurs années... puis un poste de ministre de la Culture dans les gouvernements socialistes entre 1981 et 1989, puis entre 1993 et 1994 (date de son décès à New York).

Cinéma de la diaspora

Nombre de cinéastes et d'acteurs d'origine grecque se sont fait un nom dans leur pays d'accueil : en France, **Agnès Varda, Constantin Costa-Gavras** et le metteur en scène de théâtre **Andreas Voutsinas** ; aux États-Unis, citons le très commercial **George Pan Cosmatos** et **John Cassavetes**, ainsi que les acteurs **Telly Savalas** (« Kojak ») ou **George Chakiris** qui fit battre bien des cœurs dans *West Side Story*...

neige, **Andonis Kokkinos** *(Fin de saison)* ou **Constantin Yannais** (*Three steps to Heaven)*.

La situation a changé depuis lors et quelques tempéraments de cinéastes se sont révélés : ainsi, **Constantin Giannonis** *(Otages)*, **Yorgos Lanthinos** *(Kinetta)* ou **Angelo Frantzis** avec *Un rêve de chien*, dont le pré-générique (un plan séquence de près d'un quart d'heure) témoigne d'une certaine virtuosité.

MUSICIENS DE GRÈCE

Après 1945, les compositeurs grecs puisent dans les thèmes de la musique populaire. C'est le cas de **Manos Hatzidakis** (1925-1994), romantique, lyrique et raffiné, et de **Mikis Theodorakis** (1925), laïque et passionné par les problèmes sociaux (musique des films *Zorba le Grec* et *Z*). Quelques chanteurs se rendent populaires : avant de devenir une vedette internationale, **Nana Mouskouri** séduit par ses interprétations de chants traditionnels. **Dionysios Savopoulos**, surnommé « le Bob Dylan grec », et **Pavlos Sidoropoulos**, maître du folk-rock, s'imposent. Mais ce sont les membres du groupe **Aphrodite's Child** qui, à la fin des années 1960, atteignent une renommée internationale. Après la séparation du groupe, le chanteur **Demis Roussos** poursuit une belle carrière ; quant au compositeur **Vangélis Papathanassiou**, connu sous son seul prénom, il obtient un Oscar pour la musique du film *Les Chariots de feu* et réalise avec la complicité d'**Irène Papas** un superbe opus, *Odes*, inspiré des mélopées traditionnelles.

En France, **Georges Moustaki** a composé et interprété des chansons pleines de poésie, et, plus récemment, **Angélique Ionatos** met à l'honneur musique et poèmes antiques.

Des compositeurs contemporains ont aussi amplement contribué à donner à la musique grecque classique ses lettres de noblesse, notamment **Nikos Skalkottas** (1904-1949) et surtout **Yannis Xenakis** (1922-2001), d'abord mathématicien et architecte – il fut assistant de Le Corbusier – puis élève d'Olivier Messiaen. Son œuvre exigeante et rigoureuse, parfois abrupte, basée sur une adaptation de la logique mathématique à la musique, a connu de belles réussites, de *Métastasis* à *Omega* en passant par *Hiketides*, musique réalisée pour un drame d'**Eschyle**.

Enfin, deux figures de proue sur la scène internationale ont été **Maria Callas** (1923-1977), inoubliable soprano, et **Dimitri Mitropoulos** (1896-1960), chef d'orchestre, pianiste et compositeur de talent.

LA GRÈCE AUJOURD'HUI

Le voyageur en Grèce part à la recherche des traces d'une civilisation antique dont témoignent de superbes vestiges... Mais ce faisant, il rencontre un peuple attachant, particulièrement ouvert à l'autre. Qui sont les Grecs d'aujourd'hui et comment vivent-ils ? Cette question, quelques éléments permettent d'y répondre, que ce soit à travers les arts populaires toujours très vivaces ou une cuisine grecque désormais bien connue.

B. Chabrol / MICHELIN

Toute occasion est bonne pour jouer de la musique ! Ici, un 15 août à Amorgós (Cyclades).

Arts et traditions populaires

Si durant des siècles la situation politique de la Grèce a maintenu un grand nombre de traditions et de pratiques puisant parfois leurs racines dans la Grèce antique, ces usages ruraux ont aujourd'hui en grande partie disparu sous l'effet conjugué de la modernisation des moyens de production, de la multiplication des modes de communication et de l'uniformisation induite par la mondialisation culturelle, qui ont mis un terme à l'isolement des villages.

L'ARTISANAT

On assiste cependant depuis une dizaine d'années à un renouveau de l'artisanat, grâce à des organismes d'État ou des associations privées qui ont créé ateliers et écoles dans tout le pays, afin de perpétuer ce savoir-faire en voie de disparition. C'est le cas même à Athènes où le musée du Folklore organise entre autres des stages de tissage. Plus d'une centaine d'ateliers participent aujourd'hui à la fabrication de tapis aux dessins raffinés, ressuscitant la production du *flokati* de laine à longs poils jadis florissante en Thessalie. Presque toutes les maisons villageoises possédaient naguère un métier à tisser et l'art du **tissage** reste pratiqué. Les méthodes, les matériaux (laine, coton, soie) et les motifs (géométriques ou floraux) varient selon les régions. Les tisserandes réalisent tapis, couvre-lits, coussins ou sacs.

Les **broderies**, dont le rouge est souvent la couleur dominante, sont extrêmement décoratives. Les motifs floraux dénotent une influence orientale apportée par les Grecs d'Asie Mineure. En Épire, à Skýros et en Crète figurent en outre des scènes de la vie quotidienne. Les broderies ornent les vêtements, les tours de lit et les rideaux... et il n'est pas rare de rencontrer fileuses ou dentellières sur le pas de leur porte.

La **céramique** reste le domaine des hommes, sauf en ce qui concerne sa décoration. De grandes jarres, fabriquées en Crète, en Attique et dans l'ouest du Péloponnèse, servaient de réserves à huile ou à grain et, détournées de leur utilisation de nos jours, ornent les jardins. Dans les îles de l'Égée orientale et à Rhodes prédominent les faïences richement décorées de motifs floraux ou animaliers. À Skiros, on trouve aussi de belles assiettes décoratives. Les îles d'Égine et de Sífnos ont une tradition séculaire de poteries de qualité, de même qu'à Delphes.

La **sculpture sur bois** est l'une des grandes spécialités de l'Épire, de Skiros, de Thessalie et de la Crète (coffres de mariage, iconostases et stalles d'église). Enfin, souvent de facture naïve, les ex-voto et les enseignes peintes sont toujours très répandus.

LES COSTUMES TRADITIONNELS

Les costumes traditionnels ne se portent plus que lors de certaines fêtes, notamment Noël et Pâques, ou des mariages. D'inspiration balkanique ou orientale, ils sont variés et colorés.

Chez les femmes, le luxe des broderies et des bijoux ciselés ressort sur les devants de jupe et les corselets. Quelques hommes, dans les mêmes et exceptionnelles circonstances, portent encore la fustanelle, lourde jupe plissée, ainsi que les souliers à pompons, dits « tsarouchia ».

C'est en Épire, à Métsovo, à Leucade, dans les Sporades du Nord et le Péloponnèse, dans le Dodécanèse à Kárpathos et Astypálaia, en Crète aussi que l'on verra, mais bien rarement, quelques costumes locaux. Bien sûr, les musées d'Art populaire tels ceux de Nauplie, de Thessalonique, de Chíos et d'Athènes les exposent.

MUSIQUE, CHANTS ET DANSES

La musique populaire est présente au cours des fêtes ou des cérémonies (mariages, mais aussi obsèques), dans les cafés et sur les places des villages, et nombreuses sont les occasions qui servent de prétexte.

C'est alors que vous pourrez découvrir et entendre les instruments typiques que sont le **bouzouki**, sorte de mandoline au manche très long, à trois ou quatre paires de cordes au son métallique et importé d'Asie Mineure, le **baglamas**, qui est un bouzouki miniature, la **lyra** crétoise, viole à trois cordes et archet, le **sandouri**, dont les cordes d'acier résonnent sous la frappe de petits maillets, ou le **clarino**. Il existe plusieurs types de flûtes rustiques, telles la **floïera**, flûte oblique de l'Épire, la **dzamara**, flûte droite, ou la **pipiza**, sorte de hautbois aigu.

Ces instruments accompagnent des mélopées à effets vocaux d'inspiration orientale, les **kléftika**, attribuées aux klephtes de la guerre d'Indépendance, et les fameux **rébétika**, expression dramatique de la sombre condition des habitants des bas quartiers urbains, marginaux ivres de vin et de haschisch, souvent en quête d'un amour impossible, se réunissant pour chanter et danser dans les **tekkedes**. Le plus grand représentant des rebétika fut **Vassilis Tsitsanis**, qui réussit à transcrire dans une forme très pure ces complaintes dont l'intensité est proche de celle du blues ou du flamenco. Avec lui, **Markos Vamvakaris** a donné au genre ses lettres de noblesse.

Les **danses** ont leurs particularités régionales. Certaines sont d'origine orientale, comme le **zembétiko**, improvisé par un seul danseur, ou le **hassapiko** (danse des bouchers), exécuté par les hommes uniquement, qui se tiennent par les épaules.

Réservé aux femmes, le **tsifteteli** est une danse quelque peu lascive. D'autres frisent la prouesse, comme le **pendozali** crétois. Les **mirologia** sont des chants funèbres, souvent improvisés et repris à tour de rôle jusqu'à épuisement par les femmes participant à la veillée (Magne et Crète).

La danse nationale, le **kalamatianos**, se danse en cercle et rappelle le sacrifice des femmes souliotes. Enfin, il faut évoquer **l'anasténaria** (Macédoine et Thrace), danse de transe sur braises au rythme de plus en plus rapide, pratiquée au mois de mai à l'occasion de la Saint-Constantin.

Et le sirtaki ?

La plus grecque des danses grecques n'a rien de traditionnel : elle a été inventée pour le film *Zorba le Grec*, à partir du *hassapiko*, et son nom n'est pas originaire de Grèce !

Carnaval et mascarades

C'est en début d'année que certains villages perpétuent ces traditions, qui remontent probablement aux rites dionysiaques de la Thrace antique. Que ce soit à Kavála, à Dráma, à Sochos (près de Thessalonique), des hommes revêtus d'impressionnantes peaux de bêtes et agitant des cloches dansent dans les rues des villages, afin d'éloigner les mauvais esprits des récoltes à venir.

Une autre festivité se maintient, celle des Boulès ou Janissaires de Naoussa, qui évoque de façon rituelle des épisodes de la lutte contre l'occupant turc.

Balade gourmande

Cette terre bénie des dieux de l'Olympe, qui inventa le vin, fournit depuis l'Antiquité des produits réputés : huile d'olive, raisins de Corinthe, mais aussi fromages de chèvre ou de brebis. L'influence de l'occupation vénitienne demeure dans les îles Ioniennes, tandis que celle de l'Empire ottoman apparaît dans les sucreries et l'emploi des épices. Enfin, il ne faut pas oublier la Crète dont le fameux « régime crétois », reconnu comme très sain, est supposé fabriquer des centenaires.

SAVEUR ET SIMPLICITÉ

Simple et savoureuse, la cuisine grecque, qui reflète la frugalité que les Grecs d'aujourd'hui ont héritée de leurs ancêtres, présente bien entendu un caractère méditerranéen à base d'huile d'olive, de tomate, de citron, d'herbes et de plantes aromatiques (menthe, basilic, thym, sésame, mais surtout origan), et un caractère oriental avec ses pâtisseries sucrées au miel.

La tradition des mezes

À l'heure de passer à table ou même durant le repas, les boissons les plus répandues sont l'**ouzo**, maintenant aussi le **tsipouro**, qui se révèlent particulièrement agréables. Ce sont des marcs aromatisés à l'anis que vous boirez purs ou allongés d'eau, tout en les accompagnant des fameux **mezes**. Ces hors-d'œuvre, équivalents des célèbres *tapas* espagnoles, servis dans des coupelles sont un régal : olives, *dolmades* (feuilles de vigne farcies à la viande et au riz), *tzatziki* (mélange de yaourt, concombre et ail), *taramosalata* (tarama), *tyropites* (feuilletés au fromage), *melitzanosalata* (purée d'aubergines), *gavros* (anchois), salade de tomates, câpres, fromage au naturel ou parfois frit *saganaki*, beignets de tomate ou de courgette, poivrons et piments (parfois très forts !).

Il existe des **mezedopolia**, établissements spécialisés dans les mezes et qui en présentent un choix particulièrement vaste.

L. Campion / MICHELIN

À peine pêchés, poulpes mis à sécher.

Un « vrai » repas

En entrée, pendant la saison estivale, on vous proposera, outre ces mezes, melon et pastèque en fin de repas, et la fameuse **salade grecque**, composée de tomates, concombres, feta, oignons, olives, le tout généreusement arrosé d'huile d'olive.

En ce qui concerne le plat principal, vous trouverez de délicieux agneaux au printemps, et des cochons de lait à la fin de l'été. La viande est rôtie à la broche, grillée en brochettes (qu'il s'agisse d'agneau, de veau ou de poulet) ou hachée pour entrer dans la composition de plats, telle la célèbre **moussaka**, ou de cassolettes où elle est longuement mitonnée avec des tomates, des poivrons et du fromage.

Recette de la moussaka

Pour 6 personnes, prévoyez 1 kg d'aubergines, 1 gros oignon, 2 gousses d'ail, 400 g de gigot d'agneau, 1 tasse de vin blanc, 4 belles tomates, du persil, du beurre, de l'huile d'olive, du sel et du poivre, de la farine et du fromage râpé. Coupez les aubergines en longues tranches fines ; saupoudrez-les de sel et de poivre ; laissez reposer pendant 1 heure. Faites blondir l'oignon et l'ail émincés dans le beurre, puis ajoutez la viande hachée et 4 cuillerées à soupe d'eau. Faites cuire pendant 5 minutes sur feu doux, en remuant. Incorporez les tomates pelées et concassées, le persil, le vin, salez et poivrez. Laissez mijoter à couvert pendant 15 minutes.

Faites dorer à l'huile d'olive dans une poêle bien chaude les tranches d'aubergines farinées, puis posez-les sur du papier absorbant.

Graissez un plat à gratin. Tapissez le fond du plat avec les tranches d'aubergines. Couvrez-les avec le mélange de viande et de tomates ; terminez le montage avec une couche d'aubergines. Couvrez d'une béchamel. Cuire dans le four préchauffé à 180 °C jusqu'à ce que le gratin soit doré.

Enfin, influence orientale, vous trouverez un peu partout des **keftes** (boulettes) et **kebabs** (brochettes).

Parmi les **produits de la mer**, vous trouverez le plus souvent des calmars ou des poulpes, des sardines et des anchois, des grosses crevettes, du thon et, très souvent, de l'espadon qui peut être servi accompagné d'une purée d'ail froide, délicieuse lorsqu'elle est faite maison.

Vous pourrez également déguster de nombreux plats de **légumes farcis** (poivrons, tomates) ou frits (courgettes).

À tous les repas, les Grecs mangent du fromage. Le plus connu est la **feta,** qui a obtenu de la Commission européenne, après d'homériques avatars, le droit à l'appellation d'origine. Mais vous trouverez aussi du **kasseri**, du **kefalotiri**, du **graviera** apparenté au gruyère, de la **kopanisti** très relevée et d'excellents **yogourts** que l'on peut aromatiser au miel. Traditionnellement, vous terminerez par un **fruit** et vous n'aurez que l'embarras du choix.

Info pratique

SE RESTAURER

Dans les **tavernes**, lorsque vous commandez un poisson, il est facturé au poids. Mais le poisson étant de plus en plus rare en Méditerranée, vous verrez sur les menus la mention obligatoire *dopios* (local, donc frais et cher) ou *katepsigménos* (surgelé, donc moins cher...). Le poisson *(psari)* est proposé bouilli *(vrasto)*, frit *(tiganito)* ou grillé *(psito)* ; le prix s'évalue au poids.

Les Grecs préparent la viande rôtie, grillée *(skaras)*, bouillie *(vrasto)* ou en daube *(hokkinisto, stifado)*, avec une sauce à la tomate et à l'huile qu'assaisonnent oignons et herbes. La mention *tis oras* signifie que le mets est grillé à la demande, contrairement aux plats mijotés longtemps à l'avance, souvent servis tièdes.

Enfin, sachez également que vous aurez avantage à prendre le vin au tonneau *(krassi kima)*, servi en carafe ou pichet de laiton.

Voir aussi le lexique culinaire (p. 24).

Il faut savoir que, même si les restaurants touristiques se sont adaptés à la clientèle étrangère et présentent des desserts, les **pâtisseries** se mangent d'ordinaire dans l'après-midi. Vous pourrez savourer les **mandolata** aux amandes, des **baklava** aux noix et au miel (qui peuvent être délicieux de légèreté ou au contraire vous peser sur l'estomac tout l'après-midi), du **halva** à base d'huile de graines de sésame, **de miel et de pistaches** et nombre de gâteaux au miel ou à la fleur d'oranger. N'oubliez pas non plus les **glaces** dont les Grecs sont friands et qui peuvent se révéler délicieuses.

Et pour terminer agréablement...

Un verre d'eau accompagne le café grec, café épais au goût riche en arômes (que l'on appelle aussi « café turc » dont on laisse bien entendu le dépôt de marc au fond de la tasse).

Vous pourrez le faire suivre d'un verre de **samos** qui peut être considéré comme une liqueur, de **metaxas**, plus raide, qui serait l'équivalent d'un cognac, tandis que le **mastika**, spécialité de Chíos, est un alcool doux à la résine de lentisque.

UNE TERRE DE VIGNOBLES

La Grèce est la terre d'élection du vin qui y a vu le jour. Propice au vignoble, à la fois par son climat chaud et sec et ses terrains calcaires ou volcaniques, elle a pour principales régions productrices le nord du Péloponnèse, l'Attique, l'Eubée, Rhodes, Sámos et la Crète. Au total, **26 régions** sont aujourd'hui délimitées et reconnues par des AOC. La commercialisation du vin se fait sous les marques de négociants ou de coopératives.

La **retsina** (résiné) est le vin le plus populaire du vignoble grec. Blanc, sa conservation est assurée par l'adjonction de résine de pin qui lui offre une fraîche amertume. On trouve par ailleurs les vins blancs secs et ronds de l'Hymette et de Pallini dans l'Attique, le blanc de blanc de Macédoine, le **mantinia**, vin blanc du Péloponnèse, les blancs nerveux de Chalcidique, et les blancs très répandus de l'Achaïe (demestica, santa laura, santa helena).

Pour les amateurs, signalons le rosé bouqueté d'Aráchova. Les rouges ne sont pas en reste, corsés à Naoussa en Macédoine, liquoreux avec le mavrodafni du Péloponnèse, fruités à Néméa.

Dans les îles, il faut distinguer les rosés et les rouges généreux de Crète, les blancs secs de Lindos à Rhodes, les vins capiteux et parfumés des Cyclades, et ceux des îles Ioniennes, comme le fameux **robola** fruité et musqué de Céphalonie.

Aujourd'hui

Après un siècle et demi d'une histoire parfois chaotique, la Grèce a retrouvé la stabilité et, solidement arrimée à l'Europe, jouit d'un régime démocratique où les alternances s'effectuent sans drame. Mais à quoi ressemble aujourd'hui la vie du pays ?

POPULATION ET ÉCONOMIE

Une répartition inégale

Selon le dernier recensement, la population grecque se monte à un peu plus de 11 millions d'habitants, ce qui représente une densité de 84 habitants au km^2 : c'est le tiers de la densité de l'Allemagne. Cette relative faiblesse démographique s'explique par le poids de l'histoire... et de l'économie. Dictature et misère ont entraîné une émigration considérable, puisque l'on estime aujourd'hui à près de 7 millions le nombre de Grecs de la diaspora !

Cette population est très inégalement répartie, ce qui se comprend lorsque l'on considère le caractère montagneux de certaines régions, quasiment désertes. En outre, un exode rural massif a entraîné une croissance exponentielle d'**Athènes** et de son agglomération qui, fortes de plus de 3 millions d'habitants, concentrent plus du quart de la population totale du pays, avec les problèmes que l'on imagine.

Les efforts considérables accomplis au début du 21e s., notamment pour les Jeux olympiques de 2004, ont heureusement permis d'améliorer sensiblement cette situation. Le second pôle au nord du pays, **Thessalonique**, malgré son dynamisme économique traditionnel, reste loin derrière avec son million d'habitants. Ces deux cités (auxquelles on peut ajouter **Pátra** (plus de 160 000 habitants), sur la côte ouest du Péloponnèse, concentrent l'essentiel de l'activité industrielle en Grèce.

Un pays rural

Malgré un taux d'urbanisation de 60 % environ, la Grèce reste essentiellement un pays rural : c'est le cas notamment de la Béotie, de la Macédoine, de la Thessalie, de la Thrace et du Péloponnèse. Les exploitations, sauf dans le nord, sont restées petites. Les principales productions sont les olives, les agrumes, le maïs, la betterave à sucre, l'orge et le riz, auxquelles il faut ajouter le **tabac** et le **coton** qui contribuent à doper les exportations. Enfin, n'oublions pas le **vignoble**. Au total, le secteur agroalimentaire emploie environ 20 % de la population active, dont la moitié sont des agriculteurs.

> **Diaspora**
> Certains Grecs de l'étranger sont très connus quelle que soit leur activité : parmi eux, on compte un candidat à la présidence des États-Unis (Michael Dukakis, 1988) et un vice-président (Spiro Agnew)...

L'industrie

Si la terre grecque est riche au point de vue agricole, son sous-sol se révèle assez pauvre : l'industrie minière a pour élément principal la bauxite, extraite du massif du Parnasse et transformée en aluminium. On peut également mentionner quelques gisements de nickel et de zinc, ainsi que du lignite utilisé pour les centrales thermiques. Mais, malgré une exploitation pétrolière à Thássos, l'essentiel de l'énergie doit être importé. Au point de vue industriel, le bâtiment, les travaux publics et les industries annexes (telles ces carrières et cimenteries qui défigurent l'intérieur de l'Attique), ainsi que le textile, sont les principaux pôles d'activité.

Une vocation maritime

Héritière d'une longue tradition, la marine hellénique se situe au premier rang mondial avec une flotte de quelque 3 200 navires. Les deux grands armateurs que furent **Aristote Onassis** et son beau-frère et concurrent **Stavros Niarchos** sont connus de tous, essentiellement pour des raisons annexes à leur activité principale. Mais s'ils ont été les plus célèbres des armateurs grecs, il étaient loin d'être les seuls : la tradition bien ancrée dans les îles (notamment Spétses et Hydra) se perpétue aujourd'hui avec nombre de confrères nettement plus modestes mais qui, en unissant les ressources, parviennent à maintenir la flotte grecque au premier plan.

Le moteur de l'économie

Les revenus liés au **tourisme** représentent 17 % du PNB. Avec plus de 14 millions de visiteurs par an, les touristes sont plus nombreux que la population grecque ! Le soleil éclatant, les mers chaudes, la beauté des paysages, l'importance des sites antiques expliquent ce succès considérable qui fait vivre une bonne partie du pays, dans les secteurs de l'hôtellerie et de la restauration, mais aussi des transports.

À ces rentrées de devises s'ajoutent celles des revenus envoyés au pays par les Grecs de l'étranger.

Et l'Europe ?

Entrée dans l'Union européenne en 1981, la Grèce a engagé avec détermination une politique de rigueur qui lui a permis d'accéder à l'euro dès le 1er janvier 2001, en même temps que des pays à l'économie nettement plus florissante. Un exploit si l'on tient compte de ce qu'au moment de son adhésion il s'agissait du pays le plus pauvre de l'Europe.

Mais tout cela n'est pas allé sans quelques aigreurs. Nombre de Grecs vous parleront de la hausse des prix, en l'attribuant généreusement à la monnaie unique, considérée comme la cause de tous leurs maux. Toutefois, l'Europe, c'est aussi un certain nombre d'aides qui permettent au pays de moderniser ses infrastructures (création de l'aéroport E. Venizélos d'Athènes, amélioration sensible et extension du réseau routier).

L'ÉTAT GREC

Divisé en **neuf régions** *(voir carte ci-dessous)*, l'État grec l'est également en départements, ou nomes, au nombre de 52, administrés par des préfets. Les communes quant à elles sont régies par un conseil municipal élu tous les quatre ans et qui désigne le premier magistrat de chaque cité.

Une démocratie pacifiée

Un parti socialiste modéré, le PASOK, et un parti défendant le libéralisme économique, Nea Democratia, au pouvoir depuis les élections de 2004, telles sont les deux organisations politiques qui se partagent le pouvoir. La Grèce est une **démocratie parlementaire** et le chef du parti majoritaire est automatiquement désigné Premier ministre par le président de la République. Celui-ci, élu pour cinq ans par le Parlement, a un rôle essentiellement représentatif. L'exécutif est assuré par le Premier ministre et son gouvernement.

Crispations nationalistes

Si la situation est apaisée sur le plan intérieur, des crispations persistent, en particulier avec les pays voisins : la Turquie fut longtemps l'ennemi héréditaire. L'affaire de Chypre n'est toujours pas vraiment réglée et l'adhésion de la partie grecque de l'île à l'Europe n'a fait que raviver les tensions : l'éventuelle adhésion de la Turquie à l'Europe n'est pas acceptable pour le côté hellénique.

À ce conflit bien connu, il faut ajouter la question née de l'éclatement de l'ancienne Yougoslavie : les Grecs ont vu comme une provocation que la République de Macédoine arbore ce nom, la Macédoine étant considérée grecque de toute éternité, et ayant été motif de querelles avec le voisin du Nord, la Bulgarie, qui en possède une partie…

L'ÉGLISE ORTHODOXE

S'intéressant au pouvoir politique, le christianisme oriental s'est érigé, entre hérésies diverses et schisme radical avec le catholicisme romain, comme l'**orthodoxie** – interprétation correcte des Évangiles. Très proche du peuple, se mêlant au paysage avec ses innombrables églises et monastères, il a développé un culte des icônes et des reliques auquel les Grecs sont restés très attachés.

Sur le bord des routes...

Il est rare qu'un virage ne soit pas ponctué d'un petit sanctuaire votif en forme de minuscule chapelle, élevé pour commémorer les victimes d'un accident mortel... ou par des rescapés qui tiennent à remercier le Ciel ! Mieux que des statistiques, ces *proskinitaria* indiquent assez combien il peut être hasardeux de prendre la route dans ce pays...

L'Église orthodoxe grecque, qui continue à jouer un rôle essentiel (elle est reconnue comme religion officielle dans la Constitution en vigueur et il n'y a pas de séparation de l'Église et de l'État) est une église autocéphale depuis l'indépendance du pays. Son chef suprême est le **patriarche d'Athènes**, qui ne se prive pas d'intervenir dans la vie publique du pays. Le patriarche de Constantinople, qui dirigeait la vie spirituelle du pays depuis l'époque byzantine, n'est plus aujourd'hui reconnu que par les moines du mont Áthos et par les prêtres de certaines îles du Dodécanèse.

Un rôle fédérateur

Sous les Ottomans, le patriarche (et partant, l'ensemble du clergé) a joué le rôle d'un conservateur du patrimoine grec, refusant de le diluer dans les valeurs du nouvel empire. Dans la Grèce moderne, l'Église, même si, comme partout ailleurs, elle est moins forte que naguère, continue à jouer un rôle primordial tout au long de la vie, tant privée que publique, des Grecs.

Bon à savoir – Ayant la possibilité de se marier, les popes mènent une vie comparable à celle de leurs ouailles, seule leur tenue (et leur barbe) les distingue de leurs concitoyens.

Cérémonies privées...

C'est le baptême qui marque l'entrée dans le giron de l'Église. Le jeune enfant se voit alors doté d'un prénom, en principe choisi par le parrain et la marraine, et est entièrement oint d'huile bénite, plongé par trois fois dans la cuve baptismale.

L'Église est naturellement présente lors du mariage (le passage devant le pope suffit pour le faire reconnaître, même si le mariage civil a été institué depuis quelques années), qui, comme le baptême, est une cérémonie haute en couleur.

Enfin, l'enterrement donne lieu à deux messes, l'une en présence du défunt, l'autre quarante jours après son inhumation.

... et publiques

Si vous entrez dans une église orthodoxe pendant un office, vous serez étonné par l'attitude des fidèles qui, contrairement aux catholiques, vont et viennent dans l'église, s'arrêtant devant l'icône du saint qu'ils révèrent pour l'embrasser, indifférents en apparence à une liturgie dont le caractère solennel ne manque pas d'impressionner le profane. Mais l'appartenance à la religion orthodoxe, c'est aussi la participation à ces fêtes qui rythment l'année : la plus importante (et la plus impressionnante) est celle de **Pâques**, où les cérémonies se multiplient le Samedi saint à minuit, afin de célébrer la résurrection du Christ. Rappelons ici que la Pâque orthodoxe ne correspond pas à « notre » Pâque, l'Église grecque respectant en cette occasion le calendrier lunaire, qu'elle a abandonné pour le grégorien le reste de l'année. L'Épiphanie, le « lundi pur » (quarante jours avant Pâques), l'Assomption (ou Dormition de la Vierge), Noël et surtout le Jour de l'an sont les principales festivités, auxquelles s'ajoutent d'innombrables fêtes locales honorant tel ou tel saint patron...

Séfarades de Corfou

Rien de tel que les romans d'**Albert Cohen** pour vous plonger dans l'ambiance des milieux séfarades de son île natale : lisez en particulier *Les Valeureux*. Ses personnages touchants d'ingénuité et de roublardise savent transformer le quotidien le plus banal en épopée.

MINORITÉS

En dépit de longs siècles d'occupation ottomane, les **musulmans** sont aujourd'hui peu nombreux en Grèce. En effet, suite à « l'échange de population » qui a suivi la « grande catastrophe » d'Asie Mineure (1922), les Turcs ont dû céder la place aux Grecs de Smyrne et de sa région. Dans le nord du pays, en Thrace, subsistent des **pomaques**, parlant leur propre langue, descendants de chrétiens ayant embrassé l'islam bon gré mal gré durant la période ottomane.

Il en va de même, mais pour de toutes autres raisons, de la **communauté juive**, forte de plus de 100 000 âmes au début du 20e s. et qui compte moins de 5 000 personnes aujourd'hui. La tradition juive est pourtant des plus anciennes en Grèce puisque dès le 3e s. av. J.-C., il existait une première communauté de juifs, qui prirent le nom de **Romaniotes** sous

Chassez le paganisme...

En dehors des fêtes officielles consacrées par l'Église subsistent dans les campagnes nombre de pratiques qui semblent remonter droit aux traditions antiques, dionysiaques ou autres... Les superstitions ont la vie dure et il est toujours de coutume d'égorger un coq avant toute construction...

l'Empire byzantin. S'y ajoutèrent après 1492 les **séfarades** chassés d'Espagne par la reine Isabelle la Catholique et qui furent accueillis à bras ouverts par le sultan. Fixés le plus souvent à Thessalonique, les séfarades, qui s'exprimaient en **ladino** (judéo-espagnol), contribuèrent à l'essor économique de la capitale du Nord en développant le commerce et l'industrie. Mais la Seconde Guerre mondiale vit l'anéantissement de cette communauté et nombre des rares survivants choisirent d'émigrer en Israël.

Quant aux quelques catholiques grecs, ils se heurtent à la défiance séculaire de l'Église orthodoxe.

TRADITION ET MODERNITÉ

Ne serait-ce son ambiance subtilement orientale, son verbe haut typiquement méditerranéen, tout comme son art de vivre entre marché public et café, le visiteur qui ne connaîtrait de la Grèce qu'Athènes pourrait se croire au cœur de n'importe quelle capitale européenne.

Il en va autrement dès que l'on gagne le cœur du Péloponnèse ou de toute autre région. Là, dans des paysages admirables où les reflets argentés des oliviers se mêlent à la silhouette noire des cyprès, des troupeaux de chèvres paissent, accompagnés de bergers, qui, avec leurs traits émaciés et leurs yeux fiévreux, semblent sortis de quelque récit homérique. Dans ces villages où rien ne semble avoir changé depuis l'époque de Périclès, des ânes débonnaires attendent on ne sait quoi en mâchonnant quelque brin d'herbe, semblant mettre toute leur énergie à demeurer immobiles. De vieilles femmes vêtues de noir portent des fagots ou des seaux d'eau sur des chemins empierrés. Leurs époux, assis sur une chaise tirée devant la porte, discutent gravement des choses de ce monde, jouent au **tavli** ou regardent le temps passer en faisant tourner leur **komboloï**. Ce temps, ce sont les antiques motos pétaradantes, et les improbables scooters conduits par des jeunes qui mettent un point d'honneur à ne pas porter de casque, qui viennent le leur rappeler. C'est aussi la télévision qui trône dans tout café digne de ce nom et diffuse généreusement ces matchs de football qui passionnent tout un chacun et dont les péripéties suscitent cris d'enthousiasme, désespoir ou commentaires méprisants...

La place des femmes

Ici encore, il faut distinguer Athènes du reste de la Grèce. Si les jeunes Athéniennes n'ont rien à envier à leurs consœurs européennes, tant au point de vue du mode de vie que de l'habillement, il n'en va pas de même dans les campagnes où, entre tradition religieuse et souvenir de l'époque musulmane, la femme reste soumise à bien des pesanteurs. Il faut toutefois reconnaître qu'au niveau légal la Grèce est entrée de plain-pied dans la modernité : les femmes grecques ont obtenu le droit de vote depuis 1952, l'avortement est légal et le divorce reconnu même par l'Église orthodoxe ! Tout cela explique sans doute que le taux de fécondité en Grèce soit comparable à celui des autres nations occidentales.

Cependant, même dans les villes, et pour des raisons dues tout autant aux réalités économiques qu'au poids des traditions, la société grecque perpétue un mode de vie familial traditionnel, plusieurs générations se partageant le même toit. La chose a au moins l'avantage de préserver une solidarité intergénérationnelle et elle permet d'atténuer les difficultés en cas « d'accident de la vie »...

En grec dans le texte

Pour peu qu'il fasse l'effort de déchiffrer l'alphabet grec, le voyageur français ne manquera pas de s'amuser en constatant le glissement de sens de certains mots d'une langue à l'autre : ici vous n'êtes pas grand mais *mégalo*, et il vous suffit de sortir d'une pièce pour que ce soit un *exode*... Le *trapèze ethnique* peut vous laisser perplexe jusqu'à ce que vous appreniez que cela désigne la banque nationale. Quant aux camions de *métaphores*, ils sont plus souvent conduits par des déménageurs que par des poètes !

Le village d'Ia (Santorin).

B. Pérousse / MICHELIN

DÉCOUVRIR LA GRÈCE

Aráchova★

Αράχοβα

3 703 HABITANTS - ALT. 800-1 100 m
CARTE GÉNÉRALE RABAT II B1 – GRÈCE CENTRALE - BÉOTIE

Accrochée au flanc méridional du mont Parnasse et dominant le ravin du Pleistos, Aráchova est une petite ville de montage très fréquentée en hiver par les skieurs et, en toutes saisons, par les randonneurs. Agréable et animée, elle est dotée d'hôtels qui en font une bonne base pour découvrir la région.

R. Mattès / MICHELIN

Aráchova, un village à flanc de montagne.

- **Se repérer** – Au nord-ouest d'Athènes (128 km), sur la route de Livadiá (44 km) à Delphes (10 km), sitôt le col d'Aráchova (940 m) franchi, le voyageur découvre une très belle vue panoramique sur le village.
- **Se garer** – Du côté de Delphes, petite place aménagée en parking côté aval. En cas d'affluence, grand parking situé en contrebas du village (à la sortie côté Delphes, prendre sur la droite et suivre la signalisation).
- **À ne pas manquer** – Le monastère d'Ósios Loukás, à 20 km *(voir Athènes)*.
- **Organiser son temps** – Comptez une journée pour flâner dans le village et monter au Parnasse, mais prévoyez deux nuits à Aráchova, étape idéale pour aller consacrer une journée à Delphes et une autre à la visite des sites prestigieux sur la route d'Athènes.
- **Pour poursuivre le voyage** – Delphes, Athènes.

Se promener

Grand-Rue

Sinueuse et étroite, elle est bordée de cafés, de restaurants et d'agréables magasins. Mais la circulation incessante et l'étroitesse des trottoirs font préférer s'enfoncer dans les ruelles du village.

Agios Georgios

De la terrasse de l'église, à laquelle on accède par de charmantes ruelles (à moins d'emprunter un impressionnant escalier qui a le mérite d'y conduire tout droit), **vue**★ sur le ravin du Pleistos et le massif du Kirphis.

Circuits de découverte

AUTOUR DU MONT PARNASSE

50 km. À la sortie de la ville vers Delphes, prendre à droite la route de Lilia. 11 km plus loin, peu après Kalivia, tourner à gauche (signalisation « Chat Tours ») sur la route empierrée et étroite qui s'élève en lacets sur 5 km. Mais les 3 derniers km sont particulièrement difficiles ; aussi, après 2 km est-il préférable de bifurquer à l'embranchement vers un parking. De là, on monte à pied à la grotte en 5mn.

Grotte corycienne★★ (Korýkeio Antro)

Situé à 1 300 m d'alt., « l'antre corycien », d'une envergure impressionnante, était dans l'Antiquité consacré à **Pan**, dieu des bergers et des troupeaux. Cette divinité barbue, au front orné de deux cornes, au corps velu et aux pattes de bouc, appréciait la fraîcheur des sous-bois et des grottes, où elle prenait plaisir à surprendre les nymphes. Sur les pentes voisines, des bacchantes, les thyades, organisaient des fêtes orgiaques en l'honneur de Dionysos.

La grotte était utilisée dès les époques néolithique et mycénienne. On peut pénétrer jusqu'au fond de la caverne, naturellement assez bien éclairée. Admirez au passage les stalactites.

Des abords, vue en direction du Parnasse, de la vallée du Pleistos et du golfe d'Itea.

Revenir à la route de Lilia.

Mont Parnasse★★ (Óros Parnassós)

Difficile d'accès, le massif du Parnasse, où vivent encore quelques loups, fut, durant la guerre d'Indépendance, une base de *klephtes* (combattants) et constitua après la Seconde Guerre mondiale un bastion des maquis de l'ELAS (Armée populaire de libération nationale) qui s'y maintinrent jusqu'en 1949. On y exploite de nombreuses mines de bauxite.

On parcourt la vallée suspendue de Kalivia, domaine des troupeaux. À 15 km environ, emprunter à droite une bonne route qui grimpe à travers les sapins dans un paysage de haute montagne, jusqu'au refuge du Ski Club d'Athènes (1 900 m) et continue jusqu'au pied de la pyramide du mont Liákoura (2 457 m), point culminant du Parnasse. Les trois stations de ski sont équipées de 14 remontées.

Env. 1h30 AR (emporter de l'eau). On peut faire l'ascension du Liákoura : par temps clair (ce qui est rare !), superbe panorama s'étendant du Péloponnèse au mont Áthos. Vous pourrez également entreprendre de belles promenades en VTT.

Les Muses

Souvent enneigé et encapuchonné de nuées, le Parnasse était considéré comme le séjour d'**Apollon** et des **Muses**, filles de Mnémosyne (la Mémoire) et de Zeus. Les neuf sœurs président aux arts libéraux : Clio (Histoire), Euterpe (Musique), Thalie (Comédie), Melpomène (Tragédie), Terpsichore (Danse), Érato (Élégie), Polymnie (Poésie lyrique), Uranie (Astronomie) et Calliope (Poésie épique).

SUR LA ROUTE D'ARÁCHOVA

Circuit de 180 km au départ d'Athènes (p. 151).

Aráchova pratique

Informations utiles

Bon à savoir – Les différences de température peuvent être spectaculaires. Pensez à toujours avoir une petite laine à portée de la main.

Poste – Sur la petite place aménagée en parking à gauche, à la sortie de la ville en direction de Delphes.

Centre de santé – *22670 31100.*

Police touristique – *22670 31333.*

Se loger

Pension Nostos – *Dans une ruelle au fond de la place de la poste - 22670 31385 - fax 22670 31765 - nostos@otenet.gr - 15 ch.* Vieille maison transformée en hôtel familial et chaleureux, dotée d'un minuscule jardinet, et tenue avec soin. Un très bon rapport qualité/prix.

Lykoreia – *À 300 m dans une rue à droite à la sortie du village vers Delphes - 22670 31180/32132 - fax 22670 32590 - 28 ch.* Petit hôtel confortable et discret, dont toutes les chambres bénéficient d'une agréable terrasse ouvrant sur la vallée. Le petit-déjeuner est en sus, sauf si l'on reste une semaine.

Villa Filoxenia – *Au fond d'une allée (signalisation sur la droite de la route en allant vers Delphes) - 22670 31406 - fax 22670 31215 - bkatsis@filoxenia-arahova.gr – 16 studios de 2 à 4 pers.* Accueillante maison traditionnelle aux chambres spacieuses dotées d'un balcon de bois donnant sur les oliviers en contrebas. En hiver, préférez les chambres équipées d'une cheminée. Ouvert toute l'année.

Anemolia – *À la sortie du village sur les hauteurs, en direction de Delphes - 22670 31640 - fax 22670 31642 - bwgreece@travelling.gr - 55 ch. et 8 suites.* Cet hôtel des années 1970, rénové, séduit par sa décoration intérieure, tout en bois, et ses chambres chaleureuses, garnies de tapis locaux. La piscine (couverte heureusement !) est disponible toute l'année.

⊖⊖⊖⊖ **Santa Marina** – *Au fond de la place de la poste - ✆ 22670 31230 - fax 22670 32175 - 42 ch.* Littéralement posé au-dessus du ravin, cet hôtel récemment refait présente un décor où le mélange de matériaux (bois, pierre et tissus) ne manque pas d'allure. Chambres vastes et confortables, dotées de spacieuses salles de bains.

Se restaurer

Bon à savoir – Aráchova est réputée pour ses traditions gastronomiques : n'hésitez pas à goûter les *loukanika* (saucisses), les fromages de montagne, le miel ainsi qu'un vin rouge à saveur de groseille.

⊖ **Parnassos** – *À côté de l'hôtel de la Poste et de l'hôtel Santa Marina.* Petit restaurant, simple, bon et pas cher, un peu à l'écart de l'activité touristique.

⊖ **Oistros** – *Grand-Rue, au coin des marches menant vers l'église.* Une taverne sans façon, un peu de bric et de broc, fréquentée depuis 1938 par les villageois.

⊖⊖ **Taberna Karaouli** – *Tout à côté de l'hôtel Lykoreia (voir « Se loger »).* Vaste salle à manger aux baies vitrées dominant la vallée. Cuisine traditionnelle.

Achats

La *formaela*, fromage avec lequel on fait le *saganaki*, se trouve dans les épiceries d'Aráchova (notamment la superbe boutique, au centre du village). Dans les magasins, vous trouverez besaces, tapis et couvertures à longs poils *(flokatia)* aux vifs coloris, et de beaux bâtons de berger appréciés des randonneurs.

Événement

Dès le 22 avril au soir et pendant 3 jours se déroulent les fêtes en l'honneur de **saint Georges** : procession, banquets et danses folkloriques en costumes traditionnels, ainsi que compétitions sportives (comme la « course des vieux » rassemblant les aînés du village, dont le gagnant reçoit un agneau offert par les bergers du Parnasse) sont très suivis.

Côte de l'Arcadie★★

CARTE GÉNÉRALE RABAT II B2 – PÉLOPONNÈSE - ARGOLIDE

Du fait de son isolement à l'est du Péloponnèse, cette région montagneuse qui constitue le bord de la chaîne du mont Parnonas a gardé des paysages intacts et un mode de vie encore très pastoral. Une route, souvent en corniche, en parcourt les rivages sinueux et longe le golfe Argolique, sur lequel elle offre de belles vues sur la presqu'île d'Argolide et l'île de Spétses.

Se repérer – Depuis Árgos, vous gagnerez la côte de l'Arcadie par la route de Lerne que vous poursuivrez jusqu'à Ástros, à 32 km au sud d'Árgos. 50 km séparent Ástros de Leonídio.

Organiser son temps – Comptez environ 2h aller.

Pour poursuivre le voyage – Árgos, Nauplie, Trípoli, Sparte, Spétses.

J. Malburet / MICHELIN

En route…

Comprendre

Un mythe littéraire et pictural – Peuplée d'adorateurs de Pan, dieu des Bergers, l'**Arcadie** passait chez les Anciens pour le pays du bonheur pastoral où les paysans s'adonnaient à la musique et au chant.

Au 1er s. av. J.-C. apparut à Rome une mode champêtre dédaignant la course aux honneurs et aux richesses. C'est sans doute en pensant à ce modèle que **Virgile** écrivit les *Bucoliques* qui mettent en scène des bergers musiciens et des poètes. La Renaissance italienne renoua sous forme romanesque avec cette inspiration : l'*Arcadie* de **Iacoppo Sannazzaro** (1455-1530) connut un grand succès en Europe tout au long du siècle. Ainsi l'Anglais Philip Sidney et l'Espagnol Lope de Vega publièrent-ils en 1590 chacun une *Arcadie* qui allait servir de modèle à l'*Astrée* (1607-1628) d'Honoré d'Urfé.

La peinture ne fut pas en reste : le Guerchin et surtout Nicolas Poussin (*Les Bergers d'Arcadie*, vers 1640) mêlèrent le thème pastoral au traditionnel sujet des vanités, mettant en scène des bergers déchiffrant une inscription inscrite sous un crâne : *« Et in Arcadia ego »* (« Et moi aussi [la Mort] je suis en Arcadie »).

Circuit de découverte

50 km, compter environ 2h jusqu'à Leonídio.

Ástros

Ce centre agricole (oliviers, agrumes et pêchers) vit se réunir en 1823 la 2e Assemblée nationale de Grèce, chargée de réviser la Constitution de 1821.

Le **Musée archéologique**, installé dans le vieux bâtiment blanc de l'ancienne école Karytsiotis (19e s.), est consacré essentiellement aux fouilles du site de la villa d'Hérode Atticus. Il abrite de belles sculptures grecques et romaines, des portraits d'empereurs, des céramiques romaines, des inscriptions et des éléments architecturaux, ainsi que des vases en verre, des armes en fer, des pièces de monnaie en bronze et en argent et de belles mosaïques. *℘ 27550 22201 - tlj sf lun. 8h30-15h - 2 €.*

Villa d'Hérode Atticus – *Visite sur demande au Musée archéologique d'Ástros. À 4 km, sur la route de Tegéa et de Trípoli (localité Eva Kynourias), près du monastère de Loukous.* Les fouilles de la superbe demeure (1 500 m^2) appartenant à ce grand amateur d'art, qui enseigna à Athènes au 2e s. apr. J.-C. et y construisit l'odéon qui porte son nom, ont mis au jour des vestiges, sculptures et mosaïques.

Monastère de Loukous – *4 km à l'est d'Ástros (suivre la signalisation).* À 300 m à gauche de la route, on découvre cet endroit plein de charme et de sérénité. Édifiée au 12e s. sur l'emplacement du temple du neveu d'Esculape, l'**église Metamorfosis tou Sotiros** est entourée d'un charmant jardin et décorée de belles fresques (17e s.).

Plus loin à gauche sur le même chemin (100 m), on aperçoit les restes de l'**aqueduc romain** construit pour approvisionner la villa d'Hérode Atticus.
À 4,5 km à l'ouest en direction du cap d'Ástros.

Paralia Ástros

Cette station balnéaire possédant la plus longue plage de sable de la côte est située au pied d'un promontoire portant les restes d'une citadelle antique remaniée par les Francs.
Revenir à Ástros et prendre vers le sud la route de Leonídio qui, après Agios Andréas, rejoint la mer et domine plusieurs criques propices à la baignade (belles plages de galets) jusqu'à l'agréable petite station balnéaire de **Paralía Tyroù**.

Tyrós★

Une petite route permet de gagner ce vieux bourg disposé en amphithéâtre parmi des plantations d'oliviers en terrasses, à l'écart de la route principale.
Au-delà de Paralía Tyroù, la route, en corniche, offre de belles vues vers **Spétses**.

Sampatikí★

La route étroite qui descend en serpentant au parking du village est raide. C'est une jolie anse abritée que protège une tour de guet. Belle plage de galets aux eaux transparentes, quelques maisons et barques de pêcheurs.
La route « survole » ensuite le golfe de Leonídio et le bassin littoral fertile en oliviers et en agrumes. De part et d'autre de l'embouchure de la rivière s'étendent les petites plages de **Lekos** et **Plaka** *(tavernes, embarcadère de l'hydroglisseur)* ainsi que **Poulithra**, station balnéaire tranquille avec une plage de galets, dont les belles maisons de caractère se disséminent dans les pins.

Leonídio★★

Un peu en retrait de la côte, cette petite ville s'étire entre le lit de sa rivière et une haute falaise rougeâtre. Elle a un peu perdu de son charme intemporel mais on peut encore y discerner de beaux vestiges architecturaux ; une maison forte du 12e s. et de vieilles maisons crépies à balcons et cheminées « sarrasines ».
Il faut traverser la localité dans sa longueur pour découvrir, près d'une tour ruinée, la vue sur le site de la ville et le bassin littoral, jusqu'à la mer.
En continuant en direction de Geráki, on gagne *(32 km AR)* le **monastère d'Elóna**, accroché au rocher dans un **site★** sauvage dominant une étroite vallée : il abritait une icône miraculeuse de la Vierge qui aurait été peinte par saint Luc, volée il y a peu.
Au-delà du monastère, la route, magnifique bien que difficile par endroits, continue vers **Kosmas** (17 km), charmant village de montagne avec sa belle église dominant la grand-place ombragée par d'énormes platanes centenaires, entourée de cafés et de bonnes tavernes, et **Geráki**, 15 km plus loin *(voir Sparte)*, d'où l'on peut gagner **Monemvasía** *(voir ce nom)* ou **Gytheio** *(voir Le Magne)*.

Côte de l'Arcadie pratique

Transports

En bateau – En été, des **hydroglisseurs** desservent la côte est du Péloponnèse ; ils assurent la liaison entre Marina Zea au Pirée et Cythère en faisant escale, notamment, à **Paralía Tyroù**, **Plaka** (le port de Leonídio), **Kyparissi,** puis Monemvasía. Depuis Le Pirée, comptez environ 4h.

Dolphin Sea Lines – *✆ 21042 24775/7 - fax 21041 73559.*

Hellas Flying Dolphins - *✆ 21041 17341 et 21041 71190.*

En voiture – Faites le plein avant de quitter Árgos ou Nauplie car les stations-service sur le parcours sont rares.

Se loger

PARALÍA TYROÚ

⊖ **Hôtel Apollo** – *En bord de mer, au sud du village - ✆ 27550 41393 - 12 ch.* Propre et bien tenu, cet hôtel récent met une cuisine à la disposition de ses clients. Les chambres sur la mer sont bien entendu les plus plaisantes.

PORT DE PLAKA (LEONÍDIO)

⊖ **Hôtel Dionysos** – *✆ 27570 22383 - 16 ch.* Agréable hôtel, tranquille et bien tenu. Une des rares bonnes adresses de la région ; et comme elle est très connue, il vaut mieux réserver en pleine saison.

Péninsule de l'Argolide★

105 770 HABITANTS
CARTE GÉNÉRALE RABAT II BC2 – PÉLOPONNÈSE

Séparant le golfe Argolique du golfe Saronique, cette péninsule constitue une région de collines calcaires, parfois assez escarpées, dont les pentes sont souvent couvertes de pinèdes et d'olivettes, tandis que les bassins littoraux portent de riches plantations d'agrumes. La côte jalonnée de petits ports et de criques propices aux baignades était jadis accessible seulement par la mer. Désormais, la route, le long de laquelle se sont implantées de petites stations, permet de découvrir de belles vues sur les îles toutes proches du golfe Saronique : Póros, Hydra et Spétses.

- **Se repérer** – L'Argolide se trouve au nord-est du Péloponnèse. Pour l'atteindre depuis Athènes, emprunter l'autoroute E 94 jusqu'à la sortie Corinthe et suivre les indications Póros ou Spétses.
- **À ne pas manquer** – Une journée de farniente agrémentée d'une baignade à Portochéli.
- **Organiser son temps** – En deux jours, vous pouvez combiner ce circuit avec la visite du sanctuaire d'Épidaure.
- **Pour poursuivre le voyage** – Árgos, Corinthe, Épidaure, Hydra, Mycènes, Nauplie, Póros, Spétses.

Circuit de découverte

Au départ de Portochéli à la pointe sud de la péninsule, ce circuit en boucle de 216 km s'achève à Kósta face à l'île de Spétses.

Portochéli (Porto Heli)

Cette bourgade de pêcheurs devenue une importante station balnéaire est un point d'embarquement pour l'île de Spétses *(voir p. 577)*. La cité, dont le nom signifie « port des anguilles », s'abrite au fond d'une jolie baie. Au nord, là où s'élevait jadis Halieis *(suivre la signalisation)*, on aperçoit les traces des soubassements d'une acropole datant de 700 av. J.-C., la cité antique étant désormais immergée.

Quitter Portochéli en suivant la direction Corinthe/Athènes.

Kranídi

Ce beau village de maisons de pierre occupe un site agréable sur une éminence. L'église Agia Triada possède de belles fresques (13e s.). À proximité se trouvent trois monastères, Agia Anna, Panagias Pantanassas et Agion Anargiron (11e s.), le plus ancien, qui possède une bibliothèque et une belle iconostase dorée en bois sculpté. Sur la gauche de la route, vous remarquerez, coiffant une colline, les vestiges de deux superbes moulins à vent.

Peu après Kranídi, prendre une route à gauche.

Koiláda

Ce village de pêcheurs s'allonge nonchalamment au fond d'une baie. À proximité, de belles plages, notamment celle de **Korakia**, invitent à la baignade. Dans la montagne au nord, par un sentier, on peut atteindre la grotte de Fraghti ; les fouilles qui y ont été effectuées démontrent qu'elle fut habitée dès le 8e millénaire av. J.-C.

Revenir vers Kranídi et reprendre à gauche la route vers Ligourio.

Au-delà de **Foúrnoi**, une route en terre battue à droite conduit, en passant par l'église Agion Anargiron, à l'entrée nord de la **gorge de Katafyki**, où l'on peut faire une très belle promenade dans un paysage calme et sauvage.

Retourner à la route principale. Sur la gauche, la crête est aujourd'hui occupée par une série d'élégantes éoliennes.

Cratères de Didyma (Spilia Didymis)

On aperçoit, juste après Didyma, à gauche de la route, une immense cavité à flanc de montagne. Il s'agit d'un cratère formé par la chute d'une météorite (au 19e s., selon la tradition locale). Un chemin de terre carrossable *(indication « pros spilia »)* conduit en 500 m à un autre cratère, plus grand encore mais dissimulé en raison de son orientation. Un escalier creusé en tunnel conduit à mi-hauteur dans la cavité jusqu'à deux petites chapelles édifiées par les habitants du village voisin.

À 11 km de Didyma, la route à gauche, qui passe par le village de Pelei, se termine au surprenant monastère abandonné **Avgou**, surplombant la vallée.

Continuer vers Ligourio. Peu avant Tracheia, après quelques maisons, prendre à droite la route de Fanári.

C'est dans la traversée du village de **Fanári**, suspendu à flanc de montagne, qu'au détour d'un virage vous découvrirez soudain la mer en contrebas. La route tracée en corniche descend en lacets serrés, offrant des **vues★★** plongeantes spectaculaires sur la côte du golfe Saronique et la **presqu'île de Méthana**, culminant au mont Heloni (743 m), volcan éteint.

7 km après Kalloni, tourner à gauche vers Méthana.

Presqu'île de Méthana

La route franchit la langue de terre formant la racine de l'ancienne île volcanique de Méthana, montagneuse et tourmentée. Le colonel Fabvier y avait établi en 1820 un camp d'où il partit pour secourir l'Acropole d'Athènes, et l'endroit en a conservé le nom de « Faviopoli ». Peu avant d'arriver à Méthana, beau point de vue sur la ville et le port.

Méthana – Cette station balnéaire (que l'on peut atteindre en bateau par la ligne du Pirée) possède un port bien protégé par un promontoire boisé où l'on a retrouvé les restes d'une forteresse du 4e s. av. J.-C. Méthana est surtout une station thermale dont les eaux chaudes et sulfureuses sont prescrites pour le traitement des rhumatismes et des maladies de la peau. Les vapeurs de soufre émanant de la piscine située à l'entrée imprègnent l'atmosphère des lieux…

Vathi – Sur la côte ouest de la presqu'île, ce village de pêcheurs et ses tavernes de poisson occupent le fond d'une petite crique.

En poursuivant vers le sud par la route qui longe la mer, on parvient à un sentier à travers la végétation menant *(300 m de la route)* jusqu'aux restes de l'enceinte de l'acropole de Méthana.

Au nord de Vathi, la route offre d'admirables **vues★** plongeantes sur la mer et, pénétrant dans la forêt, conduit à **Kaïmeni Hora**. Laissé à l'abandon, le village est situé au pied d'un cône volcanique dont on peut atteindre le sommet *(sentier balisé)* afin d'admirer le paysage sauvage.

Revenir par la même route à Méthana, puis au carrefour de la route de Galatás, où l'on tourne à gauche (direction Póros) ; 2 km plus loin, prendre à droite (signalisation) la petite route qui conduit au village de Troizina.

Trézène★ (Troizína)

C'est dans ce village que se tint en 1827 la 3e Assemblée nationale de la Grèce, au cours de laquelle **Ioannis Capo d'Istria** (1776-1831) fut élu chef du nouvel État.

Traverser le village moderne pour suivre « Acropolis of Trizina », puis une petite route, à droite, indiquant « Diavologéfira » et « Antiquities ». À l'embranchement, près d'un pont romain, prendre à droite sur 1,5 km le chemin qui longe deux églises et qui devient moins carrossable sur 700 m. Indication « Sanctuary of Hippolytos, Asclepieion, Episkopi ».

À gauche du chemin se trouvent les restes du **sanctuaire d'Hippolyte** et, à droite, ceux d'un temple où **Asklépios**, dieu de la Médecine, aurait ramené le fils de Thésée à la vie. Un peu plus loin, on remarque les ruines d'une église paléochrétienne et d'un

Phèdre, l'héroïne par excellence

Si Phèdre a exercé une telle fascination chez les dramaturges, tant dans l'Antiquité (en particulier Euripide ou Sénèque) que chez les humanistes ou les classiques (Racine) jusqu'à D'Annunzio, c'est parce que la fille de Minos et de Pasiphaé conjugue en elle toutes les formes du Destin : parmi ses ancêtres, elle compte des dieux, dont Zeus et Hélios, dieu du Soleil (Phèdre signifie « la Brillante »). Dans sa fratrie, Deucalion, et Ariane qu'elle n'hésita pas à abandonner seule sur le rivage de Náxos pour fuir avec son amant, Thésée, qu'elle épouse après qu'il eut répudié sa première femme dont il a **Hippolyte**. Ce beau-fils dont elle tombe amoureuse repousse ses avances. Elle l'accuse devant Thésée de l'avoir séduite, provoquant le suicide du jeune homme maudit par son père. Accablée de remords et de désespoir, Phèdre se tue en déplorant sa destinée. « Ah ! malheureuse, qu'ai-je fait ? Jusqu'où ma raison s'est-elle égarée ? J'ai déliré. Un dieu m'a frappée de vertige… » (Euripide).

Dans la péninsule de l'Argolide, la silhouette de l'île d'Hydra se découpe derrière la verdoyante Ermióni.

palais épiscopal. Revenir à l'embranchement et prendre à droite au pont romain : 300 m plus haut se dresse une tour hellénistique (sa partie supérieure date du Moyen Âge), vestige des remparts de la ville antique.

Continuer jusqu'au bout du chemin à 500 m. En 5mn, on atteint l'entrée du **ravin du Diable★**, puis le **pont du Diable (Diavologéfira)**, pont naturel franchissant la gorge, cachée sous l'ombre épaisse des platanes dans un site sauvage… et bien rafraîchissant en été. On peut poursuivre le sentier à l'ouest. Au sommet des falaises se trouvaient l'acropole et un sanctuaire dédié à Pan, ainsi que le château de Damalet, siège d'une baronnie franque au 13e s.

Rejoindre la route de Galatás.

La plaine littorale fertile est plantée d'orangers, citronniers, cédratiers, figuiers, caroubiers sur lesquels tranche parfois un cyprès.

Galatás

Depuis le front de mer agréablement ombragé de palmiers, vous découvrirez de superbes **vues★★** sur la rade et l'île de Póros *(voir p. 574)* séparée de la cité par un étroit bras de mer.

Poursuivre sur la route côtière en direction d'Ermióni.

Lemonodásos★

En face de l'île de Póros s'étend une forêt de citronniers, ces arbres délicats qui meurent à –3 °C mais donnent fleurs et fruits toute l'année. 30 000 pieds environ couvrent la pente au-dessus de la plage de sable d'**Aliki**.

30mn AR. Laisser la voiture sur la route, près du panneau indicateur, à hauteur d'une chapelle. Depuis cet endroit, vous pouvez faire l'ascension de la colline à travers le verger embaumé qu'irriguent des rigoles. En suivant la signalisation « Cardassi », vous arriverez bientôt à la taverne de ce nom, établie à proximité d'une source fraîche et enfouie dans les bosquets de lauriers-roses, bougainvillers et bananiers, d'où se révèle une jolie vue sur Póros.

La route côtière qui conduit à Ermióni traverse un paysage assez austère, planté de vénérables oliviers aux troncs torturés, mais offre de fréquentes perspectives sur les îles d'Hydra et de Dokos.

Plépi★

Agréable station balnéaire avec un petit port de plaisance.

Ermióni

Liaisons maritimes régulières avec Hydra (voir p. 571).

Cet ancien évêché byzantin est devenu une jolie station balnéaire et un port de pêche abrité.

Continuer la route côtière jusqu'à l'embranchement de Kósta (à gauche).

Kósta

Minuscule port de pêche et station balnéaire, port d'embarquement pour Spétses.

Péninsule de l'Argolide pratique

Transports

Embarquement pour les îles – Depuis le port de Galatás, des **barques** assurent une navette incessante en moins de 5mn pour Póros *(0,70 € ; 1 € au-delà de minuit)*.

Pour traverser avec la voiture, **ferry** toutes les demi-heures entre 7h et 21h30.

Liaisons maritimes régulières avec **Hydra** au départ d'Ermióni ou de Kósta.

Pour Spétses, **navettes** et **taxi-boats** (plus onéreux mais présentant l'avantage de vous éviter l'attente) au départ de Portochéli et de Kósta où a été aménagé un parking payant *(4 €)* qui sera sans doute ombragé dans quelques années…

Se loger

PORTOCHÉLI

⊖⊖ **Hôtel Rozos** – *Sur la petite route de Kósta face à la baie - ✆ 27540 51416 - fax 27540 51412 - www.hotelrozos.com - 16 ch.* Devant une minuscule plage et un petit mouillage, hôtel tout revêtu de blanc et de bleu. Très simple, mais chaque chambre dispose d'un balcon donnant sur la baie. Accueil chaleureux en ce lieu charmant affilié à la chaîne Best Western.

⊖⊖⊖⊖ **Aks Hotel Porto Heli** – *Juste après le précédent - ✆ 27540 53400 - fax 27540 51549 - www.akshotels.com - 208 ch.* Précédé d'un parc et d'une piscine, un grand hôtel particulièrement confortable, ménageant de belles vues sur la baie. L'hôtel dispose en outre de trois restaurants, dont l'un situé sur la terrasse.

KÓSTA

Lido – *Face au port et à l'île de Spétses - ✆ 27540 57393.* Malheureusement, cet hôtel, dont la situation est le meilleur atout, n'ouvre qu'en haute saison…

Bon à savoir – Si vous souhaitez faire une pause pour réaliser notre circuit en deux jours, compte tenu de la rareté des hôtels, vous pourrez monter jusqu'aux petites plages de **Palaía** et **Néa Epidavros** *(à 7 et 14 km respectivement de Trachia)*, accessibles par une route côtière *(voir Épidaure, p. 202)*.

Il y a bien un hôtel à **Méthana** mais l'odeur de soufre peut incommoder.

GALATÁS

Plusieurs hôtels sur le front de mer, parmi eux :

⊖⊖ **Papasotiriou** – *✆ 22980 42841 - fax 22980 43558 - 45 ch.* Face à l'embarcadère des barques pour Póros, hôtel refait à neuf à la façade curieusement badigeonnée dans des teintes abricot là où dominent le blanc et le bleu. Demandez des chambres en étage (et donnant sur la mer) : la vue sur Póros est imprenable. Une bonne base de repli si tout est complet sur l'île.

Mais il est certainement plus agréable de sauter dans une barque pour aller dormir à **Póros** *(voir p. 575)*.

Se restaurer

Nombreuses tavernes et restaurants sur le front de mer de **Portochéli**, en particulier au pied du rocher que coiffe l'église. Sur le trajet, vous trouverez des tavernes dans les stations de bord de mer comme **Koilada**, **Galatás** et **Ermióni**.

Árgos

'Αργος

23 661 HABITANTS
CARTE GÉNÉRALE RABAT II B2 - PÉLOPONNÈSE - ARGOLIDE

Selon les Anciens, Árgos est la plus vieille ville de Grèce… ce que semble démentir l'aspect ingrat de la petite cité que vous découvrez aujourd'hui. Cependant, la capitale de l'antique Argolide, dont la population égalait celle d'Athènes, a conservé d'intéressants vestiges de son prestigieux passé, en particulier un impressionnant théâtre qui fut le rival de celui d'Épidaure, des thermes romains et un Musée archéologique.

- **Se repérer** – Árgos se trouve à 135 km au sud-ouest d'Athènes. Sortez de l'autoroute à Corinthe et empruntez immédiatement l'« ancienne route nationale » que vous suivrez sur 48 km. Un piton rocheux couronné par un kastro et une colline de moindre importance, l'Aspís, dominent la ville. Pour gagner le site antique, suivez la direction Sparte-Trípoli.
- **Se garer** – Quelques emplacements permettent de se garer à proximité du théâtre, notamment dans l'odos Teatrou qui rejoint le centre-ville et offre parfois quelques places à l'ombre.
- **À ne pas manquer** – Le théâtre, la citadelle.
- **Organiser son temps** – Comptez 2h avec la montée au kastro.
- **Pour poursuivre le voyage** – Mycènes, et Corinthe au nord ; Tirynthe et Nauplie immédiatement au sud ; Trípoli au sud-ouest.

Simeone / Photononstop

Les ruines de l'imposant kastro byzantin de Lárissa dominent la ville.

Comprendre

Persée, héros d'Argolide – La plus ancienne cité grecque aurait été fondée par l'Égyptien Danaos, le père des fameuses Danaïdes qui, ayant égorgé leurs époux, furent condamnées par le dieu des Enfers à remplir sans fin des tonneaux percés. Plus tard, la cité des **Argiens** aurait appartenu à **Persée** et à ses descendants, parmi lesquels Diomède, fidèle compagnon d'Ulysse durant la guerre de Troie.

Prévenu par un oracle qu'il mourrait de la main de son petit-fils, le roi Acrisios, prudent, décide d'emprisonner sa fille Danaé, afin d'éviter qu'elle lui donne cet héritier fatal. Mais c'est compter sans Zeus… Celui-ci s'étant épris de l'infortunée s'introduit dans son cachot sous forme d'une pluie d'or… Et Persée, fruit de cet amour divin, naît bientôt. Dans l'espoir d'échapper à son funeste destin, Acrisios met alors la mère et l'enfant dans une nef de bois qui s'échoue sur l'île de Sérifos.

Quelques années plus tard, le roi de Sérifos demande à chacun de ses sujets un présent de qualité. Persée s'engage alors à lui offrir la tête de Méduse, l'unique mortelle des trois Gorgones – monstres aux mains de bronze, aux ailes d'or, à la tête hérissée de serpents et, surtout, au regard qui change en pierre quiconque jette les yeux sur elles. Les Nymphes donnent au jeune homme des sandales ailées, le casque d'Arès qui rend invisible, une besace ainsi qu'une serpe. Survolant grâce aux sandales ailées sa proie endormie, protégé par Athéna qui lui a offert son bouclier pour qu'il puisse voir le reflet de la Gorgone sans croiser son regard, Persée la décapite et enfouit la tête dans sa besace. Revenu à Sérifos, il offre la tête de Méduse à Athéna qui la place sur son bouclier.

À quelque temps de là, Acrisios apprend l'arrivée de Persée à Árgos. Craignant que l'oracle ne se réalise, le vieux roi se rend à la citadelle de Lárissa où il assiste à des jeux funéraires. Mais, tragique coïncidence, Persée y prend part et concourt au lancer du disque. Et son projectile frappe mortellement Acrisios. Refusant de monter sur le trône de ce grand-père qu'il vient de tuer, Persée abandonne alors son droit de royauté sur Árgos, l'échangeant contre celle de Tirynthe.

Une tuile !

En 272 av. J.-C., au cours d'un combat dans les rues d'Árgos, le roi d'Épire, **Pyrrhus** (celui-là même dont le nom est resté lié à une victoire coûteuse) est victime d'une fatale mésaventure : il reçoit sur la tête une tuile qu'une vieille femme avait jetée du toit d'une maison !

Árgos dans l'histoire – Appuyée sur ses deux citadelles de l'Aspís et de Lárissa, Árgos domine, durant la période archaïque, tout le nord-est du Péloponnèse, rivalisant avec Sparte. En déclin à la fin du 6e s., elle n'en est pas moins le siège d'une brillante civilisation symbolisée par une école de sculpteurs dont le plus fameux est **Polyclète** (5e s. av. J.-C.), le rival de Phidias, qui définit le **canon**, c'est-à-dire l'idéal esthétique des proportions du corps humain.

Árgos retrouve sa prospérité à l'époque romaine mais est supplantée ensuite par Nauplie. Durant la guerre d'Indépendance, en 1822, les chefs militaires **Kolokotronis** et **D. Ypsilanti** (1793-1832), retranchés dans le kastro, résistent aux Turcs, et l'Assemblée nationale de Grèce tient ses séances dans le théâtre antique. Incendiée en 1828 par **Ibrahim Pacha**, la ville, reconstruite sur un plan géométrique, est aujourd'hui un important marché régional d'agrumes.

Visiter

Árgos antique★ (Théâtre, Thermes, Odéon, Agora)

Odos Gournari (route de Trípoli-Sparte) - ✆ 27510 68819 - tlj sf lun. 8h30-15h - 2 €; théâtre, mêmes horaires, entrée libre - agora (sur la droite d'odos Teatrou) généralement fermée au public mais visible de l'extérieur.

Sur le chantier de l'École française d'archéologie, les fouilles ont mis au jour des vestiges d'un site occupé depuis plus de 5 000 ans.

À l'entrée ouest de la zone, une rue antique conduit au théâtre que bordent à gauche les restes d'un vaste bâtiment comprenant une salle voûtée et trois pièces ouvrant sur une cour entourée de portiques. Là furent installés au 2e s. des thermes chauffés ; des portiques convertis en salle, on accède au frigidarium muni de trois piscines et aux trois caldariums jadis décorés de statues (aujourd'hui au Musée archéologique). On remarque encore des traces du revêtement mural et des mosaïques.

Info pratique

👁 Bon à savoir - Bien qu'il y ait un hôtel dans le centre de la ville, pour dormir ou se restaurer, il sera plus agréable de se rendre à **Nauplie** *(voir p. 274)* qui n'est qu'à 14 km au sud, ou bien au bord de la mer, à **Toló** *(voir p. 279)*, ou encore dans le village de **Mycènes**, à 9 km au nord *(voir p. 265)*.

Le **théâtre**, édifié au 4e s. av. J.-C., fut remanié par les Romains qui transformèrent l'orchestre en bassin pour les spectacles nautiques ou naumachies. Les gradins, pour partie taillés dans le roc, pour partie reposant sur un remblai, pouvaient recevoir 20 000 spectateurs, ce qui en faisait un des plus grands de Grèce. Les gradins centraux, l'orchestre et les couloirs d'accès sont bien conservés : remarquez au mur du couloir sud un bas-relief en méplat (peu visible, à gauche en regardant le théâtre) représentant les Dioscures à cheval.

À gauche du théâtre *(emprunter le petit chemin)*, on distingue les vestiges d'un **odéon** (2e-3e s.), dont subsistent les gradins, les couloirs d'accès et la scène. Au sud se trouvent les ruines du sanctuaire d'Aphrodite ainsi que les fondations d'un temple du 5e s. av. J.-C. ; à l'est a été dégagée une **stoa** (portique) archaïque.

L'**agora** du 4e s. av. J.-C. présente les vestiges, peu lisibles pour le profane, d'une salle de réunion, d'un portique double et de deux nymphées (2e s. av. J.-C.), dont l'un est raccordé aux égouts de la cité, ainsi que de bâtiments non encore identifiés.

Musée archéologique

✆ 27510 68819 - tlj sf lun. 8h30-15h. 2 € (billet groupé avec le site : 3 €).

Construit et aménagé par l'École française d'archéologie, il rassemble les pièces provenant des fouilles d'Árgos et de Lerne : les collections, agréablement présentées, sont disposées en ordre chronologique. Vous remarquerez en particulier une superbe **armure de bronze** (8e s. av. J.-C.) au casque à cimier analogue à celui que portaient les héros d'Homère et, dans les vitrines du fond, un fragment de **cratère archaïque** orné d'une scène peinte (7e s. av. J.-C.) montrant les compagnons d'Ulysse crevant l'œil du cyclope Polyphème, un cratère attribué au peintre **Hermonax** (5e s. av. J.-C.) représentant Thésée tuant le Minotaure, et une lyre taillée dans la carapace d'une tortue. À hauteur de l'escalier, une plaque byzantine en marbre représente un paon picorant du raisin. À l'étage, des copies romaines de sculptures des périodes classique et hellénistique (remarquez *Dionysos au bouc et Ganymède*, copie probable de l'original du 5e s. av.J.-C.), des reliefs (relief des Euménides, 5e et 4e s. av. J.-C.) et une mosaïque romaine à motif floral et géométrique (4e s.). Le sous-sol est consacré aux fouilles du site de **Lerne**. Sous un portique du jardin, des **mosaïques** romaines évoquent Bacchus, les mois de l'année et des scènes de chasse.

Aux alentours

Kastro de Lárissa★

Juil.-oct. : tlj sf lun. 8h30-15h. De la place Ágios Petros, prendre la direction de Mycènes, puis la route (fléchée) qui monte au château.

Le col de la Déiras sépare les collines de Lárissa et de l'**Aspís**, laquelle conserve quelques vestiges d'un sanctuaire d'Apollon et d'une forteresse et ménage surtout une belle vue. Dans un très beau site, sauvage et isolé, le **kastro** fut bâti par les Byzantins sur les fondations d'une acropole dont on retrouve par endroits l'appareil colossal, avant d'être complété par les Francs aux 13e-14e s. Remanié par les Vénitiens et les Turcs, son enceinte extérieure est jalonnée de tours ceignant le château proprement dit. Après avoir jeté un coup d'œil sur les imposantes citernes, admirez la **vue★★** embrassant l'Argolide et le golfe de Nauplie.

Héraion des Argiens★ (Iraíon)

À 8 km au nord-est d'Árgos. Tlj sf lun. 8h-14h30 - gratuit. Prendre la direction de Corinthe et tourner à droite juste après le lit du fleuve vers Inachos (Ιναχος). À Inachos, continuer tout droit (panneau « Ireon ») jusqu'à Chonikas (église byzantine du 11e s.), où l'on prend la route de Mycènes (Mykínes), puis la petite route indiquée « Ancient Ireo » sur 2 km.

Le sanctuaire consacré à Héra, déesse tutélaire de la féconde Argolide, existait déjà à l'époque mycénienne : c'est ici que les chefs grecs auraient prêté serment de fidélité à **Agamemnon** avant de partir en guerre contre Troie. Découvertes en 1831, les ruines apparaissent dans un magnifique **site ★★** solitaire dominant la plaine, disposées sur trois terrasses à flanc de montagne. Sur la première, les bases de colonnes d'un portique (*stoa*) du 5e s. av. J.-C. précèdent le mur de soutènement en bel appareil calcaire de la deuxième terrasse. On y accède par des degrés, à l'extrémité droite de la *stoa*. Ici se dressait un temple de la fin du 5e s. av. J.-C. abritant une grande statue chryséléphantine d'Héra. Les fondations permettent de lire facilement le plan de l'édifice, qui mesurait environ 40 m sur 20 m et dont les sculptures sont exposées au Musée national archéologique d'Athènes. Sur la terrasse supérieure se trouve le soubassement colossal d'un temple dorique archaïque (7e s. av. J.-C.). Le culte d'Héra était encore célébré en ces lieux à l'époque romaine (thermes retrouvés sur la pente ouest). Néron offrit à la déesse une robe pourpre et Hadrien un paon (animal symbolique de la déesse) en métal doré que rehaussaient des pierres précieuses.

Kefalári (Κεφαλαρι)

À 9 km au sud-ouest d'Árgos par la route de Trípoli puis, à 5 km, un chemin à droite mène à la source de l'Erassinos.

Très abondante, la rivière sort de grottes consacrées dans l'Antiquité à Pan et à Dionysos. Les Anciens affirmaient que ses eaux venaient du lac Stymphale *(voir p. 186)* en passant sous la montagne. Vous apprécierez, surtout en été, la fraîcheur du site ainsi que les ombrages de son énorme platane et de ses hauts peupliers *(cafés de plein air)*.

Athènes★★★

Athína – Αθήνα

752 173 HABITANTS (AGGLOMÉRATION : 3 200 000 HABITANTS)
CARTE GÉNÉRALE RABAT II C2 – ATTIQUE

Par l'harmonie de son site et l'éclat de sa lumière, la beauté de ses monuments antiques et la richesse de ses musées, Athènes attire le visiteur désireux de retrouver les sources de la civilisation occidentale. La capitale conserve aussi maints souvenirs romains, byzantins ou néoclassiques, et certains quartiers, comme celui de l'ancien bazar, présentent une attachante atmosphère orientale et populaire. Mais Athènes, agglomération de plus de trois millions d'habitants, est aussi une ville moderne qui a su se transformer avant d'accueillir les Jeux olympiques de 2004, et notamment améliorer de façon sensible son environnement.

R. Mattès / hemis.fr

L'Acropole, site classé au Patrimoine mondial.

- **Se repérer** – La ville, à proximité du golfe Saronique sur lequel s'ouvre son port, Le Pirée, d'où l'on embarque pour la plupart des îles, est desservie par l'aéroport E. Venizélos, situé à Markopoulos (27 km à l'est). C'est au pied de l'Acropole, sur le versant nord, que se sont établis les quartiers historiques de Plaka et de Monastiráki, autour des vestiges antiques. Au-delà s'étend l'immense ville moderne, striée de larges avenues rectilignes.
- **Se garer** – Le plus vite possible ! En effet, aux heures de pointe, la circulation est infernale. Grand parking souterrain situé odos Rizari, à droite de l'avenue Vas. Konstantinou, à proximité de la Pinacothèque nationale.
- **À ne pas manquer** – L'Acropole évidemment ; une flânerie dans le quartier de Plaka ; le musée d'Art cycladique et le musée Benáki.
- **Organiser son temps** – Deux jours complets vous suffiront pour voir l'essentiel de façon superficielle, mais l'idéal est d'y passer quatre à cinq jours, voire plus si vous comptez rayonner autour de la capitale.
- **Avec les enfants** – L'Acropole, le Jardin national, la relève des evzones, le musée des Instruments de musique et celui des Arts populaires, le centre d'Art et Traditions populaires de la ville d'Athènes et le musée Goulandris d'histoire naturelle.
- **Pour poursuivre le voyage** – Attique, Corinthe, les îles du golfe Saronique.

Comprendre

Athènes antique

La chouette et l'olivier – Selon la légende, Athènes aurait été fondée par **Cécrops**. Divinisé sous la forme d'un serpent à torse humain, ce souverain aurait introduit le culte de la chouette. Toujours d'après les récits mythiques, **Poséidon**, belliqueux dieu de la Mer, et **Athéna**, déesse de la Sagesse, se seraient disputé à coups de prodiges la protection de la nouvelle cité, l'un faisant surgir du sol une source et un cheval, l'autre un olivier, symbole de paix et d'harmonie. C'est un successeur de Cécrops, **Érechthée**, qui institua le culte d'Athéna, déesse à laquelle sont associés l'olivier et la chouette. Plus tard, le fils d'Égée, **Thésée** (12e ou 11e s. av. J.-C.), qui demeura le héros national athénien durant toute l'Antiquité, fit d'Athènes la capitale d'un État cohérent, l'actuelle Attique, et institua les processions en l'honneur d'Athéna, les **Panathénées**.

La grande époque (6e-5e s. av. J.-C.) – À la suite des grandes opérations d'urbanisme menées par **Solon** (qui réalise également d'importantes réformes sociales et politiques), puis entre 561 et 510 par les tyrans éclairés, **Pisistrate** et ses fils, **Hipparque** et **Hippias**, la ville se développe considérablement. Une nouvelle enceinte englobe la colline de l'Aréopage où se tient un tribunal, ainsi que les agoras de Thésée et de Solon, qui deviennent le centre politique de la cité. Des travaux sont entrepris dans la ville basse : bâtiments en tuf, adduction d'eau, égouts, voirie. On frappe les premières monnaies à l'effigie d'Athéna et de la chouette, on crée le Lycée et l'Académie, gymnases agrémentés de jardins.

En accédant au pouvoir en 508, **Clisthène** pose les bases de la démocratie athénienne *(voir La vie dans la cité p. 72)* et institue l'ostracisme (bannissement). Après les destructions dues aux Perses (479), à la fin des guerres médiques, **Thémistocle**, le vainqueur de Salamine, ordonne la construction de l'enceinte qui porte son nom et dont il subsiste quelques vestiges ; il fait d'autre part construire les « Longs Murs », sorte de passage fortifié assurant la liaison entre Athènes et Le Pirée. Le milieu du siècle voit **Périclès** « l'Olympien », conseillé par le grand sculpteur **Phidias**, se consacrer à la reconstruction d'Athènes. Un plan d'ensemble est conçu pour l'Acropole, où s'élèvent, bâtis en marbre blanc du Pentélique, les Propylées, le Parthénon, l'Érechthéion, le temple d'Athéna Niké qu'entourent ex-voto et statues. Dans la ville basse, l'agora est restaurée et agrandie. Des maisons de brique, souvent à cour centrale, occupent presque tout l'intérieur de l'enceinte ; l'habitat est particulièrement dense sur les collines des Muses (Mouseion) et des Nymphes (Nympheion). Sur la voie conduisant à l'Académie, le cimetière du Céramique, où se font enterrer les personnalités, devient le plus important de la ville.

Acropole, ancienne agora, cimetière du Céramique.

Le déclin (4e-2e s. av. J.-C.) – La guerre du Péloponnèse (431-404), au cours de laquelle Athènes doit capituler devant Sparte, marque les prémices d'un déclin qu'illustre, sur le plan intellectuel, la mort du philosophe **Socrate**, injustement condamné à boire la ciguë en présence de son disciple **Platon**. Malgré les objurgations du grand orateur **Démosthène**, les Grecs sont incapables de s'unir et, après la bataille de Chéronée (338), Athènes doit se soumettre à **Philippe II de Macédoine**, auquel succède **Alexandre le Grand**. Grâce à la protection macédonienne, qui se maintient jusqu'à la fin du 3e s., les édiles athéniens procèdent à des travaux d'embellissement, notamment sous le rigide rhéteur **Lycurgue** (338-326) : le théâtre de Dionysos et le monument de Lysicrate en témoignent.

La mort d'Alexandre en 323 marque le début de la période hellénistique. L'empire macédonien est partagé en plusieurs royaumes. Athènes végète : seule l'édification de quelques stoas (portiques) et gymnases, au temps des rois d'Antioche et de Pergame, révèle encore son rayonnement intellectuel.

Théâtre de Dionysos, monument de Lysicrate.

Conquise et conquérante (1er s. av. J.-C.-4e s. apr. J.-C.) – Le rôle politique d'Athènes prend fin en 86 av. J.-C. avec la prise de la ville par **Sylla**, qui fait mettre bas les remparts. Néanmoins, la Paix romaine *(pax romana)* permet à Athènes de conserver sa primauté culturelle dans le monde méditerranéen : les Romains emportent ou copient ses chefs-d'œuvre, lui empruntent son mode de vie et lui envoient leurs enfants en

La cité primitive

Établie sur un site défensif, à peu de distance de la mer, constitué de l'Acropole, une colline de 156 m de haut aux versants abrupts et aux approches protégées par deux rivières (Céphise et Ilissos), ainsi que d'un cercle de hauteurs formant avant-postes, la première Athènes ne déborde guère de l'Acropole où se trouvent le palais royal (on a mis au jour des fragments de murailles à l'emplacement de l'Érechthéion) et les demeures des patriciens (les eupatrides). Quelques lieux de culte sont fondés sur les bords de l'Ilissos, près de la fontaine Callirrhoé, tandis qu'une agora et les premières nécropoles s'implantent le long des chemins.

stage de fin d'études. Durant le 1er s. av. J.-C., on construit sur l'Acropole le temple de Rome et Auguste, à son pied l'agora romaine et une horloge hydraulique, surnommée ensuite la **tour des Vents** ; dans l'ancienne agora, on édifie un théâtre couvert (Odéon). En 53, le christianisme est introduit à Athènes grâce à **saint Paul** prêchant, sans grand succès il est vrai, devant l'Aréopage. L'apôtre parvient cependant à convertir un membre du fameux tribunal, **Denys l'Aréopagite**, qui devient le premier évêque et martyr d'Athènes. Au 2e s., l'empereur **Hadrien**, amoureux de la Grèce, embellit Athènes : achèvement du temple de Zeus (Olimpieion), construction d'une grande bibliothèque, d'aqueducs et d'un nouveau quartier à l'est de l'Acropole protégé par une enceinte. Un riche Athénien, **Hérode Atticus**, contribue à cette œuvre en faisant bâtir sur le versant sud de l'Acropole le théâtre (Odéon) qui porte son nom et, au-delà de l'Ilissos, un splendide stade de marbre blanc, aujourd'hui reconstitué.

Olimpieion, bibliothèque d'Hadrien, Odéon, stade.

Byzantine, franque et ottomane

Byzance et la montée du christianisme (5e-13e s.) – Après le déferlement des bandes germaniques au milieu du 3e s., le partage de l'Empire romain, en 395, attribue Athènes aux empereurs siégeant à Byzance (Constantinople). L'édit de Milan (313) ayant permis aux chrétiens de célébrer leur culte, celui-ci va s'affirmer à Athènes du 5e au 7e s. : suppression des écoles philosophiques et fondation de basiliques chrétiennes au sein du Parthénon, de l'Érechthéion, du Theseion, du théâtre de Dionysos, de la bibliothèque d'Hadrien, etc.

À partir du 9e s. s'élèvent la plupart des sanctuaires byzantins, souvent bâtis avec des éléments antiques, petits mais bien proportionnés et soigneusement décorés, dont un certain nombre nous sont parvenus. Jusqu'à la fin du 12e s., époque à laquelle les Sarrasins la dévastent, Athènes reste une cité florissante et relativement peuplée, protégée par son kastro de l'Acropole.

Églises des Saints-Apôtres (fin 10e s.) de l'agora grecque, des Saints-Théodores (11e s.), de la Kapnikaréa (11e s.) et de la Petite-Métropole (12e s.).

Barons francs et banquiers florentins (13e-15e s.) – La 4e croisade qui aboutit en 1204 à la prise de Constantinople amène à Athènes et à Thèbes les chevaliers francs. Athènes échoit aux **La Roche**, famille d'origine bourguignonne, qui édifient leur château à Thèbes : Ponce de La Roche d'abord, Othon ensuite, puis Guy, pour qui Athènes est érigée en duché par Saint Louis (1260). Gautier de Brienne succède aux La Roche mais il est tué par les Aragonais à la bataille de Céphise (1311), près du lac Copaïs en Béotie, qui met fin à la suzeraineté franque sur Athènes. Les seigneurs francs avaient fortifié l'Acropole et aménagé dans les Propylées leur palais dominé par un donjon, la tour franque, qui atteignait 28 m de haut et ne fut détruite qu'en 1875.

Si les Aragonais sont maîtres de la région, ils négligent Athènes, préférant s'établir à Thèbes, si bien qu'en 1387 **Nerio Acciaiuoli**, d'une famille de banquiers florentins, fait irruption de Corinthe, que détient sa famille, et s'empare d'Athènes à l'issue d'un long siège. Après un intermède vénitien, de 1394 à 1403, les Acciaiuoli règnent sur Athènes jusqu'en 1456, où ils sont contraints de laisser la place aux Turcs qui se sont emparés de Constantinople trois ans auparavant…

Sous les Ottomans, une bourgade endormie (1456-1821) – Le sultan **Mehmet II**, vainqueur de Constantinople, accorde une certaine autonomie à Athènes où les Turcs laissent construire plusieurs églises, autorisant même les jésuites et capucins à fonder des monastères au 17e s. L'Acropole, fortifiée, constitue le cœur du réduit turc ; en 1466, le Parthénon est converti en mosquée avec minaret adjacent ; une poudrière est aménagée dans les Propylées alors que l'Érechthéion abrite un harem. Athènes n'est plus alors qu'une ville de province qu'ont décrite nombre de voyageurs. En 1674, c'est la visite du **marquis de Nointel**, ambassadeur de France auprès de la Porte, qui marque les annales athéniennes : en effet, Nointel a amené un peintre français, Jacques Carrey, élève de Le Brun, qui réalise quatre vues panoramiques d'Athènes (l'une d'elles se trouve au musée de Chartres), et deux dessinateurs flamands, dont l'un exécute les fameux dessins des sculptures du Parthénon entrés en 1770 à la Bibliothèque nationale de Paris.

Après avoir reconquis le Péloponnèse, les Vénitiens, conduits par le doge **Morosini** et par Königsmark, viennent, en 1687, mettre le siège devant Athènes qu'ils bombardent : la poudrerie de l'Acropole explose, endommageant gravement le Parthénon. Les Turcs prennent Athènes un an plus tard mais, entre-temps, les Vénitiens ont dressé le plan de la ville et envoyé à Venise les grands lions de marbre blanc qui sont encore à l'entrée de l'Arsenal. Jusqu'à la guerre d'Indépendance, Athènes devient une

Visiteurs de marque

Parmi les voyageurs qui visitent et décrivent Athènes à l'époque ottomane, il faut citer Cyriaque d'Ancône au 15e s., Pierre Belon au 16e s., le capucin Robert de Dreux (1665), le père Babin (1672), le consul Jean Giraud (1675) et le médecin lyonnais Jacob Spon (1676). En 1751-1753, les architectes anglais Stuart, surnommé l'Athénien, et Revett visitent Athènes avant de publier une monumentale édition illustrée des *Antiquités d'Athènes*; de 1800 à 1803, le comte Lord Elgin, ambassadeur d'Angleterre, ramasse le plus possible d'antiquités, notamment les fameuses métopes du Parthénon, aujourd'hui au British Museum de Londres. Parmi les Français, l'architecte David Leroy vient en 1754 *(Ruines des plus beaux monuments de Grèce)* et le comte de Choiseul-Gouffier, diplomate, fait deux voyages en 1776 et 1781 *(Voyage pittoresque de la Grèce)*. En 1806, le collectionneur Fauvel, consul de France à Athènes, accueille **Chateaubriand** qui donne dans son *Itinéraire de Paris à Jérusalem* une superbe description de la cité assoupie.

bourgade de 10 000 à 15 000 habitants, aux rues étroites serrées sur les pentes nord de l'Acropole. On compte environ 1 500 familles grecques pour 400 familles turques. Celles-ci résident surtout dans la citadelle de l'Acropole et dans le quartier du Bazar près de l'ancienne agora romaine; leur cimetière se trouve à l'ouest de l'Acropole.
Ancien bazar (Monastiraki), mosquée de l'agora romaine, mosquée Tzisdarakis, tour des Vents.

Athènes grecque

L'indépendance ou le réveil d'Athènes (1821-1834) – Le 25 avril 1821, les Athéniens se soulèvent et occupent la ville à l'exception de l'Acropole qui se rend seulement le 10 juin. Mais en 1826, une contre-attaque menée par **Ibrahim Pacha** permet aux troupes turques de mettre le siège devant Athènes. Bien que 500 volontaires commandés par le colonel français **Fabvier** aient réussi à forcer le blocus et à pénétrer dans l'Acropole, les troupes grecques doivent se rendre le 24 mai 1827. Onze mois de combats et de bombardements ont dévasté la ville vidée de ses habitants et, à l'ouest, la grande oliveraie de 150 000 oliviers a presque totalement brûlé. Malgré la fin de la guerre d'Indépendance en 1829, l'Acropole reste aux mains des Turcs jusqu'en 1834, date à laquelle **Otton de Bavière** fait une entrée triomphale dans une cité qui succède à Nauplie comme capitale de la Grèce renaissante, mais ne compte guère plus de 4 000 habitants.

La transformation d'Athènes : l'ère néoclassique (1834-1900) – Sous le règne du jeune Otton, fils de **Louis Ier de Bavière**, et de la reine **Amélie**, une politique de grands travaux est inaugurée sous l'égide de l'architecte bavarois **Leo von Klenze**. Une ville nouvelle aux artères rectilignes est tracée sur un plan triangulaire dont la rue Ermou constitue la base, alors que les rues Pireos et Stadiou en forment les côtés, et la place Omónia le sommet.

À partir de 1860 s'édifient de nouveaux quartiers à l'est de la place Syntagma (actuel quartier des ambassades) et au nord, de part et d'autre de l'avenue Patission, et de la rue Solonos. En 1861, la population d'Athènes atteint 41 298 habitants. C'est alors que s'élèvent quantité d'édifices de style néoclassique, monuments publics imposants et sévères ou demeures plus modestes à corniches et acrotères, dont beaucoup ont malheureusement disparu. Les architectes allemands y contribuent avec la construction du palais royal, de l'Université, de l'Académie, de l'Observatoire. Cependant, c'est à deux Français, l'architecte Boulanger et l'ingénieur Daniel, que sont confiées respectivement l'érection du premier palais du Parlement et l'organisation des travaux publics. L'architecte grec **Kleanthis** se spécialise plutôt dans l'aménagement des demeures privées.
Hôtel de la duchesse de Plaisance (musée d'Art byzantin).

Une croissance exponentielle – Après l'échange des populations grecque et turque, un flux de réfugiés s'installe à Athènes, principalement dans le secteur qui s'étend vers Le Pirée : les noms de quartiers comme Néa Smirni en témoignent, de même que le chiffre de la population qui passe de 292 991 habitants en 1920 à 452 919 en 1928. Dès lors, la croissance se poursuit : les maisons à corniches sont remplacées par des immeubles en béton, souvent à arcades. Sur les pentes du Lycabette s'élève le quartier élégant de Kolonáki; un large boulevard couvre l'Ilissos; les faubourgs, composés surtout de maisons individuelles, se prolongent jusqu'à Kifissia au nord, Faliro au sud.

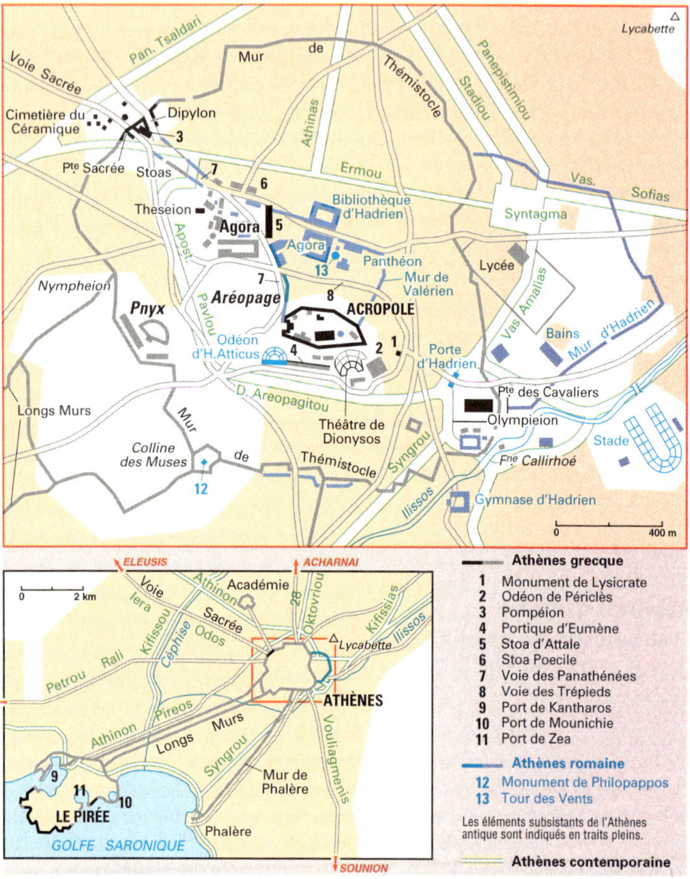

Après la Seconde Guerre mondiale et l'exode rural vers la capitale, l'extension reprend de plus belle, spécialement au nord-est dans l'axe de l'avenue Venizelou : l'hôtel Hilton et l'ambassade des États-Unis, due à Gropius, la tour d'Athènes à Ambelokipi, et plus récemment le stade olympique élevé à Maroussi par l'architecte espagnol **Santiago Calatrava** en sont les éléments les plus marquants. Depuis 1980, des mesures de protection ont été prises tant à Plaka qu'au centre de la ville moderne pour sauver et restaurer les maisons traditionnelles ou néoclassiques qui y subsistent encore. Une partie du centre est désormais réservée aux piétons et de nombreux arbres ont été plantés, améliorant ainsi la qualité de la vie athénienne, tandis que les XXVIIIe Jeux olympiques qui ont rassemblé 10 500 athlètes de 200 pays du 13 au 29 août 2004 ont entraîné une notable amélioration des infrastructures, de transport en particulier.

Quartier de Kolonáki, ambassade des États-Unis, stade olympique.

Découvrir l'Athènes antique

L'accès le plus direct se fait à partir de la station de métro Akropoli (ligne 2, rouge), par le bus n° 230 au départ de la place Syntagma ou les trolleys nos 1, 5 ou 15 : arrêt Makrigiani. Prendre ensuite l'avenue Dionissíou Areopagítou qui passe devant le théâtre de Dionysos et l'odéon d'Hérode Atticus. En été, éviter les heures chaudes.

D'importants travaux ont transformé l'Acropole et ses abords en **parc archéologique**, vaste espace piétonnier comprenant un nouveau musée en cours d'aménagement, sur la gauche de l'avenue Dionissíou Areopagítou, qui accueillera les collections de l'ancien musée de l'Acropole et sera ouvert au public fin 2008.

Piétonne et bordée de nobles demeures néoclassiques (quelques ambassades), l'avenue **Dionissíou Areopagítou** longe les parois rocheuses de l'Acropole, envahies par une végétation presque exubérante, superbe au printemps lorsque les arbres en fleurs la parent de mauve et de violet, et dans laquelle se dissimule, au pied de la colline, le théâtre de Dionysos.

Théâtre de Dionysos★★
(Theatro Dioníssou) Plan II G2

✆ 210 3224625 - 8h-17h30 (19h en hiver) - 2 € (dim. gratuit en hiver) ou compris dans le forfait Acropole 12 €.

Une première scène fut aménagée en cet endroit au 6e s. av. J.-C. à l'intérieur de l'enceinte sacrée dédiée à Dionysos d'Éleuthères, où se déroulaient les Grandes Dionysies, fêtes composées de chœurs, de mimes, de danses de satyres et de ménades. À ces installations quelque peu primitives succéda au début du siècle suivant un véritable théâtre, pourvu de gradins de bois, où furent jouées les grandes pièces du répertoire classique: *Les Perses* d'Eschyle, *Œdipe roi* de Sophocle, *Médée* d'Euripide, *Les Guêpes* d'Aristophane. Le théâtre actuel, en pierre, remontant à **Lycurgue** (4e s. av. J.-C.), comptait 17 000 places et servit aussi à l'Assemblée du peuple qui se tenait auparavant sur la Pnyx. D'importantes modifications lui furent apportées par les Romains, puis il fut abandonné après les invasions barbares, avant d'être restauré à la fin du 19e s.

Après avoir dépassé les fondations d'un temple à Dionysos et d'un portique, on débouche sur la scène du théâtre : du côté de l'orchestre, le devant de scène est orné de sculptures d'époque, évoquant la légende de Dionysos. Les dalles de marbre de l'orchestre dessinent un losange marqué en son centre par l'emplacement d'un autel à Dionysos, autour duquel prenait place le chœur antique. Les gradins sont en partie conservés; ils montaient jusqu'au monument de Thrasyllos, sur une dénivellation de 30 m. Au premier rang, on reconnaît les sièges réservés, portant les noms des personnalités, prêtres et archontes, qui les occupaient au 2e s. apr. J.-C.; au centre se trouve celui du prêtre de Dionysos, décoré de lions, de griffons, de satyres et de raisins. Du sommet, perspectives sur le site; à gauche, vestiges de l'**odéon de Périclès**, théâtre couvert, jadis utilisé pour les répétitions et les concours musicaux.

Monument chorégique de Thrasyllos – Il ne subsiste que la base de ce monument votif élevé par le chorège (responsable de l'organisation des spectacles) Thrasyllos au 4e s. av. J.-C., en l'honneur de Dionysos. Le dieu était révéré dans la grotte transformée par la suite en chapelle.

Un musée pour les bijoux
En prenant sur la gauche odos Karyatidon, vous trouverez au coin de odos Kallisperi le **musée du Bijou Ilias Lalaounis** (Moussío Kosmímatos I. Lalaoúni). Ce musée privé abrite les créations de ce bijoutier de renommée mondiale. 3 000 pièces permettent de suivre l'évolution de la bijouterie grecque depuis l'Antiquité. L'artiste puise son inspiration dans le passé tout en restant résolument moderne. De la terrasse, on peut apprécier la belle vue sur l'Acropole.
✆ 21092 27260 - 9h-16h (21h merc.), dim. 10h-16h - fermé jeu. - 3 €.

Sanctuaire d'Asklépios (Asklepieion)
De la partie supérieure du théâtre de Dionysos, vous passerez sur la terrasse qui porte les restes de deux sanctuaires d'Asklépios, l'un du 4e s. av. J.-C., près du théâtre, l'autre, plus loin, antérieur d'un siècle : chacun comprenait un petit temple, une source sacrée où les malades se purifiaient, et un portique où ils dormaient.

Portique d'Eumène – Situé en contrebas de l'Asklepieion, il tient son nom d'Eumène II, roi de Pergame, qui le fit construire au 2e s. av. J.-C. Devenu plus tard promenoir des spectateurs de l'Odéon d'Hérode Atticus, il mesurait 163 m de long et comportait deux galeries à colonnes dont les bases sont aisément repérables.

Après avoir admiré la **façade★** typiquement romaine avec ses portes et ses baies en plein cintre, montez alors vers l'Acropole par un sentier entrecoupé de marches, parmi les cyprès, pins et oliviers. Vous surplombez bientôt l'Odéon.

Odéon d'Hérode Atticus★ (Odío Iródou Attikoú) Plan II F2
Ne se visite pas; ouv. seult lors de concerts. Terminé en 161 av. J.-C., cet odéon porte le nom du mécène grec d'origine romaine, archonte, consul et sénateur qui le fit édifier en mémoire de son épouse Annia Regilla; il aurait alors été couvert d'un toit de bois de cèdre. Tout en bas, la **façade★**, assez bien conservée, possède trois entrées. L'intérieur, restauré, a été aménagé pour accueillir les spectacles dramatiques et lyriques du festival estival d'Athènes : 5 000 à 6 000 spectateurs peuvent y prendre place. C'est à travers les ruines de l'Odéon que, le 17 décembre 1826, le colonel baron Fabvier, célèbre philhellène français, ayant brisé avec ses 500 volontaires le blocus turc, put s'introduire par surprise dans la citadelle de l'Acropole et y secourir les Grecs assiégés.

Dans l'axe de l'Odéon, rejoindre la porte Beulé qui donne accès à l'Acropole.

SE LOGER		
	Athena Grecotel 20	Pythagorion 21
	Athinea 24	Xenos Lycabettus 25
Art Gallery 22	Cecil 11	

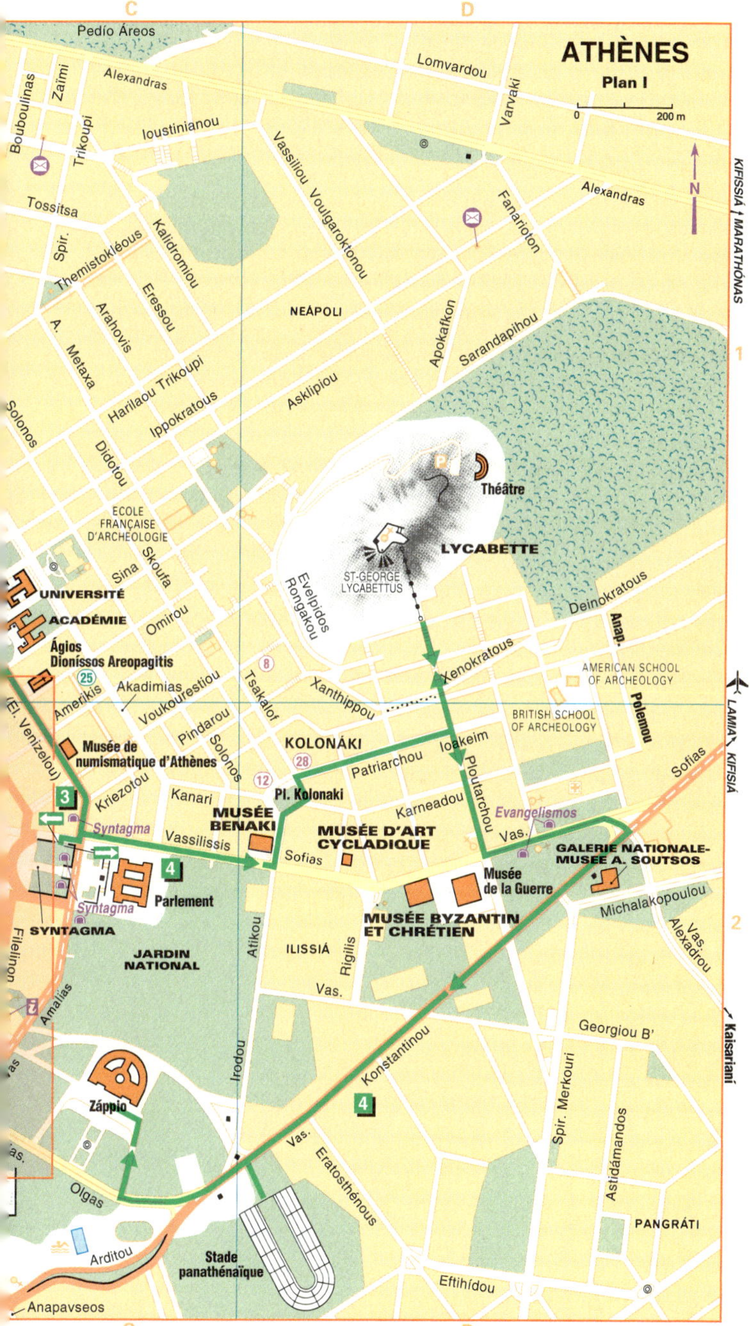

SE RESTAURER

	O Andreas.......................... (14)	Petrino.............................. (19)
	Papadakis........................... (8)	To Kioupi........................... (12)
Athinaïkon......................... (13)	Peros................................ (28)	

L'Acropole★★★ (Akrópoli) Plan II FG2

210 3210219 - tlj sf j. fériés 8h30-17h30 (19h en été) - 12 € (dim. gratuit en hiver). Ce forfait, valable 4 j., permet de visiter également le théâtre de Dionysos, l'Agora, l'Olimpieion, l'Agora romaine et le cimetière du Céramique. Il est en vente sur chaque site.

L'Acropole comprend des vestiges d'époques diverses remontant jusqu'au 2e millénaire av. J.-C. (époque mycénienne), mais ses monuments principaux (Propylées, Parthénon, temple d'Athéna Niké, Érechthéion), bâtis en marbre blanc du Pentélique, appartiennent au siècle de Périclès (5e s. av. J.-C.). Depuis quelques années, des travaux sont en cours afin de protéger la pierre, remplacer des frises et des sculptures par des copies et consolider les édifices, fragilisés par le séisme de 1981 et la pollution, et corriger quelques restaurations abusives du passé.

On accède à l'Acropole par la **porte Beulé**, retrouvée en 1853 sous le bastion turc par l'archéologue français Ernest Beulé. Encadrée de deux tours, cette porte de la fin de l'époque romaine précède l'escalier, romain lui aussi, que dominent à droite le temple d'Athéna Niké et à gauche le piédestal en marbre gris de l'Hymette (12 m de haut) qui supportait, vers l'an 15 av. J.-C., le quadrige d'Agrippa, gendre d'Auguste. Avant les Romains, l'entrée de l'Acropole se faisait au pied du temple d'Athéna Niké, par un passage qui empruntait la Voie sacrée suivie par les processions des Panathénées. En arrière du monument d'Agrippa, une plate-forme en saillie permet de découvrir une large vue sur les collines de Philopappos, de la Pnyx et de l'Aréopage.

Propylées★

Un escalier de bois permet de pallier en partie le danger des marches de marbre, très glissantes. Entrée monumentale de l'Acropole, les Propylées ont été construits par l'architecte **Mnésiclès** qui y employa le marbre bleu d'Éleusis associé au marbre du Pentélique; ils comprennent un corps central flanqué de deux ailes dissymétriques en retour. Du 12e au 15e s., ils furent aménagés en palais pour les évêques et les ducs d'Athènes : une tour de défense carrée, la tour franque, en surmontait l'aile droite. Les Turcs renforcèrent les fortifications par la construction de bastions, et c'est seulement à partir de 1836 que les Propylées purent être dégagés de leur gangue militaire; la tour franque fut abattue en 1878 par l'archéologue **Heinrich Schliemann**.

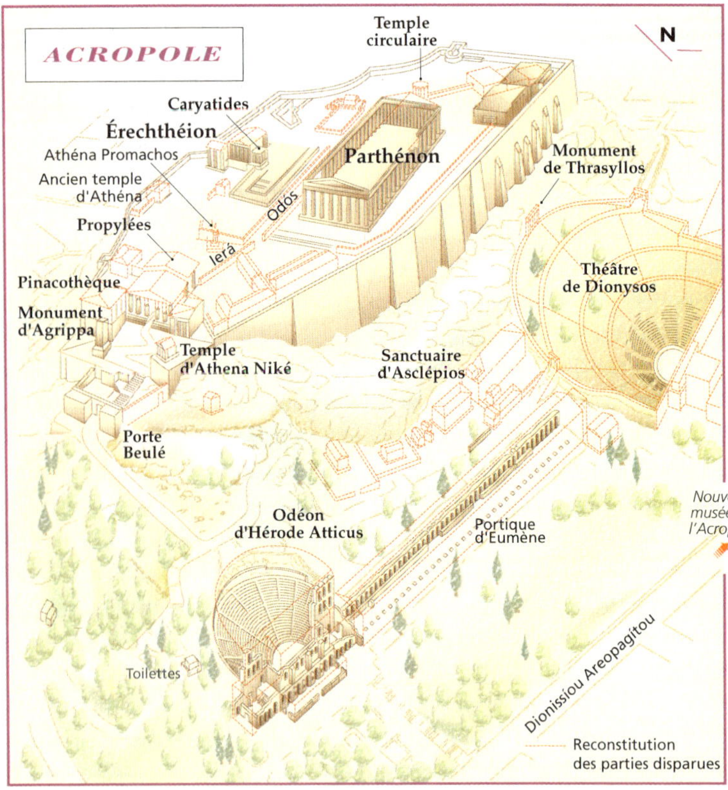

La ville haute

L'Acropole, dont le nom signifie « ville haute », occupe le sommet d'un rocher abrupt. Longue de 270 m, large de 156 m, elle couvre une surface de 4 ha et atteint l'altitude de 156 m, dominant la ville basse de près de 100 m.

Le corps central était précédé par un portique à fronton triangulaire dont il reste six colonnes doriques cannelées sans chapiteau. Au-delà s'ouvre le vestibule comprenant un passage médian qu'encadrent six colonnes ioniques et deux nefs latérales ; une partie du plafond à caissons a été reconstituée. Le mur fermant l'extrémité du vestibule est partiellement conservé : il comportait cinq portes de bois dont l'une, au centre, livrait passage à la Voie sacrée, qui pénétrait sous un portique dorique analogue à celui de l'entrée. L'aile gauche, ou pinacothèque, était divisée en vestibule et salle d'exposition de peintures ; l'aile droite n'avait qu'une salle ouverte vers le temple d'Athéna Niké.

En débouchant des Propylées, vous ne verrez certes pas la **statue d'Athéna Promachos** (9 m de haut), impressionnante guerrière de bronze conçue par **Phidias** pour commémorer les victoires athéniennes sur les Perses, qui s'y dressait autrefois, mais vous découvrirez sur votre droite la masse majestueuse et dorée du Parthénon et, sur votre gauche, la silhouette gracile de l'Érechthéion.

La Voie sacrée longe le côté nord du Parthénon. Attention aux plaques de marbre glissantes qui affleurent.

Parthénon★★★

Ce temple dorique, jadis entièrement peint de couleurs vives, fut édifié à l'époque de Périclès par l'architecte **Ictinos**, sous la direction de **Phidias**. Le Parthénon fut dédié à Athéna dont la gigantesque statue (12 m de haut), au cœur de bois revêtu de plaques d'ivoire et d'or (plus d'une tonne d'or fut nécessaire), œuvre de Phidias, ornait le sanctuaire. Transportée à Constantinople, la statue fut détruite par les habitants en 1203 lors du siège de la ville par les croisés. Quant au temple, il fut converti en église consacrée à sainte Sophie, richement enluminée de fresques et de mosaïques. Devenue cathédrale, cette église prit sous les Francs le titre de Sainte-Marie-d'Athènes. Les Turcs en firent une mosquée, érigeant un minaret à l'angle sud-ouest. L'édifice gardait cependant encore la majeure partie de ses sculptures, dont le marquis de Nointel fit faire un relevé. Mais le coup de grâce fut donné par l'explosion de la poudrière en 1687 qui en détruisit beaucoup, en même temps qu'elle fit crouler 28 colonnes, les murs de la *cella* et les dalles de marbre de Páros du toit.

C'est à partir de 1834 que s'accomplit une œuvre de restauration marquée notamment par le relèvement des colonnades, difficile opération dite « anastylose », effectuée par les archéologues grecs après la Première Guerre mondiale. Les crampons de fer qui avaient alors été placés pour maintenir les divers éléments ont contribué à ronger le marbre, et il est maintenant nécessaire de les remplacer.

Extérieur – Reposant sur un stylobate de marbre, le Parthénon est entouré d'un péristyle de 46 colonnes cannelées (8 par façade, 17 par côté) mesurant 10,43 m de hauteur, 1,90 m de diamètre à la base et 1,45 m au niveau des chapiteaux. Ces colonnes sont légèrement inclinées vers l'intérieur pour pallier une illusion d'optique qui, autrement, les ferait paraître plus écartées au sommet qu'au sol.

Les frontons étaient garnis de sculptures polychromes se détachant sur un fond bleu. Du côté de l'entrée à l'est, on voyait la *Naissance d'Athéna*, surgie en armes du cerveau de Zeus, en présence du Soleil (Hélios) et de la Nuit (Séléné) condui-

Le sculpteur du Parthénon

Sculpteur athénien du 5e s., **Phidias** fut le maître d'œuvre des travaux réalisés sur l'Acropole : il dirigea l'exécution du décor sculpté des frontons, des frises et des métopes et réalisa la monumentale statue d'Athéna Parthenos. Il est également l'auteur d'une autre célèbre statue chryséléphantine (d'or et d'ivoire) : celle de Zeus à Olympie qui figurait parmi les sept merveilles du monde. De ces deux statues, comme du reste de son œuvre, rien ne subsiste sinon des descriptions détaillées (notamment celles de Pausanias). Admiré par ses contemporains, il exerça une influence décisive sur ses pairs, mais son talent ne lui fit pas que des amis : accusé d'avoir dérobé une partie de l'or et de l'ivoire destinés à la réalisation de la statue d'Athéna, il fut condamné selon les uns à l'exil (à Olympie), selon les autres (Plutarque) à la prison, où il mourut.

sant leurs quadriges : cette scène est évoquée par des moulages pris sur les originaux, aujourd'hui détenus par le British Museum. Le fronton ouest évoquait la *Dispute d'Athéna et de Poséidon* pour la possession de l'Attique, dont ont survécu deux morceaux très mutilés. La **frise** dorique comprenait les habituels triglyphes et 92 métopes sculptées sur fond rouge décrivant les combats des Géants et des Dieux de l'Olympe à l'est, des Lapithes et des Centaures au sud, des Grecs et des Amazones à l'ouest, de la guerre de Troie au nord. L'architrave supportait des boucliers offerts par Alexandre le Grand.

Frise virtuelle

La presque-totalité des sculptures du Parthénon sont reproduites en moulages au Centre d'études sur l'Acropole. Le site **www.zeus.ekt.gr/parthenonfrieze** vous permet de voir rassemblés les 160 m de la frise disséminés dans plusieurs musées, dont le British Museum.

Intérieur – *Accès interdit.* Par le portique est *(pronaos)*, où étaient déposées les offrandes, on parvenait au sanctuaire en franchissant une porte de 10 m de haut. Le *naos* abritait la statue d'Athéna : quelques blocs du socle marquent son emplacement. Derrière le *naos*, le Parthénon proprement dit abritait le trésor de la **ligue de Délos** dirigée par Athènes ; les quatre colonnes ioniques qui en soutenaient le plafond ont été conservées. La paroi extérieure du mur de clôture du *naos* et du Parthénon était ceinte de la **frise des Panathénées**, longue de près de 160 m. Cette illustre « bande sculptée » de 400 personnages et 200 animaux montrait le déroulement de la procession qui, tous les quatre ans, à la fin des fêtes en l'honneur d'Athéna, conduisait à l'Acropole les jeunes filles porteuses d'offrandes et de corbeilles (canéphores), ainsi que les magistrats, musiciens et cavaliers, venus offrir à la déesse la tunique tissée et brodée par les jeunes Athéniennes. Le portique ouest *(opisthodome)* est symétrique au *pronaos* ; dans l'angle sud-ouest, vestiges du minaret turc.

Traverser l'esplanade séparant le Parthénon de l'Érechthéion : fondations de l'ancien temple d'Athéna construit au début du 6e s. av. J.-C. et détruit un siècle plus tard pour dégager l'Érechthéion.

Érechthéion★★★

Terminé en 407 av. J.-C., ce temple élégant, combinant les ordres dorique et ionique, présente un plan compliqué en raison de la déclivité du terrain et de la présence en son sein de plusieurs lieux de culte, les plus importants étant respectivement voués à Athéna, à Poséidon et à Érechthée et Cécrops, rois mythiques d'Athènes ; la procession des Panathénées y aboutissait. Au cours des siècles suivants, il fut successivement utilisé comme église, palais, harem, magasin militaire, et restauré après l'indépendance sous les auspices de Piscatory, ambassadeur de Louis-Philippe à Athènes. Face au Parthénon, le célèbre portique des korês est connu sous le nom de **tribune des Caryatides**. En effet, six statues de jeunes filles de plus de 2 m de haut, à l'attitude noble et calme, vêtues d'une tunique à plis parallèles comme les cannelures des colonnes qu'elles remplacent, en soutiennent l'architrave. Les statues que l'on peut voir aujourd'hui sont d'admirables copies. L'une des statues originales se trouve au British Museum. À droite, le portique est, à six colonnes ioniques, donne accès au sanctuaire qui abritait la plus ancienne statue d'Athéna, en bois d'olivier. La façade ouest, enfin, a été remaniée à l'époque romaine. Dans la cour adjacente, un olivier rappelle que c'était là qu'on vénérait l'olivier sacré d'Athéna.

Gagnez ensuite l'extrémité du rocher : du belvédère, **vues**★★ sur le vieux quartier de Plaka, la ville romaine (arc d'Hadrien, temple de Zeus) et les quartiers nord-est d'Athènes entourés du Parnis, du Pentélique et de l'Hymette.

Musée de l'Acropole★★★ (Moussío Akrópolis)

✆ 210 3210219 - ouverture prévue fin 2008 (téléphoner pour information).

Le musée étant appelé à déployer ses collections dans un lieu plus vaste et selon une muséographie plus moderne, nous nous contenterons pour l'heure de citer les principaux chefs-d'œuvre provenant des monuments de l'Acropole.

Les frontons ou fragments de frontons, sculptés et peints, remontant aux 7e et 6e s av. J.-C. (souvent en tuf et non en marbre comme à l'époque classique) évoquent surtout la légende d'Héraklès : la capture de l'hydre de Lerne, l'Apothéose d'Héraklès par les dieux de l'Olympe (provenant de l'ancien temple d'Athéna), la lutte d'Héraklès contre Triton et le monstre à trois têtes, composition archaïque.

Collection de statues de jeunes filles dites **korês**, en marbre de couleur, au fin sourire malicieux : korê acéphale en marbre blanc (la plus ancienne de l'Acropole), korês primitives en forme de colonne, korês ioniennes richement parées, korês attiques d'inspiration ionienne comme la korê dite « aux yeux en amande », pleine de retenue, korês attiques plus sobres. La korê au péplos est attribuée à **Phaidimos**, le plus ancien sculpteur attique identifié, dont vous verrez aussi un chien, extraordinaire de naturel, une tête de lion et le fameux cavalier, au délicat sourire (la tête est un moulage) : la tête originale, connue sous le nom de Cavalier Rampin, se trouve au Louvre.

Des céramiques des 8e et 7e s. av. J.-C. de style géométrique et orientalisant ainsi que quatre statues du fronton (vers 525 av. J.-C.) de l'ancien temple d'Athéna, appartenant à une scène dont le sujet était le combat des Dieux et des Géants : on reconnaît Athéna brandissant une lance.

Autres œuvres remarquables : la korê d'Anténor, d'une grande finesse, de la fin du 6e s. av. J.-C. ; la statue de Niké en vol et la korê à la colombe ; la célèbre **Athéna pensive**, relief votif du 5e s. av. J.-C. ; la tête blonde d'adolescent, en marbre jadis coloré de jaune, et la tête de jeune homme en marbre attribuée à l'atelier de Phidias.

Temple d'Athéna Niké★★★

Naguère connu sous le nom de temple de la Victoire aptère, il fait saillie en avant des Propylées, dominant la Voie sacrée. Petit (8,27 m de long sur 5,44 m de large) mais gracieux, ce temple ionique (fin du 5e s. av. J.-C.) a été reconstitué par les archéologues bavarois du roi Otton. Il se compose d'une *cella* entre deux portiques à colonnes monolithes qui recelait une statue d'Athéna victorieuse. La frise extérieure, mutilée, comprend quelques morceaux d'origine (côtés est et sud).

Quitter l'Acropole par la porte Beulé et descendre vers la droite.

Aréopage★ (Áreos Pagos) Plan II F2

Sur la droite en quittant l'Acropole. Sur cette colline *(pagos)* calcaire haute de 115 m campèrent les **Amazones**, ennemies de Thésée, qui consacrèrent l'endroit à Arès, dieu de la Guerre. Selon une autre légende *(voir Mycènes)*, **Oreste**, meurtrier de sa mère Clytemnestre et poursuivi par des divinités vengeresses, les Érinyes, y aurait été jugé par le futur Conseil de l'Aréopage. Ce tribunal judiciaire et assemblée politique mis en place par Solon à la fin du 6e s. av. J.-C. fut réduit ensuite à un rôle de gardien des mœurs et de la religion, qui eut à juger des prévenus célèbres bien que fort différents : à la courtisane **Phryné**, amie et modèle du sculpteur **Praxitèle**, accusée d'impiété et acquittée, son défenseur Hypéride l'ayant dévoilée en disant : « Pareille beauté peut-elle être coupable ? », succéda l'apôtre Paul qui convertit un de ses juges, le sénateur Dionysios.

Belles **vues** sur l'Acropole et, en contrebas, sur les agoras grecque et romaine.

Redescendre sur l'avenue Dioníssiou. En face, les collines de Philopappos et de la Pnyx.

Colline de Philopappos★★ (Lofos Filopáppou) Plan I A2

Accès par des sentiers partant au-delà du restaurant Dionysos. Cette colline (alt. 147 m) était dans l'Antiquité consacrée aux Muses, d'où son nom de Mouseion. En grimpant parmi les pins, vous longez d'anciennes habitations troglodytiques, dont l'une fut longtemps désignée comme la prison de Socrate. La colline est dominée par le **monument de Philopappos** (116 apr. J.-C.), érigé en mémoire d'un prince d'origine syrienne, consul romain, citoyen et bienfaiteur d'Athènes. **Vues★★★** splendides, surtout au coucher du soleil, sur l'Acropole, Athènes, l'Hymette et la plaine de l'Attique jusqu'au golfe Saronique. Sur le flanc ouest de la colline se trouve le théâtre de Philopappos (spectacles de danses folkloriques Dora Stratou).

Pnyx★ (Pníka) Plan I A2

La Pnyx (« l'endroit où l'on est serré ») forme un amphithéâtre où se tenait, du 6e au 4e s. av. J.-C., l'Assemblée du peuple, réunion démocratique de citoyens discutant des projets de loi. Chacun pouvait prendre la parole une fois, et maints orateurs célèbres, tels que Thémistocle, Périclès, Démosthène, s'y firent entendre. De la terrasse où se massait le peuple, **vue★★★** splendide sur l'Acropole.

Colline des Nymphes★ (Lófos Nimfón) Plan I A2

Dans le prolongement de la Pnyx, le Nympheion est parsemé de vestiges

Civisme en baisse

Très fréquentée dans les premiers temps, la **Pnyx** fut délaissée peu à peu malgré l'indemnité versée aux participants, si bien qu'au 4e s. les archers devaient faire la chasse aux Athéniens pour les obliger à accomplir leur devoir civique : ils traversaient l'agora avec une corde enduite de vermillon et infligeaient une amende à quiconque était taché de rouge : le quorum était en effet de 6 000 assistants.

P. de Franqueville / MICHELIN

La colline de Philopappos, un lieu de promenade très prisé des Athéniens.

d'habitations. Son appellation, moderne, lui vient d'une dédicace gravée sur un rocher. Vues sur le Parthénon. L'observatoire néoclassique qui couronne la colline (104 m), a été complété en 1957 par une station de sismologie.

Revenir au pied de l'Acropole.

Dans le prolongement de l'avenue Dionissíou Areopagítou, l'**avenue Apostolou Pavlou** ramène vers le centre de la ville, s'insinuant au pied de la Pnyx et contournant la colline de l'Acropole, ménageant de superbes vues, sans cesse changeantes, sur le rocher que dominent le Parthénon et l'Érechthéion. Au premier plan, derrière une grille, un véritable havre de verdure ponctué de stèles et de colonnes : l'ancienne agora des Grecs. Vous pouvez prolonger ce moment en prenant place à l'une des terrasses des cafés qui ont investi l'allée, à hauteur d'une petite place.

Achevant de contourner la colline, traverser la voie de chemin de fer pour atteindre odos Adrianou. Un pont lancé au-dessus des voies permet de gagner l'Agora.

Ancienne Agora★ (Arhéa Agorá) et Theseion★★ (Thiseio) Plan II F1

☏ 210 3210185 - tlj 8h-17h30 (19h en été) - 4 € (dim. gratuit en hiver) ou compris dans le forfait Acropole 12 €. Le billet donne également accès au muséede la stoa d'Attale, mêmes horaires que le site sauf lun. 11h-17h30 (19h en été).

S'étendant sur 2,5 ha environ, l'Agora, aujourd'hui champ de ruines au plan quelque peu confus, formait une esplanade traversée en diagonale par la voie des Panathénées, près de laquelle s'élevait l'autel des Douze Dieux de l'Olympe, d'où l'on mesurait les distances avec les autres cités grecques. De grands arbres, des fontaines, des statues, des ex-voto la parsemaient. L'esplanade était délimitée par des bâtiments administratifs, des temples et de longs portiques à boutiques *(stoas)* où affluaient les badauds venus apprendre les nouvelles et écouter les orateurs.

Encombrée par les Romains d'édifices comme l'odéon d'Agrippa et le temple d'Arès, l'Agora fut détruite par les Barbares en 267. Au temps des Byzantins, un quartier se construisit autour de l'**église des Saints-Apôtres** (Agii Apostoli, fin du 10e s.). C'est à partir de 1931 que les habitants furent expropriés et que l'École américaine d'archéologie entreprit des fouilles. Près de l'entrée, une mosaïque reconstitue ce que fut cet ensemble sous l'Antiquité **(2)** permettant ainsi de mieux comprendre le site.

La **tholos**, édifiée vers 470 av. J.-C., était un bâtiment en rotonde où les 50 prytanes, sénateurs chargés par roulement de l'autorité suprême de l'État, se réunissaient pour prendre leurs repas ; on y gardait aussi les étalons des poids et mesures. Plus loin se trouvait le **Metroon**, temple de la Mère des dieux, précédant le Bouleuterion, salle des séances du Sénat ; puis venaient le temple d'Apollon Patroos et la stoa de Zeus. De tous ces monuments ne subsistent que les soubassements, mais on peut discerner les traces du grand égout qui les longeait ainsi que des socles de statues : sur l'un d'eux, effigie de l'empereur Hadrien **(1)**. Tournant à droite, on aperçoit le portique des Géants orné des statues de deux Tritons et d'un Géant provenant de l'odéon d'Agrippa, salle couverte pouvant contenir 1 000 personnes, construite par le gendre d'Auguste, détruite par les Barbares, et convertie en gymnase vers 400 apr. J.-C. : il en reste peu de chose.

La **stoa d'Attale**, construite au 2e s. av. J.-C. par Attale, roi de Pergame, a été reconstituée. C'est un long bâtiment (116 m sur 19,50 m) à un étage qui abrite le produit des fouilles américaines sur l'Agora. Dans la galerie extérieure, on verra surtout l'Apollon Patroos (4e s. av. J.-C.) privé de sa tête et, dans la galerie intérieure, des objets de la vie quotidienne, une amphore au sphinx assis (7e s. av. J.-C.) et un bouclier de bronze spartiate (5e s. av. J.-C.), au centre.

Theseion ★★ – *Sur la droite de l'entrée. Fléchage.* Couronnant une butte de 66 m de haut, ce temple dorique du 5e s. av. J.-C., un des mieux conservés du monde grec, domine l'Agora. S'il est connu sous le nom de Theseion (temple de Thésée), il s'agit en fait de l'**Hephaisteion** cité par Pausanias, c'est-à-dire d'un lieu de culte à Héphaïstos, dieu des Forgerons et des Artisans travaillant les métaux, nombreux alors, comme aujourd'hui, dans le quartier voisin (actuelle rue Ifestou). À l'époque byzantine, le temple fut transformé en église dédiée à saint Georges. Au 19e s., utilisé comme cimetière, il se trouvait en pleine campagne : le jour de Pâques, tout le peuple athénien venait danser près de là, en habits de fête. Le dernier office religieux y fut célébré en 1834, puis il accueillit les premières collections du Musée archéologique national.

Un peu plus ancien que le Parthénon, le Theseion est plus petit et bâti en pierre et non en marbre, mais ses proportions sont harmonieuses. Jadis peint, il mesure 31,77 m sur 13,72 m et compte 26 colonnes latérales pour 12 frontales, plus étroites au sommet et légèrement déviées vers l'intérieur. Les sculptures de la frise extérieure, très mutilées et difficilement lisibles, évoquent les aventures d'Héraklès et celles de Thésée. Le portique est, ou *pronaos*, a conservé son plafond de marbre à caissons. Il précède le *naos*, analogue à une nef d'église avec ses portails et sa voûte en berceau du 5e s. ; sur le mur nord, dalles funéraires dont l'une, en mémoire de George Watson décédé à Athènes en 1810, porte une inscription latine due à Byron. De la terrasse du temple, belles perspectives sur l'Agora, le quartier de Monastiráki et l'Acropole.

Par la rue Adrianou, vous gagnez la place Monastiráki et le centre d'Athènes.

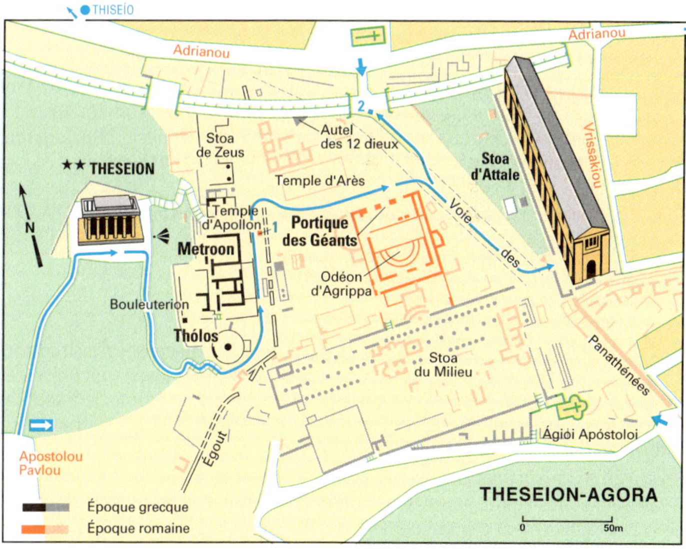

Se promener

Sur les pentes nord de l'Acropole, le vieil Athènes survit encore, dans les quartiers de Plaka et de Monastiráki, les seuls de la capitale qui puissent suggérer l'ambiance athénienne des siècles passés. Plus au nord, à la lisière de ces quartiers, s'étend l'Athènes de l'époque néoclassique, celle des premières décennies de la Grèce indépendante, que vous découvrirez au cours de deux promenades.

FLÂNERIE DANS PLAKA★★ 1

Balade en boucle à partir de la place Syntagma. Compte tenu du charme des lieux, compter une bonne journée.

Surtout dans sa partie haute, Plaka forme un lacis pittoresque de ruelles et de venelles paisibles, de placettes et de terrasses que relient des escaliers. Des églises byzantines y alternent avec de vieilles maisons à toits de tuiles rondes et balcons de bois, parfois entourées de jardins secrets d'où s'échappe la cime d'un pin, d'un cyprès ou d'un figuier. Des perspectives sur la ville ou sur l'Acropole se dégagent çà et là. La partie basse de Plaka est le domaine du commerce et des hôtels.

La nuit, Plaka s'anime. Les tavernes aux terrasses couvertes d'une treille s'illuminent de girandoles multicolores : la foule des Athéniens et des touristes vient y goûter la cuisine grecque arrosée de retsina au son des bouzoukis ou… des guitares électriques.

Partir de la place Syntagma et suivre odos Mitropoleos.

À gauche, sous les arcades d'un immeuble moderne, se niche la minuscule chapelle **Agia Dynami** (17e s.). La rue débouche sur la vaste place Mitropoleos que domine la massive cathédrale Megáli Mitropóli (Grande Métropole).

Petite Métropole★★ (Mikrí Mitropóli) Plan II G1

Sur le flanc sud de la Grande Métropole. Écrasée par la masse de sa voisine, la Petite Métropole, placée sous la protection de la « Vierge qui exauce rapidement » (Panagia Gorgoepikoos) et consacrée également à Agios Eleftherios, est une charmante église byzantine du 12e s. à plan en croix grecque et à coupole dont les proportions réduites donnent l'échelle de l'habitat d'Athènes à cette époque. Dans les murs extérieurs ont été réemployés maints éléments décoratifs plus anciens. C'est ainsi qu'entre les deux chapiteaux corinthiens marquant les angles de la façade se déroule une curieuse frise antique (4e s. av. J.-C.) représentant les mois avec les signes du zodiaque et les fêtes ou activités correspondantes. Sur cette même façade, remarquer aussi plusieurs bas-reliefs (9e-10e s.) aux sujets chrétiens symboliques : lions de part et d'autre d'une croix (linteau du portail) ; griffons s'alimentant au raisin eucharistique et paons s'abreuvant à la source de vie éternelle. La croix à double traverse ainsi que les blasons des La Roche et des Villehardouin (fronton) sont des ajouts de l'époque franque. D'autres marbres sculptés, antiques ou byzantins, garnissent les murs latéraux et le chevet, où un bas-relief archaïque représente des danseuses.

Quitter la place par odos Pandrossou, puis prendre la deuxième rue à gauche (odos Mnisikeous) et la suivre jusqu'à odos Kiristou que l'on prend à droite.

Hammam de Abid Effendi Plan II G1

Au n° 8 - tlj sf mar. 9h-14h30. Restaurés, ces bains turcs du 16e s. accueillent aujourd'hui des expositions d'art contemporain. La pénombre de ces lieux nimbés de mystère confère aux projections vidéo et autres effets sonores une certaine étrangeté.

Au débouché de la rue se dresse un édifice octogonal en marbre blanc, l'**Horlogeion**, appelé aussi **tour des Vents**, construit à l'époque de Jules César, et inclus dans l'agora romaine.

Contourner par la droite et prendre odos Diogenous sur quelques mètres.

Musée des Instruments de musique
(Moussio Elinikon Moussikon Organon) Plan II G1

Maison Lassani, 1-3 odos Diogenous (sur la gauche) - ☎ 210 3250198 - 10h-14h (sf merc. 12h-18h) - fermé lun. - entrée libre.

Une demeure de 1842 abrite un centre de musicologie et un musée d'instruments de musique traditionnelle. Les 600 instruments (du 18e s. à nos jours) sont présentés sur quatre niveaux, dans des vitrines équipées de casques pour écouter leur son. Les pièces sont réparties selon les quatre grandes familles d'instruments : instruments à vent, percussions, cordes et idiophones (clochettes, cymbales…).

Revenir en arrière sur odos Pelopidas.

À l'angle de odos Eolou, parmi les herbes folles, subsiste la porte d'une médersa de 1721, établissement d'enseignement religieux musulman détruit en 1911.

Agora romaine (Romaïki Agorá) Plan II FG1

☎ 210 3245220 - 8h30-17h30 (19h en été) - 2 € (dim. gratuit en hiver) ou compris dans le forfait Acropole 12 €.

Après avoir dépassé la **mosquée Fetiye** (Dzamí Fetiye) du 16e s., à coupoles et joli porche à colonnes, vous parvenez à l'agora aménagée par les Romains. Sur votre gauche se dresse l'Horlogeion.

Tour des Vents★ (Aérides) – Cet édifice, en marbre blanc, haut de 12,80 m, tient son nom des huit personnages ailés, symbolisant les vents dominants d'Athènes, sculptés sur les huit faces de la tour et identifiés par des inscriptions. Remarquez surtout : au nord, face à la rue Eolou, Borée, le vent froid, sous les apparences d'un homme barbu s'apprêtant à souffler dans une conque ; et à l'ouest, le doux Zéphyr laissant choir des fleurs de son manteau. En fait, cette tour avait été conçue pour recevoir une horloge hydraulique inventée par le Syrien **Andronicus**. L'eau y était amenée de la source Clepsydre située sur le versant nord de l'Acropole (d'où le nom de clepsydre donné par la suite aux horloges à eau). La tourelle ronde dont on aperçoit les vestiges sur la face sud constituait le réservoir de cette eau introduite à l'intérieur de la tour dans un cylindre où ses niveaux successifs indiquaient les heures ; la porte nord-ouest de la tour restait ouverte pour permettre la consultation de cette horloge.

Porte monumentale – *Agora.* Il en subsiste quatre colonnes surmontées d'un fronton. Elle fut terminée en l'an 2 grâce aux subsides d'Auguste et donnait accès à l'agora proprement dite dont vous venez de parcourir la cour intérieure, dallée de marbre et entourée d'un péristyle.

Contourner l'agora par odos Epaminonda, puis Dioskouron (passer devant la porte de l'agora) et, à gauche, odos Polignotou. Enfin, sur la droite, odos Panos part (de façon raide) à l'assaut du versant nord de l'Acropole : la suivre jusqu'à odos Theorias que vous prenez sur votre gauche.

Sur les hauteurs de Plaka

Courant à flanc de colline, odos Theorias ménage de superbes vues sur Plaka et, au loin, sur la ville moderne.

Musée Kanellopoulos★ (Moussío Kanellopoúlou) Plan II F2 – *À l'angle des rues Theorias et Panos - ✆ 210 3212313 - fermé temporairement.* Dans une belle demeure du 19e s. a été réunie la collection léguée à l'État par Pavlos et Alexandra Kanellopoulos. Elle rassemble de remarquables céramiques antiques, des figurines de Tanagra, les bustes de Sophocle et d'Alexandre, des bijoux, des icônes byzantines, des objets d'art populaire, etc.

Un peu plus loin, le dôme couvert de tuiles rondes de la petite **église de la Transfiguration** (Metamorfosis) des 12e-14e s. précède Anafiótika, quartier aux allures de village avec ses venelles bordées de maisons basses, fondé par les réfugiés de la petite île d'Anafi (Cyclades) au début de la guerre d'Indépendance.

En contrebas, l'**ancienne Université** (Palío Panepistímio) abrite maintenant des expositions ; à l'origine demeure de l'architecte **Kleanthis**, elle devint en 1837 la première université du nouvel État grec.

Prendre à droite, sur 100 m, une ruelle qui monte au-dessus du quartier d'Anafiótika.

La **vue★★**, particulièrement belle au coucher du soleil, se porte sur les toits des vieux quartiers ; elle s'étend au-delà sur le centre-ville dominé par la pyramide du Lycabette ; à droite, le mont Hymette ferme la perspective. Devant lui, les gradins de l'ancien stade de marbre font une tache blanche dans la verdure ; tout à droite, les colonnes de l'Olimpieion se dressent à l'extrémité du Jardin national. À gauche du Lycabette, la banlieue nord s'accroche au Pentélique, tandis que plus à l'est la ville tentaculaire est arrêtée par les pentes du Parnis.

Revenir à odos Theorias et suivre jusqu'à odos Pritaniou.

On aperçoit bientôt à gauche, près de deux hauts cyprès, le toit de l'église **Agii Anargyri** du 17e s. qui se trouve dans la cour du couvent du St-Sépulcre, puis, au-delà, par la petite rue Erehtheos, en escalier, la chapelle **Ágios Ioánis o Theológos** (St-Jean-l'Évangéliste) du 12e s.

Prendre à droite odos Lysiou que prolonge odos Tripodon.

Odos Tripodon Plan II G2

La « rue des Trépieds » reliait le théâtre de Dionysos à l'agora : les vainqueurs des Jeux dionysiaques y faisaient édifier des « monuments chorégiques » surmontés par les trépieds de bronze qu'ils avaient reçus en récompense.

Un seul survit aujourd'hui : c'est le **monument de Lysicrate ★ (Mnimío Lisikrátous)** qui se dresse sur une place, au bout d'odos Tripodon. Élevé en 334 av. J.-C., il fut enclavé dans un couvent de capucins français en 1669, où sous la domination turque descendirent beaucoup de voyageurs chrétiens, tels Byron ou Chateaubriand. Utilisé par les pères comme bibliothèque, le monument était alors connu sous le nom de lanterne de Démosthène, car la tradition affirmait, à tort, que le grand orateur y travaillait ses discours. Ayant échappé aux misères de la guerre d'Indépendance qui détruisit le couvent, le monument de Lysicrate, restauré à partir de 1845 par l'École française d'Athènes, apparaît comme une rotonde d'une hauteur de 10,20 m, dont les six colonnes aux remarquables chapiteaux corinthiens sont reliées par des plaques de marbre blanc. Au-dessus courent l'inscription dédicatoire et une frise sculptée représentant Dionysos changeant des pirates en dauphins, sujet présumé de la compétition dramatique remportée par Lysicrate. Le toit fait d'une seule plaque de marbre se termine par des feuilles d'acanthe qui supportaient le trépied aujourd'hui disparu. Des fouilles ont dégagé les bases d'autres monuments chorégiques.

Prendre odos Lissikratous.

Sur une place ombragée, l'**église Agia Ekaterini** (Ste-Catherine) du 13e s. a subi plusieurs remaniements.

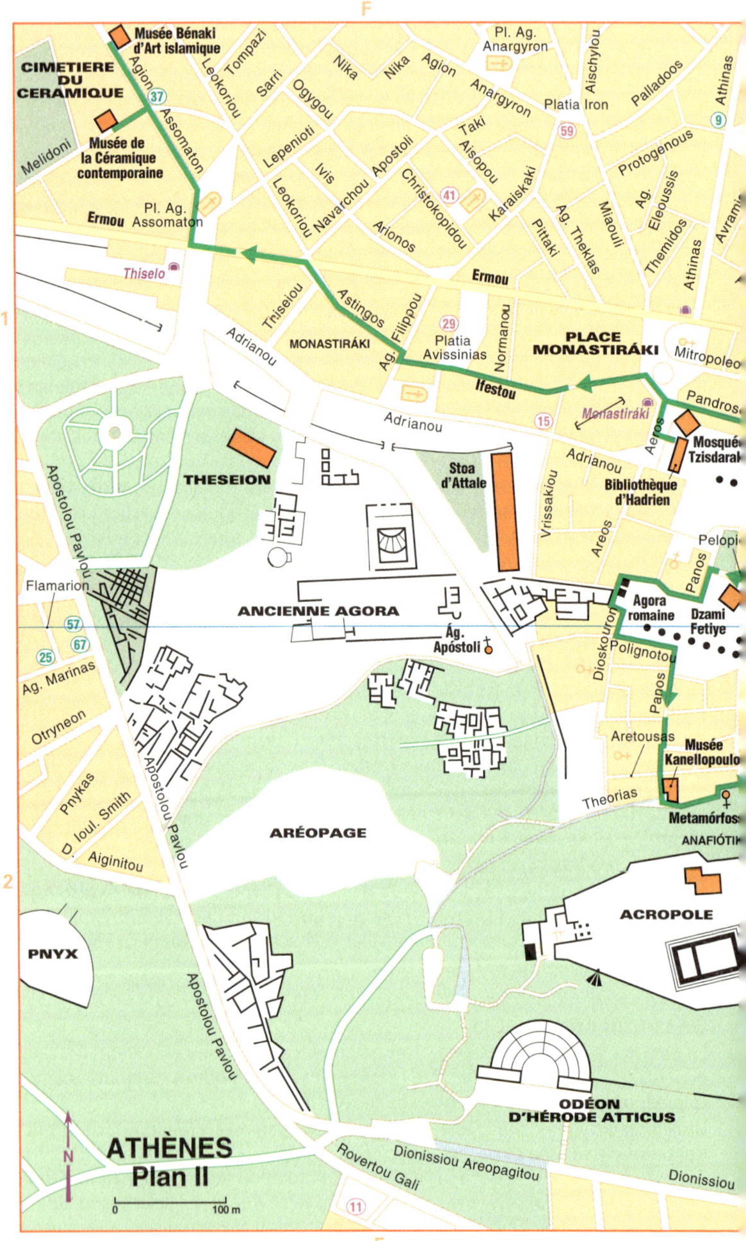

SE LOGER

	Byron 13	Hermes 33	Omiros 53
Acropolis House 1	Central 17	Jason Inn 37	Phidias 57
Adonis 3	Electra Palace 23	Kimon 41	Plaka 59
Arethousa 7	Erechteion 25	Metropolis 45	Tempi 65
Attalos 9	Grande-Bretagne 29	Niki 49	Thission 67

SE RESTAURER

Diogenes.................7
Dionysos.................11
Dioskouroï.............15
Eden.......................17
Ermeion..................23
Event......................25
Kafé Avissinia.........29
Kariatis...................33
Naxos......................41
O Glikis...................49
Palia Athina..............53
Platanos...................57
Platia Iroon..............59
Sholarhio to Gerani...63
Tapatsa....................67
Thespis....................69
Tou Psara.................73
Xinou.......................79
Zorbas.....................83

Porte d'Hadrien★ (Píli Adrianou) Plan II G2

À partir de 131, comme l'indique l'inscription de sa frise, la Pili Adrianou séparait la ville grecque (celle de Thésée) de la nouvelle ville romaine d'Hadrien qui s'étendait de l'actuelle avenue Amalias jusqu'à la rivière Ilissos, aujourd'hui couverte. Non loin de la porte, on remarque un monument à Lord Byron (Mnimio Lordou Vyronos), ainsi qu'en face un buste de Melina Mercouri.

Olimpieion★★ (Naós Olimbíou Diós) Plan I B2

Entrée au carrefour de Vassilis Olgas et de Vassilis Amalias - ✆ 210 9226330 - tlj 8h-17h30 (19h en été) - 2 € (dim. gratuit en hiver) ou compris dans le forfait Acropole 12 €.

Le temple de Zeus Olympien ou Olimpieion était l'un des plus vastes du monde grec (107 m x 41 m). Dès le 6e s. av. J.-C., les fils de Pisistrate voulurent élever à cet endroit un temple colossal dont on a retrouvé quelques tambours de colonnes. Mais la chute de ces tyrans bâtisseurs interrompit les travaux, qui ne furent repris qu'au 2e s. av. J.-C., puis à nouveau abandonnés. Le temple ne fut achevé qu'en 132 apr. J.-C., sous l'empereur Hadrien, qui fit ériger une statue colossale en l'honneur de Zeus. Les Barbares démolirent le temple qui, au Moyen Âge, servit de carrière de pierre. Aujourd'hui, les 15 colonnes corinthiennes en marbre qui subsistent – sur les 84 d'origine – impressionnent encore par leur masse et leur élan ; Chateaubriand les comparait aux palmiers d'Égypte.

Revenir place Lissistratous, puis par odos Adrianou, à droite, gagner odos Kidathineon.

Centre d'Art et Traditions populaires de la ville d'Athènes (Kéndro Laïkis Téhnis ke Parádossis Dímou Athinéon) Plan II G2

6 odos Hatzimihali, à l'angle de l'odos A. Geronda - ✆ 210 3243987 - entrée libre.

Abrité dans une belle maison où vécut Ang. Hatzimihali (1895-1965), passionnée d'art et de traditions populaires, ce petit centre présente des collections de tissage et de broderie (dentelles et broderies en couleurs), des costumes régionaux, des instruments de musique, des outils agricoles, etc. Une hutte typique de l'habitat des nomades Sarakatsans est reconstituée à l'étage.

Revenir à odos Kidathineon et prendre à droite odos Monis Asteriou.

Musée Frissiras★ Plan II G2

3 et 7 odos Monis Asteriore et Kidathineon- ✆ 210 3234678 - www.frissirasmuseum.com - merc.-vend. 10h-17h, sam.-dim. 11h-17h - 6 €.

Créé en 2000, ce musée d'art contemporain possède une collection de 3 500 peintures figuratives consacrées au thème de la figure humaine. Exposées par roulement sur trois niveaux répartis autour d'un agréable patio central, les œuvres ont été réalisées par des artistes grecs (Dimos Skoulakis, Vangelis Piliaridas, Maria Filopoulou…) ou internationaux, parmi lesquels on relève quelques noms réputés tels que **Valerio Adami**, **Eduardo Arroyo**, **Vladimir Velickovic**, **David Hockney**, **Sam Szafran** ou **Antonio Segui**. Des expositions temporaires sont en outre organisées dans une merveilleuse demeure néoclassique située à quelques mètres, au coin de la rue Peta.

Revenir à odos Kidathineon.

Le théâtre d'ombres

Né en Chine et en Inde et transmis par les Turcs, cet art fut très populaire en Grèce et atteignit son apogée à la fin du 19e s., considéré comme l'époque classique. **Karaghiosis** (« Œil noir »), l'une de ses figures les plus représentatives, est un personnage astucieux qui exprime l'esprit gentiment moqueur du Grec de la rue. Ses aventures évoquent aussi bien l'occupation turque que la vie quotidienne et politique. Le théâtre d'ombres a exercé une grande influence sur le cinéma populaire… qui allait le détrôner dans le cœur des Grecs.

Musée d'Art populaire grec★ (Moussío Ellinikís Laïkís Téhnis) Plan II G2

17 odos Kidathineon - ✆ 210 3213018 - tlj sf lun. 9h-14h - 2 €.

Les collections du musée reflètent toutes les traditions du pays, teintées d'influences balkaniques, méditerranéennes et orientales. Au rez-de-chaussée, les objets domestiques ou pastoraux côtoient de nombreuses broderies du Dodécanèse, d'Épire, de Crète et de Skyros. On y évoque également le théâtre d'ombres, ainsi que les mascarades, cérémonies probablement d'origine dionysiaque, qui voient au Carnaval des personnages revêtus de peaux de bêtes arpenter les rues des villages.

Au 1er étage, vous pourrez voir des peintures murales exécutées par **Theophilos** (v. 1868-1984), le grand peintre « naïf » de Grèce, qui faisait voisiner sur les murs de sa chambre (ici reconstituée) des héros de la libération nationale avec Alexandre le Grand et Roméo et Juliette…
L'étage suivant est consacré au travail du métal, qu'il s'agisse d'armes, de bijoux ou d'objets religieux.
Enfin, le dernier étage est consacré aux costumes traditionnels, des sobres vêtements des bergers nomades Sarakatsans aux chauds coloris des costumes de la Grèce balkanique en passant par les somptueuses broderies des parures de fête aux lourds bijoux d'argent, et les élégants costumes bourgeois de la Grèce centrale et du Péloponnèse.
Prendre sur la gauche odos Nikis.

Histoire d'une communauté

Présents en Grèce dès le 3e s. av. J.-C., les **juifs**, connus sous le nom de Romaniotes sous l'Empire byzantin, parlaient le judéo-grec et bénéficiaient des mêmes droits que les chrétiens sous la domination ottomane. Ils furent rejoints, après 1492, par les séfarades expulsés d'Espagne qui s'exprimaient en ladino ou judéo-espagnol, et s'installèrent pour la plupart à Thessalonique dont ils contribuèrent à l'essor économique. Mais lors de la Seconde Guerre mondiale, 87 % des juifs des secteurs occupés par les Allemands et les Bulgares furent déportés et bien peu revinrent des camps. Aujourd'hui, il en reste moins de 5 000, alors qu'ils étaient 78 000 en 1939.

Musée juif de Grèce★ (Evraïkó Moussío tis Elládas) Plan II G2

39 rue Mihis - sonner - ✆ 210 3225582 - lun.-vend. 9h-14h30, dim. 10h-14h - fermé sam. - 5 €.
Fondé en 1977, ce musée s'emploie à rassembler, préserver et faire connaître l'héritage de plus de 2 000 ans de présence juive en Grèce. Après une reconstitution de l'intérieur de la synagogue romaniote de Pátra (19e s.), fermée par les nazis, et transférée ici lors de la dissolution de la communauté en 1979, le musée présente de façon chronologique et thématique l'histoire de la présence juive en Grèce. Des cartes et autres documents montrent l'implantation des communautés juives dans les Empires romain et byzantin, ainsi que les itinéraires empruntés, à partir du 15e s., par les juifs chassés de la péninsule Ibérique. Mannequins et aquarelles présentent les costumes portés par les juifs dans l'Empire ottoman, du 16e au 19e s. Le musée possède aussi de nombreux objets à caractère religieux, tels que des coffrets en bois sculpté, appelés *tik*, renfermant la Thora. L'époque moderne est évoquée avec l'apparition du sionisme, très dynamique en Grèce, et la première émigration en Palestine, avant la douloureuse époque de l'occupation qui vit la déportation dans les camps de la mort de la majeure partie de la communauté.
La rue Kidathineon mène à la rue Filelinon et à l'**église russe St-Nicodème** (Ágios Nikódimos), édifice byzantin du 11e s. à coupole, remanié au siècle dernier, et de là, à la place Syntagma.

MONASTIRÁKI 2

De Syntagma au Céramique. Compter deux heures.
À la lisière de Plaka, l'ancien quartier turc, où se trouvaient le bazar ainsi que les principales mosquées et les bâtiments administratifs, est devenu un secteur commerçant et populaire.
De la place Syntagma, descendre odos Ermou.

Rue Ermou Plan II G1

Axe du quartier, cette voie, en son début piétonne, est bordée de grands magasins et de boutiques de prêt-à-porter, souvent d'enseignes internationales. L'animation ne s'y relâche jamais et, comme toutes ses pareilles de par le monde, elle est entretenue par des musiciens de tous ordres, quatuors à cordes ou joueurs de limonaires.
Kapnikaréa★★ – Sur une petite place, cette église, rattachée à l'université d'Athènes, tient vraisemblablement son nom de celui du fondateur. Il s'agit d'une église double comprenant deux chapelles accolées, l'une, à droite, du 11e s., sur plan en croix grecque, l'autre, du 13e s., coiffée d'une coupole. Le narthex qui réunit les deux façades a, lui aussi, été monté au 13e s. Les peintures, d'inspiration byzantine, sont modernes.
Prendre à gauche odos Kapnikareas, puis odos Pandrossou, à droite.

Rue Pandrossou★ Plan II G1

Étroite et encombrée d'une foule affairée et surtout de touristes, la rue ressemble à un souk avec ses échoppes à auvent au seuil desquelles les marchands interpellent les chalands. Les rayons sont garnis d'une masse d'objets hétéroclites : babouches, *tsarouhia* (sabots à pompons), tapis, tricots et broderies, ceintures, objets d'argent et de cuivre ciselé ou repoussé, icônes et céramiques, statues antiques produites à la chaîne, etc.

À gauche s'ouvrait l'entrée du bazar, marché installé dans les ruines de la bibliothèque d'Hadrien et incendié en 1885.

R. Mattès / MICHELIN

Brocante au marché de Monastiráki, le quartier très vivant d'Athènes.

Place Monastiráki★ Plan II F1

Très animée surtout le matin, cette place, sur laquelle donne la station de métro du même nom, constitue le cœur de l'ancien quartier turc et une des attractions d'Athènes avec ses friperies et ses étals chargés de fruits. Des terrasses de café contribuent au charme de l'ensemble sur lequel s'élève l'église byzantine de la **Pantanassa★**, reconstruite au 17e s., et qui dépendait jadis du monastère de femmes qui a donné son nom à la place. Des travaux sont actuellement en cours pour aménager celle-ci.

Mosquée Tzisdarakis – Collection de céramiques (Moussio Elinikís Laïkis Keramikís) Plan II F1

1 odos Areos-Monastiráki - ✆ 210 3242066 - tlj sf mar. 9h-14h30 - 2 €.

À l'angle des rues Pandrossou et Areos, l'ancienne mosquée Tzisdarakis (1759), privée de son minaret, ouvrant sur la place par un élégant portique, accueille depuis 1975 la **collection de céramiques** du musée des Arts populaires grecs réunie par V. Kyriazopoulou. Poteries et faïences régionales (remarquez les panneaux réalisés par un céramiste d'Asie Mineure, Minas Avramidas) sont agréablement disposées dans le sanctuaire avec son mihrab peint et ses tribunes.

Bibliothèque d'Hadrien (Vivliothíki Adrianoú) Plan II F1

Rue Areos, sur la gauche. L'incendie du bazar en 1885 a permis d'identifier les vestiges de la bibliothèque d'Hadrien, construite en 132 et décrite par Pausanias. Cet imposant édifice rectangulaire de 122 m sur 82 m, à péristyle comptant 100 colonnes, fut dévasté par les Barbares et relevé au 5e s. lors de la construction, dans la cour de la bibliothèque, d'un bâtiment quadrilobé ; sur les restes de celui-ci furent édifiées successivement deux églises, l'une au 7e s. dont subsistent des colonnes, l'autre aux 11e-12e s. La façade d'entrée, rue Areos, est assez bien conservée, notamment dans sa colonnade corinthienne en marbre d'Eubée. Elle correspond à peu près à la moitié de la façade d'origine, qui précédait la cour où l'on remarque les fondations d'une basilique paléochrétienne. La bibliothèque proprement dite se trouvait au fond de cette cour.

Revenir à la place et prendre odos Ifestou, dans le prolongement d'odos Pandrossou.

La **rue Ifestou** (Héphaïstos), dont le nom est lié à celui du temple voisin, le Theseion, est vouée aujourd'hui, comme aux temps antiques, aux forgerons et aux artisans des métaux, en particulier du cuivre.

Au bout d'Ifestou, prendre odos Astingos pour rejoindre odos Ermou et la poursuivre jusqu'à odos Agion Asomaton, derrière l'église du même nom, que l'on prend à droite.

Un peu perdue dans cet environnement, l'**église Agios Asomaton**, semi-enterrée, et bâtie au 11e s., présente sur sa façade une frise gravée de caractères coufiques.

Musée Benaki d'Art islamique★ (Mousseio islamiki Tekhnis) Plan II F1

22 odos Agion Assomaton et Dipilou - ✆ 210 3225550 - mar.-dim. 9h-15h (21h le merc.) - 5 € (merc. gratuit).

Cette annexe du célèbre musée Benaki a investi une belle demeure ancienne dont la terrasse, occupée par un petit café, offre de belles vues sur le cimetière du Céramique. Les quatre niveaux d'exposition permettent de découvrir une superbe collection disposée par ordre chronologique. Bijoux en ivoire et en cristal, bois sculptés (porte à double battant du 8e s.), poteries et travail du métal évoquent au premier étage le monde islamique du 7e au 12e s. Au second (12e-16e s.), vous découvrirez notamment un chandelier ciselé d'or et d'argent (Mossoul, 1317) et de superbes céramiques peintes. Le troisième évoque les 16e-17e s. avec un revêtement mural de céramique (Izmir, vers 1560) et la salle de réception au sol de marbre d'une maison du Caire. Remarquez également une plaque conservant les empreintes du Prophète. Enfin, armes et armures, bijoux, plaques de céramique provenant du palais du sultan à Édirne témoignent du raffinement de l'art islamique au 19e s.

Revenir en arrière jusqu'à odos Melidoni.

Musée de la Céramique contemporaine Plan II F1

Répertorié par le ministère «musée de la Poterie traditionnelle» - 46 odos Melidoni - ✆ 210 3318491 - lun.-vend. 9h-15h, dim. 10h-14h - fermé sam. - 6 €.

Ce centre, fondation de la famille Psaropoulou, est logé dans la demeure néoclassique (18e s.) de ses fondateurs. Il est consacré à l'étude et à la promotion d'objets en céramique traditionnelle et moderne liés à la vie quotidienne. Chaque année est organisée une exposition associée à l'histoire et à l'utilisation d'un objet particulier.

Poursuivre dans odos Ermou.

Porte sacrée et Dipylon★ (Ierá Píli - Dípilo) Plan I A2

Édifiée en même temps que le mur de Thémistocle (5e s. av. J.-C.), elle livrait passage à la Voie sacrée conduisant à Éleusis. De même époque, le Dipylon, porte double entourée de deux tours, constituait l'entrée principale d'Athènes. Par là passait la voie qui se dirigeait vers l'Académie. Le Pompeion servait d'entrepôt pour le matériel des processions des Panathénées, qui y avaient leur point de départ.

Cimetière du Céramique★ (Keramikós) Plan I A2

148 odos Ermou - ✆ 210 34 63552 - 8h30-15h (16h en été) sf lun. 11h-15h (16h en été) - 2 € (dim. gratuit en hiver) ou compris dans le forfait Acropole 12 €. Le billet donne également accès au musée.

Le cimetière du Céramique, le plus important de l'Athènes antique, situé en dehors de la ville, tient son nom de l'argile *(keramos)* utilisée pour la fabrication des vases funéraires. À partir du 6e s. av. J.-C., les tombes furent ornées de stèles et de statues qui atteignirent leur plus grand faste au siècle de Périclès. Des fouilles commencées en 1863 permirent de belles trouvailles exposées au Musée national ; quelques statues et stèles sont restées en place. Laissant à gauche le **musée**, descendre le chemin sud qui pénètre dans la partie la mieux conservée du cimetière : tombes du 4e s. av. J.-C. au 1er s. apr. J.-C. On accède à l'entrée de la voie ouest, bordée de tombeaux du 4e s. av. J.-C. érigés par de riches familles athéniennes, avec notamment, à l'angle, une tombe familiale à bas-relief (moulage) de cavalier combattant (Dexileos). Plus loin, on distingue un groupe de trois monuments, d'une famille d'Héraclée, dans le Pont-Euxin. La tombe du trésorier Dionysos est reconnaissable au taureau posé sur un pilier ; celle de l'archonte Lysimachides et de sa famille est surmontée d'un chien. Voir enfin la célèbre stèle d'Hegeso, dont l'original figure au Musée national. Revenir sur ses pas jusqu'à la Voie sacrée que l'on prend à gauche. Remarquer sur le côté sud la stèle d'Antidosis, qui était peinte, et le lécythe d'Aristomachos.

L'ATHÈNES NÉOCLASSIQUE : ENTRE SYNTAGMA ET OMÓNIA 3

Cette balade vous permet de découvrir les hauts lieux de l'Athènes du roi Otton de Bavière. Compter une demi-journée, visite des musées comprise.

Place Syntagma★ Plan I C2

La **place de la Constitution** est le centre élégant d'Athènes, animée par des terrasses de café, où débouche la station de métro du même nom. Elle est dominée à l'est par l'ancien palais royal édifié pour Otton Ier de Bavière, devenu Parlement (Vouli) en 1935. Au pied du palais, devant le monument au Soldat inconnu, se tiennent les sentinelles de la garde, ou **evzones** (ce nom signifie « à la belle ceinture »), en jupette (fustanelle), chaussées de socques à pompons *(tsarouhia)*. Toutes les heures, au moment de la relève, les gardes évoluent en une sorte de fascinant ballet d'automates, remarquable de précision et de synchronisation, dont la grâce n'est pas exclue.

Bon à savoir – Le dimanche à 11h a lieu la grande relève de la garde, beaucoup plus spectaculaire.

P. de Franqueville / MICHELIN

La prestigieuse Académie des arts, emblématique de la période néoclassique d'Athènes.

Rue Panepistimiou★ (Odos El. Venizelou) Plan I BC1

Quitter la place côté nord en contournant l'hôtel Grande-Bretagne.

C'est l'avenue de l'Université. Après avoir longé le bâtiment du prestigieux **hôtel Grande-Bretagne** élevé par Th. Hansen en 1843 et qui accueillit de 1856 à 1874 l'École française d'archéologie, vous débouchez sur cette avenue bruyante et animée par une circulation automobile incessante et par les badauds attirés par les boutiques de luxe.

Musée de Numismatique d'Athènes (Nomismatikó Moussio) – *12 odos Panemistimiou - ☏ 210 3643774 - tlj sf lun. 8h30-15h - 3 €.* Occupant un bel hôtel particulier connu sous le nom de « palais de Troie » (Iliou Mélanthrou), que l'archéologue **Heinrich Schliemann** fit bâtir en 1879 par l'architecte **Ernst Ziller** (1837-1923) dans le style des palais vénitiens de la Renaissance, ce musée possède 500 000 pièces de monnaie et médailles dont 2 000 d'or et 4 000 d'argent. Les monnaies grecques figurent parmi les plus anciennes du monde : elles furent frappées à partir du 7e s. av. J.-C.

Un peu plus loin, au coin d'Omirou, apparaît la cathédrale catholique romaine, **Saint-Denys l'Aréopagite** (Ágios Dionissios Areopagítis), œuvre de Leo von Klenze.

Université, Académie, Bibliothèque nationale★ (Panepistímio, Akadimía, Ethnikí Vivliothíki) – Ces trois édifices du 19e s., en marbre blanc, composent un ensemble architectural de style néoclassique aux lignes élégantes, bien qu'un peu sèches. Au centre, l'Université, le bâtiment le plus ancien, construit de 1837 à 1864 par l'architecte danois Chr. von Hansen, est remarquable par la pureté de sa façade. À droite, l'Académie, élevée aux frais du baron Sina, banquier grec établi à Vienne, reçut de Th. von Hansen, frère du précédent, l'aspect d'un temple ionique qu'encadrent deux hautes colonnes surmontées des statues d'Apollon et d'Athéna. À gauche, la Bibliothèque nationale évoque un temple dorique ; elle recèle 500 000 volumes et 3 000 manuscrits.

En continuant jusqu'au bout de l'avenue, vous atteignez la **place Omónia** (de la Concorde), bruyante, encombrée de marchands ambulants et où règne une ambiance populaire.

Prendre sur votre gauche odos Athinas, jusqu'à la place Kodzia, large espace piéton s'ouvrant face à l'**hôtel de ville** que signale un monument à Périclès et un autre à la drachme, la monnaie historique d'Athènes... et de la Grèce.

Place Kodzia – Centre d'Athènes dans la seconde moitié du 19ᵉ s., elle en a conservé quelques hôtels particuliers. Devant la Banque nationale de Grèce, dans une fosse, ont été mis en évidence les vestiges d'une voie antique bordée de tombes puis, plus tard, d'ateliers de potiers.

Par odos Eolou, piétonne, gagner le Marché central.

Marché central★ (Laïki Agorá) – *Fermé dim.* Il règne dans les allées de ce marché couvert une ambiance orientale assez extraordinaire. Au-delà du pavillon de la viande et de celui aux poissons, remarquez les étals d'herbes aromatiques et, près de la rue Sofokleous, les vendeurs de bijoux d'occasion munis de petites balances.

Dans l'odos Evripidou, la **chapelle St-Jean-de-la-Colonne** (Ágios Ioanis stin Kolóna) est construite autour d'une colonne corinthienne.

Revenir à odos Eolou, puis prendre à gauche sur la place Ierou et continuer jusqu'à la place Klafthmonos.

Place Klafthmonos (place des Larmes) Plan 1 B1

Cette place est ainsi nommée parce que les fonctionnaires des ministères voisins venaient s'y lamenter lorsqu'ils étaient licenciés. Peu avant d'y accéder, vous aurez découvert l'**église Ágii Theódori**, du 11ᵉ s., la plus ancienne d'Athènes, dont la coupole repose sur des murs et non sur des colonnes.

Musée de la Ville d'Athènes (Moussío tis Póleos ton Athinón) – *7 odos Paparigopoulou - ✆ 210 3246164 - tlj sf mar. 9h-16h, sam.-dim. 10h-15h - 5 €.* Installé dans le **palais Vouros**, résidence néoclassique due à l'architecte Leo von Klenze, qui fut le palais des souverains grecs de 1836 à 1842, ce musée illustre l'histoire sociale et la vie quotidienne à Athènes durant le règne du roi Otton. À l'étage, dans les pièces reconstituées du palais, sont exposés les tableaux de la collection de Kasma Stathi.

Vous débouchez alors sur odos Stadiou qui redescend à droite vers Syntagma.

Musée d'Histoire nationale★ (Ethnikó Istorikó Moussío) – *13 odos Stadiou, place Kolokotroni - ✆ 21032 37617 - tlj sf lun. 9h-14h - 3 € (gratuit dim.).* Signalé par une statue équestre, il est abrité dans l'ancien Parlement construit de 1858 à 1871 par Florimond Boulanger et désaffecté en 1935 (on peut voir la salle des séances). Ce musée doit être vu par tous ceux qui s'intéressent à l'histoire de la Grèce moderne, de la chute de Constantinople (1453) à la Seconde Guerre mondiale.

L'ATHÈNES NÉOCLASSIQUE : AU PIED DU LYCABETTE★ 4

Balade au départ de la place Syntagma. Compter une journée, avec la visite d'un ou deux des grands musées décrits dans le chapitre « Visiter ». Quitter la place Syntagma, sur la gauche du Parlement, par l'avenue Vas. Sofias, en restant sur le trottoir de gauche.

Face au Jardin national, deux des grands musées d'Athènes se font suite sur l'avenue que bordent de nobles demeures occupées par des représentations diplomatiques et des sièges de grandes banques : le célèbre **musée Benaki** et le **musée d'Art cycladique** qui a investi une ravissante demeure de 1895 *(voir p. 145).*

Prendre sur la gauche odos Koumpari.

Place Kolonaki (Platia Kolonákiou) Plan I D2

Entourée de boutiques de luxe, de restaurants et cafés élégants, cette place doit son nom historique (elle se nomme aujourd'hui platia Filikis Etaireias) à une petite colonne, dans le jardin central. Ce nom s'est étendu au quartier résidentiel, accroché aux pentes du Lycabette. Le long des rues se succèdent les boutiques les plus raffinées d'Athènes : mode, joailliers, librairies et galeries d'art, restaurants luxueux.

Lycabette★★★ (Lykavittós) Plan I D1

Depuis la place Kolonaki, gagner la gare du téléphérique par odos Patriarchou Ioakeim, puis à gauche, odos Ploutarchou, entrecoupée de marches jusqu'à odos Aristippou. Ceux que la montée pédestre rebuterait, peuvent prendre sur la place le bus nº 60 qui les déposera odos Kleomenous. Le funiculaire se trouve une rue plus haut, à l'angle de la rue Aristippou et des escaliers de la rue Ploutarchou ; dép. ttes les 30mn 9h-3h du matin - 4 € AR ou 2 € AS.

Selon la légende, c'est Athéna qui aurait laissé tomber ce haut rocher de 277 m qu'elle destinait à l'Acropole. La **colline des Loups** est aujourd'hui couronnée par l'église Ágios Georgios. Des terrasses avoisinantes, un admirable **panorama** embrasse la ville d'Athènes, l'Acropole et la côte du Pirée, ainsi que les principaux sommets

150 ans d'aventures archéologiques

L'**École française d'Athènes**, établie sur les pentes du Lycabette, a été fondée en 1846 par Louis-Philippe. Dépassant ses premiers objectifs (promouvoir la langue et la civilisation helléniques), l'EFA entreprit rapidement des recherches archéologiques sur les chantiers à l'intérieur du pays (Délos, Delphes, Árgos, Thassos, Philippes et Mália), mais aussi en Turquie (du moins jusqu'en 1923). Il faut noter que les découvertes effectuées à Delphes sur le site du sanctuaire d'Athéna ont été d'une importance capitale pour l'étude de l'art grec. L'informatique aidant, on a pu restituer, à l'aide d'images de synthèse, l'ensemble du site. Disposant aujourd'hui d'infrastructures modernes et de moyens à la hauteur de ses missions, l'EFA travaille toujours sur les chantiers traditionnels mais aussi sur les sites ouverts plus récemment à Dikili Tash (à côté de Philippes), à Amathonte (Chypre) et en Albanie; parallèlement, elle apporte son soutien aux fouilles d'Alexandrie. L'EFA, qui a fêté ses 150 ans en 1996, a élargi sa vocation à l'étude du monde hellénique moderne et contemporain. Elle fait connaître ses travaux en publiant divers périodiques et ouvrages, dont le fameux *Bulletin de correspondance hellénique*, lancé par Albert Dumont, qui dirigea l'école entre 1875 et 1878.

environnants : au sud-est l'Hymette, à l'est le Pentélique troué de carrières de marbre et au nord la massive silhouette du Parnis.

Redescendre jusqu'à l'avenue Vas. Sofias et la traverser.

Le **palais de la duchesse de Plaisance**, œuvre de l'architecte **S. Kleanthis**, élevé entre 1840 et 1848, abrite aujourd'hui le **musée d'Art byzantin** *(voir Visiter les grands musées p. 141).*

Musée de la Guerre (Polemikó Moussío) Plan I D2

Av. Vassilissis Sofias et 2 odos Rizari (métro Evangelismos, juste après le musée d'Art byzantin) - ✆ 210 7244464 - tlj sf lun. 9h-14h - entrée libre.

Au rez-de-chaussée de ce musée, que des avions de chasse signalent à l'attention, galerie des armes anciennes et de beaux costumes militaires. Le 1er étage évoque l'histoire militaire de la Grèce, de l'Antiquité à nos jours. Particulièrement intéressantes sont les maquettes de forteresses byzantines ou franques, l'évocation de la guerre d'Indépendance, ainsi que l'illustration de la Grande Catastrophe d'Asie Mineure et de la Seconde Guerre mondiale, notamment les terribles combats d'Épire et la Résistance.

Poursuivre sur Vas. Sofias jusqu'à son croisement avec Vas. Konstantinou. En face, sur celle-ci, se trouve le bâtiment de l'hôtel Hilton. La Galerie nationale est à côté.

Galerie nationale - Musée Alexandre Soutsos★ (Ethnikí Pinakothíki - Moussío Alexandrou Soútsou) Plan I D2

50 av. Vas. Konstandinou - ✆ 210 7235937 - lun.-sam. 9h-15h, dim. 10h-14h - fermé mar. - 6,50 €.

C'est à un panorama complet de la peinture grecque que vous convie ce musée. Vous découvrirez la peinture néohellénique depuis ses origines (notamment **le Greco**), avec l'école des îles Ioniennes représentée entre autres par **Nikolaos Doxaras**, précédant les premières années de l'Indépendance qui voient se développer une peinture bourgeoise (portraits et scènes d'histoire où s'illustre **Theodoris Vryzakis**), avant que fasse irruption l'école de Munich avec **Volanakis** et **Lytras**. Le préimpressionnisme apparaît avec **Periklis Panazis** et **Iakovos Ritzos** représenté par une superbe *Dame dans son jardin*. La fin du 19e s. voit apparaître l'orientalisme avec **Theodoros Rakis**, tandis que **Polychromes Lembesis** scandalise avec ses nus réalistes. Au 20e s., **Odysseus Fokas** revient aux sources de l'impressionnisme, tandis qu'une certaine simplification des formes apparaît avec **Konstantinos Parthenis**, représentant du style Sécession, et que s'affirme **Nikolaos Lytras**, avec un remarquable travail sur la lumière. **Nikos Engonopoulos** incarne le surréalisme, **Nikos Chazikyriados-Ghika**, le cubisme, tandis que le désastre d'Asie Mineure s'accompagne d'un retour vers les formes traditionnelles avec **Foros Kontoglou**. On observe que l'abstraction ne prend jamais véritablement pied en Grèce, hors une courte période, celle de la génération des années soixante représentée par **Thassos Christakis** ou **Alekos Kontopoulos**, tandis que, plus près de nous, **Kostas Tsoclis** représente l'art conceptuel et **Chryssa** expose des créations constituées de tubes de néon.

Continuer à descendre l'avenue Vas. Konstantinou.

Stade panathénaïque **(Panathinaïkó Stádio)** **Plan I D2**
Entouré de verdure, ce stade de marbre, également appelé Kallimarmaro, occupe l'emplacement du stade antique, aménagé sous Lycurgue au 4e s. av. J.-C. et reconstruit par Hérode Atticus en 144 apr. J.-C. Ruiné et livré à la culture du blé, il fut reconstitué sur son plan d'origine pour les Jeux olympiques de 1896, et rénové pour accueillir l'arrivée du marathon et les épreuves de tir des Jeux de 2004. Du haut de ses gradins de marbre blanc, qui peuvent accueillir 45 000 spectateurs, vue sur le Jardin national et l'Acropole.
Traverser pour gagner le Jardin national.

Jardin national★ **(Ethnikós Kípos)** **Plan I C2**
L'ancien jardin de la reine Amélie fut aménagé à partir de 1840 par le Français Bareaud. On appréciera ses ombrages et sa végétation touffue, ses bassins et ses massifs de fleurs, ses beaux spécimens de palmiers, d'orangers, de cyprès et de pins d'Alep. Il possède près de 500 espèces d'arbres ou de plantes, un **musée botanique** (charmante construction néoclassique) et un petit zoo d'animaux locaux. Sa partie sud, le **Zappio**, tirant son nom du donateur du terrain, est un parc très fréquenté le soir. Harmonieux édifice néoclassique (1888), le **palais du Zappeion** est utilisé pour des expositions. C'est ici que fut signée, en 1979, l'adhésion de la Grèce à la Communauté européenne.
Regagner alors la place Syntagma.

Visiter les grands musées

Musée archéologique national★★★ **Plan I B1**
44 odos Patissoun, métro Viktoria, bus n° 200 - ✆ 210 8217717 - mar.-dim. 8h30-15h (8h-19h30 en été), lun. 13h-19h30 - 7 €.
Consacré à l'art antique, de l'époque néolithique à l'époque romaine, le Musée archéologique national, récemment réaménagé, rassemble les principales œuvres d'art provenant des grands sites archéologiques grecs, à l'exception de Delphes, d'Olympie, de la Crète et des sites macédoniens, ce qui en fait un des plus riches du monde.
Collections préhistoriques – *Face à l'entrée.* Vous pénétrez dans la vaste salle 4 consacrée aux antiquités mycéniennes, trésor exceptionnel : il s'agit principalement des œuvres découvertes lors des fouilles pratiquées à Mycènes depuis 1876 par **Heinrich Schliemann** et ses successeurs. Mettant au jour les vestiges d'une civilisation seulement soupçonnée jusqu'alors, l'archéologue allemand fut certain d'avoir découvert le décor dans lequel avaient évolué les héros homériques de l'*Iliade*. Il se hâta d'identifier ses trouvailles et crut reconnaître Agamemnon dans un admirable masque d'or qui couvrait le visage d'un prince défunt (**3**). Parmi les autres objets trouvés dans les tombes de Mycènes, de fabuleux bijoux d'or (ceintures, bracelets, broches), d'autres masques funéraires, une extraordinaire tête de taureau en argent aux cornes et au chanfrein d'or **(4)**, exposée dans une vitrine à droite et des poteries complètent ce fabuleux mobilier funéraire.
À gauche de cette même salle, juste à l'entrée, remarquez l'idole assise dite du « Penseur » **(1)**, qui vous donne accès à une salle latérale consacrée aux **antiquités néolithiques** (6800-3300 av. J.-C.) et qui regroupe les objets les plus anciens du musée, provenant de Grèce centrale et de Thessalie, et témoignent d'une civilisation sédentaire pratiquant l'agriculture et l'élevage. Lui faisant pendant sur la droite, la salle 6 est consacrée à la **civilisation cycladique** qui connut son apogée à l'âge du bronze et influença l'ensemble du monde égéen. Remarquez les formes stylisées et les contours adoucis des idoles de marbre, comme celle d'Amorgos **(2)**, la plus grande statue que nous ait conservée l'art cycladique (1,50 m), puis les fameuses statuettes des joueurs de flûte et de harpe qui témoignent du développement du sens de la troisième dimension. Avec les vases, notamment celui de Fylakopi (Mílos), orné d'un oiseau rouge et noir, on voit apparaître les formes et la décoration des futures céramiques de Santorin.
Ressortir dans le hall et prendre sur votre droite.
Sculptures archaïques (7e-déb. 5e av. J.-C.) – *Salles 7 à 14.* Sculpteur mythique réputé pour le mouvement et la vie insufflés dans ses œuvres, Dédale prêta paradoxalement son nom au style dédalique, caractérisé par un éclatement des formes géométriques et l'apparition de sujets animés, mais aussi par des corps figés, bras ballants le long du corps, comme en témoignent la plupart des statues de la salle 7 : voir la statue dite d'Artémis **(5)** face à une immense amphore à décor géométrique attribué au peintre Dipylon. L'époque archaïque est représentée dans les salles suivan-

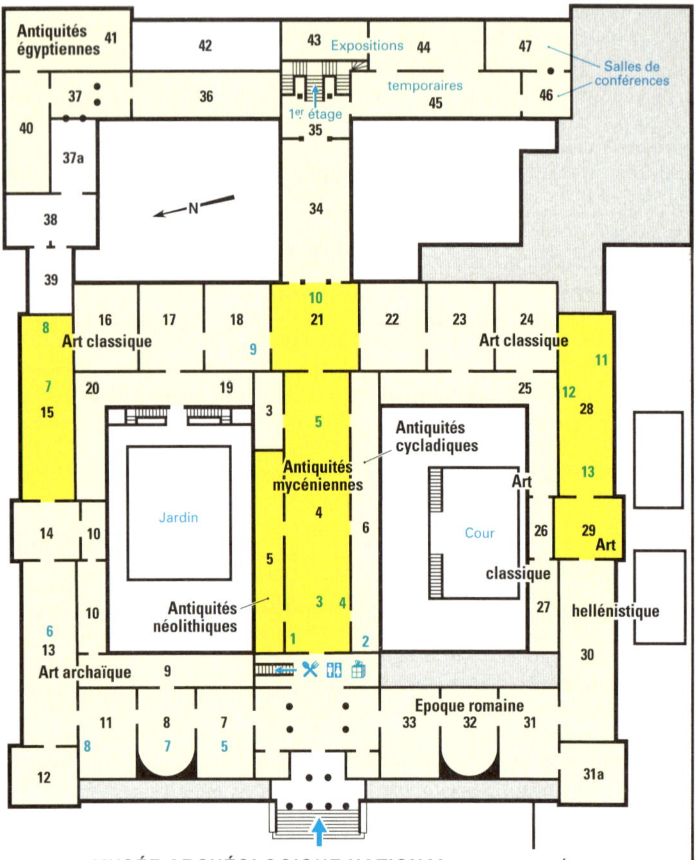

MUSÉE ARCHÉOLOGIQUE NATIONAL (REZ-DE-CHAUSSÉE)

Salles très vivement recommandées

Cafétéria — Toilettes — Boutique

tes par des « kouroi » (jeunes hommes) et des « korai » (jeunes filles) retrouvés sur des tombes ou dans différents sanctuaires. Voyez notamment dans la salle 8 le colossal kouros du cap Sounion qui se dressait devant le premier temple de Poséidon. Dans la salle 13, vous remarquerez la statue d'Aristodikos **(6)**, un des derniers kouroi, qui annonce déjà le classicisme par son sens du mouvement (remarquez le balancement des bras). Voir également le *kylix* à figure rouge relatant le combat d'Héraklès avec Anthée, et Thésée attaquant Procuste.

Sculptures classiques (5e-4e s. av. J.-C.) – *Salles 15 à 28, 34 et 35.* Vous y découvrirez des témoignages du style sévère, prémices de l'art classique *(salle 15)*, qui vit s'illustrer un sculpteur, Myron, auteur du fameux *Discobole*. La salle est dominée par le célèbre **Poséidon** de l'Artémision **(7)** : superbement campé, le dieu de la Mer tenait en sa main droite le trident symbolique – ou le foudre s'il s'agissait de Zeus ; l'auteur a donné à la tête beaucoup de noblesse et de finesse, bien que les orbites aient perdu leurs yeux d'ivoire. Lui faisant face, le relief d'Éleusis **(8)** est admirable par la gravité et le recueillement des personnages : Déméter (à gauche), déesse de la Fécondité et protectrice de l'agriculture, remet, en présence de sa fille Perséphone, un épi de blé à Triptolème, fils du roi d'Éleusis, chargé d'enseigner l'agriculture à l'humanité (vers 440-430).

Les salles suivantes sont consacrées aux monuments funéraires, qui deviennent de plus en plus monumentaux : vous remarquerez dans la salle 18 la stèle funéraire d'Hegeso, jadis au Céramique **(9)**, qui montre la jeune fille assise : elle examine un bijou tiré du coffret que lui présente sa servante (l'œuvre, d'une rare élégance, datée de 410, est attribuée à Callimaque, l'un des principaux élèves de Phidias). La réplique de l'Athéna du Varvakeion *(salle 20)* vous donnera une idée de ce que put être la gigantesque statue chryséléphantine réalisée par Phidias afin d'orner le Parthénon.

Vous débouchez dans la salle 21 qui, en dehors de toute chronologie, présente l'admirable Jockey d'Artemision **(10)**, un bronze hellénistique du 2e s. av. J.-C. retiré de la mer au large du cap Artemisio, comme le Poséidon : l'effort du cheval bondissant et la fougue de l'enfant sont rendus avec vigueur.

Pour poursuivre votre parcours chronologique dans la statuaire grecque, prenez en face vers la salle 22.

La fin de l'époque classique – *Salles 22 à 28.* La salle 22 présente des éléments architecturaux provenant du sanctuaire d'Asclépios à Épidaure. Parmi les stèles de la salle suivante, vous remarquerez le naturel du couple en train de converser (à droite de la porte). La salle 28 présente des œuvres caractéristiques de la fin de l'époque classique qui retiendront l'attention. Un haut-relief de cheval fougueux **(11)** maintenu par un esclave noir (2e s. av. J.-C.) d'un réalisme étonnant illustre la transition entre l'art classique et l'art hellénistique. L'Éphèbe de Marathon **(12)**, statue en bronze, est une œuvre classique du 4e s. av. J.-C., que sa souplesse et son élégance permettent de rattacher à l'école de Praxitèle. Enfin, **l'Éphèbe d'Anticythère (13)**, statue en bronze du 4e s. av. J.-C., représenterait Pâris offrant la pomme (manquante) à Aphrodite. Mais il faudrait tout détailler, de cette tête du boxeur Satyre, vainqueur aux jeux d'Olympie et de Némée, jusqu'à la beauté mélancolique d'Aphrodite...

Sculptures de l'époque hellénistique (3e et 2e s. av. J.-C.) – *Salles 29 et 30.* Depuis les conquêtes d'Alexandre le Grand, les artistes se mettent au service des classes récemment enrichies : de nombreux ateliers naissent dans les îles et en Asie Mineure. La colossale statue de Poséidon, saisi dans une attitude théâtrale, est caractéristique de la vie et du mouvement qui imprègnent les œuvres hellénistiques. L'expressivité est remarquable sur trois œuvres découvertes à Délos : la tête d'homme en bronze, le Galate blessé, représentatif du « baroque hellénistique », et le groupe d'Aphrodite, Éros et Pan. La tête de philosophe au regard perçant en provenance d'Anticythère marque quant à elle le souci de personnalisation des portraits. Une petite statue en pierre représente un tout jeune enfant encapuchonné, serrant son chien dans ses bras. On l'appelle le « réfugié », car il fut trouvé à Smyrne en 1922 et apporté à Athènes en même temps qu'arrivaient les réfugiés d'Asie Mineure.

Sculptures de l'époque romaine (1er s. av. J.-C.-3e s. apr. J.-C.) – *Salles 31 à 33.* Avec la chute du dernier royaume hellénistique, celui des Ptolémées, en 31 av. J.-C., les portraits d'empereurs romains constituent la source d'inspiration artistique la mieux conservée. Voyez la célèbre statue en bronze de l'empereur Octave-Auguste, le buste de l'empereur Hadrien et celui de son favori, Antinoüs, ou encore une ravissante Ménade endormie.

Pour poursuivre la visite, regagnez la salle 21 qui distribue les autres sections du musée.

Bronzes – *Salles 36 à 39.* La salle 36 abrite la collection léguée par Constantin Karapanos, composée de figurines et de divers objets de bronze de petite taille du 8e s. au 3e s. av. J.-C. dont les plus remarquables sont ceux du sanctuaire de Zeus de Dodoni (Épire). À voir entre autres : la petite statue de Zeus brandissant son foudre, la statuette d'un stratège, dans la main duquel on croit pouvoir distinguer un foie d'animal, peut-être instrument de divination, ainsi qu'une belle statuette de femme vêtue du péplos et portant une colombe. Un bon nombre des petits objets en bronze, bijoux, vases et figurines de la salle 37 étaient des offrandes portant des inscriptions votives ; ils ont été retrouvés sur les sanctuaires de Grèce septentrionale et centrale. Le sanctuaire d'Athéna sur l'Acropole d'Athènes délivra au 19e s. le célèbre **ex-voto d'Athéna Promachos** (« avant le combat ») et, à Olympie, le sanctuaire restitua une belle tête de Zeus *(salle 37a)*. Une réplique du célèbre *Discobole* de Myron (5e s.), découverte sur le lieu des fouilles d'Ambelokipi, se trouve dans la salle 38.

Antiquités égyptiennes (5000 - 1er s. av. J.-C.) – *Salles 40 et 41.* Il s'agit de la quatrième collection d'antiquités égyptiennes en Europe par son importance, puisqu'elle se compose de 7 000 pièces. Les objets exposés couvrent l'histoire égyptienne de la période pré-dynastique à la période des Ptolémées (de 5000 av. J.-C. au 1er s. av. J.-C.). Les premières dynasties (début 3e millénaire av. J.-C.) voient l'avènement d'une sculpture monumentale et naturaliste : voyez la tête de l'hippopotame de granite *(salle 41)*. Pendant l'Ancien Empire (fin 3e millénaire av. J.-C.), les statues sont caractérisées par leur frontalité et leur sérénité ; la statue de Rahotep illustre le type du scribe assis. Ne manquez pas la grande maquette de bateau avec ses figurines en sycomore, réalisée pour une offrande funéraire au cours du Moyen Empire (début du 2e millénaire av. J.-C.). La salle 40 abrite des sarcophages anthropomorphes peints de riches décors, des statues votives de divinités en bronze et des plaques couvertes de hiéroglyphes qui témoignent des cultes religieux et funéraires de la période du Nouvel Empire (1550 av. J.-C.) à celle des Ptolémées (jusqu'au 1er s. av. J.-C.). La période romaine a légué quant à elle les remarquables **portraits du Fayoum**, datés du 2e s. apr. J.-C.

Collection de miniatures anciennes – *Salle 42.* Impressionnant ensemble de bijoux en or et d'objets miniatures, présentés par ordre chronologique du bronze moyen (2300 av. J.-C.) à l'époque post-byzantine. Voir en particulier les pendants d'oreilles de style dédalique (7e s.). Du 4e s., magnifiques pièces en bronze (chevreuil, miroir pliant faisant apparaître Héraklès et Augé). Les parures en or de Karpenissi sont de précieux témoignages de l'orfèvrerie hellénistique.

Fresques de Santorin – *Salle 48 (1er étage).* Recouverte de lave par une éruption au 17e s. av. J.-C., l'île de Thera (Santorin) conserva intactes d'extraordinaires fresques et poteries, découvertes en 1970. Admirez particulièrement la fresque des antilopes qui ornait les murs d'une chambre, celle des jeunes pugilistes et celle du printemps, une image vivante des paysages de Thera, reconnaissables à la teinte rougeâtre des roches volcaniques. On y observe des lys, significatifs de la peinture minoenne, et des hirondelles qui s'embrassent en plein vol.

J. Hios / Akg-images

Détail de la délicate fresque aux antilopes de Santorin.

Collection de vases – *Salles 49 à 56 (1er étage).* Si la visite du département des céramiques est moins spectaculaire que celle du département des sculptures, l'examen attentif des scènes représentées sur les œuvres apportera des détails curieux sur les aventures des dieux ou des héros mythologiques, ainsi que sur la vie quotidienne en Grèce dans l'Antiquité. On distinguera les céramiques primitives à décor géométrique (11e-8e s. av. J.-C.) des céramiques archaïques à décor de végétaux, d'animaux fantastiques ou de figures humaines. La grande amphore du Dipylon représente un cortège funèbre *(salle 49).* L'amphore *(salle 51)* au col orné du combat d'Héraklès contre le centaure Nessos et à la panse décorée de trois impressionnantes gorgones est un remarquable témoignage de vase à figures noires. Voyez également *(salle 52)* le cratère attique à figures noires de Sophilos, qui illustre le combat d'Hercule contre Nérée. Salle 54, le kylix d'Euphronios représentant les noces de Pélée et de Thétis et celui de Douris orné du banquet d'Héraklès et de Dionysos sont de belles illustrations de la technique à figures rouges. Les lécythes funéraires à fond blanc de la salle 55 sont remarquables par l'émotion et la retenue qui émanent de personnages dont seuls les cheveux sont colorés. Les thèmes en sont récurrents : visite sur la tombe ou adieux du guerrier défunt.

Musée Benaki★★ (Moussío Benáki) Plan I D2

1 odos Koumbari, sur l'avenue Vassilissis Sofias (métro Syntagma) - ✆ 210 3671000 - 9h-17h, jeu. jusqu'à 24h, dim. 9h-15h - fermé mar. - 6 €.

Aménagé dans un hôtel particulier du 19e s., ce musée abrite la collection d'**Antonios Benaki** (1873-1954), mécène ayant fait souche en Égypte et ayant acquis sa fortune dans le coton. Complété par des donations ultérieures, le musée a été considérablement agrandi et admirablement bien aménagé. Présentation, accueil, boutique et café en terrasse ont fait l'objet d'un soin attentif. Les collections sont mises en place de façon à respecter la chronologie historique, de la préhistoire à nos jours, et à mettre en relief la continuité de la civilisation grecque et de ses traditions.

Rez-de-chaussée (salles 1 à 12) – Il couvre la période allant de la préhistoire à la fin de la période byzantine. On remarquera notamment une très belle série d'**objets en or** (3200-2800 av. J.-C.) et des bijoux hellénistiques ainsi que des vases et des idoles provenant d'Alexandrie. L'art copte est représenté par deux **portraits du Fayoum** des 2e et 3e s. Vous verrez une remarquable série d'**icônes** dont l'Hospitalité d'Abraham d'une grande finesse de dessin (fin 14e s.), Saint Dimitri (15e s.), une admirable Annonciation du 16e s., une très belle icône représentant saint Jean et deux œuvres de jeunesse du Greco : l'Adoration des Mages (1560-1565) et saint Luc (1560).

1er étage (salles 13 à 27) – Ici est évoqué l'art en Grèce sous la domination étrangère. On remarquera l'important ensemble de **costumes** régionaux et de bijoux traditionnels, les broderies représentatives de l'art populaire, ainsi que les belles pièces d'**orfèvrerie** en or provenant des îles du nord de la Grèce. Deux salles de réception (fin 18e s.), pièces traditionnelles entièrement remontées et ornées de splendides boiseries sculptées, proviennent de Siatista et de Kozani (Macédoine). Après un rappel des voyageurs étrangers aux 18e et 19e s., l'art religieux est évoqué, rappelant le rôle identitaire de l'Église orthodoxe pendant les années d'occupation. Admirez les belles **icônes** (salle 25), notamment une composition extraordinaire de Th. Poulakis (Crète, 17e s.), synthèse en images de l'Hymne à la Vierge et du Jugement dernier.

2e étage (salles 29 à 32) – On y retrouve la société grecque à la veille de la guerre d'Indépendance. Belle collection d'instruments de musique, outils et objets de la vie quotidienne.

3e étage (salles 33 à 36) – Le fil conducteur est l'histoire de la Grèce aux 19e et 20e s., de la lutte pour l'indépendance jusqu'à la constitution du nouvel État. Remarquez, outre la collection de costumes et de bijoux, la Constitution signée par le roi Otton en 1844, des objets personnels (dont un sceau en or) du poète Dionysios Solomos et des exemplaires des premières œuvres imprimées des poètes Georges Seféris, Odysseas Elytis, Angelos Sikelianos, Iannis Ritsos et Andreas Embiricos. Une place est accordée aux peintres figuratifs, comme Konstantinos Parthenis et Nikos Egkonopoulos, ainsi qu'au compositeur Nikos Skalkotas.

Musée d'Art cycladique★★ (Moussío Kikladikís Téhnis) Plan I D2

Accès au 4 odos Neophytou Douka - ✆ 210 7228321/3 - lun., merc., vend. 10h-16h, jeu. 10h-20h, sam. 10h-15h - fermé mar. et dim. - 5 € (moitié prix le sam.). Ce musée, qui a pour noyau la collection privée de N.-P. Goulandris, admirablement présentée et d'une exceptionnelle qualité, illustre le développement de l'art grec sur une période de plus de 3 000 ans.

1er étage – Il contient quelque 350 objets, témoins de la civilisation cycladique. Cycladique ancien I (3300-2700), II (2800-2300) et III (2400-2000) sont représentés : vases en marbre et en céramique et, surtout, une magnifique collection d'idoles de marbre, remarquables par la sobriété et la modernité de leurs lignes : idoles en forme de violon du Cycladique ancien I, figures féminines aux bras croisés, pour la plupart du Cycladique ancien II, un porteur de gobelet, assis, et des têtes en amande où seul le nez apparaît en relief, les autres détails étant parfois peints.

2e étage – Environ 300 œuvres représentatives de l'art grec antique y sont exposées. Des céramiques et divers ustensiles des époques minoenne et mycénienne ; un bel ensemble de vases à figures rouges et à figures noires, en particulier un cratère attique (430) représentant une jeune flûtiste accompagnée de danseurs, ainsi qu'un lécythe où est illustrée une course de chevaux (560-550) ; la collection Evtaxias est composée de vases de bronze (8e s.), notamment un vase à boire de Thessalie à deux anses et pourvu d'une fine décoration végétale; bijoux d'or et de bronze et céramiques de Skyros (1000-700) ; plats d'Italie du Sud (4e s.), vases à parfum, belle collection de terres cuites béotiennes et d'idoles féminines au visage en forme d'oiseau de la même région (590-550) ; sculptures et reliefs funéraires de marbre.

3e étage – Expositions temporaires et nouvelles acquisitions du musée.

4e étage – 115 objets issus de la collection Karolos Politis, datés du 19e s. av. J.-C. au 6e s. de notre ère et exposés dans un ordre chronologique. On peut également observer des fragments du fameux « trésor de Kéros ».

Nouvelle aile – *Accès par le jardin du rez-de-chaussée.* La demeure d'Othon et Athena Stathatos, construite en 1895 par l'architecte Ernst Ziller, abrite des expositions temporaires, ainsi que la collection d'art grec antique de l'Académie d'Athènes et des répliques de meubles en bois de la Grèce classique, dessinées par le collectionneur Mihaïl Vlastos.

Musée byzantin et chrétien★★ (Vizantinó Moussío) Plan I D2

22 leophoros Vassilissis Sofias - ✆ 210 7211027 ou 210 7232178 - tlj sf lun. 8h30-15h - 4 €.

Passionnant musée réaménagé de façon moderne et didactique, qui nous fait traverser un millénaire, de la fin de l'Antiquité à la chute de Byzance. On observe comment un art chrétien est né, employant tout d'abord les formes de l'art antique et détournant certaines divinités de leur rôle traditionnel. À partir du 6e s., les temples païens sont reconvertis, tandis qu'apparaissent des églises avec leurs chancels, ces barrières de pierre séparant la nef du presbyterium. Puis la crise de l'iconoclasme entraîne la disparition de tout élément figuratif au profit d'entrelacs géométriques ou de feuillages, le seul symbole admis étant la croix.

Les époques plus récentes sont représentées par de superbes icônes, et la fixation des normes architecturales de l'église byzantine : le dôme, symbole du Ciel, tandis que les murs se couvrent de peintures et de mosaïques illustrant les textes sacrés et constituant une véritable « bible des illettrés ». Vous visiterez des reconstitutions d'églises athéniennes (peintures murales de la chapelle Saint-Nicolas, 1233), avant de découvrir ce que l'on a appelé le dernier âge d'or de Byzance (1261-1453), représenté par des icônes (Saint-Georges, 14e s., icône de la Crucifixion) et des livres enluminés.

Aux alentours

AU SUD-OUEST D'ATHÈNES

Le Pirée (Peiraiás)

À 10 km au sud-ouest du centre d'Athènes. Accès recommandé par le métro (ligne 2) : 20 à 25mn depuis Monastiráki. En voiture en empruntant la rue Pireos ou l'avenue Singrou, cette dernière étant moins directe, mais plus rapide.

Typiquement méditerranéen par son animation et son cosmopolitisme, Le Pirée (377 693 habitants avec les communes limitrophes) ne forme avec la capitale qu'une même agglomération. Premier port de Grèce, la cité jouit d'un site maritime exceptionnel créé par une presqu'île se découpant en une profonde échancrure qu'occupent le port principal et deux anses, Zéa et Mikrolímano.

C'est à l'initiative de **Thémistocle** au 5e s. av. J.-C. que Le Pirée succéda à Phalère (Faliro), trop exposé aux vents, comme principal port d'Athènes. Il était pourvu d'une enceinte et relié à Athènes par les **Longs Murs**, boulevard fortifié que les Athéniens nommaient plaisamment les « Longues Jambes ».

Au temps de Périclès, la ville fut remodelée d'après un plan d'urbanisme établi par le philosophe et géomètre **Hippodamos de Milet** et connut une période de grande prospérité. Plus tard, Le Pirée troqua son nom pour celui de **Porto Leone** en raison d'un lion antique qui servait d'amer à l'entrée du port et que les Vénitiens transportèrent à l'Arsenal de Venise en 1687. Supplanté ensuite par Ermoupoli (île de Syros), au centre des Cyclades, Le Pirée ne comptait plus qu'une cinquantaine d'habitants à l'arrivée d'Otton de Bavière. Mais la désignation d'Athènes comme capitale de la Grèce, puis l'ouverture, en 1893, du canal de Corinthe marquent les débuts de sa renaissance et de sa reconversion en plaque tournante d'accès aux îles.

Se repérer

La gare/station de métro du Pirée est placée sur le port. En suivant le quai sur la gauche, vous arriverez à une rue commerçante et animée, odos Georgiou, qui conduit à la platia Koraï, au cœur de la cité. De là, empruntez sur votre droite la large avenue Iroon Politechniou, tracée dans l'axe de la presqu'île. Sur votre gauche, l'odos Meharia vous conduit à l'anse de Marina Zéa.

Le port

L'ensemble portuaire actuel se compose des ports du Pirée, d'Iraklis, du golfe d'Éleusis, ainsi que des petits ports de Zéa et Mikrolímano qui accueillent bateaux de plaisance et yatchs luxueux. Le port principal du Pirée comprend le port central (Kendriko Limani) affecté aux marchandises mais surtout aux voyageurs des lignes intérieures ou internationales, ces dernières disposant d'une grande gare maritime, le port d'Alon (section nord du port central) qui reçoit les caboteurs, et l'avant-port affecté aux bois et aux conteneurs. À l'ouest, le port d'Iraklis est réservé aux navires de charge munis de panneaux ouvrant directement de la cale au quai. Dans le golfe d'Éleusis se trouvent les chantiers de construction et de réparation navale. Entre Le Pirée et Éleusis sont implantées raffineries de pétrole, usines métallurgiques, industries alimentaires, cimenteries, manufactures de tabac, formant le complexe industriel le plus important de Grèce.

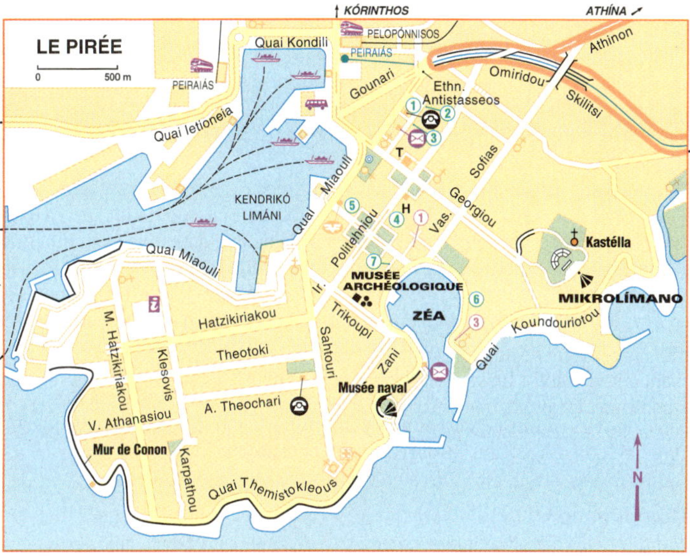

SE LOGER		SE RESTAURER
Eva ①	Noufara ④	To Palio tou Katsika ①
Zacharatos ②	Poseidonio ⑤	Ziller ③
Anita Argo ③	Lilia ⑥	
	Phidias ⑦	

Zéa★

Anse bien abritée à la courbure harmonieuse, Zéa fut dans l'Antiquité un grand port de trières : on a retrouvé les berceaux de halage de ces navires de guerre. De nos jours, Zéa, réservée aux hydroglisseurs, et son avant-port peuvent recevoir jusqu'à 400 bateaux de plaisance. Sur ses quais s'alignent restaurants et tavernes de poisson ou de fruits de mer.

Musée archéologique★ – *En retrait de Zéa, 31 odos Harilaou Trikoupi - ✆ 210 4521598 - mar.-sam. 8h30-15h - fermé dim. et lun. - 3 €.* Installé dans un bâtiment moderne, le musée offre au visiteur le calme et la fraîcheur de ses salles. Les chefs-d'œuvre des lieux sont les quatre statues oubliées par Sylla : l'**Apollon du Pirée** (vers 525 av. J.-C.), splendide kouros archaïque, est la plus ancienne statue grecque de bronze connue. L'**Athéna du Pirée** (vers 340 av. J.-C.), portant péplos et casque à cimier, tenait une statuette ou une coupe dans la main droite, un bouclier ou une lance dans la main gauche. Enfin, deux statues représentent **Artémis** avec son carquois. Autre pièce maîtresse : le **monument funéraire de Kallithea**★, impressionnant tombeau haut de 7 m découvert en 1968 près des Longs Murs du quartier de Kallithea. Consacré à Nikeratos d'Istrie et à son fils Polyxène, il est orné de deux colonnes ioniques et des trois statues grandeur nature du père, du fils et (probablement) de leur serviteur.

Autrement, les objets exposés évoquent la ville antique du Pirée et ses activités, ainsi que des sanctuaires de l'Attique. Sont présentés de nombreux ex-voto et quelques pièces rares, comme des mesures en pierre et un éperon de bateau de guerre en bronze, mais aussi des poteries, des bijoux, des instruments de musique, des jouets… À noter : un curieux rhyton en forme de tête de cochon et un relief représentant le combat d'Hercule et du centaure. En outre, un sanctuaire de la période classique a été reconstitué, où trône une Cybèle assise provenant d'un édifice funéraire du 4e s. av. J.-C. mis au jour dans le quartier de Moschato.

Le musée compte aussi un bel ensemble de stèles funéraires, qui ornaient jadis le boulevard fortifié longeant les Longs Murs et reliant Le Pirée à Athènes.

Oubli

En 85 av. J.-C., les Romains conduits par **Sylla** incendient et pillent la cité : comme à leur habitude, ils se réservent quelques chefs-d'œuvre,notamment quatre statues de bronze qu'ils placent dans un entrepôt… Mais pour des raisons mal élucidées, ils les y oublient. Découvertes en 1959, elles sont aujourd'hui les joyaux du Musée archéologique du Pirée…

Parmi les collections de sculptures de la période hellénistique et celles consacrées à l'art de la période romaine, remarquez des plaques fabriquées au 2e s. dans un atelier de l'Attique, destinées à décorer des bâtiments romains et retrouvées en 1930 dans un bateau antique coulé dans le port du Pirée.

Derrière le musée se trouvent les restes du **théâtre de Zéa** (2e s. av. J.-C.), visibles uniquement depuis le 2e étage.

Musée naval (Naftikó Moussío) – *Quai Themistokleous - ✆ 210 4286959 - mar.-vend. 9h-14h, sam. 9h-13h30 - fermé en août - 2 €.* Installé sur le quai de Marina Zéa, ce bâtiment tout neuf est construit autour d'un tronçon de mur datant de Thémistocle. Il illustre en 12 salles l'histoire de la navigation grecque jusqu'à la Seconde Guerre mondiale : modèles de bateaux (notamment une trirème de la guerre du Péloponnèse, un navire marchand hellénistique et un navire de guerre byzantin) ; nombreuses cartes (voyages d'Ulysse, guerre de Troie, explorations grecques en mer du Nord et en Orient) ; reconstitutions, en maquettes, de batailles navales (Salamine, Navarin, les Dardanelles) ; portraits de grands capitaines de la guerre d'Indépendance.

Dans l'entrée se dresse la lanterne d'un phare de fabrication française (Barbier, 1880), qui a fonctionné à Istanbul jusqu'à la guerre des Balkans.

Près du musée, la terrasse de la cafétéria offre une **vue** agréable.

Mikrolímano★

Port de trières dans l'Antiquité, comme Zéa, Mikrolímano, bordé de tavernes, est dominé par la colline de Kastélla, haute de 87 m, qui portait une acropole et un sanctuaire d'Artémis. Des abords du théâtre de plein air, belle vue sur Le Pirée, la côte et le golfe Saronique.

Le tour de la presqu'île

En faisant le tour de la presqu'île, on découvre quelques jolies vues sur le port et la côte. Vestiges du mur de Conon (Tihos Kononos) du 4e s. av. J.-C. Près du jardin public, tombeau d'**Andreas Miaoulis**, marin d'Hydra et héros de la guerre d'Indépendance.

AU NORD-EST ET À L'EST D'ATHÈNES

Kifissiá★

À 14 km au nord-est d'Athènes. Terminus de la ligne 1 du métro (station Kifissiá).

Au pied du mont Pendeli, cette banlieue résidentielle et élégante, appréciée dès l'Antiquité, jouit en été d'une agréable fraîcheur grâce à son altitude (276 m), ses eaux et ses ombrages. La commune comprend une ville basse avec boutiques et tavernes, près du métro et du parc public ; une ville haute, aristocratique, avec ses rues ombragées de platanes, ses belles villas du 19e s. à l'italienne qu'entourent des jardins plantés de pins, de cyprès et d'eucalyptus, ses hôtels et restaurants de luxe se disséminant dans la verdure.

Musée Goulandris d'Histoire naturelle★ (Moussío Goulandrí Fissikís Istorías) – *13 odos Levidou ✆ 210 4286959 - tlj 9h-14h30 sf dim. 10h-14h30 - 5 €, enfants 3 €.* Installé dans une grande villa du 19e s., ce musée présente de façon attrayante la faune (naturalisée), la flore et la minéralogie de la Grèce. Son **herbarium** comprend 200 000 variétés de plantes du Bassin méditerranéen. Une section est consacrée à la paléontologie et la paléobotanique.

Maroússi

12 km au nord-est d'Athènes. Métro Maroussi (ligne 1).

Fondation Musée Iannis Tsaroudris – *28 odos Ploutarchou - ✆ 210 4286959 - merc.-dim. 9h-14h - fermé lun. et mar. - 2 €.* On y voit les œuvres de ce peintre grec contemporain marquant (1910-1989), exposées dans sa résidence personnelle.

SUR LES PENTES DU MONT HYMETTE ★★

À 9 km à l'est d'Athènes. Après avoir dépassé le faubourg de Kaisarianí (terminus des autobus), la route monte en lacets au travers des bois de pins et d'eucalyptus odorants. À 3 km apparaît à droite le monastère de Kaisarianí.

Monastère de Kaisarianí★★ – *✆ 210 7236619 - fermé pour restauration.* La fraîcheur des sources, l'ombrage des platanes, des pins et des vénérables cyprès, le silence à peine troublé par le bourdonnement des abeilles de l'Hymette donnent beaucoup de charme à la visite de ce monastère fondé au 11e s. et dédié à la Présentation de la Vierge. Jadis connu pour la science de ses *higoumènes* (supérieurs) et pour la richesse de sa bibliothèque, dilapidée durant la guerre d'Indépendance, il est aujourd'hui désaffecté.

Dans la cour extérieure, à l'est, une niche du mur d'enceinte du couvent abrite la fameuse fontaine du Bélier, source sacrée dans l'Antiquité, qui fut célébrée par le poète latin Ovide dans *L'Art d'aimer.*

Pénétrez dans la **cour** intérieure rafraîchie d'eaux vives et parsemée de vestiges antiques. Le bâtiment de gauche, du 11e s., abritait les bains monastiques dont la salle principale est surmontée d'une coupole, avant d'être transformé en celliers et pressoir. Lui fait suite une aile comportant une galerie supérieure sur laquelle s'ouvraient les cellules monacales. À droite, l'église ou catholicon, sur plan en croix grecque, date du 11e s., mais le narthex à coupole et la chapelle latérale à clocheton ont été ajoutés au 17e s. Elle est ornée à l'intérieur de belles **fresques** : celles du narthex datent de 1682 ; celles de l'église proprement dite seraient du 18e s. et représentent le Christ Pantocrator, la Vierge en majesté entre les archanges Michel et Gabriel ; au cul-de-four oriental, la vie du Christ autour de la croisée. En face de l'église se trouvent les **bâtiments conventuels** avec leur cuisine à foyer central et le réfectoire dont l'extrémité forme une niche où prenait place l'higoumène.

Sortir du monastère de ce côté et prendre le chemin qui, montant dans les oliviers et les cyprès, conduit (15mn à pied AR) à un sanctuaire situé au sud-est du monastère.

Celui-ci comprend les vestiges d'une église du 10e s. à trois nefs, construite sur les soubassements d'une basilique paléochrétienne. Accolée à la précédente, une église franque du 13e s., voûtée et dédiée à saint Marc, et la chapelle plus récente des Taxiarques. Tous ces édifices présentent des éléments antiques en réemploi. Belles vues sur Athènes, l'Attique et le golfe Saronique.

Mont Hymette★★ (Óros Ymittós) – Reprenant la route de l'Hymette à travers les pins, on rencontre bientôt à gauche le charmant **monastère d'Asteriou★** du 11e s., puis l'on sort des bois pour trouver le maquis. Des vues se dégagent, par temps clair, sur Athènes et le golfe Saronique jusqu'au Péloponnèse d'un côté, sur la Mésogée, la côte orientale de l'Attique et l'Eubée de l'autre. Il n'est pas possible d'atteindre le sommet du mont Hymette *(zone militaire)*, que couronnait, à l'époque antique, une statue de Zeus. Culminant à 1 026 m, la chaîne, qui s'allonge du nord au sud sur une vingtaine de kilomètres, est bien connue pour la teinte mauve qu'elle prend au crépuscule.

Dans l'Antiquité, l'Hymette était déjà célèbre pour son miel, ainsi que pour son marbre gris bleu, encore exploité dans les carrières de la vallée Ágios Geórgios, non loin de Kaisarianí. Enfin sur les contreforts du versant est, un vignoble de qualité produit du vin blanc.

De Kaisarianí, continuez tout droit après le monastère pour retrouver la route principale, puis prenez la direction Lávrio/Soúnio.

Paianía

Patrie de Démosthène et de Socrate, la ville n'offre d'autre intérêt que son musée.
Musée Vorres – *1 parados Diadochou Konstantinou - ✆ 210 6642520 - sam. et dim. 10h-14h - 5 €.* Cette fondation d'art contemporain créée par Ian Vorre compte deux ensembles distincts. D'une part, une collection d'art contemporain regroupant plus de 300 tableaux et 40 sculptures, œuvres d'artistes grecs de la période d'après-guerre (parmi ceux-ci, on remarque des tableaux de Fassianos, Moralis, Gaïtis, Tsarouchis, Vassiliou, etc.). Et, d'autre part, dans une ancienne maison bâtie dans le jardin, un aperçu de l'art populaire à travers la visite (sous la houlette d'un guide francophone) de belles pièces meublées de façon traditionnelle.

SUR LA ROUTE D'ARÁCHOVA

180 km d'Athènes à Osiós Loukás. Compter une journée.

Citadelle de Gla

Rejoindre l'autoroute E 75 en direction de Lamia. Quitter l'autoroute à la sortie « Kastro » et prendre vers l'est la route de Larymna : 700 m plus loin, laisser cette route à gauche et continuer tout droit sur le chemin de terre qui atteint la citadelle et en fait le tour.
Jadis entourée par les eaux sombres du lac Copaïs (Kopaïda) aujourd'hui asséché, la citadelle-refuge mycénienne de Gla est constituée par un îlot rocheux tabulaire dont le périmètre est entouré d'une muraille (14e-13e s. av. J.-C.), longue de 3 km et épaisse de plus de 5 m. Cette enceinte est percée de quatre portes, celle du sud étant la principale. Après avoir franchi la porte nord-est encadrée de tours carrées, en tournant à droite et en gravissant le sentier, vous arriverez au point culminant du site, à environ 70 m au-dessus du niveau de la plaine lacustre.
L'École française d'Athènes y a mis au jour les vestiges d'un palais de type mycénien, à deux mégarons. Des abords, vue panoramique sur le bassin de l'ancien lac, où prédominent les cultures de riz et de coton.
Revenir à Kastro et continuer vers Orchomenós.

Orchomène (Orchomenós)

Capitale des Minyens, peuple guerrier indo-européen de la préhistoire, riche et puissante à l'époque mycénienne, **Orchomenós** fut la rivale de Thèbes, ce qui lui valut d'être détruite deux fois par ses voisins, avant d'être rebâtie par Philippe de Macédoine. C'est aujourd'hui un bourg agricole situé en bordure d'un immense marécage asséché, le **lac Copaïs**. Des traces de canaux de drainage creusés par les Minyens et des amorces de tunnels d'époque hellénistique ont été retrouvées. Les travaux d'assèchement modernes furent entrepris à la fin du 19e s. par une compagnie française et poursuivis par des ingénieurs écossais. Un réseau de canaux fut créé pour diriger les eaux du lac vers les lacs Yliki et Paralimni qui communiquent avec la mer. Une surface de près de 200 km² fut ainsi dévolue à l'élevage et à la culture (céréales, riz et surtout coton). Les ruines de l'antique Orchomène et l'église de la Dormition de la Vierge se font face à la sortie du bourg moderne, vers l'est, sur la route de Kastro.
Ruines antiques – À gauche du théâtre, on accède par l'allée au **trésor de Minyas★** (ancêtre légendaire des Minyens), tombe mycénienne monumentale à coupole (tholos) analogue au trésor d'Atrée de Mycènes. Remarquez l'énorme linteau de schiste bleu de la porte, la rotonde dont la voûte s'est écroulée, et, reliée à celle-ci par un couloir, la chambre funéraire dont le plafond a conservé en partie son décor raffiné d'origine.
1h à pied AR. De l'acropole, beau **panorama★** sur Orchomène et la région. On distingue en chemin des restes de murailles et de temples antiques.
Église de la Dormition de la Vierge★ (Kimissis tis Theotokou) – Datant du 9e s., l'église byzantine appartenait à un monastère élevé à l'emplacement d'un temple consacré aux Charites, les trois Grâces, filles de Zeus, divinités de la beauté, qui

La bataille du Céphise

Près d'**Orchomenós**, où le Céphise (Kifissos) se jetait dans le lac Copaïs, se déroula, le 13 mars 1311, la sanglante bataille qui mit fin à la domination franque sur les duchés de Thèbes et d'Athènes. Les hommes de pied des compagnies aragonaises *(voir Kavála)* s'étaient retranchés sur la rive droite du fleuve, séparés de la chevalerie franque par un vaste espace plat et verdoyant mais bourbeux. Les 700 chevaliers bourguignons, champenois et flamands que commandait Gautier de Brienne, duc d'Athènes, ne prirent pas garde au terrain mouvant. Aussi, lorsqu'ils chargèrent, les lourds destriers s'enfoncèrent dans la boue, paralysant leurs cavaliers que la légère infanterie catalane n'eut aucune peine à massacrer. Deux chevaliers seulement en réchappèrent.

répandaient la joie dans la nature. Au 13e s., les cisterciens aménagèrent l'église et les bâtiments conventuels : on reconnaît leur empreinte dans l'architecture de l'église avec son narthex ouvert à l'extérieur, son porche et ses baies triples ; les arcades d'une galerie du cloître présentent elles aussi un profil typiquement cistercien. Remarquez le curieux pavement d'époque byzantine.

En faisant le tour extérieur de l'ancienne abbatiale, vous pourrez détailler les pierres byzantines à décor sculpté en méplat de motifs symboliques (griffons, colombes, lions, cerfs, arbres de vie, etc.) ou d'inscriptions en caractères grecs.

Poursuivre votre route sur 8 km. Au carrefour vers Delphes, prendre à droite vers Lamia pendant 8 km.

Chéronée (Chairóneia)

Le saviez-vous ? – L'historien **Plutarque** (vers 50-125), auteur des *Vies parallèles* et par ailleurs prêtre d'Apollon à Delphes, est né et mort à Chéronée.

En 338 av. J.-C., la **bataille de Chéronée** mit aux prises les phalanges de **Philippe II de Macédoine** (30 000 fantassins et 2 000 cavaliers) aux forces légèrement inférieures en nombre des cités grecques venues secourir Thèbes, à l'appel notamment du grand orateur **Démosthène**, qui participa aux combats. La victoire sans appel de l'armée macédonienne (dans laquelle Alexandre, le futur Alexandre le Grand, âgé de 18 ans, faisait ses premières armes) marqua la fin de la Grèce classique.

Le lion – Un bosquet de cyprès signale le lion en marbre, haut de 5,50 m. Ce mausolée fut érigé après la bataille de Chéronée près de l'ossuaire rassemblant les dépouilles des soldats du bataillon sacré thébain tués en cette funeste journée : 254 squelettes furent retrouvés au cours des fouilles. Découvert par des voyageurs anglais alors qu'il était presque enterré, ce lion fut brisé au cours de la guerre d'Indépendance, car il sonnait creux et la tradition affirmait qu'il contenait un trésor. Mais on ne trouva rien… et la statue dut être réparée.

À la sortie du village, à gauche, charmant **théâtre antique** adossé à la falaise de l'acropole.

À 4 km, route à gauche en direction d'Agios Vlassios. Piste d'approche, puis montée à pied 1h AR. Le site est rarement visité et pourtant, les étonnantes fortifications du 4e s. de **Panopeus★** valent le coup d'œil.

Revenir au carrefour et prendre la route de Delphes. Après 3 km, prendre à gauche.

Livadiá★

Le chef-lieu de la Béotie occupe un beau site en amphithéâtre au débouché des sombres gorges de l'Erkinas qui, dans l'Antiquité, passaient pour être l'une des entrées aux royaumes infernaux. Très disputée entre Francs au Moyen Âge, Leivadeiá devint la seconde cité de Grèce (après Thessalonique) au temps de l'occupation turque. C'est aujourd'hui une cité animée, à la fois nœud routier et centre industriel dont les usines textiles traitent le coton du lac Copaïs *(voir p. 151)*. La **ville haute** a conservé ses maisons blanches des 18e et 19e s. ornées de balcons de bois en avancée, ses boutiques protégées par de larges auvents à la turque, et ses restaurants.

Laisser la voiture sur l'esplanade, au centre de la ville moderne, et prendre une des rues qui montent vers la ville haute.

Gorges de l'Erkinas★★ (Farangi Erkinas) – *30mn AR. Du haut de Livadiá, suivre le torrent en laissant sur la droite une grosse tour carrée.* Sur la rive droite de l'Erkinas, que franchit un vieux pont de pierre ottoman en dos d'âne, coule la source Mnémosyne (Mémoire) qui parvient dans un réservoir près duquel on remarque des niches votives creusées dans la roche ; les pèlerins en route pour Delphes y déposaient leurs offrandes à l'oracle de Trophonios. Plus loin, un passage conduit à ce qu'on pense être la source du **Léthé**, fleuve de l'Oubli.

Continuez à remonter les gorges s'enfonçant dans une montagne rocheuse et pelée qu'égaient quelques buissons de lauriers-roses. De belles perspectives se dégagent sur le kastro et le petit ermitage de Jérusalem. Vous redescendrez ensuite jusqu'à la tour carrée, à l'extrémité de l'enceinte extérieure du kastro, et prendrez, à gauche, le chemin qui suit la muraille en passant près d'une belle église byzantine à abside et coupole.

Kastro★ – Couronnant le mont Agios Ilias (402 m), ce château commande l'accès à la Thessalie. Cette position stratégique fut fortifiée au 13e s. par les Francs, alors maîtres de Thèbes, mais la forteresse actuelle date du 14e s., lorsque les Aragonais dominaient le pays. Les seigneurs y détenaient une relique insigne, le chef de saint Georges, qui, par la suite, fut transférée à Venise.

Après avoir traversé l'ancienne basse cour du château, vous franchirez la porte principale pour accéder au donjon. La chapelle Profitis Ilias a remplacé un temple de Zeus. Des remparts, **vue★★** spectaculaire sur les gorges de l'Erkinas, l'ermitage de Jérusalem, la ville et les montagnes.

Au point le plus élevé se trouvait l'antre où officiait l'oracle de Trophonios. Il fut consulté notamment par le toujours précieux **Pausanias**, qui en a décrit les rites et les épreuves imposées aux pèlerins.

Revenir sur la route de Delphes, après 20 km, prendre à gauche vers Distomo. Sur la place principale de Distomo, prendre une route à gauche. Celle-ci, relativement étroite et sinueuse, conduit au monastère, qu'elle atteint 4 km après avoir traversé le village de Stiri. Parking aménagé à l'entrée.

Monastère Saint-Luc★★★ (Ósios Loukás)

Bon à savoir – En bus depuis Athènes, un trajet direct par jour au départ de la gare routière *(rens. à l'EOT d'Athènes).*

Descendre par une allée en escaliers qui conduit à une terrasse ombragée, notamment d'un majestueux platane. La billetterie se trouve à l'entrée de l'ancien réfectoire. Tenue correcte de rigueur. ✆ 22670 22797 - mai-sept. : 8h-14h, 16h-19h ; en hiver : 8h-17h - 3 €.

Perdu dans un paysage superbe, ce monastère byzantin, classé depuis 1993 au patrimoine mondial de l'Unesco, compte parmi les plus beaux de Grèce.

Comme les monastères de Dafní et d'Orchomenós, Ósios Loukás a été occupé aux 13e s. et 14e s. sous les ducs bourguignons d'Athènes et de Thèbes, par les cisterciens, heureux de trouver un endroit isolé qu'ils placèrent, à leur habitude, sous la protection de la Vierge. Endommagé par des tremblements de terre aux 16e et 17e s., il a été restauré dans les années 1960-1970 et est encore occupé par une communauté de moines.

Le monastère apparaît dans un **paysage★★** somptueux, au flanc d'un cirque de montagnes couvertes d'oliviers et ponctué par la sombre silhouette verticale des cyprès. Entourée d'un verger, l'enceinte du monastère dessine un pentagone irrégulier dont le centre est marqué par les deux églises. Autour se trouvent les cellules des moines (côtés nord et ouest) et l'ancien réfectoire (côté sud). Refait après un bombardement en 1943, ce dernier a été transformé en musée (collection d'objets religieux).

L'entrée se fait au bout de la terrasse par une porte aménagée sous une tour d'horloge de la fin du 19e s. On arrive devant le grand Katholikon (église Saint-Luc). À gauche, et en retrait, est accolée la Theotokos (église de la Vierge). Un étroit passage relie les deux bâtiments.

Katholikon★★ – Cette vaste église de pèlerinage a été édifiée au 11e s, au-dessus de la sépulture du saint ermite Loukás. Coiffée d'une coupole de tuiles rouges, alternant avec raffinement sur ses murs des lignes de brique et de pierre, rehaussées de frises de marbre blanc, l'église a été construite selon un plan octogonal, innovation architecturale appelée à devenir une référence dans l'architecture byzantine tardive.

En entrant dans l'église, on découvre tout d'abord le **narthex** et un premier ensemble de mosaïques. Le regard est attiré par la coupole centrale qui s'inscrit dans un carré massif à abside saillante, comme à Sainte-Sophie de Constantinople. L'espace central dégagé par la coupole qui fait près de 9 m de diamètre permettait d'accueillir la foule des pèlerins. Les tribunes étaient, elles, réservées aux femmes.

Le **décor intérieur** date du 11e s. et l'on ne peut qu'être émerveillé par sa richesse et sa diversité : des marbres multicolores revêtent certains piliers, des jaspes et porphyres tapissent le sol, de délicates sculptures ornent l'iconostase, et surtout d'extraordinaires

Luc le Styriote

Fondé au 11e s., le monastère est consacré à un ermite, Loukás le Styriote, mort ici en 953. D'une vocation précoce, Loukás entra au couvent à Athènes à l'âge de 14 ans, avant de mener une vie d'ascète en Corinthie, auprès d'un stylite, puis dans une île déserte et enfin de s'établir en Phocide. Sa réputation de saint guérisseur lui valut d'être rejoint par d'autres religieux et soutenu par des dignitaires byzantins. Une première église dédiée à sainte Barbe puis à la Vierge fut construite. Après la mort de l'ermite, le lieu devint un lieu de pèlerinage, et une seconde église fut érigée en l'honneur du saint.

mosaïques★★ enrichissent voûtes, tympans et pilastres. Vous admirerez notamment les mosaïques à fond d'or, exemple du style hiératique du 11e s., sobre et expressif, dont la réalisation est due à des artistes de Salonique ou de Constantinople.

Celles du **narthex (1)** constituent un bel ensemble. Remarquez au tympan de la porte Royale donnant accès à la nef centrale une majestueuse effigie du Christ enseignant ; aux tympans des arcs, de part et d'autre de la porte Royale, la Crucifixion et la Résurrection, scène combinée avec la Descente aux limbes (à droite) et les effigies de Constantin et Hélène, initiateurs de la dévotion à la Croix ; à la voûte centrale, la Vierge, les archanges Gabriel et Michel, saint Jean-Baptiste ; aux tympans des arcs, côté ouest, de curieuses figures de saintes orientales ; et, enfin, dans les niches latérales, le Lavement des pieds (à gauche) et l'Incrédulité de saint Thomas (à droite).

P. Plantier / MICHELIN

Brique et pierre composent l'ornementation extérieure du Katholikon.

Les mosaïques d'origine de la **Grande Coupole (2)** ont été remplacées par des fresques exécutées aux 16e-17e s. sur fond d'or. Au centre trône le Christ Pantocrator (Tout-Puissant) qu'entourent la Vierge, saint Jean-Baptiste, les archanges Michel, Raphaël, Uriel, Gabriel, et 16 prophètes. De charmantes mosaïques représentent la Nativité, la Présentation au Temple, le Baptême du Christ. **L'iconostase**, en marbre blanc sculpté, était autrefois enrichie de quatre grandes icônes (1571) dues au célèbre artiste crétois **Damaskinos**, maître du Greco. Volées il y a quelques années, elles ont été remplacées par des copies. Le **chœur et l'abside (3)** sont également abondamment décorés : à la petite coupole au-dessus de l'autel, une mosaïque symbolise la Pentecôte ; au cul-de-four de l'abside, la Vierge Mère. Dans l'absidiole à droite, deux mosaïques se faisant face comptent parmi les plus admirées de l'ensemble : Daniel dans la fosse aux lions et les Jeunes Hébreux dans la fournaise. Enfin, dans le **bras nord du transept (4)**, vous verrez une admirable effigie de l'ermite Loukás.

Pour accéder à la **crypte**, sortez de l'église et prenez à droite, sur le flanc sud. Abritant le tombeau de Loukás, elle fut construite au 10e s. Parmi les peintures murales du 11e s., remarquez la Cène (à droite de l'iconostase).

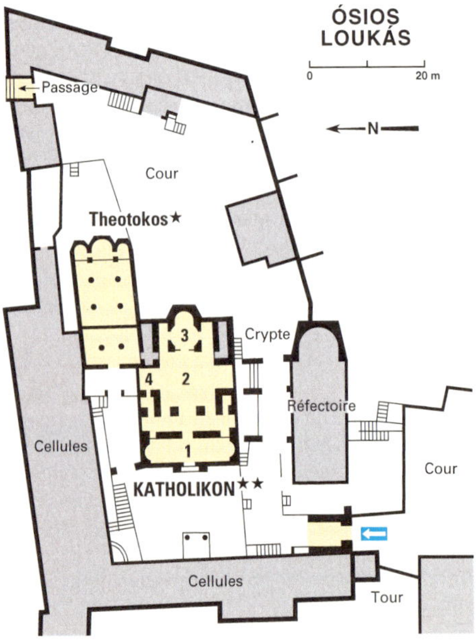

Theotokos★ – On accède à l'église de la Vierge depuis l'église Saint-Luc par un passage situé dans la chapelle située à gauche du chœur.

Très différente de sa voisine, par son architecture plus dépouillée, cette église serait, pour les uns, contemporaine de Loukás, et donc du 10e s. ; pour d'autres, elle daterait du 11e s. En fait, même si l'oratoire de l'ermite se trouvait sans doute à cet endroit, il semble que l'édifice ait été construit au 13e s. par les cisterciens, comme le

suggèrent le porche extérieur voûté d'arêtes servant de passage vers les bâtiments monastiques, la nef à collatéraux, l'abside et les absidioles en saillie se terminant par des chevets plats à l'extérieur, le profil des arcs et la simplicité de l'ornementation. Admirez les vastes proportions du narthex dont les voûtes sont soutenues par deux colonnes à chapiteaux corinthiens et l'élévation de la coupole que supportent quatre colonnes de granit à beaux chapiteaux sculptés.
En sortant de l'église de la Vierge, faites le tour des deux sanctuaires par la droite afin de regagner la cour des moines d'où vous comparerez leurs chevets : celui du Katholikon, massif, est coiffé d'une puissante coupole ronde ; celui de l'église Theotokos, plus élancé, l'est d'une élégante tour-lanterne octogonale. De ce côté se trouvaient les salles de réunion des moines séparées par un passage qui existe encore.
Pour rejoindre Aráchova, revenir à Distomo, puis sur la route de Delphes et poursuivre sur 12 km.

Athènes pratique

Arrivée et départ

EN AVION

Très bien organisé, l'aéroport international Eleftherios Venizélos *(✆ 210 3530000)* se trouve à Markopoulos, à 27 km au sud-est d'Athènes.

Se rendre en ville

Le plus simple est d'emprunter le **métro** : en sortant du hall, traversez et longez sur la gauche l'hôtel Sofitel jusqu'à l'escalier mécanique desservant la gare polyvalente (métro et trains de banlieue). Il vous en coûtera 6 € (10 € pour deux personnes, 15 € pour trois) mais ce billet n'est valable qu'une fois pour un trajet qui vous conduira à Syntagma ou Monastiráki (ligne 3), deux stations permettant les correspondances avec les deux autres lignes de métro. Les métros quittent la station Aerodromio toutes les 30mn.

De cette même gare, vous pouvez également emprunter un train de banlieue qui vous déposera à la **gare de Larissa**, avec arrêt à Nerantziotissa, à proximité de Maroússi. Fréquence et tarif identiques à ceux du métro *(rens. sur www.prostastiakos.gr)*.

Si vous préférez le **bus**, il vous faudra compter au moins une heure (selon l'état de la circulation) pour rejoindre le centre-ville. Les bus express ont pour terminus la station de métro Ethniki Amyna (bus X 94), Syntagma (X 95), Kifissia (X 92) ou Le Pirée (X 96). Ils fonctionnent 7/7 j., à des fréquences différentes (toutes les 10mn dans la journée, pour le X 94 et le X 95), de 5h (Le Pirée), 5h30 (Syntagma) ou 7h30 (Ethniki Amyna) jusqu'à 22h50 ou 23h30 selon les lignes. 3,20 € le billet à acheter au terminal *(rens. sur www.oasa.gr)*.

Les **taxis** emprunteront l'autoroute, ce qui ne signifie pas pour autant que le trajet sera beaucoup plus bref mais à coup sûr, il vous en coûtera plus cher.

La plupart des agences de **location de voitures** internationales (Hertz, Avis, Europcar...) sont représentées au niveau inférieur de l'aérogare, dans le hall d'arrivée. Vous devez vous y présenter avec vos documents et votre voucher pour régler la caution et signer le contrat, avant de vous rendre au parking « car rental », situé à 100 m de l'aérogare sur votre droite. Là, on vous remettra la clé du véhicule.

Quitter la ville

Si vous prenez le **métro** : toutes les rames de la ligne ne poursuivent pas jusqu'à l'aéroport, la plupart s'arrêtant à la station **Ethniki Amyna**. La destination des rames s'affiche en lettres lumineuses en tête de train et est annoncée par haut-parleur en grec et en anglais. Horaires entre 5h et 19h, à 21 et 51 (de Monastiráki), 24 et 54 (de Syntagma). Calculez donc l'heure de votre départ en conséquence.
Vous achèterez votre ticket dans un kiosque ou au guichet du métro.

EN TRAIN

Athènes possède 2 gares ferroviaires, desservies par le métro « Larissis station » (ligne 2).

Gare de Larissa - *31 odos Deligiani - ✆ 210 5297777.* Pour aller vers le nord et l'est (Thèbes, Larissa, Thessalonique...).

Gare du Péloponnèse - *3 odos Sidirodromon - ✆ 210 5131601.* Pour rejoindre le sud-ouest.

Renseignements et réservations (au moins deux jours avant le départ) :
OSE – *6 odos Sina - ✆ 210 5297313 ou 1440 (pour toute la Grèce).*

EN AUTOCAR

Dans le centre d'Athènes, trois gares routières principales *(voir plan p. 122)*.

Terminal A ou **KTEL Kifissou** – *100 odos Kifissou - ✆ 210 5150785/24910.* Péloponnèse, Étolie, Acarnanie, Épire, Macédoine et îles Ioniennes.

Terminal B ou **KTEL Liossion** – *260 odos Liossion - ✆ 210 8317147/53.* Grèce centrale, Eubée, Thessalie.

KTEL Attique – *Champ d'Arès (Pedio Areos), au nord du Musée archéologique national - ✆ 210 8213203/210 8843250.* Sounion, Lávrio, Rafína, Marathon, Markopoulos, Thessalonique.

EN BATEAU

Depuis **Athènes**, on rejoint facilement Le Pirée en empruntant la ligne 1 (verte) du métro (trajet env. 25mn d'Omónia).
Depuis l'**aéroport** par le bus X 96.

La **station du Pirée** est située face au port et aux principaux terminaux : E7 (Argolide), E3 (Crète et est des Cyclades), E2 (Chíos, Lésvos), E1/E2 (Dodécanèse), E9 (ouest des Cyclades).

Informations utiles

Bureau d'information de l'office national hellénique du tourisme (EOT) : - à l'aéroport - *dans le hall des arrivées.* **- en ville** - *26 av. Vas. Amalias (face au Jardin national à deux pas de Syntagma) - ✆ 210 3310392 - fax 210 3310716 - www.gnto.gr - lun.-vend. 9h-18h, sam. 10h-15h.* Renseignements et brochures sur l'hébergement, les transports, les musées et les sites archéologiques, ainsi que l'actualité de la capitale et de ses alentours (l'Attique en particulier).

Pour en savoir plus : **www.gnto.gr**.

AUTRES INFORMATIONS

Poste – Bureau de **poste mobile** placé devant la billetterie de l'Acropole.

Agence de Syntagma – *À l'angle de la rue Mitropoleos - lun.-vend. 7h30-20h, sam. 7h30-14h, dim. 9h-13h.* Prendre un ticket d'ordre à l'entrée pour accès aux guichets.

Agence d'Omónia – *100 odos Eolou - mêmes horaires que Syntagma.*

Pharmacies – Généralement ouvertes de 8h à 20h, certaines prolongeant la garde jusqu'à minuit.

Urgences – *✆ 112.*

Urgences des hôpitaux et pharmacies de garde – *✆ 1434.*

SOS Médecins – *✆ 1016.*

Police touristique – *✆ 171 (à privilégier car les agents sont anglophones et parfois même francophones).*

Police – *✆ 100.*

Police de la circulation – *✆ 210 5230111/5.*

Transports urbains

Métro *(plan p. 150) – www.ametro.gr.* Constitué de trois lignes repérables à leur code couleur, le métro athénien est certainement le moyen de transport le plus simple pour gagner les principaux sites touristiques (Acropole, Syntagma, Monastiráki, Omónia, Thissio, Le Pirée). Il fonctionne tous les jours de 5h à 23h30. Vous pouvez vous procurer des billets valables 1h30 après leur validation (0,80 €), mais il est nettement plus intéressant d'acheter des billets intégrés, valables pour une journée (3 €), ou une semaine (10 €) et qui vous donnent accès également aux bus, tramways et trolleys. Ces billets ne doivent être compostés qu'une fois, lors du premier voyage.

Bus et trolley – Il existe à Athènes 320 lignes de bus. Les billets, 0,50 € l'unité, peuvent s'acheter en kiosque. Vous pouvez obtenir des plans précis et des guides qui vous indiquent comment aller sur chaque site au bureau des Transports urbains de l'Attique :

OASA – *15 odos Metsovou (derrière le Musée archéologique national) - ✆ 185 - www.oasa.gr.*

Tramway – Construit pour les Jeux olympiques de 2004, il relie le centre d'Athènes (place Syntagma) à la côte ouest de l'Attique jusqu'à Glifada et bientôt Voula (plages) et de l'autre côté au stade Irinis et Filias (S.E.F.). Les billets s'achètent au distributeur automatique de chaque station (0,60 € ; moitié prix pour un trajet en deçà de quatre stations).

Train de banlieue – D'importants travaux ont permis de relier le réseau au métro. Correspondances aux stations Aerodromio Doukissis Plakentias (ligne 3) et Nerantziotissa (ligne 1).

Taxi – Radio Taxi - *✆ 210 9217942.*

Petit train touristique – *Dép. sur Platia Agora (derrière la bibliothèque d'Hadrien) - 5 € (enf. 3 €).* Il fait le tour de la colline de l'Acropole à travers Plaka, puis les avenues Dionissíou Areopagitou et Apostolou Pavlou.

Sightseeing Public Bus Line – *Dép. du Musée archéologique national ttes les 30mn entre 7h30 et 21h - billet 5 €, valide 24h, se le procurer dans le car (donne accès en outre au réseau urbain : métro, bus, tramway - www.oasa.gr).* Il propose un circuit de 20 stations passant par les points stratégiques et touristiques de la ville (vous pouvez descendre à chacune d'entre elles et prendre le car suivant). Notez cependant que, du fait de sa topographie, Athènes ne se prête pas véritablement à une visite en bus panoramique et que cette solution reste surtout commode pour se déplacer d'un point d'intérêt à un autre.

Se loger

Bon à savoir – L'hôtellerie peut être assez chère à Athènes, surtout en **haute saison** (avr.-oct.). Mais les tarifs sont sujets à des variations pouvant aller du simple au double, dépendant de paramètres variés, dont l'affluence générée par tel ou tel événement (la veille de Pâques par exemple). Les réservations par Internet auprès des hôteliers ou de centrales de réservation sont généralement un bon moyen d'obtenir des chambres au meilleur prix.

PLAKA

Vous êtes ici au cœur de l'Athènes traditionnelle, même si, contrairement aux tavernes, les hôtels ne s'accrochent pas aux pentes de l'Acropole, mais ont préféré investir le bas du quartier, entre odos Mitropoleos et odos Adrianou, à deux pas de la rue Ermou et de la place Syntagma. Exception notable : le Byron du côté de l'Olimpieion.

Kimon – **Plan 2** - *27 odos Apollonos - ✆ 210 3314658 - fax 210 3214203 - 14 ch.* L'entrée ne paie pas de mine, mais les chambres sont convenables et on profite d'une jolie terrasse avec vue sur l'Acropole.

Adonis – **Plan 2** - *3 odos Kodrou - ✆ 210 3249737 - fax 210 3231602 - 26 ch.* Bien situé au cœur de Plaka, cet hôtel confortable affiche des prix raisonnables. Superbe vue sur l'Acropole depuis sa terrasse dotée d'un petit bar pour boire un verre en soirée. Rabais si vous renoncez à la climatisation…

Acropolis House – **Plan 2** - *6-8 odos Kodrou (au coin d'odos Voulis) - ✆ 210 3222344 - fax 210 3244143 - htlacrhs@otenet.gr - 19 ch.* Cette ravissante demeure néoclassique au hall décoré de peintures murales abrite un hôtel équipé de tout le confort moderne. L'établissement est réservé aux non-fumeurs, une rareté en Grèce. Là aussi, renoncer à l'air conditionné permet d'obtenir un prix plus avantageux…

J.-P. Nail / MICHELIN

Les charmantes ruelles du quartier de Plaka.

Metropolis – **Plan 2** - *46 odos Mitropoleos - ✆ 210 3217469 - fax 210 3217871 - www.hotelmetropolis.gr - 22 ch.* Cette bâtisse à la façade envahie par des bougainvillées donne sur la vaste place de la cathédrale et abrite un hôtel propre et confortable. Accueil sympathique mais pas de petit-déjeuner. Réduction pour les chambres sans douche.

Omiros – **Plan 2** - *15 odos Apollonos - ✆ 210 3235486 - fax 210 3228059 - www.omiroshotel.gr - 37 ch.* Hôtel moderne et confortable. Prenez votre petit-déjeuner sur la terrasse agréable, qui ménage une vue imprenable sur l'Acropole.

Niki – **Plan 2** - *27 odos Nikis - ✆ 210 3220913 - fax 210 3220886 - 21 ch.* Niché dans une rue étroite, à deux pas de Syntagma et à mi-chemin entre la rue Ermou commerçante et le quartier de Plaka, hôtel confortable et discret au décor design. Sympathique café au rez-de-chaussée pour le petit-déjeuner.

Plaka – **Plan 2** - *7 odos Kapnikareas - ✆ 21032 22096 (réserv. au ✆ 210 3222706) - fax 210 3222412 - www.plakahotel.gr - 67 ch.* Hôtel rénové de fond en comble, avec des chambres confortables et joliment décorées (préférez celles tournées vers l'Acropole). Ne vous fiez pas à la façade, elle a été oubliée. Mais la terrasse est une des mieux aménagées du quartier. Et quelle vue !

Byron – **Plan 2** - *19 odos Vironos - ✆ 210 3230327 - fax 210 3220276 - www.hotel-byron.gr - 22 ch.* Bâtiment très bien situé à deux pas de l'Olimpieion. L'hôtel s'est modernisé et vous y trouverez confort et accueil aimable. Belle terrasse donnant sur l'Acropole.

Hermes – **Plan 2** - *19 odos Apollonos - ✆ 210 3235514 - fax 210 3232073 - www.hermeshotel.gr - 45 ch.* Les chambres sont spacieuses et disposent toutes d'un balcon, pour certaines une véritable véranda. Confortable, bien équipé, avec des espaces communs (dont une salle de jeux pour les enfants) bien tenus et un décor design, l'hôtel propose aussi une agence de voyages.

Central – **Plan 2** - *21 odos Apollonos - ✆ 210 3234357 - fax 210 3225244 - www.centralhotel.gr - 84 ch.* Voisin du précédent, et tout aussi confortable, il rivalise avec lui dans un design minimaliste qui semble être le dernier chic à Athènes. Belle vue depuis la terrasse.

Electra Palace – **Plan 2** - *18-20 odos Nikodimou - ✆ 210 3370000 - fax 210 3241875 - www.electrahotels.gr - 131 ch.* Un lieu complètement inattendu : imaginez, au cœur de Plaka, dans une rue proche d'odos Apollonos, un grand palais néoclassique, doté d'un jardin. C'est l'endroit qu'a choisi d'investir cet hôtel au cadre raffiné et au grand hall curieusement bas de plafond. Annexe moderne derrière le jardin et parking souterrain. La grande classe !

PSIRI/CÉRAMIQUE

Aux abords immédiats de Monastiráki, ce quartier s'étend entre la colline du Céramique et odos Athinas. Son avantage : vous n'êtes qu'à cinq minutes de marche du quartier historique et de Plaka…

Tempi – **Plan 2** - *29 odos Eolou - ✆ 210 3213175/42940 - fax 210 3254179 - tempihotel@travelling.gr - 24 ch.* Très sommaire et un peu cher mais bien situé dans une rue piétonne parallèle à odos Athinas, près de l'église Agia Irini, au cœur d'un quartier calme le soir et animé dans la journée. Pas de petit-déjeuner, mais plusieurs bistrots dans la rue pallient cet inconvénient…

Cecil – **Plan 1** - *39 odos Athinas (au coin d'odos Kalamida) - ✆ 210 3217079 - fax 210 3218005 - info@cecil.gr - 40 ch.* Hôtel rénové, aménagé dans un très bel immeuble néoclassique. Les chambres, avec parquet, ont du charme, certaines sont plus bruyantes que d'autres (demandez-en une sur la ruelle qui fait l'angle). Accueil sympathique.

Attalos – **Plan 2** - *29 odos Athinas (près d'odos Protogenous) - ☏ 210 3212801 - fax 210 3243124 - www.attalos.gr - 78 ch.* Tout près de Monastiráki, hôtel propre et confortable. Des balcons, on aperçoit l'Acropole. Belle terrasse sur le toit. Accueil particulièrement charmant.

Jason Inn – **Plan 2** - *12 odos Agion Assomaton - ☏ 210 3251106, réserv. 210 5202491 - fax 21052 34786 - www.douros-hotels.com - 57 ch.* Dans une rue résidentielle, à deux pas du musée Benaki d'Art islamique et en face du Céramique, cet hôtel moderne au hall pseudo-antique un peu kitsch propose tout le confort souhaitable.

AUTOUR DE L'ACROPOLE

Thissio

Vous êtes ici à deux pas de l'ancienne agora, autour de l'avenue Apostolou Pavlou et de la colline de la Pnyx. Endroit stratégique s'il en est, d'autant que les tavernes et cafés abondent…

Erechtheion – **Plan 2** - *8 odos Flamarion (à l'angle de odos Agias Marinas) - ☏ 210 3459606/26 - fax 210 3462756 - 22 ch.* À deux pas de l'église Agia Marina et de l'Observatoire, dans une rue très calme, cet hôtel des années 1960 a gardé sa décoration d'époque. Les chambres sont propres, confortables et très silencieuses. Dommage que la terrasse ne soit pas vraiment équipée.

Thission – **Plan 2** - *25 odos Apostolou Pavlou (à l'angle de odos Agias Marinas) - ☏ 210 3467634/55 - fax 210 3462756 - www.hotel-thission.gr - 25 ch.* Bâtiment un peu plus moderne que le précédent… mais à peine! Chambres propres et confortables, mais la climatisation peut être bruyante. Jolie terrasse. Un bon rapport qualité-prix.

Phidias – **Plan 2** - *39 odos Apostolou Pavlou - ☏ 210 3459511 - fax 210 3459082 - phidias@otenet.gr.* Donnant sur l'ancienne Agora et l'Acropole, ce petit hôtel confortable bénéficie d'une vue superbe!

J. Malburet / MICHELIN

Au pied de l'ancien palais royal…

Koukaki

C'est un quartier tranquille au pied de la colline de l'Acropole constitué de ruelles ombragées d'orangers descendant de l'avenue Dionissíou Areopagítou vers l'avenue Syngrou. Il est desservi par la station de métro **Syngrou-Fix** (ligne 2, rouge).

Art Gallery – **Plan 1** - *5 odos Erehtiou - ☏ 210 9238376 - fax 210 9231933 - www.artgalleryhotel.gr* Ambiance détendue et chaleureuse dans cette demeure superbement aménagée (et pour cause, Yannis Assimacopoulos, le maître des lieux, est architecte). Accueil particulièrement sympathique. Sévère raidillon pour gagner l'Acropole en ligne droite!

DANS LA VILLE MODERNE

Autour de la place Omónia

À une dizaine de minutes de marche (et une station de métro) de Monastiráki et de Plaka, le quartier animé de la place Omónia recèle un certain nombre d'hôtels qui, s'ils n'ont pas le charme de ceux de Plaka, ont le mérite d'être très commodes.

Athinea – **Plan 1** - *9 odos Vilara (ruelle piétonne au dép. de la place Agios Konstantinou) - ☏ 210 5243884/85.* Établissement très simple mais de bon confort, et particulièrement bon marché.

Pythagorion – **Plan 1** - *28 odos Agiou Konstantinou (avenue descendant de la place vers la gare) - ☏ 210 5281114 - fax 210 5245581 - www.bestwestern.com/gr/pythagorionhotel.* Hôtel sans personnalité excessive, mais bien tenu. Les chambres donnant sur la rue sont équipées de balcon et dotées d'un précieux double vitrage permettant d'atténuer le bruit de la circulation. Une adresse commode gérée par la chaîne Best Western.

Athena Grecotel – **Plan 1** - *65 odos Athinas (au coin d'odos Lykourgou) - ☏ 210 3244553/7 - fax 210 3244597 - www.grecotel.gr - 123 ch.* Dans un immeuble élégant, un hôtel de grande classe situé à deux pas de la mairie.

AUTOUR DE LA PLACE SYNTAGMA

Arethusa – **Plan 2** - *12 odos Nikis et 6-8 odos Mitropoleos - ☏ 210 3229431 - fax 210 3229439 - www.arethusahotel.gr - 87 ch.* À deux pas de l'animation de la place, un hôtel de confort standard. Accueil agréable.

Xenos Lycabettus – **Plan 1** - *6 odos Valaoritou (dans la partie piétonne) - ☏ 210 3600600 - fax 210 3605600 - www.xenoslycabettus.gr.* Hôtel à taille humaine, installé dans une rue très commerçante entre les avenues E. Vénizélou et Akadimias. Très confortable.

Grande-Bretagne – **Plan 2** - *1 odos Vas. Georgiou (sur la place Syntagma) - ☏ 210 3330000 - fax 210 3228034 - www.luxurycollection.com/grandebretagne - 262 ch.* Trois restaurants, deux piscines dont une avec vue sur le Lycabette, décor raffiné, service à la hauteur : bref, la grande vie…

LE PIRÉE

Voir plan p. 147.

Odos Notara est une ruelle sans charme excessif mais très bien située pour qui doit s'embarquer vers les îles tôt le matin (reste à s'y garer, ce qui n'est pas toujours une mince affaire). Les autres hôtels de la sélection sont moins commodes de ce point de vue, mais sont plus indiqués si vous désirez séjourner quelques jours au Pirée, surtout ceux qui sont proches de l'agréable Marina Zéa.

Sur odos Notara

Eva – *2 odos Notara - ☏ 210 4170110 - fax 210 4170350.* Cet hôtel sympathique avec sa fontaine intérieure dans le hall dispose de petites chambres confortables et joliment décorées. La plus calme se trouve au 6ᵉ étage. Seul inconvénient : pas de petit-déjeuner.

Zacharatos – *1 odos Notara et 12 odos Evangelistrias - ☏ 210 4178830 - fax 210 4179327 - 59 ch.* Juste en face de l'hôtel Eva. Un établissement plus ancien, un peu sombre, mais propre et confortable.

Anita Argo – *23-25 odos Notara - ☏ 210 4121795 - fax 210 4122420 - www.hotelargoanita.com - 57 ch.* Hôtel moderne qui assure votre transport en minibus jusqu'au port. Demandez une chambre en hauteur et sur la rue. Parking gratuit.

Passalimani

Phidias – *189 odos Kontouriotou - ☏ 210 4296480/96160/67220 - fax 210 4296251 - www.hotelphidias.gr - 26 ch.* Tout nouveau et tout beau, sympathique et confortable hôtel dans une rue en retrait de Marina Zéa. Accueil adorable.

Lilia – *Marina Zéa - 131 odos Zeas - ☏ 210 4179108 - fax 210 4114311 - info@liliahotel.gr - 20 ch.* Petit hôtel tranquille et refait à neuf dans une jolie ruelle calme qui donne sur Marina Zéa. Demandez une chambre sur rue (les autres ouvrent sur un mur aveugle). La proximité de la plage (500 m) en fait l'étape idéale au Pirée. Sur demande, une voiture assure votre transfert de l'hôtel au port (le matin), et du port à l'hôtel (l'après-midi).

Poseidonio – *3 odos Charilaou Trikoupi - ☏ 210 4286651/6 - fax 210 4299220 - 89 ch.* Rénové, cet immeuble de 8 étages est doté de chambres très confortables. Pas de restaurant, mais il existe un service de livraison de plats cuisinés.

Noufara – *45 odos Iroon Politehniou - ☏ 210 4115541/3 - fax 210 4134292 - 49 ch.* Aussi confortable que le Poseidonio (même propriétaire), cet hôtel moderne a l'avantage d'être situé sur l'avenue principale du Pirée, près de la place centrale de la ville.

Se restaurer

PLAKA

Platanos – **Plan 2** - *4 odos Diogenous - fermé dim. soir.* À l'ombre d'un eucalyptus, d'une treille et d'un platane, sur une place à l'écart de l'agitation toute proche, cette taverne que fréquentent quelques habitués auxquels se joignent des touristes isolés est un grand classique de Plaka.

Sholarhio to Gerani – **Plan 2** - *14 odos Tripodon (au bas des marches d'odos Epicharmou).* Ouvert à midi. Une treille ombragée, plusieurs salles improbables, des tables sur les balcons (et même s'il le faut de l'autre côté de la place, la maison ne reculant devant rien !) : dans cette maisonnette typique du quartier, vous pourrez déguster de délicieux assortiments de mezes.

Tapatsa – **Plan 2** - *9 odos Tripodon.* Au rez-de-chaussée, c'est un simple café que deux ours en peluche attablés signalent à l'attention des passants. Sur la terrasse ombragée de parasols, c'est une taverne animée, bien sympathique même s'il ne s'agit pas d'un haut lieu de la gastronomie…

Thespis – **Plan 2** - *Odos Thrasillou.* Une ruelle en escalier, quelques maisons basses, des tables… Tel est le cadre de cette modeste taverne, au pied du rocher de l'Acropole, à deux pas de l'affluence touristique de la place Lysistrate.

O Glikis – **Plan 2** - *Odos A. Gerondas.* Une institution ici. Le bar tout en boiseries et coiffé d'un « toit » supportant la mezzanine vaut à lui seul le déplacement… Excellent assortiment de mezes.

Xinou – **Plan 2** - *4 odos A. Gerondas (taverne au fond d'une placette, juste derrière O Glikis) - fermé sam. et dim.* Une autre « incontournable » de Plaka, autant pour son jardin que pour sa moussaka, ses spaghetti bolognaise légèrement parfumés à la cannelle et sa musique nostalgique (en soirée).

Tou Psara – **Plan 2** - *16 odos Erehtheos et 12 Erotokritou.* Ouvert le midi. Installée sur une placette à la jonction de plusieurs ruelles en escalier (les tables sont posées où elles peuvent, y compris sur le balcon du voisin !), la plus ancienne taverne de Plaka vous propose dans un cadre de rêve une cuisine délicieuse (ne manquez pas les viandes en sauce). Une des meilleures adresses du quartier.

Eden – **Plan 2** - *12 odos Lysiou (au coin des marches d'odos Mnissikleous).* Ce lieu propose des salades ainsi que d'originales et délicieuses adaptations des plats traditionnels grecs à la cuisine végétarienne (moussaka au soja, etc.).

Palia Athina – **Plan 2** - *46 odos Nikis.* À proximité immédiate du Musée juif, un restaurant discrètement élégant à la clientèle d'habitués.

Kariatis – **Plan 2** - *Pl. Agora (derrière la bibliothèque d'Hadrien, au coin d'odos Adrianou, tables sur la place).* Fréquenté par les Athéniens qui aiment à y amener leurs hôtes importants, restaurant de spécialités grecques au service impeccable. Belle carte de vins.

Zorbas – **Plan 2** - *15 odos Lysiou (face au café Melina).* Une des rares tavernes de Plaka où l'on ne vous court pas après pour vous inciter à entrer, ce qui est un bon point. Un tantinet mélancolique, mais charmant, le patron francophone vous propose une bonne cuisine traditionnelle.

Ermeion (Hermione) – **Plan 2** - *15 odos Pandrossou et 7 odos Mnissikleous (dans une galerie et dans la cour).* Cadre soigné (chaises en osier, nappes à carreaux) et service diligent pour une cuisine raffinée. Goûtez aux spécialités du chef, dont l'espadon en brochettes et servi avec une sauce à l'huile d'olive et au citron… Au dessert, *baklavas* surprenants de légèreté.

Event – **Plan 2** - *Odos Mnissikleous (entre odos Adrianou et odos Pandrossou, sur la droite).* Galerie d'art et restaurant au décor très sobre et doté d'une mezzanine. Le dernier lieu à la mode, très fréquenté par les milieux artistiques et intellectuels de la capitale.

Diogenes – **Plan 2** - *Platia Lisikratous.* Dans un cadre calme doté d'une belle salle et d'une terrasse ombragée disposée sur la place face au monument de Lysicrate, le Diogenes propose à sa clientèle de nombreuses spécialités maison (dont d'excellentes cassolettes de veau ou d'agneau). À côté, partie café, si vous souhaitez seulement prendre un verre.

MONASTIRÁKI/PSIRI

La partie de la rue Adrianou entre la place Monastiráki et la rue Apostolou Pavlou, séparée de l'Agora par la tranchée du chemin de fer, offre une quantité de petits restaurants qui déploient leurs tables sur la chaussée aux beaux jours. Plus au nord, au-delà de la rue Ermou, le quartier de Psiri, autrefois en déshérence, est devenu un lieu branché, centré autour de la place des Héros (platia Iroon).

Naxos – **Plan 2** - *Odos Christokopidou (au nord de odos Ermou, au pied de l'église).* Mezedopolio ouvert le midi. Délicieux mezes de poissons, grillés, frits ou marinés, au sein d'un quartier tranquille.

Dioskouroï – **Plan 2** - *38 odos Adrianou.* Face à la stoa de l'ancienne Agora, ce mezedopolio aux tables disposées dans une rue particulièrement passante propose une moussaka subtilement parfumée et d'excellents beignets à la tomate.

Kafé Avissinia – **Plan 2** - *Platia Avissinias (entre odos Ermou et Adrianou) - fermé dim. soir et lun.* Sur une place occupée par les dépôts de meubles, ce café, dont le décor n'est pas sans rappeler les vieux bistrots parisiens, déploie ses tables à mesure que les brocanteurs libèrent la place, et sert d'excellents mezes ainsi qu'un délicieux pilaf aux moules.

Platia Iroon – *1 platia Iroon - soir uniquement.* Sur la placette triangulaire que domine un grand mur peint. Dotée d'une mezzanine, la salle aux tables couvertes de nappes à carreaux est décorée d'instruments de musique. Pour qui veut s'initier à la culture du meze, la carte de ce mezedopolio en compte plus d'une trentaine.

J.-P. Nail / MICHELIN

On trouve de tout à Monastiráki, y compris un marchand de chaises !

KOLONÁKI

C'est le quartier élégant et résidentiel qui s'étend sur les pentes du Lycabette jusqu'à l'avenue Vas. Sofias où se suivent les musées Benaki, d'Art cycladique et d'Art byzantin. Le cœur de ce quartier où épiceries fines et pâtisseries mettent un point d'honneur à se doter de noms français bat sur la place Filikis Etaireias, connue des Athéniens sous le nom de place Kolonakiou.

To Kioupi – **Plan 1** - *4 platia F. Etaireias à droite de odos Skoufa - 11h-19h - fermé sam.* Une institution, puisque cette taverne occupe les lieux depuis 1929. Dans une petite salle au sous-sol *(quelques marches à descendre)*, dégustez une cuisine familiale à choisir sur présentoir. Service rapide, accueil simple et souriant.

Peros – **Plan 1** - *Platia F. Etaireias entre odos Tsakalof (piétonne) et odos Patriarchou Ioakeim.* Immense terrasse où les Athéniens qui se livrent aux joies du shopping dans le quartier se posent le temps d'un verre ou pour un repas léger.

Papadakis – **Plan 1** - *47 odos Voukourestiou (entrée sur odos Fokylidou).* Restaurant branché et qui collabore avec une galerie d'art athénienne dans un « projet artistique »…

THISSIO

Odos Apostolou Pavlou – Cette rue piétonne au pied de l'Acropole commence à s'animer en soirée. Elle compte de nombreux bars dans un cadre très agréable.

AU SUD DE L'ACROPOLE

⊖⊖⊖ **Dionysos** – **Plan 2** - *43 odos Rovertou Gali (au croisement de odos Apostolou Pavlou et Dionissiou Areopagitou).* En terrasse ou en salle climatisée, ce grand établissement moderne présente une belle vue sur l'Acropole. À côté d'un menu international, le restaurant jouit d'une solide réputation en matière de gastronomie grecque. C'est l'occasion de goûter de vrais *dolmades*, des *pites* (feuilletés) aériens et un bon *baklava*.

AUTOUR DE LA PLACE OMÓNIA

Outre les sempiternels fast-foods plus ou moins revisités et les boutiques à sandwichs, vous trouverez quelques tavernes sympathiques sur la portion d'odos Themistokleous entre les avenues Vénizélou et Akadimias.

⊖⊖ **Athinaïkon** – **Plan 1** - *2 odos Themistokleous.* Ce mezedopolio, ouvert à midi, est doté d'une belle salle climatisée aux traditionnelles tables en marbre. Gravures, luminaires vieillots et grand tableau représentant Athènes au temps des tramways recréent une atmosphère des années 1930. L'endroit idéal pour passer les premières heures chaudes de l'après-midi.

⊖⊖ **O Andreas** – **Plan 1** - *18 odos Themistokleous (dans une impasse sur la droite en venant d'odos Vénizélou) - ouv. le midi - fermé dim.* Petit « troquet » de quartier aux airs de cantine qui a investi plusieurs salles réparties de part et d'autre du passage. Si l'endroit ne paie pas de mine, on y déguste de délicieux mezes de poisson, accompagnés d'ouzo ou de vin blanc.

⊖⊖ **Petrino** – **Plan 1** - *20 odos Themistokleous (au coin d'odos Akadimias).* Le moins que l'on puisse dire, c'est que le décorateur n'a pas joué la carte de la sobriété, puisant son inspiration dans le cinéma époque noir et blanc et la publicité quand elle s'appelait encore réclame. Il s'agit là aussi d'un mezedopolio, souvent envahi à midi par les employés de ce quartier animé.

LE PIRÉE

Voir plan p. 147.

⊖ **To Palio tou Katsika** – *171-173 odos Ypsilantou (proche de Marina Zéa) - fermé dim.* Taverne relookée de neuf dans une atmosphère climatisée où l'on déguste des plats à choisir sur présentoir.

⊖⊖⊖ **Ziller** – *Marina Zéa.* Fermant le petit port, un des nombreux restaurants de poisson du lieu. Si la salle a un aspect délicieusement vieillot, la « salle annexe », installée directement sur le port, aura aux beaux jours votre préférence.

SUR LA ROUTE D'ARÁCHOVA

Ósios Loukás

Il n'y a bien entendu aucune taverne sur place. En cas de grosse faim, vous en trouverez quelques-unes dans le centre de **Distomo** *(à 8 km).*

Leivadeiá

Dans les tavernes de la ville haute, prenez le temps de déguster les *souvlakia* particulièrement savoureux ici.

Faire une pause

PLAKA

Nikis – *Odos Nikis. Depuis Syntagma, première à droite par odos Ermou.* Petit café d'habitués avec quelques tables sur le trottoir, sous la colonnade d'un immeuble, à deux pas des nombreux commerces d'Ermou. Idéal pour une pause-café. Bonne musique (jazz, salsa…) dans un décor de bois, sans prétention, mais bien agréable.

Kidathinaion – *Platia Filomoussou Etairas/odos Kidathineon.* Sur une place animée, envahie par les tables des tavernes, café à l'ancienne avec sa grande salle aux tables de marbre décorée de tableaux. La terrasse protégée des intempéries par une marquise est un lieu stratégique où, s'ils ne sont pas absorbés par une partie de jacquet, les anciens du quartier observent le « mouvement », tout en égrenant avec virtuosité leur *komboloï*…

B. Pérousse / MICHELIN

Beignets et anneaux au sésame pour une pause gourmande.

Nefeli – *24 odos Panos et Aretousas (sur les hauteurs).* Vue superbe en contrebas sur l'ancienne Agora et le Theseion depuis les tables installées le long de la rue Dioskouroi, surtout en fin de journée lorsque le soleil caresse les veilles pierres.

Melina – *22 odos Lysiou (au coin d'odos Epicharmou).* Café traditionnel tout à la gloire de Melina Mercouri dont les photos couvrent littéralement tous les murs. Restauration légère.

MONASTIRÁKI

Aigli – *Psiri - 21-23 odos Agion Anargiron (en face de l'église).* Agréable bar faisant également restaurant.

Metropol – *Platia Mitropoleos.* Face à la cathédrale, c'est le grand café à l'ancienne, avec rayon pâtisserie pour les gourmands.

Coffee Room d'Attalios Hall – *Adrianou 52 (derrière la station de métro Monastiráki).* Petite restauration et salades dans un espace moderne voué à la mode et au prêt-à-porter.

MUSÉES

Installé sur la terrasse, le petit café du **musée Benaki d'Art islamique** *(odos Agion Assomaton)* offre une vue imprenable sur le cimetière du Céramique.

Le café du **musée d'Art cycladique** est quant à lui installé dans un agréable patio fleuri aménagé entre les deux bâtiments du musée.

Celui du **musée Benaki**, qui fait également restaurant, possède une belle terrasse dominant le quartier résidentiel de Kolonáki.

AU PIRÉE

Face à l'anse de Marina Zéa, cafés de toute sorte dont le **Catamaran** qui reçoit une clientèle à la fois branchée et sélecte.

Achats

Bon à savoir – On trouve tout ou presque dans les **périptères**, ces kiosques qui ponctuent places et avenues : tabac, cartes de téléphone, mouchoirs jetables, briquets, bonbons et friandises de toute sorte, bracelets-montres, ceintures de cuir, cartes postales (et parfois timbres), cassettes vidéo, et même la presse internationale (parfois du matin même, le plus souvent de la veille), du moins dans les lieux fréquentés par les étrangers.

Centre commercial The Mall – *Maroussi (métro Nerantziotissa).* Immense centre commercial inauguré fin 2005 : cinémas, restaurants et environ 200 boutiques dont la FNAC...

LIVRES/JOURNAUX

Eleftheroudakis – La plus grande librairie d'Athènes située rue Panepistimiou compte 7 étages dont le dernier consacré aux cartes et livres touristiques. Succursales : 20 odos Nikis *(en allant vers le Musée juif)*, sur deux niveaux, et 17 odos Mitropoleos *(au sous-sol du Starbucks Coffee)*. Livres en anglais (et parfois en français), cartes et plans.

PRODUITS GOURMANDS

Miel, fromage, spécialités en conserve ou en semi-conserve, huile d'olive, ouzo ou vin : vous pouvez prolonger vos vacances en Grèce en rapportant quelques-uns de ces produits.

Lesvos Shop – 33 *odos Athinas.* Confitures, ouzo, gâteaux secs, vin, miel et fromage à la coupe (ainsi que savons et cosmétiques) : cette boutique avenante, située entre le marché couvert et Monastiráki se veut l'ambassade gourmande des îles égéennes de Lesvos et de Limnos.

Mesokaïa – *Au coin d'odos Nikis et d'odos Kidathinaion.* Au cœur de Plaka, à deux pas du musée d'Art populaire, une épicerie fine où vous trouverez confitures, miel, huile d'olive et produits frais.

Kava Oinon – *Odos Tripodon, au coin d'odos Thespidos.* Vins et liqueurs (ouzo) en tout genre.

SOUVENIRS

À **Plaka,** vous trouverez un choix de souvenirs à rapporter, en particulier des articles en cuir, des statuettes, de l'ouzo... (rues Kidathineon, Adrianou).

MUSÉES

Les boutiques des musées athéniens proposent des reproductions d'œuvres d'art de qualité : statuettes d'idoles au **musée d'Art cycladique**, copies d'après l'antique **(musée Benaki, Musée archéologique national)**, icônes **(musée d'Art byzantin)**.

BROCANTE

Dans la partie basse de la rue Ermou, vous trouverez des boutiques sans âge dont le stock d'articles courants, inchangé depuis 1880, tient à présent de la brocante.

Allez chiner aussi au marché aux puces ou dans les boutiques de Monastiráki (entre les rues Ermou et Adrianou, cette dernière est piétonne à cet endroit) : vous y trouverez tout aussi bien une lampe-tempête qu'un bel encensoir d'église en laiton.

Vous trouverez des **objets religieux** (belles icônes, orfèvrerie et même des chasubles s'il vous vient à l'idée de vous déguiser en pope) dans les boutiques spécialisées des ruelles reliant odos Apollonios à la place Mitropoleos, et pour cause : c'est le Saint-Sulpice local...

Amorgos – *Odos Kodrou.* Au pied de l'hôtel du même nom, un véritable bric-à-brac qui fera le bonheur des chineurs, à la recherche d'un souvenir sortant de l'ordinaire. Vous y trouverez notamment des silhouettes de théâtre d'ombres.

MONASTÈRE D'ÓSIOS LOUKÁS

Donnant sur la terrasse ombragée, la boutique du monastère propose icônes, *komboloïs* et d'admirables CD de musique orthodoxe, notamment ceux des moines d'Ósios Loukás. Petite buvette à côté : boissons fraîches, café... et production du monastère (miel, liqueurs...).

En soirée

Danses traditionnelles – *Théâtre Dora Stratou - rens. : 8 odos Scholiou, une rue perpendiculaire à la rue Flessa, à Plaka - ✆ 210 3244395 - 9h-16h - 13 €.* Spectacles tous les soirs (sf lun.), de mai à sept., sur la colline de Philopappos (entrée principale place Apolloniou, à Koukaki), à 21h30 (dim. 20h15).

Cinéma en plein air – C'était une institution, hélas menacée de disparition. Les films, comme partout en Grèce, sont projetés en v.o. sous-titrée. L'ambiance y est extraordinaire ! Parmi ces cinémas, le **Theseion**, au 7 av. Apostolou Pavlou, au pied de l'Acropole, ne manque pas de charme.

Événement

Festival d'Athènes –*39 odos Panepistimiou (El. Venizelou), dans la galerie (Stoa) Pesmazoglou - ✆ 210 3221459 - www.hellenicfestival.gr - pour tt rens. concernant les spectacles au théâtre d'Hérode Atticus et au Lycabette : lun.-vend. 8h30-16h, sam. 9h-14h30.* À la tête de ce festival trentenaire, Yorgos Loukos lui a donné une nouvelle impulsion, proposant une programmation plus diversifiée (théâtre, danse contemporaine, musiques actuelles, jazz, opéra, etc.) ouverte vers l'international.

Mont Áthos★★★

Oros Áthos – Όρος Άθως

2 262 HABITANTS
CARTE GÉNÉRALE RABAT I B1 – MACÉDOINE – NOME DE CHALCIDIQUE

La Sainte Montagne (Ágion Oros), couverte de bois (chênes, châtaigniers, résineux), culmine au mont Áthos (2 033 m), dont les versants abrupts plongent dans une mer souvent agitée. Voué à la vie contemplative dès le 9e s., le mont Áthos est le conservatoire du monachisme orthodoxe dans sa plus pure tradition. Lieu intemporel, riche d'un patrimoine séculaire, il ne s'ouvre qu'à un tout petit nombre de voyageurs, exclusivement de sexe masculin et munis d'un laissez-passer très difficile à obtenir, ce qui contribue à la sauvegarde de son authenticité… comme à la fascination qu'il exerce.

- **Se repérer** – À 136 km au sud-est de Thessalonique, et à 150 km au sud-ouest de Kavála, la péninsule la plus orientale de la Chalcidique s'étend au-delà d'**Ouranópoli** sur une longueur de 45 km pour seulement 5 km de largeur, avec une superficie de 336 km².
- **Organiser son temps** – Compte tenu des restrictions d'accès, vous découvrirez la Sainte Montagne de loin, lors d'une excursion en bateau d'une journée.
- **Pour poursuivre le voyage** – Chalcidique.

C. Bowman / Scope

Monastère et village sur le mont Áthos.

Comprendre

Anachorètes, cénobites et gyrovaques

La première communauté (lavra) de moines remonte à 963, lorsque saint Athanase de Trébizonde, encouragé par l'empereur **Nicéphore Phocas**, fonde le monastère de la Grande Lavra. Les couvents se multiplient entre le 13e et le 16e s., au point que lorsque le voyageur Pierre Belon les visite au 16e s., on y compte 30 000 religieux répartis dans une trentaine de monastères. Peu avant la Première Guerre mondiale, la Montagne Sacrée abrite encore 7 000 moines.

De nos jours, 1 400 moines occupent une vingtaine de monastères. Pour la plupart, il s'agit de Grecs, mais quelques monastères rassemblent des Russes (Agios Panteleimonos), des Bulgares (Zografou) ou des Serbes (Chiliandariou, qui a malheureusement été détruit par le feu en mai 2004). Ces moines, souvent âgés, se répartissent en **monastères idiorythmiques**, dont la règle est assez souple, en **communautés cénobitiques**, dans lesquelles faire maigre est obligatoire toute l'année, ou en petits groupes dans des **skites**. Enfin, on trouve des **anachorètes** vivant dans des cabanes ou des grottes d'accès difficile.

Les monastères

Immenses et peints de couleurs vives, ils sont habituellement construits sur un plan quadrangulaire et protégés des incursions des pirates de jadis par une enceinte renforcée de tours dont la plus haute sert de donjon. Autour de la cour se répartissent l'hôtellerie, les cellules aux balcons en encorbellement, le réfectoire en face duquel est érigé le bénitier **(phiale)**. Au centre s'élève l'église que surmontent une ou plusieurs coupoles. Des fresques, dont les plus belles ont été exécutées par des artistes comme Panselinos (14e s.), **Théophane le Crétois**, Zorzio ou Frango Kastellanos (16e s.), couvrent les murs des réfectoires et des églises. De nombreux manuscrits, parfois mutilés, garnissent les bibliothèques, aménagées souvent dans les donjons. Un **higoumène** dirige chaque monastère qui comprend novices, moines et frères convers, chargés des travaux domestiques ; l'**archontaris** (moine hôtelier) accueille les visiteurs. Les offices sont annoncés par la **simandre**, pièce de bois que l'on frappe d'un maillet.

Une république monastique

Depuis le 10e s., le mont Áthos est une république monastique dont la capitale est **Karyes**. L'État grec y est représenté par un gouverneur, mais la Montagne Sacrée, autonome, est administrée par un conseil constitué de vingt représentants élus, un par monastère, les **antiprosopoï**. Quatre d'entre eux, les **épistates,** se partagent la responsabilité de l'exécutif, sous la présidence du **protépistatis**, élu pour cinq ans.

Découvrir

Bon à savoir – Totalement interdit aux femmes depuis 1060, le mont Áthos est aussi **fermé aux touristes**. Seuls quelques privilégiés arguant de raisons religieuses ou culturelles valables peuvent y séjourner. Pour cela, il faut être âgé d'au moins 21 ans et pouvoir justifier de son intérêt pour la religion ou l'art *(voir le carnet pratique)*.

Nous citons ici seulement les monastères les plus connus ou les plus faciles d'accès. Ils ferment tous au coucher du soleil.

Símonos Pétras

Ce vertigineux monastère cénobitique, remarquable par le nombre de ses balcons de bois superposés, est situé sur le versant ouest de la montagne, où il occupe un site spectaculaire, sur un rocher surplombant les flots. Créé au 13e s. par saint Simon, il fut agrandi au 14e s. par un prince serbe. Plusieurs fois ravagé par des incendies, il dut son renouveau à l'afflux de fonds russes qui, au 19e s., permirent notamment la construction de l'impressionnant bâtiment de sept étages.

Ágios Dionysios

Monastère du 16e s. s'élevant sur un piton rocheux au-dessus d'une crique. L'église et le réfectoire sont décorés de remarquables fresques des 16e et 17e s. Parmi les trésors de la bibliothèque, citons un évangéliaire du 7e s.

Grande Lavra (Megísti Lávra)

Le plus ancien (963) et le plus important des monastères athonites (une centaine de moines) est situé non loin de l'extrémité de la presqu'île, au pied du mont Áthos couvert de nuages. Il a l'aspect d'un bourg fortifié dominant un minuscule port naturel. Dans l'église (10e-11e s.), que coiffe une énorme coupole, est enterré le fondateur, Athanase. Au-delà d'une admirable phiale à bassin de porphyre (16e s.), l'immense réfectoire du 16e s. aux tables et aux sièges de pierre, a ses murs couverts de **fresques** dues au célèbre Théophane le Crétois. La **bibliothèque** abrite 5 000 volumes, dont près de la moitié sont des manuscrits. La pièce maîtresse est sans conteste l'*Évangéliaire au trésor*. Quant au trésor proprement dit, il comporte des pièces rares et précieuses, tels la couronne et le manteau de l'empereur **Nicéphore Phocas**.

Au sud s'étend un désert de pierres, dit « désert des Ermites » car de nombreux anachorètes s'y étaient établis, jusque dans les anfractuosités de la falaise rocheuse qui domine la mer. Ils étaient nourris par des paniers descendus par des cordes.

Ivíron

Fondé au 10e s. et dédié à saint Jean-Baptiste, le monastère se cache dans un vallon suspendu, tapissé d'oliviers et de pins, débouchant sur la mer. L'église du 11e s., remaniée au 16e s., a conservé son dallage en marbre d'origine. Dans une chapelle se trouve l'icône miraculeuse de la Panagia Portaïtissa (10e s.). La bibliothèque possède de nombreux manuscrits enluminés, du 11e au 13e s., et le **trésor** compte parmi les plus beaux du mont Áthos.

Vatopedí

Très vaste, il a été fondé en 980 dans un site idyllique au-dessus d'une baie et d'un petit port. Son enceinte fortifiée du début du 15e s. embrasse un dédale de bâtiments, dont l'église et une quinzaine de chapelles. Son église rouge de la fin du

11e s. comporte une entrée aux portes de bronze du 15e s. provenant de l'Agia Sofia de Thessalonique et une remarquable mosaïque du 11e s. ; à l'intérieur, intéressantes icônes du 13e au 16e s. Le trésor conserve de rares reliquaires d'orfèvrerie et la coupe de Manuel Paléologue (15e s.), en jaspe sur pied d'argent émaillé. La bibliothèque est riche en manuscrits (600 environ), parmi lesquels un exemplaire du 12e s. de la *Géographie* de Ptolémée.

Mont Áthos pratique

Tour en bateau

En saison, des excursions en bateau au départ d'**Órmos Panagias** (presqu'île de Sithonia), d'**Ouranópoli** ou de l'île de **Thassos** permettent de longer la côte de la Sainte Montagne. Ces bateaux ne doivent cependant pas s'approcher à moins de 500 m des côtes.

Se loger

À OURANÓPOLI

⊜⊜ **Akrogiali** – *À 100 m de l'arrêt du bus, sur la gauche, au bord de la mer* - ☏ 23770 71201 - 18 ch. Chambres confortables mais monastiques, idéales pour se préparer à la vie du mont Áthos. Certaines ont vue sur la mer. Pas de petit-déjeuner.

⊜⊜ **Makedonia** – *2e r. à gauche après l'hôtel Akrogiali (même propriétaire)* - ☏ *23770 71085 - fax 23770 71395 - 18 ch.* Petit hôtel confortable et tranquille à 100 m du bord de mer.

⊜⊜ **Xenios Zeus** – *R. principale, côté mer* - ☏ *23770 71274 - fax 23770 71185 - 20 ch.* Ce petit hôtel propret offre un bon rapport qualité-prix. Préférez les chambres avec vue sur la mer. Petit-déjeuner en sus.

⊜⊜⊜ **Xenia** – *À l'entrée du village* - ☏ *23770 71412 - fax 23770 71362 - 20 ch.* Établissement très agréable, calme et confortable, avec plage privée. Le service est très professionnel, mais les prix sont élevés (importante remise en basse saison). Le petit-déjeuner est compris et la demi-pension possible.

Se restaurer

À OURANÓPOLI

⊜ **Karidas** – *Sur le port.* Vaste choix de poissons à des prix raisonnables. On y parle français.

Achats

Icônes – Les œuvres des moines sont en vente à Ouranópoli et à Karyes.

Attique

Attikí – Αττική

3 761 810 HABITANTS - CARTE GÉNÉRALE RABAT II C2

Pointe sud orientale de la Grèce continentale, l'Attique s'avance dans la mer Égée. S'il ne reste plus grand-chose des paysages chantés par les poètes et les voyageurs du fait du développement tentaculaire d'Athènes et de l'industrialisation, la région, berceau de la Grèce antique, compte des sites parmi les plus intéressants du pays.

Se repérer – La péninsule de l'Attique est baignée à l'ouest par le golfe Saronique et fait face, à l'est, à l'île d'Eubée. Elle est desservie depuis Athènes par l'autoroute E 75 qui, au-delà de l'aéroport Eleftherios Vénizélos, se transforme en voie rapide traversant un paysage ingrat jusqu'à Lávrio. Une autre possibilité est d'y accéder en suivant la côte Apollon depuis Le Pirée jusqu'au cap Sounion.

À ne pas manquer – Le coucher de soleil au cap Sounion.

Organiser son temps – Si vous dormez à Sounion, vous pouvez consacrer deux jours à la découverte de la côte qui peut s'agrémenter de quelques baignades.

Pour poursuivre le voyage – Athènes, Eubée, Kéa.

Comprendre

Le nome d'Attique occupe aujourd'hui la péninsule que limite au nord la riche Béotie et à laquelle sont adjointes les îles du golfe Saronique, celles d'Hydra, de Spétses et de… Cythère. La partie continentale, avec ses 2 600 km², ne représente que la quarantième partie du territoire grec, mais la population, qui regroupe la mégapole Athènes-Le Pirée, rassemble près d'un Grec sur deux !

Grenier à blé des Anciens, couverte de l'arbre fétiche d'Athéna, l'olivier, elle pouvait aussi compter sur les mines de plomb argentifère du Laurion et sur les carrières de marbre du Pentélique pour ses monuments. Aujourd'hui, l'industrie locale (raffineries, métallurgie, chimie, textile) produit les deux tiers de la richesse nationale, mais hélas, enlaidit et asphyxie la région par une pollution aux conséquences ravageuses.

Circuits de découverte

LA CÔTE APOLLON, D'ATHÈNES AU CAP SOUNION★★ 1

Circuit de 65 km. D'Athènes, prendre la voie rapide qui suit la côte.

Bon à savoir – Traditionnellement, la visite du cap Sounion se fait au coucher du soleil avec retour à Athènes au crépuscule. Cependant, pour découvrir la région de façon plus approfondie, nous conseillons de réserver une journée à cette excursion. Si la côte est propice aux bains de mer et aux plaisirs de la plage, la découverte du cap Sounion et du temple de Poséidon mérite à elle seule le trajet. Si vous souhaitez vous limiter au seul cap Sounion, vous aurez alors intérêt à prendre l'autoroute en direction de l'aéroport, puis, à partir de Markópoulo, la voie rapide de Lávrio.

W. Bibikow / Photononstop

Le calme du soir sur le temple de Poséidon tandis que le soleil se couche sur le cap Sounion.

Glifáda

À 14 km seulement de la capitale et par conséquent très fréquentée, cette importante station balnéaire comprend notamment une plage aménagée, un port de plaisance et un golf.

Longeant de petites anses, la route dépasse **Voúla** et **Kavoúri** *(plages)*.

Vouliagméni★

Villégiature élégante, Vouliagméni est agréablement située au fond d'une baie profonde qu'encadrent deux promontoires découpés en criques. Des pinèdes odorantes, une vaste plage aménagée et plusieurs petites, un mouillage sûr, plusieurs hôtels de luxe concourent à l'agrément de la station.

Du promontoire sud, belle vue sur la baie et la côte en direction du cap Sounion.

La route traverse ensuite les stations balnéaires de **Várkiza** et **Lagoníssi**, dont la plage de sable fin fait face à une jolie baie à demi fermée par des récifs.

C'est à **Anávissos**, devenue une station animée, que fut trouvé l'un des plus célèbres *kouros* du musée d'Athènes. Au-delà, la côte devient plus sauvage et offre de belles perspectives sur le golfe Saronique et l'**île Patróklou**, qui porte le nom d'un amiral de Ptolémée II qui la fortifia en 260 av. J.-C.

Soúnio

Petite station balnéaire, où se trouvaient la cité antique et son port. **Vue★** sur le cap au sommet duquel se détachent les colonnes du temple de Poséidon.

Cap Sounion★★★ (Akrotiri Soúnio)

Accès en voiture ou en bus depuis Athènes, terminal Attique (voir p. 176) - ✆ 22920 39363 - 9h30 jusqu'au coucher du soleil - 4 € - parking (rapidement engorgé) - boutique de souvenirs et café-restaurant.

Sentinelle avancée de l'Attique, surveillant l'entrée du golfe Saronique, Akrotiri Soúnio, le « promontoire sacré » selon Homère, occupe un site admirable face à la mer Égée et

aux Cyclades. Le paysage est encore magnifié par les ruines du temple de Poséidon, qu'invoquaient les marins doublant le cap, dont les abrupts dominent les flots de plus de 60 m. C'est le « cap des Colonnes » que célébrèrent au 19e s. les écrivains romantiques, tels Byron, Chateaubriand ou Lamartine.

Le chemin d'accès au **temple de Poséidon** franchit le mur d'enceinte de l'acropole, assez bien conservé (vestiges des tours carrées de défense), puis pénètre dans l'enceinte sacrée à l'emplacement des propylées que flanquait un grand portique.

Construit en marbre de 444 à 440 av. J.-C. sur ordre de **Périclès**, le temple dont on découvre les vestiges fut dédié à **Poséidon**, le dieu de la Mer. Ce monument d'ordre dorique, à péristyle, a succédé à un sanctuaire antérieur du 6e s. av. J.-C., bâti en tuf et détruit lors de la seconde guerre médique. Ruiné par les intempéries et les chercheurs de trésor, le temple fut restauré à partir du 19e s. : on découvrit alors deux colossaux *kouro* archaïques, aujourd'hui au Musée archéologique national d'Athènes.

À gauche, du côté est, la façade d'entrée comportait un portique précédant la *cella* dont les pilastres d'angle ont été conservés : celui de droite est couvert de graffitis parmi lesquels on relève le nom de Byron, qui vint ici en 1810. Soutenant l'architrave, les colonnes du péristyle, au nombre de 16 sur les 34 d'origine, paraissent très élancées, bien qu'elles n'aient que 6,10 m de haut ; en effet, elles ne sont pas galbées et leur diamètre est relativement réduit (1 m en bas, 0,79 m en haut).

En faisant le tour du monument, on observe les variations d'épaisseur du soubassement dues à l'irrégularité du terrain : cette épaisseur atteint plusieurs mètres à l'angle nord-ouest. L'émotion l'emporte, suscitée par la suprême harmonie de ces colonnes s'élançant vers le ciel d'un bleu soutenu, et dominant une mer, souvent agitée, toujours magnifique ; dans les infinies variations chromatiques nées d'une lumière qui, déclinant à la tombée du jour, pare de chaudes teintes mordorées les pierres du sanctuaire, tandis que le cap joue sur toute la gamme des ocres.

LA CÔTE ORIENTALE, DE SOUNION À RAMNOÚS 2

160 km. De Soúnio à Lávrio, la route, sinueuse et étroite, longe la côte orientale du cap Sounion. Celle-ci est plus verdoyante que sur l'autre versant : d'agréables villas se dispersent sous les pins et les oliviers au-dessus de petites criques avec plages.

Laurion (Lávrio)

Petite ville industrielle (fonderies) et port minéralier, Lávrio s'étend dans un paysage désolé de terrils au pied du massif du **Laurion**, dont les mines étaient déjà célèbres dans l'Antiquité. Les fouilles archéologiques permettent de penser que leur exploitation a commencé au cours du 3e millénaire av. J.-C.

À partir du début du 5e s. av. J.-C., les gisements de plomb argentifère furent exploités par les Athéniens, apportant la richesse et la puissance à leur cité. L'exploitation fut arrêtée au 2e s. av. J.-C. et reprise en 1864. Jusqu'en 1981, la Compagnie française des mines du Laurium assura la quasi-totalité de la production tant en plomb argentifère qu'en zinc.

Conditions de travail

Sous les Athéniens, l'extraction du minerai se faisait par des puits pouvant atteindre jusqu'à 100 m de profondeur et les galeries radiales ne dépassaient guère un mètre de haut. Près de 20 000 esclaves ou hommes libres, travaillaient dans les mines.

Thorikó

Habitée dès 2000 av. J.-C. et jusqu'à l'époque romaine, l'antique Thorikos fut une importante cité fortifiée dont les deux ports recevaient le bois d'Eubée destiné aux fonderies de minerai du Laurion. Le site archéologique comprend un **théâtre** qui pouvait accueillir 5 000 spectateurs, avec une *cavea* de gradins au curieux plan elliptique et à l'orchestre rectangulaire, ainsi qu'un quartier dominé par une acropole.

Revenir à Lávrio pour retrouver la route d'Athènes.

Après **Keratéa**, on entre dans la Mésogée (Mesogia : « terres de l'intérieur »), plaine à l'habitat dispersé, jadis marécageuse.

À Markópoulo, quitter la route d'Athènes et prendre à droite la route de Pórto Ráfti et Vravróna.

On passe à **Pórto Ráfti**, station balnéaire au creux d'un golfe dont l'entrée est commandée par un îlot portant une effigie romaine, en marbre, d'homme assis en tailleur (en grec : *raftis*) : cette statue colossale servait probablement d'amer.

Brauron★★ (Vravróna)
Dans un cadre harmonieux de collines et non loin de la mer, le sanctuaire rappelle le souvenir du culte d'Artémis Brauronia. D'après une tradition évoquée par Euripide dans *Iphigénie en Tauride*, la fille d'Agamemnon, soustraite au sacrifice et ayant fui en Tauride (Crimée), serait revenue, avec la statue sacrée d'Artémis, terminer ses jours à Brauron. En réparation de la mise à mort d'une ourse protégée par la déesse de la Chasse, **Iphigénie** aurait alors fondé le sanctuaire, desservi par de jeunes prêtresses, les « ourses », vêtues de robes safran et consacrées à la déesse dès l'âge de sept ans.
Sanctuaire – *✆ 22990 27020 - temporairement fermé.* On laisse sur la gauche une basilique paléochrétienne avant d'arriver à la fontaine sacrée qui alimentait un cours d'eau franchi par un pont dont les dalles subsistent. À droite, en contrebas de la chapelle Saint-Georges, apparaissent les soubassements du temple d'Artémis (5e s. av. J.-C.) au-delà duquel, dans l'anfractuosité du rocher, se trouvait le « tombeau d'Iphigénie ». En face, on repère la grande cour à péristyle sur laquelle donnait le « parthénon » qu'habitaient les *ourses*. Une partie de la colonnade du portique a été relevée.
Musée – *À 500 m du sanctuaire de l'autre côté du rocher.* On y admire des vases à décor géométrique, un bas-relief votif avec les figures de Zeus assis, Léto, Apollon et Artémis, et surtout une série de ravissantes statuettes ou têtes en marbre de petites « ourses » (4e s. av. J.-C.) d'une rare délicatesse d'expression : remarquez spécialement l'*Ourse à la colombe* et l'*Ourse au lièvre*.

Le premier marathon
Venue d'Asie Mineure, la flotte perse jette l'ancre dans le golfe de Marathon et débarque des troupes chargées de marcher sur Athènes. De leur côté, les Grecs ont établi leur camp sur les premières pentes du mont Agriliki. Les Athéniens sont au nombre de 7 000, soutenus par 1 000 Platéens, alors que les Perses comptent 20 000 hommes. Le combat s'engage dans la plaine où les Athéniens, commandés par **Miltiade**, réussissent à cerner les Perses, les taillent en pièces et les forcent à rembarquer. D'après la tradition, 6 400 Perses périrent, contre seulement 192 Grecs. La victoire assurée, Miltiade dépêche un messager annoncer la nouvelle à Athènes. Le soldat fait en courant le trajet de Marathon à Athènes, annonce la victoire et meurt aussitôt d'épuisement.
Le « marathon » des Jeux olympiques de 1896 fut disputé sur une longueur de 40 km correspondant à la distance entre Marathon et Athènes : il est remporté par un berger grec, **Spiridon Louys**. La distance officielle de l'épreuve est fixée en 1908 lors des IVes Jeux olympiques disputés à Londres : il s'agit des 42,195 km séparant le Great Park de Windsor du White City Stadium de Londres.

Côte de Marathon★ (Akti Marathóna)

Rafína
Port de pêche et de commerce d'où partent les ferries à destination de l'Eubée et des Cyclades orientales. Sur le port s'alignent en rangs serrés poissonneries et restaurants de poisson.
Prendre la route du bord de mer qui longe une série de plages très fréquentées des Athéniens, puis rejoindre une route plus importante à Néa Mákri ; 5 km après se détache à droite la voie qui conduit au tumulus de Marathon.

Marathónas
✆ 22940 55155 - tlj sf lun. et j. fériés 8h30-15h - 3 € (site et musée).
La plaine littorale qui s'étend au sud de Marathónas fut le cadre de la célèbre bataille livrée en 490 av. J.-C.
Isolé dans la plaine, haut de 9 m, le **tumulus de Marathon** (Tymvos Marathóna) fut édifié pour servir de tombeau aux hoplites athéniens morts au cours de la bataille. Au pied du tumulus est érigée une reproduction de la stèle d'Aristion, dite du Soldat de Marathon, stèle funéraire montrant un hoplite semblable à ceux qui combattirent sur ces lieux (original au Musée archéologique national d'Athènes). Du sommet du tumulus, dont les flancs portaient à l'origine des stèles avec les noms des hoplites tués, belle vue sur la plaine, jadis nue, aujourd'hui cultivée, et sur les montagnes qui l'entourent.
Reprendre la grande route et, à 1 km, tourner à gauche dans la route qui conduit au tumulus des Platéens. À droite, un hangar protège une nécropole.

La **nécropole helladique** (Eladiko Nekrotafio) témoigne de l'ancienne occupation humaine du site de Marathon où, d'après la mythologie, Thésée aurait tué un taureau qui dévastait la contrée : les tombes mises au jour datent de 2000 av. J.-C. Le **tumulus des Platéens** (Tymvos Plataieon) abrite les tombes contenant les restes de soldats de la cité béotienne de Platées, tués lors de la bataille.

Le **musée** rassemble une collection d'objets d'époques helladique et mycénienne : urnes funéraires – dont celle d'une enfant en forme de cocon –, statuettes, armes, miroirs… Près du musée, une nécropole helladique et mycénienne comprend notamment une sépulture contenant un squelette de cheval.

Revenir à la grande route et peu avant d'arriver à Marathónas, prendre à droite la route conduisant à la grande plage de Schiniás (belle pinède) et à Ramnoús.

Rhamnonte★ (Ramnoús)

☏ 22940 63477 - 8h-17h30 - 2 €.

Les ruines de Rhamnonte s'allongent au creux d'un vallon descendant vers la mer, dans un site solitaire, face à l'île d'Eubée.

Sur une terrasse aménagée pour recevoir le sanctuaire de Némésis, on voit les bases de deux temples doriques accolés. Le plus petit, du 6e s. av. J.-C., était consacré à Thémis, déesse de la Justice ; le plus grand, du 5e s. av. J.-C., abritait une célèbre effigie de Némésis, déesse du Châtiment et de la Vengeance divine, dont la tête est conservée aujourd'hui au British Museum à Londres.

Botaniste ?

Vous connaissez sûrement une espèce d'arbustes, les rhamnacées, comprenant notamment le nerprun (prunier noir, épineux). Mais vous l'ignorez peut-être : c'est à Ramnoús qu'on doit leur nom.

Continuer à descendre le chemin qui mène au promontoire où se situe l'acropole.

Il subsiste des vestiges de l'enceinte de cette forteresse édifiée aux 5e-4e s. av. J.-C. et dont l'entrée se faisait par une seule porte flanquée de tours carrées, d'un petit théâtre, d'édifices divers et d'une citadelle qui couronnait le sommet de la colline. Belles vues sur la côte, rocheuse et sauvage en cet endroit : on devine l'emplacement de la ville basse antique et du port à l'embouchure du torrent.

Rejoindre l'autoroute E 75 et la prendre vers le nord en direction de Chalkída. Sortir à Malakása et suivre les indications Skála Oropoú/Amfiraeio.

Amfiareio

☏ 22950 62144 - tlj sf lun. 8h30-15h - 2 €.

Parmi les pins, au sein d'un étroit et paisible vallon que rafraîchit un torrent, se trouvent les ruines d'un sanctuaire à Amphiaraos, roi d'Árgos et guerrier, qui prit part à l'expédition des Sept contre Thèbes, mais aussi oracle et thérapeute, dont le culte se développa en ces lieux. Les ruines datent en majeure partie du 4e s. av. J.-C.

On distingue à droite du chemin le **temple d'Amphiaraos** au centre duquel on identifie la table d'offrandes et le socle de la statue de culte ; devant la façade, un monumental autel sur lequel les consultants de l'oracle sacrifiaient un bélier ; en contrebas, sous les arbres, une fontaine dans laquelle les pèlerins guéris jetaient des pièces de monnaie. De l'autre côté du chemin se remarque la « terrasse des statues » dont les piédestaux datent de l'époque romaine. Au-delà, dans l'axe, l'*abaton* était un portique où les malades s'allongeaient pour dormir dans l'attente du songe par lequel Amphiaraos leur donnerait ses instructions. Remarquez les pieds de marbre du banc qui courait sur toute la longueur du portique.

Plus loin, le **théâtre** de 3 000 places était le cadre, tous les quatre ans, de fêtes votives ; les sièges de marbre des prêtres et des personnalités officielles sont bien conservés.

AU NORD D'ATHÈNES, VERS LA FORTERESSE DE PHYLÉ★ 3

56 km AR depuis Athènes, vers le nord. Quitter Athènes par la rue Liossion qui suit la voie ferrée vers Néa Liossia puis Ano Liossia. Après le village de Fylí, la route pénètre dans le massif du Parnitha. Un chemin se détache à droite dans un des lacets pour atteindre Moni Kliston.

Couvent des Défilés (Moni Klistón)

Alt. 500 m. Le monastère de femmes de la Panagia ton Klistón (N.-D.-des-Défilés) est ainsi nommé car il occupe un **site★** spectaculaire face à des gorges profondes aux parois trouées de cavernes, dont certaines abritèrent des ermitages. Quelques bâtiments remontent au 14e s.

La route monte, laissant à droite un chemin; peu après, prendre à gauche le chemin carrossable conduisant au pied de la forteresse.

Fylí★

À une altitude de 683 m, dans un paysage solitaire, les ruines de la **forteresse de Phylé**, qui commandait un des passages d'Attique en Béotie, font corps avec le roc escarpé qu'elles couronnent. L'enceinte, du 4e s. av. J.-C., conserve d'importantes sections en appareil rectangulaire massif de 2,70 m d'épaisseur; deux tours carrées et une tour ronde la jalonnent.

À L'OUEST D'ATHÈNES 4

20 km par la route côtière jusqu'à Elefsína.

Monastère de Dafní★★

Le monastère, endommagé lors du tremblement de terre de 1999, est toujours fermé au public. Renseignements au ✆ 21058 11558.

Peu avant l'entrée de l'autoroute de Corinthe se trouve à gauche, au pied d'une colline boisée de pins, le monastère de Dafní, connu pour son église et ses mosaïques byzantines parmi les plus belles de Grèce.

Fondé au 5e s., dédié à la Dormition de la Vierge, il fut bâti à l'emplacement d'un temple d'Apollon jadis entouré de lauriers *(dafni)*, arbustes favoris du dieu auquel ils rappelaient la nymphe Daphné qu'il avait aimée. En 1205, lorsque l'Attique passa sous la domination franque, les nouveaux seigneurs d'Athènes, d'origine bourguignonne ou champenoise, chassèrent les moines orthodoxes, et le premier seigneur, **Otton de La Roche**, y installa des cisterciens qui restaurèrent le monastère. « Daphinet » devint la nécropole des ducs d'Athènes, à l'instar de Cîteaux qui abritait les tombeaux des ducs de Bourgogne.

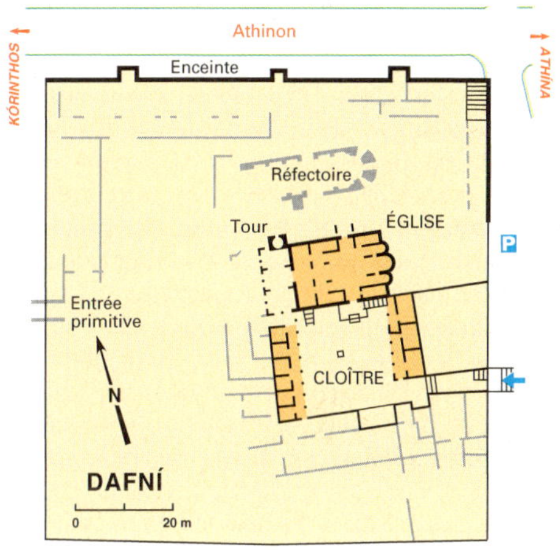

Les pentes dominant les bâtiments à l'ouest permettent d'en avoir une vue d'ensemble : l'entrée primitive, l'enceinte carrée comprenant une section des 5e-6e s. bien conservée avec chemin de ronde et tours carrées de flanquement, le cloître et l'église.

Le **cloître**, paisible cour dallée et ombragée de cyprès, présente sur le côté est une galerie d'arcades à double arcature, typiquement cisterciennes; les cellules sont une adjonction du 16e s. Observez les sarcophages ducaux, dont l'un comporte un décor de fleurs de lys et de serpents héraldiques (guivres). Les galeries abritent des fragments d'architecture découverts dans la crypte.

Élevée sur une crypte au 11e s., l'**église byzantine** à coupole a été agrandie au 13e s. par les cisterciens à qui on attribue un certain nombre de baies, le narthex extérieur, et, à l'intérieur, la création de chapelles destinées aux moines qui célébraient la messe chaque jour et simultanément.

Du cloître, où l'on découvre une belle perspective sur la façade sud de l'église aux ouvertures soulignées d'encadrements de brique, on passe dans l'exonarthex par une double arcade reposant sur une colonne antique. Ce narthex fortifié a dû être construit sur le modèle de celui de Cîteaux, à l'usage des frères convers dont les bâtiments étaient sans doute voisins; les ducs d'Athènes y avaient leurs tombeaux. Son architecture est d'inspiration bourguignonne par les arcs brisés de façade et la voûte d'arête dont il reste quelques traces.

En contournant l'église, on dépasse la tour carrée qui la protégeait; à gauche, on note les vestiges d'un réfectoire du 11e s. Admirez l'élévation de l'édifice et la coupole dont les petites baies remontent au 11e s.; les autres seraient du 13e s.

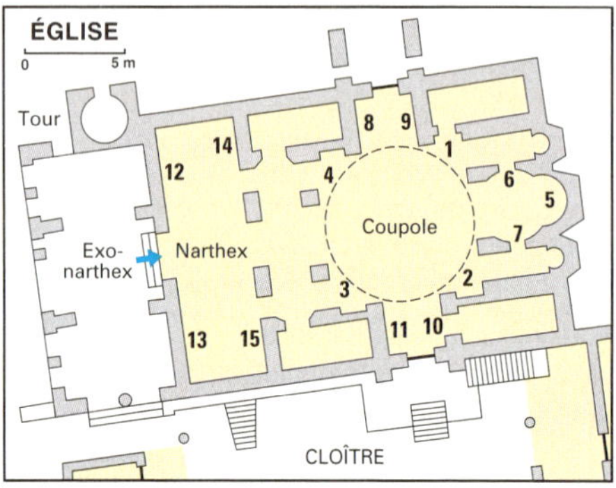

L'intérieur est magnifiquement décoré de **mosaïques**★★ de la fin du 11e s., à fond d'or, remarquables par la finesse du dessin et l'harmonie des couleurs. Parmi les plus belles de ces scènes disposées suivant les préceptes théologiques d'alors, citons, à la coupole : le Christ Pantocrator, entouré par les seize prophètes et, dans les trompes, l'Annonciation **(1)**, la Nativité **(2)**, le Baptême **(3)** et la Transfiguration **(4)** du Christ ; à l'abside, la Vierge **(5)** qu'encadrent les archanges Michel **(6)** et Gabriel **(7)** ; dans les bras du transept, des scènes évangéliques parmi lesquelles la Naissance de la Vierge, l'Entrée du Christ à Jérusalem **(8)** et la Crucifixion **(9)** (bras nord), l'Adoration des Mages, la Descente du Christ aux limbes **(10)**, l'Incrédulité de Thomas **(11)** (bras sud) ; enfin, au narthex, la Trahison de Judas **(12)** et une scène de la légende de Joachim et Anne **(13)** font face à la Cène **(14)** et à la Présentation de la Vierge au Temple **(15)**.

Entre Dafní et la ville industrielle d'Éleusis, la route longe la baie d'Éleusis fermée par l'île de Salamine et encombrée de navires désarmés. À **Skaramangás** se trouvent les chantiers navals nationaux, ancienne propriété de l'armateur Stavros Niarchos.

Éleusis (Elefsína)

℘ 21055 43470 - tlj sf lun. 8h30-15h - 3 € (billet pour le site et le musée).

Le saviez-vous ? – C'est à Éleusis que le futur auteur des *Perses*, **Eschyle**, considéré comme le créateur de la tragédie antique, est né vers 525 av. J.-C.

Adossés à une acropole dominant le golfe d'Éleusis et l'île de Salamine, les vestiges du sanctuaire, en partie d'époque romaine et d'une topographie confuse, s'entourent du halo magique propre aux sites où a soufflé l'esprit (auquel s'ajoute aujourd'hui un halo moins magique, celui de la pollution).

Relié à Athènes par la Voie sacrée, le sanctuaire d'Éleusis, où l'on célébrait le culte des « Grandes Déesses », Déméter et Korê (sa fille), fut un haut lieu de l'Antiquité, théâtre de cérémonies initiatiques dont la teneur ne pouvait être divulguée sous peine de mort : ce châtiment était promis aux non-initiés qui auraient franchi son enceinte.

Les « Mystères d'Éleusis » – Ces rites secrets furent pratiqués jusqu'au 4e s. de notre ère. Les initiations, ouvertes à tous, avaient lieu lors des grandes fêtes éleusines d'automne et se faisaient en deux fois. La seconde année, les **mystes**, déjà partiellement initiés, se réunissaient le 3e jour des fêtes à Athènes dans la Stoa Poecile où ils devaient prouver qu'ils n'avaient pas commis de meurtre et qu'ils parlaient grec.

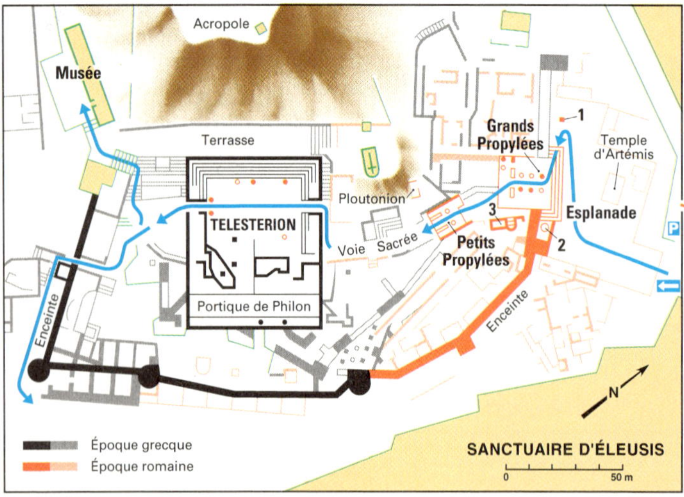

Le lendemain, ils étaient conduits en baie de Phalère où ils se jetaient à l'eau (rite de purification), avec un porcelet voué au sacrifice. Les journées suivantes étaient consacrées à la retraite, au jeûne, aux sacrifices et à la procession solennelle qui reconduisait à Éleusis, par la Voie sacrée, les objets sacrés apportés à Athènes au début des fêtes. Les trois derniers jours enfin, les prêtres procédaient au cœur du sanctuaire aux dernières initiations. Il s'agissait d'une sorte de mimodrame sacré ayant pour thèmes l'union de Zeus et de Déméter (signe de fécondité), la légende de Korê détenue durant six mois au royaume des Morts (symbole du repos de la Nature en hiver) avant d'être rendue au jour et à sa mère (renaissance au printemps) et le voyage aux Enfers, évocation des fins dernières de l'Homme. Au terme de la cérémonie, les objets sacrés étaient dévoilés aux initiés.

Esplanade du sanctuaire – Dallée de marbre, elle a été aménagée au 2e s. de notre ère. Près des fondations d'un temple dédié à Artémis est exposé le buste colossal en médaillon de l'empereur romain Antonin le Pieux **(1)** provenant d'un fronton des **Grands Propylées**. Bâtis par les Romains sur le modèle de ceux d'Athènes, ils constituaient l'entrée monumentale du sanctuaire. Des soubassements en gradins et des bases de colonnes marquent les trois passages à colonnes ioniques et les deux portiques doriques extérieurs.

En deçà à gauche, on remarque le puits de Callichoros **(2)**, du 6e s. av. J.-C., autour duquel se déroulaient les danses sacrées en l'honneur de Déméter. Au-delà, à gauche, voyez les vestiges du cloaque (égout romain) **(3)**.

À droite, restes de l'architrave des **Petits Propylées** (1er s. av. J.-C.) ornée d'épis de blé symboliques.

Suivez la Voie sacrée, dallée par les Romains. À droite, des grottes creusées dans la falaise symbolisaient l'entrée des Enfers, cependant qu'à la base une terrasse triangulaire portait un temple dédié à Hadès, le Ploutonion.

Mythologie d'un lieu

D'après la mythologie, c'est à Éleusis que **Déméter** aurait trouvé sa fille Korê (Perséphone) enlevée par Hadès, roi des Enfers, près du lac de Pergusa, en Sicile. Le roi d'Éleusis, Keleos, ayant donné l'hospitalité à la déesse, cette dernière le remercia en donnant au fils du souverain, Triptolème, le premier grain de blé et en lui enseignant l'art de le faire fructifier. Cette scène est illustrée par une stèle trouvée à Éleusis (aujourd'hui au Musée archéologique national d'Athènes). En même temps, Déméter aurait communiqué au grand prêtre Eumolpos le rituel du culte de la fécondité.

Telesterion – Cœur du sanctuaire, c'était le majestueux bâtiment où se déroulaient les Mystères. De plan presque carré, il comprenait au rez-de-chaussée une vaste salle divisée par six rangées de colonnes et encadrée de gradins sur lesquels pouvaient prendre place près de 3 000 personnes. À l'étage, le **mégaron** abritait les objets sacrés. Le portique de Philon longeait au sud-est le Telesterion. Maintes fois remanié, l'édifice présente des vestiges de toutes les époques, de Mycènes à Rome, en passant par Pisistrate, Périclès, Philon et Antonin le Pieux, difficiles à identifier. Mais le plan général est reconnaissable, et on distingue les bases des statues votives. Au-delà du Telesterion, jetez un coup d'œil sur l'extérieur de l'enceinte d'époque classique.

Gravissez ensuite les degrés d'une terrasse qui donnait accès au premier étage du Telesterion, et gagnez le musée qui domine le golfe d'Éleusis et Salamine.

Musée – Dans la cour, on admire une tête de cheval d'époque hellénistique qui ornait la base d'une statue et un sarcophage d'époque romaine dont les sculptures évoquent Méléagre chassant le sanglier qui terrorisait la région de Calydon (près de Mesolóngi). À l'intérieur, outre une maquette représentant le sanctuaire au temps de sa splendeur, vous verrez des bas-reliefs figurant Déméter, Korê, Triptolème et une curieuse caryatide (2e s. apr. J.-C.) provenant des Petits Propylées.

Attique pratique

Informations utiles

EOT – L'office du tourisme d'Athènes *(voir p. 156)* constitue la principale source de renseignements concernant l'hébergement et les monuments et musées de l'Attique. Il distribue en outre un petit guide illustré (anglais ou français) intitulé *Athens/Attica*.

Transports

EN AUTOCAR

Si vous séjournez à **Athènes** et que vous ne souhaitez pas louer de voiture, vous pouvez gagner la plupart des sites de l'Attique en autocar, au départ de la **gare routière** située 18 odos Mavrommataïon, au coin du parc Areos, à proximité du Musée archéologique national (métro le plus proche Viktoria, ligne rouge, direction Kifissia). Renseignements : **Compagnie Ktel Attikis** - *✆ 21088 08080 - www.ktelattikis.gr.*

Principales liaisons

Marathonás – *Ttes les 30mn entre 6h et 17h, ttes les h. jusqu'à 21h - 2,90 €.*

Ramnoús – *Dép. à 6h, 8h15, 10h, 12h40, 14h, 15h30, 16h30, 19h - 3,40 €.*

Sounion - *Par la côte Apollon, ttes les h. entre 6h30 et 17h30 - retour ttes les h. entre 6h et 19h - 4,90 € (voyage simple). Par Lávrio, ttes les 30mn entre 5h45 et 18h45.*

EN BUS

Dafní, Elefsína – Bus A15 depuis la station de métro Metaxourgio (ligne M2 dir. Ag. Anthonios).

Párnitha – *sem. : 2/j. (4/dim.).* Bus 714 depuis la pl. Anexartisias (Vathi).

Se loger

Bon à savoir – L'hébergement sur la côte est relativement rare et souvent cher. En outre, entre oct. et mai, sauf précision contraire, vous risquez de trouver le plus souvent porte close.

VOULIAGMÉNI

Astir Palace – *40 odos Apollonios - ✆ 21089 02000 - fax 21089 62582 - www.astir-palace.com - 551 ch.* La vie de palace face à la mer et à deux pas d'Athènes. Ouvert toute l'année.

LAGONÍSSI

Var Hôtel – *Odos Naïadon et Semelis (sur la gauche de la voie rapide en venant d'Athènes) - ✆ 22910 23512 - fax 22910 23534 - 20 ch.* Hôtel modeste mais confortable dont toutes les chambres sont dotées de balcons donnant sur le golfe Saronique. Dommage qu'il faille traverser la route pour piquer une tête !

ANÁVISSOS

Calypso Beach – *✆/fax 22910 60170 - 66 ch.* Cet agréable établissement répartit ses chambres entre un bâtiment principal et 28 bungalows (avec air conditionné) posés sur une presqu'île boisée au bord d'une crique de galets gris. Accueil sympathique.

SOÚNIO

Senon – *Rte de Lávrio (à 5 km du cap) - ✆ 22920 39144 - fax 22920 39045.* Hôtel tout blanc et moderne, apparaissant parmi les bougainvillées, à 5mn de la plage, dans une pinède. Chambres doubles, triples ou quadruples, aux tarifs véritablement intéressants.

Aegeon – *En contrebas du temple de Poséidon - ✆ 22920 39200 - fax 22920 39234 - 89 ch.* Installé en bord de mer, cet hôtel, ouvert toute l'année, est le plus proche du temple... que l'on ne voit pas depuis les vastes chambres donnant toutes sur la plage et dotées de grands balcons. Une situation privilégiée, d'autant que le confort et le décor, mêlant avec goût l'ancien et le design, ont été revus récemment. Le restaurant est fermé hors saison. Les deux tavernes sur la plage à laquelle on accède directement en ascenseur pourront pallier cet inconvénient, à midi du moins.

Sounio Grecotel – *En bordure de la route face à la mer et au temple - ✆ 22920 69700 - fax 22920 39011.* Contrairement au précédent, cet établissement de grand luxe, dont l'architecture (remarquable) tente de répondre à celle du temple de Poséidon, donne sur le monument. Grand confort et ambiance raffinée, naturellement.

PÓRTO RÁFTI

Kyani Akti – *40 av. Agias Marinas - ✆ 22990 86400 - fax 22990 86050 - 25 ch.* Petit hôtel à taille (et tarif) humains, ouvert toute l'année de surcroît. Bref, une rareté dans ces parages. Pour profiter d'une soirée dans cette charmante petite station balnéaire...

VRAVRÓNA

Mare Nostrum – *Club Méditerranée (en bord de mer) - ✆ 22940 71000 - fax 22940 47790 - 300 ch.* Rénové, cet énorme complexe des années 1980 est l'un des rares hôtels de la côte est, proposant jeux, animations, boutiques, etc., ainsi qu'un centre de thalassothérapie à proximité. Pour un meilleur prix, réservez, à partir de la France, un forfait d'une semaine vol + hôtel en demi-pension, vous donnant accès à toutes les activités du club ; pour des séjours de plus courte durée (voire pour une nuit), vous pouvez toujours réserver en direct.

MASSIF DU PÁRNITHA

Hôtel-Casino du Mont Parnes – *En haut du mont Parnis, à Acharnés - ✆ 21024 69111 - fax 21024 60768 - 39 ch. et 6 suites.* Là-haut sur la montagne, à une volée de la fournaise athénienne, cet établissement respire encore les fastes d'antan. Les chambres, spacieuses, possèdent une salle de bains en marbre et une vue superbe sur tout le massif. Mais la piscine a pris un petit coup de vieux, tout comme les gigantesques coursives d'un luxe un peu hors d'âge que hantent les amateurs de roulette et de black-jack. Casino réservé aux plus de 23 ans.

Se restaurer

Bon à savoir – Tavernes et restaurants de poisson de toutes catégories se succèdent dans les stations de la **côte Apollon**. Au **cap Sounion**, deux paillotes posées sur la plage devant l'hôtel Aegeon proposent à midi des grillades de poisson… Un restaurant est installé sur le cap même, à deux pas du temple de Poséidon. Sur la **côte orientale**, restaurants à Rafína et dans la charmante station de Portó Ráfti.

LÁVRIO

Taberna Isabella – *Rte de Sounion (à gauche, 3 km après le cap)*. Rien ne distingue a priori cette taverne de ses homologues, si ce n'est que les habitants du cru la fréquentent assidûment. Et ils ont raison ! L'accueil est chaleureux, les portions plus que généreuses, le tzatziki excellent, et la purée d'ail qui accompagne certains poissons (l'espadon en particulier), divine !

En soirée

Bon à savoir – La côte Apollon offre une impressionnante concentration de bars et de discothèques.

Sports et loisirs

Les adresses des refuges sont à demander à la **Fédération hellénique des clubs d'alpinisme** – *5 odos Milioni - Athènes - ✆ 21036 45904 - fax 21036 44687.*

La Chalcidique★

Chalkidikis – Χαλκιδική

104 894 HABITANTS
CARTE GÉNÉRALE RABAT I B1 – MACÉDOINE – NOME DE CHALCIDIQUE

Les golfes de Salonique et de Strymonikos, reliés par une dépression remplie par deux grands lacs, marquent la limite nord de la péninsule de Chalcidique. Au sud, la région se prolonge en trois étroites presqu'îles : le mont Áthos, Sithonía et Kassándra. Contrairement à la première, la plus orientale, vouée à la vie monastique, les deux autres, consacrées aux plaisirs balnéaires, offrent des kilomètres de plages.

- **Se repérer** – À 60 km environ au sud-est de Thessalonique, les presqu'îles de Sithonía et de Kassándra encadrent le golfe de Kassándra.
- **À ne pas manquer** – La presqu'île de Sithonía.
- **Organiser son temps** – Comptez deux à trois jours, baignades comprises.
- **Pour poursuivre le voyage** – Kavála, Thessalonique.

De Thessalonique à la presqu'île de Sithonía

Quitter Thessalonique vers le sud par la voie rapide de l'aéroport.

Petrálona

À 39 km, prendre à gauche vers Néa Sílata et encore à gauche à Elaiochória (12 km de la dérivation). ✆ 22373 71671 - de 9h à une heure avant le coucher du soleil - 5 € (-17 ans : 3 €).

La **grotte de Kokkines Petres** est célèbre auprès des paléontologues pour les découvertes qu'on y a faites d'un crâne humain (type de Neandertal) et d'ossements d'animaux préhistoriques. Elle s'étend sur 10 400 m^2, mais le visiteur n'a accès qu'à une longueur de 2 km où il peut admirer de belles concrétions. Un petit musée anthropologique abrite ce qui fut découvert dans la grotte.

Presqu'île de Kassándra

À 60 km au sud de Thessalonique.

Moins boisée et moins séduisante que Sithonía, cette péninsule est plus habitée et fertile (blé, oliviers). Du fait de la proximité de Thessalonique, la presqu'île dont l'isthme, à hauteur de l'antique Potidée (Poteídaia), est coupé par un canal, souffre d'un tourisme relativement envahissant par rapport à sa voisine. Un circuit de 120 km permet d'en effectuer le tour et de découvrir des plages agréables dotées de nombreux hôtels, notamment à **Saní**, **Kallithéa**, **Agía Paraskevi** et surtout **Palioúri**, qui fait face à un joli golfe et à Sithonía.

G. Gräfenhain / Photononstop

La baie de Sithonía : une invitation à la baignade.

Une fois achevé le tour de la presqu'île, reprendre la direction de Thessalonique puis, à hauteur de Néa Moudaniá, prendre à droite.

Ólynthos

À 5 km. Tlj sf lun. 8h30-15h - 2 €.

C'est l'un des rares exemples d'une ville construite selon le plan géométrique d'**Hippodamos de Milet** qui nous soit parvenu. Mis au jour par des Américains à partir de la fin des années 1920, le plan d'urbanisme est nettement visible avec ses artères se croisant à angle droit et délimitant les blocs d'habitations (dont certaines contiennent des mosaïques en noir et blanc : ne manquez pas celle figurant Bellérophon). La ville, ravagée par les Perses lors des guerres médiques (479 av. J.-C.), fut repeuplée par des colons athéniens de la presqu'île de Kassándra. Convoitée par les Spartiates puis par Philippe II, elle fut finalement prise et rasée par le Macédonien en 348, malgré les exhortations de Démosthène tonnant dans ses *Olynthiennes* contre les atermoiements des Athéniens à soutenir leur colonie.

Poursuivre le long de la côte en direction de la presqu'île de Sithonía.

Presqu'île de Sithonía★★

109 km par une très belle route côtière.

Sithonía est prodigue de beautés naturelles : des bois de pins maritimes ou parasols bordent de longues plages de sable fin abritées au fond de criques ou d'anses solitaires, des fjords s'enfoncent profondément dans la côte rocheuse, abrupte et découpée, propice à la pêche sous-marine. Souvent en corniche, la route qui fait le tour de la presqu'île permet de découvrir de très beaux sites et offre des vues étendues, notamment en direction du mont Áthos, au sommet souvent couvert de nuages.

Prendre la direction d'Órmos Panagías (sur la gauche).

Órmos Panagías – Pittoresque hameau au creux d'une anse rocheuse.

Sárti – Petit bassin côtier cultivé, en retrait d'une baie frangée de sable fin.

Cap Drépano★ (Akrotiri Drépano) – Promontoire rocheux très découpé aux criques profondes s'allongeant en fjords, notamment à **Koufós** et à proximité de **Kalamítsi★**, réputée pour sa belle plage de sable blanc.

Un architecte visionnaire

En 494 av. J.-C., **Hippodamos** fut chargé de reconstruire la ville de **Milet**, totalement rasée. Il imagina un plan en damier pour une cité qui inspira par la suite celle de Platon et dont le modèle est encore celui des grandes mégalopoles. Cette invention urbanistique conjuguait la croissance économique de la ville en tenant compte du bien-être de ses habitants. Ville parfaite, Milet était donc partagée en parcelles identiques : une zone commerciale s'organisait autour des ports, une zone civile autour de l'agora, et une zone sacrée autour des temples et des sanctuaires. Selon leur fonction sociale (soldats, prêtres, artisans), les habitants vivaient regroupés dans ces quartiers.

Porto Koufós★ – Le port et la plage occupent un site magnifique, au fond d'une crique protégée.
Baie de Torónі★ – Cette anse idyllique s'arrondit en une longue grève jusqu'à une petite presqu'île, au sud, qui porte les vestiges d'une forteresse antique et de basiliques paléochrétiennes.
À 6 km au-delà de **Toróni** se trouvent de magnifiques **plages★** peu fréquentées.
Porto Carrás – Ce vaste complexe de vacances à l'architecture imposante, un peu incongrue en ces lieux, a été édifié de toutes pièces à l'initiative de l'armateur John C. Karras. Non loin, le même homme d'affaires a implanté une ferme modèle avec plantations de citronniers, d'oliviers, d'amandiers et de vignobles produisant d'excellents vins.
Au-delà de la presqu'île, en suivant la mer en direction de l'est, vous pourrez accéder à la troisième péninsule, Ágion Oros, le célèbre mont Áthos (voir p. 164).

La Chalcidique pratique

Se loger

PRESQU'ÎLE DE KASSÁNDRA

Áfytos

Zeus – *℘/fax 23740 91132 - 20 appart.* Bien aménagés dans des tons clairs et entièrement équipés, les appartements donnent sur un jardin et une piscine.

PRESQU'ÎLE DE SITHONÍA

Néos Marmarás

Marmaras – *À 200 m du port - ℘ 23750 72184 - fax 23750 72315 - 15 ch.* Petit hôtel confortable avec des chambres dotées de balcons ouvrant sur la mer. Petit-déjeuner non compris.

Porto Koufós

Porto Koufós – *℘ 23750 51273 - 26 ch.* Situé face à l'entrée de la baie, à l'écart du village, cet hôtel jouit d'un emplacement de rêve. L'accueil et le service sont à la hauteur, et les chambres, avec balcon, sont confortables. Petit-déjeuner compris.

Se restaurer

PRESQU'ÎLE DE SITHONÍA

Néos Marmarás

Christos – *À gauche de la baie quand vous êtes face à la mer, l'entrée est à peine visible).* Vaste choix de poissons et fruits de mer servis en salle ou en terrasse sur pilotis.

Porto Koufós

Filaktos – *℘ 23750 51280.* À l'extrémité du port, c'est l'endroit idéal pour déguster quelques sardines grillées sur une terrasse.

Paralia Nikitas

Kyani Akti – Agréable restaurant de poissons et de fruits de mer en bord de plage.

Événement

Chaque année à la mi-septembre, dans le village de Nikítas (sur la route entre Ólynthos et Órmos Panagías), se tient le **Nikiti Folk Festival**, une occasion d'entendre de bons concerts.

Corinthe★★

Kórinthos – Κόρινθος

27 858 HABITANTS POUR L'ENSEMBLE DE LA MUNICIPALITÉ
CARTE GÉNÉRALE RABAT II B2 – PÉLOPONNÈSE – NOME DE CORINTHIE

De beaux vestiges, dont ceux, emblématiques, du temple d'Apollon, une impressionnante acropole, l'Acrocorinthe, et le port de Léchaio sur la côte évoquent le souvenir de Corinthe « l'opulente », une des plus actives cités marchandes de l'Antiquité, cosmopolite et dissolue. Sa situation, proche du golfe qui porte son nom, permet de réaliser de belles échappées sur le littoral mais aussi de partir à la découverte d'autres sites antiques à l'intérieur des terres.

- **Se repérer** – À 85 km à l'ouest d'Athènes à laquelle elle est reliée par l'autoroute E 94, Corinthe est située à la sortie de l'isthme séparant les golfes de Corinthe et Saronique. La cité antique est à 8 km par la route d'Árgos et de Nauplie ou par l'autoroute E 65. En poursuivant tout droit à travers Archaïa Kórinthos, vous arriverez au parking aménagé entre l'odéon romain et l'ancienne cité antique. À l'entrée de la localité, une route à gauche permet de gagner l'Acrocorinthe.
- **À ne pas manquer** – La ville antique, l'Acrocorinthe, le cap Héraion et Némée.
- **Organiser son temps** – L'ancienne Corinthe mérite bien une journée.
- **Pour poursuivre le voyage** – Épidaure, Mycènes, Nauplie, Tirynthe.

R. Mattès / hemis.fr

Le golfe de Corinthe.

Comprendre

Une position stratégique privilégiée

Placée dans un site éminemment favorable, au carrefour des voies terrestres et maritimes reliant l'Attique et le Péloponnèse, les mers Ionienne et Égée, Corinthe commandait l'isthme du même nom grâce à une acropole imprenable, l'Acrocorinthe. Large seulement de 6 km, l'**isthme** fut, dès l'époque mycénienne, l'objet de travaux défensifs : des fouilles ont révélé, près d'Isthmía, plusieurs sections de mur cyclopéen du 13e s. av. J.-C. Une autre muraille renforcée de tours fut édifiée en 480 av. J.-C. pour contenir l'invasion perse, et entretenue jusqu'à l'époque vénitienne. La région était alors très peuplée, avec les ports de Schinous et Kenchreai à l'est, de Léchaio à l'ouest, et le sanctuaire d'Isthmia qu'animaient tous les deux ans les jeux Isthmiques donnés depuis 582 av. J.-C. en l'honneur de Poséidon.

Une opulente cité fière de sa richesse

À l'ère mycénienne, la ville dépend d'Árgos. Elle atteint à l'époque archaïque un haut degré de prospérité. Gouvernée par une oligarchie ou des tyrans, tel le cruel **Périandre** – pourtant l'un des Sept Sages de la Grèce –, la ville tire d'importants revenus du trafic des marchandises à travers l'isthme. Dans ses entrepôts s'entassent le blé de Sicile (où dès 734 elle a fondé sa colonie de **Syracuse**), le papyrus d'Égypte, l'ivoire de Libye, les cuirs de Cyrénaïque, l'encens d'Arabie, les dattes phéniciennes, les pommes et les poires d'Eubée, les tapis de Carthage et les esclaves phrygiens.

Les Corinthiens exploitent l'argile du littoral pour façonner des vases en céramique, souvent de petites dimensions (flacons à parfum), qu'ils exportent dans tout le bassin méditerranéen. Ils développent l'industrie du bronze (cuirasses, statues), du verre et des étoffes teintes (pourpre). Leurs chantiers navals lancent les premières trirèmes. Au 5e s. av. J.-C., le sculpteur **Callimaque** y invente le chapiteau corinthien.

Le mythe de Sisyphe

Fondée d'après la légende par Corinthos, petit-fils d'Hélios, Corinthe aurait eu pour roi **Sisyphe**, le plus rusé des mortels. Zeus, jaloux, le condamna à hisser sur une cime des Enfers un rocher qui retombait sans cesse. Son fils **Glaucos,** qui lui succéda, mourut dévoré par ses juments !

Luxe et volupté

Après un effacement relatif devant Athènes au 5e s., Corinthe retrouve son lustre au siècle suivant à la tête des cités grecques de la Ligue de Corinthe que dirige le roi macédonien, **Philippe II de Macédoine**, puis son fils **Alexandre le Grand**.

Corinthe est alors connue dans tout le monde antique pour ses courtisanes, au nombre de plus de mille à certains moments, prêtresses se livrant à la prostitution sacrée dans l'enceinte du temple d'Aphrodite ou danseuses et joueuses de flûte ou de hautbois participant aux banquets. Parmi ces servantes d'Aphrodite, on cite surtout la fameuse **Laïs**, dont l'historien Pausanias décrivit le tombeau « couronné d'une lionne enserrant un bélier » dans le bois de pins du Kraneion, à l'entrée de Corinthe. Cependant, au siècle suivant, la cité voit l'austère philosophe **Diogène** le Cynique habiter un tonneau (en fait une grande jarre de terre cuite). À Alexandre lui demandant s'il désirait quelque chose, Diogène répondit : « Oui, retire-toi de mon soleil… »

Une colonie romaine

En 146 av. J.-C., le consul **Mummius** s'empare de la ville, que ses légions pillent et incendient : le bronze des statues allié à l'or et l'argent est employé pour la construction du Panthéon de Rome, d'où le pape Alexandre VII l'utilisera afin de réaliser le baldaquin de St-Pierre. En 44 av. J.-C., **César** établit sur les ruines une nouvelle ville, Colonia Julia Corinthiensis. Capitale de la Grèce romaine, peuplée d'affranchis et de juifs, Corinthe redevient durant plus de deux siècles une riche cité vouée aux affaires et aux plaisirs qui attire négociants, navigateurs et voyageurs. On rêve d'aller à Corinthe, bien que les distractions y soient coûteuses, ainsi qu'en témoigne le proverbe : « Il n'est pas donné à tout le monde d'aller à Corinthe ! »

En 67, **Néron** vient à Corinthe proclamer les libertés des cités grecques et assister aux jeux Isthmiques. À son tour, l'empereur **Hadrien** fait bâtir nombre d'édifices, aménager des thermes et tracer un aqueduc amenant l'eau du lac Stymphale. Hélas, invasions barbares et séismes réduisent Corinthe à l'état de bourgade, l'Acrocorinthe gardant seule une certaine importance stratégique. À l'exception du temple d'Apollon, que décrivent la plupart des voyageurs, la ville antique disparaît sous les constructions à l'époque ottomane. Le tremblement de terre qui détruit la ville en 1858 facilite la mise au jour de ses vestiges.

Le vice et la vertu

En 51-52, **Paul de Tarse** passe à Corinthe. Outré de l'impudicité régnant alors sur la ville, l'apôtre écrit ses *Épîtres aux Corinthiens* et prêche le christianisme tant aux païens qu'aux juifs. Traîné sur l'agora devant le gouverneur Gallion, il est acquitté.

Découvrir la Corinthe antique

La cité antique★★

✆ 27410 31207 - 8h30-15h - 6 € (gratuit dim.) - compter 2h.

Habitée dès la période néolithique, Corinthe offre un vaste éventail de témoignages archéologiques, même si les vestiges encore debout remontent essentiellement à la période romaine. Ils ont été en grande partie dégagés par l'École américaine d'études classiques qui, dès 1896, a entrepris des fouilles systématiques, qui se poursuivent aujourd'hui.

Une magicienne redoutable

Médée étant tombée amoureuse de Jason, alors qu'il tente de conquérir la Toison d'or, elle lui donne un baume magique afin de le protéger dans les épreuves. Au retour des Argonautes à Corinthe, Jason l'épouse comme convenu. Mais le roi Créon donne sa fille Glauké en mariage au héros, qui répudie Médée. L'épouse bafouée fait alors parvenir à sa rivale une robe trempée dans des poisons. Pour éteindre le feu mystérieux qui la brûle, **Glauké** se précipite dans la fontaine.

Gagnez d'abord le temple d'Octave, d'époque romaine, dont on a remonté trois beaux chapiteaux corinthiens découverts au 18e s. par l'architecte français Foucherot.

Musée archéologique – Les collections rassemblent la plupart des pièces mises au jour lors des fouilles. La galerie des antiquités helléniques comprend quelques-unes de ces belles **céramiques archaïques** à décor orientalisant (vases à motifs végétaux peints en noir et rouge), que Corinthe exporta en abondance aux 8e-7e s. av. J.-C. On peut y voir également un sphynx en marbre provenant d'un monument funéraire. La galerie des antiquités romaines présente une statue d'Auguste et une tête de Néron, des mosaïques de pavement, notamment une mosaïque romaine avec une tête de Dionysos, et des statues colossales d'esclaves (2e s.) provenant de l'agora. La cour intérieure rassemble divers éléments architecturaux et des statues.

Gagnez le niveau supérieur de l'agora, où s'alignaient des boutiques, puis contournez un ancien sanctuaire d'Héra auquel s'adosse la **fontaine de Glauké**.

Temple d'Apollon★ – Au sommet du site se dressent 7 des 38 colonnes doriques monolithes en tuf, à l'origine recouvertes de stuc blanc, que comptait ce temple du 6e s. av. J.-C. Décrit dans les années 1670 par l'archéologue Jacob Spon, dessiné par les architectes Leroy et Stuart au 18e s., il était entouré d'un péristyle. De ses abords, on découvre des vues spectaculaires sur le golfe de Corinthe et sur l'Acrocorinthe.

Par le grand escalier du 5e s. av. J.-C., descendez jusqu'au niveau inférieur de l'agora. Au nord se trouvait une basilique romaine précédée par une façade **(1)** sur l'agora qui comportait quatre grandes statues de captifs.

Fontaine sacrée – Elle était limitée à l'est par un mur que surmontaient des trépieds et des statues : on en reconnaît la base formant une frise rythmée de triglyphes. Un escalier descend à la source souterraine qui communiquait par un passage secret avec le sanctuaire de l'oracle **(2)** dont les fondations subsistent non loin de là : un prêtre caché sous l'autel répondait aux consultants.

Agora – Cette vaste agora, d'où l'on découvre de remarquables vues sur l'Acrocorinthe, dessine un rectangle de 150 m sur 90 m et comporte deux niveaux. Sur le côté nord, on distingue, au pied de la terrasse du grand temple d'Apollon, les restes de 15 boutiques romaines ; celle du centre **(3)** a conservé sa voûte.

Passer ensuite devant les fondations de six petits temples romains qui fermaient l'agora à l'ouest.

Portique sud – Au niveau supérieur de l'agora, cet immense bâtiment servant d'hôtellerie aux Grecs fut transformé en centre administratif par les Romains. Les bases de la colonnade subsistent, et on peut encore repérer, à l'extrémité ouest, les petites loges précédées d'une cour avec puits, qui faisaient probablement office de tavernes.

Voyez ensuite la rangée d'anciennes boutiques romaines qui séparait les parties basses et hautes de l'agora. Au centre se détache l'emplacement du *bêma* **(4)**, sorte de tribune du haut de laquelle le gouverneur Gallion jugea saint Paul (une église occupait cet endroit au Moyen Âge).

De là, prenez la direction de la basilique Julienne, ancien tribunal et salle de réunion à l'époque romaine, devant laquelle a été mis au jour le dallage grec avec les lignes de départ de pistes de course **(5)**.

Propylées – Il ne reste que les bases de la porte triomphale qui donnait accès à l'agora. Du temps des Romains, elle était surmontée par les deux grands chars dorés d'Hélios (le Soleil) et de Phaéton, son fils.

Fontaine Pirène★★ – Datant du 6e s. av. J.-C., cette fontaine fut maintes fois remaniée. Les aménagements d'époque grecque apparaissent au fond de l'atrium (côté sud) : six arcades de pierre précèdent une succession de réservoirs et de bassins souterrains. La colonnade qui s'élevait devant les arcades, le bassin rectangulaire et les trois niches formant nymphée furent ajoutés à l'époque romaine.

Quittez la cité antique par le Lechaion, amorce de la route reliant l'agora au port de Léchaio. Voie triomphale conduisant aux Propylées, elle était à l'époque romaine bordée de portiques sous lesquels s'élevaient les bains d'Euryclès avec des latrines publiques **(6)** bien conservées.

Odéon – Les fouilles ont dégagé ce petit théâtre romain (1er s.) dont on distingue bien le plan semi-circulaire. Ses gradins, en majeure partie taillés dans le roc, pouvaient accueillir près de 3 000 personnes. À l'époque du mécène **Hérode Atticus**, il fut relié au théâtre par une cour à colonnade dont on remarque les empreintes.

Théâtre – Du 5e s. av. J.-C., mais plusieurs fois remanié, notamment par les Romains qui agrandirent la piste pour y donner des combats de gladiateurs. Il contenait environ 18 000 places.

À peu de distance au nord, on aperçoit les vestiges de thermes romains en brique.

Sanctuaire d'Asklépios – On retrouve facilement sur le sol le plan de la cour à colonnade rectangulaire et du temple consacré au dieu de la Médecine. Près de l'entrée, à l'est, on peut y voir un curieux tronc à offrandes.

Derrière le temple, remarquez une vaste citerne (fontaine de Lerne) qui alimentait des installations thermales.

Acrocorinthe★★ (Akrokórinthos)

Prendre la route signalisée en montée (7,5 km en voiture AR) qui, laissant à droite l'antique quartier des potiers, tourne à gauche devant une fontaine turque non loin de laquelle ont été mis au jour les restes d'un temple dédié à Déméter, puis grimpe en lacets jusqu'à l'entrée de la citadelle. ✆ 27410 31266 - 8h30-15h - gratuit.

Se confondant avec le rocher, les ruines de l'Akrókorinthos figurent parmi les plus impressionnantes de Grèce par leur étendue, la grandeur désolée du site qu'elles couronnent, l'immense panorama qu'on y découvre. Acropole grecque, citadelle romaine puis byzantine, l'Acrocorinthe fut enlevée par les Francs en 1210 à l'issue d'un siège de 5 ans. Fief des Villehardouin, puis soumise, vers 1325, à Philippe de Tarente, la forteresse devint florentine en 1358, lorsque Robert II de Tarente donna la seigneurie de Corinthe à un armurier et banquier, **Nicolo Acciaiuoli** *(voir p. 210)*, qui avait été conseiller de sa mère. Par la suite, elle appartint successivement aux Paléologues de Mystra (1394), aux chevaliers de Rhodes et, enfin, aux Turcs à partir du 15e s., avec un intermède vénitien de 1687 à 1715.

Du parking, la rampe d'accès à la forteresse procure de spectaculaires perspectives sur les lignes de défense et les portes qui protègent la citadelle du côté ouest.

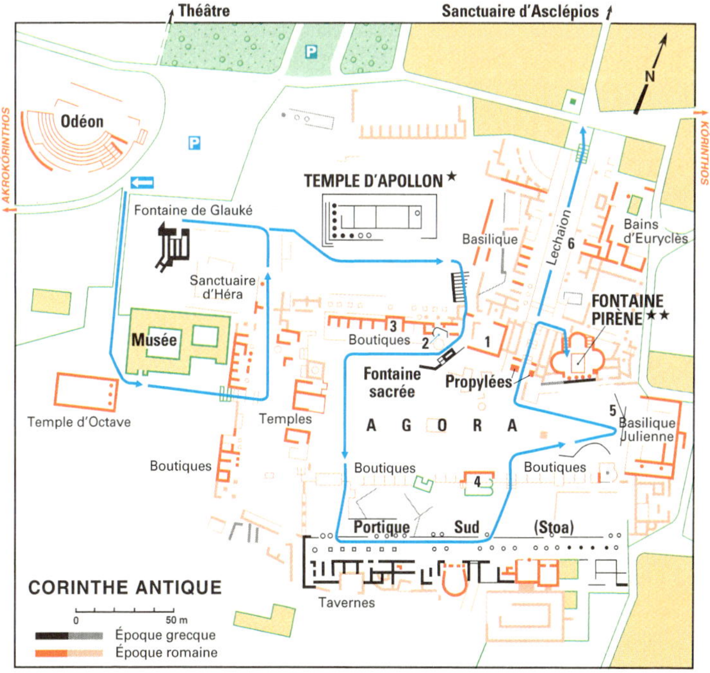

Portes monumentales – La première, précédée d'un fossé taillé dans le roc, date du 14e s. Renforcée d'une tour de flanquement, la deuxième est de la même époque mais a été presque entièrement reconstruite par les Vénitiens. Quant à la troisième, elle est encadrée de deux grosses tours rectangulaires : celle de droite est en grande partie antique (4e s. av. J.-C.) ; celle de gauche est byzantine, comme la courtine, jalonnée également de tours rectangulaires.

On débouche sur la pente parsemée de ruines : vue admirable sur le golfe de Corinthe. Un sentier monte à travers l'ancien quartier turc (restes de mosquée à gauche) jusqu'au rempart et à la poterne nord. Revenir ensuite à une place marquée par un minaret décapité, passer à côté d'une belle citerne voûtée et gagner le donjon.

Donjon – Il domine les vestiges du château des Villehardouin. En 1305, les barons francs de Morée et d'Attique s'y rassemblèrent, convoqués par Isabelle de Villehardouin et son mari Philippe de Savoie, pour participer à un tournoi qui mit aux prises plus de 1 000 chevaliers. Belle vue sur le rempart byzantin, les monts environnants et le golfe de Corinthe.

Du donjon, revenez sur vos pas et suivez le rempart sud (vues sur les monts du Péloponnèse) jusqu'à la fontaine Pirène, située près d'une caserne turque en ruine.

Fontaine Pirène supérieure – Des marches donnent accès à une chambre souterraine hellénistique (graffitis anciens) dont les voûtes ont été refaites par les Romains. De là, un escalier descendait dans une autre salle, désormais inondée. La source aurait jailli à la suite d'un coup de sabot du cheval ailé Pégase lors de sa capture par Bellérophon.

Revenez de nouveau sur vos pas et prenez le chemin à droite vers le sommet.

Temple d'Aphrodite – Au point culminant de l'Acrocorinthe (574 m) se trouvait le fameux temple d'Aphrodite, signalé par une colonne. Sur son emplacement s'élevèrent par la suite une église puis une mosquée.

Admirable **panorama★★★** s'étendant au nord, au-delà de l'isthme de Corinthe, jusqu'au Parnasse, à l'est sur l'Attique, et au sud sur les monts du Péloponnèse. Au sud-ouest, couronnant un piton, se découpent les ruines médiévales du château franc de Montesquiou bâti, d'après la *Chronique de Morée*, sous Geoffroi de Villehardouin, et par la suite nommé par déformation Pendeskoúfi.

La Corinthe moderne (Kórinthos)

La ville moderne a été bâtie une première fois en 1858, au fond du golfe, après le séisme qui dévasta la ville ancienne. Un nouveau tremblement de terre obligea à la reconstruire en 1929. Tracée au cordeau, ce port et marché agricole (célèbre depuis le 14e s. pour les raisins secs de la variété « sultanine », les fameux **raisins de Corinthe**) présente peu d'intérêt malgré des efforts d'aménagement urbain.

Musée historique et d'Art populaire (Laografiko kai Istoriko Moussio) – *Près de la place E. Venizelou sur le port - tlj sf lun. 8h-13h - 1,50 €.* Ce musée a vu le jour grâce à l'initiative privée d'Alcmène Pétropoulos. Il abrite une belle collection de costumes traditionnels provenant de différentes régions, de jolies broderies (de Skyros, de Crète et d'Épire), ainsi que des bijoux en argent finement travaillés. Au second étage est reconstituée une pièce villageoise, avec des meubles en bois sculpté.

Aux alentours

Ruines de Sicyone (Sikyona)

À 25 km à l'ouest de Corinthe. Suivre la côte jusqu'à Kiáto. Prendre la petite route signalisée « Ancient Sikyon », qui franchit l'autoroute, traverse Sikyona et atteint le site archéologique. ✆ 27460 22739 - 8h30-15h - gratuit.

Face au beau paysage composé par la plaine littorale fertile et le golfe de Corinthe, les ruines de Sicyone évoquent le souvenir d'une cité antique prospère à l'époque archaïque, notamment sous le tyran **Clisthène**. Sicyone était alors bâtie en plaine, mais Démétrius Poliorcète, un roi d'Asie Mineure, l'ayant rasée en 305 av. J.-C., elle fut reconstruite sur le plateau : une école de peintres sur cire s'y illustra alors, parmi lesquels **Pamphilos**, le maître d'Apelle. Sicyone fut détruite, selon Pausanias, par un tremblement de terre. Les **ruines** datent des époques hellénistique et romaine. Après avoir dépassé le musée installé dans des thermes romains et présentant les découvertes faites à Sicyone et à Stymphale, on remarque à droite, au flanc de l'acropole, un grand théâtre (3e s. av. J.-C.). En contrebas, à gauche, on distingue les bases d'un vaste gymnase, comprenant deux niveaux de terrasses entourées de portiques et reliées par un escalier central entre deux fontaines qui s'identifient facilement. Remarquez aussi les marques au sol d'un temple présumé d'Apollon et d'un *bouleuterion* (siège du conseil d'État).

Némée antique (Neméa)★

À 35 km au sud-ouest de Corinthe par l'autoroute E 65 vers Trípoli (sortie Neméa).

Dans une vallée isolée plantée de vignes s'élèvent les ruines de Némée, site encore peu fréquenté qui mérite une visite.

Aux temps archaïque et classique, les **jeux Néméens**, que Pindare célèbre dans ses odes, figuraient parmi les quatre grandes manifestations sportives du monde grec (avec Olympie, Delphes et Isthmía). La tradition attribue à Héraklès la fondation de ces jeux où l'on célébrait la gloire de Zeus Néméen. De nos jours, la réputation de Némée tient essentiellement à ses vins rouges, forts, appelés localement « sang d'Héraklès ».

D. Ball / Photononstop

Vestiges du temple de Zeus à Némée.

Attention aux lions !

Némée est surtout connue pour avoir été le théâtre du premier travail d'Héraklès : c'est dans un antre proche qu'il surprit et étouffa le féroce lion de Némée, dont il endossa aussitôt la dépouille. La légende a peut-être un fondement historique, car des lions vivaient dans la région à l'époque mycénienne, comme l'indiquent des représentations de chasse au lion sur des objets trouvés à Mycènes.

Site archéologique★ – *Mar.-dim. 8h-19h, lun. 8h-12h - 3 € (billet combiné avec le stade 4 €.* Les éléments les plus importants appartiennent à un grand **temple de Zeus** (4e s. av. J.-C.) périptère de style dorique (6 x 12 colonnes). La *cella* comportait, exceptionnellement, des colonnes corinthiennes et une crypte. Trois colonnes du temple sont encore debout et on distingue, au pourtour, les tambours disloqués des autres colonnes. Une rampe d'accès marque le centre de la façade principale que précédait un immense autel des sacrifices, étroit et allongé.

Il y avait jadis un bois de cyprès sacré autour du sanctuaire bordé de bâtiments. Parmi ceux-ci, neuf *oikoi* (ou trésors) étaient rangés le long du côté sud, construits par les différentes cités pour loger leurs représentants durant les Jeux. Au nord existait un complexe de fours de potiers (volontairement enfouis à nouveau sous la terre) datant de la fin du 4e s. av. J.-C. Les thermes (protégés par un hangar) de la même époque étaient constitués de deux pièces couvertes. Au sud du temple, vestiges antiques transformés par les Byzantins en église à abside semi-circulaire. Sur le côté sud de ces vestiges, on a retrouvé et reconstitué l'une des 200 tombes que comptait le cimetière.

Musée★ – *℘ 27460 20380 - 8h30-15h - 3 €.* Il présente des gravures, dessins, photos et textes de voyageurs du 18e au 20e s. décrivant le sanctuaire et rassemble les objets, éléments architecturaux et inscriptions mis au jour in situ ainsi que les découvertes réalisées dans les environs, et notamment celles faites dans le **cimetière mycénien d'Aïdonia** qui a livré une collection de 312 objets précieux d'une grande finesse. Le trésor d'Aïdonia comporte parmi les objets les plus spectaculaires : deux chevalières à large chaton plat, des sceaux en agate, hématite, verre, cornaline et stéatite ; des ornements de vêtements en or, des colliers en or ou de pierres semi-précieuses, faïence, verre, ambre, d'une grande variété de formes. Une maquette reconstitue l'état des lieux (site et sanctuaire) au 4e s. av. J.-C., et une exposition donne des informations intéressantes sur le déroulement et la réglementation des jeux Néméens.

Stade★ – *Au débouché de la route venant des ruines, prendre à gauche puis de nouveau à gauche à la bifurcation suivante ; le stade se trouve à une centaine de mètres à droite, avant une courbe - mêmes horaires que le musée.* À 500 m au sud-est du temple de Zeus ont été découverts dans les flancs de la colline les vestiges du stade (4e s. av. J.- C.), , large de 22 m à chaque extrémité et de 27 m au centre, long de 177 m, d'une capacité de 40 000 spectateurs où se déroulaient les jeux Néméens. Au sud du terrain, des canalisations en terre cuite (une partie est exposée au musée) approvisionnaient le stade en eau de source, épurée par un système de cuvettes qui faisaient partie intégrante des caniveaux de pierre bordant le terrain. La ligne de départ, marquée par des pierres, est bien conservée. Treize couloirs de course étaient prévus. Les concurrents, les entraîneurs et les juges entraient dans le stade par un bâtiment orné d'une colonnade sur trois de ses côtés intérieurs. C'est là aussi que les athlètes se préparaient pour la compétition avant d'accéder au stade par un passage voûté long de 36 m (vers 320 av. J.-C.). Les murs portent les noms, bien lisibles, de certains vainqueurs et de jeunes athlètes.

Lac Stymphale★ (Limni Stymfalía)

À 30 km à l'ouest de Némée. Prendre la route de Kaliánoi puis de Kartéri.

La route traverse d'abord les plantations d'agrumes de la plaine littorale, puis gravit les contreforts est du mont Kyllini, regardant le golfe : paysage de bois de pins et de vignobles cultivés en espaliers pour le raisin de Corinthe. Au-delà, la route descend dans la vaste et austère dépression dont le fond est occupé par le lac.

Se garer sur le parking et suivre le sentier qui monte sur la colline surplombant le lac.

Lac★ – Dominé par l'acropole de Stymphale, cet immense marécage couvert de roseaux, dont la surface et la profondeur varient avec les saisons, s'étale au centre d'un cirque de noirs sommets atteignant près de 2 000 m. Un silence profond tombe sur ces grandioses espaces qu'animent de rares troupeaux de bovins ou de moutons.

Ancienne abbaye de Zaraka – À la sortie du village, par la route de Kastaniá, on aperçoit les ruines impressionnantes d'un monastère cistercien du 13e s. L'église était gothique avec une nef comportant des piliers à colonnettes engagées et un chœur carré ; au sud s'étendait le cloître. Une tour isolée marque l'entrée de l'enceinte.

Vestiges de la cité – *50 m après le bourg et l'ancienne abbaye, prendre à travers champs le chemin de terre menant au pied du rocher.* Les fouilles ont révélé les traces du temple d'Athéna Polias, d'une palestre et d'un escalier taillé dans la roche. Afin de mieux apprécier ce paysage calme et serein, gagner la bourgade de Kartéri *(tavernes)* et, à l'église, prendre à gauche en direction de Láfka ; là, juste à l'entrée du village, une route à gauche conduit sur l'autre rive du lac.

Circuits de découverte

L'ISTHME ET LE CANAL DE CORINTHE

Le canal de Corinthe★★ (Dióriga Korínthou) – *Prendre l'autoroute d'Athènes et la quitter juste avant le canal en direction du sud.* À la jonction de la Grèce continentale et du Péloponnèse, l'isthme de Corinthe, coupé par le célèbre canal, sépare le golfe Saronique du golfe de Corinthe. Les Anciens avaient déjà cherché à percer l'isthme pour éviter aux navires le tour du Péloponnèse ou le halage (dont une piste est toujours visible). **Périandre** et **Alexandre le Grand** y avaient songé, mais c'est **Néron** qui, en 67, inaugura les travaux avec une pelle d'or : 6 000 prisonniers furent employés à cette tâche, mais le chantier fut abandonné. Il ne reprit qu'en 1882 à l'initiative d'une compagnie française, la Société internationale du canal maritime de Corinthe, qui s'inspira d'un projet établi en 1829 par un membre de l'expédition de Morée, Virlet d'Aoust. Interrompus par la faillite de la compagnie en 1889, les travaux furent achevés par les Grecs en 1893. Cette réalisation spectaculaire changea alors les itinéraires maritimes, et Le Pirée supplanta l'île de Syros comme principal port de la Grèce. Vous découvrirez une **vue★★** impressionnante sur la tranchée rectiligne du canal aux parois rocheuses, presque verticales.

Dimensions

Long de 6,343 km, large de 24,60 m à la surface de l'eau, profond de 8 m, le canal présente des parois atteignant 79,50 m de hauteur au point le plus élevé. Du fait de son étroitesse, il est assez peu fréquenté : seuls quelques caboteurs et paquebots de croisière l'empruntent régulièrement.

Sanctuaire de l'Isthme (Isthmía) – *Prendre la direction d'Arhaïa Epidavros ; au bout de Kyrás Vrýsi, à la bifurcation, tourner à droite, puis immédiatement à gauche dans la première route, en montée ; le musée est à l'entrée des fouilles du sanctuaire.* ☎ 27410

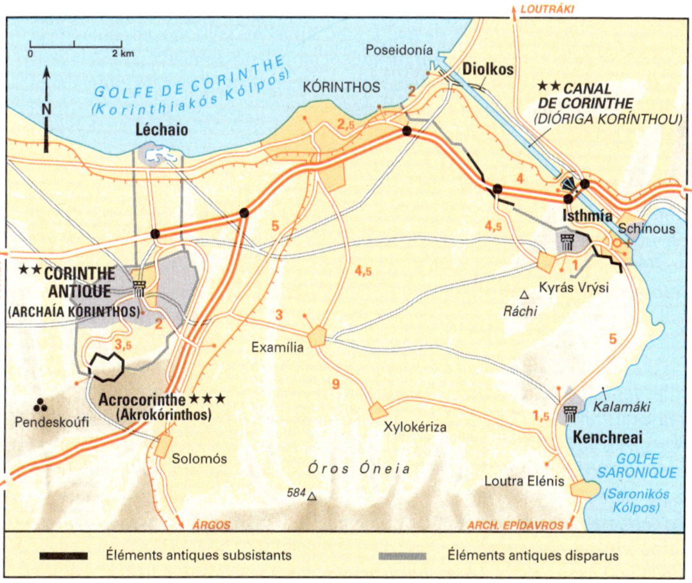

37244 - tlj sf lun. 8h30-15h - site gratuit, musée 2 €. Le **musée** abrite les objets des fouilles du sanctuaire d'Isthmía et du port de Kenchreai, présentés de façon claire. On remarque de curieuses mosaïques de verre (décor de motifs végétaux, d'oiseaux, de figures humaines et de paysages), probablement d'importation égyptienne, trouvées dans des caisses immergées. On verra aussi des amphores, des appareils de gymnastique, des céramiques.

Les **fouilles** ont dégagé les fondations d'un temple dédié à Poséidon (5e s. av. J.-C.) et d'un stade où se déroulaient les jeux Isthmiques ; remarquez les 16 rainures gravées dans la pierre et divergeant vers les emplacements de départ des courses. De belles **mosaïques** ont été découvertes, notamment une très bien conservée et aux dimensions impressionnantes (25 m sur 9 m), représentant une danse de Dionysos entouré de dauphins et encadrée de motifs géométriques. Elle ornait le fond d'une piscine d'époque romaine, où huit nageurs pouvaient évoluer en même temps. À l'extrémité sud du stade se trouvait le Palémonion (1er s. av. J.-C.), dont on n'a trouvé que de maigres vestiges. Au-delà se distinguent les ruines d'un théâtre romain ainsi que les restes de la muraille et de la forteresse romaines : cette dernière aurait été relevée vers 400 apr. J.-C.

Kenchreai – *À 7 km au sud d'Isthmía par la route côtière.* Deuxième port de Corinthe sur le golfe Saronique. Vestiges immergés d'installations portuaires. On distingue, au sud, les bases d'une basilique paléochrétienne du 4e s. qui remplaça un temple d'Isis. Saint Paul débarqua à Kenchreai en 51 et y fonda une communauté.

LE GOLFE DE CORINTHE, AUTOUR DU CAP HÉRAION

Quitter Corinthe par la route côtière en direction de Poseídonia.

Pont de Poseídonia

À 2 km. Ce pont mobile récent franchit l'extrémité ouest du canal. Près du pont, on peut reconnaître, de part et d'autre de la route moderne, le **diolkos (halage)**, chaussée antique en pierre le long de laquelle les navires étaient transportés sur des chariots entre les deux golfes *(voir schéma p. 187)*. Côté golfe de Corinthe, on distingue avec difficulté des lettres de l'alphabet corinthien gravées dans les dalles et dont on ignore l'utilité ; de l'autre côté apparaissent les sillons des chars porteurs. Cette chaussée aurait été mise en service au 6e s. av. J.-C. et était encore utilisée au 12e s. de notre ère.

Le projet Corinthe

Il y a un million d'années, la presqu'île du Péloponnèse était rattachée au continent. Mais le golfe de Corinthe est situé dans l'une des régions les plus sismiques au monde. Les **mouvements tectoniques**, qui écartent les deux zones de 1,5 cm par an, sont à l'origine de la création du golfe. Ainsi s'explique la mise sur pied de cet important programme de recherche européen en sismologie. L'observatoire permanent composé de forages recoupant les failles actives et les divers capteurs installés aux alentours devraient permettre de mieux comprendre les mécanismes des failles sismiques ainsi que leur relation avec les mouvements d'eau souterrains et les tremblements de terre.

Loutráki★

À 10 km au nord-est de Corinthe. Alliant les charmes désuets de la ville d'eaux à ceux plus modernes de la station balnéaire, Loutráki s'étend le long de la baie de Corinthe et au pied de la chaîne du **Geráneia** qui culmine à 1 351 m. Des hôtels, un agréable front de mer piéton ombragé de palmiers et, en lisière d'un petit port, un luxuriant jardin public planté de lauriers-roses, de pins et d'eucalyptus agrémentent ce lieu qui peut être une étape agréable à proximité de Corinthe. Plus importante station thermale de Grèce, Loutráki possède des eaux chaudes chlorurées alcalines et radioactives, utilisées dans le traitement des affections rénales et des rhumatismes. Son **eau minérale**, alcaline et légèrement magnésienne, se vend dans tout le pays.

À la sortie de Loutráki, la route en corniche offre d'admirables vues plongeantes sur la côte et la baie de Corinthe (vue vers le cap que surmonte un phare), puis s'infléchit pour pénétrer dans les terres.

À l'entrée de **Perachóra** (alt. 350 m, petit musée archéologique), prendre à gauche la route de Limni Iraío qui traverse des olivettes, puis longe le lac de Vouliagmeni, ouvert sur la mer par un chenal. À un embranchement (chapelle), prendre à droite.

Cap Héraion★★★ (Akrotiri Iraío)

Situé sur les pentes rocheuses du cap qui ferme la rade de Corinthe, le sanctuaire d'Héra se dissimule dans un **site★** retiré et sauvage, au creux d'un étroit vallon dominé par une acropole et dévalant vers une crique aux eaux transparentes. Vous y verrez les vestiges d'une citerne hellénistique, un temple d'Héra Limenia (6e s. av. J.-C.) et un temple absidal d'Héra Akraia (8e s. av. J.-C.).

30mn AR. En empruntant le sentier qui mène du parking au phare, on découvre un **panorama★★★** splendide, particulièrement grandiose au coucher du soleil, sur le site antique, le golfe de Corinthe, les côtes et les massifs du Péloponnèse, le golfe Alkyonidon et, en direction de Delphes, le massif du Parnasse.

Revenir à Perachóra et prendre la route de Pisia.

Étroite et sinueuse, la route part à l'assaut du massif du Geráneia, parmi des pinèdes que peuplent quelques chèvres débonnaires, avant de redescendre vers le golfe et de retrouver la mer à **Mavrolimni**. Tracée désormais au pied des falaises (attention aux chutes de pierres… et aux vagues !), elle traverse quelques stations, comme **Psatha**, puis s'élève à nouveau.

Au carrefour avec la route de Thèbes, prendre à gauche la route de Pórto Germenó.

Ægosthène★★ (Aigósthena)

Sur la gauche de la route, 500 m avant Pórto Germenó.

Montez à travers les oliveraies vers une acropole remarquablement conservée qui constitue un bon exemple d'architecture militaire grecque de la fin du 4e s. av. J.-C. : enceinte soigneusement appareillée de blocs à bossages, poternes, portes à linteaux massifs, tours à étages, dont la plus belle, à droite en montant, domine de 9 m la courtine. Relevée par les Francs au 13e s., la **forteresse**, où l'on voit aussi les vestiges d'un monastère, était reliée à la mer par deux murailles enserrant la ville basse, dont l'une subsiste en partie. À mi-pente, jolie chapelle byzantine.

Pórto Germenó★

Station balnéaire tranquille et dotée d'une vaste plage, Pórto Germenó occupe un site harmonieux au fond d'une anse. Ses maisons blanches se disséminent dans les pins et les oliviers qui couvrent les premières pentes du Kitheron.

Revenir par le même chemin jusqu'au carrefour précédent où l'on continue dans la direction « Athènes ». 7 km après Villia, tourner sur la gauche en direction de Thèbes (Thíva). Les ruines d'Éleuthères apparaissent bientôt à droite sur un éperon rocheux.

Éleuthères (Eleftherés)

30mn AR. Laisser la voiture près d'une ancienne station-service et d'une taverne et gagner le sentier qui, à gauche, monte à la forteresse. Dans un site désolé, la **forteresse** commandait, à l'extrémité sud du défilé de Kaza, la route du Kitheron, ce massif formant barrière entre l'Attique et la Béotie. La cité d'Éleuthères fut d'abord béotienne, puis rattachée à l'Attique au 6e s. av. J.-C., époque à laquelle la statue de bois de Dionysos Eleutheros fut apportée à Athènes où elle devint l'objet d'un culte. Élevée au 4e s. av. J.-C. par les Athéniens, l'enceinte percée de portes et de poternes, renforcée de tours à étages et surmontée par un chemin de ronde, est assez bien conservée, surtout du côté nord. Vues sur l'Attique.

Revenir à la voiture et poursuivre vers le col Giftokastro (649 m), d'où l'on jouit de vues remarquables à l'ouest sur le mont Kitheron (oros Kithaironas), au nord sur la plaine fertile de Béotie, que domine, non loin de là, le site de Platées.

À Erythrés, prendre sur la gauche la route de Platées.

Platées (Plataiés)

À 5 km après le carrefour. Dans un site majestueux au pied du Kitheron, les vestiges de l'antique Platées, dont les hoplites combattirent bravement à Marathon, parsèment une terrasse d'où l'on découvre des vues étendues sur les terres rouges de la plaine de Béotie. Au nord-est du site, dans la plaine, fut livrée la **bataille de Platées** (479 av. J.-C.), gagnée par les Grecs sur les Perses. Cette victoire, survenue après celle de Salamine, obligea les troupes de Xerxès à évacuer la Grèce, mettant ainsi fin aux guerres médiques. À droite de la route, avant le bourg moderne, apparaissent les ruines, et notamment les vestiges de l'enceinte circulaire des 5e-4e s., jalonnée de tours ouvertes sur le côté intérieur.

Vous pouvez dès lors, en reprenant la route en sens inverse, revenir directement à Athènes ou monter vers le nord à partir de Thèbes pour gagner Aráchova et Delphes.

Corinthe pratique

Informations utiles

Centre de santé – ✆ *27410 25711/5.*
Police touristique – ✆ *27410 23282.*

Transports

Pour gagner l'**ancienne Corinthe** en transports en commun, des **cars** quittent la place centrale de la ville moderne toutes les heures.

Vous pouvez atteindre Corinthe en **train** depuis Athènes (1h30 de trajet).
La **gare de Corinthe** *(odos Demokratias - ✆ 27410 22523)* dessert également Árgos, Nauplie et Trípoli.

Bus toutes les 30mn entre Corinthe et **Loutráki**.

Se loger

ARCHAÍA KÓRINTHOS

⊜⊜ **Marinos** – *Sur la droite après la route pour l'Acrocorinthe - ✆ 27410 31209 - 25 ch.* Cette grande maison bâtie dans la verdure offre sinon le grand confort, du moins un accueil familial des plus chaleureux. Les chambres les plus calmes se trouvent dans un pavillon derrière la maison. Petit-déjeuner compris.

LOUTRÁKI

⊜⊜ **Le Petit France** – *3 odos Botsari (à droite d'odos Venizelou, accès en voiture à droite par odos 28-Oktobriou, face au Grand Hotel puis à droite) - ✆ 27440 22401 - lepetitfrance@yahoo.com - 15 ch.* Dans le centre mais un peu à l'écart du bruit, cet hôtel, tenu par un couple franco-grec, propose un accueil sympathique et des chambres spacieuses et propres.

⊜⊜⊜ **Mantas Seaside** – *11 odos Damaskinou (au coin de la promenade Poséidon) - ✆ 27440 28173 - fax 27440 62939.* Tout neuf, coquet et confortable, l'hôtel donne sur la mer et la promenade piétonne. Décor un peu chargé. Attention : il existe à deux pas de là un second hôtel Mantas dans une rue d'où la mer est insoupçonnable…

⊜⊜⊜ **Agelidis Palace** – *19 odos G. Lekka (vers la sortie nord) - ✆ 27440 26695 - fax 27440 063164 - 43 ch.* Palace des années 1920, aux chambres vastes et confortables. Avec ses stucs et ses dorures, ses fers forgés et son escalier, c'est le seul hôtel de la ville qui sorte du lot. Les chambres sur mer ont un balcon.

ISTHMÍA

⊜⊜⊜⊜ **Kalamaki Beach** – *✆ 27410 37331 - www.kalamakibeach.gr - 76 ch.* Ce grand hôtel international en bord de mer est agrémenté d'un jardin fleuri. Toutes les chambres, spacieuses, sont équipées d'une terrasse. Air conditionné et sports nautiques pendant l'été. Le prix comprend la demi-pension.

PÓRTO GERMENÓ

⊜⊜ **Egosthenion** – *Sur la route d'accès face au site d'Ægosthène - ✆ 22630 41226 - fax 22630 41631 - mai-sept - 80 ch.* Dans un bois d'oliviers dominant le golfe de Corinthe, hôtel de bon confort, idéal pour un séjour loin de toute civilisation…

Se restaurer

ARCHAÍA KÓRINTHOS

⊜ **Tassos** – *Au centre du village sur la rue conduisant au site.* Taverne typique dont chaque détail vous met dans l'ambiance : *souvlakia* à la braise, bonne humeur des patrons, musique locale.

⊜ **Marinos** – Le restaurant de la pension du même nom. Une excellente taverne au menu à prix fixe (vin compris).

LOUTRÁKI

⊜⊜ **Paolo** – *Promenade Poséidon au coin d'odos Kanari.* Restaurant de poisson à la salle largement ouverte sur le golfe et le cap Héraïon.

En direction du **cap Héraion**, nombreux restaurants panoramiques en bord de route. La vue est superbe mais n'abusez pas du retsina !

Faire une pause

À **Poseídonia**, à gauche du pont qui enjambe le canal de Corinthe, côté ouest, le café-taverne **Diolkos** jouit de la meilleure vue sur le canal. À droite, le bar **Posidonio** est idéal au coucher du soleil.

À **Loutráki**, une série de sympathiques ouzeries s'alignent au bout de la promenade Poséidon, près du jardin exotique : citons **O Spiros** et son voisin **O Giannis**.

Delphes★★★

Delfoí – Δελφοί

2 373 HABITANTS
CARTE GÉNÉRALE RABAT II B1 – GRÈCE CENTRALE – NOME DE PHOCIDE

Au-dessus du ravin du Pleistos, dans le cadre grandiose du massif du Parnasse, parmi les pins, les oliviers et les cyprès, Delphes fut, aux temps antiques, un haut lieu mystique, lorsque le sanctuaire d'Apollon attirait la foule des pèlerins fascinés par l'oracle. De nos jours, ce sont les touristes qui affluent à la découverte de ses ruines baignées dans une atmosphère de mystère.

- **Se repérer** – À 160 km au nord-ouest d'Athènes par la route ou l'autoroute jusqu'à Thèbes (Thíva) puis la route de Leivadeía. Delphes se trouve à 12 km du village d'Aráchova. Le site archéologique est situé sur le bord de la route, un kilomètre environ avant le village. Celui-ci, accroché aux flancs abrupts du mont Parnasse, s'organise autour de deux axes à sens unique bordés d'hôtels, odos Apollonos (sens de l'arrivée) et, en contrebas, odos Pavlou kai Frédenkis. Des ruelles en escalier les relient.
- **Se garer** – Petits parkings (vite complets) devant le site et à l'entrée du village. Le plus simple est d'aller chercher une place sur les hauteurs.
- **À ne pas manquer** – Le théâtre, la tholos et le musée.
- **Organiser son temps** – Consacrez au moins une journée à la visite (le site étant posé sur un versant raide, celle-ci peut être un peu éprouvante !).
- **Pour poursuivre le voyage** – Aráchova.

Comprendre

De la Terre à Apollon

Les origines du sanctuaire se situent dans un temps très ancien. Au 2e millénaire av. J.-C., il y a déjà là un lieu de culte en l'honneur de la déesse Terre **(Gaia)** et de sa fille **Thémis**, qui s'expriment dans les grondements telluriques, les bruissements de la végétation et les rumeurs des eaux issues des crevasses du rocher. Au fond d'un de ces gouffres se cache la déesse, gardée par son fils, le serpent Python ; déjà un oracle traduit les murmures de la divinité. Selon la tradition, c'est vers 750 av. J.-C. qu'**Apollon**, dieu de l'Olympe et garant de l'harmonie universelle, aurait éliminé les vieilles divinités souterraines. Un hymne attribué à Homère rapporte en effet que le fils de Zeus, peu après sa naissance à Délos, se rend à Delphes (dont le nom pourrait dériver du surnom d'Apollon transformé sur la mer en dauphin, *delphis*) et tue Python à coups de flèches. Selon la loi divine, Apollon doit s'exiler pendant huit ans pour expier ce meurtre ; à son retour, il devient Apollon Pythien, faiseur d'oracles par l'intermédiaire de la **Pythie**.

Mille ans de succès

Un premier temple de pierre est construit vers 680 av. J.-C. , peu avant que ne soient instituées les fêtes commémorant la victoire sur le serpent : tous les quatre ans (la troisième année de l'olympiade), ces **jeux Pythiques** mêlent concours gymniques et lyriques. C'est la grande époque de Delphes, sanctuaire panhellénique qui reçoit des pèlerins venus de tout le monde méditerranéen, de l'Espagne à la mer Noire.

Le domaine religieux de Delphes comprend, outre le sanctuaire, la vallée du Pleistos et la plaine littorale. L'administration de ce territoire est confiée à l'**amphictyonie**, dans laquelle chacun des douze peuples grecs possède deux députés. Comme de bien entendu, des rivalités s'y manifestent : en 339 av. J.-C., les représentants des Thessaliens et des Béotiens facilitent l'intervention de Philippe de Macédoine. Le sanctuaire lui-même était desservi par deux grands prêtres, un intendant, un trésorier, cinq prêtres (**Plutarque** exerça cette charge) et des acolytes, les « prophètes », assistant la Pythie.

Le nombril du monde

Selon les chroniqueurs de l'Antiquité, pour qui la Terre avait la forme d'un disque, Zeus, désireux de connaître l'emplacement du centre du monde, envoya deux aigles en reconnaître la surface… Or, les oiseaux favoris du maître de l'Olympe se rencontrèrent au-dessus du Parnasse et y marquèrent l'« omphalos » (ombilic), qui faisait ainsi de Delphes le centre de l'Univers.

Enrichi par les offrandes et surtout par les taxes levées sur les consultants de la Pythie, le sanctuaire, quoique éprouvé par les flammes (incendie du temple en 584), les tremblements de terre (en 373) et les guerres (il est pillé par Sylla en 86 av. J.-C., puis par Néron en 67 de notre ère), est encore très fréquenté sous l'empereur Hadrien (2e s. apr. J.-C.). Lorsque le dernier empereur païen, Julien l'Apostat (331-363), fait interroger la Pythie, celle-ci rend cet ultime oracle qui résonne comme une épitaphe : « Allez dire au roi que le bel édifice est à terre, Apollon n'a plus de cabane ni de laurier prophétique, la source est tarie et l'eau qui parlait s'est tue. » C'est en 394 que **Théodose le Grand** fait fermer le sanctuaire définitivement. Delphes devient alors une ville chrétienne dotée de trois basiliques. Au début du 7e s., les Slaves détruisent l'ensemble du site.

Pèlerinage, mode d'emploi

Arrivés par terre ou débarquant au port de Kyra (près d'Itéa), les pèlerins gravissent le versant nord de la vallée du Pleistos et pénètrent dans la zone des temples par l'actuelle Marmaria, où ils font leurs dévotions à Athéna et à Apollon. Puis ils montent à la fontaine Castalie pour s'y livrer aux rites de purification et parcourent l'agora avant de pénétrer à l'intérieur de l'enceinte du sanctuaire. Là, ils empruntent la Voie sacrée, déposant leurs offrandes (initialement des gâteaux rituels ou *pélanos*, à l'époque classique de l'argent) dans les **trésors** de leur nation d'origine, et, après avoir satisfait aux libations et aux sacrifices rituels (en immolant en général une chèvre), ils gagnent le temple.

Après avoir bu de l'eau de la fontaine Castalie, proche du temple, qui donne le don de prophétie, la Pythie pénètre dans la crypte du temple d'Apollon, envahie par une fumée odoriférante produite par la combustion de laurier (arbre d'Apollon) et de farine d'orge. Mâchant des feuilles de ce laurier, elle s'installe sur le trépied sacré, à proximité de l'*omphalos* et de la tombe de Dionysos. Après leurs ablutions à la fontaine Castalie, les pèlerins sont admis dans une chambre voisine de la crypte et posent leurs questions aux prêtres qui les transmettent à la Pythie. Celle-ci entre alors en transe : les sons qu'elle émet, ses attitudes, ses gestes convulsifs sont transposés par les prêtres. Les réponses, plutôt des conseils que des prédictions, et bien entendu quelque peu ambiguës, sont alors remises aux questionneurs. Elles semblent bien ne pas avoir été insensibles aux circonstances politiques : la Pythie favorise successivement Xerxès lors des invasions mèdes, puis Athènes, Sparte et Thèbes, Philippe de Macédoine, Alexandre le Grand, qu'elle proclame invincible, et, enfin, Rome : bref, les puissants de ce monde…

Visiter

Le sanctuaire d'Apollon est situé sur la gauche de la route d'Aráchova, à 800 m environ du village ; une promenade piétonne permet de s'y rendre à pied en toute sécurité. À hauteur du musée, traverser et suivre une allée tracée à flanc de coteau qui conduit à l'entrée du site. ☏ 22650 82312 - 8h30-14h45 - site et musée 9 €.

Retombé dans le silence et recouvert par un village, Kastri, le sanctuaire de Delphes n'est pourtant jamais tombé dans l'oubli : d'illustres visiteurs, parmi lesquels Byron, Flaubert ou Mérimée, visitent les lieux qui commencent à être explorés par les archéologues de l'École française d'Athènes en 1892 : le Parlement français vote alors des crédits pour aider l'État grec à exproprier le village et à le reconstruire à l'écart. Le

La Pythie

On ignore sur quels critères la Pythie, prêtresse chargée de donner les réponses d'Apollon aux demandes des pèlerins, était choisie parmi les femmes du pays. C'était obligatoirement une femme de plus de cinquante ans qui, dès lors qu'elle assumait sa fonction, devait quitter époux et enfants et s'installer dans l'enclos sacré, mener une vie de chasteté et revêtir une robe de jeune fille… Prophétisant à l'origine une fois par an, le jour anniversaire de la naissance d'Apollon, à l'époque classique, elle consultait le 7 de chaque mois (durant les trois mois d'hiver, Apollon, en vacances, était remplacé par Dionysos) et le succès était tel qu'à la grande époque il n'y avait plus une seule mais trois Pythies.

Les « réponses obliques » de la Pythie sont célèbres : on rapporte que Crésus s'entendit répondre que s'il déclarait la guerre aux Perses, il détruirait un grand royaume. Prenant la réponse au pied de la lettre, le roi de Lydie attaqua aussitôt Cyrus… et ce fut son propre royaume qui fut détruit.

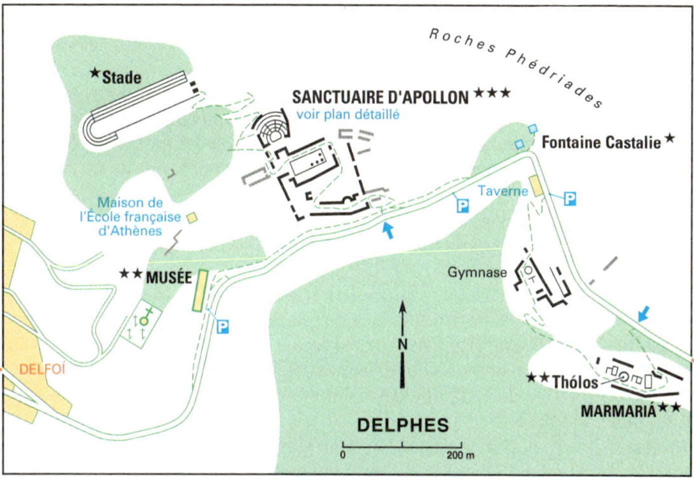

temple et le théâtre étaient enfouis sous une couche de terre atteignant parfois une épaisseur de 20 m. Un premier musée ouvre en 1902. Aujourd'hui, le Centre culturel européen de Delphes collabore avec le comité « Sauver Delphes » et d'autres associations pour préserver le site, inscrit naturellement au patrimoine mondial de l'Unesco : les autochtones n'affirment-ils pas avec fierté que c'est à Delphes qu'est né le patrimoine artistique de l'humanité ?

Survolées d'oiseaux de proie, les ruines antiques s'accrochent sur une pente surplombée par deux parois rocheuses, les roches Phédriades dites « les Rougeoyantes », hautes de 250 à 300 m. De la profonde anfractuosité qui les scinde sourd la fontaine Castalie. Côté aval, un spectacle riant se découvre : barrée par le massif du Kirphis, la vallée du Pleistos, la « mer d'oliviers », descend vers le littoral, tandis qu'au loin luisent sous une lumière nacrée les flots de la baie d'Itéa.

Le sanctuaire d'Apollon★★★

Sauf mention contraire, toutes les dates sont antérieures à notre ère.

Une courte montée donne accès à l'agora qui précède le sanctuaire d'Apollon.

Agora – Elle a été réaménagée par les Romains qui construisirent des thermes et des maisons dont les vestiges, dominant la route et l'agora, se reconnaissent à leur appareil de brique. Sur un des côtés de l'agora s'étendait un portique ionique qui abritait des boutiques pour les pèlerins ; quelques colonnes ont été relevées. Remarquez les restes provenant d'une église paléochrétienne **(1)**.

Quatre marches conduisent à l'entrée principale du **téménos**, enceinte sacrée dont le mur date du 4e s. et, par endroits, du 6e s. (côté ouest, appareil polygonal). Percé de neuf portes, ce mur délimite un trapèze de 200 m sur 130 m environ, la zone inférieure étant dévolue aux ex-voto (statues, inscriptions…) et aux **trésors**, édicules en forme de temples construits par les cités grecques pour recevoir les offrandes de leurs citoyens respectifs : l'ensemble formait un maillage très serré de monuments.

Voie sacrée – Montant vers le temple d'Apollon, la Voie sacrée, dont le dallage est d'époque romaine, est bordée d'**ex-voto**. Repérez d'abord, à droite, la base du taureau de Corcyre **(2)**, animal de bronze offert au 5e s. par la cité du même nom (Corfou). À droite et au-delà voisinaient l'ex-voto des Arcadiens **(3)** et celui des Lacédémoniens ; à gauche, l'ex-voto de Marathon, que les Athéniens avaient fait décorer de statues par Phidias, précédait celui des Argiens ; ces monuments, dont il reste peu de chose, témoignaient de la rivalité des cités grecques.

La Voie sacrée passe ensuite entre les soubassements de deux hémicycles érigés par les Argiens. Celui de droite, le mieux conservé, était le monument des rois d'Árgos **(4)**, élevé en 369 ; il était orné de 20 statues de rois et reines d'Árgos (remarquez les dédicaces gravées, écrites de droite à gauche).

Trésors – Le premier que l'on rencontre est celui de Sicyone **(5)**, dont subsistent les bases ; il était bâti en tuf sur plan rectangulaire avec deux colonnes de façade (6e s.). Apparaît ensuite le mur du **trésor de Sifnos (6)**, construit vers 525 par les habitants de cette île des Cyclades, enrichis dans l'exploitation des mines d'or. L'édifice ionique, en marbre, comportait une façade à fronton sculpté que soutenaient deux caryatides et était décoré d'une belle frise sculptée. Dans le prolongement, on distingue les soubassements de tuf du **trésor de Thèbes (7)**, dont l'austérité faisait contraste avec son voisin. Près de là, à gauche dans le coude de la Voie sacrée, on aperçoit les traces du **trésor des Béotiens** et l'omphalos **(8)** en calcaire.

Trésor des Athéniens★ – Relevé de ses ruines, c'est un édifice dorique (490-480) en marbre blanc de Paros qui fut érigé grâce à une partie du butin pris à Marathon. Il était décoré de sculptures illustrant le combat des Grecs et des Amazones. S'élevant sur un tertre, il est précédé d'une terrasse triangulaire, dont le mur sud porte l'inscription dédicatoire gravée en grands caractères : « Les Athéniens à Apollon après leur victoire sur les Mèdes, en offrande commémorant la bataille de Marathon. » Les soubassements et les murs du trésor portent d'autres inscriptions qu'accompagnent des couronnes de laurier.

Après être passé devant les ruines du **bouleutérion (9)**, sénat de Delphes, on discerne à gauche l'amas de rochers **(10)** au sein duquel se dissimulait l'oracle primitif, sous la garde du serpent Python. C'est derrière ces rochers que se trouvait le sanctuaire de la déesse Gaia. Non loin, on repère les tambours abattus d'une colonne ionique **(11)** en marbre, de 10 m de haut, don des habitants de l'île de Naxos vers 570, et que surmontait un sphinx.

Au-dessus court sur 83 m le fameux mur polygonal qui soutient la terrasse du temple d'Apollon : ce mur (6e s.) est appareillé en puissants moellons calcaires à joints curvilignes. Plus de 800 actes d'affranchissement d'esclaves, des époques hellénistique et romaine, y sont gravés. Trois colonnes en marbre du Pentélique signalent le portique des Athéniens **(12)** (479) sous lequel étaient déposés des trophées navals pris aux Perses.

Devant le portique des Athéniens, la Voie sacrée traverse l'**aire**, place circulaire où se formaient les processions montant au temple ; remarquez un beau chapiteau ionique **(13)** et les exèdres, bancs réservés aux prêtres. En bordure de l'aire s'élevait le trésor des Corinthiens près duquel fut découverte, en 1939, une fosse remplie d'objets précieux.

La Voie sacrée s'élève rapidement jusqu'au **parvis du temple d'Apollon**. À droite, le socle circulaire du **trépied de Platées (14)**, érigé en commémoration de la bataille fameuse *(voir p. 189)*, comportait un fût central de bronze à trois serpents enlacés.

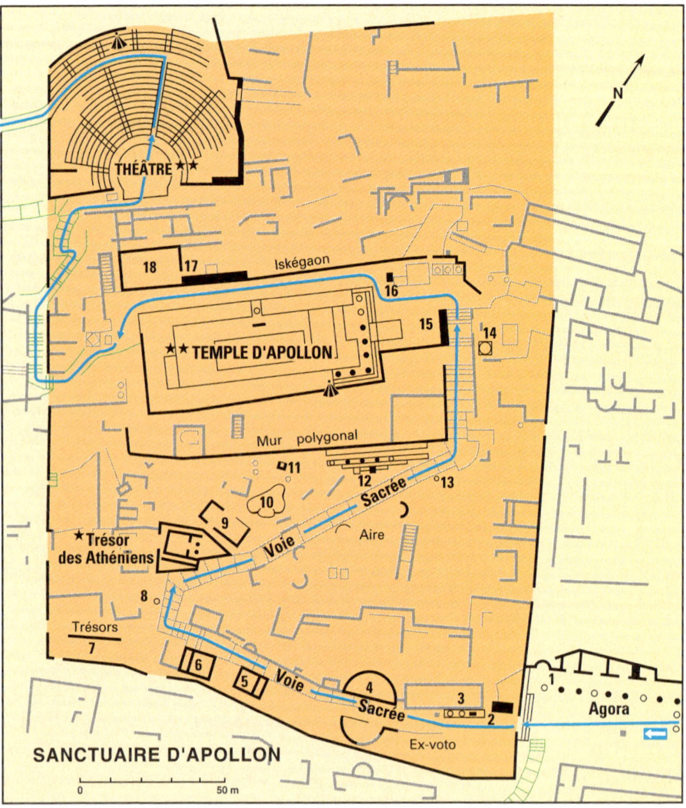

> **Trépied voyageur**
> Après Néron qui le dépouille de près de 500 statues pour les apporter à Rome, un autre empereur romain se distingue à Delphes : il s'agit de **Constantin** qui fait main basse sur le trépied de Platées, toujours visible aujourd'hui à Constantinople (Istanbul) dans l'ancien hippodrome.

À gauche, on aperçoit les assises du grand autel d'Apollon **(15)** (5e s.) dédicacé par les habitants de Chíos. Sur la terrasse, à droite, le haut pilier de pierre **(16)** portait la statue équestre de Prusias (2e s.), roi de Bithynie (Asie Mineure).

Temple d'Apollon★★ – Les vestiges que vous apercevez sont ceux du temple du 4e s. construit par trois architectes, dont les noms nous sont parvenus (Spintharos, Xénodoros et Agathon), à la place du temple des Alcméonides, antérieur de deux siècles, édifié sur les fonds du très riche **Crésus** et détruit par un séisme. On distingue le plan de l'édifice dont quelques colonnes ont été remontées. C'était un monument dorique à péristyle, long de 60,30 m, large de 23,80 m, à colonnes de tuf revêtues de stuc atteignant une hauteur de 12 m. Le portique abritait une statue d'Homère et des inscriptions rappelant les préceptes des Sages de la Grèce : « Connais-toi toi-même », « Supporte et abstiens-toi », « De la mesure en toute chose ». Au centre du temple, la *cella* était garnie d'autels et de statues ; au-delà se trouvait la crypte *(adyton)* où, au creux d'une cavité, se tenait la Pythie, à proximité de l'ombilic sacré et de la tombe de Dionysos.

On jouit ici de perspectives admirables, les colonnes du temple se détachant sur le paysage que forme la vallée du Pleistos, alors que, plus en hauteur, la vue porte sur les courbes parfaites du théâtre.

Longez, au nord du temple, l'**iskégaon**, mur de soutènement du 4e s. C'est ici que fut découvert, à l'emplacement de l'ex-voto de Polyzalos **(17)**, le fameux Aurige de Delphes. Les soubassements de l'ex-voto de Krateros **(18)**, sur plan rectangulaire, conservent dans les assises du mur du fond, à gauche, la pierre de dédicace du monument fondé vers 315 par un certain Krateros, qui avait sauvé la vie d'Alexandre le Grand au cours d'une chasse au lion : un groupe de bronze, œuvre de **Lysippe**, retraçait la scène.

Théâtre★★ – Datant du 4e s., ce théâtre, qui semble surplomber le vide, a été remanié deux siècles plus tard par les Romains qui refirent notamment le tour d'orchestre et la scène. Sur 35 rangées de gradins prenaient place 5 000 spectateurs venus assister aux représentations en l'honneur du dieu ; voyez au premier rang les places réservées aux prêtres et aux notables. Du haut des gradins se révèle une **vue★★★** superbe sur les ruines du sanctuaire, la vallée du Pleistos tapissée d'oliviers, et, en fond de perspective, la silhouette harmonieuse du Kirphis.

30mn AR. Le chemin de circulation *(diazoma)* du théâtre se prolonge vers l'ouest par un sentier qui monte (de façon très raide) en lacets vers le stade, procurant de très belles vues sur le site de Delphes.

Stade★ – S'inscrivant dans les tranquilles bois de conifères qui couvrent la colline, il n'avait au 3e s., époque de son aménagement, que des gradins de terre soutenus au sud par un mur en appareil polygonal. Au 2e s. apr. J.-C. cependant, **Hérode Atticus** le dota de gradins en pierre et d'une porte monumentale dont les piliers ont été partiellement reconstruits, à l'extrémité est de la piste. Pouvant recevoir environ 6 500 personnes, les gradins reposent, au sud, sur un remblai à demi effondré, alors qu'au nord ils sont incorporés à la roche. On reconnaît au centre la tribune présidentielle. La piste a gardé ses lignes de départ et d'arrivée, distantes de 178 m. Des représentations dramatiques ou artistiques sont données, chaque année en été, dans le stade.

Musée★★★

☏ 22650 82312 - ♿ - 8h30-14h45 (billet combiné site et musée 9 €).

Très bien présentées dans un espace aussi clair qu'agréable, les collections rassemblent une superbe exposition d'œuvres d'art découvertes sur le site de Delphes et provenant de toutes les régions de la Grèce antique. Pour éviter une description fastidieuse que la clarté des explications rend inutile, nous nous limiterons aux pièces essentielles.

On remarquera avant tout dans la première salle l'étrange Sphinx ailé de la colonne des Naxiens. Il est encadré par deux caryatides provenant des trésors de Cnide et de Sifnos. Sur les murs sont disposés des éléments de la frise du **trésor de Sífnos★**, en marbre de Paros, sur lesquels on distingue des traces de polychromie. Les scènes évoquent la guerre de Troie avec des combats opposant Énée et Hector à Ménélas et Ajax (admirables chevaux) et une gigantomachie, lutte entre les dieux et les géants.

F. Guiziou / hemis.fr

Le théâtre de Delphes réserve un beau point de vue.

Dans la salle suivante sont exposés deux **kouroi★**, statues colossales du 6e s., représentant Cléobis et Biton, jumeaux d'Árgos, morts d'épuisement après avoir tiré le char de leur mère, prêtresse d'Héra, obligée de se rendre rapidement à l'Heraion d'Árgos.

La **salle du Taureau** rassemble les objets cultuels trouvés en 1939 sous la Voie sacrée, dans deux fosses où ils avaient été enfouis. L'élément majeur en est un **taureau★** du 6e s. av. J.-C. fait de plaques d'argent assemblées sur des bandes de cuivre et montées sur une âme de bois. Vous admirerez aussi des plaques d'or ciselé et repoussé, de la même époque, qui ornaient probablement une statue, et la statuette en ivoire d'un dieu domptant un fauve. Parmi les bronzes, il faut citer surtout un brûle-parfum que soutient une jeune fille vêtue d'un péplos (5e s.).

La **salle du trésor des Athéniens** présente le décor sculpté du trésor : il s'agit de métopes, partiellement mutilées, de facture encore archaïque. Elles illustrent les légendes d'Héraklès et de Thésée. Certaines têtes, notamment celle de Thésée, à gauche, sont d'une grande finesse. Un magnifique groupe de **trois danseuses★★**, en marbre du Pentélique, surmonte un chapiteau à feuilles d'acanthe. Ces danseuses, des bacchantes ou thyades (prêtresses de Dionysos), ornaient la « colonne aux acanthes », ex-voto érigé au-dessus du parvis du temple d'Apollon. Sont exposées également les statues de l'ex-voto de Daochos II (4e s.), délégué thessalien à l'amphictyonie : remarquez notamment celle de l'athlète Agias, vainqueur du pancrace aux jeux Olympiques et aux jeux Delphiques ; elle provient sans doute de l'atelier de Lysippe.

Admirablement conservé, l'**Aurige★★★**, une des plus belles statues grecques de la fin de l'époque archaïque (478), est sans conteste le joyau du musée. Il a été découvert en 1896 près du théâtre. Ce conducteur de char (*auriga*, en latin) faisait partie d'un ex-voto de bronze représentant le quadrige victorieux aux jeux Pythiques de 478 et 473, offert par Polyzalos, tyran de Gela, en Sicile. Admirez la noblesse d'attitude du personnage, représenté grandeur nature, légèrement tourné vers la droite (Polyzalos se tenait, pense-t-on, à son côté) et serrant de sa main les guides de ses chevaux. Ceinte du « bandeau de la victoire », la tête, d'une grande beauté plastique, conserve ses yeux d'origine, en émail et pierres de couleur. L'aspect des pieds est si réaliste qu'on a pu croire qu'ils avaient été moulés d'après nature.

Dans la même salle, une vitrine recèle un autre chef-d'œuvre, la blanche **coupe à libations** (5e s. av. J.-C.), où Apollon est figuré assis, le front couronné de lauriers, tenant une lyre formée d'une carapace de tortue et accomplissant une libation en présence de son oiseau sacré, le corbeau.

Enfin, la statue en marbre d'**Antinoüs** (2e s. apr. J.-C.) est une des meilleures représentations de ce favori de l'empereur Hadrien, divinisé après qu'il se fut noyé, peut-être suicidé, dans le Nil.

Fontaine de Castalie★

Un peu plus bas sur la route, à gauche, avant le premier lacet.

Au débouché d'une gorge sauvage, au centre des Phédriades, entre deux masses rocheuses jaillissait la fontaine dans laquelle les pèlerins procédaient aux rites de purification et dont les eaux sont aujourd'hui captées pour l'irrigation des oliveraies.

Elle porte le nom d'une nymphe qui s'y serait noyée afin d'échapper aux assiduités d'Apollon. Les aménagements antiques encore visibles sont d'abord un vaste bassin dallé archaïque dégagé en 1958, puis, plus loin, au pied de la falaise, un bassin allongé, pratiqué dans le roc, où l'on descend par des degrés, enfin, au-dessus de ce bassin, la paroi, conservée en partie, du réservoir qui alimentait le bassin par des bouches que l'on distingue encore. C'est du haut de la muraille des Phédriades qu'aurait été précipité le fabuliste **Ésope** (6e s.), coupable de s'être moqué des Delphiens.

Sanctuaire d'Athéna Pronaia★★

En contrebas de la route, environ 300 m plus bas.

Dans un très beau site, face à la vallée du Pleistos et au Kirphis, ce sanctuaire, parfois appelé « Marmaria » pour avoir servi de carrière de marbre, était visité par les pèlerins se rendant au sanctuaire d'Apollon.

Ancien temple d'Athéna – Il reste des bases de colonnes et de murs de ce temple dorique archaïque en tuf construit au 6e s., endommagé ensuite par des éboulements de rochers et abandonné au 4e s. Remarquez à terre ou posés sur des restes de colonnes, les chapiteaux à échine « en galette » provenant d'un temple antérieur.

Entre ce temple et la rotonde apparaissent les restes de deux trésors dont le second était probablement celui de Massalia, l'actuelle Marseille.

Rotonde★★ (Tholos) – Un stylobate, des fûts de colonnes cannelées, un soubassement de mur circulaire, trois colonnes doriques relevées, que surmonte un entablement avec triglyphes et métopes à reliefs figurant le combat contre les Amazones, évoquent l'élégante rotonde de marbre à péristyle, élevée au 4e s. peut-être en souvenir de la Terre-Mère Gaia mais dont la destination reste incertaine.

Nouveau temple d'Athéna – On distingue les fondations de ce temple en calcaire bâti au 4e s. pour remplacer l'ancien temple. Plus petit que ce dernier, il ne comportait pas de péristyle.

Un chemin pentu accède aux terrasses supérieures où s'étendait, sur deux niveaux, un gymnase du 4e s. remanié par les Romains ; on observe, sur une terrasse inférieure, les restes d'une cour à péristyle qui formait la palestre, et une piscine circulaire ; sur la terrasse supérieure, les vestiges du *xyste* (piste couverte dont on voit une partie du mur de fond et de la colonnade d'époque romaine).

Aux alentours

Itéa

À 17 km au sud-ouest de Delphes par la route d'Ámfissa puis à gauche après 13 km.

Descendant en lacets le long des pentes de la vallée du Pleistos, la route atteint la plaine littorale plantée d'oliviers où aurait été tracé l'hippodrome antique.

Entretenue et irriguée avec soin, la fameuse **mer d'oliviers★**, que complète celle, plus récente, qui tapisse les flancs du Pleistos, compte avec cette dernière 400 000 oliviers. La récolte se fait à partir de novembre. Les fruits sont pressés dans les nombreux moulins actionnés par les eaux du Pleistos.

Itéa est une station balnéaire et une escale maritime ; en 1917, les Alliés choisirent ce port comme point de départ de la route de ravitaillement pour l'armée d'Orient basée à Thessalonique. À peu de distance vers l'est se trouvait le port antique de Delphes, Kyra (vestiges de l'ancienne jetée).

Galaxídi★

À 18 km d'Itéa.

Cette charmante petite ville ancienne, au port abrité, est devenue une station à la mode. De belles maisons de pierre à balcon témoignent de son ancienne opulence : au 19e s., elle commerçait dans toute la Méditerranée, comptait plus de 6 000 habitants dont quelque 50 armateurs. Un petit **Musée maritime** évoque ces temps glorieux ; au sommet de la ville, la **cathédrale** conserve une belle iconostase de bois sculpté du 19e s.

Ámfissa

À 20 km au nord-ouest de Delphes.

Rivale de Delphes dans l'Antiquité, Ámfissa est bâtie en amphithéâtre au-dessus d'une coulée d'oliviers. Elle fut au 13e s., sous le nom de Salona, le siège d'une seigneurie franque dont les Turcs s'emparèrent dès 1394. Sa citadelle (ancien château de la Sole) fut édifiée sur l'acropole antique dont il reste des blocs massifs, les vestiges du donjon, du logis seigneurial et d'une tour du 13e s. Plus haut, belle église Metamorfosis tou Sotiros, dans les oliviers. Belle vue sur la ville et la vallée.

Delphes pratique

Informations utiles

EOT – *11 r. Apollonos et 12 odos Pavlou kai Friderikis (en haut d'une volée de marches) - ✆ 22650 82900 - tlj sf dim. et j. fériés 8h-15h.*

Poste – *Odos Pavlou kai Friderikis à côté de l'office de tourisme.* Antenne devant le musée.

Centre de santé – *✆ 22650 82307.*

Police touristique – *✆ 22650 82220.*

Transports

Station de bus – *Au bout de odos Pavlou et Friderikis côté Ámfissa.* Plusieurs bus quotidiens de et pour Athènes (environ 3h de trajet).

Se loger

DELPHES

Tholos – *31 odos Apollonos - ✆/fax 22650 82268 - de mi-mars à fin oct. et du vend. au dim. en hiver- fermé en nov. - 17 ch.* Presque sous l'église, cette ancienne auberge de jeunesse transformée en hôtel dispose de chambres propres. Petit-déjeuner sur la terrasse de l'établissement voisin (vue magnifique).

Pan et **Artemis** – *De part et d'autre de odos Pavlou kai Friderikis, entre la station de bus et le bureau de poste - ✆ 22650 82294 - fax 22650 83244 - 25 ch.* Deux établissements traditionnels tenus par la même direction et disposant de chambres simples mais avenantes.

Iniohos – *19 odos Pavlou kai Friderikis - ✆ 22650 82710 - fax 22650 82764 - www.delphi-hotels.gr - 23 ch.* Rénové en 1998, un honnête hôtel aux chambres propres et coquettes, avec balcon.

Art Pythia Delphi – *Odos Pavlou kai Friderikis et Apollonos - ✆ 22650 82151 - www.delphi-hotels.gr.* Charmant établissement de la chaîne locale Iniohos, superbement situé à l'entrée du village : impossible d'être plus près du sanctuaire d'Apollon.

King Iniochos – *Au-dessus du village (fléchage à partir d'odos Apollonos) - ✆ 22650 82701/03 - fax 22650 82444 - www.delphi-hotels.gr - 60 ch.* Bel hôtel de montagne, magnifiquement situé face au golfe de Corinthe d'un côté, et aux pentes du mont Parnasse de l'autre. Certaines de ses suites, très confortables, sont équipées de cheminées (appréciables en hiver !). Mais le lieu est souvent investi par des groupes… Bonne carte variée au restaurant.

Amalia – *Sur les pentes du mont Parnasse, juste à la sortie de Delphes vers Ámfissa, prendre la première route sur la droite, ou bien suivre odos Apollonos sans redescendre sur la route - ✆ 22650 82101 - fax 22650 82290 - www.amalia.gr - 184 ch.* Établissement moderne, jouissant d'une vue panoramique sur la vallée et sur le golfe de Corinthe. Les chambres sont immenses et dotées de grands balcons. Piscine dans un parc soigneusement entretenu formant terrasse sur le golfe de Corinthe. Au total, un lieu un peu anonyme, mais d'excellent confort, auquel on ne reprochera que le tarif exorbitant (20 € !) d'un petit-déjeuner par ailleurs banal.

GALAXÍDI

Galaxa – *Odos Elefterias et Kennedy (à 100 m de la mer) - ✆ 22650 41620 - fax 22650 42053 - à Athènes ✆ 21065 22092 -18 ch.* Coup de cœur pour ce petit hôtel tout blanc, installé dans une ancienne maison de capitaine. Tout y respire la sérénité : l'accueil du patron, souriant, l'atmosphère familiale et la blancheur immaculée des chambres, quasi monacales. Petit-déjeuner inclus. Ouvert toute l'année.

Argo – *Dans une rue perpendiculaire au port, à 100 m de la mer - ✆ 22650 41996/42100 - fax 22650 41878 - 18 ch.* Toute blanche, cette bâtisse récente abrite un hôtel confortable et propre, dallé de marbre. Chambres petites mais agréables. Les confitures et les gâteaux du petit-déjeuner sont faits maison. Ouvert toute l'année.

ARÁCHOVA

Ce beau village de montagne, qui n'est situé qu'à 12 km, dispose de plusieurs hôtels et peut offrir une agréable alternative, lorsque tout est complet à Delphes *(voir p. 105)*.

Se restaurer

Bon à savoir – Nombreuses tavernes et restaurants avec vue sur la vallée, odos Pavlou kai Friderikis, ainsi que dans les ruelles en escalier la reliant à la rue Apollonos. Pensez aussi au village proche d'**Aráchova**…

Lekaria – *Odos Apollonos.* Cette taverne disposant d'une terrasse ouverte sur le golfe propose une nourriture roborative où l'on ne manquera pas de goûter à l'agneau à l'origan ou à la saucisse *saganaki* préparée avec tomates, feta et poivron vert.

Faire une petite pause

Café panoramique – *À l'entrée du sanctuaire d'Athéna Pronaia.* Vue imprenable !

Achats

Artisanat – Tapis, coussins et rideaux de coton tissé, bonne sélection chez Nikos Giannopoulos, dans la partie haute de la ville.

Antiquités – *56 odos Apollonos*. La belle boutique de Demetrios Fekas présente une superbe sélection d'objets traditionnels (poteries, vieilles enseignes, tissus...), mais à prix forts.

Souvenirs – Plusieurs boutiques odos Pavlou-et-Friderikis et « museum-gift » devant le musée du site archéologique.

Événements

Les habitants de Delphes célèbrent **Pâques** en défilant en costume traditionnel, et l'on déguste du mouton à la broche tout au long de la rue.

Spectacles lyriques et dramatiques aux beaux jours dans le stade du sanctuaire d'Apollon.

Épidaure antique★★★

Archaia Epidavros – Αρχαία Επίδαυρος

CARTE GÉNÉRALE RABAT II B2 – PÉLOPONNÈSE – ARGOLIDE

Au-delà de son élégance et de sa perfection architecturale, le théâtre d'Épidaure, joyau du sanctuaire d'Asklépios, héros et dieu de la Médecine dont toute la Grèce antique vint recevoir les oracles, est un de ces lieux où les constructions humaines et la nature, ici constituée de collines plantées de pins, de lauriers-roses, d'oliviers et de cyprès, semblent s'être alliées harmonieusement pour susciter chez le visiteur une émotion intense.

- **Se repérer** – À 68 km au sud de Corinthe et à 30 km à l'est de Nauplie, le site archéologique se trouve à l'écart des grandes concentrations touristiques. Le plus simple en venant d'Athènes est de gagner Épidaure par la route côtière jusqu'au village de Palaïa Epidavros et de là prendre la route de Nauplie. À proximité du village de Ligourió (désormais Asklépios), une route signalisée conduit au grand parking aménagé à l'orée d'une majestueuse pinède.
- **Organiser son temps** – Consacrez au moins deux heures à la visite du site.
- **Pour poursuivre le voyage** – Argolide, Árgos, Mycènes, Nauplie, Tirynthe.

Comprendre

Sous le signe du caducée – Fils d'Apollon et de la princesse béotienne Koronis, **Asklépios (Esculape)** est nourri par une chèvre et élevé par le centaure Chiron qui lui enseigne la chirurgie et l'art de guérir par les plantes. Le jeune homme devient si savant qu'il réussit à ressusciter des morts, ce qui lui attire l'inimitié d'Hadès et de Zeus, jaloux d'un pouvoir réservé aux seuls dieux : Zeus foudroie alors Asklépios, dont la dépouille est ensevelie à Épidaure. Il devient à partir du 6e s. av. J.-C. l'objet d'un culte qui connaît sa plus grande notoriété au 4e s. av. J.-C. et se reporte sur ses enfants parmi lesquels ses deux filles, **Hygée** et **Panacée**. Les grands médecins grecs, à commencer par le fameux **Hippocrate**, se réclament de lui.

P. Frilet / hemis.fr

La magie de l'antique théâtre d'Épidaure est encore à l'œuvre chaque été durant le festival.

Asklépios est généralement représenté sous l'aspect d'un homme barbu, appuyé sur le bâton des augures où s'enroulent deux serpents, éléments qui composent le caducée, emblème des médecins.

Se soigner à Épidaure – Après avoir sacrifié aux dieux et accompli les purifications rituelles, les malades passaient la nuit dans le dortoir sacré *(abaton)* où ils s'allongeaient sur la peau des animaux égorgés en offrandes propitiatoires. Durant leur sommeil, Asklépios les guérissait instantanément ou se manifestait par des songes que les prêtres traduisaient en traitements curatifs accompagnés, suivant les cas, d'exercices physiques ou de relaxation, de bains ou de divertissements intellectuels, ce qui explique l'importance donnée au théâtre et aux installations sportives (stade, gymnase, palestre). Tous les quatre ans, les Asklépieia, fêtes panhelléniques, comprenaient joutes sportives, concours poétiques ou musicaux. Les patients manifestaient leur reconnaissance par le sacrifice d'un coq et par des ex-voto représentant les parties de leur corps qui avaient été guéries (cette coutume a persisté jusqu'à nos jours dans les églises orthodoxes). Au temps des Romains, la thaumaturgie s'effaça progressivement pour laisser place à une médecine plus scientifique, mais ce n'est qu'à la fin du 5e s. que le christianisme substitua une basilique au sanctuaire antique.

Visiter

Du parking, une allée conduit à travers bois jusqu'au site. ✆ 27530 22009 - 8h-19h - 6 € (dim. gratuit).

Théâtre★★★

Un peu à l'écart du sanctuaire, sur la droite (accès par des marches). La beauté de son cadre, la majesté de ses lignes, l'harmonie de ses proportions en font le théâtre le plus accompli du monde antique. Construit au 4e s. av. J.-C. par l'architecte argien **Polyclète le Jeune**, il s'inscrit sur la pente du Kynortion.

Pouvant recevoir jusqu'à 14 000 spectateurs, la *cavea* dessine un demi-cercle légèrement outrepassé. Elle comporte 55 rangées de gradins divisées en deux zones par un promenoir *(diazoma)* ; les 21 rangées supérieures ont été ajoutées au 6e s.

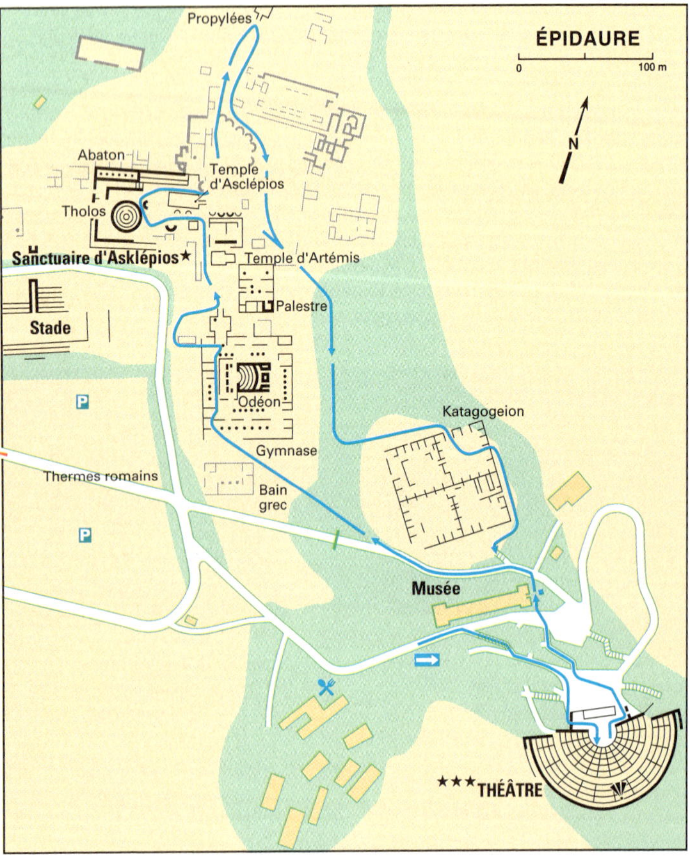

av. J.-C. Les places d'honneur réservées aux magistrats et aux prêtres formaient des stalles réparties au premier et au dernier rang de la zone inférieure, et au premier rang de la zone supérieure ; les spectateurs des autres rangées disposaient probablement de coussins. De toutes les places, la vision est parfaite, de même que l'audition, comme on peut le constater en chuchotant au centre de l'*orchestra* : le son monte jusqu'au sommet de l'ample conque, à 22,50 m au-dessus du sol. L'accès aux gradins se faisait par les entrées latérales au niveau de l'orchestre et par les escaliers ; la zone supérieure était en outre desservie par deux rampes disposées sur le flanc du théâtre.

D'un diamètre de 20,28 m, l'*orchestra* circulaire, où évoluaient les chœurs, est marquée en son centre par la base de l'autel de Dionysos. Elle est séparée du premier rang de gradins par un caniveau destiné à l'évacuation des eaux de pluie. Derrière, on distingue les soubassements de la scène où jouaient les comédiens, précédée par l'avant-scène qui comportait un portique dans lequel s'inséraient les décors. Gravissez les gradins pour apprécier la courbure harmonieuse de la *cavea* dont les mesures sont régies par le nombre d'or (1,619), qu'on retrouve notamment dans le rapport entre les gradins des zones inférieure et supérieure.

La **vue**, admirable surtout en fin de journée, porte sur le site paisible que forment le vallon sacré d'Asklépios et les collines qui l'encadrent.

Le saviez-vous ?

- C'est dans le théâtre d'Épidaure, retrouvé au début du 19e s. par un voyageur anglais après plus d'un millénaire d'oubli, que fut proclamée l'**indépendance de la Grèce** en 1822.
- Depuis 1954, le théâtre est le cadre de représentations de drames antiques et de spectacles lyriques, dans lesquels s'illustrèrent notamment **Dimitri Mitropoulos** (1896-1960) et la **Callas**.

Musée

Mar.-dim. 8h-19h, lun. 12h-19h (billet combiné avec le site, dim. gratuit).

Bien que les principales sculptures du site se trouvent au Musée d'Athènes, il conserve des objets intéressants parmi lesquels des stèles gravées d'inscriptions (comptes pour la construction de la rotonde, relations de guérisons miraculeuses) et une collection d'instruments chirurgicaux romains. Vous y verrez en outre la reconstitution partielle des temples d'Artémis et d'Asklépios *(salle fermée provisoirement).*

Sanctuaire d'Asklépios★

Dépasser le musée et gagner l'ancien gymnase dont la partie centrale fut transformée en odéon par les Romains ; se diriger vers le sanctuaire en passant devant les vestiges de la palestre et les fondations du temple d'Artémis (fin du 4e s. av. J.-C.).

Les principaux monuments étaient regroupés dans ce sanctuaire que protégeait une enceinte à l'intérieur de laquelle rampaient les serpents sacrés. Il prospéra du 6e s. jusqu'en 86 av. J.-C., où il fut pillé par Sylla. Puis il connut une nouvelle période florissante avant d'être définitivement fermé par l'empereur Théodose.

Des assises rectangulaires marquent l'emplacement du **temple d'Asklépios**, petit édifice dorique à péristyle élevé par l'architecte **Théodotos** (4e s. av. J.-C.). L'intérieur abritait la statue en or et ivoire du dieu de la Médecine, assis sur un trône, tenant le bâton de la main droite, la main gauche reposant sur la tête du serpent. Au sud subsiste le soubassement de l'autel des sacrifices.

Des fondations circulaires témoignent de l'existence de la célèbre **tholos** construite au 4e s. par **Polyclète le Jeune** en mémoire d'Asklépios, dont c'était vraisemblablement le mausolée. L'édifice comportait deux colonnades concentriques, l'une en tuf d'ordre dorique à l'extérieur, l'autre en marbre d'ordre corinthien. Au centre, les fondations dessinent un labyrinthe dont la signification a fait l'objet de maintes hypothèses : tombeau, abri des serpents sacrés, parcours rituel, reproduction d'une taupinière symbolisant le héros dont le nom est voisin d'un terme désignant la taupe… Le décor de la rotonde était somptueux : marbres polychromes, peintures représentant notamment l'Amour et l'Ivresse, motifs sculptés d'une grande finesse.

Au nord de la rotonde et du temple, on remarque les bases d'un **portique** de la même époque, mais agrandi par les Romains. Il s'agit de l'ancien dortoir des malades. On parvient aux restes du soubassement des **propylées** qui constituaient l'entrée monumentale du sanctuaire.

En revenant vers le musée, on aperçoit les traces d'un vaste hôtel du 4e s. av. J.-C., le **katagogeion**, dont les 160 chambres s'ordonnaient autour de quatre cours.

Stade

Du 5e s. av. J.-C., il occupe une dépression du terrain. Les lignes de départ et d'arrivée sont séparées par 181,30 m.

Sanctuaire d'Apollon Maléatas

À 3 km du théâtre (30mn à pied). Prendre la route qui se trouve au-dessus du théâtre. Le sanctuaire est parfois fermé en raison de fouilles. Découvert en 1928, l'édifice fut bâti au 4e s. av. J.-C.; on remarque les ruines d'un mur d'appui et de certains bâtiments romains du 2e s. apr. J.-C., d'une citerne et de thermes. Belle vue sur les environs.

Aux alentours

Asklipios (Ligourio)

À 5 km vers Nauplie. Dans ce bourg, visitez la belle église **Agios Ioannis o Elemon**, construite au 11e s. avec des matériaux provenant du théâtre d'Épidaure et du sanctuaire d'Asklépios. Belles fresques dans l'église **Kimissis tis Theotokou** (16e s.).

Palaiá Epídavros

À 9 km. Petit port de pêche et station balnéaire, au débouché d'un vallon planté d'oliviers et d'agrumes. En contournant la baie depuis le front de mer, un chemin à travers les plantations d'orangers et de citronniers *(10mn à pied, tourner à droite à la bifurcation)* donne accès à un petit théâtre de l'époque d'Alexandre le Grand.

Néa Epídavros

Une anse, une plage, quelques barques, deux ou trois tavernes, une église perchée au-dessus de la mer : un lieu minuscule, idéal pour une halte…

Monastère d'Agnountos (Moni Agnoúntos)

À 4 km après Néa Epídavros. Édifice fortifié des 6e et 8e s., il se compose d'une cour intérieure et d'une charmante église du 11e s. remaniée au 14e s. L'architecture byzantine à plan en croix grecque s'y combine avec le plan basilical à coupole octogonale. À l'intérieur, les fresques du 13e s. représentent des scènes de l'Ancien et du Nouveau Testament et le Jugement dernier ; à voir aussi les icônes datant de 1759 et une iconostase en bois sculpté de 1713, finement décorée, représentant l'Annonciation (remplacées par des copies). .

Épidaure pratique

Informations utiles

Vous trouverez à l'intérieur du site archéologique un **bureau de poste**, un grand **café-restaurant** semi-enterré à flanc de colline, une boutique de souvenirs et des toilettes.

Se loger

Bon à savoir – Riche en hôtels, **Nauplie** *(voir p. 279)* n'est qu'à 35 km du site et représente la base de départ idéale pour explorer toute cette partie du Péloponnèse.

NÉA EPÍDAVROS

Avra – *27530 31294 - fax 27530 31894.* À deux pas d'une minuscule plage au fond d'une anse, petit hôtel-restaurant que le sympathique patron a agrandi d'une annexe constituée de maisonnettes conçues dans le style local. Toutes les chambres de cet endroit fleuri disposent de balcons, de sanitaires et de l'air conditionné. Ouvert toute l'année.

PALAIÁ EPÍDAVROS

Maïk (Mike) Hôtel – *27530 41213 - fax 27530 41052 - www.mike-epidavros.com - 15 ch.* Hôtel posé sur le petit port. Chambres toutes simples mais d'un confort convenable et dotées de balcons, certaines ayant vue directe sur la mer.

Se restaurer

À l'entrée d'**Asklipios** *(5 km du site, sur la route de Nauplie)*, plusieurs restaurants conçus pour recevoir des cars entiers. En saison, préférez la côte !

Tavernes sur la plage à **Néa Epídavros** et sur le port à **Palaiá Epídavros** : c'est le cas notamment des restaurants des hôtels **Mike** et **Poséidon** dont les tables sont installées directement sur le quai.

Événement

Festival d'art dramatique antique – De juil. à sept., le vend. et sam. à 21h (20h30 en sept.). Compte tenu de l'engouement qu'il suscite, il est recommandé de prendre les billets à l'avance *(10 à 40 €)*. Vente sur place, 3h avant le début de la représentation *(27530 22026)* ; ou à l'office du tourisme de Nauplie ; et à Athènes : **Athens Festival Box Office** – *39 odos Panepistimiou (dans la galerie Pesmazoglo) - 21032 21459.*

Eubée★

Evia – Εύβοια

204 246 HABITANTS ENV.
CARTE GÉNÉRALE RABAT II C1 – GRÈCE CENTRALE – EUBÉE

La plus grande des îles grecques après la Crète sait se faire aimer : elle n'est pas loin d'Athènes – une petite heure –, on y accède facilement, par la route ou par bateau, et depuis ses côtes, on peut rejoindre les îles des Sporades. Ses paysages sont aussi superbes que variés malgré les incendies de 2007 : montagnes boisées et torrents tumultueux au nord, calanques sauvages sur la côte est, plages de sable et plaines le long de la côte ouest. Tout est prévu pour accueillir au mieux les touristes, dont beaucoup sont athéniens. Et qui plus est, l'île présente quelques perles antiques, comme la maison aux Mosaïques et les sculptures archaïques de Thésée et Antiope, visibles à Erétria.

J.-P. Nail / MICHELIN

Près de Káristos, au sommet du mont Mondofóli, se dresse l'imposant Castel Rosso.

- **Se repérer** – L'île se trouve à l'est des côtes de la Béotie et de l'Attique. Elle n'est séparée du continent que par le canal de l'Euripe qu'un pont franchit à la hauteur de Chalkída (à 77 km d'Athènes par l'autoroute E 75 et une route signalisée Vathý-Chalkída à droite).
- **À ne pas manquer** – La route des Aigles et Erétria.
- **Organiser son temps** – Compter trois jours pour explorer l'île.
- **Pour poursuivre le voyage** – Athènes, Attique, massif du Pélion.

Circuits de découverte

LE SUD DE L'ÎLE 1

Ce circuit de 410 km au départ de Chalkída suit une jolie route qui longe le littoral à distance et conduit à la pointe méridionale de l'île.

Chalkída

Première ville à vous accueillir au-delà du pont sur le canal, la capitale de l'île mérite que vous vous y attardiez. À la fois port, centre industriel et important lieu de tourisme accueillant le flot des Athéniens dès les beaux jours, Chalkída déborde d'activité et présente, depuis la démolition de ses remparts vénitiens, un aspect moderne, avec un front de mer où se succèdent grands hôtels, restaurants de poisson et cafés.

Ce fut l'une des cités les plus actives de l'ancienne Grèce. Grâce à sa marine, elle fonda dès le 8e s. av. J.-C. des colonies en Thrace et en Macédoine. Ses pionniers peuplèrent la région devenue la Chalcidique, et allèrent jusqu'en Sicile et en Italie.

Du 13e au 15e s., les Vénitiens firent de Chalkída une importante place commerciale exportant les produits de l'Eubée et contrôlant le trafic maritime de la Grèce du Nord, fortifiant la ville ainsi que son pont, le fameux Pont Noir *(Negro Ponte)*, qui devait donner son nom à la ville, puis à l'île tout entière. Ainsi défendue, Nègrepont n'en fut pas moins attaquée plusieurs fois au 14e s., tant par les Aragonais que par les Génois. Prise en 1470 par le sultan **Mehmet II**, la ville resta un lieu d'échanges qu'animaient de nombreuses maisons de commerce. En 1688, 15 000 soldats vénitiens revinrent assiéger la ville, mais, décimés par la malaria qui emporta leur chef, Koenigsmark, ils durent se retirer.

Noyade

Selon la tradition, **Aristote** se serait noyé dans l'Euripe de n'avoir pu résoudre l'énigme de ses courants : en fait, le précepteur d'Alexandre le Grand est bien mort ici, en 322 av. J.-C., mais de maladie.

Pont sur l'Euripe – Donnant accès à la ville, ce pont, construit en 1962, s'abaisse légèrement, puis se rétracte en deux parties pour laisser passer les bateaux dans le sens du courant : l'Euripe est en effet parcouru de courants pouvant atteindre 12 km/h, se dirigeant alternativement du nord au sud et du sud au nord. Ce phénomène naturel, régulier à certaines périodes (le courant alterne alors toutes les six heures), est parfois plus fantaisiste et le sens peut alors s'inverser jusqu'à 14 fois par jour ! Ce qui s'explique par la variation, et la conjonction éventuelle, des marées entre les deux golfes reliés par le canal, des vents dominants et de la pression atmosphérique. Le premier pont fut construit en 411 av. J.-C. Lui succédèrent le Pont Noir fortifié, à bastion central, que l'on retrouve sur beaucoup de gravures anciennes, puis, en 1896, un pont tournant en fer, encore visible, et enfin le pont actuel.

Par ailleurs, depuis plusieurs années, un grand pont enjambe le chenal, permettant d'éviter le centre-ville.

Sur le continent, de l'autre côté du canal, le **fort de Karababa** fut édifié en 1686 par les Turcs pour sécuriser le passage. La terrasse du bastion ouest ménage une belle **vue★** sur Chalkída, l'Euripe et la baie d'Aulis où la flotte grecque se réunit avant de partir pour Troie et où Agamemnon aurait sacrifié sa fille Iphigénie afin d'obtenir des vents favorables.

Depuis le pont, prendre la deuxième rue à gauche.

Quartier du Kastro – Ce vieux quartier était le fief de la communauté turque jusque dans les années 1920. D'origine byzantine et reposant sur des colonnes de marbre cipolin antique, la **basilique Agía Paraskeví** fut transformée en cathédrale gothique aux 13e-14e s. Elle présente de belles mosaïques et une iconostase en marbre. Non loin se trouve l'ancienne **mosquée** du 15e s. Autour, les vieilles ruelles sont bordées de maisons traditionnelles à encorbellement de bois.

Musée archéologique★ – *13 odos Venizelou - ✆ 22210 761 31 - tlj sf lun. 8h30-15h30 - 2 €.* Il abrite de nombreuses et belles pièces préhistoriques, hellénistiques et romaines, découvertes dans les sous-sols de la ville et de l'île. Parmi elles, remarquez la stèle funéraire d'un jeune athlète, accompagné de son chien (4e s. av. J.-C.).

À l'est de la ville, un vaste cimetière témoigne de l'importante communauté juive qui vécut à Chalkída. Cette communauté fut protégée et cachée par les Grecs de la ville pendant la dernière guerre et survécut. Elle émigra cependant à la fin du conflit.

Quitter Chalkída par le nord, en direction de Néa Artáki et de Psachná, où vous tournerez à droite, vers Áttali et Stení. La route gravit les premières pentes du mont Dírfys.

Stení

À 33 km de Chalkída. Station de montagne fraîche et ombragée, aux chalets éparpillés le long d'un torrent. Vous pourrez y faire de nombreuses promenades dans les forêts de châtaigniers et de conifères couvrant les pentes du mont Dírfys (1 743 m), point culminant de l'île. La flore y est particulièrement variée.

Pour atteindre le sommet, comptez 2h30. Le panorama sur la mer et l'île est magnifique.

Poursuivre la route jusqu'à Metóchi qui se trouve à 21 km. De là, une bonne route vous mène au village de Kimi (encore une vingtaine de kilomètres) par Vítala.

Kimi

Chef-lieu d'une région fertile en oliviers, vergers et vignobles, cette petite ville de la côte est issue de l'antique Kymé dont les habitants fondèrent Cumes, près de Naples. Perchée sur un plateau rocheux surmontant de 260 m environ le rivage de la mer Égée, elle domine une jolie plage de sable, **Paralía Kimi** et le port, d'où partent les ferries pour l'île de Skyros.

Une belle maison ancienne abrite un **musée d'Art populaire** (Laografikó Moussío) – *entre le village et le port - 10h-13h, 17h-19h30* – meubles, costumes, artisanat.

De Kimi, prendre la route en direction de Lépoura (35 km) par Konístres.

Au-delà de **Lépoura**, la route se fait plus escarpée, sinuant sur les versants de montagnes arides. Apparaissent ensuite de grandes éoliennes blanches, qui font écho aux dernières tours de guet vénitiennes et lombardes qui ponctuent le bord de mer.

Stira

À 41 km de Lépoura. Sur le versant du mont Kliossi, Stira est connue pour ses carrières de marbre (marbre vert cipolin), et plus encore pour sa plage de **Néa Stira** située en contrebas, à quelques kilomètres. À l'est se trouvait la puissante forteresse franque de Larmena.

Route des Aigles★★★ (Drómos ton Aeton)

Entre Stira et Káristos, sur une trentaine de kilomètres, la « route des Aigles » domine, à une altitude de 700 à 800 m, la côte sud-ouest de l'île. Gravissant des pentes désertiques et austères, survolées autrefois par des oiseaux de proie, elle offre de splendides vues plongeantes sur le golfe Petalion, la baie de Marmári et les îles Petalioí.

Káristos

Station balnéaire, port de pêche et de voyageurs, Káristos est la ville la plus méridionale de l'île. Entourée d'oliviers et de vignes, elle est dominée par le massif du mont Ochi (1 398 m) dont les carrières de marbre étaient déjà appréciées des Anciens. Sous les Vénitiens, la ville fut l'une des trois grandes baronnies de l'Eubée. Vous y verrez les vestiges d'un bastion vénitien du 14e s., le Bourzi (à l'est du quai). Juste en face se trouve un petit **musée archéologique**. *✆ 22240 25661 - tlj sf lun. 8h30-15h - 2 €.*

En retrait de la ville (3 km), au sommet du mont Mondofóli, se détachent les restes du vaste château fort à double enceinte construit au 13e s. par Ravano delle Carceri, et surnommé **Castel Rosso** (château rouge) en raison de la couleur de sa pierre.

Avant de quitter Káristos, vous pouvez vous aventurer jusqu'à la pointe sud-est de l'île par la route côtière (Platanistos, Kómito). De belles criques et plages sauvages vous attendent, mais la piste n'est pas facile.

> **Cadeau**
>
> C'est au **Castel Rosso** qu'en 1261 l'empereur Baudouin II de Courtenay, chassé de Constantinople, trouva refuge chez Othon de Cicon ; en reconnaissance, Baudouin fit présent à Othon d'un coffret d'argent ciselé contenant un bras de saint Georges, reliquaire qu'Othon offrit lui-même, deux ans plus tard, à l'abbaye de Cîteaux en Bourgogne.

Revenir à Lépoura et prendre la direction de Vélos. À Vélos, un petit chemin conduit aux ruines de Dýstos.

Ruines de Dýstos

Dans le cadre solitaire et nu d'une petite plaine intérieure se dressent, près d'un lac, les ruines de l'antique Dýstos aménagée en forteresse par les Vénitiens. Remarquezl'enceinte du 5e s. av. J.-C. en appareil polygonal massif, jalonnée de tours carrées.

Revenir à Vélos. Rejoindre ensuite Alivéri et Amárinthos par la route côtière.

Jalonnée de plages, la côte est envahie par les hôtels et les résidences secondaires. Poursuivre jusqu'à Erétria.

Érétrie★ (Erétria)

Longtemps rivale de Chalkída pour la possession de la riche plaine de Lefkanti, Erétria est aussi nommée Néa Psara en souvenir des habitants de l'île de Psara (près de Chíos) réfugiés ici en 1821. C'est aujourd'hui une station estivale très fréquentée.

Il reste plusieurs vestiges de la **cité antique** qui fut étendue et prospère. Les principaux se groupent au nord : au pied de l'acropole, un **gymnase** et un **théâtre** assez bien conservé (3e s. av. J.-C.) et, tout près, les bases d'un **sanctuaire de Dionysos**.

Un peu plus à l'est se trouve la **maison aux Mosaïques**. Du 4e s. av. J.-C., cette villa s'organisait autour d'une cour bordée d'un péristyle et donnant, côté nord, sur des salles de réception. Ces dernières ont conservé de magnifiques pavements de galets, représentant des thèmes mythologiques *(mêmes horaires d'ouverture que le Musée archéologique où l'on demande la clef. Billet d'entrée commun).*

Le **Musée archéologique** permet de voir de nombreux objets découverts lors des fouilles de l'Erétria antique et de sites proches, comme la nécropole de Lefkanti (11e-9e s. av. J.-C.) et le site préhistorique de Chiropolis. Vous y verrez notamment le magnifique groupe sculpté de **Thésée et d'Antiope**. Ces sculptures proviennent d'un temple d'Apollon, construit à la fin du 6e s. av. J.-C. et dont on aperçoit encore les ruines au centre de la ville moderne. Leur facture marque la transition entre l'époque archaïque et l'époque classique. Vous serez sensible au sourire qui éclaire

Face au Pélion, tour de guet proche d'Oreí.

le visage des deux personnages et au rendu des coiffures et des drapés. ✆ *22290 62206 - tlj sf lun. 8h30-15h - 2 €.*

Rejoindre Chalkída, 22 km plus à l'ouest.

LE NORD DE L'ÎLE 2

Circuit de 260 km au départ de Chalkída. Suivre l'itinéraire du schéma p. 205. Entre Chalkída et Loutrá Edipsoú, ce circuit traverse une région montagneuse et verdoyante réputée pour être l'une des plus belles de Grèce. Il permet aussi de découvrir des plages peu fréquentées.

Quitter Chalkída en direction de Néa Artáki. Poursuivre au nord et traverser Kastélla. La route sinue dans les hauteurs parmi de belles forêts de pins.

Prokópi

À 52 km. Nommée jadis Ahmet Aga, Prokópi s'étend au fond de la pittoresque vallée de **Klissoura**, que parcourt un torrent aux rives envahies par une végétation luxuriante de platanes, peupliers, noyers et lauriers-roses. Au Moyen Âge, le passage en était commandé par une forteresse couronnant un piton quasi inaccessible. Prokópi est également un centre de pèlerinage très fréquenté consacré à un officier du tsar, saint Jean le Russe.

Poursuivre jusqu'à Mantoúdi et Strofiliá où l'on prend à gauche pour Límni à 19 km.

Límni

C'est un joli village de pêcheurs dont les vieilles maisons surplombent la mer. Une promenade vous conduira à **Galatáki**, un couvent isolé au bout d'un promontoire, au sud du village (fresques du 16e s. dans le catholicon). Belles plages sauvages.

De retour à Límni, prendre la route de corniche qui mène à Loutrá Edipsoú.

Loutrá Edipsoú★

Cette importante station thermale fut à la mode dès les temps antiques : Sylla, Auguste, Hadrien y firent des cures. À l'est de la localité, au-delà de l'établissement thermal néoclassique, sourdent des eaux chaudes aux vapeurs de soufre, dont une partie va rejoindre la mer près d'une petite plage, **Loutrá Gialtron**, à une quinzaine de kilomètres à l'ouest. On peut rejoindre le continent depuis Loutrà Edipsoú.

Reprendre la route en direction d'Agiókambos et Oreí. Peu avant, une belle plage gardée par une tour juchée sur un îlot vous attend pour une baignade.

Oreí

Cette ancienne baronnie est dominée par un château vénitien, construit en partie avec des matériaux antiques. Le long du port, vous aurez de belles perspectives sur le « canal » d'Oreí, le massif de l'Othrys et l'entrée du golfe de Vólos. Vous y trouverez aussi de nombreux cafés et restaurants et pourrez voir exposé un taureau de marbre.

La pointe nord et nord-est de l'île est plus difficile d'accès. D'Oreí, reprendre la route principale qui conduit à **Pefkí** et à **Elliniká** (belles plages). Avant de rejoindre Strofiliá, où vous prendrez la route qui ramène à Chalkída, faites une halte tranquille dans le village d'**Agía Ánna**.

Eubée pratique

Informations utiles

Agence SET-Kosmos (à Káristos) – *7 Karystos Square (sur l'esplanade centrale côté ouest) - ✆ 22240 26200/25700 - fax 22240 29011 - set@hlk.forthnet.gr.*

Centre de santé – *✆ 22210 21901.*

Police touristique – *Halkida - ✆ 22210 77777.*

Transports

En bateau – De **Rafína** (Attique, à l'est d'Athènes) au port de **Marmári** : 6 à 8 liaisons/j *(autorités portuaires – Marmári - ✆ 22240 31222).*

De **Skála Oropoú**, ferries pour **Erétria** toutes les 30mn de 5h à 22h pendant l'été.

D'**Arkítsa** à **Loutrá Edipsoú** : traversée du ferry toutes les 30mn dans les deux sens, de 7h à 20h30 *(autorités portuaires – Loutrá Edipsoú - ✆ 22260 23317).*

D'autres ferries relient le continent aux ports de la côte ouest de l'île : **Glifa** vers **Agiókambos**, **Agia Marina** pour **Néa Stira**.

De **Kimi**, un hydroglisseur pour l'île de **Skyros** 1 à 2 fois/j. *(rens. à l'embarcadère - ✆ 22220 22022).*

En avion – D'Athènes, 3 vols/j. Autres liaisons avec Thessalonique et Lesvos.

B. Chabrol / MICHELIN

Une plage très tranquille en Eubée.

Se loger

STENÍ

⊖⊖ **Hôtel Steni** – *✆ 22280 51221 - 35 ch.* Hôtel aux chambres tout confort, bien tenues, grandes et calmes, avec de jolies boiseries et une très belle vue. Piscine.

KIMI

⊖⊖ **Corali Hotel** – *300 m au sud du port, sur la droite 150 m en hauteur - ✆ 22220 22212/220 02 - fax 22220 23353 - info@coralihotel.gr - 22 ch.* Des chambres avec balcon très calmes, spacieuses et confortables.

KÁRYSTOS

⊖⊖ **Karystion Hotel** – *3 Kriezotou (tout à fait à l'est des quais, après le « Bourzi ») - ✆ 22240 22391/22191 - fax 22240 22727 - karistio@otenet.gr - 39 ch.* Hôtel moderne au décor soigné et de très bon confort, avec un service très professionnel. Demandez une chambre orientée ouest pour profiter du soleil couchant de votre terrasse. Petit-déjeuner royal (composé de produits frais) servi sur la terrasse du jardin.

AMÁRINTHOS

⊖⊖ **Hotel Apartments Iliathides** – *Sur la route principale, au nord de la ville, à côté de la station Shell - ✆ 22290 37605/37215 - 16 ch.* Appartements spacieux et confortables, avec cuisine et vue sur le port. Le patron est sympathique. Pas de petit-déjeuner.

LÍMNI

⊖ **Límni Hotel** – *Au sud des quais - ✆ 22270 31316/31748 - fax 22270 31336 - 27 ch.* Adresse confortable et bon marché, en retrait de l'agitation du port. La plupart des chambres ont vue sur la mer.

Se restaurer

STENÍ

⊖ **Kissos** – *Sur la route à gauche.* Grand restaurant avec plusieurs terrasses, proposant un choix de plats très varié, à bons prix.

LÍMNI

⊖ **O Platanos** – *Sur les quais, sous l'unique platane.* Établissement réputé et apprécié des autochtones, doté d'une terrasse ombragée très agréable. Spécialités de poissons, grillades, fritures, plats en sauce. Service familial efficace. Hors saison, ouvert seulement le week-end.

⊖⊖ **To Astro (Ioannou Brothers Taverna)** – *À 3,5 km au sud du village sur la route côtière, dans un hameau au bord de l'eau.* On prend son repas sur la grande terrasse, dans un cadre charmant au calme absolu. Cuisine classique mais variée et de qualité.

KÁRYSTOS

⊖⊖ **Cavo d'Oro** – *Parodos Sahtouri (ruelle perpendiculaire au quai, après l'esplanade).* Taverne traditionnelle qui sert de copieux plats en sauce mais pas de poisson.

⊖⊖ **To Kalamia** – *Au début de la plage.* Bonne taverne au bord de l'eau, à l'écart des touristes. De bons plats traditionnels, bon marché et savoureux.

Hlemoútsi★★

Χλευούτσι

CARTE GÉNÉRALE RABAT II A2 - PÉLOPONNÈSE – NOME D'ÉLIDE

Tournée vers l'ouest, cette partie du Péloponnèse entre Killíni et Andravída fut, du 13e s. au 15e s., la base principale de la domination franque en Morée, comme en témoignent maints monuments et vestiges. Du haut de la colline de Chelonatas, le fameux château de Clermont, chef-d'œuvre de l'art militaire médiéval, est la plus grande et la mieux conservée des citadelles de la région.

J.-P. Nail / MICHELIN

Bel appareillage des murailles de la forteresse de Hlemoútsi.

- **Se repérer** – À 75 km au sud-ouest de Pátra et à 60 km au nord-ouest d'Olympie, la presqu'île de Killíni fait face aux îles de Zante (Zákintos) et de Céphalonie (Kefalloniá). La forteresse se trouve à 6 km au sud de Killíni, à proximité immédiate de la localité de Kástro.
- **Organiser son temps** – Compter une heure.
- **Pour poursuivre le voyage** – Pátra, Olympie, Céphalonie et Zante.

Comprendre

Construite de 1220 à 1223 par **Geoffroi II de Villehardouin**, cette forteresse, la plus puissante de Morée, passa à la fin du 13e s. aux Angevins de Naples : ceux-ci y tinrent captive Marguerite de Villehardouin, fille et dernière héritière de Guillaume de Villehardouin, qui y mourut en 1315. Par la suite, les Italiens donnèrent à la forteresse le nom de Castel Tornese, probablement par allusion à l'atelier qui fabriquait la monnaie dite livre tournois, dont le revers porte la façade de la basilique St-Martin de Tours. Passée vers 1427 sous le contrôle des Paléologues, despotes de Mistras, puis prise en 1460 par les Turcs, qui en modifièrent les défenses pour les adapter à l'emploi de l'artillerie et rajoutèrent un bastion avant de l'abandonner, elle fut endommagée en 1827 par Ibrahim Pacha.

Découvrir

Château (Kástro)

☎ 22610 95033 - mar.-sam. 8h-20h, dim. et j. fériés 8h-14h30 - gratuit.

La forteresse comprend une enceinte extérieure et le château proprement dit, bâti sur plan polygonal, suivant la formule habituelle des châteaux des croisés.

Remontant au 13e s., mais remaniée par les Turcs, l'**enceinte extérieure** délimite la basse cour, dévolue aux serviteurs, où l'on pénètre par un châtelet. Les bâtiments des communs qui se trouvaient à la périphérie ont disparu, mais des soubassements et des cheminées rappellent leur existence. On découvre une bonne perspective sur les murailles du château dont les tours rondes dépassaient, à l'origine, la courtine de près de 6 m.

Une plaque posée à l'entrée du **château** rappelle le séjour de cinq ans qu'y fit **Constantin XII Paléologue**, dernier empereur de Byzance, et qui mourut au combat lors de la prise de Constantinople par les Turcs, le 29 mai 1453.

L'entrée voûtée, d'une ampleur impressionnante, dessert la chapelle *(à gauche)* qui comportait deux étages, le bas étant réservé aux serviteurs, l'autre au seigneur et à sa suite. Sur la droite de l'entrée, l'immense galerie de 70 m de long possédait elle aussi deux niveaux : la salle des gardes était surmontée de la salle d'honneur, où se tenaient probablement les assemblées des barons francs de Morée.

Vous pénétrez ensuite dans la cour hexagonale, longue de 53 m et large de 30 m où se déroulaient joutes et jongleries. Elle est entourée de vastes salles, contrebutant le mur de l'enceinte qui atteint par endroits 8 m d'épaisseur. Voûtées en arc brisé et en berceau, ces salles, originellement à deux étages, sont surmontées de terrasses.

Du haut de celles-ci, splendide **panorama★★** : Zante, les îles Ioniennes, la côte de Mesolóngi, puis la plaine d'Élide limitée au nord-est par le mont Skollis et Santomeri, dont le nom vient d'un château construit au 14e s. par Nicolas II de Saint-Omer, enfin la vallée du Pineios, les monts d'Arcadie et, au sud, le cap Katákolo.

Aux alentours

Killíni

À 6 km au nord de Hlemoútsi.

Station balnéaire et petit port *(ferries pour les îles de Zante et Céphalonie)* à l'abri de la pointe du même nom, ce bourg moderne a succédé à la ville de Clarence, qui fut célèbre au Moyen Âge.

Ruines de Clarence

Du bourg, 1,5 km en voiture en suivant le rivage au nord-ouest, puis 10mn à pied au-dessus d'une fermette, vers une hauteur marquée par une colonne de ciment.

De Clarence ne subsistent que les restes épars de la citadelle. On distingue vaguement les bases de l'enceinte, d'un donjon (que les Allemands firent sauter durant la dernière guerre) et d'une grande église conçue sur le même plan que la cathédrale d'Andravída, à une dizaine de kilomètres de là. La promenade vaut surtout pour la belle vue sur la côte (plage en contrebas) et les îles.

Monastère des Vlachernes (Vlachernion)

À la sortie est de Killíni, au lieu-dit Kató Panagla, prendre la petite route à droite (panneau de signalisation) poursuivre sur 2 km.

Ce monastère, qui tient son nom d'un célèbre sanctuaire de Constantinople consacré à la Vierge, se dissimule dans un vallon solitaire et verdoyant. Fondé par les Byzantins

Clarence la Superbe

Fondée au 13e s. par les croisés au bord d'une anse sûre, Clarence est jusqu'au 15e s. le principal port de Morée sous les Villehardouin, les Angevins, puis les Vénitiens, qui lui donnent le nom de Glarentza.

À la fin du 13e s. et au 14e s., Clarence est l'une des possessions privilégiées des princes angevins de Naples qui y séjournent, accompagnés d'une cour somptueuse. S'y succèdent Charles Ier d'Anjou (frère de Saint Louis), Charles II et un de ses fils, Philippe de Tarente, Catherine de Valois, sa veuve, et leurs fils, Robert, puis Louis de Tarente, époux de la reine de Naples, Jeanne Ire d'Anjou.

Escale sur les routes maritimes de l'Orient, où affluent naves génoises et galées vénitiennes, la ville, qui a le privilège de battre monnaie, regorge de marchands, marins, moines, chevaliers, artistes, banquiers, comme les Acciaiuoli. Principal conseiller de Catherine de Valois et des princes de Tarente, **Nicolo Acciaiuoli** devient prince de Céphalonie et seigneur de Corinthe et est le protecteur de **Boccace** (qui situe à Clarence l'un des contes du *Décaméron).*

Vers 1428, Constantin Paléologue vainc le seigneur de Clarence, Carlo Tocco ; celui-ci doit offrir à Constantin la main de sa nièce Théodora et ses possessions du Péloponnèse en guise de dot. Mais Clarence, devenue byzantine, perd de son importance au profit de Mistras, la capitale des Paléologues en Morée. La cité tombe peu à peu dans l'oubli. Son nom pourtant survit jusqu'au début du 20e s. : une petite-nièce de Guillaume de Villehardouin, en épousant Édouard III d'Angleterre, apporte à la Couronne un titre de duc de Clarence porté par certains membres de la famille royale.

(12e s.), il a été remanié sous les Villehardouin alors qu'il était desservi par des cisterciens, comme semblent le prouver la corniche à modillons, de style occidental, qui surmonte les murs de l'abbatiale à l'appareillage de briques d'aspect très byzantin, ainsi que le porche extérieur, de type bourguignon. De même, à l'intérieur, on discerne des éléments d'architecture ou de décor relevant du style gothique : plan à trois nefs séparées par des colonnes, profil en arc brisé de certaines ouvertures, et, dans le narthex, arc d'ogives décorées d'un agneau et d'une colombe.

Loutrá Killínis

À 7 km au sud de Hlemoútsi.

Dans une belle forêt d'eucalyptus, cette ancienne station thermale, dont les eaux étaient utilisées dans le traitement des affections des voies respiratoires, est transformée désormais en station balnéaire. Elle est connue notamment pour son immense plage de sable fin dite **Golden Beach**.

Hlemoútsi pratique

Se loger

KÁSTRO

⊜⊜ **Catherine Lepida** – *Au centre de la ville, sur la gauche en montant - ✆ 26230 95224 (en hiver 26230 95444).* Remis à neuf en 1998, cinq grands studios calmes, gais et bien équipés (cuisine complète). L'accueil de la propriétaire, une Française mariée à un Grec, est très chaleureux.

ENTRE KÁSTRO ET KILLÍNI

⊜⊜ **Paradise** – *Le long d'une petite route - ✆ 26230 95209 - fax 26230 95451.* Établissement moderne et agréable, dont le jardin ombragé est doté d'une grande piscine et d'une aire de jeux pour enfants. Les amateurs peuvent aussi pratiquer le ski nautique et le parachute ascensionnel au club voisin. Un moyen de locomotion est indispensable.

LOUTRÁ KILLÍNIS

⊜⊜ **Arcoudi** – *Légèrement excentré, proche d'une zone boisée - ✆ 26230 96480 - fax 26230 96494 - www.arcoudi-hotel.gr.* À 300 m de la plage, cet hôtel récent est sympathique et confortable. Piscine avec petit bassin et jeux pour enfants.

Se restaurer

KÁSTRO

⊜⊜ **Castello** – *Au centre de la ville.* Une terrasse ombragée et une cuisine de qualité qui tranche avec la plupart des tavernes habituelles : bœuf en pâte *fila* (feuilleté), viande grillée fondant sous la dent, tarama maison, le tout arrosé d'un sympathique vin blanc légèrement fumé…

Achats

À Kástro, la boutique **Camara**, dans une rue qui descend du centre vers la gauche, vend de jolies poteries.

Événement

Festival de théâtre, danse et musique : en juil. et août, dans le château.

Ioannina★

Ιωάννινα

64 462 HABITANTS
CARTE GÉNÉRALE RABAT I A1 – ÉPIRE – NOME DE IOANNINA

Les eaux du lac Pamvotis la bordent, offrant à cette ville moderne très fréquentée des étudiants une tranquillité extraordinaire. Les monastères de l'île posée sur le lac répondent à la citadelle du sultan Ali Pacha, d'où émane encore un parfum d'Orient : Ioannina a suffisamment d'atouts pour vous retenir quelques jours, et ce d'autant plus qu'elle constitue un excellent point de départ pour découvrir les richesses des environs : la grotte de Pérama, le site de l'antique Dodone, plus loin le village montagnard de Métsovo et le beau pays des Zagória.

- **Se repérer** – Entourée de montagnes, la capitale de l'Épire se trouve non loin de l'Albanie (64 km jusqu'au poste-frontière de Kakavia) et de l'île de Corfou, à l'extrême nord-ouest de la Grèce. À 101 km d'Igoumenítsa et de la côte ionienne. Árta est à 79 km au sud et Tríkala à 143 km à l'est.
- **À ne pas manquer** – La forteresse de Ioannina, l'île sur le lac, les alentours et notamment Pérama (prévoir un pull), le théâtre antique de Dodone.
- **Organiser son temps** – Compter deux jours de visite.
- **Avec les enfants** – Les grottes de Pérama.
- **Pour poursuivre le voyage** – Corfou, Météores, Párga.

Comprendre

Le lion de Jannina – Possession normande au 11e s., puis capitale du despotat d'Épire au début du 13e s., Ioannina dépendit du royaume serbe de 1345 à 1431. Turque jusqu'en 1913, elle connut son heure de gloire avec **Ali Pacha**. Né à Tebelen (Tepelenë) en Albanie vers 1744, Ali est nommé par le sultan pacha de Jannina en 1788. Pendant plus de 30 ans, il exerce un pouvoir quasi souverain, après s'être débarrassé des troupes françaises et des Souliotes, sur l'Albanie et la Grèce septentrionale. Ioannina fait alors figure de capitale. Les consuls des principales nations européennes y sont accrédités, et le représentant de la France impériale, Hugues Pouqueville, y lutte d'influence avec son homologue anglais. En 1809, à Tebelen où il séjourne alors, Ali reçoit avec distinction Byron, qui a évoquera cette entrevue dans son journal. La ville de Ioannina devient un foyer de culture grecque, et Ali s'assure aussi l'appui des partisans grecs des montagnes, les *klephtes*, dans le combat qu'il va soutenir contre le sultan.

En effet, la Sublime Porte finit par s'alarmer de la puissance d'Ali Pacha et envoie en 1820 une armée de 50 000 hommes assiéger durant 15 mois la citadelle. Dans l'espoir d'une négociation, Ali gagne alors l'île du lac, mais il y est tué par les Ottomans le 22 février 1822. Sa tête, exposée à Ioannina, sera envoyée au sultan en guise de trophée. Ce satrape de génie possédait un harem de 500 femmes et s'entourait de sbires.

Au cours d'une période d'alliance avec les Français en 1797, sa fille épouse le général Roze. Ce contact ayant été rompu, Ali livre son gendre à Constantinople où le malheureux meurt peu après. Plus tard, il fait noyer Euphrosine, la favorite de son fils, avec 16 compagnes innocentes. Ces deux actes justifient à eux seuls la réputation de cruauté attachée à son nom. Mais sa tolérance à l'égard des chrétiens (il fit ériger un monastère dans le sud de l'Albanie) comme son combat contre le pouvoir central ottoman suscitèrent quelque sympathie non dissimulée chez les Grecs.

Se promener

Forteresse★★ (Froúrio)

Élevé sur la péninsule dominant le lac, au nord-est de la ville, le *froúrio* (ou kastro) est entouré d'une vaste enceinte. Les premières fortifications dateraient du 11e s. et auraient été remaniées à plusieurs reprises, à l'époque du despotat d'Épire (13e s.), et majoritairement sous le règne d'Ali Pacha (début du 19e s.).

Habitée par les Turcs et par les juifs à partir du 17e s., presque désertée de nos jours, la citadelle a conservé un caractère oriental avec ses ruelles tortueuses, ses maisons à toits en encorbellement et ses anciennes mosquées. Ali Pacha y avait son palais, au sommet du rocher.

Dans la partie nord de la forteresse, on voit la jolie **mosquée★ (Aslán Dzamí)**. Fondée en 1619 à l'emplacement d'un monastère orthodoxe, elle a gardé son minaret effilé. L'intérieur, composé d'un vestibule, où l'on remarque un retrait pour le dépôt des chaussures, et d'une salle de prière est aujourd'hui le **Musée municipal**. Ses collections variées illustrent l'histoire de la ville et de ses habitants. Les costumes brodés et les pièces archéologiques sont remarquables. *✆ 26510 26356 - 8h-20h ; 18h en hiver - 3 €.*

De la terrasse, très belles **vues★★** sur le lac et les monts qui l'entourent. En contrebas de la mosquée se trouvent la bibliothèque turque (Palia Tourkiki Vivliothiki) surmontée de petites coupoles et, plus loin, au bout de la rue pavée – odos Loustinianou –, la vieille synagogue (Palia Sinagogi) rappelant qu'au 19e s. Ioannina comptait près de 6 000 juifs.

Au sud de la citadelle, dans le quartier **Its-Kalé** (la « forteresse intérieure »), s'élève une autre mosquée : la **Fetiye Dzámí**. Juste devant, le réduit englobe la tombe où repose la dépouille décapitée d'Ali Pacha. À droite, le sérail abrite le Musée byzantin.

Île de Ioannina★★ (Nisí Ioannínon)

Accès par vedette (trajet en 15mn) : embarcadère place Mavili (voir carnet pratique).

Bon à savoir – Les restaurants de l'île sont parmi les meilleurs de Ioannina.

Appelé encore Limni Pamvotis, le **lac de Ioannina★★** enserre cette étonnante **île★★**, petite tache de verdure (moins de 1 km de long) sur laquelle sont bâtis cinq monastères et un village de pêcheurs, où résident 150 personnes.

Le **lac** est alimenté par les eaux ruisselant du **massif du Mitsikeli**, au nord. Son niveau varie ainsi suivant les saisons et l'écoulement des *katavothres*, gouffres littoraux creusés dans la roche calcaire tendre. Marécageux dans sa partie nord, il atteint 12 m de profondeur au sud, et est sujet à de brusques tempêtes, ce qui ajoute au charme de l'île.

Du débarcadère, traversez le village afin de pouvoir observer les beaux toits de lauzes des maisons.

SE LOGER		SE RESTAURER		INDEX DES RUES	
Astoria	1	Es Aei	1	A. Paleologou	2
Hôtel Philyra	2	Limni	2	Ioustinianou	4
Hôtel Tourist	3	To Koumanio	3	Koundouriotou	5
Kastro	4	To Manteio Psistaria	4	Papazoglou	7
Olympic	5			Pl. Katsandoni	8
Palladion	6			Thoma Paleologou	10

Monastère Ágios Pandeleimonas

Enfoui au milieu d'énormes platanes, ce monastère (16e s.) est le plus connu : on y voit la maison à balcon de bois, transformée en musée, où Ali Pacha fut tué par les Turcs. *8h-22h en été ; 9h-20h en hiver. 2 €.*

Au-delà, le **monastère du Prodromos** comprend une église du 16e s. et une grotte qui fut un ermitage.

Monastère Philanthropenoi

Il se trouve sur une petite colline, de l'autre côté du village. Bâti au 13e s., refait au 16e s., il possède une église décorée de **fresques★** du 17e s. Dans le narthex, vous remarquerez les portraits des fondateurs du monastère à genoux devant saint Nicolas et les effigies des grands philosophes antiques comme Aristote, Plutarque et Platon. Dans le sanctuaire est peinte la Vie du Christ et, dans l'abside, la Communion des saints. *Pour ces deux monastères, demandez les clés aux gardiennes.*

Monastère Stratigopoulos

Situé 100 m plus loin, il remonte au 11e s. Dans l'église, les belles **fresques★** du 16e s. représentent le Jugement dernier, la Vie de la Vierge, la Vie du Christ, la Trahison de Judas.

Visiter

Musée archéologique★

Dans le parc municipal, plateia 25 Martiou - ✆ 26510 33357 - fermé.

L'Arheologikó Moussío présente des œuvres trouvées à Vitsa, Dodone et Efyras *(voir p. 292)*. Parmi les pièces les plus remarquables, des figurines votives en terre cuite, des statuettes en bronze, dont l'une représentant un petit garçon tenant une colombe (3e s. av. J.-C.), des tablettes de l'oracle de Dodone – sur lesquelles sont inscrites les questions posées par les pèlerins à Zeus –, un sarcophage romain, ainsi qu'un lion en marbre découvert à Michalitsi (4e s. av. J.-C.). Dans la dernière salle sont organisées des expositions temporaires d'artistes grecs des 19e et 20e s.

Musée byzantin (Vizandino Moussio)

✆ 26510 25989 - tlj sf lun. 8h-17h - 3 € (conservez votre billet pour visiter l'annexe).

Ce musée est aménagé dans la forteresse de Ioannina, à droite de la mosquée Fetiye, où se trouvait autrefois le sérail d'Ali Pacha. Ses collections proposent un panorama éblouissant de l'art byzantin : elles renferment des sculptures paléochrétiennes et byzantines (chapiteaux, colonnes, fragments d'iconostase), des objets trouvés à Árta, des poteries, des manuscrits magnifiquement reliés, des livres imprimés du 15e s., des icônes post-byzantines et de nombreuses pièces d'orfèvrerie en argent. Pour voir ces dernières, il faut rejoindre l'annexe du musée. D'ici quelques années, d'autres annexes devraient ouvrir, afin de présenter l'intégralité des collections.

Le Musée byzantin de Ioannina à côté de la mosquée Fetiye, face au lac Pamvotis.

Musée d'Art populaire

42 odos M. Anggelou - ✆ 26510 20515 - mar.-sam. 8h-15h.

Installé dans un bâtiment construit entre 1800 et 1808, il expose un important ensemble de meubles, de bijoux, d'habits traditionnels et autres objets représentatifs de l'Épire aux 19e et 20e s.

Aux alentours

Grotte de Pérama★★★

À 6 km au nord de Ioannina. Un sentier de 800 m y conduit. ✆ 26510 81521 - 8h-20h, 9h-17h en hiver - 6 € - visite guidée : 45mn.

La grotte fut découverte par hasard, pendant la Seconde Guerre mondiale, alors que des habitants de Ioannina cherchaient à s'abriter des bombardements.

Elle atteint 1 km de long, couvre une superficie de 14 800 m² et est « vivante » : l'eau y suinte continuellement. Très hautes pour la plupart, les salles présentent de splendides concrétions calcaires aux coloris variés – rouges, orangés et même verts – comprenant stalagmites, stalactites, dont certaines étranges, draperies, murets et petits lacs. On y a trouvé des dents et des ossements d'ours des cavernes.

La sortie, distincte de l'entrée, est en fait l'orifice naturel de la grotte. On y a une superbe **vue**★★ sur Ioannina.

Si l'on dispose d'un peu de temps, on peut continuer la route vers Métsovo sur quelques kilomètres : des **vues**★★ immenses, en balcon, s'ouvrent sur la région.

Dodone★★ (Dodóni)

À 21 km au sud. Sortir de Ioannina par la route d'Árta (E 951). À 8 km, prendre à droite la direction de Dodóni. ✆ 26510 82287 - 8h-19h, 17h en hiver - 2 €.

La route goudronnée gravit la montagne (**vues**★★ magnifiques) avant de gagner le site antique de Dodone (630 m) qui se trouve au cœur d'un paysage splendide. Au sud-ouest, on aperçoit le massif du Tomaros qui culmine à 1 974 m.

L'antique Dodone est née d'un sanctuaire consacré dans un premier temps à **Dioné**, déesse de l'Abondance et de la Fertilité des anciens Épirotes (3e millénaire), puis à Zeus, à l'arrivée des Grecs.

Dès le 2e millénaire av. J.-C., un **oracle** réputé, que l'on consultait encore au 4e s. av. J.-C., y exerçait. Cet oracle se manifestait entre autres par le bruissement du vent dans les feuillages d'un chêne sacré, message qu'interprétaient des prêtres, les Selles, habitués à coucher à même la terre et à marcher nu-pieds. Il se faisait encore entendre par le vol des colombes, le sort des dés, ou le son d'un chaudron sacré. Sans être aussi important que celui de Delphes, l'oracle de Dodone comptait parmi les premiers de la Grèce. Crésus s'y rendit, Alexandre le Grand fit de nombreux dons au sanctuaire, et on trouve des références à l'oracle dans l'*Odyssée* : Ulysse consulte l'oracle de Dodone pour trouver le chemin d'Ithaque.

Ruiné par les Barbares au 6e s. apr. J.-C., le site a été mis au jour dès 1873 par des archéologues grecs.

Les ruines – Dodone était dominé par une acropole dont subsiste une partie de l'enceinte. Partant de l'entrée, on distingue d'abord l'emplacement du **stade** (fin du 3e s. av. J.-C.) marqué par des restes de gradins.

À gauche, le **théâtre**★★ est l'un des plus vastes (130 m de large, 22 m de haut) et des mieux conservés de la Grèce antique. Construit à l'époque hellénistique, sous le règne de Philippe V de Macédoine, il fut transformé en arène à l'époque romaine pour servir aux combats de gladiateurs et d'animaux : la piste fut alors séparée du public par un mur encore en place, ainsi que par le canal d'évacuation des eaux lors des naumachies. Admirez l'appareil de pierre grise constituant la paroi extérieure de l'édifice et montez au sommet des gradins d'où la vue est très belle.

Au-delà du théâtre apparaissent les fondations du **bouleutérion** (salle du Conseil de la cité) et d'un petit temple à Aphrodite. Viennent ensuite les restes du sanctuaire de Zeus Naios, où siégeait l'oracle. Il comprenait l'enceinte de l'oracle de Zeus enfermant le chêne sacré, puis des lieux de culte à Zeus, Dioné et Héraklès.

Enfin, les vestiges d'une **basilique** à trois absides, du 6e s. apr. J.-C., rappellent qu'à l'époque byzantine Dodone fut le siège d'un évêché.

Métsovo★★

À 53 km à l'est de Ioannina, sur la E 92.

Situé dans un cirque de montagnes en contrebas du plus haut col routier de Grèce (Katara, 1 705 m), qui marque la frontière entre l'Épire et la Thessalie, Métsovo est

De grandes familles

Peuplée surtout de Valaques, peuple d'origine roumanophone, Métsovo était prospère sous les Turcs, époque où elle jouissait d'une relative autonomie. Nombre de familles de notables, grecques ou valaques, y résidaient, accueillant à l'occasion les klephtes pourchassés par l'occupant turc. Au 19e s., certaines d'entre elles, comme les Averoff et les Tositsa, ayant fait fortune en Égypte dans le coton, léguèrent des sommes considérables à leur cité d'origine, à Athènes, à l'État même, contribuant ainsi à l'édification de la Grèce moderne.

une petite station de montagne : l'hiver, les skieurs affluent, l'été, les randonneurs sillonnent les hauteurs à travers les forêts de hêtres et de sapins centenaires.

Le charme de Métsovo tient à son architecture traditionnelle – de solides maisons en encorbellement à toits de lauzes bordent les deux rues principales de la ville – et aussi à ses habitants. En ce qui concerne la gastronomie, la ville présente certains atouts : on peut y déguster d'excellentes truites, un vin et un fromage fumé renommés.

Étagé sur la pente, Métsovo a pour centre une vaste esplanade plantée de gros platanes, près de laquelle se trouve l'église **Agía Paraskevi** qui abrite une très belle **iconostase★** du 18e s. sculptée de motifs exubérants.

Emprunter la rue principale et, à gauche, monter les escaliers près de la pompe à essence.

Ils conduisent à la maison des Tositsa aujourd'hui aménagée en **musée d'Art populaire-Fondation Tositsa★**, au cœur du vieux quartier.

Construite par le baron Tositsa (1787-1858, fondateur de l'École polytechnique d'Athènes), elle reconstitue un intérieur cossu du 19e s., aux pièces revêtues de boiseries sculptées (remarquez les plafonds), enrichies de tapis et de tissus brodés, ornées d'orfèvreries et de cuivres repoussés, d'icônes, etc. La salle d'honneur est imposante avec ses divans et son samovar monumental. *Tlj sf jeu., 9h-13h30, 16h-18h - 3 € - visite guidée : 30mn, pendant ce temps la porte est fermée.*

Revenir à la place centrale et prendre la rue à droite de la Banque nationale.

La **galerie Averoff** présente un intéressant panorama de la peinture grecque des 19e et 20e s., traitant pour la plupart de sujets historiques ou ayant pour thème la vie quotidienne et les activités socio-économiques (artisans, colporteurs, etc). *Tlj sf mar., 10h-16h, 18h30 15 juil.-15 sept. - 3 €.*

45mn AR. Sortez ensuite de la ville et n'hésitez pas à faire cette promenade.

Le **monastère Agios Nikolaos★** a été restauré et aménagé avec soin. C'est ainsi qu'un musée d'icônes a été installé dans le narthex de l'église du 14e s. dont les murs sont décorés de fresques des 16e-17e s. Admirez l'extraordinaire profusion de dorures, de sculptures et d'icônes de l'iconostase. En annexe, visitez les cellules monacales, la chambre de l'higoumène (père supérieur) et l'école.

30mn AR. Autre promenade : en descendant de ruelle en ruelle vers le torrent, on parvient au **monastère de la Panaghia★**, occupé par une nonne qui vous fera visiter (rapidement) l'église couverte de fresques. L'environnement est superbe.

Circuit de découverte

LE PAYS DES ZAGÓRIA★

Circuit de 80 km AR depuis Ioannina. Comptez au moins une journée. De Ioannina, prendre la route de l'aéroport qui se poursuit dans une ample vallée dominée à l'est par la barrière du Mitsikéli qui culmine à 1 810 m. À la hauteur d'Asfaka, tourner à droite. La petite route goudronnée conduisant à Vítsa grimpe en balcon et offre de belles vues plongeantes sur la vallée.

Zagória : ce nom d'origine slave signifie « au-delà des montagnes ». Le pays des Zagória, au cœur des montagnes, embrasse le massif du Týmfi (2 497 m) et une petite partie de la chaîne du Nord-Pinde. Couvert de neige en hiver, c'est un endroit protégé, pour ne pas dire oublié, site du Parc national Víkos-Aoós qui couvre en partie le territoire et ses 46 villages. Dans cette haute et austère région de forêts (pins noirs, chênes, châtaigniers) et de pâturages, l'habitat traditionnel a été préservé : nombreuses y sont encore les maisons de belle pierre grise, à encorbellement et balcons de bois, couvertes de toits de lauzes. On y voit aussi des églises renfermant des fresques et de vieux « ponts turcs » en dos d'âne. C'est dans cette montagne sauvage, où survivent encore quelques ours et loups, que les troupes grecques défirent, en novembre 1940, les envahisseurs italiens venus d'Albanie.

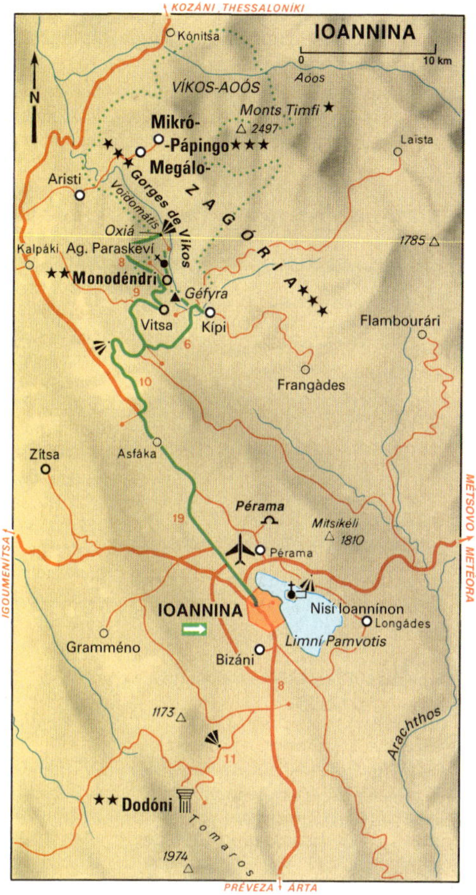

En symbiose avec cette nature intacte et superbe, les habitants suivent un mode de vie ancestral. Très difficile d'accès en hiver, le pays des Zagória semble en dehors du temps.

La rivière **Voïdomatis**, réputée pour ses truites, constitue l'axe du pays des Zagória. Un petit détour avant d'arriver à Vítsa : 10 km après l'embranchement, une petite route goudronnée, à droite, conduit à un remarquable **pont** à trois arches (1814) en aval de Kípi, centre administratif.

Revenir en arrière pour reprendre la route de Vítsa.

Vítsa★

Cette localité se trouve dans un paysage superbe et conserve un bel ensemble de maisons traditionnelles. Des fouilles y ont mis au jour un village habité entre le 9e et la fin du 4e s. av. J.-C.

Poursuivre la petite route de montagne en direction de Monodéndri, situé à 3 km.

Monodéndri★

C'est le principal centre régional avec Kípi. Ses maisons montagnardes et sa belle église à galerie extérieure sont typiques des Zagória.

Traversez le village et empruntez la piste qui conduit au monastère d'Agía Paraskevi.

Gorges de Vikos★★★ (Farángi Víkou)

Accrochés au rocher, les bâtiments en pierre grise du monastère d'**Agía Paraskevi** surplombent vertigineusement les gorges au fond desquelles, près de 1 000 m plus bas, coule le Voïdomatis.

Du monastère, un sentier sinue à l'abrupt de la falaise où s'intercalent des terrasses naguère cultivées par les moines et quelques grottes, jadis ermitages puis refuges de *klephtes*.

Du belvédère dominant le confluent du Voïdomatis et d'un torrent adjacent, vous serez saisi devant cette nature très sauvage. Les gorges se prolongent en aval, vers Kónitsa.

Une magnifique **vue**★★ sur presque toute la longueur des gorges s'offre également depuis **Oxia**, accessible en voiture au départ de Monodéndri par une petite route *(7 km)* tracée à travers la forêt.

Près de la platia de Monodéndri, un sentier vous conduit en 45mn au fond des gorges, que vous pouvez ainsi descendre jusqu'à la hauteur du village de Vikos. Il faut alors compter 6h de marche, à l'ombre des falaises.

Megálo Pápingo et Mikró Pápingo

Prendre la direction de Kónitsa. Passer la route pour Kalpáki, poursuivre encore quelques kilomètres et tourner à droite vers Aristi. Megálo Pápigko est situé à 15 km d'Aristi.

Il s'agit de deux beaux villages, complètement retirés, à découvrir. Au-delà de sa belle architecture traditionnelle, **Megálo Pápingo** a su préserver son caractère et sa douceur de vivre.

Un peu plus loin, à 2 km, **Mikró Pápingo** est bâti au pied d'une falaise. Il possède une jolie église et produit un excellent vin. Promenez-vous dans ses ruelles pavées. De nombreuses randonnées sont à entreprendre dans les environs.

Ioannina pratique

Informations utiles

EOT – *39 odos Dodonis - 26510 41142 - lun.-sam. 9h-13h et 17h30-20h30 en été.*

Poste – *Odos 28 Oktovriou* et *odos Giorgiou Papandreou.*

Téléphone - OTE – *Odos 28 Oktovriou - lun.-vend. 7h-22h.*

Centre de santé – *Av. Panepistimiou - 26510 99111.*

Police touristique – *11 odos 28 Oktovriou (en face de OTE) - 26510 65922 - 8h-21h.* Horaires des sites et moyens de transport, plan de la ville.

Transports

En avion – *Aéroport à 5 km - 26510 26218.* En été, 2 vols/j. pour **Athènes** et 1 vol pour **Thessalonique**. 3 vols le w.-end en hydravion pour **Corfou**. Pour gagner l'aéroport, bus n°s 1 et 2 (rue Averoff près de la tour de l'Horloge) ou taxi.

En car – Il existe deux gares routières : *Terminal - 4 odos Zossimadon - 26510 26286.* Liaisons en été : **Athènes** et **Igoumenítsa**, 9 bus/j. ; **Thessalonique**, 6/j. ; **Párga**, 1/j. ; **Métsovo**, 4/j. ; **Tríkala** via Kalampáka (Météores), 2/j. ; **Kónitsa**, 11 bus/j.
Terminal - 19 odos Bizaniou - 26510 22239. Liaisons en été : **Pátra**, 4/j. ; **Préveza** et **Árta**, 10/j.

En voiture – Trois grands axes desservent la ville : les routes E 92, E 90 et E 951. Plusieurs loueurs en ville.

Bateau pour Nisí Ioannínon – *Dép. pl. Mavili, derrière les remparts - ttes les 30mn en été, ttes les h. en hiver, de 7h à 23h30.*

Excursion à Pérama – Prendre le bus n° 8, près de la tour de l'Horloge *(dép. ttes les 20mn).* En voiture, direction de l'aéroport.

Excursion à Dodóni – Se rendre à Dodoni en bus relève du défi. N'hésitez pas à prendre un taxi si vous êtes plusieurs.

Se loger

IOANNINA

Hôtel Tourist – *18 odos Kolleti - 26510 25070 - www.hoteltourist.gr - 29 ch.* À proximité de la citadelle, des chambres claires et propres. Pas de petit-déjeuner. Un bon rapport qualité-prix, d'autant que les tarifs sont négociables.

Hôtel Philyra – *18 odos Paleologou (dans la citadelle) - 26510 83560 - papadias@tee.gr - 5 ch.* Au cœur de la citadelle, une vieille bâtisse en pierre refaite à neuf. Cinq studios (2-4 pers.) spacieux et tout confort. Agréable patio fleuri et accueil sympathique.

Astoria – *2 odos Paraskevopoulou (à l'angle de la rue Averoff) - 26510 20755 - 16 ch.* Non loin de la citadelle, un hôtel rénové qui propose des chambres au confort irréprochable. Bon rapport qualité-prix.

Palladion – *1 odos Noti Botsari - 26510 25856 - www.palladion.gr - 125 ch.* Cet hôtel du centre-ville offre un confort parfait et un accueil très professionnel en anglais. Des étages supérieurs, la vue sur le lac est superbe.

Kastro – *57 odos Paleologou (dans la citadelle) - 26510 22780 - www.epirus.com/hotel-kastro - 7 ch.* Installé dans une vieille maison, cet hôtel de charme jouit d'une situation sans pareille, au calme. Les chambres sont confortables et bien entretenues.

Olympic – *2 odos J. Melanidis - 26510 22233 - www.hotelolymp.gr - 54 ch.* Cet hôtel grand luxe est bien situé et bénéficie d'un accueil professionnel. Les chambres sont charmantes. Demandez celles du dernier étage avec vue sur le lac.

MÉTSOVO

Egnatia – *Rue principale, avant la grand-place - 26560 41263 - www.hit360.com/egnatia - 32 ch.* Un joli hall décoré de boiseries et de tissus traditionnels, et des chambres propres et confortables. Le patron conseille sur les randonnées et propose des circuits en minibus.

PAYS DES ZAGÓRIA

Bon à savoir – La région dispose d'un bon choix d'hôtels et de pensions aménagées dans des maisons de caractère, mais il est conseillé de réserver. Les prix augmentent (chauffage oblige) en hiver et à Pâques.

Guest house Koukouli – *Pl. centrale - 26530 71070 - www.amelio.gr - 10 ch.* Dans ce minuscule village, une jolie pension installée dans 3 maisons traditionnelles, dont l'ancienne école. Les chambres (2-4 pers.) sont confortables. Accueil sympathique et conseils pour les randonnées dans les environs.

Monodéndri Katerina – *Monodéndri - 26530 71300 - www.monodendrihotel.*

com - 10 ch. Magnifique bâtisse du 17e s., excellent restaurant et accueil chaleureux ; bref, l'adresse idéale. Le vieux bâtiment a plus de charme, mais la salle de bains est à l'extérieur.

⊖⊖ **Nikos Tsoumanis** – *Megálo Pápingo - ✆ 26530 41893 - www.tsoumnik.gr - 6 ch.* Autour d'une cour fleurie, 6 chambres spacieuses avec salon ou kitchenette. Accueil sympathique, vélos à disposition.

⊖⊖ **Dias** – *Mikró Pápingo - ✆ 26530 41257 - 12 ch.* Une adresse de caractère avec une belle terrasse ombragée. Les chambres, spacieuses, ont une vue magnifique sur le canyon. Possibilité de faire des balades à pied ou à cheval.

Se restaurer

IOANNINA

Bon à savoir – Place Georgiou et odos Papagou se concentrent les restaurants avec terrasse donnant sur le lac. On y sert à toute heure une cuisine correcte mais sans surprise. Pour déguster une truite ou une anguille (la spécialité locale) au calme, rien ne vaut les tavernes de l'île.

⊖ **To Koumanio** – *Pl. Georgiou.* Cuisine simple (grillades, rôtisseries), mais de qualité. Service rapide.

⊖ **To Manteio Psistaria** – *Pl. Georgiou.* Taverne servant une cuisine traditionnelle. Plats copieux et ambiance animée le soir.

⊖ **Limni** – *Odos Papagou.* L'avant-dernier établissement de la rangée, où l'on sert un délicieux *bekri meze* (bœuf à la sauce tomate).

⊖ **Es Aei** – *50 odos Koundouriotou - fermé juil.-août.* Installé dans une vieille demeure, ce restaurant sert une cuisine raffinée et inventive (goûtez l'*Es Aei*, un succulent assortiment de fromages et de brochettes). La décoration et l'ambiance musicale éclectique créent une atmosphère très agréable.

Sports et loisirs

Randonnées – **Club alpin grec** – *EOS, 2 odos D. Ipirou - ✆ 26510 22138 - lun.-vend. 19h-21h.* Une bonne adresse pour ceux qui souhaitent faire des randonnées, notamment dans les Zagória.

Robinson Expeditions – *Village de Kípi - ✆ 26530 71517 - www.robinson.gr.* Horaires variables. Cette agence organise toutes sortes d'activités (randonnées, VTT, escalade, parapente, canyoning).

Centre WWF – *✆ 26530 41071 - www.papigo.gr - 10h-17h30, vend.-sam. 11h-18h - fermé merc.* Informe sur la faune et la flore de la région, ainsi que sur ses projets de recherche sur les chamois et sur la rivière Voïdomatis, la plus préservée d'Europe. Exposition permanente.

Achats

IOANNINA

Vous trouverez des **antiquités** chez Ioannis Kariofilis *(odos Paleologou, dans la citadelle).* Vaste choix de bijoux anciens. Tous les matins (sf dim.), un marché se tient sur l'odos Papafilou.

MÉTSOVO

Pour les amateurs d'**artisanat**, sur la place et dans la rue principale, boutiques avec objets en bois et tissus traditionnels.

Événement

Ne manquez pas la **fête du vin** de Vítsa, fin août (village à 28 km au nord-ouest de Ioannina).

Kalamáta

Καλαμάτα

46 603 HABITANTS
CARTE GÉNÉRALE RABAT II B3 – PÉLOPONNÈSE – MESSÉNIE

Jadis cité franque, deuxième ville du Péloponnèse, la capitale de la Messénie, presque entièrement détruite par un tremblement de terre en 1986, n'offre que peu d'intérêt hormis ce qui subsiste de sa partie haute. Mais c'est une ville animée, avec un marché vivant et coloré, et elle est idéalement située pour découvrir les environs, souvent méconnus.

Se repérer – À 169 km au sud-ouest de Corinthe et 61 km à l'ouest de Sparte, au fond du golfe de Messénie, Kalamáta est desservie par un aéroport (charters) à 8 km au nord-ouest de la ville. La ville se divise en trois quartiers : le front de mer (Navarinou), le quartier résidentiel en remontant vers le centre (odos Aristomenous et odos Faron, deux rues parallèles) jusqu'à la Plateia Georgiou et, enfin, au nord, la vieille ville et son château.

Se garer - On laissera la voiture sur l'un des parkings qui longent odos Nedontos (en remontant vers le nord, depuis la gare ferroviaire) car la circulation est assez éprouvante.

À ne pas manquer – L'ambiance du marché dans le bazar et une promenade dans la vieille ville, qui a conservé quelques belles bâtisses anciennes ; Messène.

Organiser son temps – Quelques heures suffisent pour voir l'essentiel.

Avec les enfants – La collection de locomotives à vapeur dans un parc à l'extrémité sud d'Aristomenous *(le long de Psaron et au coin de Kritis)*. Deux parcs d'attractions nautiques pour les enfants le long de Navarinou.

Pour poursuivre le voyage – Le Magne, Mistrás, Sparte, Pilos.

Comprendre

Calamate, cité franque – Venus de Pátra en suivant la côte, les Francs occupèrent dès 1206 Calamate et le delta messénien, ou Val de Calamy ; ils devaient y rester plus de 200 ans. Guillaume de Champlitte donna le fief de Calamate à Geoffroi Ier de Villehardouin, qui lui succéda en 1210 comme prince de Morée et fit construire le château. Les Villehardouin se plurent à Calamate, où ils séjournaient l'hiver, goûtant la douceur du climat, à l'abri des vents du nord ; ils aimaient le pays alentour « beau et agréable pour ses plaines et ses eaux, ses collines et ses prairies » *(Chronique de Morée)*.

Guillaume de Villehardouin eut une prédilection pour le château où il était né en 1218 et où il mourut en 1278. Parlant le grec comme le français, amateur de tournois et de littérature courtoise, il y tint une cour somptueuse, avec son épouse Anne Ange-Comnène, de la lignée impériale byzantine, qui était « belle comme une seconde Hélène de Ménélas ». En 1248, il y rassembla les 400 chevaliers français de Morée qui devaient se joindre à la 7e croisade menée par Saint Louis.

À Guillaume, mort sans héritier mâle, succéda à la tête de la seigneurie son neveu, Gui II de La Roche, duc d'Athènes. Puis vinrent, au 14e s., les Angevins de Naples et leurs alliés florentins. Les « despotes » byzantins de Mistrás ne s'emparèrent de la cité qu'en 1425. Enfin, ce fut la domination turque, coupée par deux intermèdes vénitiens, de 1463 à 1479 et de 1685 à 1718.

Se promener

Une balade dans les rues de la vieille ville aux maisons colorées vous permettra de goûter à une atmosphère paisible.

Kastro

Fermé depuis le séisme de 1986. Sur un piton isolé commandant la plaine littorale, à l'emplacement d'une acropole antique, le château des Villehardouin englobait une église et des habitations.

Bazar

Animé et coloré, avec un marché aux légumes le matin, il groupe ses échoppes dans le vieux quartier épargné par le séisme de 1986. Entre le musée Benaki et l'église double **Agii Apostoli** (chœur formé par une chapelle byzantine du 10e s.), le bazar et le front de mer sont les quartiers les plus vivants.

Chef-lieu de la fertile Messénie, Kalamáta est réputé pour ses célèbres olives noires, mais ses spécialités comptent aussi figues sèches, pâtisseries au miel et au sésame, raki.

Musée archéologique Benaki

6 odos Papazoglou. ✆ 27210 26209 - tlj sf lun. 8h30-15h - 2 €.
Près du bazar, dans une belle demeure de style vénitien léguée par Antonios Benaki, le musée rassemble les découvertes faites lors de fouilles sur différents sites de Messénie. Cette collection archéologique comprend de belles pièces de l'âge du bronze à l'époque romaine, présentées par thème.

Découvrir

DANS LES TERRES D'ÉPAMINONDAS

À 25 km au nord-ouest de Kalamáta. Après avoir traversé la moderne Messíni, prendre la direction de Mavrommati. Le site d'Ithómi (panneau « Ancient Messene ») se trouve à la sortie du village, sur la gauche. Engagez-vous sur le chemin pierreux (carrossable) qui descend vers les vestiges. Deux bus quotidiens (1h) partent de Kalamáta pour Mavrommati depuis la gare routière.

Bon à savoir – Une visite au coucher du soleil est idéale.

Messène★★

Accès libre à l'ensemble du site - 8h30-18h30.
Face à un majestueux horizon de montagnes gisent les ruines antiques de Messène que domine le mont **Ithómi** ; le village moderne de Mavrommati en marque le centre. Capitale de la Messénie, longtemps sujette rebelle de Sparte qui la fit détruire, Messène fut reconstruite par le **général Épaminondas,** vainqueur des Spartiates à Leuctres (371 av. J.-C.) et désireux de les contenir par un « cordon » fortifié comprenant, outre Messène, Megalópoli, Mantinée et Árgos. Les fouilles sont toujours en cours, et de nouveaux vestiges sont constamment mis au jour. Des travaux de restauration ont également lieu et le site est impressionnant.
Dans la vieille ville, **musée de Folklore et d'Histoire**. *Odos Kiriakou - ✆ 27210 28449 - ouv. mar.-sam. 9h-13h - dim. et fêtes 10h-13h - 2 €.*
Enceinte★★ – Célèbre dans l'Antiquité, cette enceinte du 4e s. av. J.-C., percée de quatre portes, dépassait 9 km de long, faisant de Messène une sorte de camp retranché. Renforcés à intervalles réguliers par des tours, ses murs atteignaient 2,50 m d'épaisseur ; ils n'avaient que 4 à 5 m de haut, mais étaient protégés à leur base par des escarpements.
La section la mieux conservée se trouve au nord, de part et d'autre de la porte d'Arcadie présentant un système défensif perfectionné. Cette porte comprend en effet deux entrées séparées par une curieuse cour arrondie que délimitent de puissants murs à blocs curvilignes en bossage, posés sans mortier. Les niches latérales abritaient les divinités protectrices de la cité. L'entrée intérieure comporte un énorme linteau monolithe ; l'entrée extérieure est flanquée de deux tours carrées en avancée qui pouvaient en interdire l'accès par jets de flèches et de javelots.
Au-delà, en suivant la chaussée antique, où l'on remarque des traces de roulage, on apprécie la perspective sur les remparts près desquels ont été découverts plusieurs tombeaux, dont un beau sarcophage près de la porte d'Arcadie.

Ithómi, ancienne Messène.

Le vainqueur des Spartiates

Fin stratège et guerrier courageux défendant les valeurs du parti démocratique, le général **Épaminondas** (418-362 av. J.-C.) est connu pour avoir battu les Spartiates à Leuctres. Il vainquit ensuite les alliés de Sparte, abattant ainsi l'immense prestige militaire de la ville. Ces victoires éclatantes lui permirent d'imposer l'hégémonie de Thèbes sur la Grèce du centre.

Asklepieion★ – *30mn AR - signalisation : « Ithómi, Archeological site ».* Un sentier se détachant de la route, au nord-ouest de Mavrommati, descend vers les ruines d'un petit théâtre, la fontaine d'Arsinoé et le sanctuaire d'Asklépios, que l'on prenait naguère pour une agora.

Les fouilles ont mis au jour les soubassements d'un temple d'Asklépios (72 m sur 67 m), d'époque hellénistique, accompagné d'un autel à sacrifices. Ce temple est érigé au centre d'une cour entourée de portiques dont les bases de colonnes ont été dégagées ; aux angles, on distingue les vestiges d'exèdres. Comme à Épidaure, le sanctuaire est situé non loin d'un théâtre, qui servait aussi de lieu de réunion pour les cérémonies rituelles ; à côté se trouvent la salle des conseils *(bouleutérion)* et le propylée.

À l'ouest, le **temple d'Artémis Orthia** (10,30 m sur 5,80 m) était divisé en trois parties : la *cella* abritait la statue de la déesse, attribuée au sculpteur Damophon, autour de laquelle se dressaient en demi-cercle les statues des prêtresses (au musée).

Au nord, le *sébasteion* était voué au culte d'Auguste et des empereurs romains.

Au sud de l'Asklepieion, les bains publics hellénistiques comprenaient une piscine alimentée par des canalisations de terre cuite ; le *hierothysion* était un temple accueillant non seulement les statues des Douze Dieux de l'Olympe mais aussi celle en bronze d'Épaminondas, fondateur de la ville.

Plus au sud, on reconnaît les éléments d'un stade (19 rangs de gradins) et de sa palestre, et les vestiges d'un grand monument funéraire de style dorique, le Héroon, construit sur le modèle des mausolées d'Asie Mineure.

Musée archéologique – *Situé entre la porte d'Arcadie et le village de Mavrommati. ✆ 27240 51201 - 8h30-15h - 2 €.* À voir : des éléments architecturaux, de belles sculptures, dont la statue en marbre de la déesse Artémis Lafrias ainsi que six statues des prêtresses du temple d'Artémis Orthia, de petits objets d'art en bronze et la maquette de l'Asklepieion.

Porte de Laconie – *De Mavrommati, gagner en voiture la porte de Laconie.* De là se dégage une belle vue sur le mont Éva qui portait un sanctuaire à Dionysos ; en contrebas, on aperçoit le nouveau monastère de Voulkano.

Mont Ithómi

De la porte de Laconie, un sentier ardu, passant près des ruines d'un temple d'Artémis, grimpe jusqu'à l'ancienne citadelle d'Ithómi. Accès carrossable mais piste difficile.

1h30 AR. Alt. 798 m. Au sommet, l'ancien monastère de Voulkano, abandonné par ses moines en 1950, aurait été fondé au 8ᵉ s. à l'emplacement d'un temple de Zeus. Sous les Francs, il abritait une commanderie de Templiers auxquels succédèrent les Chevaliers de St-Jean-de-Jérusalem. Des abords, **vues★★** magnifiques sur Messène, la Messénie et le sud du Péloponnèse.

Aux alentours

Koróni

À 52 km au sud-ouest de Kalamáta, sur la côte ouest du golfe de Messénie.

Les maisons blanches aux toits de tuiles de Koróni, nommée jadis Coron par les Occidentaux, se disséminent sur la pente d'un promontoire qui protège un charmant petit port. Il se termine par un éperon rocheux portant une forteresse, cependant qu'une longue plage en borde le côté sud. La cité fut concédée en 1206 aux Vénitiens, qui l'utilisèrent pendant près de trois siècles comme escale et comptoir sur la route des Détroits ; elle était alors considérée, avec Methóni, comme une des deux « prunelles de Venise » surveillant la Méditerranée.

Citadelle – *Laisser la voiture dans le village et emprunter une ruelle pentue et des escaliers ; hors saison, on peut accéder en voiture jusqu'à la petite place précédant le monastère de la citadelle.* Une imposante porte gothique construite par les Vénitiens permet d'entrer dans la citadelle. L'enceinte d'origine, jalonnée de tours carrées, fut renforcée aux 15e et 16e s. par les Vénitiens et les Turcs de bastions destinés à favoriser l'emploi de l'artillerie. Vues sur Koróni et le golfe de Messénie. À l'intérieur de l'enceinte se dispersent quelques demeures, d'anciens entrepôts, le monastère byzantin Timiou Prodromou et les vestiges de la basilique Agia Sofia, dont une absidiole a été convertie en chapelle.

Circuit de découverte

La côte orientale du golfe de Messénie★★★ (Messiniakós Kólpos)

De Kalamáta à Areópoli, on parcourt 80 km par une route magnifique franchissant, parfois très en hauteur, les contreforts ouest du massif du Taygète (Taÿgetos), et qui offre des vues sur un littoral découpé (nombreuses criques isolées propices à la baignade) et sur le golfe.

L'itinéraire permet de découvrir des paysages variés, assez austères au sud (Magne de Laconie – Mani), où les pentes ravinées se couvrent par places d'un maquis et d'oliveraies à l'abandon, plus amènes au nord lorsque les bassins cultivés alternent avec les collines en terrasses coupées de files de cyprès noirs et de bosquets de pins.

Les villages ont beaucoup de charme : leurs maisons s'étagent de part et d'autre d'une place ombragée d'un platane géant près duquel est souvent installé un café ; quantité de petites églises byzantines et post-byzantines essaiment alentour.

Défilé de Koskarás★

La rivière a creusé des gorges que la route franchit sur un pont. Descendre à pied un peu en contrebas pour en admirer le tracé et le site. À partir du bassin de Kámbos, gardé par les vestiges médiévaux du château de **Zarnata**, la route monte pour redescendre vers Kardamili, procurant des **vues**★★ plongeantes sur la côte.

Kardamili★

Modeste station de vacances et port de pêche que protège un îlot fortifié, Kardamili occupe un site agréable au débouché d'un torrent. L'église **Agios Spiridon** (13e s.), dans la vieille ville, est connue pour son fin clocher pointu à quatre étages et les bas-reliefs qui la décorent.

De Kardamili, il est possible de faire une excursion à pied dans les gorges du Viros. Prévoir 6h, de bonnes chaussures et des provisions d'eau.

Gorges du Viros★ (Charádra tou Viroú)

Partir de Tséria *(6 km au nord-est de Kardamili)*, où l'on emprunte un sentier pavé à droite. Descendre au fond des gorges ; on remonte par une piste qui conduit à Exochorio. Par une rue bordée de belles maisons et ponctuée d'églises, on gagne la sortie du village puis on emprunte un sentier qui plonge dans la gorge. Après avoir atteint les monastères Sotiros et Likaki, on revient sur Ano Kardamili.

Stoúpa

Belle plage de sable invitant à la baignade.

En arrière de la station *(6 km)* s'étend un bassin planté d'oliviers, que commandait jadis, dans une position de retrait, le **château de Beaufort** construit par les Francs.

Ágios Nikólaos

Village de pêcheurs et petites tavernes en bord de mer.

Plátsa

Nombre d'églises byzantines à visiter et superbe vue sur le golfe.

Avant un petit bois de pins se dégage une **vue★★★** admirable embrassant tout le golfe de Messénie.

Ágios Nikólaos Kambinari★

Environ 1 km avant Nomitsí, à droite de la route. Ce petit édifice du 10e s., faisant face à Koróni et au golfe de Messénie, domine un paysage harmonieux de terrasses coupées d'oliviers et de cyprès. Il est hélas très difficile de le visiter.

Nomitsí

Dans le village, au bord de la route, la chapelle Anargiri, à clocher-pignon, présente une rare disposition de plan cruciforme inscrit dans un carré ; fresques. Entre Nomitsí et Thalámes, l'église de la Transfiguration (Metamorfosis), dans un enclos à gauche de la route, date du 11e s. : curieux chapiteaux de marbre sculptés en méplat de motifs byzantins (paons, coqs…) ; vestiges de fresques.

R. Mattès / MICHELIN

L'église du joli village de Langada.

Thalámes

Église Agia Sofia du 13e s.

On atteint **Langada** (églises, tours) : des abords, superbes vues plongeantes sur le golfe.

Itilo

Ancienne capitale du Magne, Itilo couronne une hauteur en vue de la forteresse turque de Kelefá (16e-17e s.). Évoquée par Jules Verne dans *L'Archipel en feu* (1884), la localité domine une baie abritée (cale de Neo Itilo), où Bonaparte et la flotte française se dirigeant vers l'Égypte auraient fait escale en 1798. C'est d'ici que partirent, au 17e s., les Maniotes qui s'installèrent plus tard en Corse.

Sur la pente, en contrebas de la route, on distingue le **monastère Dekoulou★** (18e s.), dont l'église recèle fresques et boiseries sculptées (iconostase, baldaquin).

En se dirigeant vers **Areópoli★** *(voir Le Magne)*, vues à gauche sur le fort turc de Kelefá, reconquis en 1685 par les Vénitiens.

Kalamáta pratique

Informations utiles

EOT – *5 odos Polyvriou (près de la vieille ville, croisement Aristomenous, 1er ét.) - ☎ 27210 22059 - detak@otenet.gr - lun.-vend. 8h-14h30.* Le personnel sympathique vous fournira une carte de la ville et quelques informations sur les alentours. Un autre bureau se trouve à l'**aéroport** *(fermé dim.).*

Poste – *Vassilisis Olgas - lun.-vend. 7h30-19h; 4 Latropoulou - lun.-vend. 7h30-14h.*

Centre de santé – *5 km au nord-ouest - ☎ 27210 46000.*

Police touristique – *Heroon Politechniou (1 km du centre) - ☎ 27210 44680.*

Transports

En avion (charters) – *Aéroport à 8 km au nord-ouest - ☎ 27210 69800.* Pas de navette pour rejoindre le centre-ville. Taxi : comptez 9 €.

En train – *Gare à l'ouest de la ville (proche du centre) - ☎ 27210 95056 - guichet : 7h-9h, 10h30-23h15 - consigne.*

En bus – **KTEL Messenia** – *Au bout de odos Artemidos (à l'ouest du Kastro) - ☎ 27210 28581.* Départs quotidiens pour Athènes, Trípoli, Megalópoli, Sparte, etc.

Ferry pour la Crète – **Anen Lines** - www.anen.gr. ; **Sman Travel Maniattis** - 148 Psaron et Lykourgou - ☎ *27210 20704.*

Taxi/Radio Taxi – *Sur le port, près de la gare, dans la vieille ville - ☎ 27210 26565.*

En voiture – Nombreuses agences de location sur Odos Faron et Katsari.

En deux-roues – **Alpha Rent a bike** - *156 Vyronos - ☎ 27210 93423.* Motos 50 à 500 cm³.

Se loger

KALAMÁTA

Bon à savoir – Les hôtels de qualité moyenne et de haute catégorie se trouvent sur le front de mer.

Byzantio – *13 odos Stathmou (à 100 m de la gare) - ☎ 27210 83251 - fax 27210 22924 - 50 ch.* Cet hôtel a été rénové. De petites salles de bains, mais un bon rapport qualité-prix.

Galaxy – *14 odos Kolokotroni - ☎ 27210 86002 - fax 27210 28892 - www.hotel-galaxy.gr* - 36 ch. avec balcon. Malgré de petites salles de bains, très bon rapport qualité-prix pour cet hôtel central et confortable. Restaurant accueillant.

Rex – *26 odos Aristoumenous - ☎ 27210 27492 - www.rexhotel.gr - 42 ch. et 2 suites.* Détruit par le séisme de 1986, l'illustre hôtel Panhellinion a rouvert ses portes en 1999, un siècle après sa création, et a retrouvé son fastueux décor d'antan, ses vérandas fin de siècle, son charme et son confort luxueux.

Filoxenia – *Au déb. de l'av. Navarinou, en arrivant du Magne - ☎ 27210 23166 - fax 27210 23343 - 210 ch.-* P Grand complexe hôtelier international, moderne et confortable, qui vient d'être rénové. Restaurants, piscine, espace de jeux pour les enfants et piano-bar.

Elite – *2 av. Navarinou (sur la jetée, au coin de odos Verga) - ☎ 27210 22434 - fax 27210 84369 - www.elite.com.gr - 57 ch. et 87 bungalows (2-5 pers.).* P Cet hôtel moderne avec piscine dispose de tout le confort attendu pour sa catégorie, sans charme particulier cependant. Accueil courtois en anglais et buffet de qualité. Accès possible à la mer.

KORÓNI

Zagamilos Hotel – *☎ 27250 22385/29025 - fax 27250 29028 - www.zagamiloshotel.com - 32 ch. -* - P Hôtel agréable entre la superbe plage (à 5mn) et le joli village (à 10mn). Seules les salles de bains sont un peu petites.

KARDAMILI

Notos Hotel – *2 km av. le village en venant de Kalamáta - ☎ 27210 73730 ou 69777 16017 - fax 27210 64130 - www.notoshotel.gr - 10 studios et 4 appart.* Confortable, calme, clair, sobre et très élégant, à flanc de colline. Accueil de qualité par Georgios. Mieux vaut réserver…

Se restaurer

KALAMÁTA

Bon à savoir – De nombreux restaurants se concentrent sur la marina, après le port de commerce.

I Psaropoula – *14 av. Navarinou.* Une taverne les pieds dans l'eau, ouvrant sur un petit port de pêche. Excellente cuisine grecque : poissons grillés et *kokoretsi* (brochettes d'abats).

KORÓNI

Symposium – *Rue principale.* Le populaire établissement de la ville est tenu par un « Gréco-Américain » très aimable. Excellentes grillades, poissons et calamars relevés. 8 chambres à louer au-dessus de la taverne.

KARDAMILI

Lela's Taverna – *En venant de Kalamáta, traverser le village, 100 m av. la sortie prendre à droite.* Taverne familiale où l'on déguste une cuisine simple et traditionnelle face aux champs d'oliviers. Accueil simple et chaleureux de Lela.

Faire une pause

KARDAMILI

Café Aman – Sympathique, juste à côté de Lela's Taverna.

KALAMÁTA

Igloo – *Sur l'av. Navarinou, face à la Banque nationale de Grèce.* L'un des meilleurs glaciers de la ville.

Athanassiou – Ce café qui donne directement sur Athanassiou, au coin de Sid. Stathmou, propose depuis 1938 des pâtisseries et des biscuits traditionnels.

En soirée

Varadero Beach Bar – *Almyros - 7 km sur la route du Magne*. Dans un virage à l'entrée du village sur la droite, avant l'enseigne le Blue Bar. Ce bar très animé en soirée comme en journée par la jeunesse de Kalamáta donne directement sur la plage de galets. Transats et musique forte de circonstance.

Achats

KALAMÁTA

Linge de maison en **coton** ou en **soie**, tissé, teint ou brodé par les sœurs du monastère, à droite de l'église Ipapandi, au pied du kastro.

Événement

Festival international de danse – *6 Pan Kessari - ✆ 27210 83086/90886*. De fin juin à mi-juillet dans le théâtre au pied du kastro de Kalamáta.

Kastoriá★★

Καστοριά

14 617 HABITANTS
CARTE GÉNÉRALE RABAT I A1 – MACÉDOINE

Kastoriá porte l'empreinte d'un passé tourné vers les Balkans et l'Europe centrale. Capitale des fourreurs, elle conserve de belles demeures anciennes et, ville « aux cent églises », de magnifiques témoignages d'architecture byzantine. Située sur la presqu'île du lac du même nom et à proximité des lacs Prespa, elle est aux portes d'une nature sauvage et protégée.

- **Se repérer** – À 209 km à l'ouest de Thessalonique, proche de la frontière de l'Albanie et de la Macédoine. Alt. 690 m.
- **À ne pas manquer** – Les églises byzantines et les maisons traditionnelles de la ville, les lacs Prespa.
- **Organiser son temps** – Comptez deux jours de visite.

Comprendre

La fourrure : une tradition séculaire – Cité fondée par Oreste d'après la légende, Kastoriá s'enorgueillit d'être un centre de fabrication de pelleteries. Au 15e s. déjà, les marchands juifs de la ville commercent avec les pays des Balkans et l'Europe centrale. Une tradition plus ancienne fait même remonter cette industrie à l'époque byzantine, lorsque des artisans de Kastoriá vendaient à Constantinople des fourrures rapportées de Russie. Sous domination turque dès 1385, les fabricants locaux obtinrent le privilège d'importer des peaux en franchise. Grâce à leur façon très adroite d'assembler les chutes, les ateliers réalisaient manteaux et pelisses, qu'ils exportaient vers Constantinople et les grandes villes d'Europe centrale (Vienne, Budapest, Leipzig).

Un centre toujours actif – Aujourd'hui, l'exportation s'oriente vers les métropoles occidentales, où des fourreurs de Kastoriá ont installé des ateliers. Les artisans locaux achètent leurs peaux en Amérique du Nord et en Scandinavie, même s'il y a près de la ville des élevages de visons et de loups. Les ateliers sont répandus un peu partout, et on voit parfois sur les trottoirs les peaux, tendues sur des planches, sécher au soleil.

Découvrir

LES ÉGLISES BYZANTINES★★

Kastoriá a compté jusqu'à 75 églises dont il reste aujourd'hui une bonne cinquantaine, des époques byzantine et post-byzantine. Parfois minuscules, mais toujours décorées de fresques et de sculptures, elles furent édifiées par des familles aisées ou par de hauts fonctionnaires de Constantinople exilés à Kastoriá. D'autres étaient des chapelles de corporation.

Musée byzantin

✆ 24670 26781 - tlj sf lun. 8h30-15h - gratuit.

Bonne introduction au patrimoine religieux de la ville et de sa région, le Vizantinó Moussío est aménagé dans un bâtiment moderne près de l'hôtel Xenia. Il rassemble surtout de belles icônes, présentées de façon chronologique (du 12e au 17e s.) et classées par école ou par thème.

Les églises étant pour la plupart fermées, il faut se renseigner auprès du musée pour les visiter *(gratuitement)*.

Panagía Koumbelídiki★

À côté du lycée.

Dédiée à la Vierge, cette église est la seule de la ville à posséder une coupole (d'où son nom), sur un tambour d'une hauteur inhabituelle. Elle fut sans doute construite au milieu du 9e s. près des murs du kastro.

Les fresques du porche sont datées de 1496 *(Festin d'Hérode, Vierge de Douleur...)*. L'intérieur, de plan cruciforme, est recouvert de fresques du 13e s. (celles de l'abside sont du 17e s.). À la voûte du narthex, on voit l'une des rares représentations de la Sainte-Trinité dans l'iconographie byzantine. Dans la nef, au-dessus de la porte du narthex, la Dormition de la Vierge est figurée avec le Christ assis (il est en général debout), tenant dans ses mains l'âme de la Vierge représentée par un enfant.

Ágios Nikólaos Kasnídzi

En contrebas de pl. Omonias.

L'extérieur de cette église du 12e s. était en partie recouvert de fresques dont on voit des traces au-dessus de l'abside. À l'intérieur, dans le narthex, sont représentés les donateurs, Nicéphore Kasnidzis et son épouse, ainsi que les miracles de saint Nicolas. Dans la nef, remarquez la Dormition de la Vierge et une série de saints guerriers. Ces fresques sont d'origine.

H. Theissen / Sunset

Entrée de l'église byzantine Ágios Nikólaos Kasnídzi.

Cathédrale des Taxiarques (Taxiárhis Mitropóleos)

De la pl. Omonia, descendre odos Manolaki et prendre une ruelle à gauche.

Dédiée aux archanges Michel et Gabriel, l'église métropolitaine des Taxiarques (chefs des armées célestes) fut construite au 9e s. à l'emplacement d'une basilique paléochrétienne, dont elle a conservé quelques chapiteaux ; elle servait sans doute de chapelle funéraire à certains notables de la ville. Ceux-ci sont représentés sur les murs extérieurs sud et ouest parmi d'autres sujets religieux. À l'intérieur, les fresques du 9e s. sont encore visibles sur les murs est des bas-côtés et dans le narthex. Elles furent recouvertes par d'autres fresques au 14e s. On remarque surtout, dans l'abside, la Vierge médiatrice, entourée des deux archanges, et, dans la zone supérieure de la nef, les scènes de la Passion, aux personnages très expressifs.

Ágios Stéfanos★

Au nord-est de la ville, odos G. Paleologou.

L'église St-Étienne fut construite au 9e s. (le porche fermé qui l'entoure sur deux côtés est une adjonction récente). Les bases d'un trône, dans l'abside, laissent penser qu'il s'agissait d'une église épiscopale. La voûte de la nef, très haute, est recouverte de fresques du 12e s. (au mur sud la Nativité et la Purification). Dans le reste de l'église et dans les parties hautes du narthex, le décor original du 9e s. a été préservé : au mur sud et à la voûte est représenté le Jugement dernier. Un petit escalier conduit au gynécée, disposition unique à Kastoriá (chapelle Ste-Anne).

Ágii Anárgiri Varlaám★

Odos Ag. Anargiron, non loin de l'église Ágios Stéfanos.

Dominant le lac, l'une des plus grandes églises de Kastoriá, construite sans doute au 10e s., est dédiée aux saints anargyres, c'est-à-dire aux saints médecins qui soignaient « sans argent » *(anargyros)*, le plus souvent Côme et Damien, mais aussi Panteleimon et Chermolaos. Ils sont représentés sous le porche. La plupart des fresques à l'intérieur de l'église sont du 11e ou du 12e s., mais affleurent par endroits celles du 10e s. Dans le narthex, par exemple, les arches du côté droit (sud) portent les saints Basile et Nicolas dont les têtes, beaucoup trop grandes pour le corps, appartiennent à cette première décoration.

Au fond à gauche, près de la porte donnant sur le bas-côté nord, on reconnaît les saints Constantin et Hélène, dans leurs habits impériaux. Dans le bas-côté nord, à gauche de la porte du narthex, on distingue trois couches de fresques. Au mur sud, vers la nef, les donateurs de l'église sont représentés aux côtés de la Vierge : à droite, Théodore Limniotis accompagné de son fils, à gauche, sa femme Anna dans un somptueux manteau.

Dans la nef, très haute, on remarque surtout, entre les arches du mur nord, les saints Georges et Dimitri en armure, surmontés d'une pathétique Mise au tombeau. Sur le mur oriental du bas-côté sud, les archanges Michel et Gabriel entourent la Vierge, au-dessus des saints Côme et Damien.

SE LOGER

Aiolis	1	Filoxenia	4
Europa	3	Kastoria	5

INDEX DES RUES

Aristotelous	2
Vizandiou	4

LES MAISONS ANCIENNES★

Un petit nombre de demeures de style macédonien, construites pour la plupart aux 17e et 18e s. par les riches fourreurs de la ville, ont échappé à la destruction et conservent un certain charme aux quartiers proches de la presqu'île. Ces habitations aux allures de maisons fortes comportent en général trois étages. Les murs des deux premiers sont en moellons où s'intercalent des colombages. Dans les maisons construites aux 18e et 19e s., le 3e étage, en torchis et en bois, s'avance en encorbellement.

Le rez-de-chaussée n'a guère d'ouvertures, à l'exception de la grosse porte d'entrée ; c'est l'étage des réserves. L'étage intermédiaire possède des ouvertures de bois protégées de grilles ; c'est l'étage de l'atelier et de la vie quotidienne (les volets de bois sont aujourd'hui souvent remplacés par des vitres). L'étage supérieur, consacré aux réceptions et au séjour d'été, est bien éclairé par une double rangée de fenêtres, l'une composée de petits volets de bois, traditionnellement sans vitrage, l'autre série, au-dessus, décorée de morceaux de verre de couleur, agencés comme des vitraux. Entre les avancées, on trouve parfois un balcon couvert, en bois, où l'on prend le soleil.

Deux de ces maisons anciennes, appelées *archondika* (demeures de notables), subsistent dans le quartier d'Apozari, au nord, au bord du lac ; ce sont l'*archondiko* **Sapoundzí** (rue Christopoulou) et l'*archondiko* **Tsiatsapá**.

Mais c'est dans le quartier du Doltso, au sud, que se trouve le plus grand nombre de maisons traditionnelles. Aux alentours de la place A. Emanouil : odos Vizandiou, au sud, rassemble les *archondika* **Nádzi**, **Emanouíl** et **Bassará**.

Non loin, près de la presqu'île, se trouve le musée des Traditions populaires.

Musée des Traditions populaires★

Odos Kapetan Lazou - ✆ 24670 28603 - 10h-12h, 16h-18h - 0,80 €.

La maison Nerantzis Aïvazis, édifiée au 17e s., a un décor moins somptueux que les demeures bâties par la suite, mais son agencement intérieur donne une bonne idée de la vie d'une famille macédonienne aisée aux siècles passés.

Au rez-de-chaussée, autour d'un hall pavé, s'ordonnent les diverses pièces de réserves (bois, vin, nourriture et pétrin). Dans la cour se trouvent la cuisine et les fours ainsi que le puits, l'abri pour le matériel de pêche et la barque.

Au 1er étage, la pièce de séjour d'été est actuellement aménagée en atelier de fourreur. Une plate-forme mène à la pièce de séjour d'hiver pourvue d'une cheminée ; les décorations ont disparu.

À l'étage supérieur, au centre, se trouve un grand salon aux murs et aux plafonds peints ; il servait aux réceptions ordinaires, mais aussi à la danse. Les personnages importants étaient reçus dans le parloir ou « kiosque », séparé du grand salon par une balustrade de bois. Les dames étaient reçues, elles, dans le petit salon, au sud-est. Au nord se trouvent les chambres d'été et d'hiver d'où les jeunes filles de la maison pouvaient assister, cachées derrière un moucharabieh, aux réceptions.

Aux alentours

Lac de Kastoriá★ (Limni Kastoriás)

2h pour le tour complet de la presqu'île.

La petite route qui borde la presqu'île offre au départ des vues agréables sur la bordure sud de la ville, étagée sur la colline. On voit encore, amarrées sous les platanes ou les saules pleureurs, ces barques en bois à fond plat et à deux becs, caractéristiques des lacs du nord de la Grèce. À 2,5 km, près du monastère de la Vierge, la route s'élargit sous d'énormes platanes (café-restaurant). Belle vue sur le lac.

Monastère de la Panagía Mavriótissa★

Il est composé d'un bâtiment monastique de style macédonien et de deux églises accolées. La principale est l'église de la Vierge (Panagia), construite aux alentours de l'an 1000. Son mur sud extérieur est orné de fresques du 13e s., protégées par un auvent. On y reconnaît l'Arbre de Jessé où domine la Vierge, entourée des prophètes sur les branches. Sur le tronc, l'artiste a sans doute figuré l'empereur Michel VII Paléologue et son frère Jean.

À l'intérieur du narthex, la représentation du Jugement dernier occupe la partie haute du mur est, au-dessus de la porte. On reconnaît, à droite, des damnés aux grandes dents, menacés par les anges et, plus loin, sur le mur sud, un autre groupe de têtes de damnés. Les murs ouest et est du catholicon sont ornés de fresques du 12e s., comme les précédentes. Au-dessus de la porte est figurée la Passion, au-delà, la Pentecôte et, au-dessous, la Dormition de la Vierge. La chapelle de Jean-le-Théologue (l'Évangéliste) fut ajoutée au 16e s. au sud-est de l'église.

On peut revenir à Kastoriá par le même chemin, ou bien faire le tour de la presqu'île par la petite route (à sens unique à partir du monastère) pour rejoindre le côté nord de la ville et le petit port.

J.-P. Nail / MICHELIN

Le paradis naturel du Grand Prespa, près de Psarádes.

Circuits de découverte

Siátista★

À 59 km au sud-est de Kastoriá ; à 30 km à l'ouest de Kozáni.

Du 16e au 18e s., Siátista fut connue comme marché de vins et de cuirs. Les vignes étant atteintes par le phylloxéra, la ville s'est reconvertie au début du 20e s. dans la fabrication et le négoce des fourrures. Siátista est une ville très pittoresque divisée en deux quartiers, chacun dominé par un haut campanile. La ville haute possède plusieurs maisons de maîtres *(archondika)* du 18e s., construites dans le style macédonien, comme celles de Kastoriá. La plupart d'entre elles sont sous la garde du Service archéologique, abrité dans la maison **Neranzopoulou★** qui possède de beaux plafonds peints et des fenêtres à vitraux. Un peu plus bas se trouvent la maison **Manousia** et la maison **Poulkidia** aux magnifiques plafonds et murs peints. La maison **Chatzimihali Kanatsouli** *(430 odos Mitropoleos)*, près du campanile, est encore habitée.

Une faune exceptionnelle

Entourés de forêts de chênes, de hêtres et de sapins, les lacs de Megali Prespa et de Mikri Prespa sont des îlots de nature encore très protégés, classés en parc national. Le petit lac présente une importante colonie d'oiseaux chassant sous l'eau (cormorans de Dalmatie, grandes aigrettes, hérons pourprés, faucons kobez). On y trouve également des grèbes à cou noir, des harles bièvres ainsi que des pélicans frisés, une espèce rare dont le vol majestueux semble immobile. Ce site fragile, paradis des ornithologues, est une zone de reproduction pour ces oiseaux dont la chasse est interdite. En 1999, la gestion du parc a obtenu le prix Ramsar pour la conservation des zones humides.

Lacs Prespa★★

64 km. Quitter Kastoriá au nord, par la route de Florina.

Environ 5 km au-delà de la ville, belle **vue★★** d'ensemble du site de Kastoriá, la presqu'île et le lac environné de montagnes. Après un col, la route longe la vallée boisée du Livadopotamos, affluent de l'Aliakmonas. À 35 km, quitter la route de Florina et prendre à gauche vers les lacs (Limnes Prespes). Après un seuil s'offre une **vue★★** splendide sur le Petit Prespa (Mikri Prespa).

Petit Prespa★

D'une superficie de 43 km^2 (son extrémité sud-ouest se trouve en Albanie), ce lac a été constitué en parc national en 1974, ainsi que la partie grecque du Grand Prespa (Megali Prespa). Tous deux sont à une altitude de 853 m et entourés de massifs montagneux s'étageant entre 1 500 et 2 500 m d'altitude.

Le Petit Prespa est entouré de roseaux qui abritent une faune d'oiseaux aquatiques extrêmement riche. Ce lac comporte deux îlots : le plus grand, Agios Achilios, possède

plusieurs églises byzantines dont celle de St-Achille, du 11e s. Cet îlot est accessible par une passerelle flottante. Des canots, au départ du village de **Mikrolymni** (à 4 km de l'embranchement), conduisent aux autres îles et aux observatoires d'oiseaux.
La route principale suit la rive du petit lac. La route de droite mène au village d'**Ágios Germanós★**, situé au pied du mont Varnous (2 156 m), et qui possède une église à coupole du 11e s. ornée de belles fresques.

Grand Prespa★

À gauche, à l'embranchement. Il est partagé entre l'Albanie, la Macédoine et la Grèce qui en possède 38 km² (sur 288 km²). Ce lac est séparé du Petit Prespa par un long cordon de sable sur lequel passe la route ; à son extrémité ouest, une petite plage est aménagée sur la rive du grand lac dont l'eau, en été, atteint 24 °C.
6 km plus loin, situé dans une anse profonde de l'autre côté de la presqu'île, le village de **Psarádes** (« pêcheurs ») se compose de maisons traditionnelles à balcons de bois. Dans les tavernes, on mange de délicieuses fritures.
Des excursions en barque à moteur sont organisées sur la partie grecque du lac. Elles permettent d'approcher le rivage escarpé dont les falaises ou les grottes (celle, entre autres, de la **Panagia Eleoussa**) comportent des peintures murales exécutées par des ermites aux 14e et 15e s. Belles **vues★** sur la rive et les montagnes albanaises.

Kastoriá pratique

Informations utiles

KASTORIÁ

Poste – *Au nord de odos Meg. Alexandrou.*

Téléphone - OTE – *Odos Agiou Athanassiou.*

Centre de santé - *✆ 24670 28341.*

Police - *✆ 24670 21517.*

LACS PRESPA

i *À l'entrée du village d'Ágios Germanós.* Exposition sur les richesses naturelles et historiques de la région (en grec). Cartes, informations sur le biotope.

Transports

En avion – *Aéroport Aristoteles à 10 km au sud - ✆ 24670 21660/50 - mai-oct. : 4 vols/sem. pour Athènes.*

En bus – *Gare routière sur odos Ath. Diakou (sud de la ville) - ✆ 24670 83455.* 7 bus/j. pour Thessalonique, 5/j. pour Kozani, 3/j. pour Athènes ; également des liaisons avec Ioannina.
Pour les lacs Prespa, pas de liaison directe. 1 bus/sem. de Florina pour Ágios Germanós.

En bateau – À Kastoriá, une navette relie la rive nord à la rive sud plusieurs fois/j. en faisant le tour de la péninsule. Horaires sur les quais.
Aux lacs Prespa, l'île d'Agios Achilios est désormais accessible par une passerelle flottante.

En voiture – C'est le meilleur moyen pour aller aux lacs Prespa. Peu de loueurs à Kastoriá.

En taxi – *Kastoriá - ✆ 24670 42333 ; Ágios Germanós - ✆ 23850 51207.*

Se loger

KASTORIÁ

⊖ **Europa** – *12 odos Agiou Athanassiou - ✆ 24670 23826 - 36 ch.* Bonne adresse, près de la pl. Davaki. Chambres propres et confortables, bien tenues.

⊖ **Pension Filoxenia** – *Située dans un quartier calme au nord-est de la ville (suivre le fléchage) - ✆ 24670 22162 - 9 ch.* Perchée au-dessus de la rive nord, à la limite de la ville et un peu loin du centre, cette pension offre une vue magnifique. Les chambres propres et agréables ont toutes un balcon.

⊖ **Aiolis** – *30 odos Agiou Athanassiou - ✆ 24670 21080/21086 - 14 ch.* Cette bâtisse d'angle à colonnade, au luxe un peu racoleur, propose un excellent confort et un service très professionnel.

⊖⊖⊖ **Kastoriá** – *122 odos Nikis - ✆ 24670 29453 - 37 ch.* Situé à l'écart, sur la rive nord, cet hôtel de luxe récemment rénové possède des chambres décorées dans le style classique. Préférez celles du 2e étage, qui jouissent d'un balcon avec vue sur le lac.

LACS PRESPA

Bon à savoir – On trouve des chambres à louer chez l'habitant.

⊖ **Psarádes** – *Psarádes - ✆ 23850 46015 - 16 ch.* Hôtel confortable, installé de l'autre côté de la crique, faisant face au village. Petit-déjeuner en sus.

⊖ **Agios Achilios** – *Île d'Agios Achilios - ✆ 23850 46601.* Cette pension établie dans une robuste maison possède un agréable salon avec cheminée.

⊖ **Ágios Germanós** – *Ágios Germanós, à droite de la place du village - ✆ 23850 51397 - 11 ch.* Deux bâtiments traditionnels abritent d'agréables et spacieuses chambres avec chauffage. Les repas se prennent dans le petit logis fermant la cour. Bon petit-déjeuner.

Se restaurer

KASTORIÁ

⊖ **Swan** – *1 odos Thomaidos.* Une adresse accueillante et bon marché où l'on sert d'excellentes truites et grillades de viande, à déguster sous le regard des cygnes et des chats... Certains soirs, le lac exhale une odeur peu agréable.

Omonoia – *97 odos Mitropoléos (près de la pl. Omonia).* Petit restaurant simple et bon marché où se rassasier après avoir visité les églises du quartier.

Nostalgia – *2 odos Nikis (en face du débarcadère).* Viandes grillées et poissons servis dans un cadre calme et agréable, juste en face du lac.

Mavriotissa – *Près du monastère, au bout de la péninsule.* Sur une agréable terrasse ombragée de platanes, on sert poissons et bœuf en sauce. L'endroit est pris d'assaut le week-end par les Kastoriáns.

LACS PRESPA

Taverne Kostas – *Psarádes, à l'entrée du village.* Excellent accueil et du poisson à des prix raisonnables.

Événements

Du 6 au 8 janvier, les **Ragoutsaria** sont l'occasion d'un carnaval très coloré.

Le premier week-end d'août, le village de **Nestorio** *(20 km à l'ouest de Kastoriá)* organise une série de concerts dans le cadre de la **Fête de la rivière**.

Kavála★

Καβάλα

55 306 HABITANTS
CARTE GÉNÉRALE RABAT I B1 – MACÉDOINE ORIENTALE

Kavála est bâtie en amphithéâtre au fond d'une ample et lumineuse baie. Port de la cité antique de Philippes, dont les ruines majestueuses s'élèvent tout près, elle fit partie de l'Empire ottoman jusqu'en 1913, comme en témoigne l'architecture de son vieux quartier. Entourée de plages à l'est et à l'ouest et proche de l'île de Thassos au sud, elle est devenue aujourd'hui une station balnéaire très courue.

- **Se repérer** – À 175 km au nord-est de Thessalonique, au bord de la mer Egée. Aéroport à 30 km à l'est, sur la route de Xánthi.
- **À ne pas manquer** – L'Imaret et la vue du belvédère.
- **Organiser son temps** – Compter une demi-journée de visite.
- **Pour poursuivre le voyage** – Thassos, Thessalonique, Thrace.

Comprendre

Colonie de Thassos, puis port de Philippes sous le nom de Neapolis, Kavála était déjà une ville étape aux temps antiques : accompagné de Silas, saint Paul y prit pied, venant d'Asie Mineure et se dirigeant vers Philippes.

Nommée aussi Christoupolis (la Christople des Francs) au Moyen Âge, la ville voit, en 1306, débarquer les Catalans venus de Gallipoli : ce sont ceux-là qui vaincront les Francs au lac Copaïs et s'empareront du duché d'Athènes. Elle subit ensuite les raids des Normands, puis des Ottomans qui prennent la cité en 1391. Au 16e s., le voyageur français Pierre Belon dit qu'on nomme la ville Bucéphale, comme le cheval d'Alexandre le Grand, et c'est sans doute l'origine du nom Kavála. Il note également la présence d'une importante communauté juive, transplantée de Hongrie par les Ottomans. La ville connaît alors un essor, notamment sous Soliman le Magnifique, qui la dote de fortifications neuves et d'un aqueduc. En 1913, elle revient à la Grèce et, en 1922, 25 000 Grecs chassés d'Asie Mineure y affluent lors de l'échange de population entre la Grèce et la Turquie.

Centre de l'industrie et de l'exportation du tabac macédonien, Kavála se divise en un quartier ancien s'agrippant au promontoire rocheux que couronne une citadelle et un quartier moderne s'étendant vers l'ouest le long du port.

Se promener

Partir de la place Karaoli Dimitriou, à l'angle est du port. Remonter odos Kountouriotou et prendre odos Poulidou à droite.

Imaret

Fondé par **Méhémet Ali**, fils d'un riche négociant en tabac d'origine albanaise, ce vaste ensemble de bâtiments aux nombreuses petites coupoles était une sorte d'hospice desservi par des religieux mahométans (derviches) pouvant accueillir 300 indigents. Transformé en hôtel de luxe, son **café** perché sur une terrasse domine la mer.

Maison de Méhémet Ali (Ikia Méhémet Ali)

C'est dans cette maison construite au 18e s. sur la crête du promontoire que naquit Méhémet Ali. Entourée d'un jardin touffu, dominant le front de mer, elle est repésentative de l'habitat turc par ses cloisons de bois et son agencement : écuries et cuisine au rez-de-chaussée, appartements et harem muni de moucharabiehs à l'étage.

L'église Kimissis Theotokou

De l'esplanade ombragée au pied de l'église, **vue★** sur l'île de Thassos et l'océan.

Redescendre par odos Vizandinou, longeant le vieux quartier sur la façade est du promontoire, puis atteindre le chateau par odos Fidiou et les petites ruelles grimpantes.

Kastro

8h-21h, nov.-mars 8h-16h - 1,50 €.

Il est situé à l'emplacement de l'acropole antique. Du haut des remparts byzantins jalonnés de tours, vues sur Kavála. L'aqueduc en contre-bas approvisionnait la ville haute en eau. À l'intérieur de l'enceinte, remarquez une citerne et les prisons.

Redescendre vers le centre-ville par odos Katsoni.

Aqueduc de Kamares★★

Franchissant le creux de terrain qui sépare la ville moderne de la ville ancienne, l'aqueduc fut édifié au 16e s. par Soliman le Magnifique.

Visiter

Musée archéologique

Odos Ethnikis Antistassis - ✆ 25102 22335 - tlj sf lun. 8h-15h - 2 €.

Consacrées au passé de la Macédoine orientale du néolithique à l'Empire romain, les collections de ce musée sont agréablement présentées dans un bâtiment moderne. La salle 1 regroupe les découvertes faites lors des fouilles de Neapolis. Remarquez les colossaux chapiteaux ioniques provenant des fouilles du sanctuaire d'Athéna Parthenos (6e-5e s. av. J.-C.) qui se trouvait près de l'Imarét. Dans la salle 2 sont exposés des objets venant d'Amfipolis et, notamment, les trouvailles faites dans la nécropole : stèles sculptées, verreries et surtout **bijoux hellénistiques** en or.

Musée d'Art populaire (Laografikó Moussio)

4 odos Filipou - tlj. sf dim. 9h-13h.

Installé dans un bâtiment néoclassique, il donne un intéressant aperçu sur l'art grec contemporain, avec en particulier les œuvres du peintre et sculpteur Polygnotos Vagis (1894-1965). Il abrite également une belle exposition d'art populaire (costumes, outils, etc.).

P. de Franqueville / MICHELIN

Méhémet Ali, fondateur de l'Imarét.

Le futur pacha d'Égypte

À Kavála naquit le fameux Méhémet Ali (1769-1849), futur pacha et fondateur de l'Égypte moderne. Albanais d'origine, il eut un destin étonnant. À la tête d'un corps albanais envoyé en Égypte combattre l'armée de Bonaparte, il est victorieux et prend le titre de vice-roi d'Égypte puis fonde Karthoum au Soudan. Moins chanceux contre les Grecs, sa flotte est vaincue en 1839 à Navarin *(voir Pilos p. 309)*. Il entreprend alors la conquête du Proche-Orient et vainc les Turcs en Palestine avec l'appui des Français. Son expansionnisme est mal vu des Anglais, qui le contraignent à se replier en Égypte, terre qu'il reçoit en possession héréditaire avec le Soudan. Méhémet Ali y passe la fin de sa vie et, père d'Ibrahim Pacha, il est à l'origine de la dynastie qui allait régner sur l'Égypte jusqu'au roi Farouk.

Aux alentours

Amfípolis

À 70 km au sud-ouest de Kavála. 8h-19h - gratuit.

L'embouchure de l'estuaire du Strymonas montre une présence humaine dès la période néolithique sur les deux rives du fleuve et une occupation continue à l'âge du bronze. Le site même est très étendu et toujours en cours de fouilles. La cité antique se trouvait dans une position privilégiée non loin donc de l'embouchure du Strymonas et du massif du mont Pangée (1 956 m), « montagne sainte » fameuse chez les Anciens tant par le culte qui y était voué à Dionysos et à ses suivantes, les Ménades, que par la richesse de ses forêts et de ses mines d'or.

Si l'occupation grecque de l'embouchure du fleuve commença dès le 7e s. av. J.-C., la fondation proprement dite d'Amfípolis, colonie athénienne, date du 5e s. Mais un siècle plus tard, la cité passe sous l'hégémonie macédonienne et prospère avec Philippe et Alexandre. Après la conquête romaine, étape sur la Via Egnatia, elle connaît une période de prospérité. C'est dans son port que Marc Antoine rassembla sa flotte pour aller livrer bataille contre Octave, à Actium. Le passage de l'apôtre Paul en 50 marqua un renouveau de la cité. C'était encore un centre important à l'époque byzantine.

Le lion

À gauche de la route en venant de Thessalonique, avant le pont sur le Strymonas, se dresse un lion colossal, en marbre, reconstitué en 1937 à partir d'éléments hellénistiques : il ressemble au lion de Chéronée, bien que d'époque plus tardive (fin du 4e s. av. J.-C.).

Les ruines

Après le pont sur le Strymonas, suivre la route de Serres et, à 1,5 km, à gauche, la petite route conduisant au village moderne d'Amfípolis, où l'on prend de nouveau à gauche vers une église ; à 500 m, un sentier à droite mène aux ruines.

Les fouilles ont mis au jour une grande partie de la muraille, des sanctuaires et des bâtiments publics ou privés. La prospérité de la cité se comprend au regard de ses bâtiments monumentaux décorés de pavements en mosaïques et de peintures murales et par les objets exhumés. L'**enceinte** hellénistique, récemment dégagée, atteint parfois 7 m de haut ; la muraille s'étendait sur 7 km et comportait tours, portes et bastions. La partie nord, bien dégagée, en donne une bonne idée.

La plus étonnante construction est sans doute le **pont** fait de poutres de bois et l'on voit se dresser hors du sol des centaines de pieux.

On découvre, non loin de ce qui était probablement l'agora, les vestiges de basiliques paléochrétiennes décorées de **mosaïques** à motifs d'oiseaux.

Musée archéologique

✆ 23220 32474 - mar.-dim. 8h-19h, lun. 12h-19h ; en été, merc. jusqu'à 23h - 2 €.

Ouvert en 1995, il rassemble dans un bâtiment moderne la plupart des découvertes faites sur le site selon une présentation chronologique. On remarquera des figurines néolithiques, des stèles funéraires gravées, des **bijoux en or** de la période hellénistique, des sculptures romaines et des chapiteaux paléochrétiens ainsi qu'un magnifique coffre funéraire en argent et un **diadème** en feuilles d'or.

Ruines de Philippi★★ (Fílippi)

À 15 km au nord-ouest de Kavála - 8h-19h - 2 €.

Dans la plaine macédonienne, bien drainée (tabac, blé, maïs), gisent de part et d'autre de la grand-route les imposants vestiges de la cité à laquelle **Philippe II de Macédoine** donna son nom.

En 360 av. J.-C., les Thassiens fondent l'établissement de Krinides (« les Sources ») dans cette région dominée par le mont Pangée.

En 49, saint Paul, venant de Neapolis, y entreprit sa première prédication, et il y fut emprisonné quelque temps, avec son compagnon Silas, sur dénonciation. Le christianisme progressa rapidement, comme put le constater Paul, de retour à Philippi six ans plus tard. L'épître de Paul aux Philippiens aurait été envoyée de Rome seulement en 64.

Aujourd'hui, on voit les vestiges d'une ville romaine au tournant de notre ère, très tôt marquée par le christianisme. De la cité macédonienne, il ne subsiste que le théâtre, adossé aux pentes de l'acropole, et la muraille. En effet, l'implantation romaine a bouleversé son plan originel en lui impliquant le schéma orthogonal, conforme aux fondations de colonies. Puis le centre monumental de la colonie (forum, temples, marché, palestre) a été recouvert aux 6e et 7e s. par des basiliques paléochrétiennes.

Les fouilles de ce qui est le site archéologique le plus important de Macédoine orientale ont débuté en 1914 sous la responsabilité de l'École française d'Athènes ; elles se poursuivent de nos jours sous l'égide conjointe du Service archéologique grec, de l'Université aristotélicienne de Thessalonique et de l'École française d'Athènes.

Quartier est

En venant de Kavála, on aborde Philippes par la porte de Neapolis, élément de l'enceinte byzantine conservée par endroits et jalonnée de tours et de redents. Un segment monte vers l'acropole grecque, sur laquelle trois tours ont été bâties au Moyen Âge.

Le secteur situé entre l'enceinte et le forum est en cours de fouilles. On y a dégagé les vestiges d'une importante **basilique** paléochrétienne *(accès à certaines heures seulement)* bâtie sur plan octogonal et qui s'élève probablement à l'emplacement de la basilique primitive de Paul. Les vestiges d'un baptistère et d'un palais épiscopal auxquels on accédait de la Via Egnatia par un portique ont également été mis au jour.

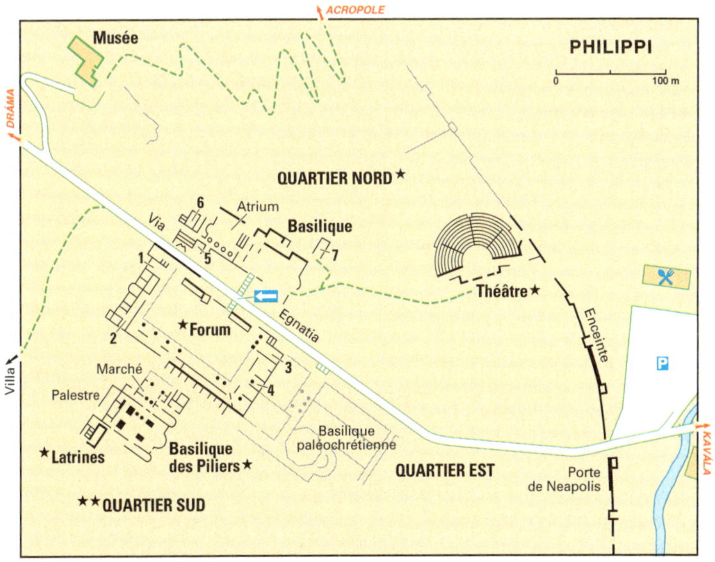

Une victoire décisive

En 42 av. J.-C., Philippi est le théâtre de la bataille qui oppose les armées du parti d'**Antoine et Octave** à celles des partisans de la République, de Brutus et Cassius. Après l'assassinat de Jules César en 44 av. J.-C., ses meurtriers étaient passés en Orient où ils contrôlaient le pays situé à l'est de l'Adriatique.

Octave, neveu de César, et Antoine marchèrent alors contre leur armée et la rencontrèrent à l'ouest de Philippi, en octobre 42. Après une lutte incertaine, Octave et Antoine défirent Brutus et Cassius, qui se donnèrent la mort. Les vainqueurs se partagèrent alors le pouvoir.

Plus tard, des vétérans de l'armée victorieuse furent installés à Philippes, qui reçut le statut de colonie romaine, donnant aux habitants les mêmes droits que ceux des Romains d'Italie. La cité devint vite prospère grâce à sa situation sur la Via Egnatia, à proximité des mines d'or du Pangée, et à la fertilité de la plaine voisine.

Quartier sud

Accès de la route moderne par un escalier. La Via Egnatia, au niveau de laquelle on descend tout d'abord, constituait la voie principale *(decumanus maximus)* de la Philippi romaine : remarquez à gauche les ornières laissées par les chars.

Forum★ – Formant un grand rectangle de 100 m sur 50 m environ autour d'une cour dallée de marbre, il fut édifié sous le règne de l'empereur Marc Aurèle (161-180). Son plan est facilement reconnaissable : bordé sur un côté par la Via Egnatia et sur les trois autres par des gradins et des portiques, il rassemblait les principaux édifices municipaux dont on a identifié les fondations. En bordure de la Via Egnatia, on reconnaît des fontaines, une tribune aux harangues et des monuments commémoratifs.

Sur le côté ouest se trouvent les vestiges d'un temple **(1)** et de bâtiments administratifs : à l'angle sud-ouest, cherchez la curieuse table de marbre **(2)** renversée dont les cavités, de volumes différents, servaient, pense-t-on, de mesures, et plus loin, au pied de la 2e colonne du portique sud, les trous pratiqués dans le sol pour un jeu de billes. Sur le côté est, il y avait un temple **(3)**, dont on remarque les colonnes cannelées, et une bibliothèque **(4)**.

Marché – Situé de l'autre côté de la rue qui longe le forum au sud, il comprenait des boutiques et un hall à colonnes dont quelques-unes ont été relevées. Entre elles, on distingue plusieurs jeux gravés dans le sol. La partie sud de ce marché fut nivelée pour la construction de la basilique des Piliers.

Basilique des Piliers★ – Sa construction a été entreprise au 6e s., mais, semble-t-il, non terminée à cause de l'impossibilité de construire une coupole d'une portée suffisante sur un édifice d'une telle ampleur. Les énormes piliers encore en place, édifiés avec des blocs antiques, et leurs chapiteaux byzantins finement sculptés de feuilles d'acanthe témoignent de l'ambition des bâtisseurs de l'édifice qui avait un narthex, trois nefs et une abside semi-circulaire. Au nord (côté forum) subsistent les restes d'un baptistère et d'une chapelle qui abritait le trône épiscopal.

Palestre romaine – 2e s. Il n'en reste que quelques éléments, la plus grande partie ayant été recouverte lors de la construction de la basilique des Piliers.

Latrines★ – Situées à l'extrémité et en contrebas de la palestre, ces grandes latrines contemporaines de la palestre et du marché sont très bien conservées. Elles se trouvaient en sous-sol et on y descendait par un escalier encore visible. La plupart des conduites d'eau et des sièges de marbre d'origine subsistent.

Quartier nord★

De l'entrée, on accède à une terrasse d'où l'on découvre une vue étendue en direction du mont Pangée.

Basilique à atrium – Édifiée au 6e s., elle aurait été détruite peu après par un tremblement de terre. Son plan comportait une abside, trois vaisseaux, un narthex et un atrium, comme Agios Dimitrios à Thessalonique. On voit encore les traces de l'escalier qui descendait à un petit caveau ménagé pour abriter des reliques sous l'autel principal.

Prison de saint Paul – En contrebas de la basilique, au niveau de la route, s'ouvre une citerne romaine **(5)** qui, dès le 5e s., fut considérée comme la prison de saint Paul et de Silas.

Plus haut apparaissent les soubassements, en appareil massif, d'un temple hellénistique **(6)** ; ces fondations furent aménagées en citerne par les Byzantins.

Gagner ensuite le théâtre par un sentier passant au pied de petits sanctuaires rupestres **(7)**, niches creusées et aménagées dans le roc.

Théâtre★ – Dessinant une ample conque sur les premières pentes de la colline qui porte l'acropole, ce grand théâtre fut construit au 4e s. av. J.-C., mais il fut réaménagé par les Romains au 2e s. apr. J.-C., puis remodelé au 3e s. avec la transformation de la scène en arène pour les combats d'animaux et de gladiateurs. De cette époque, il reste les bas-reliefs ornant un pilier de l'entrée représentant Mars et une Victoire, divinités des jeux du cirque, ainsi qu'un splendide bucrane (tête de bœuf sculptée).

Le théâtre sert de cadre au festival d'été.

Kavála pratique

Informations utiles

ℹ **EOT** – *Place Eleftherias - ✆ 25102 27409 - tlj sf dim. 7h-20h (été sam. 8h-13h).*

Poste - *8 odos Metropolitou Hrirsostomou.*

Centre de santé - *✆ 25106 22222.*

Police touristique - *✆ 25106 27409.*

Transports

Départs pour Thassos – Près des douanes maritimes à l'est du port, les billets peuvent s'acheter au dernier moment, dans des petits kiosques au départ des ferries.

Se loger

⊖ **Chez Giorgos Alvanos** – *35 odos Anthemiou - ✆ 25102 21781 - 8 ch.* Petite maison traditionnelle au cœur du quartier ottoman de Panagia (stationnement difficile). Chambres simples, exiguës, mais bien tenues et au calme.

⊖ **Espéria** – *44 odos Erithrou Stravrou - ✆ 25102 29621/5 - fax 25102 20621.* Situé devant le Musée archéologique, c'est un des hôtels en bord de mer les moins chers.

⊖ **Nefeli** – *50 odos Erithrou Stavrou - ✆ 25102 27441 - fax 25102 27440 - 94 ch.* Hôtel confortable, avec air conditionné et télévision dans certaines chambres, mais c'est le plus cher dans sa catégorie. Hors saison, n'hésitez pas à négocier.

⊖⊖ **Oceanis** – *32 odos Erithrou Stavrou - ✆ 25102 21981 - fax 25102 21981 - 168 ch.* Ce paquebot luxueux de sept étages possède une petite piscine sur le toit avec vue imprenable. Un îlot de tranquillité au milieu de l'agitation.

⊖⊖ **Galaxy** – *27 odos Venizelou (rue parallèle à E. Stavrou, au nord) - ✆ 25102 24521 - fax 25102 26754 - 150 ch.* Grand hôtel un peu défraîchi proposant des chambres spacieuses et confortables, certaines avec un balcon donnant sur le port (très bruyant). Personnel très professionnel.

Se restaurer

⊖ **Apiko** – *Odos Th. Poulidou.* Adresse bon marché où l'on sert des poissons grillés.

⊖ **Antonia** – *Odos Th. Poulidou.* Établissement très prisé des Grecs, pour déguster du poisson.

⊖ **Ta Plakakia** – *4 odos Doïranis (sur le port).* Ce restaurant propose d'excellents fruits de mer, mais peut être pris d'assaut par les touristes.

D. Pazery / MICHELIN

Faire une pause

Bon à savoir – La plupart des cafés se concentrent entre l'odos Venezelou et l'odos Omonias, entre la place Eleftherias et le parc Iroon.

Café Nikitoros – *42 pl. Karaoli.* Un café traditionnel sur le port, avec une belle salle décorée de boiseries.

Flyboat – *Odos Ethnikis.* Amarré à l'entrée du marché, ce grand yacht a eu la bonne idée d'aménager un bar sur le pont avant.

Événement

En juil. et en août, le théâtre de Philippi accueille le **festival macédonien de Philippes-Thassos**. Renseignements auprès de l'office de tourisme à Kavála.

Lárissa

Λάρισα

132 924 HABITANTS
CARTE GÉNÉRALE RABAT I B1 – THESSALIE

Capitale de la Thessalie et important nœud de communication sur la rive droite du Pineiós, Lárissa joua un rôle militaire au temps des Turcs qui l'occupèrent de 1389 à 1881, y entretenant une forte garnison. C'est aujourd'hui un marché agricole et un centre d'industries alimentaires ainsi qu'une bonne base de découverte des curiosités archéologiques et naturelles de la région.

- **Se repérer** – 151 km au sud-ouest de Thessalonique et environ 360 km au nord-ouest d'Athènes. Lárissa est une ville de plaine d'aspect moderne avec de grandes places ombragées et quelques rues piétonnes.
- **À ne pas manquer** – Les gorges de Tempé, le château de Platamónas.
- **Pour poursuivre le voyage** – Les Météores, Thessalonique, le massif du Pélion.

Se promener

Quartier du fleuve

La rue Venizelou, axe principal du vieux quartier, a conservé ses maisons basses à auvent et ses éventaires de plein air. Au coin de la rue Papanastasiou, ainsi qu'à droite en montant, on découvre les ruines d'un théâtre hellénistique. Un peu plus haut, à l'emplacement de l'antique acropole, s'élève le **château médiéval** devant lequel des fouilles (en cours) ont mis au jour une basilique paléochrétienne comprenant quelques mosaïques et un caveau peint qui serait le tombeau de saint Achille. Au pied de la colline, à l'extrémité de la rue Venizelou, coule le Pineiós au-delà duquel s'étend le parc Alkazar, l'un des lieux de promenade favoris des citadins.

Musée archéologique

2 odos 31-Avgoustou - ✆ 24102 88515 - tlj sf lun. 8h30-15h - gratuit.

Le Musée archéologique est aménagé dans une mosquée du 19e s. Ses collections comprennent un étonnant menhir, des vases du néolithique et de l'époque géométrique, ainsi que des sculptures hellénistiques et romaines et des mosaïques.

Aux alentours

GORGES DE TEMPÉ★ (FARANGI TEMPIOU)

À 22 km au nord-est de Lárissa.

Entre la Thessalie et la Macédoine, la vallée du fleuve Pineiós se resserre en une gorge sombre quoique verdoyante, qu'on nommait jadis « Gueule de loup ». Longue de 5 km, elle a pour origine une fracture sismique entre l'Olympe et l'Ossa qui créa un passage qu'emprunta le Pineiós, issu du lac de Lárissa.

J.-P. Nail / MICHELIN

La forteresse franque de Platamónas a conservé son donjon et son enceinte.

Ces lieux, consacrés à **Apollon**, étaient célèbres dans l'Antiquité. En effet, le fils de Latone, après avoir tué le serpent Python, vint à Tempé se purifier dans les eaux du Pénée. Et là il tomba amoureux de la nymphe **Daphné** qui, pour lui échapper, se changea en laurier. Apollon cueillit alors un rameau pour le planter à Delphes près de la fontaine Castalie : en souvenir, tous les huit ans, des pèlerins vinrent de Delphes à Tempé y cueillir une branche de laurier. Vantée par les Anciens pour sa fraîcheur entre les plaines de Macédoine et de Thessalie, torrides en été, la vallée séduisit l'empereur Hadrien qui la fit reconstituer dans le parc de sa villa de Tivoli, proche de Rome.

Visiter les gorges, qu'agrémentent des bosquets de platanes et de lauriers-roses, en venant de Thessalonique, les parkings se trouvant pour la plupart, en bordure nord de la route.

Source de Dafni (ou d'Apollon) – Site ombragé frais et reposant.

Agia Paraskevi – Important site de pèlerinage, sur la rive gauche du Pineiós, au pied d'une impressionnante falaise. De la passerelle suspendue qui franchit le fleuve, belle **vue★** sur la gorge et les frondaisons de platanes ; on distingue sur un piton les restes d'un château médiéval, une des six forteresses qui gardaient la passe.

Source d'Aphrodite – Au niveau du Pineiós, sous une voûte de platanes.

Une coopérative célèbre

Aux 17e et 18e s., Ambelákia possédait des ateliers de **tissage** (soie et coton) réputés pour leurs coloris rouge écarlate, obtenus à partir de la garance. Une coopérative de production et de vente fut créée, la première de ce genre, qui entretenait des agences commerciales dans toute l'Europe, notamment à Londres, Lyon et Rouen. Comptant 6 000 membres, elle dut malheureusement être dissoute en 1811 en raison de la concurrence des manufactures industrielles anglaises, des entraves commerciales dues aux guerres napoléoniennes et des lourdes taxes exigées par Ali Pacha, pacha de Ioannina.

Ambelákia★

Admirablement située sur les flancs du mont Ossa, au débouché des gorges du Tempé, Ambelákia, dont le nom signifie « petite vigne », jouit d'une vue étendue sur le bassin du Pineiós et le massif de l'Olympe. Si aujourd'hui il n'y a plus là qu'un bourg avec quelques belles maisons et deux ou trois tavernes ainsi qu'une coopérative agrotouristique gérée par les villageoises, il ne faut pas oublier que jadis c'était une importante ville prospère.

La **maison de Georges Schwarz★ (Archondiko Schwarz)**, superbe maison du 18e s. du président de la coopérative, est révélatrice de l'habitat thessalien de l'époque par ses étages en encorbellement, ses balcons et ses cloisons de bois tourné ou sculpté. L'intérieur, aux âtres semi-circulaires typiques, est richement décoré de peintures d'ornement et de paysages ; les bureaux se trouvaient au rez-de-chaussée et les pièces d'habitation à l'étage.

Château de Platamónas★

À 55 km au nord-est de Lárissa. Accès de la route Athènes-Thessalonique par un sentier, à hauteur de Néa Panteleïmónas.

Au débouché des gorges de Tempé, dans une position exceptionnelle, sur une colline de 200 m faisant face à la mer d'un côté, au massif de l'Olympe de l'autre, le château franc de Platamónas commande la route de Thessalonique. Construit à partir de 1204 par les croisés, sous Boniface de Montferrat, prince de Salonique, il portait alors le nom de la Chitre et constituait le fief du baron lombard Orlando Pischia. Au milieu du 13e s., il passa aux Byzantins, puis aux Turcs.

Intéressant exemple d'architecture militaire médiévale, la **forteresse★** compte trois enceintes. Le rempart extérieur, jalonné de tours, comporte un mur dont la hauteur varie de 7 à 9 m et l'épaisseur de 1,20 m à 2 m.

Par un passage en défilé, on accède à une double porte, en arc brisé, qui faisait jadis partie d'un châtelet. Outre le donjon et plusieurs demeures d'officiers, il y avait à l'intérieur de l'enceinte cinq églises qui furent démolies par les Turcs, sauf une qu'ils transformèrent en mosquée. Deux autres murs défendaient les approches du donjon, dont l'entrée, à 3,50 m du sol, n'était accessible que par des échelles ; on remarquera les baies en plein cintre dont l'une est divisée par une colonnette centrale.

Lárissa pratique

Informations utiles

EOT – *58 odos Epirou - ✆ 2410 618189 - lun.-vend. 8h-14h30.*

Centre de santé – *✆ 2410 230031/34.*

Police touristique – *✆ 2410 623154.*

Se loger

Hôtel Lido – *2 odos Efaistou (angle Vénizelou) - ✆ 2410 255097 - 14 ch.* Petit établissement familial, idéalement situé en face du théâtre antique. Les chambres coquettes sont très bien tenues (avec salle de bains à l'extérieur). Accueil sympathique. Pas de petit-déjeuner.

Hôtel Elena – *13 odos 28 Oktovriou - ✆ 24102 87461 - www.helena.gr - 47 ch. -* P Hôtel situé en plein centre-ville, à deux pas du quartier piétonnier. Il abrite des chambres confortables, meublées en style victorien.

Grand Hôtel – *Pl. Makariou - ✆ 24105 37251 - 90 ch.* Au cœur de la ville, hôtel agréable qui propose des chambres spacieuses et confortables. Buffet pour le petit-déjeuner. Accueil professionnel en anglais et en français.

Divanis Palace – *19 odos Papanastassiou - ✆ 24102 52791 - www.divanis.gr - 69 ch et 5 suites.* Hôtel de luxe à la décoration design et raffinée. Chambres tout confort avec accès internet. Superbe piscine d'intérieur et restaurant gastronomique.

Se restaurer

Adamos – *9 odos Panos.* Cette taverne du centre-ville existe depuis 1929. On mange à l'intérieur dans une jolie salle, décorée de vieilles photos, ou sur une agréable terrasse installée dans la rue. Spécialités de viande à la broche.

Mageirio tis Giagias – *9 odos Apollonos.* Sur une placette ombragée, loin du tumulte des voitures, une terrasse agréable pour déguster une cuisine traditionnelle. Bon accueil.

Lucullus – *1 odos Manolaki.* La plus vieille ouzérie de la ville, *dixit* le patron. Cuisine fraîche et savoureuse. Arrivez tôt si vous souhaitez y déjeuner.

Faire une pause

Bon à savoir – De nombreux cafés se trouvent sur la place Makariou, rendez-vous de la jeunesse de Lárissa.

Café Achouri – *13 odos Apollonos.* Dans une rue piétonne de la vieille ville, un café décontracté qui s'anime en soirée.

Événement

PLATAMÓMAS

Durant le **festival de l'Olympe** (juillet- août), des représentations théâtrales et des concerts sont organisés dans le château. *✆ 23520 83100 - festivalolympou@kat.forthnet.gr.*

Le Magne★★

Máni – Μάνη

23 887 HABITANTS
CARTE GÉNÉRALE RABAT II B3 – PÉLOPONNÈSE – LACONIE

À l'extrême pointe méridionale de la Grèce continentale, un prolongement du massif du Taygète, culminant à 1 214 m et se terminant au cap Ténare (Tainaro), forme un promontoire entre les golfes de Messénie et de Laconie : c'est Le Magne. Terre aride et battue par les vents, c'est une région farouche, à l'image de ses habitants, réputés pour leur bravoure et leur esprit d'indépendance tout autant que pour leurs vendettas. Aujourd'hui dramatiquement dépeuplée, il émane une atmosphère comme hors du temps de ses villages grisâtres hérissés de tours abandonnées et de ses nombreuses églises et chapelles byzantines.

- **Se repérer** – Situé à 43 km au sud de Sparte, ce promontoire est une région calcaire et isolée. L'accès le plus facile se fait par la route en venant de Sparte, via Githio. On peut également l'atteindre en longeant la côte ouest depuis Kalamáta.
- **À ne pas manquer** – Les grottes de Diros ; le circuit entre Areópoli et le cap Ténare pour l'étrangeté et l'isolement des lieux.
- **Organiser son temps** – Compter au minimum trois jours pour faire le tour.
- **Avec les enfants** – Les spectaculaires grottes de Diros.
- **Pour poursuivre le voyage** – Cythère, Kalamáta, Monemvasia, Mistrás, Sparte.

Comprendre

Les Maniotes sont issus du nord de la Laconie, d'où ils furent chassés au 7e s. par les envahisseurs slaves. Depuis, ils ont su préserver une autonomie de fait à l'égard des occupants successifs, les Francs au 13e s., les Byzantins, les Vénitiens, les Turcs surtout, contre lesquels ils se soulevèrent en 1769 et 1821. D'esprit particulariste et belliqueux, les Maniotes vivaient en clans sous la direction de chefs locaux s'affrontant souvent en vendettas. Leurs dissensions expliquent pourquoi ils fortifiaient leurs maisons.

On compte **800 tours** environ, isolées ou groupées dans les villages. Les plus anciennes datent du 17e s. ; leur hauteur croît avec la puissance de la famille qui les a fait construire. Ces tours carrées, mesurant de 15 à 25 m de haut, comportent trois ou quatre étages accessibles seulement par des échelles et des trappes. Percées de rares et petites fenêtres, elles étaient renforcées de bretèches. **Vathia** (extrême sud) et **Kita** (un peu plus au nord) figurent parmi les localités ayant la plus grande densité de tours.

Le Magne a été évangélisé tardivement, semble-t-il aux 9e et 10e s., et bon nombre d'églises ou chapelles remontent aux 11e-12e s. Ce sont de petits édifices d'architecture byzantine traditionnelle en croix grecque surmontés d'une coupole et à appareil de pierre cloisonné de brique. Des fragments de marbres antiques ou paléochrétiens ont souvent été remployés. Les parois intérieures sont décorées de fresques des 12e, 13e et 14e s., d'inspiration naïve mais très vivante, illustrant les thèmes religieux habituels ; des influences franques apparaissent parfois dans le traitement des guerriers et des chevaux. Plusieurs de ces églises sont difficilement accessibles, perdues dans la campagne *(les localités possédant une église intéressante sont soulignées en rouge sur la carte p. 243)*.

Quelques Maniotes, sous la protection de la république de Gênes, allèrent s'installer en Corse au 17e s., formant une communauté à Carghèse. Certains étaient des naufrageurs. Restés peu nombreux dans leurs bourgs étagés sur les pentes garnies de quelques oliviers, les Maniotes gardent le culte de l'honneur et de l'hospitalité.

Circuit de découverte

AU DÉPART DE GITHIO

Compter au moins deux jours pour ce circuit de 160 km.

Les routes sont sinueuses et la conduite sera lente. En été, la chaleur est écrasante, notamment sur la route entre Areópoli et le cap Tainaro (Matapan), mais les villages sont nombreux et vous pourrez y faire une halte pour vous rafraîchir. Selon votre allure et le sens de votre itinéraire, vous pourrez passer une nuit au nord, vers Areópoli et Githio, ou tout au sud, vers Marmári *(voir le carnet pratique)*.

R. Mattès / MICHELIN

Vathia, le plus célèbre village du Magne.

Githio

Un peu à l'écart des bouches de l'Evrotas, Githio donne sur le golfe de Laconie et l'île de Cythère, que l'on distingue au loin, par temps clair.

Station balnéaire paisible et port exportant les produits laconiens (olives, huile, riz, coton, agrumes), la cité joua un rôle dans l'Antiquité comme arsenal de Sparte. Pâris et Hélène, épouse infidèle de Ménélas, roi de Sparte, y auraient passé leur première nuit sur l'îlot de Kranaï (aujourd'hui Marathonissi), puis s'y seraient embarqués pour Cythère, et de là pour Troie, provoquant la guerre contée par Homère dans l'*Iliade*.

La ville – Elle est malheureusement devenue aujourd'hui assez touristique. Dominé par les restes d'un château médiéval, le quartier du port conserve des ruelles pittoresques ; parcourir notamment la rue parallèle au quai, bordée de jolies maisons d'époque ottomane, à balcons. Au nord-ouest de la ville, à côté de la caserne, à voir le petit théâtre antique bien conservé. Dans l'**îlot de Marathonissi** (en face et accessible à pied par la digue), une tour de défense caractéristique du Magne.

Musée historique et ethnologique – *✆ 27330 22676 - 9h30-15h, horaires variables selon les saisons, se renseigner, parfois fermé entre 12h et 13h - 1,85 €.* Installé dans la tour Tzanetaki, une belle exposition permanente retrace l'histoire du Magne par le biais de textes, de dessins, de photos et de croquis des lieux établis par de nombreux voyageurs ayant parcouru cette région entre les 16e et 20e s., dont le littérateur français François Pouqueville (1770-1838), auteur du *Voyage en Morée.*

Prendre la route d'Areópoli. À 3 km de Githio, le village de Mavrovouni propose sa belle plage et ses tavernes.

L'itinéraire pénètre dans la montagne par un défilé dont l'entrée *(à 11 km de Githio)* était commandée par le château de Passavant.

Château de Passavant (Passavás)

Un sentier herbeux y grimpe en 15mn. Sur un contrefort à gauche de la route mais invisibles de celle-ci s'élèvent les merlons et les créneaux restaurés du château franc de Passavant (13e s.) au nom évoquant la devise des Neuilly, « Passe avant ». Son constructeur, Jean de Neuilly, exerçait la fonction militaire de maréchal de Morée.

Continuez la route d'Areópoli qui franchit le chaînon montagneux que commande, au débouché du versant ouest, le château de Kelefá *(à 5 km avant Areópoli)* : on distingue à droite de la route la vaste enceinte de cette forteresse turque des 16e et 17e s.

Areópoli★

À 27 km de Githio. Prenez le temps de vous promener dans ce charmant village entièrement restauré, à l'atmosphère paisible. Tout y est réuni pour une halte (tavernes, hôtels, magasins, poste, pharmacie, dispensaire, station-service). Chef-lieu du Magne et ancien fief du clan Mavromichalis, c'est ici que le 17 mars 1821, les Maniotes organisèrent la révolte contre les Turcs. Gros bourg typique de l'habitat local (maisons de pierre aux toits de tuiles), il conserve des échoppes artisanales (boulangeries), ses tours de défense et ses églises.

L'**église des Taxiarques** (18e s.), au centre, est unique par le décor sculpté de son abside, où l'on reconnaît les signes du zodiaque, et de ses portails latéraux ornés d'écussons, d'anges et de saints guerriers ; dans une ruelle voisine, l'église **Agios Ioannis**, du clan Maurumichalis, a des fresques naïves (18e s.).

Après avoir laissé à gauche la route en direction de Kótronas, poursuivre vers Pirgos Diroú.

Les grottes de Diros★★ (Spílaia Diroú)

À 5 km d'Areópoli, au village de Pirgos, prendre à droite. ☏ 27330 52222/23 - juin-sept. : 8h30-17h30 ; oct.-mai : 8h30-15h - 12 € (étud. de l'UE, - 13 ans : 7 €), gratuit pour les personnes handicapées. La visite en barque dure 25mn.

Dans une échancrure de la côte ouest du Magne s'ouvrent les deux grottes de Diros, explorées après la Seconde Guerre mondiale. Ouverte pour la première fois au public en 1967, la plus importante, celle de Glifada, se classe parmi les plus spectaculaires curiosités naturelles d'Europe. La grotte d'Alepotripa, où l'on a trouvé des vestiges préhistoriques (exposés au musée), est en cours de fouilles.

Grotte de Glifáda – Bien aménagée pour la visite, la grotte de Glifada est caractérisée par une rivière souterraine qui a creusé dans le calcaire du Magne des salles et une galerie débouchant dans la mer en contrebas de l'entrée actuelle. Éclairée par des bouées lumineuses et des projecteurs de couleurs variées, cette rivière se divise en deux bras qu'on emprunte, l'un à l'aller et l'autre au retour, au cours d'un périple en bateau long de 1,5 km environ. Les concrétions, blanches ou colorées, se succèdent sur toute la longueur du parcours : piliers, draperies, stalactites et stalagmites se transforment au gré de l'imagination en silhouettes humaines, bêtes fantastiques, fleurs étranges, édifices à décor surréel (la caverne du Dragon, la Cathédrale, le Pavillon…). La température varie entre 16 et 19 °C, celle de l'eau est de 14 °C. La grotte s'étend sur 14 km et on y a trouvé des stalactites jusqu'à une profondeur de 71 m.

Musée néolithique de Diros – *Sur la gauche en remontant vers la sortie. ✆ 27330 52233/23315 - 8h30-15h - 2 €.* Intéressant petit musée qui complète utilement la visite des grottes. La grotte d'Alepotripa servit de lieu d'habitat, de refuge, de dépôt, de culte et aussi de sépulture pour la communauté néolithique de Diros qui s'y était établie (4800-3200 av. J.-C.). Les vestiges de l'époque néolithique que l'on y a mis au jour sont rassemblés au musée : belle collection d'armes, d'outils en pierre et en os, de jarres, de vases en terre cuite, d'ustensiles et d'objets destinés à l'usage domestique (aiguilles), ainsi que de crânes et de squelettes humains. La grotte fut abandonnée après qu'un séisme en eut bloqué l'entrée.

Remonter sur la route de Geroliménas qui suit une sorte de terrasse calcaire (gouffres) aride entre mer et montagne, jalonnée de villages-tours, comme Dryalos, et parsemée d'oliveraies et de figuiers de Barbarie. Les villages mentionnés ci-dessous (entre Pirgos Diroú et Geroliménas) ne se trouvent pas toujours sur la route principale.

Harouda

Dans l'église des Taxiarques (11e-12e s.), intéressantes fresques bien conservées.

Gardenítsa

À 1 km à droite de la route (signalisation). L'église **Agios Sotiros** des 11e et 12e s., précédée par un exonarthex, présente une intéressante abside qu'orne un décor sculpté en lettres arabes coufiques et, à l'intérieur, des fresques (13e-14e s.) figurant des guerriers et des chevaux.

Nómia

De cette localité à l'habitat dispersé située à droite de la route, on découvre de curieuses **vues★★** sur les tours de Kita. En contrebas et à gauche de la petite route d'accès se cache la blanche église des **Taxiarques** qui possède un bel ensemble de fresques (13e-14e s.) illustrant la vie de Jésus.

Kita

À gauche de la route, Kita compte un grand nombre de tours, mais laisse une impression d'abandon. Au lieu dit Tourloti, l'église **Agios Sergios et Vlachos**, du 12e s., est remarquable de proportions.

Un contrefort rocheux, au nord-ouest de **Kipoúla**, domine le golfe de Messénie.

Geroliménas★

Modeste lieu de séjour et petit port de pêche dans un **site★** sauvage et retiré.

Vathia★★

Délaissée par ses habitants, Vathia est la plus impressionnante de ces cités hérissées de tours qui font l'originalité du Magne. Des sentiers rocailleux sinuant entre les tours silencieuses et les maisons vides grimpent au sommet de l'éperon. De Vathia, la route se prolonge jusqu'à **Pórto Kágio** (port aux Cailles). Au-delà commence une presqu'île, escarpée et riche en gibier, qui se termine au cap Matapan.

Cap Tainaro (Matapan)★★★ (Akrotiri Tainaro)

Cap Ténare ou Matapan, la pointe la plus méridionale du Péloponnèse était jadis couronnée par un temple dédié à Poséidon, qui fut remplacé par l'église ton Assomaton.

Revenir à Álika et prendre la route qui mène à **Lágia★** en traversant l'arête du Magne. Au-delà de Lágia, l'itinéraire descend parmi un paysage sauvage (anciennes carrières de marbre) procurant des **vues★★** magnifiques sur la côte est maniote.

Après Ágios Kyprianós, on suit le versant oriental du Magne, moins éventé que le côté occidental. La route, souvent en corniche, offre des points de vue spectaculaires, d'un côté sur le littoral échancré d'anses solitaires, de l'autre vers des pentes sur lesquelles s'accrochent quelques villages abandonnés.

Kokkála

Jolie crique avec une église au bord de l'eau.

Flomochóri

Village aux hautes tours dans un paysage ennobli de cyprès. Peu après, une route permet de descendre à Kótronas.

Kótronas

Petit port de pêche dans une baie agréable. Une belle route en corniche permet d'atteindre Skoútari.

Le Magne pratique

Informations utiles

GITHIO

EOT – *20 odos V. Georgiou - ✆ 27330 24484 - lun.-vend. 11h-15h.*

Poste – *Angle de odos Ermou et Arheou Theatrou - 7h30-14h.*

Centre de santé – *Face à l'îlot - ✆ 27330 22001/2/3.*

Police – *Akti Vasileos Pavlou (sur le port) - ✆ 27330 22100/22271.*

AREÓPOLI

Centre de santé – *✆ 27330 51215/59.*

Police – *✆ 27330 51209.*

Transports

En bus – **KTEL Lakonia** – *Angle de odos Vasileos Georgios et Evrikleos (côté nord-ouest du front de mer) - ✆ 27330 22228.*

En bateau – *Agence sur le port - ✆ 27330 22207/22229.*

En taxi – *Face à l'arrêt de bus - ✆ 27330 23423/227 55/22418.*

En voiture et en deux-roues – **Rozakis Travel** - *sur le front de mer - ✆ 27330 22207;* **Moto Makis** - *sur odos Kranais - ✆ 27330 22950.*

Se loger

GITHIO

Aktaion – *39 odos V. Pavlou - ✆ 27330 23500 - fax 27330 22294 - www. aktaiong@otenet.gr - 20 ch. et 2 suites.* Sur le front de mer, cette grande bâtisse néoclassique dispose de chambres correctes, toutes avec un balcon sur la rade. L'ensemble aurait besoin d'être rafraîchi et la rue est bruyante.

SKOÚTARI

Skoútari Beach Resort – *✆ 27330 93684 - 20 ch. - P - fin mai-oct.* Cet hôtel se trouve à 200 m au-dessus de la plage, belle et encore tranquille, de Skoútari. Claires et propres, toutes les chambres disposent d'une cuisine. Une très bonne adresse, qui nécessite d'avoir un véhicule. Peu de commerces à proximité.

AREÓPOLI ET ENVIRONS

Trapela – *À l'entrée du village, ✆ 27330 52690 - fax 27330 52290 - www. trapela.gr - P - 12 ch.* Un accueil à l'image de l'établissement : généreux et sympathique. Vue sur le jardin, pierres apparentes, voûtes et recoins donnent beaucoup de charme à ce petit hôtel à la décoration soignée et fleurie. Belle salle pour un petit-déjeuner de qualité dans le café attenant. Très bon rapport qualité-prix.

Tsimova – *Juste derrière l'église - ✆ 27330 51301 - P - 7 ch.* Bricolé dans une authentique tour maniote, vous apprécierez sans doute la chaleur de l'accueil et le décor kitsch, dans lequel s'affichent les souvenirs de guerre du grand-père, un authentique résistant.

Tsitsiris Castle – *Stavri - environ 10 km au sud d'Areópoli - ✆ 27330 56297 - fax 27330 56296 - 20 ch. avec un ou plusieurs lits.* Dans un tout petit village, plusieurs tours ont été réunies et restaurées selon les méthodes traditionnelles, pour former un superbe hôtel. Les chambres, toutes différentes, donnent sur des patios dallés et ornés de jarres.

Limeni Village – *À Limeni - à 4 km au nord d'Areópoli - ✆ 27330 51111/112 - fax 27330 51182 - P - 35 ch.* Accrochées à la pente abrupte qui dévale vers la mer, 18 fausses tours aménagées en chambres forment un ensemble aussi confortable qu'élégant. Chambres et suites sont équipées d'un réfrigérateur. Ouvert toute l'année. Très belle vue et on peut se baigner un peu plus bas, près du village.

Kastro Maïni – *✆ 27330 51238 - fax 27330 29514 - www.kastromaini.gr - P - 29 ch. dont 3 suites.* À 3 km de la mer se découvre un bâtiment en pierres apparentes abritant un hôtel de charme, très confortable, avec piscine (dont une pour les enfants) et décoration bien pensée.

Pyrgos Kapetanakou – *Au centre du village - ✆ 27330 51233 - fax 27330 51401 - 7 ch. dont 2 doubles, 3 avec 3 lits et 2 avec 5 lits.* Cette tour datant de 1865, restaurée, abrite de très jolies chambres de caractère toutes jaune soleil avec terrasse et jardin. Accueil chaleureux. Seul bémol, les salles de bains sont toutes petites. Petit-déjeuner en sus.

⊜⊜⊜⊜ **Porto Vitilo** – *Itilo, à quelques km au nord d'Areópoli - ✆ 27330 59220/694 42 63737 - fax 27330 29210 -* [P] *- 33 ch. et suites.* Hôtel luxueux avec parquet, lits à baldaquin, belles tentures et mobilier classique, où l'on paie bien entendu la vue sur la mer ou les montagnes.
Petit-déjeuner de qualité. Prix intéressants en basse saison.

GEROLIMÉNAS

⊜⊜ **To Akroyiali** – *Theodorakakis – ✆ 27330 54204 - fax 27330 54272 - www. gerolimenas-hotels.com.* Un des rares hôtels dans ce minuscule village retiré, face à la mer et à flanc de montagne. Plusieurs chambres et appartements de différentes catégories et dans différents endroits sont proposés par la famille Theodorakakis, implantée là depuis deux générations, qui vient d'ouvrir récemment un tout nouveau complexe un peu en dehors du bourg. Accueil de qualité. Restaurant attenant.

MARMÁRI

⊜⊜ **Marmári** – *Au sud, à la pointe extrême du Magne (côté ouest) - ✆ 27330 52101 - 24 ch.* Au-dessus du rivage, c'est le plus sympathique des deux hôtels de ce hameau.
Les chambres aux murs décorés de fresques sont modestes mais charmantes, et le restaurant, le « Marmari Paradise », correct. Le soir, la vue sur la mer est magnifique.

PÓRTO KÁGIO

⊜⊜ **Akrotiris** – *✆ 27330 52013 - fax 27330 53002.* Sur le rivage de ce port naturel, l'hôtel propose de grandes chambres, simples, propres, équipées d'un réfrigérateur et avec un balcon qui ouvre sur la mer. Une bonne adresse pour qui cherche un bel endroit tranquille.

Se restaurer

GITHIO

⊜ **To Nissi** – *Sur l'îlot de Kranaï, au milieu des pins.* Une des meilleures adresses de Githio qui a l'avantage d'être isolée de l'agitation estivale. Belles salades et savoureux poissons grillés.

AREÓPOLI ET ENVIRONS

⊜ **O Barba Petros** – *Dans le centre.* Le meilleur établissement de la ville (maison jaune) vous offre le cadre de sa petite cour fleurie et des plats traditionnels fort bien cuisinés. Le vin blanc est servi frais et avec le sourire des patrons, très accueillants.

⊜ **Tagisi** – *À Limeni.* En contrebas de l'hôtel Limeni Village, en redescendant, une charmante taverne de poisson au bord de l'eau. On vous montre les poissons afin que vous fassiez votre choix.

GEROLIMÉNAS

⊜ **Theodorakakis** – Petite taverne où l'on sert des poissons grillés et une bonne cuisine traditionnelle. L'accueil est chaleureux.

Achats

Hassanakos Art Gallery – *39 Akti Vasileos Pavlou (au centre de Githio, face au port) - ✆ 27330 22090.* Vieilles photos de la ville, peintures et livres composent un joyeux fourre-tout. On peut également y acheter un plan de la ville et la presse internationale.

Événement

À Githio, du 15 juillet au 15 août, se déroule la **fête des Marathonissia** avec représentations théâtrales et concerts.

Les Météores★★★

Meteóra – Μετέωρα

CARTE GÉNÉRALE RABAT I A1 – THESSALIE

Au-dessus de la vallée du Pineiós et de la ville de Kalambáka se découpe une « forêt de rochers » gris aux formes de pains de sucre. Ces monstres rocheux portent à leur sommet de célèbres monastères cénobitiques, les Météores (de *metéora* : suspendus dans les airs). Ce haut lieu du monachisme orthodoxe est aujourd'hui un haut lieu du tourisme. Le paysage grandiose et ces constructions acrobatiques nées de la foi d'hommes résolus n'ont rien perdu de leur magie.

A. Georges / IML/hemis.fr

Le monastère Ágios Stéfanos dans les Météores.

- **Se repérer** – À 125 km à l'est de Ioannina et à 85 km à l'ouest de Lárissa, en lisière du massif du Pinde et au débouché de la plaine thessalienne. La ville de Kalambáka constitue le point de départ de la visite des Météores.
- **Organiser son temps** – Visitez le Grand Météore et Varlaám le matin, et les autres l'après-midi. Évitez Pâques et Noël.
- **Pour poursuivre le voyage** – Ioannina, Lárissa.

Comprendre

Un site superbe – Ces tours rocheuses se dressent au débouché de défilés taillés dans le calcaire du Pinde par le **Pineiós** et ses affluents. Les eaux de ruissellement descendant du massif ont déblayé l'actuelle vallée sans pouvoir entamer les bancs de grès et de conglomérats tertiaires plus durs qui subsistent, surplombant de près de 300 m la campagne environnante. Une soixantaine de pitons ont été décomptés.

Des monastères inaccessibles – Dès le 11e s., des anachorètes se retirèrent dans les grottes des Météores, où leur mysticisme s'exaltait dans la solitude et la contemplation. C'est seulement au 14e s. que nombre de ces ermitages furent transformés en monastères, alors que les Serbes envahissaient la Thessalie et que le brigandage sévissait. **Saint Athanase,** venu du mont Áthos, fondait alors, avec neuf moines, le Grand Météore, dans un lieu difficilement accessible, et d'autres établissements suivaient cet exemple, malgré les difficultés considérables rencontrées dans le transport des matériaux, hissés à dos d'homme ou à l'aide de treuils.

Les 15e et 16e s. constituèrent la grande période des monastères dont le nombre atteignit 24 et qui furent décorés de fresques et d'icônes par de grands artistes, tels le moine **Théophane le Crétois**, qui peignit aussi au mont Áthos, et ses disciples. Les rivalités entre communautés et la diminution des vocations amenèrent un déclin, qui s'accéléra avec l'intégration à la Grèce en 1881. En effet, les propriétés foncières des moines furent confisquées dans les années 1920. Puis les monastères subirent des détériorations importantes et le pillage de certains de leurs trésors lors de la Seconde Guerre mondiale. Un nouvel essor monastique ne parut qu'après la fin de la guerre civile en 1949.

Le succès touristique – Certains moines des Météores ont décidé de chercher refuge au mont Áthos ou dans d'autres monastères plus isolés, importunés par le défilé incessant des touristes. De nos jours, cinq monastères et un couvent seulement sont occupés.
Naguère, les monastères n'étaient accessibles que par des échelles amovibles ou des nacelles suspendues à des cordes et tractées par un treuil jusqu'à une tour en surplomb dite « tour du treuil » *(vrizoni)* ; d'après les voyageurs d'antan, les cordes n'étaient remplacées qu'après rupture ! De nos jours, des escaliers d'accès ont été aménagés et une belle route dessert les principaux monastères.

Visiter

Kalambáka

Située au nord de l'agglomération, en hauteur, la **cathédrale** (Mitropoli) du 14e s. a succédé à des édifices plus anciens : elle comprend d'ailleurs maints matériaux antiques ou paléochrétiens (5e-6e s.). À l'intérieur, sur plan basilical à trois vaisseaux terminés par des absides arrondies, on remarque des éléments d'origine paléochrétienne : l'ambon de marbre (chaire), le ciborium (baldaquin), et, au fond de l'abside centrale, les degrés sur lesquels prenaient place les prêtres. Les fresques du 16e s. de style crétois sont malheureusement noircies.

Découvrir

Circuit de 17 km environ permettant de faire le tour des monastères et offrant des vues magnifiques sur le Pinde et la vallée du Pineiós. Quitter Kalambáka par l'ouest et peu après Kastráki, village dans lequel on peut également trouver hôtels et restaurants, laisser la voiture et prendre un sentier à gauche. Il est interdit de photographier les fresques. Tenue décente exigée (les moines fournissent de grandes jupes pour les femmes).

Doúpiani

La **chapelle de la Vierge sur la « colonne »** témoigne de l'existence du monastère de Doúpiani dont dépendirent jusqu'au 14e s. les ermites dispersés dans la montagne.

Ágios Nikólaos★

✆ 24320 77392 - tlj sf vend. 9h-15h30 (été), 9h-13h (hiver) - 2 €.

Fondé au 14e s., ce monastère possède une église du 16e s. décorée à la même époque par Théophane le Crétois, comme en témoignent l'inscription et la signature de sa main visibles sous la composition du Jugement dernier, de fresques remarquables (Dormition de saint Ephrem). Le monastère est de dimensions très modestes : il compte une dizaine de cellules seulement, et le catholicon ne peut guère recevoir plus de trois personnes. Abandonné à la fin du 19e s., il a fait l'objet d'une restauration.

Roussánou

✆ 24320 22519 - tlj sf merc. 9h-18h (été), 9h-14h (hiver) - 2 €.

Le monastère, aujourd'hui accessible par deux ponts, l'était autrefois par des échelles mobiles. Il a été reconstruit au 16e s. De cette période datent les fresques qui ornent le catholicon. Il est connu aussi sous le nom d'Agia Varbara car il conserva longtemps la tête de sainte Barbe, objet d'une grande dévotion.
Contourner ensuite le rocher qui porte le monastère Roussánou. À la bifurcation, prendre à gauche et dépasser le monastère de Varlaám pour atteindre le Grand Météore.

Grand Météore★★ (Mégalo Metéoro)

Tlj sf mar. en été 9h-17h, tlj sf mar. et jeu. en hiver 9h-16h - 2 €.

L'accès se fait par des escaliers taillés dans le roc et aboutissant à la tour du *vrizoni*, dont les éléments (treuil et nacelle) subsistent. Bâti sur une large plate-forme rocheuse (alt. 534 m), le monastère du Mégalo Metéoro, ou monastère de la Transfiguration (Metamorfosis), fut fondé en 1356 par **saint Athanase** et enrichi de reliques et d'œuvres d'art par son successeur, saint Joasaph (Jean Uros), membre de la famille régnante de Serbie. C'est le plus important des monastères des Météores.

Église – L'abside et le sanctuaire datent du 14e s. et ont été décorés de fresques au milieu du 15e s. ; le reste de l'édifice, refait au milieu du 16e s., comprend un vaste narthex et un curieux transept sur plan carré à absides latérales en conques, suivant une formule architecturale héritée du mont Áthos. Les murs sont décorés de fresques de la même époque, d'un style austère, parmi lesquelles figurent les représentations des saints fondateurs Athanase et Joasaph (mur ouest du carré du transept), dont les tombeaux se trouvent dans le narthex. Le **réfectoire** (16e s.) forme une salle imposante voûtée de coupoles et divisée en deux nefs. Il abrite le Trésor : manuscrits, icônes, dont certaines du 14e s., ornements liturgiques, reliquaires, croix sculptée de saint Daniel. De l'angle sud-est du monastère, vue impressionnante sur les rochers et notamment sur celui qui porte Varlaám.

Varlaám★★

✆ 24320 75386 - tlj sf jeu. en été 9h-14h, 15h30-17h, tlj sf jeu. et vend. en hiver 9h-15h - 2 €.

Ce monastère a été fondé en 1518 par deux frères appartenant à une riche famille de Ioannina, les Aparas, sur l'emplacement de l'ermitage d'un cénobite du 14e s., Varlaám. Une passerelle et un escalier conduisent au monastère perché au-dessus d'une gorge que surplombe la tour du *vrizoni* (16e s.).

Église – Incorporant la chapelle d'origine (14e s.) dite des Trois Hiérarques, l'église d'Agii Pantes fut terminée en 1544 et est décorée d'un remarquable ensemble de fresques. Celles du narthex datent de 1566. Les scènes évoquent le Jugement dernier et la Vie de saint Jean-Baptiste ; des figures d'ascètes couvrent les murs et les portraits des frères Aparas avoisinent leur tombeau. Marquées d'influences occidentales (réalisme des compositions et des couleurs), les fresques de l'église sont de Frango Catellano de Thèbes (1548), l'un des maîtres de l'art post-byzantin. Admirez le Christ de la coupole, la Dormition de la Vierge et la Mise en croix (mur ouest), les effigies des saints Jean Damascène et Côme de part et d'autre de l'entrée.

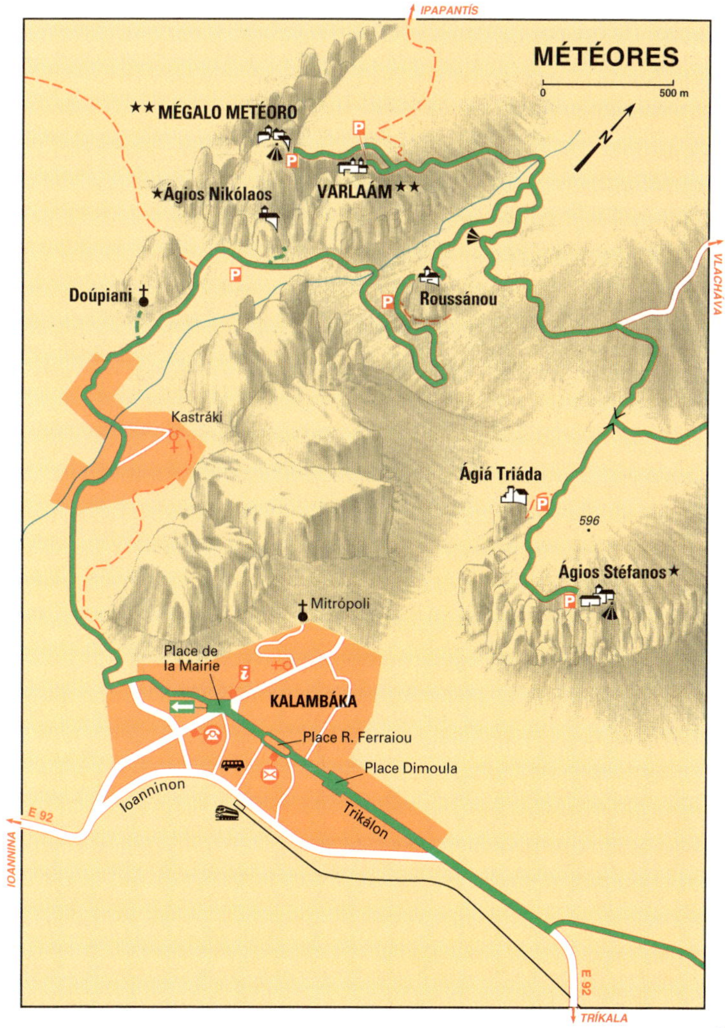

Enfin, la **chapelle des Trois Hiérarques** présente des fresques du 17e s., bien conservées, comprenant en particulier deux scènes admirablement composées : la Dormition de saint Jean Chrysostome et la Dormition de saint Ephrem le Syrien. Avant de quitter l'église, remarquez l'iconostase sculptée et dorée (icône de la Vierge à l'Enfant, du 16e s.), ainsi que le mobilier incrusté de nacre.

Bâtiments conventuels – Il faut citer le réfectoire qui abrite le Trésor (entre autres une icône de la Vierge peinte par E. Tzanès), l'infirmerie, les celliers (qui renferment un énorme baril d'une contenance de 12 000 l), le pressoir, la tour du *vrizoni* avec son treuil.

Prenez à gauche la route qui sinue à flanc de montagne : **vue★★** spectaculaire sur le petit monastère Roussánou.

En continuant la route, on arrive à une seconde bifurcation qui mène aux monastères d'Ágiá Triáda et d'Ágios Stéfanos.

Agía Triáda

✆ 24320 77123 - tlj sf jeu. 9h-12h30, 15h-17h - 2 €.

Le monastère de la Sainte-Trinité est érigé au sommet d'un énorme pilier rocheux : ses bâtiments datent du 15e et du 17e s. Il fut richement doté en objets et manuscrits précieux, ainsi qu'en propriétés foncières, mais le Trésor fut pillé par les Allemands lors de la Seconde Guerre mondiale. La petite chapelle St-Jean-Baptiste, creusée dans le rocher, abrite des fresques du 17e s., tout comme l'est le catholicon bâti au 15e s.

Ágios Stéfanos★

✆ 24320 22279 - tlj sf lun. 9h-14h, 15h30-18h (été), 9h30-13h, 15h-17h (hiver) - 2 €.

Séparé de la montagne par une crevasse que franchit un pont, le monastère St-Étienne a été construit sur l'emplacement d'un ermitage du 12e s. Au 14e s., la communauté fut richement dotée par l'empereur Andronic Paléologue. Pillé et endommagé lors de la Seconde Guerre mondiale, il abrite une communauté de nonnes qui le restaurèrent et ouvrirent un atelier de peinture d'icônes réalisées selon les règles ancestrales (vente dans la boutique du monastère).

Il comprend deux églises : la plus ancienne, la chapelle St-Étienne (15e s.), est bâtie sur plan basilical mais ne se visite pas ; la plus récente (fin 18e s.) garde le reliquaire de la tête du saint martyr Charalambos. Dans le réfectoire sont exposés de belles icônes des 16e et 17e s. (par E. Tzanès), des manuscrits enluminés du 17e s. et des broderies du 16e s. **Vues★★** splendides sur la vallée du Pineiós et la Thessalie.

Aux alentours

Tríkala

À 22 km au sud de Kalambáka par la E 92.

Gros marché agricole au sein de la fertile Thessalie, Tríkala fut le siège sous l'Antiquité d'un important sanctuaire à Asklépios, dieu de la Médecine ; lors de l'occupation turque, elle fut, un temps, capitale de la province.

Regroupant les principales églises et un bazar pittoresque, le **vieux quartier** s'étage sur les premières pentes du mont Ardani, que couronne un château byzantin de Varousi, le fort Trikkis, sur des fortifications du 4e s. av. J.-C. Il est conseillé d'accéder au sommet, endroit très agréable, animé par un café.

Au sud de la ville, sur la route de Kardítsa, la **mosquée**, du 16e s., construite par le célèbre architecte Sinan, est couverte d'une imposante coupole.

Défilé de Porta★

À 20 km au sud-ouest de Tríkala. Prendre la route de Pili, traverser ce bourg et remonter sur 1 km environ la rive droite du Portaïkos, qui descend du massif du Pinde.

Pont★ – Construit au 16e s. par le moine Bessarion et situé à la sortie du défilé dans un site paisible qu'ombragent d'énormes platanes, il comporte une seule arche, étroite et haute, d'une portée impressionnante.

Revenir à Pili, franchir le torrent et en remonter la rive gauche. Bientôt apparaît en contrebas l'église de Porta Panagia.

Sanctuaire de Porta Panagia★ – Le monastère fut fondé en 1283 dans un site retiré alors que Jean Ier et Jean II Doukas étaient maîtres de la Thessalie. Tout près de la rivière, ce curieux édifice du 13e s. présente deux bâtiments bien distincts.

À l'est se trouve une église d'architecture latine par son appareil de pierres taillées, son transept apparent, le profil de certaines de ses ouvertures, son plan à une nef contrebutée par des bas-côtés, son remarquable chevet à abside et absidioles à pans. À l'intérieur, les mosaïques du Christ et de la Vierge à l'Enfant encadrant l'entrée du chœur ont une souplesse de dessin et une expression détendue qui diffèrent du hiératisme byzantin.

À l'ouest s'élève une église orthodoxe sur plan en croix grecque que surmonte une coupole, probablement refaite au 15e s., mais dont la façade et les murs en pierre paraissent remonter au 13e s. et avoir été conçus par un maître d'œuvre occidental. À l'intérieur, la fresque (15e s.) de la coupole respecte la tradition byzantine avec un Christ Pantokratore sévère et la légion solennelle des saints accompagnateurs.

Retournez vers Pili et, avant de traverser la rivière, tournez à gauche puis montez au grand **monastère Doussikou**, de style athonête, occupé par une dizaine de moines.

Les Météores pratique

Informations utiles

EOT – *Sur la pl. de la mairie de Kalambáka - 24320 77900 - 8h-14h30 en été, horaires aléatoires hors sais.* Le personnel est en partie francophone et fournit diverses informations.

Téléphone – **OTE** - *Odos Ioanninon - lun.-vend. 7h30-22h, sam. 7h20-15h.*

Poste – *Odos Trikalon - lun.-vend. 7h30-14h.*

Centre de santé – *24320 22222.*

Police touristique – *57 odos Ioanninon (à l'entrée de la ville) - 24320 78000.*

Transports

En train – *Gare ferroviaire au sud de la ville de Kalambáka.* 4 trains/j. pour **Athènes**, dont un express à 7h ; pour les autres destinations, changement à Paleafarsala. 2 trains/j. pour **Vólos** ; le même train poursuit vers Thessalonique. 3 trains/j. pour **Lárissa**.

En bus – *Gare routière dans odos Ikonomou - 24320 22432.* 1 bus ttes les heures pour **Tríkala**, de 6h15 (7h le dim.) à 22h30. De là, 1 bus/h pour **Lárissa**, 3 bus/j. pour **Athènes** et pour **Thessalonique**. Pour **Métsovo** 4 bus/j., 2 bus/j. pour **Ioannina** et 3 bus/j. pour **Vólos**.

Place de la mairie de Kalambáka, un service de bus dessert les principaux monastères des Météores *(lun.-vend. 9h, 13h20, w.-end 8h20, 13h20)*. Liaisons aussi pour **Kastráki** *(6h45-21h45)*.

Se loger

KALAMBÁKA

Meteora – *13 odos Ploutarchou - 24320 22367 - www.meteorahotels.com - 10 ch.* Établissement simple, mais doté de chambres calmes et impeccables. Celles qui ont vue sur les Météores sont plus chères. On y parle français. Laverie, Internet.

Hôtel Odysseon – *30 odos P. Dimitriou (à la sortie de la ville, vers Kastraki) - 24320 22320 - www.hotelodysseon.gr - 22 ch.* Cet hôtel moderne propose des chambres confortables et bien tenues. Toutes ont une vue superbe sur la vallée ou sur les Météores. Profitez de la très belle terrasse pour le petit-déjeuner. Accueil sympathique et professionnel.

Aeolic Star – *4 odos A. Diakou (au-dessus de la pl. de la mairie) - 24320 22325 - 24 ch.* Situé en plein centre-ville, cet hôtel propose des chambres simples mais agréables, certaines avec balcon. Petit-déjeuner copieux. Bon accueil.

Edelweiss – *3 odos E. Venizelou - 24320 23966 - www.kalambaka.com/edelweiss - 60 ch.* Hôtel de trois étages disposant de chambres confortables mais sans caractère, accueillant surtout une clientèle de groupes. La piscine avec vue sur les Météores est un must. Prix élevés, mais à négocier hors saison.

KASTRÁKI

Hôtel Tsikeli – *Dans le village, à gauche sur la route principale qui monte vers les Météores - 24320 22438 - 18 ch.* Un endroit accueillant, où l'on sert le petit-déjeuner dans un jardin. Certaines chambres ont une vue imprenable sur les Météores. Excellent rapport qualité-prix.

Vassiliki & Gregory Ziogas – *Sur la route principale, à droite - 24320 24037 - 10 ch.* L'accueil est sympathique, et les chambres sont sobres et confortables, avec vue sur les Météores. Une adresse très convenable. Petit-déjeuner en option. Possibilité de demi-pension.

Hôtel France – *À l'entrée du village - 24320 24186 - 26 ch.* Hôtel tenu par un couple franco-grec chaleureux. Chambres impeccables, certaines avec vue sur les Météores. Petit-déjeuner en sus.

Doupiani House – *À la sortie du village, à gauche - 24320 75326 - doupiani-house@kmp.forthnet.gr - 11 ch.* Un accueil sympathique vous sera réservé dans cet hôtel calme et isolé, avec la plus belle vue sur les Météores. Le patron vous fournira des informations pour découvrir les environs. Petit-déjeuner copieux en option à déguster sur la terrasse.

Hôtel Kastráki – *À gauche, sur la route principale qui monte vers les Météores - 24320 75336 - 27 ch.* Hôtel moderne et très confortable, certaines chambres donnant sur les Météores. Bon accueil.

Se restaurer

KALAMBÁKA

Panellinion – *Pl. Dimarheiou.* L'un des trois restaurants de la place. Pour boire un verre ou manger une cuisine simple mais bonne.

KASTRÁKI

Taverne Kosmiki – *Rue principale - avant l'église.* Une belle terrasse avec vue sur les Météores, où l'on sert une cuisine plantureuse.

Taverne Gardenia – *En dessous de l'église.* Une jolie terrasse pour apprécier une cuisine fraîche et familiale. Accueil sympathique.

Filoxenia Taverna – *Dans le village, sur la route qui monte aux Météores.* Une tonnelle agréable, où l'on déguste *souvlaki* et poulets à la broche.

Sports et loisirs

Randonnées – **No Limit** - *Kastráki, dans le camping à l'entrée du village - ✆ 24320 79165 - meteora@nolimits. com.gr - mai-oct.* Une agence de trekking et de sports de montagne.

Achats

Marché – Vend. mat. à Kalambáka.

Antiquités – **Korakis Bros** - *pl. R. Ferraiou.* Une caverne d'Ali Baba où l'on trouve objets en bois et en cuivre, icônes et bijoux.

Événements

Des **danses folkloriques** sont organisées à Kalambáka et Kastráki le lun. et le mar. de Pâques. En mai, à Tríkala, les **Hatzipetria** sont l'occasion de danses et d'épreuves sportives.

Mistrás★★★

Μυστράς

485 HABITANTS –
CARTE GÉNÉRALE RABAT II B2 – LACONIE – PÉLOPONNÈSE

Construite en amphithéâtre sous la citadelle, Mistrás étage ses églises et ses monastères byzantins, ses palais et ses maisons en ruine sur le flanc escarpé d'un contrefort du Taygète. Aujourd'hui peuplée seulement de quelques religieuses, elle n'a cependant rien perdu de sa grandeur, et ses vestiges, classés au patrimoine mondial de l'Unesco, témoignent de la splendeur de la « perle de Morée ».

Se repérer – À 144 km au sud-ouest de Corinthe et à 5 km au nord-ouest de Sparte. Aucune difficulté pour s'orienter dans le petit village moderne que l'on traverse, en venant de Sparte, pour se rendre dans les ruines de Mistrás l'ancienne, 1,5 km plus haut. Sans quitter la route principale, on accède aux deux entrées séparées de la ville basse et de la ville haute.

Se garer – Un parking se trouve à l'entrée du village moderne, en venant de Sparte, un autre près de la ville basse.

Organiser son temps – Compter une journée pour la visite de l'ensemble du site (prévoir des chaussures confortables et une bouteille d'eau). On visitera en priorité la ville basse si l'on dispose de peu de temps.

Pour poursuivre le voyage – Kalamáta, Sparte.

Comprendre

Conflits franco-byzantins – L'origine de Mistrás semble remonter au début du 13e s., mais son célèbre château ne fut bâti qu'à partir de 1249 par le Champenois Guillaume de Villehardouin, prince de Morée et duc d'Achaïe, désireux de mieux contrôler la Laconie : « C'était un château fort superbe, une place forte imprenable », rapporte la *Chronique de Morée*. Le site était en effet bien choisi : un piton haut de 621 m, commandant la vallée de l'Evrótas, et la protégeant des incursions de peuplades slaves, les Esclavons, campés dans la chaîne du Taygète. Pourtant, les chevaliers francs ne devaient pas rester longtemps à Mistrás.

En 1259, Guillaume de Villehardouin est fait prisonnier à Pelagonia, en Macédoine, par les troupes de Michel VIII Paléologue, empereur de Byzance, régnant à Nicée, qui devait reprendre Constantinople aux Francs deux ans plus tard. Retenu trois ans prisonnier, Guillaume ne recouvre sa liberté qu'en cédant à Michel les forteresses de Monemvasía, Maïna... et Mistrás.

Libéré, le prince de Morée revient néanmoins en Laconie après avoir battu les Byzantins près de Leondari, mais ne peut reprendre la forteresse de Mistrás au pied de laquelle une ville commence à s'élever. Certains éléments d'architecture, provenant de la ville byzantine de Lakedemonia (Sparte), abandonnée, furent remployés dans la construction de la nouvelle cité.

La « Florence de l'Orient » – D'abord siège du gouverneur byzantin de la province, Mistrás devint aux 14e-15e s., sous les empereurs des dynasties Cantacuzène et Paléologue, la capitale du despotat de Morée, couvrant presque tout le Péloponnèse et réservé à des « despotes », fils cadets ou frères des empereurs. C'est ainsi que régnèrent, entre autres, à Mistrás, Manuel Cantacuzène (1348-1380), Théodore II Paléologue (1407-1443) et Constantin Paléologue (1443-1449) : ce dernier, couronné empereur à Mistrás, périra en 1453 lors de la prise de Constantinople par les Turcs.

Les despotes font de Mistrás le foyer d'une renaissance hellénique politique et culturelle. Parallèlement à l'édification de leur palais, ils président à la construction d'églises, dont l'architecture combine la formule à cinq coupoles et le plan cruciforme avec des éléments occidentaux : campaniles, chevets à abside et absidioles, nefs allongées, porches à arcades d'inspiration cistercienne, arcs d'ogives.

Le décor, très soigné, se manifeste surtout dans la fresque qui supplante marbres et mosaïques : on y découvre une recherche de la vie, du détail pittoresque et du mouvement, un coloris séduisant, une beauté expressive qui tranche sur le hiératisme des œuvres antérieures.

L'éclat intellectuel de Mistrás est encore plus vif sous les auspices non seulement des despotes, mais aussi d'empereurs lettrés comme Jean VI Cantacuzène et surtout **Manuel II Paléologue**, qui séjourna deux ans à Paris. La philosophie néoplatonicienne, exaltant le Beau et le Bien, y est à l'honneur avec **Manuel Chrysoloras**, « le sage de Byzance », qui enseigne aussi en 1397 à Florence, où il influence le pédagogue Guarino da Verona et l'architecte Brunelleschi. Mais, en ce domaine, le nom phare reste celui de l'humaniste **Georges Gémiste Pléthon** *(voir encadré ci-dessous)*.

Le Platon de la Renaissance

Georges Gémiste Pléthon est le chef d'une école prônant le renouvellement des valeurs morales, une réforme sociale et une religion où les dogmes chrétiens se renforcent de l'enseignement des mythes antiques et des théories professées par Platon.

Venu à Florence en 1438 avec l'empereur Jean VIII pour assister au concile qui devait préparer l'union entre catholiques romains et orthodoxes, Gémiste Pléthon enthousiasme tellement ses auditeurs que **Cosme de Médicis** décide de fonder une Académie platonicienne. Il meurt à Mistrás en 1442, mais sa dépouille est enlevée en 1464 par le tyran de Rimini, Sigismond Malatesta, condottiere d'un corps expéditionnaire envoyé par le pape Pie II en Péloponnèse pour essayer de chasser les Turcs. Parmi les élèves de ce grand penseur, il faut citer surtout le Grec **Jean Bessarion** (1402-1472), formé à Mistrás, qui se fit entendre au concile de Florence et participa à la naissance de l'Académie platonicienne; nommé cardinal romain, il prêcha la croisade contre les Turcs, faillit être élu pape et légua sa bibliothèque à la Libreria Marciana de Venise.

Un autre Grec, **Constantin Lascaris**, grammairien et philologue, vint en Italie à la chute de l'Empire, enseigna à Florence, Milan, Mantoue, vécut à Rome dans l'entourage de Bessarion et mourut à Messine en 1493. Son frère Jean s'illustra à Florence et à Paris.

L'occupation turque – Livrée aux Ottomans en 1460 par le despote Dimitri Paléologue, frère de l'empereur Constantin, Mistrás voit ses églises transformées en mosquées, tandis que le palais des despotes abrite les pachas. Cependant, la ville connaît encore la prospérité grâce à l'industrie de la soie, encouragée par les Turcs, et compte 42 000 habitants au 17e s. Occupée de 1687 à 1715 par les Vénitiens, Mistrás est mise à feu et à sang en 1770 par les Russes du comte Orloff, puis, dix ans plus tard, par des bandes albanaises; lorsque **Chateaubriand** la visite en 1806, elle ne compte plus que 8 000 habitants. Pillée et incendiée à nouveau par les troupes égyptiennes d'Ibrahim Pacha durant la guerre d'Indépendance, elle est abandonnée au profit de la nouvelle Sparte, fondée en 1834.

De 1896 à 1910, l'École française d'archéologie préserve d'une destruction complète le site de Mistrás, qui est étudié alors par Gabriel Millet. Plus récemment, les services archéologiques grecs ont restauré monuments et fresques.

Visiter

✆ 27310 83377 - 8h30-15h - 5 € (+ 65 ans 3 €) -19 ans et étudiants gratuit.

Bordée de platanes, la route venant de Sparte traverse une campagne fertile, plantée d'oliviers, d'où l'on découvre une très belle **vue**★★ sur Mistrás, image colorée sur le fond sombre du massif du Taygète. On arrive à Néa Mistrás, agréable bourgade fleurie *(tavernes)* que l'on traverse pour gagner les ruines *(restaurant Xenia)* dispersées le long de la pente sur une vaste étendue. Occupant un **site**★★★ exceptionnel, Mistrás la Morte, que célébra Barrès, domine Sparte et le bassin de l'Evrótas.

Bon à savoir – La cité ancienne comprend trois secteurs, bien délimités par leurs enceintes respectives : le château franc des Villehardouin (Kastro), la ville haute aristocratique, la ville basse bourgeoise et religieuse. Une entrée principale (châtelet) donne accès à la ville basse, une autre à la ville haute.

La porte de Monemvasía est l'unique accès entre les parties haute et basse. On la traverse à pied, une fois sur le site. Prévoir une tenue correcte pour les monastères et églises.

VILLE BASSE★★ 1

Protégée par une muraille du 14e s., elle rassemblait autour de sa métropole, églises, monastères, demeures cossues et échoppes de marchands. Il faut y pénétrer par le châtelet, marquant l'ancienne porte de la ville, et tourner à droite vers la métropole qu'on longera (vue sur l'abside et le clocher) jusqu'à son entrée principale.

Métropole★★

Située en contrebas du chemin, la cathédrale orthodoxe Agios Dimitrios fut probablement fondée vers 1270 par le métropolite Eugène et complétée d'un narthex en 1291 par le métropolite Nicéphore, auquel une inscription, sur le mur de l'escalier, attribue la construction de toute l'église.

Pénétrer dans l'enceinte par une cour d'où un escalier monumental descend au niveau du parvis de l'église : à droite, une fontaine timbrée de l'aigle byzantin.

Cette esplanade se continue sur le côté gauche de la métropole par une cour à arcades du 18e s., d'où l'on jouit de vues plongeantes sur la vallée de l'Evrótas ; le sarcophage romain, sculpté d'une procession de bacchantes (prêtresses de Bacchus) et de sphinx ailés, servait de bassin à la fontaine de Marmara située en bas de la ville.

Église – Elle fut édifiée à la fin du 13e s., sous forme de basilique, avec une nef centrale couverte d'une charpente et deux bas-côtés de même longueur mais voûtés. Cependant, au 15e s., le métropolite Mathieu fit reconstruire les parties hautes sur plan cruciforme à coupoles : dans la nef centrale, on distingue parfaitement le passage de la campagne de construction du 13e s. à celle du 15e s., soulignée par une frise sculptée en dessous de laquelle subsistent les fragments de peintures qui furent alors mutilées. Les arcades de la nef centrale reposent sur des chapiteaux byzantins et les colonnes portent des inscriptions gravées énumérant les privilèges concédés par les empereurs à la ville.

Une partie du pavage primitif de marbres à incrustations de couleurs a été conservée ; en face de l'iconostase, une dalle sculptée de l'aigle bicéphale byzantin couronné indiquerait l'endroit où Constantin Paléologue fut sacré empereur de Byzance en 1449. Quelques sculptures en méplat (9e-11e s.) proviennent d'édifices détruits de la ville byzantine de Lakedemonia ; dans la nef droite, curieux trône épiscopal du 17e s.

Les **fresques★** des 13e-14e s. relèvent de plusieurs ateliers. La plus caractéristique, à la voûte de l'abside droite, évoque le thème de l'Hétimasie, trône vide surmonté de la croix byzantine, symbolisant l'attente du retour du Christ pour le Jugement dernier : les anges sont remarquables par le rythme qui les anime et l'expression extatique de leur visage.

Dans le narthex, un Jugement dernier groupe de nombreuses scènes : admirer les deux anges tenant les livres du Bien et du Mal. En remontant la nef gauche, voir les épisodes du martyre de saint Dimitri ; à l'abside centrale, majestueuse Vierge à l'Enfant.

Musée – *Mêmes horaires que le site (visite 20mn) -fermé lun.* Aménagé dans le palais épiscopal, il a été fondé par Gabriel Millet et rassemble des sculptures et des poteries byzantines trouvées dans les églises et sur les sites de Sparte et de Mistrás. Une inscription porte le monogramme d'Isabeau de Lusignan, épouse du despote Manuel Cantacuzène, issue d'une famille franque ayant régné sur Chypre.

Continuant le chemin, on rencontre la petite église de cimetière **Evangelistria★** (14e-15e s.) aux proportions harmonieuses.

Monastère de Vrontochion★★

Églises des Sts-Théodore★ (Agii Theodori) – Très restaurée, cette église sur plan cruciforme date de la fin du 13e s. ; son abside était autrefois revêtue de carreaux de céramique. L'édifice vaut surtout actuellement par une coupole reposant sur un haut tambour à 16 pans qui fait grand effet, tant à l'extérieur qu'à l'intérieur, où elle est portée par 8 piliers. Aux angles, quatre chapelles funéraires : celles de l'est ont leur entrée dans les bras du transept, celles de l'ouest ouvrent sur le narthex construit plus tardivement.

S. Chevreuse / MICHELIN

Église de l'Odigítria.

Église de l'Odigítria★★ (Afendiko) – Vouée à la Vierge conductrice, cette imposante église, fortement restaurée, est aussi nommée Afendiko (« du maître ») car elle fut construite au 14e s. par Pacôme, important dignitaire de l'Église orthodoxe. Son architecture allie le plan basilical à trois nefs et le plan cruciforme à coupoles dans les parties supérieures suivant une formule particulière à Mistrás. En arrivant, on découvre une vue spectaculaire sur l'abside ornée de baies groupées par trois et d'arcatures aveugles, ainsi que sur l'étagement des coupoles. Des fûts et des bases de colonnes témoignent de l'existence, sur les côtés et la façade, de portiques, comme à la Pantanassa. Le campanile a été restauré.

L'intérieur est décoré de remarquables **peintures murales★★** du 14e s., de plusieurs mains. Pénétrer dans l'église par le narthex, où sont retracés les miracles du Christ (guérison de l'aveugle, la Samaritaine au puits, les Noces de Cana…) : l'aisance du dessin, l'harmonie des couleurs, l'intériorité de l'expression dénotent l'intervention d'un grand artiste, émule de Duccio et de Giotto.

À l'extrémité du narthex, à gauche, une chapelle funéraire abrite les tombes, d'une part, de Pacôme, qu'une peinture représente offrant l'église à la Vierge, d'autre part, de Théodore I Paléologue, peint sous le double aspect du despote et du moine qu'il devint à la fin de sa vie; admirez une procession de martyrs, très bien conservée.

À l'autre bout du narthex, une seconde chapelle a ses murs couverts d'inscriptions copiées des chrysobulles, décrets impériaux octroyant biens et privilèges au monastère; à la voûte sont peints quatre anges qui soutenaient la « gloire » du Christ.

Avancer ensuite dans l'église divisée par des colonnes de marbre, dont la première à droite porte un élégant chapiteau, pour apprécier le lumineux volume central que forment la monumentale coupole sur pendentifs, le tambour polygonal, les coupoles d'angle et les gynécées (tribunes affectées aux femmes, temporairement fermées pour restauration) qui surmontent le narthex et les bas-côtés.

Les peintures du rez-de-chaussée représentent principalement des effigies de saints qui étaient à l'origine encadrées de marbre de couleur; remarquez à l'abside centrale, les saints prélats hiératiques, Grégoire de Nysse, Sylvestre, Basile, Jean Chrysostome, Grégoire de Grande Arménie…

Les peintures du gynécée, d'un coloris brillant, évoquent la Résurrection, la Fuite en Égypte et, sur les murs, des saints (accès par la chapelle des Chrysobulles). Autres peintures dans les chapelles funéraires du côté droit; voir surtout la Dormition de la Vierge dans la seconde chapelle.

Prendre le sentier qui monte vers la Pantanassa et ses cyprès.

Monastère de la Pantanassa★★

Encore occupé par quelques nonnes se livrant à de minutieux travaux de broderie, il fut fondé par Jean Frangopoulos, premier ministre du despotat, en septembre 1428. L'entrée principale donne accès à l'étroite cour conventuelle : à gauche s'alignent des cellules monacales; en face, des escaliers montent vers l'église dédiée à la Vierge Reine de l'Univers (Panagia Pantanassa).

Église – Combinant encore le plan basilical en bas et le plan cruciforme à coupoles en haut, ce bel édifice paraît remonter au 14e s. pour le clocher et le registre inférieur de l'abside où les influences gothiques occidentales sont manifestes, la majeure partie des bâtiments étant néanmoins du début du 15e s.

La façade, jadis précédée d'un portique, est flanquée d'un superbe clocher-porche gothique, d'inspiration française par ses oculi tréflés, ses ouvertures sous arcs de décharge à la façon cistercienne, ses clochetons d'angle. Au-delà du clocher court un élégant portique aux coupoles surbaissées, lieu de repos offrant des **vues★★**

admirables sur la campagne de l'Evrótas. De là, on atteint la charmante abside à trois absidioles rythmées d'arcatures gothiques que surmonte une guirlande de gâbles fleuronnés.
Commencer la visite de l'intérieur par le narthex qui abrite la tombe de Manuel Katzikis, mort en 1445 et figuré sur le mur. Des **peintures★** d'époques diverses décorent l'église proprement dite. Les plus belles, d'une facture animée et pittoresque, remontent au 15e s.; au cul-de-four et à la voûte de l'abside centrale, une majestueuse Vierge Platytera (« plus large », parce qu'elle contient le médaillon du Christ incarné) et une Ascension; dans le bras gauche du transept, l'Entrée du Christ à Jérusalem (remarquezles enfants qui se dévêtent); dans les tribunes du gynécée, la Vie du Christ (curieuse Résurrection d'un Lazare enveloppé de bandelettes).
Après la Pantanassa, le sentier descend vers la **maison de Frangopoulos** (15e s.), reconnaissable à son balcon sur mâchicoulis, puis parvient à la Perivleptos.

M. Guillochon / MICHELIN

Le monastère de la Perivleptos, petit bijou de l'art byzantin.

Monastère de la Perivleptos★★

Ce petit monastère remonte à l'époque franque (13e s.), mais fut remanié au 14e s., époque à laquelle furent réalisées les peintures murales.
Une jolie porte cintrée donne accès à l'intérieur de l'enceinte. Elle est surmontée d'un bas-relief à décor héraldique de fleurs de lys, de lions de Flandre et d'un monogramme formé par la devise « perivleptos » qui signifie « vu de toutes parts »; ces figures et cette devise désignent le fondateur du monastère, un des deux premiers empereurs latins de Constantinople, Baudouin de Flandre ou son frère Henri.
Église – La porte franchie, on découvre une pittoresque perspective sur l'église bordée de deux chapelles funéraires hors œuvre au-delà desquelles se détache une tour du 13e s., dont le rez-de-chaussée fut transformé en réfectoire. On remarquera le chevet, encore roman, avec son abside et ses absidioles à pans et sa fleur de lys sculptée entre deux rosaces.
On pénètre dans l'église par une porte à droite de l'abside. L'intérieur est décoré d'un ensemble exceptionnel de **peintures murales★★★** du 14e s. illustrant le Nouveau Testament et la Vie de la Vierge. Ces scènes, d'une composition harmonieuse, d'un dessin expressif et d'un coloris varié, séduiront aussi par le mouvement des figures et le pittoresque du détail :
– au-dessus de la porte d'entrée, l'admirable Dormition de la Vierge, dans laquelle le Christ emporte l'âme de sa mère, représentée sous la forme d'un enfant;
– à l'abside gauche, une Procession eucharistique d'anges se dirigeant vers le Christ;
– à l'abside centrale, la Vierge en majesté, au cul-de-four, l'Ascension à la voûte;
– à l'abside droite, le Christ dormant, le Reniement de saint Pierre, le Calvaire;
– à la coupole, le Christ Pantocrator qu'entourent la Vierge, les Apôtres, le Trône vide symbolisant l'attente du Jugement dernier (Hétimasie) et, plus bas, les Prophètes;
– sur les arcs, encadrant le carré de base de la coupole, la Vie du Christ, qui comprend notamment deux très belles compositions évoquant la Nativité et le Baptême de Jésus.

R. Mattès / MICHELIN

La ville haute de Mistrás, ancien centre culturel et spirituel de la Grèce byzantine.

L'église communique avec l'ancien **ermitage** monolithe comprenant une salle transformée en chapelle et la chapelle Ste-Catherine, sanctuaire primitif, que surmonte son clocher, au sommet de l'abrupt.

En sortant de Perivleptos, passer près de la **chapelle Saint-Georges (Agios Giorgos)**, chapelle funéraire seigneuriale, laisser à droite l'entrée de la **Marmara** qui tient son nom d'une fontaine de marbre, puis à gauche la chapelle funéraire St-Christophe.

Maison Lascaris

Bon exemple de demeure patricienne du 14e s. ayant appartenu, pense-t-on, à la célèbre famille issue des empereurs de Byzance qui a donné naissance aux humanistes Constantin et **Jean Lascaris**. Ce dernier (1445-1534) fut bibliothécaire de Laurent de Médicis, puis professeur de littérature grecque à la Sorbonne, où il eut pour élève Guillaume Budé. La galerie voûtée du rez-de-chaussée servait probablement d'écurie ; un balcon sur mâchicoulis fait face à la plaine de l'Evrótas. Le bâtiment de gauche a été ajouté postérieurement.

Retourner à l'entrée principale et reprendre la voiture pour aller à l'entrée de la ville haute. À défaut de voiture, gagner la porte de Monemvasía.

VILLE HAUTE★★ 2

Des remparts du 13e s., percés de deux portes, les portes de Monemvasía et de Nauplie, ceignent la ville haute, se raccordant avec le château franc.

Château franc (Kastro)★

De l'entrée supérieure de la ville haute, un sentier en lacets assez rude conduit au kastro (45mn AR). Édifié au 13e s. dans son plan et ses murailles jalonnées de tours, le château des Villehardouin a été remanié par les Byzantins, les Vénitiens et les Turcs. Guillaume II de Villehardouin et son épouse Anne Ange-Comnène y tinrent une cour fastueuse au milieu de leurs chevaliers champenois, bourguignons et flamands.

Le château compte deux enceintes. Une porte voûtée que flanque une forte tour carrée commande la première dont l'extrémité est marquée par une citerne souterraine et une grosse tour ronde **(3)** d'où l'on découvre des **vues★★** impressionnantes sur le ravin du côté du Taygète.

Au nord-ouest, la seconde enceinte englobait le logis seigneurial **(4)** – à gauche en entrant –, une autre citerne et une chapelle **(5)**, dont on repère les vestiges. De la tour en ruine **(6)** à la pointe de l'éperon, **vues★★** spectaculaires d'une part sur le versant sauvage du Taygète tailladé de gorges, de l'autre sur les ruines de Mistrás, Sparte et la plaine de l'Evrótas.

Ste-Sophie★★ (Agía Sofia)

Fondée au 14e s. par le despote Manuel Cantacuzène, c'était l'église du palais, où auraient été ensevelies Théodora Tocco et Cleophas Malatesta, épouses italiennes de Constantin et de Théodore Paléologue.

De proportions élancées, l'église est précédée d'un grand narthex à coupoles et encadrée d'un portique ainsi que de chapelles funéraires. Les influences occidentales

se reflètent dans les absides et absidioles à pans et dans le clocher séparé, d'école champenoise, avec ses triples ouvertures sous arcs de décharge; les vestiges d'un escalier hélicoïdal laissent à penser que, sous les Turcs, il servait de minaret.
À l'intérieur, sous la coupole, fragments du dallage d'origine en marbres polychromes. Les peintures murales les plus intéressantes se trouvent dans l'abside (Christ en majesté) et la chapelle à droite de celle-ci (belle scène de la Nativité de la Vierge).
Descendre ensuite vers le Petit Palais par un sentier serpentant à travers les ruines.

Petit Palais

Vaste demeure comportant à l'angle un donjon muni d'un balcon. Pour des raisons défensives, les baies n'apparaissent que dans les superstructures, des meurtrières étant pratiquées dans les salles voûtées du bas.
Après avoir dépassé **St-Nicolas** (Agios Nikolaos - 17e s.), le sentier atteint la **porte de Monemvasía** où l'on fera demi-tour. Au-delà d'une petite mosquée, le palais des Despotes encadre une esplanade où se tenait le marché à l'époque turque.

Palais des Despotes★

Fermé au public pour restauration. Il comprend deux ailes, celle de droite des 13e-14e s., celle de gauche du 15e s.
Aile droite (1) – Le bâtiment qui en forme l'extrémité date du 13e s. et aurait été construit soit par les Francs, soit par les premiers gouverneurs byzantins. Sa structure et ses baies en arc brisé relèvent de l'architecture gothique d'Occident; sous les despotes, il servait probablement de salle des gardes. Viennent ensuite deux constructions plus petites, la seconde abritant les cuisines du bâtiment primitif. Dernier élément de l'aile droite, le grand bâtiment à étage date de la seconde moitié du 14e s. Il fut conçu pour servir de demeure à Manuel Cantacuzène, comme le montre son plan fragmenté en six pièces à chaque étage et englobant une chapelle.
Aile gauche (2) – Il s'agit d'un imposant bâtiment sur trois niveaux édifié par les Paléologues au début du 15e s. Le rez-de-chaussée, à demi enseveli, était bordé d'une file d'arcades cintrées. L'étage bas, divisé en 8 salles voûtées, était desservi par une galerie extérieure en balcon reposant sur les arcades du rez-de-chaussée. En haut se trouve la salle d'audience et de réception (36 m de long et 10,50 m de haut), éclairée par 8 baies gothiques soulignées de moulures en stuc et par 8 oculi. Cette salle était chauffée par 8 grandes cheminées et on discerne au milieu du mur de façade sur la cour la saillie marquant l'emplacement du trône. De la place du Palais, remonter vers la **porte de Nauplie** (13e s.). D'ici se dégage une belle perspective sur les remparts.

Mistrás pratique

Informations utiles

Pas d'office de tourisme sur place. Se renseigner au comité de promotion du tourisme à Sparte *(voir ce nom).*

Poste – Permanence postale *(10h-14h, 18h-22h)* assurée dans le petit supermarché *(7h30-23h)* ainsi qu'un dépôt de journaux français.

Centre de santé – *27310 98491.*

Police – *27310 83315.*

Transports

En bus – Un bus par heure depuis Sparte. Arrêt à 500 m du site devant le restaurant Xénia.

En taxi – *Sparte/Mistrás - 27310 24100 (comptez 6-7,50 €).*

Se loger

Bon à savoir – Peu d'endroits où loger sur place et il est donc prudent de réserver.

Byzantion – *Au centre du village - 27310 83309 - fax 27310 20019 - 26 ch. www. byzantionhotel.gr* - P. Cet hôtel avec piscine est agréable et confortable. Les chambres comme les salles de bains sont spacieuses et donnent toutes sur le site illuminé en soirée. Accueil de qualité.

Camping « Castle View » – À l'entrée du village sur la droite en venant de Sparte - *27310 83303 - fax 27310 20028 - www. castleview.gr* - P. Petit camping paisible, au milieu des oliviers et des mûriers, avec vue sur la cité médiévale. Très bon accueil. Restaurant et piscine.

Se restaurer

Bon à savoir – Quelques tavernes dans le village, très fréquentées en été…

O Palaiologos – *Au milieu du village.* Avec son atmosphère bon enfant et ses plats grecs traditionnels, c'est le rendez-vous des familles spartiates.

Xenia – *Au-dessus du village, à 3 km, près de l'entrée du site* - P. Le patron propose d'excellents plats grecs traditionnels, à déguster sur la terrasse entourée de verdure et dominant la plaine de Sparte. Très fréquenté les week-ends, il faut réserver…

En soirée

Mistrás Bistrot – *À 4 km du centre, après avoir dépassé le site médiéval.*
La propriétaire, d'origine anglaise, accorde une importance toute particulière au choix des musiciens, au cadre et à l'ambiance de son café-concert, aux allures de petit centre culturel. Tous les ans, mi-juillet, elle organise pendant 4 jours un **festival de marionnettes** pour adultes et enfants, avec ateliers de peinture, création de bijoux, etc. Un bien bel endroit.

Événements

Festival – Expositions et concerts gratuits sont organisés sur le site de Mistrás. Ces manifestations débutent en juil. et se prolongent jusqu'à l'automne.

Fêtes locales – Fête du 26 au 31 août avec un **marché** spécial le 23 août et des concerts de musique traditionnelle.

Le 29 mai, on commémore le souvenir de **Constantin XI**, mort en 1453.

Monemvasía★★

Μονεμβασία

90 HABITANTS
CARTE GÉNÉRALE RABAT II B3 – PÉLOPONNÈSE - LACONIE

Invisible de la côte, cette cité médiévale fortifiée à demi ruinée se dissimule, face à la mer, sur le versant d'un rocher abrupt qu'une simple jetée relie au continent. Lorsqu'elle se découvre au regard, et que l'on embrasse d'un seul coup ses constructions étagées en terrasses avec la vue spectaculaire sur le large, on ressent une étrange impression de « bout du monde » et de temps suspendu.

Se repérer – À 350 km au sud d'Athènes, 202 km au sud de Nauplie, 110 km au sud-est de Sparte. Bien que située sur le continent, Monemvasía est difficile d'accès par la route (Géfyra, petite ville moderne sur le continent, est reliée à la cité ancienne par une digue). Il est plus rapide de s'y rendre par l'hydroglisseur partant du Pirée (2h30).

Se garer – L'accès à la cité médiévale (10mn de marche) est interdit à tous les véhicules, de même que la digue pendant la période estivale (de juin à septembre), ce qui oblige à se garer à Géfyra.

À ne pas manquer – La vue de la citadelle, en particulier le soir et à l'aube; les ruelles et les remparts de la ville basse, Agía Sofía en haut de la citadelle.

Organiser son temps – Une demi-journée pour se promener dans les ruelles de la ville basse (Kastro) et visiter la ville haute et sa citadelle. Préférer la visite le matin pour profiter du soleil, qui passe derrière le rocher en fin de journée…

Pour poursuivre le voyage – Cythère, Le Magne, Sparte.

Comprendre

Formant une presqu'île constituée d'un rocher haut de 300 m et long de 1,8 km et d'un isthme étroit que renforce une digue coupée d'un pont, Monemvasía tient son nom de la locution grecque *moni emvassis*, « unique accès ». Un tremblement de terre la sépara du continent en 375 av. J.-C. et fit d'elle une île.

Fortifiée par les Byzantins au moment des invasions slaves, Monemvasía (nommée **Malvoisie** par les Francs) tomba aux mains de Guillaume de Villehardouin en 1248 après trois ans de siège. Les Francs réparèrent le château que Guillaume dut rendre en 1263 à Michel VIII Paléologue.

Délicieux Malvoisie

Durant tout le Moyen Âge et jusqu'au 19e s., le port exporta le malvoisie, **vin blanc** liquoreux à base de raisin malvasia provenant non seulement de la région, mais surtout des îles de l'Égée. Ce vin était très apprécié en Angleterre, où on le consommait sous l'appellation « malmsey » : en 1477, le duc de Clarence *(voir Hlemoútsi)*, condamné à mort par son frère Édouard IV et interrogé sur la forme de son supplice, demanda à être noyé dans un tonneau de malvoisie… et il en fut ainsi. Le cépage n'est plus aujourd'hui cultivé sur place mais a été transplanté avec succès dans d'autres pays méditerranéens comme l'Espagne ou l'Italie (Toscane).

Durant le despotat de Morée, les Byzantins entretiennent un commerce actif à Monemvasía, en relation avec Constantinople. Puis l'îlot appartient aux Turcs, les Vénitiens l'occupant toutefois à deux reprises, de 1464 à 1540 et de 1690 à 1715.

À l'heure vénitienne, Napoli di Malvasia, ou Malvasia, joue un rôle important comme escale et centre d'échanges avec le Levant, la place étant protégée par une citadelle, une enceinte et un pont fortifié comptant 163 m de long avec 13 arches que l'on pouvait couper en cas de danger. La ville comprend alors plus de 30 000 habitants et une quarantaine d'églises.

La cité a été l'objet d'importantes restaurations de la part des services archéologiques et toute rénovation de bâtiment est étroitement réglementée. De la sorte, Monemvasía qui, depuis les années 1970, a vu se développer une nouvelle vie, notamment comme lieu de résidence secondaire, aujourd'hui très prisé, a préservé un cachet unique.

R. Mattès / hemis.fr

La vieille ville de Monemvasía construite sur un rocher.

Se promener

Kastro★★

Il constitue la ville basse. On y pénètre par une digue, et une porte de ville à passage voûté, en chicane, qui, comme l'enceinte, date du despotat de Morée, mais a été refaite par les Vénitiens.

Suivre la rue principale, bordée de demeures anciennes et menant à la Grand-Place.

Place de la mosquée (Platia Dzamiou)

Formant terrasse à son extrémité, que marquent un canon du 18e s. et le regard d'une citerne souterraine, cette charmante place est bordée à l'est par l'église du Christ aux Liens (Christos Elkomenos), ancienne cathédrale fondée au 12e s. par les Byzantins et reconstruite à la fin du 17e s. par les Vénitiens ; remarquez le campanile à l'italienne et, dans la façade, un bas-relief byzantin sculpté de paons symboliques. À l'intérieur, belles icônes byzantines, dont celle de la Crucifixion (14e s.).

Collections archéologiques - Ancienne mosquée (Paléo Dzami)

✆ 27320 61403 - mar.-dim. 8h30-15h - fermé lun. - gratuit.

À l'origine, mosquée construite par les Turcs au 16e s. Le bâtiment devint une église à l'époque de l'occupation vénitienne puis redevint une mosquée au 18e s. Ensuite, l'administration le transforma en prison (milieu du 19e s.) ; enfin, il servit de café au début du 20e s. avant d'être aménagé en musée. La belle collection archéologique qu'il renferme éclaire l'histoire et la vie quotidienne de Monemvasía et sert d'introduction à la visite du kastro.

Rempart sud

De la place, descendre au rempart que l'on suit à gauche.

Vues étendues sur la mer et sur la côte du Péloponnèse en direction du cap Maléas. Baignade « possible » en gagnant le ponton de Portello, ou les **plages** les plus proches : celles de Géfyra et, plus au nord, de Xifias *(6 km)* et de Pori *(4 km)*.

Panagia Chrysafiotissa

Édifice du 16e s., sa façade est très vénitienne d'aspect avec son portail à encadrement surmonté d'un oculus ; le parvis servait de place d'armes. Près du rempart, une minuscule chapelle abrite la « source sacrée » et une icône originaire de Chrysafa, près de Sparte.

Vous pourrez parcourir le chemin de ronde jusqu'au bastion d'angle, puis descendre du rempart pour gagner l'église Ágios Nikólaos qui possède un portail vénitien du 16e s. Vous pouvez visiter également les églises Ágios Dimitrios, Ágios Antonios, Ágios Andréas et Agía Anna, du 14e s. Traversez ensuite un quartier où subsistent quelques maisons vénitiennes : encadrements moulurés, niches flamboyantes, cheminées à large embout.

Revenir sur la place Dzamiou, d'où un raidillon mène à l'église Panagia Mirtidiótissa.

Panagia Mirtidiótissa

En restauration, elle est souvent fermée au public.

Cette petite église paraît être d'époque franque (13e s.) ; sa façade présente un portail surmonté d'un oculus de style vénitien. Elle possède une belle iconostase en bois sculpté. Elle fut le siège d'une commanderie de templiers, puis de chevaliers de St-Jean-de-Jérusalem, comme l'indique le blason sculpté d'une « croix ancrée » de Pierre d'Aubusson.

Acropole★★

Très étendue, elle constituait jadis une véritable ville dont il ne subsiste malheureusement plus que des ruines, hormis l'église Agía Sofía. Ses fortifications sont en majeure partie vénitiennes (16e s.). Montez à la citadelle *(environ 15mn par un sentier raide)* d'où l'on a une très belle **vue★★★** sur l'ensemble de la ville basse.

Franchir l'entrée fortifiée par un passage voûté qui débouche sur une place d'où l'on prendra au nord le chemin montant à l'église Agía Sofía.

Agía Sofía★★

Sanctuaire principal de la ville haute, c'est une grande église byzantine, édifiée sur le bord de la falaise d'où l'on découvre des **vues★★★** vertigineuses sur le golfe.

Restauré, l'édifice date probablement du 11e s. (chapiteaux, bas-reliefs) ; il fut sans doute occupé quelque temps par les cisterciens à l'époque franque et remanié au temps du despotat de Morée (14e-15e s.).

Présentant un plan quadrangulaire homogène, l'église comporte un narthex et une impressionnante coupole sur trompes. Chapiteaux byzantins, en méplat, reliefs de marbre byzantins surmontant les portes du narthex, vestiges de peintures murales y sont visibles.

Un sentier conduit au sommet du rocher. À l'ouest, vue sur l'isthme et les montagnes ; vers l'est, le rocher, telle une proue de navire, semble pointer vers le large.

Redescendre sur la place, à l'entrée de la citadelle, et suivre à droite le chemin de ronde jusqu'à un escalier permettant d'atteindre le faîte de la muraille : **vues★★** splendides sur la ville basse et la côte.

M. Guillochon / MICHELIN

Dominant la falaise, l'église byzantine d'Agía Sofía.

Aux alentours

Limenas Geraka

À 16 km au nord de Monemvasía par la route côtière. Débarcadère de l'hydroglisseur.
Pittoresque village de pêcheurs construit au fond d'une petite baie rocheuse, son quai au bord de l'eau est jalonné de tavernes de poisson.

Molai

À 24 km au nord-ouest de Monemvasía par la route de Sparte.
On peut y voir une église paléochrétienne, les ruines d'un fort médiéval et, au lieu-dit Chalasmata, les pavements en mosaïque de trois temples du 6e s. av. J.- C.

Neápoli

À 40 km au sud de Monemvasía.
Ce bourg est proche de la superbe petite île d'Elafonissi désormais très touristique. Il n'y subsiste que de rares vestiges, la cité antique étant aujourd'hui engloutie. Mais elle offre des criques aux eaux transparentes et des plages au sable doré invitant à la baignade.

Monemvasía pratique

Informations utiles

Pas d'office de tourisme à Monemvasía. L'essentiel des services se trouvent à Géfyra (à noter que peu de bâtiments comportent des numéros).

Poste – *Sur odos Spartis (face à l'agence Malvasia) - ☏ 27320 61231 - 7h30-14h.*

Centre de santé – *☏ 27320 61204.*

Police – *137 odos Spartis (devant la poste) - ☏ 27320 22907.*

Transports

En bus - Sur odos Spartis. Tous les jours pour Athènes via Molai (21 €), Sparte, Trípoli et Corinthe.

Une **navette gratuite** *(dép. juste avant la digue)* assure la liaison entre la digue et la vieille ville de Monemvasía de juin à sept. *(7h30-22h00).*

Agence Malvasia Travel – Odos Spartis - *☏ 27320 61752* - fax 27320 61432. Vente de tickets de bus pour les longues distances et horaires.

En voiture et en deux-roues – Christos Rent Car and Moto - 23 odos Ioliou - *☏ 27320 61581* - fax/*☏ 27320 71661*. Location de motos en face - *☏ 27320 61173.*

Taxi – *☏ 27320 61274.*

Se loger

Bon à savoir – Les deux zones d'accueil de Monemvasía sont **Géfyra**, la ville moderne avant la digue, et le **Kastro** dans la vieille ville, où se concentrent les chambres d'hôtes et hôtels de charme dont les prix sont naturellement plus élevés. Pour profiter de ces derniers, n'hésitez pas à étudier les prix, variables selon la saison.

MONEMVASÍA (KASTRO)

⊜⊜ **Kellia** – *Tout à fait en bas du kastro, sur la place de l'église Panagia Chrysafiotissa - ☏ 27320 61520 - fax 27320 61767 - 12 ch.* Dans un ancien monastère près des remparts reconverti en maison d'hôtes, jolies chambres avec, pour certaines, des lits à baldaquin. Une bonne adresse pour ceux qui aiment le calme.

⊜⊜ **Malvasia** – *☏ 27320 61323 - fax 27320 61722 - 28 ch.* Installées dans trois anciennes demeures dispersées dans la ville, ces magnifiques chambres décorées à l'ancienne donnent envie de s'installer quelques jours à Monemvasía. Au pied d'une de ces maisons (Ritsou), on trouve un accès cimenté à la mer.

GÉFYRA

⊜⊜ **Belessis** – *À droite de la route principale, 50 m avant l'entrée de Géfyra - ☏/fax 27320 61217 - 10 ch. et 5 appart.* Aux chambres installées dans une vieille maison, traditionnelle il est vrai, mais proche de la route, on peut préférer les pièces plus récentes regroupées en retrait d'un patio fleuri et calme. Accueil charmant.

⊜⊜ **Villa Diamanti** – *Dans le quartier de Topalti, juste avant Géfyra - ☏ 27320 61534 - fax 27320 61196 - 9 ch. dans l'hôtel (à gauche de la route) et 12 bungalows à droite.* L'hôtel propose des chambres d'un bon confort et met une cuisine à disposition de ses clients. Les bungalows, de jolies maisonnettes d'une ou deux chambres, sont bien équipés, dotés d'une terrasse et dispersés sur une colline de 1 ha. L'accueil est très souriant.

⊜⊜⊜ **Villa Douka** – *3 km au nord de la ville - ☏ 27320 61181 - fax 27320 61751 - 25 studios et appart. 4/7 pers.* Établissement moderne dont les appartements donnent sur un immense jardin croulant sous les bougainvilliers et les lauriers. Toutes sortes d'activités, dont ping-pong, basket, etc. Proche d'une longue plage de sable, c'est une bonne adresse pour les familles motorisées (aucun moyen de transport pour la ville).

⊜⊜⊜⊜ **Lazareto** – *Sur la digue qui relie le continent au Kastro, juste à l'extérieur de la forteresse - ☏ 27320 61990 -*

fax 27320 61994. Cet hôtel récent est l'un des endroits les plus chics de Monemvasía. Chaque suite a son décor personnalisé et ouvre sur un espace fleuri et paisible. Petit-déjeuner en sus.

Se restaurer

GÉFYRA

⊖ **Fotis** – *Au début de la route du bord de mer.* Un bistrot sans façon pour déguster une *pita* ou quelques *souvlakia* bon marché, à l'ombre d'un auvent en toile.

⊖ **Limanaki** – *À droite de la route, juste avant le pont.* Une taverne traditionnelle où l'on choisit ses plats en cuisine. Les tables sont dressées sous une tonnelle.

⊖ **To Kanoni** – *À droite de la route principale.* Un restaurant dont la terrasse domine le dôme du musée. Bonne assiette de *pikilia* (assortiments).

⊖⊖ **Le Castellano** – *Sur la digue qui relie le continent au Kastro, juste à côté de l'hôtel Lazareto - petit-déjeuner et dîner.* Depuis la terrasse s'offre à vous une vue superbe en accord avec les plats proposés.
Une excellente carte des vins accompagne des plats traditionnels grecs et des classiques de la cuisine française et italienne. Une cuisine sans prétention qui s'avère très savoureuse.

MONEMVASÍA (KASTRO)

⊖ **Matoula** – *En contrebas de la rue principale.* Les tables sont dressées à l'ombre d'un grand figuier, face à la mer. On vous sert d'excellents plats cuisinés, dont un fromage cuit en cassolette *(saganaki)* et un délicieux agneau *(arni lemonato)* à la sauce citronnée ou encore des rougets (*barbounia*).

Faire une pause

Pâtisserie traditionnelle à Géfyra au pied de l'hôtel Minoa, sur la rue principale. Sablés aux amandes, beignets, etc., que l'on peut emporter ou déguster sur place.

Événement

Fête locale – Le 23 juillet, on célèbre la libération de la ville de l'occupation ottomane en 1821. Pendant 5 jours, danses, chants traditionnels et repas sont organisés devant l'église de la Panagia Chrysafiotissa.

Mycènes★★★

Mykínes – Μυκήνες

CARTE GÉNÉRALE RABAT II B2 - PÉLOPONNÈSE - ARGOLIDE

Sur une colline aride encerclée de montagnes s'élèvent les ruines de Mycènes, la ville « riche en or » selon Homère. Cette ville-forteresse vit s'épanouir au 2e millénaire une civilisation originale qui contribua à façonner la civilisation grecque. Jadis dominées par les Atrides, dont les luttes fratricides sont relatées dans l'*Iliade*, ces ruines imposantes, sans parler de leur beauté architecturale et des trésors exhumés, évoquent un passé à la fois lointain et familier.

- **Se repérer** – À 40 km au sud-ouest de Corinthe et environ 120 km à l'ouest d'Athènes, Mycènes se trouve sur la gauche de la route conduisant à Nauplie depuis « l'ancienne route nationale » Corinthe-Árgos. Un village moderne tout en longueur précède de 2 km environ le site archéologique, doté d'un grand parking.
- **Organiser son temps** – Profitez de la fraîcheur matinale pour découvrir l'un des sites les plus chauds de Grèce, après avoir dormi dans le village. Vous pouvez consacrer deux heures à la visite.
- **Pour poursuivre le voyage** – Árgos, Corinthe, Nauplie, Tirynthe.

Comprendre

La tragédie des Atrides

D'après la mythologie, Mycènes aurait été fondée par Persée, fruit de l'union de Zeus et Danaé, qui aurait édifié l'enceinte de la ville avec l'aide des Cyclopes, géants bâtisseurs qui n'avaient qu'un seul œil au milieu du front.

Après les Perséides règnent les Atrides dont l'histoire complexe, marquée du sceau de la vengeance et de la fatalité, a été contée par Homère dans l'*Iliade*, puis par Eschyle, Sophocle et Euripide. S'il est impossible ici d'entrer dans les détails, nous rappellerons simplement le nom des membres les plus connus de cette famille tragique.

Atrée, fils de Pélops, met à mort les fils de son frère Thyeste, et les fait découper puis servir à leur père au cours d'un festin. Restent donc seuls ses fils. Tout d'abord **Ménélas**, roi de Sparte, l'époux d'**Hélène**. Mais les amours de la belle avec **Pâris**, fils de Priam, roi de Troie, provoquent la guerre de Troie. Le second fils, **Agamemnon**, est quant à lui roi de Mycènes et époux de **Clytemnestre**, la sœur d'Hélène. Désigné « roi des rois », il conduit les Achéens lors de l'expédition de Troie, et, soucieux d'obtenir des dieux des vents favorables, il est contraint de sacrifier sa fille **Iphigénie** à Aulis. Toutefois, l'un des fils de Thyeste, Égisthe, a survécu. Il venge son père en assassinant son oncle Atrée, et devient l'amant de Clytemnestre; à la demande de celle-ci, il supprime Agamemnon à son retour de Troie ainsi que sa captive **Cassandre**, fille de Priam, connue pour ses prédictions funestes que personne ne voulait croire. L'affaire déclenche alors une « vendetta » sanglante : **Oreste**, le fils d'Agamemnon, poussé par

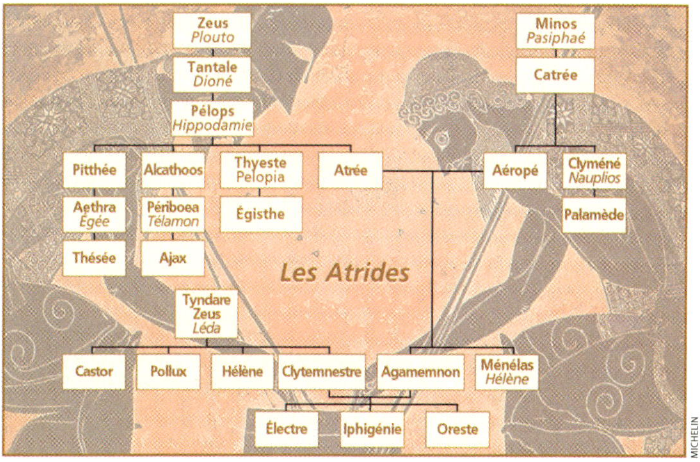

La généalogie des Atrides, telle qu'elle est contée dans les récits légendaires.

sa sœur **Électre**, tue à son tour l'amant de sa mère, ainsi que celle-ci. Poursuivi par les Érinyes, il est acquitté sur l'Aréopage d'Athènes par un jury que préside Athéna, et purifié par Apollon sur l'omphalos de Delphes, avant de finir son existence sur le trône de Mycènes. Il avait donné sa sœur Électre en mariage à son fidèle ami, Pylade.

Un amateur de génie

Du temps de **Pausanias** (2e s. de notre ère), il ne restait de Mycènes que quelques ruines enfouies dans les herbes. Au début du 19e s. cependant, la porte des Lionnes et le soi-disant « tombeau d'Agamemnon » étaient connus des voyageurs… même si l'aspect des lionnes trompa en 1828 les Français de l'expédition scientifique de Morée qui, y voyant un symbole héraldique, pensaient avoir découvert l'entrée d'une forteresse franque.

C'est alors qu'**Heinrich Schliemann** (1822-1890) s'intéressa au site. Cet ancien commis épicier enrichi dans le négoce était passionné par les héros d'Homère. Retiré des affaires à 45 ans, cet amateur génial identifia en 1874, alors qu'il cherchait le trésor de Priam, l'emplacement de **Troie**, sur la côte d'Asie Mineure, près du détroit des Dardanelles. Deux ans plus tard, il commença à fouiller le site de Mycènes dans l'espoir d'y retrouver la tombe d'Agamemnon et de son entourage massacrés selon la chronique par les sbires d'Égisthe au cours d'un banquet. Guidé par une phrase de Pausanias affirmant qu'Agamemnon avait été enterré à l'intérieur de l'enceinte, Schliemann découvrit très vite, au-delà de la porte des Lionnes, sous une éminence, le premier cercle de tombes royales où gisaient 19 corps qu'il pensa être ceux d'Agamemnon, Cassandre et leurs compagnons. Les hommes portaient des masques d'or sur le visage et des plaques d'or sur la poitrine; les femmes étaient parées de diadèmes, colliers et bagues également en or. En 25 jours, de magnifiques parures, des vases et un mobilier précieux furent mis au jour.

Depuis lors, les fouilles se poursuivent : c'est ainsi que l'on a découvert en 1951 le second cercle de tombes royales, près du tombeau de Clytemnestre. Les travaux se poursuivent aujourd'hui, à l'intérieur de l'enceinte, dans le quartier ouest de la cité.

Légende ou histoire ?

Les Atrides ont été longtemps tenus pour légendaires. À la suite de **Schliemann**, les historiens et archéologues pensent qu'ils ont réellement existé, même si leur « geste » a été abondamment embellie par les poètes et, au premier chef, par Homère. Il est sûr en tout cas que du 16e s. au 12e s., époque à laquelle la cité achéenne fut détruite par des envahisseurs doriens, Mycènes fut le plus riche et le plus puissant État du monde méditerranéen, entretenant d'étroites relations avec la Crète et l'Égypte.

Visiter

LA CITÉ ANTIQUE★★★

8h30-15h; musée : ✆ 27510 76585 - 8h30-15h, lun. 12h-15h - 8 €. Il peut être utile de se munir d'une lampe électrique pour la visite des tombes et de la citerne.

Acropole

Formant une citadelle de plan triangulaire, d'un périmètre de 900 m environ, l'**acropole** couronne une colline haute de 278 m défendue par des remparts et deux profonds ravins, au nord et au sud. La citadelle n'était destinée qu'au roi, à sa famille, aux nobles et à la garde. De la ville proprement dite, concentrée au pied de la colline, les traces de quelques maisons ont été découvertes à gauche de la route conduisant au village moderne.

Enceinte cyclopéenne★★

Les remparts, en pierre brute non appareillée, datent en majeure partie des 15e-14e s. av. J.-C. et peuvent atteindre une épaisseur de 3 à 8 m.

Porte des Lionnes★★★

Accès principal de l'acropole, la célèbre porte des Lionnes (ou des Lions) tient son nom des fauves sculptés en relief sur le colossal **tympan monolithe** mesurant 3,90 m à la base, 3,30 m de haut et 0,70 m d'épaisseur. Ces lionnes ont perdu leurs têtes, qui étaient vraisemblablement rapportées, et regardaient le visiteur; elles se font face de part et d'autre d'une colonne reposant sur un autel double et supportant un entablement. Veillant sur l'entrée de la ville haute, cette scène, d'inspiration asiatique, symbolisait la puissance mycénienne. La **porte** proprement dite, haute de 3,10 m et

large de 2,95 m, s'ouvre entre deux murs dont l'un, à droite, était prolongé par une tour. Elle provoque l'étonnement par l'énormité des blocs monolithes qui la constituent, notamment du linteau. Ses vantaux en bois étaient renforcés d'une barre dont on repère les trous de fixation sur les piliers latéraux.
Après avoir franchi la porte sur laquelle s'ouvre, à gauche, la loge du portier, remarquez à droite les restes d'un **magasin à grains (1)** où furent trouvés, au fond de grandes jarres, quelques céréales carbonisées.

P. Frilet / hemis.fr

La porte des Lionnes.

Premier cercle de tombes royales★★
À droite et au-delà de la porte des Lionnes, vous distinguerez l'entrée de la fameuse nécropole que Schliemann pensait être celle d'Agamemnon et de sa suite mais, qui, en fait, est beaucoup plus ancienne (16e s. av. J.-C.).
On reconnaît facilement le tracé de l'enceinte circulaire, à double rangée de dalles, qui formait une sorte de galerie couverte entourant le cimetière. Celui-ci comprenait six tombes principales à fosses rectangulaires que surmontaient des stèles, décorées de scènes de chasse en faible relief. Elles contenaient les corps de huit hommes, neuf femmes et deux enfants, ainsi qu'un somptueux mobilier funéraire, aujourd'hui exposé au Musée archéologique national d'Athènes : le poids total des objets en or atteignait 14 kg. Les défunts portaient un **masque mortuaire** en or moulé directement sur le visage après leur décès.
Vous emprunterez ensuite la rampe pavée qui, de la porte des Lionnes, monte à l'une des entrées du palais royal, dominant à droite un quartier d'habitations et de magasins. On y a trouvé les idoles anthropomorphes en terre cuite exposées au musée du site. Dans les habitations ont été également mises au jour un grand nombre de tablettes (documents comptables pour l'essentiel) couvertes d'une écriture archaïque, appelée le **linéaire B** et qui ne fut déchiffrée qu'en 1952 par l'Anglais **Michaïl Ventris**.

Palais★
Il fut édifié au 15e s. av. J.-C. et comportait trois corps de bâtiments s'étendant jusqu'à la corne est de l'enceinte. Celui de l'ouest comprend l'élément principal du palais, le **mégaron**, qui est assez bien conservé, ainsi que l'**escalier d'honneur (2)** dont subsistent 18 marches. De ce bâtiment qui jadis comportait plusieurs étages, seules les fondations du premier niveau ont subsisté.
Par les propylées, gagnez la **grande cour (3)** qui précédait le mégaron. Celui-ci, dont on lit le plan au sol, se divisait en portique, vestibule et mégaron proprement dit, salle royale marquée en son centre par un foyer circulaire qu'entouraient des colonnes (les bases subsistent) supportant le toit ; le sol était revêtu de dalles de gypse et les murs de stuc étaient peints de motifs décoratifs dans le style crétois ; le trône se trouvait probablement à droite. La terrasse supérieure du palais a été dénaturée par la construction postérieure d'un **temple à Athéna (4)** dont il reste quelques vestiges. On y découvre une belle vue sur le site.

Corne Est★

Les restes d'un **ouvrage fortifié (5)** du 12e s. av. J.-C. sont visibles de ce côté de la forteresse, ainsi qu'une **citerne (6)** à ciel ouvert, datant de l'époque hellénistique. À droite, une poterne (qui peut être fermée) débouche à l'extérieur des remparts. À gauche s'ouvre l'entrée d'un escalier souterrain coudé, dont les 99 marches mènent, en passant sous l'enceinte, à une **citerne** secrète située à 18 m au-dessous du niveau du sol : des conduits de terre cuite l'alimentent en eau provenant de la source Perseia.

Vous suivrez ensuite la section intérieure nord de l'enceinte et sortirez de l'acropole par la **porte nord** (hauteur : 2,30 m ; largeur : 1,50 m ; fermée le plus souvent), dont l'accès est protégé d'un côté par un mur supplémentaire d'où les défenseurs pouvaient frapper les assaillants sur leur flanc non protégé par les boucliers ; quelques mètres vous permettront d'avoir une vue d'ensemble de l'enceinte extérieure.

De retour dans l'enceinte, un sentier passant entre le palais et les ruines confuses d'un quartier hellénistique vous permet de redescendre vers la porte des Lionnes.

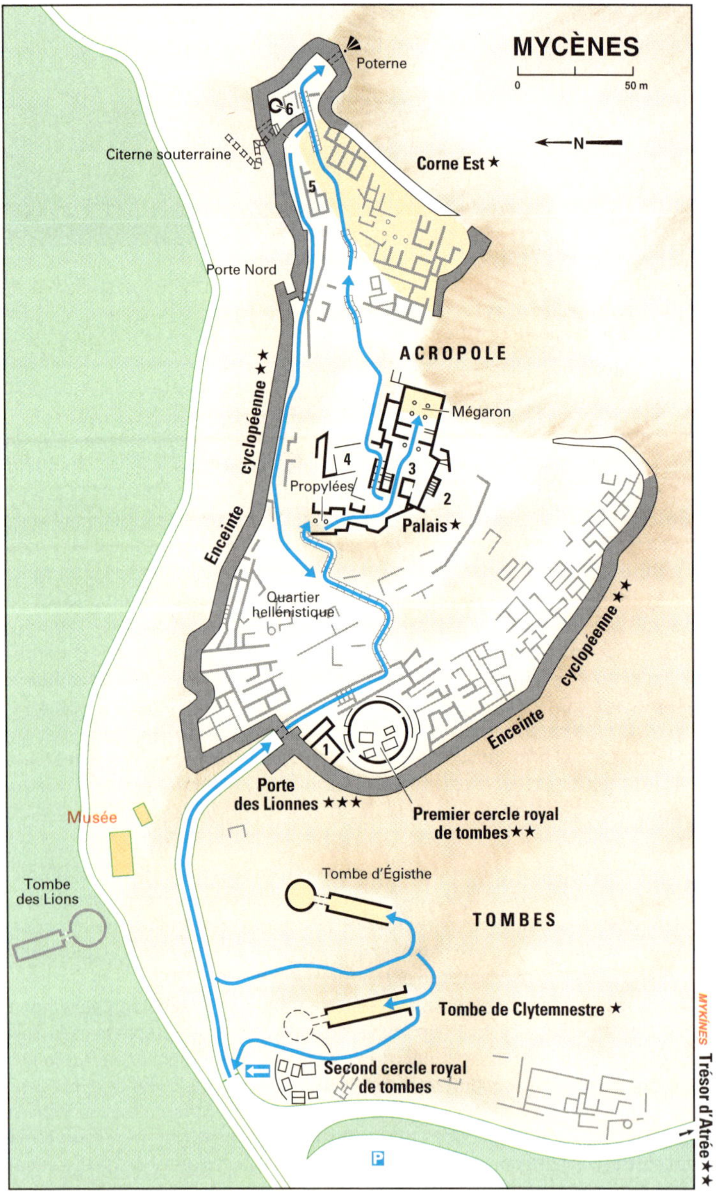

Musée★

Ouvert au public en 2003, le musée est installé dans un bâtiment moderne, habilement dissimulé à flanc de colline, en contrebas de la porte des Lionnes, sur la droite. Il présente les objets mis au jour sur le site de l'ancienne cité, à l'exception notable bien entendu du mobilier funéraire de la tombe dite d'Agamemnon, exposé au Musée archéologique national d'Athènes *(voir p. 141)*, ici évoqué par des copies.

Dans le hall, une maquette reconstituant l'acropole de Mycènes à sa grande époque et un rappel des grands mythes du lieu apportent un excellent complément à la visite du site archéologique, parfois difficile à « lire » pour les profanes.

Après une évocation de l'histoire des fouilles conduites depuis l'époque de Schliemann, les objets exposés vous permettent de découvrir les différents aspects de la vie et de la culture mycéniennes à l'époque achéenne : vous y verrez notamment un étonnant ensemble d'**idoles en terre cuite**, ainsi qu'une célèbre **fresque** représentant une déesse, le tout provenant du lieu de culte de la cité, ici reconstitué. Les autres salles présentent des objets (vases dont un superbe **cratère des guerriers**), pièces de monnaie, tablettes..., permettant de se faire une idée de la puissance des Mycéniens de jadis.

Tombes

Revenir au chemin d'accès et, à 50 m environ de la porte des Lionnes, prendre à gauche et descendre jusqu'à l'entrée de la tombe d'Égisthe (15ᵉ s. av. J.-C.), dont la voûte est effondrée. Se diriger ensuite vers la tombe de Clytemnestre.

Tombe de Clytemnestre★

Tombe royale collective à coupole du 14ᵉ s. av. J.-C., plus récente que les tombes à fosse. Une allée longue de 35 m et large de 5 m conduit à la porte, haute de 5,48 m et surmontée d'un linteau fait d'énormes blocs de pierre; de part et d'autre, on voit les bases des colonnes qui l'encadraient. On pénètre alors dans la vaste chambre funéraire circulaire (diamètre 13,50 m) dont la voûte, reconstituée, culmine à 12,96 m. Remarquez le linteau de la porte s'incurvant afin de suivre la forme courbe de la coupole et se prolongeant par une assise de pierres en bandeau.

Second cercle de tombes royales

Situé à gauche de la tombe de Clytemnestre et en partie interrompu par celle-ci, ce cimetière royal du 17ᵉ s. av. J.-C. mis au jour en 1951 est plus ancien que celui découvert par Schliemann.

Malheureusement, sa clôture circulaire en grosses pierres calcaires est médiocrement conservée. Il comptait vingt-quatre tombes dont quatorze à fosses collectives, qui ont livré un important matériel archéologique.

Trésor d'Atrée ou tombe d'Agamemnon★★

Quitter la zone archéologique de l'acropole et descendre en direction du village moderne sur 400 m environ. Le trésor d'Atrée se trouve sur la droite.

Du 13ᵉ s. av. J.-C., c'est le plus grand et le plus beau des neuf tombeaux collectifs à coupoles que l'on a reconnus à l'ouest et au sud-ouest de l'acropole de Mycènes.

Aménagé dans le tuf et dissimulé à l'origine sous une chape de terre, le trésor d'Atrée est accessible par un couloir long de 36 m et large de 6 m. Haute de 5,40 m et plus étroite dans sa partie supérieure, la porte est encadrée de pilastres que précédaient jadis deux demi-colonnes de marbre vert dont on a retrouvé les bases. Un triangle de décharge que cachait une dalle sculptée surmonte cette porte dont le linteau se compose de deux blocs colossaux : l'un d'eux, sur la face interne du tombeau, épouse la forme de la coupole ; il pèserait environ 120 tonnes !

La **chambre funéraire** circulaire atteint 13,39 m de hauteur pour un diamètre de 14,60 m et donne une impression de force majestueuse. Admirez la perfection de l'appareillage des pierres constituant la voûte en coupole conique, qui était ornée de rosaces et de motifs géométriques en bronze. À droite, un passage, haut de 2,50 m, comportant lui-même un triangle de décharge, débouche dans une pièce cubique plus petite, creusée dans le roc : était-ce le caveau funéraire du chef de famille, comme le pensent certains, ou la chambre du Trésor ? La question reste posée...

Mycènes pratique

Informations utiles

Bon à savoir – Dans l'enceinte du site archéologique, au-dessus du musée, vous trouverez une **boutique** (reproductions d'objets antiques, livres, cartes postales), une buvette et des toilettes.

Un **bureau de poste** « mobile » doté d'une boîte aux lettres est installé sur le parking.

Se loger

Camping Atreus – *✆ 27510 76221.* Le lieu est agréablement ombragé et convenablement équipé, notamment d'une piscine…

Pandelis rooms – *Sur la gauche en arrivant dans le village - ✆ 27510 76330.* Quelques chambres tout à fait modestes, mais impeccablement tenues, toutes dotées de sanitaires et, chose non négligeable en ces lieux, de l'air conditionné.

La Belle Hélène – *Au centre du village, sur la gauche en montant vers le site archéologique - ✆ 27510 76225 - fax 27510 76179 - 8 ch.* Si vous n'êtes pas hostile aux sanitaires au fond du couloir, arrêtez-vous dans ce vieil hôtel ouvert en 1862 (et dont le nom complet est « La Belle Hélène du roi Ménélas », en français dans le texte !). Ses chambres ont conservé leur ameublement d'époque. Le lieu s'enorgueillit d'avoir accueilli jadis Heinrich Schliemann, dont la chambre (n° 3) est la seule à disposer d'un lavabo. Petit restaurant au rez-de-chaussée. Ouvert de début mars à fin novembre.

Petite Planète – *Dernière maison du village, sur la gauche en montant vers le site - ✆ 27510 76240 - fax 27510 76610 - 30 ch.* Les chambres confortables de cet établissement récent (avec piscine) sont réparties sur deux niveaux, au-dessus et au-dessous du restaurant. Les terrasses de celles du second procurent une belle vue sur l'Argolide. Très agréable petit-déjeuner, puisant dans les ressources locales en agrumes, et accueil charmant. Prévu pour recevoir des groupes, le restaurant est fermé le soir hors saison.

Se restaurer

Bon à savoir – Tout en longueur, le village moderne de Mycènes est abondamment pourvu en auberges, cafés et restaurants (souvent conçus pour accueillir des cars entiers). Hors saison, la plupart de ces établissements sont fermés le soir : si vous séjournez à Mycènes, vous disposerez cependant (au centre du village) de modestes auberges fréquentées par les gens du cru.

Spyros – Petit restaurant familial modeste mais très convenable (excellentes grillades d'agneau !). Loin de tout folklore, vous vous sentirez ici au cœur de la Grèce profonde et pour un peu prendrez fait et cause pour l'équipe préférée des locaux !

Mykaïnos – Voisin du précédent, un autre café-restaurant où les Mycéniens d'aujourd'hui établissent volontiers leurs quartiers, le temps d'un verre, ou pour consommer le plat du jour.

Naupacte

Náfpaktos – Ναύπακτος

14 090 HABITANTS
CARTE GÉNÉRALE RABAT II B1 – GRÈCE CENTRALE - ACARNANIE

À l'orée du golfe de Corinthe, Naupacte, avec son petit port en demi-cercle, est une charmante cité de caractère bordée par les montagnes. Ville fortifiée par les Vénitiens au 15e s., elle évoque sous son nom médiéval de Lépante la célèbre bataille navale qui se déroula au large de Mesolóngi. Aujourd'hui agréable et paisible, elle peut constituer une bonne alternative à Pátra comme lieu de séjour.

- **Se repérer** – Sur la rive nord du golfe de Corinthe, Naupacte est à 100 km à l'ouest de Delphes, à 84 km à l'ouest d'Itéa, à 25 km de Pátra, et à 2 heures de route d'Athènes. Il est très simple de se repérer dans Naupacte : en venant d'Antirrío, on accède au port par odos Mesologiou.
- **À ne pas manquer** – Le lac artificiel du Mornos au nord-est.
- **Organiser son temps** – Prévoir une demi-journée pour visiter la ville puis faire l'excursion au lac du Mornos l'après-midi.
- **Pour poursuivre le voyage** – Delphes, Pátra.

Comprendre

L'histoire de Naupacte remonte à l'Antiquité. En 1104 av. J.-C., elle est déjà citée comme point de passage stratégique maritime, et la littérature comme la poésie y font référence de nombreuses fois (Eschyle dans *Les Suppliantes*, Xénophon, etc.).
En 454 av. J.-C., le général athénien Tolmides occupe la ville, qui devient membre de l'Alliance athénienne. Elle est également le théâtre d'importantes batailles navales dans le golfe pendant la guerre du Péloponnèse (431-404 av. J.-C.).
Occupée par les Vénitiens à partir de 1407, puis par les Ottomans de 1499 à 1571 *(voir encadré La Bataille de Lépante p. 272)*, elle repasse aux mains des Vénitiens, puis est de nouveau concédée aux Turcs en 1699 par le traité de Karlovitz. C'est le 18 avril 1829 qu'elle se libère définitivement de l'occupation ottomane.

Visiter

Port

Il est formé d'un bassin arrondi, de format réduit mais ô combien harmonieux avec son entrée que protègent deux ouvrages fortifiés à créneaux et merlons. La jetée orientale a conservé sa forme primitive. Du chemin de ronde, vues sur le golfe de Corinthe et le pont suspendu d'un côté, la ville et la citadelle, à demi enfouie dans la végétation, de l'autre. De part et d'autre des fortifications se trouvent les charmantes plages de galets de Gribovo et Psani.

Citadelle

Accès à l'ouest par une petite route qui grimpe à travers les pins.
Datant du Moyen Âge, cette forteresse, bâtie sur d'anciens murs antiques, est reliée au port par des murailles dévalant la pente.
Restaurée par les Vénitiens, c'est aujourd'hui encore une des citadelles les mieux conservées de Grèce. Elle est constituée de deux bras, l'oriental et l'occidental, et de quatre appareillages transversaux, créant cinq frises, qui compartimentaient la ville. Du sommet, vues sur la ville, sur les détroits et, à gauche, sur la plaine alluviale constituée par les apports du fleuve Mornos.

Le pont de Poséidon

Depuis le 8 août 2004, ce pont suspendu (2,883 km de longueur au total, 160 m de hauteur), relie le Péloponnèse au continent, permettant aux voitures de traverser le golfe de Corinthe en 5mn (au lieu de 45mn en ferry auparavant). Véritable prouesse technologique, l'ouvrage peut résister à des secousses de plus de 7 sur l'échelle de Richter (il est posé sur une faille sismique active) et à des vents de 250 km/h. Il concrétise un projet ancien lancé à la fin du 19e s. par le président du Conseil, **Charilaos Trikoupis**, auquel il doit son nom, même si les Grecs l'appellent aussi plus familièrement le pont de Poséidon ou le pont des Français *(voir photo p. 297)*.

La bataille de Lépante (7 octobre 1571)

Elle opposa dans le golfe de Pátra, sous le vent de l'île d'Oxia, la flotte chrétienne venue de Céphalonie et la flotte turque partie de Lépante. La flotte de la Sainte Ligue rassemblait des galères papales, espagnoles, génoises, napolitaines, maltaises et surtout vénitiennes, sous le commandement de Don Juan d'Autriche, bâtard de Charles Quint, alors âgé de 23 ans. La flotte turque du sultan Selim, commandée par Ali Pacha, était composée de 200 galères armées, comme les chrétiennes, de 5 à 7 canons tirant dans l'axe; certaines d'entre elles venaient d'Égypte et d'Alger. Les deux flottes comprenaient une majorité de marins et de galériens grecs.

Les galéasses vénitiennes, au nombre de 12, formaient l'avant-garde de la force navale chrétienne conduite par Don Juan, qui tendait un crucifix vers le ciel. C'étaient de grosses galères montées par 750 hommes, dont la moitié de rameurs, munies de châteaux avant et arrière et pourvues d'une artillerie d'une quinzaine de canons tirant latéralement : elles semèrent le désordre chez les Turcs, dont la flotte fut en grande partie détruite.

L'écrivain espagnol Cervantès, auteur de *Don Quichotte de la Manche*, perdit son bras gauche lors de la bataille, à laquelle participèrent aussi Henri de Guise et Crillon, le compagnon d'Henri IV.

Aux alentours

La municipalité de Naupacte englobe également 13 villages disséminés dans les montagnes alentour, où la faune et la flore sont d'une grande variété.

Mesolóngi – *À 45 km à l'ouest de Naupacte.* Connue pour avoir été le théâtre de la mort de **Byron** et d'un siège héroïque *(voir p. 61)*, Mesolóngi est bâtie au bord d'une lagune, domaine des marais salants et des viviers à poissons.

Parc des Héros – Situé à l'intérieur des remparts restaurés par le roi Otton, près de la porte de la sortie, cet agréable jardin, planté de palmiers et de lauriers-roses, rassemble tombes et monuments commémoratifs des héros de l'Indépendance. Remarquez le tumulus des Morts inconnus, la statue de Byron protégeant le cœur de l'écrivain et, surtout, à droite dans une enceinte, la **tombe de Botzaris**, que surmonte une *Enfant grecque* (Kori tis Elladas) lisant sur la pierre le nom du héros : l'original de cette gracile figure de marbre blanc, aux lignes pures (au musée d'Histoire nationale d'Athènes), a été sculpté en 1827 par David d'Angers.

Circuit de découverte

LE LAC DU MORNOS (Mórnou)

90 km jusqu'au barrage du lac artificiel. Compter une demi-journée pour en faire le tour et rentrer à Naupacte par l'intérieur des terres. Il est conseillé de se munir d'une carte détaillée de la région (notamment dans la collection Anavasi : Eastern Aetolia – 1 100 000 ; www.anavasi.gr) car les indications sur le parcours sont très sommaires, voire inexistantes…

Au départ de Naupacte, prendre la route nationale qui longe le golfe vers l'est, en direction d'**Itéa**. L'ensemble du parcours réserve de très belles surprises et la beauté des montagnes de Phocide se révèle un peu plus à chaque tournant. La route, un peu sinueuse sur les 60 premiers kilomètres, traverse d'un côté une riche végétation (pins, arbousiers, oliviers, cyprès, amandiers) et surplombe de l'autre les eaux turquoise du golfe de Corinthe.

À **Eratiní**, sortir de la nationale et prendre la direction de **Lidoriki**. La route devient alors très escarpée, avec de nombreux virages en épingle creusés à flanc de montagne. La végétation, encore constituée d'oliviers, change peu à peu pour devenir plus aride et se contenter de chênes verts, d'arbustes ras et de murets jusqu'à Lidoriki (où se trouve une station essence, de même qu'à Paliokastro, une dizaine de km avant).

À l'auberge Reresi, prendre à droite vers le lac dont le barrage se trouve à 20 kilomètres. Ce barrage, dérivant le fleuve Évinos, alimente en eau la ville d'Athènes et l'Attique depuis 2002.

La traversée des montagnes est surprenante, offrant des variations de couleurs et de superbes perspectives ; au loin, les sommets sont enneigés jusqu'en juin. On traverse des hameaux isolés (attention aux chiens de berger !) où la sensation de quiétude et de « bout du monde » est grande. Le lac, en forme d'étoile à quatre branches, offre des vues étonnantes en contrebas. Il est conseillé de rouler prudemment, les troupeaux de vaches et de chèvres étant nombreux et imprévisibles au détour des virages. Par ailleurs, la faune comme la flore sont d'une extrême variété.

Le retour se fera soit par le même chemin, après avoir contourné l'ensemble du lac (rejoindre la route principale à Pendapoli pour redescendre vers Eratiní), soit par l'intérieur des terres après avoir contourné environ les trois quarts du lac (prendre la direction de Limnítsa, à l'ouest, pour rejoindre la route nationale vers Naupacte).

Naupacte pratique

Informations utiles

EOT – *1 Noti. Botzaris (sur le port) - 26340 38533 - 10-12h, 18h-20h.* Bon accueil et informations sur la ville et ses activités (programmation de festivals, activités en extérieur, cartes, etc.).

Culture Net – *Sur le port, au 1er étage - 26340 38464 - fax 26340 38466 - www.culturenet.gr - été : 10h30-22h (pause 16h-18h).* Nena vous communiquera sa passion pour sa région. Très bon accueil.

www.nafpaktos.gr (en français).

Centre de santé – *26340 23690/91.*

Police – *26340 27258.*

Transports

En bus – **Manassi** - *derrière l'église Ag. Dimitrios - 26340 27224 ;* **KTEL Fokida** - *400 m à l'est de Manassi - 26340 27241.*

En taxi – *26340 25111/12.*

Se loger

Bon à savoir – Outre les hôtels, il existe de nombreuses chambres chez l'habitant.

Diethnes – *3 Athinas Nova (près du port) - 26340 27342.* Intérieur coloré et agréable. Bon rapport qualité-prix, en particulier hors saison.

Plaza – *37 Navmahias (sur la plage Psani, à 200 m du port) - 26340 22226/25256 - fax 26340 23174.* Accueil très sympathique et chambres confortables et agréables pour cet hôtel dont certains balcons donnent sur la plage. Une bonne adresse. Petit-déjeuner en sus.

Akti – *À l'est de la ville, face à la mer - 26340 28464 - fax 26340 24171 - akti@otenet.gr - 59 ch. dont 4 suites luxueuses.* Établissement situé à 50 m de la plage, au décor très design et équipé de tout le confort moderne. Toutes les chambres disposent d'un balcon sur la mer.

Lépanto Beach – *Odos Gribovo - 26340 23931 - fax 26340 23930 - 48 ch.* Grand hôtel au confort standard, séparé de la plage par un jardin.

Se restaurer

Spittiko – Taverne traditionnelle sur la plage, bien connue des habitants. Bonne carte.

Tsaras Taverne – *Odos Ioan. Kanavou - 26340 27809 - ouv. merc.-dim.* Au 1er étage, la terrasse donne sur le port. Depuis 23 ans, Nikos vous régale avec ses plats traditionnels.

Sports et loisirs

Le fleuve Évinos et les montagnes environnantes offrent de multiples possibilités pour des activités en extérieur (kayak, alpinisme, VTT). S'adresser au **Club Metavasi** – *26340 24556 ou 69446 56029 - www.metavasi.com.*

Événements

En **avril**, commémoration de la fin de l'occupation ottomane (18 avril 1829).

En **été** : festival de théâtre, musique et danse et, tous les 2 ans, festival international lyrique « **Mikis Theodorakis** ».

En **octobre**, commémoration de la bataille de Lépante à travers un festival très réputé.

Nauplie★★

Náfplio – Ναύπλιο

13 947 HABITANTS –
CARTE GÉNÉRALE RABAT II B2 – PÉLOPONNÈSE - ARGOLIDE

Comment ne pas tomber sous le charme de cette petite cité posée en bordure du golfe d'Argolide ? Imaginez un enchevêtrement de ruelles en escalier montant à l'assaut de versants escarpés coiffés d'une forteresse et que bordent de nobles demeures néoclassiques aux façades ocre ou jaunes et aux toits de tuiles roses. Dans ce lieu hors du temps, échoppes d'artisans, cafés et tavernes accompagnent la rêverie du promeneur imaginant pouvoir s'y perdre. Sans renier un passé tumultueux dont témoignent une église franque, deux mosquées et un arsenal vénitien, la première capitale de la Grèce s'est inventé un présent fait de quiétude et d'harmonie, invitant le voyageur à y poser son sac et à paresser sous les palmiers du front de mer, avant d'explorer les plages et les sites archéologiques des alentours.

- **Se repérer** – À 137 km d'Athènes, Nauplie est reliée à la capitale par l'autoroute de Corinthe (64 km au nord) : de là, vous pouvez vous y rendre par la côte et Épidaure, ou bien par la route intérieure qui dessert Corinthe et Mycènes. À l'arrivée, suivre la direction « centre » jusqu'au port où un parking gratuit est aménagé. Attention : il peut être ardu d'y trouver une place !
- **À ne pas manquer** – Une balade dans la vieille ville, le fort Palamède.
- **Organiser son temps** – Une journée ne suffit pas pour épuiser les charmes de Nauplie… Pourquoi alors ne pas y séjourner et rayonner dans les environs ?
- **Avec les enfants** – Le musée du Komboloï et celui d'Art populaire.
- **Pour poursuivre le voyage** – Argolide, Árgos, côte de l'Arcadie, Épidaure, Mycènes, Tirynthe.

Comprendre

Napoli di Romania

Prise par les Francs en 1247, Nauplie est d'abord le fief particulier d'**Othon de La Roche** et des ducs d'Athènes avant de passer à la famille d'Enghien. Lorsque Marie d'Enghien épouse le Vénitien Pietro Cornaro, celui-ci transmet ses droits sur la ville à Venise, qui l'occupe en 1388. La Sérénissime fortifie la cité et l'îlot Boúrdzi, qui résistent aux assauts turcs jusqu'en 1540. Les Ottomans en font alors la capitale de la Morée. La ville constitue au 17e s. un des centres d'échanges avec l'Occident, exportant notamment vers la France, soies, maroquins, laines, cires, fromages…

En 1686, Nauplie est reprise par les troupes vénitiennes commandées par **Francesco Morosini**. Sous son impulsion et celle de ses successeurs, Nauplie va vivre un essor de trente ans : nouvelles fortifications (au fort Palamède) sous la direction des ingénieurs français Lasalle et Levasseur, nouvelles églises (St-Georges, St-Nicolas), nouveaux

R. Mattès / MICHELIN

L'Acronauplie domine la ville et le charmant petit port.

bâtiments administratifs ou commerciaux (entrepôts), apports extérieurs de population. Capitale du royaume de Morée, chef-lieu de la Romanie qui rassemble les pays de Nauplie, Árgos, Corinthe et Trípoli, la cité prend le nom de Napoli di Romania. Mais 1715 voit le retour des Turcs, dont l'armée, forte de 100 000 hommes, conquiert Nauplie après un siège qui lui coûte 8 000 soldats. Pillage, massacre et déportation d'une partie de la population s'ensuivent.

Maladresse...

Le jeune roi Otton ne tarda pas à se mettre à dos une bonne partie de la population grecque. Au cours de son séjour à Nauplie, une cour de justice condamne à mort **Théodore Kolokotronis**, le « vieux de la Morée », un des chefs de la résistance, pour désobéissance au pouvoir établi. Certes, le farouche soldat est gracié et seulement enfermé quelque temps au fort Palamède, mais le règne commence mal...

La première capitale de la Grèce

La Révolution ayant éclaté en 1821, la flotte grecque, au sein de laquelle s'illustre la **Bouboulina** *(voir p. 68)* qui y commande une corvette, bloque la rade dès l'année suivante, mais les assauts sur la ville sont repoussés à trois reprises. Toutefois, le 30 novembre 1822, **Staïkopoulos**, avec 350 hommes, emporte le fort Palamède et libère Nauplie qui devient alors le cœur de la lutte antiturque. En 1827, les forces navales françaises, anglaises et russes s'y concentrent avant d'attaquer la flotte ottomane à Pilos (Navarin). Le 7 janvier 1828, le premier « gouverneur » de la Grèce, **Capo d'Istria**, rejoint bientôt par son égérie, la duchesse de Plaisance, arrive à Nauplie, qui devient officiellement capitale de la Grèce en 1829 : la nouvelle administration, les légations étrangères, les rassemblements de Philhellènes, les troupes et les escadres de passage engendrent une intense animation.

Cependant, les dissensions entre Grecs se font âpres et, le 27 septembre 1831, Capo d'Istria est assassiné par ses ennemis politiques, qui l'accusaient d'être un agent du tsar. Les grandes puissances européennes font alors appel à **Otton de Bavière**, âgé de 17 ans, dont l'accession au trône est ratifiée en 1832 par une assemblée nationale tenue à Pronia, le nouveau faubourg conçu et ordonné par Capo d'Istria. Otton débarque à Nauplie le 18 janvier 1833 avec son conseil de Régence, 3 500 soldats bavarois, et un embryon de cour. Dans la cité, son règne est marqué par la construction d'édifices néoclassiques, à balcons en saillie, dont les lignes sobres donnent à la cité son caractère aristocratique. À Pronia, un lion colossal est sculpté dans le rocher à la mémoire des soldats bavarois morts du typhus en Grèce. Inscriptions et monuments évoquent aussi les temps héroïques de l'Indépendance. En 1834, Nauplie perd son statut de capitale du royaume au profit d'Athènes.

Visiter

LA VIEILLE VILLE★★

Après avoir laissé la voiture sur le port, gagner la place Syngtamatos par l'odos Farmakopoulou puis à gauche le passage le long de l'église.

Place de la Constitution (Platia Syntagmatos)

Jadis forum politique de la cité, la place de la Constitution est aujourd'hui partagée entre flâneurs assis aux terrasses des cafés et gamins qui en font un terrain de football improvisé. Elle dessine un rectangle harmonieux d'où l'on jouit d'une vue sur la colline que coiffe le fort Palamède.

D'un côté, l'arsenal maritime achevé en 1713 par les Vénitiens abrite aujourd'hui le Musée archéologique ; en face, une ancienne mosquée, transformée en théâtre, témoigne de l'occupation ottomane.

Dans un recoin, sur la gauche de l'arsenal et en retrait de la Banque populaire de Grèce que précède un lion de Venise, un escalier donne accès à une autre mosquée désaffectée que les Naupliotes nomment « Parlement » (Vouleftiko) depuis que la première Assemblée nationale grecque s'y est réunie en 1822.

Musée archéologique – *Fermé pour travaux de rénovation - ✆ 27520 27502 - tlj sf lun. 8h30-15h - 2 €.* Aménagé dans l'arsenal vénitien, ce musée est intéressant pour ses poteries rares d'époque néolithique et surtout pour ses collections d'art archaïque provenant des fouilles d'Argolide, notamment du site proche de Tirynthe. Cependant, l'ouverture en 2003 du musée de Mycènes a entraîné le transfert du fleuron des collections du musée de Nauplie qui, redéployées, devraient être prochainement à nouveau montrées au public.

Rue Konstantinou

Dans l'axe de la place, à l'opposé de l'arsenal.

Cette rue très commerçante et piétonne, où commerces et échoppes d'artisans se succèdent, est bordée de belles demeures et de quelques *kafeneia*.

Prendre à droite odos Terzaki puis à gauche odos Plapouta.

Cathédrale Saint-Georges (Ágios Geórgios)

Toute blanche, au fond d'une placette triangulaire que surplombent les murailles du fort Palamède, la cathédrale a été construite au 16e s., mêlant style vénitien (arcades, campanile) et byzantin (coupoles). Elle conserve le trône du roi Otton.

Arrivé au bout de l'odos Plapouta, tourner à droite dans l'avenue Singrou et entrer dans la vieille ville par l'étroite odos Papanikolaou, traversée de ruelles montant sur la gauche en escalier vers l'Acronauplie. L'une de ces ruelles, sur la gauche (odos Potamianou), monte de façon très raide (attention aux marches inégales) vers l'église des Francs.

Église des Francs (Frangoklissiá)

À mi-hauteur et sur la droite. Un escalier et un joli porche du 13e s. précèdent l'église des Francs, ancienne chapelle de monastère transformée en mosquée par les Ottomans, puis redevenue église catholique romaine sous la dédicace de la Transfiguration, selon le souhait d'Otton.

À l'intérieur, près de l'entrée, le **mémorial des Philhellènes** tombés pour l'Indépendance de la Grèce fut posé sur l'initiative d'un Français, le colonel Touret. Derrière le maître-autel qu'orne une copie de la *Sainte Famille* de Raphaël offerte en 1845 par le roi Louis-Philippe subsiste le minaret.

Acronauplie★★ (Akronafplía)

Continuer dans la ruelle, puis prendre à gauche devant la pension Mariana. Cet accès à pied se révélant assez éprouvant, vous pourrez préférer utiliser votre voiture. Il faudra alors sortir de la vieille ville et prendre depuis l'odos 25-Martiou une route partant sur la droite à hauteur de la caserne des pompiers. Forteresse antique (vestiges de soubassements en massif appareil polygonal), puis franque, enfin et surtout vénitienne, l'Acronauplie (alt. 86 m), qui abritait naguère hôpital, casernes et prisons, comprend plusieurs enceintes

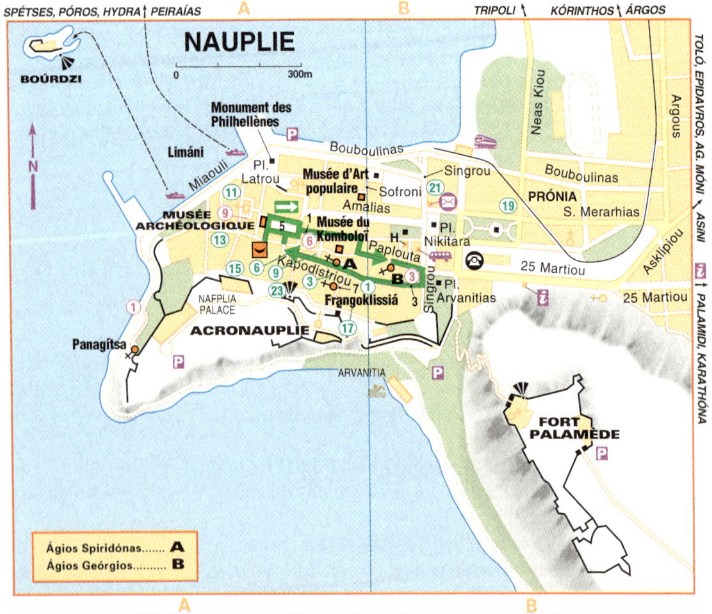

SE LOGER
- Acronafplia ... 1
- Byron ... 3
- Ilion ... 6
- Kapodistrias ... 9
- King Othon I ... 11
- King Othon II ... 13
- Leto ... 15
- Marianna ... 17
- Nausimedon ... 19
- Omorphi Poli ... 21
- Pension Dimitri Becas ... 23

SE RESTAURER
- Naftikos Omilos Nafplio ... 1
- O Noulis ... 3
- Ta Fanaria ... 6
- To Sokaki ... 9

INDEX DES RUES
- Konstantinou ... 1
- Papanikolaou ... 3
- Pl. Syntagmatos ... 5
- Potamianou ... 7

à portes ornées du lion de St-Marc. Des courtines, belles vues plongeantes rapprochées sur la ville, le port et la rade, ascendantes sur le fort Palamède.

Redescendre dans l'odos Papanikolaou et la suivre jusqu'à une placette ornée du buste d'Angelos Terzákis (1907-1979) et, sur la gauche, d'une fontaine turque.

Église Saint-Spiridon (Ágios Spiridónas)

Cette petite église orthodoxe fut construite en 1702. C'est sur son seuil que, le 27 septembre 1831, deux membres de la famille maniote des Mavromichalis assassinèrent Capo d'Istria qui avait emprisonné l'un des leurs, Petrobey ; un tableau retraçant la scène est exposé à l'intérieur.

Continuer dans l'odos Kapodistriou (autre fontaine turque), puis prendre à droite dans l'odos Kokkinou.

L'omniprésent « komboloï »

Même si la tradition semble un peu se perdre de nos jours, vous verrez un peu partout les hommes jouer inlassablement avec ces petits chapelets qui peuvent être en bois, en verroterie, en matière plastique, ou en matériaux plus précieux, qu'ils égrènent machinalement ou qu'ils font tournoyer… N'allez pas y voir quelque signe de religiosité : si chez les Turcs, auxquels les Grecs ont emprunté le « komboloï », l'objet servait à compter les prières, ici il n'en est rien, même si d'aucuns vous assurent que le « komboloï » est indispensable pour éloigner le mauvais sort…

Rue Staïkopoulou

Une autre rue commerçante, bordée quant à elle d'une multitude de tavernes et de *kafeneia*.

Musée du Komboloï (Moussío Koumboloïou) – *Au n° 25 - 27520 21618 - tlj sf mar. 9h30-20h30, w.-end 10h-20h.* Au premier étage de l'échoppe d'un fabricant de *komboloï*, ce petit musée privé présente une belle collection, constituée de plus de deux cents pièces, parfois anciennes et de différents matériaux : ambre, pierre, perles de verre, ivoire, coquillages...

Une petite rue à droite ramène à la place Syntagmatos.

EN BORD DE MER★★

2h. Partir de la place Nikitara et suivre la rue Amalias, la plus grande artère du centre-ville.

À gauche, au n° 29, fut fondée en 1829 la première école grecque d'officiers.

Prendre sur la droite l'odos Sofroni.

Musée d'Art populaire (Laografikó Moussío)

9h-13h30, 18h-21h - 4 €.

Ce musée présente de façon sensible une remarquable **collection de costumes** du Péloponnèse, mais aussi des objets d'art populaire (outils et ustensiles), des bijoux, un métier à tisser, des jouets, des broderies traditionnelles permettant de faire revivre la vie quotidienne des siècles passés.

Continuer dans l'odos Sofroni jusqu'au quai Bouboulinas.

Le port

Il s'étend de part et d'autre de la place Latrou sur laquelle s'élèvent l'hôtel de ville, l'église des marins St-Nicolas (début du 18e s.) et le monument des Philhellènes (Mnimio Filellinon), pyramide de marbre érigée en 1903 « en reconnaissance au maréchal Maison, au général Fabvier, à l'amiral de Rigny, aux marins et soldats français… ». Vers le large, belle vue sur l'îlot fortifié de Boúrdzi.

Îlot Boúrdzi★

Se renseigner sur le port à propos des horaires des bateaux navettes.

Fortifié en 1471 par les Vénitiens pour protéger l'entrée du port, et renforcé au début du 18e s., il a pour élément principal une puissante tour polygonale terminée par une plate-forme à canons. Au 19e s., l'îlot était la résidence du bourreau de Nauplie qui n'en sortait que pour les exécutions. Vues sur la ville et les deux citadelles, Acronauplie et Palamède.

Les quais Bouboulinas puis Miaouli *(tavernes et cafés)* se prolongent par un chemin contournant le rempart, puis le promontoire, et procurant de très belles vues sur le golfe. On dépasse un ouvrage avancé au-delà duquel se détache un sentier montant à la **chapelle de la Panagitsa** (Petite Vierge), accrochée à la pente rocheuse au creux de laquelle se trouve une ancienne « école secrète » du temps de l'occupation turque.

En suivant le littoral (très belle vue sur la mer et sur la citadelle de Palamède), on arrive à Arvanitia, plage de Nauplie, d'où l'on rejoint la place Nikitara.

FORT PALAMÈDE★★ (Palamídi)

Accès par odos 25-Martiou et la route menant à l'entrée est, ou par un escalier de 857 marches (env. 20mn) partant de la place Arvanitias. Prudence avec les enfants car l'escalier est dépourvu de rambarde extérieure. ✆ 27520 28036 - 8h30-14h30 - 4 €. Couronnant une colline culminant à 216 m, Palamídi date de la seconde occupation vénitienne, de 1686 à 1715. C'est un puissant complexe de huit forts ou bastions, reliés par des couloirs dérobés, voûtes, passages secrets, et jalonnés de tourelles de guet ou percés d'embrasures pour fusils et canons. Chacun de ces bastions était conçu pour pouvoir se suffire à lui-même en cas d'occupation de ses voisins par l'ennemi ; le bastion Robert évoque le nom d'un des Philhellènes français tués lors de l'attaque du fort, en 1822.

Des chemins de ronde, vues magnifiques embrassant Nauplie, le golfe, la plaine d'Argolide et les côtes du Péloponnèse.

Dans l'un des bastions, non loin de la porte sud-est, on découvrira une splendide citerne, et au sein du bastion St-André, une charmante cour, sur laquelle donnent l'habitation du commandant du fort et la chapelle St-André près de laquelle est préservée la cellule où Kolokotronis fut enfermé.

Un touche-à-tout de génie

Fils de Nauplios et petit-fils de Poséidon, **Palamède** était considéré comme le roi des inventeurs par les Grecs, qui lui attribuaient l'ordre de l'alphabet introduit en Grèce par le Phénicien **Cadmos**. Il aurait aussi inventé le calendrier, les poids et mesures, et se serait montré un remarquable astronome, capable d'expliquer les éclipses. Ce savant aussi génial que légendaire aurait en outre participé à la guerre de Troie et imaginé les jeux de dés et d'échecs pour distraire les assiégeants. Mais il fut tué par Ulysse et Diomède, jaloux de son ingéniosité.

Aux alentours

BAIE ET PLAGE DE KARATHONA★★

À 3 km au sud. Accès par la route signalée Palamidi sur laquelle s'embranche le tronçon conduisant à la baie. Dans le site harmonieux de cette anse doucement incurvée que protège un îlot, s'inscrit une vaste plage de sable que borde un bois d'eucalyptus. Des hauteurs voisines, vues en direction du fort Palamède et de l'Acronauplie.

Acropole de Kazarma

À 14 km à l'est, sur la route d'Épidaure, près d'Arkadiko.

20mn. Prendre le sentier (signalisation) qui conduit au sommet. Sur la colline où se trouve l'entrée principale de l'enceinte apparaissent les vestiges de la forteresse construite par les Argiens (5e s. av. J.-C.).

Mili

Ce village moderne est situé au fond du golfe d'Árgos, à 11 km au sud-ouest de Nauplie par la route de Néa Kias.

Lerne (Lérni) – C'est ici que se trouvait jadis le site antique de **Lerne**. Là, entre la route et la mer, les sources de l'Hydre et le marais de Lerne, de nos jours bien réduit mais encore peuplé de grosses anguilles, évoquent le souvenir de maintes légendes antiques, et notamment de l'un des fameux travaux d'Hercule. Les marais de Lerne, que les Grecs croyaient sans fond, étaient considérés comme une entrée des Enfers ; les Danaïdes y jetèrent les têtes de leurs maris assassinés.

Maison des Tuiles – *À la sortie de Myloi sur la route d'Árgos à droite, après une église, un chemin conduit en 200 m au site. 8h30-14h30 - 2 €.* L'occupation la plus ancienne remonte à la période néolithique, mais c'est à l'âge du bronze que le site connaît sa plus grande prospérité. Il présente alors des fortifications et un bâtiment rectangulaire : la **maison des Tuiles**, dont les vestiges sont protégés par un abri et qui tient son nom des tuiles trouvées en grand nombre dans ses fondations. Datant d'environ 2200 av. J.-C., ce palais à la distribution intérieure parfaitement visible est le seul grand bâtiment du début de cette période qui nous soit parvenu en aussi bon état. En effet, après sa destruction par un incendie en 2100 av. J.-C., il fut recouvert d'une chape de terre protectrice, formant un tumulus. À droite de l'entrée du site, remarquez les restes d'une enceinte datant de l'helladique ancien, dont une partie en brique naturelle, au fond à droite, est protégée par un toit.

SUR LA ROUTE DE TOLÓ

Quitter Nauplie par la route d'Épidaure et, à environ 1,5 km, prendre à droite la petite route signalisée « Agía Moni ».

Agía Moni

Ce monastère fut fondé en 1144 près de la source Kanathos (en contrebas du couvent, à droite) qui, d'après la mythologie, était censée redonner chaque année une nouvelle virginité à la déesse Héra. Les moniales font visiter l'église conventuelle du 12e s. d'architecture byzantine.

Revenir à la route d'Épidaure et poursuivre sur 2 km. Prendre alors à droite la route de Toló et, avant d'arriver à la côte, tourner à gauche sur la route de Drepano qui côtoie une chapelle avoisinant l'acropole d'Asiné (Asíni).

Asíni

Citée par Homère dans l'*Iliade*, l'acropole de la cité antique a été dégagée et fouillée de 1922 à 1930 par des archéologues suédois : importants vestiges de remparts en partie mycéniens et archaïques (appareil polygonal), en partie hellénistiques. Des tombes à chambres monumentales ont fourni de nombreux objets mycéniens. Du sommet, belles **vues★★** sur le site de Toló et la plaine côtière couverte d'agrumes.

Toló★

À l'extrémité d'une longue plage de sable fin, cette station balnéaire très fréquentée occupe un beau site abrité par le promontoire d'Asíni, les îles de Romvi et Plateia.

Par Drepano et la petite station d'**Iria**, la route suit le bord de mer et part à l'assaut d'un col dans un paysage sauvage empreint d'une sévère beauté. Elle vous permet de gagner la côte de l'Argolide et les îles de Spétses *(voir p. 577)* et Póros *(voir p. 574)*.

Nauplie pratique

Informations utiles

EOT – *Odos 25-Martiou, au pied du fort Palamède - ✆ 27520 24444 - tlj 7h30-14h30, 16h-20h.*

Poste – *1 odos Merharias.* Vous trouverez également des timbres chez la plupart des vendeurs de cartes postales du centre-ville et à la librairie-papeterie de la place Syntagmatos.

Presse – *Sur la place Syntagmatos, à côté de la mosquée-cinéma.* Presse française et internationale.

Centre de santé – *✆ 27520 27309.*

Police et police touristique – *✆ 27520 22100 et 27520 28131.*

Se loger

NAUPLIE

Pension Dimitri Becas – *Odos Efthimiopoulou, dans un enchevêtrement de ruelles en escalier au-dessus d'odos Zigomala - ✆ 27520 27549 - 8 ch.* Cette modeste pension dispose de quelques chambres avec douche et toilettes. On y a une belle vue sur la ville. Une bonne adresse à petit prix.

Omorphi Poli – *5 odos Sofroni, face au musée d'Art populaire - ✆ 27520 21565 - 7 ch. dont 2 suites.* Intelligemment décoré, ce petit hôtel recrée l'atmosphère d'une maison grecque traditionnelle. Petit-déjeuner dans le kafeneion du rez-de-chaussée. Bon rapport qualité-prix.

Acronafplia – *34 odos Papanikolaou (à l'angle de odos Terzeki) - ✆ 27520 24486.* Coup de cœur pour le décor de cette pension mêlant bois, métal et tissages colorés. Plusieurs maisons disséminées dans la vieille ville accueillent 35 chambres de confort et de taille très variables, mais au décor similaire. Taverne au rez-de-chaussée de la maison mère.

King Othon I – *4 odos Farmakopoulo (ouvrant sur le port) - ✆/fax 27520 27595 - 11 ch.* Idéalement placé en retrait du front de mer et à proximité de la place Syntagmatos, cet hôtel accueillant occupe une maison néoclassique bien rénovée. Les chambres, petites et confortables, sont décorées avec goût. Petit-déjeuner servi dans le charmant jardin attenant. Notre meilleure adresse à Nauplie.

Leto – *28 Odos Zigomala - ✆ 27520 28093 - fax 27520 29588 - 12 ch.* À cet endroit, la rue qui domine la vieille ville sur les pentes de l'Acronauplie s'évase en une sorte de petite place belvédère. Cet établissement sans prétention permet de séjourner à Nauplie à prix doux. Préférez les chambres des étages supérieurs, qui bénéficient d'une vue. Bon rapport qualité-prix.

Kapodistrias – *20 odos Kokkino - ✆ 27520 29366 - fax 27520 29278.* Haute maison traditionnelle au mobilier ancien. Chaque chambre possède sa propre personnalité (et ses dimensions) et certaines sont dotées de balcons donnant sur la ruelle en escalier. Un charme réel…

Marianna – *9 odos Potamianou - ✆ 27520 24256 - fax 27520 21783 – 12 ch.* Toutes les chambres de cette maison propre et gaie située sur les hauteurs, dans la rue conduisant à l'Acronauplie, donnent sur la ville et la rade. Service de blanchisserie, bon petit-déjeuner. Une excellente adresse…

⊜⊜⊜ **King Othon II** – *5 odos Spiliadou (au bout de odos Farmakopoumlo et à droite) - ✆ 27520 97790.* Les Grecs n'ont supporté qu'un seul roi, Otton : cet Othon II, situé dans une élégante demeure jaune, ne renvoie donc pas à une dynastie de souverains, mais d'hôteliers. Dans le même esprit que la maison mère, et donc avec beaucoup de charme.

⊜⊜⊜ **Nausimedon** – *9 odos Merarhias (presque en face de l'ancienne gare) - ✆ 27520 25060 - fax 27520 26913 – 13 ch. et 3 bungalows.* Ouverte en 1998, cette demeure magnifiquement restaurée propose des chambres hautes de plafond, décorées de meubles anciens qui raviront les amateurs d'atmosphère et de raffinement. Cocktails servis sous les palmiers et les parasols du jardin.

⊜⊜⊜ **Byron** – *2 odos Platonos (près de l'église St-Spiridon) - ✆ 27520 22351 - fax 27520 26338 - byronhotel@otenet.gr - 18 ch.* Reconnaissable à son élégante façade ocre, cet hôtel de charme tout en hauteur est un des fleurons de l'hôtellerie locale. Dommage que les lits soient raides et qu'on y pratique parfois le surbooking.

⊜⊜⊜⊜ **Ilion** – *4 odos Efthimiopoulou (juste au-delà d'odos Kapodistriou) - ✆ 27520 25114 - fax 27520 24497 - ilionhot@otenet.gr - 10 ch. et 5 studios.* Cet hôtel aménagé dans une vieille demeure dispose de belles parties communes. Les peintures murales et la décoration ne sont pas dénuées d'un charme kitsch. Les studios, situés sur les hauteurs de la ville, au coin d'odos Zigomala, sont plus sobres, ils peuvent accueillir jusqu'à 4 personnes.

TOLÓ

Toló se résume à une longue rue, longeant la mer et bordée de part et d'autre de nombreux hôtels.

Se restaurer

Bon à savoir – Tavernes et restaurants se succèdent dans l'odos Staïkopoulou, sans que la qualité soit toujours au rendez-vous. Si vous souhaitez manger du poisson, vous n'aurez que l'embarras du choix le long du quai Bouboulinas…

⊜ **To Sokaki** – *Entre la place Syntagmatos et l'hôtel King Othon I, sur la gauche, derrière l'église.* Excellents petits-déjeuners complets, crêpes géantes pour dîner sur le pouce et, si vous êtes gourmand, finissez par une énorme glace composée.

⊜ **O Noulis** – *22 odos Moutsouridou, dans une ruelle à gauche au bout de la rue Papanikolaou.* Taverne tranquille et bien connue des Naupliotes, où le plateau de dix *mezes* peut constituer à lui seul un vrai repas. Une adresse sympathique, même si la qualité est parfois fluctuante.

⊜⊜ **Ta Fanaria** – *Au coin d'odos Stoïkopoulou et de la petite odos Soutsou.* Cette taverne s'enorgueillit d'avoir le même cuisinier depuis vingt-cinq ans. Si le le résultat est convenable, ce sont surtout les tables disposées sous une treille dans la ruelle qui attirent dans ces lieux.

⊜⊜⊜ **Naftikos Omilos Nafplio** – *Club nautique de Nauplie, sur le chemin en bord de mer au pied des murailles, au-delà du quai Miaouli.* Ce restaurant en terrasse, outre un cadre exceptionnel qui ouvre sur le golfe d'Argolide (aux beaux jours, les tables sont disposées sur les quais), propose une cuisine traditionnelle, un accueil et un service de qualité. Ouvert seulement le soir, réservez ou arrivez avant 21h.

Faire une pause

Bon à savoir – Vous n'aurez que l'embarras du choix tant sur les quais que sur la place Syntagmatos. Sur celle-ci, la terrasse du bien nommé **Kentrika**, face à la Banque populaire, est la plus agréable.

Stathmos – *Odos Merarhias, sur la droite en partant de la vieille ville.* Un café musical installé dans l'ancienne gare de Nauplie, au bord des voies désaffectées. Sympathique et original.

Antica Gelateria di Roma – *Odos Farmakopoulo, face à l'hôtel King Othon I.* Cette *gelateria* s'enorgueillit d'attirer les Naupliotes et les visiteurs depuis 1870 grâce à ses glaces artisanales.

Café Rosso – *Odos Farmakopoulo, dans le passage conduisant à la place Syntagmatos.* Le café branché des nuits naupliotes. Clientèle jeune, musique au goût du jour.

Achats

Nektar & Ambrosia – *Odos Farmakopoulo, près de l'hôtel King Othon II.* Les boissons des dieux de l'Olympe sont à l'honneur dans cette boutique gourmande où vous trouverez toutes sortes de produits à base de miel.

La boutique du **musée d'Art populaire** *(odos Sofroni)* propose un choix d'objets d'artisanat de qualité inspirés des collections du musée. Difficile de quitter Nauplie sans s'être muni d'un *komboloï* : outre l'échoppe abritant le musée, vous en trouverez un grand choix à **la maison de l'Ambre** *(12 odos Konstantinou)* et à **Komboloïodeleou**, au coin de l'avenue Singrou et de l'odos Potamianou.

Mont Olympe★

Óros Ólympos – Όρος Όλυμπος

CARTE GÉNÉRALE RABAT I B1 – THESSALIE ET MACÉDOINE

Haut massif montagneux, l'Olympe, toujours nimbé de nuages, était, pour les Anciens, la demeure mystérieuse de Zeus et des dieux. C'est aujourd'hui un parc naturel prisé des randonneurs et des alpinistes. Sur le flanc nord du mont, la ville sacrée de la Macédoine antique, Dion, a livré un réseau complet d'urbanisme.

- **Se repérer** – À 90 km environ au sud-ouest de Thessalonique. Litóchoro est la base d'exploration du massif.
- **À ne pas manquer** – Le site de Dion, la villa Dionysos, le musée.
- **Organiser son temps** – Comptez trois jours en tout si vous faites l'ascension avec une nuit en refuge.
- **Pour poursuivre le voyage** – Lárissa, Thessalonique.

Découvrir

Constitué de schistes cristallins et formant un vaste et complexe massif, le plus élevé de Grèce, l'Olympe compte **neuf sommets dépassant 2 600 m**. On le divise en Bas Olympe, au sud, dont les versants boisés sont faciles à parcourir, et en Haut Olympe, coupé de vallées abruptes et de précipices. Malgré les tentatives des Français Sonnini en 1780 et Pouqueville en 1810, il fut longtemps considéré comme inaccessible et vaincu seulement en 1913 par les alpinistes suisses Baud-Bovy et Boissonas, accompagnés du guide grec Kakalos.

L'Olympe a pour centre principal **Litóchoro**, base des promenades et des courses dans le massif. Ses quatre grands sommets, dépassant 2 800 m, dessinent un cirque rocheux : le **Mýtikas** ou Panthéon culmine à 2 917 m et le **Trône de Zeus** ou Couronne (Stefani) atteint 2 909 m.

Une route carrossable permet d'apercevoir les sommets : au départ de Litóchoro, prendre la route qui conduit au monastère d'Ágios Dionýsios et continue (non revêtue) jusqu'au hameau de Priona, à une altitude d'environ 1 000 m.

Les bons marcheurs peuvent laisser la voiture à un croisement avant le monastère et prendre à droite jusqu'au lieu-dit Petrostrounga (3h), puis continuer par le passage dénudé de Skourta jusqu'au plateau des Muses (Oropédio Mousson, 5h), où se trouve le **refuge du Club des alpinistes grecs de Thessalonique**, à une altitude de 2 750 m ; si l'on désire poursuivre jusqu'au sommet, il est conseillé de prendre un guide.

Tuul / hemis.fr

Lieu de la naissance des jeux Olympiques, l'exèdre d'Hérode Atticus.

Aux alentours

Dion★★ (Dío)

À 16 km au sud de Kateríni. Située au pied du mont Olympe dans la plaine fertile de la Pieria, la ville sacrée de la Macédoine antique lia son nom à celui de Zeus (Dios).
Célèbre pour ses festivités athlétiques et théâtrales, connues sous le nom de **jeux Olympiques** de Dion, instaurées par Archélaos au cours du 5e s. av. J.-C. en l'honneur des Muses, cette ville a légué d'importants témoignages de son passé.
De nombreuses **tombes** découvertes sur le flanc de l'Olympe, à 2 km environ des murs de la ville, attestent une occupation de la région dès le 10e s. av. J.-C. Sa population aurait atteint 15 000 habitants à l'époque de sa plus grande prospérité sous les empereurs romains. Développée le long d'une rivière navigable, elle possédait un port, peut-être maritime, car la côte était alors plus proche. Ses remparts ont été construits à l'époque d'Alexandre le Grand, qui avait un attachement particulier pour cette ville.
La mise à sac de la cité au 4e s. par les Ostrogoths marqua la fin de Dion. Les premières investigations archéologiques eurent lieu en 1928. Depuis 1970, des fouilles systématiques, toujours en cours, sont poursuivies.

La ville antique

✆ 23510 53206 - 8h30-17h - 4 €.
L'entrée du site se trouve au sud du village, en pleine campagne. À l'intérieur des remparts édifiés au 4e s. av. J.-C., la ville telle qu'elle se présente aujourd'hui date de l'époque romaine. Aménagée selon les règles d'urbanisme de l'époque, elle était dotée d'un réseau complet de voirie (22 rues ont actuellement été dégagées). Des bâtiments administratifs, des magasins, des maisons, des toilettes et bains publics, etc. ont été mis au jour. Les grands thermes romains ont livré de belles mosaïques.
Mais la trouvaille majeure est sans aucun doute la villa de Dionysos, construite vers 200 apr. J.-C. En 1987, on y découvrit dans la salle de banquet une splendide mosaïque : le **Triomphe de Dionysos**, représentant le dieu sur son char tiré par des panthères marines et flanqué de centaures.
À l'extérieur des remparts ont été dégagés des sanctuaires dont le plus important est celui consacré aux divinités égyptiennes (Isis, Sérapis, Anubis), comportant plusieurs temples ; le temple de Déméter, le plus ancien sanctuaire macédonien connu, lieu de culte du 6e s. av. J.-C. au 4e s. de notre ère, et enfin le temple de Zeus Olympien (fouilles achevées), où Alexandre le Grand se rendit avant de partir à la conquête de l'Asie.
Deux théâtres, un hellénistique et un romain (en restauration), deux odéons romains et un stade témoignent des manifestations culturelles qui avaient lieu à Dion et qui mettaient la ville au niveau des cités les plus florissantes du sud de la Grèce.

Les Jeux des Muses

En décidant que durant neuf jours, Dion rendrait hommage à Zeus, le roi des dieux, et aux Muses, **Archélaos** donna à sa ville une place de première importance au cœur de la Macédoine. Chaque journée était consacrée à la célébration d'une des neuf Muses, filles de Zeus et de Mnémosyne (la Mémoire) : Calliope (l'Éloquence), Clio (l'Histoire), Polymnie (la Poésie lyrique), Euterpe (la Musique), Terpsichore (la Danse), Érato (l'Élégie), Melpomène (la Tragédie), Thalie (la Comédie) et Uranie (l'Astronomie). Protecteur des arts, le roi Archélaos accueillit également le tragédien Euripide à sa cour.

Musée

Tlj sf lun. 8h30-15h - 3 €.
Il abrite les trouvailles, remarquablement présentées, des fouilles de Dion et des sites avoisinants. Le rez-de-chaussée est consacré aux sanctuaires, bâtiments publics et nécropoles. On pourra y voir notamment de nombreuses statues et des stèles funéraires, dont celle très émouvante d'une mère et de son enfant (5e s. av. J.-C.).
À l'étage sont exposés les objets liés à la vie quotidienne et les mosaïques parmi lesquelles figurent de très beaux spécimens de l'époque romaine.

Mont Olympe pratique

Informations utiles

LITÓCHORO

EOT – *16 odos A. Nikolaou (avant l'hôtel Mirto) - 9h-21h.* Le personnel peut garder vos bagages si vous faites une randonnée.

Poste – *À gauche de la pl. Kentriki.*

Téléphone - OTE – *Odos A. Nikolaou.*

Police – *23520 81111.*

Transports

En train – La ligne Thessalonique-Athènes passe aux gares de **Kateríni** (8 trains), **Pláka** et **Leptokarýa** (4 trains). De ces gares, prendre un bus pour Litóchoro.

En bus – De la gare de Kateríni, 1 bus/h. pour **Dion** et bus pour **Litóchoro**.

De Litóchoro, guichet et départ face au poste de police. 1 bus/h pour **Kateríni** et **Thessalonique**, 3 bus/j. pour **Athènes**.

Se loger

LITÓCHORO

Pension Olympos – *30 odos Agias Paraskevis - 23520 81838 – 17 ch.* L'accueil est chaleureux dans cette pension constituée de petits appartements propres et simples, avec balcon.

Papanikolaou – *Odos Kitrous (à gauche sur la pl.) - 23520 81236 - 16 ch.* Les chambres équipées d'une kitchenette sont réparties dans deux petits immeubles agréables, entourés d'arbres et de fleurs. Une bonne adresse.

Enipéas – *Pl. Kentriki - 23520 84328 - 25 ch.* Établissement calme et bien tenu qui bénéficie lui aussi d'une belle vue sur le mont Olympe.

Mirto – *À droite sur la rue principale, juste avant la place centrale - 23520 81398 - 31 ch.* Ses agréables chambres avec balcon en font un des meilleurs hôtels de la ville.

Villa Pantheon – *de la pl. Kentriki, prendre la route du restaurant Mylos, à droite, et longez la corniche - 23520 83931 - 12 ch.* Installé dans une bâtisse blanche visible du village, cet hôtel propose des chambres avec balcon, d'un confort et d'un entretien impeccables.

MONT OLYMPE

Refuge A – *Spilios Agapitos - 23520 81800 - 110 places - mai-oct. 6h-22h.* Réservation souhaitée.

Se restaurer

LITÓCHORO

To Pazari – *Odos 28-Oktovriou.* Taverne qui propose viandes grillées et poissons.

Erato – *Pl. Kentriki.* Cuisine sans surprise mais servie dans un cadre agréable, avec une vue magnifique sur la montagne.

Sports et loisirs

Club alpin de Litóchoro – *EOS - 20 odos Korovagou (de la rue A. Nikolaou, tournez à gauche près de l'hôtel Mirto) - juin-sept.* Cet organisme gère plusieurs refuges et fournit quantité d'informations sur le mont Olympe.

Événement

Depuis 1972, le **festival de l'Olympe** (juillet- août) organise des représentations théâtrales – en particulier des pièces antiques – et des concerts dans la région, à Dion, à Kateríni en direction de Thessalonique et dans la forteresse franque de Platamónas sur la côte *(voir Lárissa). Rens. et réserv. : à Kateríni - 23510 75555 ; à Platamónas - 23520 83100 - festivalolympou@kat.forthnet.gr.*

Olympie★★★

Olympia – Olumpîa

1 286 HABITANTS
CARTE GÉNÉRALE RABAT II A2 – PÉLOPONNÈSE - ÉLIDE

Prouesses physiques et intellectuelles, esprit de concorde et de paix, tels étaient les maîtres mots des jeux qui, dans l'Antiquité, réunissaient tous les Grecs à Olympie. 2 800 ans plus tard, les Jeux olympiques modernes revendiquent toujours les mêmes valeurs. Au sein de l'idyllique vallée de l'Alphée, hélas atteinte pas les incendies de 2007, les ruines témoignent de la grandeur du sanctuaire dédié à Zeus.

Tuul / hemis.fr

L'entrée du vaste stade d'Olympie qui vit naître les jeux Olympiques.

- **Se repérer** – L'ancienne Olympia, champ de ruines isolé, se situe à l'ouest du Péloponnèse, non loin de la mer, à 110 km au sud de Pátra, à 17 km à l'est de Pýrgos et 215 km au sud-ouest de Corinthe. Le petit village moderne est dans le prolongement des vestiges de l'ancienne Olympia.
- **À ne pas manquer** – Les ruines antiques et la visite du musée archéologique.
- **Organiser son temps** – Prévoir une journée. Réserver la visite du musée aux heures les plus chaudes de l'après-midi.
- **Pour poursuivre le voyage** – Hlemoútsi, Kalamáta, Pátra.

Comprendre

Le site★★ – Dominé au nord par une colline boisée, le mont Kronion (125 m), le sanctuaire de Zeus se dissimule sous les frondaisons entre le fleuve Alphée (Alfeios) et son affluent, le Kládeos. En amont, la vallée de l'Alphée se resserre entre les contreforts des monts d'Arcadie ; en aval, elle s'élargit jusqu'à la plaine d'Élide en un bassin verdoyant qu'encadrent de douces ondulations.

À l'origine, un bois sacré… – Le lieu du culte primitif d'Olympie semble avoir été un bois sacré, l'Altis, auquel succéda, sur l'actuel mont Kronion, un sanctuaire dédié à Cronos, fils d'Ouranos (le Ciel) et de Gaia (la Terre), et père de Zeus. Ce dernier, maître de l'Olympe, supplanta le dieu du Temps et le pèlerinage se développa en sa faveur.

À ces temps lointains sont liées plusieurs légendes, dont la plus connue concerne Pélops, premier prince du Péloponnèse. On racontait en effet qu'Œnomaos, souverain de la région, avait été averti par un oracle que son gendre l'expulserait du trône. Aussi imposait-il aux prétendants de sa fille Hippodamie une course de chars dont le perdant devait être mis à mort… Or, Œnomaos possédait un attelage de chevaux ailés, donc invincibles ! Hippodamie semblait donc devoir rester fille, lorsque Pélops, fils du Phrygien Tantale et père d'Atrée *(voir Mycènes)*, réussit à corrompre Myrtilos, le cocher du char royal qui, saboté, perdit une roue… et la course. Alors, Pélops tua Œnomaos, épousa Hippodamie et régna sur la région qui porte son nom.

Les jeux Olympiques – D'après la légende, Héraklès, fils de Zeus, après avoir nettoyé les écuries d'Augias, roi d'Élide, avec les eaux de l'Alphée, aurait fait bâtir l'enceinte sacrée de l'Altis, entourant les lieux de culte de Pélops, Zeus et Héra. Il aurait restauré les concours de gymnastique et d'athlétisme en l'honneur du vainqueur d'Œnomaos.

En fait, il semble que l'institution des jeux remonte au 8e s. av. J.-C., lorsque le roi de Pisa, Iphitos, et le législateur de Sparte, Lycurgue, décidèrent d'organiser des concours sportifs entre les peuples grecs. Ces jeux, au cours desquels était observée sur place une trêve sacrée d'un mois, se déroulaient tous les quatre ans et atteignirent leur apogée au 5e s. av. J.-C., époque à laquelle même les colonies lointaines y participaient.

Les fêtes, comprenant des cérémonies cultuelles et une grande foire, avaient lieu en été. Les épreuves athlétiques ne duraient que cinq jours, mais les concurrents étaient obligés de s'entraîner longuement sur place auparavant sous l'œil des jurés. On estime à 150 000 ou 200 000 le nombre de personnes qu'elles attiraient.

Les athlètes concouraient dans les disciplines suivantes : dans le stade, course à pied, pugilat (sorte de boxe), lutte, pancrace (association de lutte et de boxe), pentathlon (course, saut, lutte, lancements du disque et du javelot) ; sur l'hippodrome, course de chevaux et de chars, le propriétaire accompagnant le cocher (aurige).

Dans chacune de ces disciplines, les vainqueurs ceignaient la couronne de rameaux d'olivier, détachés avec une faucille d'or de l'olivier sacré, et participaient à un banquet ; les poètes, comme Pindare, les célébraient dans leurs vers et les sculpteurs les immortalisaient dans leurs statues. Enfin, les cités dont ils étaient issus manifestaient souvent leur fierté par l'érection d'ex-voto ou de trésors destinés à recevoir les offrandes en l'honneur des dieux. Parmi ces lauréats, le plus connu fut Milon de Crotone (6e s. av. J.-C.), six fois vainqueur, qui battait les chevaux à la course et mourut tragiquement, dévoré par les bêtes sauvages, la main coincée dans un tronc d'arbre.

Grandeur et décadence – Les fastes olympiques se prolongèrent durant des siècles et Philippe de Macédoine aurait même fait modifier l'enceinte de l'Altis pour y introduire un monument portant son nom, le Philippeion.

À l'époque romaine – Néron adjoignit aux épreuves athlétiques des concours de musique et de poésie afin de pouvoir y participer lui-même… et remporter sept prix ! Comme dans les autres sanctuaires grecs, Hadrien et Hérode Atticus, durant le 2e s., firent aménager maisons, bains, aqueducs, nymphées…

Mais le cœur n'y était plus : les foules assistaient à des spectacles sans signification religieuse, et l'empereur Théodose ayant interdit le culte païen, les jeux se déroulèrent pour la dernière fois en 339. La statue de Zeus fut envoyée à Constantinople où elle disparut dans un incendie en 475. Les destructions, les séismes, les éboulements du mont Kronion, les débordements de l'Alphée firent le reste. Utilisé comme carrière, le sanctuaire fut recouvert de terre d'une épaisseur de 3 à 4 m.

La remise au jour – Un bénédictin parisien, dom Montfaucon, s'interrogea le premier en 1723 sur le site d'Olympie que l'Anglais Chandler identifia en 1766. En 1768, « l'antiquaire » allemand Winckelmann demanda aux Turcs de faire des recherches, mais il fut assassiné peu après. Les premières fouilles débutèrent avec les savants français accompagnant l'expédition de Morée qui, en 1829, sous la direction de l'architecte A. Blouet, sondèrent le temple de Zeus. Trois métopes et des mosaïques furent rapportées au Louvre. Mais ce sont des archéologues allemands qui procédèrent au dégagement systématique du sanctuaire de 1875 à 1885 et de 1936 à 1941.

Visiter

LES RUINES★★

À 500 m du village moderne, une fois passé le pont (indiqué). Accès par la route en direction de Trípoli. On peut s'y rendre à pied et laisser sa voiture sur le parking du village.

☎ 26240 22517 - tlj 8h-19h30 en été, lun.-ven. 8h-17h, sam.-dim. 8h30-15h en hiver - 9 € (musée compris).

Annexes du sanctuaire

Au-delà de l'entrée se présentent à droite deux vestiges.

Gymnase – Édifié à l'époque hellénistique (3e s. av. J.-C.), il était entouré de portiques couverts dont une grande partie fut emportée par les eaux du Kládeos ; il ne subsiste que les bases des portiques est et sud.

Palestre★ – La double colonnade du portique, relevée, permet de situer la palestre hellénistique, salle des sports qui dessinait un carré de 66 m de côté. Les athlètes, notamment les lutteurs, s'entraînaient dans la cour, se baignaient ou s'oignaient d'huile dans les salles du pourtour.

Au-delà de la palestre apparaissent les restes, un peu confus, d'une villa romaine et ceux d'une église byzantine ayant succédé à l'atelier de Phidias.

Hérôon – Composé d'une pièce circulaire, où se trouvait un autel consacré à un héros inconnu, daté du 6e s. av. J.-C.

Théokoléon – Bâtiment du 4e s. av. J.-C., résidence des prêtres d'Olympie.

Atelier de Phidias – Les fouilles de 1955 à 1958 ont déterminé le plan rectangulaire de l'atelier de Phidias, spécialement conçu pour que le sculpteur puisse y réaliser sa statue de Zeus.

Leonidaion – On distingue assez bien le plan de cette vaste hostellerie construite au 4e s. av. J.-C. par un certain Léonidas de Naxos. Dessinant un quadrilatère, le Leonidaion comprenait un grand nombre de chambres disposées autour d'un atrium aménagé en bassin circulaire par les Romains.

Emprunter ensuite la voie romaine des processions qui longe l'enceinte sacrée du sanctuaire. À droite se succèdent les bases des ex-voto puis les vestiges d'un *bouleutérion* du 6e s. av. J.-C. comprenant deux salles oblongues à abside où se réunissaient les membres du conseil d'administration du sanctuaire.

Pénétrer dans le sanctuaire.

Sanctuaire (Ancien bois sacré - Altis)

Le sanctuaire formait à l'époque classique un carré d'environ 200 m de côté, agrandi légèrement sous les Romains. Temples, autels, monuments votifs s'y accumulèrent au cours des siècles.

Après avoir franchi l'enceinte, on remarquera à droite le piédestal triangulaire qui supportait une Victoire (au musée du site), œuvre attribuée au sculpteur Paionios.

Grand temple de Zeus★★ – Une rampe monte à la terrasse où s'élevait le temple de Zeus, bâti au 5e s. av. J.-C. dans un calcaire coquillier revêtu d'une couche de stuc. L'amas des blocs de pierre, les énormes tambours et chapiteaux des colonnes renversés par un tremblement de terre au 6e s. apr. J.-C. produisent un effet saisissant. De style dorique, l'édifice comportait un péristyle à 6 colonnes sur chaque façade et 13 colonnes sur les côtés. Ses dimensions (64,12 m de long sur 27,66 m de large) approchaient celles du Parthénon. Les frontons étaient ornés de sculptures (au musée du site) évoquant la course de chars entre Œnomaos et Pélops, ainsi que le combat des Centaures et des Lapithes ; les frises, à l'entrée du *pronaos* et de l'opisthodome, comportaient 12 métopes sculptées de scènes représentant les travaux d'Hercule. Le sol était revêtu de dalles et de mosaïques.

La *cella* à trois nefs recelait la fameuse statue de **Zeus Olympien**, considérée comme une des Sept Merveilles du monde antique. Réalisée par Phidias de 430 à 420 av. J.-C., cette grandiose statue chryséléphantine, haute de 13,50 m environ, représentait le maître des dieux en majesté, assis sur un trône d'ébène et d'ivoire, tenant le sceptre sommé d'un aigle dans la main gauche, une Victoire, elle aussi chryséléphantine, dans la main droite. Sa tête était ceinte d'une couronne d'olivier.

La majestueuse effigie touchait presque le plafond de la *cella*, et une tribune de bois avait été pratiquée au-dessus des nefs latérales pour permettre aux pèlerins de la contempler plus à l'aise. De ce chef-d'œuvre ne subsistent que quelques bas-reliefs provenant du trône et évoquant le meurtre des enfants de Niobé, sœur de Pélops : ces sculptures, qui se trouvaient au 17e s. à Rome, où Van Dyck les copia, sont actuellement au musée de l'Ermitage, à Saint-Pétersbourg.

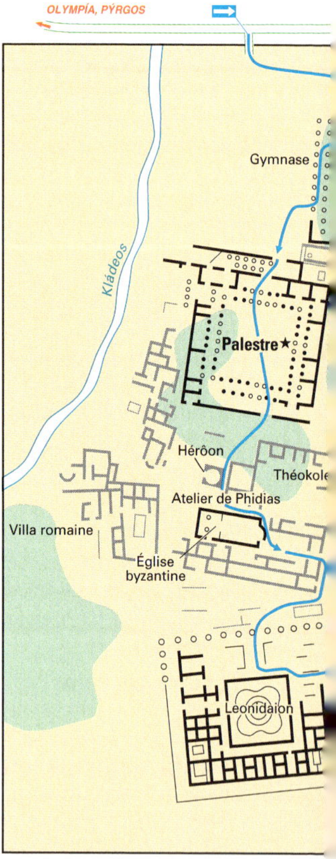

Au nord du temple, des pierres éparses signalent l'emplacement du **Pelopion**, lieu de culte à Pélops, près duquel s'élevaient l'olivier sacré et le grand autel de Zeus.

Obliquer à gauche vers un bosquet où se cachent les restes du Philippeion.

Philippeion – On lit sur le sol le plan de ce petit monument votif circulaire, de style ionique (4e s. av. J.-C.), élevé à l'initiative de Philippe de Macédoine et terminé par Alexandre le Grand.

Prytanée – Siège des administrateurs du sanctuaire, du 5e s. av. J.-C. ; un feu perpétuel y brûlait dans le foyer sacré.

Temple d'Héra★ – Il subsiste des vestiges imposants des soubassements de ce temple dont quelques colonnes ont été rétablies.

Bâti vers 600 av. J.-C. dans un style dorique archaïque et sur un plan oblong, il mesurait 50 m de long sur seulement 18,75 m de large, soit 16 colonnes latérales sur 6 de front. Ces colonnes, en bois à l'origine, furent bientôt remplacées par d'autres en tuf, courtes et massives, qui supportaient de typiques chapiteaux archaïques « en galette ». L'intérieur abritait, autour des effigies d'Héra, un ensemble de statues (visibles au Musée archéologique).

Exèdre d'Hérode Atticus★ – Sa forme semi-circulaire rend reconnaissable ce monument édifié en 160 par le riche Athénien Hérode Atticus pour recueillir les eaux des alentours. Composée de deux bassins dont l'un, rectangulaire, comportait deux petites fontaines en forme de temple dont il reste une vasque, les architraves et quelques colonnes, l'exèdre formait une sorte de nymphée aux niches garnies, d'une part, des effigies de l'empereur Hadrien et de la famille impériale, d'autre part de celles d'Hérode Atticus et de sa famille.

Terrasse des Trésors – Précédée par des gradins, elle portait une douzaine de trésors dont on voit les soubassements et un autel consacré à Héraklès. Érigés par les cités ou colonies grecques (Mégare en Attique, Gela et Sélinonte en Sicile, Cyrène en Afrique, Byzance, etc.), ces trésors avaient l'aspect de petits temples doriques dans lesquels étaient déposées les offrandes aux dieux. Au pied de la terrasse s'alignent les bases de statues de bronze érigées en l'honneur de Zeus avec le produit des amendes que les inspecteurs des jeux infligeaient à divers contrevenants aux règlements olympiques.

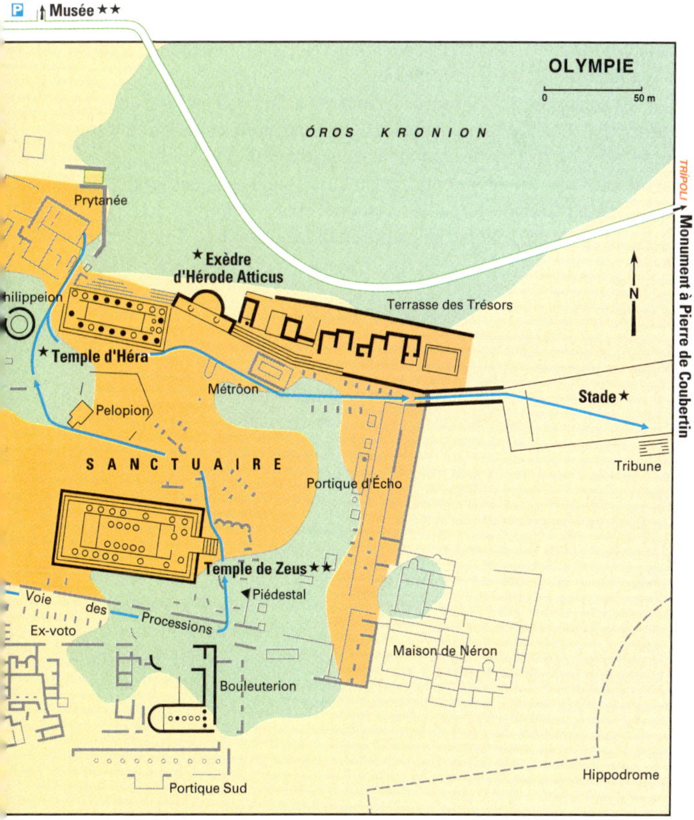

Métrôon – En bas de la terrasse des Trésors se trouvait un temple d'ordre dorique, périptère, présentant six colonnes en façade et onze sur les côtés. Bâti au 4e s. av. J.-C., il était dédié à Rhéa, puis fut à l'époque romaine, à partir d'Auguste, consacré au culte impérial ; les statues de certains empereurs y étaient dressées.

Stade★

Du sanctuaire, l'accès au stade se fait par un passage aménagé au 3e s. av. J.-C. Ce passage jadis couvert et dont il reste un morceau de voûte, débouche sur la piste du stade où se déroulaient les épreuves athlétiques. On repère sur le sol les lignes d'arrivée (la plus proche du passage) et de départ des courses, distantes entre elles d'un stade, soit environ 192 m. La ligne d'arrivée était marquée par un cippe, colonne tronquée servant de but et de borne autour de laquelle viraient les coureurs ; plusieurs cippes, entre lesquels prenaient place les concurrents, caractérisaient la ligne de départ.

Les spectateurs, uniquement des hommes, prenaient place sur les gradins de bois amovibles garnissant les talus du pourtour du stade. Celui-ci fut agrandi jusqu'à pouvoir accueillir 20 000 personnes. Situé au sud du stade et parallèle à celui-ci, l'**hippodrome**, de 609 m de long sur 320 m de large, a été détruit par les crues de l'Alphée.

Portique d'Écho (ou Eptaechos, ou Poecile) – Il séparait le stade de l'Altis. Son nom est dû d'une part à la résonance de la voix (7 fois), d'autre part aux fresques ornant les murs intérieurs. Construit au 4e s. av. J.-C., sa façade présentait 44 colonnes doriques.

Musée archéologique★★

À 200 m du site, de l'autre côté de la route. ✆ 26240 22742 - www.culture.gr - 8h-19h30 (lun. 12h30-19h30) en été, mar.-vend. 8h-17h, sam.-dim. 8h30-15h et lun. 10h30-17h en hiver - 6 € (ticket musée et site : 9 €), TR : 3 € (billet combiné : 5 €).

Réaménagé à l'occasion des Jeux olympiques de 2004, le musée expose de nouvelles pièces (salle 1). Les explications thématiques (en anglais et en allemand) sont claires et didactiques.

Face à l'entrée s'ouvre la grande salle centrale (salle 5), majestueuse, réservée aux frontons et aux métopes du temple de Zeus, autour de laquelle onze autres salles se succèdent. Elles présentent les objets des fouilles, suivant un ordre chronologique, de la préhistoire (salle 1) à l'époque moderne (salle 12). Une maquette du site archéologique est exposée dans le vestibule.

La salle 1 est consacrée aux découvertes datant de l'époque préhistorique jusqu'à l'époque mycénienne. On remarquera les figurines en terre cuite, idoles retrouvées dans les tombes, dont la forme ressemblent aux lettres Φ et Ψ.

Parmi les objets majeurs des époques géométrique et archaïques (salle 2) figurent la colossale **tête d'Héra★**, en tuf jadis colorié, qui fut exhumée du temple de la déesse, et une belle collection d'éléments en bronze (armures, boucliers, griffons,

La renaissance des Jeux olympiques

C'est au Français Pierre Fredy, baron de Coubertin (1863-1937), que l'on doit la renaissance des célèbres Jeux de l'Antiquité, dont la dernière manifestation eut lieu en l'an 393. Se détournant d'une destinée militaire, il met toute son énergie à faire prévaloir l'importance de l'activité physique dans l'éducation. Il se lance avec fougue dans la rédaction de milliers d'articles, multiplie les interventions auprès des pouvoirs publics et crée des associations sportives. En juin 1894, sa cause est enfin entendue. Aidé par une souscription publique et avec la généreuse participation du mécène grec G. Averoff, il fait reconstruire le stade d'Athènes. Le 5 avril 1896, devant 60 000 spectateurs réunis dans le stade panathénaïque, retentit la voix du roi de Grèce, Georges Ier, prononçant la formule solennelle : « Je proclame l'ouverture des premiers Jeux olympiques internationaux ! » Repris depuis tous les quatre ans, les Jeux doivent contribuer à promouvoir un esprit sportif, fraternel et universel, donnant l'occasion aux peuples de surmonter leurs antagonismes, au moins le temps d'une participation olympique. Pierre de Coubertin assura la présidence du Comité international olympique jusqu'en 1925. Il fallut attendre 1924 pour voir apparaître à Chamonix les premiers Jeux d'hiver. Athènes, qui avait souhaité accueillir les Jeux du centenaire en 1996, puis ceux de l'an 2000, peut s'enorgueillir d'avoir accueilli ceux de 2004…

effigies d'animaux, chaudron, etc.). Vient ensuite (salle 3) la reconstitution des frontons du trésor de Mégare qui a pour thème la lutte des Dieux et des Géants, et du trésor de Géla, en terre cuite et peinte. Observer le bélier, machine de guerre en bronze (pièce unique du milieu du 5e s. av. J.-C.) ; de chaque côté figure la tête de l'animal.
Provenant de la période classique, le remarquable groupe en terre cuite, acrotère d'un trésor, **Zeus enlevant Ganymède★★** (vers 470 av. J.-C.), (salle 4), est une des pièces maîtresses du musée. Le bel adolescent fut pris par Zeus alors qu'il gardait les troupeaux et emmené dans l'Olympe où il devint l'échanson des dieux. Voir aussi le casque consacré par Miltiade, le général des Athéniens, à Zeus pour sa victoire à la bataille de Marathon (490 av. J.-C.).

S. Chevreuse / MICHELIN
Tête d'Apollon du musée d'Olympie.

Salle 5, le décor sculpté des deux **frontons★★** du temple de Zeus, réalisés dans le marbre de Páros, entre 470 et 456 av. J.-C., a été approximativement reconstitué avec les éléments retrouvés sur place. Sur le fronton est, Zeus, placé au centre, préside aux préparatifs de la course de chars opposant Pélops à Œnomaos : aux extrémités, figures allégoriques couchées des fleuves Alphée et Kládeos. Le fronton ouest représente le combat des Lapithes et des Centaures. De part et d'autre d'Apollon, dont la statue complète atteignait 3 m de haut, les Centaures, conviés aux noces de Pirithoos, roi des Lapithes, tentent, dans leur ivresse, d'enlever les femmes et les éphèbes lapithes. La salle abrite aussi les 12 **métopes★** de la frise de la *cella* du temple de Zeus représentant les travaux d'Hercule. Il s'agit du plus important ensemble de décors architecturaux du style appelé « sévère », courant artistique qui prédomine au début de l'époque classique.
Salle 6, autre chef-d'œuvre sur une stèle triangulaire et exemple type du « style orné », **la Niké★** (la Victoire, 5e s. av. J.-C.), due au sculpteur Paionos, représentée au moment où elle touche gracieusement terre pour annoncer la victoire des Messéniens et des Naupactiens sur Sparte. Provenant de l'atelier de Phidias (440-430 av. J.-C.), figure une œnochoé portant l'inscription : « J'appartiens à Phidias » (salle 7).
Salle de l'Hermès (salle 8). Chef-d'œuvre de l'art classique, le célèbre **Hermès de Praxitèle★★★** (4e s. av. J.-C.), en marbre de Páros, a été trouvé dans le temple d'Héra, près d'un piédestal portant une inscription relative au sculpteur Praxitèle, à qui la statue est aussi attribuée par l'historien Pausanias ; cependant, certains érudits affirment qu'il s'agit d'une copie hellénistique, voire romaine. Hermès, messager des dieux, porte l'enfant Dionysos, fils de Zeus et de Sémélé, qu'il va remettre aux nymphes, hors de portée de la jalouse Héra. L'œuvre séduit par la perfection du modelé et l'harmonie des proportions. Des traces des couleurs d'origine subsistent sur les lèvres et dans les cheveux.
Dans la salle 9, la belle tête d'Aphrodite attribuée à Praxitèle et provenant du sanctuaire est la plus intéressante des sculptures des périodes classique tardive et hellénistique.
Enfin, des objets des époques hellénistique et romaine provenant des temples de Métrôon et de Heraion et un imposant **Taureau★** de marbre, dédié à Zeus par Regilla (salle 10), épouse d'Hérode Atticus, des statues romaines (salle 11), dont **Antinoüs**, favori de l'empereur Hadrien. Dans la dernière salle, des objets (bouteilles de parfum, lampes à huile...), provenant des cimetières de Miraka et Frangonisi où les athlètes étaient enterrés.

Musée de l'Histoire des anciens jeux Olympiques

Dans le village moderne, à 5mn à pied du site et du centre, prendre l'escalier juste au-dessus du parking. ✆ 26240 22544 - 8h-19h30 (lun. 12h30-19h30) - gratuit - 45mn de visite.
Ce beau bâtiment néoclassique, qui fut le premier musée à Olympie, accueille une intéressante exposition permanente sur l'histoire des anciens jeux Olympiques, de la préhistoire à nos jours : la naissance et l'organisation des Jeux, le culte de Zeus, la préparation des athlètes, les femmes et le sport, les lauréats, etc.

Musée de l'Histoire des fouilles

Juste à côté du musée de l'Histoire des anciens jeux Olympiques. ✆ *26240 29107 - avr-oct. : 8h-19h30 (lun. 12h30-19h30) - gratuit - visite 30mn.*

Ce bâtiment moderne, qui hébergeait les archéologues, présente à l'aide de photos, instruments de mesure, dessins, etc., l'histoire des travaux de fouilles réalisés de 1875 à nos jours, sous l'égide de l'Institut archéologique allemand.

Monument à Pierre de Coubertin

Au-delà des ruines, à gauche sur la route de Trípoli, un cadre de cyprès souligne l'emplacement du mausolée, érigé en 1938, qui conserve le cœur du baron Pierre de Coubertin. À côté du monument, l'autel de la flamme olympique porte cinq cercles olympiques, symbole de l'union des cinq continents. Au début de chaque olympiade, la flamme sacrée est transportée d'Olympie à l'endroit où se déroulent les Jeux.

Musée des Jeux olympiques modernes★

Situé dans le bourg moderne - odos Kapsali, à l'ouest de la rue principale. ✆ *26240 22544 - 8h30-15h30 (dim. 9h-16h).*

Il a été inauguré en 1978 ; nombreux documents sur les Jeux, notamment ceux qui eurent lieu à Athènes en 1896 et 1906.

Aux alentours

Lac de Kaïáfas

À 22 km au sud par Kréstena. Il s'étend entre deux plaines fertiles et possède une riche avifaune aquatique. Les paysages sont de toute beauté. Une station thermale est alimentée par une source d'eau chaude sulfureuse, située au fond des grottes.

Au bord du lac, dans un bâtiment néoclassique proche d'une belle plage de sable, sont proposées des chambres à louer. Dans l'ensemble, toute la côte se compose de belles plages propices à la baignade, notamment avant Tholó.

Katákolo

À 30 km à l'ouest en passant par Pýrgos. Ce pittoresque petit port, dont le quai est envahi de terrasses de café, est très fréquenté. Une promenade le long de la côte au nord de la localité permet à la fois de profiter des joies du bain sur de belles plages de sable, notamment celles d'Agios Andréas et de Skafidiá (beau monastère fortifié proche), et d'effectuer quelques visites.

Temple de Vassés★★★

Sortir d'Olympie par le sud, en direction de Kréstena puis suivre la route d'Andrítsaina. Prendre à droite avant d'arriver au village (le temple est indiqué sous le nom de « temple d'Apollon Epicurius »). ✆ *26260 22275 - 7h-coucher du soleil - 3 €.*

Ce temple se dresse dans un **site★** mélancolique et altier (1 130 m), sur le versant méridional du mont Minthi entouré de ravins, face à un immense horizon que ferment au loin les monts de Laconie et de Messénie.

Édifié vers 450-420 av. J.-C. par les habitants de Figalia en l'honneur d'Apollon Epikourios, dieu guerrier, qui les avait préservés de la peste, il eut, selon Pausanias, pour architecte le célèbre Ictinos, un des auteurs du Parthénon d'Athènes. Oublié pendant des siècles, il fut « retrouvé » en 1765 par un architecte français au service des Vénitiens, Joachim Bocher. Comptant parmi les mieux conservés des temples grecs, il menaçait de s'écrouler en 1975 lorsque sa restauration – toujours en cours – fut entreprise. Le temple est protégé du climat rigoureux des montagnes par une immense bâche, ce qui lui confère indéniablement un aspect insolite.

Construit en calcaire grisâtre, il n'offre pas un grand éclat, mais vaut par l'harmonie de ses lignes. De style dorique, entièrement cerné d'une colonnade, l'édifice présente des particularités exceptionnelles :

– longueur inhabituelle par rapport à la largeur (15 colonnes sur 6) ;

– plan axé nord-sud au lieu d'ouest-est, avec façade au nord (côté amont) ;

– présence sur le côté long, à l'est, d'une ouverture destinée à éclairer la statue d'Apollon ;

– intérieur de la *cella* avec colonnes ioniques reliées au mur par des contreforts.

À son extrémité sud, une colonne corinthienne, dont il reste la base, est la première connue de ce style (deux colonnes, à ses côtés, seraient également corinthiennes). Une frise à métopes sculptées surmontait l'architrave, tandis que les murs du *naos* étaient intérieurement ornés d'une autre frise aux bas-reliefs représentant des combats entre Grecs et Amazones d'une part, Centaures et Lapithes d'autre part : ces œuvres sont exposées aujourd'hui au British Museum à Londres.

Après Vassés, poursuivez vers la côte en suivant les gorges de la Neda – seule rivière grecque au nom féminin, celui d'une nymphe. Pour atténuer la possible déception à Vassés, allez voir deux petits sites peu connus. **Figulia**, la cité antique qui a commandité le temple : restes de murailles, petit temple à Athéna, fontaine sarcophage, chapelle byzantine au cimetière et surtout deux sentiers qui permettent d'atteindre la Neda dans un site fabuleux. Après le village du Lepreion, petite route à droite (pancarte) pour le site antique de **Lepreion** dans une pinède. Un temple à Demeta y a été mis au jour.

Olympie pratique

Informations utiles

EOT – *Au milieu de l'odos Kondili - ✆ 26240 23100/73 - juin-sept. : 9h-21h.*

Poste – *3 odos P. de Coubertin.*

Centre de santé – *✆ 26240 22222.*

Police – *✆ 26240 22100.*

Se loger

OLYMPIE

Bon à savoir – La majorité des hôtels se situent dans le centre de la ville moderne. Prenez soin de réserver en période de vacances scolaires car le site est très fréquenté.

Poseidon – *Karamanli (dans une rue calme, légèrement excentrée) - ✆ 26240 22567 - 10 ch.* Établissement très simple, mais propre et calme, pour les petits budgets. Petit-déjeuner en sus.

Kronio – *Praxitelous Kondili (dans la rue principale) - ✆ 26240 22188 - 24 ch.* Propre et modeste, cet hôtel est l'un des meilleurs rapports qualité-prix. Bon confort, chambres avec balcon et salle de bains avec baignoire. Petit-déjeuner copieux et accueil sympathique. Accès Internet gratuit.

Neda – *Stefanopoulou - ✆ 26240 22563 - fax 26240 22206 - www.nedahotel.gr - 43 ch.* Cet hôtel propre et central offre une alternative utile et raisonnable dans une ville très touristique.

Olympia Place – *2 Praxitelous Kondili - ✆ 26240 23101 - fax 26240 22525 - www.olympia-palace.gr - 65 ch. et 6 suites.* De grandes chambres de standing pour cet hôtel élégant et contemporain, situé non loin du site archéologique. Copieux petit-déjeuner servi sous la tonnelle fraîche.

Antonios – *✆ 26240 22348 - 65 ch.* Grand établissement moderne construit au milieu des pins, à proximité du cimetière. Les chambres sont très confortables et la piscine agréable.

Europa - Best Western – *Sur la colline qui domine Olympie, à 1 km - ✆ 26240 22650 - fax 26240 23166 - www.bestwestern.com - 78 ch. et 2 suites - ♿.* Le meilleur établissement de la ville, avec piscine, se perd au milieu d'un vaste parc boisé et offre depuis les chambres une très belle vue sur la vallée de l'Alphée. Une halte à la taverne de l'hôtel, sous les arbres, est conseillée.

AUX ALENTOURS

Athina Hotel – *Kréstena (15 km au sud d'Olympie) - ✆ 26250 23150 - fax 26250 229 65 - athina_hotel@yahoo.gr - 50 ch.* ♿ Cet hôtel-restaurant familial, dont une aile entière vient d'être rénovée, est situé à 5mn de la plage et des thermes de Kaïáfas. Calme, piscine et accueil chaleureux. Ouvert toute l'année.

Se restaurer

MIRAKAS

À 2 km d'Olympie, dépassez le site historique et prenez la première route à gauche.

Taverne Drossia – Bonne adresse pour des plats traditionnels et très savoureux. Décor en pierres apparentes.

Bacchus – Cette taverne de village propose une cuisine locale agréable. Essayez les beignets d'aubergines, la saucisse *(loukaniko)* ou les brochettes cuites à point. L'endroit est cependant devenu très touristique.

KOSKINA

En direction de Pýrgos, à droite après la station essence, à 700 m.

Taverna Klimataria – La taverne de Georges et Glota est accueillante et recommandée par les Olympiens eux-mêmes pour sa cuisine traditionnelle issue des produits locaux : beignets, purée à l'ail et sardines grillées. Très bonne adresse.

Achats

Boutique du Musée archéologique – *À l'extérieur du musée - tlj sf lun. 10h-16h30.* Elle propose des copies de qualité inspirées de l'art grec ancien et byzantin. Belles pièces en bronze, argent…

Galerie Orphée – librairie – *Kondili (au centre de la rue principale) - 8h30-22h30.* Apostolos Kosmopoulos vous invite à venir flâner dans son havre de paix littéraire. Livres en français choisis avec soin sur la Grèce antique et contemporaine.

L'Argolio, artisanat d'art – *Tout près de la Galerie Orphée - de mi-mars à déb. nov. : 9h-22h30.* Dimitri et Franca y proposent un large choix de bijoux en argent, céramiques, figurines en bronze, icônes.

Antichi Sapori – Jouxtant le précédent. Sélection de produits naturels et biologiques : huile d'olive, condiments, miel, savons et produits à base de résine de mastic.

Párga★★

Πάργα

2 171 HABITANTS
CARTE GÉNÉRALE RABAT I A2 – ÉPIRE - PRÉVEZA

Les bois de pins, d'oliviers, d'agrumes tapissant les pentes de la côte épirote forment un cadre verdoyant à Párga, qui occupe un site unique au pied d'un promontoire que bordent une double crique fermée par des îlots rocheux et une vaste plage de sable, doucement incurvée. C'est une base idéale pour alterner visites culturelles des sites à proximité et plaisir de la plage.

P. Seux / hemis.fr

Párga, dans la région d'Épire.

- **Se repérer** – À 141 km au sud-ouest de Ioannina et à 78 km au nord-ouest d'Árta.
- **Organiser son temps** – Comptez deux à trois jours de visite.
- **Pour poursuivre le voyage** – Corfou, Ioannina, Leucade.

Découvrir

Escale abritée pour le cabotage et la plaisance (excursions organisées en saison vers l'île de **Paxos**), Párga fut, du 15e s. jusqu'en 1797, possession des Vénitiens qui la nommaient « Le Gominezze » (« Les Ancrages »). Vendue par les Anglais à Ali Pacha en 1817 *(voir Ioannina)*, elle ne revint aux Grecs qu'en 1913.

Citadelle vénitienne

Bâtie à la fin du 16e s. et modifiée par la suite, elle couronne une presqu'île rocheuse, couverte d'une belle végétation à travers laquelle se découpent des **vues★★** variées sur Párga, ses anses et ses îlots : on distingue l'îlot de la Panagia marqué par deux chapelles et un fortin. Les Souliotes trouvèrent plusieurs fois refuge dans la citadelle lors de leurs luttes contre Ali Pacha.

Circuit de découverte

Ce circuit qui suit le littoral de Párga à Vónitsa peut être réalisé en une bonne journée.

LA CÔTE IONIENNE

Sanctuaire d'Efyras★ (Nekromanteío Efýras)

Près du village de Mesopótamo, à 20 km environ au sud de Párga à l'est de la E 55. ☏ 26840 41206 - 8h-15h - 2 €.

Un sanctuaire de l'Oracle des morts (Nekromanteío) subsiste au confluent de l'**Achéron**, l'antique « fleuve des Enfers », et du Cocyte, alimenté par les larmes des morts sans sépulture condamnés à errer sans fin sur ses rives. L'estuaire de l'Achéron fut peu à peu comblé et drainé pour former l'actuelle **plaine de Fanari**, vouée à la culture du maïs, du riz et à l'élevage des buffles.

Dans l'Antiquité, l'Achéron, issu de gorges sauvages, s'épandait en une lagune inaccessible et mystérieuse, le lac d'Acheroussia. Les Anciens racontaient que les ombres des morts devaient franchir ces marais pour gagner le royaume infernal d'Hadès et de son épouse Perséphone. Les autres, ayant donné à **Charon** la pièce de monnaie rituelle, embarquaient sur la barque que le farouche nocher conduisait dans les gorges sinistres menant aux entrailles de la terre, gardées par Cerbère, le chien féroce à plusieurs têtes. Deux vivants seulement réussirent à pénétrer au Royaume des morts, Héraklès (Hercule) et Orphée qui parvint, grâce à sa lyre, à arracher la nymphe Eurydice aux divinités infernales, mais la perdit à nouveau pour l'avoir regardée avant d'être sorti des Enfers. Charon, symbolisant la Mort, apparaît souvent dans les chants traditionnels de la Grèce moderne.

Sanctuaire★ – À proximité de l'Achéron et de l'ancien lac d'Acheroussia, une église monastique dédiée à Ioannis Prodromos couronnant une butte rocheuse signale l'emplacement du Nekromanteion, consacré à Hadès et à Perséphone, à l'entrée des Enfers. Les Anciens venaient y consulter les esprits des morts par le truchement d'un oracle.

Les vestiges actuellement visibles sont hellénistiques (3e s. av. J.-C.), mais le Nekromanteion existait déjà à l'époque mycénienne. Le site fut entièrement détruit par les Romains. Entièrement clos, les soubassements de l'enceinte encore visibles présentent un bel appareil polygonal. Par une série de galeries et de pièces, et après avoir franchi le labyrinthe sacré et les trois portes de l'Enfer, on aboutissait au sanctuaire proprement dit, vaste salle où, dans les vapeurs de soufre, les prêtres rendaient les oracles aux pèlerins, soumis préalablement à des rites propitiatoires et à des drogues hallucinogènes. La crypte, où se tenait l'oracle, passait pour communiquer avec le séjour d'Hadès. Des éléments de ce qui semble avoir été une machinerie, semblable à celle utilisée dans les théâtres, laissent supposer la possibilité d'une « mise en scène » qui, nul doute, devait impressionner les pèlerins.

Les objets trouvés au cours des fouilles sont exposés au musée de Ioannina *(voir ce nom)*.

Kassópi★

À 54 km au sud-est de Párga par la route côtière.

De la route Préveza-Igoumenítsa par l'intérieur se détache une petite route qui gravit les pentes du mont Zálongo.

À 6 km environ, dans un virage, chemin à gauche conduisant aux ruines.

Fondée au 4e s. av. J.-C. et détruite par les Romains, Kassópi occupe à flanc de montagne une terrasse d'où l'on découvre des vues étendues sur Préveza, le golfe d'Árta et jusqu'à Leucade. Les fouilles ont dégagé l'agora ainsi que les vestiges d'un portique, d'un odéon et d'un bâtiment carré s'ordonnant autour d'une cour à péristyle qui serait un prytanée (siège des magistrats). Plus loin, on reconnaît l'emplacement du théâtre.

Monastère de Zálongo

À 4 km au nord de Kassópi.

Dans ce monastère se réfugièrent en 1803 les Souliotes pourchassés par les troupes d'Ali Pacha : pour échapper au déshonneur, soixante femmes grimpèrent alors sur la falaise dominant le couvent, se mirent à danser leur ronde nationale et se jetèrent une à une avec leurs enfants dans le précipice; d'imposantes statues de béton, érigées en 1954, rappellent leur sacrifice.

Le pays souliote

L'Achéron traverse une région montagneuse, sauvage et désolée, où se réfugièrent au 15e s. des chrétiens chassés par les Turcs, les Souliotes, d'origine albanaise, et ainsi nommés du nom de leur petite capitale, **Souli**, perchée sur un piton à l'extrémité des gorges de l'Achéron.

Peu nombreux (5 000 environ), mais braves et indomptables, les Souliotes, divisés en clans et retirés dans leurs nids d'aigle fortifiés, réussirent longtemps à préserver leur autonomie. Les troupes d'Ali Pacha réussirent à les décimer à Nikopolis et, en 1803, à Zálongo, mais sans pouvoir les anéantir : ils se soulevèrent à nouveau contre les Turcs en 1820-1823, participant à la défense de Mesolóngi, sous les ordres d'un des leurs, le fameux Botzaris. De nos jours, les Souliotes sont dispersés ; beaucoup d'entre eux vivent à Leucade, Céphalonie et Naupacte.

Ruines de Nikopolis★ (Nikópoli)

À 7 km au nord de Préveza par la route de Ioannina qui traverse le site antique. ☎ 26820 41336 - été : 8h-17h30 (lun. 10h30-17h30) ; hiver : 8h-15h.

Importante cité romaine puis byzantine fondée en 30 av. J.-C. par Octave après la victoire d'Actium, Nikopolis fut, d'après la tradition, visitée en 64 par saint Paul et devint un actif foyer chrétien au sein duquel naquit le futur pape Éleuthère (2e s.). Les Bulgares la détruisirent au 11e s. En 1798, les troupes françaises et souliotes occupant Préveza y furent anéanties par les forces d'Ali Pacha, qui firent 1 200 prisonniers.

La **cité** comprend une enceinte extérieure, très ruinée, construite sous Auguste, et une massive enceinte intérieure byzantine (6e s.) jalonnée de tours. Voir notamment le musée *(8h-15h - 3 €)* : lion, portraits romains ; les vestiges de la basilique de Doumetios (5e s., mosaïques) ; l'odéon d'Auguste, restauré, du haut duquel on découvre une vue d'ensemble des ruines.

La **basilique d'Alkyson** *(à droite de la route en allant vers le théâtre)*, construite au 6e s. par l'évêque éponyme, présente d'imposants vestiges. Elle était le plus beau monument de Nikopolis. Elle comprenait un atrium, un narthex et cinq nefs : admirez la porte à encadrement mouluré et les mosaïques.

Situé à flanc de coteau (à 1,5 km de la cité antique), le **théâtre** daterait de l'époque d'Auguste mais a pu être remanié à une époque plus tardive, comme en témoigne son appareil de brique. Sa scène est assez bien conservée et on distingue facilement la courbe des gradins. Dans la partie supérieure subsistent des trous destinés à recevoir les mâts supportant un velum protégeant du soleil.

Au nord du théâtre, au-delà du village de **Smirtoula**, sur une éminence, fragments du monument commémoratif de la victoire d'Actium, érigé par Auguste à l'endroit même où était installé son camp.

Préveza

Fondée au 3e s. av. J.-C. par Pyrrhus, roi d'Épire, la ville garde l'entrée du golfe d'Árta, face au cap d'Aktio : Octave, le futur empereur Auguste, y mit en déroute la flotte de son rival Antoine qui, accompagné de Cléopâtre, reine d'Égypte, parvint à s'enfuir et gagna Alexandrie. Aujourd'hui port et surtout station balnéaire, Préveza offre au touriste sa plage, ses campings et ses tavernes de poisson.

Vónitsa

À 17 km au sud-est par le bac et la route du golfe.

Du promontoire d'Aktio où s'élevait un temple dont les fouilles livrèrent deux kouroi, aujourd'hui au musée du Louvre, gagner Vónitsa. Cette petite ville ancienne est défendue par une citadelle vénitienne du 17e s. ; échappées sur la côte et le golfe d'Árta.

ÁRTA

Depuis Párga, suivre la E 55 qui devient la E 951.

Forteresse de Rogoi

15 km à l'ouest d'Árta, près du village de Néa Kerasous, sur la route de Préveza.

Au-dessus d'un méandre du fleuve Loúros surgit cette forteresse antique, impressionnante par son ampleur et son bon état de conservation. Construite vers la fin du 5e s. av. J.-C. sur des fondations plus anciennes, elle fut en partie détruite par les Romains, puis restaurée par les Byzantins. Noter le bel appareil polygonal. Petite église dont les fresques sont assez délitées.

Árta★★

Petite ville, située à l'intérieur d'une boucle du fleuve Árachthos, que commande une citadelle bâtie au 13e s. sur des fondations antiques, Árta pourrait passer inaperçue. Cependant, capitale des despotes d'Épire, elle recèle de magnifiques éléments d'architecture byzantine.

Connue dans l'Antiquité sous le nom d'Ambracie, Árta fut fondée par Corinthe au 7e s. av. J.-C. Ce fut une cité florissante que Pyrrhus, roi d'Épire au 3e s. av. J.-C., puis les despotes de la dynastie Ange-Comnène aux 13e-14e s. choisirent comme capitale : Anne Ange-Comnène y épousa en 1259 Guillaume de Villehardouin *(voir Kalamáta)*. De nos jours, la ville est surtout un marché agricole (agrumes), mais aussi un centre artisanal : broderies et *flokatia* (tapis en mèches de laine).

Panagia Parigoritissa★ – *Près de la place Skoufa - tlj sf lun. 8h30-15h - 2 €.* La grande église de la Vierge Consolatrice, couverte de six dômes, a été élevée à la fin du 13e s. par Anne Paléologue, épouse du despote Nicéphore Ier. Son plan est inspiré de celui des sanctuaires de Constantinople.

À l'extérieur, elle apparaît sous l'aspect d'un édifice massif à plan carré. Son appareil de pierre et de brique est très élégant.

À l'intérieur, entouré de tribunes réservées aux femmes, remarquez la curieuse élévation de la coupole centrale soutenue par trois étages de colonnes (certaines sont antiques) en encorbellement. La base de cette coupole comporte des trompes selon une formule que l'on retrouve seulement à l'église des Saints-Théodore de Mistrás. Les mosaïques (Christ Pantocrator, prophètes) sont contemporaines de la construction, de même que les originales sculptures de facture italienne qui ornent les arcs de voûte, ainsi que les bases et chapiteaux des colonnes du 3e étage.

Le réfectoire du monastère abrite une **collection archéologique** qui comprend stèles et objets funéraires des cimetières de l'antique Ambracie, ainsi que divers objets mis au jour dans la cité (amphores, sculptures…) et dans ses environs.

Église Agía Théodora – *Au nord-ouest de la rue principale, en allant vers la citadelle. 7h-13h, 17h-20h.* Agía Théodora est l'église d'un couvent disparu, où se retira, au 13e s., Théodora, femme de Michel II, despote d'Épire. À gauche en entrant, sa tombe, érigée par son fils Nicéphore Ier, a été reconstituée avec les éléments retrouvés au 19e s. Les volumineux chapiteaux du chœur proviendraient des premières églises chrétiennes de Nikopolis *(voir Préveza).*

Pont★

Franchissant l'Árachthos à la lisière d'Árta *(route de Ioannina)*, ce célèbre pont du 17e s. en dos d'âne a inspiré plusieurs légendes, dont l'une rapporte que l'architecte aurait utilisé le corps de sa femme pour assurer les fondations de l'ouvrage. Admirez la courbure élégante des grandes arches alternant avec d'autres, plus petites, qui facilitaient l'écoulement des eaux en période de crue.

Monastère des Vlachernes (Vlachérna)

À 3 km au nord-est d'Árta. Demander la clé au kiosque sur la place.

Dans un site agreste au sommet d'une colline, le monastère Vlachérna présente une église bâtie sur plan basilical du 13e s. et couverte par une grande coupole octogonale. L'édifice conserve une partie de son décor : pavements et gracieux bas-reliefs en marbre, dont l'un figure l'archange Mikhaïl ; très belles **fresques** malheureusement bien endommagées par l'humidité, et deux tombeaux de marbre que l'on pense être ceux du despote Michel II et de ses fils.

Párga pratique

Informations utiles

EOT – *Pl. V. Vassilia (dans la mairie) - ✆ 26840 32107 - www.parga.gr.*

Poste – *Odos Alexandrou Baga (la rue principale qui remonte du port).*

Téléphone - OTE – *Odos Spirou Livada (à l'angle d'odos Alexandrou Baga, en face de l'église).*

Centre de santé – *✆ 26840 31233.*

Autorités portuaires – *Sur les quais (à droite du débarcadère) - ✆ 26840 31227.*

Police – *Odos Alexandrou Baga (près du terminal) - ✆ 26840 31222.*

Police touristique – *✆ 26820 22225.*

PRÉVEZA

EOT – *Odos Balkou (bât. neuf de la ville) - ✆ 26820 21078 - été : 9h-13h, 18h-21h.*

Transports

En bus – *Odos Spirou Livada (à l'entrée de la ville) - ✆ 26840 31218.* Pour **Igoumenítsa** : 4 bus/j., pour **Préveza** : 5/j., pour **Ioannina** : se rendre d'abord à Préveza, 5/j., pour **Athènes** : 3/j.

PRÉVEZA

En avion – *Aéroport à Aktio (7 km au sud, de l'autre côté du détroit) - ✆ 26820 22355.* Pour Athènes 1 vol/j. en été et 5 vols/sem. en hiver.

Se loger

PÁRGA

Paradise – *30 odos Spirou Livada - ✆ 26840 31229 - www.paradise-palatino.com - 16 ch.* Bel hôtel à deux étages avec des chambres agréables disposant d'un balcon. À l'arrière, une terrasse et une piscine ensoleillées. Très bonne adresse.

San Nectarios – *2 odos Ag. Marinas (à l'entrée de la ville) - ✆ 26840 31150 - www.san-nectarios.gr - 19 ch.* Hôtel de deux étages avec des chambres simples et correctes, d'un bon rapport qualité-prix. Pas de petit-déjeuner.

Achilleas – *Plage de Piso Krioneri - ✆ 26840 31600 - www.hotelachilleas.gr - 33 ch - mai-oct.* Les chambres, confortables, encadrent une cour intérieure. L'hôtel dispose d'un accès direct à la crique de Krioneri et possède un bar très agréable au sommet du promontoire. Tarif en fonction de la vue, montagne ou mer.

Acropol – *4 pl. Agios Apostolon - ✆ 26840 31239 - zigourisco@otenet.gr - 10 ch.* Le plus vieil hôtel de la ville, selon le patron. Toutes les chambres ont un jacuzzi. Petit-déjeuner en sus.

PRÉVEZA

Avra – *21 odos El. Venizelou - ✆ 26820 21230 - hotelavra@yahoo.com - 28 ch.* Hôtel confortable, installé dans un immeuble blanc de trois étages. Vue superbe sur le golfe. Bon accueil. Petit-déjeuner en sus.

⊖ **Minos** – *11 odos 28 Oktovriou - ☏ 26820 28424 - katda@otenet.gr - 23 ch.* Chambres simples et propres, avec un petit balcon. Un bon rapport qualité-prix, même si l'accueil s'avère un peu rustique. Petit-déjeuner en sus.

ÁRTA

⊖ **Cronos** – *Pl. Kilkis - ☏ 26810 22211 - 55 ch.* Chambres confortables, climatisées, dans cet établissement bien situé pour visiter Árta. Petit-déjeuner en sus.

Se restaurer

PÁRGA

⊖ **Dionysos** – *Front de mer.* Taverne sans prétention mais qui sert du poisson frais. Superbe vue du premier étage.

⊖⊖ **Castello** – *Dans l'hôtel Acropol (ci-dessus) - mai-oct.* Restaurant très couru, souvent complet, où l'on sert une bonne cuisine grecque, italienne ou française. Grand choix de vins. Réservez.

PRÉVEZA

⊖ **Ambrosios** – *Odos Grigorioun (angle odos N. Lappa).* Cette taverne, l'une des plus anciennes de Préveza, sert une cuisine simple mais bonne, qui attire la foule. Dégustez-y un poisson arrosé de vin blanc, à l'ombre de la treille.

Sports et Loisirs

Excursions – Outre les navettes pour les **plages** de Sarakiniko et Lichnos, certains bateaux effectuent une excursion à **Paxos** et **Antipaxos** *(bateau pour Paxos : mar., vend. et w.-end. 9h30, retour 16h).*

Vous pouvez aussi opter pour une balade en bateau à la **grotte d'Aphrodite**.

Des agences proposent une excursion en bus au **Nekromanteion d'Efýras**.

Pátra

Πάτρα

166 226 HABITANTS
CARTE GÉNÉRALE RABAT II A1 – PÉLOPONNÈSE - ACHAÏE

Troisième ville de Grèce, capitale du Péloponnèse et de la région d'Achaïe, Pátra a été rebâtie selon un plan géométrique après que les Turcs l'eurent incendiée en 1821. Peu visitée parce que ville de passage, Pátra est pourtant le principal port de la côte ionienne, un centre industriel, commercial et universitaire dynamique, choisi comme « Capitale européenne de la culture » en 2006. Elle se découvrira à travers ses rues à arcades, ses places ombragées, sa vieille ville, son môle portuaire et ses nombreux cafés qui s'animent en fin de journée. Depuis 2004, elle est reliée par un spectaculaire pont suspendu.

- **Se repérer** – À 133 km au nord-ouest de Corinthe et à 22 km au sud de Naupacte. Pátra est desservie par la E 65, par les bateaux qui viennent d'Italie et par un aéroport à Andravida où atterrissent de nombreux charters.
- **Se garer** – Les places sont peu nombreuses. Un parking se trouve sur l'odos Ag. Andreou, près des sociétés de location de voitures.
- **À ne pas manquer** – Le château médiéval et son jardin, l'odéon romain et les ruelles alentour.
- **Organiser son temps** – Une demi-journée pour visiter et se perdre dans les rues fleuries de la vieille ville. En soirée, goûtez l'ambiance des rues piétonnes et de la promenade plantée remontant vers l'odéon romain.
- **Avec les enfants** – Découvrez les gorges du Vouraïkos à bord du petit train à crémaillère.
- **Pour poursuivre le voyage** – Hlemoútsi, Delphes, Mycènes, Naupacte, Olympie.

Comprendre

Une métropole religieuse – D'après la tradition, Pátra fut évangélisée sous le règne de Néron par l'apôtre André, qui y subit le martyre cloué sur une croix en X, dite depuis « croix de St-André ». Très vite, son tombeau devint un lieu de pèlerinage et ses reliques furent disputées : au 4e s., certaines furent emportées à Constantinople, tandis que d'autres étaient emmenées en Écosse, à St-Andrews. Mais son « chef » resta à Pátra, où, en 805, une apparition miraculeuse de l'apôtre mit en fuite les bandes slaves qui attaquaient la ville.

Près de Pátra, le pont Charilaos Trikoupis.

Avec l'occupation franque au 13e s., Pátra devient le siège d'un archevêché latin qui exerce sa juridiction sur tout le Péloponnèse. À partir de 1408, elle passe sous contrôle vénitien et l'archevêque Pandolfo Malatesta préside à l'achèvement de sa cathédrale, en 1426. De 1429 à 1460 pourtant, la ville est aux mains des Paléologues, despotes de Mistrás, et lorsque les Turcs s'en emparent, Thomas Paléologue emporte à Rome la tête de saint André. Rentré dans le giron de l'orthodoxie, l'archevêché de Pátra sera illustré par le métropolite Germanos qui, en 1821, au monastère d'Agia Lávra, donnera le signal de la révolte contre les Turcs : ceux-ci se vengeront en mettant le feu à la ville, reconstruite quelques années plus tard sous le gouvernement de Capo d'Istria.

Visiter

Acropole (Akrópoli)

Tlj sf lun. 8h-19h30 - gratuit.

À l'emplacement des ruines de l'acropole antique, les Byzantins élevèrent au début du 9e s. une forteresse, englobant deux églises, successivement agrandie et remaniée par les Francs (courtines est et sud), les Vénitiens et les Turcs.

Au point le plus haut, dans un joli parc *(auquel on accède par odos Ag. Nikolaou)*, s'élève le **château médiéval** (kastro), défendu par des tours et par un donjon carré encore muni d'une partie de sa « chemise », mur de protection rapprochée. La section inférieure de l'enceinte est aussi renforcée par des tours et un bastion rond du 17e s. d'où l'on découvre une belle **vue★** (du haut des 193 marches…), sur Pátra et son golfe jusqu'à Zante et Céphalonie, ainsi que sur la plaine d'Achaïe.

Ágios Andréas

Au bout de l'odos Ag. Andreou.

L'**église St-André-la-Neuve**, de style néobyzantin, est la plus grande église orthodoxe des Balkans, siège d'un important pèlerinage à saint André. À l'intérieur, après avoir admiré les grandes icônes de saint André et de la Vierge « source de vie », au bas de la nef, puis un impressionnant lustre de bois sculpté, gagner l'extrémité du bas-côté où sont exposées les reliques de saint André : châsse d'or ciselé contenant la tête du saint, vénérée à St-Pierre de Rome depuis 1462, et rendue à Pátra en 1964 par le pape Paul VI ; reliquaire de la croix de St-André, abrité depuis le 13e s. dans la crypte de St-Victor de Marseille et rapporté à Pátra en 1980.

Pont Rion-Antirion

Avec ses 2 252 m, il détint pendant quatre mois le record de la plus grande longueur de **tablier suspendu par haubans** *(voir p. 271)*. Ce record ne tint que du 12 août 2004, jour de son ouverture à la circulation, au 16 décembre 2004, date de l'ouverture aux véhicules du viaduc de Millau, 2 460 m. Il est toujours aujourd'hui le deuxième pont avec la plus grande longueur de tablier suspendu par haubanage du monde.

Odéon romain (Odío)

Odos Germanou et Sotiriadou - tlj sf lun. 8h-19h30 - gratuit.

L'odéon romain (2e s. apr. J.-C.) fut, à partir du 3e s., enfoui sous un cimetière jusqu'à sa découverte en 1889. Sa restauration en 1952 permet aujourd'hui d'y accueillir 2 000 spectateurs au cours des manifestations culturelles qui s'y déroulent en été. Autour sont exposés quelques vestiges, dont des sarcophages et des mosaïques.

Musée archéologique (Arheologikó Moussío)

42 odos Mezonos - ✆ 26102 75070/20829 - tlj sf lun. 8h30-15h - gratuit.

Ses deux salles rassemblent les produits de fouilles effectuées dans la région. On peut admirer entre autres de jolis vases en céramique de différentes périodes, une belle collection d'armes provenant d'une tombe, des oiseaux en verre et des pièces d'orfèvrerie, notamment des bijoux en or trouvés dans une tombe d'Agii Saranda. On y verra aussi, outre des sculptures de la période romaine, de belles mosaïques provenant d'une villa romaine.

Musée d'Ethnologie et d'Histoire (Ethnologikó kai Istorikó Moussío)

Square King George - ✆ 26102 74962 - tlj sf lun. et vend. 11h-13h - gratuit.

Le musée expose une petite collection d'objets représentatifs de la période allant de la révolution de 1821 aux guerres balkaniques de 1913 : vêtements de héros, armes, quelques gravures, portraits de combattants, ainsi que des livres de la période 1770-1824.

Musée d'Art populaire (Moussio Laïkis Tehnis)

Sur la route de Pýrgos, 110 Korytsas et Mavrokordatou - ✆ 26103 34713 - lun.-vend. 10h30-13h - gratuit. Il présente une intéressante collection de costumes populaires du 18e s., icônes, armes, etc.

SE LOGER			SE RESTAURER
El Greco ... 1	Méditerranée ... 4		Cafe Le Coq ... 9
Marie Palace ... 3	Primarolia Art Hotel ... 5		Mithos ... 11

Aux alentours

Río

À 7 km au nord-est de Pátra. On y prendra le pont Rion-Antirion, le fameux pont suspendu - 10,50 € le passage. Nombreuses plages aux environs.

À la pointe du cap, le **château de Morée**, auquel répond, au nord, le château de Roumélie, commande les « Petites Dardanelles », passage de 2 km de large entre les golfes de Pátra et de Corinthe. À la forteresse édifiée par le sultan Bajazet II en 1499 et détruite par les chevaliers de Malte succéda au début du 18e s. le château actuel bâti par les Vénitiens et renforcé par les Turcs : en 1828, le corps expéditionnaire français de Morée l'arracha aux troupes d'Ibrahim Pacha, après un siège de trois semaines. Établi sur plan triangulaire et entouré de douves, le château, qui servit de prison, comprend d'énormes casemates, et, au nord, un bastion d'où se dégage une belle vue sur le détroit et les deux golfes.

Cap Áraxos

À 45 km. Quitter Pátra par le sud et emprunter la route côtière par Kato Achaïa.

Après Kato Achaïa, on découvre une région fertile, essentiellement agricole, parsemée de marais accueillant une riche avifaune aquatique. Le long de la côte s'allongent de belles plages de sable doré propices à la baignade, telle celle de **Kalogriá**.

Après Áraxos, près du village de Kalogriá, se profilent sur une colline (pancarte) les vestiges du **mur des Dyméens**, ou Kastro tis Kalogrias, une construction cyclopéenne de la période mycénienne qui faisait 200 m de long, 50 m de large et 10 m de haut et qui constitua à la période hellénistique une partie des fortifications de l'ancienne Dymi, cité qui s'élevait près de Kato Achaïa.

Halandrítsa

À 20 km au sud par la route d'Agia Triada, puis celle de Kalávryta à gauche.

Occupant un site agreste, au-dessus de la plaine littorale d'Achaïe, Halandrítsa fut, au temps de la domination franque, une ville importante, siège d'une baronnie dont le premier seigneur fut Robert de La Trémoille. De cette époque subsistent, dans le centre de la localité, une grosse tour carrée laissée à l'abandon et plusieurs églises gothiques à chevet plat et voûtes d'ogives, dont la plus caractéristique est St-Athanase.

À partir de là, on peut rejoindre Kalávrita au sud-est : faire environ 40 km puis, un peu avant le village de Gounerissa, prendre à droite à la bifurcation pour Kalávrita, à environ 10 km, autre point de départ pour le circuit autour des gorges du Vouraïkos.

Circuit de découverte

Compter une journée entière pour l'ensemble du circuit d'Aígio à la grotte aux Lacs, avec étape à Diakoftó, à Kalávrita ou alentour.

Aígio

À 39 km à l'est de Pátra par l'autoroute E 65.

Petite station balnéaire située sur la rive sud du golfe de Corinthe, Aígio, l'ancienne Egion qui connut son apogée vers 1200 av. J.-C., constitue une halte agréable et est une voie d'accès aux spectaculaires gorges du Vouraïkos.

Musée archéologique – *✆ 26910 21517 - tlj sf lun. 8h30-15h, merc. jusqu'à 21h en hiver, 23h en été - 2 €.* Installé dans un marché couvert du 19e s., il présente des œuvres découvertes lors des fouilles effectuées dans la région de l'ancienne Aigialia. Les objets sont agréablement exposés en sections correspondant aux différentes périodes de l'histoire grecque. Admirez les beaux vases en terre cuite – dont une coupe de fruits –, les outils en pierre, les bijoux en or, ainsi que la pièce maîtresse de ce petit musée, la statue en marbre de Zeus Aigiochos (1er s.), découverte à Aígio en 1970.

Gorges du Vouraïkos★★ (Farangi Vouraïkou)

Les gorges peuvent être atteintes soit par le train à partir du village de Diakoftó (14 km à l'est d'Aígio en longeant la côte par la voie rapide), soit par une jolie route que l'on prend à Trápeza (19 km à l'est d'Aígio et juste après Diakoftó) et qui mène à Kalávrita (31 km).

Descendu du massif de l'Aroánia, qui culmine à 2 340 m, le Vouraïkos, long d'une cinquantaine de kilomètres, a creusé dans la roche calcaire des gorges impressionantes, étroites et sombres, que parcourt un pittoresque **petit train à crémaillère**.

Réalisation de la fin du siècle dernier, le chemin de fer Decauville à voie étroite Diakoftó-Kalávrita, long de 22,300 km, constitue un ouvrage d'art particulièrement audacieux par son tracé vertigineux, tout en tunnels, passages en surplomb, passerelles et viaducs, avec un certain nombre de tronçons à crémaillère sur les pentes dépassant 7 %. Depuis 1962, des motrices Diesel ont remplacé les anciennes locomotives à vapeur datant de 1900, qui ne dépassaient pas la vitesse de 35 km/h.

Partant de la gare du joli bourg de **Diakoftó**, au milieu des citronniers et des orangers, le chemin de fer traverse les premiers contreforts du massif plantés de vignes et de vergers (cerises), avant de s'engager dans les gorges du Vouraïkos qu'écrasent des falaises verticales, trouées de cavernes. La voie passe d'un versant à l'autre, surplombant le torrent tumultueux dont on aperçoit l'eau verte en contrebas, bouillonnant entre les blocs de pierre. Par places, la roche brute s'éclaire des taches colorées que composent chênes, platanes et lauriers-roses disposés en bosquets.

Le petit train à crémaillère

4 trains par jour, sans compter les trains supplémentaires en été, partent de la gare de Diakoftó pour monter à Zachloroú et Kalávrita, en 1h05. Arrivez 15mn avant le départ pour avoir une place assise, de préférence juste derrière le conducteur. Achetez à l'avance votre billet AR et vérifiez bien l'horaire du retour.

Zachloroú

À 26 km de Diakoftó.

Le village occupe une plate-forme dominant un étroit bassin. Particulièrement charmante, la petite gare se dissimule au sein de la verdure, entre le rocher et le torrent (restaurants, petit hôtel).

3 km - 2h AR. De là, il est possible de monter à pied par un sentier abrupt en lacets (belles vues vers Kalávrita) jusqu'au monastère du Méga Spílaio, également accessible par la route. Le petit train poursuit son chemin vers Kalávrita.

Monastère de Méga Spílaio★

À 22 km de Diakoftó. Fermé entre 13h et 14h.

Siège d'un pèlerinage fréquenté, le monastère de Méga Spílaio (« grande grotte »), situé à 924 m d'altitude, apparaît accroché à la paroi lisse d'une falaise dénudée, dans un **site★★** sauvage, embrassant le paysage grandiose de la vallée du Vouraïkos. Fondé au 8e s. par les ermites Siméon et Théodore, le monastère atteignit son apogée au Moyen Âge, sous les Paléologues, despotes de Mistrás, qui y séjournèrent. Les bâtiments conventuels, incendiés en 1943 par les Allemands, ont été reconstruits dans un style qui n'est pas unanimement apprécié. L'église, du 17e s., est aménagée dans la « grande grotte » ; elle a conservé une belle porte de cuivre repoussé (début 19e s.) à la base de laquelle est représenté le prophète Jessé en dessous de deux scènes de la légende de l'icône, des effigies d'archanges et une Vierge à l'Enfant ; une niche abrite l'icône miraculeuse, trouvée par la bergère Euphrosyne et attribuée à saint Luc.

Un petit **musée** *(mêmes horaires que le monastère)* présente une collection d'ornements liturgiques, des objets de culte, des croix sculptées, des manuscrits, des livres anciens et des icônes. Le trésor compte des reliquaires, des icônes et des manuscrits byzantins, dont certains datent du 9e s. On visite aussi le réfectoire des hôtes et les pièces communes (boulangerie, cellier...).

Kalávrita

Cette agréable bourgade est située au cœur d'une région montagneuse boisée avec des sommets dépassant parfois 2 000 m. Kalávrita est reliée à la côte d'Achaïe. Il est possible de venir d'Aígio en prenant la route nationale qui part de Selinoudas, un village à quelques kilomètres au sud d'Aígio. Pendant environ 30 km, cette route magnifique, à flanc de montagne, traverse de charmants villages et hameaux (notamment Ftéri, Farnelitika et Gounerissa).

Château de la montagne (Kastro tis Orias)

Quitter le village en direction du monastère d'Agia Lávra. Peu après la sortie, prendre à gauche une route en terre battue (signalisation) et monter à pied jusqu'à la forteresse, Kastro tis Orias (15mn).

Si l'on en croit la légende, c'est là que Catherine Paléologue, fille du baron de Halandrítsa, se serait suicidée en 1463 pour échapper aux Turcs. Du chateau franc élevé sur la colline (1 200 m), il subsiste des murailles assez bien conservées et deux tours carrées. Belle vue sur les alentours.

Monastère d'Agía Lávra

À 7 km au sud-ouest de Kalávrita, traverser le village et prendre la direction de Pátra, 1re route à gauche. ✆ 26920 22363 - 10h-13h, 15h-16h.

Fondé en 961, ce monastère isolé dans la montagne est célèbre car c'est ici, dans l'église conventuelle du 17e s., que le 25 mars 1821, l'archevêque de Pátra, Germanos, leva l'étendard de la révolte contre les Turcs. Les bâtiments (hôtellerie), incendiés par les Turcs en 1821, puis par les Allemands en 1943, abritent un intéressant **musée** : manuscrits, icônes, orfèvrerie, souvenirs de l'Indépendance (le fameux drapeau). Au-dessus du monastère, un chemin partant de la route, signalisé « Paleon Monastirion » conduit *(30mn à pied/AR)* à l'ermitage primitif que les moines occupèrent jusqu'en 1689 : au pied du rocher se dresse une chapelle décorée de peintures murales presque effacées. Une éminence voisine porte le monument de l'Indépendance.

Quelques éléments d'histoire

De 1205 à 1230, Kalávrita fut une importante seigneurie franque dont le premier titulaire fut Othon de Tournai. Au début du 14e s., la cité appartint aux La Trémoille, barons de Halandrítsa.

Important foyer de la résistance pendant la Seconde Guerre mondiale, les Allemands y massacrèrent 1 436 hommes, des enfants mâles aux vieillards, dont les noms figurent sur le mémorial.

Grotte aux Lacs★★ (Spílaio Límnon)

À 16,5 km de Kalávrita. Quitter Kalávrita à l'est en direction de la station de ski, parcourir 7 km et prendre à droite vers Klitoria. Des taxis peuvent également vous y conduire depuis Kalávrita (station devant la gare, compter 12 € env.). ✆ 26920 31633 - www.kastriacave.gr - mai-sept. : 9h-18h ; reste de l'année : 9h30-16h30 (w.-end 9h-18h) - 8 € (TR 6 €).

Découverte en 1964, la grotte fut explorée en 1981 et ouverte à la visite à la même époque. Une rivière souterraine a creusé dans le calcaire 1 980 m de galeries, formant des salles occupées par 13 lacs échelonnés sur trois niveaux.

On y pénètre par une galerie artificielle donnant accès au deuxième niveau dans la salle dite des « chauves-souris ». On ne parcourt que 850 m dans la galerie, dont une partie est toujours en cours d'exploration, en empruntant des passerelles.

En été, la baisse du niveau de l'eau laisse apparaître les bassins que séparent des barrages naturels en dents de scie pouvant atteindre 4 m de haut. Se trouvent ainsi dévoilées des parois ornées de stalactites et de stalagmites, de piliers multicolores en cascade se transformant au gré de l'imagination et à l'aide d'un éclairage artistique en silhouettes, en draperies curieuses, en animaux fantastiques… La température demeure constante à 13-15 °C dans la grotte, dont la voûte s'élève jusqu'à 30 m et dont la largeur varie de 1 m à 20 m.

L'époque d'utilisation intense de la grotte fut la période néolithique (4200-3000 av. J.-C.), au cours de laquelle elle servit d'habitat, de refuge, de dépôt (en témoigne le nombre de jarres et de vases brisés retrouvés), de lieu de culte et de sépulture. Les fouilles effectuées au premier niveau *(fermé au public)* ont mis au jour des ossements d'animaux et des squelettes humains.

Pour les amateurs de promenades, en poursuivant vers Klitoria, la route traverse une magnifique **région★★** couverte de forêts de platanes et parcourue de petits torrents à truites.

Pátra pratique

Informations utiles

Info Center sur le port – *6 Othonos Amalias - ✆ 2610 620353.* www.infocenterpatras.gr (site en anglais, très complet) et www.patras.gr.

Centre de santé – *✆ 2610 99111.*

Police – *✆ 2610 23333.*

Transports

Bon à savoir – La plupart des agences de location se trouvent sur odos Othonos Amalia, le long du port.

En avion – *Depuis Áraxos, à 38 km à l'ouest de Pátra (isolé) - ✆ 26930 51160.*

En bateau – *✆ 26102 28888.*

En train – *27 Othonos Amalia - ✆ 26106 39108 - consigne 1,80 €/j./bagage.*

En bus – *Station KTEL près de la porte 6 sur le port, sur Othonos Amalias (après Anek Line et près de l'Info Center) - ✆ 26106 23888.*

Taxi – *Près de la station de bus - Radio Taxi Express - ✆ 26104 50000/18300.*

En voiture – Toutes les sociétés de location sont à la hauteur du croisement de l'odos 28-Oktovriou et de l'odos Ag. Andreou.

En deux-roues – « **Dynamic Help** » - *166 Ag. Andreou et Sahtouri - ✆ 26103 33111.*

Se loger

PÁTRA

Vous trouverez toutes les coordonnées des hôtels, campings et chambres d'hôtes sur *www.infocenterpatras.gr.*

Méditerranée – *18 Ag. Nikolaos (tout près du port) - ✆ 26102 79602 - fax 26102 23327 - 95 ch.* Assez bruyant (il donne sur la rue piétonne) et sans cachet, mais propre, cet hôtel est central. Préférez le petit-déjeuner à l'extérieur… bien plus gai.

El Greco – *145 Ag. Andreou - ✆ 26102 72931.* Propre mais banal. Une alternative cependant.

Marie Palace – *6 Gounari - ✆ 26103 31302 - fax 26103 31346 - www.mariepalace.gr.* Atmosphère agréable pour cet hôtel de bon goût. La salle de petit-déjeuner est claire et le buffet de qualité. Une bonne adresse.

Primarolia Art Hotel – *33 Othonos Amalia (sur le port) - ✆ 26106 24900 - fax 26106 23559 - www.arthotel.gr - 14 ch. et suites thématiques.* Le seul hôtel de luxe de la ville, savamment décoré d'œuvres d'artistes et designers grecs. Nombreux services proposés et restaurant de qualité.

DIAKOFTÓ

Chris-Paul – *Au centre du village - ✆ 26910 41715 - www. chrispaul-hotel.gr - 25 ch.* Bien situé, à 80 m de la gare, cet hôtel confortable, avec piscine, est une bonne halte.

KALÁVRITA

Maria – *À 300 m de la gare, dans la rue piétonne à droite de la place centrale - ✆ 26920 22296 - fax 26920 22686 - 11 ch.* Hôtel tranquille qui propose quelques chambres au confort très simple, mais propres et agréables.

Se restaurer

PÁTRA

Mithos – *181 Riga Ferreou & Trion Navaron - ✆ 26103 29984 - fermé 3-20 août.* Fleurs fraîchement coupées, musique et photos composent le décor de ce restaurant logé dans une maison du 19e s. Les plats sont cuisinés avec talent par Eleptheria et son personnel. Accueil chaleureux.

Faire une pause

À l'ombre des arbres autour du sq. 25-Martiou, près de l'ancien odéon (**Café Cinéma** en descendant les marches), et du sq. Vas. Olga Azzarga (**Café Le Coq**, pour manger sur le pouce).

En soirée

Bon à savoir – Les rues piétonnes sont très animées autour d'Agiou Nikolaou et de Mezonos où est installée toute une série de cafés à la mode (notamment le **Taj Mahal**) ; également autour du sq. du 25-Martiou.

Le Bateau Bar – *✆ 26103 39848 ou 69723 35845 (portable) - croisière de 35mn env. de 20h30 à 1h (5 €).* Ce grand voilier, illuminé le soir, propose une très jolie croisière. Téléphoner dans la journée pour s'assurer du point d'amarrage le soir.

Achats

Cava Romanos – *5 Kolokotroni.* Choix de vins grecs. Polina parle français…

Événements

De la mi-janv. au merc. des Cendres, le **Karnavali** est l'un des carnavals les plus célèbres de Grèce. *www.carnivalpatras.gr.*

Le Festival international de Pátra, organisé de juil. à sept., a fêté ses 20 ans en 2006. Riche programmation (théâtre, musique, arts). Le **Festival international du théâtre d'ombres** a lieu quant à lui en sept. **Service culturel de la municipalité de Pátra** – *17 A odos Papadiamadopoulou - ✆ 2610 222157 - fax 26102 26567 - www. depap.gr.*

Massif du Pélion★★

Óros Pílio – Όρος Πήλιο

CARTE GÉNÉRALE RABAT I B2 – THESSALIE - MAGNÉSIE

Le massif du Pélion s'avance en promontoire dans la mer. Si son versant ouest présente une côte tranquille et calme sur le golfe Pagasétique, le versant oriental forme des falaises abruptes qui plongent dans la mer Égée. Tapissé d'une couverture forestière abondante et variée, c'est le paradis des randonneurs. Mais il offre également le charme de ses villages à l'habitat caractéristique et préservé, et ses nombreuses plages et criques sont autant d'invitations au plaisir du bain et du farniente. Enfin, le Pélion est une terre de légendes et de mythes qui ont fasciné auteurs antiques et modernes ; c'est la demeure des Centaures, notamment de Chiron, et le point de départ de Jason dans sa quête de la Toison d'or.

- **Se repérer** – Vólos est à 62 km au sud-ouest de Lárissa et de son aéroport, 216 km au sud de Thessalonique et 325 km au nord d'Athènes.
- **À ne pas manquer** – Le Musée archéologique de Vólos, les villages du Pélion et ses jolies criques, les « Archondika » de Makrinítsa, Pinakates, Vizítza.
- **Organiser son temps** – Comptez trois jours pour sillonner la région en voiture. Attention aux routes étroites et sinueuses.
- **Avec les enfants** – Un trajet avec le petit train du Pélion.
- **Pour poursuivre le voyage** – Eubée, Lárissa, mont Olympe, Sporades.

Comprendre

Une superbe nature – Schisteux, le massif présente un relief marqué par des pentes abruptes et des ravins profonds. Il culmine au **mont Pélion** (1 551 m), se prolonge au nord vers le mont Ossa (1 978 m) et se recourbe au sud.

Son climat relativement humide a permis à une végétation dense de se développer, de type méditerranéen sur les premières pentes et montagnard en altitude. C'est ainsi qu'on rencontre l'olivier (olives réputées de Vólos), le pin, des vergers (pommiers, cerisiers, pêchers…), le noyer et le noisetier, enfin des forêts de hêtres, de chênes et de châtaigniers au pied desquels croissent fougères et mousses.

J. Malburet / MICHELIN

Maisons à Vizítsa avec leurs toits de lauzes.

Une architecture intéressante – L'habitat est souvent dispersé, le centre de chaque village étant marqué par une vaste **platia** ombragée d'énormes platanes. Encore nombreuses, les maisons traditionnelles sont caractérisées par leur étage supérieur placé en encorbellement sur des consoles de bois, et par leurs toits à pans débordants que couvrent des lauzes. Les églises, larges et basses, à petites absidioles arrondies, diffèrent des églises orthodoxes habituelles par leur plan rectangulaire, leurs galeries extérieures et leur campanile. Elles sont l'œuvre de maçons venus d'Épire.

La nature mystérieuse du massif, enfoui sous la végétation et de pénétration difficile, a favorisé la naissance de légendes.

Des origines mythologiques – C'est ainsi que les Anciens racontaient qu'au cours de la **Gigantomachie**, guerre entre les Dieux et les Géants, ces derniers, nés de Gaia et du sang d'Ouranos, avaient voulu défier l'Olympe en tentant d'entasser Pélion sur Ossa.

Dans les profondeurs du massif aurait vécu le sage centaure **Chiron** qui joua un grand rôle dans l'imaginaire grec. Ayant favorisé l'union de Pélée et de la Néréide Thétis, il instruisit leur fils **Achille**, futur héros de la guerre de Troie. Détenteur de nombreux secrets, Chiron assura aussi l'éducation d'**Asklépios**, auquel il enseigna l'usage des simples, et de **Jason** ; celui-ci utilisa le bois des arbres du Pélion pour construire le navire Argo qui allait conduire les 50 **Argonautes** en Colchide (Crimée), où Jason devait, avec l'aide de la magicienne Médée, conquérir la Toison d'or.

Au fort de l'été, le Pélion constitue un îlot de tranquillité et de fraîcheur que beaucoup de citadins élisent pour leurs vacances ; en hiver, il attire les skieurs.

Le petit train du Pélion

Il est ainsi nommé car l'écartement de ses voies n'est que de 60 cm. Il commença à circuler entre Vólos et Lechonia en 1895 pour poursuivre jusqu'à Milies en 1903, couvrant ainsi une distance d'environ 29 km. Il fut conçu et réalisé par l'ingénieur italien Evariste De Chirico, père du peintre surréaliste mondialement connu Georgio De Chirico qui naquit à Vólos et passa les premières années de son enfance dans le Pélion, ce qui marqua son œuvre de façon non négligeable.

Facilitant le transport des voyageurs et des marchandises, le train fut un élément important pour le développement économique d'une région jusqu'alors difficile d'accès, mais surtout il permit les échanges sociaux et culturels.

En 1971, l'exploitation de la ligne fut abandonnée car non rentable. Après 25 ans d'oubli, le petit train promène à nouveau, chaque week-end en été, ses minuscules wagons à claire-voie tirés par une pittoresque locomotive à vapeur entre Lechoniz et Milies, pour le bonheur, cette fois, des touristes de tous âges.

Découvrir

Vólos

Au fond du vaste golfe Pagasétique, Vólos a pour origine l'antique Iolkos. Victime de plusieurs tremblements de terre, le dernier en 1955, la ville revêt aujourd'hui un aspect moderne avec ses rues tirées au cordeau que bordent des maisons antisismiques à trois ou quatre étages. Troisième port de Grèce après Le Pirée et Thessalonique, Vólos exporte des produits thessaliens (céréales, coton, tabac, olives, huile, vins et fruits), mais aussi des produits industriels lourds (machines, constructions métalliques) qu'embarquent cargos et ferries à destination du Moyen-Orient. Les ferries pour les Sporades du Nord partent aussi du port. Enfin, une zone industrielle importante est située hors de la ville.

Vólos n'est donc pas la destination idéale du voyageur mais peut être une étape. La ville jouit d'une très agréable promenade de mer (grands hôtels, cafés, restaurants) et son musée archéologique mérite une visite.

Musée archéologique★★

Odos Athanassaki - ✆ 24210 25285 - tlj sf lun. 8h30-15h - 2 €.

L'Arheologiko Moussio abrite une étonnante série d'environ 300 stèles funéraires, dont beaucoup peintes ou sculptées de scènes évoquant la vie du défunt. Ces stèles de marbre, d'époque hellénistique, appartenaient pour la majeure partie à la nécropole de Dimitriás, d'où elles furent tirées en 50 de notre ère pour renforcer l'enceinte de cette ville.

Des reconstitutions de tombes permettent de comprendre les coutumes et les rites funéraires de la préhistoire et de l'Antiquité. La salle consacrée aux collections d'objets néolithiques provenant des sites de Sesklo (4e millénaire av. J.-C.) et Dimini *(respectivement à 15 km et 6 km à l'ouest de Vólos)* apporte un éclairage passionnant sur cette période. Enfin, le musée possède des vases et des bijoux mycéniens mis au jour à Iolkos ainsi qu'une collection de céramiques hellénistiques et romaines.

Circuit de découverte

162 km. Quitter Vólos par la rue Venizelou et prendre la direction de Portariá.

Anakasiá

Laisser la voiture au parking près de l'église et gagner à pied la rue Moussiou Theophilou. Dans ce village, situé à gauche de la route, se trouve le **musée Theophilos**. Installé dans la belle maison de la famille Kontos datant de 1830, il conserve une série surprenante de fresques du grand peintre naïf Theophilos (1873-1934), qui passa une partie de sa vie dans le Pélion, et notamment au 1er étage les scènes évoquant la guerre d'Indépendance. *℘ 24210 47340 - tlj sf lun. 8h-15h - gratuit.*

La route continue à s'élever vers Portariá, offrant des vues sur le golfe de Vólos ; elle passe près de la colline d'**Episkopí**, plantée de pins et de cyprès, qui porte une vieille église, siège jusqu'en 1881 d'un évêché.

Portariá★

À 600 m d'altitude, c'est un lieu de séjour estival, frais et aéré, offrant des vues en direction de Makrinítsa et du golfe de Vólos. Grande place aux superbes platanes (cafés, restaurants) et très belles maisons de notables.

De Portariá part la route panoramique qui conduit en 3 km à Makrinítsa.

Makrinítsa★★

Laisser la voiture à l'entrée du village. On se promènera agréablement dans les ruelles de Makrinítsa, étagé sur la pente verdoyante et occupant un **site★★** magnifique face au golfe de Vólos. De remarquables maisons anciennes, dont quelques-unes de dimensions imposantes, ont été préservées et restaurées. La **place★★** est particulièrement séduisante avec sa fontaine, ses platanes et sa minuscule église (18e s.) dont les plans extérieurs sont ornés de bas-reliefs et, à l'intérieur, de belles icônes.

Plus haut, l'**église de la Panagia** (18e s.), qui appartenait à un monastère, présente dans ses murs des inscriptions gravées, romaines et byzantines.

Revenir à Portariá et reprendre la montée.

Admirables **vues★★★** plongeantes sur le golfe de Vólos, l'Eubée et la Thessalie jusqu'à la chaîne de l'Othrys.

Agriolefkes (col de Hánia)

À 1 200 m d'altitude. Station de sports d'hiver, entourée de forêts, d'où l'on peut monter par la route presque jusqu'au sommet du mont Pélion.

La descente sur le versant égéen se fait à travers hêtres et châtaigniers avant d'atteindre les vergers.

À 13 km du col de Hánia, prendre à gauche vers Zagorá.

Zagorá★

Ce fut un important foyer culturel hellénique au temps de l'occupation ottomane, alors que le Pélion jouissait d'une certaine autonomie. Zagorá, le plus gros village de la région, présente un habitat dispersé au sein de vergers et de jardins qu'arrosent de nombreuses fontaines. Ce fut aussi un centre d'artisanat textile exportant sa production par les caïques du port de Horeftó. À l'extrémité de la localité, on atteint la **platia** où s'élève l'église Agios Georgios, qui abrite une monumentale **iconostase★** du 18e s., en bois sculpté et doré.

De Zagorá, une petite route dégringole vers Horefto, cale de pêcheurs et station balnéaire disposant d'une longue plage de sable fin.

Revenir au carrefour et continuer, par un itinéraire pittoresque mais sinueux et étroit, vers Tsangaráda.

Ágios Ioánnis

Jolie plage toute blanche au pied de vertes collines, très fréquentée en été.

Un peu à l'écart de la route centrale, en hauteur, beau village de **Kissós** avec une large platia où se dresse l'église **Agia Marina★**.

Tsangaráda

Calme lieu de séjour aux maisons dispersées dans la verdure. La curiosité de Tsangaráda est le platane de la place principale, réputé millénaire, dont la frondaison se déploie sur près de 30 m d'envergure. À proximité, plage de **Mylopótamos**, encadrée de rochers.

Près de Xourichti, une **vue★★** splendide en balcon sur la côte (remarquez le site de Mylopótamos) s'étend jusqu'aux îles de Skíathos et Skópelos.

Laisser à gauche l'embranchement vers Argalastí(12 km) et Plataniá, à 36 km (belle plage abritée), et emprunter à droite la route montant à Miliés.

Miliés

Magnifique village aux rues dallées. Centre culturel hellénique sous les Ottomans, Miliés possède une **bibliothèque** historique pourvue de livres rares : 3 000 ouvrages anciens hérités de la fameuse école de Miliés (18e s.). *✆ 24230 86260 - tlj sf dim., lun. et j. fériés 8h-14h.*

Musée d'Histoire populaire – *✆ 24230 86602 - mai-oct. : 10h-14h30, 18h30-21h30.* Il abrite une intéressante exposition d'artisanat local mais aussi le témoignage photographique d'un épisode sombre de son histoire : le massacre perpétré ici par les Allemands en 1943.

Vizítsa★

Vizítsa conserve beaucoup de ses demeures anciennes typiques, certaines en cours de restauration.

Retourner à Miliés.

Le retour sur Vólos se fait par la côte du golfe, fertile et riante. La route dessert plusieurs plages parmi lesquelles celle de **Kalá Nerá** : promenade de mer bordée d'eucalyptus, grande plage de sable fin (peu avant Kalá Nerá, embranchement pour **Áfissos**, jolie petite station balnéaire).

Pinakates★

Autre village restauré avec de belles archondika.

Massif du Pélion pratique

Informations utiles

Vólos Info – *Angle Odos Lambraki et Sekeri, en face du terminal de bus - ☎ 24210 30930 - www.volos-info.gr - été : lun.-dim. 8h-22h ; hiver : lun.-sam. 8h-20h, dim. 8h-15h30.* Accueil efficace et brochures nombreuses.

Poste – *Odos Dimitriados.* Poste restante.

Téléphone - OTE – *22 odos E. Venizelou.*

Centre de santé – *☎ 24210 94200.*

Police touristique – *179 odos 28 Oktovriou - ☎ 24210 39065/76987.*

Autorités portuaires – *☎ 24210 28888.*

Transports

En avion – *Aéroport de Néa Anchialos (35 km de Vólos) – ☎ 24280 76886 - mai-oct.* Vols charters seulement.

En train – *Gare ferroviaire - Odos Papadiamandi - ☎ 24210 24056.* Pour **Athènes**, 13 liaisons directes, dont 2 express. Pour **Thessalonique**, 14 trains/j.

En bus – *Gare routière - odos G. Lambraki - ☎ 24210 33253.* Pour **Lárissa**, départ toutes les heures pour **Kalambáka** et les **Météores**, passez par **Tríkala**, 4 bus/j. ; pour **Thessalonique**, 6 bus/j. ; pour **Athènes**, 11 bus/j. Attention, les liaisons sont moins nombreuses d'octobre à mai. Tous les villages du Pélion sont accessibles de Vólos, mais il existe peu de liaisons entre eux.

En bateau – *Débarcadère ferries - odos Argonafton.* Liaisons avec **Skíathos**, **Skópelos**, **Alónissos**. 2 à 3 traversées/j. en été et 1 à 2/j. en hiver.

En hydroglisseur – Pour Skíathos (en été, 4 départs), Skópelos et Alónissos. Billets à l'agence Hellas-Flying Dolphins, sur le port, ou dans les agences du front de mer.

Se loger

VÓLOS

Admitos – *5 odos A. Diakou - ☎ 24210 21117 - 33 ch.* Hôtel calme, à deux pas de l'odos Dimitriados, proposant des chambres sobres mais impeccables, avec balcon. Petit-déjeuner en sus.

Vólos Palace – *Odos Xenofontos et Trachon - ☎ 24210 76501 - info@volospalace.gr - 72 ch.* Tout récent, grande classe et calme, à deux pas du centre et du port. Accueil très professionnel.

MASSIF DU PÉLION

ÁFISSOS

Domatia Rena – *Sur le front de mer - ☎ 24230 33439 - 10 ch.* Agréable pension familiale située face à la mer, proposant des studios confortables et spacieux, un peu bruyants, avec cuisine. Bon rapport qualité-prix. Pas de petit-déjeuner.

Katia Hotel – *Derrière la place principale - ☎ 24230 33423 - fax 24230 33023 - 22 ch. - mai-sept.* Ce petit hôtel propose des chambres tout confort, mais assez petites. Un tour-opérateur louant la majorité des chambres, la réservation est conseillée.

Maïstrali – *Près de la plage Abovos - ☎ 24230 33472 - www.maistrali.com.gr - 10 ch.* Chambres très confortables et bien tenues, avec balcon face à la mer. Le personnel, professionnel et accueillant, parle anglais.

KISSÓS

Malamousi Violetta – *À gauche de l'église - ☎ 24260 31214 - antonis2002@yahoo.gr - 12 ch.* Chambres simples et confortables avec balcon. Une fois la glace brisée, l'accueil s'avère sympathique et l'on vous servira une excellente cuisine familiale.

MAKRINÍTSA

Domatia Makropoulo – *Haut du village - ☎ 24280 99016 - 8 ch. - juin-oct.* Cette petite pension très calme propose des chambres simples et impeccables, avec un accueil convivial. Pas de petit-déjeuner.

Archontiko Repana – *Rue principale - ☎ 24280 99067 - 7 ch.* Cette ravissante maison du 19e s., dotée d'une vue magnifique, propose de jolies chambres meublées d'ancien. Vous pouvez prendre votre petit-déjeuner dans le jardin.

Archontiko Karamarli – *Rue principale - ☎ 24280 99570 - arhongk@otenet.gr - 16 ch.* Pension étonnante, aménagée dans une maison du 17e s., avec des chambres peintes et meublées par le patron, décorateur de théâtre. Neuf chambres plus sobres sont aussi disponibles. Petit-déjeuner sur la terrasse panoramique.

PLATANIÁ

Drossero Akrogiali – *Sur le port - ☎ 24230 71210 - 30 ch. - juin-oct.* Longue bâtisse à étages, avec des chambres confortables mais sans vue sur la mer. Pas de petit-déjeuner, mais le sympathique patron gère aussi le restaurant du même nom donnant sur le port.

TSANGARÁDA

Paradisos – *Rue principale - ☎ 24260 49209 - www.paradisoshotel.gr - 40 ch.* Hôtel confortable et accueillant. Les chambres côté route sont plus bruyantes mais ont une belle vue. L'hôtel organise des randonnées équestres. Bon restaurant dont les produits viennent de la ferme familiale.

VIZÍTSA

Archontiko Blanas – *Du parking, à 100 m dans la ruelle qui monte - ☎ 24230 86840 (Vólos 24210 43614) - 4 ch.* Superbe maison ancienne, au décor de boiseries et de dalles en pierre. Beaucoup de charme et un confort à la hauteur (sauna, jacuzzi). À l'étage, salon avec vue.

Se restaurer

VÓLOS

Bon à savoir – Les restaurants de fruits de mer sont nombreux sur les quais. Quant aux cafés, ils ont élu domicile à l'extrémité est de odos Dimitriados, sur l'esplanade du front de mer.

MASSIF DU PÉLION

ÁFYSSOS

Café Oasis – *Près de la place, sur le front de mer.* Idéal pour déguster un petit-déjeuner au bord de l'eau ou prendre un verre le soir. Vous pouvez y louer des vélos.

KALAMAKI

To Balconi – *Au sud de Tsangaráda, entrée de la taverne sur la place.* Cuisine rustique mais excellente. Depuis la terrasse, la vue est somptueuse.

MAKRINÍTSA

Taverna Apaulosi – *Pl. du village.* Rôtisserie, poulet, *spetsofaï* (saucisses aux poivrons), toutes les spécialités locales sont au rendez-vous. Profitez de la terrasse sous le platane. Service rapide et sympathique.

Panthéon – *Pl. du village.* Une autre adresse pour déguster *spetsofaï* et soupe de haricots. Vue sublime.

MILIÉS

To Panorama – *En face du musée.* Spécialités de poulet et de porc au vin, et tarte aux épinards. Magnifique panorama.

Kira Marias – *Place de l'église.* Cuisine simple (tartes au fromage, salades), servie sous un platane.

Boire un verre

Les *tsipouradiha* sont encore très nombreuses à Vólos, en front de mer comme en ville. Tradition apportée par les réfugiés d'Asie Mineure dans les années 1920, on y boit le *tsipouro*, alcool blanc très fort, parfumé ou non, accompagné de *mezes*, souvent à base de fruits de mer et différents à chaque commande.

Beaucoup moins traditionnels, les bars à l'est de la promenade du port accueillent la jeunesse voliote.

Sports et loisirs

Les Hirondelles – *Vólos - 19 odos Koumoundourou - ✆ 24210 32171 - www.holidays-in-pelion.gr; Agios Ioannis - ✆ 24260 31181.* Cette agence, en dehors des prestations habituelles, propose un choix d'activités sportives (randonnée, VTT, équitation, plongée, kayak), et la location de caïques pour vous emmener sur les plages isolées de la péninsule.

Pilos★★

Πύλος

2 104 HABITANTS
CARTE GÉNÉRALE RABAT II A3 – PÉLOPONNÈSE - MESSÉNIE

Face au site majestueux d'une baie célèbre que limite à l'ouest la muraille rocheuse de l'île de Sfaktiría, Pilos (Navarin) dispose d'un bon port et surtout d'une rade très sûre. Prolongée par une grande plage, la ville actuelle, bâtie en 1829 par le corps expéditionnaire français de Morée, constitue une agréable base d'excursions dans le Péloponnèse méridional.

- **Se repérer** – À 217 km au sud-ouest de Corinthe et à 48 km à l'ouest de Kalamáta. Pilos se situe dans la partie méridionale la plus occidentale du Péloponnèse, face à la mer Ionienne.
- **À ne pas manquer** – La vue sur la baie et le port au soleil couchant.
- **Organiser son temps** – Pilos est un petit bourg où tout peut se faire à pied.
- **Avec les enfants** – Observer les d'oiseaux de la lagune protégée de Giálova.
- **Pour poursuivre le voyage** – Kalamáta.

A. Soumillard / hemis.fr

Pêcheur dans la rade de Pilos.

Comprendre

Une place convoitée – Pilos est reconnu pour être un excellent mouillage. Sa rade fait 5 km de long sur 3 km de large et ses fonds varient entre 20 m au nord et 6 m au sud. Près du port, la place des Trois-Amiraux (Trion Navarchon), ombragée et bordée d'arcades (cafés, tavernes, petit musée archéologique), est agrémentée en son centre d'un monument commémoratif de la bataille de Navarin.

L'intérêt stratégique de la rade fut reconnu dès l'Antiquité et le Moyen Âge, mais alors le site urbain et le port se trouvaient près de la passe nord, au pied du promontoire que couronnait une acropole à laquelle succéda le château médiéval dit du « port de Junch » (ou des Joncs) en raison de la nature marécageuse du littoral : c'est aujourd'hui Paliokastro, le « vieux château ».

Au cours des siècles suivants, la rade fut disputée entre Vénitiens et Turcs, qui édifièrent un ouvrage fortifié tenant sous son feu la passe sud : Niokastro, « nouveau château », repris en 1685 par les troupes vénitiennes de Morosini.

Visiter

Niokastro (la nouvelle forteresse)★

Accès par la route de Methóni. ✆ 27230 22010 - tlj sf lun. 8h30-15h - 3 €.

Dominant la ville et la rade, cette puissante citadelle fut construite par les Turcs au 16e s. à la place d'un ouvrage plus ancien ; elle fut très remaniée en 1829 par les Français qui réalisèrent notamment les grandes redoutes (fortifications) à canons de l'enceinte et le réduit pentagonal à cinq bastions. À gauche en entrant, dans un

La bataille de Navarin : « un déplorable malentendu »

C'est ainsi que George IV d'Angleterre qualifia le combat naval qui mit aux prises, le 20 octobre 1827, la flotte anglo-franco-russe et la flotte ottomane, mouillée dans la rade. De fait, la présence de la flotte alliée avait seulement pour but d'intimider Ibrahim Pacha dont l'armée, basée à Navarin, ravageait le Péloponnèse, et de forcer La Porte à conclure un armistice avec les Grecs insurgés. La force navale commandée par les amiraux Codrington, de Rigny, de Heydden était forte de 26 vaisseaux (11 anglais, 7 français, 8 russes) totalisant 1 270 canons. Alors qu'elle se présentait à l'entrée sud de la baie, quelques boulets tirés par des Turcs nerveux déclenchèrent l'action. Les 82 navires turco-égyptiens, pris dans une souricière et ne pouvant manœuvrer, furent anéantis malgré leur puissance de feu supérieure (2 400 canons) et l'appui de l'artillerie du Niokastro. La bataille de Navarin, à laquelle assista Eugène Sue, chirurgien de la Marine, eut un grand retentissement, forçant le sultan à traiter et préludant à l'indépendance grecque.

grand bâtiment bien restauré, un **musée** rassemble la collection du philhellène français René Puaux : lithographies, gravures et objets étroitement liés à la période de l'Indépendance grecque. Au centre, l'ancienne mosquée fut convertie en église. De la redoute sud-ouest, **vues★** remarquables sur la rade et l'île de Sfaktiría que prolongent des îlots rocheux.

Musée archéologique (Moussio Antonopoulos)

Rue Filellinon (qui monte de la place Trion Navarchon), à la hauteur de la Banque de l'agriculture (Trapeza Agrotikis). ✆ 27230 22448 - tlj sf lun. 8h30-15h - 2 €.

Ouvert en 1951, il comprend des objets d'art, des armes et des outils, des vases et de l'orfèvrerie allant de l'époque néolithique à l'époque romaine.

La rade★

En saison, des caïques relient Pilos à l'île de Sfaktiría, à l'îlot de Pilos (également appelé Fanari ou Tsichli Baba) avec son arche creusée dans la roche, et à Paliokastro. Ils proposent également des promenades dans la rade (se renseigner sur le port).

Île de Sfaktiría

Longue de près de 5 km et inhabitée, l'île de Sphactérie culmine à 152 m. Sur son sol ont été érigés plusieurs monuments commémoratifs liés à la bataille de Navarin ou à l'Indépendance grecque, parmi lesquels le cénotaphe du prince Paul-Marie Bonaparte. Au sommet, vestiges d'un fort antique où 420 Spartiates résistèrent désespérément à l'armée athénienne durant la guerre du Péloponnèse (425 av. J.-C.).

Paliokastro★

À 6 km au nord de Pilos, accessible en voiture à partir de Petrochori par une mauvaise route allant à Voïdokilia (suivre le fléchage « site archéologique »). Au débouché de la passe nord, un éperon rocheux porte les murs crénelés et les tours du château du port de Junch que le bailli de Morée, Nicolas II de Saint-Omer, fit construire en 1278 sur les assises de l'acropole antique. Comprenant une enceinte extérieure et un « réduit », la forteresse franque domine la lagune et le port de l'antique Pilos (baignade possible). Au pied de la falaise, grotte à stalactites, dite de Nestor, communiquant par une percée supérieure avec le château.

Tout près et dans la même direction que le château, ne manquez pas la superbe plage de **Voïdokilia** en forme de demi-cercle.

Aux alentours

Methoni★★

À 12 km au sud de Pilos.

Jadis nommée Modon par les Francs, la citadelle de la Méditerranée orientale occupe un **site★** harmonieux au fond d'une anse que limitent deux îles aux côtes poissonneuses, Sapienza et Shíza. Une plage avoisinant le tranquille port de pêche, quelques hôtels et tavernes en font un séjour agréable.

Un coup de vent jeta, en l'an 1204, Geoffroi de Villehardouin revenant de Terre sainte dans ce havre que le chevalier champenois quitta peu après pour aller rejoindre Guillaume de Champlitte qu'il aida à conquérir le Péloponnèse. Methoni fut attribuée aux Vénitiens, qui la conservèrent près de trois siècles, à l'exception d'un intermède génois de 1354 à 1403, date à laquelle une flotte de la Sérénissime République défit la force navale génoise commandée par le maréchal français Boucicaut. Siège d'un évêché, Methoni avait des ateliers de soyeux et les galères vénitiennes se rendant en Syrie y relâchaient.

En 1500, l'armée turque de Bajazet II s'en empara après un bombardement continu d'un mois. Vénitienne à nouveau de 1686 à 1715, Methoni était redevenue turque quand Chateaubriand, sur la route de Jérusalem, y prit pied en 1806. En 1824, Miaoulis y attaqua une flotte ottomane avec des brûlots, incendiant 25 navires. En 1828 enfin, le général Maison reprit Methoni à Ibrahim Pacha et fit reconstruire partiellement la ville par le corps expéditionnaire français.

Citadelle★★ – *8h30-19h - gratuit.* Occupant une position très forte sur un promontoire que la mer entoure sur trois côtés, la forteresse, fondée au 13e s. sur un édifice plus ancien, a été remaniée aux 15e, 16e et 18e s. ; elle est en grande partie l'œuvre des Vénitiens comme l'indiquent les lions de St-Marc et les blasons sculptés que l'on observe çà et là. Elle enfermait toute une cité serrée autour de sa cathédrale. Au-delà de la contrescarpe, un pont franchit le fossé battu par les eaux, à droite du **bastion Bembo** (15e s.), à gauche du **bastion Loredan** (1714).

Franchir une première porte (début 18e s.), puis tourner à gauche dans le chemin qui longe le rempart nord remontant au 13e s. Un passage sous voûte précède l'entrée principale, la **porte de Terre** (13e s.), marquée par de grands arcs brisés. On débouche alors sur l'esplanade où se trouvait la cité médiévale : à droite, muraille du château ou réduit, refait par les Turcs au 16e s. ; en face, colonne de granit monolithe érigée par les Vénitiens en 1494 pour servir de support au lion de St-Marc. Suivre ensuite à gauche le rempart est (16e-18e s.) dominant d'un côté le port, de l'autre les vestiges chaotiques d'un bain turc, de citernes, d'une poudrière et de la cathédrale latine.

M. Guillochon / MICHELIN

L'îlot Bourdzi, une sentinelle sur les eaux.

À l'extrémité sud, la **porte de Mer**, rebâtie par les Turcs avec des matériaux vénitiens (bloc sculpté du lion symbolique et du blason Foscolo), donne accès à la pittoresque **tour Bourdzi★**, reconstruite au 16e s. par les Turcs, sur un îlot qu'un pont relie à la citadelle : monter à la plate-forme pour découvrir des **vues★★** splendides sur l'enceinte, la rade et les îles. Par le rempart ouest, jalonné de tours, qui daterait du 13e s., on revient au château dont les fortifications, la plupart du 15e s., ont été remaniées au 18e s. De l'autre côté du fossé, à l'extrémité de la contrescarpe, on distingue un ouvrage supplémentaire, dit redoute.

Circuit de découverte

LA CÔTE DE MESSÉNIE

Circuit de 79 km au départ de Pilos, en allant vers le nord.

La lagune de Giálova

À 3 km. Cette lagune, formée par l'eau douce des rivières Tiphlomitis et Xerolangado se mêlant à la mer Ionienne, est un site protégé et classé « Natura 2000 » par la Commission européenne. C'est l'un des plus importants points d'étape dans les Balkans pour les **oiseaux migrateurs** (20 000 en hiver). Plus de 270 espèces d'oiseaux y ont été recensées (héron cendré, balbuzard, martin-pêcheur, flamant rose), parmi lesquelles 79 sont des espèces protégées. La meilleure période d'observation (entrée libre sur le site) se situe entre mai et septembre. On y trouve également la tortue des mers *(caretta caretta)* qui y pond ses œufs, ainsi que des reptiles, poissons et mammifères. *Société ornithologique hellénique. ✆/fax 21082 27937/21082 28704 - www.ornithologiki.gr (en anglais).*

Palais de Nestor★
(Anáktora Néstoros)

La compagnie de bus KTEL dessert le site depuis la place de Pilos (30mn, 1,80 €) - ✆ 27630 31437 - 8h30-15h - 3 € (TR 2 €). Près de la route reliant Gargaliánoi à Pilos, sur une colline embrassant un paysage agreste, un vaste toit de protection couvre les soubassements du palais dit « de Nestor ».

Mis au jour en 1939 par des archéologues américains et fouillé à partir de 1952, le palais, qui aurait été incendié vers 1200 av. J.-C. par les Doriens, date de l'époque mycénienne. Il était orné de fresques et on y a découvert une quantité de tablettes d'argile à inscriptions, dites **linéaire B**, la forme la plus anciennement connue du grec. Autour ont été découvertes des tombes parmi lesquelles quelques-unes sont à coupole.

Les ruines montrent que le palais avait un plan analogue à ceux de Crète ou d'Argolide (Mycènes, Tyrinthe) et comportait un étage (départs d'escaliers). On y pénètre par le *propylon*, ou entrée, que flanquaient à gauche deux salles des archives où ont été trouvées environ 1 000 tablettes. Au-delà, une cour précède le *mégaron*, bâtiment royal composé d'un vestibule et d'une grande salle dont les parois étaient ornées de fresques : au centre, foyer circulaire, et à droite, emplacement du trône. Revenant dans la cour, on accède à gauche à l'appartement de la reine, comprenant lui aussi une salle à foyer central près de laquelle se trouvait une salle de bains, où subsiste une **baignoire**, la seule de cette époque qui ait été retrouvée. À la périphérie se situent les dépendances, les magasins à huile et à vin, avec les emplacements des nombreuses jarres qui y furent entreposées, ainsi que des magasins à ustensiles et des ateliers. À 100 m à l'est, une tombe à coupole a été restaurée *(accès depuis le parking, le long de la route de Hora)*.

Nestor, le roi légendaire de Pilos

Nestor, plus jeune fils de Nélée et de Chloris, dut sa longue vie (plus de trois générations) à Apollon qui se repentait d'avoir tué ses frères et sœurs. Faisant figure de grand sage vanté par Homère, il joua en dépit de son grand âge un rôle majeur dans la guerre de Troie à laquelle il participa à la tête d'une flotte considérable. Après la prise de Troie, Nestor retourna à Pilos. Il y aurait reçu Télémaque, fils d'Ulysse, venu demander des nouvelles de son père.

Hora

Prendre la direction de Kalamáta, bâtiment blanc. Dans ce bourg se trouve un intéressant **Musée archéologique**. Il abrite quelque 4 000 pièces découvertes dans la région. Il s'agit notamment des trouvailles faites dans le palais de Nestor : fragments de fresques et de mosaïques, cheminées et, dans les tombes à coupole avoisinantes, celle de Peristéria par exemple : coupes et bijoux en or de l'époque mycénienne, finement travaillés ; moulages de tablettes à inscriptions. *Juil.-oct. : 8h-17h ; reste de l'année : tlj sf lun. 8h30-15h - 2 € (4 € billet combiné avec le palais de Nestor).*

Kyparissía

Kyparissía (« cyprès ») portait le nom d'Arcadia au Moyen Âge, époque à laquelle elle était un fief personnel de Guillaume de Villehardouin. Détruite en 1825 par Ibrahim Pacha, c'est aujourd'hui une cité moderne, dominée par les ruines d'un château franc qui avait été établi à l'emplacement d'une acropole antique puis byzantine. Belle **vue★** sur la mer Ionienne jusqu'à Zante au nord-ouest ; à l'ouest, les îles Strofades, où habitaient les Harpies, divinités antiques, ravisseuses d'âmes, à corps d'oiseau et tête de femme, qu'on retrouve dans les symboles de la chrétienté médiévale.

Tombes de Peristéria (Týmboi Peristérion)

10 km au nord-est de Kyparissía : prendre la route de Pyrgos et, à 5 km, tourner à droite et poursuivre sur 5,5 km (route en très mauvais état). Dans un aimable site de collines verdoyantes, d'où l'on aperçoit l'étroite vallée de Peristéria, ont été mises au jour des tombes royales à coupole, d'époque mycénienne. Une belle collection de bijoux, de sceaux et de vases, retrouvée dans une des tombes, est exposée au musée de Hora.

Pilos pratique

Adresses utiles

Poste – *R. Nileos (vers l'hôtel Arviniti) - ✆ 27230 22247 - lun.-vend. 7h30-14h.*

Police – *Sur la place - ✆ 27230 23733.*

Transports

En bus – Depuis la place - *✆ 27230 22230.*

Locations – **Voitures** - *✆/fax 27230, 22326/227 51.* **Deux-roues** - *✆ 27230 22707.* **Bateaux** - *Sur le port - ✆ 27230 22408/69764 37515.*

Se loger

PILOS

⊖ **Hôtel Philip** – Sur la route venant de Kalamáta - *✆ 27230 22741 - fax 27230 23261 - www.hotelphilip-pylos.com - 10 ch.* Sur les hauteurs du village (1 km), grande bâtisse jaune dominant la rade. Jolies chambres propres et claires avec balcon et une vue superbe sur la baie. Restaurant en contrebas. Petit-déjeuner en sus. Excellent rapport qualité-prix.

⊖ **12 Gods Resort** – *Sur la route venant de Kalamáta, en prolongement de l'hôtel Philip mais sur la droite - ✆ 27230 22179 - fax 27230 22878 - www.12gods.com - 8 ch. et 4 studios - avr.-oct.* Endroit charmant, étagé au milieu des citronniers. Propre et calme. Agréable petite piscine joliment éclairée. Sympathique accueil en anglais. Petit-déjeuner en sus. Très bon rapport qualité-prix.

⊖⊖ **Karalis** – *26 odos Kalamáta - ✆ 27230 22960 - fax 27230 22970 - www.karalis.roomstorent.info - 35 ch.* Hôtel charmant, dans une vieille demeure donnant sur la route côtière qui descend vers le centre-ville. Les chambres, petites, mais confortables et dotées d'un balcon, sont décorées façon années 1930. Copieux petit-déjeuner.

⊖⊖ **Karalis Beach** – *Entre la forteresse et la plage - ✆ 27230 23021 - fax 27230 22970 - 14 ch.* Fort bien situé tout au bout d'une route, l'hôtel se niche au milieu des pins, au pied de la forteresse et à 20 m de la mer. Les chambres, confortables, possèdent de grandes salles de bains, et un balcon lorsqu'elles donnent sur la mer.

GIÁLOVA

⊖ **Zoé** – *Le long de la plage - ✆ 27230 22025 - fax 27230 22026 - www. hotelzoe. com - 32 ch. dont 16 appart. avec cuisine et 2 accessibles ♿.* Une rangée de bananiers et de tamaris sépare la plage de cet hôtel simple à l'accueil chaleureux. Le restaurant propose une cuisine traditionnelle à base de produits de la ferme des propriétaires.

⊖ **Thanos Villa Marias** – *À la sortie du village, en haut d'un chemin carrossable - ✆ 27230 22115 - fax 27230 23661 - www. appthanos.com - 21 appart. et 5 villas.* Une série de petits studios bien aménagés se dispersent sur une colline couverte d'arbres fruitiers, à 800 m de la mer. Calme, paisible et un peu retiré. Réserver en haute saison.

METHONI

⊖ **Castello** – *Près de la citadelle, à 50 m de la mer - ✆/fax 27230 31300 - www.castello. gr - 15 ch.* Cet hôtel récent avec jardin dispose de chambres simples et propres. Accueil sympathique.

⊖⊖⊖⊖ **Methoni Beach Hotel** – *✆ 27230 28720 - www.methonibeachhotel. gr - 12 ch. dont 1 suite.* Accès direct à la mer, face à la citadelle, pour cet hôtel de style contemporain à la décoration soignée. Le restaurant donne sur la plage.

Se restaurer

PILOS

⊖ **O Grigoris** – *Sur une petite place triangulaire, à droite de la place principale, en montant lorsque l'on regarde la mer.* Taverne-jardin de plusieurs terrasses fleuries, où l'on vous sert aimablement une bonne cuisine grecque sur fond de musique locale.

METHONI

⊖ **Klimataria** – Sous une tonnelle, face à la citadelle, une bonne cuisine familiale traditionnelle, plats végétariens et vin maison frais. Musique de qualité.

⊖ **O Nikos** – À quelques mètres de Klimataria, également une bonne adresse.

Achats

Kellari – *Face au port sur la route remontant vers Kalamáta - www.manoleas. gr.* Petite boutique familiale de **produits artisanaux** de qualité, en provenance directe du récoltant (savon, huile d'olive, vin, miel de pin, ouzo, etc.).

Atelier Sud – *Route principale Foinikoúntas-Koróni - www.ateliersud. com - 9h30-20h.* Au détour d'une montagne, l'atelier géométrique rose de Cai K., sculptrice hollandaise, et de Doby, artiste peintre français, présente une collection de céramiques, peintures et sculptures originales et uniques. Prix très abordables.

Événement

À Pilos, le 20 octobre, on célèbre la **Navarinia**, commémoration du combat naval de Navarin.

Sparte

Spárti – Σπάρτη

14 454 HABITANTS
CARTE GÉNÉRALE RABAT II B2 – PÉLOPONNÈSE - LACONIE

Endurance physique, bravoure, respect des lois et patriotisme ont fait la renommée de Sparte. L'actuelle Sparte, capitale de la Laconie, n'a pourtant rien de commun avec l'austère et belliqueuse Lacédémone qui triompha d'Athènes à l'issue de la guerre du Péloponnèse. Paisible et nonchalante, elle offre en effet le visage d'une ville moderne, reconstruite après 1834 sous le règne du roi Otton, avec des artères rectilignes bordées d'orangers et de palmiers. C'est aussi une étape touristique, au pied du mont Taygète (2 407 m) et au voisinage des ruines de Mistrás et du village de Geráki.

- **Se repérer** – À 61 km à l'est de Kalamáta, 43 km au nord de Githio, 130 km au sud-ouest de Corinthe et 225 km d'Athènes. Sparte est desservie par la E 961 et l'aéroport le plus proche est celui de Kalamáta. La circulation dans la ville est aisée autour de deux avenues principales et perpendiculaires : Konstantinou Paleologou et Likourgou.
- **À ne pas manquer** – La riche collection du Musée archéologique.
- **Organiser son temps** – Privilégier les visites des deux musées (2h30 environ pour les deux).
- **Avec les enfants** – Le musée de l'Olive et de l'Huile d'olive grecque, très intéressant, bien qu'un peu dense.
- **Pour poursuivre le voyage** – Arcadie, Árgos, Mistrás, Kalamáta, Le Magne, Monemvasía.

Comprendre

Un État aristocratique et militaire – Sparte fit partie à l'époque mycénienne du royaume de Ménélas. On a découvert des vestiges datant de cette période près de Sparte, non seulement au **Menelaion** *(à 5 km sur la route de Geráki)* mais aussi à Amykles *(à 7 km au sud)*, où se trouvait le sanctuaire d'Apollon abritant le tombeau de Hyacinthe, aimé du dieu. Les tombes à coupole de **Vafio**, une colline près d'Amykles, ont livré les fameux rhytons d'or du musée d'Athènes. Ce fut surtout du 9e au 4e s. av. J.-C. que Sparte exerça son influence. D'abord sur le Péloponnèse qu'elle soumit, hormis l'Argolide, puis sur toute la Grèce et sur Athènes, dernier rempart à son pouvoir (guerre du Péloponnèse, 431-404 av. J.-C).

Les Grecs appréciaient la valeur de ses soldats, même s'ils n'approuvaient pas la teneur de sa Constitution oligarchique élaborée, vers 900 av. J.-C. selon la tradition, par le législateur **Lycurgue**. À la tête de l'État siégeaient deux rois chefs de guerre, assistés d'un conseil de vétérans et d'éphores assumant le pouvoir exécutif.

B. Chabrol / MICHELIN

Léonidas, le héros spartiate.

La population était répartie en trois classes : les **égaux**, seigneurs guerriers, propriétaires de la terre et titulaires des fonctions gouvernementales ; les **périèques**, commerçants, artisans ou fermiers, libres mais payant tribut ; les **hilotes**, très nombreux, esclaves sans statut juridique.

Comment vivaient les égaux – Le travail leur était interdit et ils vivaient presque constamment casernés, s'entraînant au combat et s'exerçant à une danse guerrière athlétique, la pyrrhique. Ils se nourrissaient d'herbes, de racines sauvages et du célèbre **brouet** noir, ragoût de porc au sang. Les enfants mâles étaient incorporés à 7 ans dans des formations d'enfants de troupe, rompus aux exercices physiques. On les obligeait souvent à voler mais ils ne devaient pas être pris. L'anecdote est connue de cet adolescent qui, ayant dérobé un renardeau et l'ayant dissimulé sous sa tunique, préféra se laisser dévorer le ventre plutôt que de dévoiler son larcin. Parvenus à l'âge adulte, les jeunes Spartiates affrontaient la « cryptie », série d'épreuves d'initiation : ils étaient fouettés, parfois à mort, et abandonnés dans la campagne où il leur fallait prouver leur virilité en tuant des hilotes.

Soldats austères, les **égaux** se sacrifiaient sans hésitation ni murmure, tels **Léonidas** et ses compagnons, aux Thermopyles, en 480 av. J.-C. Leur nombre diminuant, ils finirent par être vaincus par Épaminondas à Leuctres, près de Thèbes. Dès lors, le déclin commença et Mistrás supplanta Sparte. Les Spartiates, bien que réputés pour avoir dédaigné les arts, semblent avoir eu, aux 6e et 5e s. av. J.-C., de talentueux bronziers, auteurs de statuettes exposées notamment dans les musées de Sparte et d'Athènes.

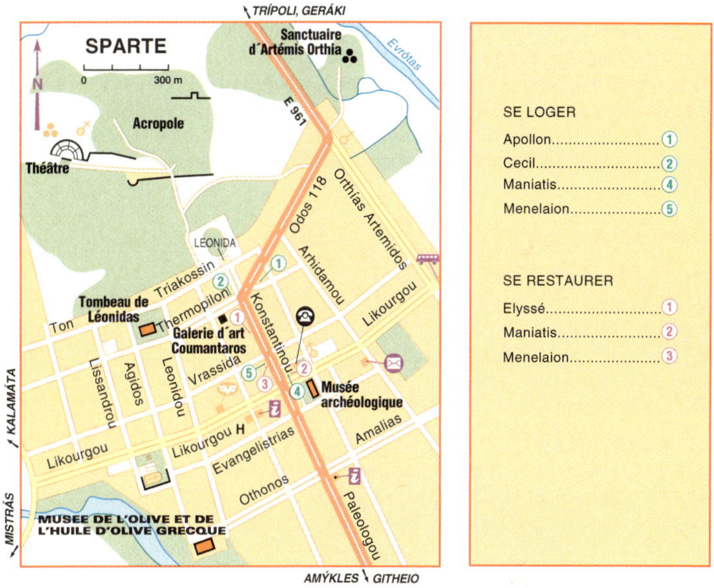

Visiter

Musée de l'Olive et de l'Huile d'olive grecque★

129 odos Othonos Amalias - ✆ 27310 89315 - www.piop.gr11 - avr.-10 oct. : merc.-lun. 10h-14h, 17h-19h ; reste de l'année : 10h-16h - 2 € (TR 1 €) - compter 1h30.

Le musée, ouvert fin 2002, se trouve dans l'ancien bâtiment de la Compagnie d'électricité de la ville. Il retrace de façon extrêmement didactique l'histoire de ce fruit et met en valeur l'importance de l'huile d'olive (alimentation, hygiène, religion, etc.). Il décrit l'évolution de la technologie des huileries en Grèce, des temps post-byzantins à la première moitié du 19e s. Sont également exposés d'anciens pressoirs à olives.

Musée archéologique

Dans un petit parc à l'angle des rues Likourgou et Ossiou Nikonos 71 - ✆ 27310 28575 - 8h30-15h - 2 € (TR 1 €, gratuit pour étud. de l'UE).

Logé dans un bâtiment néoclassique, au milieu d'un agréable jardin, le musée abrite une riche collection, malheureusement peu mise en valeur. Sont exposés les produits des fouilles de la région, notamment des sanctuaires de Sparte : Amykles, Menelaion et Artémis Orthia. De ce dernier, on peut voir une collection de masques votifs de terre cuite. Admirez également des sculptures, des pavements en mosaïques romaines provenant de belles demeures (tête de Méduse), des éléments d'architecture, des stèles amphiglyphes, dont l'une représente Hélène et Ménélas, une maquette de galère romaine (fin du 1er s. av. J.-C.). Une importante statuaire d'époques diverses complète la collection : ex-voto aux Dioscures ; effigie d'hoplite, en marbre, censée représenter Léonidas (5e s. av. J.-C.) ; tête d'Apollon ou de Dionysos (4e s. av. J.-C.) ; bronzes archaïques et bijoux.

Galerie d'art Coumantaros (Pinakothíki-Moussío)

123 odos Paleologou - ✆ 27310 81557 - gratuit.

Cette annexe de la pinacothèque d'Athènes abrite une belle collection permanente de tableaux de peintres grecs et étrangers allant du 16e au 20e s.

Ruines antiques

Accès libre. Elles sont pour la plupart d'époque hellénistique ou romaine.

Le **tombeau de Léonidas** (Kenotáfio Leonída) se trouvait sur l'acropole. Il s'agit des assises d'un petit temple hellénistique. Sa statue moderne est érigée à l'extrémité de la rue Konstantinou. Les maigres vestiges de l'**acropole** se dissimulent sous une olivette couvrant le plateau au nord de la ville moderne (signalisation « Ancient Sparta »). Franchir le mur byzantin, tourner à gauche pour parvenir au théâtre du 1er s. av. J.-C. (Arhéo Théatro), dont le marbre des sièges a été en grande partie réutilisé à Mistrás. Au-dessus subsistent les fondations d'un temple à Athéna. Au sommet, dans un site agréable ombragé par les pins, les eucalyptus et rafraîchi par une source, se trouve l'ancien monastère byzantin Ossios Nikonas (10e s.).

Sanctuaire d'Artémis Orthia (Naós Orthías Artémidos) – À 1 km de l'acropole, près du fleuve Evrótas, les archéologues anglais ont dégagé les vestiges d'un temple (7e-6e s. av. J.-C.) et d'un amphithéâtre où se déroulaient les épreuves rituelles endurées par les Spartiates : flagellations et danses athlétiques avec des masques qu'on offrait à Artémis.

Aux alentours

Sanctuaire de Ménélas (Menelaion)

À 5 km au sud par la route menant à Geráki. Après avoir passé la rivière, une mauvaise route de terre à peine carrossable qu'il faut abandonner pour continuer à pied mène sur la colline Prophitis Ilias où des archéologues anglais ont mis au jour les ruines du Menelaion, sanctuaire de Ménélas et de la belle Hélène érigé au 5e s. av. J.-C. **Vue★** impressionnante sur le Taygète et les environs.

Monastère de Zerbitsa (Moni Zerbitsis)

À 12 km au sud. Prendre la route de Githio, puis à droite la route passant par Xirokámpi et Dafnio. Le monastère possède une belle église du 17e s., dont l'intérieur est couvert de fresques datant de 1669, et un petit musée abritant un Epitaphios brodé d'or de 1539, des icônes et des éléments architecturaux paléochrétiens. Ne pas manquer de visiter ce lieu calme et plein de charme.

Geráki★

À 39 km au sud-est de Sparte, par une jolie route traversant les champs d'oliviers.

L'activité du village se concentre autour de deux secteurs : la production agricole liée aux olives et le tissage. Les femmes font perdurer cette tradition lointaine au sein de la coopérative « Ergani ».

Le bourg de Geráki compte dans ses environs pas moins de 30 églises byzantines datant du 12e au 15e s., décorées de peintures murales. Surplombant le village, à 2,5 km, les ruines d'un château et d'une ville médiévale couronnent un chaînon détaché du massif du Parnonas, avec en contrebas la plaine de Laconie.

Kastro – *Mar.-dim. 8h30-15h. Aller au village chercher le gardien Georgios Kouris (300 m en contrebas du village, prendre à droite de la poste la petite rue qui descend, passer le dispensaire, puis sur votre gauche, à 150 m environ, se trouve un bâtiment à toit plat et aux fenêtres grillagées).* Si le gardien n'est pas disponible, la visite reste néanmoins intéressante pour l'architecture extérieure et les vues.

Au début du 13e s., Guillaume de Champlitte, ayant conquis le Péloponnèse, divisa la région en 12 baronnies et attribua celle de Laconie, où se trouve Geráki, à Guy de Nivelet, chevalier franc-comtois. Le successeur de Guy, Jean de Nivelet, fit édifier l'actuelle forteresse en 1254 à l'instar de celle que Guillaume de Villehardouin construisait à Mistrás. Mais les Francs ne devaient conserver que peu de temps Geráki, passé aux mains des Byzantins à la fin du 13e s.

Le **château** se présente sous l'aspect d'un parallélogramme irrégulier formé par des remparts que cantonnent de puissantes tours ; de vastes citernes permettaient de soutenir un siège prolongé.

S'étageant sur les pentes, on découvre plusieurs chapelles byzantines, ornées de fresques pour certaines, notamment l'église **Agia Paraskevi**, décorée de fresques du 12e s.

À l'intérieur du kastro, l'**église St-Georges** (13e s.), sur plan à trois vaisseaux, est aussi décorée de peintures. Près de l'entrée se trouve l'**église Zoodohos Pigi**, basilique à nef unique ornée de fresques byzantines du 15e s., intéressantes par leurs détails pittoresques, et, à gauche, un grand enfeu funéraire gothique portant des emblèmes héraldiques francs. Du chemin de ronde se dégagent d'immenses **vues★★** sur le massif du Parnonas au nord, le bassin de l'Eurotas jusqu'à la mer au sud, le massif du Taygète, au-dessus de Sparte, à l'ouest.

Églises byzantines de Geráki★★ – Dans le bas du village, en bordure de la route qui mène au kastro, se trouve l'église de cimetière à coupole **Agios Athanassios** (début 13e s.) qui renferme de grandes fresques aux couleurs vives.

Non loin, de l'autre côté de la route, un petit chemin descendant dans les oliveraies conduit à l'église à coupole **Agios Sosson** (12e s.), de belles proportions, et plus bas à celle d'**Agios Nikolaos** (13e s.), à deux vaisseaux à voûte en berceau ; dans le chœur, une belle fresque représente sainte Marie l'Égyptienne. Plus près de la route, une minuscule église au milieu d'un champ est dédiée aux **Agii Theodoroi**. Voir également l'église **Agios Ioannis Chrysostomos**, basilique à nef du 12e s. dont la voûte est ornée de fresques byzantines du début du 15e s. se référant aux vies du Christ et de la Vierge (14e s.).

Au-dessus du cimetière, en montant un peu dans le village, on peut voir l'église de l'**Évangelistria** (12e s.), de plan cruciforme à coupole, dont les fresques bien conservées sont sans doute l'œuvre d'un artiste de Constantinople.

Hrýsafa★

À 18 km à l'est de Sparte. Le village comprend plusieurs églises, dont celles de **Chrysafiotissa** (13e s.), décorée de fresques, de la Dormition de la mère de Dieu (Kimissis tis Theotokou, 18e s.) et d'Agios Ioannis (13e s.). *S'adresser au prêtre de l'église de la Dormition pour ouvrir les églises.*

Sparte pratique

Informations utiles

EOT – *52 odos Ilia Gortsologlou (dans le prolongement de la mairie et de la place centrale, au 3e ét.) - ✆ 27310 26517/26771 - lun.-vend. 7h30-14h30.* Plan et informations générales sur la ville. Accueil en anglais.

Comité de promotion du tourisme – *Préfecture de Laconie (bâtiment rose) - 85 Othonos-Amalias - ✆ 27310 26243/25898 - fax 27310 26810 - lun.-vend. 7h30-14h30.* Deux brochures en français sur Sparte et les chemins de randonnée. Une brochure en anglais sur les églises.

www.lakonia.org.

Poste – *Au croisement d'odos Likourgou et Archidamou - ✆* 27310 26665 *- lun.-vend. 7h30-14h00.*

Centre de santé – *✆ 27310 28671/29100.*

Police touristique – *8 odos Hellonos - ✆ 27310 20492.*

Transport

En bus – **KTEL** – *Au bout d'odos Likourgou, à l'angle d'odos Thivronos - ✆ 27310 26441/22857 - www.ktel.org.* 10 bus/j. pour **Athènes**, 5 pour **Githio**, 3 pour **Monemvasía**, 2 pour **Kalamáta**. Bus ttes les heures pour **Mistrás** mais départ de l'autre extrémité d'odos Likourgou, sur odos Leonídou, depuis un abribus municipal.

En taxi – *Odos Paleologou - ✆ 27310 24100.*

En voiture – **Rent a car** - *✆ 27310 28966.*

Se loger

Bon à savoir – La plupart des hôtels se situent au centre-ville, dans le même périmètre.

Cecil – *125 odos K. Paléologou - ✆ 27310 24980 - fax 27310 81318 - 13 ch.* Un hôtel propre et simple. Accueil agréable. Très bon rapport qualité-prix.

Apollon – *84 odos Thermopylon - ✆ 27310 22491/22492 - fax 27310 23936 - www.touristorama.com - 48 ch.* Accueil agréable pour cet hôtel qui a conservé son style années 1970. Les chambres avec balcon, sur rue, sont un peu petites. Bon rapport qualité-prix.

Maniatis – *72-76 odos K. Paléologou - ✆ 27310 22665 - fax 27310 29994 - www maniatishotel.gr - 80 ch.* Adresse très plaisante, chic et confortable, à la décoration minimaliste, avec balcon et vue sur les montagnes pour certaines chambres. Petit-déjeuner en sus.

Menelaion – *91 odos K. Paléologou - ✆ 27310 22161 - fax 27310 26332 - www.menelaion.com - 48 ch.* ♿. Très bien placé, ce bel hôtel à la façade néoclassique possède des chambres et des salles de bains spacieuses, des fenêtres à double vitrage et surtout une piscine *(7h-19h).*

Se restaurer

Elyssé – *113 odos K. Paléologou.* Sympathique restaurant sans charme extérieur mais dont la cuisine traditionnelle s'accompagne de quelques trouvailles culinaires intéressantes, tels le « petit cochon aux aubergines », d'inspiration française… ou la saucisse grecque aromatisée à l'orange. Bon accueil en anglais.

⊖ **Maniatis** – Le restaurant de l'hôtel est assez plaisant avec son décor néospartiate et la fraîcheur de l'air conditionné.

⊖⊖ **Menelaion** – *91 odos K. Paléologou.* Au bord d'une piscine, dans un patio assez frais, le restaurant de l'hôtel du même nom est l'une des adresses chic de Sparte. La carte mêle plats grecs et spécialités françaises.

Faire une pause

Les bars se trouvent essentiellement sur la **place de la mairie** et dans la rue **Kléomvrotou**, agréablement rafraîchie par une petite fontaine.

Sports et loisirs

Le massif du Taygète se prête fort bien à la **randonnée** et offre un grand choix de circuits balisés (notamment le Chemin Européen E 4) et de chemins forestiers bien entretenus. Contactez le **Club alpin de Sparte** pour les renseignements pratiques, adresses des refuges et des parcs d'escalade (*97 odos Gortsoglou - ✆ 27310 22574).*

Dans le massif, points d'information dans les villages de **Paleopanagia**, **Socha**, **Anavriti**.

Achats

Vous trouverez un **artisanat** intéressant à la coopérative artisanale Ergani de Geráki.

Événement

Le **Festival d'été** se tient de juil. à sept. au Sainopouleion Amphitheatre, à 5 km de Sparte en direction de Kalamáta. Concerts, théâtre, manifestations, etc. *Rens. – ✆ 27310 82470.*

Thèbes

Thíva – Θήβα

21 442 HABITANTS
CARTE GÉNÉRALE RABAT II B1 – GRÈCE CENTRALE - BÉOTIE

De la légendaire Thèbes, patrie du malheureux Œdipe, et de la cité antique, rasée par Philippe II et dévastée par les tremblements de terre, il ne reste que quelques vestiges architecturaux éparpillés dans la ville moderne. Pour avoir une idée du passé de la riche capitale de la Béotie, c'est au Musée archéologique qu'il faut se rendre. Thèbes offre aujourd'hui le tranquille visage d'une ville commerçante reconstruite au siècle dernier selon un plan régulier.

- **Se repérer** – À 69 km au nord-ouest d'Athènes par la route E 962 (84 km par l'autoroute E 75) et à 97 km à l'ouest de Delphes. Abondamment signalé, le Musée archéologique, flanqué d'une tour franque, se trouve à proximité de la route de Delphes.
- **Organiser son temps** – La ville, sans charme excessif, peut se visiter (compter une heure sur place) sur le trajet d'Athènes à Delphes. Inutile d'y séjourner.
- **Pour poursuivre le voyage** – Attique, Aráchova, Delphes, Eubée.

Comprendre

Tragédies mythiques

D'après la légende, Thèbes aurait été fondée par le Phénicien **Cadmos**, entraîné en ces lieux, à la recherche de sa sœur Europe, par une vache marquée d'un signe magique. Fils de Zeus et d'Antiope, Amphion aurait ensuite élevé les remparts de la cité, faisant mouvoir les énormes pierres par le seul son de sa lyre. Cadmos, ayant épousé Harmonie, en aurait eu une fille, Sémélé, maîtresse de Zeus et mère de Dionysos.

Malheureux Œdipe ! – Le principal héros thébain reste cependant Œdipe, fils du roi de Laïos et de Jocaste. Laïos, ayant appris d'un oracle qu'Œdipe tuerait son père et épouserait sa mère, fait abandonner l'enfant dans le massif du Kytheron où, pense-t-il, le froid, la faim et les bêtes auront raison de lui. Mais des bergers recueillent l'enfant, qui est élevé par le roi de Corinthe dans l'ignorance de sa naissance. Se rendant à Thèbes, il rencontre Laïos, se prend de querelle avec lui et le tue.

Or, la contrée est terrorisée par le **Sphinx**, monstre à corps de lion et buste féminin ailé, qui dévore les passants incapables de répondre aux énigmes qu'il leur soumet. Le frère de Jocaste, **Créon**, ayant promis le trône de Thèbes et la main de Jocaste à celui qui débarrasserait le pays du Sphinx, Œdipe se présente devant celui-ci et reçoit la question suivante : « Qui marche à quatre pattes le matin, à deux pattes dans la journée, sur trois pattes le soir ? » Œdipe répond : « L'homme » (la journée symbolisant les trois âges de la vie). Telle est la réponse, et le Sphinx, de dépit, se jette au fond d'un gouffre. Œdipe devient donc roi de Thèbes et épouse sa mère, accomplissant la parole de l'oracle.

Lorsqu'il apprend la vérité, il se crève les yeux, tandis que Jocaste se pend. Le roi quitte Thèbes, guidé par sa fille **Antigone**, pour mener une vie errante jusqu'à sa mort survenue à Kolonos, près d'Athènes.

La légende d'Œdipe a inspiré à **Sophocle** deux grandes tragédies, *Œdipe roi* et *Œdipe à Colone*... et à **Freud** le nom d'un célèbre complexe !

Touchante Antigone ! – Après la mort d'Œdipe, la fière Antigone revient à Thèbes auprès de sa sœur, la timide et douce Ismène, et de ses frères, Étéocle et Polynice. Mais ces derniers s'entretuent pour le pouvoir et leur oncle, le traître Créon, devient roi, interdisant à Antigone d'enterrer Polynice, qui avait fait alliance avec sept chefs d'Árgos, évoqués par **Eschyle** dans *Les Sept contre Thèbes*.

C'est alors que la fille d'Œdipe, bravant les décrets humains pour obéir aux lois divines, ensevelit son frère suivant les rites consacrés, avant de marcher vers son supplice : être enterrée vivante. **Sophocle** a évoqué cette triste histoire dans sa tragédie *Antigone*, de même que **Jean Anouilh**, bien des siècles plus tard.

Gloires antiques et médiévales

Chanceux Pindare ! – Au 4e s. av. J.-C., Thèbes connaît sa période de gloire lorsqu'elle patronne la Confédération béotienne et inflige à Sparte en 371 une défaite à Leuctres, près de Platées, s'assurant ainsi durant dix ans l'hégémonie sur la Grèce.

Deux hommes, **Épaminondas**, le vainqueur de Leuctres, et **Pélopidas**, réorganisent alors l'armée thébaine autour du fameux **bataillon sacré** comprenant 300 jeunes nobles ayant fait le serment de combattre ensemble jusqu'à la mort.

Mais, après la mort d'Épaminondas à la bataille de Mantinée (362 av. J.-C.) dans le Péloponnèse, Thèbes décline et, en 336, Alexandre détruit la rivale d'Athènes, n'épargnant que la maison du poète **Pindare** (518-438 av. J.-C.).

Fastueux Nicolas ! – La cité d'Épaminondas retrouve une certaine importance commerciale à l'époque byzantine quand prospère l'industrie de la soie.

Thèbes recouvre en outre une importance politique en 1205 lorsque les croisés occupent la région : la Béotie et l'Attique sont dévolus au Bourguignon Othon de La Roche qui s'y installe. Puis, celui-ci étant mort sans enfant, son neveu Guy Ier hérite d'Athènes et de l'Attique, tandis que sa nièce Bonne reçoit en dot la Béotie lorsqu'elle épouse Othon de Saint-Omer. Désormais, les Saint-Omer sont ducs de Thèbes et Nicolas de Saint-Omer (1258-1294) fait bâtir le château de la Cadmée et le décore luxueusement. Cependant, celui-ci est pris en 1311 et démantelé par les Aragonais, vainqueurs des Francs à la bataille du Céphyse.

Visiter

Musée archéologique★

✆ 22620 27913 - temporairement fermé.

Près des vestiges du château des Saint-Omer (13e s.), le musée tente de faire comprendre la splendeur de la grande époque béotienne. Parmi ses pièces maîtresses, il faut citer des sculptures archaïques, dont un superbe **kouros★★** du 6e s. av. J.-C. provenant des fouilles françaises au Ptoion (au nord de Thèbes), un trésor de 42 sceaux cylindres mésopotamiens trouvés à Thèbes (période mycénienne), un pyxis en ivoire exhumé d'une tombe thébaine et une statue d'Artémis provenant d'Aulis. À voir également les stèles funéraires en pierre noire (5e s. av. J.-C.) avec des représentations de guerriers et une série de sarcophages de l'époque mycénienne (13e s. av. J.-C.) peints de scènes funéraires avec pleureuses et cérémonies rituelles.

Thessalonique★★

Thessaloníki – Θεσσαλονίκη

351 367 HABITANTS (1 000 000 AVEC LA BANLIEUE)
CARTE GÉNÉRALE RABAT I B1 – MACÉDOINE

Premier port de Grèce, Thessalonique a su conserver une atmosphère balkanique avec ses grandes avenues plongeant vers la mer. Alliant modernité aux vestiges épars de plus de deux mille ans d'histoire, cette ville très dynamique ne pourra que vous étonner par ses contrastes. Au pied des remparts, dans les ruelles escarpées agrémentées de terrasses soigneusement fleuries, vous découvrirez un art de vivre, bien loin des bars branchés du bord de mer.

- **Se repérer** – Construite au fond du golfe Thermaïque sur les pentes du Khortiatis, Thessalonique se situe sur les rives de la mer Égée en Macédoine centrale, à 500 km au nord d'Athènes, .
- **À ne pas manquer** – L'arc de Galère, les églises byzantines, les trésors du Musée archéologique et du musée de la Civilisation byzantine.
- **Organiser son temps** – Comptez deux jours de visite. Munissez-vous d'un plan détaillé de la ville.
- **Pour poursuivre le voyage** – Chalcidique, Kavála, Lárissa, mont Olympe.

Comprendre

Thessalonique, ville impériale – Thessalonique a été fondée en 315 av. J.-C., à l'emplacement de Thermé (modeste localité antique qui donna son nom au golfe Thermaïque), par le diadoque (général) macédonien Cassandre qui lui donna le nom de sa femme Thessaloniki, demi-sœur d'Alexandre le Grand. Sous la domination romaine, elle prit une grande extension comme port et surtout comme étape sur la via Egnatia, axe de pénétration romaine vers l'Orient, reliant Dyracchium (Durazzo en Albanie) à l'Asie Mineure.

Capitale de la province romaine de Macédoine en 148 av. J.-C., elle constitua dès lors un centre de culture. Cicéron, en exil (58 av. J.-C.), y séjourna.

Au cours de ses voyages, **l'apôtre Paul** s'arrêta deux fois à Thessalonique, en 50 et en 56, prêchant à la synagogue malgré l'hostilité de certains juifs, et fondant une Église à laquelle il adressa plusieurs épîtres.

Au début du 4e s., Thessalonique devint la résidence principale de l'empereur **Galère**, persécuteur des chrétiens : en 306, un officier romain d'origine grecque, Dimitri, y subit le martyre. Empereur de Byzance de 379 à 395, **Théodose le Grand** donna un caractère officiel à la religion chrétienne qu'il avait embrassée lors d'une grave maladie. Mais cette conversion ne l'empêcha pas, après le meurtre d'un de ses généraux commandant à Thessalonique, de faire massacrer dans le cirque, en représailles, 7 000 Thessaloniciens ; repentant, il se soumettra à la pénitence imposée par saint Ambroise, évêque de Milan.

W. Otto / Sunset

La tour Blanche, témoin du passé ottoman de Thessalonique.

Egnatia odos et via Egnatia

Indispensable à la mise en valeur des régions du nord de la Grèce, l'Egnatia odos, route moderne nécessitant de gigantesques travaux, est une ambitieuse construction entreprise en 1990 et réalisée à 80 % en 2008. Elle relie Igoumenítsa, sur la côte ouest, à la frontière gréco-turque de l'Évros, desservant les ports de Thessalonique, Kavála et Alexandroúpoli.

La section d'Évros à Thessalonique suit fidèlement sur 360 km le tracé de la via Egnatia, construite par les Romains en prolongement de la via Appia (en Italie) et qui se poursuivait alors jusqu'à Constantinople, permettant de traverser l'Empire d'ouest en est.

Mais le parallèle s'arrête là car la voie antique était beaucoup plus longue (1 120 km), et dans sa partie occidentale se situait bien plus au nord que la route moderne.

Passé les invasions barbares, Thessalonique, sous le règne régénérateur de l'empereur byzantin **Justinien** (527-565), devint la deuxième ville de l'empire d'Orient, après Byzance, et se couvrit d'églises. Saint Cyrille le philosophe, futur apôtre des Slaves et inventeur présumé de l'alphabet cyrillique, y naquit en 827.

De l'anarchie à la prospérité – Après une période de vicissitudes dues aux dissensions byzantines, la 4e croisade déferlant vers Constantinople fit de Thessalonique, entre 1204 et 1224, un archevêché et la capitale d'un royaume latin dont le premier titulaire fut Boniface de Montferrat.

Revenue à Byzance, Thessalonique fut en proie à l'anarchie jusqu'à ce que le sultan Mourad II s'en empare en 1430 et abrège son nom en **Salonique**. La cité connut alors une période de prospérité, renforcée par l'arrivée en 1492 de 20 000 juifs chassés d'Espagne par les Rois catholiques, auxquels le sultan Bajazet II avait offert l'hospitalité. Spécialisés dans le travail de la laine, de la soie et des pierres précieuses, ces Juifs constituèrent une communauté artisanale et marchande cultivée, commerçant avec toute l'Europe. Parlant le ladino, un dialecte judéo-espagnol, ils avoisinèrent les 30 000 au 17e s. En 1910, l'ensemble de la communauté juive, séfarades d'origine espagnole et romaniotes *(voir musée du Judaïsme dans « Visiter »)*, comptait 65 000 personnes, soit environ la moitié de la population de la ville.

Les temps modernes – Salonique, à laquelle les Turcs laissèrent une certaine autonomie, développa son économie à la fin du 19e s. : en 1888, le chemin de fer la relia à l'Europe centrale et, de 1897 à 1903, une société française construisit le nouveau port.

Salonique est le berceau des Jeunes Turcs, qui déposèrent le sultan Abdul Hamid en 1909, et la ville natale de **Mustafa Kemal Atatürk** (1881-1938), qui fut le premier président de la République turque. Elle revint aux Grecs pendant la première guerre des Balkans, lorsque les armées hellènes pénétrèrent dans la ville, le 26 octobre 1912 (jour de la Saint-Dimitri), et retrouva son nom d'origine.

Durant la Première Guerre mondiale, de 1915 à 1918, Thessalonique servit de quartier général à l'armée alliée d'Orient et de siège au gouvernement grec de défense nationale présidé par Venizélos. Les généraux Sarrail et Franchet d'Esperey y dirigèrent les opérations qui aboutirent à la défaite des puissances d'Europe centrale ; au nord de Thessalonique (à 2 km de la place Dimokratias, sur la route de Kavála, dans le faubourg de Stavroupoli) se trouve un cimetière militaire français, appelé Zeitenlick, comprenant 8 089 tombes de soldats du corps expéditionnaire.

Un incendie ayant détruit en 1917 une grande partie de la ville, laissant 80 000 sans-abri, celle-ci fut reconstruite sur les plans de l'architecte français Hébrard qui aménagea notamment la belle perspective centrale. En 1941, les Allemands occupèrent Thessalonique et déportèrent les 50 000 juifs qui y demeuraient pour les exterminer (monument commémoratif au début de l'avenue Langada, en direction de Kavála). En 1978 enfin, un séisme endommagea la plupart des monuments, causant de graves dégâts.

Commerce et industrie – Carrefour terrestre et maritime à la jonction de l'Orient et de l'Occident, Thessalonique constitue depuis longtemps un centre d'échanges que matérialise, en septembre, une importante **Foire internationale** (Diethni Ékthessi) depuis 1926. Elle accueille également chaque année en mai une **Foire du livre** très appréciée. Concentrée dans la banlieue ouest, l'industrie concerne traditionnellement le textile, le tabac, l'alimentation (sucreries, huileries…), à quoi sont venues s'ajouter une raffinerie de pétrole, des usines d'engrais, une aciérie, une cimenterie, etc. Le trafic du port est constitué pour moitié d'hydrocarbures.

Dans le cadre de l'Union européenne, Thessalonique a été choisie comme capitale européenne de la culture en 1997, une reconnaissance en quelque sorte de la vie intellectuelle (l'université Aristote, la plus ancienne de la ville, fut fondée en 1926) et culturelle de la deuxième ville grecque.

Depuis l'effondrement du bloc soviétique et l'ouverture des pays de l'Est, Thessalonique retrouve pleinement son rôle traditionnel.

Encadrée par des usines à l'ouest, par un quartier haut de caractère oriental au nord et par un secteur résidentiel à l'est, Thessalonique a pour cœur la place Aristotelous, ouverte sur la mer.

SE LOGER		SE RESTAURER	INDEX DE RUES
Esperia 1	Luxembourg 7	Ouzeri Agora 1	Mitropolitou Genadiou 27
Augustos 2	Priamos 8	Ouzou-melathron 2	
Mandrino 3	Electra Palace 9	Zithos 3	
Aegeon 4	Tourist Hotel 10	Life 4	
Néo Mitropolis 5	ABC Hotel 11		
Amalia 6			

Se promener

LA VILLE BASSE

Entre l'odos Olimpiados au nord et le front de mer au sud se concentrent tous les musées et les commerces. Cette partie de la ville, dévastée par l'incendie d'août 1917, conserve cependant des façades néoclassiques d'une grande beauté. Les vestiges archéologiques, surgissant au détour des voies de circulation au tracé perpendiculaire, et les remarquables églises byzantines, enchâssées entre les immeubles de béton, lui donnent tout son caractère. Pour en saisir les différentes atmosphères, vous pourrez prendre un verre dans le vieux quartier réaménagé de Ladádika, près du port, dans les petites rues ombragées du marché central ou sur la majestueuse place Aristotelous.

La tour Blanche★ (Lefkós Pírgos) B2

Odos Vas. Georgiou. ✆ 2310 267832 - 8h-17h (lun. 10h30-17h).

Une belle collection d'icônes est exposée dans ses murs récemment rénovés. Incorporée dans les remparts, dans l'angle sud-est de ceux-ci, la tour Blanche était le principal élément des fortifications byzantines du front de mer qui furent abattues en 1866. Les Turcs la firent reconstruire au 15e s. et l'utilisèrent au siècle suivant comme prison pour les janissaires, gardes du sultan qui trahissaient parfois leur maître. C'est ainsi qu'en 1826, les janissaires s'étant révoltés contre Mahmud II, celui-ci les fit enfermer et massacrer dans la tour qu'on appela alors tour de Sang. Les Turcs, désireux d'effacer ce vocable fâcheux, en firent blanchir les murs à la chaux et la nommèrent tour Blanche. Haute de 35 m, elle présente un appareil de pierre à intercalations de brique.

Traverser l'esplanade et s'engager dans odos Ethnikis Aminis. Une fois arrivé au croisement avec odos Tsimiski, prendre à droite pour se rendre au Musée archéologique ou au musée de la Civilisation byzantine (voir « Visiter »), ou à gauche pour simplement continuer la promenade.

L'avenue Gounari★ B2

Cette grande avenue mérite en elle-même le détour. De odos Tsimiski, à partir de laquelle elle devient piétonne, vous verrez la mer au sud et, au nord, deux des plus beaux monuments antiques de Thessalonique, l'arc de Galère et la Rotonde. En la remontant, vous croiserez les vestiges d'un hippodrome et vous discernerez, place Navarinou, le plan du palais impérial romain de Galère.

Arc de Galère★ (Apsída Galeríou) B2

Cet arc triomphal faisait partie d'un ensemble édifié au 4e s. au principal carrefour de la cité romaine en honneur de l'empereur Galère. Ses piliers de brique revêtus de pierre furent décorés de bas-reliefs exaltant les victoires de cet empereur sur les nations de Perse, de Mésopotamie et d'Arménie.

Le pilier sud est le mieux conservé. Remarquez sur la face extérieure et de bas en haut : scène de guerre avec éléphants et lion ; sacrifice avec Galère à droite et son beau-père Dioclétien à gauche ; triomphe de Galère ; Galère faisant une proclamation à ses soldats. Sur la face intérieure, voir surtout : en bas, la Mésopotamie et l'Arménie, figurées par deux femmes faisant leur soumission ; au-dessus, Galère combattant.

La Rotonde★ B2

✆ 23109 68860 - tlj sf lun. 8h30-14h45 - Minaret et fresques en rénovation.

Connue également sous le nom d'**église Ágios Giorgos** (St-Georges), elle a pour origine le mausolée circulaire élevé au 4e s. à l'intention de l'empereur Galère qui, mort au loin, n'y fut pas enseveli. Au siècle suivant, sous Constantin et Théodose le Grand, le mausolée fut transformé en église « palatiale » par agrandissement de la rotonde et adjonction d'une abside à l'est : l'entrée principale se trouvait alors au sud, face à la rue bordée de portiques qui descendait vers l'arc de Galère et le palais impérial. Transformée en mosquée sous l'occupation turque (minaret), elle abrite maintenant un **Musée lapidaire**. L'intérieur était orné de mosaïques sur fond or, dont quelques fragments subsistent, notamment, à la base de la coupole, celles qui figurent huit saints martyrs en prières.

Redescendre vers odos Tsimiski par odos Ioakim et continuer en direction du centre-ville, jusqu'à croiser odos Agia Sofia.

Panagía Achiropíitos B1

56, odos Agía Sofia - ✆ 23102 72820 - 7h-12h, 16h30-18h30.

Très restaurée, elle fut construite au 5e s. : colonnes monolithes à chapiteaux byzantins ; vestiges de mosaïques. À l'extérieur, minuscule chapelle-baptistère. Le nom de l'église évoque une icône de la Vierge qui ne serait « pas faite de main d'homme » *(à gauche en entrant).*

Agía Sofia★ B2

Place Agía Sofia - ✆ 23102 70253 - 7h-13h, 17h-19h.

Datant probablement du 8e s., l'église frappe par l'ampleur de ses dimensions et l'originalité de sa disposition : le plan basilical à trois nefs et tribunes s'y conjugue en effet avec le plan en croix grecque et coupole. À l'angle nord-ouest, la base d'un minaret rappelle que l'église fut transformée en mosquée jusqu'en 1912.

À l'intérieur, il faut considérer d'abord les très curieux **chapiteaux★** des colonnes, aux feuilles d'acanthe déviées, qui proviendraient d'un édifice du 5e s. Les mosaïques (9e-10e s.) de la coupole montrent l'Ascension du Christ, composition de facture harmonieuse.

Continuer de descendre la rue Agía Sofia, jusqu'à croiser la rue Proxenou Koromila.

La place Aristotelous A2

Esplanade dallée, bordée par la luxueuse façade néobyzantine de l'Electra Palace et par de nombreux cafés, cette place est le cœur de la cité.

Remonter par l'avenue jusqu'à odos Ermou.

Marché central★ (Kendrikí Agorá) A1

Dédale de petites ruelles entre odos Egnatia et odos Ermou. Fermé dim.

Le pittoresque marché central, à l'atmosphère très orientale, est prolongé à l'ouest par l'ancien bazar des tissus, le **Bezesten**, surmonté de six petites coupoles.

Le monument situé à l'angle sud-ouest du marché, une tête de femme entourée d'énormes bras dressés, a été élevé à la mémoire du **député Lambrakis**, assassiné à Thessalonique en 1963, et dont le personnage est interprété par Yves Montand dans le film *Z*, de Costa-Gavras (1968).

Yahudi Hammami – Un peu au sud du marché, ce bain turc, du 16e s., était situé dans le vieux quartier juif, d'où son nom. De nos jours s'y tient le marché aux fleurs.

Après avoir traversé le marché, prendre odos Halkeon au nord.

J.-P. Nail / MICHELIN

Très animé, le grand marché central de Thessalonique à l'emplacement de l'ancien marché turc.

Panagía Halkéon★ A1

Au croisement de odos Aristotelous et odos Egnatia. 7h30-12h.

Construite au 11e s., la petite église **Notre-Dame-des-Chaudronniers**, tout en brique, ayant servi de paroisse aux chaudronniers et aux forgerons établis aux alentours, présente l'aspect typique des églises byzantines sur plan en croix grecque, avec tour centrale et façade à deux tours sur narthex.

Passer devant la statue de Venizélos et gagner les bains turcs de l'autre côté du jardin.

Bey Hamamí A1

Ces bains turcs, les plus importants de Grèce, furent construits en 1444 par le sultan Mourad II. Le hammam comporte une double installation, l'une pour les femmes, l'autre pour les hommes ; cette dernière a reçu une belle décoration en stalactites. Les habitants de Thessalonique ont continué à utiliser le hammam, sous le nom de Loutra Paradissos (« bains du Paradis »), jusqu'en 1968, date à laquelle il ferma ses portes pour être remis aux services archéologiques.

Traverser odos Filipou et reprendre odos Halkeon. On longe les vestiges d'une agora.

Agora romaine A1

Des fouilles ont mis au jour cette agora, d'ailleurs plutôt forum romain, car les vestiges découverts datent en majeure partie du 1er s. : ce sont notamment les bases d'un double portique qui encadrait la place et aussi les gradins d'un odéon (petit théâtre).

Au croisement avec odos Agiou Dimitriou, prendre à droite.

Ágios Dimítrios★ B1 *(voir « Visiter »)*

Au chevet de l'église, remonter odos Ag. Nikolaou (ancien bain turc à l'angle) et prendre à droite odos Kassandrou sur laquelle s'ouvre une petite place.

Alaca Imaret (Ishak Pasa Dzamí) B1

Cette ancienne mosquée fut construite en 1484 par Ishak Pacha, gouverneur de Salonique sous le sultan Bajazet II. La mosquée servait également d'hospice *(imaret)* pour les pauvres. Le minaret, dont il ne reste que la base, était fait de pierres polychromes *(alaca)*. Le lieu de prière central, un rectangle surmonté de deux grandes coupoles, est entouré de part et d'autre de deux petites pièces carrées, également à coupoles, qui servaient de cantine et de centre d'enseignement. Le bâtiment, bordé d'un long portique à cinq coupoles, accueille aujourd'hui des expositions.

Continuer de monter jusqu'à odos Olimpiados.

VILLE HAUTE

Depuis odos Olimpiados jusqu'aux remparts, vous traversez un véritable lacis de ruelles escarpées conduisant à l'acropole et à la citadelle byzantine. C'est un bonheur de s'y perdre et de se laisser surprendre par la vue sur la ville, une fois atteintes les hauteurs. Quartier des fonctionnaires ottomans, elle présente un net caractère oriental, avec ses maisons à encorbellement.

Profítis Ilías B1

Cette église dédiée au prophète Élie a été construite sur les ruines d'un palais byzantin au milieu du 14ᵉ s. Voir l'élégante abside à trois absidioles et, à l'intérieur, les superbes colonnes monolithes du transept.

Óssios David★ B1

Tlj sf dim. 9h-12h, 16h-18h.

À l'origine église d'un ancien monastère, remontant en partie au 5ᵉ s., elle abrite une **mosaïque★** de la même époque, bien conservée, représentant la Vision d'Ézéchiel. Elle présente un rare témoignage de la peinture du 12ᵉ s. à Thessalonique, des **fresques** représentant des scènes de Baptême et de Nativité. Du jardin, vue sur la ville.

Agius Nicolas Orfanos★ B1

Petite église au fond d'un jardin, à l'est de la vieille ville, non loin des remparts. Elle recèle un admirable ensemble de fresques. Sonnez à la porte qui fait face et la gardienne vous fera visiter.

Remparts★ AB1

Ils entourent principalement la ville haute et l'acropole. Édifiés à la fin du 4ᵉ s. sur des fondations hellénistiques, les remparts furent remaniés par les Byzantins au 14ᵉ s., et au 15ᵉ s., par les Turcs qui y employèrent des ingénieurs vénitiens.

Ils offrent une promenade de 4 km. Ponctuée de tours on remarquera notamment à l'extrémité nord-est la grosse **tour de la Chaîne** (Dingirli Koulé) du 15ᵉ s. Des abords de celle-ci, **vue★** étendue sur Thessalonique et le golfe. De ce côté, les remparts, restaurés récemment, offrent une belle perspective que jalonnent les **tours d'Andronic II** (14ᵉ s.) et **d'Anne Paléologue**. Cette dernière donne accès à la citadelle et à l'Eptapyrgio, édifice du 14ᵉ s., qui servit de prison jusqu'en 1989.

Redescendre vers la ville basse par odos Poliorkitou, puis odos Klios.

Agía Ekateríni★ A1

Au croisement d'odos Ious et Sahtouri. 7h-11h30, 17h30-19h.

L'église Ste-Catherine, du 13ᵉ s., est en brique, de dimensions réduites, mais de proportions parfaites ; à l'intérieur, fresques et mosaïques du 13ᵉ s.

Continuer la descente vers l'ouest jusqu'à rejoindre odos Agiou Dimitriou, à droite.

Dódeka Apóstoli★ A1

Place Agion Apostolon. 8h30-12h, 17h-19h. Au pied des remparts ouest, l'église des Douze Apôtres, du 14ᵉ s. sur plan en croix grecque et abside à trois absidioles, est une construction caractéristique de la « Renaissance » des Paléologues. Admirez à l'extérieur le **décor de briques★** ingénieusement disposées en motifs géométriques, à l'intérieur les chapiteaux corinthiens des colonnes de la coupole ainsi que des mosaïques et fresques du 14ᵉ s. (remarquez la Danse de Salomé).

Visiter

Ágios Dimítrios★ B1

Odos Agiou Dimitriou - ☏ 2310 213627 - visite de la crypte : lun. 12h30-19h, mar.-sam. 8h-20h, dim. 10h30-20h.

L'imposante église St-Dimitri marque l'emplacement du martyre et de la tombe du patron de Thessalonique. Entièrement restaurée à la suite de l'incendie de 1917, l'église actuelle reproduit les dispositions de la basilique du 7ᵉ s. qui était précédée par un atrium et dont certains éléments (marbres, colonnes, mosaïques) ont été réutilisés. Vestiges de bains romains sur le côté nord, ainsi que du minaret turc (l'église servit de mosquée de 1491 à 1912). L'intérieur, dont l'ampleur étonne, comprend cinq nefs, bien éclairées par trois niveaux de baies. Admirez les chapiteaux sculptés des superbes colonnes antiques remployées, en marbre vert, blanc ou rouge, dont les hauteurs variées sont compensées par des bases de dimensions différentes.

Les piliers, de part et d'autre de l'entrée de l'abside, sont ornés de petites **mosaïques★★** du 7e s., remarquables par la finesse de leur dessin et le raffinement de leurs coloris : au pilier de droite, Dimitri et un diacre portant l'Évangile, Dimitri entre les deux fondateurs de l'église, puis saint Serge ; au pilier de gauche, Dimitri entre deux enfants, puis la Vierge et saint Théodore, cette dernière mosaïque étant plus tardive. Devant l'iconostase sont vénérées les reliques de saint Dimitri, revenues d'Italie en 1980 où elles étaient conservées à San Lorenzo in Campo, dans les Marches.

Par un escalier à droite de l'abside, on descend dans la crypte, qui correspond en fait aux vestiges du bain romain (où l'on aurait enfermé Dimitri avant son martyre) sur les ruines duquel fut élevée la première église. La crypte abrite un petit **Musée lapidaire** qui rassemble des éléments de décor sculpté de l'église. C'est ici qu'était recueillie l'huile miraculeuse qui, selon la tradition, coulait du tombeau du saint, placé sous le maître-autel. Le bassin de marbre, semi-circulaire, surmonté d'une colonnade, serait un vestige des bains romains.

Avant de sortir, voir, à l'extrémité de la nef centrale à droite, un sarcophage florentin du 15e s. Au-delà, une chapelle hors d'œuvre marque l'emplacement présumé du tombeau primitif de saint Dimitri.

Musée archéologique★★★ B2

6 odos M. Andronikou - ✆ 2310 830538 - 8h-17h (lun. 10h30-17h) - 6 € (8 € billet combiné avec le musée de la Civilisation byzantine).

Le Musée archéologique, même dépossédé du trésor de Vergína exposé désormais in situ *(voir « Circuit de découverte »)*, demeure un des plus riches musées de Grèce. Il rassemble des objets et des céramiques provenant des sites de Macédoine et de Thrace, notamment des chefs-d'œuvre découverts dans les tombes de la Grèce du Nord témoignant du haut niveau de civilisation atteint au temps de Philippe II et d'Alexandre.

De la préhistoire à l'époque classique – Le musée donne un aperçu de l'habitat préhistorique en Macédoine, du néolithique à l'âge du bronze. Le produit des fouilles effectuées sur le flanc ouest du mont Olympe (âge du cuivre, époque mycénienne) est exposé. L'importante nécropole de Toroni en Chalcidique a fourni des objets datant des périodes mycénienne et protogéométrique (9e s. av. J.-C.). Le site d'Agia Paraskevi, au sud-est de Thessalonique, comportant 450 tombes du 6e s. av. J.-C., a livré des armes, des vases et des bijoux en cuivre, or et argent. Le produit des fouilles de l'importante ville classique d'Olynthe, détruite par Philippe II en 348 av. J.-C. (en Chalcidique, près du golfe de Kassándra) et du site d'Akanthos (près de Lerissos, dans l'est de la Chalcidique), est également présenté avec des photographies des sites.

Sculptures, verres et mosaïques – Elles sont disposées par ordre chronologique. Remarquez un kouros et une korê privés de tête, des reliefs funéraires, des copies romaines de muses provenant de l'odéon, des portraits romains dont celui, en bronze, de l'empereur Alexandre Sévère (3e s.).

Le musée abrite des mosaïques, notamment celle d'Ariane et de Dionysos, trouvées dans des villas romaines à Thessalonique, et une belle collection de verres romains. Notez l'arche de marbre du 4e s. apr. J.-C., provenant du palais de l'empereur Galère.

L'art des orfèvres dans l'Antiquité

Les bijoux grecs étaient destinés non seulement à honorer les dieux et à parer les défunts, mais aussi à être offerts à tout un chacun à l'occasion de certaines circonstances. L'emploi de motifs empruntés à la symbolique de l'amour comme Aphrodite ou Éros laisse croire qu'on en offrait facilement à l'occasion de mariages ou de naissances, par exemple.

Les orfèvres grecs utilisaient des feuilles d'or qu'ils découpaient au ciseau avant de les presser contre un support portant un motif en relief. Pour obtenir un effet de dentelle, ils réalisaient un décor en filigrane en appliquant des fils d'or tressés ou torsadés. Suivant la technique de la granulation, ils agençaient entre elles de minuscules boules d'or. Puis ils assemblaient à froid les différentes parties du bijou à l'aide de rivets.

Réalisés aussi bien dans les cités de la Grèce continentale que dans les colonies grecques d'Italie du Sud ou d'Asie Mineure, les bijoux de l'époque classique sont d'une grande beauté et témoignent d'une parfaite maîtrise de l'orfèvrerie.

Trésors de la Macédoine ancienne – Présentés dans une aile du musée spécialement conçue pour eux, ils comprennent une extraordinaire série d'objets précieux, surtout des offrandes en bronze, argent ou or, provenant de tombes du 4e s. av. J.-C. et de l'époque hellénistique.

Trésor de Dervéni – Il groupe le matériel découvert dans des tombes du 4e s. av. J.-C. à Dervéni lors de la construction de la route nationale reliant Thessalonique à Kavála : bijoux en or (boucles d'oreilles, colliers, couronnes d'or à feuilles de lierre et de myrte), vases en argent ou en bronze. La pièce maîtresse en est le grand cratère en bronze doré, dont les ornements sculptés illustrent la vie de Dionysos : sur les épaules sont représentés quatre personnages du cortège dionysiaque, sur le col figurent 12 animaux (cerfs, griffons, panthères, lions…) et les anses en volutes sont décorées de figures barbues.

D.R
Le vase de Dervéni.

Trésor de Sindos – Il présente les richesses provenant de 121 tombes, datant des 6e-5e s. av. J.-C., celles de la nécropole de Sindos, à l'ouest de Thessalonique. Les tombes d'hommes ont livré des armes, des casques du type dit illyrien entourés de feuilles d'or ainsi que des masques d'or. Plusieurs modèles de chariots et charrettes en fer soudé et de petites tables à trois pieds y furent aussi découverts. Les sépultures féminines recelaient de nombreux bijoux en or (fibules, pendentifs, épingles) travaillés en filigrane et en grènetis. Sarcophage féminin en terre cuite peinte, avec couvercle.

En sortant du musée, prendre à droite.

Musée de la Civilisation byzantine★★
(Moussío Vizandinoú Politismoú) B2

2 odos Stratou - ✆ 2310 868570 - tlj 8h-17h sf lun. 10h30-17h - 4 € (8 € billet combiné avec le Musée archéologique).

Inauguré en 1994, il présente selon une muséographie moderne une remarquable collection d'art paléochrétien et les icônes de la tour Blanche. Il rassemble divers éléments de décor d'églises macédoniennes et d'art funéraire et, par la reconstitution d'un intérieur, évoque la vie quotidienne. Outre le grand nombre de sculptures et inscriptions qui y sont exposées, il faut remarquer de belles icônes dont *La Vierge à l'Enfant* (1300) et *La Sagesse de Dieu* (début du 14e s.), et des broderies, en particulier le fameux **Epitaphios de Thessalonique** (14e s.), utilisé à l'origine comme corporal (voile dissimulant les Saintes Espèces) et, à ce titre, orné de scènes eucharistiques encadrant un Christ mort.

Revenir vers odos Angelaki, que l'on prend à droite, et longer l'enceinte de la Foire internationale (Helexpo).

Centre macédonien d'art contemporain
(Makedonikó Kéndro Sínhronis Téhnis) B2

Établi dans l'enceinte de la Foire internationale (Helexpo), ce centre s'attache à présenter dans le cadre d'expositions temporaires les œuvres d'artistes étrangers de diverses époques et à faire connaître au grand public celles de jeunes artistes grecs contemporains. La collection permanente, riche de plus de 1 500 pièces (tableaux, sculptures, gravures et photographies), propose un panorama très complet des études et recherches auxquelles se livrent les artistes contemporains.

Musée ethnologique de Macédoine★
(Laografikó-Ethnologikó Moussío Makedonías)

68 odos Vas. Olgas - entrée par le n° 1 de odos Filipou Nikoglou.

Présentées dans un hôtel particulier du 19e s., les riches collections de ce musée sont consacrées aux arts et traditions populaires de la Grèce du Nord. Les divers exemples d'architecture rurale ou urbaine sont présentés grâce à des maquettes et des photographies. L'habillement traditionnel, surtout les costumes de fête, est regroupé selon la région d'origine : Macédoine centrale – on voit aussi les habits de carnaval ainsi que des photos d'anastenarides (danseurs rituels sur des braises) – Macédoine occidentale, Macédoine orientale et Thrace. Une salle est consacrée à la vie des Sarakatsans, bergers nomades des montagnes (costume, habitat) ; la pièce de réception d'une maison de notables du siècle dernier a été reconstituée.

Les collections du musée évoquent également le théâtre d'ombres Karaghiozis et la vie quotidienne avant l'ère industrielle. Le 1er étage est réservé à des expositions temporaires.

Musée de la Photographie★ A1

Warehouse, sur le port - mar.-vend. 11h-19h, w.-end 11h-21h.

Installé dans une grande bâtisse qui servait initialement d'entrepôt, c'est le seul musée de la photographie en Grèce. On y trouve exposés les travaux de photographes grecs contemporains mais également d'après-guerre, comme **Socrates Iordanides**, et des années 1960-1970 avec **Yiannis Stylianou** et **Takis Tloupas**.

Musée d'Art contemporain★

21 odos Kolokotroni - lun.-vend. 10h-18h - 3 €.

Fondé en 1997, ce musée présente plus de 1 200 peintures, dessins et installations de l'avant-garde russe provenant de la collection George Costakis. Vous y découvrirez des œuvres de Malevitch, Kandinsky, Rodchenko, Rozanova, etc. Un espace permanent d'exposition est également dédié au port de Thessalonique.

Musée du Judaïsme A1

13 odos Agiou Mina - mar.-sam. 11h-14h, merc. et jeu. 11h-14h, 17h-20h.

Situé dans un superbe bâtiment de facture juive épargné par l'incendie de 1917, ce musée retrace l'histoire de la présence des juifs à Thessalonique depuis les premiers siècles de notre ère jusqu'à la Seconde Guerre mondiale.

Circuit de découverte

LA MACÉDOINE ANTIQUE

200 km. Ce circuit permet de découvrir des sites antiques prestigieux, témoins de la splendeur de la civilisation macédonienne.

Vergína★★★ (Aigai)

À 85 km de Thessalonique. Prendre l'autoroute en direction d'Athènes et de Véria. À la sortie pour Véria, prendre à gauche une petite route qui traverse le fleuve Aliakmonas. La suivre environ 15 km avant d'arriver à Vergína.

C'est dans un site naturel d'une exceptionnelle beauté, aux abords du petit village moderne de Vergína, qu'ont été mises au jour en 1856, par un archéologue français, les ruines de l'antique capitale de Macédoine, Aigai. Reprises dans les années 1930 par une équipe de l'université Aristote de Thessalonique, les fouilles continuent de nos jours. C'est à Manolis Andronikos que l'on doit la découverte des tombes royales autour desquelles a été construit le musée, en particulier la spectaculaire **tombe de Philippe II**.

Cité antique

✆ 23310 92347 - tlj sf lun. 8h30-15h - 8 € (visite du musée incluse).

Habitée sans interruption depuis l'an 1000 avant notre ère, les vestiges des dernières phases de construction de l'habitat antique montrent que son déclin aurait commencé dès le 2e s. av. J.-C., avec la conquête de la Macédoine par les Romains.

Le palais (4e s. av. J.-C.), dont il ne subsiste aujourd'hui que les fondations, se compose d'une grande cour centrale entourée de portiques, dans laquelle on accédait après être passé dans la tholos, salle à la fonction à la fois religieuse et politique. Les appartements royaux occupaient l'aile est qui devait comporter deux étages. Dans l'aile sud ont été mises au jour de splendides mosaïques (souvent recouvertes par mesure de protection). L'aile ouest, constituée de vastes vestibules, était pavée en opus sectile. L'aile nord comportait une véranda qui s'ouvrait sur la ville et la plaine.

Enfin, c'est au pied du palais qu'ont été découverts, en 1982, les vestiges du théâtre (seul le premier gradin, en pierre, a subsisté, des autres, en bois, rien ne demeure), célèbre pour avoir été le lieu de l'assassinat de Philippe II.

En contrebas se trouvait l'agora dominée par le temple Eukliea (divinité macédonienne) qui a livré des statues en marbre dont une pourrait être le portrait de la mère de Philippe II.

À gauche de la route. Daté du 3e s. av. J.-C., cet **hypogée** présente une façade ionique. Dans la chambre funéraire se trouve encore le trône de marbre du mort, qui a gardé des traces de son décor peint.

La route arrive à une plate-forme d'où part le chemin montant à **Palatitsia** *(ne se visite pas)* : ces vestiges d'un petit palais d'époque hellénistique furent trouvés en 1861 par l'archéologue français Heuzey.

Tombes royales★★

✆ 23310 92394 - mêmes horaires que la cité antique.

La nécropole, située dans la plaine au pied de la cité, est un véritable champ de tumuli (300). Mais c'est bien sûr le tumulus royal renfermant plusieurs tombes du 4e s. av. J.-C. qui retient l'attention. Dégagé et fouillé à partir de 1977 par le professeur Andronikos, le tumulus a été reconstitué et abrite désormais un étonnant et magnifique **musée★★★**. Si les tombeaux eux-mêmes ne sont pas accessibles, on peut admirer leur façade décorée et surtout les somptueux trésors qu'ils contenaient.

La façade de la grande **tombe** centrale, identifiée comme étant celle de **Philippe II** de Macédoine, fermée d'une porte à deux vantaux de marbre, est ornée d'une frise magnifique représentant une chasse.

L'intérieur, comprenant un vestibule et une chambre, a livré un exceptionnel trésor d'objets funéraires.

Trésor – Un coffre en or (larnax), pesant plus de 8 kg, est décoré d'une étoile stylisée à douze branches, emblème des rois de Macédoine ; il contenait des ossements, un tissu de pourpre et d'or, trouvé dans un sarcophage de l'antichambre de la tombe, et un splendide diadème en or, constitué d'un foisonnement de feuilles, de tiges et de fleurs, où butinent des abeilles, dont on peut dire qu'il forme la plus belle parure antique qui soit.

Un autre **coffre en or** massif, plus grand et plus lourd (10 kg) que le précédent, est orné d'une étoile à seize branches ; il renfermait des ossements, probablement ceux de Philippe II, et l'admirable couronne de feuilles de chêne d'or ciselé qui est exposée au-dessus. Des plaques d'or repoussé recouvrant un carquois, dont les scènes évoqueraient le sac de Troie, rivalisent de raffinement avec des vases en argent et un vase en céramique polychrome. Il y a enfin la cuirasse de lames de fer ornée d'appliques en or, une épée en fer à manche incrusté d'or et d'ivoire et le magnifique bouclier d'apparat.

Enfin, de petits portraits en ivoire, minutieusement sculptés et très expressifs, représentent la famille royale de Macédoine : Philippe II, sa femme Olympia, son fils Alexandre.

Tombe présumée d'Alexandre IV – À côté, une tombe du même type, plus petite, a également livré de précieux objets. La frise de la façade est très abîmée ; celle du vestibule, en revanche, présente une remarquable course de chevaux attelés. On y a découvert une hydrie d'argent (vase funéraire) et une couronne en or. Les archéologues tendent à penser qu'il s'agit du tombeau d'Alexandre IV, fils d'Alexandre le Grand, assassiné à l'âge de 15 ans.

Plus loin, une troisième **tombe** renferme d'admirables fresques *(Enlèvement de Perséphone par Pluton)*, peut-être exécutées par le grand peintre Nicomachos. Elle était en revanche vide de tout dépôt funéraire.

R. Corbel / MICHELIN

Coupe de la grande tombe royale.

Véria

À 20 km de Vergína. Revenir sur ses pas, jusqu'à l'embranchement de l'autoroute. Prendre la direction de Véria, de l'autre côté du fleuve. Également accessible par train ou par car de Thessalonique. Véria mérite bien une journée de visite. S'adresser auprès du service culturel de l'hôtel de ville qui propose des visites guidées en anglais (odos Mitropoleos - ✆ 23310 78100/64330).

Perchée sur un contrefort du massif du Vermio dominant la plaine macédonienne, Véria fait partie des plus importantes cités de la Macédoine antique. Cependant, l'ancienne cité étant entièrement recouverte par la ville moderne, c'est sa soixantaine d'églises, construites pour la plupart entre le 12e et le 15e s., qui impressionne le visiteur. Concentrées dans le vieux quartier de Kiriotissa, situé en contrebas de odos Mitropoleos, certaines contiennent des fresques d'origine.

Le quartier Kiriotissa★★

Ágios Hristos – Située au centre de la ville, l'église de la Résurrection du Christ offre un remarquable ensemble de fresques du début du 14e s., signées Giorgos Kaliergis.

Saint Savvas de Kiriotissa – Construite au 14e s. cette église présente une décoration extérieure de céramique complexe, typique de cette période.

Saints Kirikos et Ioulitisa et **Agios Vlassios** – Construits au 14e s., ces édifices conservent des fresques s'échelonnant du 14e au 18e s.

Musée byzantin – *Odos Thomaïdou, en contrebas d'odos Kyriotissis - tlj sf lun. 8h30-15h - 2 €.* Installé dans un imposant bâtiment du 12e s., un moulin construit contre les fortifications, ce musée contient de belles céramiques et mosaïques du 5e s. et une petite collection d'icônes allant du 12e au 18e s., notamment des icônes de procession.

Le quartier Varvouta★

Au bord de la rivière Tripotamos, ce quartier légèrement excentré abritait la riche population juive jusqu'au 19e s. Les maisons des notables construites de part et d'autre d'odos Olganos forment comme un mur de défense naturel. Unique exemple de ce type en Europe, ce quartier (demandez une visite à la municipalité) a conservé une synagogue d'une décoration intérieure remarquable.

Musée archéologique

Odos Anixeos - tlj sf lun. 8h30-15h - 2 €.

Il abrite des objets d'époque préhistorique, archaïque, hellénistique et romaine. Notez la colossale tête de **Méduse** (2e s. av. J.-C.), les stèles funéraires peintes ou sculptées, parmi les bas-reliefs hellénistiques, le torse d'Aphrodite et des exemples de la sculpture romaine.

Lefkádia★★

De Véria, prendre la route d'Édessa jusqu'à Kopanos, à 12 km. Puis suivre les panneaux indiquant les sites qui se répartissent tout au long de la route jusqu'à Lefkádia parmi les plantations d'abricotiers, de pêchers et de vignes. Les tombes sont actuellement fermées ou en restauration, se renseigner au préalable au bureau d'information touristique du département d'Imathia, à Véria – ✆ 23310 75333 ou 23320 41014.

Dans la région de Naoussa (région viticole produisant le naousa, un vin rouge de qualité), il faut visiter de curieux hypogées macédoniens (3e-2e s. av. J.-C.), tombes souterraines monumentales à l'aspect de temples, isolées dans la campagne près de la route Véria-Édessa.

Grande Tombe

Mise au jour en 1954, la Grande Tombe, bâtie en calcaire coquillier, est précédée par des degrés descendant jusqu'à la façade, présentant deux étages, le premier dorique, l'autre ionique ; elle était décorée de peintures dont subsistent celles qui représentent un guerrier (sans doute le mort), le dieu Hermès (conducteur des âmes vers les Enfers), Éaque et Rhadamante (juges des Enfers) et des scènes de combats. L'intérieur comprend un vestibule et une chambre contenant encore un sarcophage.

À 150 m au-delà de la Grande Tombe, à gauche sur le chemin.

Un majestueux escalier descend au niveau de la superbe façade à colonnes de cet hypogée particulièrement bien conservé, tant dans son architecture que dans son décor de peintures.

Tombe de Kinch

Elle tient son nom de l'archéologue danois qui la découvrit en 1880. Restaurée, elle montre une antichambre et une chambre, qui comporte encore un décor peint.

Tombe Lyson-Kalliklès

Cette tombe (3e ou 2e s. av. J.-C.), encore enterrée et à laquelle on accède par une échelle, est très curieuse : il s'agit en effet d'un caveau pour trois familles, pourvu de 22 niches funéraires dont les inscriptions donnent les noms des défunts. Elle a gardé des peintures ornementales en excellent état de conservation qui renseignent sur l'utilisation de la perspective.

Édessa

À 22 km de Lefkádia. Parc Katarrakton - 10h-20h.

Édifiée sur le bord d'un plateau dominant la plaine macédonienne, Édessa fut dans l'Antiquité une des principales places fortes de Macédoine. Elle est connue pour son site et pour les eaux courantes de la Vodas qui la traversent. Résonnant du grondement des torrents, agrémentée d'un climat doux et dotée d'un pittoresque quartier ottoman (Varosi) non sans charme, c'est une étape agréable au cœur des sites archéologiques macédoniens, dans un très beau site.

Cascades★ (Kataraktes)

Dans l'agglomération, à l'est, signalisation « Waterfalls » et « Pros Kataraktes ». Au bas d'un jardin public ombragé d'énormes platanes *(restaurant)*, les torrents qui traversent la ville se réunissent pour former une imposante chute d'eau, haute de 25 m, qui tombe le long d'une paroi rocheuse couverte d'une luxuriante végétation.

Quartier Varosi

Du parc, des panneaux vous indiquent la direction du vieux quartier ottoman d'Édessa, « Varosi », qui abrite notamment la petite église St-Pierre-et-St-Paul.

Ville antique

Située en bas de la ville moderne, au nord de la route de Thessalonique. Dans un site agréable appelé **Logos**, des fouilles ont mis au jour les vestiges d'une place forte macédonienne, notamment ceux de la muraille, construite au 4e s. av. J.-C. et restaurée à l'époque romaine, ainsi que les restes de plusieurs basiliques paléochrétiennes.

De là, vous pouvez continuer jusqu'au pied des monts Voras et de la station thermale de Loutra Loutrakiou pour vous baigner dans les eaux chaudes (37 °C) du torrent !

Pella

À 38 km à l'est d'Édessa sur la E 86 en direction de Thessalonique.

Capitale de la Macédoine sous Philippe II et Alexandre le Grand, la cité antique de Pella, située au cœur de la fertile plaine macédonienne, de part et d'autre de la route Édessa-Thessalonique, est loin d'avoir encore livré tous ses secrets.

C'est à la fin du 5e s. av. J.-C. que le roi Archelaos, abandonnant Aigai, sans doute l'actuelle Vergína comme les dernières fouilles le laissent supposer, s'installa à Pella, où il fit construire un splendide palais qui se trouvait probablement au nord, dans le secteur de Palaia Pella. Dans celui-ci décoré de peintures par le célèbre Zeuxis (464-398 av. J.-C.), Archelaos entretint une cour raffinée accueillant artistes et lettrés, parmi lesquels Euripide, mort en 406 av. J.-C. à Pella et dont la pièce *Les Bacchantes* fut créée dans le théâtre de la ville.

Philippe II de Macédoine et **Alexandre le Grand** naquirent à Pella, respectivement en 382 et 356 av. J.-C. Fils de Philippe et de la princesse Olympia, Alexandre y fut élevé dans le culte des exercices guerriers mais aussi des lettres, car il eut pour précepteur le philosophe Aristote, dont on peut voir l'« école », récemment identifiée près de Naoussa. Devenue la plus grande ville de Macédoine, reliée à la mer par un canal de 22 km de long, Pella fut dévastée par le consul romain Paul-Émile en 168 av. J.-C. et ne s'en releva pas.

Les écrivains grecs Hérodote, Thucydide, Xénophon et l'historien romain Tite-Live ont cité ou décrit succinctement Pella, mais ce sont les fouilles menées à partir de 1957 par les archéologues grecs qui ont pu déterminer son aire, très vaste, et son plan en damier suivant la formule de l'architecte Hippodamos de Milet. On a mis au jour de remarquables pavements de mosaïques hellénistiques faits de galets blancs, noirs, ou rouges que soulignent des cloisonnements de plomb ou d'argile cuite.

Ruines

8h-19h (lun. 12h-19h) - 6 €. Au nord de la route, les fouilles ont dégagé les bases d'une agora. À droite s'étendait un grand « complexe » de magasins entourant une cour et un péristyle ionique dont plusieurs colonnes ont été remontées. Certaines pièces étaient pavées de mosaïques géométriques (sur place) ou figuratives (au musée).

À gauche, on repère les fondations d'autres bâtiments dont les plus éloignés ont livré de magnifiques pavements de **mosaïques★★** évoquant l'enlèvement d'Hélène et de Déjanire, le combat des Amazones et une chasse au cerf signée Gnosis (aujourd'hui conservés au musée).

Le musée rassemble le produit des fouilles comprenant notamment d'étonnants pavements de **mosaïques★** (4e-3e s. av. J.-C.) ; les plus beaux montrent Dionysos assis sur une panthère (animal favori du dieu) et une chasse au lion au cours de laquelle Krateros, compagnon de combat, aurait secouru Alexandre le Grand. Parmi les autres objets exposés, remarquez un chien en marbre provenant d'une tombe, une tête d'Alexandre, une petite statue en bronze de Poséidon et de jolies terres cuites.

À 3 km de ce lieu, sur l'acropole de Pella, près du village de l'ancienne Pella (Palaia Pella), d'autres ruines ont été récemment mises au jour, parmi lesquelles une vaste résidence royale qui pourrait être le palais de Philippe V. *(Fouilles en cours).*

Thessalonique pratique

Informations utiles

EOT – *132 odos Tsimiski - ✆ 2310 252107.*
www.thessalonikicity.gr.

Consulats – France – *8 odos Makensi King - ✆ 2310 244030 ;* Belgique – *8 odos Dodecanissou - ✆ 2310 538157 ;* Canada – *12 odos Tsimiski - ✆ 2310 237272 ;* Suisse – *47 odos Nikis - ✆ 2310 282214.*

Poste – *Poste centrale - 45 odos Tsimiski.*

Téléphone – **OTE** - *27 odos Karoloudil (à l'angle de odos Ermou) - 24/24h.*

Urgences – *À l'entrée du port - ✆ 166.*

Police touristique – *4 odos Dodekanissou (au 5e ét.) - ✆ 2310 554870.*

Transports

ARRIVER/PARTIR

En avion – L'aéroport Makedonia (*✆ 2310 471170)* se trouve à 15 km au sud-est de la ville. Liaisons avec Paris, Londres, Bruxelles, etc. et vols locaux à destination d'Athènes, Chíos, Ioannina, Corfou, Lésvos, Límnos, Mikonos, Rhodes, Sámos et la Crète.

Navette en bus (n° 78) – *6h-23h l'été, ttes les 20mn (30mn l'hiver).* Arrêts en centre-ville, gare et terminus de bus KTEL.

En taxi – Comptez 15 € pour rejoindre le centre-ville.

En train – *Odos Monastriou - ✆ 2310 517517/8.* Billets en vente sur place ou à l'OSE, 18 pl. Aristotelous. Liaisons avec Athènes, Alexandroúpoli (Thrace) et Lárissa.

En bateau – *Au bout de Odos Nikis, à l'ouest de la ville - capitainerie - ✆ 2310 531504.* C'est aussi là que se concentrent les agences de voyages. Liaisons en ferry, pendant l'été, avec Skíathos, les Cyclades, la Crète et le Dodécanèse. En hydrofoil, départs quotidiens en été pour les Sporades *(Minoan Flying Dolphins - ✆ 23105 47407).*

En bus – **KTEL** – *✆ 2310 595411/21 - ktel-thes@alteenet.gr.* De la gare ferroviaire, le bus n° 1 assure la navette avec le terminal : liaisons intérieures (à l'exception de la Chalcidique) vers Athènes, Pátra, Ioannina, Kavála, Lárissa. Pour la Chalcidique, départ du 194 odos Gianitsou à l'est de la ville (attention, le lieu de départ doit changer, se renseigner auprès de la KTEL ou de l'office de tourisme).

SE DÉPLACER

En bus – Les bus orange circulent en ville, les bus orange et bleu desservent également la périphérie. Les tickets sont en vente dans les kiosques blancs situés sur les grands axes, près de certains arrêts, et dans le bus (0,60 €, validité 70mn).

En voiture – La circulation est particulièrement difficile.
Les places de **parking** sont souvent payantes sur un côté de la chaussée, de 9h à 21h. Vous trouverez un peu plus facilement où vous garer dans les petites rues au-dessus d'odos Egnatia. Cartes de stationnement dans les kiosques de rue.

Se loger

THESSALONIQUE

Bon à savoir – Pendant la Foire internationale, en sept.-oct., les prix peuvent augmenter de 30 à 50 % et les réservations sont difficiles.

Augustos – *4 odos Svoronou - ✆ 2310 522550 - fax 2310 522955 - 24 ch.* Situé dans une ruelle en retrait de l'avenue Egnatia, cet hôtel néoclassique propose des chambres simples et correctes.

Néo Mitropolis – *22 odos Singrou - ✆ 2310 530363 - fax 2310 539910 - 35 ch.* Dans une rue relativement calme, l'immeuble début 20e s. ne manque pas d'allure. Les chambres spacieuses, hautes de plafond, sont, malgré des couleurs de bonbonnière, agréables. Certaines chambres sont équipées d'une télévision et de l'air conditionné.

Mandrino – *Odos Egnatia et Antigonidon - 72 ch.* Hôtel moderne et lisse du centre-ville, avec étages non-fumeurs, double vitrage et minibar.

Esperia – *58 odos Olympou - ✆ 23102 69321 - fax 23102 69457 - 70 ch.* Situé dans un quartier moins bruyant, en face d'un chantier de fouilles, cet hôtel propose un hébergement simple et confortable. Petit-déjeuner et climatisation non compris.

Amalia – *33 odos Ermou - 23102 68321 - fax 23102 33356 - 66 ch.* Très central, accolé au marché, cet hôtel de neuf étages au confort irréprochable est d'un bon rapport qualité-prix.

Aegeon – *19 odos Egnatia - 23105 22921 - fax 23105 22922 - www.aegeonhotel.gr - 59 ch.* Récemment rénové, cet hôtel propose des chambres petites et propres, celles sur cour étant plus calmes.

Tourist Hotel – *21 odos Mitropoleos - 23102 70501 - fax 23102 26865 - www.touristhotel.gr - 37 ch.* Bien situé et accueillant. Chambres hautes de plafond et impeccables. Rançon de son succès, l'établissement affiche souvent complet.

ABC Hotel – *41 odos Angelaki - 23102 65421 - fax 23102 76542 - 99 ch.* Chambres impeccables manquant un peu de caractère. Le personnel, professionnel et accueillant, parle anglais.

Luxembourg – *6 odos Komninon - 23102 52600 - fax 23102 52605 - 36 ch.* Un hôtel très confortable. Les chambres, un peu petites, sont agréables. C'est un des moins chers du quartier dans sa catégorie.

Electra Palace – *9 pl. Aristotelous - 2310 232221 - fax 2310 294001 - www.hotelelectra.com - 135 ch.* Unique par sa situation et son élégante façade néobyzantine, cet hôtel propose tout le confort souhaité. Le personnel, très professionnel, parle français et anglais. Préférez les chambres en étage avec vue sur la place et le front de mer.

Priamos – *5 odos Komininon - 23102 54760 - 24 ch.* Hôtel excentrique au cœur de la ville, proposant des chambres incroyablement décorées, uniques chacune dans leur style, et pour tous les goûts.

ÉDESSA

Varosi – *Paradosiako Ksevodocheio - 45-47 odos Archieror Meletior - 23810 21865 - fax 23810 28872 - 8 ch.* Installé dans une maison traditionnelle du quartier ottoman, cet hôtel de charme réserve un accueil familial et chaleureux. Chambres petites, confortables et joliment décorées. Bon petit-déjeuner.

Xenia – *À l'angle d' odos Filipou et Giannitson - 23810 21898 - 36 ch.* Ouvert en 1998, le plus luxueux hôtel de la ville, au bord de la falaise, bénéficie d'une vue superbe sur la plaine. Le confort est irréprochable, et le personnel tout à fait à la hauteur.

VÉRIA

Villa Elia – *10 odos Elias - 23310 26800 - fax 23310 21880 - eliaver@otenet.gr.* À deux pas du quartier Kiriotissa et d'odos Mitropoleos, cet hôtel propose des chambres assez spacieuses et un très bon petit-déjeuner.

Se restaurer

THESSALONIQUE

Ouzomelathron – *21-34 odos Karipi.* Dans le prolongement ouest du marché Kendriki, de l'autre côté d'odos Venizelou. Lieu de rendez-vous du dim. après-midi, cette taverne animée vous apporte un dépaysement total. La cuisine, traditionnelle, y est raffinée et peu chère.

Ouzeri Agora – *5 odos Kapodistriou.* Dans une petite ruelle en retrait d'odos Ionos Dragoumi, vous dégusterez d'excellentes préparations de poisson, la spécialité du lieu.

Life – *1 odos Filippou.* Au-dessus d'odos Egnatia, dans la partie haute du centre-ville, plus calme, cette petite brasserie où l'on choisit ses plats à vue se remplit de cadres à l'heure du déjeuner.

Zithos – *Ladadika, 5 odos Katouni.* Cette élégante brasserie du vieux quartier Ladadika, sur une place ombragée où coule une fontaine, accueille une clientèle chic et branchée. Pour déjeuner, dîner, ou simplement boire un verre. Goûtez la salade de persil ou l'excellent gâteau au chocolat.

Electra Palace – *9 pl. Aristotelous.* Seul restaurant de la place, il est incontournable en soirée pour le cadre luxueux dont bénéficient les tables extérieures.

ÉDESSA

Katarakte – *Dimotikos Kipos.* Agréablement situé sur les hauteurs du parc des Cascades, ce vaste établissement propose une cuisine sans surprise.

VÉRIA

Peskaoudritsa – *Odos Ioakem (dans le quartier Kiriotissa).* Ce petit restaurant familial spécialisé en poisson bénéficie d'une terrasse très agréable dans le vieux quartier. On y déguste également de bons *mezedes*.

Faire une pause

THESSALONIQUE

Buzapio – *Au croisement d'odos Ermou et Agia Sofia.* Avec une jolie vue sur l'église, vous y profiterez d'un grand choix de pâtisseries locales et de liqueurs.

Kiss Fisch – *Odos Fokeas Averof (sur le port).* Ce grand bar moderne à quelques mètres des paquebots est un havre de paix la journée. Le soir, DJ det musique techno.

ÉDESSA

Odos Konstantinoupoleos – Bordée par un canal, cette rue concentre les terrasses ombragées d'Édessa.

VÉRIA

Erateinon – *Odos Ioakem.* Dans le vieux quartier Kiriotissa, la cour intérieure d'une maison traditionnelle délicieusement romantique vous accueille pour manger ou simplement prendre un verre.

Achats

Icônes – *Odos Egnatia.* Entre l'arc de Galère et Saint-Athanase, vous trouverez de nombreuses boutiques spécialisées. Pour tous les prix, de l'ancien au moderne.

Vêtements, décoration – *Odos Tsimiski.*

Événements

La **Foire internationale de Thessalonique**, qui se tient pendant deux semaines en sept., s'achève par un **Festival de musique grecque**.

Elle est suivie, d'oct. à nov., par un **Festival international de cinéma**, organisé dans le cadre des **Dimitria**, fête en l'honneur du patron de la ville.

La **Foire internationale du livre de Thessalonique**, créée en 2004, se tient en mai. Elle accueille des éditeurs grecs et étrangers, plus particulièrement en provenance des Balkans.

La Thrace★

Thráki – Θράκη

CARTE GÉNÉRALE RABAT I BC1 – THRACE

Forte d'un patrimoine naturel et humain exceptionnel, la Thrace fait partie de ces régions encore ignorées du tourisme et ne disposant que depuis peu d'infrastructures d'accueil. Aujourd'hui, les plages sont mises en valeur, les sites archéologiques sont fouillés et les monuments restaurés ; de multiples organismes y développent l'écotourisme. Les montagnes du Rhodope, avec leurs forêts parmi les plus sauvages d'Europe, ou bien les étonnants biotopes aquatiques de la plaine, escales intercontinentales pour les oiseaux migrateurs, valent amplement le voyage.

- **Se repérer** – Située à l'extrême nord-est de la Grèce, à la frontière avec la Turquie et la Bulgarie.
- **À ne pas manquer** – La vieille ville de Xánthi et son Musée folklorique. Les montagnes du Rhodope. La tour byzantine de Pýthio.
- **Organiser son temps** – Compter quatre jours de visite au minimum.
- **Avec les enfants** – Observer les oiseaux dans la forêt de Dadia.
- **Pour poursuivre le voyage** – Samothrace, Thassos, Thessalonique.

Comprendre

Entre Rhodope et Égée – Délimitée au nord par les montagnes du Rhodope et au sud par la mer Égée, à l'est par le delta de l'Évros et à l'ouest par celui du Néstos, la Thrace est constituée de deux ensembles géographiques distincts. De Xánthi à Komotiní, le faible dénivelé du terrain a donné une plaine littorale marécageuse et peu habitée, l'insuffisance des fonds marins pour la venue des bateaux complétant le peu d'attrait des côtes. À partir d'Alexandroúpoli, la vallée de l'Évros, avec ses collines, constitue une zone plus clémente à l'habitat, même si les crues dévastatrices du fleuve ont poussé les villages à s'installer une fois encore en hauteur et loin des côtes. Ouverte aux vents du nord, les hivers y sont plus rudes.

À la croisée des empires – Comme le montrent les nombreuses cités antiques découvertes sur ses côtes, l'hellénisation de la Thrace aurait commencé dès le 8e s. av. J.-C., par l'implantation de colonies en provenance de Thassos et de Samothrace. Selon Homère, elle n'était habitée à cette époque que par une centaine de tribus, des éleveurs de porcs et de chevaux. Au début de notre ère, les côtes étaient complètement hellenisées. Envahie successivement par les Goths, les Huns, les Slaves et les Arabes dès le 6e s., elle constitue très tôt une zone de contact entre l'Empire byzantin et les Bulgares, qui s'y implantent entre le 9e et le 13e s. À cette époque déjà, la composition ethnique de la population est un enjeu politique. À sept reprises entre 602 et 1020, les dirigeants politiques byzantins vont tenter de peupler la Thrace avec des paysans soldats, déplacés d'Arménie ou de Syrie. Cette méthode sera largement reprise par les sultans de l'Empire ottoman, du 14e s. à la fin du 19e s. Devenue bulgare, comme une bonne partie de la Macédoine, à la suite d'un soulèvement soutenu par les Russes contre l'Empire à la fin des années 1870, ce n'est qu'en 1923 qu'elle devient grecque, avec le traité de Lausanne.

Le traité de Lausanne – Pas moins de neuf tracés sont nécessaires pour mettre d'accord la Grèce, la Bulgarie et la Turquie sur une frontière satisfaisant aussi les intérêts des grandes puissances. La Première Guerre mondiale, plaçant la Grèce dans le camp des vainqueurs, prépare le traité qui est signé à Lausanne en 1923 et qui lui garantit la Macédoine et la Thrace. Les échanges de populations réalisés alors entre les trois États constituent la plus vaste opération de « clarification » ethnique des Balkans. Cependant, la Thrace est exclue du traité d'échange obligatoire, en contrepartie du maintien du patriarcat de la minorité grecque de Constantinople, ce qui explique la forte présence actuelle des musulmans dans la région.

Une région en pleine mutation – Jamais la Thrace n'avait été isolée des Balkans et de l'Orient. Au contraire, située au point de jonction entre les deux continents européen et asiatique et donnant accès à la mer Égée, elle avait toujours été traversée par des routes commerciales, telle la Via Egnatia reliant Rome à Constantinople. Dès lors, coupée de la Turquie et de la Bulgarie, excentrée d'Athènes, la plus orientale des régions de l'actuelle Union européenne a vu son développement compromis. Aujourd'hui encore, nombre d'investisseurs hésitent à s'installer en Thrace. Pourtant, une ville comme **Xánthi** laisse entrevoir ce qu'une mise en valeur commune des patrimoines grec, bulgare et turc pourrait apporter à la région.

Circuit de découverte

XÁNTHI ET SA RÉGION 1

Arrivée par la E 90. À 230 km de Thessalonique, 60 km de Kavála (autoroute en cours de construction).

Xánthi est sans conteste la plus belle et la plus animée des villes de la Thrace. Entièrement reconstruite après le séisme de 1829, elle présente une unité architecturale étonnante dans sa **vieille ville★**, où les façades néoclassiques se marient avec finesse aux encorbellements de luxueuses demeures macédoniennes. Enrichie dès la fin du 18e s. grâce au commerce du tabac, elle compte aujourd'hui une université et développe une intense activité culturelle. La population y est jeune, bourgeoise et branchée. Cependant, dans la journée, vous croiserez nombre de villageois des montagnes alentour venus profiter de ses commerces ou y commercer eux-mêmes. Traditionnellement, le marché du samedi matin, le plus important de la Thrace, concrétise les échanges entre les produits de la montagne et ceux de la plaine.

Ne manquez surtout pas son **Musée folklorique**, installé dans l'une des plus belles constructions 19e s. de la vieille ville. *7 odos Antica -merc.-sam. 9h30-14h30.* Si vous avez la chance d'être là les dix premiers jours de septembre, vous assisterez à son **carnaval**, où les musiciens de jazz se mêlent aux démonstrations de traditions locales.

Le Rhodope oriental★

Le Rhodope est une chaîne montagneuse s'étendant sur près de 250 km d'est en ouest et plus de 80 km du nord au sud. S'élevant jusqu'à 1 600 m près des sources du

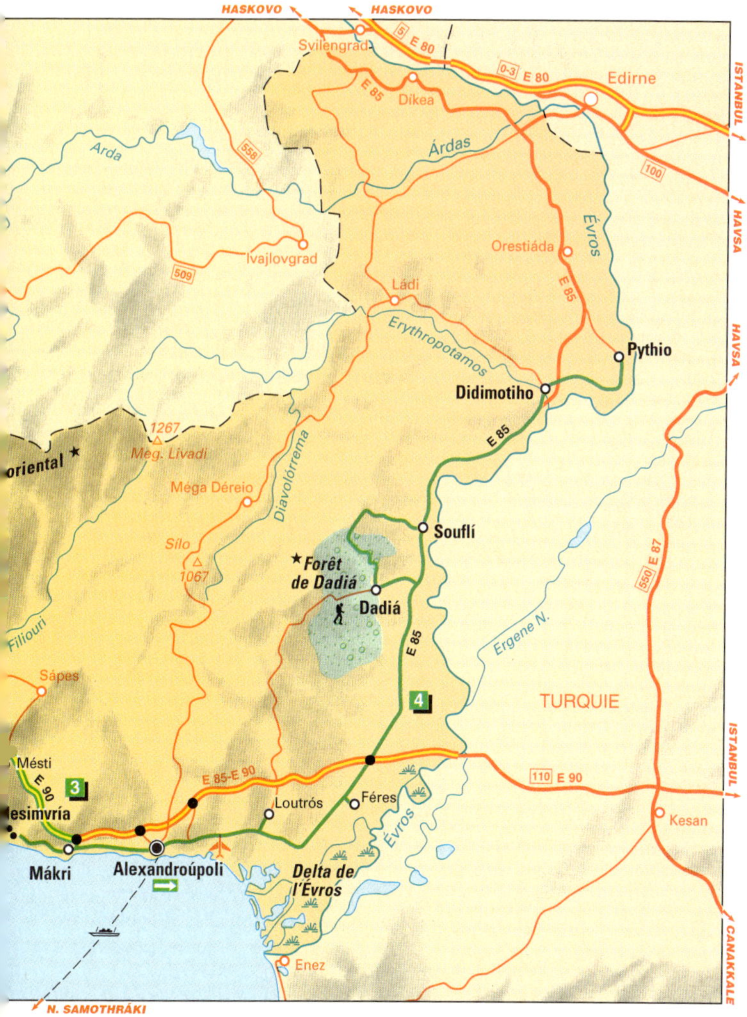

Néstos et manquant de grandes vallées, il constitue une frontière naturelle entre la Thrace grecque et la Bulgarie, entre le monde égéen et le monde balkanique. C'est au pied de deux de ses passages les plus aisés que sont nées les villes de **Xánthi** et de **Komotiní**, au croisement avec la Via Egnatia reliant Rome à Constantinople. Couvert de forêts de hêtres, de chênes et de conifères considérées comme parmi les mieux conservées d'Europe, on y trouve aussi des clairières, des cascades ou des massifs rocheux d'une grande beauté.

Des excursions pédestres y sont organisées à partir de Xánthi (*se renseigner à l'office de tourisme*).

Une excursion en voiture jusqu'au village pomaque de **Dimário**, à la frontière bulgare, ou aux villages grecs de **Stavroúpoli** et **Komniná** (tombes macédoniennes du 2e s.), ravira les moins sportifs.

Les plantations de tabac

À flanc de coteau, on cultive un tabac exporté dans le monde entier. Les champs étagés en terrasses adoucissent le paysage souvent très escarpé et créent des perspectives sublimes sur les montagnes.

Les villages pomaques

À quelques dizaines de kilomètres de Xánthi, le long d'une route étroite et tortueuse, les villages de Miki, Echínos ou Dimário abritent une population tout à fait à part en Grèce : les Pomaques. Européens islamisés, ils ont conservé leurs vêtements traditionnels très colorés. Sur les hauteurs rocheuses, ne manquez pas **Dimário**, un village tout blanc à l'architecture épurée.

LA PLAINE CÔTIÈRE 2

Le delta du Néstos★

Pour les amoureux de la nature, une descente du Néstos jusqu'à son delta en canoë sera une expérience inoubliable. Renseignements à l'office du tourisme de Xánthi.

Geniséa

À 15 km de Xánthi. Ville refuge des habitants de Xánthi après le séisme de 1829, elle ne connut pas le même développement en raison du climat humide de sa plaine marécageuse. Du fait de sa situation sur le passage des cigognes dans leur migration, les lampadaires municipaux accueillent nombre de leurs gigantesques nids en plein cœur de la ville.

Abdère antique

À 30 km de Xánthi. Site : 9h-15h. Seules quelques fondations demeurent de cette ville antique fondée au 7e s. av. J.-C. : une acropole, un théâtre, des thermes. Lieu de naissance de Démocrite et de Protagoras, elle fut à l'époque byzantine le port de Xánthi et, au 9e s., le siège d'un évêché. Les découvertes sont exposées aux musées de **Komotiní**, de **Kavála** et du village d'**Abdère** (Ávdira), situé à 3 km du site *(8h-17h).*

Culture du tabac

Aux fondements de la richesse de Xánthi, la qualité du **tabac rhodopien** attire encore aujourd'hui les représentants de grandes compagnies étrangères. Structurant l'économie montagnarde, sa culture a profondément marqué le paysage et déterminé l'architecture des maisons, dont le 1er étage est dévolu au séchage et au travail du tabac. Très contraignante, elle explique aussi la dispersion de l'habitat. Le terrain doit être épierré à la main chaque année, puis préparé à la bêche et enrichi de fumier, tandis que les graines sont mises à germer au chaud dans un sac. Une première fois semées et recouvertes à la main, elles sont arrosées tous les jours en mars avant d'être repiquées, entre avril et juin, sur un autre terrain où ont été parqués des animaux. La plantation définitive se fait les derniers mois, dans un terrain travaillé jusqu'à cinq fois par les propriétaires les plus aisés. La récolte des feuilles est journalière de juillet à septembre car il faut les cueillir « à point », avant le lever du soleil, sans prélever plus de quatre feuilles par tige. Le jour même de la cueillette, les feuilles sont percées et enfilées pour être mises à sécher au soleil. L'emballage est strictement réglementé car la qualité et le prix dépendent de la façon de lier les feuilles, du poids de la balle et du tissu choisi. Avant de pouvoir être exportées, les balles doivent être retournées à plusieurs jours d'intervalle.

Une communauté à part

La population pomaque constitue un tiers de la population musulmane de la Thrace et symbolise à elle seule la complexité des Balkans. Parlant une propre langue mêlée de mots grecs et turcs, leur pratique de l'islam révèle également des syncrétismes profonds avec le christianisme, comme la vénération de saint Georges ou le signe de croix sur le pain. Revendiqués dès 1913 à la fois par les Grecs, les Bulgares et les Turcs sur la base d'études historiques, ethnologiques ou anthropomorphiques (et même hématologiques!) censées montrer leur parenté avec les uns ou les autres, ils vivent en retrait de tous. Strictement montagnards, ce sont leurs villages qui produisent la meilleure qualité de tabac. Leurs 40 000 représentants environ se concentrent dans les départements de Xánthi et de Rhodope.

En longeant la mer pendant 5 km à l'est par la petite route qui part en face des ruines, vous arriverez à une plage de sable fin peu fréquentée, **Myrodatou Beach**, où vous pourrez vous restaurer et vous rafraîchir.

Porto Lágos

À 25 km de Xánthi, 30 km de Komotiní par la E 90. À 15 km d'Abdère antique par les petites routes. Ce pittoresque village de pêcheurs s'est construit sur une étroite bande de terre entre la mer et la **lagune Vistonída**★. À l'entrée du village en venant de Xánthi, vous trouverez un centre d'information qui organise des excursions sur la lagune *(✆ 25410 96646 - fermé dim. - également possibilité de louer des bateaux).* Produit de la rencontre entre la mer et l'eau douce de deux rivières, c'est un formidable écosystème protégé où se reproduisent nombre d'espèces d'oiseaux, notamment des migrateurs.

Le marché se tient sur le port tous les dimanches; il est bordé de cafés et de restaurants.

2 km après le village en direction de Komotiní, le **monastère St-Nicolas**★, *métoki* du monastère de Vatopédi du mont Áthos, est construit sur un petit îlot de la lagune. Si l'église et la chapelle actuelles datent du début du 20ᵉ s., la présence du monastère est attestée depuis le 14ᵉ s.

Fanári

À 40 km de Xánthi, 35 km de Komotiní par la E 90. 12 km de Porto Lágos par les petites routes.

Les amateurs de grandes plages aménagées pour accueillir la jeunesse, avec bars musicaux les uns à la suite des autres sur le sable, seront comblés à Fanári. Ambiance assurée! Au centre-ville, à côté du port, un quartier plus paisible, un peu en hauteur, propose des cafés et des restaurants avec une vue imprenable sur la mer.

Komotiní

À 50 km de Xánthi, 110 km de Kavála par l'autoroute. Éviter l'arrivée interminable par la E 90 en provenance de Xánthi.

Komotiní semble être en plein réaménagement. Seul le quartier situé autour de la place centrale paraît stabilisé et présente les structures modernes attendues d'une ville de cette taille. Son **Musée ecclésiastique**★ mérite cependant le détour, tant pour la bâtisse médiévale qui l'abrite que pour sa collection d'icônes et d'objets de culte. Couvrant la période allant du 16ᵉ au 20ᵉ s., il témoigne surtout de l'histoire du diocèse. *8 odos Xenophontos - lun., merc., vend. et sam. 10h30-13h30; mar. et jeu. 17h-20h - fermé dim.* À visiter également, le **Musée archéologique**, qui présente une bonne synthèse des fouilles actuellement réalisées en Thrace. *4 odos Sismondi - 8h30-15h.*

LES CHAMPS D'OLIVIERS 3

À 30 km de Komotiní. Sortir de Komotiní en direction de Marónia, au sud, sans prendre l'autoroute. Arrivé au village de Xylaganí, prendre à droite vers Ímeros pour longer la mer jusqu'à Marónia.

Soumise à la fois au climat méditerranéen et au climat continental arrivant par la vallée de l'Évros, la Thrace possède cependant une terre pleinement propice aux oliviers : la frange côtière comprise entre Marónia et Mákri, protégée des vents du Nord par les collines de l'Ismaros. En vous rendant sur les sites archéologiques de Marónia et de Mesimvría, vous pourrez admirer des oliveraies qui s'étalent à perte de vue, semblant plonger dans la mer. Vous pourrez également vous arrêter à **Platanitis Beach,** superbe plage de sable fin.

Marónia

8h30-15h - 2 €.

Les vestiges de l'antique Maronée, à 2 km au sud du village actuel, se succèdent le long d'un chemin de terre surplombant la mer. Des remparts byzantins, un théâtre et un temple de Dionysos sont tout ce qui a été actuellement mis au jour de ce qui fut l'une des plus riches villes de la Thrace. Fondée au 7e s. av. J.-C. et occupée un temps par Philippe II de Macédoine, c'est elle, selon Homère, qui fournit à Ulysse le vin destiné à tromper le Cyclope.

Mesimvría

Traversée des collines de l'Ismaros. En partant du village de Marónia, prendre au nord la petite route en direction de Mésti jusqu'à rejoindre l'autoroute. De là, suivre les indications. 8h30-15h - 2 €.

Tout au long de la côte entre le mont Ismaros et l'Évros, les Grecs de Samothrace vinrent, dès le 7e s. av. J.-C, construire des villes fortifiées, les « forteresses de Samothrace », comme les nommait Hérodote. Ports de ravitaillement de l'île en produits agricoles, elles furent des centres importants d'échanges culturels entre les Grecs et les Thraces. Parmi elles, seule Mesimvría a été actuellement localisée et systématiquement fouillée. Les **temples de Déméter et d'Apollon** constituent une découverte importante pour la compréhension de cette province.

Mákri

Ce port de plaisance est idéal pour déjeuner. Dominant la mer, une grotte traditionnellement appelée « grotte du Cyclope » a révélé des traces de vie au néolitique.

Alexandroúpoli

À 50 km de Komotiní, 100 km de Xánthi, 350 km de Thessalonique par l'autoroute.

Située à moins de 60 km de la frontière turque, Alexandroúpoli est une station balnéaire mais aussi une ville de garnison. Pour cette raison, c'est une ville animée. Son bord de mer, dominé par un phare du 19e s., ne manque pas de charme. Son **Musée ecclésiastique**, situé près de la cathédrale, est riche et bien argumenté. Portée par les écosystèmes environnants, vous y trouverez deux musées de l'Environnement. Enfin, la municipalité propose de nombreuses excursions, notamment dans le delta de l'Évros ou la forêt de Dadiá.

LA VALLÉE DE L'ÉVROS 4

Suivre la E 85 jusqu'à Didimotiho.

À la croisée des continents africain, asiatique et européen, la vallée de l'Évros est connue par les ornithologues du monde entier étudiant les espèces d'**oiseaux migrateurs**. Malheureusement, c'est une zone militaire dont l'accès est étroitement surveillé. La forêt protégée de Dadiá est plus accessible.

Le delta de l'Évros

Des excursions accompagnées sont organisées à partir d'Alexandroúpoli, de Loutrós ou de Féres. *Renseignements à Alexandroúpoli ou bien aux centres d'information des villages de Loutrós et de Féres.*

La forêt de Dadiá★

À environ 60 km d'Alexandoúpoli sur la E 85, prendre à gauche en direction du village de Dadiá. Hôtellerie (20 ch.) et écotourisme associés dans le village de Dadiá.

Elle compte 38 des 39 espèces de rapaces connues en Europe. Plusieurs postes d'observation sont aménagés dans la forêt. N'oubliez pas vos jumelles !

Soufli

Vous visiterez son **musée de la Soie**, installé au fond d'un magasin irrésistible, où les soieries bordées d'un fin travail au crochet sont vendues à des prix défiant toute concurrence. *12 odos Venizielou - tlj sf dim.*

J. Rolland / MICHELIN

Une ruelle de Didimotiho.

Didimotiho

À 95 km d'Alexandroúpoli.

Petite ville pleine de charme et d'histoire, son vieux quartier situé autour des **remparts byzantins** vaut le détour, avec une vue extraordinaire sur la vallée de l'Évros. Connue sous le nom de Plotinopolis à l'époque antique, elle devint l'une des plus riches villes de la Thrace après la prise de Constantinople en 1261, puis la première métropole européenne de l'Empire ottoman au 14e s., comme en témoigne une impressionnante **mosquée** du 15e s.

Pythio

À 20 km au nord-est de Didimotiho.

Un magnifique exemple d'architecture militaire byzantine, très bien conservé, domine la vallée.

La Thrace pratique

Informations utiles

XÁNTHI

EOT – *Pl. Dimocratias - naxanthi@otenet.gr.*

Centre de santé – *25410 47100.*

Police – *25410 23333.*

ALEXANDROÚPOLI

EOT – *Odos L. Makris - 25510 28735/26055.*

Centre de santé – *25510 74000.*

Police touristique – *25510 37411.*

KOMOTINÍ

EOT – *Pl. Eirinis.* Un petit kiosque.

Transports

En avion – Alexandroúpoli dispose d'un aéroport *(25510 89150)*, à la sortie est de la ville.

En train – Xánthi - *Odos Giorgiou Kondili - 25410 22581 ;* Alexandroúpoli - *Odos Karaoli Dimitriou - 25510 26395.* Une ligne de chemin de fer relie toutes les grandes villes à Thessalonique et Athènes.

En voiture – Agences de location à Xánthi *:* **Elpida** – *83 odos Iroon - 25410 83368 ;* Alexandroúpoli : **Evros Rental** – *67 odos Dimokratias - 25510 36996.*

En bus – **KTEL** à Xánthi - *6 odos Dimocratias - 25410 22684 ;* Alexandroúpoli - *pl. Eleftherias (en face de la gare) - 25510 26479.*

En bateau - À Xánthi, toutes les agences de voyages maritimes sont concentrées autour du port. À Alexandroúpoli : lignes reliant la ville aux îles de Samothrace et Límnos, et aux villes de Kavála et Thessalonique. Compagnie **SAOS** – *25510 23512.*

Autorités portuaires – *25410 96666.*

Se loger

Bon à savoir – Vous trouverez facilement à vous loger jusqu'à Alexandroúpoli, dans des hôtels toutes catégories. Ailleurs, les choses deviennent plus difficiles…

ALEXANDROÚPOLI

Hera – *179 av. Dimokratias - 25510 25995 - fax 25510 34222.* Dans la rue principale de la ville, à 2mn du bord de mer, un hôtel de confort standard.

DIDIMOTIHO

Plotini – *1 odos Paraskevis - 25510 23941/42 - fax 25530 22251 - plotini@otenet.gr - 60 ch.* Un peu à l'écart du centre de la ville, cet hôtel luxueux avec piscine joue la carte du site, face aux ruines de l'ancienne Plotinopolis.

FANÁRI

Limni Appartements – *25350 31446 - www.limnihotel.gr.*

Bosporos – *25350 31216 - fax 25350 31212.* À 100 m de la grande plage de Fanári, hôtel de charme construit au haut d'une petite route au milieu des champs, avec vue sur la mer.

KOMOTINÍ

Orpheus – *1 odos Parassiou - 25310 37180 - fax 25310 28271 - orfotel@otenet.gr - 79 ch.* En plein centre-ville, cet hôtel moderne propose des chambres offrant tout le confort, avec terrasse privative et parking.

TRAÏNOUPOLI

Athina – *12 km à l'est d'Alexandroúpoli - 25510 61208.* Cet hôtel familial, dans un champ d'oliviers, propose des chambres spacieuses avec terrasse. En fin d'après-midi, partagez un verre d'ouzo avec les propriétaires.

XÁNTHI

Orpheas – 40 odos Karaoli - *25410 20121 - fax 25410 20122 - 38 ch.* À deux pas de la place Dimocratias et de la vieille ville, un hôtel bien tenu aux chambres spacieuses, qui dispose d'un parking.

Democritus – *41 odos 28-Oktovriou - 25410 25111/12/13 - fax 25410 25537.* Dans la rue commerçante du centre-ville, cet hôtel propose des chambres avec terrasse et vue sur les montagnes.

Se restaurer

ALEXANDROÚPOLI

Odos Kountouriotou – Vous trouverez dans cette rue les meilleurs restaurants de grillades de la ville. Cuisine à influence turque.

DIDIMOTIHO

Kactrino – *9 odos Paulou Mela.* Dans une maison traditionnelle du vieux quartier, ce restaurant est un havre de paix pour déguster des spécialités locales.

XÁNTHI

Erodios – *2 odos Agiou Atanasiou.* Aménagé dans une impressionnante bâtisse de la vieille ville dont il n'a été gardé que les murs extérieurs, ce restaurant propose une cuisine gastronomique dans un cadre enchanteur.

Faire une pause

XÁNTHI

Kallirroe – *Pl. Dimocratias.* Cette immense pâtisserie dispose d'une salle au 1er étage, lieu de rendez-vous de toutes les générations. Spécialités grecques et orientales.

Byzantio – *108 odos Konstantinou.* Aux abords de la vieille ville, ce salon de thé propose des pâtisseries irrésistibles.

Sports et loisirs

Plusieurs excursions sont possibles dans cette province.

Nome de Xánthi – **Riverland** - *www.riverland.gr;* **Nativus** - *www.forestland.gr;* **Vistonis** - *viston@otenet.gr.*

Nome de l'Évros – À Loutros, centre d'information du delta de l'Évrós (*℘ 25510 6100).* À Féres, office de tourisme (*℘ 25550 24310).* À Dadiá, entreprise municipale d'écotourisme (*℘ 25540 32263/09 - www.ecoclub.com/dadia/).*

Tirynthe★★

Tíryntha – Τίρυνθα

638 HABITANTS
CARTE GÉNÉRALE RABAT II B2 – PÉLOPONNÈSE - ARGOLIDE

Sur le bord de la route, parmi les orangeraies de la fertile Argolide, apparaît soudain une impressionnante enceinte cyclopéenne, chef-d'œuvre de l'architecture militaire antique. Avec Mycènes, Tirynthe fut la plus grande cité de la civilisation mycénienne et, tout comme sa voisine, elle est étroitement liée aux épopées homériques.

Se repérer – À 55 km au sud de Corinthe, le site se trouve sur la droite de la route allant de Nauplie à Árgos. Parking à gauche, peu après le panneau « Tíryntha », à 4 km au nord de Nauplie. Il vous faudra traverser la route et longer sur une centaine de mètres l'enceinte grillagée avant de dénicher le chemin ombragé permettant d'accéder au site.

Organiser son temps – Compter deux heures. Pour séjourner, Nauplie, avec sa multitude d'hôtels et de restaurants, est idéale.

Pour poursuivre le voyage – Árgos, Épidaure, Mycènes, Nauplie.

Comprendre

La cité natale d'Hercule – Fondée, avant Mycènes, par un certain Prœtros, avec l'aide de Cyclopes, Tirynthe aurait été, comme Mycènes, soumise à Persée. Puis règne le fils de Persée et d'Andromède, Alcée, auquel succède **Amphitryon**.

Ce souverain épouse sa cousine Alcmène, vertueuse autant que belle, mais, avant de consommer le mariage, il doit honorer sa promesse de venger les frères d'Alcmène, tués au cours de rixes entre factions rivales… et doit partir pour Thèbes. Or, Zeus, ému par la beauté d'Alcmène, et jamais à court d'idées, profite de l'absence du roi pour prendre son apparence et ainsi triompher de la vertu de la reine, infidèle à son insu. Le fruit de cette union est le petit Héraklès, qui, dès l'âge de 18 mois, étouffe les serpents envoyés par la jalouse Héra pour le dévorer. Quant au malheureux Amphitryon, il y a gagné bien malgré lui la réputation d'un homme accueillant…

Les Douze Travaux… – Plus tard, dans un accès de démence, Héraklès tue ses propres enfants. En purification, la Pythie de Delphes lui ordonne de se mettre au service d'Eurysthée, roi de l'Argolide, qui lui impose les Douze Travaux : étouffer le lion de Némée, tuer l'hydre de Lerne, forcer à la course la biche de Cérynie, capturer le sanglier d'Érymanthe, nettoyer les écuries d'Augias, abattre les oiseaux du lac Stymphale, dompter le taureau crétois de Minos, attraper les juments anthropophages du roi Diomède, s'emparer de la ceinture de la reine des Amazones, Hippolyté, ramener les bœufs de Géryon, le monstre à trois têtes, aller chercher les pommes d'or du jardin des Hespérides et enfin, ramener Cerbère des Enfers.

Au temps des Achéens

Au 13e s. av. J.-C., Tirynthe dépend de Mycènes et participe à la guerre de Troie. Indépendante lors de l'invasion dorienne (12e s.), la cité s'étend alors sur 25 ha et compte environ 15 000 habitants. Son voisinage avec Árgos se révèle tumultueux, et, en 468, les Argiens s'en emparent et la dévastent.

Visiter

L'ACROPOLE★★

☏ 27520 22657 - 8h-19h (jusqu'à 17h l'hiver) - 3 €.

« Tirynthe ceinte de remparts » (Homère), couronnant une butte rocheuse calcaire allongée, domine la plaine d'une vingtaine de mètres seulement, mais sa situation isolée, alors au bord de la mer, et la puissance de ses murailles la rendent presque inexpugnable.

Les ruines que l'on voit aujourd'hui datent, pour l'essentiel, de la fin du 13e s. av. J.-C. D'une longueur de 300 m sur une largeur variant de 45 m à 100 m, elles comprennent au niveau supérieur le « palais » et, au niveau inférieur, une enceinte elliptique qui protégeait les bâtiments à usage militaire, religieux ou commercial.

Remparts★★

Épais de 7 à 10 m, et atteignant par endroits une hauteur de 7,50 m, ils courent sur une longueur d'environ 1 500 m. Admirés par Pausanias à l'instar des pyramides, ils présentent un appareil cyclopéen très impressionnant, avec des pierres sommairement dégrossies, pouvant mesurer jusqu'à 3,50 m de long et 1,50 m de haut.

Depuis l'entrée de la zone archéologique, une rampe, accessible aux chars, mène à l'entrée principale de l'acropole. Celle-ci, fermée jadis par des vantaux de bois, était renforcée par deux tours. Au-delà de l'entrée, sur la gauche, le passage **(1)** pratiqué entre l'enceinte et le mur du palais, haut de 11 m à cet endroit, était un vrai coupe-gorge, et des attaquants ayant forcé l'entrée pouvaient facilement y être massacrés.

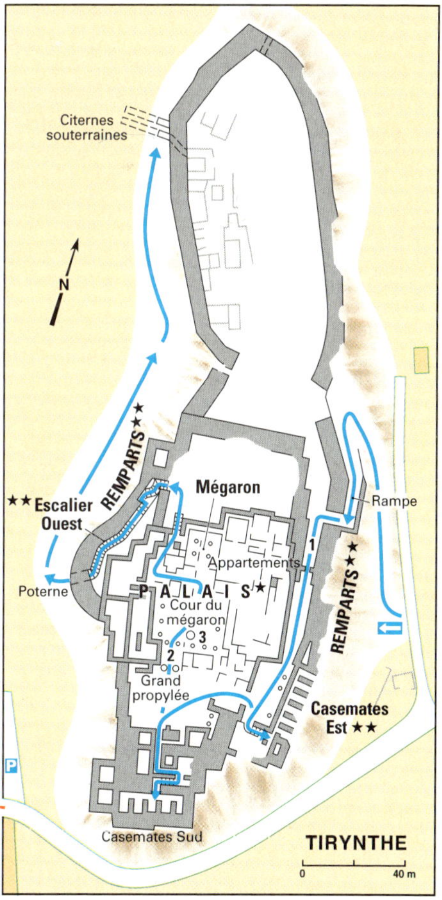

Palais★

Vous arrivez alors à la porte du palais : il en subsiste le seuil long de 4 m et large de 1,45 m (remarquez les trous des gonds) et un des piédroits (vous apercevrez le logement de la barre de fermeture des vantaux).

De l'avant-cour, un escalier à gauche descend vers les casemates est.

Le palais, typique de l'architecture mycénienne, fut édifié vers 1200 av. J.-C. sur des constructions antérieures dont ne subsistent plus que des fragments de stucs provenant de leur décoration.

Casemates est★★ – Une étroite galerie, longue de 30 m, à voûte en berceau brisé, aménagée dans l'épaisseur du rempart, dessert six salles ou casemates. Les lourds blocs de pierre et le demi-jour créent dans ces lieux guerriers une atmosphère oppressante.

Les fouilles

C'est **Heinrich Schliemann** qui entreprit les premières fouilles en 1876 ; l'architecte W. Dorpfeld s'y associa en 1884, et, en 1885, fut mise au jour la plus grande partie des murailles et du palais. Les fouilles reprirent en 1926-1927 sous la conduite de l'Institut allemand d'archéologie. L'acropole a livré des fresques (au musée d'Athènes), des céramiques et des terres cuites (au musée de Nauplie).

Grand Propylée – Cette entrée monumentale dont il ne reste que des traces était l'ancêtre de celui de l'Acropole d'Athènes, conçu sur le même principe : deux porches, intérieur et extérieur, couvrant une allée centrale. Il précède la grande cour d'où un escalier coudé conduit aux casemates sud, analogues à celles de l'est. Le **petit Propylée (2)** reliait la grande cour à celle du mégaron.

Cour du mégaron – Mesurant environ 20 m sur 15 m et revêtue du ciment blanc d'origine, elle était entourée sur trois de ses côtés de portiques dont on retrouve quelques traces. Au fond s'élevait la façade du mégaron. On repère, à droite en entrant, l'emplacement de l'autel royal **(3)**.

Mégaron – Il avait, comme celui de Mycènes, un portique, un vestibule, un foyer central encadré de colonnes de bois sur base de pierre ; à droite était placé le trône du roi. Les murs revêtus de stuc étaient décorés de peintures de style crétois. Au 7e ou au 6e s. av. J.-C., un temple d'Héra lui succéda : on en distingue quelques soubassements. Les appartements royaux, à deux étages, bordaient les côtés nord et est du mégaron.

Escalier et remparts ouest★★

Sinuant légèrement à l'intérieur du mur en demi-lune et se terminant par une poterne, cet escalier de 80 marches est un des éléments les plus curieux du dispositif de défense. Si des assaillants en escaladaient les degrés, ils étaient soumis de tous côtés aux coups des défenseurs et, si quelques-uns réussissaient à passer, ils tombaient dans une sorte de chausse-trappe. De plus, un bastion supplémentaire interdisait l'accès du cœur de l'acropole.

Au bas de l'escalier, au bout des remparts, des **citernes** voûtées communiquaient avec la citadelle par des passages souterrains.

Se promener

Balade parmi les orangers

Juste après les ruines de Tirynthe, prendre à droite une petite route portant l'indication « Athènes/Corinthe ».

4 km plus loin, à gauche juste avant le village d'**Agía Triáda**, au fond d'un cimetière, l'**église de la Dormition de la Vierge (Kimissis tis Theotokou)** fut construite au 12e s. Le village s'appelait naguère Merbaka, du nom du Flamand **Guillaume de Merbeke**, archevêque latin de Corinthe en 1280 et traducteur d'Aristote et d'Archimède.

Dendra

On peut visiter sur la route *(à 1 km du village - signalisation)* une nécropole comportant une tombe à coupole et plusieurs à chambres. C'est là qu'a été mise au jour la plus ancienne cuirasse connue (15e s. av. J.-C.), actuellement exposée au musée de Nauplie.

Midéa

Poursuivre après Dendra jusqu'au petit village de Midéa (signalisation) ; à la sortie, prendre à droite la route asphaltée (3 km) qui conduit au sommet de la montagne. Entrée libre.

Sur une terrasse à flanc de montagne, on visite les vestiges de l'enceinte cyclopéenne de la troisième ville mycénienne. De ce site isolé dominant la plaine d'Árgos, belles **vues★**.

Trípoli

Τρίπολη

23 441 HABITANTS
CARTE GÉNÉRALE RABAT II B2 – PÉLOPONNÈSE - ARCADIE

Capitale de la préfecture d'Arcadie et nœud routier au cœur du Péloponnèse, Trípoli occupe le centre d'une haute plaine fertile encadrée de montagnes de 2 000 m. L'altitude relativement élevée y détermine un climat frais en été. Ville étudiante, agréablement pourvue d'espaces verts, la cité arcadienne n'a conservé que de rares vestiges de son passé. Elle est surtout un point de départ pour de belles excursions vers les villages et monastères perchés dans les montagnes alentour.

Se repérer – Alt. 650 m. À 160 km au sud-ouest d'Athènes par l'autoroute, à 85 km au sud-ouest de Corinthe, à 60 km au nord de Sparte et à 87 km au nord-est de Kalamáta.

Se garer - Deux parkings proches de la place centrale Ag. Vassiliou : l'un près du square Petrinou et l'autre odos Paplouta.

Organiser son temps – Sans charme particulier, Trípoli n'incite pas à une visite prolongée et la circulation y est difficile. On peut cependant y faire halte pour la nuit avant de partir à la découverte des superbes alentours.

Avec les enfants – Le musée de l'Énergie hydraulique à Dimitsána.

Pour poursuivre le voyage – Arcadie, Árgos, Kalamáta, Mycènes, Mistrás, Nauplie, Sparte.

Visiter

Résidence du pacha de Morée au 18e s. sous le nom de Tripolizza, et alors très turque d'aspect selon Chateaubriand, Trípoli fut reconstruite, après sa destruction en 1824 par Ibrahim Pacha. La place centrale, entourée des « couverts » habituels aux pays de montagne, contraste avec la place Areos, ouverte et agrémentée de jardins, et avec le bazar, au sud.

Musée archéologique

Prendre odos Georgiou à droite de l'église, puis la 3e rue à droite au coin de l'hôtel Alex et tout de suite à gauche le passage vers odos Evangelistria. ☏ 27102 42148 - tlj sf lun. 8h30-15h - 2 €.

Bien agencé sur deux niveaux, le Musée archéologique est installé dans une belle maison néoclassique, œuvre de Ziller. Il abrite les collections de la région d'Arcadie allant de la période néolithique et de l'âge du bronze (3000-1200 av. J.-C.) à la période romaine.

Rez-de-chaussée – *Salles à gauche de l'entrée.* Sont réunis ici des objets de la région (vases, têtes de statues) de la période archaïque et des objets de la période néolithique et de l'âge du bronze provenant des fouilles de l'habitat préhistorique de Sfakovouni-Karvouni, sur la commune de Kamenitsa. Dans le couloir, belle statue de marbre d'une déesse assise d'Assea datant de la période archaïque (milieu du 6e s. av. J.-C.), ainsi que deux stèles représentant un couple sur un divan, Apollon et les Muses.

Salles à droite de l'entrée. Elles accueillent les collections de céramiques et de vases (terres cuites, surprenant vase en bois de Megalópoli, amphores et hydries de différentes périodes et de diverses provenances). Sont exposées aussi une collection de statues en marbre et de têtes de diverses périodes, des figurines en terre cuite, des pièces de monnaie en bronze et des inscriptions.

Sous-sol – Il présente des stèles funéraires, des reliefs et des sculptures en marbre, ainsi que des fresques, des céramiques et des figurines en terre cuite. Remarquez les pièces de la villa d'Hérode Atticus qui avait été bâtie aux environs d'Ástros le long de la côte de l'Arcadie. Dans le jardin, stèles funéraires, divers éléments architecturaux, des reliefs et des inscriptions.

Aux alentours

Tégée (Tegea)

À 10 km au sud-est. Prendre la route de Sparte et, à 8 km, au lieu-dit Kerassitsa, tourner à gauche (signalisation « Ancient Tegea »).

Soumise à Sparte à partir du 6e s. av. J.-C., **Tégée**, la plus importante cité de l'Arcadie ancienne, située dans une plaine fertile, fut détruite par les Barbares au 5e s.

Reconstruite par les Byzantins sous le nom de Nikli, elle fut au 13e s. le siège de l'importante baronnie franque de Niklès et d'un évêché latin : près de là, au sud, se tenaient sous l'occupation franque les grandes foires de la verveine, dont le lieu-dit Vervena rappelle le souvenir.

Palea Episkopi – Dans un parc ombragé, une église reconstruite avec des éléments de la basilique paléochrétienne (5e s.) de Nikli a été édifiée sur le site d'un théâtre dont on a dégagé une partie du *proscénium* (avant-scène) ; vestiges antiques, notamment de l'ancienne agora hellénistique et romaine située près des murailles médiévales.

En se dirigeant vers le fond du parc par l'allée centrale, on peut voir, sur la gauche, un petit entrepôt dont le sol est couvert d'une belle mosaïque provenant d'une église paléochrétienne (début du 5e s.) et représentant les quatre fleuves du Paradis, des personnages et des animaux marins.

Revenir sur vos pas et prendre la première allée à gauche.

Musée d'Art populaire (Laografikó Moussío) – Il présente un intérieur traditionnel d'une maison rurale avec meubles en bois, métier à tisser, objets domestiques (ustensiles, lampes, machine à écrire, radio) et costumes. Remarquez le flambeau utilisé pour porter, d'Olympie à Berlin en passant par Tegea, la flamme à l'occasion des Jeux olympiques de 1936. Une plaque commémorant l'événement est fixée dans les restes de la muraille médiévale.

Du parking situé à côté de l'église, prendre à droite et de nouveau à droite la route goudronnée qui conduit sur la place du village d'Aléa et au temple d'Athéna.

Temple d'Athéna à Aléa (Naos Athinas) – De 1889 à 1910, les fouilles de l'École française d'Athènes dégagèrent les fondations du temple d'Athéna (4e s. av. J.-C.).

Ce sanctuaire dorique périptère (6 x 14 colonnes), construit en marbre local, comprend un *pronaos*, une *cella* et un opisthodome et abritait la statue archaïque, en ivoire, de la déesse, les statues en marbre d'Hygie (déesse de la Santé) et d'Asklépios, et la dépouille du sanglier de Calydon. Les décors sculptés des frontons représentaient des scènes empruntées aux mythes locaux. Ce monument avait été conçu et orné par le grand sculpteur de Páros, **Skopas**, de statues et de sculptures dont plusieurs fragments ont été retrouvés : les plus beaux, évoquant la chasse de Calydon (sanglier de Calydon, tête d'Atalante) sont exposés au musée d'Athènes, d'autres dans le petit musée local.

Musée archéologique (Arheologikó Moussío) – Il réunit des vestiges locaux, des stèles funéraires, d'intéressants éléments architecturaux (fragments des frontons du temple), un bloc de l'autel des sacrifices (4e s.), des sculptures et des reliefs votifs dédiés au dieu Pan. Les vitrines rassemblent de petits objets en bronze, des céramiques et des figurines en marbre provenant des fouilles du cimetière de Tégée.

Mantinée (Mantínia)

À 11 km au nord ; suivre la signalisation jusqu'au carrefour, puis continuer tout droit : 9 km plus loin, en face d'une église, tourner à droite.

Rivale de Tégée, Mantinée était dans l'Antiquité une cité fortifiée commandant la plaine, alors irriguée et riche de cultures et de forêts de chênes, aujourd'hui dénudée. Sous ses murs tomba en 362 av. J.-C. le fameux général thébain **Épaminondas**, en poursuivant l'armée lacédémonienne d'Agésilas.

À droite de la route, des fouilles ont mis au jour les vestiges de l'enceinte, jalonnée de tours et longue de 4 km, ainsi que les bases d'édifices parmi lesquels un théâtre, une agora et plusieurs temples.

À gauche de la route s'élève une **église★** dédiée « à la Vierge, aux Muses et à Beethoven ». Cet étrange édifice a été bâti de 1970 à 1978 par un architecte américain d'origine grecque qui y a employé tous les matériaux possibles (marbre, pierre de taille, brique, bois…), tentant la synthèse de plusieurs styles (égyptien, grec, byzantin) et accumulant toutes les formes de décor imaginables (sculptures, fresques, vitraux, mosaïques, émaux, orfèvrerie…) : l'ensemble réjouira les amateurs d'art surréaliste.

À partir de là, on peut rejoindre Levídi par de petites routes (entre 10 et 15 km).

Levídi

À 27 km au nord-ouest par la route d'Olympie.

Quelques vestiges ont été découverts ici, notamment les restes d'un sanctuaire dorique (6e s. av. J.-C.). Un chemin conduit aux remparts de l'ancienne ville, d'où l'on peut, en empruntant un sentier à droite, rejoindre un théâtre assez bien conservé, situé dans un beau site.

Prendre la route de Kandila et, à 2 km, suivre à droite le chemin conduisant à l'église de la Dormition. Tout droit, le site d'Orchomenos à 5 km.

Église de la Dormition de la Mère de Dieu★ (Kimissis tis Theotokou) – Dans un enclos planté de noyers et rafraîchi par des sources, cette belle église postbyzantine (17e s.) est décorée de peintures murales intéressantes par leurs détails pittoresques et leurs coloris : scène de l'Ancien Testament, de la Passion du Christ, Dormition de la Vierge, portraits de saints orientaux.

Ruines de Megalópolis

À 36 km au sud-ouest de Trípoli et à 15 km au sud-est de Karítaina (1 km avant Mégalópoli, sur la droite).

L'antique Megalópolis fut bâtie de 371 à 368 av. J.-C. par Épaminondas pour contenir et surveiller Sparte. Devenue siège de la Ligue arcadienne, elle joua un rôle important aux époques hellénistique et romaine. Y naquirent **Philopoemen** (253-183 av. J.-C.), le « dernier des Grecs » qui chercha à maintenir l'unité grecque devant l'expansion romaine, et l'historien **Polybe** (204-122 av. J.-C.) qui, dans ses *Histoires*, a raconté la conquête romaine de la Grèce. Megalópolis, plusieurs fois saccagée, disparut avec les invasions barbares.

Thersilion – Les soubassements d'une enceinte rectangulaire et les multiples bases de colonnes témoignent de l'immensité de cette salle d'assemblée dévolue aux « Dix Mille », représentant le peuple arcadien. Appelée du nom de son donateur, la salle comptait en effet 66 m de long, 53 m de large, et 67 piliers disposés de telle sorte que la quasi-totalité des assistants pouvait voir l'orateur, placé au centre du côté contigu au théâtre.

Théâtre – Des bosquets entourent le théâtre, le plus étendu de Grèce (145 m de diamètre), qui pouvait recevoir, sur ses 59 gradins, environ 20 000 spectateurs et jouissait d'une excellente acoustique. Les rangs inférieurs, réservés aux notables et aux confréries religieuses (inscriptions), sont bien conservés.

Circuit de découverte

Circuit de 118 km de Trípoli à Andrítsaina, en prenant la route d'Olympie par le nord. Compter un peu plus d'un jour (il est possible de faire halte pour la nuit à Dimitsana ou à Andrítsaina) et se munir d'une carte routière détaillée de la région. Le parcours réserve de très belles surprises, en particulier à la tombée de la nuit où les couchers de soleil sont magnifiques. Le circuit peut être prolongé jusqu'à Olympie en passant par le temple de Vassés (voir Olympie).

On peut également prendre le circuit par le sud, en passant par Megalópolis (33 km). Dans ce cas, on fera une boucle pour terminer par Vitína, où il est également possible de passer la nuit (voir « Trípoli pratique »).

Vitína

À 45 km au nord-ouest par la route d'Olympie.

C'est un agréable village d'architecture traditionnelle à 1 040 m d'altitude. Lieu de villégiature réputé, et point de départ pour le mont Maínalo, il est fréquenté surtout en hiver par les touristes athéniens pour la station de ski toute proche. Belles boutiques de produits régionaux et d'objets d'artisanat en bois (animaux, bijoux, ustensiles de cuisine). Visitez l'église Agii Apostoli (16e s.), couverte de fresques.

S. Chevreuse / MICHELIN

Sur la route des sports d'hiver, le joli village de Vitína.

Musée de l'Artisanat et du Folklore – *Sur la place du village, face à la statue (commémorative d'un étudiant résistant assassiné). Mai-nov. : tlj sf w.-end. 10h-14h.* Ce musée municipal, très intéressant, donne à voir les différents types d'artisanats locaux passés et présents (métier à tisser, alambic, outils divers, costumes de fête et de travail, etc.). La mairie envisage notamment de favoriser le retour de métiers ou d'activités disparus à travers la création d'une association de femmes travaillant autour de l'artisanat textile et des métiers à tisser.

Dimitsána★

À 67 km de Trípoli.

Cité médiévale (vestiges d'un château) au cœur du Péloponnèse, Dimitsána occupe un site spectaculaire sur une crête dominant l'étroite vallée du Loussios.

Au 18e s., sa situation retirée et son accès difficile en firent un des foyers de l'éveil national grâce à ses écoles clandestines que fréquentèrent plusieurs futurs chefs historiques de l'Indépendance, tel le patriarche Germanos ; au début de la guerre contre les Turcs, elle joua un rôle militaire grâce à son arsenal et à ses poudreries.

Musée ecclésiastique – Cette ancienne demeure ayant appartenu au patriarche Germanos abrite un petit musée d'art religieux : collection de peintures, icônes (du 17e au 19e s.), croix sculptées, objets de culte (1780) provenant du monastère Philosophou, livres (18e et 19e s.), ornements liturgiques (18e s.) et habits sacerdotaux. On peut également visiter la maison natale du patriarche.

Belle promenade en suivant la signalisation qui part de la rue principale.

Musée de l'Énergie hydraulique★ (Ipethrio Moussio Hydrokinissis) – *À 1,5 km au sud du village (indiqué depuis la route de Stemnitsa). ☏ 27950 31630 - avr.-oct. : tlj sf mar. 10h-14h et 17h-19h ; hiver : tlj sf mar. 10h-16h - 1,50 €.* Installé hors d'un village où, historiquement, une partie de l'activité tourne autour de l'eau, cet écomusée à ciel ouvert est très instructif (explications en grec et en anglais) et agréable (rigoles, petits ponts). Il montre les diverses utilisations qui étaient faites, en Élide, de l'énergie fournie par l'eau des torrents. Trois moulins (farine, poudre à canon et foulon) ont été restaurés et fonctionnent à nouveau. Il abrite aussi une tannerie artisanale.

Monastères des gorges du Loussios★★

Le Loussios, affluent de l'Alfeiós, coule au milieu de gorges spectaculaires qui abritent, dans un paysage de rochers et de maquis, quatre monastères.

Monastère Eimialon – L'église de ce monastère, construit sous un rocher, recèle de belles fresques du 17e s. On peut y séjourner.

Monastère Ágios Ioánnis Prodromou – *À environ 2 km de Dimitsána en direction de Stemnitsa, emprunter à droite une route qui descend sur 8 km en serpentant dans les gorges du Loussios.* Construit au flanc d'un rocher vertical, perdu dans un **lieu★** solitaire de toute beauté, le monastère (11e s.), dont la toute petite église recèle des fresques, est encore habité par quelques moines.

Monastère Philosophou – *En face du monastère Ágios Ioánnis Prodromou.* Le vieux monastère, accroché à la paroi, est abandonné ; 500 m plus loin, sur la rive ouest, se trouvent le nouveau bâtiment et l'église, qui contient des fresques datant du 17e s.

Monastère Kalamiou - Accès à partir du village d'Atchicholos. Non loin du monastère nouveau, l'ancien est adossé à la falaise, impressionnant.

Stemnitsa – Ce séduisant village de montagne aux petites maisons de pierre occupe un beau site perdu dans la verdure, sur les pentes du mont Maínalo. Important centre d'orfèvrerie durant la période byzantine, Stemnitsa perpétue cette tradition en accueillant un centre de formation professionnelle à ce métier. En 1821, le village fut pendant 15 jours la capitale de la Grèce en révolte : la première Assemblée nationale siégea dans l'église Zoodochos Pigi (15e s.). La localité possède 18 églises, dont les plus importantes sont celles des Trois Hiérarques, Ágios Nikólaos (fresques du 14e s.) et Panagia Bafero (12e s.). Admirez le beau clocher de pierre taillée sur la place principale.

Créé à l'initiative de la famille Savopoulou, le **musée d'Art populaire** est aménagé dans la vieille bâtisse Hadzi. Il abrite des icônes, des costumes traditionnels, des céramiques, des broderies, des objets d'art en bois sculpté. Un atelier artisanal d'orfèvrerie y a été reconstitué.

Gortys – *Tourner à droite à la bifurcation près d'Ellinikó (suivre la signalisation).* Dans un beau **site★** isolé, l'École française d'archéologie a mis au jour les vestiges du temple d'Asklépios, les restes de l'enceinte et les soubassements d'édifices et des bains.

Toute proche, chapelle byzantine **Ágios Andréas**, à demi enterrée.

Karítaina – La route franchit l'Alphée sur un pont moderne qui surplombe le pont médiéval : de là se découvre une **vue★★** sur le site de Karítaina.

Pittoresque bourg médiéval bâti en amphithéâtre et dominé par un puissant château franc, Karítaina est un village typique aux maisons aux toits de lauzes et aux balcons et auvents de bois. Dans cette région isolée, les villages, qui ont pour cadre les arides et magnifiques paysages des gorges de l'Alphée et du Loussios, ont conservé une architecture et un mode de vie traditionnels.

Bâti par les Francs au 13e s. puis restauré au 15e s., le **pont médiéval** ne compte plus que 4 arches sur les 6 originelles. Dans un des piliers a été aménagée une petite chapelle.

Monter en voiture jusqu'à une place en haut de la localité ; continuer à pied.

On remarque en contrebas du village, l'église Panagia au clocher carré en pierre (17e s.), d'inspiration occidentale, et, à droite en montant vers le château, l'église de cimetière postbyzantine **Ágios Nikólaos**, entourée de cyprès.

Le **château★**, posté dans un site défensif de premier ordre, évoque une des plus fortes baronnies de la principauté française de Morée, créée en 1209 pour la famille de Bruyères et commandant 22 fiefs. Construit en 1254 pour Hugues de Bruyères, le château appartint ensuite à son fils Geoffroy de Bruyères, le fameux « sire de Caritène », modèle des chevaliers, dont la *Chronique de Morée* a relaté les exploits. Vendu en 1320 à l'empereur Andronic II Paléologue, Karítaina accueillit, durant la guerre d'Indépendance, Kolokotronis qui défia Ibrahim Pacha de venir l'y attaquer.

L'enceinte triangulaire renforcée de tours est accessible par une seule porte. Il ne reste que les ruines de la demeure seigneuriale qui était adossée au rempart sud, mais les vastes citernes voûtées et plusieurs souterrains sont conservés (attention aux chutes). Du sommet (alt. 583 m), **vues★★** étendues à l'ouest sur les gorges de l'Alphée, à l'est sur le bassin de Megalópolis, au sud sur le mont Likaio.

Andrítsaina – *À 29 km à l'ouest de Karítaina.* Les toits rouges de cette bourgade montagnarde se détachent sur le flanc des cimes limitant l'Élide à l'est. Parmi ces montagnes figurent le fameux mont Likaio (1 421 m), dont le sommet était le siège d'un culte primitif à Zeus, exigeant des sacrifices humains et des scènes rituelles d'anthropophagie, et le **temple de Vassés,** en restauration depuis vingt ans, classé au patrimoine mondial de l'Unesco *(voir Olympie).*

Marché agricole et centre d'excursions (hôtels), Andrítsaina est riche en vieilles maisons de bois à encorbellement et échoppes d'artisans (forgerons, tourneurs sur bois, tisserands…) réparties le long de ses ruelles. Avec son café et sa petite taverne traditionnelle, la place centrale à fontaine, qu'ombrage un platane géant, séduit par son charme intimiste. À côté de l'inépuisable fontaine Trani (18e s.) se trouve le **musée d'Art populaire** *(tlj sf lun. 10h-13h30),* qui abrite tapis et costumes traditionnels.

Andritsaína possède une **bibliothèque** de 25 000 volumes qui fut constituée à partir d'un noyau de 6 250 ouvrages offerts en 1840 par Agathophros Nikolopoulos (1786-1841) ; ce philologue et érudit mourut à Paris après avoir occupé, durant 20 ans, le poste d'assistant à la bibliothèque de l'Institut ; ici sont conservés de nombreux incunables, ainsi que les comédies de d'Alembert annotées par J.-J. Rousseau.

Trípoli pratique

Informations utiles

À l'Hôtel de ville - 43 Ethnikis Andistaseos - ✆ 27102 31844 - lun.-vend. 7h-14h.

www.tripoli.gr ou www.arcadia.gr.

Poste – *Angle d'odos Plapouta et Nikitara - lun.-vend. 7h30-20h.*

Centre de santé – *✆ 27103 71700.*

Police – *Entre la gare ferroviaire et la gare routière - ✆ 27102 22411.*

Transports

En bus – La gare routière **KTEL** Arkadia se trouve à 1 km à l'ouest de la place Kolokotroni, le long de la route Árgos-Corinthe (*✆ 27102 22560*) - 12 bus/j. pour **Athènes.** 2 bus/j. pour **Olympie** et **Pýrgos.** Services régionaux pour liaison avec Megalópolis, Dimitsána, Karítaina.

Une autre gare routière se trouve dans odos Lagopati, près de la gare ferroviaire, et dessert notamment **Sparte, Kalamáta** et **Pátra** (*✆ 27102 42086).*

En train – Magnifiques paysages sur la ligne Corinthe-Kalamáta, 3 trains/j. pour **Corinthe** (2h15), via Árgos (1h15).

En taxi – *Station près de la place Areos et odos Georgiou A - ✆ 27102 26220.*

Se loger

TRÍPOLI

Artemis Hotel – *1 Dimitrakopoulou (près du sq. Areos) - ✆ 27102 25221 - fax 27102 33629.* Joli mobilier, chambres confortables et décoration raffinée. Petites salles de bains. Petit-déjeuner en sus.

Alex Hotel – *26 Vassileos Georgious, ✆ 27102 23465 - fax 27102 23466.*

Chambres sobres et claires, salles de bains assez spacieuses et décoration de bon goût pour un hôtel bien rénové et confortable à prix raisonnable. Demander une chambre ne donnant pas sur la rue, bruyante. Petit-déjeuner en sus.

Anaktorikon – *48 Constantinou XII - ✆ 27102 22545 - fax 27102 2201 - www.anaktorikon.gr - 27 ch.* Hôtel de caractère, confortable et spacieux. Donne sur une rue bordée de cafés, très animée le soir. Prix négociables. Petit-déjeuner en sus.

Mainalon Resort – *8 Plateia Areos - ✆ 27102 30300 - fax 27102 30327 - www.mainalonhotel.gr - 31 ch.*
Rénové en 2004, ce bel hôtel de luxe décoré avec originalité donne sur la place et le square Areos. L'accueil est à l'image de l'endroit, chaleureux et raffiné.

ANDRÍTSAINA

Epikoureios Apollo-Maria Balkamou – *Sur la place - ✆ 26260 22840 - fax 26260 22992 - 6 ch.* Cet établissement propose de spacieuses chambres d'un bon confort. Une adresse accueillante où il vaut mieux réserver. Petit-déjeuner en sus.

DIMITSÁNA

Dimitsána – *✆ 27950 31518 - 30 ch.* Proche du musée de l'Énergie hydraulique, à l'entrée du village, cet hôtel rénové propose d'agréables chambres ouvrant sur la vallée. Les repas se prennent en terrasse ou en salle. L'hiver, les prix augmentent d'un tiers.

VITÍNA

Art Mainalon – *Au centre du village - ✆ 27950 22217 - www.artmainalon.gr - 50 ch.*
Cet établissement avec jardin est l'un des meilleurs hôtels de la région et le plus accueillant. Les propriétaires, qui dirigent une galerie d'art, ont décoré avec soin chacune des chambres.

Se restaurer

Bon à savoir – Les endroits de qualité sont assez rares. On trouve néanmoins quelques tavernes proposant une cuisine traditionnelle à des prix raisonnables.

TRÍPOLI

Taverna Piterou – *Odos A. Kalavritou (dans le prolongement nord d'odos Ethnikis Antistaseos).* Taverne à l'ombre des treilles proposant une carte à la fois simple et variée (viandes parfumées et bons desserts).

STEMNITSA

Taverne « 1821 » – *Près de la place centrale.* Cette taverne au nom symbolique propose des plats traditionnels grecs dans une grande salle à manger. Bon rapport qualité-prix.

VITÍNA

T' Aidonia – *Dans la rue qui descend de la place principale, à droite de la boutique de souvenirs - www.taidonia.gr.*
La meilleure adresse de la ville. On peut y goûter de la chèvre *(katziki)* à l'origan et au vin blanc légèrement résiné.

Faire une pause

ANDRÍTSAINA

Taverne Tsigouri – *Au milieu des escaliers qui montent de la place principale.*
Une taverne à l'ancienne avec ses *briki* (pots à café) noircis et sa toile cirée.

Sports et loisirs

L'hiver, **ski** et autres sports de neige sont à l'honneur dans la région.
L'été, nombreuses **randonnées** et activités en extérieur (rafting, kayak, etc.) au départ de Karítaina et de Stemnitsa.
Club alpin – *✆ 21067 53514 - www.alpinclub.gr.*

Événement

Le 23 septembre est célébrée **« la conquête de Trípoli »** en l'honneur des combattants de la révolution de 1821.

La Crète★★★

Kríti - Κρήτη

601 131 HABITANTS – 8 336 KM²
CARTE GÉNÉRALE RABAT I B/C2 - SCHÉMA P. 354-355

La brillante civilisation minoenne, l'une des toutes premières d'Europe, enfanta ici de célèbres légendes, dont celle de Dédale et du Minotaure. Elle nous a laissé de magnifiques palais richement décorés dans une île qui apparaît comme une longue chaîne de montagnes sauvages. Si la côte nord, échancrée de baies, est assez urbanisée, le reste de l'île, couvert de vignes et d'oliveraies, reste préservé avec des gorges impressionnantes, et, au sud, une côte rocheuse semi-désertique.

P. de Franqueville / MICHELIN

Près de Kritsa, sur la route des oliviers.

Se repérer – À 100 km des côtes du Péloponnèse, la Crète est la plus grande et la plus méridionale des îles grecques. C'est la 5e île de la Méditerranée en superficie après la Sicile, la Sardaigne, Chypre et la Corse. Elle s'allonge d'est en ouest sur 260 km, tandis que sa largeur varie de 12 à 50 km. Trois hauts massifs la dominent : à l'ouest les Montagnes Blanches (Lefká Óri - 2 453 m), au centre le mont Ida (Óros Ídi - 2 456 m), à l'est le Dikti (2 148 m).
La Crète constitue une région administrative à part entière et comprend quatre nomes : Haniá, Réthimno, Héraklion (Iraklio), Lasíthi. La capitale administrative et économique est Héraklion.

À ne pas manquer – Des gorges de Samaria aux grottes de Mátala, en passant par la palmeraie de Váï ou le golfe de Mirambello, vous pourrez apprécier la diversité des reliefs de l'île. Cette richesse géographique se double d'un éventail de monuments - minoens à Knossós, Phaestos, Mália, vénitiens à Réthimno, Héraklion, turcs à Haniá, Ierápetra - qui sont l'héritage des différents peuples ayant régné sur la Crète au cours des siècles : minoens, grecs doriens, romains, barbares, arabes, vénitiens, ottomans, britanniques…

Organiser son temps – Si vous disposez de trois semaines sur place et en étant bien organisé, vous pourrez visiter toute l'île car elle reste à taille humaine et peut aisément se sillonner en voiture. Si vous n'avez qu'une dizaine de jours, limitez-vous plutôt à une région, par exemple Haniá et l'ouest.

Comprendre

La légende et l'histoire – Si l'on en croit Homère et Hésiode, Zeus serait né en Crète, y aurait grandi dans une grotte du mont Dikti, et y aurait vécu avec la princesse phénicienne Europe. Alors que celle-ci se baignait près de Tyr, Zeus lui apparut sous l'aspect d'un magnifique taureau ; s'enhardissant, la jeune fille s'assit sur le dos de l'animal qui, fendant les flots, vint jusqu'au rivage crétois, non loin de Gortyne. Zeus et Europe eurent trois fils : Minos, Rhadamante et Sarpédon.

Voulant faire prévaloir ses droits à la royauté, Minos demanda à Poséidon de lui venir en aide. Le fils de Cronos et de Rhéa fit sortir un taureau de la mer que Minos devait sacrifier en retour. Mais Minos prétendit le garder. Alors, Poséidon se vengea en rendant l'animal furieux : c'est lui qu'Héraklès dut affronter au cours de la septième épreuve de ses travaux et c'est avec lui que l'épouse de Minos, Pasiphaé, s'accoupla. Ainsi naquit le Minotaure – monstre au corps d'homme et à la tête de taureau – que Minos fera enfermer dans le Labyrinthe construit par Dédale.
En souvenir du roi légendaire, les souverains de Knossós portèrent le titre de « minos », qui signifierait « le bienheureux ».

La civilisation minoenne – Bien que des traces d'habitations néolithiques datant du 6e millénaire aient été trouvées dans plusieurs grottes de l'île, ce n'est que vers 2700, avec l'invasion de peuplades anatoliennes (sans doute les Hittites), que la Crète entra dans l'âge du bronze. De cette époque datent les poteries de céramique flammée et les tombes circulaires à coupoles qui ont livré un mobilier funéraire (bijoux, sceaux, etc.).

P. de Franqueville / MICHELIN

Dans la paix de Knossós, le portique de la cité-palais.

Cet **âge prépalatial** (ou « minoen ancien ») s'achève avec les **premiers palais** (v. 2000-v. 1700 av. J.-C.), âge paléopalatial, à esplanade centrale autour de laquelle se groupent les bâtiments publics (salles cultuelles et de réception) et privés (appartements princiers). On a découvert des vestiges de ces palais à Knossós, Phaestos (Faistos) et Mália, sièges respectifs, selon la légende, des principautés de Minos, Rhadamante et Sarpédon ; des sanctuaires ont été identifiés aussi sur plusieurs sommets. De cette époque datent les poteries, à décor polychrome foisonnant, trouvées dans la grotte de Kamares, sur le mont Ida. Riche en olives, céréales, légumes et vin, l'île, centre d'un empire maritime, commerce avec l'Égypte et le Moyen-Orient, lorsque vers 1700 av. J.-C. elle est victime d'un premier séisme ou peut-être d'une invasion venue de l'Hellade continentale qui met fin à cette première civilisation.
Toujours est-il qu'entre 1700 et 1400 av. J.-C. de nouveaux édifices voient le jour, sur les sites, les plus courus, de Knossós, Phaestos, Mália, mais aussi sur de nouveaux emplacements comme à Zakros. Ces **seconds palais** de la période néopalatiale ont une dimension architecturale et une richesse décorative plus grandes que leurs prédécesseurs : les appartements princiers comportent plusieurs étages, éclairés par des puits de lumière, desservis par un dédale d'escaliers ou de corridors et alimentés en eau par tout un réseau de canalisations. Couvrant les murs, les sculptures en méplat et les peintures aux lignes pures évoquent le plus souvent un culte mal connu marqué par la double hache et les cornes de taureau symboliques, des scènes tauromachiques rituelles, des processions et des sacrifices d'animaux. Les peintures murales à la détrempe évoluent au fil du temps d'un naturalisme très coloré à un style figuratif. L'écriture, d'abord pictographique, comme en témoigne le Disque de Phaestos, se schématise en séries hiéroglyphiques : le linéaire A. La civilisation minoenne rayonne alors dans tout le Bassin méditerranéen.

Vers 1530 av. J.-C., l'éruption du volcan de Santorin provoque un séisme et un raz-de-marée qui détruit la plupart des palais, rebâtis vers 1400, début de la période des **troisièmes palais** : l'influence mycénienne est déjà sensible, et l'on a retrouvé à Knossós un grand nombre de tablettes écrites en linéaire B, déchiffrées aujourd'hui, et qui transcrit le dialecte mycénien, forme très ancienne du grec. Une certaine prudence s'impose toutefois quant à la datation de la présence mycénienne dans le monde minoen et de son chevauchement sur les périodes néopalatiale et postpalatiale.

La Crète et l'hellénisme – À partir de 1400 av. J.-C., les Mycéniens implantent solidement leurs mœurs militaires plus rudes, ce dont témoignent les sépultures de guerriers ensevelis avec leurs armes et les palais (mégaron). Leur succèdent des envahisseurs doriens qui apportent, outre leurs propres mythes et leur religion (progressivement adaptée aux coutumes crétoises), leurs structures sociales que dominent les castes guerrières, vivant en une autarcie aristocratique assez proche du modèle spartiate. L'île est bientôt divisée, selon le modèle du continent, en une multitude de cités. La Crète est alors un centre actif de production de céramiques qui sont diffusées dans tout le Bassin méditerranéen. Cette activité s'essouffle et disparaît brutalement à l'aube de l'âge classique, la Crète se fondant totalement dans l'univers grec. Ce n'est qu'à la mort d'Alexandre, lors du partage de son empire, que l'île passe aux mains des Ptolémées qui règnent sur l'Égypte.

Rome, Byzance et les Sarrasins – En 67 av. J.-C., Metellus s'empare de la Crète qui forme, avec la Cyrénaïque (Libye), une province dont la capitale, Gortyne, garde de nos jours de riches vestiges de bâtiments en brique, temples, sculptures, mosaïques. Les Romains développent un réseau de communications et construisent des aqueducs pour irriguer et fertiliser des plaines jusqu'alors incultes. En l'an 59, l'apôtre Paul arrive sur la côte sud, à Kalí Liménes ; son disciple Tite sera l'évangélisateur de l'île.

Lors du partage de l'Empire romain en 395, la Crète est rattachée à Byzance : cette domination, qui s'exerce jusqu'en 1204, se traduit dans le paysage crétois par la présence de petites églises à coupoles. Un temps, cependant, la Crète est aux mains des Sarrasins andalous qui y établissent pour plus d'un siècle (824-961) une base d'où ils partent écumer la Méditerranée orientale. À la suite d'un siège de près de neuf mois, Nicéphore Phocas reprend possession d'Héraklion et chasse de l'île les Arabes, rétablissant la prééminence byzantine pour deux siècles et demi.

Sous la griffe du lion vénitien – En 1204, à l'issue de la 4e croisade, la Crète, est attribuée aux Vénitiens qui la conservent pendant quatre siècles malgré les révoltes locales. La Crète est alors divisée en quatre territoires, La Canée, Réthimno, Sitía et Candie où réside le duc de Candie, magistrat nommé par le Grand Conseil de Venise pour deux ans. Grâce à la construction de forteresses dessinées par le Véronais Michele Sanmicheli (1484-1559), Venise fait de la Crète une base contrôlant les routes maritimes empruntées par les grosses galées marchandes commerçant avec l'Orient. Ses fonctionnaires, ses armateurs, ses marchands s'implantent dans les villes, qui conservent encore aujourd'hui quelques églises, loggias, demeures, fontaines de style vénitien. Des colons occupent les bassins et vallées les plus fertiles. Enfin, les dominicains et les franciscains travaillent à l'œcuménisme : plusieurs monastères ou églises (Agía Ekatheríni à Héraklion, Kritsa, Valsamónero, Toploú…) conservent deux nefs accolées dont l'une était réservée aux orthodoxes et l'autre aux catholiques.

« La Renaissance crétoise » – La prise de Constantinople par les Turcs en 1453 amène en Crète nombre d'artistes et de lettrés comme Ange Vergèce, calligraphe, qui, appelé à Fontainebleau par François Ier, dessinera les caractères « grecs du Roy ».

Le Greco : peintre crétois, italien ou espagnol ?

Né en 1541 à Fódele (Crète), Domenikos Theotokopoulos apprend la peinture d'icônes dans son île natale, alors possession vénitienne. À la fin de 1566, il arrive à Venise et entre dans l'atelier du Titien. Après un séjour à Parme, il s'installe à Rome en 1570 puis à Tolède en 1577, où il devient l'un des grands maîtres de la peinture espagnole. Il réside à Tolède, où il est connu comme **El Greco** (le Grec), jusqu'à sa mort en 1614. Personnalité complexe, formé aux techniques italiennes mais fortement marqué par la tradition byzantine, ce visionnaire libère les formes, allonge les silhouettes, utilise des couleurs froides et contrastées, créant dans ses œuvres de l'âge mûr une atmosphère inspirée traversée d'un souffle mystique. La composition de la toile est en général étagée sur deux plans, ciel et terre, car le Greco ne veut considérer la vie terrestre que comme une étape vers l'éternité.

Églises et monastères sont enrichis de fresques et d'icônes par les peintres de la fameuse école crétoise dans laquelle les traditions du hiératisme byzantin s'adoucissent d'influences italiennes, sensibles dans la représentation des volumes et la disposition des personnages : dans les Nativités, la Vierge est représentée assise ou à genoux mais non couchée. Cette école qui, avec Théophane le Crétois, essaime au 16e s. vers les Météores et le mont Áthos, connaît son apogée avec **Damaskinos** (v. 1530-v. 1591), peut-être le maître du **Greco**.

Au 17e s. enfin, d'autres artistes, comme Tzanès, s'établissent dans les îles Ioniennes. En littérature, il faut citer surtout Vincent Cornaros, auteur de l'*Erotokritos*, roman en vers du « tourmenté d'Amour », qui tient à la fois de l'épopée et du chant courtois, et créateur du théâtre crétois.

La Crète et les Turcs – 1645 marque la prise de La Canée, puis l'année suivante celle de Réthimno, et l'île est pratiquement aux mains des Ottomans. Seule résiste Candie derrière les fortifications de Sanmicheli ; des Européens, dont une troupe française, participent à la défense de la ville, qui tombe après un très long siège en 1669. La Sérénissime se retire, laissant la place aux Turcs qui imposent à l'île une dure occupation : un certain nombre de Crétois se convertissent « par intérêt » à l'islam, tandis que d'autres se réfugient dans la montagne. Les terres sont confisquées, selon la loi musulmane, au profit du sultan. La France tire son épingle du jeu en signant en 1674 les Capitulations qui lui permettent d'établir des comptoirs sur l'île pour approvisionner, entre autres, le port de Marseille en olives destinées à la fabrication du savon. Mais l'occupant pèse de plus en plus sur les autochtones, et les révoltes éclatent, notamment en 1770 sous la direction du Sfakiote Daskaloyannis, puis plusieurs fois au début du 19e s. **Nikos Kazantzakis** a évoqué cette douloureuse période pour ses compatriotes dans son roman *La Liberté ou la Mort* (1950).

La bataille de Crète (1941)

Entrée en guerre aux côtés des Alliés, la Grèce fournit aux troupes anglaises des bases navales à Soúda et aériennes à Héraklion et Réthimno pour surveiller les côtes africaines. Après avoir occupé la Grèce continentale, les Allemands réalisent en mai 1941 une audacieuse opération sur la Crète, avec 500 avions de transport et 80 planeurs chargés de parachutistes et de fantassins. Le 21 mai, 3 000 de leurs parachutistes s'emparent de l'aérodrome de Maleme (ouest de La Canée), qui leur sert de base de pénétration au nord de l'île. Malgré des contre-attaques désespérées, Anglais, Australiens et Néo-Zélandais sous la direction du général Freyberg, appuyés par un contingent grec, font retraite, à travers les Montagnes Blanches, pour embarquer de nouveau à Sfakiá. Dix jours ont suffi aux Allemands pour occuper l'île, mais au prix de la perte de 6 000 hommes.

Au moment de la guerre d'Indépendance, les Crétois sont prêts une nouvelle fois pour la rébellion, comme ils l'ont été pendant toute l'occupation vénitienne. La Grèce recouvre sa liberté tandis que la Crète passe sous la suzeraineté du pacha d'Égypte. En 1840, elle est de nouveau province ottomane.

Si le traité de Paris (1856) améliore le sort des chrétiens de l'île, il faut attendre l'année 1898 pour que l'autonomie de la Crète soit proclamée et que l'île soit remise à l'autorité du prince Georges de Grèce. La Crète est définitivement intégrée à la Grèce en 1913, l'expédition d'Asie Mineure se solde par une déroute (1921), ouvrant le contentieux gréco-turc contemporain.

L'entrée de la Grèce dans l'Union européenne a fait de la Crète l'une des régions les plus actives, tant en raison de son dynamisme agricole (elle produit le tiers des olives du pays) que de son attrait touristique (première destination des vacanciers).

La Crète pratique

Se rendre en Crète

En avion – Des vols relient **Paris**, **Athènes** et les principales villes d'Europe aux aéroports d'Héraklion et de Haniá toute l'année. Il existe également une liaison Rhodes-Héraklion.

En bateau – Des lignes régulières relient **Le Pirée** aux principaux ports crétois : Héraklion, Réthimno, Haniá, Ag. Nikólaos (3/sem.) et Sitía (3/sem.).

Circuler en Crète

En bateau – De rares lignes relient certaines villes à leurs environs (plages, îles), notamment dans le sud-ouest de la Crète : Paleóhora, Soúgia, Agia Rouméli, Loutró, Sfakiá et Kastelli au nord-ouest.

En bus – Les bus sont fréquents sauf le dim. et les j. fériés. Les horaires, affichés et annoncés en grec et en anglais dans les gares, sont fiables pour ce qui concerne les 2 principales lignes Héraklion-Sitía via Ag. Nikólaos et Héraklion-Haniá via Réthimno. Pour les autres lignes, dans l'intérieur du pays, demandez toujours confirmation à l'avance. Vous pouvez vous arrêter au milieu d'un parcours en le demandant au contrôleur. En cas de besoin, il est possible de laisser vos bagages à la consigne dans la plupart des gares routières.

En voiture – En raison des distances importantes, la voiture est le moyen de transport idéal. De plus, certains endroits ne sont pas accessibles en bus.

Le nord de l'île est desservi par un axe routier ouest-est de bonne qualité (sans échangeurs ni passages piétons). Par contre, il n'existe pas au sud de route transversale de qualité équivalente. Ainsi, pour aller de Mátala (sud-centre) à Ierápetra (sud-est), il est préférable de passer par Héraklion (au nord).

Vous trouverez de nombreux loueurs, notamment à Héraklion. Les stations-service sont fréquentes mais souvent fermées le dim. et les j. fériés.

En deux-roues – Des loueurs de vélos, motos et scooters se trouvent dans les principales villes.

À pied – Le chemin de randonnée E4 traverse l'île (balisage jaune et noir) et de nombreux sentiers existent dans les montagnes. L'itinéraire des gorges de Samaria est le plus célèbre de Crète.

N'oubliez pas qu'en haute montagne des conditions météorologiques extrêmes (tempêtes de neige, brouillard) peuvent survenir brutalement.

Plages et sports nautiques

La Crète possède des plages magnifiques. Les plus belles – et les plus fréquentées – se trouvent sur la côte nord, à l'ouest (aux environs de Kastelli) et à l'est (Váï). Celles de la côte sud sont difficilement accessibles faute de routes.

Les sports sont praticables partout : ski nautique, parachute ascensionnel, planche à voile, pédalo, etc. Pour faire de la plongée sous-marine, rendez-vous sur la côte sud.

Artisanat

Vous trouverez de beaux objets en **cuir** (à Haniá), des **tapis**, des **couvertures**, de la **céramique**, des **bijoux**, des **broderies**.

Côté gastronomie, l'île produit du **miel de thym**, du **vin** (Minos, Lato, Angelo, Gortys, Sitía) et surtout une excellente **huile d'olive**.

Pour avoir le meilleur choix au meilleur prix, flânez sur les marchés : celui de Haniá est l'un des mieux approvisionnés et des plus sympathiques de Crète.

Distances en km	Ágios Nikólaos	Haniá	Héraklion	Ierápetra	Mátala	Paleóhora	Réthimno	Sitía
Ágios Nikólaos	-	189	66	35	139	266	138	69
Haniá	189	-	132	229	143	77	51	258
Héraklion	66	132	-	100	71	206	67	135
Ierápetra	35	229	100	-	136	303	172	63
Mátala	139	143	71	136	-	220	70	208
Paleóhora	266	77	206	303	220	-	128	335
Réthimno	138	51	67	172	70	128	-	207
Sitía	69	258	135	63	208	335	207	-

Ágios Nikólaos★

Άγιος Νικόλαος

10 820 HABITANTS
CARTE GÉNÉRALE RABAT I C3 – LASÍTHI

Au centre du golfe de Mirambello, Ágios Nikólaos est un pittoresque lieu de villégiature construit autour d'un petit lac relié à la mer. Un port de pêche, plusieurs plages aux eaux limpides, cafés et restaurants en terrasse invitent à la détente, tout en dégustant la *soumáda*, cette boisson fraîche aux amandes. La ville est une base idéale pour rayonner dans l'est de la Crète et combiner harmonieusement découverte de paysages naturels somptueux et visite de sites archéologiques.

- **Se repérer** – La capitale du Lasíthi se trouve sur la côte nord de la Crète à 70 km à l'est d'Héraklion, sur la route principale qui traverse l'île d'est en ouest.
- **À ne pas manquer** – Le lac Voulisméni ; le golfe de Mirambello.
- **Organiser son temps** – La ville tient dans un mouchoir de poche, ce qui fait son charme.
- **Avec les enfants** – Une excursion en bateau vers l'île de Spinalonga.
- **Pour poursuivre le voyage** – Limenas Chersoníssou, Ierápetra, Sitía.

Phototravellers / MICHELIN

Le joli port d'Ágios Nikólaos.

Se promener

Lac Voulisméni★

Encadré de berges escarpées, ce joli bassin forme un miroir d'eau, reflétant terrasses de cafés et de restaurants disséminées le long d'un quai qu'ombragent des tamaris et quelques palmiers. Ses eaux salées atteignent la profondeur étonnante de 64 m. Dans l'Antiquité, ce lac était considéré comme un passage sans fond vers l'au-delà. Depuis 1870, un étroit canal le relie au port de pêche.

Port de pêche

Il s'étend derrière une large jetée qui accueille les ferries. Très coloré, il est bordé de terrasses de restaurants. C'est d'ici que partent les vedettes pour l'île de Spinalonga. De l'extrémité de la jetée, beau **panorama★** sur la mer, Spinalonga, le port, la ville blanche et les montagnes qui dominent le golfe de Mirambello.

Plage de Kitroplatía

À 3mn à pied du lac, à l'est de la station. Cette plage de galets se trouve en face de montagnes culminant à 1 473 m. Au nord, une promenade le long de la mer rejoint le port et offre de belles vues sur le large. Au sud, une autre **promenade★** reproduit un chemin de ronde s'avançant dans les flots. Réservée aux piétons, elle procure des vues agréables sur le golfe. Plus loin, vous arrivez au port de plaisance, puis sur la longue plage de sable d'Ammos.

Visiter

Musée archéologique

Au nord, odos Konstantinou Paleologou. ✆ 28410 24943 - tlj sf lun. 8h30-15h - 3 €.
Sept salles abritent les produits de fouilles de l'est de la Crète : vases, poignards en bronze, statuettes, objets usuels datant des époques minoenne et archaïque. Des bijoux et pièces diverses proviennent d'une grande nécropole antique découverte à Agia Fotia, où quelque 300 tombes contenaient des centaines d'objets, témoins de la vie quotidienne vers 2300 av. J.-C. Parmi les plus belles pièces du musée, vous verrez la déesse de Myrtos, un vase à libations en forme de femme, une étonnante tête en terre cuite (7e s. av. J.-C.) et le crâne d'un jeune athlète ceint d'une couronne de laurier en or (1er s. apr. J.-C.).

Circuits de découverte

BAIE D'OLONTE★ (Ormos Elountas)

Au nord d'Ágios Nikólaos, circuit de 43 km. Comptez une journée, excursion à l'îlot de Spinalonga comprise.
Quitter Ágios Nikólaos par la rue Koundourou qui se prolonge par une très belle route en corniche offrant des **vues★** constamment renouvelées sur les eaux saphir ou vermeilles, au crépuscule, du golfe de Mirambello.

Eloúnda

Logée au fond de la baie du même nom, construite sur les ruines de l'ancienne ville d'Olous, le petit port de pêche d'Eloúnda est devenu en quelques années une station balnéaire importante (luxueux hôtels de séjour).

Presqu'île de Spinalonga★ (Chersonisos Spinalonga)

Zone protégée accessible uniquement à pied. À l'est d'Eloúnda, au-delà d'anciens marais salants et d'un étroit chenal artificiel enjambé par un pont s'étend une presqu'île composée de collines arides.
L'antique **Olonte**, cité active dès l'époque minoenne, se dressait près de l'isthme, où se trouvent deux moulins. À la suite de séismes, elle sombra sous la mer. Par temps calme, vous apercevrez ses ruines au fond de l'eau. Plus loin commence un paysage de landes rocheuses propice à la randonnée. Quelques criques invitent à la baignade, mais attention, la mer est souvent agitée. **Vue★★** sur l'îlot de Spinalonga et la côte.

Îlot de Spinalonga★

Accessible en bateau au départ d'Eloúnda ou de Pláka (ou d'Ágios Nikólaos) - 9h30-16h30.
Cet îlot rocheux eut un rôle stratégique important dès l'Antiquité. Il fut fortifié au 16e s. par les Vénitiens avant d'être occupé par les Turcs à partir de 1715. De 1904 à 1958, l'endroit abrita une léproserie. Il est désormais inhabité. Une étrange atmosphère règne dans ce lieu.

J.-P. Nail / MICHELIN
L'étrange village des lépreux de Spinalonga.

Pláka

Ce minuscule village est devenu une station balnéaire recherchée. Vous découvrirez son petit port et sa plage de galets. Des caïques font la traversée pour Spinalonga.

GOLFE DE MIRAMBELLO★★ (Kólpos Mirambéllou)

À l'est d'Ágios Nikólaos, 100 km/AR.
La route longe la magnifique côte rocheuse du golfe de Mirambello, tantôt au bord des flots sauvages, tantôt très haut au-dessus de la mer. Elle dessert de belles criques, dont certaines sont propices à la baignade ou à la plongée sous-marine (nombreux clubs). Les **vues★★** sur les caps, les îlots, les eaux turquoise ou la montagne sont de toute beauté.

Ruines de Gournia

À 20 km à l'est d'Ágios Nikólaos en direction de Sitía. Tlj sf lun. 8h30-15h - 2 €.

Sur une colline s'étendent les ruines d'une cité minoenne (1550-1450 av. J.-C.) surnommée la « Pompéi grecque ». Elle fut entièrement dégagée par des archéologues.

Pachiá Ámmos

Ce village de pêcheurs est bordé par une plage assez sauvage.

Mochlos★

À Sfáka, une route descend jusqu'à cette cale perdue au creux d'une jolie crique face à un îlot où fut découvert un abondant matériel d'époque minoenne. Une halte agréable sur le port (terrasses de cafés et de restaurants).

De magnifiques **randonnées★★** sont possibles le long du golfe au départ de Mochlos. *Promenades botaniques - ✆ 08430 94725.*

L'ARRIÈRE-PAYS★

À l'ouest d'Agios Nikólaos, circuit de 25 km, comptez une demi-journée.

Panagía Kera★

Au sud-ouest d'Ágios Nikólaos (1 km av. Kritsa, sur la droite). ✆ 28410 51525 - tlj sf lun. 8h30-15h - 3 €.

Un bosquet de cyprès masque cette charmante église blanche dédiée à la Dormition de la Vierge. Composé de trois nefs se terminant par trois absides semi-circulaires, l'édifice, de proportions réduites (10 m sur 10), date du début de l'occupation vénitienne (13e s.). L'intérieur est décoré d'une remarquable série de **fresques★★** des 14e et 15e s., à la fois savantes et naïves, aux coloris raffinés.

Les compositions de la nef droite évoquent la vie de sainte Anne, de Joachim et de la Vierge Marie ; remarquez l'Annonce aux Bergers, ainsi que le Voyage à Bethléem. Sur le mur gauche de la nef centrale, vous verrez le Repas d'Hérode et la Cène ; sur le mur droit, le Paradis avec la Vierge et les Patriarches, Abraham, Isaac, Jacob, ainsi que le Massacre des Innocents.

Les fresques de la nef nord, dédiée à saint Antoine, datent du 15e s. La plus curieuse, sur le mur de droite, montre une évocation originale du Paradis, avec saint Pierre conduisant Ève à l'entrée de la Jérusalem céleste, tandis que la Vierge est représentée en compagnie des Patriarches portant les âmes des élus. Sur le mur de gauche sont représentés les bienfaiteurs de l'église, des saints et des saintes.

Kritsa★

À 9 km à l'ouest d'Ágios Nikólaos (1 km après Panagía Kera).

Dans ce village, Jules Dassin a tourné avec Jean Servais, Pierre Vaneck et Melina Mercouri, *Celui qui doit mourir* (1956), adapté du roman de Kazantzakis, *Le Christ recrucifié*. Les ruelles, les voûtes, les escaliers, les maisons blanches et ocre à balcons et larges toits s'accrochent à la montagne, dominant le golfe de Mirambello. Des fêtes folkloriques (représentations de noces crétoises) sont organisées en saison.

Ruines de Lato★

À 4 km au nord-est de Kritsa. Revenir vers Ágios Nikólaos. Prendre tout de suite à gauche à la sortie de Kritsa.

Les vestiges de cette ville dorique fortifiée, fouillée par l'École française d'Athènes, se disséminent sur les pentes d'une sorte d'amphithéâtre naturel, dans un **site★★** solitaire grandiose. Fondée au 8e s. av. J.-C., Lato, dont le nom vient de Leto, mère d'Apollon et d'Artémis, s'étageait entre deux pitons couronnés par des acropoles.

L'**agora** rectangulaire est marquée par les vestiges d'un petit sanctuaire et d'une profonde citerne. À gauche, des escaliers, probablement utilisés pour des assemblées ou des jeux, précèdent ce qui était un **prytanée**, lieu de réunion des magistrats de la cité. En montant vers l'acropole nord, vous avez une vue étendue vers le golfe de Mirambello.

De l'autre côté, un sentier conduit à une terrasse en bel appareil polygonal portant les soubassements d'un petit **temple d'Apollon** (4e-3e s. av. J.-C.).

Au-delà de la terrasse, vous apercevez, en contrebas, des degrés qui faisaient partie d'un théâtre.

Àgios Nikólaos pratique

Informations utiles

OTE – *Au nord du canal reliant le lac à la mer - ✆ 28410 22357 - 8h-20h30.* Possibilité de réserver facilement chambres d'hôtel et pensions.

Poste – *9 odos 28-Oktovríou.*

Centre de santé – *✆ 28410 66000.*

Police touristique – *✆ 28410 24702.*

Transports

En bateau – Des ferries assurent quelques liaisons avec **Le Pirée** (5/sem.), les **Cyclades** et la ville de **Sitía**. **Rhodes** : 3/sem. **Kárpathos** : 4/sem.

Autorités portuaires – *✆ 28410 22312.*

En bus – *✆ 28410 22234.* La gare routière se trouve à l'entrée du village, près du croisement Epimenídi/Dimokratías. Nombreuses liaisons quotidiennes pour les sites touristiques des environs et la plupart des villes de l'est.

Se loger

Pension Mary – *13 odos Evans - ✆ 28410 23760 - 9 ch.* Près de la plage de Kitroplatía, cette pension toute simple est tenue par une femme fort sympathique. Terrasse, petite cuisine commune. Lieu calme et agréable.

Victoria – *34 odos Akti Koundourou - ✆ 28410 22731 - fax 28410 22266 - 18 ch.* Accueil en français. Décoration raffinée. Prix raisonnables.

Du Lac – *17 odos 28 - Oktovriou - ✆ 28410 22711 - fax 28410 27211 - 24 ch.* Ce petit hôtel est un des mieux placés dans la ville. Prenez une chambre avec vue sur le lac.

Minos Palace – *Rte d'Eloúnda (dans le prolongement d'odos Akti Koundourou) - ✆ 28410 23801/09 - fax 28410 23816 - minpal@odenet.gr - 148 ch.* Une petite folie ! Meubles anciens, large réception dallée de pierre, magnifique terrasse ombragée d'oliviers surplombant la mer, chambres luxueuses... Prix en conséquence.

GARGADOROS

Miramare – *✆ 28410 22962/23875 - fax 28410 24164 - 226 ch.* À environ 2 km au sud du centre d'Ágios Nikólaos, bel ensemble de chambres et de bungalows donnant sur le golfe de Mirambello. Les chambres sont décorées dans le style crétois. Deux piscines.

Se restaurer

Avli – *12 odos Prinkipou Georgiou.* Derrière une haie de bougainvilliers, un gigantesque figuier ombrage une petite cour où se dispersent quelques tables simples et accueillantes devant les fenêtres d'une jolie maison ancienne. La cuisine est bonne et le service aimable.

Pelagos – *10 odos Katehaki (en retrait du lac).* Un nom qui ne trompe pas : les produits de la mer (excellents) sont ici à l'honneur : filet d'espadon, langouste, soupe d'oursins, moules au fromage... Le tout servi dans un cadre ravissant. Si vous prenez soin de réserver (indispensable le soir), vous choisirez sans doute une table dans le jardin, sous les arbres.

Faros – *Sur la plage de Kitroplatía.* Près d'un énorme barbecue entretenu par le patron, au bord de la plage de galets. S'il n'y a plus d'agneau au fromage, vous ne serez pas déçu par une brochette de poisson frais cuite au feu de bois.

Faire une pause

Café du Lac – *17 odos 28-Oktovriou.* Ouvert très tard le soir, tous les jours même l'hiver. L'un des rendez-vous de la jeunesse. L'atmosphère est douce : lumière tamisée, décoration de bois clair et de panneaux rouges. Excellente programmation musicale internationale.

Café Candia – *12 odos Iossif Koundourou.* Ambiance musicale. Accueil souriant et efficace. L'un des bars les plus fréquentés de la ville.

Internet Café Peripou – *25 odos 28-Oktovriou.* Livres et disques sont à disposition d'une clientèle tranquille. Terrasse sur le lac. Décor soigné. Ouvert dès le matin pour prendre un café en terrasse, jusqu'à très tard le soir.

Achats

Une **épicerie fine** *(odos 28-Oktovriou)* propose un vaste et appétissant assortiment de produits de l'île : miel, huile, alcools fins, confiserie, etc.

Sports et loisirs

Excursion en bateau vers l'île de Spinalonga : horaires et tarifs disponibles auprès de l'office de tourisme.

Événements

La ville organise en oct. un **Festival des nationalités (CRATO)**. Chaque jour, et pour cinq jours, une nationalité européenne est mise à l'honneur à travers ses danses et ses spécialités culinaires. L'animation, ambiance kermesse villageoise, se déroule au théâtre en plein air, près du lac. Plusieurs autres festivals de musique, théâtre, danse se déroulent dans la ville durant l'été (renseignements à l'office de tourisme).

Haniá★

La Canée - Χανιά

51 620 HABITANTS
CARTE GÉNÉRALE RABAT I B3 – HANIÁ

Au pied des Lefká Óri (les Montagnes Blanches), aux sommets parfois enneigés jusqu'à la fin du printemps, La Canée, ou Haniá, ordonne ses rues étroites autour d'un port de pêche où le temps semble arrêté… Du moins, c'est l'impression que laisse le charmant vieux quartier vénitien et ottoman, à l'intérieur des remparts, donnant sur une rade tranquille. Mais au-delà commence une autre ville, bruyante et industrielle, aux artères rectilignes.

Se repérer – Au nord-ouest de l'île, la capitale de la région, 2e ville de Crète, est très bien desservie toute l'année. L'axe principal de la ville est odos Halidon qui va du sud au nord.

Se garer – La vieille ville se visite à pied (la plupart des rues sont entrecoupées de marches). Le mieux est de se garer, soit autour de la Plastia-1866 (payant), soit derrière le bastion San Salvatore qui ferme le port à l'ouest.

À ne pas manquer – La promenade du soir le long du port vénitien ; la randonnée dans les gorges de Samaria.

Organiser son temps – Prévoyez une bonne demi-journée pour visiter la vieille ville.

Avec les enfants – Une balade en calèche au départ de la mosquée des Janissaires ; un tour en mer dans un bateau à fond transparent.

Pour poursuivre le voyage – Paleóhora, Réthimno, Sfakiá.

Comprendre

Première capitale de la Crète – La baie de La Canée fut prospère dès l'époque minoenne, où un vaste complexe palatial fut édifié. L'antique Kydonia devint une rivale de Knossós puis de Gortyne, notamment au 2e s. av. J.-C. Les fouilles du quartier Kastelli ont livré des objets témoins des époques hellénistique, romaine et byzantine.

La ville reprit de l'essor lorsque, au 14e s., les Vénitiens élevèrent une cité à l'italienne qu'ils nommèrent Canéa. Mais, en 1645, les Turcs s'emparèrent de Canéa, qu'ils dotèrent de mosquées et dont ils renforcèrent les murailles.

En 1851, la cité devint le siège crétois de l'administration ottomane et resta capitale de l'île après le rattachement à l'État grec en 1913. Elle a gardé de beaux monuments de sa grandeur passée.

Phototravellers / MICHELIN

Les montagnes enneigées qui protègent le port de La Canée.

Se promener

Commencer la promenade dans la ville à l'extrémité nord-ouest du port vénitien par le quartier de Topanas.

Quartier de Topanas★

Ce charmant quartier doit son nom aux canons (en turc : *topia*) que les Ottomans avaient installés dans le bastion San Salvatore.

À l'extrémité du quai (*akti*) Kountourioti, bordé de restaurants aux spécialités de poissons et de fruits de mer, le fort de Firkas (Froúrio Firkás), bâti en 1629, abrite le **Musée naval de Crète**. Ses collections, agréablement présentées, comprennent de nombreux documents historiques retraçant l'histoire de l'île de l'Antiquité à nos jours, de fines maquettes de navires et des instruments de marine. Une exposition permanente relate la fameuse bataille de 1941. *✆ 28210 91875 - avr.-oct. : 10h-16h ; nov.-mars : 10h-14h - 2,5 €.*

En sortant du musée, prendre à droite d'odos Angelou.

Les ruelles sont bordées de vieilles **demeures vénitiennes** aux murs ocre, dont les portails de pierre s'ornent parfois d'armoiries et de devises sculptées. Les maisons de l'époque ottomane, quant à elles, sont reconnaissables à leurs balcons en bois.

Tourner à gauche dans odos Theotokopoulou et remonter complètement la rue. Tourner à nouveau à gauche pour emprunter la très pittoresque odos Zambeliou, bordée de nombreuses échoppes touristiques. Une fois sur odos Halídon, tourner à droite pour vous diriger vers le quartier juif.

Quartier juif (Evraïki Sinikía)

Au sud du port vénitien. Dans l'ancien quartier juif, l'église gothique Agios Franciscos fut fondée par les franciscains au 14e s. Cet édifice à trois vaisseaux voûtés d'ogives, qui fut transformé en mosquée par les Turcs, est occupé aujourd'hui par le **Musée archéologique★** qui expose de magnifiques sarcophages peints, des céramiques de l'époque minoenne, des mosaïques romaines, etc. À droite de l'entrée du musée, accès à un joli jardin planté de palmiers et d'arbustes exotiques, et orné d'une belle fontaine turque. *✆ 28210 90334 - Mar.-dim. 8h30-19h30, lun. 13h-19h30 - 2 € (billet groupé avec la Collection byzantine : 3 €).*

En sortant du musée, prendre à gauche et redescendre odos Halídon qui mène à une petite fontaine et au port vénitien.

SE LOGER		SE RESTAURER	
Amphora	1	Monasteri	1
Casa Delfino Suites	2	Taverna Dinos	2
Palazzo Hôtel	3	Taverna Semiramis	3
Porto del Colombo	4	Tholos	4
Stella Rooms	5	Vassiliko	5

Avant de quitter le quartier, vous pourrez aller visiter la **synagogue Etz Hayyim** *(Par. Kondilaki - lun., sam. 15h-17h, mar. 10h-15h, merc.-vend. 10h-18h),* fondée à la fin du 15e s., dont la ravissante cour d'entrée pavée de galets se dissimule au millieu d'une impasse.

Port vénitien★

S'incurvant autour d'un port (enetikó Limenas) accessible seulement aux caboteurs, la vieille ville fut construite à partir du 13e s. par les Vénitiens qui l'entourèrent d'une enceinte refaite au 16e s. sur les plans de l'ingénieur Sanmicheli. Les ruelles à l'atmosphère animée sont très fréquentées en soirée. Bars et restaurants se succèdent le long du port et dans les vieux quartiers voisins.

Tourner sur votre droite et longer les quais.

Quartier du Kastélli

La **mosquée des Janissaires** (Kioutsouk Hassan), surmontée d'un dôme blanc et de quatre petites coupoles, est la plus ancienne de Crète (1645). Sur le site de l'antique Kydonia, à l'époque vénitienne, fut établi ce quartier de la citadelle qui comprenait la cathédrale catholique, le palais du gouverneur, les bâtiments administratifs (douane, archives), les demeures de notables ainsi que l'arsenal.

Remonter les quais du port vénitien jusqu'au bout.

Quartier de Splantzia

Là s'étend un quartier populaire que bordent, sur les quais, les immenses voûtes de sept bâtiments accolés bâtis entre 1526 et 1599 qui servaient d'arsenaux (Neória) aux Vénitiens. Certains accueillent des expositions, d'autres servent toujours à la marine.

Revenir vers la ville moderne en prenant sur votre droite odos Defkalionos puis odos Minoos, tourner à nouveau à droite dans odos Vourdouba.

Vous apercevrez l'église **Ágios Nikólaos** flanquée d'un campanile et d'un minaret. Cette ancienne chapelle des dominicains date du 14e s.

Tourner à gauche dans odos Kalistou poursuivie par odos Daskalogiani. Vous aboutissez à odos Elephterias Venizelou avec, sur votre droite, le marché couvert.

Le marché couvert★

Platia E. Venizelou. Inauguré en 1913 par le Premier ministre E. Venizélos, cet impressionnant bâtiment construit sur un plan en croix comporte à la fois des éléments néoclassiques et une structure métallique. Dans une atmosphère chargée d'odeurs de fruits et légumes, poissons et coquillages, viandes et charcuteries, fromages, pâtisseries, olives et huiles sont vendus sur les étals qui jouxtent les restaurants populaires le long des différentes allées.

En sortant du marché, suivre odos Hatzimihail Gianari, puis tourner à droite dans odos Halidon.

Au sud-ouest, à l'entrée sud de odos Halidon, se trouve l'imposant bastion San Salvatore (Promahónas San Salvatóre).

Descendre odos Halidon vers le port, sur votre gauche.

Face à la place de la cathédrale, sous un porche qui mène à une ancienne église catholique sur la gauche, des escaliers conduisent au **musée d'Histoire et d'Art populaire** où sont reconstituées des scènes de la vie d'autrefois et sont exposées de belles broderies – *✆ 28210 90816 - de Pâques à fin oct. : tlj sf dim. 9h-19h, sam. 9h-14h ; reste de l'année : 9h-15h, 17h-21h - 2 €.*

Aux alentours

Gorges de Samaria★★★

(Farángi Samariás)

Au sud de Haniá - 41 km jusqu'au parking du col de Xylóskalo, point de départ de la randonnée.

Dénivelé total : 1 250 m en descente - 1er mai-15 oct. : accès 7h-15h - 4 €.

Info pratique

TRAVERSÉE DU PARC NATUREL

Elle demande 6h à 7h d'une marche difficile en raison du terrain accidenté. Munissez-vous de chaussures de randonnée, d'un chapeau, d'un imperméable et d'une réserve d'eau.

Le plus pratique est de participer à une excursion d'une journée organisée au départ de Haniá, en vous inscrivant la veille dans une agence de tourisme ou à votre hôtel. Un car vous transporte à l'entrée des gorges que vous descendez à pied jusqu'au port d'Agía Rouméli. De là, un bateau vous conduit à Soúgia, puis un car vous ramène à Haniá.

Si vous ne souhaitez pas effectuer toute la randonnée, vous pouvez vous contenter de descendre jusqu'au belvédère des gorges *(1h30 AR).*

Ces gorges sublimes se trouvent au cœur du massif des Montagnes Blanches (Lefká Óri). Les eaux de ruissellement ont creusé, du plateau d'Omalós à la mer de Libye, une brèche longue de 18 km. L'accès aux gorges se fait par le plateau d'Omalós (1 050 m), austère et dénudé, qui est plutôt une cuvette entouré de montagnes : enneigé et inhabité l'hiver, il est cependant cultivé (céréales, pommes de terre) et on y élève des moutons. Après avoir dépassé Omalós, la route aboutit au col de Xylóskalo, à l'entrée des gorges.

Un escalier de bois puis un sentier en lacet plongent dans les profondeurs des gorges dont la pente est plantée de résineux et de platanes. D'un belvédère, on découvre une **vue★★** impressionnante sur le ravin qu'encadrent les sombres murailles de sommets dépassant 2 000 m, refuge d'une race unique de chèvres sauvages, les *krikris*.

Le chemin se poursuit à travers bois, descendant rapidement vers le fond des gorges. On traverse un petit bassin où s'élève une chapelle, puis le hameau de Samaria aux maisons aujourd'hui abandonnées. Au-delà commence la section la plus resserrée du canyon, les **Portes de fer★★★**, impressionnant goulet avec des passages ne faisant pas plus de 2 ou 3 m de large, entre des parois verticales pouvant atteindre 300 m de haut. Enfin, le lit du torrent, parsemé de lauriers-roses, s'élargit jusqu'au village d'Agía Rouméli, petit port sur la mer de Libye, d'où des bateaux gagnent Sfakiá *(voir p. 390)* ou Palaishora en longeant une côte rocheuse magnifique.

Presqu'île d'Akrotíri (Chersonissos Akrotíri)

À l'est de Haniá. La presqu'île d'Akrotíri, calcaire, aride, aux villages traditionnels, sépare le golfe de La Canée de la baie de Soúda. Occupée par l'aéroport et des installations militaires, elle comprend quelques plages où se pressent vacanciers ou familles de la région.

Quitter Haniá par l'est et le fauboug résidentiel de Halépa ; à 6 km prendre à gauche.

Prendre la route de l'aéroport ; à l'extrémité des pistes, tourner à droite dans la route vers Mouzouras ; presque aussitôt, tourner à gauche vers Agía Triáda, près du village de Koumares.

Monastère Agía Triáda Tzagarolon

À 17 km à l'est de Haniá. Tlj sf lun. 8h-19h - 2 €. Un porche accueille le visiteur de ce monastère fondé en 1631. L'église à la belle façade rose et le campanile à trois cloches sont de style classique vénitien. Le musée, bien agencé, contient une collection d'icônes du 16e au 19e s., des vêtements sacerdotaux, des objets précieux de culte, des manuscrits liés à l'histoire du monastère.

Monastère de Gouvernéto

Poursuivre vers le nord sur 4 km. Ne se visite pas. Cet imposant monastère édifié à l'extrémité de la presqu'île d'Akrotíri a des allures de forteresse. Reconstruit en 1548 par les Vénitiens, il abrite une vaste église dédiée à N.-D.-des-Anges couverte de trois dômes. Des moines occupent encore quelques cellules.

1h30 A/R. Un excellent sentier descend jusqu'au monastère impressionnant de **Kotoliko** et son arche jetée entre les flancs de la falaise.

Ruines d'Áptera

À 17 km à l'est de Haniá, en direction de Réthimno. Prendre à droite une petite route (panneau indicateur).

Le site au pied de la montagne permet de distinguer les vestiges d'une ville qui fut importante du 5e s. av. J.-C. jusqu'à l'époque byzantine lorsqu'elle était le siège d'un évêché (monastère Ioannis Thologos). À l'intérieur des beaux murs d'enceinte, on distingue les restes de temples, d'un théâtre romain et surtout d'imposantes citernes souterraines à trois nefs. L'extrémité du promontoire porte un fort d'où l'on a une belle **vue★★** sur la montagne et la baie de **Soúda**, port naturel long de 8 km, large de 2 m, dont l'entrée est protégée par deux îlots fortifiés que les Vénitiens occupèrent jusqu'en 1715. Les plus gros navires peuvent mouiller dans la rade, si bien que Soúda constitue à la fois une base navale stratégique et le port commerçant de La Canée.

Monastère de Gonía (Moní Odigístrias)

À l'ouest de Haniá par la route qui longe la côte en direction de Kissámos (Kastelli).
✆ 28240 22518 - tlj sf lun. 8h30-12h30, 16h-20h, sam. 16h-20h - gratuit.

Fondé en 1618 par les Vénitiens mais maintes fois sinistré et restauré, le monastère servit aussi de forteresse. L'église et les chapelles adjacentes abritent une intéressante collection d'**icônes★** dont plusieurs remontent au 14e s. De la terrasse derrière l'église, très belle vue sur le golfe de Haniá.

Haniá pratique

Informations utiles

OTE – *40 odos Kriari - ✆ 28210 92943 - tlj sf dim. 8h-14h30, sam. 9h-14h.*

Poste – *3 odos Dzanakaki (en face du marché couvert).*

Centre de santé – *✆ 28210 22000.*

Police touristique – *✆ 28210 25931.*

Transports

En bateau – Liaisons avec **Le Pirée**. Les ferries arrivent au port de Soúda, à 7 km à l'est de la ville (liaisons en bus).

Autorités portuaires – *✆ 28210 89240.*

En avion – L'aéroport (*✆ 28210 83800*) se trouve à 13 km à l'est de la ville (liaison par navette). Pendant la saison, nombreux vols charters en provenance des principales villes d'Europe. Le reste du temps, plusieurs vols quotidiens en provenance d'**Athènes** (1h), 2 vols/sem. vers **Thessalonique** (1h15).

En bus – *Gare routière sur odos Kidonías (au sud de la ville)* ; **KTEL** - *✆ 28210 93306.*

Se loger

Stella Rooms – *10 odos Angelou - ✆ 28210 73756 - 8 ch.* Bonne adresse à prix abordables. Adressez-vous à la boutique d'artisanat, juste à côté. De taille moyenne, les chambres sont très propres et les salles de bains toutes neuves. 4 chambres avec un petit balcon sympathique, donnant sur la rue.

Palazzo Hôtel – *54 odos Theotokopoulou - ✆ 28210 93227 - fax 28210 93229 - avr.-oct. - 11 ch.* Derrière une superbe façade ancienne, on vous accueille avec chaleur dans un décor de vieux meubles et de beaux objets d'antan. Toutes très spacieuses, les chambres portent des noms de dieux grecs. Six d'entre elles possèdent un petit balcon, et quelques-unes une baignoire. Petit-déjeuner sur le « roof-garden » qui offre un beau point de vue sur la ville et la mer.

Porto del Colombo – *À l'angle d'odos Theofanous et Moshon - ✆ 28210 98466 - fax 28210 98467 - columpo@otenet.gr - 10 ch.* L'une des plus anciennes maisons turques de la ville, très vaste, qui servit vraisemblablement de prison, d'où ses nombreuses petites fenêtres. Mais ne vous laissez pas effrayer par cette idée : les chambres, bien qu'un peu sombres, ont du charme.

Casa Delfino Suites – *9 odos Theofanous - ✆ 28210 87400 - fax 28210 96500 - casadel@cha.forthnet.gr.* Cette ancienne maison vénitienne a été somptueusement rénovée : marbre dans la salle de bains, grande mezzanine précédant la chambre à coucher, somptueux carrelage au sol… Tout simplement magnifique ! Réservez.

Amphora – *N° 20 du 2e passage d'odos Theotokopolou - ✆ 28210 93224 - 20 ch.* Ce grand bâtiment du 14e s. a un certain luxe désuet, avec une décoration rustique crétoise. Les chambres sont confortables. Beau buffet de petit-déjeuner maison. Ouvert toute l'année.

Se restaurer

Vassiliko – *Odos Akti Enoseos (à l'est du port).* Bonne adresse sans prétention mais généreuse, où les Grecs se retrouvent midi et soir pour déguster poissons, soupe d'oursins et plats traditionnels, avec le vin blanc de la région.

Taverna Dinos – *Odos Akti Enoseos (après Vasiliko).* Une très bonne adresse, sur la partie calme du port. Service parfait. Salade d'aubergine, oursins frais et poissons grillés… délicieux en tout point.

Taverna Semiramis – *Passage à droite d'odos Skoufon, en venant du port.* Musique traditionnelle, service diligent, bonne cuisine. Essayez l'agneau crétois, mijoté dans l'huile d'olive et le vin blanc : succulent.

Tholos – *36 odos Agion Deka (derrière la cathédrale et juste en face du cybercafé Vranas).* Restaurant chic installé sur deux niveaux dans une vieille maison vénitienne : service parfait, table bien mise et carte vraiment recherchée mélangeant avec brio plats traditionnels crétois et créations maison.

Monasteri – *12 odos Tombazi.* Peut-être bien la seule vraie bonne adresse sur la partie la plus agitée du port. Goûtez le « péché de la nonne », viande de porc grillée accompagnée de légumes variés et frits.

Faire une pause

Konstantinoupolis – *Odos Episkopou Dorotheou, derrière la cathédrale.* Café grec traditionnel très réussi : deux belles terrasses à l'étage, beaucoup de meubles anciens, pour une ambiance cosy.

Ouzerie Limani – *Odos Tombazi (30 m avant Koutjouk Hassan).* Le vieux café traditionnel, néanmoins un peu chic, où les Grecs viennent au crépuscule pour goûter l'air du port devant un apéritif. L'ouzo est servi avec des olives, tomates, crevettes, feta, etc.

Kronos – *23 odos Mousouron (derrière le marché).* Salon de thé moderne et chic, au cœur du quartier marchand. Réservé aux gourmands. Pâtisseries délicieuses.

Sports et loisirs

Plages – Vous en découvrirez plusieurs à l'est de la ville. Celle d'**Agía Marína**, à une dizaine de kilomètres, est la plus belle et la plus fréquentée : en été, vous aurez du mal à trouver un coin de sable inoccupé.

Héraklion★

Iráklio – Ηράκλειο

136 470 HABITANTS
CARTE GÉNÉRALE RABAT I B3 – IRÁKLIO

Capitale de la Crète depuis 1971, Héraklion est une ville moderne en plein essor, traversée de grandes artères bordées de magasins. Dotée du plus grand aéroport de l'île, elle mérite mieux que d'être juste un point de passage obligé pour la plupart des voyageurs. Si la vieille cité a été en grande partie reconstruite après la Seconde Guerre mondiale, elle garde quelques beaux monuments de la période vénitienne et surtout un admirable musée consacré à la civilisation minoenne.

J. Frumm / hemis.fr

Le fort vénitien à l'entrée de la rade d'Héraklion.

- **Se repérer** – Les lieux les plus animés sont la platia Eleftherias et la platia Elefteriou Venizelou, où se groupent cafés et kiosques à journaux, et la rue piétonnière Dedalou, bordée de boutiques de mode, de souvenirs et de restaurants.
- **Se garer** – Le centre-ville se visitant à pied, garez-vous dans les parkings autour du parc El Greco.
- **À ne pas manquer** – Le Musée archéologique et le site de Knossós.
- **Organiser son temps** – Prévoyez une journée minimum. Knossós le matin et le musée l'après midi.
- **Avec les enfants** – Le site de Knossós ; le musée d'Histoire naturelle de Crète et le Cretaquarium à Goúrnes.
- **Pour poursuivre le voyage** – Limenas Chersoníssou, Réthimno.

Comprendre

Une origine mythique – Héraklion tient son nom d'Héraklès (Hercule) qui, selon la légende, aurait débarqué ici pour accomplir un de ses Douze Travaux : dompter le taureau furieux qui dévastait le royaume de Minos à la demande de Poséidon.

Historiquement, la ville prend de l'importance grâce aux Arabes qui, au 9e s., fondent le port de Khandak, dont les Vénitiens prennent possession au 13e s. et qu'ils rebaptisent Candie : ils en font une ville marchande et militaire qu'ils considèrent comme la clé de la Crète. De nombreuses églises, des bâtiments publics ou privés, un arsenal, sont alors construits. Mais les colons vénitiens sont détestés des Crétois, qu'ils écrasent d'impôts.

L'un des plus longs sièges de l'histoire (1648-1669) – En 1645, les Turcs débarquent dans l'île, qu'ils soumettent en moins de 2 ans, sauf Candie, protégée par son impressionnante muraille. Commence alors un siège de 20 ans, qui restera dans la mémoire collective crétoise comme le symbole de la résistance à l'envahisseur, d'où qu'il vienne : les Turcs entreprenant 69 assauts tandis que les assiégés effectuent 89 sorties. La pression s'accentue en 1667, le Grand Vizir disposant alors de 80 000 hommes et des plus gros canons en service en Europe.

Tardivement, la chrétienté s'inquiète. Des ingénieurs et des volontaires venus de France se joignent aux assiégés, commandés par **Francesco Morosini** (1619-1694), celui-là même qui reprit Athènes aux Turcs. Louis XIV envoie une flotte dirigée par le petit-fils d'Henri IV et de sa maîtresse Gabrielle d'Estrées, le **duc de Beaufort**, avec 6 000 combattants. Mais Beaufort est tué au cours d'une sortie générale qui échoue et le corps expéditionnaire, ayant perdu un millier d'hommes, doit être rapatrié.
Ne disposant plus que de 4 000 défenseurs soumis à des bombardements intensifs, Morosini se rend le 5 septembre 1669. Environ 30 000 chrétiens et 110 000 Turcs auront péri au cours de ce siège sanglant qui marque la fin de l'hégémonie vénitienne en Méditerranée orientale.
Sous la domination turque, Candie perd peu à peu sa prépondérance au profit de La Canée, qui devient la principale ville de Crète.

Se promener

Départ du Musée archéologique : traverser odos Xanthoudidi et longer la Platia Eleftherias.

Place Eleftherias

À l'entrée principale de la ville, la grande place d'Héraklion, dominée par des lampadaires à la silhouette futuriste, regroupe les cafés à la mode. Non loin, au sud, au-delà d'un jardin public, commence la promenade longeant les fortifications vénitiennes.
Emprunter la rue piétonnière Dedalou au bout de laquelle se trouvent la place Eleftheriou Venizelou et ses innombrables cafés.

Place Eleftheriou Venizelou

Cette place triangulaire, dallée et réservée aux piétons, est rafraîchie par une belle fontaine du 17e s., la **fontaine Morosini**, dont le bassin est orné de bas-reliefs à motifs marins tandis que la vasque supérieure est supportée par des lions.
Prendre sur la gauche et remonter odos 25-Avgoustou sur quelques mètres puis tourner à droite dans odos Kalokerinou. Poursuivre jusqu'à odos Agía Deka, au bout de laquelle se trouve Agía Ekateríni.

Agía Ekateríni

15 avr.-oct. : 9h30-19h30 ; nov.-mars : 9h30-15h30 - 2 €.
Tout près de la vaste cathédrale Ágios Minas (19e s.), cette petite église double bâtie en 1555 par les Vénitiens dépendit aux 16e et 17e s. du monastère Ste-Catherine du Sinaï qui avait implanté ici un centre d'études religieuses. Aujourd'hui, elle abrite un **musée religieux** où sont exposées six remarquables **icônes★** de Michalis Damaskinos, qui travailla à Venise et dans les îles Ioniennes de 1574 à 1582 avant de revenir en Crète. Ces œuvres allient les traditions byzantines de rigueur de la composition et de réalisme au souci de la forme italienne. La représentation du *Concile de Nicée* (1591) est de style byzantin alors que la *Cène* et l'*Adoration des Mages* doivent beaucoup au Tintoret (1518-1594).
Tourner à droite dans odos Monis Odigitras qui se poursuit par odos Kosmon. Vous arrivez sur odos 1866, la rue du marché.

Marché★ (Odos 1866)

Le matin, jusqu'à 15h, cette rue est le cadre d'un marché animé, riche en couleurs et en odeurs, présentant les productions locales : huile d'olive, yaourts, miel, herbes, couronnes de pain décorées, raisins secs, figues, agrumes, fromages, poissons et viandes. Au bout de la rue, sur la **place Kornarou**, se trouvent deux fontaines : la fontaine Bembo (1588) associe des blasons vénitiens et un remploi de statue romaine d'homme sans tête, tandis que la fontaine turque, en forme de kiosque, abrite un café.
Revenir place Eleftheriou Venizelou puis tourner à droite dans odos 25-Avgoustou.

Ágios Márkos

De style italien avec son portique de façade et ses trois nefs sur hautes colonnes, la cathédrale catholique de Candie a été transformée par les Turcs en mosquée. L'édifice, du 14e s., contient de beaux éléments gothiques. Il abrite des expositions, des conférences et des concerts.

Loggia vénitienne (Enetikó Lódzia)

Reconstruite dans son style d'origine (17e s.) à la manière de l'architecte vénitien Palladio, la loggia abrite aujourd'hui l'hôtel de ville. Les changeurs y avaient leurs comptoirs et les marchands s'y réunissaient pour discuter de leurs affaires. Juste à côté se trouve le petit parc El Greco.

SE LOGER	SE RESTAURER	INDEX DES RUES
Asroria ①	Kafeneion ①	Pl. N. Foka 2
Hellas Rent Rooms ②	Pagopion (Ice Factory) ②	
Hotel Lena ③		
Kastro Hotel ④		

Ágios Títos

Construite au 16e s. par les Vénitiens et transformée en mosquée par les Turcs, cette église est très restaurée. Dans les ruelles piétonnes aux alentours se concentre la vie nocturne de la ville.

Vieux port (Paleó Limáni)

Bordé par une voie automobile rapide, Paleó Limaní (ancien port vénitien) est réservé aux bateaux de pêche. Devant lui subsistent les ruines imposantes des arsenaux vénitiens. Commandant la passe, le **fort de Koúles★**, décoré du lion de St-Marc, a été construit au 16e s. par les Vénitiens afin de défendre la ville des attaques de Soliman le Magnifique. Ses énormes murailles sont percées d'embrasures de canons. Les grandes salles voûtées abritaient les poudrières, les magasins, les réserves de boulets. De la terrasse, réaménagée en théâtre de plein air, vous avez une belle **vue★** sur le port et la ville. Attention, il n'y a pas de parapet sur la tour de guet. *9h-15h, lun. 9h-12h - 4 €.*

À votre droite, près de la station de bus, commence l'enceinte vénitienne.

Enceinte vénitienne

Longue de 5 km et jalonnée de gros bastions, elle a été conçue par l'architecte Michel Sanmicheli, auteur des fortifications de Padoue et de Vérone. Des jardins occupent les douves. En haut du bastion Martinengo (Promahónas Martinengo), au sud, se trouve la tombe du grand écrivain crétois **Nikos Kazantzakis** (1885-1957).

Visiter

Musée archéologique★★★

℘ 28102 280270 - temporairement fermé.

Précédé par un jardin dans lequel se dresse une stèle à la mémoire du duc de Beaufort et ses 1 000 Français tombés sous les murs de Candie, l'Arheologikó Moussío permet de se représenter la civilisation minoenne. Il est plus intéressant de le visiter après avoir vu les grands sites archéologiques de Knossós, Phaestos, Mália et Kato Zákros. Disposée en ordre chronologique, la riche collection est composée d'objets de fouilles que complètent des reconstitutions (maquettes et aquarelles) des principaux palais. Les salles les plus intéressantes sont la IV et la VII. L'emplacement des objets mentionnés peut être différent selon les circonstances (restauration ou prêt).

Salle I – 5000-1900 av. J.-C. Parmi les objets funéraires de l'époque néolithique et de la civilisation minoenne prépalatiale, il faut citer les vases de Vassiliki à décor flammé sur fond clair *(vitrine 6)*, des récipients en stéatite et albâtre, des bijoux en or, des sceaux servant de cachets *(vitrines 17 et 18)*.

Salles II et III – 1900-1700 av. J.-C. Il reste peu de chose des palais et des sanctuaires de l'époque protopalatiale, mais les fouilles ont mis au jour des objets votifs et la remarquable série de céramiques de Kamares : vases, amphores, cruches à bec, tasses et coupes à l'élégant décor de spirales et de fleurs. Au centre de la salle III, la vitrine 41 abrite le **disque de Phaestos★★**, dont les hiéroglyphes non encore déchiffrés s'enroulent du centre vers l'extérieur comme pour suggérer le labyrinthe du Minotaure. La vitrine 43 contient un étonnant cratère de Kamares à décor de fleurs blanches en relief, trouvé à Phaestos.

Salle IV – 1700-1450 av. J.-C. Vous y verrez les chefs-d'œuvre de la civilisation minoenne. À gauche en entrant *(vitrine 50)* sont exposées les fameuses **déesses aux Serpents★★**, statuettes en faïence de prêtresses aux seins nus (symbole de fécondité), trouvées dans le sanctuaire central de Knossós. À l'opposé *(vitrine 51)* se trouve le **vase★★** (rhyton) de stéatite en forme de tête de taureau utilisé pour des cérémonies religieuses : œil en cristal de roche, mufle souligné de nacre, détails du pelage incisés. Dans le fond de la salle, vase rituel en albâtre ayant la forme d'une tête de lion *(vitrine 59)*.

Salle V – 1450-1400 av. J.-C. Objets usuels en porphyre (lampes, poids) et en albâtre (amphores) de la période néopalatiale finale. Tablettes d'argile à inscriptions en linéaire A et B *(vitrine 69)*.

Salle VI – 1450-1300 av. J.-C. Objets funéraires. Voyez la *Danse sacrée* et les scènes de culte des morts, en terre cuite, l'aiguière rituelle et les bijoux en or.

Salle VII – 1700-1450 av. J.-C. Cette salle est l'une des plus riches du musée. Tout d'abord, on remarque les grandes haches doubles votives en bronze. Les premières vitrines abritent trois récipients utilisés pour les cérémonies rituelles : le **vase des Moissonneurs** *(vitrine 94)* orné en relief d'une procession de paysans et de musiciens ; sur le **gobelet du Chef** *(vitrine 95)* sont représentés des personnages dont l'un, le chef (ou le roi-prêtre), le sceptre à la main, a de longs cheveux ondulés et porte des bijoux ; un dignitaire, l'épée sur l'épaule, semble faire un rapport.

Observez aussi de curieux **lingots** de bronze pesant 40 kg *(vitrine 99)* ainsi que des bijoux, dont un chef-d'œuvre d'orfèvrerie : un **pendentif en or★★** représentant des abeilles butinant, trouvé à Mália *(vitrine 101)*.

Salles VIII et IX – 1700-1450 av. J.-C. Dans la première des salles consacrées à la période néopalatiale sont présentés les objets découverts au palais de Kato Zákros : vases rituels parmi lesquels se distingue un **vase en cristal de roche** *(vitrine 109)* à anse de perles, reconstitué par les ateliers du musée à partir d'une multitude de fragments, ainsi qu'une spectaculaire amphore en pierre blanc et vert *(vitrine 118)*.

Dans la salle suivante, l'élément principal est une amphore ornée d'un poulpe *(vitrine 120)* provenant de Palaíkastro.

Salle X – 1400-1150 av. J.-C. L'art de la période postpalatiale se caractérise par la production d'idoles féminines portant sur la tête des oiseaux, des cornes, des fleurs de pavot *(vitrine 133)*.

Salle XI – 1150-800 av. J.-C. Les styles minoen, grec, oriental se mélangent. Au fond de la première salle, remarquez *(vitrine 148)* les idoles féminines et un curieux char tiré par des taureaux ; dans la seconde salle *(vitrine 169)*, vous verrez des urnes cinéraires à couvercle et des objets de bronze découverts dans la grotte de l'Ida *(vitrine 161)*.

Salle XII – Elle a été réaménagée lors des Jeux olympiques de 2004 pour présenter les pièces montrant des athlètes crétois, depuis l'époque minoenne jusqu'à celle des jeux Olympiques panhelléniques. Vous y verrez, entre autres, un extraordinaire **acrobate** en ivoire rappelant les scènes tauromachiques et un rhyton conique décoré de scènes gymniques rituelles ainsi que la fresque dite *Un Officier de la garde noire*.

Salle XIII – Les sarcophages minoens datant de la période postpalatiale (1400-1150 av. J.-C.) ont l'apparence de baignoires ou de coffres.

Salles XIV, XV et XVI – Elles sont consacrées en partie aux **fresques** de Knossós. Reconstituées à partir de fragments, elles comprennent des éléments en relief et expriment le raffinement du décor mural des palais.

Dans une galerie, vous verrez une intéressante **maquette en bois★** évoquant le palais de Knossós vers 1400 av. J.-C.

Une des pièces capitales du musée, le **sarcophage d'Agía Triáda★★**, occupe le centre de la salle XIV *(vitrine 171)* : il est orné de peintures à thèmes funéraires : sacrifice d'un taureau, prêtresses procédant à des libations, personnages porteurs d'offrandes et se dirigeant vers le mort. Sur les murs, vous verrez le **prince aux Lys**, couronné de fleurs et de plumes de paon, une tête de taureau en relief et une tauromachie avec un acrobate, qui proviennent de Knossós.

Dans la **salle XV** se trouve la célèbre **Parisienne★★** trouvée à Knossós, ainsi baptisée par Evans en raison du charme malicieux de son expression ; de petit format mais bien conservée, elle figure une prêtresse. La salle XVI voisine conserve d'autres fresques connues, le *Singe cueillant des crocus*, une *Danseuse des nœuds sacrés* et deux remarquables **fresques** représentant des oliviers.

Salle XVII – *Fermée.*

Salle XVIII – Vous y verrez des objets en or remontant jusqu'à 2000 av. J.-C.

Salles XIX et XX – Quelques sculptures et éléments d'architecture grecs et gréco-romains, de 700 av. J.-C. à 500 apr. J.-C., dont une statue en marbre d'Aphrodite (1er s. apr. J.-C.), sont exposés ici.

T.A.P.

La coquette fresque de la « Parisienne ».

Musée historique et ethnographique de Crète

✆ 28102 83219 - tlj sf. dim. 9h-17h - 3 €.

Installé dans une élégante maison néoclassique, l'Istorikó Moussío évoque bien l'histoire et les traditions crétoises de l'époque byzantine à nos jours. Il abrite notamment une maquette animée de la ville d'Héraklion à différentes époques, des antiquités paléochrétiennes, byzantines, vénitiennes et turques. Vous verrez également le seul tableau du **Greco** visible en Crète : *Vue du mont Sinaï et du monastère Ste-Catherine* (1570). La reconstitution du cabinet de travail de l'écrivain **Nikos Kazantzakis** et celle d'un intérieur crétois du 19e s. retiennent aussi l'attention.

Musée d'Histoire naturelle de Crète

157 odos Knossou - ✆ 28103 93276 - tlj sf sam. 9h-15h, dim. 10h-17h - 4,50 €.

Les salles de droite présentent la faune (avec animation sonore de cris d'animaux) et la flore de l'île. Les salles de gauche s'attachent aux aspects géologiques et géographiques. Un jardin botanique intérieur abrite différentes espèces de plantes.

Aux alentours

Knossós★★

À 5 km au sud-est d'Héraklion. ✆ 28102 31940 - 8h30-15h - 6 € (billet groupé avec le Musée archéologique : 10 €). Prévoyez 1h30 de visite. Suite aux travaux de rénovation en cours, les appartements royaux ne sont visibles que de l'extérieur.

Entrelacs de cours, de corridors, de chambres, d'escaliers et d'étages, dégagés ou à demi reconstruits par l'archéologue britannique **Sir Arthur Evans** (1851-1941), Knossós, le plus important des palais minoens, est aussi la plus ancienne cité de Grèce.

Knossós, un palais de légendes – Pour Homère, Knossós est la « grande ville de ce roi Minos que le grand Zeus, tous les 9 ans, prenait pour confident ». Le palais, où se trouvait le Labyrinthe, aurait été construit à la demande de **Minos** par l'astucieux **Dédale** afin d'y enfermer le **Minotaure**, monstre à corps d'homme et à tête de taureau, fruit de l'union adultère de Pasiphaé avec un taureau offert par Poséidon à son époux. Un jour, Androgée, fils du roi de Crète, prit part aux jeux athlétiques à Athènes et remporta tous les prix. Mais, peu après, il fut assassiné sur les ordres d'Égée, roi d'Athènes. En réparation, Minos exigea des Athéniens qu'ils livrent tous les 9 ans au Minotaure un tribut de 7 garçons et de 7 filles, jeunes gens issus de l'aristocratie. **Thésée**, fils d'Égée, se porta volontaire pour aller tuer le monstre. En arrivant à Knossós, le héros rencontra **Ariane**, fille de Minos, qui tomba amoureuse de lui. Cette dernière demanda à Dédale, l'architecte du roi Minos, de l'aider. Sur ses conseils, elle donna à dérouler une pelote de fil à Thésée qui lui permettrait de retrouver son chemin dans le Labyrinthe. Après avoir tué le Minotaure, Thésée saborda les navires crétois et s'enfuit avec Ariane et les jeunes Athéniens libérés. Ils firent escale à Náxos, où Thésée abandonna Ariane pendant son sommeil.

Pour punir Dédale, Minos le fit emprisonner dans le palais avec son fils **Icare**. L'ingénieux architecte fabriqua des ailes à l'aide de plumes collées avec de la cire et tous deux s'évadèrent. Hélas, Icare, n'ayant pas écouté les recommandations de son père, s'approcha trop près du soleil et la cire fondit. Le jeune homme fut précipité dans les flots, non loin de Samos, dans la mer Icarienne.

Knossós, une cité-palais – Habité dès l'époque néolithique, le site de Knossós fut, vers 2000 av. J.-C., couronné d'un palais, détruit vers 1700 av. J.-C., probablement par un séisme. Un nouveau palais, centre d'une ville d'environ 50 000 habitants, remplaça alors le premier : ce sont ses vestiges que l'on parcourt aujourd'hui. Knossós était alors l'une des plus grandes villes du Bassin méditerranéen, son roi régnant sur la Crète et ses cités (Phaestos, Mália, Kato Zákros), elles-mêmes dirigées par des rois de moindre importance. Le palais royal comportait de nombreux étages, galeries, lieux de culte ordonnés autour d'une cour centrale.

Lors de l'éruption du volcan de Santorin, un séisme aurait dévasté le palais dont les ruines furent occupées quelque temps par les Mycéniens. Sa destruction finale, par le feu, aurait eu lieu vers 1300 av. J.-C. Une ville importante exista encore jusqu'à la fin du 3e s. av. J.-C., date à laquelle Gortyne devint la première cité de Crète.

Les fouilles archéologiques – Comme pour Troie et Mycènes, l'existence de Knossós fut suggérée par l'archéologue **Schliemann** (1822-1890), interprétant la légende homérique comme une véritable source historique. Le Crétois **Kalokairinos**, après avoir identifié le site, entreprit en 1878 des recherches. C'est seulement à partir de 1900 que l'archéologue britannique Sir Arthur Evans dégagea le palais, y investit son temps et sa fortune, allant même jusqu'à reconstruire certaines parties sous forme de fausses ruines savamment érodées. Depuis, les fouilles se poursuivent et, lors d'une campagne, **Peter Warren** mit au jour en 1982 dans la Maison nord des ossements d'enfants striés au couteau, possibles traces de rites sacrificiels.

Ruines du palais★★

Après l'entrée, à l'ouest du site, traversez un petit bois jusqu'à la cour ouest, esplanade dallée qui servait probablement d'agora. Remarquez, à gauche, des puits aux offrandes, où, pense-t-on, étaient déposés des objets sacrés hors d'usage, et la base d'un **autel (1)**. En face court le soubassement du mur du palais. Il n'y avait pas d'enceinte fortifiée.

Gagnez à droite l'entrée ouest marquée par un portique : ce propylée donne accès au **corridor des Processions (2)** dont les parois étaient ornées de fresques représentant des porteurs d'offrandes (Musée archéologique d'Héraklion).

Étage au-dessus de la cour centrale.

Tournez à gauche pour atteindre le **Grand Propylée (3)**, vestibule à piliers précédant le majestueux escalier qui monte à l'étage supérieur. Evans en a reconstitué un élément abritant la copie d'une fresque (« les porteurs d'offrandes »). Toutes les fresques visibles à Knossós ne sont que des copies !

> **Info pratique**
>
> Visitez le site de préférence le matin tôt ou en fin d'après-midi. Petite astuce : les visites étant en général guidées, chaque guide attend que la totalité du groupe précédent ait quitté les lieux pour commencer. Essayez de vous glisser entre deux groupes et vous serez plus à l'aise pour visiter en vous aidant des panneaux explicatifs.

L'étage comportait un certain nombre de salles à piliers, dont quelques-unes ont été restaurées. Ces salles servaient, pense-t-on, de pièces de réception : la *Parisienne* aurait fait partie du décor de l'une d'entre elles.

En contrebas vers l'ouest se succèdent des magasins, retraits étroits où s'entassaient quelque 150 *pithoi*, énormes jarres à provisions, dont quelques-unes demeurent en place.

À l'est, un autre escalier descend au niveau de la cour centrale.

La **cour centrale**, longue de 60 m et large de 29 m, était bordée des principaux bâtiments : sanctuaires, appartements royaux… Il est probable que s'y déroulaient les jeux tauromachiques à caractère rituel avec exercices acrobatiques périlleux.

Sur le côté ouest de la cour, les salles du **sanctuaire★** se répartissaient de part et d'autre de l'escalier.

À droite, un **vestibule (4)**, au centre duquel Evans plaça un bassin de porphyre, précède la **salle du Trône (5)** qui renferme le banc et le trône d'albâtre où prenait vraisemblablement place la grande prêtresse du Labyrinthe. Des fresques à motifs de griffons l'entourent. Face au trône, quelques marches descendent vers un bassin destiné aux ablutions.

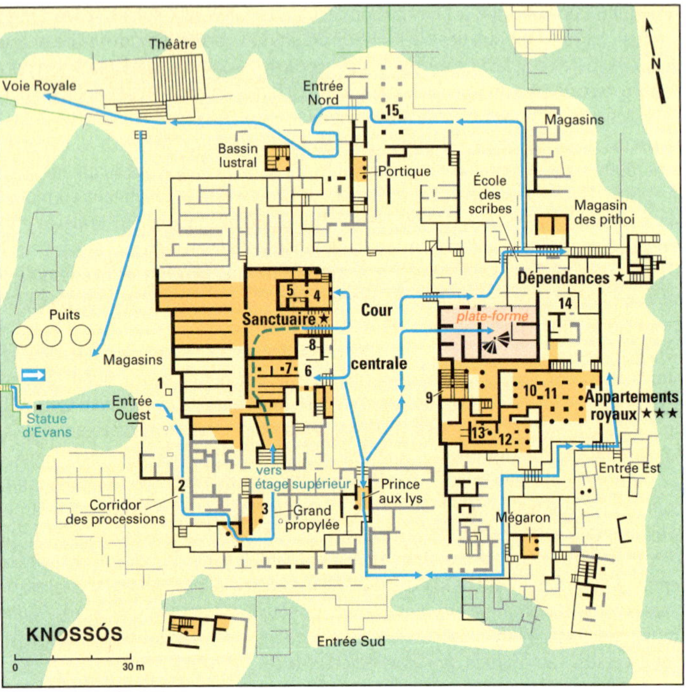

À gauche, un autre vestibule **(6)** donne accès aux **cryptes à piliers (7)**, où se déroulaient des cérémonies religieuses (remarquez la double hache gravée dans la pierre des piliers), et au **trésor (8)**, d'où furent exhumés des objets de culte, notamment les fameuses déesses aux Serpents du Musée archéologique d'Héraklion. Des serpents sacrés vivaient-ils ici ? C'est une hypothèse.

Au sud de la cour, dans le passage formant l'extrémité du corridor des Processions, a été reconstituée la fresque du *Prince aux Lys*.

À partir d'une plate-forme recouverte d'un toit située sur le côté est, on aperçoit les **appartements royaux★★★**, qui comptaient quatre étages, deux au-dessus du niveau de la cour, deux au-dessous, pratiqués dans le versant de la colline dominant la rivière et la proche campagne. Ici, comme en d'autres parties du palais, des puits de lumière assuraient aération et éclairage.

Attenant à ceux-ci, un escalier **(9)** dessert les pièces d'habitation reliées par un lacis de passages et de corridors.

Ressortez de la plate-forme et allez vers le sud-est. En contrebas à gauche, vous verrez la **salle des Haches (10)**, qui servait sans doute de salle des gardes, et qu'une cloison à jour sépare de la **salle du Roi (11)** où se trouvait un trône en bois.

Éclairée par un puits de lumière et ornée d'une copie de la fresque des Dauphins, la **salle de la Reine (12)** est complétée par une petite salle **(13)** où se trouve une baignoire d'argile, matériau utilisé pour les canalisations alimentant le palais en eau douce.

Un peu plus bas toujours à l'est, les **dépendances★** comprennent des ateliers d'artisans, polisseurs de pierres, potiers **(14)**, tailleurs, orfèvres, et quelques magasins.

Revenez à la cour centrale, empruntez un escalier vers l'est puis un deuxième escalier.

Dans le magasin des *pithoi*, énormes jarres de terre cuite (reconstituées partiellement), se conservaient vin, huile, grains, miel. Il daterait de la période du premier palais.

Revenez en arrière, remontez le deuxième escalier et tournez à droite. Sur votre gauche, vous apercevrez un portique aux parois ornées de motifs en relief, parmi lesquels un taureau, salle qu'Evans nommait la Douane **(15)**. Ses piliers carrés semblent avoir soutenu une salle de banquet à l'étage. À proximité s'ouvrait l'entrée nord du palais.

Au nord-ouest de la Douane débute la **Voie royale**, dallée et d'une largeur d'environ 4 m, qui menait peut-être à Katsambas et Amnisos, ports de Knossós situés à l'est d'Héraklion. Des gradins bien conservés, sans doute ceux d'une sorte de théâtre, cité par Homère servant de cadre aux danses rituelles.

Mont Gioúchtas★

15 km au sud d'Héraklion. Cette montagne (811 m) passe pour être le tombeau de Zeus. Son profil évoque la silhouette d'une tête d'homme endormi que la croyance populaire dit être celle du maître des dieux en personne. Du sommet, couronné par une église au bord de l'à-pic, vous avez un vaste **panorama★** sur Héraklion et la mer (au nord), le mont Dikti (à l'est) et le mont Ida (à l'ouest).

Cretaquarium

À Goúrnes, à 15 km à l'est d'Héraklion par l'ancienne route. ✆ 28103 37788 - en saison (visite 45mn) : 9h-21h - 8 € (enf. 6 €).

Cette ancienne base américaine transformée en 32 aquariums, serpentant sur près d'un kilomètre, propose de découvrir 200 espèces de poissons de la Méditerranée.

Circuits de découverte

MASSIF DE L'IDA★ (Óros Ída) ou Psiloritis

Circuit de 110 km AR au sud-ouest. Quitter Héraklion vers l'ouest.

Ruines de Týlisos

À l'entrée du village de Týlisos, prendre à gauche en venant d'Héraklion. ✆ 28108 31372 - tlj. 8h30-15h - 2 €.

Au sommet de la colline s'étendent les vestiges de trois villas minoennes contemporaines du palais de Knossós (vers 1800 av. J.-C.). Leur visite peut compléter celle du palais du légendaire roi Minos.

Anógia

Ce bourg de montagne (alt. 740 m) occupe un site majestueux au pied du mont Ida (2 456 m), point culminant de la Crète et montagne sacrée des Minoens. Anógia a été reconstruit après sa destruction complète par les Allemands en 1944. C'est un bon point de départ pour découvrir quelques-unes des plus hautes cimes de l'île.

À l'entrée d'Anógia, à gauche, la route conduit au plateau de Nida (1 370 m) et à la grotte de l'Ida (1 540 m). Superbes **vues★**.

Grotte de l'Ida (Idaío Ántro)

À 22 km au sud d'Anógia. Été : 9h-14h - 3 €.

30mn AR. À la fin du 19e s., des archéologues italiens trouvèrent dans cette grotte des objets du 9e s. av. J.-C., parmi lesquels des boucliers de bronze historiés, aujourd'hui au Musée archéologique d'Héraklion. Des fouilles effectuées plus récemment par des archéologues grecs ont permis la découverte d'objets en or, en argent, en faïence et en cristal de roche, et nombre de pièces en ivoire finement travaillées. La grotte était vraisemblablement un centre de pèlerinage.

LA CÔTE NORD VERS RÉTHIMNO

Réthimno est à 71 km à l'ouest d'Héraklion.

Après avoir traversé la banlieue de la capitale de la Crète, la route longe d'assez près la côte.

P. de Franqueville / MICHELIN

L'église du village de Fodele, où Le Greco serait né…

Agía Pelagía

Ce village de pêcheurs se situe près d'une plage devenue très touristique.

Fodele★

Le village se trouve dans un vallon entouré de pentes recouvertes d'oliviers et de caroubiers. Tout autour s'étendent des plantations d'orangers et de citronniers. C'est, croit-on, le village natal du peintre Domenikos Theotokopoulos, dit **Le Greco** *(voir encadré p. 353)*. Plage magnifique.

Balí★

Petit port de pêche au creux d'une crique, Balí est de plus en plus fréquenté. À proximité, la belle **côte★** rocheuse comprend de nombreuses plages, souvent inaccessibles par la route. Pour les découvrir, il faut prendre un bateau ou marcher.

Après Balí, la route traverse pendant plus de 20 km une plaine côtière jusqu'à Réthimno.

Héraklion pratique

Informations utiles

OTE – *16 odos Papa Alexandrou - ☏ 2810 246106.*

Poste – *Place Daskalogiani (derrière la place Eleftherias).*

Centre de santé – *☏ 2810 392111.*

Police touristique – *☏ 2810 302255.*

Transports

En bateau – Liaisons régulières entre Héraklion et **Le Pirée** (2/j., compter 12h), **Santorin** (quotidienne en haute saison) ; **Thessalonique** (2/sem.) ; **Páros** (quotidienne en été) ; **Náxos** (quotidienne en été), etc.

Autorités portuaires – *☏ 28210 244912.*

En avion – En haute saison *(juin-sept.)*, l'aéroport international *(4 km à l'est - ☏ 28210 397800)* est desservi quotidiennement par de nombreux charters en provenance directe de **Paris**, de **Genève**, de **Québec**, plusieurs vols réguliers à partir d'**Athènes** et de plusieurs grandes villes européennes.

Un bus relie l'aéroport à la place Eleftherias, à l'entrée de la ville.

En bus – Liaisions quotidiennes pour Ágios Nikólaos, Limenas Chersoníssou, Sitía, Ierápetra à partir de la gare routière, près du fort vénitien *(☏ 28102 45019/20)* ; pour Réthimno, Haniá, Phaestos, Mátala à partir de la gare routière ouest, près de la porte de Haniá *(☏ 28102 55965)*. Bien vérifier les horaires au préalable.

Se loger

Bon à savoir – L'aéroport étant très proche, la ville est survolée jour et nuit par les avions. Choisissez une chambre avec double vitrage et air conditionné.

Hellas Rent Rooms – *24 odos Handakos - ☏ 2810 288851 - fax 28102 84442 - 13 ch.* Adresse modeste, mais à l'atmosphère sympathique. Au dernier étage, terrasse pour le petit-déjeuner ou pour prendre un verre le soir. Chambres simples, mais spacieuses, avec literie de bonne qualité. Douches et toilettes collectives très propres sur le palier.

Hotel Lena – *4 odos Lahana - ☏ 28102 23280 - fax 28102 42826 - 16 ch.* Cet hôtel dispose de chambres avec douche et toilettes ; pour d'autres elles sont à extérieures. L'accueil est agréable et on y parle français.

Kastro Hotel – *4 odos Theotokopoulou - ☏ 28102 85020 - fax 28102 23622 - 38 ch.* Belle entrée, hôtel moderne aménagé avec goût. Un choix raisonnable dans cette catégorie de prix.

Astoria – *Place Eleftherias - ☏ 28103 43080 - fax 28102 29078 - astoria@her.forthnet.gr - 131 ch.* Le seul hôtel de luxe de la ville, catégorie internationale : accueil professionnel, chambres très spacieuses et impeccables. Sur le toit de l'immeuble, la terrasse, avec une piscine minuscule et un bar, surplombe la ville et ses environs.

Se restaurer

Bon à savoir – Pour goûter à l'ambiance locale, nombreuses petites tavernes sans prétention dans la rue du marché (Odos 1866).

Kafeneion – *2 odos Minotavrou.* Très bonne adresse près du parc El Greco. La carte propose d'excellentes spécialités grecques…

Pagopion (Ice Factory) – *Pl. Ág. Títos (juste derrière l'hôtel de ville).* Ce bar-restaurant sert une cuisine internationale recherchée, variée et copieuse, dans un décor vraiment réussi. Bifteck au chou rouge râpé, haricots à la moutarde de Dijon, spaghettis aux épinards et à la feta. Surtout fréquentée par la population locale, voilà une excellente adresse.

Faire une pause

Fix – *Odos Pardiari (sur la gauche en venant de la rue Dedalou).* Ambiance tranquille, doucement bercée de jazz, dans un décor tamisé rétro. Souvent bondé. L'hiver, le bar donne quelques concerts.

Vicenzo – *Angle odos Vanou et place Kornarou.* Bien agréable pour faire une pause réparatrice devant une salade ou un sandwich, avant de reprendre sa visite.

O Kountes – *Place Kornarou (près de la fontaine turque).* C'est en fin de matinée l'endroit de prédilection des autochtones qui, près du marché, viennent s'y rencontrer longuement.

Événement

Festival d'été d'Héraklion – En août, la municipalité propose concerts, expositions, représentations théâtrales (notamment dans le fort de Koúles), chants et danses. *Rens. : ✆ 28103 99399 et à l'office de tourisme.*

Ierápetra

Ιεράπετρα

12 570 HABITANTS
CARTE GÉNÉRALE RABAT I C3 – LASÍTHI

Une atmosphère orientale baigne la ville la plus méridionale d'Europe. On y commercialise les produits de la plaine côtière : vin, huile, fruits, primeurs, bananes et surtout tomates cultivées sous serre toute l'année. Sa longue plage de sable est bordée par une promenade où se succèdent bars et restaurants.

- **Se repérer** – Sur la côte sud-est de la Crète, Ierápetra est une cité d'affaires moderne et agitée. Visitez la ville à pied, car la circulation y est parfois difficile.
- **À ne pas manquer** – L'île de Chrysí, sa plage de sable blanc, sa faune et sa flore.
- **Pour poursuivre le voyage** – Ágios Nikólaos, Sitía.

Se promener

Port

Voué à la pêche, il ne manque pas de charme avec son entrée que commande une forteresse à bastions carrés construite au 13e s.

Vieille ville

Composé d'un labyrinthe de ruelles pavées et de maisons basses, l'endroit échappe à la frénésie du reste de la ville. La rue Anagnostaki mène à la **fontaine ottomane** et au minaret de la mosquée. En continuant vers la mer, vous verrez la maison dite de Napoléon, car le futur empereur aurait passé une nuit ici au retour de la campagne d'Égypte (1799).

Le petit **Musée archéologique** rassemble les trouvailles des fouilles de la région, dont un très beau sarcophage minoen en terre cuite. *✆ 28420 28721 - tlj sf lun. 8h30-15h - 2 €.*

P. de Franqueville / MICHELIN

Il fait bon flâner le long des quais de Ierápetra.

Aux alentours

Île de Chrysí

Excursion d'une journée au départ de Ierápetra. 1h de traversée.

L'île est souvent fréquentée en été, mais elle offre de jolies plages donnant sur une mer cristalline et une forêt de cades centenaires.

Vers l'ouest

La côte accueille un tourisme de masse dans une architecture souvent très banale. Au bout de 20 km, la route atteint la verte **vallée de Mirtos** connue pour ses orangeraies, ses bananeraies et ses vignobles, puis le village de **Péfkos** qui possède un imposant monument consacré aux victimes des exactions allemandes. En prenant à gauche et en descendant 12 km au sud vers la côte, vous atteindrez **Árvi**, hameau de pêcheurs au milieu des bananiers, dominé par le monastère Ágios Antonios à la silhouette originale. En poursuivant par la route principale, sur 8 km, **Áno Viánnos** occupe un site spectaculaire dans un cirque de montagnes dominant une grande coulée d'oliviers.

Ierápetra pratique

Informations utiles

Pas d'office de tourisme mais plusieurs agences de tourisme privées.

Se loger

⊖ **Katarina Rooms** – *Sur la promenade du front de mer - ✆ 28420 28345 - fax 28420 28591 - 15 ch.* Parce qu'il ne propose pas les services d'un hôtel standard (l'entrée se fait par la boutique de souvenirs), cet établissement affiche des prix particulièrement intéressants pour sa situation et son standing, équivalant à celui des autres hôtels du front de mer.

⊖ **Cretan Villa** – *16 odos Oplarhigu Lakerda - ✆/fax 28420 32852 - cretan-villa@cretan-villa.com - 9 ch.* Voici l'hôtel le plus charmant de la ville. Dans une vieille bâtisse en pierre, de vastes chambres sont disposées autour d'un agréable patio. L'ensemble est propre et frais, l'accueil sympathique.

AUX ALENTOURS

⊖⊖ **Porto Belissario** – *Ferma (12 km à l'est d'Ierápetra) - ✆ 28420 61360 - fax 28420 61551 - 33 ch.* Un bel établissement moderne, bien équipé, construit avec goût, entre mer et montagne. Les vastes chambres ouvrent par un balcon sur la mer. Un endroit pour d'agréables vacances.

Se restaurer

⊖ **Babi's** – *68 odos Samouil.* Essentiellement fréquenté par les Grecs, même si la carte se décline dans toutes les langues. Goûtez plutôt les spécialités de poissons et de fruits de mer : filet d'espadon, poulpe au vin, brochette de poisson grillé.

⊖ **Levante** – *Odos Samouil (à 30 m de l'hôtel Castro).* Une excellente adresse. Pour vous faire une idée des spécialités crétoises, essayez le plat qui offre sur une seule assiette un assortiment de plats cuisinés.

Faire une pause

Pâtisserie Cafétéria Beterano – *À l'angle d'odos M. Kothri et Koundourou.* Cette adresse accueille du matin au soir les gourmands.

Limenas Chersoníssou★

Λιμάνι Χερσονήσου

3 077 HABITANTS
CARTE GÉNÉRALE RABAT I C3 – HÉRAKLION

Voici un port de pêche, au fond d'une petite baie, promu station balnéaire et devenu très animé. C'est aujourd'hui une concentration d'hôtels, de restaurants et de discothèques. Les plages de sable sont agréables mais très fréquentées. À proximité, les ruines du palais de Mália, l'une des quatre grandes cités minoennes, offrent au visiteur leur dédale de murs.

- **Se repérer** – Sur la côte nord, la ville se trouve à 30 km à l'est d'Héraklion par la vieille route, après Goúrnes.
- **À ne pas manquer** – Le palais de Mália, surplombant la mer.
- **Pour poursuivre le voyage** – Ágios Nikólaos, Héraklion.

Visiter

Basilique paléochrétienne

Sur la presqu'île rocheuse qui protège la baie au nord, dans un beau site dominant le port, subsistent les soubassements d'une basilique chrétienne du 6e s. dont le plan est encore visible. Le sol est décoré de mosaïques. En contrebas, à l'extrémité du promontoire, vous distinguerez des viviers à poissons creusés par les Romains dans la roche.

Aux alentours

Ruines de Mália★★

À 12 km à l'est. ✆ 28970 31597 - tlj sf lun. 8h30-15h - 4 €. Environ 1h de visite.

Situées sur une plate-forme rocheuse au-dessus de la mer, les ruines de Mália s'étendent à l'est du village du même nom. Le site est, depuis 1921, l'objet de fouilles menées par l'École française d'archéologie. N'ayant plus été habité depuis la fin du 2e millénaire av. J.-C, il n'est pas encombré de vestiges de constructions postérieures. De nombreuses découvertes y ont été faites, dont beaucoup figurent au Musée archéologique d'Héraklion.

Palais★★

Dévasté par un cataclysme dans les années 1500 av. J.-C., il était de moindres proportions et moins luxueux que celui de Knossós, mais analogue dans ses dispositions, s'ordonnant à partir d'une cour extérieure et autour d'une cour centrale.

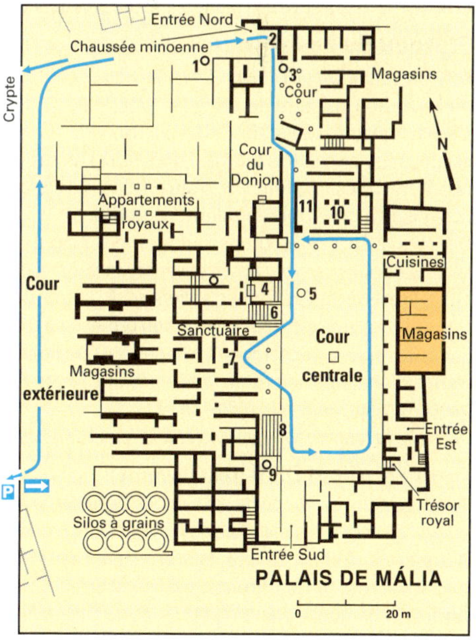

La **cour extérieure** forme une esplanade dallée et borde les soubassements de la façade ouest du palais, comprenant de droite à gauche huit grands silos à grains, une série de magasins desservis intérieurement par un grand corridor et les appartements royaux.

Longez la cour vers le nord en direction de la mer jusqu'à la chaussée minoenne qui mène à l'entrée nord du palais, passant près d'un *pithos* **(1)**, jarre colossale de 1,75 m, en terre cuite, pouvant contenir plus de 1 000 litres de vin ou d'huile.

Entrée nord – À cet endroit, on pénétrait dans le palais par un vestibule **(2)** et un portique à colonnes dont subsistent les bases. À gauche, il y avait des magasins, près desquels a été placé un autre *pithos* **(3)**. À droite, on distingue la cour du Donjon, par laquelle on accédait aux appartements royaux. *Un corridor donne accès à la cour centrale.*

La **cour centrale** était garnie de portiques sur les côtés nord et est, alors que le côté ouest était occupé, comme à Knossós, par les bâtiments officiels et religieux. Son centre est marqué par une fosse peu profonde utilisée pour les sacrifices.

Dans l'angle nord-ouest se trouvait le sanctuaire. Donnant sur la cour, la loge royale, ou **salle du Trône (4)**, est indiquée actuellement par une terrasse devant laquelle est posé un boulet byzantin **(5)**. Au-delà se présentent les degrés d'un escalier **(6)** qui montait à l'étage supérieur, puis une salle cultuelle **(7)** à deux piliers portant des signes symboliques, dont la double hache.

Après avoir dépassé les quatre marches de l'escalier monumental **(8)**, vous pouvez vous arrêter près de l'entrée sud du palais devant le *kernos* **(9)**, table circulaire en pierre, évidée au centre et jalonnée à la circonférence de petites cavités. Est-ce une table de jeu ? un autel à offrandes ?

À l'est, les bâtiments comprenaient les **salles du Trésor royal**, qu'une entrée séparait de magasins. Ceux-ci ont conservé leurs banquettes murales qui supportaient les jarres d'huile ou de vin, ainsi que leurs canaux d'écoulement vers l'extérieur. Plus loin, les archéologues ont identifié des cuisines.

Sur le côté nord, une salle **(10)** à deux rangées de piliers rectangulaires, que borde à gauche un vestibule **(11)**, servait peut-être aux banquets. *Sortir par le nord-est.*

Cité★

Suivre la chaussée minoenne vers l'ouest. Elle conduit à une crypte hypostyle dégagée après la Seconde Guerre mondiale et protégée par un toit. L'escalier donnait accès à des salles de réunion encore entourées de bancs : elles faisaient probablement partie du prytanée, siège des magistrats de la cité. À côté s'alignaient des magasins.

D'autres bâtiments à destination religieuse et des maisons, dont le sous-sol et le rez-de-chaussée sont souvent conservés, ont été mis au jour dans le périmètre urbain.

Au nord, près de la mer, la **nécropole de Krysolakos** (« fosse de l'or ») était sans doute à caractère royal : elle a livré le superbe pendentif aux abeilles du musée d'Héraklion.

Non loin de là se trouve une plage, l'une des plus agréables du littoral.

Plateau du Lasíthi★

À 30 km au sud-est de Limenas Chersoníssou.

À plus de 800 m d'altitude, entre les cimes du massif du Dikti qui culmine à 2 148 m, s'étend le plateau du Lasíthi. Ce bassin suspendu, où se sont accumulées des alluvions, est découpé en champs fertiles. Long de 12 km, large de 6 km, le plateau est voué à la culture (céréales, pommes de terre, fruits). À l'agriculture s'ajoute aujourd'hui une activité artisanale : miel, broderies, poteries.

De Limenas Chersoníssou, une route grimpe en lacet, offrant des **vues★** spectaculaires sur la vallée d'Avdou, encaissée et verdoyante (vergers, orangeraies). En arrivant sur la crête, on découvre les ruines d'éoliennes. À l'entrée de **Potamiés** apparaît, à gauche, une minuscule église de style vénitien ornée de fresques du 14e s.

La route mène aux charmants villages de **Tzermiado** et d'**Ágios Geórgios** où un musée d'Art populaire est installé dans une ferme du début du 19e s., restituant la vie de l'époque. *Avr.-oct. : 10h-16h - 2 €.*

Plus loin, la route conduit à Psyró et à sa fameuse grotte.

Grotte du mont Dikti (Diktaio Antro)

Au bourg de Psyró, une petite voie conduit depuis le parking payant à la grotte, à laquelle on accède par un escalier glissant. Été : tlj. sf lun. 8h30-19h ; hiver : 8h30-15h - 4 €.

Antre profond et mystérieux, la grotte aurait servi de refuge à Rhéa, mère de Zeus, fuyant son mari, le Titan Cronos, qui avait la fâcheuse habitude de dévorer ses enfants. Ainsi sauvé, le jeune dieu y fut nourri par la chèvre Amalthée. L'endroit fut un lieu de culte de l'époque minoenne à l'époque archaïque. On y a découvert quantité d'objets à caractère religieux : autels, statuettes de bronze, ex-voto, petites haches doubles…

La descente s'effectue au milieu d'énormes blocs, jusqu'à un petit lac souterrain à une soixantaine de mètres de profondeur. Dans la partie inférieure, vous découvrirez stalactites et stalagmites.

Mátala★

Μάταλα

100 HABITANTS
CARTE GÉNÉRALE RABAT I B3 – HÉRAKLION

L'antique port de Mátala se trouve au fond d'une baie magnifique fermée par un îlot. On dit que c'est ici que Zeus aurait abordé, métamorphosé en taureau et portant sur son dos la belle Europe. Naguère modeste village de pêcheurs, c'est aujourd'hui une station balnéaire fréquentée.

- **Se repérer** – Le village est situé sur la mer de Libye, en bordure de la plaine de la Messara, à 70 km au sud d'Héraklion.
- **À ne pas manquer** – Les passionnés d'histoire antique compléteront leur connaissance de la civilisation minoenne en visitant Phaestos et Agía Triáda.
- **Organiser son temps** – Prévoyez une demi-journée pour la visite des sites de Phaestos et Agía Triáda distants d'environ 3 km l'un de l'autre.
- **Avec les enfants** – Amusez-vous à explorer les tombeaux près de la plage et baladez-vous en bateau à partir d'Agía Galíni.
- **Pour poursuivre le voyage** – Héraklion.

P. de Franqueville / MICHELIN

Dans la plaine de la Messara, les vastes ruines du palais minoen de Phaestos.

Se promener

La rue principale, bordée de boutiques, de bars et de restaurants, conduit au port. La falaise de grès près de la plage est percée de **grottes★**. Sépultures à l'époque romaine, habitées pendant des siècles, elles ont été occupées par des hippies dans les années 1970, qui ont laissé quelques graffitis sur les parois...

Découvrir

LES RUINES DE PHAESTOS★★★ (Festos)

À 11 km à l'est de Mátala. ✆ 28920 42315 - 8h30-15h - 4 € (billet groupé Phaestos et Agía Triáda : 6 €).

Dans un **site★★** dominant la plaine de la Messara, un contrefort du massif du mont Ida porte les ruines du palais minoen de Phaestos, fondé par Rhadamante. Les fouilles de l'École italienne d'Athènes ont permis d'identifier deux édifices superposés, l'un remontant à 2000-1650 av. J.-C. et l'autre plus récent (1650-1400 av. J.-C.) dont le plan est analogue à celui de Knossós. Phaestos fut pendant 17 siècles une extraordinaire cité rayonnant sur l'ensemble de la Crète.

Commencez la visite par la cour nord (vestiges hellénistiques et romains) **(1)** avant de descendre l'escalier **(2)** conduisant à la base des propylées et du théâtre.

Le **théâtre** est constitué, comme à Knossós, de gradins rectilignes dominant une cour, esplanade où devaient se dérouler danses et jeux rituels. Dans l'angle nord-est se trouvait un petit sanctuaire **(3)**.

Un imposant escalier monte aux grands propylées, entrée monumentale qui comportait une salle d'apparat à colonnes **(4)**. À gauche, une salle à péristyle **(5)** bordait les appartements royaux, prolongés par des restes d'habitations où fut découvert le fameux disque de Phaestos.

Le **mégaron du roi** comprend la salle de réception **(6)** et un bain lustral **(7)** destiné à la purification, dans lequel on descendait par un petit escalier.

Un héros crétois

Rhadamante, fils de Zeus et d'Europe, frère de Minos et de Sarpédon, était renommé pour sa sagesse et son sens de la justice. Son code de loi servit de modèle aux cités grecques. Aussi après sa mort fut-il appelé aux Enfers pour juger les défunts.

Le **mégaron de la reine (8)** conserve une salle avec un dallage d'albâtre. Il communique avec la cour centrale par une courette **(9)** que prolonge un corridor **(10)**.

La **cour centrale** était partiellement bordée de portiques à colonnes. On y organisait probablement, comme à Knossós, des spectacles tauromachiques rituels. À l'extrémité de l'angle sud-ouest, remarquez un puits **(11)**.

À gauche, vous verrez les vestiges d'une crypte à deux piliers **(12)** et d'une salle entourée de bancs **(13)** qui dépendaient vraisemblablement d'un sanctuaire. Au-delà, la salle à colonnes **(14)**, revêtue d'albâtre, précède le corridor des magasins.

De part et d'autre du corridor, les **magasins** abritaient les provisions de céréales, d'huile et de vin des *pithoi*. Dans le dernier magasin à droite **(15)**, vous verrez une installation destinée à recueillir l'huile coulant des récipients.

Revenez à la cour ouest en laissant à gauche d'importants vestiges du premier palais.

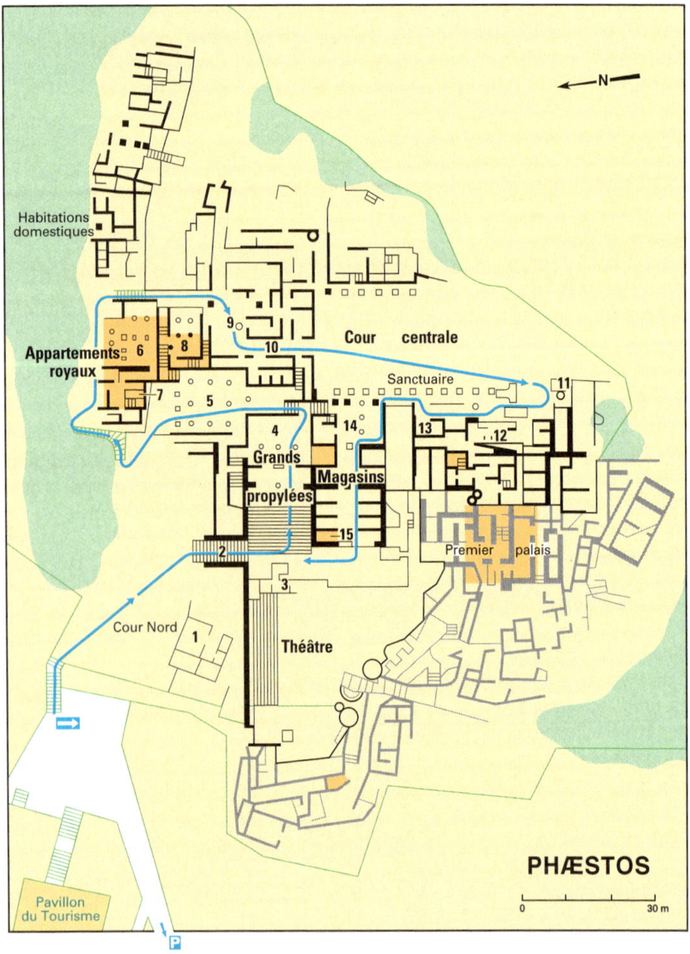

LA VILLA D'AGÍA TRIÁDA★

À 14 km au nord de Mátala, et à 3 km à l'ouest de Phaestos. ✆ 28920 91360 - 8h30-15h - 4 € (billet groupé Phaestos et Agía Triáda : 6 €).

On ignore le nom antique de ces ruines minoennes qui occupent, comme Phaestos, un **site★★** magnifique, face à la plaine et au golfe de Mesarás. On distingue, à gauche, un petit palais ou villa, à droite et en contrebas, le village. De la nécropole voisine provient le célèbre sarcophage peint exposé au Musée archéologique d'Héraklion.

Villa

Cette villa aurait servi de résidence à un dignitaire, à un parent du roi de Phaestos, ou au roi lui-même. La construction est datée de 1600 av. J.-C.

Après avoir laissé à gauche le majestueux escalier montant vers la cour des Autels, suivez la voie dallée dite rampe de la Mer, qui longe le palais. Ce bâtiment, d'au moins un étage (départs d'escaliers), comprenait un corps central où se trouvaient des salles de réception, des magasins et le mégaron royal à revêtement d'albâtre encore en place. L'aile ouest était distribuée autour de petites cours ou de puits de lumière en pièces d'habitation. Certaines ont conservé une partie de leur équipement : sols d'ardoise, banquettes, plaques d'albâtre, rigoles d'évacuation des eaux.

Un peu plus loin, la charmante église **Ágios Geórgios** (14e s.) est ornée de motifs byzantins finement sculptés.

Village mycénien

En contrebas du palais, il est plus récent (1375-1100 av. J.-C.). L'agora était bordée par un portique avec boutiques. À flanc de colline, la nécropole a livré un grand nombre d'objets.

LA CITÉ ANTIQUE DE GORTYNE★ (Górtys)

À 28 km au nord-est de Mátala. ✆ 28920 31144 - tlj 8h30-15h - 4 €.

Ces imposantes ruines ombragées d'oliviers témoignent de la grandeur passée de Gortyne, capitale de la Crète romaine et métropole des premiers temps chrétiens.

Ágios Títos★

Datant, pense-t-on, du 7e s., l'importante basilique St-Tite a été élevée à l'emplacement du martyre du saint. Elle combinait le plan basilical à trois nefs et le plan cruciforme. L'abside à trois absidioles parallèles est encore debout. Quelques éléments du décor sculpté sont conservés au Musée archéologique d'Héraklion. Au nord de la basilique s'étendait une des deux agoras de la cité.

Odéon★

Restauré, ce petit théâtre à gradins reposant sur des voûtes fut construit au début du 2e s., sous Trajan. Quelques statues mutilées gisent encore çà et là.

À l'arrière de l'édifice, les Romains réemployèrent des blocs de pierre provenant du bâtiment antérieur portant un texte gravé : les **lois de Gortyne**. Ces inscriptions en caractères doriens comptent 17 000 signes et se lisent alternativement de gauche à droite et de droite à gauche : elles règlent des problèmes de liberté individuelle, de propriété, d'héritage, d'adultère, de délits, etc.

Gortyne l'orgueilleuse

Selon la légende, c'est à Gortyne que Zeus se serait uni à Europe, sous des platanes éternellement verts. La cité commença à se développer au 7e s. av. J.-C., avec une acropole sur une colline située à l'ouest d'un petit cours d'eau, le Léthé. Elle ne tarda pas à supplanter Phaestos comme capitale de la région de la Mesarás. Vers 450 av. J.-C., ses administrateurs avaient même établi un code civil régissant les rapports sociaux : les lois de Gortyne.

Siège du gouverneur, la cité connut au 2e s. une urbanisation dont témoignent les carrières s'enfonçant dans la montagne voisine. De nombreux bâtiments administratifs et religieux s'élevèrent alors.

Le christianisme prit racine à Gortyne dès le 1er s. avec l'arrivée de Tite, compagnon de saint Paul, évangélisateur puis patron de la Crète. L'empereur Constantin ayant décrété au 4e s. le christianisme religion officielle, Gortyne devint le siège d'un archevêché ayant juridiction sur toute l'Église de Crète. Les riches sanctuaires se multiplièrent. Encore prospère à l'époque byzantine, Gortyne périclita au moment de l'invasion arabe du 9e s.

Les fouilles entreprises en 1884 par l'École italienne d'Athènes ont été reprises en 1970.

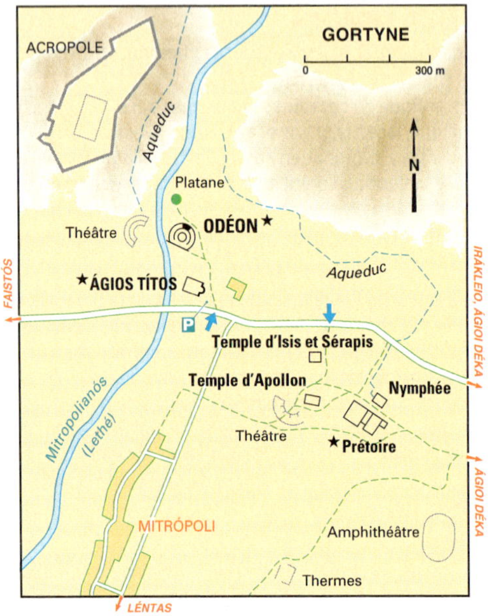

Reprenez, à pied, la route d'Héraklion sur environ 300 m, puis un chemin sur la droite.

Les restes d'une *cella* et d'un bassin de purification signalent ce **temple d'Isis et de Sérapis** (1er-2e s.) dédié à des dieux égyptiens très vénérés dans le monde gréco-latin : Isis, symbole du principe féminin universel, et Sérapis, assimilé à Zeus par les Romains.

Les vestiges du **temple d'Apollon Pythien** datent de l'époque archaïque (7e s. av. J.-C.). Il fut remanié aux époques hellénistique *(pronaos)* et romaine (colonnes de la *cella*, autel).

Les fouilles ont mis en valeur les ruines imposantes du **prétoire★**. Ce vaste bâtiment était à la fois centre administratif et résidence du gouverneur de la province. En brique, il fut édifié sous l'empereur Trajan (2e s.) puis reconstruit au 4e s. après un tremblement de terre. On reconnaît l'emplacement de la basilique, de thermes et d'une cour entourée d'un portique dont les énormes fûts de colonnes gisent près de leurs bases.

En face du prétoire, le **nymphée**, grotte artificielle consacrée aux nymphes, 2e s., fut transformé en fontaine à l'époque byzantine.

Séjourner

PLAGES★

Kommos★

À 3 km au nord de Mátala.

Le long de la mer s'élèvent les ruines d'une cité minoenne qui était sans doute l'un des deux ports de Phaestos (avec Mátala). De l'extérieur de la clôture *(on ne visite pas)*, vous apercevez d'importants bâtiments construits en grand appareil le long d'une large rue pavée.

En contrebas s'étend la magnifique **plage★** de sable fin, l'une des plus belles de la région. Le site, déclaré zone archéologique, est protégé et aucune construction ne vient le dénaturer. En été, l'endroit est très fréquenté.

Kalamáki

À 7 km au nord de Mátala.

Petite station balnéaire bondée en raison de sa belle **plage★** bordant la baie de Messara.

Agía Galíni★

À 28 km au nord de Mátala.

Entre deux montagnes, dans un beau **site★**, cette charmante station et son port attirent beaucoup de monde. Une plage se trouve à l'extrémité d'un sentier *(à gauche du port en regardant la mer)*. Des promenades en bateau sont organisées vers les grottes marines de la côte.

Circuit de découverte

Prendre tout d'abord la direction de Vóri à environ 8 km au nord de Mátala.

Musée d'Ethnologie crétoise de Vóri★

℘ 28920 91110 - 10h-18h - 3 €.

Situé à côté de l'église, dans un petit bourg, ce musée est remarquable par sa présentation et par la qualité de ses collections provenant de la Crète entière. L'exposition thématique évoque la vie quotidienne crétoise aux 18e et 19e s., alors essentiellement rurale.

Sortir de Vóri, prendre au nord, compter environ 20 km jusqu'à Kamáres et tourner à droite. 3,5 km à l'est de Kamáres, à l'entrée de Vorizia, prendre un chemin sur la droite.

Monastère de Valsamónero

8h30-15h (seulement en été) - 3 €.

Dans un écrin de verdure et entouré de montagnes, ce monastère abrite une belle église fermée hors saison. Inspirée de l'art italien, elle comporte deux nefs parallèles précédées d'un narthex. La nef de gauche, la plus ancienne (14e s.), abrite de remarquables **fresques★** relatant des scènes de la vie de la Vierge et de divers saints. D'autres fresques, du 15e s., décorent la nef de droite et le narthex.

Revenir jusqu'à Vorizia et poursuivre vers l'est sur 4 km.

Monastère d'Antoniou Vrondission (Vrontisí)

Il est construit sur le flanc du mont Ida et offre une **vue★** magnifique sur les environs. L'esplanade, ombragée de platanes, est agrémentée d'une **fontaine vénitienne** en marbre (15e s.), ornée d'un bas-relief où l'on voit Adam et Ève, Dieu et les fleuves de l'Éden. L'église est double, comprenant une nef pour les catholiques dédiée à saint Antoine et l'autre pour les orthodoxes dédiée à saint Thomas. Elle est décorée de belles fresques et d'icônes.

Mátala pratique

Se loger

⊖ **Nikos** – *Dans la rue à gauche de l'hôtel Zafiria, immédiatement à l'entrée du village - ℘ 28920 45375 - fax 28920 45120 - 20 ch.* Belle construction basse avec terrasses et jardinets. Plantes tropicales, sol en terre cuite… Un décor vraiment très réussi. L'accueil n'est pas en reste, et les chambres, spacieuses et très propres, possèdent toutes une grande douche. Excellent petit-déjeuner.

⊖ **Pension Antonios** – *Dans la même rue et face au Nikos - ℘ 28920 45123 - info@bodikos-matala.com - 10 ch.* Les chambres sont grandes et propres.

Se restaurer

⊖ **Giannis** – *Après le marché, tout au bout de la rue principale, sur la droite.* Cuisine locale classique, plutôt bonne et à prix abordables.

Paleóhora★

Παλαιοχώρα

2 332 HABITANTS
CARTE GÉNÉRALE RABAT I B3 – HANIÁ

Au pied de hauteurs désertiques, sur la mer de Libye, Paleóhora est un village de pêcheurs devenu station balnéaire. Sa belle plage de sable fin, ses maisons blanches et fleuries, ses rues et ses ruelles, ses tavernes, ses jardins, sa petite citadelle vénitienne attirent les visiteurs.

- **Se repérer** – Au sud-ouest de la Crète, à 70 km au sud de Haniá, Paleóhora est un petit bourg installé sur une minuscule péninsule.
- **À ne pas manquer** – Les superbes paysages de la côte et des îles.
- **Avec les enfants** – Un tour en bateau pour observer les dauphins.
- **Pour poursuivre le voyage** – Haniá, Sfakiá (par bateau).

Se promener

Village★★

Il est édifié sur une presqu'île le long d'une étroite plage de galets et d'un port minuscule. De la promenade près du rivage, vous avez une **vue★** magnifique sur la mer et les montagnes. Les rues se coupent à angle droit et, le soir, la rue principale devient une zone piétonne très animée. Un peu plus loin, vers le sud, la **citadelle** vénitienne (13e s.) domine le village.

Grande plage★

À la fois très large et très longue, orientée au sud-ouest, c'est l'une des plus grandes de Crète. Son sable clair et ses eaux turquoise font la joie des amoureux de farniente.

Aux alentours

Île d'Elafonissi★★

Promenade en bateau d'une journée. En été, départ à 10h, réserver la veille dans l'une des agences du village.

Pendant le trajet, certains jours, vous apercevrez des dauphins. Ce petit îlot magnifique, au sud-ouest de la Crète, est bordé de plages au sable rose.

Soúgia★

Promenade en bateau d'une journée. En été, départ à 9h30, réserver la veille dans l'une des agences du village.

À l'est de Paleóhora, le petit village de Soúgia est très touristique. La balade en mer vous permettra de découvrir une partie du rivage montagneux du sud de la Crète.

4h aller par un chemin balisé. Soúgia est également accessible à pied au départ de Paleóhora.

J.-P. Nail / MICHELIN

Vue générale de Paleóhora depuis la citadelle.

Île de Gávdos★

Promenade en bateau d'une journée. 2h30 de traversée, départ tôt le matin certains jours de la semaine, le bateau repart de Gávdos à 13h30… ce qui ne permet pas de rester très longtemps, mais vous pouvez décider d'y passer la nuit (vous trouverez quelques chambres rudimentaires chez les rares habitants). Réservez au moins 48h à l'avance dans une agence du village. Attention, en cas de mauvais temps, les traversées sont annulées, et vous pouvez rester coincé là-bas… L'île est également accessible au départ de Sfakiá.

D'après certaines lectures de l'œuvre d'Homère, ce serait ici que la nymphe Calypso aurait retenu Ulysse pendant dix ans… À 50 km du rivage crétois, les côtes de cette île de 70 habitants sont composées de concrétions rocheuses d'une grande beauté. Là-bas, à l'extrême sud de l'Europe, c'est l'Afrique qui commence de l'autre côté de la mer… Vous êtes à environ 300 km de Tobrouk (Libye) ou du golfe de Soloum (Égypte), à la même latitude que Biskra (Algérie) et Sfax (Tunisie).

Paleóhora pratique

Informations utiles

OTE – *Odos Eleftheriou Venizelou - 28230 41507.*
info@paleochora-holidays.gr.
Centre de santé – *28230 41211.*
Police – *28230 41111.*

Transports

Bateau – En été, un ferry relie Paleóhora à Sfakiá en passant par Soúgia, Agía Rouméli, Loutró. Départ à 9h45.
Autorités portuaires – *28230 41214.*

Se loger

Bon à savoir – Il y a de très nombreuses pensions dans le village.

Rea – *Rue perpendiculaire à la rue principale, vers la plage - 28230 41307 - fax 28230 41605 - apap@cha.forthnet.gr - 14 ch.* Dissimulé derrière un mur de verdure, voilà un petit hôtel très agréable. Accueil sympathique. Jolies chambres, très calmes, décorées simplement. Petit-déjeuner servi sur la terrasse.

Se restaurer

Bon à savoir – Chaque soir, la rue principale se transforme en une immense terrasse.

Acropolis – *Près de la station de taxis, sur la rue principale.* Du simple ouzo, avec ses délicieux *mezes*, au repas copieux, tout est bon, frais et servi généreusement. Ne regardez pas la carte et allez à l'intérieur découvrir ce que la maison propose : poisson frais, poivrons marinés, poulpe grillé. Ambiance joviale et populaire garantie.

Polytia – *Dans la rue parallèle à la rue principale, du côté de la plage.* Une atmosphère un peu féerique émane de cet endroit, aménagé dans des ruines à ciel ouvert. Excellente cuisine traditionnelle.

Faire une pause

Cretan Traditional Sweet Café – *Dans la rue principale, pas loin de l'OTE.* Il ne faut pas manquer ce lieu sans prétention, avec deux ou trois tables sur la rue, où les pâtisseries sont un vrai délice.

Achats

Jewellery Opal – *À l'angle de la rue qui conduit à la plage et de la rue parallèle à la rue principale.* Le magasin est consacré aux créations d'un artiste grec : des bijoux très originaux en argent. Prix en conséquence.

Réthimno★

Ρέθυμνο

27 860 HABITANTS
CARTE GÉNÉRALE RABAT I B3 – RÉTHIMNO

Troisième ville de Crète par sa population, Réthimno est connue pour son vieux port, ses quais bordés de restaurants de poisson, ses petites places, ses rues étroites, ses jardins à la végétation luxuriante, son imposant fort dominant la mer, ses anciennes mosquées. En dépit d'une banlieue bruyante et sans caractère, la vieille cité au charme oriental est la plus authentique de Crète.

Phototravellers / MICHELIN

Près de la fontaine Rimondi.

- **Se repérer** – La ville, capitale de la région qui porte son nom, se trouve sur la côte nord entre Haniá et Héraklion. Au bord de la mer et d'une belle plage, Réthimno et sa région sont dotées d'un grand nombre de complexes hôteliers.
- **Se garer** – Grand parking à côté du jardin municipal et deux plus petits, l'un près de la gare routière et l'autre à proximité de la forteresse vénitienne.
- **À ne pas manquer** – Le vieux port vénitien.
- **Organiser son temps** – Prévoyez une demi-journée pour la visite.
- **Pour poursuivre le voyage** – Haniá, Héraklion, Sfakiá.

Comprendre

Le site de l'antique Rithymna est occupé depuis l'époque minoenne. La ville devint une cité puissante avec les Mycéniens mais déclina très vite. Au 13e s., les Vénitiens transforment le modeste village subsistant en place administrative et commerciale de premier plan. De somptueux palais, de riches demeures, des églises sont construites dans le style italien. Mais, à la fin du 16e s., Rethimno subit les attaques de Barberousse qui la met à sac et l'incendie. Les Vénitiens décident alors d'élever une imposante citadelle et des remparts afin de protéger la ville. En vain, car en 1646 la cité est prise par les Ottomans après un court siège de 23 jours. Ceux-ci construisent alors mosquées et belles maisons aux loggias de bois.

Se promener

Porte Guora (Pili Guora)

Située tout près du jardin municipal et percée dans l'ancienne muraille vénitienne, c'est la porte d'accès à la vieille ville.

Dans le prolongement de la porte, emprunter odos Ethnikis Antistaseos.

Mosquée Neratze (Neratze tzami)

Un **minaret★** élancé signale la mosquée à coupoles qui succéda à un couvent vénitien du 17e s.

Emprunter odos Retihakii.

Fontaine Rimondi

Sur une place, une fontaine érigée en 1629 par le recteur de Réthimno, Rimondi, est décorée de fines colonnes corinthiennes et de têtes de lion sculptées d'où l'eau coule.

Une flânerie dans les ruelles piétonnes voisines permet de découvrir ce quartier où quelques artisans travaillent comme jadis : cordonniers, dentellières, barbiers…

Rue de Thessalonique

Située près de la fontaine Rimondi, cette rue est bordée de demeures vénitiennes (16e-17e s.) en pierre. Leurs élégants portails sculptés d'armoiries voisinent avec des maisons turques (18e-19e s.) à balcons et encorbellements de bois.

Prendre sur la gauche odos Paleologou qui vous mène à la Loggia.

Loggia

Édifiée au 16e s. par les Vénitiens dans le style Renaissance, la Loggia, ou Bourse des marchands, à piliers massifs, servait de lieu de réunion avant d'être convertie en mosquée par les Turcs.

Au bout d'odos Paleologou, prendre sur la gauche odos Arkadou sur quelques mètres pour arriver au port.

Port vénitien★★

Le petit port en demi-cercle est bordé de cafés et de restaurants installés dans de vieilles maisons aux façades pastel. Ses eaux tranquilles servent d'abri à quelques barques de pêcheurs colorées.

Emprunter odos Salaminos pour rejoindre la forteresse vénitienne.

Forteresse vénitienne★★ (Fortetzza)

Au nord-ouest de la vieille ville. Tlj sf lun. 8h-18h - 3 €.

Couronnant le promontoire, l'imposante « fortetzza » (1 300 m de circonférence) a été bâtie de 1573 à 1580. Sept bastions l'entourent. Certains d'entre eux sur la façade sud présentent un curieux renflement arrondi. L'entrée principale, à l'est, est protégée par une barbacane. Après l'avoir franchie, suivez les remparts par la gauche : beau **panorama★** sur la ville et le port. Au centre de la forteresse, le bâtiment rectangulaire servit de prison. Surmontée d'une coupole, l'ancienne cathédrale catholique Ste-Marie-des-Anges a été transformée en mosquée. Vous verrez également des vestiges de maisons, de magasins, de casernes, de citernes, de poudrières et une chapelle orthodoxe.

Musée archéologique

Face à l'entrée de la forteresse. ✆ 28310 54668 - tlj sf lun. 8h-15h - 3 €.

Installé dans l'ancienne prison au pied de la forteresse, il renferme des sculptures, des bronzes, des bijoux des époques minoenne, hellénique, romaine, et surtout des coffrets funéraires et une remarquable collection de monnaies.

Terminer votre promenade par le jardin municipal, en revenant à votre point de départ face à la porte Guora ou, par la plage.

Jardin municipal★

Au sud de la vieille ville, c'est un havre de paix et de fraîcheur (caffenia, fontaines). Il s'ordonne autour d'une étoile d'où partent huit allées ombragées de grands arbres. Un petit enclos abrite des émeus.

Plages

Deux plages s'étirent à l'est de la vieille ville. Bordées de restaurants, elles sont très fréquentées. La première, abritée derrière d'imposantes digues, ne présente aucun danger. En revanche, sur la seconde, méfiez-vous des courants et des vagues.

Aux alentours

Monastère d'Arkádi★ (Moni Arkadiou)

À 24 km au sud-est de Réthimno. Suivre la côte en direction d'Héraklion et prendre à droite à Platanias. 8h30-13h, 15h30-20h - musée seul 2 €.

Il figure parmi les hauts lieux de Crète tant du fait de son **site★** sur le rebord d'un plateau dominant des gorges sauvages, que par un épisode héroïque de la lutte pour l'indépendance de l'île. En 1866, un millier de Crétois s'y retranchèrent et, après avoir soutenu pendant deux jours un combat désespéré face à 12 000 soldats turcs, préférèrent se sacrifier en faisant sauter la poudrière plutôt que de se rendre.

Encore habité par quelques moines, le monastère daterait du 11e s. Ses murs extérieurs austères et nus lui donnent l'aspect d'une forteresse. Une esplanade ombragée précède le passage voûté donnant accès à la grande cour où s'élève l'église. Celle-ci présente une belle **façade★** en pierre dorée datée de 1587. Cette architecture est Renaissance par ses colonnes corinthiennes, ses arcatures, ses oculi, et elle est aussi baroque par son couronnement de frontons à décor de courbes et de contre-courbes.

Dans les bâtiments conventuels du 17e s. (remaniés par la suite), on visite les celliers, la cuisine, le large réfectoire, les ruines de la poudrière ainsi qu'un petit **musée** consacré à la tragédie de 1866.

Grotte de Melidoni

Au-delà d'Arkádi, par l'une des routes de montagne, arrivée à Margarites, puis à Melidoni. 8h-20h - gratuit.

Dans cette vaste et profonde grotte se déroula une autre tragédie : en 1824, à la suite d'une insurrection, les Turcs massacrèrent les combattants crétois qui s'y étaient réfugiés.

Des abords, vous avez une belle **vue★** en direction du mont Ida.

Circuit de découverte

À 10 km au sud de Réthimno. Prendre la direction de Tria Monastiri.

Nécropole d'Arméni

Lun.-vend. 8h30-15h - gratuit.

À droite de la route, dans une forêt de chênes, quelque 200 tombes minoennes à chambres taillées ont été découvertes et explorées. La nécropole, la plus importante de cette période en Crète (1400-1200 av. J.-C.), a déjà livré beaucoup d'objets (sarcophages entre autres), dont une partie se trouve aux Musées archéologiques de Réthimno et de Haniá. L'ampleur de ce cimetière laisse penser qu'une ville importante se trouvait non loin de là, sans qu'on l'ait encore identifiée.

Toujours vers le sud, poursuivez sur 10 km environ, tournez à droite vers Koxare et suivez la route sur votre gauche.

P. de Franqueville / MICHELIN

Abandonné, le vieux monastère de Préveli.

Gorges de Kourtaliotiko★ (Kourtaliotiko Farangi)

Après avoir traversé les **gorges** aux parois impressionnantes, vous arrivez à Préveli dans un site magnifique.

Monastères de Préveli

Le monastère dédié à saint Jean le Théologien fut un haut lieu de la farouche résistance crétoise contre tout occupant. Le monastère actuel a été construit vers la fin du 16e s. et détruit à plusieurs reprises, d'abord par les Turcs, puis par les Allemands en 1941 car il servait d'abri à des résistants ainsi qu'à des unités anglaises et néo-zélandaises. Il se compose de deux complexes éloignés de 3 km l'un de l'autre.

Le premier, **Kato Monastiri** (« monastère du bas »), a été abandonné après les ravages causés par la Seconde Guerre mondiale. Ses ruines *(interdites d'accès)* témoignent de sa grandeur passée.

Le second, **Pisso Monastiri** (« monastère de l'arrière »), est en activité. Son architecture d'origine a été fortement modifiée à cause de multiples destructions et de rénovations maladroites. Son église date de 1836. Le 14 septembre s'y déroule la fête de la Vraie Croix (du nom de la précieuse relique que possède le monastère), célébrée par des pèlerins venus de toute la Crète. Un petit **musée** contient une collection de belles icônes du 13e au 19e s., des objets liturgiques en argent, des vêtements sacerdotaux, des manuscrits anciens et des livres précieux. *Juin-oct. : 8h-13h30, 15h30-20h ; avr.-mai. 8h-19h - 3 €.*

De la grande terrasse ombragée, superbe **vue★★** sur la mer de Libye. Au milieu d'une nature sauvage et rocheuse, un sentier *(30mn de marche)* mène à une superbe **plage★** où aboutit une rivière bordée de palmiers.

Réthimno pratique

Informations utiles

OTE – *Odos El. Venizelou - ✆ 28310 29148 - lun.-vend. 9h-14h.*

Centre de santé – *✆ 28310 87100.*

Police – *✆ 28310 36041.*

Transports

Autorités portuaires – *✆ 28310 22276.*

Gare routière – *✆ 28310 22212.*

Se loger

Olga's Pension – *57 odos Souliou - ✆ 28310 28665 - fax 28310 29851 - 17 ch.* Adresse pleine de charme, pour les petits budgets. Par un dédale de couloirs et de courettes envahies de plantes, on vous conduira aux chambres, parfois petites, mais toujours confortables, équipées d'une jolie salle de bains et parfois d'une kitchenette.

Castello Pension – *10 pl. Karaoli Dimitriou (près de la cathédrale) - ✆ 28310 23570 - fax 28310 50281 - 8 ch.* Il règne un calme étonnant dans cette superbe maison ancienne restaurée avec goût. Décoration simple, tout de blanc, et beaucoup de fraîcheur dans le jardin agrémenté d'une petite fontaine. Chambres impeccables, très calmes.

Vecchio – *4 odos Daliani (près de la fontaine Rimondi) - ✆ 28310 54985 - fax 28310 54986 - vecchio@otenet.gr - 27 ch.* On approche du luxe, mais à des prix abordables, dans ce joli hôtel aménagé dans une ancienne maison restaurée. Certaines chambres se trouvent dans une construction récente, derrière la piscine. Toutes sont vastes, décorées de couleurs pastel.

Mythos Suites – *12 pl. Karaoli (sur la place de la cathédrale) - ✆ 28310 53917 - fax 28310 51036 - mythoscr@hotelnet.gr - 14 ch.* Luxe et raffinement pour ces suites et maisonnettes de toutes les tailles, aménagées dans un vieux manoir du 16e s. Belles chambres rénovées, qui marient le confort moderne aux charmes de l'ancien. Piscine.

Se restaurer

Old Town – *31 odos Vernadou.* Très touristique, comme tous les restaurants de la vieille ville, mais sympathique.

Veneto – *4 odos Epimenidou.* Dans le magnifique cadre ancien de son jardin intérieur, le restaurant attenant à l'hôtel Veneto Suites est à la hauteur de sa réputation : excellente cuisine crétoise, un peu plus créative que la moyenne, et service parfait.

Avli – *Odos Arkadiou.* Un décor superbe, un excellent service et une cuisine raffinée et variée : la meilleure table de la ville.

Sports et loisirs

Plongée sous-marine – **Paradise Dive Center** – *Odos El. Venizelou - ✆ 28310 26317.* Ce club vous emmène dans le sud, à côté de Lefkogia.

Achats

Marché – *À côté du jardin municipal.* Grand marché en plein air le jeu. mat. jusqu'à 15h.

Reproductions d'objets d'art – Élégantes boutiques dans la loggia vénitienne *(sur odos Paleologou)* proposant d'excellentes reproductions d'objets exposés dans les musées archéologiques de l'île.

Sfakiá★★

Χώρα Σφακίων

278 HABITANTS
CARTE GÉNÉRALE RABAT I B3 - HANIÁ

Sfakiá (ou Hora Sfakion), la capitale des Sfakiotes, bergers de la montagne, certains aux cheveux blonds et aux yeux clairs, se trouve dans une toute petite crique. Très animée au moment où les randonneurs arrivent des gorges de Samaria par bateau, elle redevient ensuite une paisible station balnéaire.

- **Se repérer** – Le village se trouve sur la côte sud, à 70 km de Haniá, au débouché d'une route qui traverse les Montagnes Blanches (Lefká Óri) et procure de splendides vues vertigineuses.
- **À ne pas manquer** – Les gorges de Samaria et d'Arádaina.
- **Pour poursuivre le voyage** – Haniá, Paleóhora, Réthimno.

Circuit de découverte

Gorges de Samaria★★★ (Farángi Samariás)

Voir Haniá p. 391. Comptez une journée en partant tôt le matin.

De Sfakiá à Ágios Ioánnis★★

À 20 km. À l'ouest de Sfakiá, en passant par Anópoli.

La route assez raide traverse de très beaux paysages, tel le bourg dispersé d'Anópoli. À côté du petit village abandonné d'Arádaina débutent les gorges du même nom. Peu avant le pont métallique qui les traverse, la **vue★★** est saisissante. Curieuse église byzantine Ágios Mikraïl.

La route se termine à Ágios Ioánnis, petit village perdu dans la montagne.

Gorges d'Arádaina★★ (Farangi Arádainas) – *Comptez une journée de marche, en partant tôt le matin. N'oubliez pas de prendre de l'eau, un chapeau et de bonnes chaussures de montagne.* Moins fréquentées que celles de Samaria, elles sont tout aussi spectaculaires. En partant du pont métallique qui les enjambe, vous pouvez les descendre. Attention ! Un passage muni d'échelles métalliques est vertigineux. Il faut compter 6h pour rejoindre le charmant port de **Loutró** où un bateau vous ramène à Sfakiá. De Loutró, vous avez également la possibilité de retourner à Sfakiá par un sentier côtier *(2h).*

De Sfakiá à Vrýses★★

À 40 km au nord.

La route monte à près de 1 000 m d'altitude, entourée de quelques-unes des plus hautes montagnes de l'île. Les **vues★★** plongeantes sur la côte sud, sauvage et semi-désertique, sont spectaculaires.

Vrýses occupe un site ombragé sur les bords d'un torrent.

World Pictures/Sunset

Le port de Sfakiá.

De Sfakiá à Frangokastello

À 15 km à l'est de Sfakiá.

Une belle route littorale, entre mer et montagne, mène à la **citadelle de Frangokastello★**, bâtie en 1371 par les Vénitiens pour se protéger des pirates. Son enceinte rectangulaire est crénelée et renforcée de tours carrées dont l'une, plus forte, forme le donjon. Le château veille sur des flots déserts, dans un site de « bout du monde ». Sa porte de mer ornée du lion de St-Marc s'ouvre sur les vestiges d'un port abandonné près duquel s'étend une magnifique **plage★** de sable fin.

Sfakiá pratique

Transports

En bateau – Pour Loutró et Agía Rouméli, 4 bateaux par jour à 10h30, 12h30, 16h45 et 19h30, et 1 bateau supplémentaire pour Loutró vers 19h. Par prudence, vérifiez bien les horaires sur place.

Autorités portuaires – *✆ 28250 91292.*

Se loger

⊖ **Xenia** – *Tout au bout du front de mer - ✆ 28250 91202 - fax 28250 91491 - 11 ch.* Très joli établissement : réception spacieuse et soignée (beaux meubles, poutres au plafond), chambres vastes et fraîches, agréables avec leurs portes bleues et les grandes dalles façon marbre au sol.

Se restaurer

⊖ **Samaria** – Non seulement la vue sur la petite baie est enchanteresse, mais en plus, c'est bon, copieux et sympathique.

Sitía★

Σητεία

8 630 HABITANTS
CARTE GÉNÉRALE RABAT I C3 – LASÍTHI

Ce bourg situé à l'extrémité orientale de la Crète, au fond d'un golfe bordé de montagnes arides, a quelque chose d'envoûtant. Très différente des autres villes de Crète, Sitía, aux harmonies blanc et ocre, dégage un parfum oriental. Défendue par une forteresse vénitienne, elle a un charme particulier, fait de silence et de lumière. On y mange bien, et le sitia, vin blanc de la région, est l'un des meilleurs de Crète.

- **Se repérer** – À 70 km à l'est d'Ágios Nikólaos, la ville est une station balnéaire moins touristique, à l'ambiance calme.
- **À ne pas manquer** – Une excursion jusqu'à la palmeraie de Váï et ses plages.
- **Pour poursuivre le voyage** – Ágios Nikólaos, Ierápetra.

Se promener

En 1508, la ville fut détruite par un tremblement de terre, puis en 1538 des pirates la mirent à sac. Enfin, vers 1650, les Vénitiens détruisirent leur propre forteresse afin qu'elle ne tombe pas aux mains des Ottomans. Aujourd'hui, Sitía est bâtie en amphithéâtre et sillonnée par des escaliers menant à la mer et au **port**★. Ombragée de tamaris, une promenade piétonne a été aménagée dans sa partie nord. Le long des quais, les restaurants aux tables en terrasse proposent les spécialités locales.

Fort vénitien

Tlj sf lun. 8h30-14h - gratuit.

La colline portant le fort est parcourue de ruelles et d'escaliers bordés de blanches façades. La forteresse accueille aujourd'hui des spectacles de théâtre en plein air. Du donjon, belle vue sur le port.

Musée archéologique

Av. El. Venizelou - ☏ 28430 23917 - tlj sf lun. 8h30-15h - 2 €.

Il abrite des objets, minoens pour la plupart, découverts lors de fouilles dans la région, notamment une collection de poteries provenant de Káto Zákros et d'Ágios Geórgios, un rhyton en forme de taureau, une statuette style Tanagra, un kouros en or et ivoire daté de la fin de la période minoenne, et un pressoir à raisin trouvé à Káto Zákros.

Aux alentours

Plages et palmeraie de Váï★★

À 28 km à l'est de Sitía. Desserte par bus (5 départs par jour, 1h de trajet).

À l'extrémité orientale de la Crète, au-delà d'un paysage désertique, les plages de Váï sont connues pour leur palmeraie naturelle – la seule en Europe –, leur sable clair, leurs rochers ocre, leurs eaux limpides. L'endroit a quelque chose de magique, en dépit d'une forte fréquentation en été. Chose rare : aucune construction ne vient dénaturer la côte à cet endroit. Une légende raconte que les palmiers ont poussé à l'époque phénicienne car des marchands faisant escale dans la rade y avaient craché des noyaux de dattes.

Désormais protégée, la **palmeraie**★★ de 20 ha est fermée au public, mais deux observatoires permettent de la découvrir dans toute sa beauté. L'un se trouve au nord de la grande plage, très en retrait du rivage. Du second, au sud, au-dessus du restaurant, sur une colline, la **vue**★★ est exceptionnelle, non seulement sur les milliers de palmiers mais aussi sur le rivage et la mer.

Les **plages**★★ – La première, couverte de parasols et de chaises longues en été, est de loin la plus grande. Traversée par une petite promenade en bois, elle comprend un club nautique (location de pédalos). Si vous aimez la solitude, marchez plutôt vers le sud jusqu'à la crique derrière la colline. Au bout de 15mn (suivez les marques rouges), vous découvrirez un lieu solitaire, au pied de petites falaises aux allures d'Afrique. La dernière plage se trouve au nord et n'est accessible qu'en bateau.

Plage d'Itanós★

À 2 km au nord de Váï.

Non loin des vestiges d'une cité antique datant de la période minoenne, une magnifique plage de sable fin s'étend dans un site sauvage. De belles randonnées sont possibles dans toute la pointe nord-est de l'île (nombreux sentiers). Plus au nord, terrain militaire.

Plage de Maridati

À 5 km au sud de Váï.

Accès par un chemin de terre (panneau indicateur). La plage est restée sauvage, à l'écart des grands circuits touristiques.

Ruines de Káto Zákros★

À 45 km à l'est de Sitía via Palekastro. ✆ 28430 26897 - tlj sf lun. 8h-17h - 3 €.

La route traverse un paysage montagneux austère de toute beauté.

Dans un **site★★** isolé, au fond d'une petite baie *(plage)*, des fouilles entreprises par les archéologues grecs ont permis de mettre au jour les vestiges du quatrième grand palais minoen avec Knossós, Phaestos et Mália. Il fut établi dans un site stratégique, protégé par la baie. La ville s'étendait au sud vers la mer : Zákros était alors un centre important, commerçant avec l'Égypte et l'Orient.

Le plus ancien palais fut édifié vers 1900 av. J.-C. Rebâti vers 1600, les bâtiments furent détruits vers 1450 par les secousses sismiques consécutifs à l'éruption du volcan de Santorin.

Les constructions s'ordonnaient, comme dans les autres palais minoens, autour d'une cour centrale. Au nord, il y avait une grande cuisine, la seule dans son genre qu'on ait pu identifier avec certitude ; à l'ouest se trouvaient les pièces de réception et de culte ; à l'est, les appartements privés du souverain et de son épouse comprenaient un bassin rond, peut-être à usage de citerne ; au sud s'élevaient les ateliers et magasins près desquels subsiste un puits.

2h AR. Belle **randonnée★★** entre le village de Zákros et Káto Zákros par la vallée des Morts.

Monastère de Toploú★ (Moní Toploú)

À 15 km à l'est. 9h-13h, 14h-18h - 3 €. Tenue correcte exigée.

La **route★** longe de près le rivage, au pied de collines désertes. Après un immense centre touristique imitant une cité orientale *(entrée libre, commerces, restaurants)*, prenez à gauche. La route grimpe alors sur un plateau aride. Apparaît bientôt le monastère, construit dans une dépression, au milieu d'une maigre végétation. Ses murs épais aux rares ouvertures lui donnent l'aspect d'une forteresse.

Fondé au 14e s. par les Vénitiens, il fut consacré à Notre-Dame-du-Cap. Il a été remanié à plusieurs reprises. Les bâtiments actuels datent en partie des 17e et 18e s. Pendant la Seconde Guerre mondiale, ce fut un centre de résistance aux Allemands.

Une belle porte gothique donne accès à la cour d'entrée qui précède une seconde cour intérieure entourée d'arcades et d'escaliers menant aux cellules. L'église, de type vénitien, voûtée en arc brisé, est ornée de deux somptueuses **icônes★** du maître créto-vénitien du 18e s., Ioannis Kornaros (Cornaro). La première, *Tu es Grand Seigneur*, est un chef-d'œuvre de réalisme naïvement minutieux. La seconde représente sainte Anastasie entourée de scènes de son martyre.

Un **musée** abrite une collection d'icônes du 15e au 19e s. et de précieux objets ecclésiastiques, des documents rares ainsi que des évangéliaires et des manuscrits sur parchemin. Une exposition permanente retrace l'histoire de la chrétienté orthodoxe, en particulier celle du mont Áthos et du monastère de Toploú.

Sitía pratique

Informations utiles

Office de tourisme - *Av. Konstantinou Karamanli (près du port) - ✆ 28430 24955.*

Centre de santé – *✆ 28240 24311/12.*

Police touristique – *✆ 28430 24200.*

Transports

En bateau – 5 fois/sem. un bateau arrive du **Pirée** ; 3 bateaux/sem. pour **Rhodes** *via* Karpathos.

Autorités portuaires – *✆ 28430 22310.*

En avion – La ville dispose d'un petit aéroport *(✆ 28430 24424)*, situé à 2 km au nord. 2 vols/sem. pour **Athènes**. Mais il n'y a pas de bus pour se rendre à l'aéroport.

Se loger

⊜ **Archondiko** – *16 odos Kondilaki - ✆ 28430 28172 - 9 ch.* À seulement deux rues au-dessus du port, une délicieuse pension, bien située, très calme, tenue par une Allemande francophone fort sympathique. Les chambres (à l'étage) sont spacieuses et confortables, avec ou sans salle de bains. Pensez à réserver.

⊜ **El Greco** – *13 odos Arkadiou - ✆ 28430 23133 - fax 28430 26391 - 20 ch.* Petit hôtel tout simple bien sympathique. Décoration traditionnelle, accueil chaleureux et des chambres confortables et propres avec de vastes balcons privés (certaines donnant sur la mer).

⊜⊜ **Itanos** – *4 odos Karamanli - ✆ 28430 22900 - fax 28430 22915 - itanoshotel@yahoo.com - 72 ch.* Marbre dans les salles de bains, très belle terrasse sur le toit, confort moderne dans un décor d'hôtel international.

Se restaurer

⊜ **Sitía Tavern** – *161 odos El. Venizelou - ✆ 28430 28758.* Sur le port, l'un des nombreux restaurants touristiques. Le serveur sera fier de vous détailler les quelques spécialités de poisson figurant sur la carte. Accueil très aimable. Apéritif et *mezes* (souvent) offerts.

⊜ **Kretan House** – *Odos Karamanli (à 30 m de l'hôtel Élysée).* Bonne adresse pour déguster de véritables spécialités de Crète : *omaties* (sortes de petites saucisses fourrées de riz, de morceaux de foie, d'oignons et d'amandes), *koklis boumbouristi* (escargots frits, à l'huile d'olive, au vinaigre et aux tomates). Accueil charmant.

⊜⊜ **The Balcony** – *À l'angle d'odos Kazantzaki et Foudalidi.* Installé au dernier étage d'une ancienne maison, ce restaurant plutôt chic s'enorgueillit de proposer une cuisine crétoise créative. L'atmosphère est soignée (pierres apparentes et décor de verreries) et la carte à la hauteur : moussaka végétarienne, *kleftiko.*

Faire une pause

Drosoulites Platia Brasserie – *Platia Iroon Polithechniou.* Une institution : ce grand café central est le plus vieux de la ville. Les hommes y viennent en fin de journée pour discuter des affaires locales.

Les Cyclades★★★

112 615 HABITANTS - 2 572 KM²
CARTE GÉNÉRALE RABAT I B/C2-3

Pour les Anciens, les Cyclades dessinaient un cercle (« kyklos ») autour du sanctuaire sacré de Délos. Comme une fine poussière blanche sur les flots, îles et îlots couvrent par centaines cette partie de la mer Égée située entre le continent et la Crète. Dans ces îles arides magnifiées par la lumière, la beauté va à l'essentiel et les villages à la blancheur éclatante inscrivent leurs lignes pures dans la roche ocre des falaises ou des montagnes. Partout le relief est marqué (point culminant : 1 001 m à Náxos). Plus tourmentées, certaines îles, comme Santorin, Folegandros et Mílos, ont été soulevées par des phénomènes volcaniques, ce qui a engendré des paysages étonnants et rares. Longtemps pauvres, les Cyclades sont devenues une destination touristique majeure depuis une trentaine d'années.

R. Mattès / MICHELIN

La colline des moulins de Mikonos dressés face à la mer Égée.

Se repérer – Les Cyclades composent un nome (l'équivalent d'une région française) au sein des îles de la mer Égée méridionale. La capitale est Ermoupoli (Siros). Beaucoup des chefs-lieux de chaque île portent le nom de l'île elle-même et sont localement appelés Hora (« village »). C'est de cette façon qu'elles sont couramment indiquées sur les panneaux de signalisation.
Les îles sont classées en trois groupes : Cyclades centrales (Amorgós, Anafi, Antiparos, Folegandros, Íos, Náxos, Páros, Santorin, Síkinos, Siros), Cyclades occidentales (Kéa, Kímolos, Kithnos, Mílos, Sérifos, Sífnos), Cyclades septentrionales (Ándros, Délos, Mikonos, Tínos). Outre les îles principales, l'archipel comporte des dizaines de petites îles et des milliers de récifs.

À ne pas manquer – Santorin est la plus impressionnante des Cyclades tandis que Mikonos et Folegandros comptent parmi les plus beaux villages de l'archipel.

Organiser son temps – Si vous ne disposez que de quelques jours, limitez-vous aux îles proches du continent (Ándros, Kéa, Kithnos). Il faut une semaine pour profiter pleinement de deux îles plus lointaines (en tenant compte des aléas de la mer) mais c'est à partir de 10 jours que vous entrerez pleinement dans le rythme des îliens.

Avec les enfants – Náxos est idéale pour les familles avec de jeunes enfants : facile d'accès, très bien équipée et pourvue de plages sûres, elle est assez grande pour varier les activités. Les adolescents sportifs devraient trouver leur bonheur dans les clubs d'équitation et de kitesurf de Náxos ou bien dans ceux de kayak de mer et de plongée de Mílos.

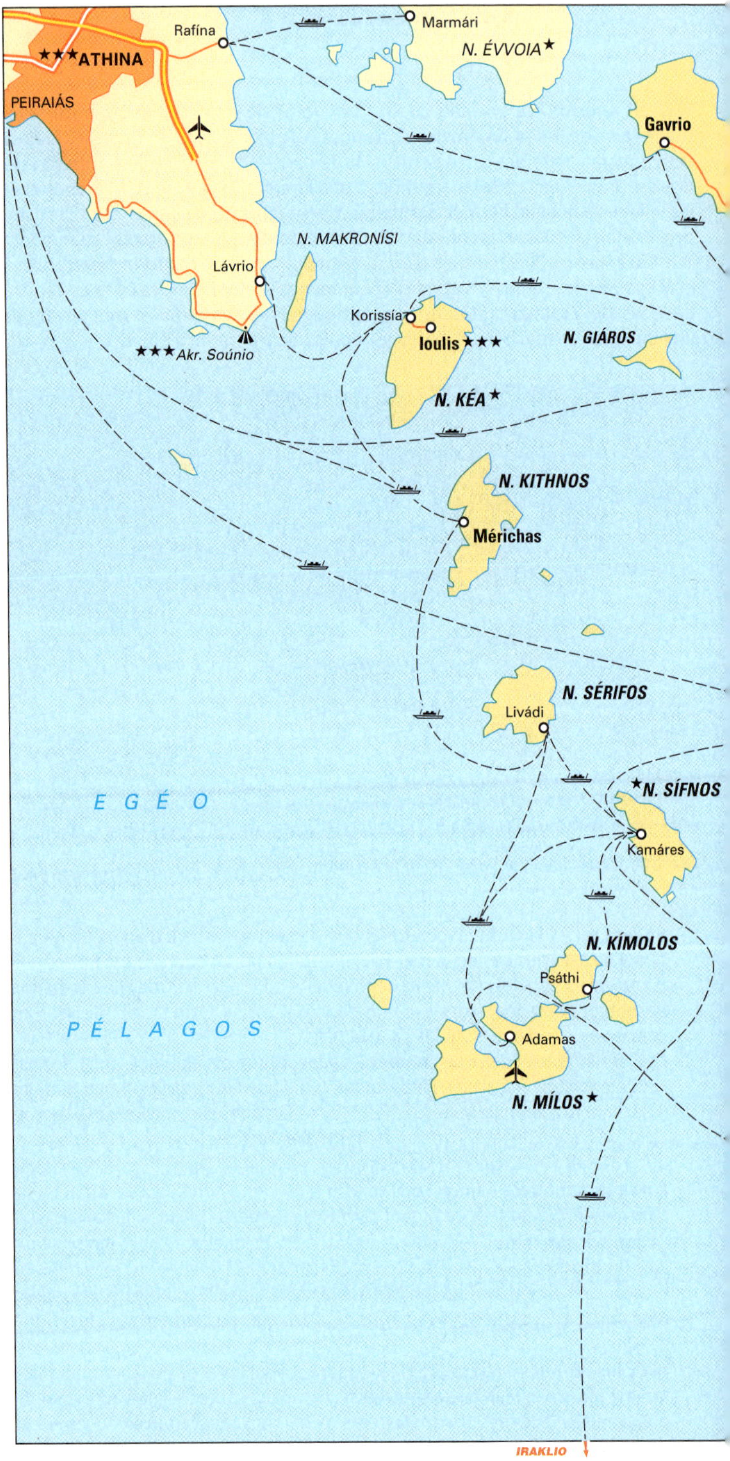

Rafína
Marmári
N. ÉVVOIA★
★★★ATHINA
PEIRAIÁS
Gavrio
N. MAKRONÍSI
Lávrio
Korissía
Ioulis★★★
★★★Akr. Soúnio
N. GIÁROS
N. KÉA★
N. KITHNOS
Mérichas
N. SÉRIFOS
Livádi
★N. SÍFNOS
Kamáres
E G É O
N. KÍMOLOS
Psáthi
P É L A G O S
Adamas
N. MÍLOS★
IRAKLIO

CYCLADES
0
20 km
N
N. ÁNDROS ★
Ándros ★★
Korthi
N. TÍNOS ★
Pánormos ★
Tínos ★
N. SIROS ★
Ermoúpoli ★
Mikonos ★★★
N.MIKONOS ★★
★★★ DÍLOS
N. IKARÍA
N. IKARÍA, N. SÁMOS
N. PÁTMOS
★★ N. NÁXOS
Apollonas ★
Náxos ★★★
Apíranthos ★★
Donoússa
★ Naoussa
Parikia ★★
Márpissa
★ Kástro
N. ANTIPAROS
N. PÁROS ★
Koufoníssi
Schinoússa
Ag. Geórgios
N. KÉROS
N. IRAKLIA
Aegiali
N. ASTYPÁLAIA
Hora ★
★ Katápola
N. AMORGÓS ★
N. SÍKINOS
Íos ★
Aloprónia
N. ÍOS
aravostásis
. FOLEGANDROS ★★
N. THIRA ★★★
(SANTORIN)
★★★ Ia
Thíra (Fira) ★★
Athiniós
N. ANÁFI
Anáfi
IRAKLIO
SITIA

Comprendre

Civilisation et art cycladiques – On trouve des traces d'habitat sur les îles dès la préhistoire, mais c'est à partir de la fin du 4e millénaire (vers 3200 av. J.-C.) que s'épanouit la civilisation cycladique que, par convention, l'on divise en trois périodes : cycladique I – entre 3200 et 2800 av. J.-C. –, cycladique II – entre 2800 et 2300 av. J.-C. –, et cycladique III – entre 2300 et 2000 av. J.-C.

Outre leurs activités commerciales, les habitants des Cyclades s'adonnent à l'agriculture et à la pêche, exploitent les richesses du sol (obsidienne et plomb argentifère entre autres) et travaillent les métaux, l'argile et le marbre que l'on trouve aujourd'hui encore en abondance. À partir de 2300 av. J.-C., les Cyclades déclinent lorsque la civilisation se déplace vers la Crète où se développe la civilisation minoenne *(voir p. 352)*. Celle-ci est anéantie par l'éruption du volcan de Santorin qui dévaste l'Égée vers 1500 av. J.-C.

On découvre dans les nombreux témoignages de l'art cycladique le vocabulaire esthétique de ces premiers artistes. Ainsi, pour la période 3000 à 2000 av. J.-C., ce sont les fameuses idoles, effigies féminines en marbre blanc dont les formes très stylisées ont inspiré l'art d'Henry Moore, de Brancusi et de Matisse. Sur les céramiques noires à décor de spirales sculptées ou gravées, l'univers maritime est source d'inspiration : ondulations des flots, tentacules de pieuvres, poissons stylisés... Pour la période suivante (2000-1500 av. J.-C.), ce sont les fresques naturalistes d'un dessin très fin et d'une grande fraîcheur de couleurs, découvertes à Santorin.

Des dangers de tous côtés – Aux temps homériques et archaïques (12e s.-8e s. av. J.-C.), lorsque s'élaborent les grandes légendes (naissance d'Apollon à Délos, abandon d'Ariane à Náxos, etc.), les îles voient se développer des cités dont certaines vont affirmer leur prépondérance sur l'archipel : ainsi Náxos s'effacera devant le danger perse venu de l'est (prise de l'île en 490 av. J.-C.), avant qu'Athènes n'établisse sa thalassocratie (ligue de Délos, 477 av. J.-C.). En 322 av. J.-C., c'est du nord que vient l'envahisseur : près d'Amorgós, la flotte macédonienne écrase celle d'Athènes, faisant passer l'archipel sous le contrôle des successeurs d'Alexandre.

Délos retrouve sa splendeur avant de devenir l'enjeu d'assauts multiples qui la laisseront en ruine. Il faut attendre la *pax romana* et le règne d'Hadrien (2e s. de notre ère) pour que l'île redevienne un centre actif tant sur le plan religieux qu'économique. Avec l'établissement du christianisme, Délos se hisse au rang d'évêché. Mais pendant le haut Moyen Âge, les Cyclades sombrent dans une torpeur dont la sortent seulement les conflits liés à la crise iconoclaste.

De la Sérénissime République à la Sublime Porte – Au début du 13e s., lors de la 4e croisade qui a mis à sac Constantinople, les Vénitiens s'implantent dans les Cyclades dont les îles sont distribuées en fiefs à de grandes familles de Venise. L'ensemble est placé sous la souveraineté des ducs de Náxos, relevant eux-mêmes des princes de Morée ; Venise est représentée sur place par des baillis. Escales sur la route de Constantinople, les Cyclades connaissent alors une grande activité, malgré les incursions des pirates algériens qui obligent les habitants à se réfugier dans l'intérieur des terres. Simultanément, le clergé catholique fonde des paroisses, quelques-unes encore actives aujourd'hui, surtout dans les îles de Siros, Náxos, Tínos et Santorin.

Les Turcs occupent peu à peu l'archipel, notamment à partir de 1537 lorsque Barberousse s'empare de Náxos ; Tínos et Mikonos ne tombent qu'en 1718. Ils laissent une certaine autonomie aux îles, où l'italien reste la langue officielle jusqu'en 1830. De même, les premières Capitulations entre François Ier et Soliman le Magnifique assurent à la France la protection des catholiques locaux ; des missions de capucins en 1633, puis de jésuites, lazaristes, ursulines... assument un rôle capital dans le domaine éducatif et social (écoles, hôpitaux).

C'est aussi au 17e s. que des missions d'un autre genre, instituées par les Anglais, ramassent les antiquités qui aboutissent dans les cabinets de Charles Ier, du duc de Buckingham et du comte d'Arundel.

Les Cyclades prennent peu part à la guerre d'Indépendance, sauf Mikonos, mais accueillent généreusement les réfugiés venus d'îles plus lointaines, comme Chíos. Siros devient le port le plus important du nouveau royaume grec. Mais, avec le déclin de la marine à voile, l'activité se déplace progressivement vers Le Pirée, et les îles périclitent jusqu'au début des années 1960, époque où le tourisme découvre les Cyclades.

Les Cyclades aujourd'hui – En dehors de quelques plaines côtières (à Ándros, Páros, Náxos, Siros, Santorin), elles sont arides. Certaines îles ont même si peu d'eau qu'elle doit être apportée par bateaux-citernes. La production de vin, de céréales et de cultures maraîchères, tout comme la pêche (grosses crevettes, calamars, poulpes, dorades, rougets, sardines, maquereaux), est relativement limitée. Quelques îles possèdent des mines (Sérifos, Mílos), mais la principale ressource est de très loin le tourisme, qui ne cesse de croître. Beaucoup d'îliens construisent des maisons, qui sont ensuite louées aux vacanciers. Dans l'ensemble, l'architecture cycladique traditionnelle (petites maisons cubiques blanchies à la chaux) est respectée.

La mer et les plages – Les plages se comptent par milliers : de la crique à l'immense langue de sable, chacun y trouvera son compte. La mer est chaude dès juin, limpide, mais souvent agitée. Si vous voyagez en bateau, méfiez-vous des coups de vent, brusques et redoutables, d'autant qu'il existe de nombreux écueils. Sur les plages, en une heure, la mer peut se creuser de façon spectaculaire, surtout en été, saison du *meltem*.

Il est recommandé de se déplacer en bateau de pêche, en voilier ou en vedette le long des côtes. C'est l'un des meilleurs moyens de découvrir les Cyclades.

Quant aux sports nautiques, ils sont nombreux et variés. Du fait de la présence du vent et de fonds marins sublimes, la planche à voile sous toutes ses formes et la plongée sous-marine sont pratiquées dans les îles les mieux équipées.

Les Cyclades pratique

Quand partir ?

La meilleure époque pour séjourner dans les Cyclades se situe entre le 15 mai et le 15 juin : l'affluence est moindre, les prix plus raisonnables qu'en été et la mer commence à être chaude. De mi-juin à mi-septembre, les hordes de touristes et les prix (parfois excessifs) rendent le séjour moins agréable, d'autant que le *meltem* s'en donne à cœur joie et rafraîchit la température de l'eau.

Comment s'y rendre ?

Bateau – Le port principal pour les Cyclades est **Le Pirée**, accessible en métro depuis Athènes *(voir p. 116)*. À l'est de la capitale, **Rafína** dessert les îles d'Ándros, Tínos et Siros. Situé à la pointe de l'Attique, le port de **Lávrio** est en pleine expansion : il dessert Kéa et les îles voisines. Des liaisons permettent ensuite de gagner les autres îles.

Depuis **Athènes**, les bus pour Rafína et Lávrio partent du parc Aréos, rue Mavromateon, toutes les 20 à 30mn de 5h45 à 18h30 vers Lávrio, 22h30 vers Rafína. Comptez 1h30 de trajet environ.

Bon à savoir – Pour naviguer d'île en île, pensez à prévoir assez de temps pour trouver vos billets de ferry au meilleur prix en comparant les agences, les types de bateaux proposés et les temps de navigation. Dans votre programme, comptez toujours un retour sur Athènes 24h avant votre vol car les bateaux peuvent être retardés à cause du temps.

Avion – Des liaisons aériennes, généralement quotidiennes en saison, sont assurées par la compagnie nationale Olympic Airlines *(www.olympicairlines.com)* depuis Athènes ou Thessalonique et les aéroports de Mílos, Mikonos, Náxos, Páros, Santorin, Siros. Également des vols intérieurs avec Aegean Airlines *(www.aegeanair.com)*.

Combien de temps ?

Il faut une semaine minimum pour s'imprégner de l'ambiance des îles et prendre le temps de les découvrir. En sept jours, vous pouvez visiter les incontournables Mikonos, Délos ou Náxos, puis Santorin. En 10 jours, les îles lointaines de Íos, Santorin et Folegandros vous attendent, à moins que vous ne préfériez suivre la ligne de ferry qui va du Pirée à Mílos en passant par Kithnos, Sérifos et Sífnos.

Où séjourner ?

Voir le « carnet pratique » de chaque île.

Il est indispensable de réserver votre logement si vous comptez séjourner dans les Cyclades entre le 15 juin et le 15 septembre ou bien à Pâques. Si vous leur précisez votre heure d'arrivée, les hôteliers viendront vous chercher au port.

Sachez que les prix des chambres peuvent varier du simple au double selon la période et la durée de votre séjour (voire au triple pour les îles les plus touristiques comme Santorin et Mikonos). Les réservations par Internet permettent souvent d'obtenir des réductions substantielles.

Amorgós★

Αμοργός

1 859 HABITANTS – 121 KM²
CARTE GÉNÉRALE RABAT I C3 – MER ÉGÉE - CYCLADES

Austère et majestueuse, Amorgós est une île lointaine, au bout de la ligne maritime du Pirée, et, lorsqu'on arrive en bateau, son relief acéré donne l'impression de voir une montagne jaillir de la mer. Pendant longtemps, en dépit de son fascinant monastère, on n'est guère venu à Amorgós car les falaises bordées de criques étroites et difficiles d'accès rendaient l'endroit peu propice au farniente… Elle est aujourd'hui prisée des passionnés de randonnée qui apprécient de se sentir loin du monde dans une nature encore préservée.

- **Se repérer** – La plus orientale des Cyclades, Amorgós, ressemble à un énorme dauphin de pierre tout en longueur (2 à 6 km de large pour 35 km de long). Elle culmine à 800 m avec des dénivelés importants. Le port principal est Katápola, situé à une dizaine de kilomètres de Hora, le village principal.
- **À ne pas manquer** – Le monastère de la Chozoviótissa et les randonnées.
- **Organiser son temps** – Comptez trois jours de visite.
- **Pour poursuivre le voyage** – Astipálea, Náxos, Páros et les Petites Cyclades.

Ch. Legrand / MICHELIN

Une ruelle fleurie d'Amorgós.

Comprendre

Dans l'Antiquité, Amorgós était l'un des centres les plus florissants des Cyclades. En témoigne le grand nombre de figures en marbre blanc découvertes sur l'île, dont la taille varie de quelques centimètres à 1,50 m et que l'on date pour la plupart du 3e millénaire av. J.-C. Avec leurs lignes pures et abstraites, les plus anciennes « idoles » pourraient passer pour des œuvres du 20e s. Des détails anatomiques apparaissent : tête, bras, nez, seins, pieds, pubis… Selon les interprétations des archéologues, elles représenteraient de simples mortelles ou bien des divinités placées dans les tombes dans le but d'aider l'homme à affronter l'au-delà. Les plus belles de ces idoles cycladiques sont conservées au Musée archéologique national et au Musée d'Art cycladique d'Athènes.

Durant la période hellénistique, Amorgós compte trois cités importantes : Minoa à côté du port de Katápola, Arkesíni près de Kastri, et Aigiáli. Puis, pendant des siècles, l'île sert de terre d'exil ou de prison : les Romains puis les Byzantins y enferment des officiels déchus. En 1088, l'empereur Alexis II Comnène décide d'agrandir le monastère de la Chozoviótissa qui ne comprend alors que quelques cellules. Mais l'île est ensuite délaissée par les souverains byzantins ; les pirates l'attaquent à maintes reprises, et Amorgós est abandonnée par ses habitants. Restent les moines, accrochés à la falaise, face à la mer immense… L'île se repeuple un peu après la dernière guerre et s'ouvre au tourisme, notamment à la suite du tournage du *Grand Bleu* (1987) de Luc Besson.

Se promener

Katápola★

Cette petite agglomération est constituée de trois villages étirés le long d'une baie profonde : **Katápola**, où accostent les ferries et les voiliers, **Rahidi**, encore peu loti, et **Xylokeratidi**, sympathique quartier de pêcheurs qui ferme la baie. Malgré une fréquentation de plus en plus grande, l'ensemble a beaucoup de charme avec ses cyprès, ses orangers et ses citronniers.

Certaines églises, telle la très ancienne **Panagia Katapoliani** (au centre de Katápola), sont bâties avec des éléments antiques, sans doute prélevés dans la cité de Minoa. Vous trouverez de petites plages à proximité.

Ruines de Minoa

Accès en voiture (2,5 km au sud de Katápola). Suivez la direction de Hora puis, à 200 m, prenez la première route à droite qui se transforme très vite en piste difficile…

Accès à pied (45mn de marche). Prenez le sentier qui monte sur la colline.

Le site, fermé à cause des fouilles, est bien visible de l'extérieur.

Cette importante cité fut habitée pendant 14 siècles, soit du 10e s. av. J.-C. au 4e s. apr. J.-C., et demeura prospère à l'époque hellénistique. Les archéologues dégagent peu à peu les enceintes successives, les murs du gymnase (4e s. av. J.-C.), les fondations d'un temple hellénistique et d'un sanctuaire dédié à Dionysos, dieu de la Vigne et du Vin. Belle **vue★** sur la baie de Katápola et les montagnes d'Amorgós, surtout le soir.

Hora

À 5,5 km à l'est de Katápola. Accessible en bus au dép. de Katápola (ttes les heures environ) et d'Aigiáli (3-5/j.).

Sur la crête de ce **site★** étonnant, dominant les deux côtés de l'île, les Vénitiens ont construit en 1290 une citadelle *(kastro)* à vocation stratégique : il s'agissait en effet de surveiller les rivages d'Amorgós, sentinelle avancée des Cyclades, et la mer de tous côtés. On découvre cette grosse bourgade typique en se promenant dans les ruelles et les placettes écrasées de soleil ou protégées par des treilles ou des passages voûtés.

Musée archéologique – *Tlj sf lun. et j. fériés 9h-13h, 18h-20h30 - gratuit.* Ce petit musée est aménagé dans une belle demeure vénitienne du 16e s. Les collections de pièces antiques provenant de l'île comprennent statues, chapiteaux, vestiges de stèles et, dans une salle au plafond de bois, des céramiques.

La minuscule **cathédrale** du 17e s. (Mitropolis) domine une place élégante au fond de laquelle un passage mène au kastro vénitien. De là-haut, vous aurez une belle **vue★** sur le village entouré de moulins à vent abandonnés.

Découvrir

Monastère de la Chozoviótissa★★★

8h-13h, 17h-19h, entrée libre. Prenez impérativement des vêtements couvrant bras et jambes (plus un paréo pour les femmes en pantalon).

Si vous n'avez pas de véhicule, deux accès sont possibles : soit vous partez à pied de Hora (sentier vertigineux, au moins 1h de marche), soit vous prenez le bus à Hora ou à Katápola qui vous dépose au parking du monastère et, de là, vous avez encore 15mn d'ascension, par l'escalier, à entreprendre plutôt de bonne heure le matin lorsqu'il ne fait pas encore trop chaud.

Ce monastère millénaire est littéralement plaqué sur la falaise, dans un **site★★★** extraordinaire. Étincelant de blancheur sur le rocher sombre, l'édifice apparaît à mi-hauteur d'une paroi verticale haute de plus de 500 m, telle une « armoire appliquée vers le bas d'un rocher effroyable », selon la description du botaniste français Joseph Pitton de Tournefort (1656-1708).

Les îliens appelaient cette falaise le « lieu du démon », et c'est autant par défi que par goût de la solitude que des moines s'installèrent ici dès le 9e s. dans des anfractuosités où était vénérée une icône de la Vierge rapportée, selon la tradition, de Terre sainte. Occupé sans interruption (ou presque) depuis plus de 1000 ans, c'est l'un des hauts lieux mystiques de la mer Égée. Pendant plusieurs siècles, il fut jumelé avec le monastère de Pátmos.

D'à peine 5 m d'épaisseur, il s'échelonne sur huit étages éclairés par de petites fenêtres s'ouvrant sur la mer qui scintille à plus de 300 m en contrebas. Certaines pièces sont creusées dans la falaise même.

La visite de ce lieu saint a quelque chose d'envoûtant. Un escalier taillé dans la roche a remplacé l'échelle au début du 20e s. et permet d'accéder, au-delà d'une porte vénitienne, à un escalier creusé dans la montagne. Accompagné par un moine, vous pourrez voir la salle de réception, l'église renfermant de belles icônes, la bibliothèque où sont conservés des vêtements sacerdotaux brodés, des objets liturgiques et surtout des **manuscrits précieux★** (10e-18e s.). Ensuite, vous arrivez à la terrasse qui surplombe la mer.

Fidèles à la tradition d'hospitalité de la religion orthodoxe, les moines offrent du thé, du raki sucré au miel et à la cannelle et de délicieux loukoums.

En redescendant, vous trouverez au pied de la falaise des plages étroites, dont celle d'**Agía Anna★**, qui, à défaut d'être de sable fin, permettent de se baigner dans des eaux d'une transparence sans égale.

B. Chabrol / MICHELIN

Le vertigineux monastère de la Chozoviótissa.

Circuits de découverte

LE NORD DE L'ÎLE★

Étroit et montagneux (827 m au mont Krikelos), le nord de l'île est parcouru par une route récente qui relie Aigiáli à Katápola. Elle traverse des paysages grandioses, entre la mer et des hauteurs arides où l'on croise de nombreux troupeaux de chèvres.

La plage de l'**îlot de Nikouria** est accessible en caïque depuis celle d'Ágios Pavlos, à 2 km au sud-ouest d'Aigíali, en contrebas d'une tour hellénistique en ruine, visible de la route.

Aigiáli

Second port de l'île, cette petite station balnéaire est de plus en plus appréciée des visiteurs qui recherchent ses agréables plages de sable (accessibles en caïque uniquement, cher).

Villages perchés★

Trois villages tout blancs, bâtis sur la pente de la montagne, dominent la baie d'Aigiáli.

Potamós, solitaire au milieu des rochers, en balcon sur la mer Égée.

Tholaria, très tranquille et réputé pour son art de vivre. On déguste ici, parmi les spécialités de l'île, le *rakomelo* (raki au miel et clou de girofle) et le *psimeni raki* (raki au miel et à la cannelle). Le 1er juillet se déroule une fête animée en l'honneur des saints Côme et Damien.

Langada★ est, quant à elle, sillonnée de ruelles en pente pleines de charme. De nombreuses randonnées sont possibles dans les environs *(voir ci-après)*.

LE SUD DE L'ÎLE★

Les « villages d'en bas » (Kato Meria) sont desservis par une route unique qui traverse la région agricole de l'île. Si vous êtes à Katápola, montez vers Hora, descendez (un peu) vers la mer, puis prenez la première piste à droite. Un peu plus loin, sur la droite, le **monastère Ágios Geórgios Valsamitis** (16e s.) forme un ensemble clair dans une vallée sculptée de terrasses. L'édifice, orné de fresques du 17e s., est connu pour sa source miraculeuse. Son nom, *valsam*, provient d'une variété de menthe que l'on trouvait jadis dans cette vallée.

Plages

Non loin du village de Vroutsi, la plage très fréquentée de **Mouros** se situe au fond d'une large baie bordée de criques de galets.

Plus au sud, non loin de Kolophana, s'étendent d'autres plages : **Kalotaritissa**, **Paradisia** et **Gramvoussa** *(sur un petit îlot, accès par caïque au dép. de Paradisia)*, où l'on peut voir des oiseaux migrateurs.

À l'extrême sud de l'île se trouve la baie sablonneuse de **Kalotaritissa**, où vous apercevrez sur la droite l'épave rendue célèbre par le film *Le Grand Bleu*, échouée au bord du rivage. Autour, quelques plages agréables. De la baie, un caïque fait la navette avec l'îlot de **Gramvoussa★**, connu pour sa plage, plus belle et plus propre que sa voisine Paradisia.

Randonnées

Les sentiers et les paysages de toute beauté font d'Amorgós une île idéale pour les randonnées, en début ou en fin de journée.

Langada est le point de départ d'agréables promenades dans la montagne : vers Tholaria, via le hameau de **Stroumbos** *(1h aller)*, caché au creux d'une vallée verte, ou en quête des derniers moulins qui hérissent la crête des collines, à l'est *(1h)*.

Sans oublier l'**église de la Panagia Epanochoriani** *(fermée ; 20mn à travers champs depuis le haut de la rue principale de Langada)*, au nord, bel édifice dressé au milieu des champs (superbe **point de vue★**), ni le **monastère d'Ágios Ioannis Theologos★** *(en bifurquant à droite sur un sentier fléché ; 1h30)*, qui cache de remarquables **fresques byzantines★** récemment restaurées. Si vous êtes bon marcheur, poussez jusqu'à **Stavros** *(2h30)*, dont la charmante église accueille, en septembre, un pèlerinage très suivi.

De Hora au monastère de la Chozoviótissa★★

1h de sentier. Du chef-lieu coiffant l'arête de l'île jusqu'au monastère niché dans la falaise, le paysage est sublime.

Du monastère de la Chozoviótissa à Potamós★★

Indiqué en sortant du monastère. 5h environ par le chemin des crêtes. Celui-ci domine les deux versants de l'île et procure des **vues** impressionnantes sur la mer et la montagne. De Potamós, vous pouvez rejoindre Aigiáli à pied.

D'Aigiáli à Megali Glyfada★

3h environ AR par un bon sentier. Montez jusqu'au séduisant village de Tholaria. De là, marchez vers le nord jusqu'à Megali Glyfada, où vous arrivez dans une superbe crique à la plage de sable fin.

Ruines d'Arkessini★

2h environ AR au départ de Vroutsi, au sud de Katápola. Un chemin pavé précède un sentier descendant vers la mer. Les alentours sont arides, désolés, magnifiques. Une pointe rocheuse porte les vestiges d'une cité fondée au 4e s. av. J.-C. et habitée jusqu'à la fin du Moyen Âge. On découvre les restes de l'acropole, des tombes antiques, les ruines d'une tour de défense. Il est possible de rentrer par le chemin côtier au nord, (compter 1h de plus).

Aux alentours

Petites Cyclades

D'Amorgós (ou de Náxos), les liaisons en ferry sont quasi quotidiennes. Les bateaux partent du port de Katápola.

Ce minuscule archipel comprend quatre petites îles habitées (Iráklia, Koufoníssi, Schinoússa et Donoússa) et des centaines d'îlots. Inconnues des vacanciers jusqu'à une date récente, elles deviennent assez fréquentées, et pour cause, la mer et les criques y sont magnifiques.

Amorgós pratique

Informations utiles

KATÁPOLA

ℹ L'agence **Synodinos** *(face au débarcadère - ✆ 22850 71201)* fait billetterie pour les bateaux et renseigne sur les horaires de bus.

AIGIÁLI

ℹ **Aegialis Tours** *(✆ 22850 73393 - www.aegialistours.com)* informe sur l'île. Excursions, tour de l'île, location de voitures, accès Internet et vente de la « 3D Map Amorgos » qui présente succinctement les 4 sentiers de randonnée de l'île *(5 €)*.

www.amorgos.com et *www.amorgos.net* (en anglais).

Poste – Hora : sur la place au-dessus du musée ; Aigiáli : dans la ruelle qui prolonge le débarcadère.

Santé – Hora : cabinet médical 100 m avant l'arrêt du bus (chemin sur la gauche), pharmacie près de l'arrêt du bus ; Katápola : dispensaire au début de la route de Hora ; Aigiáli : dispensaire sur la route de Potamós, pharmacie dans le village.

Téléphone - **OTE** – Le seul bureau de l'île se trouve tout en haut de Hora. Cabines publiques dans les villages.

Transports

Bon à savoir – Faites-vous préciser votre port d'arrivée en prenant votre billet : Katápola (le port principal) ou Aigiáli. De nuit, aucun bus ne relie les deux villes.

Bateau – Amorgós est l'une des îles les moins accessibles des Cyclades. Environ 1 liaison/j. avec **Le Pirée** (de 5h à 8h45 de trajet env. selon les bateaux), **Náxos** (1h10-6h), **Páros** (2h10-5h), **Santorin** (3/sem., 1h-3h15), **Folegandros** (2/sem., 2h20-3h35), **Siros** (2/sem., 6h30-8h40). Liaisons possibles depuis certaines autres îles en passant par Náxos, Páros ou Santorin.

Dès le printemps, le petit bateau « Skopelitis » dessert Náxos, Páros et les Petites Cyclades (Iráklia, Schinoússa, Koufoníssi, Donoússa) depuis les deux ports d'Amorgós.

Bus – Katápola-Aigiáli : 6-8/j. Le double entre Katápola et Hora (certains bus vont jusqu'aux villages du sud). Moins de 10 liaisons/j. entre Aigiáli, Tholaria et Langada. Les bus commencent rarement à circuler avant 10h.

Location de véhicules – Quelques agences à Katápola, mais difficile de trouver une voiture en été sans réservation. À Katápola, **Thomas** loue des voitures et des deux-roues (*℘ 22850 71777 - www.thomas-rental.gr*). Une **station d'essence** entre Katápola et Hora, une autre à côté du camping d'Aigiáli.

Se loger

KATÁPOLA

Voula Beach – *Au bout d'une ruelle perpendiculaire au débarcadère - ℘ 22850 74052 - 15 ch. et studios.* Chambres très propres, de toutes les tailles, autour d'un jardin fleuri. Accueil chaleureux. Pas de petit-déjeuner.

Villa Katapoliani – *S'adresser à la Frianderie, sur le port - ℘ 22850 71054 - 13 ch. et studios.* Maison de charme autour d'un patio fleuri, derrière le débarcadère. Chambres pas très grandes mais avec balcon, frigo, coffre, sèche-cheveux. Plaques de cuisson communes. Pas de petit-déjeuner.

LANGADA

Pagali – *En bas de la route principale - ℘ 2285 073310/073600 - www.pagalihotel-amorgos.com - 19 ch. et studios.* Au-dessus de la taverne Nikos, chambres calmes, sobres et très agréables ; certaines sont équipées d'une kitchenette. Bus à proximité. On vient vous attendre au bateau. Petit-déjeuner en sus.

AEGIÁLI

Hotel Aegialis – *À 1 km du port mais desservi par le bus - t 22850 733 93 - www.amorgos-aegialis.com - 50 ch.* Cet hôtel est le plus confortable d'Aegiáli, avec des chambres sur la baie et une agréable piscine. Accueil chaleureux de la patronne. Billard et boîte de nuit attenante pour les amateurs de décibels. Transferts payants avec les deux ports.

Se restaurer

KATÁPOLA

Mouragio – *Face au débarcadère.* Taverne de poissons et de fruits de mer. Comme c'est le meilleur établissement de la ville, les tables sont prises d'assaut.

HORA

Liotrivi – *Dans une rue à droite de la station de bus.* Propose des plats traditionnels (moussaka) ou plus originaux (lapin en cassolette). Arrivez tôt.

LANGADA

Nikos – *Dans le bas du village sous l'hôtel Pagali.* Une très bonne table où l'on mange sous la tonnelle, sur plusieurs petites terrasses, en surplombant les joueurs de boules. Considérée comme l'une des meilleures tables de l'île. Ne manquez pas les aubergines « Nikos special » ou les beignets de courgettes.

THOLARIA

Panorama – *Au milieu du village.* L'un des lieux les plus courus d'Amorgós. Savoureux *kokoretsi* (brochette d'abats) et ragoût de chèvre. L'été, des musiciens jouent des airs traditionnels des îles. Arrivez bien avant 21h.

Faire une pause à Aigiáli

Frou Frou - *Dans la ruelle qui prolonge le port.* Excellente pâtisserie avec vue sur la mer. Petit-déjeuner, gâteaux, crêpes et glaces à toute heure.

Événements

Église Panagia Epanochoriani – *Au nord de Langada.* Les 14 et 15 août, cérémonies religieuses suivies d'un repas : sans viande le 14, à base de chèvre le 15 à midi. Gratuit, mais il est d'usage de laisser un billet dans le tronc de l'église. Ces deux soirs, danses populaires dans toutes les tavernes de Langada.

Fête de la Présentation de la Vierge – Le 21 novembre, au monastère de la Chozoviótissa.

Ándros★

Άνδρος

4 107 HABITANTS – 374 KM²
CARTE GÉNÉRALE RABAT I B2 – MER ÉGÉE - CYCLADES

Longtemps protégée du tourisme de masse par la volonté de ses puissants armateurs, Ándros est une île assez fermée et peu aménagée. Véritable paradis des amoureux de la nature et domaine de l'aigle de Bonelli, la plus grande des Cyclades, après Náxos, et la plus septentrionale des îles de l'archipel, se distingue par ses paysages forestiers où sources, rivières et torrents arrosent une végétation luxuriante. Partout, les sentiers de montagne invitent à la randonnée et les vastes plages sont relativement peu fréquentées, sauf en août. Quant à l'architecture, elle est riche en tours de guet, demeures néoclassiques, maisons fortifiées, moulins à eau et pigeonniers.

- **Se repérer** – Verdoyante et fertile, Ándros est toutefois plus aride au nord qu'au sud. Une imposante chaîne de montagnes qui culmine à 997 m empêche les nuages de passer de l'autre côté de l'île. Les bateaux accostent au port de Gávrio, et la capitale, Ándros (Hora), se trouve sur l'autre versant de l'île, à 27 km.
- **À ne pas manquer** – Hora, la vallée de Messaria, la plage d'Achaia.
- **Organiser son temps** – Comptez quatre jours de visite si vous faites une randonnée.
- **Pour poursuivre le voyage** – Tínos et Siros.

Se promener

GÁVRIO ET SES ENVIRONS★

Gávrio

Au fond d'une petite baie encaissée, le petit port de Gávrio, bordé de tavernes et de cafés sympathiques, est un bon point de départ pour visiter le nord et l'ouest de l'île.

Amolohos

À 6 km au nord de Gávrio par une piste carrossable.

Le village apparaît dans un paysage aride strié de murets de pierre sèche. À l'entrée du hameau se trouve une jolie fontaine, tandis qu'au creux du vallon, en contrebas, se succèdent trois moulins à eau.

Tour Ágios Petros★

À 3 km au sud-ouest de Gávrio, sur la route de Kalokerini.

La route sinueuse escalade la montagne. Sur la droite, dans une oliveraie, s'élève une tour ronde (4e-3e s. av. J.-C.) en schiste que jouxte une chapelle toute blanche, Ágios Petros. Haute de 20 m, d'un diamètre de 9 m, cette belle tour hellénistique dresse ses cinq étages presque intacts. Elle servait certainement à la fois de forge et de vigie d'où étaient transmis des signaux.

Monastère de Zoodóchos Pigí★

À 10 km à l'est de Gávrio, en passant par la route côtière. Ouvert le matin.

Une piste monte vers ce monastère mentionné pour la première fois vers 1400, où sont conservés des icônes (14e-16e s.), des fragments de fresques et des manuscrits.

Paleopoli★

À 12 km au sud-est de Gávrio par la route côtière.

Paleopoli (la « vieille ville ») fut la capitale de l'île dans l'Antiquité. Habitée dès le début du 1er millénaire av. J.-C., la cité fut en partie détruite par un tremblement de terre au 4e s. av. J.-C. Aujourd'hui, c'est un simple village perché à flanc de montagne. Un tronçon de route cimentée, puis un millier de marches descendent vers le site archéologique, près du rivage, où l'on remarque les restes de la digue et des remparts. La promenade au milieu des oliviers se termine au bord de la plage Taxiarchis.

Arnas★

À 10 km au nord-est de Batsi en suivant la direction de Katakilos.

Ce paisible **village** traditionnel se trouve au cœur de l'île, dans un paysage étonnant : extrêmement verdoyants, les reliefs escarpés sont irrigués par des sources.

J.-P. Nail / MICHELIN

La plus belle plage d'Ándros, Achaia.

La route se poursuit ensuite sur les hauteurs jusqu'à **Vourtoki**. De là, vous pouvez rejoindre le monastère d'**Ágios Nikólaos** *(voir p. 407)*, puis Hora, ou descendre jusqu'à **Achaia★★★**, une plage très préservée *(voir p. 408)*.

ÁNDROS★★ (Hora)

Cette capitale insulaire à l'atmosphère paisible est édifiée sur une petite langue de terre séparant deux criques. Les maisons néoclassiques à étages y sont couvertes de toits de tuiles et aucune construction moderne n'est venue en rompre l'harmonie. Sur le promontoire, la cité médiévale aux ruelles tortueuses témoigne de l'influence vénitienne.

Musée archéologique★

Platia Theophilos Kairi. ✆ 22820 23664 - tlj sf lun. 8h30-15h - 3 €.

Au 1er étage, maquette, reconstitution d'une habitation, objets mis au jour lors des fouilles de l'**antique Zagora** illustrent de façon vivante la vie quotidienne dans ce qui fut la plus vaste cité grecque de l'époque géométrique (900-700 av. J.-C.). D'autres découvertes locales sont également exposées : le superbe **Hermès d'Ándros★**, copie en marbre d'après l'original en bronze attribué à Praxitèle, des stèles funéraires et des éléments architecturaux paléochrétiens, vénitiens et ottomans.

Musée d'Art moderne★

En contrebas de la platia Theophilos Kairi. ✆ 22820 22444 - juin-sept. : tlj sf mar. et dim. apr.-midi, 10h-14h, 18h-20h ; oct.-mai : w.-end et lun. 10h-12h - 6 €.

La fondation Basile et Elise Goulandris – riche famille d'armateurs d'Ándros – a consacré ce musée aux expressions grecques et internationales de l'art moderne et contemporain. Les collections comprennent un important ensemble d'œuvres du sculpteur néoclassique **Michalis Tombros** (1889-1974), notamment des bustes et des sculptures abstraites très poétiques, et du sculpteur contemporain **Takis**, installé en France depuis les années 1950. La nouvelle aile reçoit pendant l'été d'excellentes expositions d'artistes tels que Picasso, Matisse, Kandinsky, Cartier-Bresson, Bouzianis, etc.

Cité médiévale★

Depuis la place Theophilos Kairi, un passage voûté, ancienne porte de la ville, donne sur les ruelles bordées de maisons aux tons pastel, ornées ici ou là d'une loggia, souvenir de la présence vénitienne dans l'île du début du 13e au milieu du 16e s.

Surplombant la plage de Paraporti, l'**église Ágios Geórgios** (17e s.) ouvre sur une petite place ombragée. À l'extrémité du promontoire, la statue en bronze du Marin inconnu, œuvre de **Michalis Tombros**, s'impose sur la plateia Riva.

Musée maritime

✆ 22820 24166 - juil.-août : tlj sf mar. et dim. apr.-midi, 10h-14h, 18h-21h - gratuit.

Il expose gravures, instruments de navigation, maquettes de bateaux et de nombreux autres documents évoquant la riche histoire maritime de l'île.

En face, sur l'îlot, on distingue les ruines de la forteresse édifiée par les Vénitiens pour protéger l'île des pirates.

LA VALLÉE DE MESSARIA ET SES ENVIRONS★

Au sud-ouest de Hora.

Messaria

Ce village abrite un chef-d'œuvre de l'architecture byzantine du 12e s., l'**église des Taxiarques★**, enfouie dans la végétation au bas d'une ruelle *(pancarte)*. Elle a été décorée au 18e s. de marbre sculpté et de fresques. L'église **Ágios Nikóolaos** (1734), dominée par une coupole bleue, conserve une intéressante iconostase de bois ouvragé.

Monastère de Panachrandou

À 3 km au sud de Messaria, après le village de Falika. Horaires d'ouverture aléatoires.

Ce vaste monastère ressemblant à une blanche forteresse accrochée à la montagne fut bâti au 10e s. Il abrite cloîtres et églises d'époques différentes. Des moines occupent encore les cellules et les communs.

Menites★

À l'ouest de Messaria. Le village est connu pour ses **fontaines** de têtes de lions en marbre. De la terrasse de l'église, belle vue sur le village, îlot de verdure et de fraîcheur, même en plein été.

Strapouries

Au nord de Menites. Dans ce village se dressent des *archontika*, demeures cossues qui témoignent des premières fortunes de la marine marchande, et une belle église.

Tour Bisti Mouvella

À 2 km au nord de Hora.

C'est l'une des maisons fortifiées qui font la singularité d'Ándros. De sa terrasse, vous avez une belle vue sur Hora et les collines boisées où se mélangent cyprès, oliviers, pins, amandiers et chênes. Des pigeonniers sont visibles çà et là, adossés aux maisons.

Stenies

À 3 km au nord de Hora.

Le village perché étale ses blanches maisons en amphithéâtre au-dessus de la mer. De belles demeures néoclassiques y ont été restaurées.

Apikia

De la route qui mène à ce village, vous avez une vue splendide sur Hora et ses environs. Dans le village, la source Sariza, bonne eau de table, jaillit d'une tête de lion en marbre flanquée de colonnettes (18e s.).

Ágios Nikólaos

Au-delà d'Apikia, la végétation laisse place à un paysage plus sec, avec garrigue basse et terrasses cultivées. Le contraste avec la vallée de Messaria est saisissant. L'imposant monastère du 16e s. surplombe une gorge et des terrasses cultivées. Derrière son puissant mur d'enceinte, la cour révèle une surprenante église colorée, au dôme bleu clair et aux murs rouge et jaune.

LE SUD DE L'ÎLE

Au sud de Hora, vers Sineti, la route en lacet suit une petite vallée où l'on aperçoit des moulins à eau. Au-dessus de Kohil, une piste monte vers les ruines d'une forteresse vénitienne qui domine un beau panorama.

Puis la route descend vers la vallée de Korthi où quelques pigeonniers construits par les grandes familles de l'île ponctuent le paysage jusqu'à Ormos.

Au sud de la station balnéaire d'Ormos Korthi, au fond d'une baie très abritée, à flanc de colline, Korthi comprend des maisons anciennes. Plus loin se trouvent trois des villages les plus caractéristiques de l'île : **Aïdonia**, **Moussonias** et surtout **Amonaklios★**, dont l'architecture traditionnelle s'insère dans un paysage de montagnes d'une grande beauté.

Séjourner

LES PLAGES AUTOUR DE GÁVRIO★

Côte nord, à l'est de Gávrio

Liminaki – Isolée au bout d'une piste dans un paysage magnifique, elle plaira aux amoureux de solitude (sauf en été).

Felos – Près d'une petite station balnéaire assez tranquille.

J.-P. Nail / MICHELIN

Beau pigeonnier traditionnel dans la campagne.

Côte nord, à l'ouest de Gávrio

Vitali, Gides – Accessibles par 4 km de chemin de terre carrossable, elles sont agréables si le vent ne souffle pas.

Ágios Kyprianos, Psili Ammos, Kypri – Ces grandes plages sont abritées du vent et donc forcément très fréquentées.

Batsi – C'est la principale station balnéaire de l'île, qui borde une jolie plage de sable (bondée en été). Autour de l'ancien port de pêche, les constructions récentes n'enlèvent rien au charme de l'endroit et les ruelles qui dominent le môle sont très agréables. Plusieurs belles plages s'étendent au sud-est de la station.

LES PLAGES AUTOUR DE HORA

Paraporti, Nimborio et Gialia – Belles vues sur la capitale de l'île.

Sineti – *Au sud de Hora.* Dans le fond d'un golfe étroit, la plage est accessible au départ du village du même nom.

Ormos – *Au sud de Hora (10 km).* Cette station balnéaire sans grand charme suit la plage de Grias Pidima, au-delà du phare qui se dresse au nord. Le cadre, magnifique, est dominé par un haut rocher.

Achaia★★★ – *Accessible uniquement en caïque depuis Hora ou à pied depuis une piste qui longe une gorge.* Des eaux cristallines et un cadre enchanteur pour les amateurs de beauté intacte.

Randonnées dans l'île★

Ándros est une île prisée par les amateurs de randonnées. Beaucoup de sentiers partent de Hora. Procurez-vous la carte Touring Hiking Map, spécialement conçue pour les randonneurs par le ministère de l'Égée. Elle donne de nombreux renseignements pratiques (routes, pistes, sentiers, durée des itinéraires, plages, curiosités, relief). Elle est en vente à la librairie du port de Gávrio.

Ándros pratique

Informations utiles

EOT – *Dans une ruelle sur la gauche du débarcadère.* Un bureau saisonnier est ouvert de juin à sept. à Gávrio.

www.androsgreece.gr (en français).

Poste – Hora : entre le parking et la place ; Gávrio : sur les quais (à gauche en venant du débarcadère).

Santé – Centre médical - *Hora - ✆ 22820 22222 ; Gávrio - ✆ 22820 71210 ; Batsi - ✆ 22820 41326.* Pharmacies à Hora, Gávrio et Korthi.

Police – *Gávrio - ✆ 22820 71220 ; Hora - ✆ 22820 22300.*

Transports

Bateau – Depuis le continent, **Rafína** est le port de départ vers Ándros (bateaux tlj en matinée et certains après-midi, 2h de trajet environ). Plusieurs liaisons quotidiennes avec **Tínos** (1h30) et **Mikonos** (2h15). Liaisons hebdomadaires avec **Siros** (3/sem., 2h), **Páros** (6/sem., 3h40), **Náxos** (2/sem., 7h), **Kithnos** (1/sem., 6h30) et **Kéa** (1/sem., 8h).

Location de véhicules – La jeep est recommandée pour explorer l'île. On ne peut louer des voitures qu'à Gávrio, et si vous ne choisissez pas d'y résider, le loueur la déposera à votre hôtel. Sur le port de Gávrio, en face du débarcadère, bon accueil et véhicules fiables chez **Anna Vrettou** (qui parle français)- **Euro Car** – *✆ 22820 72440 - www.rentacareuro.com.* Pour les deux-roues, adressez-vous à **George Rentabike** – *À Gávrio (indiqué au bout du port à gauche).* **Dinos** – *À Batsi (à côté de la poste) - ✆ 22820 41003.* **Aris** – *dans les faubourgs à l'entrée d'Ándros - ✆ 22820 24381.* Plusieurs stations-service sur l'île.

Se loger

BATSI

⊖ **Meltemi** – *Au-dessus de l'église Agios Philippos - ✆ 22820 41016 - 11 studios.* Grands studios avec balcons particuliers dans une belle maison couverte de bougainvilliers, située sur les hauteurs du village.

⊖ **Villa Nora** – *Au bout de la route côtière de Batsi - ✆ 22820 41252 - 13 studios et 1 appart.* Ravissants studios et grand jardin avec une vue splendide sur la plage. Pas de petit-déjeuner.

APIKIA

⊖⊖⊖ **Pighi Sariza** – *Dans le village - ✆ 22820 23799 - www.andros.gr/pighi-sariza - 42 ch.* Grande bâtisse rétro et confortable située à deux pas de la source Sariza, connue pour ses bienfaits.

HORA

⊖ **Riva** – *En contrebas de la ville, sur la plage - ✆ 22820 24412 - www.androsrooms.gr - 5 ch. et 3 appart.* Établissement très bien équipé, l'une des meilleures adresses de l'île. Location de scooters et nombreux conseils pour découvrir Ándros. On parle très bien français.

Se restaurer

GÁVRIO

⊖ **Veggera** – *Derrière le port, sur une place ombragée.* Une terrasse où l'on sert des grillades et autres spécialités locales.

BATSI

⊖ **Giakoumissi** – *Sur la seconde anse du port de Batsi.* Reconnaissable à la pieuvre peinte sur la façade. On choisit le poisson du jour en cuisine, que l'on déguste face à la mer. Copieux et délicieux.

HORA

⊖ **Cavo del Mar** – *À la sortie nord, en contrebas près de la plage.* Une terrasse au-dessus des flots pour des spécialités traditionnelles et du poisson.

Sports et loisirs

L'île offre une grande diversité de paysages et l'agence **Andrina Tours** *(Batsi - ✆ 22820 41064 - www.androscyclades.com)* propose des excursions pour les découvrir.

Achats

Ándros est l'île des ruches. Profitez-en pour goûter au délicieux **miel de thym**. Boutiques sur le port de Gávrio.

Délos★★★

Dílos – Δήλος

3,6 KM²
CARTE GÉNÉRALE RABAT I B2 – MER ÉGÉE – CYCLADES

Une île battue par les vents, déserte, occupée par la plus grande cité antique de la mer Égée : voilà Délos, sanctuaire du dieu de la Beauté et de la Lumière, Apollon. Délos joua un rôle religieux et commercial considérable dans l'Antiquité. On y venait de tout le monde grec, attiré par les richesses de la ville.

- **Se repérer** – L'île est desservie par des vedettes toute l'année en 30mn au départ du port de Mikonos (*10 € AR*). Les billets sont en vente dans les agences de Mikonos, qui proposent également des visites guidées du site (comptez *32 €* avec la traversée et l'entrée du site). Si vous êtes en croisière depuis une autre île, sachez que les bateaux font escale ici, mais sans laisser beaucoup de temps pour visiter le sanctuaire. Il est conseillé d'arriver tôt. Pas d'hébergement sur l'île et pratiquement pas d'eau. Une cafétéria propose des plats rapides *(tlj sf lun. 8h30-15h).*
- **À ne pas manquer** – La terrasse des Lions et le quartier du théâtre.
- **Organiser son temps** – Le site est fermé le lundi. Essayez de prendre le premier bateau et de rentrer avant 14h pour éviter la canicule.

Au centre du monde grec

D'après la légende, **Léto**, séduite puis abandonnée par Zeus, errait à travers le monde, portant le fruit de ses relations coupables avec le maître des dieux. Poursuivie par la colère d'Héra, qui avait interdit à toute terre de recevoir la malheureuse déesse, celle-ci ne trouva qu'un îlot misérable, dérivant au fil des flots, Ortygie, pour accoucher. Après 9 jours et 9 nuits de douleurs, Léto mit au monde des jumeaux, Apollon et Artémis. L'île, désormais stabilisée par quatre piliers arrimés aux fonds marins, fut rebaptisée Délos (« l'Éclatante ») en hommage au dieu de la Lumière.

Comprendre

L'île sacrée d'Apollon – Dès le 3e millénaire, une petite agglomération s'élève au sommet du mont Cynthe. Puis, à l'époque créto-mycénienne (1400-1200 av. J.-C.), la population colonise la plaine, ainsi qu'en témoignent les vestiges d'un palais et les objets précieux trouvés au cours des fouilles. Vers la fin du 8e s., en étroite relation avec l'établissement du culte d'Apollon, s'élabore l'histoire de la naissance du dieu sur l'îlot, jusqu'alors connu sous le nom d'**Ortygie**.

Territoire d'un sanctuaire qui allait devenir l'un des plus importants du monde grec, suscitant des convoitises nombreuses, capitale d'une confédération d'îles évoquée par Homère dans l'*Odyssée*, Délos connaît son apogée religieux aux 7e-6e s. av. J.-C. sous le contrôle des habitants de Náxos, puis des Athéniens. Vers 540 av. J.-C., le tyran d'Athènes, Pisistrate, fait procéder à une première purification de l'île pour en préserver le caractère sacré : on ne peut plus y naître ni y mourir, et les femmes sur le point d'accoucher et les mourants sont envoyés sur l'île voisine de **Rhénée** (Rineia).

À la fin de la seconde guerre médique, en 479 av. J.-C., Athènes organise la **ligue de Délos** : les cités alimentent le trésor, qui est tout d'abord déposé dans le sanctuaire d'Apollon, puis transféré en 454 sur l'Acropole d'Athènes. En 426, lors d'une épidémie, les Athéniens décident d'une nouvelle purification de l'île : les sépultures, avec leur mobilier funéraire, sont transportées dans une grande fosse à Rhénée (une partie de ces vestiges se trouve aujourd'hui au Musée archéologique de Mikonos). Après avoir expulsé les derniers habitants de l'île en 422, les Athéniens construisent un nouveau temple et organisent tous les quatre ans, en mai, les fameuses **fêtes déliennes** : les pèlerins, couronnés de fleurs, s'avancent en procession en chantant, sacrifient des bœufs, participent à des danses sacrées devant l'autel du dieu ou à des concours sportifs, musicaux et dramatiques. Une foire commerciale complète les manifestations religieuses, qui restent très suivies jusqu'au 1er s. apr. J.-C., enrichies par l'introduction de cultes égyptien, syrien et phénicien.

Un extraordinaire port de commerce – À partir du 4e s. av. J.-C., Délos devient peu à peu le principal port de la Méditerranée orientale, malgré la relative médiocrité de son mouillage. Sa situation au centre de l'Égée et son caractère sacré (qui la préserve des entreprises belliqueuses extérieures) expliquent ce prodigieux développement économique, matérialisé par la construction de quais, d'entrepôts, de chantiers navals. Délos est le grand marché de céréales et d'esclaves de la Grèce orientale, ainsi qu'un centre de stockage et de redistribution pour l'huile, le vin et le bois.

Attirés par le statut de port franc que lui ont accordé les Romains en 166 av. J.-C., négociants, banquiers, armateurs latins, grecs, syriens, égyptiens s'y installent et construisent des quartiers résidentiels. Au début du 1er s. av. J.-C., la prospérité de Délos est à son zénith. La ville compte alors quelque 25 000 habitants.

La prise et le saccage de la ville en 88 av. J.-C. par Mithridate VI, dernier roi du Pont, en guerre contre Rome, l'abandon progressif des pèlerinages, les exactions des pirates et le déplacement des routes maritimes causent le déclin sans retour de l'île. Devenue évêché au 4e s. de notre ère, elle est abandonnée trois siècles plus tard.

Durant la domination vénitienne sur les Cyclades, certaines œuvres d'art furent transférées à Venise et à Rome. L'amiral Digby en recueillit quelques-unes pour la collection de Charles Ier Stuart ; d'autres finirent dans les fours à chaux.

Découvrir

L'École française d'archéologie a attaché son nom à la mise en valeur du site, dont les fouilles, commencées en 1872, se poursuivent parallèlement à celles de Delphes.

Sanctuaire d'Apollon★★

Agora des Compétaliastes – Vous entrez sur une place dallée, dite agora des Compétaliastes, car les affranchis et les esclaves y honoraient les Compitalia, divinités romaines des carrefours. On y vendait des souvenirs destinés aux pèlerins. Vous apercevez les restes d'un autel monumental **(1)**.

Avenue des Processions★ – Jadis empruntée par les pèlerins se rendant au sanctuaire et formant une voie triomphale large de 13 m, elle était bordée de monuments honorifiques, isolés ou en exèdres semi-circulaires, dont on reconnaît les bases. De part et d'autre s'allongeaient deux portiques, dont le plan est marqué sur le sol : à gauche, le portique de Philippe, construit par Philippe de Macédoine au 3e s. av. J.-C., à droite celui de Pergame, qui aurait été élevé à la même époque par les rois de Pergame, en Asie Mineure.

Propylées – Il reste peu de chose de cette entrée monumentale. Observez l'usure considérable des trois marches du seuil, témoignant de l'affluence passée. À droite **(2)**, Hermès barbu en marbre (4e s. av. J.-C.).

Maison des Naxiens – À droite et au-delà des propylées, on voit les fondations d'un bâtiment d'époque archaïque où se réunissait la confrérie religieuse de Náxos. Contre le mur nord, un énorme bloc de marbre **(3)** porte l'inscription en alphabet grec archaïque : « Je suis d'un seul bloc, statue et socle. » Il servait de base à une statue d'Apollon Naxien (6e s. av. J.-C.), ex-voto colossal érigé par les Naxiens, que les Vénitiens tentèrent d'emporter et dont certains fragments subsistent près du sanctuaire d'Artémis.

Portique des Naxiens★ – À gauche des propylées se trouvent les vestiges d'un portique du 6e s. av. J.-C. Dans un angle, vous distinguez la base circulaire **(4)**, en granit, qui maintenait le fameux palmier de Nicias, arbre colossal de bronze élevé en 417 av. J.-C. pour symboliser le palmier sous lequel Léto aurait mis au monde Apollon et Artémis.

Temples d'Apollon★★ – Du sud au nord sont visibles les vestiges de trois temples dédiés à Apollon.

Le **temple d'Apollon Délien (5)**, édifice dorique, était le plus grand des trois. Sa construction par les Déliens avait été commencée au 5e s. av. J.-C., mais il ne fut achevé qu'au 3e s. en raison de l'hostilité des Athéniens à son égard.

Le **temple des Athéniens (6)**, construit vers 420 av. J.-C., était lui aussi dorique, et sa *cella* renfermait 7 statues placées sur une base de marbre noir semi-circulaire.

Le **temple de poros (7)**, le plus petit mais le plus ancien (6e s. av. J.-C.), bâti en tuf calcaire dur *(poros)*, abrita une statue archaïque d'Apollon et le trésor de la ligue de Délos. Près du temple, remarquez deux piédestaux qui supportaient des statues, l'un **(8)** à frise dorique alternant rosaces et bucranes (têtes de bœufs), l'autre **(9)** en marbre bleu, portant une inscription en l'honneur de Philetairos, premier roi de Pergame.

Derrière ces temples, les bases de cinq petits édifices (6e-5e s. av. J.-C.) en arc de cercle indiquent probablement des lieux de réunion de confréries religieuses.

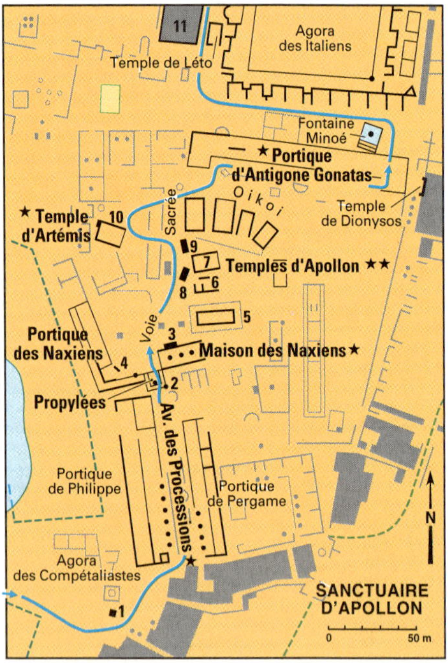

Temple d'Artémis★ – Près de la Voie sacrée, sur le site de l'ancien palais mycénien, vous apercevez les colonnes tronquées de la façade du temple d'Artémis, édifice ionique hellénistique (2e s. av. J.-C.) ayant succédé à deux autres.

En arrière du temple gisent les fragments du colossal **Apollon Naxien★★ (10)**, tirés jusqu'ici en 1422 par les Vénitiens : torse, partiellement couvert de boucles de cheveux, et bassin dans lequel sont visibles des trous de fixation pour une ceinture ; une main a pris place au musée local.

Portique d'Antigone Gonatas★ – Limitant le sanctuaire au nord, le portique d'Antigone Gonatas était long de 120 m et comportait 48 colonnes doriques en façade et une frise ornée de têtes de taureaux. Il fut édifié au 3e s. av. J.-C. par un roi de Macédoine. Les deux galeries sont séparées par une file de colonnes et terminées par deux courtes ailes.

Le long de la façade s'alignaient deux files de statues dont subsistent les bases. À son extrémité se trouve à gauche la fontaine Minoé (6e s. av. J.-C.). Remarquez aussi les restes d'un mur d'enceinte et d'un temple de Dionysos avec deux monuments votifs représentant des phallus.

Ajoutons à cela la mise en évidence à Délos des couloirs souterrains du théâtre (3e s. av. J.-C.), qui permettaient aux acteurs de passer de l'avant-scène à l'orchestre et les plafonds peints dans la maison des Sceaux.

Quartier des Lions★★

Ce quartier urbain fut édifié à l'époque hellénistique. En sortant du sanctuaire d'Apollon, voyez à gauche les restes imposants d'un bâtiment en granit, à droite, les murs du temple de Léto **(11)**, du 6e s. av. J.-C., à banquette extérieure. Au-delà s'étendait, à partir du 2e s. av. J.-C., l'agora des Italiens, la plus grande place de Délos, encadrée d'un portique sur lequel s'ouvraient les loges des négociants installés ici (mosaïques).

Terrasse des Lions★★★ – Regardant le Lac sacré, les célèbres lions (ou lionnes) archaïques, sculptés dans le marbre de Náxos, étaient au moins neuf : cinq ont été remplacés par des copies (les originaux sont au musée), un sixième a été emporté au 17e s. par les Vénitiens et monte aujourd'hui la garde, pourvu d'une tête d'emprunt, devant l'Arsenal de Venise, les trois derniers ont disparu.

Assis et placés à des niveaux différents, ces fauves au corps allongé, dont la crinière est à peine indiquée, donnent une impression de force retenue. Leur hiératisme, la stylisation des formes semblent manifester une influence proche-orientale. Foyer de paludisme comblé en 1924, le **Lac sacré** était le domaine des cygnes emblématiques d'Apollon.

Établissement des Poséidoniastes – Il rassemblait les négociants et armateurs de l'actuelle Beyrouth, sous l'égide de leur dieu protecteur, Poséidon. Dans la cour à péristyle furent découverts un groupe composé d'Aphrodite et du dieu Pan (Musée archéologique national d'Athènes) ainsi qu'une statue mutilée de la déesse Rome.

À proximité se trouvent les restes de la maison du Diadumène, où fut découverte une copie romaine (Musée archéologique national d'Athènes) du *Diadumène* du sculpteur Polyclète.

Maison du Lac★ – C'est une construction hellénistique assez bien conservée (stucs, mosaïques), avec une charmante cour à colonnes et une citerne.

Quartier du stade

Au-delà de la palestre et de la rive orientale du Lac sacré, prendre le sentier à gauche avant le musée. Après les ruines de l'Archégésion, sanctuaire consacré à Anios, le fils d'Apollon, on aperçoit les importants vestiges du gymnase (3e s. av. J.-C.) et ceux du stade avec sa piste de sable et sa ligne de départ. Revenez sur vos pas.

Musée★★

L'exposition des œuvres trouvées sur le site est répartie par genre : sculptures, céramiques et objets de la vie quotidienne. Parmi les pièces essentielles, voyez les *kouroi* et *korês* archaïques qui proviennent pour la plupart du temple d'Artémis, la statue en marbre d'Apollon attribuée à Praxitèle, le masque en bronze de Dionysos, des plaques d'ivoire, des bijoux mycéniens et des mosaïques.

En sortant, emprunter le sentier qui gravit les pentes du Cynthe.

Mont Cynthe★★★ (Óros Kýnthos)

Maison de l'Hermès★★ – Au pied du mont Cynthe, cette demeure à étage bien conservée date du 2e s. av. J.-C. et doit son nom au fait qu'on y a trouvé une belle tête d'Hermès (au musée). Au rez-de-chaussée, le vestibule, la cour intérieure bordée d'un portique sur trois côtés et un nymphée sont reconnaissables. Un escalier conduit à l'étage qui comportait une galerie et des chambres sur le pourtour.

Terrasse des Dieux étrangers★★ – La terrasse fut aménagée au 2e s. av. J.-C. pour recevoir les sanctuaires des divinités non grecques, que fréquentaient les nombreux étrangers habitant Délos. De part et d'autre de la voie jadis bordée de portiques se succèdent vestiges d'exèdres semi-circulaires et de salles de réunion constituant le sanctuaire des Dieux syriens. Un portique entourait un petit théâtre : les mystères orgiaques en l'honneur d'Atargatis, l'Aphrodite syrienne, y étaient célébrés.

Le sanctuaire des Dieux égyptiens est constitué des restes de deux temples consacrés à Sérapis et Isis. En avant du second se trouve un autel pour les offrandes et, au fond de la *cella*, une **statue d'Isis**, qui, parmi ses nombreux attributs, protégeait les marins. Tout près de là, les soubassements et deux colonnes de la façade signalent un petit temple dédié à Héra, monument dorique en marbre (6e s. av. J.-C.) dans la *cella* duquel furent trouvés de nombreux objets de culte.

Montée au mont Cynthe★★★ – *45mn AR*. L'Antre sacré, dans la pente du mont Cynthe, est une fissure couverte à l'époque hellénistique d'énormes dalles de granit afin de constituer un sanctuaire d'Héraklès.

Le sommet (113 m) est marqué par les vestiges d'un sanctuaire de Zeus et Athéna (3e s. av. J.-C.). Par beau temps, magnifique **vue★★★** sur Délos et les Cyclades.

Quartier du théâtre★★★

Résidentiel et habité par de nombreux étrangers, le quartier du théâtre fut bâti à partir du 2e s. av. J.-C. Il comprenait des maisons cossues distribuées autour d'une cour et décorées de superbes pavements de mosaïques aux couleurs vives.

Maison des Dauphins★ – La cour centrale est ornée d'une grande mosaïque signée. Dans les angles, vous verrez des dauphins harnachés que des Amours ailés conduisent : l'un d'entre eux tient dans sa mâchoire une couronne.

Maison des Masques★★ – C'est une vaste demeure à étage. Dans les salles donnant sur la cour qu'encadre un péristyle de colonnes en stuc, on découvre de magnifiques mosaïques représentant des masques de comédie et une étonnante scène d'inspiration asiatique qui montre un Dionysos au thyrse et au tambourin, vêtu d'une longue robe et assis en amazone sur l'une des panthères qu'il soumit en Inde.

D.R

Détail de la mosaïque au sol de la maison de Dionysos.

Théâtre★ – D'époque hellénistique, c'était un majestueux édifice, avec des murs de marbre et 43 rangées de gradins pouvant recevoir 5 000 spectateurs. En contrebas se trouve une profonde citerne surmontée d'arches supportant jadis un toit.

Maison du Trident★ – Elle présente des mosaïques décorées de motifs géométriques, d'un trident et d'un dauphin enlacé autour d'une ancre.

Maison de Dionysos★ – Cette demeure est un bon exemple de maison privée (fin du 2e s. av. J.-C.). Dans la cour à péristyle se trouve une mosaïque de pavement splendide, dont le motif central représente le dieu sur une panthère mais cette fois Dionysos est ailé et assis en amazone. Observez l'expression du visage et les coloris de la mosaïque.

Maison de Cléopâtre★ – Au 2e s. av. J.-C., elle était habitée par une dame du nom de Cléopâtre et son mari Dioskoride, dont on voit les effigies mutilées sur le côté nord de la cour à péristyle. Le puits fournit encore une excellente eau potable.

Folegandros★★

Φολέγανδρος

667 HABITANTS – 32 KM²
CARTE GÉNÉRALE RABAT I B3 – MER ÉGÉE - CYCLADES

En dépit d'une affluence toujours croissante, Folegandros demeure une île austère, un mince éperon rocheux. Elle conserve son charme cycladique avec ses habitations toutes blanches, son église perchée, ses terrasses plantées d'oliviers et son modeste port de pêche. À pic sur les flots et précédé d'un dédale de charmantes placettes ombragées, le kastro médiéval de Hora ressemble à une vaste maison ramassée sur elle-même. La mer et les plages ne sont pas en reste : les fonds marins rocheux y sont d'une grande limpidité.

Ch. Legrand / MICHELIN

Hora, village perché en haut d'une falaise et dominé par l'église de la Dormition de la Vierge.

- **Se repérer** – Cette petite île montagneuse d'origine volcanique se trouve entre Mílos et Síkinos. Sa côte échancrée (moins de 40 km de périmètre) présente par endroits d'impressionnantes falaises, en particulier au niveau du chef-lieu de l'île. L'arrivée se fait au port de Karavostásis, à 3,3 km de Hora.
- **À ne pas manquer** – La visite de Hora, une randonnée autour de Pano Meria, une baignade à Katergo et un tour de l'île en caïque.
- **Organiser son temps** – Comptez trois jours.
- **Pour poursuivre le voyage** – Mílos, Santorin.

Comprendre

Cette île pauvre fut souvent abandonnée par ses habitants. Montagneuse et aride, il n'est pas facile d'y cultiver la terre. Pirates et Turcs y débarquent à plusieurs reprises, pillant ses maigres ressources. En 1715, l'amiral ottoman Djanoum Hodja réduit en esclavage une grande partie de la population, qu'il déporte à Chíos et Istanbul. Seules quelques personnes reviennent dans l'île en 1718, grâce à l'intervention de l'ambassadeur de France qui les fait libérer. À la fin du 19e s., Folegandros sort de son isolement avec l'arrivée du télégraphe et des navires à vapeur. Puis les dons de riches émigrés affluent : un phare et deux écoles sont construits. De 1920 à 1969, l'île sert de résidence à des prisonniers politiques. Aujourd'hui, sa population reste faible, mais Folegandros est fréquentée de mai à octobre par de nombreux Athéniens qui apprécient sa quiétude et sa beauté.

Se promener

Karavostásis

Le port de l'île s'étire autour de l'église Ágios Artemios, le long d'une plage de galets ombragée de tamaris, bordée de restaurants de poisson et de nombreuses constructions touristiques.

Préférez la plage de Vardia, au nord du village, accessible par un grand escalier *(10mn à pied)*. Au pied de falaises, dans une jolie baie rocheuse, elle fait face à l'île de Síkinos. Au sud du port se succèdent criques et plages étroites. Celle de Livadi, non loin du camping, bordée elle aussi de tamaris, est la plus étendue.

Plage de Katergo★★

2h AR. Vous pouvez y aller à pied par une piste qui traverse les collines derrière le camping de Livadi, au sud de Karavostásis. Il est possible toutefois de prendre le petit bateau partant de la jetée du port et qui longe la côte rocheuse. Vaste et bien abritée, la plage de Katergo est sans doute la plus belle de Folegandros.

Hora★★★

À 3,3 km au nord-ouest de Karavostásis.

La capitale de l'île occupe un **site★★** stupéfiant, dans l'échancrure d'une falaise dominant la mer de plus de 200 m. Bâtie autour de son kastro, elle est composée de ruelles et de places formant un dédale plein de charme. De l'extrémité de la place Pounda, belle **vue★★** sur la falaise.

Le **kastro★★** a été construit par les Vénitiens à partir de 1204 à la suite de la 4e croisade. Ses maisons, sans ouvertures vers l'extérieur, constituaient ses remparts. Disposées en plusieurs rangées, elles étaient autant de lignes défensives qu'on traversait par des boyaux qui existent encore. Puis fenêtres et balcons se sont multipliés, transformant la citadelle en un agréable et minuscule quartier, souvent désert, où vous ne verrez aucun magasin ni restaurant. Les ruelles étroites, les passages voûtés, les minuscules placettes constituent un monde à part, étrangement silencieux.

L'église de la **Panagia Pantanassa** (17e s.) est bâtie à l'extrémité d'une ruelle aboutissant en haut de la falaise. À l'intérieur se trouvent de belles icônes.

Le reste du village, aux larges ruelles pavées, s'ordonne autour de places ombragées dotées chacune d'une petite église toute blanche. La place Piatsa est la plus ancienne. Contrairement au kastro, l'endroit est très fréquenté de jour comme de nuit. Les tables des restaurants et des bars disposées un peu partout donnent au village un air de fête. Ici, il est rare d'entendre autre chose que de la musique grecque traditionnelle… Seize églises post-byzantines sont construites dans Hora : à vous de les découvrir.

Aux alentours, au milieu des champs en terrasses en partie abandonnés, se trouvent trois jolies **chapelles** : Ágios Vassilios, Ágios Savvas (toutes deux à la sortie ouest de Hora), Panagia Plakiani (au nord-ouest, après le mur du kastro).

Église de la Dormition de la Vierge★★ (Kimissis tis Panagias)

1h AR. Accessible par un chemin dallé montant en zigzag au-dessus de Hora, cette grande église est bâtie au sommet d'une falaise de près de 300 m de haut. L'édifice tout blanc est flanqué d'un campanile. Des derniers virages avant l'esplanade, la **vue★★** sur Hora, les champs en terrasses, la côte et ses falaises est extraordinaire. Par beau temps, vous apercevez plusieurs Cyclades parmi lesquelles Mílos, Sífnos, Antíparos, Páros…

Monastère Ágios Nikólaos

1h - au sud du village, non loin de l'héliport. Ce monastère, partiellement ruiné, est situé au milieu d'un paysage austère.

LE NORD DE L'ÎLE★★

Prendre la route de Pano Meria à la sortie ouest de Hora. 1,5 km au nord, un sentier à gauche descend vers la mer.

Le paysage est magnifique, assez désolé. En 30mn environ, le sentier parvient à la plage de Fira, au fond d'une vaste baie, à quelques minutes de celle d'Angali (au nord), bordée de tavernes.

Pano Meria

De retour sur le plateau, vous découvrirez ce village étrange, très étendu, constitué de plusieurs hameaux et de fermes dispersées.

Musée des Arts et Traditions populaires

17h-20h - 1,50 €. Installé dans une ancienne ferme, ce musée évoque la vie quotidienne des habitants à travers des outils, des meubles, des ustensiles de cuisine, des broderies, un four à pain, du matériel de pêche.

Avant le hameau de **Merovigli** (le dernier sur la route) se dresse l'église Ágios Ioannis Prodromos, l'une des plus anciennes de l'île. Après le hameau, un sentier mène en 20mn à l'église Ágios Panteleimon, au milieu d'un beau paysage.

Plages du nord de l'île★

Accessibles par des sentiers au départ de Merovigli, les plus agréables sont celles de **Livadaki, Ambeli** (au milieu de la verdure) et **Serfiotiko** (jolis fonds marins, tamaris). Entre Merovigli et Hora, une route descend jusqu'aux plages de sable fin d'**Angali★** et d'**Ágios Nikólaos★★**, également très agréables mais bondées en saison *(accès en bus ou en caïque au dép. de Karavostásis ; dép. dès 11h et dernier retour à 18h30, pas de navigation en cas de fort vent ; réserver en agence).*

LE TOUR DE FOLEGANDROS EN BATEAU★★

Excursion d'une journée - réserver à Sottovento (voir « Informations utiles » ci-dessous).

Cette magnifique promenade permet de longer les côtes rocheuses (et souvent inaccessibles) de l'île. Le bateau passe d'abord au pied de Hora, perchée sur son imposante falaise, puis navigue de crique en crique. Si la visibilité le permet, vous apercevrez les îles voisines, notamment Síkinos, Kímolos et Mílos.

RANDONNÉES DANS L'ÎLE★

Au départ de Pano Meria ou de Hora, l'île se prête à de brèves randonnées pour se rendre de plage en plage. Ne vous fiez pas à sa faible étendue car les dénivelés sont très importants, doublant largement le temps de marche. Une **carte** des principaux sentiers (en français) est en vente dans les épiceries.

Folegandros pratique

Informations utiles

Agence Sottovento – *Hora - ✆ 22860 41444 - www.folegandrosisland.com.* Très dynamique, cette agence vous renseignera sur les nombreuses possibilités de l'île (on parle français). Excellente présentation des hébergements sur leur site Internet (en anglais), réservations et excursions autour de l'île *(env. 25 € la journée).*

Agence Diaplous – *Hora - place Pounta - ✆ 22860 41158 - www.diaploustravel.gr.*

Banque – Un distributeur à Hora (à la mairie).

Téléphone - OTE – À l'entrée de Hora, sur la route du port.

Santé – Centre de soins : *Hora - place Pounta - ✆ 22860 41222* ; pharmacie à l'entrée de Hora.

Police – *✆ 22860 41249.*

Transports

Bateau – C'est l'une des Cyclades occidentales les moins accessibles. Liaisons quotidiennes avec **Le Pirée** (5h30-10h de trajet env. suivant le type de bateau) et **Santorin** (1h-3h20), **Íos** (5/sem., 1h30), **Náxos** (5/sem., 2h30-3h40), **Páros** (5/sem., 4h10), **Mílos** (4/sem., 1h20), **Sífnos** (4/sem., 50mn-4h), **Kithnos** (3/sem., 7h-10h), **Amorgós** (2/sem., 2h20-3h35) et **Sérifos** (2/sem., 5h).

Bus – Un bus vous attend à chaque arrivée de bateau (nuit et jour), et quitte Hora 1h avant le départ de chaque ferry, depuis la place Pounta, à l'entrée du village, qui fait office de gare routière.
Un bus (le même) relie presque toutes les heures Karavostásis et Hora. 7 bus/jour entre Hora et Pano Meria. Les horaires sont affichés dans les abribus et les agences touristiques.

Bon à savoir – Sur la route de Pano Meria, en plus des arrêts prévus, vous pouvez demander au chauffeur de vous déposer à proximité d'un sentier. Pensez à relever les horaires de retour.

Location de véhicules et deux-roues – **Kozz Mozz** - *Hora, sur la place Pounta - ✆ 22860 41660.*
Une seule station d'essence, à Hora.

Bon à savoir – Si vous comptez monter à deux sur un scooter, sachez que les pentes sont très raides, les scooters chauffent donc vite, obligeant le passager à finir à pied !

Se loger

HORA

Hotel Castro – *Dans une vieille demeure du kastro - ✆ 22860 41230 - www.hotel-castro.com - 12 ch.* Des voûtes énormes au rez-de-chaussée, une terrasse sur le toit avec vue sur la mer et des chambres très agréables, dont certaines avec vue. Petit-déjeuner en sus.

Kallisti Hotel – *Sur l'arrière du village - ✆ 22860 41555 - www.kallisti.net.gr - 14 ch.* Bel ensemble cycladique avec des socles traditionnels en pierre pour les lits. Très confortable. Agréable piscine. Accueil charmant. Petit-déjeuner en sus.

Ambelos – *Un peu plus haut que le précédent - ✆ 22860 41544 - www.ambelosresort.com - 10 ch.* Déco traditionnelle et beaucoup de cachet dans cette belle bâtisse cycladique. Les sympathiques propriétaires y organisent régulièrement des stages d'aquarelle et de cuisine.

PANO MERIA

Imerovigli – *Au bout de la rue du restaurant Issilantissi - ✆ 6934 090349 (portable) - 3 ch.* Aménagées dans une ancienne ferme, des chambres sobres et très calmes en pleine campagne. Petit-déjeuner en sus.

Se restaurer

Spécialités locales – Les **matsatas** (pâtes fraîches) servies en sauce ou avec du lapin à la tomate, les **liokafta** (poisson séché) et la **kalasouna** (feuilleté au fromage).

HORA

Les adresses suivantes sont toutes situées sur les trois places centrales du village.

Pounta – Une bonne adresse pour goûter les spécialités locales ou prendre un excellent petit-déjeuner dans un petit patio fleuri. La patronne y vend ses ravissantes céramiques.

Kritikos – Le spécialiste des grillades, mais ne pas manquer l'agneau à la broche et le veau au citron.

Chic – Une touche orientale bienvenue : *mezes*, boulettes d'épinards au yaourt, soupe de carotte au gingembre…

PANO MERIA

Mimis – *Près du musée.* Pour goûter les plats locaux traditionnels, notamment les viandes et les *matsatas*.

Faire une pause à Hora

Astarti pour l'excellente musique grecque, **Patitiri** et son accueil chaleureux ou, pour une ambiance plus rock, le **Greco Bar**. Sur la route de Pano Meria, panorama fantastique au **Rakentia**.

Événement

Festival – Fin juil., très bons concerts de musiques du monde à Hora. *www.mediadellarte.gr* (en anglais).

Íos

'Ioς

1 838 HABITANTS – 109 KM²
CARTE GÉNÉRALE RABAT I B3 – MER ÉGÉE – CYCLADES

Connue pour son activité nocturne, Íos attire de très jeunes vacanciers venus de toute l'Europe. Cette petite île conserve cependant quelques criques sauvages, des montagnes rocailleuses pelées par le soleil, des côtes parmi les plus isolées des Cyclades. Sa capitale, Hora, présente également un double visage : d'un côté un village cycladique dominé par des chapelles blanches, et de l'autre une partie basse envahie après minuit par une foule considérable qui vient boire et danser sur des rythmes techno jusqu'au petit matin.

Se repérer – 713 m au mont Pirgos, Íos est une île accidentée, avec peu de routes. L'île se trouve sur la ligne maritime la plus fréquentée des Cyclades, entre Náxos et Santorin. Un escalier relie le port de Gialos à Hora en 30mn.

À ne pas manquer – Une baignade sur les plages sauvages de la côte sud.

Organiser son temps – Comptez deux jours.

Pour poursuivre le voyage – Náxos, Santorin.

Se promener

Gialos

Au fond d'une **baie rocheuse★** profonde ressemblant à un lac, le port est bien abrité. Bordé par de nombreux restaurants, hôtels, boutiques, il est prolongé par la plage de Gialos, ombragée de tamaris. À l'ouest, près du rivage, se dresse la silhouette blanche de l'église Agía Irini (17e s.).

Íos★ (Hora)

Perchée sur une colline et dominée par plusieurs chapelles, la capitale de l'île est d'une grande beauté : maisons blanches serrées les unes contre les autres, volets de couleurs vives, coupoles bleues des églises, lacis de ruelles étroites, escaliers, passages voûtés, moulins, chapelles posées sur l'énorme rocher surplombant les toits.

Musée archéologique

Sur la place principale - tlj sf lun. 9h-13h - 2 €.

Présentation d'objets cycladiques mis au jour lors des fouilles du site de Stavrós. Intéressants bas-reliefs et belle statue féminine.

Près des 12 moulins, une esplanade offre une agréable vue sur le village et ses environs. Juste à côté, un théâtre moderne de plein air propose, certains soirs, des spectacles culturels. Plus haut, l'église de la Panagia Gremiotissa abrite une icône supposée miraculeuse de la Vierge.

Vers le nord-est, une route traverse la vallée fertile de **Pano Kambos**, semée de vignes et d'oliviers. Au niveau du bourg du même nom, empruntez une piste relativement praticable *(indications sur la gauche ; 8,2 km)*. Elle conduit à des ruines helléniques qui passent pour accueillir la tombe d'Homère.

C. Hervé-Bazin / MICHELIN

En arrivant sur l'île, l'accueillante baie de Gialos.

Séjourner

Plages★★

Les plages sont nombreuses et magnifiques, mais souvent difficiles d'accès du fait de l'absence de routes.

Au sud de Hora. Dominée par un beau cirque de montagnes dénudées, la **plage de Milopotas**★ offre un long cordon de sable fin orienté plein ouest. Quand le vent souffle, d'énormes vagues déferlent.

À 2 km à l'est de Pano Kampos. La plage d'**Agía Theodoti** est dominée par une église du 16e s. et les vestiges du château byzantin de Paleokastro, auxquels on accède par un sentier à droite de la plage *(2 km)*.

Sur la côte est. **Psathi** est bâti dans une vallée fertile.

Au sud de l'île. Bordées de bars et de tavernes, les plages de **Manganari**★★ se déploient au fond d'une baie aux eaux limpides et profondes. Certaines scènes du *Grand Bleu* de Luc Besson y furent tournées.

Íos pratique

Informations utiles

Acteon Travel Agencies – *Face au débarcadère - ✆ 22860 91343 - www.acteon.gr.* Également un bureau à **Milopotas**.

Kiosque d'information ouvert en saison à **Hora**, bien fourni et sympathique.

www.iosgreece.com (en anglais).

Poste – Poste centrale au centre de Hora.

Santé – Aide médicale : *✆ 22860 91227 ;* Pharmacie : en bas de Hora.

Transports

Bateau – 2/j. avec **Le Pirée** (3h-9h de trajet selon le type de bateau). Plusieurs liaisons quotidiennes avec **Náxos** (1h30), **Páros** (1h-2h30), **Santorin** (35mn-1h30). Liaisons avec **Mikonos** (1/j., 2h10), **Folegandros** (5/sem., 1h30), **Siros** (4/sem., 5h), **Mílos** (4/sem., 3h30), **Sífnos** (2/sem., 6h), **Sérifos** (2/sem., 7h).

Bon à savoir – Toutes les grandes plages sont desservies par bateau (« water taxi ») au départ du port de Gialos. Cher.

Bus – Il fait la navette sans interruption (ttes les 10 à 15mn, 8h-0h) entre Milopotas, le village, le port et Koumbara. Pour qui ne cherche pas la solitude, il n'est donc pas besoin de louer un véhicule. Une ligne reliant le port à Manganari fonctionne en juil. et en août (2/j.).

Location de véhicules – Nombreux loueurs sur l'île. **Trohokinisi** – *Hora - ✆ 22860 91166 - www.trohokinisi.com.*

Non loin, **Vangelis** – ✆ *22860 91919 - vagbikes@otenet.gr.* Ce dernier propose uniquement des deux-roues.
Station d'essence à Hora.

Se loger

GIALOS

⊜ **Galini Hotel** – *Au centre de la plage de Gialos - ✆ 22860 91115/91339 - 18 ch.* Confort sommaire mais bien tenu, au calme, à 150 m en retrait de la plage. Belle terrasse fleurie et accueil très sympathique.

HORA

⊜⊜⊜ **Hermes** – *À 600 m de Hora, sur la route de Milopotas (près de l'arrêt de bus) - ✆ 22860 91471 - hermesio@otenet.gr - 18 ch.* Confortable, avec une belle piscine et une impressionnante vue panoramique. Du monde, mais un bon rapport qualité-prix et un accueil charmant.

MILOPOTAS

⊜⊜⊜ **Far Out Hotel & Village** – *au fond de la plage de Milopotas - ✆ 22860 91446/091702 - www.faroutclub.com - 42 ch.* Établissement de standing, composé pour moitié d'un hôtel calme à 200 m au-dessus de la plage, côté Hora, et pour moitié d'un ensemble plus récent et plus animé de bungalows au bord de la plage. Les deux possèdent leur propre piscine et un décor de bon goût. Même gestion que le camping du même nom. Excellent rapport qualité-prix.

⊜⊜⊜⊜ **Íos Palace** – *En arrivant sur Milopotas - ✆ 22860 91269 - www.iospalacehotel.com - 52 ch. et 28 suites.* Hôtel de grand standing sur plusieurs niveaux. Les chambres, très confortables et apaisantes, sont décorées avec beaucoup de goût.

Se restaurer

GIALOS

⊜ **Aphrodites** – *Sur le port, à gauche du débarcadère.* Accueil frileux mais bons poissons du jour. Simple, bien tenu et des prix raisonnables.

HORA

⊜ **The Nest** – *En face de la 2e ruelle à gauche après la place centrale.* Carte variée, service rapide et prix raisonnables. L'endroit est peu spacieux, sans terrasse, mais la salle bleu et blanc est climatisée. Goûtez le *kleftiko*, agneau aux quatre fromages. Ouvert toute l'année.

KOUMBARA

⊜ **Polydoros Pouseos** – *Un peu avant la plage, sur la droite - ✆ 22860 91132.* Le meilleur restaurant de l'île : carte variée (poissons, plats en sauce, grillades, salades), grand choix de vins, cocktails, et de vraies spécialités (fromages locaux). Le cadre n'a rien de fabuleux, mais la grande terrasse couverte est très agréable. Ouvert en été seulement. Réservez.

Faire une pause

MILOPOTAS

Photis – *Presque au bout de la plage en direction du Far Out.* Grande terrasse face à la mer. Déco de pierres et bois flottés, vieux outils et musique relax. Très agréable mais un peu cher tout de même.

HORA

Anaïs – *À droite de l'église principale.* Vaste choix de bons gâteaux, principalement à base d'amandes et de noix.

Kéa★

Κέα

2 417 HABITANTS – 131 KM²
CARTE GÉNÉRALE RABAT II C2 – MER ÉGÉE - CYCLADES

La plus occidentale des Cyclades est toute proche de l'Attique. Sur la côte ouest, villas et hôtels accueillent surtout les Athéniens, qui y séjournent en famille, et les plaisanciers y font volontiers escale car ses mouillages sont sûrs. L'île, montagneuse, est aussi une terre agricole assez verdoyante : l'amandier, le chêne, le cyprès, la vigne y occupent une place de choix. L'histoire de Kéa est très ancienne, comme en témoignent les vestiges de plusieurs cités.

- **Se repérer** – À quelques milles du cap Sounion, Korissía, le port de Kéa (ou Tzia), est relié au continent par le port de Lávrio. Le cœur de l'île culmine à 560 m au mont Profitis Ilias.
- **À ne pas manquer** – Le site antique de Kartaia, le village de Ioulis.
- **Organiser son temps** – Comptez trois jours.
- **Pour poursuivre le voyage** – Kithnos, Siros, Ándros, Páros.

Un sourire énigmatique

Au temps où les dieux régnaient sur la terre, les nymphes vivaient à Kéa, riche en sources et en forêts de chênes. Cependant, un jour, un lion venu des montagnes les effraya si bien qu'elles se réfugièrent sur les rivages de l'Eubée. Ainsi, à la saison où l'étoile Sirius ramena les jours les plus chauds, les sources se tarirent, et ce fut une grande sécheresse. Les habitants demandèrent alors à Aristée de leur venir en aide. Le fils d'Apollon et de la nymphe Cyrène s'établit dans l'île où il érigea un autel dédié à Zeus. Celui-ci, touché par les prières, envoya un vent qui rafraîchit l'atmosphère et une pluie salvatrice. Les habitants taillèrent une image de l'animal dans la roche. Cette œuvre daterait du 6e s. av. J.-C. et suscite l'étonnement des visiteurs par son sourire.

Se promener

LE NORD-OUEST DE L'ÎLE★

Korissía

Le port principal de l'île est situé au pied d'une colline à laquelle on parvient par un sentier. Si les ruines de murailles d'un temple dédié à Apollon sont les maigres restes de l'antique cité archaïque, en revanche le beau point de **vue★** sur le port et la baie d'Ágios Nikólaos mérite cette promenade.

Agía Irini

☏ 22880 21264 - tlj sf lun. et merc. 9h-14h - 2 €.

Au nord de Korissía, ce promontoire fut occupé depuis la fin de l'époque néolithique jusqu'à sa destruction par des tremblements de terre vers 1500 av. J.-C. Dans ce dédale de vestiges arasés, on reconnaît le plan du sanctuaire, les bases du mur d'enceinte et de maisons, et un système de drainage.

IOULIS (HORA) ET SES ENVIRONS★★

Ioulis★★★

Dans un superbe écrin de collines et de garrigues, le chef-lieu de Kéa est considéré comme l'un des plus beaux villages de Grèce. Construit à flanc de montagne, à l'intérieur de l'île, il se déploie en amphithéâtre au pied d'une crête couronnée de moulins à vent abandonnés. Le long des ruelles tortueuses, les maisons couvertes de tuiles jouxtent de petites constructions blanchies à la chaux de type cycladique.

De la fontaine Rokomenos, au pied du village, vous gagnerez en montant une place agréable sur laquelle on débouche par un passage voûté. La rue Haralambos grimpe vers le site de l'acropole antique couronnée par les ruines d'un **kastro** vénitien édifié au début du 13e s. Beau **panorama★**.

Musée archéologique

☏ 22880 22079 - tlj sf lun. 8h30-15h - gratuit.

Dans le « village du bas » – quartier des notables – ce musée expose les objets trouvés lors des fouilles du site minoen d'Agía Irini et du temple archaïque d'Athéna à Kartaia : idoles cycladiques, statuettes de terre cuite, vases, fragments d'architecture, etc.

La place principale, dominée par la **mairie** à la façade néoclassique, est entourée de magasins, cafés et restaurants. Au-dessus de la rue centrale, la rue Ieronimonos est bordée de très belles maisons.

Le Lion

À 1,5 km au nord-est du centre du village. Non loin d'Ágios Spiridon se trouve le célèbre lion de Kéa, sculpture monumentale (9 m de haut) taillée dans le rocher.

Messaria

Prendre la direction de Kastanies et Orkos vers le sud-est. Cette région de plateaux fertiles s'étend au sud de Ioulis. Striée de terrasses, elle fut le centre de la vie de l'île à l'époque byzantine.

Les ruines du **monastère d'Episkopi** conservent une belle église blanche. Le mont Profitis Ilias (560 m), point culminant de l'île, surmonté par une éolienne et une immense antenne de télécommunication, offre une belle **vue★** sur les environs.

Pera Meria

À l'est de la Messaria, la région de Pera Meria est le royaume du chêne. Ses rares habitants occupent de belles maisons campagnardes traditionnelles *(katoikies).*

Vallée de Spathi★

Au nord-est de Ioulis, la vallée est accessible par une piste caillouteuse.

La chapelle Ágios Dimitrios marque l'entrée de la vallée, que la piste longe jusqu'à la mer. Au creux des gorges, une nature sauvage s'épanouit.

À 8 km de Ioulis. Près du rivage, le monastère de la **Panagia Kastriani** est un nid d'aigle dominant la mer. De la pointe du jardin, un splendide panorama s'ouvre sur l'île et la mer Égée. Bâtie à l'endroit où des bergers découvrirent une icône miraculeuse de la Vierge (fête le 15 août), l'église d'origine, construite en 1708, est enchâssée avec sa précieuse image sous une construction plus moderne.

LE SUD DE L'ÎLE

Monastère Agía Marina★

À 6 km au sud-ouest de Ioulis. Au-delà de Sklavonikolas, suivre un sentier partant à droite de la route principale.

Blotti au creux d'un joli vallon boisé, ce monastère a été fondé sous l'occupation ottomane et reconstruit au 19e s. Abandonné depuis 1837 mais bien entretenu, il est dominé par une puissante tour hellénistique à trois étages : un rare exemple d'architecture défensive de cette époque.

Site antique de Kartaia★

À 19 km au sud-est de Ioulis. Accessible par un sentier de 2 km au dép. du village de Stavroutaki.

Accès libre. Kartaia était l'une des quatre cités de l'île durant l'Antiquité. Cette ville fortifiée frappait sa monnaie – signe d'une économie florissante. En partie immergées, les ruines sont composées de fortifications, des fondations de trois temples, d'un théâtre et d'un aqueduc.

Séjourner

Aux environs du port de Korissía

Quatre plages importantes se trouvent au fond de la baie abritant le port de l'île. À la plage du port, préférez celle de Gialiskari, très belle. Au sud du port, en 2h de marche, vous atteignez celle de Xila *(7 km)*, jolie et peu fréquentée. Au nord-est du port, celle de Kefala se trouve à l'extrémité de la presqu'île de Koka. Celle de la baie d'Otzias est vaste.

Côte est★

Elle possède les plages les plus séduisantes de l'île. Accessibles par de petits sentiers, elles sont de plus assez peu fréquentées. Ne manquez pas celles de Spathi (au débouché de la vallée du même nom), Kalydonichi, Psili Amos, Sykamnia, Psathi, Orkos (exposée au meltem), et, beaucoup plus au sud, celles d'Ágios Filippos, Ormos Poles (près du site antique de Kartaia) et Kaliskia.

Côte ouest

Face au soleil couchant, cette partie de l'île comprend plusieurs plages fréquentées car des routes permettent de les atteindre facilement. Celles de Pissès, Koundouros, Ágios Emilianos, Kambi et Liparos sont les plus connues.

Kéa pratique

Informations utiles

EOT – *En face du débarcadère – ✆ 22880 21500 - ouv. en été seult.*

www.kea.gr (en anglais).

Banque – Un distributeur automatique près du supermarché, à gauche du débarcadère, et un autre sur la route de Vourkaki.

Poste – *À Ioulis, dans la rue Haralambos, après le musée.*

Téléphone - OTE – À Korissía, à la sortie du village en direction de Ioulis.

Santé – Centre de soins : *Ioulis (près de la fontaine) - ✆ 22880 22200 - 8h-14h ;* Pharmacie : *à l'entrée de Korissía, sur la droite - ✆ 22880 22277.*

Police – *✆ 22880 02100.*

Transports

Bateau – Korissía, le port de Kéa, est relié au port de **Lávrio**, à 55 km d'Athènes. Des bus partent toutes les 30mn entre 5h45 et 17h45 d'odos Mavromateon, parc Aréos (trajet : 1h30). Attention si vous êtes chargé, les bus s'arrêtent à 800 m de l'embarcadère. Au retour, prenez un bateau qui arrive à Lávrio avant 21h, heure du dernier bus pour Athènes. Sinon, vous aurez beaucoup de mal à loger au port.

Depuis Lávrio, plusieurs départs par jour, tous les jours en été (env. 1h15 de trajet). Liaisons hebdomadaires avec **Kithnos** (3/sem., 1h20), **Siros** (3/sem., 4h30), **Ándros** (1/sem., 8h) et **Páros** (1/sem., 6h50). Sur le port, quatre agences vendent les billets.

Bus – Il relie Ioulis à Korissía, Vourkari et Otzias, ainsi que Ioulis à Pissès.

Location de véhicules – Le deux-roues est le moyen de transport incontournable. Loueurs à Ioulis et sur le port. Stations d'essence à Korissía et Ioulis.

Se loger

KORISSÍA

⊖⊖ **Corali** – *À droite sur la route de Vourkari - ✆ 22880 21422 - 8 studios.* Agréables studios tout équipés dans une grande maison aux volets bleus. Très bon accueil. Pas de petit-déjeuner.

KOUNDOUROS

⊖⊖ **Saint-Georges** – *À gauche sur la colline (indiqué sur la route) - ✆ 22880 31277 - 20 ch. - avr.-oct.* Chambres très agréables avec terrasse dans un bâtiment de style cycladique. Le restaurant jouit d'une bonne réputation gastronomique et d'une vue magnifique sur la baie.

Se restaurer

OTZIAS

⊖ **Cyclades** – *En arrivant sur la droite.* La meilleure adresse pour les plats cuisinés.

VOURKARI

⊖ **Strofi tou Mimi** – *Au déb. de la route d'Otzias.* Dans cette jolie maison, on sert du poisson et d'excellentes grillades sur une terrasse en bord de mer.

Achats

Le **miel** de Kéa, légèrement parfumé au thym, entre dans la fabrication d'un excellent **pasteli** (sorte de nougat à base de graines de sésame). À déguster également, mais avec modération, le **mavro**, vin rouge local.

Kímolos

Κίμωλος

769 HABITANTS – 35 KM²
CARTE GÉNÉRALE RABAT II C3 – MER ÉGÉE - CYCLADES

Séparée de Mílos par un étroit chenal, l'une des plus petites îles des Cyclades est vraiment à part, comme oubliée, authentique (pas de boutiques de souvenirs, pas de discothèque, une vie « normale »)... Et pourtant l'endroit est beau. Comme Mílos, mais bien plus modeste, Kímolos est réputée pour ses roches d'origine volcanique aux couleurs étonnantes, ses côtes échancrées et ses plages de sable clair.

Se repérer – Le gros bourg de Hora est invisible depuis le port de Psathi. Situé à 2 km sur les hauteurs, on y accède par une route sinueuse.

Organiser son temps – Comptez une journée.

Se promener

Psathi

Le port de pêche, où accostent les navettes, est situé près d'une plage. C'est un simple hameau où il fait bon regarder le temps s'écouler.

Hora★

Certaines maisons de ce village tout blanc forment les remparts du **kastro** construit au 16e s., véritable quartier fondateur de la ville avec ses maisons à étage bien protégées des pirates. Même si nombre de maisons sont relativement délabrées, le kastro est encore habité et les fortifications ainsi que trois portes sont en excellent état.

Musée des Arts et Métiers★ – *Tlj en sais., 10h-12h30 - 1 €.* Installé dans l'une des maisons les mieux conservées du kastro (1592). Il présente au rez-de-chaussée des objets de la vie quotidienne de l'île ainsi que d'anciens instruments de navigation. À l'étage, une chambre et une cuisine traditionnelles ont été joliment reconstituées.

À l'entrée du village, face à l'église de la Liditria, le **Musée archéologique** présente des œuvres de l'époque cycladique. *Mar.-sam. 8h-12h30 - 3 €.*

Prassa

À 5 km au nord-est de Hora. Des carrières de craie sont exploitées ici, fournissant à l'île l'essentiel de ses ressources. L'église Evangelistria date du 17e s.

Ágios Andréas

Au sud-ouest. En face d'Ellenika, qui conserve des tombeaux d'origine phénicienne, se trouve Ágios Andréas, îlot autrefois relié à l'île. Dans l'eau, vous apercevrez peut-être les vestiges d'une cité antique aujourd'hui immergée. Fondée vers 1000 av. J.-C., elle était célèbre à l'époque hellénistique.

Plages★

Kímolos possède de belles plages : Aliki, Bonatsa, Kalamisti au sud, Klima, Limni à l'est, Mavrospillia (près d'Ellenika) à l'ouest, Monastiria, Prassa et Psathi. Certaines sont accessibles en caïque au départ de Psathi, mais il n'existe pas de liaisons régulières. Demandez aux pêcheurs sur le port, certains vous feront découvrir des sites magnifiques (grottes marines) et vous emmèneront sur d'autres plages encore sauvages.

Kímolos pratique

Informations utiles

EOT – *Hora - aux heures d'ouv. de la mairie.*

Banque – Un distributeur à Hora.

Santé – Médecin : *Hora - ✆ 22870 51222.*

Transports

Bateau – Depuis Pollonia, à Mílos, la navette vous conduit 5/j. à Kímolos. Le ferry « Aghios Giorgios » relie l'île en 7h au **Pirée** en passant par Kithnos, Sérifos et Sífnos.

Se restaurer

PSATHI

To Kyma – *Au milieu du débarcadère.* Excellent accueil du patron qui propose une cuisine traditionnelle aussi savoureuse que généreuse.

Excursion

Depuis le port, possibilité de commander un **bateau-taxi** *(✆ 6972 272111 - env. 30/40 €)* pour se rendre sur l'îlot voisin de **Polyaigos**. Ce gros caillou aux roches découpées est au cœur d'un espace marin protégé classé Natura 2000.

Kithnos

Κύθνος

1 608 HABITANTS – 99 KM²
CARTE GÉNÉRALE RABAT II C2 – MER ÉGÉE - CYCLADES

Cette île calme est couverte de garrigues odorantes où abondent le thym, la sauge, le romarin et l'origan. Peu escarpée, aride, pauvre en arbres et en habitations, Kithnos possède pourtant un certain charme. Longue de 25 km, elle est riche en plages presque désertes (sauf en août), en sentiers dominant l'étendue de la mer, en villages tranquilles où le temps ne s'écoule pas comme ailleurs. Elle est surtout fréquentée par des familles athéniennes, des curistes qui profitent des sources chaudes de Loutra, et des plaisanciers.

- **Se repérer** – Kithnos se situe entre Kéa et Sérifos, dans la partie occidentale des Cyclades, à 55 km au sud-est d'Athènes. Les ferries accostent au port de Mérichas, distant de Hora de 7,5 km.
- **À ne pas manquer** – Lefkes et ses plages, le village de Driopida.
- **Organiser son temps** – Comptez deux jours, dont un pour les plages.
- **Pour poursuivre le voyage** – Kéa, Sérifos, Sífnos, Mílos.

Se promener

Mérichas (Merihasà)

Port principal de Kithnos, sur la côte ouest, Mérichas constitue un bon point de départ pour découvrir l'île en parcourant les chemins bordés de murets de pierre sèche. Le village de pêcheurs s'est développé autour du port et le long de la plage de sable où des tavernes proposent poissons frais, langoustes grillées et des spécialités à base de fromage de chèvre.

Kithnos★ (Hora)

À 7,5 km au nord-est du port de Mérichas.

Bâtie au sommet d'une colline au centre de l'île, Hora, appelée aussi Messaria, est une charmante bourgade avec ses ruelles tranquilles et ses belles églises. Au hasard de la promenade, vous remarquerez sur le dallage des rues des motifs peints à la chaux : poissons, sirènes, bateaux, etc. Vous découvrirez aussi des petites places animées bordées de terrasses de restaurants et de cafés.

L'église **Ágios Savvas** est un rare témoin de l'occupation vénitienne de l'île (date de la construction, 1613, sur le linteau du portail). Sa coupole se dresse au-dessus d'une nef unique et est ornée des armoiries du gouverneur Antonio Cozzadini. Comme d'autres églises de l'époque, elle accueillait à la fois le culte orthodoxe (à droite) et le culte catholique (à gauche). Vous y verrez une belle iconostase en bois sculpté du 17ᵉ s.

La basilique **Agía Triada** est entourée d'éléments d'architecture antiques. C'est la plus ancienne église de l'île, du moins si l'on considère sa date de fondation, car elle fut souvent restaurée. La nef unique coiffée d'une coupole est décorée de fresques et d'icônes.

Eoliko

À 2 km à l'est de Hora.

Le parc d'éoliennes géantes est installé à côté d'un parc solaire (Solar Park). Le vent et le soleil permettent à l'île de produire une grande partie de son énergie afin de répondre à ses nouveaux besoins.

Au sud d'Eoliko se dressent deux édifices religieux à la blancheur immaculée : le monastère de la **Panagia tou Nikou** (N.-D.-de-la-Victoire) et l'église de l'ancien **monastère de Prodromou** (iconostase en bois du 16ᵉ s.).

Ruines de Vriokastro

Sur la côte au nord de Mérichas, au fond d'une baie.

30mn vers le sud. D'Apokrousi, on parvient par un sentier aux vestiges de la capitale de l'île qui fut habitée de la fin du 5ᵉ s. av. J.-C. jusqu'à l'époque romaine. Elle occupait un site immense qui s'étendait jusqu'à la presqu'île d'Ágios Loukas (reliée à la terre par un banc de sable), au nord de la baie, où se trouvait l'agora. Trois citernes creusées dans la roche, les fondations d'une tour et de son mur d'enceinte sont visibles.

La cité, partiellement immergée, est accessible en bateau depuis Mérichas.

Ruines de Kefalokastro

2h AR par un chemin muletier au départ de Loutrá. Au nord de l'île, près de la côte, Kefalokastro fut le siège de la capitale aux périodes byzantine et franque. La citadelle médiévale fut détruite par les Turcs en 1537. Au sommet d'une falaise sont visibles la muraille ruinée, quelques vestiges d'habitations et deux églises très abîmées. La **vue★** sur la mer et la côte est superbe.

Driopida★ (Syllaca)

À 5 km à l'est de Mérichas.

Sur deux collines séparées par un ravin, le plus beau village de l'île est composé de petites maisons à un étage couvertes de tuiles.

Agía Anna, l'église principale, est reconnaissable à sa coupole bleue et à ses deux clochers.

Le **Musée byzantin** adjacent *(horaires d'ouverture aléatoires, clé chez le pope de l'église Agía Anna)* abrite quelques-unes des plus précieuses icônes de l'île. **Ágios Minas**, sur les pentes de la colline opposée, abrite une iconostase de bois sculpté et un beau trône épiscopal.

De la terrasse d'Ágios Nectarios, à 300 m au sud du village, vous aurez une très belle **vue★** sur l'île.

Lefkes

Sur la côte est, à 2 km de Driopida.

Au bord d'une plage frangée de tamaris, ce village compte à peine 30 maisons. Avec sa jolie chapelle construite près d'un petit débarcadère et sa taverne en terrasse, Lefkes constitue une halte agréable.

Panagía Kanala

À 7 km au sud de Driopida.

Le village a pris le nom de la basilique du 19e s. bâtie au milieu d'un bois de pins et dédiée à la Vierge de Kithnos. L'édifice, construit sur un promontoire d'où l'on voit l'île de Serifos, conserve une icône supposée miraculeuse du 17e s. qui aurait été trouvée dans la mer. Un important pèlerinage s'y déroule le 15 août. Belle plage de sable.

Séjourner

PLAGES DE LA CÔTE OUEST

Martinakia

À 5mn en venant du débarcadère de Mérichas, sur la gauche, par un escalier.

C'est une plage très fréquentée en été, notamment par des familles athéniennes.

Episkopi

À 2 km au nord de Mérichas.

Bordée de tamaris, entre deux collines, orientée plein ouest, elle reste tranquille.

Fikiada★ et Kolona★

Au moins 30mn de marche - accessibles à pied à partir d'Apokrousi, en prenant le chemin au nord. Ces deux plages, séparées par un cordon de sable menant à la presqu'île d'Ágios Loukas, sont les plus belles de l'île. En été, un bateau les dessert à partir du port de Mérichas.

LOUTRÁ ET SES PLAGES

À 4,5 km au nord de Hora.

L'hôtel Xenia Anagenissis abrite le premier établissement thermal construit à la demande du roi Otton, qui séjourna ici. Cette petite station possède deux sources chaudes (38 °C et 52 °C), riches en sels minéraux et en fer. Elles sont recommandées pour soigner les rhumatismes et l'eczéma. Le village s'étire au fond d'une baie comprenant une plage agréable.

Au-delà, au nord, se trouvent les plages de Maroula, Kavouroheri (fréquentée par des naturistes) et de Potamia, toutes accessibles à pied.

PLAGES DE LA CÔTE SUD-EST

Elles sont nombreuses et, dans l'ensemble, peu fréquentées.

Du sud au nord : **Agios Dimitrios** *(à l'extrémité sud de l'île)*, **Skilou** *(4 km au sud de Driopida, accessible par une route)*, **Megali Ammos** et **Antonides** *(près de Panagía Kanala)*, Zogaki, Kouri et Naoussa (trois plages agréables au nord de Lefkes), Agios Stefanos *(à l'est de Hora,* accessible par une piste caillouteuse).

Kithnos pratique

Informations utiles

Un modeste stand se tient sur la jetée en été. On y distribue une liste des hébergements. Plusieurs agences de voyages à Mérichas et à Hora.

www.kythnos.gr (en français) et *www.kythnos-island.gr (en anglais)*.

Banque – Un distributeur en face du débarcadère.

Poste – *Hora - lun.-vend. : matin.*

Centres de santé – *Driopida - 22810 32234; Kithnos - 22810 31202.*

Police touristique – *Hora - 22810 31201.*

Transports

Bateau – Au moins un bateau/jour avec **Le Pirée** (1h30-3h de trajet environ) et 6/sem. avec **Lávrio** (2h-2h30 de trajet env.). Liaisons avec **Sérifos** (1h20), **Sífnos** (2h20), **Mílos** (4h-4h30), **Kéa** (3/sem., 2h20), **Folegandros** (3/sem., 7h-10h) et **Santorin** (2/sem., 11h30).

Bus – Des bus vous attendent à l'arrivée des bateaux ou au carrefour principal, sur le port. Pour Hora (15mn) et Loutrá (30mn) : 6/j., 8h-19h15 dans le sens Mérichas-Loutrá, et 8h30-19h45 dans le sens opposé.

Location de véhicules et deux-roues – **Adonis** - *Au déb. de la rue qui monte vers Hora - 22810 32104/32248.* Une station d'essence à Hora et une autre à Mérichas.

Se loger

MÉRICHAS

Panorama – *Accès par des escaliers à flanc de colline en retrait du port - 22810 32184/32808 - 7 studios.* Dominant toute la baie, ce bâtiment de style cycladique, très bien situé, est ensoleillé toute la journée. Les chambres donnent sur une terrasse couverte d'une pergola de bois. Elles sont équipées du strict nécessaire, mais à prix attractifs.

Paradeisos – *À côté du précédent, légèrement en contrebas - 22810 32206/3 2820/32165 - 6 ch.* Même confort et vue aussi belle qu'au Panorama.

LOUTRÁ

Porto Klaras – *À 15 m du môle, en montant une petite ruelle - 22810 31276 - www.porto-klaras.gr - 11 ch.* Cette belle construction de style cycladique abondamment fleurie est l'hôtel le plus chic de l'île. La décoration, sobre et élégante, alterne le blanc, le bleu et la pierre brute. Vue très agréable depuis les vastes chambres avec balcon.

PANAGÍA KANALA

Margarita – *Au bord de la plage - 22810 32265 - 7 studios.* Joli bâtiment blanc à un étage, avec un jardin intérieur et une véranda ouverte sur la plage pour chaque studio. Assez chic et très agréable.

Se restaurer

MÉRICHAS

Ostria – *Près du débarcadère.* La carte, très riche, propose des viandes grillées et de nombreux plats cuisinés. À ne pas manquer : les *astakomakaronada*, spaghettis à la langouste, l'une des spécialités de la maison.

Kadouni – *À l'extrémité de la plage opposée au débarcadère.* Tables en terrasse ou sur la plage. Le spécialiste des viandes grillées : *kontosouvli* (brochettes), *bifteki*, *kokoretsi* (tripes de mouton à la broche), *païdakia* (côtelettes de mouton), le tout accompagné de *sfougata*, des beignets de fromage, la spécialité de Kithnos.

Faire une pause

MÉRICHAS

Akrotiri Club – *Au bout du chemin au-dessus de la mer en venant de la capitainerie.* L'endroit le plus fréquenté de l'île après 22h tous les soirs.

Byzantinos – *Face à la plage.* Ce bar est également assez animé en soirée.

Sports et loisirs

À Loutrá, parmi la trentaine de sports proposés, vous pouvez découvrir les fonds sous-marins avec le centre de plongée **Aqua Team** – *22810 32242/32104 - www.aquakythnos.gr.*

Événements

Un repas copieux, de la musique et des danses traditionnelles animent régulièrement les villages. Les plus grandes fêtes : **Panagia Kanala** (15 août et 8 septembre), **Panagia tou Nikou** (15 août), **Panagia tis Flambourias** (24 août), **Agía Triada** à Hora (fin juin), et **Aï Lias** (dans la montagne, 20 juillet).

Mikonos★★

Μύκονος

9 320 HABITANTS – 86 KM^2
CARTE GÉNÉRALE RABAT I B2 – MER ÉGÉE - CYCLADES

Granitique, parsemée d'innombrables chapelles et bordée de plages au sable clair, Mikonos est l'une des îles les plus fréquentées des Cyclades – et pour cause, son village et ses plages sont de toute beauté ! On y accourt du monde entier pour les plaisirs du soleil et de la nuit. En été, une foule considérable se presse dans les ruelles étroites de Hora ou sur les plages couvertes de parasols et de chaises longues. L'automne et l'hiver sont les seules saisons où l'île retrouve une certaine authenticité.

- **Se repérer** – La capitale, Mikonos (Hora), constitue le cœur de l'île, abritée dans une jolie baie. Les stations balnéaires sont regroupées sur la côte sud. Plus préservé, le nord, dominé par le mont Profitis Elias qui (372 m), possède de ravissantes criques, .
- **À ne pas manquer** – Le coucher de soleil depuis la « Petite Venise », les chapelles de Hora, le farniente sur les plages.
- **Organiser son temps** – Comptez trois jours.
- **Pour poursuivre le voyage** – Náxos, Páros, Tínos, Siros.

Comprendre

Nid de marins et de pirates – Dépendant du duché de Náxos, Mikonos eut pour seigneurs aux 13e et 14e s. les Ghizi de Venise. Elle resta aux Vénitiens jusqu'au début du 18e s. Ceux-ci y apportèrent le catholicisme et y créèrent des entrepôts où s'approvisionnaient les marchands de Venise et de Marseille.

Lors de l'occupation turque, l'île, difficile d'accès en raison des vents, devint le refuge de pirates. Mais la notoriété de Mikonos s'affirma au 20e s. grâce à sa voisine, Délos. Modeste village de pêcheurs, un peu comme Saint-Tropez, Hora devint peu à peu l'un des rendez-vous de la jet-set grecque et internationale. Aujourd'hui, certains la disent gay, d'autres techno, et on ne sait plus très bien qui la fréquente le plus… toujours dans une ambiance soutenue. Beaucoup de monde s'y côtoie et le mythe de l'île de tous les plaisirs demeure.

SE LOGER

Karboni......................... 1
Hotel Carbonaki.............. 2
Hotel Matina.................. 3
Hotel Rochari................. 4

SE RESTAURER

Chez Maria..................... 1
Nikos............................. 2

INDEX DES RUES

Paraportianis.................. 2

Se promener

Mikonos★★★ (Hora)

La ville, toute blanche, est un dédale de ruelles étroites et sinueuses où il est aussi facile qu'agréable de se perdre. Elles étaient originellement destinées à se protéger du vent. Au départ simple citadelle, la cité grandit en même temps que se développait le commerce avec les îles voisines. Pour visiter Hora, le mieux est de marcher au hasard en évitant les rues commerçantes. Dans les ruelles adjacentes, souvent désertes, vous découvrirez des perspectives sans cesse renouvelées, des chapelles, des passages voûtés, des places minuscules, des sentiers courant entre des murs chaulés qu'égayent hibiscus et bougainvillées.

Du **moulin Boni** (16e s.), à l'est, belle **vue★** sur l'ensemble du village avec, au loin, l'île de Délos.

Port de pêche (Limáni)

Au cœur de la ville, le long des quais, les larges terrasses des cafés et des restaurants sont très fréquentées, surtout le soir. Le petit hôtel de ville à arcades date du 18e s. et la chapelle est dédiée à saint Nicolas (Ágios Nikólaos), patron des marins.

Au début de la **rue Andronikou**, bordée de joailleries et de boutiques de souvenirs, se dresse l'église Agía Kiriaki abritant de belles icônes.

On parvient à la charmante **place des Trois-Puits** (Platía trion Pigadión) bordée d'arcades. Prendre à droite vers la **cathédrale** (Mitrópoli), un imposant édifice coiffé d'une coupole et de toits rouges, à la riche décoration intérieure. Derrière se trouve l'**église catholique** (Katholikí Eklissía) surmontée d'une coupole bleue.

À gauche, en haut de l'éminence qui surplombe la ville, parmi les **cinq moulins★** (Káto Mili) bâtis en ligne, l'un d'eux déploie encore, lorsqu'il y a du vent, ses jolies voiles triangulaires. Redescendre vers l'église catholique et l'anse.

Alefkándra★★★

Les maisons avec loggia colorée en encorbellement de ce ravissant quartier ancien donnent sur le large, d'où le surnom de **Petite Venise**. Certaines datent du 18e s. Quelques cafés en terrasse, au bord de l'eau, invitent à profiter des couchers de soleil.

Passez devant les **Quatre Commères**, (« cousseghiares », de l'italien *consiglio*), un ensemble de quatre chapelles basses qui semblent tenir conseil.

Kastro★

La plus ancienne partie du village était autrefois fortifiée. L'église de la **Panagia Paraportiani★★**, bâtie entre la mer et une porte du kastro, est composée de cinq chapelles indépendantes dont les formes géométriques s'imbriquent les unes dans les autres.

Par de vieilles venelles, on regagne l'hôtel de ville et le port.

Visiter

Maison de Lena★

Lun.-sam. 16h30-21h30, dim. 19h-21h - dons.

Une belle résidence de notable typique du 19ᵉ s. a été réaménagée en musée d'Art populaire. Elle présente décoration et ameublement d'époque avec des commentaires passionnants qui font bien revivre la période.

Combien de chapelles à Mikonos ?

Les chapelles ont été construites par centaines sur l'île. La raison ? En cas de tempête, les marins (souvent des pirates) mikoniotes faisaient le vœu d'en ériger une s'ils en réchappaient. Comme il y a beaucoup de tempêtes en mer Égée, il y a beaucoup de chapelles à Mikonos, pratiquement autant que de maisons anciennes.

Musée maritime de l'Égée

✆ 22810 25547 - tlj sf lun. 10h30-13h, 18h30-21h - 3 €.

Il occupe une partie de l'ancienne maison de Lena et les collections sont le don d'un armateur. Ce musée expose des maquettes de bateaux, des monnaies anciennes, des cartes et des instruments nautiques, évoquant le monde égéen depuis l'Antiquité.

Musée d'Art populaire

Lun.-sam. 17h30-20h30, dim. 18h30-20h30 - gratuit.

Non loin de la Panagia Paraportiani, ce musée, aménagé dans une vieille maison de pierre du kastro, présente des intérieurs traditionnels. Tissus, broderies, meubles, objets quotidiens proviennent de plusieurs maisons mikoniotes.

Musée archéologique★

✆ 2890 22325 - tlj sf lun. 8h30-15h - 2 €.

Parmi les pièces majeures du musée, remarquez une curieuse **amphore** (7ᵉ s. av. J.-C.) trouvée à Mikonos et décorée de scènes de la guerre de Troie, une stèle sculptée en bas-relief figurant une femme défunte assise qui tend la main vers son mari debout devant elle et une **statue d'Héraklès**.

Il expose également le produit des fouilles menées sur l'île de **Rinia** toute proche : vases et objets funéraires transférés par les Athéniens de Délos en 426 av. J.-C. dans un but de purification, les habitants de l'île sacrée ayant été frappés par une mortelle épidémie. Les morts furent alors enterrés à Rinia afin de ne pas contaminer le sanctuaire d'Apollon.

Aux alentours

Monastère de Paleokastro (Palaiókastrou)

À 10 km à l'est de Hora, en direction d'Áno Merá.

Sur la colline au nord-ouest d'Áno Merá était bâti un kastro dont il reste une tour de défense. Le monastère ,édifié au 18ᵉ s., comprend une église aux lignes pures. De cet endroit, vous avez une vue panoramique sur l'île : rochers de granit, habitat dispersé, chapelles, champs cernés de murets de pierre, sur fond de mer ouverte.

Monastère de la Panagía i Tourlianí★

Sur la place du village d'Áno Merá - 9h-13h, 14h-19h.

Bâti au milieu du 16ᵉ s. et remanié en 1767, le monastère abrite l'icône de la sainte protectrice de l'île. Le beau clocher recouvert de marbre, l'iconostase de bois sculpté et de très belles icônes font de cet édifice, fermé sur une cour rafraîchie par une fontaine en marbre, un véritable bijou.

Monastère Ágios Panteleímon

À 4,5 km de Hora.

Près du charmant village de Maráthi, c'est un édifice typiquement mikoniote avec son église toute blanche.

Séjourner

Plages★★

Mikonos possède de nombreuses plages et, même en saison, il y a de la place pour tout le monde. Si vous aimez la solitude (relative), filez explorer les criques du nord de l'île, mais sachez que les plus belles plages de sable sont sur la côte sud. La plupart sont accessibles en bateau au départ du port de pêche de Hora (départ le matin, retour le soir).

Psaroú★ et **Platis Gialós** – Au fond d'un golfe fermé par des collines rocheuses. C'est la principale station balnéaire de l'île (appartements, hôtels, restaurants, bars).

Paranga★ (Parágka), Paradise★, Super Paradise, Agrári★ – Bordées de collines granitiques de plus en plus loties. Paradise (naturiste) est bordée par un camping et une discothèque en plein air aux décibels très élevés. Super Paradise (accessible en bateau au départ de Paradise, de Platis Gialós ou de Psaroú) a été pendant longtemps le rendez-vous des naturistes épris de solitude. Aujourd'hui, des haut-parleurs diffusent en continu de la musique techno, ce qui en fait la plage gay la plus branchée de l'île. Non loin, Agrári est plus calme et appréciée de la jet-set. Il faut fuir Eliá, défigurée par un parc aquatique.

Agia Anna, Kalafáti★, Liá★ – Ces trois plages, assez belles, se trouvent près d'un hameau de pêcheurs situé sur une presqu'île.

Megali Ammos★ – Juste à côté de Hora (*20mn à pied*), longue bande de sable fin, facile d'accès et relativement calme.

Mikonos pratique

Informations utiles

Nombreuses agences à Hora, qui s'occupent des transports, de l'hébergement et de tous vos loisirs. Parmi les plus performantes : **Meridian** – *Hora - Agia Anna - 22890 24702, aéroport - 22890 23173* ; **Windmills** – *Fabrika - 22890 26555* ; **Delia** – *22890 22322*. Sur le port, cette agence renseigne les nouveaux arrivants.

www.mikonos.gr (en anglais). *www.mikonosgreece.com* ou *www.mikonos-web.com*.

Association des hôteliers de Mikonos – *22890 24540/24760* ; **Association des propriétaires de locations** – *22890 24860/26860*. Elles sont installées dans les mêmes bâtiments que la police touristique, en face du débarcadère.

Poste – *odos Laka (à mi-chemin du débarcadère et du centre-ville) - lun.-vend. 8h-14h, 13h30 le vend.*

Santé – Il y a de nombreux médecins à Hora, quatre pharmacies et un **hôpital public** relativement bien équipé (*22890 23994*). **Centre médical privé** – *Hora - 22890 24211/27407.*

Police touristique – *Au début du débarcadère - 22890 22482.*

Transports

Bateau – Plusieurs liaisons par jour avec les ports du **Pirée** (3h20-6h40), de **Rafína** (2h10-5h40) et de **Lávrio** (3h), ainsi qu'avec **Ándros** (2h15), **Tínos** (15mn-40mn), **Siros** (30mn-1h10), **Páros** (40mn-1h30), **Náxos** (45mn) et **Íos** (2h10).

Bon à savoir – Les bateaux rapides n'accostent pas toujours au port des ferries (à 800 m de Hora) mais à celui d'Ágios Stéfanos, 3 km au nord de Hora. Quelques bus relient les deux ports mais le plus simple est de prendre un taxi.

Avion – En été, plusieurs liaisons/j. avec Athènes (45mn de vol, comptez 86 €). Les vols affichent souvent complet ; pour des dates précises, réservez très longtemps à l'avance. Au moins 1 vol/j pour Thessalonique (1h), 2 vols/sem. pour Rhodes, et des vols saisonniers pour Santorin et Héraklion (Crète).

Bus – Hora compte deux gares routières. Les bus stationnés **place Fabrika** sont à destination d'Ornós, de Parágka, d'Ágios Ioánnis, de Platis Gialós, de Psaroú, de Paradise (Kalamopódi, son nom d'origine) et de l'aéroport. Les bus stationnés à côté du **Musée archéologique** desservent Ágios Stéfanos, Toúrlos, Áno Merá, Eliá, Kalafáti et Kaló Livadi. Un réseau qui laisse de côté bon nombre de plages, ce qui laisse une chance d'y trouver moins de monde.

Location de véhicules – Comme tout le reste : plus cher à Mikonos qu'ailleurs. Plusieurs loueurs de deux-roues et de voitures à la sortie du débarcadère : **Avis** – *22890 22960* ; **Europcar** – *22890 27111 (le seul à proposer un rachat de franchise complet)* ; **Hertz** – *22890 23791* ; **Kosmos** – *22890 24013.*

Sixt – *Aéroport - 22890 27705.*

Deux **stations d'essence** en sortant de Hora vers Áno Merá, une autre après Vrissi, un peu avant Platis Gialós.

Bon à savoir – Beaucoup de monde circule sur les petites routes de Mikonos, jusque tard dans la nuit, et parfois dans un état de lucidité plus que douteux : soyez donc très prudent.

Se loger

HORA

Karboni – *Odos Matogiani (au cœur de la vieille ville) - 22890 22217 - 40 ch.* Confortable et central. Un tantinet vieillot mais charmant. Les chambres les plus agréables ont un balcon.

Hotel Carbonaki – *23 odos Panachrantou (au cœur de la vieille ville) - 22890 24124/22461 - www.carbonaki.gr - 21 ch.* Bel ensemble cycladique confortable, de bon goût et bien tenu. La (toute) petite piscine est bienvenue pour se rafraîchir. Petit-déjeuner en sus.

Hotel Matina – *3 odos Fournakia (au cœur de la vieille ville) - 22890 22387/26433 -*

www.hotelmatina-mikonos.com - 19 ch. Chambres calmes, avec balcon, qui donnent sur l'un des rares jardins du centre. Accueil très sympathique. On parle français. Petit-déjeuner en sus.

Hotel Rochari – *Odos Matogiani - ✆ 22890 23107 - www.rochari.com - 60 ch.* Vue sur mer ou jardin depuis les chambres avec terrasse. Très confortable. Depuis la grande piscine, on domine toute la ville.

Se restaurer

HORA

Nikos – *Derrière la mairie.* Bonne cuisine traditionnelle, poissons frais, portions copieuses et prix très raisonnables malgré la clientèle cosmopolite. On se bat pour une table.

Chez Maria – *Odos Kalogera (donne dans la rue Panachrantou).* Au coin de la cheminée en hiver ou dans un ravissant jardin romantique en été, on sert une cuisine traditionnelle de grande qualité : moules, frites, chaussons farcis au fromage de Mikonos et délicieux risotto aux langoustines. Accueil chaleureux de Maria qui parle très bien français.

TOÚRLOS

Mathios – Belle vue sur la baie, grande variété de plats traditionnels, très appétissants et bon marché. Une cantine idéale pour vos dîners.

ÁNO MERÁ

Vangelis – *Sur la place du village.* Un des meilleurs restaurants de l'île pour sa cuisine authentique et fraîche, à savourer à l'ombre des eucalyptus ou dans la belle salle voûtée. Au menu, poulpe grillé et délicieuses préparations de porc ou d'agneau à la broche.

Faire une pause

HORA

Il y en a pour tous les goûts, la ville se transformant le soir en une gigantesque boîte de nuit. Si vous êtes amateur de cocktails, sachez qu'ils sont généralement très coupés à l'eau : précisez donc que vous le voulez « fort ».

Comme base de départ : l'apéritif se prend généralement dans le quartier de la Petite Venise, au **Caprice**, une institution pour admirer le coucher de soleil, au **Kastro Bar** (musique classique) ou chez **Katerina**.

Après dîner, les amateurs de blues peuvent se rendre au **Montparnasse**, dans la Petite Venise. Si vous voulez entendre de la musique grecque, allez à **La Notte**, près du port, ou au **Mikonos Bar**, dans les ruelles de Hora, en sachant que rien ne commence vraiment avant 23h, voire minuit. Les endroits les plus animés sont le **Space Club**, dans un ancien cinéma du quartier de Laka, le **Celebrity** et l'**Astra Club**, odos Matogiani, fréquenté par les 35-45 ans. Très appréciés de la clientèle gay, et ouverts jusqu'à l'aube, **Pierro's** et **Manto** sont dans le même secteur.

Sports et loisirs

Sports nautiques – Sur de nombreuses plages, ski nautique, jet-ski, planche à voile et plongée.

Club de plongée de Paradise – *✆ 22890 26539 - www.diveadventures.gr (en français).*

Psaroú Mikonos Diving Center – *✆ 22890 24808 - www.dive.gr (en français).*

Planche à voile sur la plage de Kalafáti – *www.pezi-huber.com (en anglais).*

Mílos★

Μήλος

4 771 HABITANTS – 151 KM²
CARTE GÉNÉRALE RABAT II C3 – MER ÉGÉE - CYCLADES

La baie principale de l'île en forme de fer à cheval est un ancien cratère devenu l'une des plus grandes rades de la mer Égée. Un littoral creusé de grottes marines, des rochers aux formes étranges, des falaises aux couleurs ocre activement exploitées par des mines, des criques enchâssées dans la pierre volcanique, des rubans de sable, des montagnes caillouteuses, des vallons verdoyants et de vieux villages à la blancheur immaculée, voilà Mílos.

- **Se repérer** – Au sud-ouest de l'archipel des Cyclades, le port principal de Mílos est Adamas. À 5 km au nord, perchée sur les hauteurs au-dessus de la mer, se trouve la petite capitale de Pláka, formée de la réunion de plusieurs hameaux. À l'opposé, le port de Pollonia est le point de départ de la navette pour Kímolos.
- **À ne pas manquer** – Les falaises de Kleftiko, un bain à Sarakiniko, Pláka au coucher du soleil, le tour de l'île en bateau.
- **Organiser son temps** – Comptez deux jours.
- **Pour poursuivre le voyage** – Folegandros, Íos, Kímolos, Kithnos, Sérifos, Sífnos, Santorin.

Comprendre

La Vénus de Milo – Qui ne connaît la statue, avec son drapé en spirale admirable de souplesse ? Cette œuvre du 2e s. av. J.-C., chef-d'œuvre de l'art hellénistique, est l'une des plus accomplies de la statuaire antique. Comme la *Victoire de Samothrace*, elle occupe une place d'honneur au musée du Louvre. L'histoire de sa découverte, sous la Restauration, est assez romanesque.

Cela commence en 1817, lorsque le comte de Forbin, futur directeur des Musées de France, note lors de son voyage au Levant que Mílos était riche en antiquités, mais qu'il n'avait pu s'y attarder. Trois ans plus tard, deux navires de la Royale font escale à Mílos : deux officiers remarquent la beauté des morceaux d'une statue de marbre qu'un paysan vient de tirer de son champ, au pied de l'ancienne acropole. Tous deux alertent l'agent consulaire à Mílos, qui rédige un rapport favorable transmis au consul de France à Smyrne (aujourd'hui Izmir), lequel avertit l'ambassadeur de France auprès de la Sublime Porte, le marquis de Rivière. Ce dernier décide, en l'absence de crédits, d'acquérir la statue à ses frais et envoie sur place un secrétaire.

Le jeune diplomate débarque à Mílos le 23 mai 1820. Mais une mauvaise surprise l'attend : la statue a été chargée sur un bateau albanais qui doit l'emmener en Turquie, où elle sera offerte à un prince, chargé de l'administration des Cyclades. Le secrétaire réclame alors le marbre, arguant que l'agent consulaire Brest s'en est porté acquéreur

Ch. Legrand / MICHELIN

Á Sarakiniko, un paysage lunaire creusé par la mer.

le premier. Impressionnés, les primats (chefs) de l'île cèdent. « Alors, raconte Marcellus, je fis porter la statue à bord de *L'Estafette,* sur laquelle j'étais embarqué. Dans ce dernier trajet, elle ne fut nullement endommagée, car elle ne toucha pas la terre. Il n'en avait point été malheureusement ainsi du haut du bourg jusque sur le navire albanais… » Les bras de la Vénus ont-ils été brisés (ou perdus) lors de son transfert sur le bateau albanais ? Marcellus fait ensuite « coudre dans des sacs de toile à voile les cinq fragments qui composaient la Vénus », récompense les primats, rétribue le paysan « inventeur » et cingle vers Le Pirée, où il montre la statue à l'archéologue Fauvel avant de gagner Smyrne et Istanbul. Là, il remet son trésor au marquis de Rivière, qui en fait don à Louis XVIII : restaurée, la Vénus, ou plutôt l'Aphrodite de Mílos, prend ainsi place au Louvre.

Se promener

Adamas (ou Adámantas)

Sur le golfe de Mílos, le port d'Adamas fut fondé au début du 19e s. par des réfugiés crétois. Ses quais sont animés et bordés de commerces, hôtels et pensions.

Construite au sommet de la colline, la cathédrale **Ágios Haralambos** offre un beau point de vue sur les alentours.

Agía Triada★

L'église originelle (13e s.) fut reconstruite vers 1600 et abrite un **Musée ecclésiastique**. Elle renferme notamment une belle icône représentant saint Jean-Baptiste, peinte en 1639, ainsi qu'une riche iconostase. D'intéressantes expositions temporaires d'art sacré y sont organisées. *Tlj sf lun. 9h15-13h15, 18h15-22h15 - gratuit.*

Musée de la Mine (Metaleftiko)

En face de la plage de Papikinou, à 300 m du centre. 9h-14h, 18h-21h - gratuit.

Cet intéressant musée expose tous les minéraux, roches et minerais volcaniques de Mílos : obsidienne, bentonite, kaolin, perlite, plomb, manganèse, pierre à moulin, pouzzolane, gypse, ainsi que toutes sortes d'outils permettant d'exploiter le sous-sol. Des panneaux expliquent bien l'histoire géologique de l'île permettant de mieux apprécier les formations rocheuses de l'île.

Pláka★★

4,5 km au nord-ouest d'Adamas.

Capitale officielle de l'île, ce village perché aux maisons blanches est entouré de nombreux moulins à vent abandonnés. Plus calme que le port, Pláka est cependant un bourg vivant, dont le dédale de ruelles serpentant entre les maisons fleuries aux murs immaculés ne manque pas de charme. Perché en haut du village sur un éperon rocheux, le **kastro★★** est dominé par une église. Comme la plupart des citadelles cycladiques, il servait de refuge en cas d'invasion. Du sommet, la **vue★** sur la baie et les villages à flanc de coteau est très belle. En descendant, ne manquez pas la jolie **église Ipapanti★** (Thalassitra) qui abrite de remarquables icônes du 17e s.

Musée folklorique

℘ 22870 21292 - mar.-sam. 10h-12h, 18h-21h, dim. 10h-14h - 2 €.

Dans une maison traditionnelle du vieux Pláka sont regroupées des collections de photographies, broderies, portraits, meubles, ustensiles de pêche, cartes anciennes, etc. De belles reconstitutions d'intérieurs du 19e s. ont été réalisées.

Musée archéologique★

À l'entrée du village, un peu en retrait sur la gauche. ℘ 22870 21620 - tlj sf lun. 8h30-15h - 3 €.

Cet agréable petit musée présente des pièces du néolithique et de l'époque mycénienne : armes, outils, poteries et quelques **statuettes cycladiques** datant du 3e millénaire av. J.-C. découvertes à Mílos. La **dame de Filakopi★** (1300 av. J.-C.) est une statuette d'argile haute de 18 cm, de facture étonnante. Elle porte le nom du site néolithique où elle fut trouvée en 1977.

Aux alentours

Catacombes de Tripiti

À 1,5 km au sud de Pláka. Tlj sf lun. 8h-19h, 15h en hiver - gratuit.

Des catacombes paléochrétiennes (2e s. apr. J.-C.) ont été creusées à 150 m au-dessus de la mer et forment un réseau de galeries long de 185 m. Les premiers chrétiens s'y réunissaient pour célébrer leur culte et enterraient leurs morts dans des niches voûtées. Quelque 290 tombeaux y ont été dénombrés.

Klima

À 2 km au sud de Pláka, à 500 m de Tripiti.

La capitale antique de l'île se trouve le long du rivage. Aujourd'hui, c'est un bourg de pêcheurs remarquable par ses *sirmata*, remises à bateaux colorées bâties au ras de l'eau et adossées à la falaise.

Détruite au 5e ou 6e s. apr. J.-C., la cité garde les ruines d'un beau **théâtre romain**, dont les gradins de marbre regardent la mer. *Tlj sf lun. 8h30-15h - gratuit.*

Vers l'ouest, un sentier grimpe jusqu'à une chapelle perchée sur un escarpement rocheux surplombant le golfe.

Côte nord

La côte nord de l'île présente des paysages singuliers et offre une succession de lieux insolites pour la baignade.

Firopotamos

Au nord de Pláka. Ce port charmant avec ses maisons de pêcheurs se trouve près d'une plage de sable.

Mandrakia★

Au nord-est de Pláka. Ce petit port comprend des *sirmata* traditionnelles et de modestes habitations troglodytiques, servant de résidences d'été.

Sarakiniko★★

À l'est de Pláka. Un très beau site naturel : le tuf volcanique d'un blanc éclatant a été sculpté par la mer en forme de cônes, de dômes et de terrasses. Ce doux relief est bordé par une mer turquoise. La baignade est possible par temps calme (en cas de vent fort, vous risquez d'être plaqué sur les rochers !).

Ch. Legrand / MICHELIN

Le minuscule port de Mandrakia.

Mitakas

Un village plus à l'est, avec des *sirmata* colorées qui servent, là encore, de maisons aux pêcheurs et de hangars aux bateaux. Au-delà de la petite église, le minuscule hameau d'**Agios Konstantinos** se situe au fond d'une crique. Des amas de pouzzolane (cendre volcanique) se mêlent ici à des coulées de lave figées.

Fylakopí

Sur la côte nord - tlj sf lun. 8h30-15h - gratuit. Dans cette crique ont été mises au jour trois cités superposées datant respectivement de l'âge du bronze et des âges minoen (vers 1600 av. J.-C.) et mycénien (1200 av. J.-C.). Leurs habitats de pierre constituent une des premières manifestations de la vie urbaine dans les Cyclades. Les fresques qui décoraient les murs sont exposées au Musée archéologique national d'Athènes.

Pollonia

Face à l'île de Kímolos, cet ancien village de pêcheurs est devenu une station balnéaire très appréciée. Malgré son développement rapide, l'ambiance y reste paisible. À gauche du port s'étend une plage ombragée de tamaris.

Séjourner

Plages de la baie de Mílos

Une route longe une partie de la baie et dessert quelques plages bien abritées du vent et des vagues. La longue plage de **Achivadolimni** se prête bien aux sports nautiques. Au coucher du soleil, splendide **vue**★★ sur la baie depuis le couvent abandonné d'**Agía Marina**, à 5 km de là. Au nord-ouest de Pláka, à la sortie de la baie, **Plathiena** est l'une des plages les plus agréables de l'île, orientée plein ouest.

Plages de la côte nord

Près du village de Kapros se trouve la magnifique crique de **Papafraga**★★, étroite calanque fermée par une arche de pierre (accès par des marches creusées dans la roche). À l'est de Pollonia se trouvent quelques belles plages de sable, dont celle de **Pisso Thalassa**.

Plages de la côte sud★

Au fond d'une baie, **Paliohori★** est une vaste plage de petits cailloux entourée de falaises multicolores.

Agía Kiriaki★ – Cette magnifique plage est constituée de débris d'origine volcanique.

Gerontas★ et **Kleftiko★★★** sont accessibles en caïque au départ de Kipos.

Excursion

Tour de l'île en bateau★★

1/j. au dép. d'Adamas - dép. à 9h (nombreux arrêts et pause déjeuner) - réserver en agence et compter 25 € env. - sur un voilier, compter 50 € avec un déjeuner typique - www.andromedayachting.com (on parle français).

Ce circuit permet de découvrir l'extraordinaire richesse géologique de Mílos et de ses paysages marins. Vous apercevrez des grottes creusées dans le tuf volcanique qui servirent longtemps de repaires aux pirates. Au nord-est, l'îlot volcanique de **Glaronissia★★** présente d'impressionnantes falaises formées de tuyaux de basalte. La **grotte de Sikia★★**, au sud-ouest, est une cavité profonde, creusée dans la falaise blanche. La lumière qui tombe de la voûte effondrée donne à l'eau des couleurs fantastiques. Puis, plus au sud, s'élèvent les falaises blanches de **Kleftiko★★★**, sortes de pains de sucre percés.

Mílos pratique

Informations utiles

Un bureau municipal est ouvert en été, dans le kiosque en face du débarcadère (*22870 22445*).

Agence Brau Kat – *Sur les quais - 22870 23000 - braukat@otenet.gr.* Très efficace, elle propose, entre autres, des tours de l'île à la journée, des randonnées accompagnées et de bons hébergements.

www.milos-island.gr (en anglais).

Santé – Urgences médicales - *Adamas - 22870 21701* ; pharmacies : Adamas, Triovasalos, Pláka.

Transports

Bateau – Plusieurs liaisons par jour avec **Le Pirée** (de 3h à 7h de trajet environ). Avec le superjet, trajet de 2h40 uniquement les week-ends hors saison et tous les jours en juil.-août.

La compagnie **Lane Lines** *(www.lane.gr)* relie Mílos au Pirée toute l'année en 5h (dép. des ferries lun. et vend. 18h50).

Plusieurs liaisons/j. avec **Sífnos** (de 50mn à 1h30), **Sérifos** (1h30-2h30) et **Kithnos** (4h-4h30). 4 liaisons/sem. avec **Santorin** (1h50-6h), **Folegandros** (1h20), **Íos** (3h30). 3/sem. avec **Páros** (5h30), 1/sem. avec **Náxos** (6h20), **Siros** (7h30) et **Lávrio** (15h).

Avion – L'aéroport est à 4 km au sud d'Adamas (taxis). Au moins un vol par jour pour Athènes (35mn - 42 €).

Bus – Arrêt sur la place centrale d'Adamas. Adamas-Pláka-Tripiti (17/j, 7h30-24h30), Adamas-Pollonia (10/j.), Adamas-Paliohori (8/j.), Adamas-Provatas (8/j.).

Location de véhicules – Les loueurs sont presque tous concentrés à Adamas, sur les quais. Réservez à l'avance en été. Excellents véhicules et service sérieux chez **Niko's Cars** – *22870 21318 - www.milosrentacar.com.* Bien aussi chez **Happy Rent** – *22870 23422* et **Kozz Mozz** – *22870 28036.*

Une **station d'essence** à la sortie d'Adamas en direction de Pollonia, avant Pollonia et avant Pláka.

Se loger

ADAMAS

Delfini – *À 200 m à gauche en débarquant de Lagada (à 50 m en retrait de la plage) - 22870 22001 - 22 ch.* Petit établissement très bien tenu.

Villa Helios – *Dans la ruelle au-dessus du débarcadère, non loin de Terry's - 22870 22258 - 15 ch.* Beaucoup de goût, très calme et du charme avec une jolie terrasse. On parle français.

Portiani – *Sur le port - 22870 22940 - 23 ch.* Grande bâtisse néoclassique avec vue sur la baie de Mílos. Chambres très confortables. Accueil charmant et petit-déjeuner maison exceptionnel.

POLLONIA

Apollon – *Quartier résidentiel de Pollonia (sur la pointe nord-est) - 22870 41347 - 11 ch.* Chambres propres et confortables, bien aérées, dans une atmosphère familiale et un cadre particulièrement agréable, juste au bord de l'eau. Petit-déjeuner en sus.

Se restaurer

ADAMAS

Barco – *En haut de la rue principale, sur la gauche.* Sous une grande tonnelle, on sert avec beaucoup de gentillesse une cuisine savoureuse et fraîche (essayez les *pitarakia,* chaussons au fromage).

PLÁKA

Archondoula – *Dans l'allée principale du haut village.* Belle taverne installée dans un ancien *kafenion* de toute beauté précédé d'une voûte fraîche. Essayez la *fava*, artichauts au citron…

POLLONIA

Armenaki – *Sur la gauche face à la mer en arrivant.* On vient de toute l'île pour y déguster la spécialité de pâtes à la langouste. Délicieuses entrées froides. Accueil charmant et généreux.

PALIOHORI

Sirocco – *Sur la plage.* Grand restaurant dont la spécialité est de cuire les poissons dans le sable, à l'étouffée. Les deux autres tavernes voisines sont aussi excellentes.

Faire une pause

PLÁKA

Utopia Café – *Dans le centre du village.* Vue splendide sur les coteaux dévalant vers la mer, idéale au coucher du soleil.

Sports et loisirs

Kayak de mer – *Réserv. par l'agence Brau Kat ou directement au ✆ 22870 23597 (on parle anglais) - www.seakayakgreece.com.* Le moyen idéal de découvrir les superbes roches de l'île. Comptez 55 €/j. avec un lunch léger. Possibilité d'hébergement à la semaine.

Plongée sous-marine – **Diving Center Mílos** - *Pollonia - ✆ 22870 41296 et 697 611 4846 (portable) - info@milosdiving.gr.* Une école très consciencieuse pour de très belles plongées autour de Mílos. Location de matériel, organisation de journées en mer, plongées pour handicapés. Possibilité de pension complète.

Náxos★★

Νάξος

12 089 HABITANTS – 430 KM²
CARTE GÉNÉRALE RABAT I BC2 – MER ÉGÉE - CYCLADES

La plus grande des Cyclades reste assez méconnue en dépit de ses plages magnifiques, de ses côtes sauvages, de ses vallons plantés d'arbres odorants, de ses véritables montagnes et de ses beaux villages. Hora est connue pour sa citadelle ancienne : en haut d'une colline, ses ruelles et ses remparts n'ont guère changé depuis l'époque médiévale. Náxos mérite une halte conséquente.

Se repérer – Au cœur des Cyclades arides, Náxos a la chance d'être fertile. Du flanc ses montagnes (1 001 m au mont Zas) jaillissent de nombreuses sources qui arrosent la région de la Tragea, à l'est de Hora, capitale et port de l'île. Si les sommets sont désolés et rocailleux, plaines et vallées sont plantées d'oliviers, citronniers, orangers, vignobles et cultures maraîchères.

À ne pas manquer – Le kastro de Hora, le monastère de la Panagía Drosianí, la Tragea, l'ascension du mont Zas.

Organiser son temps – Comptez cinq jours.

Avec les enfants – Visite du kastro.

Pour poursuivre le voyage – Amorgós, Íos, Mikonos, Páros.

J.-P. Nail / MICHELIN

Non loin de Halki, l'église byzantine d'Ágios Geórgios Diassoritis.

Comprendre

Une belle abandonnée – La fille de Minos et de Pasiphaé, Ariane, s'éprit d'un amour passionné pour Thésée lorsqu'il vint en Crète pour vaincre le Minotaure, ce qu'elle lui permit de faire grâce aux conseils de Dédale *(voir Knossós p. 370)*, puis s'enfuit avec lui pour se soustraire à la colère de Minos. Mais lorsque Thésée fit escale à Náxos, il abandonna sur le rivage Ariane endormie. Un autre bateau arriva, portant le jeune Dionysos qui avait été élevé par les nymphes de l'île. Conquis par la beauté d'Ariane, il aurait épousé la jeune femme. Racine s'inspira de cette histoire dans sa tragédie *Phèdre*, tandis que Claudio Monteverdi créa le *Lamento di Ariana* et que Richard Strauss en fit un opéra : *Ariane à Naxos*. L'île était aussi placée sous la protection de Déméter, déesse des Moissons et de la Fécondité.

Le duché de l'archipel – De 1207, date à laquelle Marco Sanudo s'empara de Náxos à la suite de la 4e croisade, jusqu'à la prise de l'île par le pirate turc Barberousse en 1566, l'île fut le siège d'un important duché contrôlé par les Vénitiens. Se succédèrent les familles Sanudo, Delle Carceri, Crispi, qui luttèrent contre les pirates en construisant tours maisons fortes, introduisirent le catholicisme, encore observé par certaines vieilles familles de l'île, et reconstruisirent la capitale en lui donnant l'aspect qu'elle a conservé à peu près aujourd'hui.

Visiter

NÁXOS★★★ (Hora)

Le chef-lieu de l'île, bâti sur l'emplacement d'une cité florissante à l'époque archaïque, s'ordonne autour de la citadelle. De nos jours, la ville se divise en quatre quartiers : le port, Ágios Geórgios au sud, le kastro et la cité médiévale.

Kastro★★★

Prendre Market Street.

Cette citadelle vénitienne est l'une des plus belles des Cyclades. On distingue encore le tracé des remparts datant du 13e s. La porte fortifiée est ornée sur le côté droit du chambranle du mètre vénitien qui servait d'étalon aux marchands : elle donne accès à un quartier silencieux. Les maisons des notables vénitiens, ornées de blasons sculptés, ouvrent sur des cours intérieures. Passages voûtés, ruelles en pente, escaliers, jardins clos se laissent découvrir au hasard de la visite.

La **cathédrale catholique** romaine précède une petite place tranquille. Elle fut bâtie au 13e s. À l'intérieur, on admire sur le maître-autel une icône représentant une Vierge à l'Enfant et saint Jean-Baptiste, ainsi que des dalles funéraires de marbre.

Derrière se trouve une ancienne école de jésuites construite au 17e s. qui abrite le **Musée archéologique★** – *✆ 22850 22725 - tlj sf lun. 8h30-15h - 3 €.* Il est réputé pour sa superbe collection d'idoles cycladiques (3200-2300 av. J.-C.) découvertes à Náxos et dans les îles voisines. La collection de céramiques de l'époque mycénienne (fin du 2e millénaire av. J.-C.) et de la période géométrique (9e- 8e s. av. J.-C.) comprend des pièces remarquables.

Poursuivez avec le **musée Della Rocca-Barozzi**, belle demeure seigneuriale qui a gardé son décor d'époque. Le musée organise des visites de la ville et des concerts en été. *Sous la première voûte - tlj sf lun. 9h30-15h - 5 €.*

Le **palais ducal** – palais de Sanoudo – reçut à partir de 1627 le Collège français, placé sous la protection du roi de France. L'écrivain crétois Nikos Kazantzakis y fut élève.

Port

Náxos est un carrefour des Cyclades. Sa **promenade★**, bordée de terrasses de restaurants et de cafés, est un endroit très fréquenté jusqu'à une heure avancée de la nuit.

Au nord-est du port, dans le quartier de Bourgos, sur la place de la cathédrale orthodoxe (18e s.), se trouve l'intéressant **musée Mitropolis**, qui abrite les strates des fouilles de la cité antique occupée pendant des siècles. *✆ 22850 24151 - tlj sf lun. 8h30-13h - gratuit.*

Îlot de Palatia

À l'extrémité nord du port, accès par une digue dallée.

Visible de loin, la **porte du temple d'Apollon** (Portara) est tout ce qui reste d'un temple archaïque, entrepris au 6e s. av. J.-C., et qui ne fut jamais achevé. Il devint une basilique chrétienne à partir du 5e s., avant d'être abandonné puis de tomber en ruine. La porte donne une idée des dimensions monumentales du projet. Belles **vues★** sur le large, Páros et le port.

Séjourner

Ágios Geórgios

Au sud de Hora.

Une grande plage se trouve au fond de la baie. La station balnéaire, aux eaux peu profondes, bénéficie, lorsque le vent souffle, de belles vagues appréciées des amateurs de surf. À l'extrémité de la plage, belle **vue★** sur Hora dominée par son kastro. À l'ouest, au-delà du bras de mer, se dressent les montagnes de Páros.

Plages occidentales★

Au sud de l'aéroport, la côte occidentale est bordée de plages immenses, séparées par des caps ou des criques. Après la plage d'Ágios Prokópios, vous découvrirez **Ágia Ánna** et son minuscule port de pêche, puis l'immense cordon de sable de **Pláka★**. Si les constructions gagnent du terrain sur les hauteurs voisines, le site reste relativement préservé et la vue sur les montagnes rocheuses de l'île est assez belle. Des plages moins fréquentées se trouvent plus au sud : Alikós, Pirgáki, Agiassós et ses petits galets.

Aux alentours

Koúros de Flerió★

À 12 km à l'est de Hora. Prendre la route de Halki. À 3 km, prendre à gauche, puis à droite 1 km plus loin, afin de rejoindre la route de Mili. Après ce village, suivre la route de la vallée de Mélanes. Un chemin descend jusqu'au ruisseau.

Inachevé et laissé sur place comme le kouros d'Apollonas, celui de Flerió est aussi moins grand et plus récent (6e s. av. J.-C.). Il repose dans un jardin ombragé et fleuri, d'une calme fraîcheur.

Circuit de découverte par la Tragaía★★

80 km. Compter 1 journée. Quitter Hora vers le sud-est en direction de Halki. Prendre à droite à 6 km après Galanado. La route traverse d'abord une plaine irriguée et coupée de rideaux d'arbres (cultures maraîchères, vignobles), dans la vallée de la Tragaía.

Belónia

Cette tour est un bon exemple de maison forte bâtie par les Vénitiens pour servir de refuge en cas d'attaque de pirates. Elle servit de résidence secondaire aux évêques catholiques de Náxos. À côté s'élève la curieuse chapelle Ágios Ioánnis (13e s.), édifice double, catholique latin à gauche, orthodoxe à droite. Remarquez le lion de Saint-Marc ornant la façade. Nombre de chapelles « doubles » existent à Náxos.

Vallon de Potamiá★

En poursuivant la route vers Halki, on découvre un vallon couvert d'oliviers, de vignes et de vergers. En contrebas de la route, l'église **Ágios Mámas**, qui fut le siège d'un

évêché à l'époque byzantine *(sentier d'accès à gauche au km 8 en venant de Náxos)*, et, plus loin, les vestiges de **Pano Kastro**, de l'autre côté du vallon, forteresse vénitienne du 13e s. avec de nombreuses églises en partie ruinées.

Temple de Déméter (Naos Dimitras)

Prendre, à droite, la direction de Sangrí.

La protectrice de l'île a été honorée ici, comme en témoigne cet édifice dorique tout simple perché sur une butte au milieu des champs. On ne peut dire que ce temple a été restauré puisque, à partir d'un tas de pierres, il a été « reconstitué ».

Revenir à Sangrí.

Halki

Dans l'ancienne capitale de l'île, au pied de la montagne, l'église byzantine de la **Panagia Protothronos** a été bâtie aux 9e-12e s. Elle est décorée de fresques. La **tour Barozzi** a une porte en marbre ornée d'un blason. Toute proche, se trouve l'église byzantine **Ágios Giórgos Diassoritis**.

Panagía Drosianí★

Tourner à gauche, juste avant Akádimi.

Ce beau monastère se niche dans les oliviers. Son église, complexe, construite au 9e s., abrite des fresques émouvantes.

Filóti

C'est une importante localité de la vallée de la Tragaía. La route grimpe alors sur les flancs du **mont Zas**. Les arbres laissent la place à un paysage pierreux, tandis que se révèlent de belles **vues★** sur la partie ouest de l'île.

Apiranthos★★

À flanc de montagne, ce village, qui possède son propre dialecte issu du crétois, conserve deux tours bâties par les Vénitiens. La rue principale, pavée de marbre blanc, donne sur des ruelles et des passages couverts, des tours de guet et une église. Plusieurs musées – *Histoire naturelle, Géologie et Folklore, sans intérêt majeur - horaires aléatoires - 1,50 € pour les 3.*

Le **Musée archéologique** expose des objets trouvés dans l'île, dont des plaques de marbre gravées datant du 3e s. av. J.-C. – *tlj sf lun., 8h-14h - gratuit.*

3h AR - sur un sentier assez facile de 5 km, qui part à droite, sous le pont routier, à la sortie du village vers l'est. Sortir vers l'église d'**Agía Kiriaki** ; demandez la clé au Musée archéologique. Ses **fresques aniconiques★** ont été réalisées au 9e s.

Apóllonas★

Village de pêcheurs devenu une station balnéaire fréquentée, Apóllonas est bâti au-dessus d'un port situé au fond d'une crique charmante.

En quittant la localité, près de la route littorale qui revient à Náxos, un immense **kouros** (10 m de long) de marbre a été laissé inachevé (7e s. av. J.-C.).

Agía

Ici s'élèvent une tour vénitienne récemment incendiée qui surveillait la côte nord-ouest et, caché un peu plus bas, un monastère enfoui dans la verdure.

Faneroménis

Ce monastère isolé face à la mer, à l'allure de forteresse, date du 17e s. À l'intérieur, vous découvrirez une église avec une belle iconostase.

Ypsilotera★

Cet autre monastère fut bâti aussi au 17e s. comme une forteresse avec meurtrières, mâchicoulis, créneaux, et servit de refuge à diverses reprises.

Retour à Hora par la route côtière.

Randonnée

Mont Zas (Óros Zas)

Les randonneurs apprécieront l'ascension du « géant » (1 001 m) de l'île, point culminant des Cyclades, lieu mythique entre tous puisque la légende y situe la naissance de Zeus, qui donne son nom à la montagne. Le sentier débute à la chapelle Agía Marina, sur la route de Danakos. Comptez 1h de montée facile. On peut redescendre, plus raide, en passant par la grotte de Zas, ancien sanctuaire édifié sur le lieu de naissance présumé du dieu.

Náxos pratique

Informations utiles

Naxos Tourist information – *En face du débarcadère - 22850 23169 - 8h30-23h.* Réservation d'hôtels, véhicules, excursions et billets d'avion. On parle français. Possibilité de consigne *(1,50 €/bagage).* *www.naxosnet.com* (en anglais).

Poste – En allant vers Ágios Geórgios.

Téléphone - OTE – Au bout du quai, à droite du débarcadère.

Santé – Centre de soins - *prendre sur le port odos Papavassiliou (à gauche de l'OTE, centre à 500 m - 22850 23333 ;* deux pharmacies sur le front de mer et deux sur odos Papavassiliou.

Police – *22850 22100.*

Transports

Bateau – Liaisons quotidiennes avec **Le Pirée** (5h30-7h30 de trajet environ), **Rafína** (3h30-6h) et **Lávrio** (2h40-3h) ainsi qu'avec les îles d'**Amorgós** (1h10-6h), **Íos** (1h30), **Páros** (30mn-1h), **Mikonos** (45mn), **Santorin** (2h-4h), **Siros** (2h15-3h) et **Tínos** (1h30-2h15). Liaisons régulières avec **Ándros** (2/sem., 7h), **Folegandros** (2h30-3h40) et **Mílos** (6h20).

Avion – Liaisons régulières avec Athènes par de petits avions (45mn - env. 60 €). Rejoindre Hora en taxi (env. 8 €).

Bus – **Gare routière KTEL** sur le port, face au débarcadère (les horaires y sont affichés).

Location de véhicules – Agences sur le port. L'île étant assez grande, le scooter n'est pas assez rapide si vous avez peu de temps. L'agence **Naxos Vision**, située au bout de la plage, près de la poste, propose de bons véhicules.

Se loger

HORA

Anixis – *Au nord du kastro - 22850 22932 - www.hotel-anixis.gr - 19 ch.* Petit hôtel central, calme et lumineux, ouvrant sur un jardin en terrasse, bien fleuri. Petit-déjeuner en sus.

Château Zevgoli – *Au pied du kastro, dans la vieille ville (suivre le fléchage) - 22850 22993/26123 - 19 ch.* Naxos Tourist Information gère cet hôtel de charme. Chaque chambre a sa personnalité : lit à baldaquin dans la 8, balcon romantique pour la 12 et vue sur le port depuis la 10.

ÁGIOS GEÓRGIOS

Hotel Elizabeth – *Dans la ruelle parallèle à la plage - 22850 23505 - www.hotel-elizabeth.com - 9 ch. et 3 studios.* Accueil très chaleureux de la propriétaire qui parle anglais. Très propre, calme, avec de beaux balcons et à 30 m de la plage. Petit-déjeuner en sus.

Hotel Spiros – *À 15mn à pied du port et à 100 m du milieu de la plage - 22850 24854 - 40 studios.* Ensemble moderne, calme et confortable. Studios avec balcon ou terrasse, très bien aménagés.

Se restaurer

HORA

To Irinis – *Sur le port.* Une jolie salle prune proposant une excellente cuisine traditionnelle. Essayez les poivrons farcis à la féta. Accueil chaleureux.

Metaxi Mmas – *Dans le kastro.* Une petite ouzérie très enfumée où l'on sert sous la télé de savoureux *mezes* et notamment le *tarama*, ici excellent.

ÁGIA ÁNNA

Gorgona – *Sur la plage.* Une grande cantine familiale (on commande au comptoir), très prisée par les locaux.

Faire une pause

HORA

Elli Bar – *Dans la rue à gauche de Naxos Tourist Information.* Concerts de *rebetiko*.

APIRANTHOS

Lefteris – *Dans la rue principale.* Belle pâtisserie ancienne dont le jardin, en terrasse, sert de salon de thé.

Achats

Spécialités culinaires – Náxos est réputée pour sa **liqueur de citron**, ou *kitro*, ses vins rosés et ses fromages (notamment le *xenotiri* et le *graviera*).

Sports et loisirs

Planche à voile – Flisvos Sport Club - *plage d'Ágios Geórgios - 22850 24308 - www.flisvos-sportclub.com.*

Windsurf et kitesurf – Mikri Vigla Watersports - *plage de Mikri - 6973 051707 (portable) - www.naxos-windsurf.com.*

Promenade à cheval – Naxos Horse Riding - *plage d'Ágios Geórgios - 6948 809142 - info@naxoshorseriding.com.* Chevaux impeccables et doux, moniteurs parlant français. Réservez la veille avant 18h. 45 € la 1/2 journée. Débutants acceptés. Un formidable moyen d'apprécier la beauté de la baie.

Événements

Le **14 juillet**, à Hora, fête de la Saint-Nicodème, patron de la ville.

Le **15 août**, processions et célébrations de l'Assomption à Sangrí, Apiranthos et Filóti.

Páros★

Πάρος

12 853 HABITANTS – 195 KM²
CARTE GÉNÉRALE RABAT I B2 – MER ÉGÉE - CYCLADES

Connue pour ses carrières de marbre, qui lui assurèrent longtemps la prospérité, Páros est une île vaste, riche en sites naturels et en monuments. Pourvue d'excellentes rades, elle bénéficie de courants venteux qui font le bonheur des véliplanchistes.

- **Se repérer** – Páros est le principal carrefour maritime des Cyclades, et la troisième des Cyclades par la taille. Parikia est à la fois le port et la capitale de l'île. Au nord, le minuscule port de Naoussa est une station balnéaire animée en saison. Les plus belles plages se trouvent sur la côte est.
- **À ne pas manquer** – Parikia et la Panagía Ekatondapiliania, le port de Naoussa, la plage de Kolimbithres.
- **Organiser son temps** – Comptez trois jours.
- **Pour poursuivre le voyage** – Náxos, Íos, Mikonos.

Comprendre

Dans l'Antiquité, Páros connaît la prospérité grâce à l'exploitation du **marbre** blanc à grain très fin, dit lychnitis, recherché par les architectes et par les sculpteurs. Sa pureté est exceptionnelle : translucide, cristallin, il laisse passer la lumière jusqu'à 3,5 cm de profondeur (contre 2,5 cm pour le marbre italien de Carrare). Par contre, il est difficile à travailler, car fragile. Le temple de Salomon à Jérusalem fut construit avec le marbre de Páros. Praxitèle y sculpta son célèbre *Hermès*, et la *Victoire de Samothrace* n'existerait pas sans lui. Les Romains l'exploitèrent à leur tour, faisant travailler nuit et jour des esclaves dans les carrières.

Occupée par les Francs à partir de 1207, l'île connut plusieurs dynasties vénitiennes, avant d'être envahie par les Ottomans, qui y restèrent jusqu'à la guerre d'Indépendance (1825).

Aujourd'hui, Páros est appréciée de la jeunesse athénienne… et italienne. Sur toute l'île, l'essor touristique est considérable. Villages et maisons de vacances, hôtels, pensions, restaurants fleurissent. Le village de Naoussa est devenu l'une des stations les plus branchées des Cyclades avec boîtes de nuit, bars ambiance électronique, boutiques de mode, plages sur fond de musique techno. Pour un peu, on se croirait à Mikonos…

Se promener

PARIKIA★★ (Hora)

La capitale de l'île est d'abord connue pour son port où accostent nuit et jour des ferries venus de toute la mer Égée. Les voyageurs en transit n'aperçoivent que le fameux moulin près duquel s'amarrent les bateaux. Camions, voitures, deux-roues, piétons s'agglutinent ici dans un désordre indescriptible tandis que les bars tout proches diffusent une musique assourdissante. Sur la droite, la promenade du bord de mer, sous le kastro, est également très fréquentée mais nettement plus agréable. Un peu plus loin commence un village aux ruelles blanches…

J.-P. Nail / MICHELIN

L'une des anciennes fontaines de Parikia.

Construite à l'emplacement d'une cité antique dont on verra des vestiges dans un enclos à quelques mètres du port (fouilles en cours), Parikia est composée de deux agglomérations bien distinctes : à gauche du débarcadère s'étend le quartier récent de Livadia (hôtels et restaurants) bordé de plages, à droite, la vieille ville dominée par un petit fort vénitien.

Vieille ville★

Sa partie basse est composée de longues ruelles, certaines traversant le village de part en part. Lauriers-roses et bougainvillées ombragent les places ; fontaines, passages voûtés et chapelles se succèdent tandis que les maisons anciennes conservent des frontons de marbre gravé. Sur une petite colline où se trouvait l'acropole antique, subsistent les ruines d'un **fort vénitien** (kastro) du 13e s. aux murs édifiés avec des éléments antiques. Certains d'entre eux proviennent d'un temple dont on distingue les fondations près de la petite église Ágios Konstantinos. À côté d'une terrasse qui jouxte une chapelle, vous avez une belle vue sur le golfe de Páros et les collines voisines… Idéal au coucher du soleil !

Église de la Panagía Ekatondapiliania★★★

7h-22h en été ; reste de l'année 8h-13h, 16h-21h.

Au fond d'une place qui fait face au port, ce sanctuaire byzantin aurait été fondé par sainte Hélène, mère de l'empereur Constantin (280-337), mais l'édifice actuel date en partie du 10e s. Sous les Vénitiens, ce fut la cathédrale catholique, probablement partagée avec les orthodoxes. L'église des Cent-Portes a été partiellement entourée d'un cloître au 17e s. Assez claire, elle associe le plan basilical à trois nefs et le plan en croix grecque. Vous y verrez les galeries réservées aux femmes (gynécée), une iconostase en pierre avec une belle icône de la Vierge (17e s.) et le ciborium byzantin du maître-autel soutenu par quatre colonnes antiques.

Une chapelle à droite de l'église dédiée à saint Nicolas abrite des **fonts baptismaux**★ (6e s.) avec bassin en croix grecque creusé à même le sol qui servait pour les baptêmes par immersion. Un petit **Musée byzantin** – *à gauche en sortant de l'église* – abrite une belle collection d'icônes et d'objets de culte. *9h-22h en été ; reste de l'année 9h30-13h, 17h-21h - 1,50 €.*

Musée archéologique

☏ 2840 21231 - tlj sf lun. 8h30-14h45 - 2 €.

Il abrite un fragment de la **table de Páros**, l'élément principal se trouvant à l'Ashmolean Museum d'Oxford. Datant du 3e s. av. J.-C., elle retrace, gravée dans la pierre, l'histoire de l'ancienne Grèce, avec la date présumée de la naissance d'Homère. Elle a été retrouvée au début du 17e s. dans le kastro. Vous découvrirez également quelques statuettes et objets antiques, la plupart en marbre local, dont une **déesse callipyge**, effigie en marbre d'une femme obèse, symbolisant la fécondité.

Circuits de découverte

LE CENTRE DE L'ÎLE

Relativement montagneux, il conserve plusieurs villages traditionnels.

Lefkes★

Accrochée à la montagne, dans un beau décor verdoyant (arbres fruitiers, pins, cyprès, palmiers), l'ancienne capitale de l'île était autrefois entourée de nombreux moulins. Les ruelles en pente dévalent vers la mer et sont ponctuées de bancs, d'arcades et de puits taillés dans le célèbre marbre, dont les carrières sont proches.

L'imposante église **Agía Triada** (1885) est dominée par deux clochers de marbre. À l'intérieur, le trône, la chaire et l'iconostase sont également en marbre. Un petit musée évoquant l'artisanat local est installé dans l'hôtel Lefkes Village.

Carrières de marbre (Latomeía Marmárou)

À l'est de Maráthi, un chemin carrossable mène aux carrières de marbre dont l'approche est marquée par des bâtiments abandonnés. À la hauteur d'une chapelle, faire 100 m à pied et franchir le muret à gauche : un sentier conduit aux carrières. Trois *latomies* (carrières) voisines présentent des galeries en pente et s'enfoncent loin, car le marbre le plus blanc et le plus fin s'extrayait en profondeur. À l'entrée de l'une d'elles, vous verrez un bas-relief antique. Aujourd'hui, elles ne sont plus exploitées. En continuant la piste, vous découvrirez l'impressionnant monastère fortifié d'**Ágios Minás** du 17e s.

LE TOUR DE L'ÎLE★

Compter une journée. Prendre la route de Naoussa, vers le nord-est.

Monastère Longovárdas

Par une petite route sur la droite, à mi-chemin entre Parikia et Naoussa. 9h30-12h - entrée réservée aux hommes en pantalon long.

La cour ombragée est entourée de bâtiments où vit une communauté de moines. Vous verrez les cellules, les communs, les ateliers de peinture et une intéressante bibliothèque. La façade de l'église est typiquement cycladique. De là, vous avez une **vue** étendue sur la côte.

Naoussa★ (Náousa)

Au fond d'une rade, ce charmant petit port de pêche est dominé par un village tout blanc étagé autour de sa grande église paroissiale. Les ruelles étroites sont inondées de lumière… même la nuit, car en été le village ne dort jamais. Mais le port encombré de caïques multicolores et bordé de tavernes de poisson est resté intact. On y mange agréablement, à l'ombre des vélums tout près de l'eau, face au petit fort vénitien en partie immergé.

Musée archéologique – *À côté de la poste - 10h-13h, 18h-20h - 2 €.* Minuscule, il accueille les trouvailles faites dans la région, notamment à **Koukounariés**, un site mycénien et archaïque établi au sud-ouest de Naoussa.

R. Mattès / MICHELIN

De la mer, les blanches maisons du port de Naoussa, au nord de l'île.

Sortir de Naoussa et longer la côte orientale face à l'île de Náxos bordée de nombreuses stations balnéaires et de plages.

Monastère Agii Theodori

À Angeriá, au sud-ouest de l'île, prendre à droite une petite route.

Du monastère, la **vue★** sur la côte, sur Antíparos et les îlots voisins est particulièrement belle.

Revenir sur la route principale.

Petaloúdes

Au croisement qui mène, à gauche, à Poúnta, prendre à droite une petite route. Le jardin de la **vallée des Papillons** est luxuriant et frais. Planté de cyprès, de platanes, de lauriers et de caroubiers, il accueille des milliers de papillons qui viennent s'y reproduire. *En été 9h-20h - 1,50 €.*

Monastère Hristou Dassou

Au nord de Petaloúdes.

Ce monastère du « Christ de la forêt », construit près d'un col (belle vue), abrite le tombeau de saint Arsénios, patron de l'île. Seules les femmes peuvent visiter les corridors et les cellules de ce couvent.

Musée Skorpios★★

En redescendant vers la route principale (direction l'aéroport). 10h-12h, 17h-18h - 2 €.

Ne manquez pas la visite de cet étonnant musée. Le propriétaire, sorte de Facteur Cheval, marin et bricoleur de génie, y a réalisé des **modèles réduits** de tout le patrimoine des Cyclades. Dans la maison, splendides maquettes d'embarcations traditionnelles et historiques. Son épouse se charge de la visite et parle un peu français.

Séjourner

Plages du nord

Plusieurs plages se trouvent à proximité de Naoussa. Celle de **Kolimbithres** (au nord-ouest) est surplombée par des chaos rocheux aux formes originales. La crique de **Monastiri** (accès en caïque au départ du port), située au nord de la rade, couverte de parasols, est très fréquentée. À l'est de celle-ci *(10mn de marche)*, un sentier mène à une plage quasi déserte, même en plein été : sable blond, eaux limpides…

Plages de la côte orientale

Entre **Píso Livádi** et le village de **Drios** s'étend le troisième pôle touristique de l'île. Face aux montagnes de Náxos, les plages sont nombreuses, plus ou moins belles, plus ou moins accessibles. La fameuse plage de **Chryssí (Hrissi) Akti★** (Golden Beach), au sable doré, est l'une des plus grandes de Páros. Elle accueille des championnats de planche à voile. Vers le sud, la côte devient plus sauvage.

Plages de la côte occidentale

Celle de **Faranka★** est isolée dans un décor de collines arides. Près du village d'Alykí (tavernes) se trouve une plage tranquille. Plus au nord, Agía Eirini a un caractère exotique avec ses palmiers et ses tamaris.

Aux alentours

Antíparos★

Accessible en caïque en été au dép. du port de Parikia (6/j, 30mn, 2 € AR). À Poúnta, un bac transporte les voitures et les visiteurs (ttes les 15mn, 10 € AR/voiture, 1,50 € AR/piéton).

Ancien repaire de pirates maltais et français au 18e s., cette île tranquille échappe à la foule, même en plein été. La **traversée★** en bateau au départ de Parikia est belle : après s'être éloigné du port dominé par ses maisons blanches, on longe la côte rocheuse de Páros, puis on frôle plusieurs îlots, dont l'un porte une chapelle d'où l'on se passait jadis des messages lumineux entre les deux îles. L'arrivée dans le port de pêche de **Kástro★**, envahi de bateaux de pêche colorés, est charmante. La rue principale, fleurie, assez longue, s'enfonce vers l'intérieur de l'île. S'y succèdent tavernes et magasins. Les dernières maisons forment les murs de l'ancienne forteresse.

Grotte des Stalactites (Spilia Stalaktikon)

6 km au sud de Kástro. Du 10 mai au 10 sept. 10h-15h - 3 €.

400 marches mènent à une salle monumentale située à près de 100 m de profondeur. Presque aussi large que longue (200 m environ), haute de 20 m, elle abrite une forêt de stalactites et de stalagmites.

Plages

Au sud de Kástro, un joli sentier longe la côte, les plages sont étroites et ombragées de tamaris. Évitez celle du camping, au nord, assez sale. Mais la plus belle, celle de **Livádi★**, à l'ouest, est accessible à pied depuis la route principale.

3h de marche. Les bons marcheurs peuvent relier Kástro à la plage d'Ágios Geórgios par le sentier côtier qui passe par Livádi.

Páros pratique

Informations utiles

EOT – Un kiosque à côté de l'embarcadère, ouvert en saison.

Paros Room Association – *Sur le port - 22840 22220.* Elle rassemble les propriétaires locaux de chambres et d'hôtels et vous communique (en anglais) des coordonnées en fonction de vos besoins.

Agence Cyclades – *À gauche du débarcadère - 22840 21738 - www.parosweb.com/cyclades.* Elle propose location de véhicules, billetterie et hébergement.

Agence Polos – *À droite du port - 22840 22092 - www.polostours.gr.* Similaire à l'agence Cyclades.

www.parosweb.gr (en anglais).

Poste – À gauche du débarcadère.

Téléphone - OTE – À droite du bureau de poste.

Santé – Centre médical (privé) - *à gauche du port, au début de la rue parallèle au quai - 22840 24410*; Centre de soins (public) - *à gauche du débarcadère, un peu avant le centre privé - 22840 22500*; Médecin français - *Parikia (sur la place du marché) - 22840 22000*; deux pharmacies à Parikia, une à Naoussa et une à Márpissa.

Police – *En face du port (à côté de la Banque commerciale) - 22840 18896.*

Transports

Bateau – Liaisons quotidiennes avec **Le Pirée** (3h15-4h15 de trajet), **Rafína** (3h-5h30) et **Lávrio** (2h30) ainsi qu'avec les îles d'**Amorgós** (2h10-5h), **Náxos** (30mn-1h), **Íos** (1h-2h30), **Mikonos** (40mn-1h30), **Santorin** (3h-8h), **Siros** (1h-1h30) et **Tínos** (2h-3h40). Liaisons régulières avec **Ándros** (6/sem., 3h40), **Folegandros** (5/sem., 4h10), **Mílos** (3/sem., 5h30) et **Sífnos** (2/sem., 3h20). Liaison hebdomadaire avec **Kéa** (6h50).

Avion – Deux vols quotidiens depuis Athènes (50mn - 55 €), et liaisons estivales avec Rhodes et Héraklion (Crète).

Bus – À Parikia, la gare routière se trouve à gauche de l'embarcadère.

KTEL – Les horaires sont affichés au bureau. Cinq lignes : Parikia-Naoussa (30mn), Naoussa-Lefkes-Píso Livádi (40mn), Parikia-Poúnta (Antíparos), en 15mn ; Parikia-Alykí-Angeri**á** en 20mn. L'été, il existe également une ligne Naoussa-Drios et des bus fonctionnent la nuit. À Antíparos, un bus toutes les 30mn assure le trajet port-grotte-Soros-Ágios Geórgios.

Location de véhicules – Tous les loueurs se trouvent autour du débarcadère, mais comparez bien les prix, car ils varient parfois du simple au double. Pour les scooters, privilégiez les agences qui utilisent des véhicules neufs et exigez un casque. **Iria Rent a Car** - *À gauche du débarcadère - 22840 21232 - www.iriacars-paros.com.* Propose des tarifs compétitifs et un bon service. **Sixt** - *Naoussa (sur la place centrale) - 22840 51073.* Agence fiable.

Se loger

PARIKIA

Pension Rena – *À 200 m à gauche du débarcadère (derrière les vestiges antiques) - 22840 22220 - www.cycladesnet.gr/rena - 12 ch.* Établissement simple et coquet, très bon rapport qualité-prix. On y parle anglais. Pas de petit-déjeuner.

Hotel Stergia – *300 m à gauche du débarcadère (dans la rue qui part du restaurant Katerina, à 50 m de la mer) - 22840 21745 - 15 ch.* Un hôtel très fleuri, propre et confortable, tenu par un couple de retraités. Petit-déjeuner servi dans le patio. Accueil d'une grande gentillesse.

Argonauta Hotel – *À droite du débarcadère (derrière la place du marché) - 22840 21440 - www.argonauta.gr - 15 ch.* Très bien rénovées avec goût, les chambres (équipées de double vitrage) ont toutes un balcon. Accueil charmant et service efficace. Petit-déjeuner en sus.

ENVIRONS DE NAOUSSA

Hotel Petres – *22840 52467 - www.petres.gr - 16 ch.* Beaucoup de charme, entièrement décoré d'antiquités par les soins de Sotiris et Cléa, une hôtesse hors pair et qui parle français. Tennis, piscine, jacuzzi, sauna. Navette gratuite pour Naoussa. Une adresse exceptionnelle !

ANTÍPAROS

Artémis – *À 400 m du port sur la droite - 22840 61460 - www.artemisantiparos.com - 30 ch.* Hôtel devant la mer, dans un jardin. Chambres tout confort, balcon avec vue pour celles face à la mer. Petit-déjeuner en sus. Bon rapport qualité-prix.

Se restaurer

PARIKIA

Christos – *À 500 m sur les quais à droite du débarcadère.* Toute petite salle donnant sur la cuisine où l'on choisit les plats du jour. Simple, copieux et exquis. Ne manquez pas les *imam baldi* (aubergines farcies).

⊜ **Happy Green Cows** – *Derrière la National Bank, dans une ruelle.* Cuisine végétarienne copieuse et inventive dans un décor multicolore, style art brut.

NAOUSSA

⊜ **Sigi Inthios** – *Sur le petit port.* Petite salle tout en longueur avec des tables pressées contre la cuisine. Bonne cuisine grecque revisitée, copieuse et savoureuse. Terrasse en été. Ouvert toute l'année.

⊜⊜ **Le Sud** – *Ruelle au pied de la grande église.* L'une des meilleures tables des Cyclades : cuisine raffinée, d'inspiration méditerranéenne, par un jeune chef français de talent. Décor sobre et élégant. En saison seulement.

Faire une pause

PARIKIA

Le **Pirate Bar**, tout au bout de Market Street, offre une excellente ambiance jazz and blues. Tout près, **The Balcony** possède une agréable terrasse surplombant la ruelle. Plus bas, le **Micro Café**, un café traditionnel revisité avec tables basses et mini-chaises paillées de toutes les couleurs.

Le long des quais, juste après le restaurant Christos, délicieuses glaces chez **Sulla Luna**. Peu de parfums mais une fabrication entièrement artisanale et à l'italienne… Quelques tables dehors avec une bonne musique pour s'attarder devant le coucher de soleil.

Sports et loisirs

Excursions – Vous n'êtes qu'à 1h de ferry de **Náxos**, l'un des plus beaux ensembles d'architecture médiévale de la mer Égée. Les agences sur le port proposent également de nombreuses excursions à la journée vers Mikonos, Délos et Santorin.

Planche à voile – Les meilleurs spots sont : la baie d'Agía Maria (plages de Santa Maria et d'Alikí), Hrissi Akti (Golden Beach), Nea Hrissi Ayti (à côté de la précédente) et Molos. Location de matériel sur place. *www.paroskite.gr* et *www.paroswindsurf.com.*

Plongée – **Diving Club Santa Maria** - *plage d'Alykí - ✆ 22840 53007.* **Eurodivers Club** - *plage de Poúnta - ✆ 22840 92071 - www.eurodivers.gr.* Tous niveaux ; matériel fourni. **Blue Island** - *Antíparos - ✆ 22840 61493 - www.blueisland-divers.gr.*

Événements

Fêtes – En été, deux manifestations attirent des milliers de personnes à **Naoussa**. Le 6 juillet a lieu la Fête du vin et du poisson et, le 23 août, des bateaux illuminés viennent dans la rade pendant que des groupes folkloriques dansent sur les quais afin de commémorer l'héroïque résistance des habitants contre le raid tragique, en 1537, de Barberousse.

Santorin★★★

Thíra – Θήρα

12 440 HABITANTS – 83 KM²
CARTE GÉNÉRALE RABAT I B3 – MER ÉGÉE - CYCLADES

La plus spectaculaire et l'une des plus méridionales des Cyclades, Santorin est une île incontournable. L'arrivée en bateau dans cet ancien cratère envahi par les flots voilà des millénaires est un moment inoubliable. La mer occupe ce cirque naturel, entouré de falaises gigantesques déclinant toutes les teintes de leurs composants volcaniques : bancs de lave noire, cendres au gris violacé, scories rougeâtres, ruban clair des pierres ponces. Tout en haut, on aperçoit des villages écarlates. L'immense caldeira à moitié fermée et ponctuée de cônes éruptifs témoigne du cataclysme qui a secoué l'île à l'époque minoenne, provoquant un raz de marée ravageur.

- **Se repérer** – À la charnière de deux plaques tectoniques, l'île a été démantelée en cinq morceaux à cause des éruptions : à l'ouest, falaises de 200 à 400 m de haut ; à l'est, des pentes douces de lave noire. Le port d'Athiniós se situe au milieu de la caldeira, à 10 km au sud de la capitale, Thíra.
- **À ne pas manquer** – Thíra et les hameaux qui bordent la falaise jusqu'à la, une excursion en bateau dans la caldeira.
- **Organiser son temps** – Comptez quatre jours.
- **Pour poursuivre le voyage** – Folegandros, Íos, Náxos.

Ch. Legrand / MICHELIN

L'enchevêtrement des maisons de Thíra, à pic sur la caldeira.

Comprendre

La colère du volcan – Vers 2000 av. J.-C., sur l'île alors ronde et haute, se développe une civilisation raffinée analogue à celle de la Crète minoenne. Vers 1500 av. J.-C., les gaz accumulés et compressés sous la lave provoquent une explosion gigantesque *(voir encadré p. 453)*. Un nuage de cendres et de scories ensevelit des cités entières, dont Akrotíri, retrouvée en 1967. Au 3ᵉ s. av. J.-C., un nouveau séisme casse la section nord de l'île, séparant cette dernière en deux. En l'an 46 de notre ère, un cône apparaît au centre de la caldeira, appelé plus tard Palea Kaméni (« l'ancienne brûlée »). Du 16ᵉ au 20ᵉ s., plusieurs cônes volcaniques jaillissent dans la mer, qui se souderont entre eux pour former la Néa Kaméni (« la nouvelle brûlée »). L'éruption de 1866-1870 est spectaculaire. D'autres ont lieu en 1925, en 1939-1941 et en 1950, agrandissant à chaque fois l'îlot de Néa Kaméni. Le 9 juillet 1956, une secousse détruit de nombreuses maisons, faisant une cinquantaine de morts.

Les premières fouilles entreprises à Santorin sont effectuées après l'éruption de 1866-1870, à laquelle a assisté le géologue Ferdinand Fouqué, qui fait procéder à des sondages sur plusieurs sites. Ayant découvert des vestiges d'habitations et des poteries, Fouqué fait paraître un article prouvant qu'au moment du grand cataclysme, Santorin

Les vins blancs de Santorin

Le sol volcanique de Santorin est une aubaine pour la vigne. L'île produit un vin blanc au bouquet inimitable, l'un des meilleurs de Grèce. Deux cépages (l'assirtiko, le plus répandu, et le vinsando) donnent des crus fruités : blanc demi-sec ou aidani (connu pour son parfum de jasmin) ou le rare nykteri. Chose étonnante, les ceps s'enroulent en spirale, les vignerons ayant élaboré cette technique afin que la plante résiste mieux aux vents qui soufflent ici. Des tavernes et des caves proposent des dégustations de vin, notamment à Mesariá et à Megalohori.

était déjà le siège d'une civilisation avancée. Cent ans plus tard, l'archéologue grec Spyridon Marinatos reprend les recherches. Il émet l'idée que la Crète minoenne et Santorin appartenaient à un même continent, l'**Atlantide**, siège d'une civilisation brillante et raffinée, ensevelie d'un coup sous l'eau et le feu, ainsi que le décrivit Platon. Les fouilles démontrent qu'avant ce cataclysme le même type de civilisation s'épanouissait à Santorin et en Crète, mais sans prouver l'existence de l'Atlantide.

Phéniciens, Spartiates, Égyptiens, Vénitiens, Turcs, Grecs… – Ensuite, plusieurs générations de Phéniciens occupent l'île, qui s'appelle alors Kallistè (« la très belle »). Au 9e s. av. J.-C. arrivent les Spartiates, conduits par leur chef Thiras : Kallistè est alors baptisée Thíra en son honneur. Celle-ci demeure colonie ou alliée de Sparte et fait peu parler d'elle jusqu'à l'époque hellénistique. Elle est ensuite occupée par les Ptolémées, souverains de Macédoine qui règnent sur l'Égypte de 323 à 30 av. J.-C. Une partie de la Thíra antique date de cette période florissante.

À la suite de la prise de Constantinople par les croisés en 1204, l'île appartient durant près de quatre siècles aux Vénitiens, qui en font une dépendance du duché de Náxos, puis de celui de Crète. Ils la nomment Santorini, d'après un sanctuaire dédié à sainte Irène. La domination turque (1579-1821) lui assure stabilité et prospérité. Après l'indépendance, l'île retrouve officiellement son nom antique de Thíra. Elle continue cependant d'être appelée Santorini par l'ensemble des Grecs.

Se promener

THÍRA★★ (Fira)

La capitale de l'île se dresse au bord de l'abîme, dans un **site★★★** extraordinaire. Reconstruite après le tremblement de terre de 1956, elle n'a pas le charme d'Ía, l'autre village majeur de l'île. Mais les vues sur la caldeira, les falaises feuilletées de roches volcaniques, les îlots de lave et la mer immense sont magnifiques. Observez les ferries qui passent : d'ici, ils semblent minuscules, ce qui donne une idée de la démesure du lieu.

Ville haute

Assez moderne, elle est dominée par la cathédrale orthodoxe (1970), énorme église toute blanche. Boutiques de souvenirs, tavernes, bars se succèdent. La place Théotokopoulou, près de laquelle se trouve la gare routière, est toujours animée.

Musée préhistorique★★

✆ 22860 23217 - tlj sf lun. 8h30-19h30 - 3 € (billet groupé avec le Musée archéologique).

Il abrite les célèbres **fresques★★★** d'Akrotíri. Peintures murales vieilles de 4 000 ans, colorées et vives, elles rappellent les fresques crétoises de la même époque. Le musée retrace également l'histoire de l'île depuis l'époque néolithique.

Ville basse (Kato Thíra)

En contrebas s'étage un dédale de ruelles accrochées à la falaise. De cette cascade de maisons en terrasses jaillissent deux églises blanches, Ágios Ioánnis et Ágios Minás, coiffée d'une lanterne.

Quartier catholique★

Situé au nord, c'est l'endroit le mieux conservé de Thíra, malgré les destructions de 1956. Prenez la rue Ágios Minás qui longe le précipice. Les couchers de soleil y sont magnifiques… et très photographiés. Puis marchez dans les ruelles bordées de maisons aux teintes ocre.

Musée archéologique

✆ 22860 22217 - tlj sf lun. 8h30-15h - 3 € (billet groupé avec le Musée préhistorique).

Ce musée expose suivant un ordre chronologique : idoles et vases cycladiques du 3e millénaire av. J.-C., céramiques du 8e au 4e s. av. J.-C., fragments de *kouroi* archaïques, figurines de terre cuite et statues des époques hellénistique et romaine.

Palais Ghizi

Lun.-sam. 10h30-13h30, 17h-20h ; dim. 10h30-16h - 3 €.

Cette villa aristocratique datant de 1700 abrite un centre culturel où sont conservés des gravures et des photographies de Santorin avant le séisme de 1956, mais aussi des manuscrits, des éditions anciennes, des costumes et des objets traditionnels.

Non loin, le **couvent des Sœurs de la Charité** a été réhabilité en atelier de fabrication de tapis ouvert à la visite.

Ágios Ioánnis dresse son haut clocher au-dessus des toits. Tout près, jouxtant le cloître des dominicaines, une église abbatiale se visite… à condition qu'une sœur vous ouvre la porte. L'édifice est un étonnant mélange d'art baroque et d'architecture cycladique.

Centre Petros M. Nomikos

En revenant vers la caldeira - ✆ 22860 23016/19 - tlj. 10h-18h - 3 €.

Ce musée expose des reproductions en 3D des **fresques de l'ancienne Thíra** dont les originaux sont dispersés dans les musées. Pédagogique et évocatrice, la visite constitue une bonne introduction à celle du site archéologique.

Au nord, Thíra touche les bourgades de **Firostefani★** et d'**Imerovigli★**. Près de ce village (belle iconostase dans l'église moderne), au fond d'une cuvette, le monastère Ágios Nikólaos date du 17e s. Au-dessus de la grande cour carrée s'élèvent l'église abbatiale abritant une belle iconostase, mais aussi les communs et les cellules des moniales. À l'ouest du village se dresse la citadelle en ruine de **Skáros**, dans un site très impressionnant, face à l'abîme.

Ía★★★

À 11,5 km au nord de Thíra. Accès par bus, ou en 2h à pied par le superbe chemin longeant la falaise.

La route en corniche, parfois vertigineuse, offre des vues aériennes sur la caldeira et sur la campagne soigneusement cultivée qui descend en larges paliers jusqu'à la mer. Ía, perchée également sur la falaise, est plus paisible que Thíra. La **vue★★★** est magni-

fique sur le croissant de Santorin, la rade, ses îlots volcaniques et l'île de Thirassía. Des maisons troglodytiques couleur pastel, des demeures patriciennes, des églises blanches, certaines à dôme bleuté, composent ce village typique. Ía est composée de cinq petites localités : Ammoúdi, Arméni, Tholos, Ía elle-même et Finoikia.

Ammoúdi, à la fin du 19e s., était une ville prospère. Une centaine de bateaux dépendaient d'elle, ce qui lui permettait de faire du commerce dans toute la Méditerranée orientale. Cette richesse lui valut de se doter de belles églises, de maisons cossues et de places ornées de marbre. Un petit **Musée maritime** évoque cette période. *Tlj sf mar. 10h-14h, 17h-20h - 3 €.* La plage de cailloux noirs, en contrebas (tavernes), occupe un site exceptionnel.

Visiter

Akrotíri★★

Au sud-ouest de l'île, en longeant la caldeira - ✆ 22860 81366 - tlj sf lun. 8h30-15h - 5 € (en restauration lors de notre visite).

Cette cité de l'âge du bronze fut fondée au 2e millénaire av. J.-C. Enfouie comme Pompéi sous une épaisse couche de cendres imperméable, elle a été découverte en 1967 par le professeur Marinatos, qui mourut accidentellement ici en 1974. De nombreuses découvertes furent faites, parmi lesquelles les fresques exposées dans le musée de Thíra. Miraculeusement protégée, Akrotíri livre au visiteur ses rues, ses places dallées, ses maisons à étage dont les escaliers, les portes et les fenêtres ont été en partie conservés. Les grands vases *(pithoi)*, dans lesquels étaient conservés les aliments, ont été laissés à l'endroit où ils furent trouvés. La cité a sans doute été abandonnée par ses habitants avant la catastrophe, car on n'y a pas retrouvé de corps.

Thíra antique★★★ (Archaía Thíra)

Sur la côte est. Accès près de Perissa par une route en lacet, laisser la voiture au col de Mésa Vounó d'où part le sentier menant aux ruines - tlj sf lun. 8h30-14h30 - gratuit.

Occupant une étroite crête rocheuse au-dessus de la mer Égée qu'elle domine de près de 400 m, l'antique Thíra fut une cité importante durant la période hellénistique. Elle fut fondée au 9e s. av. J.-C. et atteignit son apogée sous les Ptolémées égyptiens (300-150 av. J.-C.) qui avaient installé ici une base navale. Elle déclina sous les Romains et fut abandonnée au Moyen Âge. Le **site★★★**, ainsi que la cité, sont exceptionnels.

Après un quartier byzantin, vous arrivez dans un enclos sacré. Il a conservé son autel de la Concorde et des inscriptions gravées dans la paroi du rocher. De curieuses sculptures représentent le lion d'Apollon, l'aigle de Zeus, le dauphin de Poséidon.

L'agora était bordée par un temple de Dionysos précédé d'un escalier et par un portique romain, dont subsiste la base. En arrière se trouvait un quartier résidentiel.

Laissez, à gauche, le théâtre datant des Ptolémées et remanié par les Romains et empruntez la Voie sacrée conduisant au temple d'Apollon. Il était précédé d'une cour sur laquelle donnaient deux chambres. Au-delà s'élevaient la terrasse et le gymnase des Éphèbes.

En revenant, prendre à hauteur du théâtre la rue qui monte à gauche vers le sanctuaire des dieux égyptiens Isis, Sérapis, Anubis, taillé dans le roc.

Séjourner

L'île de Santorin comprend plusieurs plages de sable noir et quelques stations fréquentées. En bas des douces pentes du volcan, sur le pourtour de l'île, le rivage est étrange, très différent de celui des autres Cyclades. On perd vite pied (sauf à Monólithos) et les courants sont parfois violents.

Les plages les plus belles se trouvent à l'est et au sud : Monólithos, Kamári (principale station balnéaire de l'île), Perissa, Vlicháda (connue pour ses rochers sombres), Kokini (Red Beach), Lefki Pigadia (White Beach) et Mesa Pigadia.

Circuits de découverte

PROMENADE EN BATEAU DANS LA CALDEIRA★★★

Excursion en bateau traditionnel au départ du vieux port (Skála), en contrebas de Thíra (on peut partir aussi d'Ía). Un escalier descend de Thíra vers l'embarcadère de Skála (20mn). Si vous ne voulez pas marcher, des mulets vous transporteront. Vous pouvez également prendre le téléphérique (suivre les panneaux « Cable car »). Prévoyez de bonnes chaussures pour la montée sur les reliefs volcaniques, un chapeau, de l'eau et un maillot de bain.

Le trajet décrit ci-dessous dure environ 3h. Billets en vente dans les agences. Excursion volcan et sources chaudes, à partir de 15 €, avec escale à Thirassía et Ía, 20 €. Ajoutez 2 € pour marcher sur le volcan.

Néa Kaméni★★

Cette île étrange située au centre de la caldeira et constituée de lave solidifiée noirâtre existe depuis seulement quelques siècles. En 30mn de marche sur un sentier de cendres, vous atteignez le sommet de l'île. La vue est très belle. Des pentes sortent parfois des fumerolles, entre des croûtes de soufre.

Palea Kaméni★★

L'île date du début de notre ère. Le bateau s'arrête à l'entrée d'une crique et vous pourrez gagner le rivage en nageant. À mesure que vous vous en approchez, l'eau, rougie par les boues du bas-fond, devient de plus en plus chaude et des bulles de gaz éclatent à la surface. Le spectacle et les sensations sont étonnants.

Thirassia★

Accessible également par une ligne régulière de caïques au départ d'Ía.

Sur cette petite île qui fait face à Ía, vous pourrez vous baigner dans la baie de Korfos ou monter jusqu'au village de **Manolas**, perché en haut d'un escalier de 145 marches, pour profiter d'une autre vue sur la rade et le village d'Ía.

Le bateau fait escale au pied d'Ía avant de rentrer à Skála en longeant les falaises sombres de la grande île.

Un important cataclysme

Vers 1500 av. J.-C., pendant plusieurs mois, l'île subit des secousses de plus en plus fortes. Le volcan commence à gronder et la population s'enfuit. Sous la terre, l'activité est à son comble. Puis la pression accumulée à l'intérieur de la montagne se décharge brutalement en une monstrueuse explosion, provoquant la destruction du centre de l'île, tandis qu'une colonne de poussières et de cendres de plusieurs dizaines de kilomètres monte dans le ciel, plongeant la région dans la nuit. Un raz de marée submerge les côtes voisines, jusqu'en Crète. La vague à sa naissance a probablement quelque 200 m de haut… Au centre de l'île, le nouveau cratère, plus bas que le niveau de la mer, est envahi avec fracas par les eaux. Cette éruption a été l'une des plus violentes de l'histoire des hommes.

LE CENTRE DE L'ÎLE★

Cet itinéraire permet de découvrir quelques beaux villages, églises et monastères. Après Mesariá, au sud-est de Thíra, une petite route sur la droite semble s'enfoncer dans la terre.

Vóthonas

En partie creusé le long d'une faille dans la couche de pouzzolane (scories volcaniques), ce village est à moitié enterré. De la route qui y mène, on ne voit d'abord que les coupoles des églises, le campanile et la cime des palmiers.

Episkopí Goniás★

À la hauteur de Mesa Gonia, au sud-est de Vóthonas, un chemin carrossable sur la droite conduit au sud du village jusqu'à cette église, appelée encore Panagia Episkopí. C'est l'une des plus belles de l'île. Fondée par l'empereur byzantin Alexis II Comnène à la fin du 11e s., elle renferme des fresques datant du 12e s.

Pirgos

Le village le plus élevé de l'île est composé de rues concentriques, la dernière ceinture de maisons formant rempart. Il possède quelques belles maisons néoclassiques et les vestiges d'un château vénitien.

Monastère Profítis Ilías★

À 4 km au sud-est de Pirgos.

Ce monastère fondé en 1711 est bâti sur le sommet du même nom, point culminant de l'île. De là, vous avez par beau temps une **vue★★** magnifique sur Santorin, la caldeira, les îles voisines (Anáfi, Íos). La bibliothèque et les sous-sols abritent un musée consacré à l'art religieux (icônes, manuscrits, ornements liturgiques) et au folklore local.

Revenir à Pirgos et poursuivre vers la caldeira.

Megalohori

Près de ce village (joli clocher surplombant une ruelle), à environ 500 m sur la route de Perissa, s'élève la curieuse chapelle d'Ágios Nikólaos Marmaritis, en marbre clair. Il s'agit d'un temple funéraire du 3e s. av. J.-C. fort bien conservé. À l'écart du village d'Emboreio subsistent les beaux restes d'une forteresse vénitienne enfermant quelques maisons anciennes et une église du 15e s.

Santorin pratique

Informations utiles

Pas d'office de tourisme, mais les nombreuses agences touristiques à Thíra, Ía, Kamári et Perissa proposent tous les services (billets, conseils au logement, excursions, brochures, cartes...). Parmi les plus accueillantes et efficaces, l'agence **Pelican** – *Sur la place principale de Thíra - 22860 22220 - www.pelican.gr.*

www.santorini.gr (en anglais).

Poste – *Thíra - Odos Martiou - 8h-14h.* Bureaux à Kamári et Ía.

Centre de santé (hôpital de Thira) - *22860 22237 ; Ía - 22860 71227 ; Kamári - 22860 31175.*

Police – *Thíra - Odos Martiou (en face de la poste) - 22860 22649.*

Transports

Bateau – Nombreuses liaisons quotidiennes avec **Le Pirée** (3h30-13h20 environ selon le type de bateau et les escales), **Íos** (35mn-1h30), **Mílos** (1h50-6h), **Náxos** (2h-4h), **Páros** (3h-8h) et **Mikonos** (1/j., 2h45). Également avec **Siros** (5/sem., 5h-8h20), **Amorgós** (3/sem., 1h-3h15), **Folegandros** (2/sem., 2h20-3h35), **Kithnos** (2/sem., 11h30), **Serifos** (2/sem., 8h40), **Sífnos** (2/sem., 7h30) et **Lávrio** (1/sem., 14h30). **Santorin** a aussi des liaisons avec la **Crète** (plusieurs/j., 1h40-4h), **Rhodes** (2/sem., 14h), **Kárpathos** (4/sem., 12h).

En été, de **petits bateaux** assurent des liaisons supplémentaires entre les Cyclades centrales et vers les petites Cyclades. Dès que le vent se lève, vous y serez très secoué et le temps de traversée sera allongé.

Bon à savoir – De jour comme de nuit (en juil.-août), un bus fait la navette entre le port d'Athiniós et Thíra *(terminus juste avant la place Theotokopoulou - env. 1,60 €)*. En taxi, comptez 10 € pour Thíra *(prix fixes)*.

Avion – Plusieurs vols quotidiens arrivent à l'aéroport international de Santorin (50mn - env. 95 €). Vols vers Mikonos (4-6/sem.), Rhodes (3-6/sem.), Héraklion (2/sem.). À votre arrivée, un bus fait la navette avec Thíra. Il existe aussi des vols charters au départ de Paris et de grandes villes de province, plus chers que pour Athènes.

En bus – Le réseau de bus est dense et fonctionne tard dans la nuit. Les horaires sont affichés sur le kiosque de la station centrale de Thíra, place Theotokopoulou, et aux principaux arrêts. Cinq lignes : Thíra-Imerovigli-Vourvoulo-Ía, Thíra-Mesariá-Pirgos-Akrotíri, Thíra-Mesariá-Pirgos-Megalohori-Emporeió-Perissa, Thíra-Kamári, Thíra-Monólithos.

Location de véhicules – Nombreuses agences. Louez de préférence dans le village où vous résidez (la plupart des loueurs conduisent la voiture à votre hôtel). Pour les scooters, prenez absolument un casque. Nombreuses stations-service, bien réparties sur les routes principales de l'île.

Bon à savoir – Attention, beaucoup de monde et la plupart, surtout les bus, roulent au milieu de la route, généralement étroite et sinueuse. Même si le réseau routier est de bonne qualité et dessert pratiquement tous les villages et les plages, redoublez de prudence sur cette île où les accidents sont fréquents et les embouteillages nombreux en saison.

Se loger

Bon à savoir – Avec Mikonos, Santorin est l'île la plus chère des Cyclades. Côté caldeira (Thíra, Firostefani, Ía), vous aurez la vue et l'animation, mais un trajet de 30mn pour aller à la plage. En compensation, certains hôtels ont une piscine, mais leurs prix sont en conséquence. Le quartier est de Thíra, sans vue, revient moins cher. Si vous privilégiez la baignade, optez pour Kamári ou Perissa (nombreuses liaisons en bus avec Thíra et Ía), qui souffrent pour leur part d'un tourisme de masse.

THÍRA

Les meilleures possibilités de logement se trouvent à Firostefani, le long des falaises, ou juste au sud de la cathédrale (Mitropoli).

Hotel Keti – *Le long de la falaise au sud de la cathédrale orthodoxe - 22860 22324 - www.hotelketi.gr - 7 ch.* Petites chambres troglodytiques confortables, avec vue sur la caldeira. Très calme.

Hotel Galini – *Firostefani - 22860 22095 - www.hotelgalini.gr - 13 ch.* Accroché à la corniche, il propose de belles chambres avec vue sur la caldeira. Bar très agréable et accueil sympathique. Petit-déjeuner en sus.

ÍA

Pension Galini Ía – *À l'entrée de Ía sur la droite - 22860 71396 - www.galini-ia.*

gr - 17 ch. et 4 appart. Ensemble traditionnel plein de charme. Simple et confortable. Vue sur la piscine, les vignes et la mer. Accueil très gentil.

Se restaurer

THÍRA

⊖ **Archipelagos** – *www.archipelagos-santorini.com.* Belle terrasse et salle chaleureuse. Excellents poissons frais et copieuses salades.

⊖⊖⊖ **Selene** – *À l'extrémité de Thíra, après l'hôtel Atlantis - www.selene.gr.* Installé face à la caldeira, restaurant très chic qui propose une nouvelle cuisine grecque très créative : sardines aux pignons et à l'orange, mousse de fromage aux tomates et câpres confites. La carte des vins locaux est très fournie. Très bonne table.

ÍA

⊖ **Thomas Grill** – *Dans la rue qui relie la place des bus à l'église.* Taverne sans prétention mais très chaleureuse, fréquentée par les Grecs. Cuisine simple, copieuse et savoureuse. Essayez le *tzatziki*, très frais, et le *baklava*, fondant.

⊖⊖⊖ **Papagalos** – *Le long de la falaise, le soir seult - www.papagalosrestaurant.com.* Terrasse gris perle sous des canisses, chic et sobre où l'on sert une cuisine grecque revisitée à base de produits biologiques.

Faire une pause

THÍRA

Kastro – *À côté de l'entrée du téléphérique.* Grand bar sur deux étages. Superbe vue sur la caldeira. Excellente adresse pour le petit-déjeuner : jus de fruits frais, pain croustillant, cake et bon café.

Jazz Bar – *Dans la rue principale.* Une petite salle ocre tout en longueur. Bonne musique. Tranquille.

ÍA

Fanari Bar – *Au bout du village, face à l'île de Thirassía.* Vue imprenable sur l'entrée de la baie et ambiance lounge.

Sports et loisirs

Plongée – Deux clubs pour plongeurs confirmés. **Santorini Dive Center** - *Akrotíri - ✆ 22860 83190 - www.divecenter.gr.*; **Mediterranean Dive Club** - *Perissa - ✆ 22860 83080.*

Randonnées – Santorin compte peu de sentiers, mais il y a de jolies balades à faire entre Ía et Thíra, autour du mont Profítis Ilías, au sud d'Emboreió et à l'ouest d'Akrotíri.

Sérifos

Σέριφος

1 414 HABITANTS – 75 KM²
CARTE GÉNÉRALE RABAT II C2 – MER ÉGÉE – CYCLADES

Sérifos n'est pas très éloignée du Pirée, et pourtant c'est l'une des mieux préservées des Cyclades. Sa vocation a longtemps été industrielle et des mines y ont été exploitées dès le 14e s. Les Vénitiens firent même venir des esclaves en nombre tant le sous-sol était riche. Les divers gisements se sont taris dans l'entre-deux-guerres, et ce n'est que récemment que l'île s'est ouverte au tourisme, essentiellement athénien. Ses nombreuses baies, criques et plages valent bien celles de ses voisines, et la petite Hora éclatante de blancheur est l'un des beaux villages des Cyclades.

- **Se repérer** – L'arrivée en bateau se fait au port de Livádi, distant de 2 km de Hora, la capitale perchée. Les plages se concentrent autour du port tandis que la partie nord-ouest de l'île, déserte et escarpée, est nettement plus aride.
- **À ne pas manquer** – Hora et une baignade à Psili Ammos.
- **Organiser son temps** – Comptez deux jours au moins.
- **Pour poursuivre le voyage** – Kithnos, Mílos, Sífnos.

Se promener

Livádi

Sur la côte orientale, au fond d'une baie abritée du vent, c'est à la fois le port et la station balnéaire de l'île qui s'étire de Pounti, où accostent les ferries, à la plage d'Avlomonas, long ruban de sable et de galets frangé de tamaris. L'architecture moderne, de style cycladique, s'intègre bien au paysage. Derrière s'étendent jardins potagers et orangeraies.

SÉRIFOS★★ (Hora)

Accessible en bus au dép. du port ou à pied par de larges marches en pierre (1h).

Dans un **site★★** spectaculaire, Hora est un beau village médiéval dominant la baie de Livádi et qui défendait autrefois une citadelle (kastro). Typiquement cycladique, cette étincelante cascade de maisons blanches s'accroche à la colline rocheuse aux teintes brunâtres. Ses maisons à un étage, hautes et étroites, bâties avec les pierres de l'ancienne citadelle vénitienne, ses escaliers, ses ruelles en pente, ses petites places fleuries invitent à la flânerie.

J.-P. Nail / MICHELIN

Une maison du kastro de Sérifos.

Musée d'Art populaire

Tlj sf lun. 17h-20h - 2 €.

Il présente une collection d'objets de la vie quotidienne du 19e s. et du début du 20e s. offerts par des habitants de l'île.

Musée archéologique

Derrière le bar Plateia - tlj sf lun. 8h30-13h - gratuit.

Il rassemble des marbres sculptés datant de la période romaine.

Hôtel de ville (Dimarchio)

Sa façade néoclassique de la fin du 19e s. se dresse sur une jolie place où vous trouverez deux tavernes.

Ágios Athanasios

À gauche de l'hôtel de ville, la masse blanche de cette église du 18e s. est étincelante aux heures les plus lumineuses de la journée. Elle abrite une belle iconostase en bois sculpté.

Kastro

Au sommet de la colline, il ne reste pratiquement rien du kastro vénitien. À la place se dresse une église, Ágios Konstantinos kai Eleni. De là, vous avez une belle **vue★** sur la baie de Livádi et l'île de Sífnos.

Découvrir

Panagía

À 6 km au nord de Hora.

Joli village construit sur la pente du mont Troulos (585 m), point culminant, il offre une belle vue sur l'intérieur de l'île. À l'ombre d'un olivier séculaire, l'**église de la Panagía★**, reconnaissable à sa toiture de tuiles, est la plus ancienne de Sérifos (10e-11e s.). Le bas-côté droit abrite de remarquables fresques qui dateraient du 13e s.

Monastère des Taxiarques★

À 8 km au nord de Hora. En bus, après le hameau de Galani, prendre un sentier sur la gauche et marcher 2 km. Horaires de visite aléatoires.

Construit sur une falaise à 100 m au-dessus de la mer, c'est le plus grand bâtiment de l'île, sorte de forteresse toute blanche édifiée vers 1600. Plusieurs bâtiments s'ordonnent autour d'une agréable cour dallée de marbre, plantée de jasmins et de pins. L'église abrite une belle iconostase. Un moine sympathique y réside.

Kendarchos (Kallisto)

À 10 km au nord de Hora.

Le village est situé sur une colline en amphithéâtre surplombant une petite vallée agricole où poussent vignes, oliviers, figuiers, amandiers et cultures potagères.

Mega Livádi

À 13 km au sud-ouest de Hora.

Une mine de bauxite fut exploitée sur l'île entre 1880 et les années 1920. Une petite ligne de chemin de fer fut même construite. Le nouveau village de Mega Livádi compta alors jusqu'à 700 habitants et devint l'endroit le plus peuplé de Sérifos.

Au fond d'un fjord, ce village a été le port de chargement de la bauxite à partir de 1880 et le siège de la société d'exploitation. Bordée de bâtiments en ruine, l'atmosphère de cette crique est étrange, comme irréelle.

Séjourner

PLAGES★

Côte est

Depuis Livádi, un sentier permet d'atteindre, en 30mn, la jolie crique de Tspilipaki puis la **plage de Lia★**. Juste derrière se trouve celle d'Ágios Sostis, suivie de la plage fréquentée de **Psili Ammos★** dont les eaux sont extraordinairement limpides. Celle d'Ágios Ioánnis, plus loin, est relativement calme. En poursuivant ce sentier escarpé, vous pouvez rejoindre le village de Kendarchos.

Côte sud★

Parmi les criques abritées du meltem, celle d'Ambeli se gagne par le premier chemin de terre sur la gauche après Ramos, un peu avant la fin de la route asphaltée.

Accessibles par une piste, trois grandes plages se trouvent au fond de la **baie de Koutalas★**.

Côte nord★

Après le village de Panagía, une piste sur la gauche conduit à la **baie de Sikamia★**, belle échancrure bordée par une grande plage de sable et un petit port.

Au nord du monastère des Taxiarques, Platis Gialós est aussi une jolie plage.

Sérifos pratique

Informations utiles

EOT – *À 100 m en descendant du bateau, sur la gauche.* Ouvre de temps en temps en été et donne une liste d'hébergements. Trois agences de voyages vendent les billets de bateau et pourront vous renseigner : **Krinas Travel**, **Condilis** et **Apiliotis**.

Poste – À Livádi, derrière le port.

Santé – Un médecin à Hora mais il change tous les étés ; pharmacie - *Livádi - ✆ 22810 51205.*

Police – *✆ 22810 51300.*

Transports

Bateau – Liaisons quotidiennes avec **Le Pirée** (2h20 à 5h10 de trajet environ selon le type de bateau et les escales), **Kithnos** (1h20), **Sífnos** (25mn-50mn) et **Mílos** (1h30-2h30). Liaisons hebdomadaires avec **Siros** (3/sem., 2h10), **Folegandros** (2/sem., 5h), **Íos** (2/sem., 7h), **Santorin** (2/sem., 8h40) et **Tínos** (1/sem., 5h15).

Bus – Des bus font de fréquentes navettes entre Livádi et Hora, et continuent moins fréquemment vers Galani et Kendarchos. Au bout de la rue asphaltée, là où commence la rue piétonne pavée, à 200 m du bateau, arrêt du bus, panneau jaune avec les horaires.

Location de véhicules – *En sortant du bateau, à gauche du débarcadère.* **Krinas Travel** - *✆ 22810 51488.* Loue des deux-roues et des voitures fiables. Vous pouvez également vous adresser à **Blue Bird** (Nikos Galanos) - *✆ 22810 51511.* Station d'essence à la sortie de Livádi.

Se loger

LIVÁDI

⊜ **Hôtel Areti** – *Accès par la 1re ruelle sur la gauche en débarquant - ✆ 22810 514 79/51107/51576 - 13 ch. et 5 studios.* Hôtel bien rénové, juste au-dessus du port. Chambres confortables avec balcon. Elles donnent toutes sur une grande et belle terrasse où l'on peut prendre le petit-déjeuner en sus.

⊜⊜ **Maistrali** – *Au bout du port sur la droite - ✆ 22810 51220/51381 - 20 ch.* Reconnaissable à sa façade à colonnettes, cet établissement est un peu à l'écart de l'agitation nocturne du port. Chambres calmes avec une jolie vue sur mer. Petit-déjeuner buffet en sus.

Se restaurer

LIVÁDI

⊜ **Takis** – *Sur le port.* Cuisine grecque traditionnelle sans surprise mais de qualité. La *moussaka* est excellente. Accueil sympathique.

⊜ **Margarita** – *Tout au bout de la route qui longe la plage, par le chemin de terre sur la gauche.* Cette taverne propose d'excellents plats cuisinés très bon marché. Atmosphère authentique.

HORA

⊜ **Zorbas** – *Sur la place de la mairie.* Jetez un coup d'œil à la décoration intérieure de cette taverne dont l'accueillant patron, artiste à ses heures, n'est pas peu fier. Bon assortiment de *mezes* qu'il faut prendre le temps de déguster, le soir, sur la place.

Faire une pause

LIVÁDI

Le long de la plage de Livádi, vous avez l'embarras du choix. Faites-le en fonction de vos goûts musicaux : **Alter Ego** et **Captain Hook** pour les amateurs de musique grecque populaire. Au **Bar Karnagio**, bonne musique rock, avec tables sur la plage. Il y a également une discothèque sur la gauche, l'**Edem Club**, en sortant de Livádi en direction de Hora. Le **Navtikos Omilos**, ou Yacht Club, est un café-bar sous les tamaris, au début de la plage, où l'on peut déguster son petit-déjeuner en contemplant la baie. Le soir, musique moins forte qu'ailleurs et bonne programmation.

Événements

Plusieurs processions votives : le 5 mai à Koutalas (sud de l'île), le 6 août à Ambeli (sud de l'île), le 16 août à Panagía et le 7 sept. à Livádi.

Sífnos★

Σίφνος

2 442 HABITANTS – 74 KM²
CARTE GÉNÉRALE RABAT II C3 – MER ÉGÉE - CYCLADES

Masses rocheuses et arides, maquis composé de broussailles, belles plages de sable clair, coteaux sculptés en terrasses, oliviers centenaires, murets de pierre sèche, villages aux ruelles fleuries, blanches maisons cubiques, moulins, pigeonniers, chapelles, monastères composent un paysage cycladique de carte postale... Très fréquentée par les Athéniens, cette belle île était réputée pour ses artisans potiers. Elle a gardé son authenticité en dépit de constructions de plus en plus nombreuses.

- **Se repérer** – Les bateaux accostent au port de Kamáres, distant du bourg principal, Apollonía, de 5 km, également carrefour routier de l'île. Les falaises abruptes de sa côte ouest contrastent avec ses vallons plus fertiles à l'est, le nord est assez désertique et les plages se concentrent au sud.
- **À ne pas manquer** – Kastro, Vathi, l'ascension du mont Profítis Ilías.
- **Organiser son temps** – Comptez trois jours.
- **Pour poursuivre le voyage** – Mílos, Sérifos.

Comprendre

Habitée depuis des millénaires, l'île abritait des mines d'or et d'argent exploitées par les Phéniciens, puis par les Minoens et les Ioniens. Le trésor de Sífnos, conservé au musée de Delphes *(voir p. 195)*, témoigne de cette opulence passée. Malgré la raréfaction de ses métaux précieux, Sífnos fut ensuite convoitée par les pirates, les Vénitiens, les Maltais, les Turcs. Les îliens tentèrent de résister en construisant des villages fortifiés à l'intérieur des terres. Puis la paix revint. À partir du 17e s., la prospérité s'installa de nouveau. Des moines catholiques et orthodoxes y développèrent alors une intense vie culturelle.

Ch. Legrand / MICHELIN

Pêcheur de Sífnos faisant sécher ses filets.

Découvrir

Kamáres

Le long d'une côte rocheuse, encaissée entre deux montagnes, la baie de Kamáres est étroite. L'attrait principal de ce port devenu station balnéaire à l'ambiance familiale reste sa plage, l'une des plus longues de l'île, plane et très propre. Tavernes, cafés et bars bordent la jetée et les ruelles adjacentes. De l'autre côté de la baie se trouve le hameau d'Agía Marina, dominé par une petite chapelle.

Apollonía

Au centre de l'île.

Le nom du chef-lieu est dû au dieu de la Beauté, dont un temple dominait le site. Apollonía est construite en amphithéâtre sur trois collines verdoyantes sculptées de terrasses régulières. Avec les villages de Pano Petali, Artemónas, Katavati, Kato Petali, Ágios Loukas et Exambela, elle forme une seule et même agglomération, avec un réseau continu d'habitations dominées par les dômes bleus des églises.

Platia Iroon

Sur la place principale se trouve un petit **musée d'Art populaire** exposant outils agricoles et domestiques, vêtements traditionnels, broderies, étoffes anciennes, céramiques, vieilles armes. *15 juin-15 oct. : tlj sf dim. mat. 10h-14h, 19h-23h. 1 €.*

Stilianou Prokou

Cette étroite ruelle pavée bordée de cafés, tavernes et boutiques conduit du musée à la cathédrale Ágios Spiridon, abritant la belle icône de Chryssopigi.

Ágios Athanassios

Cette église cache aussi un trésor : des fresques et une iconostase en bois sculpté remarquables.

Panagía Iouranofora★ (ou Ghieraniofora)

Dans la partie haute du bourg, en allant vers Pano Petali. C'est la plus belle église d'Apollonía. Construite au 18e s., elle conserve des colonnes provenant d'une église beaucoup plus ancienne et une belle iconostase.

Pano Petali★

Ce village se trouve dans le prolongement d'Apollonía. Vous y verrez l'église Ágios Ioánnis, de style italianisant, et la **Panagía ta Gournia★** qui abrite des fresques et une belle iconostase en bois.

Plus bas, le quartier d'Ágios Loukas ne manque pas de charme avec ses ruelles en pente.

Artemónas★

Juste à côté, le bourg d'Artemónas doit probablement son nom à la déesse Artémis, la jumelle d'Apollon, née à Délos. Un temple occupait le site où se dresse aujourd'hui l'église de Kochis. Dans ce vieux village où habitaient jadis certains notables de l'île, de petites maisons traditionnelles avec jardins fleuris de bougainvilliers avoisinent des demeures néoclassiques des 18e et 19e s.

L'église **Panagía tou Ammou**, au centre du bourg, abrite une belle iconostase, véritable dentelle de bois doré. Quant à l'église **Ágios Konstantinos** (1462), c'est un magnifique exemple d'architecture cycladique. Au sommet de la colline, au-dessus de l'église Ágios Merkourios, vous avez une **vue★** magnifique sur Sífnos et les îles voisines.

Kastro★★

Au nord-est d'Apollonía. Accessible à pied (45mn) ou en bus.

Cette cité fut la capitale de l'île de 1207 à 1537 à l'époque de l'occupation vénitienne et le resta sous la domination ottomane. C'est un bon exemple de ville fortifiée juchée en surplomb du rivage. Les murs extérieurs des maisons forment rempart. Aujourd'hui, ce lieu abrite cafés, restaurants et ateliers d'artistes. Escaliers, ruelles étroites, passages voûtés, balcons à l'italienne, colonnes et blasons de marbre à l'entrée des maisons seigneuriales, églises anciennes composent un joli tableau.

Le **Musée archéologique** conserve des statues archaïques et classiques, des céramiques des époques antique et byzantine. *Tlj sf lun. 8h30-15h - gratuit.*

Au pied de Kastro, l'ancien port de Seralia n'est plus qu'une simple crique avec une petite plage bordée de tavernes. Plus haut, deux églises – Ágios Stefanos et Ágios Ioánnis – veillent sur le cimetière de Kastro.

MONASTÈRES ET ÉGLISES

Profitís Ilías★

2h AR. À l'ouest d'Apollonía, au point culminant de l'île. Le sentier commence à 3 km d'Apollonia, à droite de la route menant à Vathi.

Le plus important édifice monastique de Sífnos ressemble à une impressionnante forteresse. Certaines parties datent du 12e s. La muraille de pierre blanche est dominée de tourelles au-dessus de laquelle surgit la coupole du catholicon. Vous pouvez visiter les galeries, les cellules et des couloirs souterrains. D'ici, par temps clair, la **vue★★** sur les Cyclades est magnifique. Vous apercevez Sérifos, Siros, Antíparos, Íos, Síkinos, Folegandros, Poliaigos et Kímolos.

Vue du cimetière de Kastro.

Panagía Poulati

Au nord de Kastro, suivre le sentier côtier. Le long du rivage, perché au bord de la falaise, ce monastère abandonné, édifié en 1871, se dresse dans un **site★** de rochers, d'oliviers et de cyprès qui rehaussent la blancheur de l'église.

30mn. Un escalier grossièrement taillé à flanc de coteau vous permet de joindre Artemónas à pied.

Panagía Vrissis

Ses murs fortifiés construits vers 1600 enserrent des cellules et une cour au centre de laquelle se dresse le catholicon. L'une des salles abrite un Musée byzantin. C'est le seul monastère encore occupé.

Panagía Chryssopigi★★

Dédiée à la sainte protectrice de l'île, cette église fut construite en 1650 sur une presqu'île rocheuse, **la pointe de Petalos**. Image symbole de Sífnos, c'est un lieu de pèlerinage.

Séjourner

PLAGES

Plage de Chersonissos

À 15 km au nord d'Apollonía. Ce minuscule port de pêche est blotti au fond d'une crique rocheuse. Une plage de sable, deux tavernes, un quai, des filets de pêche et des caïques composent un joli tableau.

Plage de Vathi★★

Côte sud-ouest, à 9 km d'Apollonía. La plus jolie plage de l'île et son petit port de pêche se trouvent dans une baie cernée de collines où poussent oliviers et garrigue. Le monastère des Taxiarques (16e s.), bâtiment tout blanc coiffé de deux dômes, se dresse sur un môle, au bord du rivage. La plage elle-même est vraiment agréable et bien abritée du vent.

Plage de Platis Gialós

Côte sud, à 6 km d'Apollonía. La plage de sable fin de Platis Gialós est la principale station balnéaire de l'île. Au nord de la baie, au sommet de la colline, du blanc monastère de la Panagía Vounou (1813), vous aurez un beau panorama.

Faros

Côte sud-est, à 7 km d'Apollonía. Port principal de l'île au 19e s., le village conserve une petite flottille de pêche. Sur la droite s'étire la plage de sable d'Apokofto, bordée de tamaris et de tavernes.

Sífnos pratique

Informations utiles

EOT – *Kamáres (au débarcadère, à 50 m sur la droite) - ✆ 22840 31975 - info@sifnos.gr.* Accueil sympathique et dynamique, réservations hôtelières, cartes de l'île, horaires et itinéraires des bus, consignes (0,50 €/bagage).

L'**Association des propriétaires** de logements locatifs se trouve à Apollonía *(en face de la poste)* et peut également vous aider à trouver une chambre *(✆ 22840 31333).*

www.sifnos.gr (en anglais).

Poste – *Apollonía - place Iroon.*

Santé – Centre de soins - *Apollonía - ✆ 22840 31315*; **pharmacies** – *Apollonía - place Iroon et sur la route d'Artemónas - ✆ 22840 33033/33541.*

Police – *Apollonía - ✆ 22840 31210.*

Transports

Bateau – Nombreuses liaisons quotidiennes avec **Le Pirée** (2h40-6h20 de trajet env. en fonction du type de bateau et d'escales), **Kithnos** (2h20), **Sérifos** (25-50mn) et **Mílos** (50mn-1h30). Liaisons hebdomadaires avec **Folegandros** (4/sem., 50mn-4h), **Siros** (3/sem., 3h15-5h10), **Páros** (2/sem., 3h20), **Íos** (2/sem., 6h), **Santorin** (2/sem., 7h30) et **Tínos** (1/sem. 4h20).

Bus – Cinq bus relient les villages de l'île. Horaires affichés à certains arrêts et distribués à l'office de tourisme. Départ des bus de la place d'Artemónas : lignes pour Kamáres, Platis Gialós, Kastro, Faros, Vathi et Chersonissos. Ils passent tous ensuite à Apollonía (sauf celui pour Chersonisos) et s'arrêtent au carrefour principal.

Bon à savoir – Mieux vaut prendre le bus à Artemónas : ils y passent tous et il y a des terrasses pour les attendre (parfois longtemps…) à l'ombre.

Location de véhicules – Bons véhicules à Kamáres chez **1° Moto Car** - *✆ 22840 33791 - www.protomotocar.gr* et **Niki** - *✆ 22840 33993.* À la sortie d'Apollonía, **Apollo** - *✆ 22840 32237.* Trois stations d'essence dans l'île autour d'Apollonía.

Se loger

PANO PETALI

Hotel Petali – *Dans la ruelle piétonne entre Apollonía et Artemónas - ✆ 22840 33024 - www.hotelpetali.gr - 23 ch.* Les chambres sont décorées avec beaucoup de goût dans les tons ocre et brun. Vue magnifique, piscine très agréable et service sympathique, bien qu'un peu débordé en saison. Restaurant ouvert en saison seulement.

FAROS

Villa Maria – *Entre le village et la plage - ✆ 22840 71421 - www.sifnovillamaria.gr - 5 studios et 2 appart.* Autour d'un beau jardin fleuri, studios agréables et bien tenus. Vue sur la mer et les collines. Très calme.

VATHI

Kalypso – *Devant la mer, au milieu de la plage - ✆ 22840 71127 - 5 ch.* Situation idyllique dans un jardin, à 10 m de la plage, pour le bain du matin.

Se restaurer

ARTEMÓNAS

Liotrivi – *Devant l'église.* Des petites tables de bois disposées dans un cadre délicieux, pour découvrir la cuisine locale (essayez la soupe de pois chiches cuite dans un caquelon).

KASTRO

The Star – *Dans la rue principale.* Accueil adorable de Maria pour déguster une savoureuse cuisine traditionnelle (*moussaka*, croquettes de pois chiches et *pastelo*) sur l'agréable terrasse.

Faire une pause

APOLLONÍA

La vie nocturne se concentre dans odos Stilianou Prokou où il est presque impossible de marcher en été. Très chic, **Argo** propose des cocktails et le DJ fait danser les foules. Sur la route d'Artemónas, **Aloni** organise de bons concerts de musique grecque.

Au carrefour principal d'Apollonía, la pâtisserie **Gerontopoulos** sert toutes sortes de merveilleux gâteaux grecs (à base de miel et d'amandes) ainsi que des glaces maison savoureuses.

Achats

Céramiques (dont les *tsoukalia* et les *flaros* qui coiffent les toits des maisons), et **bijoux**.

Événements

Fêtes – La plus importante est celle de l'église de Chryssopigi (40 jours après la Pâque orthodoxe), généralement suivie de celle de l'église des Taxiarques de Vathi (12 juin).

Durant l'été, les habitants fêtent le monastère Profitis Ilías (19 juil.), l'église Panagía ta Gournia (15 août) et le monastère Ágios Simeon (31 août).

Siros★

Σύρος

21 000 HABITANTS – 86 KM²
CARTE GÉNÉRALE RABAT I B2 – MER ÉGÉE - CYCLADES

Siros est à elle seule un pays en miniature : une capitale avec deux cathédrales, l'une catholique, l'autre orthodoxe, une rade aux eaux profondes, des chantiers navals, un aéroport, des montagnes, une côte sauvage, des criques et des plages, des stations balnéaires, des plaines fertiles, une campagne piquée de villages et de monastères… L'endroit est agréable, bien que très construit, et encore peu fréquenté par les touristes étrangers. C'est une île authentique, une aubaine pour ceux qui veulent échapper à l'affluence d'autres Cyclades plus connues.

- **Se repérer** – La petite île abrite la capitale des Cyclades. Siros est plus montagneuse au nord, conservant quelques plaines fertiles au sud. Les plus belles plages se trouvent sur la côte ouest.
- **À ne pas manquer** – Ermoúpoli, Áno Siros, une baignade à Kini.
- **Organiser son temps** – Comptez deux ou trois jours.
- **Pour poursuivre le voyage** – Ándros, Mikonos, Tínos.

Comprendre

« L'île du Pape » – Au 13e s., les occupants vénitiens et génois fondèrent sur les hauteurs, à l'abri des pirates, la citadelle d'Áno Siros, où ils construisirent une cathédrale catholique, au plus haut de la ville. Le catholicisme se maintint au-delà de 1537, lorsque les Turcs prirent l'île, car, en vertu d'un accord entre François Ier et le sultan, les établissements religieux latins étaient placés sous la protection de la France. Plusieurs congrégations s'installèrent d'ailleurs à partir de 1633 : capucins, jésuites, ursulines, lazaristes de St-Vincent-de-Paul. Elles rendaient la justice, administraient écoles et hôpitaux. Au début du 18e s., le botaniste français Joseph Pitton de Tournefort (1656-1708) pouvait écrire que Siros était l'île la plus catholique de l'archipel avec 6 000 catholiques pour 12 familles orthodoxes.

La nouvelle ville – Après l'indépendance de la Grèce en 1822, des milliers de réfugiés, chassés par les Turcs de Chíos et des îles orientales de l'Égée, trouvent asile à Siros, au pied de la cité catholique. Peu à peu se crée une nouvelle ville, Ermoúpoli, sous le patronage du dieu du Commerce, Hermès. Purement grecque, elle se développe vite, comptant déjà 14 000 habitants en 1828, ce qui en fait la 2e ville du pays. Il fut même question qu'elle devienne capitale du royaume de Grèce.

Jusqu'à la fin du siècle, la prospérité règne à Ermoúpoli, qui devient l'un des principaux ports de la Méditerranée orientale. Le commerce maritime, les chantiers navals, les ateliers textiles, les tanneries, la métallurgie enrichissent la bourgeoisie. La ville prend le visage qu'elle a en partie conservé. Avec la collaboration d'architectes étrangers, en particulier l'Allemand Ernst Ziller, sont construits, dans le style néoclassique, édifices

B. Pérousse / MICHELIN

L'une des deux collines d'Ermoúpoli et ses maisons néoclassiques donnant sur le port.

publics, belles maisons à balcons de fer forgé ou élégantes villas qu'habitent armateurs, banquiers ou riches négociants. Une intense activité intellectuelle se développe avec la création d'écoles, d'imprimeries, de journaux, et même d'un cercle littéraire. La vie sociale s'exprime dans le carnaval, le théâtre, l'opéra, les concerts, les bals. En 1893, la mise en service du canal de Corinthe porte un coup sérieux à Ermoúpoli, supplantée désormais par Le Pirée. Aujourd'hui, Ermoúpoli est encore très active, attirant nombre d'Européens ainsi qu'une certaine élite athénienne.

Visiter

ERMOÚPOLI★

C'est, de loin, la plus grande ville des Cyclades, en même temps que sa capitale. Ses ruelles pavées de marbre, ses places monumentales, ses édifices néoclassiques, ses églises d'époques diverses, ses larges escaliers, son relief accidenté en font une cité attachante. Le voyageur arrivant en bateau dans la rade découvre le **site★★** de l'agglomération étageant ses maisons pastel sur deux collines. Elle comprend des quartiers bien différents : en bas, la ville néoclassique bâtie au 19e s., centre administratif et commercial ; en haut, à gauche, Áno Siros, la ville catholique, dominée par sa cathédrale ; à droite, Vrontado, coiffé d'une église, quartier populaire orthodoxe construit au 19e s. dont la cathédrale au dôme bleuté se trouve en contrebas.

Port de pêche et de plaisance

Au-delà du port de ferries, le port de pêche et de plaisance, en demi-cercle, est bordé de terrasses de cafés et de restaurants. Avec ses sobres immeubles néoclassiques et le marché voisin, c'est l'un des endroits les plus animés de la ville. Vous y trouverez des banques, des agences de voyages, des magasins de souvenirs et plusieurs boutiques proposant les spécialités de l'île, notamment le délicieux loukoum local et le *khalvadopitta*, un nougat. Après l'élégant bâtiment des douanes (1861) couvert de marbre, une jetée ferme le port : à son extrémité, belle **vue★** sur la ville. La nuit, les lumières des collines se reflétant dans la mer composent un spectacle féerique.

Ville néoclassique★★

Elle s'étend autour de la **place Miaouli★**, dallée de marbre de Tínos, aménagée de 1876 à 1880 par l'architecte allemand Ziller. Au centre, à côté du kiosque à musique (petits concerts certains soirs), vous verrez la statue de l'amiral qui a donné son nom à la place : Andreas Miaoulis. En 1821, celui-ci défit à Hydra une partie de la flotte turque en lançant sur elle de vieux navires remplis de poudre…

L'**hôtel de ville★** monumental est dominé par un large fronton et précédé par un grand escalier. Son hall central sert de lieu d'exposition à d'anciens engins de lutte antifeu. Il est encadré de deux galeries à verrières. De chaque côté de l'hôtel de ville se dressent deux maisons néoclassiques : à gauche, les archives des Cyclades, à droite le centre culturel Hellas. La place elle-même est bordée de palmiers, d'agréables cafés et d'arcades où il fait bon prendre son temps.

Musée archéologique

Derrière l'hôtel de ville, sur la gauche. Tlj sf lun. 8h30-15h - gratuit.

Il fut créé en 1834. Vous y découvrirez des stèles funéraires, des idoles cycladiques, des sculptures en marbre et des céramiques du 3e millénaire av. J.-C. ainsi qu'une statuette égyptienne en granit noir du 8e s. av. J.-C.

Non loin se dresse l'**église de la Métamorfosis**, érigée en 1824 grâce aux fonds réunis par les rescapés des massacres turcs. L'enclos est pavé de galets. L'intérieur abrite plusieurs belles icônes offertes par les corporations.

Théâtre Apollon★

10h30-13h, 18h-20h - 2 €.

En bas de la colline du quartier orthodoxe se trouve ce beau théâtre, construit en 1864 par l'architecte français Chabeau. C'est une copie (miniature) de la Scala de Milan. Au 19e s., les plus grandes troupes d'Europe s'y produisaient, applaudies par l'aristocratie locale.

Le quartier de la **préfecture★** *(autour d'odos Apollonos, en montant vers la cathédrale orthodoxe)*, très calme, de facture néoclassique, est constitué de belles maisons et de bâtiments à colonnes : préfecture, chambre de commerce, banques, demeures de notables. Plus haut, la cathédrale Ágios Nikólaos (1848-1870), en cours de restauration, est surmontée de deux campaniles et d'un dôme. Elle a été commanditée par la diaspora grecque de Russie et de Turquie et comporte une iconostase sculptée dans le marbre de Páros. Plus loin, perché au-dessus de la mer, s'étend l'élégant quartier de Vaporia, composé de villas néoclassiques construites par les riches armateurs de la ville. Descendez sur la jetée en contrebas : l'endroit, peu fréquenté, au ras des flots, a beaucoup de charme. La **vue★** sur la cité, la cathédrale orthodoxe, le port, la mer et l'île aux Ânes qui ferme la baie est inoubliable.

En vous dirigeant vers le débarcadère, prenez à droite odos Kitinou pour pénétrer dans l'**église de la Kimissis★**. Vous y admirerez une icône de la Dormition de la Vierge, œuvre de jeunesse de Domenikos Theotokoupolos, le célèbre Greco. *Avr.-août : 7h30-12h, 17h30-18h30 ; sept.-mars : 7h30-12h, 16h30-17h30.*

Musée de l'Industrie sirote

Suivez la route principale en direction de l'hôpital en face duquel se trouve ce nouveau musée. Odos Papandreou - tlj. sf mar. 10h-14h, dim. et lun. 10h-14h et 18h-21h - 2,50 €, gratuit le merc.

Installé dans une ancienne usine, il présente les différents aspects de l'expansion économique et marchande de la ville à l'aube de l'ère industrielle. Photographies, outils et machines d'époque constituent un intéressant témoignage de la grande activité de l'île.

Quartier de Vrontado★

Ce quartier populaire dégage un charme étrange. Il commence au-delà des rues néoclassiques d'Ermoúpoli et s'étage sur une colline coiffée par l'église byzantine d'Anastasis. Les impressionnants **escaliers★** permettent de gagner le belvédère que constitue l'esplanade de l'église, à condition d'en avoir le courage, car les marches sont hautes et irrégulières. Vous aurez des vues étendues sur la mer, le port, les chantiers navals, le quartier néoclassique et le quartier d'Áno Siros.

Áno Siros★★

La ville catholique fut construite à partir du 13e s. sur les hauteurs pour des raisons de sécurité, avant de s'agrandir peu à peu vers la mer. Cité médiévale, aux ruelles très pentues, elle forme un ensemble de maisons, venelles, passages voûtés, placettes et jardins microscopiques. Portara en est l'entrée principale. Elle mène au quartier de Plaka, cœur d'Áno Siros, bordé de boutiques et de tavernes animées. Vous découvrirez de petits musées, notamment une exposition consacrée aux métiers traditionnels et un espace dédié à l'un des maîtres du rébétika, Markos Vamvakaris, enfant de Siros.

La cathédrale Ágios Giorgios a été reconstruite en 1843 sur l'emplacement d'une église détruite par les Turcs quelques années auparavant. De la terrasse précédant l'église, vous avez une belle **vue★** sur la ville et la rade.

Circuits de découverte

ANO MERIA★

Le « pays d'en haut », montagneux, se trouve au nord de la capitale, accessible par une unique route. Les plages ne pouvant être atteintes qu'à pied, il est conseillé d'être bien chaussé.

C. Hervé-Bazin / MICHELIN

Les pâturages en terrasses du côté d'Ano Meria.

Grotte de Ferikidi

Tourner à droite sur une piste après Mitikas.

Dans un beau paysage, cet antre rocheux aurait abrité Phérékyde, maître du mathématicien Pythagore et natif de Siros.

Site préhistorique de Chalandriani

Il peut être approché en voiture (mauvaise route sur la droite, mais fléchée).

Dans un décor rocheux, vous découvrirez les restes d'un imposant bâtiment cycladique datant du 3e millénaire av. J.-C. et ceux d'une nécropole de la même époque. Tout autour, la **vue★** sur les collines sculptées de terrasses et les îles voisines est surprenante.

Plages du nord★

On les gagne par de petits sentiers au départ de Kambos, dernier village avant la fin de la route goudronnée. Un bateau les rejoint également au départ de Kini. Au nombre de deux *(Lia – 30mn ; Marmari – 1h)*, également agréables, elles sont orientées au sud-ouest, ce qui assure un ensoleillement jusqu'au soir.

LA ROUTE DU SUD★

La route quitte Ermoúpoli par l'ouest et grimpe jusqu'à un col dominé par une éolienne. À cet endroit, vous avez une vue sur les deux versants de l'île et sur sa capitale étagée autour de la rade. La descente s'effectue dans un paysage rocailleux. Juste après le col, sur la gauche, le couvent orthodoxe moderne Agía Varvara propose des tissages faits à la main par les nonnes.

Kini★

Sur la côte ouest, ce minuscule port de pêche se trouve avant une ravissante plage ombragée de tamaris. Au-dessus de la jetée, un chemin escarpé (commençant par un escalier qui semble mener à une habitation) domine la côte et aboutit en 30mn à la plage de Delfini, appréciée des naturistes, accessible également par une piste carrossable. Au nord de la plage, le chemin, de plus en plus étroit, traverse une presqu'île et débouche sur une baie isolée où la mer gronde. Au loin, vous apercevrez l'île inhabitée de Gyáros qui fut longtemps un bagne pour les déportés politiques.

Galissas

Très prisée en été, la plage se trouve au fond d'une **baie★** fermée par une presqu'île rocheuse et quelques îlots déchiquetés. Au sud, sur un promontoire, l'esplanade d'une chapelle offre une **vue★** assez étonnante sur la baie et ses deux plages entourées de falaises, mais aussi sur l'arrière-pays *(accès à gauche de la digue par un escalier puis par un sentier parfois un peu raide)*. Au nord, la plage aux fonds marins limpides est fréquentée par des naturistes.

Plages et stations du « grand sud »

La partie méridionale de l'île est moins sauvage. Plusieurs stations balnéaires, bordées de cultures vivrières ou de pinèdes, accueillent les nombreux vacanciers, Athéniens ou habitants d'Ermoúpoli pour l'essentiel. **Foinikas** est connue pour son port de plaisance, **Posidonia★** pour ses riches villas parmi les conifères, tandis qu'**Agathopes** reste le rendez-vous des élégant(e)s. Plus à l'est, vous découvrirez deux stations plus populaires, animées et dotées de plages : Achladi et Azolimnos.

Siros pratique

Informations utiles

EOT – Un kiosque ouvert en été est installé au milieu du front de mer et distribue quelques prospectus.

Agence Teamwork – *Face au débarcadère - ℘ 22810 83400 - www.teamwork.gr.* Renseignements et conseils efficaces. Excursions et vente de tous les types de billets maritimes et aériens.

www.greekislands.com/syros.

Poste – *Odos Protopapadaki - ℘ 22810 82590.*

Téléphone -OTE – *Place Miaouli (à droite de la mairie).*

Santé – Hôpital - *Ermoúpoli - ℘ 22810 86666*; dispensaire - *Finikas - ℘ 22810 42655*; plusieurs pharmacies, dont une dans odos Venizelou, près de la place Miaouli.

Police – *Place Rethimni (près de l'église Ágios Nikólaos) - ℘ 22810 82610.*

Transports

Bateau – Siros est accessible à partir du port de Rafína. Liaisons quotidiennes avec **Le Pirée** (de 2h30 à 5h de trajet environ selon le type de bateau), **Lávrio** (2h30-5h20), **Tínos** (25mn-40mn), **Mikonos** (30mn-1h10), **Páros** (1h-1h30) et **Náxos** (2h15-3h). Liaisons hebdomadaires avec **Santorin** (5h-8h20), **Íos** (4/sem., 5h), **Ándros** (3/sem., 2h), **Sérifos** (3/sem., 2h10), **Sífnos** (3/sem., 3h15-5h10), **Kéa** (3/sem., 4h30), **Amorgós** (2/sem., 6h30-8h40) et **Mílos** (1/sem., 7h30).

Avion – 4 vols par semaine dans les deux sens entre Siros et Athènes (*75 €*).

Bus – Il existe un bon réseau de bus, dont le terminal est installé à droite du débarcadère. Plusieurs départs quotidiens pour Galissas, Finikas, Posidonia, Mega Gialos, Vari, Azolimnos et Kini. Deux bus par jour pour Áno Siros, Dili, Áno Mana, Parakopi, Finikas, Posidonia. Attention, les horaires changent le dim. Se renseigner.

Location de véhicules – Plusieurs agences de location sur le port. L'une des moins chères, avec de bons véhicules, est **Syros Rent a Car** – *℘ 22810 83777 - www.syrosrentacar.com.*

Se loger

ERMOÚPOLI

Espérance – *Odos Folegandrou et odos Akti Papagou - ℘ 22810 81671 - www.esperance.gr - 32 ch.* Trois maisons néoclassiques, dont deux situées dans la même rue, proposant de jolies chambres et des studios décorés avec beaucoup de goût. Pas de petit-déjeuner.

Hermès – *Place Kanari (au bout du quai, à droite en venant du débarcadère) - ℘ 22810 83011/12 - info@hermes-syros.com 71 ch.* Le grand hôtel d'Ermoúpoli, avec de beaux salons. Chambres avec balcons donnant sur la mer ou un beau jardin. Petite salle de fitness et plage de galets en contrebas. Ouvert toute l'année.

Syrou Melathron – *5 odos Babagiotou - ℘ 22810 85963/86571 - www.syroumelathron.gr - 21 ch.* Chambres très élégantes dans un ancien hôtel particulier néoclassique datant de 1850 et situé au cœur du vieux Siros. Internet dans les chambres. Belle terrasse sur le toit.

MEGA GIALOS

Hotel Alkyon – *Indiqué à 10mn de la mer - ℘ 22810 61761 - www.alkyonsyros.gr - 25 ch.* Hôtel moderne très confortable où l'on parle français. Chaque chambre possède un balcon et l'on peut profiter de la grande piscine, du tennis ou du jeu d'échecs géant installé dans le jardin. Très bien desservi par les bus.

Se restaurer

ERMOÚPOLI

Nisiotopoula – *Dans la ruelle parallèle au port.* Salle à manger bleu et jaune et quelques tables dehors où l'on déguste une savoureuse cuisine « comme à la maison ». Portions très copieuses. Accueil chaleureux. Excellent rapport qualité-prix. Essayez les boulettes de tomates et de courgettes et le yaourt au miel, divin.

Ioannina – *Sur le port, à gauche de l'hôtel Hermès.* Grande salle traditionnelle qui se prolonge par une terrasse en bord de mer où l'on sert un délicieux agneau à la broche (la spécialité). Service rapide et bon rapport qualité-prix.

Faire une pause

ERMOÚPOLI

À l'heure du goûter, allez au ravissant salon de thé **Megaron**, juste derrière le port, avec sa jolie décoration rétro. Sur le port, on peut boire un bon café dans la librairie **Plastigga**, à côté de l'hôtel Diogenes (quelques livres en français). Pour les pâtisseries, essayez celles de **Kanakari**, véritable bonbonnière kitsch située sur la route de l'hôpital.

Casino de Siros – *Au milieu du front de mer.* Roulette, black-jack, poker et machines à sous, mais aussi une grande salle de restaurant et un night-club.

Événements

Les plus grandes fêtes de Siros sont le carnaval et la cérémonie du Vend. saint.

De mi-juillet à mi-août, **festival culturel Ermoupolia**, avec concerts de musiques classique et grecque, théâtre, expositions.

Tínos★

Τήνος

5 203 HABITANTS – 195 KM²
CARTE GÉNÉRALE RABAT I B2 – MER ÉGÉE - CYCLADES

Souvent balayée par le meltem, Tínos est un des hauts lieux de la religion chrétienne. Surnommée « île de la Vierge » par les Grecs, elle accueille des pèlerins toute l'année, mais en nombre impressionnant le 15 août, fête de l'Assomption. Ce jour-là, une foule immense défile derrière une icône dite miraculeuse portée en procession par des marins. Vénitienne (de 1207 à 1715), Tínos abrite une forte communauté catholique, surtout présente dans les villages de l'intérieur, tandis que les orthodoxes habitent en général Hora. Mais l'île n'est pas seulement une terre religieuse. Des montagnes, des centaines de pigeonniers, quelques plages magnifiques, une côte préservée composent un paysage d'une grande beauté.

- **Se repérer** – Alignée dans le prolongement de l'Eubée entre Mikonos et Ándros, à moins de 3 km de cette dernière, Tínos est dominée à l'est par le mont Tsiknias (729 m). L'arrivée se fait au port de Tínos (Hora).
- **À ne pas manquer** – L'église de la Panagía Evangelistria, les pigeonniers.
- **Organiser son temps** – Comptez trois jours.
- **Pour poursuivre le voyage** – Ándros, Mikonos, Siros.

Visiter

TÍNOS★ (Hora)

Très simple et animée toute l'année, la blanche capitale de l'île est à la fois un port (exigu) et une ville agréable. Ses rues fréquentées sont bordées par de nombreux commerces et restaurants.

Panagía Evangelistria★★

9h-12h - gratuit.

La large avenue Megalocharis, que certains pèlerins gravissent à genoux, mène à cet imposant sanctuaire de marbre blanc (19e s.) qui domine la ville. La découverte, en 1822, par une nonne (sainte Pélagie) d'une icône de la Vierge supposée miraculeuse est à l'origine du pèlerinage rassemblant fidèles et malades. Une grande cour entourée de portiques encadre l'église à laquelle vous accédez par un escalier monumental. À gauche en entrant dans la nef, l'icône vénérée est parée des nombreux bijoux offerts par les fidèles et accompagnée d'ex-voto représentant des cœurs, des jambes, des bateaux, etc.

En contrebas de l'église se trouve la cavité où l'icône a été découverte.

Dans un bâtiment annexe, vous découvrirez un petit musée d'Art religieux (icônes) et une pinacothèque, où sont rassemblées des œuvres d'artistes originaires de Tínos tels que Lytras, Gyzis, Jakovidi, Halepas.

B. Chabrol / MICHELIN

Détail du décor des pigeonniers traditionnels qui font la réputation de l'île.

Musée archéologique

Tlj sf lun. 8h30-15h - 2 €.

Ce bâtiment édifié en 1969 sur la voie d'accès au sanctuaire rappelle l'architecture des pigeonniers de l'île. Il abrite des objets antiques, notamment un colossal vase à provisions *(pithos)* du 7e s. av. J.-C. provenant du mont Exóbourgo et de belles amphores à reliefs.

Monastère de Kechrovouniou★

À 6 km au nord-est de Hora. 7h-11h30, 14h20-19h - pantalons et jupes longues de rigueur.

Ce monastère des 10e et 11e s. est un véritable village composé de maisonnettes, de ruelles et de petites places disposées autour de l'église Kimissis tis Theotokou. Celle-ci abrite une belle iconostase de bois sculpté et des fresques. Vous verrez également la cellule de sainte Pélagie et un petit musée avec des icônes des 18e et 19e s. et des objets cultuels. Les paysans vendent les produits fabriqués ici : sachets de verveine, bougies, miel.

Découvrir

LES PLUS BEAUX VILLAGES DU CENTRE DE L'ÎLE★

Comptez une journée entière.

Ils sont si nombreux (plusieurs dizaines) et si proches les uns des autres que le mieux est de se promener au hasard, sans chercher à suivre un itinéraire précis. Dans chaque village, les passages sous voûte forment une protection contre le vent et le soleil, et les ruelles tortueuses étaient supposées décourager les pirates.

Agapi

Il a conservé la disposition médiévale propre à tous les villages fortifiés du centre de l'île : les murs extérieurs des maisons aveugles forment une enceinte défensive. On trouve dans la campagne environnante de beaux pigeonniers traditionnels.

Arnados

C'est le plus haut village de l'île. Non loin de l'église paroissiale, un **Musée religieux** présente des icônes provenant des églises de l'île, des objets cultuels, des vêtements sacerdotaux et des livres liturgiques. *Tlj sf lun. 8h30-15h - gratuit.*

Dio Horia

Juste au-dessus de Triandaros se trouve ce beau village avec une fontaine communale typique de Tínos. Perdez-vous un moment dans les ruelles dominées par l'église Kimissis tis Theotokou (Dormition de la Vierge), la plus ancienne du village.

Koumaros

Au milieu des oliviers, c'est un village traditionnel accroché à la pente de l'Exóbourgo. Vous aurez une belle vue sur le nord de l'île.

Loutra

On y voit l'ancien collège, imposant bâtiment qui abrita un séminaire de jésuites, en majorité français, implanté dans l'île au 17e s. L'intérieur, qui comprend un minuscule musée des Arts et Traditions populaires, garde quelques-uns de leurs meubles.

Messi

Son étonnante église colorée évoque l'architecture religieuse d'Amérique centrale.

Moundados

Ce village abandonné est parcouru de ruelles pavées et chaulées. Sur le toit (accessible par un escalier) de l'église Ágios Ioánnis tou Prodromou (St-Jean-Baptiste), vous aurez un beau panorama.

Skalados

Le clocher de l'église est un bel exemple d'architecture locale. À la sortie du village, de la terrasse de l'épicerie-café, vous aurez un magnifique point de **vue★** sur la vallée qui s'étire jusqu'au golfe de Kolimbithres. Alignés sur la crête du versant opposé, les villages de Kambos, Tarabados et Smardakitos scintillent au soleil, petites taches blanches piquées au-dessus des champs en terrasses et des oliveraies. Dans la vallée qui s'étire jusqu'à Komi, vous pourrez admirer de beaux **pigeonniers** anciens.

Sklavohori

Ce village comprend une église catholique et un remarquable lavoir communal du début du 19e s.

L. Campion / MICHELIN

Une ruelle traditionnelle d'un village de Tínos.

Triandaros

Il occupe une coulée de verdure. En entrant dans le village, vous verrez les lignes ondulantes de l'étonnant pignon de la façade d'Agii Apostoli (1887). De là, une piste d'environ 4,5 km rejoint la plage de galets de Lichnaftia. Quelques maisons dispersées dans une végétation luxuriante de roseaux et de pins créent une atmosphère attachante.

Tripotamos

C'est un charmant village entouré d'arbres et de champs. Par ses ruelles silencieuses, descendez vers l'église Eisodion tis Theotokou (Présentation de la Vierge) au riche décor de marbre et dont la terrasse pavée de galets découvre une jolie vue sur la vallée et la mer.

Volax

Un embranchement à droite mène à ce hameau perdu au milieu des prés. Çà et là, parmi les maisons, vous remarquerez de grosses boules rocheuses d'origine volcanique.

Xinara

C'est le siège de l'évêché catholique de Tínos. La grande église épiscopale dédiée à la Vierge ne manque pas de charme.

Région de l'Exo Meria★

Comptez une journée. 70 km AR. Prendre la direction de Parnomos au nord-ouest de Hora.

Pigeonniers de la vallée de Tarabados★★

La route traverse des paysages magnifiques ponctués de pigeonniers à étages. Dans la vallée (à Kambos, prendre la direction du hameau de Tarabados tout proche) se trouvent les plus beaux, accrochés à la pente, au milieu de mûriers et d'oliviers. Certains datent de la période vénitienne.

Kardiani★

Au milieu des oliviers, des cyprès, des chênes verts et des figuiers, les blanches maisons de Kardiani surplombent la mer. Les deux églises, Genesiou tis Theotokou et Agía Triada, sont très belles.

Istérnia

Le bourg étage ses maisons autour d'une grande église aux dômes revêtus de faïences.

Musée des Artistes d'Istérnia – *Tlj sf lun. 8h30-15h - gratuit.* Ce modeste musée présente les artistes locaux.

La route franchit ensuite une sorte de col puis redescend, dans un paysage sec et rocheux, sur l'autre versant de l'île.

Pirgos★

En contrebas apparaît une bourgade qui abrite encore des ateliers où l'on travaille le marbre des carrières voisines.

Musée des Artistes locaux – *11h-13h30, 17h30-19h30 - 1,50 €.* Vous pouvez y admirer le travail des sculpteurs tiniens.

Pánormos★

À l'extrémité de la route, au fond d'une baie, se trouve ce joli port, abrité du vent par des collines rocheuses.

Séjourner

PLAGES

Deux grandes plages, **Ágios Markos** *(à l'ouest de Hora)* et **Ágios Fokas** *(à l'est)*, bordées de tamaris, sont les plus fréquentées de l'île. La plage de **Kionia★** (à 4 km à l'ouest du port) est nettement plus agréable. La crique rocheuse de Stavros (à mi-chemin entre Ágios Markos et Hora) offre un abri apprécié des baigneurs les jours de grand vent.

Pointe sud-est

Face à Mikonos, elle comprend deux belles plages : Ágios Ioánnis Porto, petite baie sablonneuse d'accès facile, et station balnéaire très fréquentée en été, et surtout **Pachia Ammos★** *(accessible par une piste)*, superbe croissant blond bordé de dunes et fermé par deux pointes rocheuses.

MONT EXÓBOURGO

À 9 km au nord de Hora.

1h de marche AR. Laissez votre véhicule près du village du même nom. Cette petite montagne (553 m) aride dominée par une croix blanche porte les ruines d'une citadelle vénitienne bâtie sur l'emplacement d'une acropole antique. Du sommet, vous avez un beau **panorama★** sur l'île et quelques Cyclades, notamment Mikonos et Siros.

Tínos pratique

Informations utiles

Agence Kalypso – *Odos Taxiarchon (dans la ruelle qui longe le café Epilekto) - ✆ 22830 25407 - touroffice@thn.forthnet.gr.* Elle centralise les renseignements touristiques.

www.tinos.gr, www.tinos.tv et *www.tinos.biz* (en anglais).

Poste – *À droite du port, à côté de l'hôtel Tinion - lun.-vend. 7h30-14h (après 10h, attente garantie).*

Téléphone - OTE – *Dans Mégaloharis (avant la basilique).*

Santé – Centre de soins - *à l'extrémité est de la ville (montez vers la place Vidali, laissez deux rues sur la droite, puis poursuivez tout droit, env. 500 m) - ✆ 22830 22210/23781 - fonctionne l'été ;* plusieurs pharmacies à Hora.

Police – *Hora (en face du second débarcadère, à la sortie ouest de Tínos) ✆ 22830 22255* et *22830 31371.*

Transports

Bateau – Plusieurs liaisons quotidiennes avec **Le Pirée** (3h-5h30 de trajet environ selon le type de bateau et les escales), **Lávrio** (2h20), **Rafína** (2h-3h40), **Ándros** (1h30), **Mikonos** (15mn-40mn), **Siros** (25mn-40mn), **Náxos** (1h30-2h15) et **Páros** (2h-3h40). Liaisons hebdomadaires avec **Sérifos** (1/sem., 5h15) et **Sífnos** (1/sem., 4h20). Attention, autour du 15 août, à Pâques et chaque week-end, ces bateaux sont bondés.

Sur les quais, les agences **Blue Star** et **Agoudimos Lines** se partagent la vente des billets.

Bus – La station de bus **KTEL** est située en face du débarcadère, juste à côté de l'agence de voyages **NEL** (consigne gratuite de bagages). Les horaires y sont affichés. La compagnie dessert à peu près tous les villages et les plages de l'île.

Location de véhicules – Le réseau routier est de bonne qualité mais vous aurez du mal à louer une voiture le week-end si vous n'avez pas réservé. Véhicules sûrs chez **Vidalis** – *Odos Trion Ierarchon et Alavanou (à droite du port) - ✆ 22830 23400 - www.vidalis-rentacar.gr ;* chez **Takis Wheels** – *Odos Trion Ierarchon - ✆ 22830 22834.*

Se loger

HORA

⊖ **Eleana** – *Odos Agio Ioannou 1 - ✆ 22830 22561/23824 - 17 ch.* Tout au bout de la rue des taxis, coincée entre deux adorables églises, une grande bâtisse dont les chambres, bien que sommaires, sont impeccables.

⊖⊖ **Voreades** – *Après l'église Agios Antonios, à gauche du débarcadère - ✆ 22830 23845 - www.voreades.gr - 12 ch. et 1 appart. pour 4 pers.* Belle demeure de style traditionnel, décorée avec beaucoup de goût (pierres apparentes, antiquités, lits à baldaquin) autour d'un petit patio intérieur. Le petit-déjeuner est servi sur une agréable terrasse qui domine le port. Excellent accueil de Maria, qui parle français, et de Panagioti.

⊖⊖⊖ **Hôtel Tinion** – *À droite du port, à côté de la poste - ✆ 22830 22261 - www.tinionhotel.gr - 18 ch.* Cet hôtel tout blanc, vieux d'un siècle, a une allure presque coloniale qui a son charme. L'équipement, bien qu'un peu désuet, offre un confort très correct. On parle français.

ÁGIOS FOKAS

⊖⊖⊖ **Golden Beach** – *À 10 m de la plage du même nom et à 1,5 km de Hora, devant l'arrêt de bus - ✆ 22830 22579 - www.goldenbeachtinos.gr - 19 studios.* Très bel ensemble de style typiquement cycladique, aménagé dans un vaste et agréable jardin fleuri et planté de palmiers, avec une taverne attenante très correcte.

Se restaurer

Bon à savoir – Vous pouvez goûter à la *froutalia*, omelette aux pommes de terre et à la saucisse de porc.

HORA

⊖ **Arkyra** – *Devant le jardin d'enfants, à côté du port.* Petite ouzerie familiale, toute bleue, qui a conservé sa petite salle fraîche en pierres apparentes. Très bonnes fritures de poissons et savoureux *graviera*. Service attentif et bon rapport qualité-prix.

⊜ **Kapilio** – *Odos Aristidou Kodogiorgi.* Salle tout en longueur et quelques tables sous la tonnelle, trois tonneaux, des photographies des grands interprètes de rebétiko... et surtout l'accueil chaleureux d'Adonis. C'est ici qu'il faut venir écouter la musique grecque live le sam. soir vers minuit. Le vin de la maison est délicieux. Essayez le porc sauce moutarde et le *tzatziki* aux câpres.

ISTÉRNIA

⊜⊜ **To Thalassaki** – *En arrivant sur Istérnia, descendre à gauche jusqu'à la plage d'Ormos Isternia.* Une très bonne table pour découvrir la finesse de la gastronomie tinienne les pieds dans l'eau. Les *mezes* (anchois marinés, *tzatziki*) sont très frais, le poisson grillé impeccable et le *halva* au miel et à la pistache est tout simplement sublime. Ravissant décor mais accueil frisquet.

Faire une pause

HORA

Dans Market Street, le **Symposio** propose une ambiance plutôt lounge tandis qu'un peu plus haut, sur la droite, le **Micro Café**, tout coloré, est fréquenté par les plus jeunes. Plus loin, le **Kaktos Bar** est parfait pour un verre au coucher du soleil.

Achats

Belles **céramiques** et très jolies cartes postales à Hora dans la boutique Cybelle (*au début de la rue Trion Ierarchon*).
Vannerie à Volax et **sculptures en marbre** à Pirgos.

Dans les pâtisseries de Hora, essayez les **tiropitakia**, petits feuilletés sucrés au fromage blanc, les loukoums et les **amigdalota** (délicieux nougats aux amandes ; également vendus dans le bateau en provenance de Siros).

Sports et loisirs

Plongée – De belles sorties sont possibles à Tínos. Contactez le club **Diving in Blue** (*www.divinginblue.gr*) ou l'agence Kalypso.

Événements

Entre les fêtes de la Vierge, celles des saints et des événements plus prosaïques comme la distillation du *raki* (en automne), Tínos ne manque pas de *panegiri*, ces banquets villageois animés de musique traditionnelle *(rens. auprès de l'agence Kalypso)* : Kardiani, 50 jours après Pâques (mi-juin), Agía Paraskevi à Istérnia (26 juillet, où toutes les maisons des villageois sont ouvertes), Agía Marina à Pirgos (17 juillet), Ágios Ioánnis à Komi (29 août), fête de la Vierge à Tripotamos (21 novembre).

Le Dodécanèse★★

CARTE GÉNÉRALE RABAT I C2-3

À quelques kilomètres des côtes turques, cet archipel de l'Égée orientale est marqué par mille ans de culture byzantine et le brassage des populations et des cultures. Le Dodécanèse comprend outre douze îles principales, d'où son nom, quelque 200 îlots. Ces îles jouèrent un rôle politique et commercial important dès l'Antiquité, et constituèrent un avant-poste de la chrétienté au Moyen Âge. Intégrées à l'Empire ottoman au 16e s., elles passèrent sous domination italienne en 1912 et furent rattachées à la Grèce en 1948, mais l'enjeu géopolitique demeure très important. Les plages, un paysage riche et varié, le climat et une réelle douceur de vivre attirent nombre de touristes.

Se repérer – Le Dodécanèse forme un nome au sein de la région des îles de la mer Égée méridionale. Il prit ce nom en 1908 quand les îles s'unirent contre le gouvernement turc. La capitale est Rhodes-ville. Aux douze îles (Astipálea, Kálymnos, Kárpathos, Kásos, Kastellórizo, Kos, Léros, Níssiros, Pátmos, Rhodes, Tílos, Simi) s'ajoutent d'autres plus petites comme Chalki près de Rhodes, et Lipsí près de Pátmos. Kárpathos, Kos, Léros et Rhodes sont accessibles en avion au départ d'Athènes et de Thessalonique. Kos ou Rhodes sont aussi reliées à de nombreuses villes européennes. En bateau, le Dodécanèse est accessible au départ du Pirée et de Thessalonique via les Cyclades mais le trajet est très long. Les dessertes sont dans l'ordre : Astypálaia, Kálymnos, Léros, Pátmos ou Astipálea, Kálymnos, Kos, Níssiros, Tílos, Simi, Rhodes et parfois Kárpathos. Un bateau relie Sitía (Crète) à Rhodes.

Astipálea

Αστυπάλαια

1 238 HABITANTS – 96 KM²
CARTE GÉNÉRALE RABAT I C3 – MER ÉGÉE - DODÉCANÈSE

Non loin des Cyclades, Astipálea est montagneuse et relativement fertile. Les deux parties de l'île, aux ailes de papillon, sont reliées entre elles par un isthme étroit, non loin duquel se trouve la capitale, une belle cité aux blanches maisons dominée par une forteresse vénitienne. Son éloignement en fait un lieu peu fréquenté, même en haute saison.

- **Se repérer** – L'île la plus occidentale du Dodécanèse est à égale distance (45 km) d'Amorgós et de Kos ; elle est entourée de nombreux petits îlots.
- **À ne pas manquer** – La ville d'Astipálea et son beau kastro vénitien.
- **Organiser son temps** – Comptez deux jours au moins.
- **Pour poursuivre le voyage** – Kos, Amorgós.

Phototravellers / MICHELIN

Belle vue sur Astipálea et son port tranquille.

Se promener

Astipálea-ville (Hora)

Étagé à flanc de coteau, ce joli village est composé de maisons anciennes, dont certaines possèdent un balcon de bois remontant à la période vénitienne. La forteresse du 13e s. abrite une église (Evangelistria). En contrebas se dresse le couvent de la Panagia Portaïtissa dont la fête, le 15 août, attire de nombreux pèlerins.

Le **Musée archéologique** présente les objets trouvés dans les tombes mycéniennes d'Armenochori et de Syngairo, ainsi que de nombreux éléments d'architecture classique et hellénistique. *℘ 22430 61500 - juil.-oct. : tlj sf lun. 11h-13h, 17h-22h30 ; nov.-juin : 9h-14h30 - gratuit.*

Análipsi (Maltezana)

À 9 km de Hora.

Sur l'isthme reliant les deux parties de l'île, ce village de pêcheurs devient une station balnéaire. Ne manquez pas le retour de la pêche, tôt le matin.

Vathy

À 20 km au nord-est de Hora.

Ce village est accessible par une piste ou en bateau au départ de la baie de Vaï. Dans la baie très abritée se trouvent quelques grottes marines.

Livadi

À 1 km au sud de Hora.

Vous y trouverez une belle plage.

Astipálea pratique

Informations touristiques

Hora - 22430 61412.
www.astypálaia. com.

Transports

En bateau – 4 fois/sem., l'île est reliée au port du **Pirée**. De **Kálymnos**, 3-4 dép./sem., d'**Amorgós**, 2 dép./sem.

En avion – 1vol/j. pour **Athènes** (1h).

Se loger

Paradissos – *Hora (sur le port) - 22430 61224 - avr.-oct.* Chambres propres, récemment rénovées. Accueil sympathique.

Se restaurer

Akti – *Hora (sur le port) - 22430 61114.* Petites terrasses très agréables. Cuisine traditionnelle.

Faire une pause

Toxotis – *Hora (sur le port).* Dans un cadre agréable (terrasses sur le toit). Fait aussi restaurant.

Événement

Le 15 août, grandes festivités pour l'Assomption.

Chalki

Χάλκη

313 HABITANTS – 16 KM²
CARTE GÉNÉRALE RABAT I C3 – MER ÉGÉE - DODÉCANÈSE

À l'ouest de Rhodes, Chalki est réputée pour son atmosphère paisible. Autrefois, elle était habitée par des pêcheurs d'éponges, dont nombre ont émigré en Amérique. Le retour de certains d'entre eux, enrichis, a permis de développer l'activité touristique.

- **Se repérer** – Petite île montagneuse pourvue de nombreuses criques et calanques ; on ne s'y déplace qu'à pied.
- **Organiser son temps** – Comptez une journée.
- **Pour poursuivre le voyage** – Rhodes.

Les krokalia

Dans nombre d'îles du Dodécanèse, vous remarquerez sur le sol des motifs décoratifs composés de galets noir et blanc, parfois rouges. Les plus anciennes *krokalia* figurent des motifs géométriques. Ensuite furent représentés des fleurs ou des bateaux. À Chalki, comme à Simi et Líndos (Rhodes), vous pourrez en admirer de beaux exemples.

Se promener

Port et unique village

Bien restauré, il possède une architecture néoclassique qui rappelle celle de Simi *(voir p. 506)*.

Monastère Ágios Ioánnis

6h AR, par une route se transformant en piste, puis en sentier. Prévoyez de l'eau et un chapeau. En lui-même, ce monastère abandonné n'a pas grand intérêt, mais le parcours pour s'y rendre est magnifique. On passe près de l'ancienne capitale ruinée, où ne subsistent que des chapelles.

Île d'Alimia

Accessible en caïque au départ de Chalki, cette petite île est restée sauvage.

Chalki pratique

Transports

En bateau – Le mieux est de partir de Kamiros Skala, au sud-ouest de **Rhodes-ville** (liaisons tlj). De Rhodes-ville 3/sem. Depuis **Le Pirée** pour Chalki en été 2/sem., seulement 1 en hiver.

Se loger

Bon à savoir – Il existe quelques chambres chez l'habitant et un seul hôtel. Il est donc indispensable de réserver.

Chalki – *Sur le port* - *22460 45390* - *29 ch.* Balcons avec belle vue. Accès direct à la mer.

Se restaurer

Maria – *Sur le port.* Bonne taverne proposant des spécialités locales.

Faire une pause

Café Theodosia – *Sur le port.* Glaces et pâtisseries.

Événement

Le 29 août, fête de l'île au monastère d'Ágios Ioánnis Alargas.

Kálymnos★

Κάλυμνος

16 441 HABITANTS – 93 KM²
CARTE GÉNÉRALE RABAT I C2 – MER ÉGÉE - DODÉCANÈSE

Pendant des siècles, la principale activité des habitants de Kálymnos a été la pêche aux éponges. Désormais importées de Floride, elles continuent à être traitées et commercialisées sur place, pour le plaisir des touristes, dont l'arrivée massive a enrichi l'île de façon considérable. En dépit d'une urbanisation toujours excessive, l'île a su garder des paysages d'une grandeur sauvage : montagnes arides, plages agréables, sentiers bordés de plantes aromatiques…

- **Se repérer** – Entre Léros (au nord) et Kos (au sud), Kálymnos fait face à la presqu'île de Bodrum en Turquie. Île montagneuse aux impressionnants rochers, elle est appréciée des amateurs d'alpinisme.
- **À ne pas manquer** – La vallée de Vathýs, la route littorale nord et ses panoramas.
- **Organiser son temps** – Comptez deux jours.
- **Pour poursuivre le voyage** – Kos.

Se promener

Kálymnos (Pothia)

La ville n'a été créée qu'en 1850. L'arrivée en bateau est impressionnante. Le long des quais et sur les pentes s'alignent de hautes maisons aux couleurs blanc et bleu, souvent construites dans le style néoclassique insulaire, témoignage d'une certaine aisance.

Sur le quai central, vous trouverez un petit **musée de la Marine** qui explique ce que fut la pêche aux éponges. *Lun.-vend. 8h-13h30, w.-end 10h-12h30 - 2 €.* Plusieurs ateliers-usines se visitent.

Au nord-est de la ville, le **Musée archéologique** est aménagé dans la maison seigneuriale du riche marchand Vouvalis, édifiée au 19e s. *Tlj sf lun. 10h-14h - gratuit.*

Aux alentours

Chorio

Au nord-ouest de Pothia. L'ancienne capitale de l'île avec sa citadelle fut délaissée vers 1850 au profit de Pothia. Ruines de chapelles restaurées.

Pera

Au nord-est de Chorio. 8h30-15h - gratuit. Un escalier rejoint le château de Pera dans un beau site. La promenade vaut surtout pour le magnifique **point de vue★** que vous aurez sur une partie de l'île et la mer.

La côte ouest, assez construite, comprend plusieurs belles plages : Kandouni, Linaria, Platis Gialós, toutes trois au sud de Myrties.

Pointe nord★
Au nord de Myrties, le paysage devient plus sauvage et la route est magnifique. Emborios est un joli bourg côtier.

Vallée de Vathýs★
Au nord-est de Kálymnos, c'est une merveille de fraîcheur avec ses orangeraies et ses vignes. **Rina** est un hameau charmant. Le port de **Vathýs** se trouve au fond d'une crique étroite qui ressemble à un fjord.

Kálymnos pratique

Informations utiles
Informations touristiques – *Kiosque sur le débarcadère - 22430 50879 - mai-oct. : 9h-21h.*
www.kalymnos-isl.gr

Poste – *Poste centrale, 450 m à l'arrière du quai (rue en venant de Panormos).*

Téléphone-OTE – *En face de la poste.*

Centre de santé – *22430 23025.*

Police – *22430 22100.*

Transports
En bateau – *Capitainerie – Au débarcadère - 22430 29304.* De Pothia, liaisons en ferry avec **Le Pirée** (6/sem.), via Pátmos (4/sem.), Náxos et Páros (2/sem.). Liaisons avec **Rhodes** (6/sem.), *via* Kos (6/sem.) et Simi (1-3/sem.). Liaisons également avec **Sámos** (4/sem.), **Chíos**, **Lésvos** et **Límnos** (1/sem.). En catamaran (tte l'année) et en hydroglisseur (avr.-oct.), liaisons avec **Rhodes**.De Myrties, des caïques rejoignent l'îlot de **Telendos** *(en saison 8h-24h).*

En avion – L'aéroport est à 5 km au nord-ouest de Pothia.

En bus – *Station de Pothia – nord de la cathédrale (à l'entrée de la route vers Emborios). Tickets en vente aux supermarchés voisins.* Liaisons avec Panormos, Vathýs, Vilhadia et Emborios.

En deux-roues – *Agences sur le port.* Idéal pour faire le tour de l'île.

En voiture – *Agences sur le port.* Circulation difficile à Pothia.

Se loger
POTHIA

Panorama – *À gauche en montant du port - 22430 23138/69734 20269 - smiksis2003@yahoo.gr - 13 ch.* Toutes les chambres ont un balcon pour admirer la vue panoramique.

Villa Themelina – *Au nord-ouest de la ville, à côté du Musée archéologique - 22430 22682 - 23 ch.* Belle villa datant de 1930, entourée d'un jardin aux mille senteurs.

VATHÝS

Pension Manolis – *À l'arrière du rest. The Harbour (accès par la terrasse) - 22430 31300/69468 27839 - www.pension-manolis.de - 6 ch. et 2 appart.* Au bout du petit chemin muletier, une maison élevée au-dessus du port et de la vallée, entourée de grands massifs fleuris et d'agrumes.

Se restaurer
POTHIA

Xefteries – *Ruelle au nord de la rue allant à Panormos.* Ancien restaurant aux allures de cantine. Cuisine simple et pleine de saveur : marmite de pois chiches aux oignons, gratinée d'oignons aux haricots, calamars au riz.

Eklekti Mezedes – *Sur le port.* Une institution locale, où l'on accompagne son verre d'une salade et d'un poisson du jour.

VATHÝS

The Harbour – *Sur le quai à droite.* L'accueil est sympathique : poisson du jour, *dolmades*, omelettes garnies.

Achats
Achetez vos **éponges** dans les ateliers. Goûtez au **miel de thym**.

Événements
Pour **Pâques**, manifestations folkloriques sur la place centrale de Kálymnos.

Festival international de plongée la 1re sem. de juil.

Kárpathos★

Κάρπαθος

5 750 HABITANTS – 300 KM²
CARTE GÉNÉRALE RABAT I C3 – MER ÉGÉE – DODÉCANÈSE

Entre la Crète et l'île de Rhodes, cette île s'allonge du nord au sud, cernée par la Méditerranée. Montagneuse, elle est restée à l'écart de l'histoire, dont ses brillantes voisines sont si riches. Mal connue, car excentrée, Kárpathos réserve des paysages d'une beauté étonnante, des plages superbes et sauvages.

- **Se repérer** – Kárpathos est l'île la plus méridionale du Dodécanèse, avec la petite île de Kássos, à 10 km au sud-ouest. Troisième île de l'archipel, longue de 50 km, elle est surtout habitée au sud ; la partie nord, une bande large de 5 km, est difficile d'accès par défaut de route goudronnée.
- **À ne pas manquer** – La côte nord et ses panoramas, les villages perchés dans la montagne.
- **Organiser son temps** – Comptez trois jours.
- **Pour poursuivre le voyage** – Rhodes.

Phototravellers / MICHELIN

Moulins traditionnels de Kárpathos.

Se promener

Kárpathos (Pigadia)

Au sud-est de l'île, la capitale est aussi le principal port de Kárpathos. L'endroit est sympathique avec son débarcadère animé et ses tavernes de poisson. De nombreux hôtels ont été construits par des émigrés revenus au pays.

À 6 km au sud de la ville se trouve la **plage d'Ammopi**, orientée plein sud.

LA CÔTE EST ET LE NORD DE L'ÎLE★★

La côte orientale est sauvage et grandiose. Sommets, criques et longues plages de sable, belles et très peu fréquentées, se succèdent.

En venant de Pigadia, sur la droite avant d'arriver à Apéri, une piste descend sur 3 km jusqu'à la belle **plage d'Achata** couverte de petits galets et entourée de hauteurs arides.

Le trajet **Apéri-Spoa★★** par la côte n'est faisable qu'en véhicule tout-terrain, ou à pied. L'itinéraire révèle des panoramas somptueux sur l'île, non seulement sur le rivage et la mer, mais aussi sur les montagnes. Les plages de Kira Panagia, d'Apela et d'Ágios Nikólaos sont les plus belles de l'île.

Entre Spoa et Ólympos, une autre piste permet de gagner le nord de l'île. Sur la droite, les **plages** d'Ágios Minas et de Forokli sont superbes et peu fréquentées.

Ólympos★

Perché sur un éperon, ce village fortifié semble sorti tout droit du Moyen Âge : il a peu changé depuis sa fondation en 1420. La plupart des vieilles femmes portent le costume d'autrefois, une robe noire, un foulard, des revers de manche brodés de motifs colorés, des chaussures ou bottes de cuir. Ici, les habitants sont très attachés à leurs coutumes, et le dialecte local, très ancien, est souvent utilisé.

Une **maison traditionnelle** est ouverte au public. Sa pièce unique est dotée d'un pilier central autour duquel s'entassent lits pliants, bibelots, icônes et photos de famille. Au-dessus du village sont perchés plusieurs moulins à vent à l'architecture particulière (ils ne sont pas circulaires), dont l'un est encore en activité.

Diafáni

Deuxième port de l'île, au nord-est de l'île, c'est un lieu de séjour agréable, très animé à l'arrivée des (rares) ferries. C'est par Diafáni que l'on accède à Ólympos.

LA CÔTE OUEST★

Nettement plus fréquentée que la côte est et longée par une route, elle est bordée par plusieurs plages ensoleillées jusqu'aux dernières heures du jour. De la route, vous aurez de magnifiques points de **vue★** sur la montagne et sur la mer, d'où jaillit l'île voisine de Kássos. Près du sympathique bourg d'Arkasa, non loin de la plage de sable Ágios Nikólaos, se dresse la petite **basilique Agía Sofia**, vieille de quinze siècles. À l'intérieur, vous découvrirez des mosaïques et des vestiges datant de l'époque paléochrétienne.

LES VILLAGES DE LA MONTAGNE★

Dans la montagne, vous découvrirez des villages inchangés, dont les blanches maisons étincellent au soleil.

Othos

Dans ce bourg animé, vous verrez de grandes maisons cossues, un modeste marché et de nombreuses tavernes. Ici habite le peintre du pays, Saunis Hapsis, qui vend ses tableaux naïfs. Il vous fera visiter le minuscule **Musée ethnographique** où a été reconstitué un intérieur traditionnel.

Aux alentours

Île de Kássos

Accessible en ferry au départ de Kárpathos ou en avion (petit aéroport). Deux hôtels se trouvent sur le port de Fry.

Tout près de Kárpathos, cette île est peu fréquentée. Vous y découvrirez de belles côtes rocheuses mais pas de plages. La capitale, **Fri**, est un petit port bordé de restaurants où se dégustent des poissons frais. Non loin se trouvent quatre villages, typiques, et plusieurs criques où gronde la mer. Celle de **Kelatros**, à 15 km de Fry, est la plus belle de l'île.

Île d'Armáthia

Accessible au départ de Fry. Des excursions sont organisées à la journée.

Elle est bordée de magnifiques plages de sable, souvent désertes, qui plairont aux amateurs de solitude et d'horizons infinis.

Kárpathos pratique

Informations utiles

PIGADIA

Possi Travel – *Odos Apodimon Karpathion - ☎ 22450 22235 - lun.-sam. 9h-13h, 17h-19h30, dim. 8h30-10h15.* La principale agence de voyage de l'île.

Poste – *Odos 28 Oktovriou.*

Centre de santé – *☎ 22450 22228.*

Police – *☎ 22450 22222.*

Transports

En bateau – Liaisons avec **Le Pirée** via Santorin, Milos et la Crète (2/sem.) et **Rhodes** via Diafáni (3/sem.).

Bateau-taxi – *Mai-oct. 8h30-18h.* Navettes entre Pigadia et Diafáni et excursions à la carte pour les plages de la côte est (Kira Panagia, Apella, etc.).

Capitainerie – *☎ 22450 22227.*

En avion – L'aéroport est situé à la pointe sud de l'île, à 18 km de Pigadia. Liaisons avec **Rhodes** (2-3/j.) et **Athènes** (5/sem., 3 en hiver). Liaison avec Sitia (Crète).

En voiture – C'est la meilleure solution pour explorer l'île.

Se loger

PIGADIA

Hôtel Dolphin – *Au-dessus du débarcadère - ☎ 22450 22665/69761 31632 - www.dolphinstudios.gr - 6 ch. et 4 appart.* Quelques chambres claires et spacieuses, dans une charmante ruelle qui mène à deux chapelles isolées au bout de la baie de Pigadia. Pas de petit-déjeuner.

ADIA

Pine Tree – *Plage d'Adia - ☎ 22450 29065 - www.pinetreerestaurantkarpathos.cjb.net - 9 ch. et 3 appart. - mai-oct.* Établissement isolé dans la baie d'Adia, cernée par les versants abrupts du massif du Kali Limni. Les produits du verger égaient le petit-déjeuner. Camping gratuit à l'ombre des pins pour les amateurs !

ÓLYMPOS

Hôtel Aphrodite – *Haut du village - ☎ 22450 51307 - 8 ch.* Petites chambres agréables, dont certaines au-dessus du vide. Passionné d'artisanat traditionnel, Nikolaos Filipakis vous ouvrira la porte de la chambre de sa mère, couverte de boiseries sculptées, de broderies et d'assiettes peintes.

LEFKOS

Hôtel Krinos – *À l'entrée du hameau - ✆ 22450 71410 - www.krinos-hotel.com - 42 ch. - avr.-oct.* Grand hôtel familial au-dessus des rochers. Les chambres disposent toutes d'un balcon avec vue sur la mer. Dancing à la grecque pour soirées conviviales.

Se restaurer

PIGADIA

To Ellinikon – *Odos Apodimon Karpathion.* Excellente table où l'on choisit en cuisine : assiette variée de légumes cuits, *makarones*, spécialité de l'île à base de pâtes oblongues, *stifado* de chèvre, etc.

ÓLYMPOS

The Milos – *Au bout du village, près des moulins. - mai-sept.* Au choix, vue sur la mer ou la montagne pour déguster des spécialités cuites sous vos yeux, dans le four traditionnel.

DIAFÁNI

Restaurant Anixis – *Près de l'église - mai-oct.* Savoureuse cuisine maison : *dolmades* aux feuilles d'hibiscus, *loukoumades*, beignets nappés de miel et saupoudrés de cannelle, et pain cuit dans un four ancien.

Plages

La plupart des plages, à l'exception de celles de Pigadia, d'Ámopi (la plus fréquentée) et d'Agios Nikólaos à Arkasa, sont accessibles uniquement par route de terre ou par bateau-taxi. Les plus belles se concentrent sur la côte est : Kira Panagia, Ágios Nikólaos (Spoa), Ágios Minas et surtout **Apella**.

Kastellórizo (Megísti)

Καστελλόριζο (Μεγίστη)

406 HABITANTS – 9 KM²
CARTE DODÉCANÈSE P. 473 – MER ÉGÉE - DODÉCANÈSE

Dernière terre européenne avant l'Asie, Kastellórizo n'est qu'à un kilomètre des côtes turques. Plus proche de Beyrouth que d'Athènes, elle a été très convoitée au cours de sa tumultueuse histoire, et sa population s'est souvent exilée, notamment en Australie. Aujourd'hui, cet endroit étonne par son calme et une faune et une flore très riches. Le port fortifié, les jolies plages et quelques grottes marines composent un ensemble attachant. L'île, protégée des vents du nord par les montagnes de Turquie, est particulièrement chaude et sèche en été.

- **Se repérer** – À plus de 100 km à l'est de Rhodes, Kastellórizo est la plus lointaine et la plus petite île du Dodécanèse.
- **À ne pas manquer** – Une excursion en bateau jusqu'à la magnifique grotte de Parastá.
- **Organiser son temps** – Comptez un jour de visite.
- **Pour poursuivre le voyage** – Rhodes.

Comprendre

Une île perdue au destin singulier – Colonisée dès l'Antiquité, Kastellórizo fut tour à tour occupée par les Chevaliers de Rhodes, par les Turcs, puis par les Russes (au début du 19e s.), avant d'être rattachée à la Grèce. Pendant la Seconde Guerre mondiale, elle fut bombardée massivement par l'aviation italienne. Elle comptait plus de 15 000 habitants voilà une centaine d'années (contre 406 aujourd'hui). La Turquie revendique l'île. Un traité stipule qu'au cas où la population tomberait à moins de 200 habitants, cette terre serait rattachée *de facto* à sa puissante voisine. Pour éviter cela et grâce aux subventions de la Grèce et de l'Union européenne, Kastellórizo a réussi à faire cesser l'émigration grâce à un ambitieux programme de réhabilitation joint à un développement touristique.

Se promener

Megísti (port)

C'est un lieu séduisant composé d'une cinquantaine de maisons néoclassiques. Elles sont dominées par une citadelle bâtie par les Chevaliers de Rhodes.

Le petit **musée de Megísti** abrite des collections byzantines et d'art populaire. *22460 49283 - tlj sf lun. 8h30-14h30 -gratuit.*

Parastá★

Accessible en bateau au départ du port.

Cette magnifique grotte a une couleur bleutée phosphorescente. En fin de journée, les stalactites prennent une teinte réellement magique.

Kastellórizo pratique

Informations touristiques

Renseignements pratiques et hébergements : *www.kastellorizo.de* (en anglais).

Transports

En bateau – De **Rhodes**, 4 ferries par semaine en été. Des caïques privés font l'aller-retour vers **Kas** en Turquie.

En avion – Un avion (37 places) relie l'île à **Rhodes** 5 fois par semaine.

Se loger

Megisti – *Sur le port - 22460 49272 - www.megistihotel.gr.* L'un des deux hôtels de l'île (les autres adresses sont des pensions), très bien entretenu. Certaines chambres ont vue sur les côtes turques. Terrasse-solarium d'où l'on peut plonger dans la mer.

Se restaurer

Lazarakis – Un lieu charmant où déguster fruits de mer et poissons. Accueil francophone.

Kos★

Κώς

30 500 HABITANTS – 290 KM²
CARTE GÉNÉRALE RABAT I C3 – MER ÉGÉE - DODÉCANÈSE

L'île natale d'Hippocrate offre un relief plus doux que ses voisines, dessinant de belles baies propices aux sports nautiques et au farniente. Elle est aussi porteuse d'un puissant héritage archéologique, et fourmille de sites, ruines et forteresses qui séduiront les amateurs d'histoire. Mais elle doit aussi son succès à une vie nocturne débridée, notamment à Kos-ville et à Kardámaina.

- **Se repérer** – Au centre du Dodécanèse, Kos est la 2e île de l'archipel par sa superficie. Tout en longueur, elle s'étire sur plus de 40 km pour seulement 10 km de large.
- **À ne pas manquer** – Le sanctuaire d'Asklépios dominant la plaine de Kos, le bourg de Kéfalos et la ville de Kos.
- **Organiser son temps** – Comptez deux à trois jours de visite.
- **Pour poursuivre le voyage** – Níssiros, Kálymnos.

Se promener

KOS-VILLE★

Capitale de l'île, Kos ne manque pas de charme avec son port dominé par le majestueux château des Chevaliers de Rhodes, ses terrasses de café, ses promenades bordées de palmiers et ses jardins fleuris d'hibiscus rouges. Le soir, les rues sont envahies par une foule considérable tandis que bars et boîtes de nuit diffusent une musique incessante.

Platia tou Platanou★

Centre touristique de la ville, la place du Platane est ombragée par un arbre de 14 m de circonférence, vieux de plusieurs siècles. Une légende locale raconte qu'Hippocrate aurait enseigné sous cet arbre. Vous verrez également une fontaine turque couverte construite avec des matériaux antiques en réemploi, tel un sarcophage servant de bassin. Non loin, la mosquée de la Loggia (18e s.) est dominée par un haut minaret.

Château des Chevaliers★

Entrée par un pont à partir de la place du Platane. Tlj sf lun. 8h30-15h - 3 €.

Le **kastro** comprend deux enceintes édifiées par les Chevaliers de Rhodes entre 1450 et 1514. Les murs sont construits avec des matériaux antiques. Remarquez notamment la frise hellénistique au-dessus de la porte d'entrée. Conçue par des ingénieurs italiens, l'enceinte extérieure est renforcée de bastions pour l'artillerie.

Du chemin de ronde, vous aurez de belles vues sur l'enceinte intérieure semée d'écussons des Chevaliers, sur la ville, le port et la côte turque.

R. Mattès / MICHELIN

Une harmonieuse colonnade antique à Kos-ville.

Ruines antiques

Quartier du port.

Elles ont été exhumées après le tremblement de terre de 1933 : pavement d'une agora, deux colonnes d'un temple d'Aphrodite, huit colonnes corinthiennes d'un portique *(stoa)*, bases d'une basilique paléochrétienne.

Musée archéologique

Place Eleftherias, au sud du port. Tlj sf lun. 8h-15h - 3 €.

Il rassemble une intéressante collection de sculptures hellénistiques et romaines parmi lesquelles il faut observer une belle statue d'Hippocrate, une autre d'Hygie, déesse de la Santé, un Mercure assis, des effigies de femmes, des portraits.

Dans la cour, vous verrez une mosaïque romaine représentant Hippocrate.

Zone de fouilles

Rue Grigoriou, au sud de la ville.

Cette vaste zone comprend les vestiges d'un temple de Dionysos, d'une palestre à colonnade, de thermes, de maisons ornées de **mosaïques★** et de fresques, d'une voie romaine dont le pavage est conservé, et de latrines reconstituées par les archéologues.

Maison romaine

Odos Grigoriou. En cours de rénovation, horaires probables à la réouverture : tlj sf lun. 8h-15h - 3 €.

Cette grande villa romaine a été découverte en 1934 et en partie reconstituée. Les pièces entourant l'atrium et le grand péristyle ont conservé des traces de peintures, mosaïques et revêtement de marbre. Un peu plus loin, le petit odéon romain a également été restauré.

Circuit de découverte

LA TRAVERSÉE DE L'ÎLE★

86 km/AR.

Une route traverse l'île dans sa longueur jusqu'à la presqu'île de Kéfalos.

Sanctuaire d'Asklépios★ (Asklipieío)

À 4 km au sud-ouest de Kos. Tlj sf lun. 8h-15h (19h en été) - 4 €.

Dans un **site★★** magnifique, sur la pente d'une colline découpée en quatre terrasses dominant la plaine de Kos, cet important sanctuaire était consacré au fils d'Apollon, Asklépios, le dieu guérisseur. Construit à la fin du 4e s. av. J.-C., il était, comme Épidaure, un lieu de culte et un centre médical renommé. Les prêtres-médecins, les Asklépiades, formèrent une école médicale.

À gauche de la terrasse inférieure se trouvent les ruines de thermes romains.

Au-dessus de l'ancienne entrée monumentale (propylées) s'étend une deuxième terrasse qui était bordée de portiques où coulaient des eaux sulfureuses curatives.

Au centre de la troisième terrasse, l'autel monumental est encadré à droite par les vestiges d'un temple ionique hellénistique, à gauche par ceux d'un temple romain.

La quatrième terrasse portait le grand temple, comme en témoignent les assises de marbre blanc et noir d'un édifice dorique à colonnes du 2e s. av. J.-C. Autour de la terrasse s'élevaient des portiques. De cet endroit, vous avez une **vue★★** superbe sur le sanctuaire, les bois, la ville de Kos et la mer jusqu'à la côte turque.

Asfendioú

À 8,5 km de Kos, prendre à gauche une petite route de montagne.

Vous grimpez sur les flancs du point culminant de l'île (Dikaio, 846 m). Du village d'Asfendioú, belle vue sur l'île et sur Kálymnos.

Redescendre sur la route principale.

Antimácheia

À 22 km de Kos.

Près de l'aéroport, au centre de l'île, ce village se trouve près d'une forteresse (prenez le chemin à gauche avant le village) construite par les Chevaliers de Rhodes sur plan rectangulaire. Elle comprend des ruines d'églises, de maisons et de citernes. À l'entrée, remarquez les écussons sculptés.

Au-delà de l'aéroport, le paysage devient lunaire, puis la route arrive sur la presqu'île de Kéfalos, après avoir longé le golfe du même nom.

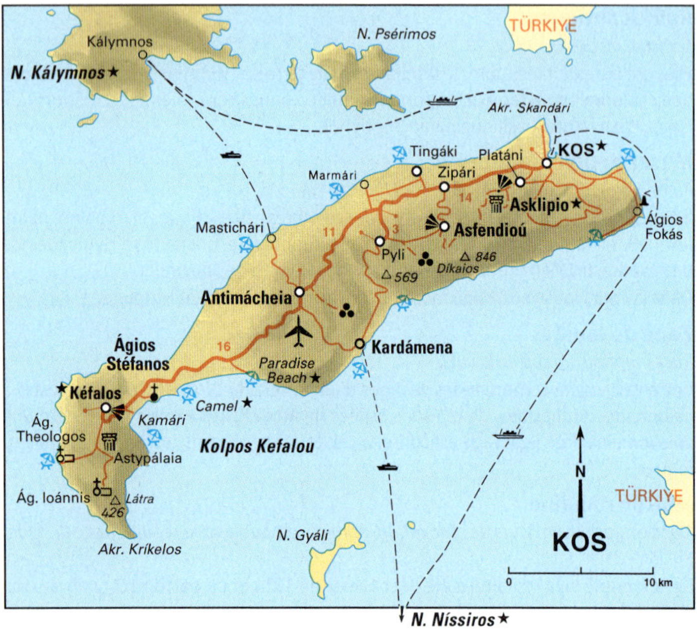

Kéfalos★

Ce gros bourg ancien perché est couronné par les ruines de sa citadelle. Au pied de la muraille, vous avez une **vue★★** splendide sur le golfe de Kéfalos, l'île volcanique de Níssiros et la presqu'île turque de Resadiye.

Séjourner

PLAGES ET STATIONS BALNÉAIRES

Outre Kos-ville, l'île comprend plusieurs stations balnéaires très fréquentées, souvent bruyantes, et quelques-unes des plus belles **plages★** de Grèce.

Kardámena

Cette importante station est surpeuplée l'été et quasiment vide en hiver. Les Anglais en sont les principaux visiteurs. La plage de sable blond est couverte de parasols et de chaises pliantes. Le soir, bars, pubs et discothèques diffusent une musique assourdissante.

Du port, des bateaux se rendent en excursion à Níssyros, célèbre pour son volcan.

Golfe de Kéfalos (Kolpos Kefalou)

Fermé par le mont Latra (426 m), ce demi-cratère de volcan submergé est bordé de magnifiques plages de sable, notamment **Paradissos★** (Paradise Beach) et **Camel★**. Près de celle de Kamári, sur une plate-forme rocheuse au-dessus de la plage du Club Méditerranée, se trouvent les ruines de la basilique paléochrétienne Ágios Stéfanos (5e s.), pleine de charme avec ses colonnes dressées près du rivage.

Côte nord

À l'ouest de Kos-ville, Mastichári, Marmári, Tigáki, trois stations frangées de dunes, sont bondées en été. Vous y trouverez bars, restaurants et discothèques.

Kos pratique

Informations utiles

Informations touristiques – *1 odos Vassileos Georgiou - ✆ 22420 24460 - lun.-vend. 8h-20h (14h30 hors sais.).* Cartes de la ville et de l'île, horaires complets des bus et des bateaux.

www.hippocrates.gr

Poste – *Odos Pavlo.*

Téléphone - OTE - *Odos Pavlou - ✆ 22420 22499.*

Centre de santé – *✆ 22420 22300.*

Police touristique – *À l'est du platane d'Hippocrate - ✆ 22420 22444.*

Transports

En bateau – En ferry, départ au bout du quai Kountouriotou (derrière le château), liaisons avec **Le Pirée** (1-2/j.) via Kálymnos (6/sem.), Pátmos (6/sem.), Amorgós (1/sem.) et Siros (2/sem.). Liaisons avec **Rhodes** (1-2/j.), via Simi (1-3/sem.). En catamaran (tte l'année, départ du quai Kountouriotou) et hydroglisseur (avr.-oct., départ du ponton entre le château et l'office de tourisme), liaisons avec Rhodes, Simi, Kálymnos, Pátmos et Sámos.

Capitainerie – *Quai Kountouriotou - ✆ 22420 28507.*

En avion – *Aéroport - 25 km au sud-ouest de Kos-ville - ✆ 22420 51255.* Liaisons avec **Athènes** (5-7/j.) et **Rhodes** (2-3/sem.).

En bus – *Gare routière - Odos Vassileos Pavlou (à 100 m à l'ouest de l'agence Olympic Airlines) - ✆ 22420 22292.* Liaisons avec Zia, Marmári, Mastichári et Kéfalos.

En voiture et deux-roues – *À Kos-ville, agences sur odos Kanari et Vassileos Georgiou.* Pour sillonner l'île, il est préférable de louer une voiture (ou une moto) car les distances sont importantes.

Bon à savoir – Attention, les rafales de vent qui balaient les hauteurs peuvent être dangereuses.

Se loger

KOS

Hôtel Maritina – *19 odos Vironos (à l'angle avec odos El. Venizelou) - ✆ 22420 23511 - www.maritina.gr - 82 ch.* Établissement de standing avec des chambres tout confort, en face des ruines du temple de Dionysos.

BAIE DE KÉFALOS

Panorama – *Sur le col s'ouvrant sur la baie (en prov. de Kos) - ✆ 22420 71924 - www.panorama-kefalos.gr - 17 appart. - mai-oct.* Établissement isolé de la route, surplombant toute la baie de Kéfalos. Vue panoramique sur la mer.

Syrtaki – *Sur la plage (à 200 m de l'arrêt de bus) - ✆ 22420 72139 - www.kefalos.biz - 6 appart. - mai-oct.* Le patron, Babis, vous accueille tout de suite à bras ouverts. Studios et deux-pièces spacieux face à la mer. Excellents *baklavas* de Ioanna. Bon rapport qualité-prix.

Se restaurer

KOS

Mummy's Cooking – *27 odos Bouboulinas - fermé dim.* Adresse populaire, avec musique grecque entraînante.

BAIE DE KÉFALOS

Stamatia – *Sur la plage - mai-oct.* Cuisine à base de produits maison : fruits, légumes, poulets… Grande baie vitrée face aux eaux turquoise.

ÁGIOS THEOLOGOS

Ágios Theologos – *Au-dessus de la plage - ✆ 69745 035 56 - mai-oct.* Cadre naturel somptueux pour une cuisine savoureuse. Chèvre de la ferme, fromage artisanal…

Sports et loisirs

Plages – L'île possède de nombreuses plages de sable. Parmi les plus belles : Empros et Ág. Theologos.

Excursions en bateau – *Rens. sur le port - dép. entre 8h30 et 9h30.* Vers les îles voisines et la Turquie.

Plongée sous-marine – Plusieurs bateaux de plongée s'alignent sur les quais du port de Kos. **Kos Diving Center** - *5 odos Mitrop - Nathanail (au sud de l'agora) - ✆ 22420 20269.*

Sources thermales – À **Empros**, 12 km au sud de Kos. La station est équipée d'un établissement thermal.

Léros

Λέρος

8 207 HABITANTS – 54 KM²
CARTE DODÉCANÈSE P. 473 – MER ÉGÉE - DODÉCANÈSE

Formée de trois péninsules, l'île de Léros est entaillée de sept baies profondes où se trouvent des plages abritées du vent et des vagues. Pendant longtemps, elle a servi de lieu de déportation, et sa réputation d'île maudite, aggravée par la présence d'un établissement psychiatrique démesuré, n'a pas favorisé le tourisme. C'est pourtant un bel endroit fréquenté par les Grecs qui apprécient ses paysages marins et ses collines plantées de tabac, de vergers, d'oliviers et de vignobles.

- **Se repérer** – Entre Kálymnos (au sud) et Pátmos (au nord-ouest), Léros est montagneuse et fertile. Elle possède deux ports : Agía Marína et Lakkí, considéré comme l'un des plus grands ports naturels de la Méditerranée.
- **Organiser son temps** – Comptez une journée de visite.
- **Pour poursuivre le voyage** – Pátmos, Lipsí, Kálymnos.

Se promener

Platanos

Pour résister aux Italiens, les habitants de l'île firent du village de Platanos leur capitale. Une grande forteresse byzantine la domine et sert d'observatoire militaire. Ses maisons dévalent la colline jusqu'au village de Pandeli et au port d'Agía Marína où arrivent de nombreux bateaux. La plage de Vromolithos, au sud de Pandeli, est bordée de restaurants et d'hôtels.

Plage de Blefouti★

À 9 km au nord de Platanos.

À l'est de l'aéroport, c'est la plus belle de l'île.

Alinda

Au nord de Platanos, la principale station balnéaire de l'île est composée d'immeubles modernes bordant la plage.

Ágios Isidoros

À l'ouest de Platanos.

Cette église, symbole de Léros, se trouve sur un rocher relié au reste de l'île par un isthme particulièrement étroit.

Lakkí

Au fond d'une baie, l'endroit fut aménagé en base navale par les Italiens pendant la Seconde Guerre mondiale. Les bâtiments, imposants, sont en partie désertés. À l'ouest de Lakkí s'étendent deux belles plages : celles de **Koulouki** et de **Merikia**.

Léros pratique

Transports

En bateau – Du **Pirée**, un ferry tous les jours en été. Les îles de **Kos**, **Kálymnos**, **Rhodes**, **Sámos** et **Lipsí** sont reliées à l'île tous les jours.

En avion – Un vol dessert l'île au départ d'Athènes. L'aéroport de Partheni, à une dizaine de km de la capitale de l'île, est relié par taxi à celle-ci.

Se loger

Margarita – *Vromolithos - ✆ 22470 22889.* Simple et sympathique pension familiale.

Se restaurer

O Neromilos – *Ágia Marína (sur la route d'Alinda).* Cuisine régionale de qualité dans un cadre exceptionnel.

Lipsí

Λειψοί

698 HABITANTS – 15 KM²
CARTE DODÉCANÈSE P. 473 – MER ÉGÉE - DODÉCANÈSE

Á l'écart du tourisme de masse, Lipsí possède des plages tranquilles, des sentiers délicieux et un village plein de charme. C'est une île authentique, où la vie s'écoule comme autrefois. Dans les tavernes du port, on sert le poulpe et le poisson que les pêcheurs rapportent chaque matin.

- **Se repérer** – La petite île se trouve au nord du Dodécanèse, à moins de 20 km à l'est de Pátmos. Elle est entourée de nombreux petits îlots.
- **À ne pas manquer** – Les balades à pied sur l'île et ses plages.
- **Organiser son temps** – Comptez une journée de visite.
- **Pour poursuivre le voyage** – Pátmos, Léros.

Se promener

Lientou

Petit port et capitale de l'île, au fond d'une baie profonde, Lientou connaît une animation pittoresque. Une plage assez fréquentée se trouve non loin de là. L'église **Panagia tou Charou** abrite une belle icône représentant la Vierge portant le Christ crucifié.

Plages★

Elles sont nombreuses et agréables. Outre celle de Lientou, vous pourrez profiter de celles de **Platis Gialós** (au nord) ou de **Monodendri** (à l'est). Dans le port, un bateau emmène les vacanciers sur les plages ou sur les îles voisines. Les **promenades★★** sont superbes.

Sentiers

Faciles, ils permettent de découvrir des paysages reposants. Certaines agences de voyages du village proposent des cartes de l'île indiquant les randonnées.

Lipsí pratique

Informations touristiques

En face du débarcadère - *22470 41250.*

Transports

En bateau – Liaisons tlj en hydroglisseur au départ de **Pátmos** et de **Léros** ; depuis **Le Pirée**, changement à Pátmos.

Se loger

Hôtel Aphrodite – *Lientou (près du débarcadère)* - *22470 41000.* Beaux studios modernes face à la plage.

Se restaurer

Café du Moulin – *Lientou - pl. de l'église.* Spécialités locales. Accueil francophone.

Événements

Fête du vin autour du 10 août (l'île possède un petit vignoble).

Les 23-26 août : **pèlerinage** à l'église de Lientou et fête du village.

Níssiros★

Νίσυρος

948 HABITANTS – 37 KM²
CARTE GÉNÉRALE RABAT I C3 – MER ÉGÉE - DODÉCANÈSE

Cette île est un volcan partiellement en activité, dont les roches étranges et sombres plairont aux amateurs de géologie. Fréquentée pour la journée par les touristes venus de Kardámena (sur Kos), elle retrouve sa sérénité à l'approche du soir. Sa capitale, Mandráki, est l'un des plus beaux villages du Dodécanèse.

- **Se repérer** – Au sud de l'île de Kos, Níssiros fait face à l'étroite péninsule turque de Resadiye. D'une forme presque ronde, l'île culmine à 700 m.
- **Organiser son temps** – Comptez une journée de visite au moins.
- **Pour poursuivre le voyage** – Kos.

Les volcans en mer Égée

Les reliefs volcaniques les plus connus sont ceux de Santorin, Folegandros, Mílos, Níssiros, Kos, Lésvos. Celui de Santorin est un immense cratère envahi par la mer, d'où émergent des vapeurs chaudes. Celui de Níssiros est plus « classique », mais aussi plus récent (16e s.), du moins dans sa physionomie actuelle. Comme les volcans d'Auvergne, rien ne permet de dire qu'il n'y aura pas de nouvelles éruptions spectaculaires. Dans 10 ans, 1 000 ans, 100 000 ans ? Ou jamais ?

Se promener

Mandráki★

C'est un village tout blanc dominé par une muraille antique et un château médiéval construit par les Chevaliers de Rhodes. Ce dernier abrite le monastère de la Panagia Spiliani et son église troglodytique. Vous pouvez également visiter un petit **musée des Traditions populaires**.

Volcan★ (Ifaisteio)

Prévoyez de bonnes chaussures. Bus au départ de Mandráki. Après avoir traversé les villages côtiers de **Loutra** et **Paloi** (sources thermales soignant l'arthrite et les rhumatismes), et le village d'**Emboreios**, vous arrivez sur le plateau central de Lakki, à l'extrémité duquel se trouvent plusieurs cratères, dont celui de Stefanos, formé en 1522 par l'explosion du volcan. Vous pouvez descendre à pied au fond du cratère où jaillissent des vapeurs de soufre.

Plages

Vous en découvrirez quelques-unes, toutes de sable noir. Les plus belles se trouvent dans le nord de l'île.

Níssiros pratique

Transports

En bateau – De **Rhodes**, 2-3 ferries/sem. De **Kos**, bateaux tous les jours. De **Tílos**, 1 catamaran/sem., du **Pirée**, 1 ferry/sem.

Se loger

MANDRÁKI

Porfyris – *Au centre du village - ✆ 22420 31376.* Chambres modernes. Piscine d'eau de mer.

Se restaurer

MANDRÁKI

Taverne Níssiros – Bonne table proposant des spécialités locales. Très bon marché.

Pátmos★★★

Πάτμος

3 044 HABITANTS – 34 KM²
CARTE GÉNÉRALE RABAT I C2 – MER ÉGÉE - DODÉCANÈSE

L'île de Pátmos est un haut lieu de la chrétienté : l'apôtre Jean y écrivit l'Apocalypse, et un monastère byzantin, édifié au 11e s. en sa mémoire, est devenu, avec le mont Áthos, le centre de l'orthodoxie grecque. Autour de lui s'étale Hora, capitale de l'île, l'un des plus beaux ensembles architecturaux de la mer Égée. Pátmos séduit également par ses paysages lumineux, ses côtes découpées et ses multiples plages propices aux sports nautiques.

- **Se repérer** – L'île la plus septentrionale du Dodécanèse, non loin de Sámos et d'Ikaría, est également l'une des plus petites de la mer Égée.
- **À ne pas manquer** – Le monastère de St-Jean, Hora encerclant la forteresse et la colline de Kastelli, les festivités de la Semaine sainte.
- **Organiser son temps** – Comptez deux jours.
- **Pour poursuivre le voyage** – Sámos, Léros.

R. Meazza / IML/hemis.fr

La plage de Psilí Ámmos.

Comprendre

L'apôtre Jean – L'auteur de l'*Apocalypse* fut, dit-on, exilé à Pátmos par l'empereur Domitien en l'an 95 pour avoir répandu à Éphèse la parole du Christ. En 97, à la mort de l'empereur, Jean retourna à Éphèse, où il serait mort à un âge avancé.

La fondation du monastère – Après la fondation de Constantinople, proclamée capitale d'un empire byzantin devenu chrétien, une basilique est élevée sur l'emplacement d'un temple antique. À partir du 6e s., l'île est désertée en raison des nombreuses incursions barbares. À la fin du 11e s., le moine **Christodule**, originaire d'Asie Mineure, obtient de l'empereur Alexis Ier Comnène la cession de toute l'île de Pátmos afin d'y fonder un monastère dédié à saint Jean. Il bénéficie de l'exonération d'impôts et de la possibilité d'armer un navire, privilèges qui seront maintenus au cours des siècles par les empereurs byzantins.

Les attaques étant devenues trop fréquentes, la communauté doit se réfugier un temps en Eubée, où Christodule meurt en 1093. Puis les reliques de Jean sont ramenées à Pátmos. Des terres cultivables données par les empereurs et patriarches permettent au monastère de subsister. La bibliothèque, fondée par Christodule, s'enrichit et Pátmos devient un centre de moines lettrés. Pour l'entretien du monastère, on fait venir de Crète des travailleurs salariés, rejoints plus tard par leurs familles. À la fin du 13e s., pour des raisons de mutuelle protection, la population civile se regroupe autour du monastère, fondant ainsi la ville. Jusqu'au 16e s., l'île subit le passage des Normands, des Turcs et des croisés. À partir du 14e s., elle pâtit aussi des conflits entre les Chevaliers de Rhodes et l'Empire ottoman, dont l'influence ne cesse de grandir.

La domination ottomane – En 1537, la flotte turque prend possession de l'île et les pirates s'éloignent vers la Méditerranée occidentale. Commencent alors plus de trois siècles de relative stabilité.

Les Turcs ne résident guère dans les petites îles improductives comme Pátmos et se contentent de prélever les impôts, laissant l'administration aux mains des autorités religieuses locales qui s'efforcent de maintenir la langue et la culture grecques ainsi que la foi orthodoxe. Une flotte se développe, assurant une partie du commerce entre l'Asie Mineure et l'Europe. L'artisanat local est exporté.

En 1659, les Vénitiens mettent à sac toute l'île, à l'exception du monastère.

En 1713, le moine **Makarios** fonde l'École de Pátmos près du couvent de l'Apocalypse, dont l'enseignement acquiert vite une grande renommée.

En 1832, Pátmos est maintenue par le traité de Constantinople sous la domination ottomane. Coupée du nouvel État grec, l'île voit alors sa prospérité décliner.

Comme le reste du Dodécanèse, Pátmos est occupée par les Italiens en 1911, et ne rejoint le giron grec qu'en 1948.

Malgré le développement récent du tourisme, l'influence spirituelle du monastère de St-Jean reste importante et les fêtes religieuses rythment la vie des habitants.

J.-P. Nail / MICHELIN

Les puissantes murailles du monastère St-Jean l'Évangéliste dominent la ville.

Découvrir

SKÁLA

Devenue la principale agglomération de l'île, Skála, aux blanches maisons cubiques, est un port agréable où se concentrent la plupart des hôtels, pensions et restaurants de l'île. Autrefois, le port n'était constitué que d'entrepôts utilisés dans la journée. Le soir, tout le monde retrouvait la protection de la ville haute.

Colline de Kastelli★★

20mn à pied. À l'ouest de Skála, une colline porte les vestiges d'une muraille hellénistique et une petite chapelle. La **vue**★★ est magnifique sur la rade, Hora, le monastère St-Jean et plusieurs îles.

MONASTÈRE ST-JEAN L'ÉVANGÉLISTE★★★

(Ágios Ioánnis o theologos)

Entre Skála et Hora, au-dessus de cette dernière - accès en bus, en taxi ou à pied (30mn par un chemin au départ de Skála). 8h-13h30, dim., mar., jeu. 16h-18h - gratuit.

Murailles extérieures★★

Le monastère de St-Jean domine de ses sombres et puissantes murailles la ville blanche qui se presse à ses pieds. L'enceinte, vaste polygone de plan irrégulier, fut édifiée dès les 11e et 12e s. par Christodule et ses successeurs et consolidée au cours des âges. Elle reçut au 17e s. ses impressionnants contreforts obliques. La porte d'entrée est précédée d'un bastion où fut érigée en 1603 la chapelle des Saints-Apôtres. De la terrasse devant l'entrée, vous avez une belle **vue**★ sur Skála.

Cour centrale

Après un sombre passage, l'aspect défensif du monastère fait place au charme désordonné des cours, escaliers, coupoles et arcades dont les encadrements en pierre apparente soulignent la blancheur. La cour centrale est pavée de galets noirs. Au fond à gauche, une citerne ronde abrite une immense jarre qui contenait naguère la réserve de vin du monastère (on y conserve aujourd'hui l'eau bénite).

Église principale★

Elle occupe le côté gauche de la cour. L'**exonarthex** (portique ouvert), construit au 17e s. avec certains éléments de la basilique primitive (4e s.), comporte des fresques évoquant la vie légendaire de saint Jean. Le **narthex** a été édifié au 12e s., lui aussi avec des éléments de l'ancienne basilique. Ses fresques, très assombries, datent pour la plupart des 12e et 17e s. Sur l'étroit mur nord est illustrée la parabole des Vierges folles et des Vierges sages. La **chapelle de Christodule** fut aménagée au 16e s. pour abriter les reliques du bienheureux, conservées aujourd'hui dans une châsse en bois recouverte d'argent repoussé (18e s.). L'**église** proprement dite est la partie la plus ancienne du monastère. Remarquez le pavement de marbre gris et blanc et le plan en croix grecque avec coupole centrale reposant sur quatre colonnes. Deux d'entre elles sont cachées par une lourde iconostase de bois doré, installée en 1820. La plupart des fresques actuellement visibles ont été réalisées au siècle dernier sur des fresques du 17e s. (certaines apparaissent sur le mur nord) qui recouvraient elles-mêmes des fresques byzantines.

Chapelle de la Vierge

Accès par l'église principale.

Une dizaine de chapelles se cachent dans l'enceinte du monastère. Celle de la Vierge contient des **fresques★** de la fin du 12e s., d'un style sévère et noble, découvertes lors de travaux de restauration sous des fresques du 18e s. Remarquez, derrière l'iconostase, la Vierge trônant avec l'Enfant Jésus, entourée des archanges Michel et Gabriel ; au-dessus, l'Hospitalité d'Abraham ; sur la voûte nord, à gauche de l'iconostase, la Rencontre du Christ et de la Samaritaine et, un peu plus bas, saint Étienne et saint Jacques ; sur la voûte sud, à droite, la Guérison de l'aveugle et celle du paralytique ; au-dessus, la Présentation de la Vierge au Temple. Les autres fresques représentent des saints et des prélats orientaux. La chapelle renferme également une belle iconostase en bois peint, de style crétois (1607), reposant sur un seuil antique. À gauche, la colonne et son chapiteau orné de colombes proviennent de la basilique paléochrétienne.

Réfectoire★

Fermé provisoirement pour restauration.

Il a conservé ses deux longues tables en maçonnerie recouvertes de marbre. Les niches sur leurs flancs recueillaient les couverts des moines. Au sol sont rassemblés des fragments des sanctuaires antique et paléochrétien. Sur le mur est *(en face en entrant)*, vous voyez quelques-unes des fresques du 18e s. provenant de la chapelle de la Vierge.

Les **fresques★** réalisées à la fin du 12e s. et au 13e s. recouvrent la partie supérieure des murs ouest. Elles montrent une plus grande liberté d'expression que celles de la chapelle de la Vierge. Les plus anciennes se trouvent au tympan de l'arc nord (à gauche en entrant) : Apparition du Christ à Tibériade et Multiplication des pains – ce thème fut repris au 13e s. au-dessus de l'arc ; plus haut à droite, Communion des disciples sous les deux espèces ; autour de la poutre centrale, le Christ et ses disciples endormis au mont des Oliviers ; au mur nord, l'Hospitalité d'Abraham ; au-dessus de la porte, scènes de la Crucifixion et Évanouissement de la Vierge. Au sud (à droite en entrant), l'ange indiquant aux saintes femmes le tombeau du Christ ; à la partie supérieure sont représentés les 2e, 4e et 6e conciles œcuméniques, les orthodoxes portant auréoles et vêtements de cérémonie, les « hérétiques » sans auréole et en simple tunique ; les deux groupes se montrent les textes contenant leurs thèses contradictoires.

Regagnez la cour principale.

Sur le côté sud, à gauche, se trouvent les anciens entrepôts et, derrière, les cellules des moines *(on ne visite pas)*. Vous atteignez à l'ouest le magasin de vente et le musée.

Musée★

Mêmes horaires que le monastère - 6 €.

Le musée rassemble les pièces les plus précieuses du monastère, provenant de la bibliothèque, des archives et du trésor.

L'Apocalypse de St-Jean

Dernier livre du Nouveau Testament, il comprend 22 chapitres écrits en grec. Il a été composé en l'an 96 par Jean, l'apôtre que « Jésus aimait », et décrit des visions prophétiques sur le devenir du monde, narrées de façon symbolique.
Les *Voyages et Miracles du saint Apôtre et Évangéliste Jean le Théologien*, un récit merveilleux rédigé par son disciple Prochoros, ont été repris par la tradition byzantine et l'ardeur de la foi locale. Cette révélation est représentée sur les murs du monastère et ceux d'autres sanctuaires, et l'on montre aujourd'hui encore les faits et gestes du saint en de nombreux endroits de l'île.

Parmi les icônes, l'une des plus belles est une petite mosaïque du 11e s. probablement apportée d'Asie Mineure, représentant saint Nicolas. D'autres méritent l'attention : grande icône de saint Jacques (13e s.), celle du saint guerrier Théodore Tyron (13e s.), le Pantocrator et la Vierge du peintre Andreas Ritzos (16e s.), l'icône circulaire du Baiser des apôtres Pierre et Paul, ainsi qu'un triptyque aux belles couleurs de Georges Clotzas (16e s.), enfin saint Jean dictant l'Apocalypse à Prochoros (17e s.).
Une grande partie du trésor fut constituée à partir du 17e s. par les dons faits aux prélats ou patriarches de Pátmos : crosse épiscopale en or sertie d'émaux et de pierres précieuses (17e s.) offerte par le patriarche de Constantinople ; croix et médailles, présents de Catherine II de Russie ; vêtements liturgiques brodés d'or et d'argent. L'une des *epigonatia*, pièces de tissus carrées placées sur les genoux, est utilisée chaque année le Jeudi saint lors de la cérémonie du Lavement des pieds (Niptiras) qui a lieu sur l'une des places de Hora. Parmi les ex-voto, remarquez les délicats voiliers en argent doré, garnis d'émaux et de pierres précieuses. Au 1er étage se trouve du mobilier liturgique.

Bibliothèque

Hélas fermée au public, c'est l'une des plus anciennes du monde byzantin. Elle abrite quelque 4 000 ouvrages, des manuscrits, des éditions rares et des pièces d'archives, pour la plupart rédigés en grec mais aussi en latin, en araméen et parfois en diverses langues slaves. Des restaurateurs du Centre interrégional de conservation du livre d'Arles sont conviés chaque année, depuis 1988, à venir travailler à Pátmos. Parallèlement, un vaste programme d'informatisation du fonds a été entrepris permettant aux chercheurs d'effectuer leur travail à distance.

Terrasses

Accès par le 1er étage du musée ou par la cour.
De la première terrasse, près de la chapelle Ste-Croix, vous avez une vue plongeante sur la cour principale et une partie de l'île. Les autres terrasses sont interdites au public.

HORA★★

Elle forme une couronne de blancheur autour de la sombre forteresse du monastère. Des constructions de toutes tailles, dont les plus anciennes datent probablement du 16e s., sont desservies par un lacis d'escaliers et de ruelles. On a construit en hauteur, à l'abri des fortifications, dont quelques vestiges subsistent.
Dans le quartier d'Alotina, à l'ouest du monastère, se trouvent de nombreuses maisons à encorbellement. Aux 17e et 18e s., les familles aisées y ont élevé leurs demeures, cachées souvent derrière de hauts murs, sur le flanc nord de la colline.
Sur la place Lozia, où se trouve la mairie, joli bâtiment néoclassique, vous avez une très belle **vue★★** sur le monastère et la rade de Skála.

Couvent de la source de vie (Zoodochous Pigi)

À l'ouest de la ville.
Construit en 1607, il possède un charmant jardin fleuri autour d'une église décorée de fresques du 17e s.

Panorama★★★

Sortez de la ville à l'est jusqu'aux trois moulins qui surplombent la route de Grigos. De là, vous avez une vue exceptionnelle sur Pátmos et les îles voisines : à l'ouest, Hora et les murailles du monastère ; en bas, Skála ; à l'arrière-plan (de gauche à droite à partir de Hora) la longue île d'Ikaría et les îlots de Fournoi ; au nord, derrière les collines de Pátmos, se dresse le Kerketeas (1 433 m), point culminant de Sámos ; entre le continent et Pátmos, vous apercevez les îles d'Arkí, de Lipsí et de Léros.

GROTTE DE L'APOCALYPSE★

À pied par un chemin, de Hora ou de Skála (20mn). Arrêt de bus à proximité. 8h-13h30, sf dim., mar., jeu. 16h-18h - gratuit.

Vous traversez d'abord de ravissantes cours fleuries entourées de plusieurs chapelles et de cellules de moines construites au 17e s. Plus bas, la chapelle Ste-Anne fut aménagée dès 1090 devant l'entrée de la grotte et reconstruite au début du 18e s.

Selon une très ancienne tradition locale, c'est dans cet abri rocheux que saint Jean aurait eu la vision de l'Apocalypse et entendu la voix de Dieu, éclatante comme une trompette qui disait : « Je suis l'Alpha et l'Omega, le commencement et la fin. Écris dans un livre ce que tu vois et envoie-le aux Sept Églises. » Le guide montre la triple entaille provoquée par la voix divine sur la masse rocheuse de la voûte. Il indique aussi l'endroit où le saint reposait sa tête et celui où il écrivait.

Séjourner

Au départ de Skála, des bateaux emmènent les vacanciers vers les différentes plages de Pátmos. La plus proche se trouve à l'extrémité nord du port.

Baie de Grigos★

45mn à pied au départ de Hora ou en bus.

La baie, où s'étend une plage, est fermée par l'îlot de Dragonisi. À 500 m au sud se trouve la plage de Petra, un croissant de sable frangé de marais. Non loin, un gros rocher de forme étrange abrite une grotte artificielle qui servit sans doute de retraite à des ermites. 300 m après, vous arrivez à un minuscule port de pêche.

Plage de Psilí Ámmos★

Au sud de Hora.

La plus belle plage de l'île est peu fréquentée car inaccessible par la route.

Kambos et Lambi

En bateau ou en bus jusqu'à Kambos et sa plage, puis 35mn à pied jusqu'à Lambi.

Le gros village de Kambos domine l'une des rares vallées fertiles de l'île. Sa vaste plage (sable et galets) est bien ombragée, et animée en été.

À 2 km au nord s'ouvre la baie de Lambi, très ventée, célèbre pour ses jolis galets multicolores qu'il n'est pas permis de ramasser.

Pátmos pratique

Informations utiles

EOT – *Bâtiment blanc face au débarcadère - 22470 31666.*

www.patmos-island.com

Poste – Même bâtiment que l'EOT.

Téléphone - OTE – *Rue principale de Skála.*

Centre de santé – *22470 31211.*

Police touristique – *Même bâtiment que l'EOT - 22470 31158.*

Transports

En bateau – En ferry, liaisons avec **Le Pirée** (6/sem.) via Náxos (3/sem.) et Páros (2/sem.). Liaisons avec **Rhodes** (6/sem.) via Kálymnos (5/sem.), Kos (6/sem.) et Simi (1-3/sem.). Liaisons avec **Límnos** via Sámos, Chíos et Lésvos (1/sem.). Liaisons supplémentaires avec **Sámos** (3/sem.).En saison (avril-oct.), liaisons en catamaran et en hydroglisseur avec Rhodes, Simi, Kos, Kálymnos et Sámos.

Des bateaux-taxis desservent tous les jours les plages de l'île qui ne sont pas accessibles par la route *(en saison, se renseigner au port).*

Capitainerie – *Même bâtiment que l'EOT - 22470 31231.*

En bus – Station de Skála *(face au débarcadère).* Liaisons avec Hora, Grigos et Kambos.

En voiture – Loueurs à Skála, à proximité du débarcadère.

En deux-roues – Loueurs en face des deux ports. L'île étant petite et l'état des routes satisfaisant, le scooter est le moyen de transport idéal.Une seule **station-service**, à la sortie de Skála (dir. Lambi).

Se loger

SKÁLA

Sydney – *Rte tangente au port de plaisance (au niveau du loueur Australis) - 22470 31689 - 11 ch. - avr.-oct.* Pension bon marché. Accueil très aimable. Chambres simples, dont une qui comprend une vaste terrasse. Pas de petit-déjeuner.

Stefanos – *Au bout du port de plaisance - 22470 32415/69450 67206 - 4 appart.* Petite maison isolée au milieu des champs, avec vue sur la baie et le monastère au fond. Studios spacieux et bien équipés.

Australis – *Rte tangente au port de plaisance (au niveau du loueur Australis) - ✆ 22470 31576 ou 69772 72274 - 20 ch. et 4 appart. - avr.-oct.* Araucarias, bougainvilliers, lauriers, rosiers… Dans un magnifique jardin fleuri, l'hôtel propose des chambres attrayantes et bien tenues. Quelques grands appartements, idéal pour les familles (tarifs spéciaux).

GRIGOS

Captain Manos – *Rte de Hora - ✆ 22470 33148 - 8 appart.* Studios et deux-pièces à une minute de la plage, avec vue sur la petite baie et l'îlot de Dragonisi.

MELOI

Camping Stefanos – *Sur la plage de Meloi (à gauche) - ✆ 22470 31821 ou 69450 67206 - 250 empl. - de Pâques à mi-oct.* Beaux emplacements isolés et ombragés par des roseaux, à proximité de la plage. Accueil charmant. Bon restaurant. Location de scooters (15 € pour deux).

Se restaurer

SKÁLA

Xiliomodi – *Skala, 2e ruelle à gauche de la rue qui mène à Hora - ouv. le soir.* Petite taverne traditionnelle réputée, cachée dans une ruelle qui jouxte un jardinet. Cake de pieuvre, assortiment de poissons frais grillés.

Tzibaeri – *Face au port de passagers (dir. Lambi) - ouv. le soir.* Excellente cuisine traditionnelle, à déguster sur une terrasse abritée à l'étage : crevettes frites au fromage et à la tomate, *devko* (pain complet à la feta, imbibé de tomate et relevé d'herbes) et gâteau de fromage.

HORA

Loza – *Au-dessus du parking (ruelle menant à la place de la mairie) - avr.-oct.* Sans doute la plus belle terrasse de Hora, dominant toute la partie nord de l'île. Cuisine savoureuse et créative : tarte aux épinards, salade de lentilles aux olives, spaghettis au saumon et à la vodka…

LAMBI

Lambi – *Sur la plage - de Pâques à déb. oct.* Les clients prennent sans hésitation possession des galets : tables et chaises sur la plage. Homard, maquereau, morue et *saganaki* flambé au *tsipouro*.

Événements

La **Semaine sainte** est célébrée avec faste. Le Jeudi saint à Hora : cérémonie pendant laquelle 12 moines représentant les apôtres se font laver les pieds (à 11h). Dimanche de Pâques : repas traditionnel, avec du *mayiritsa* (soupe de tripes d'agneau), mangé à minuit pour la fin du jeûne. À **Kambos**, grandes cérémonies le 6 août pour la Transfiguration et le 15 août.

Le 27 juillet, sur l'îlot de **Xiliomodi**, on fête la St-Pantelemion.

Rhodes★★★

Ródos – Ρόδος

110 000 HABITANTS – 1 400 KM²
CARTE GÉNÉRALE RABAT I C3 – MER ÉGÉE - DODÉCANÈSE

L'île du soleil, Rhodes accueille toute l'année des dizaines de milliers de visiteurs séduits par un climat particulièrement doux, des paysages variés propices aux randonnées, de belles plages et un patrimoine historique exceptionnel. Bien plus grande que les autres îles, la capitale du Dodécanèse a joué un rôle majeur dans l'Antiquité puis au Moyen Âge. Les empreintes des civilisations passées y sont intimement liées, et la douceur de vivre mêlée à une vie nocturne animée en font un lieu de villégiature prisé.

- **Se repérer** – Sous la péninsule anatolienne (Turquie), Rhodes est, après Kastellórizo, l'île la plus orientale de Grèce, et sa superficie la classe au quatrième rang des îles grecques (77 km sur 37). Elle culmine au mont Atávyros (1 215 m).
- **À ne pas manquer** – La splendide citadelle de Rhodes, Líndos et Kámiros, la forteresse de Monólithos dans le sud de l'île, les plages sauvages et les villages du centre.
- **Organiser son temps** – Prévoir au moins cinq jours, dont deux à Rhodes-ville.
- **Pour poursuivre le voyage** – Simi.

R. Mattès / MICHELIN

À Rhodes, le palais des Grands Maîtres veille sur la vieille ville.

Comprendre

L'île d'Hélios – Selon le mythe relaté par Pindare, Rhodes serait née des amours d'**Hélios**, dieu du Soleil, et de la nymphe Rhoda. Leurs descendants auraient fondé les trois cités majeures de l'île : Ialissos, Líndos et Kámiros.

Au 7ᵉ s. av. J.-C., les trois cités-états commercent avec le Moyen-Orient et l'Égypte, et établissent des colonies dans les îles voisines, en Asie Mineure et même en Italie (Naples). Au 5ᵉ s. av. J.-C., elles s'unissent pour fonder la ville de Rhodes qui devient une capitale prestigieuse et rayonnante.

Jusqu'au 1ᵉʳ s. av. J.-C., grâce à sa flotte et à sa monnaie, l'île est la principale puissance maritime de Méditerranée orientale. Elle est renommée pour son école de sculpture – en témoigne le fameux **Colosse**, son emblème – et son école de philosophie. Annexée par Rome en 297, elle devient byzantine lors du partage de l'Empire.

Le dernier bastion de l'Occident chrétien – Après une période d'instabilité et le déclin progressif de la région, Rhodes est investie dès 1306 par les **Hospitaliers de St-Jean-de-Jérusalem**. Ces chevaliers transforment profondément la cité. Ils construisent monastères et églises, citadelles et forts pour résister à la menace turque. Mais le 1ᵉʳ janvier 1523, après un long siège, les derniers chevaliers sont chassés, et les Turcs s'installent dans l'île pour quatre siècles.

Une des sept merveilles de l'Antiquité

Il ne reste rien du colosse de Rhodes, cette gigantesque statue de bronze, symbole de la puissance de l'île, et on ne sait pas grand-chose à son sujet. Édifié par Charès de Líndos vers 300 av. J.-C., c'était l'une des sept merveilles du monde. On évalue sa hauteur à 30 m (statue de la Liberté, 46 m). Il représentait Hélios, dieu du Soleil, et fut renversé par un séisme en 225 av. J.-C. Ses débris furent vendus à un marchand syrien 800 ans plus tard : on raconte qu'il fallut 900 chameaux pour les transporter.

L'imagerie populaire a tenté de le représenter : parfois, la statue gigantesque enjambe l'entrée du port, les bateaux passant en dessous ; d'autres fois, il tient une coupe enflammée. Son emplacement même est sujet à controverse. Était-il à l'extrémité de la jetée, sur le rivage ou dans la ville même ?

En 1912, les Italiens occupent Rhodes et le Dodécanèse afin de protéger l'accès à leur colonie africaine (la Tripolitaine, région de Libye). Ils tentent alors d'imposer la langue italienne, favorisant le tourisme, modernisant les routes, construisant des bâtiments publics et des hôtels, restaurant les monuments. Après l'occupation allemande de 1943 à 1945, puis l'administration britannique, Rhodes rejoint la Grèce le 7 mars 1948.

Visiter

RHODES-VILLE★★★ Plan II

Station de réputation internationale, fréquentée hiver comme été, l'ancien bastion des Chevaliers s'étend le long de ses deux ports à l'extrémité nord-est de l'île. Outre quelques vestiges antiques, elle comprend une étonnante cité médiévale restaurée par les architectes italiens au 20e s., et une ville moderne, fleurie et vivante, groupant plages, hôtels, restaurants, agences et boutiques. En saison, la ville est surpeuplée.

Vieille ville★★★

Citadelle★★ C1

Elle reste belle et imposante malgré les destructions qui ont émaillé son histoire mouvementée et des restaurations plus ou moins réussies. Les Chevaliers et leur suite résidaient dans cette partie de la cité fortifiée sur ses quatre côtés et nommée **Collachium** : la muraille intérieure, aujourd'hui disparue, était parallèle à la rue Sokratous.

Entrer dans la citadelle par la porte d'Amboise.

Porte d'Amboise – Précédée par un fossé que franchit un pont à arches, elle porte les armes du Grand Maître qui la fit édifier, Aimeri d'Amboise, frère du cardinal Georges d'Amboise (1462-1515), ministre de Louis XII. Une entrée voûtée puis un passage conduisent à la porte St-Antoine précédant la place du palais. Voûtée d'ogives, la loge St-Jean, reconstruite par les Italiens, servait de lieu de rencontre et d'entrée monumentale au palais.

Palais des Grands Maîtres★ C1 – *En saison : tlj sf lun. 8h30-19h30 ; hors sais. : 8h30-14h30 - 6 € - possibilité de billet combiné à 10 € comprenant l'entrée du palais et des Musées archéologique, byzantin et des Arts décoratifs.* Construit au 14e s., il ressemble plus à une forteresse qu'à un palais. Il comprenait fossés, muraille crénelée et jalonnée de tours, donjon et magasins souterrains *(fermés à la visite)* disposés sur trois étages pour recevoir vivres et munitions. Converti en prison par les Turcs, il fut ravagé en 1856 par l'explosion d'une poudrière et reconstruit par les Italiens.

Le palais s'ordonne autour d'une cour intérieure à arcades dallée de marbre. Les grandes salles de l'étage, ornées d'un mobilier italien, exposent une série de mosaïques hellénistiques et romaines provenant des îles du Dodécanèse : remarquez la chasse au lion. Les salles souterraines abritent deux expositions d'un grand intérêt. L'une sur la Rhodes antique présente diverses poteries, statues, ornements funéraires, bijoux, ustensiles évoquant la vie quotidienne. L'autre évoque la Rhodes médiévale avec des icônes du 14e s.

Rue des Chevaliers★★ C1 – Pavée de galets, cette rue est bordée d'« auberges », bâtiments médiévaux des 15e et 16e s. dans lesquels habitaient les Chevaliers, groupés par « langue ». Vous verrez tout d'abord, à gauche, l'auberge de Provence, reliée par une arche à l'auberge d'Espagne. Peu après, sur le même côté, la maison du chapelain et la chapelle de France (14e s.) marquée par une niche abritant une Vierge à l'Enfant *(tlj sf lun. 8h30-14h30 - gratuit)*. Puis se présente la façade de l'auberge

SE LOGER	SE RESTAURER	INDEX DES RUES
Tsampika .... ①	Chalki .... ①	Ethn. Makariou 2
	Old Story .... ②	Gr. Lambraki 3
		Sof. Venizelou 6

Les Chevaliers de Rhodes

Fondé au 11e s. pour accueillir et protéger les pèlerins des Lieux saints, l'ordre des Hospitaliers de St-Jean-de-Jérusalem, à la fois religieux et militaire, entretenait une église et un hôpital à Jérusalem et une forteresse à St-Jean-d'Acre (aujourd'hui Akko en Israël). Après la prise de cette dernière par les Turcs en 1291, les Chevaliers de St-Jean évacuèrent la Terre sainte, gagnant Chypre puis Rhodes, possession génoise.

Les Chevaliers se divisaient alors en sept nations : France, Provence, Auvergne, Aragon, Castille, Italie, Angleterre, chacune ayant à sa tête un bailli. Un Grand Maître dirigeait la communauté où les Français étaient les plus nombreux : le français et le latin étaient d'ailleurs les langues officielles. Ils érigèrent de nombreux bâtiments, certains dans le style gothique provençal, comme le palais des Grands Maîtres et les portes des remparts à Rhodes. Les Chevaliers faisaient vœu de pauvreté et de chasteté. Ayant hérité des biens et des fonctions des Templiers à l'extermination de ceux-ci en 1312, ils construisirent alors une flotte qui participa aux croisades entreprises à l'initiative des papes. En 1331, les Chevaliers de Rhodes signèrent un traité d'alliance avec les Français, les Italiens et l'empereur byzantin contre les Ottomans.

Rhodes allait être assiégée deux fois (1444 et 1480), sans succès, par les Turcs. Un troisième siège, en 1522, devait se révéler fatal aux Chevaliers. Ceux-ci, au nombre de 650, plus 1 000 auxiliaires environ, résistèrent durant six mois à une armée de 100 000 Turcs commandés par Soliman le Magnifique. Malgré les efforts du pape Adrien VI pour les secourir, ils furent obligés de se rendre. Le 1er janvier 1523, le Grand Maître Villiers de l'Isle-Adam (1464-1534) et 180 chevaliers survivants quittaient Rhodes pour Malte, où ils ne purent s'installer qu'en 1530.

de France (Katalima Gallias), la plus grande et la plus belle de toutes : la porte est surmontée d'une inscription consacrée à Aimeri d'Amboise, Grand Maître de 1505 à 1512. Antenne du consulat de France, on peut voir les jardins aux heures de bureau *(tlj sf w.-end 9h-12h)*.

La rue des Chevaliers se termine à l'angle de la place de l'Hôpital qu'encadrent la cathédrale Ste-Marie, l'auberge d'Angleterre et l'hôpital des Chevaliers.

Cathédrale Ste-Marie C1 – *Tlj sf lun. 8h30-14h30 - 2 €.* Édifiée au 12e s. sur plan en croix grecque, l'église Ste-Marie fut aménagée en cathédrale latine dans le style gothique par les Chevaliers qui en fortifièrent le chevet, incorporé aux remparts. Elle fut ensuite transformée en mosquée par les Turcs et abrite aujourd'hui le Musée byzantin (fresques, mosaïques).

Hôpital des Chevaliers★ C1 – *Tlj sf lun. 8h30-14h30 - 3 €.* Commencé en 1440, l'imposant hôpital des Chevaliers a été terminé sous Pierre d'Aubusson, Grand Maître de 1478 à 1505. Au-dessus de la porte en arc brisé fait saillie le chevet de la chapelle portant le blason sculpté de Jean de Lastic, Grand Maître de 1437 à 1454. Par cette porte, vous accédez à la cour intérieure bordée d'arcades supportant une galerie. Des magasins occupaient les pièces du rez-de-chaussée.

Un escalier monte à l'étage où se trouvait l'hôpital proprement dit. Munie de portes de cèdre et couverte d'un plafond du même bois, la grande salle des Malades, divisée en deux nefs, abritait 32 lits collectifs et pouvait recevoir une centaine de malades : on y a réuni les dalles funéraires de Chevaliers provenant de l'église St-Jean. L'arc d'entrée de la chapelle est délicatement sculpté, les loges périphériques étaient destinées aux contagieux. À côté se trouve l'ancien réfectoire communiquant avec la cuisine.

L'édifice accueille le **Musée archéologique**, qui rassemble quelques sculptures antiques : un kouros du 6e s. av. J.-C. provenant de Kámiros ; une effigie de Dionysos barbu, œuvre hellénistique (2e s. av. J.-C.) ; l'**Aphrodite de Rhodes★**, chef-d'œuvre du 1er s. av. J.-C., une petite statue d'albâtre représentant la déesse, sortie de l'onde et pressant ses cheveux ; un buste du poète grec Ménandre (3e s. av. J.-C.).

Auberge d'Auvergne (Katalima Overnis) C1 – De la place de l'Hôpital, repassez devant la cathédrale Ste-Marie pour atteindre la petite place Alexandrou sur laquelle donne l'auberge d'Auvergne (14e s.) avec sa porte gothique.

Par une voûte, vous accédez à une autre place au centre de laquelle ont été remontés des fonts baptismaux byzantins faisant office de fontaine : à droite, façade nord de l'auberge d'Auvergne, à escalier extérieur et loggia ; à gauche, ancien arsenal (Armeria).

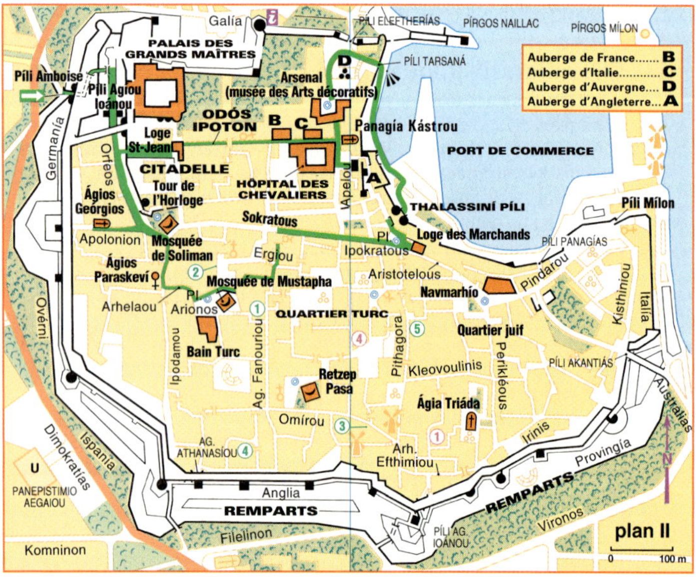

SE LOGER		SE RESTAURER
Marco Polo Mansion.......... ①	Minos.......................... ③	L'Auberge...................... ①
Mike's pension.................. ②	Pink Elephant.................. ④	Sea Star........................ ④
	Via Via........................... ⑤	

Arsenal (Armeria) C1 – Ce bâtiment principal du 14e s. servit d'infirmerie avant l'achèvement du Grand Hôpital. Une aile abrite un **musée des Arts décoratifs (Diakosmitiki Silogi)**. Vous y verrez des meubles, des costumes et des céramiques de Rhodes. *Tlj sf lun. 8h30-14h30 - 2 €. À côté se trouve la galerie d'Art moderne grec (tlj sf dim.-lun. 8h-14h, vend. 17h-20h - 3 € avec le musée d'Art moderne).*

Après avoir jeté un coup d'œil sur les vestiges d'un **temple à Aphrodite**, débouchez sur les quais du port de commerce par la porte de l'Arsenal (Píli Tarsaná).

Porte Ste-Catherine★ (Pili Agias Ekaterinis ou Thalassiní Píli) D1 – Dominant le port, des tours à mâchicoulis encadrent l'imposante porte Ste-Catherine (ou porte de la Marine), mise sous la protection d'une Vierge à l'Enfant entre saint Pierre et saint Jean-Baptiste, rassemblés en un bas-relief malheureusement mutilé. Remarquez les lys de France sculptés entre l'écusson de l'ordre et celui de Pierre d'Aubusson qui fit construire la porte vers 1478.

Entrer dans le bourg par la porte Ste-Catherine.

Le bourg★

Gagnez la place Ipokratous, ornée d'une fontaine turque et sur laquelle s'élève la loge des Marchands. Au sud-est s'étendait le quartier juif.

Loge des Marchands (Lódzia Embóron) D1 – C'est un édifice à escalier extérieur, du début du 16e s. : le rez-de-chaussée servait de lieu de réunion, l'étage étant affecté au tribunal pour les différends commerciaux.

Prendre odos Sokratous qui marque la limite nord du quartier turc.

Quartier turc★ (Tourkikí Sinikía) – Très achalandée, la rue Sokratous était la voie principale du bazar. Parcourez-la jusqu'à l'ancienne mosquée de l'Aga, à l'angle de la rue Fanouriou, l'une des plus anciennes du bourg, que vous prendrez à gauche. Puis tournez à droite dans la 2e ruelle conduisant à la place Arionos où s'élèvent la **mosquée de Mustapha** (Dzami Moustafa) du 18e s. et le **bain turc** (Dimotika Loutra), récemment restauré, luxueuse réalisation, probablement de la même époque.

De là, en empruntant les rues Arhelaou et Ipodamou (à gauche **église Ág. Paraskeví**, du 15e s.), vous atteignez la **mosquée de Soliman** (Dzami Souleïman), aménagée dans l'ancienne église des Sts-Apôtres et accessible par un élégant portail de la Renaissance italienne. Allez voir, rue Apolonion, nº 18, la petite église **Ágios Geórgios** édifiée au 15e s. sur plan circulaire et renforcée de grands arcs-boutants.

Par la rue Orfeos que domine la tour de l'Horloge (Pirgos tou Orologiou), ou beffroi, regagnez les portes St-Antoine (Píli Agiou Ioáriou) et d'Amboise (Píli Amboise).

Autres curiosités du bourg (hors circuit) – La mosquée **Retzep Pasa**, sur la place Dorieos, est l'une des plus anciennes de la ville (16e s.) ; l'église Ágia Triáda, place Rodiou, a été fondée au 15e s. ; l'Archevêché, place des Martyrs-Juifs (Evreon Martyron), est un beau bâtiment du 15e s.

Remparts★★ Plan II

Escaliers à gauche de la cour face au palais des Grands Maîtres. Mar., sam. 14h45 - 6 €.

Longue de 4 km, l'enceinte existait déjà à l'arrivée des Chevaliers, mais ceux-ci la reconstruisirent presque entièrement. La profondeur des fossés dépassait 20 m par endroits, l'épaisseur des murs atteignait 5,30 m et de larges plates-formes étaient établies à la base des tours pour faciliter le tir des canons. L'enceinte était alors répartie en secteurs, appelés « boulevards », dont chacun était défendu par une « langue ».

La promenade emprunte les boulevards d'Allemagne (Germania), d'Auvergne (Overni), d'Espagne (Ispania) et d'Angleterre (Anglia), que prolongent ceux de Provence (Provingia) et d'Italie (Italia). Elle permet d'examiner les ouvrages, renforcés de bastions, entre la porte d'Amboise et la porte St-Jean, offrant des vues charmantes sur les fossés fleuris et sur la ville turque.

Port de commerce★ Plan II D1

Il fut apprécié de tout temps pour sa sûreté. Son entrée était parfois fermée par une énorme chaîne.

Au sud se dressent la porte des Moulins (Píli Milon) et la porte Ste-Catherine★.

Du quai ouest, près de la porte de l'Arsenal, vous avez une **vue★** spectaculaire sur les remparts en arrière desquels pointent les minarets du quartier turc.

Port de plaisance★ Plan I B1

Nom d'un havre bien protégé, déjà utilisé dans l'Antiquité, Mandráki est réservé aux bateaux de plaisance et d'excursion.

À l'entrée du port, les Italiens ont érigé deux colonnes supportant un cerf et une biche, animaux symboles de Rhodes. La jetée est, sur laquelle sont posés trois moulins, se termine par la **tour St-Nicolas** (Pírgos Ágios Nikólaos), puissante fortification entreprise en 1464.

Ville moderne Plan I

Sur le côté ouest de Mandráki s'étend un quartier édifié sous la souveraineté italienne, de 1912 à 1943, c'est-à-dire en grande partie pendant la période fasciste. La place de la Liberté (Platia Eleftherias), animée et agrémentée de jardins, est limitée par le Marché neuf (Nea Agora) et par l'**église Evangelismos**, reconstruite en style gothique sur le modèle de celle qui s'élevait près du palais des Grands Maîtres. La place Vassiliou Georgiou, centre monumental et administratif, groupe des bâtiments de style gothique oriental, le **palais du Gouverneur** (Nomarhia), pâle copie du palais des Doges de Venise, l'hôtel de ville (Dimarhio) et le théâtre.

Au-delà, la charmante **mosquée de Murad Reïs★** (Dzami Mourat Reïs), du nom d'un amiral de Soliman, est entourée d'un bois d'eucalyptus ombrageant un cimetière musulman aux stèles typiques : celles des hommes sont surmontées d'un turban. *13h-14h - entrée libre.*

Au fond du cimetière, cachée dans la verdure, se dresse la **villa Kleovoulos**, où l'écrivain Lawrence Durrell habita de 1945 à 1947, lors de la courte période d'administration anglaise. Il y écrivit sa *Vénus et la mer*, à la fois roman impressionniste et poétique, véritable essai sur l'île de Rhodes.

À l'arrière du port de plaisance, vers l'ouest, se trouvent quelques ruelles piétonnes très agréables (restaurants, pensions, hôtels).

Akrópoli★ Plan I A2

À 2 km de la vieille ville.

30mn à pied ou bus n° 5 au port Mandráki. Quelques vestiges de la cité antique fondée au 5e s. av. J.-C. subsistent, plus ou moins reconstruits par les Italiens : le théâtre (2e s. av. J.-C.) dont seul le gradin inférieur est authentique, le stade de la même époque (Arheo Stadio) et le temple d'Apollon Pythien (Naos Apolonos) signalé par trois colonnes.

Du sommet du Monte Smith, du nom d'un amiral anglais du début du 19e s., vous avez des **vues★★** superbes, surtout au coucher du soleil, sur le littoral, l'île de Simi et la mer jusqu'à la côte turque.

Parc Rodini (Parko Rodíniou)

À 2 km au sud, direction Líndos. Accès par le bus n° 3 près du Marché neuf.

Aux portes de la ville s'étale ce grand parc, agréable lieu de promenade avec un petit zoo. Une fête du vin y a lieu en été. Tout près se trouvent les cimetières de Rhodes, où vous pourrez voir des tombes très anciennes, certaines d'époque hellénistique.

Circuits de découverte

LE TOUR DE L'ÎLE★★

Environ 200 km au départ de Rhodes-ville. Comptez deux journées de visite.

Bon à savoir – Vous trouverez de bons hôtels à Líndos et à Monólithos. Les stations-service sont plus rares dans le centre et le sud. De belles plages, parfois très fréquentées, jalonnent l'itinéraire. Les plus agréables sont indiquées sur la carte.

Thermes de Kallithéa★

À 15 km par la route côtière.

Ses eaux, connues déjà dans l'Antiquité, sont efficaces dans le traitement des maladies du foie et de la vésicule biliaire. Les Italiens y créèrent en 1929 une petite station thermale. Des pavillons blancs de style oriental sont agréablement dispersés sous les pins et les palmiers, non loin d'une charmante plage de sable.

Plage et monastère de Tsampíka

La plage (surpeuplée) de sable clair s'étend le long d'une mer turquoise. Du monastère qui la surplombe, vous avez une belle vue sur la côte.

Château de Faraklos★

À 37 km. Traversez le hameau de Charáki et laissez la voiture en bas de la colline.

45mn AR. Il ne reste que des pans de murs de cette forteresse, une des plus vastes qu'aient édifiées les Chevaliers de Rhodes. La **vue★★** est très belle sur les deux baies encadrant le promontoire. Au sud se profile la citadelle de Líndos.

Solitaire face à la mer, le temple d'Athéna de Líndos.

Líndos★★

À 49 km. Laissez le véhicule au parking supérieur, à droite en arrivant.

La mer bleue, les maisons blanches du vieux bourg, les murailles sombres de la citadelle médiévale couronnant un éperon rocheux donnent un caractère spectaculaire au **site★★★** où se côtoient trois civilisations : antique, byzantine, médiévale. En outre, Líndos dispose d'une belle **plage★**.

Grâce à ses deux havres naturels et à son rocher facile à défendre, l'endroit fut habité dès l'âge préhistorique, et au 10e s. av. J.-C. s'élevait déjà un temple à Athéna en haut du rocher. À la suite des Byzantins et des Génois, les Chevaliers de Rhodes firent de Líndos une imposante forteresse.

Citadelle et acropole★★ – *1h AR - accès par un sentier et des escaliers.* À 116 m au-dessus de la mer qu'il surplombe, le rocher porte d'importants vestiges de monuments antiques et médiévaux. Dans son état actuel, la **citadelle** fut construite de 1421 à 1503 par les Grands Maîtres de Rhodes.

Un long escalier monte au châtelet d'entrée. Après un premier passage voûté, vous débouchez près de la chapelle St-Jean, à trois absides. Puis, après une porte, vous découvrez à gauche, taillées dans le roc, une niche arrondie avec banc (exèdre) et une proue de navire qui servait de base à une statue. Prenez à gauche un second passage voûté sous le palais du Gouverneur, débouchant en bas de l'**acropole** dégagée au début du 20e s. Une vingtaine de colonnes marquent l'emplacement du grand portique dorique *(stoa)* précédant le monumental escalier qui conduit à l'entrée du sanctuaire (propylées) d'Athéna Lindia (4e s. av. J.-C.) dont vous verrez les vestiges. *En saison : 8h-19h ; hors sais. : tlj sf lun. 8h30-14h30 - 6 €.*

De cet endroit, la **vue★★** sur le site et la côte est vraiment splendide.

Le bourg★ – Les ruelles, envahies de magasins de souvenirs, sont bordées de blanches maisons à terrasses : les plus belles, construites pour de riches armateurs ou capitaines de vaisseau à partir du 16e s., ont conservé leurs ouvertures en ogive et leur décor d'inspiration gothique et orientale à base de rosaces, végétaux, oiseaux, entrelacs. Les cours sont pavées de galets noirs et blancs formant des dessins. D'autres belles maisons furent édifiées au 19e s. dans le style néoclassique. Au centre du bourg, l'église byzantine de la Panagia est décorée de fresques des 17e et 18e s. *(9h-15h).*

Asklípio

À 68 km et à 4 km à l'intérieur des terres.

Le village est intéressant par son site, ses maisons anciennes et sa forteresse. L'intérieur de l'église byzantine (1060) est décoré d'un bel ensemble de fresques. Demandez à la gardienne des musées d'Art religieux et populaire *(horaires indéterminés)* de vous ouvrir l'église.

La route traverse ensuite une région plus sauvage. Si vous avez un peu de temps, allez au sud de Kattavia, où se trouvent plusieurs plages désertes. Celle de **Prasonísi**, très ventée, attire les véliplanchistes.

Monastère de Skiádi

À 104 km et à 3 km à l'intérieur des terres.

Récemment restauré, ce monastère fut fondé à la période byzantine, mais son église est en grande partie moderne.

Forteresse de Monólithos★★

À 121 km. Accès par une route s'embranchant au nord du village de Monólithos.

Occupant un **site★★** spectaculaire, au sommet d'un rocher escarpé, le château de Monólithos, construit par les Chevaliers de Rhodes, domine de 200 m la côte sauvage et découpée. Un sentier mène à la forteresse où se trouvent deux citernes et une chapelle. La vue s'étend jusqu'à l'île de Chalkí. Non loin de là, la plage d'**Ágios Geórgios** est l'une des plus agréables de l'île.

Ruines de la forteresse de Kritinía★

À 144 km. Accès par une route de 1,2 km, puis 15mn à pied.

Avant le village de Skála Kamirou, les vestiges du château de Kritinía, datant du temps des Chevaliers de Rhodes, couronnent un éperon face à la mer. De là, la **vue★** est superbe.

Ruines antiques de Kámiros★

À 157 km. En saison : tlj sf lun. 8h-19h30 ; hors sais. : 8h30-14h30 - 4 €.

Dans un **site★** majestueux, sur une colline en retrait de la mer, Kámiros fut une des trois grandes cités antiques de l'île. Elle fut détruite par un séisme au 2e s. et redécouverte en 1859. Le marbre blanc se mêle au vert tendre des pins et au bleu azur de la mer. Les fouilles ont mis au jour des vestiges hellénistiques et romains. Un sanctuaire du 3e s. av. J.-C. comprend un temple dorique dont il subsiste des bases de colonnes, un banc semi-circulaire (exèdre) et une aire d'autels à sacrifices. Vous verrez également un quartier d'habitations hellénistiques (dont plusieurs à péristyle), une agora bordée par les vestiges d'un portique ainsi qu'un temple d'Athéna Kameiria du 5e s. av. J.-C.

Ialissos et le mont Filérimos★

À 190 km, à l'intérieur des terres.

Sur le mont Filérimos (267 m), l'ancienne **Ialissos**, fondée par les Phéniciens, occupe un très beau site dominant la plaine littorale. Sur l'acropole ombragée de cyprès et de pins, vous verrez les fondations d'un temple du 4e s. av. J.-C. et d'une basilique paléochrétienne abritant un ancien baptistère. Le monastère gothique adjacent a été restauré par les Italiens au 20e s. De là, vous découvrez un **panorama★★** sur le nord de l'île. *En saison : tlj sf lun. 8h-19h ; hors sais. : 8h30-14h30 - 4 €.*

Non loin se trouve la chapelle **Ágios Geórgios** à demi-enterrée. Ses murs sont ornés de peintures murales des 14e et 15e s. représentant des scènes du Nouveau Testament et des Chevaliers accompagnés de leurs saints patrons.

L'INTÉRIEUR DE L'ÎLE★

Comptez au moins une journée.

Si vous n'aimez pas la foule, préférez les petites routes de l'intérieur ou les sentiers de montagne. La végétation, comme les paysages, sont magnifiques.

Petaloúdes

À 24 km de Rhodes-ville. tlj : avr., oct. : 8h-16h - gratuit ; mai-juin, sept. : 8h-18h - 3 € ; juil.- août : 8h- 19h - 5 € - fermé hors sais. - parking un peu à l'écart.

Ce vallon rocheux et ombragé abrite, de juin à septembre, des myriades de papillons (petaloudes) orange et noir, attirés par l'odeur des feuilles d'aliboufier (ou styrax). Lorsqu'on se promène sur le chemin grimpant le long du torrent à cascades, on ne voit rien ! Il faut s'approcher des rochers ou des buissons pour admirer les lépidoptères aux belles couleurs noir, jaune et rouge.

Mont du prophète Élie (Profítis Ilías)

À 49 km de Rhodes-ville.

Dans un massif boisé peuplé de cerfs et de daims, les pentes supérieures de la montagne (798 m), revêtues de pins, de cyprès et de cèdres, ont donné naissance à une petite station estivale, fraîche et reposante.

À l'est de la montagne, 2 km avant Eleousa, se dresse l'église de monastère **Ágios Nikólaos Fountouklí★**, dans un décor bucolique, d'où se découvre un beau panorama. Surmontée d'une coupole, elle abrite des fresques du Moyen Âge.

Émponas

À 62 km de Rhodes-ville.

Cette localité entourée de vignes réputées a conservé son caractère authentique, en dépit de la multiplication de boutiques touristiques. Dans certaines maisons, plats et assiettes en faïence de Rhodes couvrent les murs.

6h AR. D'Émponas, vous pouvez effectuer l'ascension du mont Atávyros (1 215 m) que couronnait un sanctuaire de Zeus : **panorama★** sur l'île.

Monastère de Thárri

À 70 km de Rhodes-ville. Entrée libre - vêtements longs fournis.

Dans un vallon, à l'écart de la foule, ce monastère plaira aux amoureux de solitude. Son église abrite des fresques anciennes. Lors de liturgies s'entendent de beaux chants.

Rhodes pratique

Informations utiles

EOT – *À l'angle d'odos Makariou et Papagou - ✆ 22410 44335/44336 - lun.-vend. 8h-15h.* On y parle français.

Office municipal – *Place Rimini - ✆ 22410 20555 - juin-oct. : 9h-20h.* Informations exhaustives, réservation d'hébergements.

Bon à savoir – Ces deux organismes distribuent le *Rodos News*, journal gratuit en anglais.

Poste – Poste centrale - *place Eleftherias - tlj sf dim. 7h30-20h, sam. 7h30-14h.*

Téléphone - OTE – *91 odos Amerikis - ✆ 22410 59629.*

Centre de santé – *Au sud de la ville - ✆ 22410 80000.*

Représentations diplomatiques – France - *odos Ipoton (Auberge de France) - ✆ 22410 77488 ;* Belgique - *35 odos Kos - ✆ 22410 24661.*

Police touristique – *1 odos Karpathou - ✆ 22410 27423.*

Transports

En bateau – Rhodes est un important nœud de communication maritime.
Le Pirée : 22 bateaux/sem. de 12 à 14h ; Kos : 29/sem. ; Kálymnos : 28/sem. ; Pátmos : 11/sem., etc.
Compagnies : **Dodecanese Hydrofoil Company** – *6 pl. Neoriou - ✆ 22410 70590 ;* **ANES** – *88 odos Amerikis - ✆ 22410 37769 ;* **Blue Star Ferries** – *111 odos Amerikis - ✆ 22410 22461 ;* **Dodekanisos Seaways** – *3 odos Australias - ✆ 22410 70590 ;* **Flying Dolphins** – *Odos Sahtouri (digue de Kolona).* Les agences de voyages vendent des billets pour la plupart des compagnies. L'EOT, l'office de tourisme municipal et la capitainerie fournissent les horaires. **Capitainerie** – *Pl. Eleftherias - ✆ 22410 28666/22220.*

En avion – L'aéroport *(✆ 22410 88700)* est à 16 km au sud-ouest de la ville de Rhodes. En haute saison, de nombreux vols desservent Rhodes au départ des capitales européennes.
Navettes – *Ttes les h env., Rhodes-aéroport 5h-22h30 ; aéoport-Rhodes 6h-23h.*

En bus – *Deux gares routières en face du nouveau marché.* Fréquences indiquées en sem., service de 50 à 80 % env. le w.-end.

En voiture – Routes en bon état, idéal pour visiter l'île dans son ensemble. Agences de location à Rhodes et dans les principales stations touristiques.

Se loger

Bon à savoir – Sur l'île, beaucoup d'hôtels sont réservés pour les groupes. Il peut donc être difficile pour le voyageur indépendant de se loger en haute saison. Préférez les petits hôtels et les studios.

RHODES-VILLE

Les établissements sont souvent petits, il vaut donc mieux réserver en été. Les grands hôtels modernes se concentrent sur la côte ouest. Quelques petites adresses agréables autour d'odos Mandilara (rue piétonne).

Vieille ville

Mike's Pension – *28 odos Menekleous - ✆ 22410 25359 - 10 ch.* Auberge de jeunesse ouverte à tous, proposant des lits en dortoir pour 10 €, ainsi que des chambres doubles (un peu vieillottes) pour 25 € en pleine saison.

Minos – *5 odos Omirou - ✆ 22410 31813 - www.minospension.com - 15 ch.* Très propre, refaite à neuf, cette agréable pension dispose de chambres spacieuses. Belle terrasse arborée sur le toit, avec vue panoramique sur la vieille ville.

Pink Elephant – *9 odos Timakida - ✆ 22410 22469/69322 56651 - www.pinkelephantpension.com - 10 ch. - avr.-oct.* Au sud de la ville, près des murailles, dans un coin calme et un peu à l'écart. Hôtel coquet et très bien tenu, joliment décoré de photos en noir et blanc.

Via Via – *45 odos Pythagoras - ✆ 22410 77027 ou 69485 22081 - www.hotel-via-via.com - 8 ch.* Petit établissement décoré par une décoratrice belge : murs aux couleurs vives, luminaires originaux, meubles peints… Terrasse sur le toit avec vue sur la mosquée Imbraim.

Marco Polo Mansion – *42 odos Ag. Fanouriou - ✆ 22410 25562 - www. marcopolomansion.web.com - 7 ch. - avr.-oct.* Une des plus belles maisons turques de la vieille Rhodes, au charme intact. Murs ocre, hammam en guise de salle de bains, cour verdoyante à l'arrière.

Ville moderne nord

Tsampika – *38 odos Kathopouli - ✆ 22410 26840 - 7 appart.* Cour verdoyante, envahie par des bananiers, des géraniums, un grand magnolia… Studios simples dont 2 avec terrasse et duplex pour voyageurs nombreux.

IALISSOS

Akrouali Studios – *16 odos El. Venizelou - ✆ 22410 92607 - 10 appart. - mai-oct.* Établissement situé face à la plage. Agréable petit jardin sur le côté. Studios simples et spacieux.

MONÓLITHOS

Thomas Hotel – *Dans la partie aval du bourg - ✆ 22460 61291 - 10 ch.* Immeuble de standing avec vue panoramique sur la baie d'Apolakia, au loin. Les chambres, toutes avec balcon, sont confortables et spacieuses.

STEGNÁ

Stegna Sun Studios – *À l'entrée du hameau (un peu avant la plage) - ✆ 22440 22860 - g.konstantouras@hotmail.com -*

6 ch. - avr.-oct. Entouré par une végétation luxuriante. Balançoire et bancs à l'ombre du jardin, pour profiter d'un peu de fraîcheur en été. Un peu bruyant car à proximité de la route.

FALIRÁKI

⊖ **Lido Star Hotel** – *À l'extrémité sud de la station - ✆ 22410 87754 - www.hit360.com/lidostar - 33 ch. - mai-oct.* Entièrement rénové, cet hôtel à l'écart de la trépidante station s'ouvre sur l'ensemble de la baie de Faliráki. Chambres tout confort et décoration attrayante.

Se restaurer

RHODES-VILLE

Vieille ville

⊖ **Sea Star** – *24 odos Sofokleous.* Sur une place verdoyante, établissement réputé dans toute la cité pour ses poissons, simplement grillés et accompagnés d'une sauce à l'huile d'olive et au citron.

⊖ **L'Auberge** – *21 odos Praxitelous - mai-oct. : le soir sf dim.* Un peu à l'écart, au nord de la vieille ville. Cuisine excellente (avec une belle carte de vins grecs et français), service impeccable, accueil simple et chaleureux, le tout à des prix raisonnables.

Ville moderne

⊖ **Chalki** – *30 odos Kathopouli - fermé dim. et midi.* Taverne traditionnelle aux murs couverts de photos, d'icônes, de komboloï et d'assiettes. Excellente cuisine maison : thon mariné, aubergines fourrées à la tomate…

⊖⊖ **Old Story** – *108 odos Mitropoleos - ouv. le soir.* Bistro soigné à la décoration originale, fréquenté par l'intelligentsia locale. Belle carte de vins grecs accompagnant une cuisine élaborée : crevettes grillées arrosées d'une sauce à l'orange et à l'ouzo, spécialités de grillades. Réservation impérative.

GENNÁDIO

⊖ **Mezedakia** – *500 m au nord du village (dir. Rhodes) - hors sais. : fermé midi en sem.* Restaurant de poisson en contrebas de la route, s'ouvrant sur la lande qui précède la mer. On y mange très bien et l'accueil est excellent. Prisé par les Grecs le dimanche.

ÉMPONAS

⊖ **Baki Brothers** – *Partie haute du bourg.* Partagé entre sa charcuterie et son restaurant, le grand frère Baki propose un grand choix de viandes grillées d'excellente qualité : côtes de porc, côtelettes d'agneau, *souvlaki* de veau, steak de bœuf…

LÍNDOS

⊖ **Broccolino** – Partie est du bourg. Deux Italo-Américaines ont créé ce restaurant au charme tout artistique : mosaïques, cadres excentriques, mobilier rustique, etc. Plateau de fromages italiens, pâtes maison cuisinées avec délicatesse.

Faire une pause en soirée

👁 **Bon à savoir** – La vieille ville de Rhodes regorge de bars et de discothèques concentrés sur odos Diakou et Orfanidi et pl. Arionos.

RHODES - VIEILLE VILLE

Marco Polo Café – *Voir « Se loger ».* Café-bar jouxtant l'hôtel du même nom. En montant quelques marches, on peut siroter de bons cocktails dans le jardin de la cour intérieure.

Lov'a Lounge – *Pl. Arionos.* Une salle ambiance lounge, et une autre à l'arrière, rythmée par les concerts (pop, rock, etc.). Ambiance jeune et décontractée.

Spectacles – **Son et lumière** *(tous les soirs, rens. à l'EOT)* dans les jardins municipaux de Rhodes-ville sur la vie des Chevaliers de Saint-Jean et le siège de Soliman.

Spectacle folklorique - *Odos Androniko - mai-oct. : lun., merc. et vend. le soir.* Danses et chants en costumes traditionnels.

CHARÁKI

Haraki Dreams – *Sur le bord de mer.* Petit arrêt en terrasse pour admirer la baie au bel arrondi et les ruines du château de Faraklos dominant le paysage. Accès Internet.

Sports et loisirs

Plages – Activités nautiques sur les plages aménagées du nord de l'île. Les plus belles plages se concentrent au sud, près du cap Prasonísi et à Monólithos. Clubs de plongée à Rhodes-ville.

Golf – Terrain de 18 trous à la sortie du village d'Afándou *(✆ 22410 85513).*

Hammam – *Bains turcs de platia Arionos - vieille ville - mar. 13h-18h, merc. et vend. 11h-18h, sam. 8h-18h - fermé dim. et lun. - prix modique.* Accueil séparé pour les femmes et les hommes. Munissez-vous de sandales ou de tongs et d'une serviette de bain. Vérifiez les horaires.

Achats

L'artisanat local – **bijoux**, **orfèvrerie**, **cuir**, **céramique** – est de qualité. N'hésitez pas à marchander, surtout dans la vieille ville *(odos Sokratous et Ipokratous).* Dans la ville moderne, nombreuses boutiques autour de la place Kiprou et d'odos Griva.

Tapis orientaux à Afándou, **broderies** à Líndos, **faïences** à Paradissi, **bottes de cuir** aux couleurs vives à Archángelos.

Simi★★

Σύμη

2 606 HABITANTS – 57 KM²
CARTE GÉNÉRALE RABAT I C3 – MER ÉGÉE - DODÉCANÈSE

À moins de 5 km des côtes turques, Simi est une île charmante et paisible malgré une fréquentation toujours plus importante. Les montagnes rocheuses dominent la mer et lui donnent un aspect sauvage ; on y trouve des criques délicieuses. La capitale a conservé ses belles maisons traditionnelles de facture néoclassique. Simi a longtemps été réputée pour ses chantiers navals, qui construisaient d'excellents bateaux, et pour sa pêche aux éponges. Ces deux activités assurèrent la richesse de l'île jusqu'au début du 20e s, puis elle périclita. Seul le tourisme réussit récemment à la faire renaître.

- **Se repérer** – Simi se situe à 20 km au nord-ouest de Rhodes. La plupart de ses plages sont surtout accessibles par bateau.
- **À ne pas manquer** – La ville de Simi, les balades sur la côte sud, les baignades dans les criques sauvages et les plages désertes.
- **Organiser son temps** – Comptez deux jours.
- **Pour poursuivre le voyage** – Rhodes.

Se promener

Simi-ville★★

La petite capitale de l'île est un miracle d'harmonie et de beauté. Protégée par une commission archéologique, elle comprend deux parties : le quartier du port, dynamique et coloré, et la ville haute, où se dressent de belles maisons aux couleurs pastel. Sur fond de verdure (bougainvilliers, cyprès), celles-ci s'étagent à flanc de colline.

Port (Gialos)★★ – *2 €.* Pôle touristique de l'île, il rassemble la plupart des commerces, restaurants et hôtels. De jolis galets noirs et blancs pavent places et ruelles. Derrière le port, un minuscule **Musée maritime** présente quelques maquettes de bateaux.

Ville haute (Hora)★★ – *11h-14h30* – Vous pouvez y monter par un escalier d'environ 400 marches encadré de demeures néoclassiques des 18e et 19e s. Longtemps abandonnées, certaines d'entre elles ont été restaurées. Le vieux bourg forme un dédale de ruelles calmes et claires, bordées de maisons modestes.

Le **musée de Simi** abrite des statues paléochrétiennes, des poteries byzantines des 12e et 13e s., de belles icônes, des costumes traditionnels. *Tlj sf lun. 8h-14h30 - 2 €.*

Le **château** couronnant la colline est une forteresse dotée d'une église construite par les Chevaliers de Rhodes sur le site d'une ancienne acropole. De là, vous avez une superbe **vue★★** sur la ville et la mer.

Sur la crête entre Simi-ville et Pedi se trouvent des vestiges d'anciens moulins.

Environs de Simi★

Baie et village d'Emboreiós★ – *À 4 km à l'ouest de Simi-ville. Comptez 1h30 AR, ou en bateau-taxi (10h-14h, 16h-18h).* Dans un très beau **site★**, l'ancien port commercial de l'île invite au farniente et aux plaisirs de la baignade. Vous pourrez plonger directement du quai.

Port de pêche et plage de Pedi★ – *À 2 km à l'est de Simi-ville.* Très animée en été, la plage de sable attenante au port est agréable.

Plages★ – Du port de Gialos, des bateaux desservent les plages de Pedi, Geórgios Dissalonas, Nanou, Marathounda, Ágios Vassilios, et l'îlot de Sesklia, au sud. Les **promenades★★** le long des côtes rocheuses sont merveilleuses.

Visiter

MONASTÈRES

L'île est riche en monastères. Certains d'entre eux abritent des fresques remarquables, Simi ayant été au 18e s. le siège d'une école de peinture religieuse réputée. On dénombre aussi une soixantaine de chapelles.

St-Michel Roukouniotis (Ágios Michail Roukouniotis)

1h de marche de Gialos, accessible aux deux-roues.

Ce petit monastère est très riche. Son église du 14e s. (reconstruite au 16e s.) abrite une magnifique iconostase en argent et en or massifs.

St-Michel-de-Panormitis (Moni Taxiarchou Michail)

Ce très grand monastère dédié à saint Michel, patron de Simi, est très fréquenté par les pèlerins, notamment lors des fêtes votives (8 nov. et Pentecôte). On peut y loger. En contrebas se trouve un petit village.

Construit au 18e s., l'édifice a été entouré de bâtiments modernes massifs nécessaires à l'hébergement des pèlerins. L'église possède une belle iconostase en bois ainsi qu'un **musée d'Art religieux et populaire** *(ouv. selon l'arrivée des bateaux - 1,50 €)*, installé dans un angle de la cour intérieure.

D'autres monastères ne manquent pas d'intérêt, tous aux environs de Simi-ville : **Sagrio** (12e s.), **Prokopios** (14e s.) et **Ágios Fanourios**.

Simi pratique

Informations utiles

Symi Tours – *Près du quai central - ✆ 22460 71307 - 9h-13h, 17h-21h (20h hors sais.) sf dim. mat. en hiver.* Principale agence de voyages de l'île, vente des billets de bateau.

www.symivisitor.com

Poste – *Sur le port.*

Téléphone - OTE - *Hora (à l'arrière de la place centrale).*

Centre de santé – *✆ 22460 71290/71316.*

Police – *Sur le port (à côté de la tour de l'Horloge) - ✆ 22460 71111.*

Transports

En bateau – En ferry, *départ du quai est*, liaisons avec **Rhodes** et **Kos**. Liaisons avec **Le Pirée** via Kos, Kálymnos et Pátmos. En catamaran *(quai ouest, tte l'année)* et en hydroglisseur *(quai est, avr.-oct.)*, liaisons avec Rhodes et Pátmos via Kos et Kálymnos.

Capitainerie – *Quai est, près de la villa Thalassa - ✆ 22460 71205.*

En deux-roues – Location de scooters et motos, agences sur le port. Le moyen idéal pour parcourir cette petite île.

Se loger

GIALOS

⊖ **Marika** – *Quai ouest - ✆ 22460 72750/69445 44981 - 5 ch. - mai-oct.* Petite maison à quelques marches du quai ouest, au-delà de la tour de l'Horloge. Pas de petit-déjeuner.

⊖ **Catherinettes** – *Quai ouest - ✆ 22460 71671 - marina-epe@rho.forthnet.gr - 6 ch.* Élégante maison patricienne du début du 19e s., dressée sur le port, où fut signé l'accord d'intégration du Dodécanèse à la Grèce (1948). Beaux plafonds peints et quelques balcons pour une des plus belles vues de Simi.

⊖ **Hôtel Albatros** – *Ruelle à l'arrière du quai central - ✆ 22460 71707/71829 - www.albatrosymi.gr - 5 ch. - avr.-oct.* Petit hôtel rénové et bien tenu, proche de l'escalier menant à Horio. Accueil attentionné.

⊖⊖⊖ **Aliki Hotel** – *Quai ouest, après la tour de l'Horloge - ✆ 22460 71665 - www.hotelaliki.gr - 15 ch. - de fin avr. à fin oct.* Une des plus belles façades du port, rehaussée de tons ocre jaune et rouge. Magnifique et vaste salon à l'entrée, au charme intact.

⊖⊖⊖ **Villa Thalassa** – *Quai est, près de la capitainerie (se renseigner à l'hôtel Albatros) - ✆ 22460 71707/71829 - 5 appart.* Vastes et confortables appartements, avec pierre apparente. Vue sur le port et, au-delà, sur la baie.

HORIO

⊖ **Hôtel Fiona** – *Rue sur la gauche en montant le grand escalier - ✆ 22460 72088 - symi-vis@otenet.gr - 11 ch.* Chambres très propres, avec vue aérienne sur le port et la baie.

Se restaurer

GIALOS

⊖ **Mythos** – *Quai est - ouv. en soirée.* L'un des meilleurs restaurants du port, avec quelques tables sur le quai, jouissant d'un cadre élégant. L'endroit est assez venté, mais calme le soir. Poissons frais, cuisine élaborée.

⊖⊖ **Mylopetre** – *À l'arrière du quai central - de déb. mai à mi-oct. : le soir.* Bel établissement, aménagé dans un vieux moulin. Juste sous la salle à manger, deux tombes hellénistiques ont été mises au jour ! Cuisine méditerranéenne raffinée, entre tradition et modernité, à base de produits frais.

Sports et loisirs

Tour de l'île en bateau – *En saison : dép. tlj du quai central vers 10h30 - rens. à l'agence Simi Tours.* Escales sur les plages principales et l'îlot de Sesklia.

Tílos

Τήλος

533 HABITANTS – 63 KM²
CARTE DODÉCANÈSE P. 473 – MER ÉGÉE - DODÉCANÈSE

Au nord-ouest de Rhodes, Tílos est une île plutôt déserte, oubliée des touristes. Assez montagneuse (653 m), elle comprend deux villages, quelques églises byzantines, des plages de galets et de sable. Les fêtes religieuses accompagnées de danses folkloriques y sont encore fréquentes.

- **Se repérer** – Entre Kos et Rhodes, l'île est plutôt mal desservie par les ferries, mais possède deux ports : Livádia (à l'est) et Ágios Antonios (au nord), en contrebas de Megalo Chorió.
- **Organiser son temps** – Comptez une journée.
- **Pour poursuivre le voyage** – Níssiros, Simi.

Se promener

Livádia

Ce tout petit village est bordé par une plage de galets. Un port microscopique accueille les bateaux de pêche et les ferries.

Mikró Horió

À 2 km de Livádia par la seule route de l'île.

Les maisons abandonnées de ce village émouvant, qui a compté jusqu'à un millier d'habitants ont été occupées jusque dans les années 1950.

Megalo Horió

À 5 km de Livádia.

Sur la colline, l'ancienne « capitale » de l'île a été construite ici pour des raisons stratégiques, à l'abri des incursions des pirates. Une forteresse en ruine la domine. Un petit musée *(horaires variables)* abrite des défenses d'éléphants nains vieilles de 6 000 ans découvertes dans la grotte voisine d'Harkadio, fermée au public. En contrebas du village se trouve le petit port d'**Ágios Antonios**.

Plages

Outre celle de Livádia, vous en découvrirez deux, plutôt agréables. **Plaka** s'étend à l'ouest d'Ágios Antonios. **Eristos**, au sud de Megalo Horió, est la plus grande de l'île. Deux criques se trouvent au sud de Livádia, au fond de baies profondes *(accès à pied)*.

Tílos pratique

Transports

En bateau – 3-7 ferries/sem. de **Rhodes**. De **Kos** et **Kálymnos**, 2 ferries/sem. Du **Pirée**, 1 ferry/sem.

Se loger

LIVÁDIA

⊜⊜ **Hôtel Irini** – *En retrait du port - ✆ 22410 44293 - avr.-oct.* Autour d'un beau jardin fleuri et d'une piscine, hôtel simple et propre.

Se restaurer

LIVÁDIA

⊜⊜ **Blue Sky** – *Sur le port.* Cuisine régionale de qualité. À l'intérieur, vous verrez d'énormes tonneaux de vin.

Événement

Les 25-27 juillet, **fête religieuse** au monastère Ágios Panbeleimonas, à l'ouest de la plage de Plaka.

Les îles **Ioniennes**★★

212 984 HABITANTS – 2 307 KM²
CARTE GÉNÉRALE RABAT I A1-2/B-3

Leur situation de carrefour – à proximité des côtes grecques, albanaises mais aussi italiennes – explique en partie l'histoire tourmentée de ces îles. Colonisée par les Corinthiens, conquise par les Vénitiens puis par les Turcs, la région est également la patrie d'Ulysse, né à Ithaque, et l'un des berceaux de la jeune nation grecque. Au nombre de sept, dont la lointaine Cythère, ces îles sont très différentes de celles de la mer Égée. Ponctués de cyprès, de vignes, d'oliviers et de citronniers, les paysages rappellent l'Italie. Dans les villages, les campaniles semblent imiter celui de San Marco à Venise. Corfou est verdoyante, Paxos est rocheuse et minuscule, Leucade plus montagneuse, Céphalonie tourmentée, Cythère sèche. Zante, enfin, se compose de deux régions : l'une bordée de falaises, l'autre constituée d'une plaine fertile. Un climat doux toute l'année, une mer turquoise, dont la température dépasse parfois 30 °C, des plages de sable blond rendent cet archipel idyllique, en dépit des séismes, dont le dernier, en 1953, a détruit de nombreux villages. Une croisière en mer Ionienne permet d'admirer l'un des plus beaux paysages de Grèce avec des côtes spectaculaires, de douces montagnes et une végétation luxuriante.

V. Voutsas / IML/hemis.fr

Le village de Hora à Cythère.

Se repérer – Les îles Ioniennes se trouvent au sud du canal d'Otrante qui sépare la mer Adriatique de la mer Ionienne. Céphalonie (Kefalloniá), Corfou (Kérkira), Leucade (Lefkáda), Paxos (Paxí), Zante (Zákinthos) et quelques îlots adjacents constituent la région administrative des îles Ioniennes. La capitale en est Corfou.

L'archipel est accessible par bateau au départ de plusieurs ports grecs : Igoumenítsa pour Corfou et Paxos, Astakós pour Ithaque, Killíni pour Céphalonie et Zante, Pátra pour la plupart des îles, Githio et Nauplie pour Cythère. En revanche, il est moins facile de se rendre d'île en île. Corfou est reliée à l'Italie plusieurs fois par semaine *via* Ancône, Brindisi ou Venise. Cythère est reliée à la Crète (Kastélli). Leucade est accessible par un pont.

Les aéroports de Corfou, Céphalonie et Zante sont desservis depuis Athènes et Préveza. L'aéroport international de Corfou est relié directement à plusieurs villes européennes, notamment Paris.

Céphalonie★★

Kefalloniá – Κεφαλλωνιά

39 488 HABITANTS – 737 KM²
CARTE GÉNÉRALE RABAT II A1 – ÎLES IONIENNES

Calcaire et montagneuse, la plus étendue des îles Ioniennes a une physionomie tourmentée, sculptée de péninsules, de caps rocheux, de golfes profonds et de plages de sable. Elle offre des paysages verdoyants splendides le long de la mer, plus arides dans les montagnes, et des plages animées le long de la côte sud. Le mont Aínos (1 628 m), croupe sauvage et noire, l'un des points culminants des îles grecques, est connu pour ses sapins d'une espèce particulière à l'île.

- **Se repérer** – Située entre Leucade et Zante, l'île fait face à l'embouchure du golfe de Pátra. Ses côtes largement échancrées présentent de nombreuses zones de mouillage abrité et plusieurs ports.
- **À ne pas manquer** – Faites le tour de l'île et arrêtez-vous à Fiskardo et Ássos, baignez-vous à Mirtou ou Pétani ou bien promenez-vous jusqu'au sommet du mont Aínos.
- **Organiser son temps** – Comptez quatre jours de visite. Louez une voiture pour sillonner l'île en toute liberté.
- **Pour poursuivre le voyage** – Párga, Ithaque, Leucade, Zante.

C. Hervé-Bazin / MICHELIN

Jeux de couleurs sur le port de Fiskárdo, au nord de l'île.

Comprendre

Une grande île très convoitée – Selon Homère, ses habitants prirent part à la guerre de Troie. Les archéologues ont découvert qu'elle était déjà peuplée il y a 50 000 ans et qu'elle fut très prospère à l'époque mycénienne. Au 5e s. av. J.-C., Thucydide raconte qu'il y avait quatre grandes cités dans l'île. Puis elle fut occupée par les Romains et par Byzance. Au Moyen Âge, elle appartint aux rois normands de Sicile (11e s.), puis dépendit de la principauté franque de Morée, dont elle constitua l'un des grands fiefs, le comté de Céphalonie, comprenant aussi Ithaque et Zante. Les Turcs l'occupèrent pendant une vingtaine d'années à la fin du 15e s. Dès 1500, les Vénitiens, aidés par les troupes espagnoles de Gonzalve de Cordoue, s'emparèrent de l'île, qu'ils gardèrent près de trois siècles. Leur succédèrent les Français en 1797, et, en 1808, Céphalonie fut occupée par les Anglais, qui, sous l'impulsion de Sir Charles Napier, y effectuèrent des travaux d'envergure. L'île redevint grecque en 1864.

En 1943, quand le maréchal Badoglio (successeur de Mussolini) signa l'armistice avec les Alliés, les 9 000 Italiens de la division alpine Acqui durent résister durant 9 jours à l'aviation et aux blindés allemands. Forcés de se rendre, les survivants, soit 341 officiers et 4 750 soldats, furent fusillés sur ordre de Hitler. Seuls 34 hommes en réchappèrent. Le beau roman de Louis de Bernières, *La Mandoline du capitaine Corelli*, retrace l'histoire de l'occupation de l'île pendant la guerre et des séismes qui la ravagèrent.

Le tremblement de terre de 1953 a causé de graves dommages à Céphalonie. Environ 80 % des maisons ont été détruites, et seul le village de Fiskardo a gardé en totalité son caractère vénitien traditionnel. Autre conséquence du séisme, une part importante de la population a préféré quitter l'île et s'installer sur le continent par crainte de nouvelles catastrophes.

Circuits de découverte

LE TOUR DE L'ÎLE★★

Comptez deux jours avec les visites et les haltes sur les plages. Environ 200 km.

Sámi

Sur la côte est, c'est la troisième ville de l'île. Elle fut entièrement détruite par le séisme de 1953 et reconstruite. Elle se niche au creux d'une rade où se rassembla la flotte de la Sainte Ligue à la veille de la bataille de Lépante (1571), qui mit fin à la suprématie ottomane en Méditerranée.

Du rivage, vous avez une belle vue sur la baie presque fermée et sur la côte austère d'Ithaque.

Grotte de Drogkaráti

À 2 km au sud-ouest de Sámi. Prendre la route d'Argostóli et, à 2 km, un chemin à droite. Mai-oct. : 9h-19h - 3,50 €.

Un escalier (166 marches) donne accès à cette grotte facile à visiter et qui offre de magnifiques concrétions parmi lesquelles d'énormes stalagmites.

Regagner la côte vers le nord-est.

Lac souterrain de Melissáni★

✆ 26740 22997 - mai-oct. : 9h-19h ; hiver : w.-end 10-16h - 5 €.

Une promenade en barque permet de parcourir ce lac souterrain, sous une voûte en partie écroulée, dont les eaux communiquent par des galeries avec les gouffres d'Argostóli de l'autre côte de l'île *(voir page suivante)*. L'intensité et la diversité des bleus de l'eau (surtout en fin de matinée), les phénomènes de résonance et l'écho, les effets de lumière et d'ombre procurent une impression d'irréalité.

La route entre Sámi et Fiskardo offre de très belles vues.

Fiskardo★

Avant d'arriver au port charmant de Fiskardo, à l'extrémité nord de l'île, vous avez un magnifique **point de vue**★★ sur la mer, Ithaque et Leucade. Fiskardo doit son nom au Normand, Robert Guiscard, connu pour avoir chassé les Byzantins d'Italie et conquis la Sicile, et qui mourut ici en 1085. Épargnées par le séisme de 1953, les maisons colorées du 18e s. sont serrées face au port envahi, en été, de voiliers et de ferries.

Jusqu'à Ássos, au sud, la route est extraordinaire, avec des vues à la fois sur la mer et la montagne.

Ássos★

Sur la côte ouest, ce village de pêcheurs occupe un **site**★★ admirable à la racine d'une presqu'île escarpée dont le sommet porte une citadelle vénitienne (16e s.) qui servait de prison jusqu'en 1970.

La mer associée à la montagne, une végétation de pins odorants, la paix qui émane du petit port et d'une place encadrée de maisons fleuries font d'Ássos une des plus jolies localités de Céphalonie. La place de Paris a été reconstruite après le séisme de 1953 aux frais de la capitale française, d'où son nom.

Plus loin, la route en lacet puis en corniche offre des **vues**★★ spectaculaires sur la presqu'île d'Ássos, le golfe de Mirtou et la mer Ionienne.

Pour le plaisir des papilles

Les spécialités locales sont le délicieux vin robola à la bouteille enveloppée d'un sac de jute, les petits pâtés à la viande et au riz, et le miel de thym.

Plage de Mirtou

C'est probablement la plus belle de l'île *(très fréquentée en été)*. Ses eaux d'un bleu profond sont encadrées de majestueuses falaises blanches.

3 km après Agkónas, tourner à droite vers la péninsule de Paliki. Considérée comme le jardin de Céphalonie, elle révèle un paysage verdoyant planté de vignes, d'oliviers et d'arbres fruitiers.

Lixoúri

Deuxième ville de l'île, c'est aussi un port animé bâti dans les années 1960. Autour d'une esplanade moderne, les rues sont bordées de restaurants et de commerces.

Plage de Pétani★★

Au nord-ouest de Lixoúri, cette superbe crique est encaissée entre de hautes falaises blanches.

Monastère Ágios Kipouraíon

Dans un site magnifique, ce petit monastère très endommagé en 1953 se trouve au bord de l'abîme, entouré de vignes et d'oliviers.

Argostóli★

Le chef-lieu de l'île se trouve sur un promontoire au fond d'une baie qui ressemble à un fjord se terminant par une lagune. Le principal accès se fait par le pont des Anglais (1810), long de 650 m – fermé à la circulation –, qui coupe la lagune de Koutavos.

Reconstruit après le tremblement de terre de 1953, Argostóli a perdu l'atmosphère vénéto-grecque qui faisait sa réputation. Verte et fleurie, la ville comprend une agréable promenade sur le front de mer et une grande rue piétonne. L'**église Ágios Spyridon** renferme une belle iconostase en bois sculpté. Un petit **Musée archéologique** présente les trouvailles faites dans l'île, notamment une tête en bronze datant du 3e s. *✆ 26710 28300 - tlj sf lun. 8h30-15h - 3 €.*

Le **Musée historique et folklorique Corgialeneion**★ abrite une remarquable collection de costumes anciens, des documents montrant l'aspect d'Argostóli autrefois, des reconstitutions d'intérieurs aristocratiques et des ateliers d'artisans, ainsi qu'une riche bibliothèque. *✆ 26710 28835 - tlj sf dim. et j. fériés 9h-14h - 3 €.*

Katavothres

Presque à l'extrémité nord du promontoire, l'eau de mer pénètre dans des fissures et traverse l'île de part en part. Elle reparaît dans le gouffre de Melissáni, à 15 km de là. La force hydraulique ainsi créée servait à mouvoir de petits moulins dont l'un d'eux existe encore, muni d'une roue à aubes.

Plaine du Leivathó

Au sud d'Argostóli, elle est couverte d'oliviers centenaires. D'innombrables villages composent un véritable dédale où il fait bon se perdre. S'ils n'ont rien de typiques car reconstruits après le tremblement de terre de 1953, ils sont envahis par une végétation luxuriante : lauriers roses et blancs, bougainvilliers, fleurs odorantes.

Plusieurs plages très fréquentées la bordent.

Forteresse Ágios Geórgios★

En cours de restauration.

Entourée de son enceinte de 600 m de long, que renforcent trois bastions, cette énorme forteresse du 13e s. est très bien conservée. Le **kastro**, qui fut jusqu'en 1757 la capitale de l'île, compta jusqu'à 15 000 habitants, mais fut dévasté par un séisme

Ássos, vu de la forteresse.

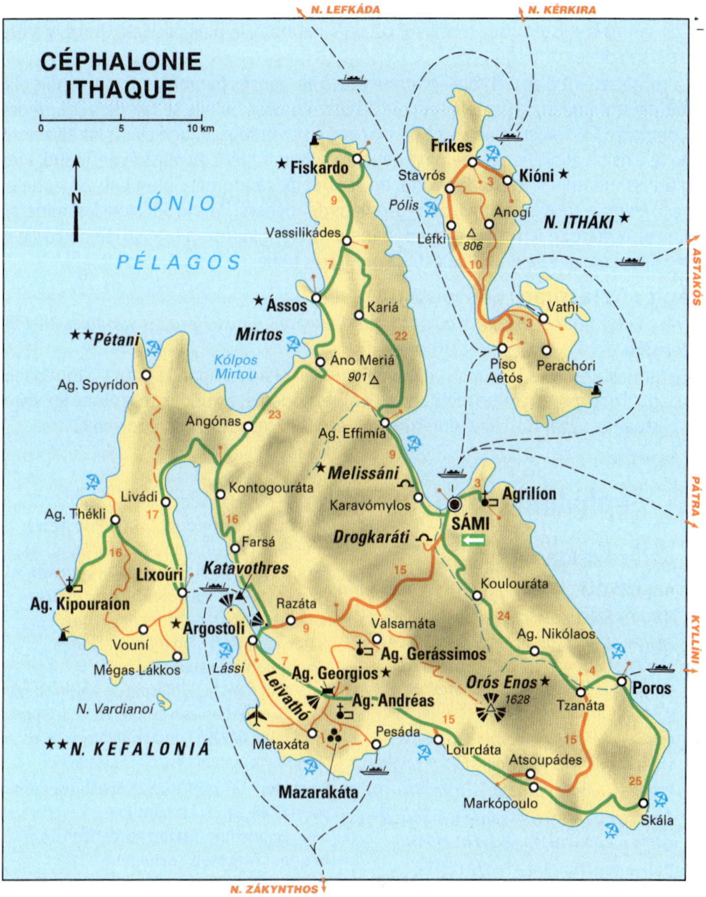

en 1636. Parmi les habitations en ruine dispersées sous les pins, vous verrez les vestiges d'une collégiale. L'endroit offre des **vues★** sur la plaine fertile du Leivathó, la presqu'île de Paliki et l'île de Zante.

Monastère Ágios Andréas

9h-13h30, 17h-20h - gratuit.

Au sud de Peratáta, Moni Milapidion conserve une belle église qui abrite des fragments de fresques, une magnifique iconostase et des icônes sur bois.

Ruines de Mazarakáta

Non loin du monastère Ágios Andreás, c'est le seul vestige antique d'importance de l'île. Cette nécropole mycénienne comprend de nombreux caveaux creusés à même la roche.

Le sud-est de l'île est ourlé de plusieurs belles plages : Kato Kateleiós, Kaminia Potamakia et surtout Skála, bordée par une épaisse pinède.

Póros

Cette station balnéaire dotée d'un petit port pour les ferries se trouve au creux d'une crique rocheuse.

LA MONTAGNE★★

Circuit de 40 km au départ de Sámi. Prendre la route d'Argostóli, qui traverse l'île par la montagne. Au bout d'une dizaine de km, tourner à gauche en direction du mont Aínos. L'itinéraire est magnifique.

Mont Aínos★ (Orós Aínos)

2h AR au départ des antennes de télévision. Les amoureux de randonnée et de panoramas pourront faire l'ascension du mont Aínos (1 628 m), un « géant » des îles grecques. Il émerge d'une épaisse forêt protégée de sapins noirs dits céphalonites, à la belle couleur vert sombre, dont les branches, curieusement, s'élèvent à la verticale. Ces sapins n'existent qu'en ce lieu. Un parc national, le plus petit de Grèce, y a été créé afin de les protéger.

La route atteint d'abord l'observatoire et ses immenses paraboles *(à 4 km)*, puis elle fait place à une piste jusqu'à l'entrée du parc naturel, où elle se fait plus cahoteuse *(comptez 35mn de montée lente)*. Laissez votre véhicule au virage avant les antennes de télévision et prenez le chemin à gauche qui suit la crête du massif vers le sud. Près d'un panneau perché sur la droite, un sentier de randonnée bien balisé (jaune et vert) grimpe sous les sapins, dans un chaos de rochers. Puis le décor se fait minéral. Un cairn marque le sommet qui domine une vertigineuse pente striée de coulées rocailleuses. La **vue★** sur l'île est vraiment très belle.

Ágios Gerássimos de Troianata

Entre Valsamata et Mikhata, au nord-ouest du mont Aínos. Horaires variables 8h-13h, 16h-20h.

Ce monastère (16e s.) reconstruit, dominé par un beau campanile, vaut surtout par le site qu'il occupe, en pleine montagne. L'église moderne, en brique rose, imite les vieux sanctuaires byzantins. Elle renferme un décor de fresques et un énorme lustre.

Céphalonie pratique

Informations utiles

ARGOSTÓLI

EOT – *Sur le quai (port de marchandises, en face du poste de police) - ✆ 26710 24466 - en été sf w.-end 7h-14h30.* Accueil très sympathique et avisé. Brochures, plan d'Argostóli, carte de l'île.

www.kefalonia-information.com (en français), *www.ionion.com* (en anglais).

Poste – *Odos Lithostrotos - 7h30-14h.*

Centre de santé – *À l'entrée d'Argostóli, par la rue Souithias - ✆ 26710 24641/6.*

Police touristique – *Face à l'EOT - ✆ 26710 22815.*

SÁMI

Bureau d'information touristique – *Pl. Konstanton (entrée du port) - en été 9h-13h.* Brochures et informations sur les excursions à faire dans la région.

Poste – *Derrière l'église - 7h30-14h.*

FISKARDO

Palma Travel – *Au 1er ét. d'une maison au bout du port - ✆ 26740 41033 - www.palmatravel.com - 9h-14h, 17h30-21h.* Chambres à louer, location de voitures, informations sur les bateaux pour Ithaque et le continent. Service efficace et diligent.

Poste – *Lun.-vend. 8h-14h.*

PÓROS

Bureau touristique – *Au bout de la rue centrale - ✆ 26740 72000 - www.poros-kefalonia.gr - tlj sf w.-end 8h-14h30.* Dans une maison jaune aux portes bleues : brochures et itinéraires de randonnée. Accueil charmant en anglais ou en français.

Transports

En bateau – En ferry, liaisons avec **Pátra** : 2/j. en été, 1/j. en hiver ; avec **Killíni** : 2/j. (Argostóli et Póros). Liaisons avec **Zante** : 2/j. en été, 1/sem. en hiver, de Zákynthos pour Pesáda (au sud de Céphalonie). Liaisons avec **Ithaque** : 5/j. de Piso Aetós pour Sámi, 2/sem. de Vathi pour Sámi, 1/j. depuis Fríkes pour Fiskardo. De **Leucade** : 1/j. depuis Vassiliki pour Fiskardo et pour Sámi. Les horaires changent chaque année et parfois d'un mois sur l'autre, se renseigner à l'avance.

Pour aller dans la péninsule de **Paliki** : bac pour Lixoúri *(ttes les h le mat., ttes les 30mn l'apr.-midi : 8h-23h - embarquement sur le port, suivre les panneaux « To Lixoúri »).*

En avion – *✆ 26710 42000.* D'**Athènes**, un vol via Zákynthos certains jours. Réservez dès que possible, l'avion est petit. Pas de bus pour Argostóli, seulement le taxi.

Gare routière – *Argostóli - odos Ioannis Metaxa (à côté du port) - ✆ 26710 22276/22281.*

En voiture – L'idéal car l'île est un vrai dédale de petites routes (surtout dans le sud). Location de véhicules à l'aéroport, à Argostóli, à Fiskardo, à Póros.

Se loger

ARGOSTÓLI

⊖ **Hôtel Tourist** – *109 r. Antoni Tritsi - ✆ 26710 23034 - htourist@otenet.gr - 22 ch.* Totalement rénové, cet hôtel à la façade rose et aux volets verts propose des chambres claires et confortables, certaines avec vue sur la baie. Accueil aimable. Bon rapport qualité-prix.

⊖⊖ **Hôtel Mirabel** – *Pl. Valianou - ✆ 26710 25381/83 - www.mirabel.gr - 33 ch.* Hôtel très bien situé, avec des chambres spacieuses et agréablement meublées, toutes avec terrasse. Attention, certaines donnent sur la place bruyante. Bar dans le vestibule et dans la cour, sous une treille. Accueil sympathique, le patron parle français.

⊖⊖ **Hôtel Olga** – *82 odos Antoni Tritsi - ✆ 26710 24981/84 - www.olgahotel.gr - 43 ch.* Sur le front de mer, hôtel moderne sans grand caractère. Chambres impeccables, spacieuses, avec double vitrage et agréables petits balcons. Bar, accès Internet sans fil.

PÓROS

⊖⊖ **Hôtel Oceanis** – *En haut du village - ✆ 26740 72581/82 - www.hoteloceanis.gr - 24 ch., 2 ch. (4 pers.) et 2 ch. (doubles communicantes) - ouv. en sais., appeler pour réserver en hiver.* Perché sur le promontoire qui ferme le port des ferries, de l'autre côté du cap, l'hôtel jouit d'une vue superbe. La jeune patronne parle français. Chambres avec balcon et réfrigérateur, très bien tenues, spacieuses et très claires.

SÁMI

⊖⊖⊖ **Hôtel Sami Beach** – *Karavomilos (village à l'ouest de Sámi, au bout de la grande plage) - ✆ 26740 22802/24 - info@samibeachhotel.gr - 49 ch.* Un hôtel où l'on se sent bien : accueil aimable et professionnel, atmosphère familiale malgré le standing du lieu. Réparties dans de sobres pavillons pastel, les chambres sont confortables, bien tenues et dotées de beaux sanitaires. Grande piscine, bar, tennis, jeux pour enfants. Petit-déjeuner en sus.

ÁSSOS

⊖⊖⊖ **Kanakis Appartments** – *À gauche, route qui descend dans le village, ✆ 26740 51631 - 6 appart.* Des appartements spacieux pour 2 ou 4 personnes, décorés avec goût et jouissant d'une terrasse avec vue splendide sur la mer et sur la forteresse. Piscine agréable. Accueil sympathique.

Se restaurer

ARGOSTÓLI

La ville compte de nombreux restaurants, tous assez touristiques. Optez donc pour les rues intérieures, autour de la place Valianou.

⊖ **To Arkotikon** – *5 odos Pizospatou.* À côté de la pl. Valianou, joli restaurant à la salle et à la terrasse lambrissées qui propose une cuisine savoureuse. Grand choix de vins grecs. Service efficace.

LIXOÚRI

⊖ **Zorbas** – *Angle de Grigoriou Labraki et 25 Martiou.* Dans une agréable cour ombragée, très bonne cuisine (poissons frits, *skordalia, saganaki*). Service diligent.

PÓROS

⊖ **Fotis** – *Square bordant le front de mer.* Une charmante terrasse en surplomb de la mer et de la place. Bonne cuisine familiale et accueil sympathique. Loue aussi des chambres à l'autre bout de la plage (mai-oct.).

FISKARDO

⊖ **Tselenti** – Taverne installée dans une des plus belles maisons du village, légèrement en retrait du port, sur une placette très agréable. Magnifique salle à manger, dotée d'un superbe bar. Agréable pour le petit-déjeuner.

Faire une pause

ARGOSTÓLI

Rock Café – *Sur le quai, non loin du marché.* Pour siroter un verre en admirant la baie.

Café K, Metropolis, Antico – *Odos Lithostrotos.* Où se retrouve la jeunesse.

Place Valianou, cafés qui s'animent beaucoup le soir : musique, cafés frappés et glaces italiennes !

Achats

ARGOSTÓLI

Marché – *Tlj en été, jusqu'à 23h environ.* Marché animé, installé dans les halles qui jalonnent le quai.

Spécialités culinaires – Sur Lithostrotos, petite boutique verte proposant toutes les gourmandises locales : **vins** *(robola)*, **café**, **miel**, etc. **Dionysios**, sur Lithostrotos, un caviste, où vous trouverez aussi des confiseries du pays et du café.

Sports et loisirs

Plongée – **Scuba Diving Center** - *Agia Efimia (au nord de Sámi) - ✆ 26740 62006 - www.aquatic.gr.* Un club très sympathique pour débutants et plongeurs confirmés. Bon matériel.

Corfou★★★

Kérkira – Κέρκυρα

111 975 HABITANTS – 590 KM²
CARTE GÉNÉRALE RABAT I A1 – ÎLES IONIENNES

Entre la péninsule italienne et le monde grec, le joyau des îles Ioniennes charme le visiteur : ses collines verdoyantes tapissées d'oliviers, ses criques rocheuses, ses grandes plages de sable, sa cité ancienne et la douceur de son climat en font un lieu de séjour prisé, été comme hiver. Fréquentée dès le 19e s. par l'aristocratie italienne, allemande, autrichienne, et notamment par l'impératrice Sissi, Corfou garde aujourd'hui encore son caractère cosmopolite.

- **Se repérer** – Au nord de l'archipel, à moins de 3 km de l'Albanie, longue de 60 km, l'île se trouve à l'entrée de l'Adriatique. Corfou est la plus peuplée des îles Ioniennes. La partie nord de l'île est la plus montagneuse ; elle culmine au mont Pantokrátor (906 m).
- **À ne pas manquer** – La vieille ville de Corfou ; les plages de l'île ; les points de vue extraordinaires de Pélekas, de Sidári et de Palaiokastrítsa ; l'Achilleion, le palais de Sissi.
- **Organiser son temps** – Comptez quatre jours de visite.
- **Pour poursuivre le voyage** – Ioannina, Párga, Pátra et Paxos.

Comprendre

Une étape du voyage d'Ulysse – Dans l'*Odyssée*, Homère raconte qu'Ulysse, retenu dans l'île Ogynie par l'amour de la nymphe Calypso, fut libéré sur l'intervention d'Hermès et se dirigeait vers Ithaque lorsque la tempête le jeta sur une grève de l'île de Scheria, identifiée avec l'actuelle Corfou. Là, il fit la rencontre de la gracieuse Nausicaa « aux bras blancs », qui jouait avec ses compagnes ; elle le conduisit à son père, Alkinoüs, roi des Phéaciens. Celui-ci reçut Ulysse dans son palais entouré de jardins enchanteurs, organisa un banquet en l'honneur du fils de Laërte, qui raconta ses aventures. Alkinoüs lui offrit de riches présents et affréta un navire afin qu'il puisse retourner à Ithaque. C'est au 8e s. av. J.-C. que les Corinthiens fondèrent ici une colonie nommée Corcyre.

Une île vénitienne – La présence des rois angevins de Naples à Corfou dura de 1267 à 1386. Puis les Vénitiens achetèrent l'île dont ils firent la principale escale pour leurs navires de commerce sur la route de l'Orient.

Lors de la domination vénitienne, Corfou est menacée par les Turcs : ils ravagent l'île en 1537, sous la conduite de Soliman le Magnifique, mais échouent devant la citadelle. En 1571, 1 500 marins de Corfou, participent à la bataille de Lépante *(voir p. 272)*. En 1716, 30 000 soldats turcs envahissent l'île, mais une résistance acharnée les force à se retirer. Représentés par un provéditeur (gouverneur), les Vénitiens s'imposent à Corfou dont ils font un arsenal et un entrepôt avec l'aide de la noblesse

D. Thierry / Photononstop

Les élégantes arcades du Liston à Corfou-ville : un petit air d'Italie.

locale, inscrite comme à Venise, sur un Livre d'or. L'italien devient la langue officielle, le catholicisme latin est privilégié, de nombreux monuments sont construits et décorés : églises rectangulaires à plafonds plats et campaniles, hautes maisons étroites, puits à margelle sculptée, icônes d'artistes chassés de Crète par les Turcs. Et l'administration vénitienne donne un sequin par nouvel olivier planté, car Venise manque d'huile.

Neuf ans d'occupation française – En juin 1797, des troupes françaises arrivées de Venise débarquent à Corfou. Les commissaires du Directoire font planter des arbres de la Liberté, brûler le Livre d'or et rétablissent le grec comme langue officielle. Mais ils s'attirent la colère des Corfiotes par l'irrespect dans lequel ils tiennent les reliques de saint Spyridon. Deux ans plus tard, les Français sont chassés par les Russes et les Turcs qui instituent une république des Sept-Îles couvrant les îles.

En 1807, le traité de Tilsit rend à la France Corfou, que Napoléon considère comme la « clef de l'Adriatique ». Le gouvernement éclairé du général Donzelot arme les fortifications de 500 canons, améliore l'urbanisme de la ville (arcades du Liston) et encourage l'agriculture en systématisant l'emploi de la charrue.

Protectorat britannique – Le traité de Paris donnait aux îles Ioniennes un statut indépendant sous tutelle britannique. En fait, malgré une Constitution octroyée aux insulaires, les gouverneurs anglais détenaient presque tous les pouvoirs. Ils dotèrent l'île d'une bonne infrastructure : bâtiments publics, réseau routier, canalisations, université. Corfou s'affirma alors comme un foyer intellectuel à la fois ionien et britannique. Les Anglais installèrent même sur l'Esplanade un terrain de cricket, toujours utilisé.

Corfou la Grecque – Capo d'Istria (ou Kapodistrias, 1776-1831), président de la toute jeune République grecque de 1827 à 1831, est originaire de Corfou, où il repose. Les Corfiotes participèrent à la guerre d'Indépendance de 1821 et l'île fut rattachée à la Grèce en 1863 lors de l'accession au trône de Georges Ier.

Se promener

CORFOU-VILLE★★ (Kérkira)

Sur une péninsule, entre deux énormes citadelles, la ville de Corfou, avec ses ruelles, ses toits de tuiles romaines, ses cyprès, évoque l'Italie. Mais l'endroit conserve aussi des souvenirs de l'occupation britannique. Pour vous repérer, sachez que l'Esplanade (Spianáda) est le centre de la cité *(voir ci-dessous)*.

Palais royal, ou palais St-Michel-et-St-Georges (Palaiá Anáktora)

☎ 26610 30443 - 8h30-19h30, 15h en hiver - 3 €.

Construit en 1819, cet édifice monumental néoclassique est précédé d'un portique de 32 colonnes. Il fut palais des gouverneurs britanniques, puis Sénat ionien, puis résidence d'été de la famille royale grecque après 1864. Un vestibule orné de fresques évoquant l'*Odyssée*, une salle du trône et la salle des banquets en sont les pièces les plus intéressantes. Le monument abrite aussi un dépaysant **musée d'Art asiatique★** doté de 10 000 objets de collection : urnes funéraires et bronzes chinois, flacons à encens, laques rares, céramiques et estampes, paravents japonais, ainsi qu'une belle série d'icônes des 17e et 18e s.

Partant de l'Esplanade, contournez le palais royal par la gauche. Vous arrivez sur une agréable corniche bordée de maisons anciennes. Elle domine la mer, face au rivage nord de l'île et aux côtes d'Albanie et d'Épire.

Ancienne préfecture

Construite au 19e s., elle est caractéristique de l'architecture britannique en vigueur sous le protectorat.

Musée byzantin

☎ 26610 38313 - tlj sf lun. 8h30-15h - 2 € (ticket combiné avec le Musée archéologique et le musée d'Art asiatique, la vieille citadelle, l'église d'Antivouniotissa : 8 €).

Installé dans la Panagía Antivouniotissa, il présente une très belle collection d'icônes des 16e et 17e s. : à voir, celle de Theotokos Odigitria (15e s.), et celle des saints Serge et Bacchus, œuvre du peintre Michael Damaskinos, pour commémorer la bataille navale de Naupacte en 1571.

Panagía Spiliótissa

Le long du rivage, cette grande église blanche est précédée d'une imposante façade Renaissance et renferme d'intéressantes icônes (16e et 18e s.).

La rue Donzelot, bordée de belles maisons d'armateurs, descend vers la place et les quais de l'ancien port (Paleo Limáni).

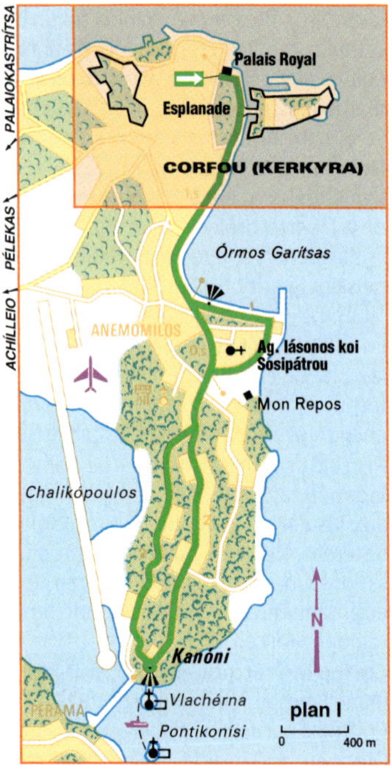

Fort Neuf **(Néo Froúrio)**

✆ 26610 27370 - 9h-22h - 2 €.

Construit sur une colline aux 16e et 17e s. puis remanié au 19e s., le Néo Froúrio impressionne par ses dimensions.

Vieille ville★ **(Paleá Póli)**

Ruelles tendues de linge qui sèche, placettes dallées faisant décor de théâtre, hautes maisons à arcades, n'hésitez pas à flâner, l'endroit possède énormément de charme.

Suivez la rue Solomou, puis la rue commerçante Nikiforou Theotoki, artère principale de la Corfou vénitienne, au début de laquelle s'élève l'église Ágios Antónios, construite au 14e s. (iconostase baroque du 18e s.). À mi-parcours de la rue Nikiforou Theotoki, prenez à gauche.

Musée du Papier-monnaie – *✆ 26610 34192 - tlj sf w.-end 9h-14h.* Il présente diverses techniques de fabrication des billets de banque et des spécimens provenant de tous les pays du monde.

Ágios Spirídonas – Un haut campanile détaché signale cette église construite à la fin du 16e s. et dédiée à saint Spyridon, évêque chypriote du 4e s., dont les reliques furent apportées de Constantinople en 1456 et qui devint le patron de Corfou. Une chapelle abrite le cercueil d'argent contenant le corps momifié du saint, vénéré lors des processions solennelles se déroulant aux fêtes orthodoxes des Rameaux, du Samedi saint, du 11 août et du premier dimanche de novembre.

Panagía ton Xenón – Cette basilique à trois nefs ornée d'un plafond peint domine une charmante petite place.

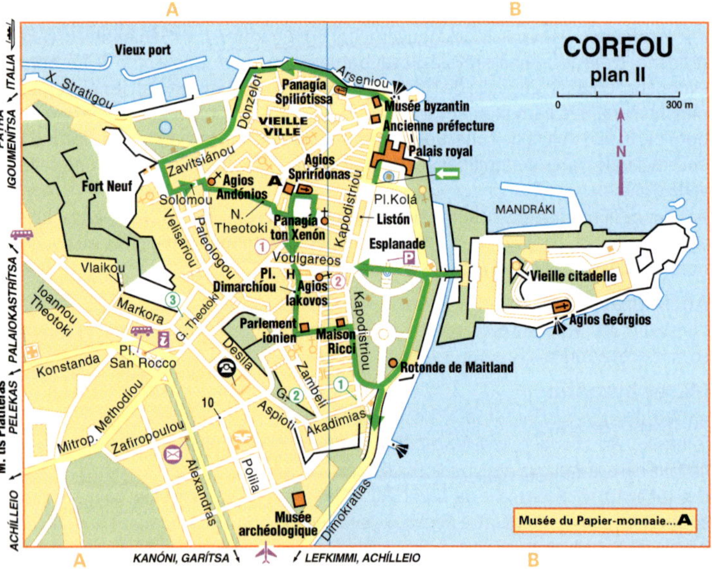

SE LOGER	SE RESTAURER	INDEX DES RUES
Cavalieri ... 1	Taverna Ninos ... 1	Riz. Voulefton ... 10
Hôtel Bella Venezia ... 2	The Venetian Well ... 2	
Hôtel Hermes ... 3		

Ágios Ioánnis Prodromos – Précédée d'une jolie façade de couleur rose, elle abrite une précieuse iconostase en marbre.

Hôtel de ville – Sur la place Dimarchíou, l'hôtel de ville occupe l'ancien théâtre construit au 17e s. et décoré de médaillons sculptés. C'est l'un des plus beaux monuments vénitiens de Corfou.

Église catholique – Elle est dédiée à saint Jacques (Ágios Iakovos). Restaurée après la dernière guerre, on peut y voir une Madone, fine peinture vénitienne du 15e s. (3e chapelle à droite).

Parlement ionien – Construit en 1855, il est précédé de majestueuses colonnes doriques. En 1863, le rattachement des îles Ioniennes à la Grèce y fut voté.

En retournant vers l'Esplanade, vous passerez devant la maison Ricci (Archondikó Ricci), remarquable demeure vénitienne.

Esplanade★ (Spianáda)

Jadis champ de manœuvres militaires, l'Esplanade fut plantée de palmiers et d'eucalyptus à l'époque napoléonienne. Elle est décorée de monuments commémoratifs et de statues, notamment une rotonde néoclassique élevée à la mémoire de Maitland, premier gouverneur anglais de l'île. Promenade très fréquentée, surtout le soir, elle comprend également un parking et un terrain de cricket.

Au sud de l'Esplanade, vous avez une très belle **vue★** sur l'ancienne citadelle, la mer en contrebas et les côtes d'Épire.

Le côté ouest est bordé par le **Liston**, maisons à arcades abritant restaurants, salons de thé, librairies… Cet ensemble a été construit sous la direction de Mathieu de Lesseps, père du réalisateur du canal de Suez. Regardez bien les arcades, elles ressemblent étrangement à celles de la rue de Rivoli à Paris.

Vieille citadelle

✆ 26610 48310 - 8h-19h en été, 8h30-15h en hiver - 4 € (ticket combiné avec les Musées archéologique, byzantin et d'Art asiatique : 8 €) - visitez-la de préférence le matin.

Séparée de l'Esplanade par un fossé, la vieille citadelle se dresse sur un promontoire rocheux. À l'époque médiévale, des fortifications occupaient déjà les hauteurs. Au 16e s., les Vénitiens refirent les deux ouvrages fortifiés, creusant le canal et édifiant les deux tours qui précèdent le pont. Vous y verrez également l'église Ágios Geórgios, en forme de temple antique, construite par les Anglais en 1830, et les anciennes casernes vénitiennes dominant le petit port de Mandráki.

Musée archéologique★

✆ 26610 30680 - tlj sf lun. 8h30-15h - 3 €.

De présentation assez moderne, il conserve trois œuvres archaïques provenant de la Corcyre antique : le magnifique **fronton★★** (recomposé) d'un temple dédié à Artémis et comprenant une Gorgone haute de 2,80 m ; un curieux haut-relief figurant un banquet dionysiaque ; une monumentale lionne du 7e s. av. J.-C. qui surmontait probablement un tombeau. Vous verrez également une collection de statuettes en terre cuite et une tête représentant le poète athénien Ménandre (342-292 av. J.-C.).

Monastère de la Panagía Platitera

À l'ouest de la ville, rue Polichroniou Konstanda.

Les bâtiments du 19e s. abritent le tombeau de Kapodistrias, premier président de la Grèce, mais aussi de belles **icônes★**.

Circuits de découverte

LE NORD DE L'ÎLE★★ 1

Environ 120 km, comptez une journée.

Paleokastrítsa★★

À 25 km au nord-ouest de Corfou-ville. Cette station balnéaire se trouve au fond d'une **baie★★** magnifique. Au pied d'une montagne couverte de chênes, d'oliviers et de cyprès, vous découvrirez six criques bordées de roches ocre, avec plages et mer translucide. Considérée comme le plus bel endroit de l'île, Palaiokastrítsa est envahie.

La route se termine au pied du promontoire occupé par le **monastère** de Palaiokastrítsa, fondé au 13e s., mais dont les bâtiments actuels datent seulement du 18e s. *Avr.-oct. 7h-13h, 15h-20h (jupes longues fournies).*

Reprenez la route de Corfou-ville. À 4 km, tournez à gauche en direction de Lákones.

D'une plate-forme située à environ 800 m au-delà du village de Lákones (parking), vous avez une **vue★★** magnifique sur la baie de Palaiokastrítsa.

Continuez vers Krini. À l'entrée du village, prenez à gauche la petite route d'Angelókastro qui conduit à un hameau, puis à un restaurant près duquel vous laisserez le véhicule.

1h AR. Un chemin mène aux ruines d'Angelókastro, forteresse byzantine élevée au 13e s. De là, vous aurez de splendides **vues★★** sur la côte.

Les plages de Corfou

Elles sont nombreuses et magnifiques, mais fréquentées à l'extrême en été... Parasols et chaises longues en recouvrent la plupart. Le choix de sports nautiques est très vaste.

Voici les plus belles (et les plus célèbres). Elles sont répertoriées sur la carte et classées ici dans le sens des aiguilles d'une montre au départ de Corfou-ville :

Benítses : face à l'Épire, plage très touristique.

Vitalades : longue étendue de sable au pied d'une falaise.

Ágios Geórgios : plage sablonneuse. Ses dunes se sont solidifiées, ce qui les fait ressembler à des rochers.

Paramona : plein ouest, au pied du joli village d'Ágios Matheos, bâti en amphithéâtre, elle est fréquentée par les Grecs.

Ágios Górdios : longue plage de 5 km. Un rocher jaillissant de la mer rappelle un peu l'aiguille d'Étretat.

Pélekas : en contrebas du village éponyme, cette plage encadrée de rochers est l'une des plus proches de Corfou-ville.

Myrtiótissa : difficile d'accès, petite plage au fond d'une crique superbe.

Palaiokastrítsa : plusieurs criques très belles... et très fréquentées.

Ágios Geórgios : plage de 5 km de long.

Arilas, Ágios Stéfanos : plages ventées, dans un décor de rochers et de collines verdoyantes.

Peroulades : étroite bande de sable dominée par des falaises gris et ocre.

Sidári : une multitude de criques dans un somptueux décor de rochers.

Ágios Spyridónas : non loin des côtes albanaises, belle plage sauvage avec une chapelle posée sur le sable.

Ýpsos, Dassia : grandes stations balnéaires dotées de belles plages.

Plage d'Ágios Geórgios

Au fond d'une grande crique encadrée de rochers, cette plage de sable est l'une des plus agréables de l'île.

Sidári★★

À 39 km au nord de Corfou-ville. Cette station se trouve sur une très belle **côte rocheuse★★** curieusement découpée par la mer. Vous découvrirez de petites plages, des îlots, des rochers sculptés, des grottes marines et des gouffres où se précipite la mer.

Kassiópi★

À 38 km au nord de Corfou-ville. Ce port est devenu une importante station balnéaire. Une ancienne citadelle, accessible à pied, la domine. Au sud, une spectaculaire **route de corniche★** dessert Kouloúra, face aux côtes de l'Albanie.

Spartýlas★

À 26 km au nord de Corfou-ville.

La route monte à travers les oliviers, procurant de belles vues sur l'île et sur les côtes de l'Épire.

Monastère du Pantokrátor

À 34 km au nord de Corfou-ville. Avr.-oct. 7h-12h30, 14h30-20h. Jupes longues fournies. Bâti sur le point culminant de l'île (906 m), le monastère offre une très belle **vue★** sur l'île, au pied de gigantesques antennes de télévision : plateaux désertiques, quasi lunaires d'un côté, mer, côtes, lacs albanais de l'autre.

Ýpsos★

À 17 km au nord de Corfou-ville. Cette agréable station balnéaire est située en bordure d'une baie sablonneuse où se pratiquent voile, planche à voile, ski nautique.

Órmos Gouvión

À 9 km au nord de Corfou-ville. Bien protégée au fond d'une agréable baie, la station de Gouviá est très fréquentée.

LE SUD DE L'ÎLE★★ 2

Une centaine de km, comptez une journée.

Moins montagneux que le nord, il comprend plusieurs plages, de très beaux points de vue et l'Achilleion.

Promenade de Kanóni★★

À 4 km au sud de Corfou. Suivez la tranquille promenade ombragée qui longe la baie de Garitsa jusqu'au faubourg d'Anemomilos, dont les villas se dispersent dans la verdure. Du quai, vous avez une très belle **vue★★** sur la baie, la vieille citadelle de Corfou, les côtes d'Épire et d'Albanie.

Prenez la rue Iasonou kai Sosipatrou, conduisant à Agii Iásonos kai Sosipátrou, **église byzantine** du 12e s. dont le narthex abrite quatre belles icônes du 17e s. *9h-15h.*

Traversant le site antique de Corcyre, la route contourne la villa Mon Repos, construite par les Britanniques en 1824. Entourée d'un **parc**, elle fut attribuée à la famille royale de Grèce dès l'indépendance.

Non loin de l'aéroport international, à l'extrémité de la route, Kanóni est l'un des paysages les plus connus de Grèce. De la terrasse, vous avez une **vue★★** plongeante sur les îlots des Vlachernes et de Pontikonisi. Posés comme des nénuphars sur l'eau, ils portent chacun un **monastère**. Vous pouvez accéder à pied jusqu'à celui des Vlachernes datant du 17e s. et de là en bateau jusqu'à Pontikonísi, représenté dans un célèbre tableau symboliste d'Arnold Böcklin (1827-1901), *L'Île des morts*.

Élisabeth d'Autriche, impératrice de la solitude

Sa vie fut maintes fois représentée au cinéma, notamment dans le fameux *Sissi* d'Ernest Marischka, avec Romy Schneider, et le *Ludwig* de Visconti avec la même actrice. Elle fut l'une des plus belles et des plus riches princesses de son temps. Femme de l'empereur d'Autriche François-Joseph Ier (1830-1916), elle était atteinte d'une dépression profonde qui s'aggrava à la suite d'une série de drames personnels : la mort prématurée de sa fille aînée Sophie, à 2 ans (1857) ; l'assassinat de son beau-frère Maximilien, empereur du Mexique (1867) ; la mort violente de son cousin préféré Louis II de Bavière (1886) ; le suicide de son fils Rodolphe, héritier de l'Empire, à Mayerling (1889) ; la mort de sa sœur la duchesse d'Alençon, brûlée vive dans l'incendie du bazar de la Charité à Paris (1897). Elle fuyait la cour de Vienne, qu'elle détestait, et traînait sa douleur à travers l'Europe, parfois seule. Fascinée par la Grèce, elle découvrit Corfou en 1862 et fit aménager l'Achilleion en 1890 en l'honneur de son héros préféré, Achille, symbole selon elle de « l'âme grecque et de la beauté de la terre ». Elle apprit même le grec. Elle se passionnait pour la guerre de Troie et récitait des passages d'Homère. En septembre 1898, elle fut poignardée par un anarchiste italien à Genève.

L'Achilleion★★ (Achílleio)

À 12 km au sud de Corfou-ville. ✆ 26610 56210 - 8h-19h - 6 €.

Situé sur une colline boisée dominant la mer, l'Achilleion fut conçu pour l'impératrice Sissi. À sa mort, la villa fut achetée par Guillaume II, qui y vint chaque printemps de 1908 à 1914. Devenu propriété de l'État grec, l'Achilleion est fréquenté toute l'année.

De style néoclassique, dédiée à l'Achille de l'*Iliade*, la demeure comprend de grandes salles décorées de fresques et de motifs antiques. Des souvenirs des familles royales y sont exposés.

Le **jardin à l'italienne**★★, composé de terrasses fleuries et planté d'arbres méditerranéens, est orné de statues parmi lesquelles un *Achille blessé* (du sculpteur berlinois Ernst Herter, 1884), auquel Guillaume II voulut opposer un Achille victorieux, en bronze, plus académique.

À l'extrémité de la terrasse supérieure, vous admirerez des vues étendues vers le nord de l'île et la côte albanaise.

Benítses

À 14 km au sud de Corfou-ville. Au débouché d'une vallée plantée d'oliviers, ce village de pêcheurs ombragé de citronniers est devenu une station balnéaire. Non loin, vous pourrez voir le départ d'un aqueduc édifié par les Anglais pour alimenter la ville de Corfou.

Pélekas★★

À 13 km à l'ouest de Corfou-ville. Du belvédère aménagé par Guillaume II et dit « Trône du Kaiser », vous aurez un **panorama extraordinaire**★★, à 360°, sur une partie de l'île. L'empereur d'Allemagne venait admirer ici le coucher du soleil.

Corfou pratique

Informations utiles

EOT – *Pl. San Rocco - ✆ 26610 20773 - 8h-20h, 16h le dim.* informations sur les manifestations culturelles.
www.corfuhomepage.com

Poste – *26 odos Alexandras - 7h30-20h, sam. 7h30-14h - fermé dim.* Également change pour les chèques postaux et chèques de voyage (American Express).

Centre de santé – *Odos Ioulias Andreadi (près de la pl. San Rocco) - ✆ 26610 88200.*

Police touristique – *Odos Samartzi (près de la pl. San Rocco) - ✆ 26610 30265 - 8h30-20h.*

Transports

En bateau – Le port de ferries se trouve au nord de la vieille ville (importante gare maritime, avec grand café). Liaisons en ferry avec **Igoumenítsa** (ttes les h), avec Pátra (1/j.) et **Paxos** en ferry (1/j. en été) ou en hydroglisseur *Flying Dolphins* de la *Petrakis Line* (3/j., 1/j. en hiver). Plusieurs ferries font la traversée depuis l'Italie : **Ancône** et **Brindisi** (1/j.), **Bari** (3/sem.) **Venise** (4/sem.).

Autorités portuaires – *✆ 26610 38425.*

En avion – L'aéroport international (*✆ 26610 30180)* se trouve à 3 km de la ville. Plusieurs vols quotidiens Athènes-Corfou, ainsi que des liaisons directes par charter depuis les principales villes européennes. Stations de taxi et de bus pour rejoindre le centre-ville. Plusieurs vols par sem. en hydravion pour Corfou depuis Ioannina et Paxos avec la compagnie **Airsealines** – *✆ 26610 49800 - www.airsealines.com.*

En bus – Il existe deux sortes de bus : les bleus pour la ville de Corfou et ses environs, les verts pour les plus longues distances sur l'île. **Bus bleus** – *Pl. San Rocco - ✆ 26610 32158.* Ils desservent la presqu'île de Kanóni, l'Achilleion, Benítses, Ág. Ioánnis et Pélekas. **Bus verts** – *Odos Avramiou (près du Fort Neuf) - ✆ 26610 39862/39985.* Plusieurs liaisons par jour pour Palaiokastrítsa, Róda, Aharavi, Ágios Stéfanos, Sidári, Kávos et Glifáda.

En voiture – Les principales compagnies sont présentes à l'aéroport et ont une agence face au nouveau port.

Se loger

Bon à savoir – La plupart des hôtels sont proches de l'Esplanade et en bordure des deux ports. Pour un long séjour, optez pour les stations balnéaires, plus calmes.

KÉRKIRA (Corfou-ville)

Hôtel Hermes – *14 odos Markora - ✆ 26610 39268 - 34 ch.* Chambres un peu vieillottes mais bien tenues. Il est difficile de trouver moins cher en ville. Petit-déjeuner en option.

Hôtel Bella Venezia – *N. Zambeli 4 - ✆ 26610 46500 - www.bellavenezia.com - 31 ch.* Hôtel de charme à la décoration italianisante raffinée (plafonds à caissons, quelques chambres avec lits à baldaquin), dans une belle demeure du 19e s. agrémentée d'une agréable terrasse verdoyante. Baignade possible au Cercle nautique de Corfou, à 150 m.

Hôtel Cavalieri – *Kapodistriou 4 - ✆ 26610 39041 - www.cavalieri-hotel.com - 50 ch.* L'établissement le plus luxueux de la vieille ville, aménagé dans un hôtel particulier du 17e s. à la belle décoration anglo-vénitienne. Vue splendide sur la mer et bar panoramique.

Phototravellers / MICHELIN

Couleurs et saveurs dans la vieille ville de Corfou.

ERMÓNES

Ermónes Golf Palas – *(Appart Hôtel) - ✆ 26610 94045/94226 - www.hotels-corfu.gr/ermones-golf-hotel.* Deux bâtiments à taille humaine encadrent une très agréable piscine fleurie. Appartements avec cuisine et balcon donnant sur la mer, juste au-dessus de la plage.

LÁKONES

Hôtel Golden Fox – *✆ 26630 49101/2 - www.corfugoldenfox.com - 10 appart. - mai-oct.* Encombrée de boutiques touristiques, l'entrée est peu engageante. Mais l'hôtel dispose de chambres confortables avec kitchenette et balcon. Vue imprenable sur la baie de Palaiokastrítsa. Restaurant avec une carte végétarienne. Réservation recommandée.

DANILIÁ

Hôtel Nefeli – *✆ 26610 91033 - www.hotelnefeli.com - 45 ch.* Joli bâtiment néoclassique rose enfoui dans les oliviers. Chambres spacieuses avec balcon donnant sur la mer ou sur les collines. Plage à 400 m.

PÉLEKAS

Hôtel Levant – *✆ 26610 94230 - www.levant-hotel.com - 25 ch.* Sur la colline au-dessus du village, villa néoclassique au décor très soigné et au charme 1900.

Accueil chaleureux, bon restaurant, chambres romantiques et fraîches, avec une vue magnifique. Plages de Glifáda et de Myrtiotíssa à 3 km, équitation et golf à 4 km… Une étape inoubliable ! Chambres à 4 lits pour les familles.

GLIFÁDA

⊜⊜⊜⊜ **Hôtel Menigos** – *✆ 26610 95074 - 163 appart.* Grands bungalows construits en terrasse au-dessus de la plage, certains avec un jardin. Tous sont différents, meublés et équipés (kitchenette), disposant d'un balcon avec vue sur mer. Pour 3/4 pers. : 35 m^2, pour 5/6 pers. : 60/80 m^2. Petite piscine, supermarché, snack et tennis possible au grand hôtel voisin.

Se restaurer

KÉRKYRA (Corfou-ville)

⊜ **Taverna Ninos** – *Sebastianou 46 (angle de Mikh. Theotoki) - fermé dim.* Maison réputée depuis 1920 pour ses plats simples, frais et copieux : *sofrito*, *pastitsada*… et une goûteuse andouillette (*gardoumba*). Clientèle grecque et accueil chaleureux.

⊜⊜ **The Venetian Well** – *Pl. Kremasti - fermé dim.* La plus belle terrasse de Corfou, sur une placette fleurie où se trouve un magnifique puits vénitien. La cuisine est à l'image du cadre : raffinée et mêlant avec bonheur les gastronomies italienne et grecque. Ne manquez pas les délicieuses brochettes d'espadon au caviar de noix. Réservation indispensable.

LÁKONES

⊜ **Taverna O Boulis** – *À l'entrée du village - avr.-oct.* Taverne toute simple, loin des snacks indigestes de Palaiokastrítsa. Plats copieux, servis en salle ou en terrasse.

ÁGIOS SPYRIDÓNAS

⊜ **Taverna Lagoon** – *Mai-oct.* Grande terrasse au bord de la plage où l'on savoure d'excellentes brochettes de poisson frais et différents poissons grillés à choisir en cuisine. Accueil courtois Vue sur les côtes albanaises toutes proches.

KOULOÚRA

⊜ **Taverna Kouloúra** – *Avr.-oct.* Très belle terrasse sur le port tranquille, où déguster de délicieuses spécialités.

Faire une pause

KÉRKIRA (Corfou-ville)

👁 **Bon à savoir** – Vous trouverez de nombreux cafés sous les arcades du Liston. Ne manquez pas le **Ta Olympia**, qui existe depuis 1928, avec ses boiseries et son mobilier Art déco. *7h-2h.*

Arte Café – *Jardin du palais St-Michel-et-St-Georges - 9h-1h.* Délicieuse terrasse au milieu des cyprès et des jasmins. Idéal aussi pour déguster une salade ou un plat froid.

Hôtel Cavalieri – *4 odos Kapodistriou.* La terrasse panoramique au 6e étage offre une vue splendide sur la citadelle et la mer, surtout à la tombée de la nuit. À partir de 18h, tenue de ville exigée.

Boîtes de nuit – Toutes les boîtes techno, où se presse la jeunesse, se concentrent à la sortie nord de la ville, dans le faubourg de Mandouki, après le nouveau port. Certaines valent le coup d'œil pour leur décor carton pâte, notamment l'extravagante **Apocalypsi**.

Sports et loisirs

Plongée – Odissée Divers (panneau « Scuba Diving ») – *sur la côte d'Ermónes - ✆ 26610 94053 - odysey-divers@ker.forthnet.org.* Vous pourrez plonger d'un bateau jusqu'à Palaiokastrítsa.

Dive in Corfou – *Gouviá Marina - ✆ 26610 91955 ; Corfou - 2 odos E. Antistassos (en face des douanes) - ✆ 26610 44164 - www.diveincorfu.*

Événements

Concerts – *Rens. au kiosque touristique.* Tous les ans, en juil.-août, la municipalité organise des concerts (musique classique ou traditionnelle) dans l'ancienne citadelle.

Festival de guitare – *✆ 26610 46363.* En été, avec concerts au Fort Neuf et à l'ancienne citadelle.

Cythère★★

Kýthira – Κύθηρα

3 354 HABITANTS – 284 KM²
CARTE GÉNÉRALE RABAT II B3 – ATTIQUE

« L'île des doux secrets et des fêtes du cœur » inspira à Watteau, au 18e s., son célèbre « Embarquement pour Cythère », qui n'a rien à voir avec la nature même de l'île, et, au 19e s., Baudelaire ainsi que de nombreux écrivains, dont Verlaine, Hugo, Lamartine et Gérard de Nerval. Berceau d'Aphrodite, Cythère a deux visages : au nord, des landes et des pinèdes, au sud des gorges sauvages couvertes de myrtes, et partout des villages d'une éclatante blancheur à l'architecture unique et des plages solitaires.

- **Se repérer** – À l'extrémité sud du Péloponnèse, cette île aride, orientée nord-sud, fait face au cap Malée, redouté des marins, et se situe à moins de 20 km du continent. Faisant partie des îles Ioniennes par son passé vénitien, Cythère est administrativement rattachée à l'Attique.
- **À ne pas manquer** – Hora, les ruines de Mylopótamos et celles de Paliohora, la grotte Agía Sofía, les plages.
- **Organiser son temps** – Comptez trois à quatre jours de visite. Allez-y de préférence en voiture ou louez-en une sur place.
- **Pour poursuivre le voyage** – Le Magne, Monemvasía.

Comprendre

L'île de la déesse de l'Amour – Née de l'écume de mer, **Aphrodite** aurait été poussée par les Zéphyrs vers Cythère… Le jeune Troyen **Pâris**, ayant jugé sa beauté supérieure à celle d'Héra et d'Athéna, lui aurait bâti ici son premier sanctuaire. En réalité, le culte de la déesse de l'Amour semble avoir été apporté d'Asie par les Phéniciens, qui recueillaient sur le littoral un coquillage, le murex, dont ils tiraient la pourpre. Quoi qu'il en fût, plusieurs temples d'Aphrodite s'élevèrent ici, dont il ne reste presque rien. Le plus important abritait une statue de la déesse que les Romains emportèrent à Rome. Au sud, dans les parages de l'île d'**Anticythère** (Antikýthira), un pêcheur d'éponges découvrit en 1900 une épave antique chargée de marbres et de bronzes, parmi lesquels le fameux *Éphèbe d'Anticythère* (4e s. av. J.-C.) qui serait une effigie de Pâris (musée d'Athènes).

Se promener

Kýthira-ville★★ (Hora)

Le chef-lieu de l'île occupe un beau **site★★** au-dessus d'une rade majestueuse au sud. Ses ruelles étroites *(interdites aux véhicules)* sont d'une grande beauté. La blancheur immaculée des murs des maisons s'associe à la couleur ocre de l'architecture

M. Guillochon / MICHELIN

L'une des ruelles fleuries caractéristiques de Hora.

vénitienne. Bâtie au 16e s., la **citadelle vénitienne** – ou kastro – couronne un piton rocheux d'où l'on domine la ville et la double baie de Kapsáli. Elle abrite quatre églises byzantines, une ancienne maison seigneuriale et de vieux canons.

Sous la citadelle, sur le flanc est, au lieu dit **Exobourgo★**, plusieurs chapelles byzantines sont accessibles.

Le **Musée archéologique**, très modeste, expose des objets minoens et mycéniens trouvés sur l'île : cruche, lion archaïque, tête de chien *(fermé pour restauration).*

Kapsáli★

À l'est, un promontoire rocheux sépare deux anses jumelées. Le port de Kapsáli, animé le soir, est le lieu d'accostage des bateaux de croisière.

Moni Ágios Ioánnis

Ce monastère édifié au 16e s. au flanc d'une falaise domine une forêt de pins. *Ne se visite pas.*

Livádi

Au sud de l'île. Lieu de résidence des occupants anglais au 19e s., ce gros bourg comprend une église, **Ágios Andreas**, du 12e s., et le plus grand pont de l'île, de facture toute britannique (150 m de long, 13 arcades).

Pourko

Au sud-ouest de Livádi, ce petit village possède une église **(Ágios Dimitrios★)** décorée de fresques du 12e s.

Mylopótamos

À l'ouest de l'île. Ce village ne manque pas de charme avec ses maisons néoclassiques ornées de gracieux balcons. Non loin, vers l'ouest, vous verrez les **ruines★★** de Kato Hora, ville byzantine et vénitienne à porte fortifiée que surmonte un lion de St-Marc, parmi lesquelles de nombreuses chapelles restaurées.

Grotte Agía Sofía★

À l'ouest de l'île. Tlj sf lun. 10h-17h - visite guidée avec casque et lampe - 3 €.

Cette cavité de 2 000 m^2 comprend des salles utilisées comme chapelles (restes de pavements et de fresques). Elle abrite également des galeries à concrétions (stalactites et stalagmites) et de petits lacs souterrains d'une grande beauté.

Diakófti

Sur la côte est. Au départ de ce hameau doté du nouveau port et d'une belle plage de sable, une route vous mène au **monastère d'Agía Moni★** (1840), abandonné, situé dans un site splendide.

Potamós★

Au nord de l'île. Ce village est le plus important après Hora et aussi le plus animé. Vous y découvrirez une place centrale délicieusement ombragée et des ruelles bordées de belles demeures néoclassiques. Au sud, à moins d'1 km, se dresse le blanc monastère Ágios Theodoros, où règne un apaisant silence : son église moyenâgeuse comprend une façade chaulée aux lignes pures et contient une iconostase en bois peint.

Ruines de Paliohora★★

Au nord de l'île, accès par une piste. Dans un impressionnant cirque montagneux, vous découvrirez les vestiges d'une citadelle byzantine, ancienne capitale de l'île, construite après le 12e s. au-dessus de la gorge de Langada. On y dénombrait 70 églises et la population vivait là, en paix, jusqu'à l'assaut lancé par le pirate Barberousse en 1536, qui détruisit une grande partie de la ville.

Karavás

Au nord de l'île. Ce joli village escarpé, dans la partie la plus verte de Cythère, est traversé par un ruisseau. Tout à fait au nord de l'île, au-delà du village, se dresse le phare de Moudari, construit par les Anglais. Par temps clair, la vue s'étend jusqu'au Péloponnèse (région du Magne), situé à une vingtaine de kilomètres.

Séjourner

Plages★

Elles sont nombreuses et souvent désertes. Les plages familiales se trouvent à **Kapsáli**, assez fréquentée du fait de sa proximité avec Hora, et aux environs d'Agía Pelagía, au nord-ouest. La belle plage de sable rouge de **Firi Ammos** (côte sud-ouest, au bout d'un chemin non carrossable) est le fief des naturistes. **Kaladi**, **Avlémonas** et **Diakófti**, sur la côte est, ne manquent pas de charme. Les plages de la côte ouest sont plus difficiles à atteindre et donc plus solitaires.

Cythère pratique

Informations utiles

Agences de voyages – **Kýthira Travel** – *Hora - r. centrale - ✆ 27360 31390 ; Potamós - ✆ 27360 31888.*
Porphyra Travel – *Livádi - ✆ 27360 31888.*

Poste – À Hora et à Potamós.

Téléphone - OTE – *Potamós - pl. centrale.*

Centres de santé – *Hora (à droite en entrant dans la ville) - ✆ 27360 31243 - lun.-vend. mat ; Potamós - ✆ 27360 33190/33325.*

Transports

En bateau – Seul le port de **Diakófti** accueille des ferries. 1 ferry/j. pour **Neápoli**, plusieurs le w.-end et en saison. Une autre ligne de Diakofti à Githio permet de rejoindre le continent, mais horaires et fréquences sont très variables.
Capitainerie de Kapsáli – *✆ 27360 31222.*

En avion – L'aéroport est au nord-est de la capitale. 1 liaison/j. pour Athènes par petit avion.

En bus – Un seul bus/j. dessert, tôt le matin, les principaux villages.

Se loger

HORA

Hôtel Margarita – *Dans une ruelle à dte de la rue principale - ✆ 27360 31711 - 12 ch.* Cette demeure du 19e s. très bien rénovée sert aujourd'hui d'hôtel de charme au cœur de la capitale. On prend le petit-déjeuner sur l'une des deux terrasses sereines ouvrant sur la campagne. Bon accueil des propriétaires.

PITSINADES

Pitsinades – *✆ 27360 33877 (au Pirée - 21041 73702) - 6 ch. - avr.-oct.* Dans une vieille maison, belles chambres voûtées, au mobilier maçonné, ouvrant sur un patio commun. Deux d'entre elles possèdent une kitchenette.

Ta Sfentonia – *✆ 27360 33570 - annie@ath.forthnet.gr - 4 studios.* Spacieux, équipés d'une kitchenette et naturellement frais, ils se répartissent dans deux maisons anciennes, magnifiquement restaurées et décorées d'outils anciens. Les terrasses privées s'ouvrent sur une paisible campagne, et l'hôtesse, Anna, est très accueillante.

Se restaurer

HORA

Taverne Salonikios – Cette taverne familiale et sympathique propose une saine cuisine traditionnelle.

DIAKÓFTI

Zephiros – Sur la plage, face à une mer bleu lagon, cette taverne sert des plats traditionnels et de bons poissons grillés.

KÁLAMOS

Filio – Le meilleur restaurant de l'île. Accueil charmant. Propose aussi d'agréables chambres ouvrant sur la campagne.

KAPSÁLI

Hydragogio – Loin du bruit des bars, et jouissant d'une belle vue sur la rade, la meilleure taverne de Kapsáli cache ses tables à l'ombre d'une treille. Les jeunes patrons ont créé une cuisine inventive et gaie, avec de savoureux beignets au miel en dessert. Venez tôt pour trouver une table libre.

POTAMÓS

Panaretos – *Pl. centrale.* Restaurant en plein air pour déguster les plats locaux, dont la *loukanika* (saucisse) et d'excellentes pâtisseries orientales.

Faire une pause

POTAMÓS

Ouzeri Selana – *Pl. centrale.* Abrité par de grands pins, c'est le meilleur endroit pour prendre un ouzo et quelques poulpes grillés.

KARAVÁS

Amir Ali – Étonnant café-bar dans un cadre fantastique, au-dessus de la superbe source de Karavás.

KAPSÁLI

Banda Landra – Discothèque sympathique sur le quai, pour les amateurs de rock et de musique grecque. Bonne ambiance.

Achats

Marché – Dim. matin à Potamós : vente de produits locaux.

Spécialités culinaires – Miel de thym, confitures, herbes médicinales… Chez **Stavros** à Hora, et chez **Marianthi Kassimatis** à Potamós.

Artisanat – Jolies céramiques décorées à la main à la galerie **Roussos** à Hora et dans l'atelier même, à Kato Livádi, sur la route de Livádi à Kálamos. Prix doux.

Événements

Le 12 mai, fête au monastère d'**Ágios Theodoros**. Début août, deux fêtes avec chants, danses et dîner : la **fête du Vin** à Mitata, et la **fête du Portokalia** (oranger) à Karavás. Le 15 août est particulièrement fêté à Potamós. Le 20 septembre, fête d'Agía Pelagia.

Ithaque★

Itháki – Ιθάκη

3 084 HABITANTS – 96 KM²
CARTE GÉNÉRALE RABAT II A1 – ÎLES IONIENNES

Proche de Céphalonie, à l'écart des circuits touristiques, l'île d'Ulysse est formée de deux massifs montagneux reliés par un isthme. Sa côte ouest abrupte et dénudée contraste avec sa côte est, ouverte et plus accueillante. Les fouilles et les études, notamment celles de Victor Bérard, ont confirmé la tradition et identifié les lieux où vécurent Ulysse, son père Laërte, et son épouse Pénélope, symbole de la fidélité conjugale, qui attendit vingt ans son retour de la guerre de Troie. S'il ne reste rien de la période antique, Ithaque présente un visage à peu près conforme à la description qu'en fit Homère dans l'Odyssée : montagnes surgissant de la mer, agréables paysages marins, criques accueillantes, dont Ulysse rêva tant de fois lors de son incroyable voyage de retour. L'île a beaucoup souffert du séisme de 1953.

- **Se repérer** – La plus rocailleuse et aride des îles Ioniennes est plus proche de Céphalonie que du continent (5 km) *(voir carte p. 513)*.
- **À ne pas manquer** – Kióni et son cadre préservé, les circuits de randonnée.
- **Organiser son temps** – Comptez deux à trois jours de visite.
- **Pour poursuivre le voyage** – Céphalonie, Leucade et Pátra.

Se promener

Vathi (Itháki)

La capitale de l'île est à la fois un port et une station balnéaire. Elle occupe un site agréable au fond d'une baie presque fermée dont les pentes verdoyantes portent des maisons blanches reconstruites après le violent séisme de 1953. Selon Homère, c'est ici que les Phéaciens auraient déposé Ulysse endormi.

Vous pourrez visiter le **musée du Folklore et de la Mer** où sont reconstitués des intérieurs traditionnels. *Tlj sf dim.-lun. 10h-14h, 17h-21h - 1,5 €.*

Le **Musée archéologique** abrite des poteries antiques aux motifs géométriques découvertes par les archéologues anglais qui, dans les années 1930, cherchèrent en vain l'emplacement du palais d'Ulysse. *Tlj sf lun. 8h30-15h - gratuit.*

De belles **plages** se trouvent à proximité, certaines accessibles uniquement en bateau au départ du port.

Stavrós

Reliée à Vathi par une magnifique **route★★** en balcon, Stavrós est le point de départ de deux promenades à pied.

Pilikata – *30mn AR.* Sur cette colline ont été dégagés des vestiges mycéniens. La vue sur l'île est belle. Le petit **Musée archéologique de Pilikata** *(1 km à la sortie*

Au bout du monde, le petit port de Kióni au charme enchanteur.

du bourg de Stravós, sur la route de Fríkes) rassemble figurines, céramiques, statuettes, vases et lampes à huile datant de la période mycénienne et retrouvés dans l'île. *Tlj sf dim.- lun. 9h30-15h - gratuit.*

Baie de Pólis – *1h30 AR.* Un chemin descend à la charmante baie de Pólis (plage de galets blancs) où se situait, pense-t-on, le port de la capitale d'Ulysse ; dans la grotte-sanctuaire de Loizos *(ne se visite pas)*, au nord de la baie, ont été découverts des objets datant de la période mycénienne, qui ont été placés dans le musée de Pilikata.

Fríkes

Ce petit port aux eaux limpides est charmant avec ses vieux moulins, ses tavernes et ses maisons le long du quai, avec, en arrière-plan, la montagne couverte d'oliviers.

Kióni★

Non loin des ruines de vieux moulins, ce petit port s'étale au pied de trois collines. Les maisons sont ombragées de lauriers et d'eucalyptus. L'endroit est très serein.

Ithaque pratique

Informations utiles

VATHI

Agences de voyages – **Polyctor** – *Pl. principale - 26740 33120 - polyctor@ithakiholidays.com - 8h-22h (été), 9h-13h, 17h-20h (hiver)* ; **Delas Tours** – *Pl. principale - 26740 32104 - delas@otenet.gr - 9h-14h, 17h-20h30.* Location de voitures, tickets de ferry, billets d'avion, hébergement.

www.ithakigreece.com et *www.ithakiholidays.com* (en anglais).

Poste – *Pl. principale - 7h30-13h30 - fermé w.-end.*

Centre de santé – *26740 32222.*

Transports

En bateau – De **Pátra** : 2 ferries/j. *(www.strintzisferries.gr)*, 1 pour Aetós, 1 pour Vathi. De **Céphalonie** : 5 ferries/j. de Sámi pour Aetós, 2 ferries/j. de Sámi pour Vathi ; 1 ferry/j. de Fiskardo pour Fríkes. De **Leucade** : 1 ferry/j. de Vassilikí ou Nydrí pour Fríkes via Fiskardo. Les horaires des ferries changent très fréquemment.

Capitainerie de Vathi – *26740 32909.*

En bus – 2 bus/j. partent de la place principale de Vathi pour Kióni via Fríkes. Vérifiez les horaires sur la place.

En voiture et deux-roues – Quelques loueurs de voitures et de scooters à Vathi.

Se loger

Bon à savoir – L'infrastructure hôtelière est peu développée. Vous trouverez des appartements à louer et des chambres chez l'habitant dans les principaux villages (Fríkes, Vathi, Kióni, Stavrós).

VATHI

Hôtel Mentor – *26740 32433/33033 - www.hotelmentor.gr - 36 ch.* Hôtel blanc et crème un peu rétro, à 200 m du port de Vathi. Chambres blanc et rose avec balcon et vue sur la mer. Installations sanitaires pour les plaisanciers. Petit-déjeuner copieux. Prix négociables hors saison.

Hôtel O Mirikon – *Sur le front de mer, à l'extrémité de l'anse - 26740 33596 - www.omirikonhotel.com - 10 studios - avr.-oct.* Équipés d'une kitchenette, spacieux et confortables, ces studios ont une décoration raffinée. Vue magnifique sur la baie. Terrasse arborée ou jardin, jacuzzi.

FRÍKES

Hôtel Nostos – *À l'entrée du village - 26740 31644 (hors saison : 31476) - www.hotelnostos-ithaki.gr - 31 ch.* Ce grand hôtel de couleur orangée propose des chambres spacieuses et claires, toutes avec balcon. Atmosphère familiale et très bon restaurant. Niki et Andreas, les propriétaires, se mettront en quatre pour faciliter votre séjour dans l'île.

Se restaurer

VATHI

Taverna Kalnakis – *Pl. Polixetion.* Taverne populaire où viennent déjeuner et dîner les habitants de Vathi. Plats grecs traditionnels que l'on choisit en cuisine. Assiettes copieuses.

KIÓNI

Restaurant Calipso – *Grande terrasse sur le port - mai-oct.* Créateur du **pâté ionien** (3 fromages, crème, jambon cru et fumé), dont vous trouverez ailleurs de pâles copies, ce restaurant s'illustre par une cuisine inventive et authentique. Poissons frais, savoureux soufflé d'artichaut, appétissant feuilleté d'agneau *(kleftico)*, accommodé d'olives, de fromage et de pommes de terre. Accueil prévenant.

FRÍKES

Restaurant Pementzo – *Sur le port.* Cuisine très appréciée par les locaux.

Sports et loisirs

Balades à pied – Ithaque plaira aux amateurs de randonnée. Vous trouverez des cartes détaillées proposant différents circuits dans les agences de l'île ou sur le site **www.creativeithaki.com**.

Leucade★

Lefkáda – Λευκάδα

22 506 HABITANTS – 305 KM²
CARTE GÉNÉRALE RABAT II A1 – ÎLES IONIENNES

Leucade est une île montagneuse culminant à 1 158 m (mont Eláti). Elle est reliée au continent par un cordon littoral, qui a formé une lagune, et par un pont depuis 1987. Compartimentée en bassins fertiles, elle est riche en vignobles, blé, oliviers, agrumes. Ses villages, ses falaises de craie blanche et ses plages sont d'une grande beauté. Après la domination franco-vénitienne du Moyen Âge, l'île fut occupée de 1467 à 1684 par les Turcs, puis jusqu'en 1797 de nouveau par les Vénitiens. Elle conserve une partie de ses demeures de bois à encorbellement et balcons malgré les dégâts du séisme de 1953.

- **Se repérer** – Au sud de Corfou et au nord de Céphalonie, l'île est à 21 km à l'ouest de Vónitsa en Étolie.
- **À ne pas manquer** – Les plages, le village d'Ágios Nikítas, la baie de Nydrí.
- **Organiser son temps** – Comptez trois jours de visite.
- **Pour poursuivre le voyage** – Céphalonie, Ithaque, Párga.

Mauritius / Photononstop

À Leucade, le phare et le fort Agía Mávra.

Se promener

LEUCADE-VILLE ET SA LAGUNE

Leucade-ville (Lefkáda)

La capitale de l'île est un paisible port d'atmosphère vénitienne avec son lacis de ruelles dallées bordées de maisons antisismiques. D'inspiration vénitienne également, les nombreuses petites églises bâties par les grandes familles locales, à façade classique, nef unique, et plafonds décorés de peintures : à l'extrémité de la rue principale, l'église **Ágios Minas** possède un beau plafond peint du 18e s.

Plusieurs petits musées présentent la région : le **musée du Folklore** *(fermé pour rénovation)*, le petit **musée du Phonographe** *(ouvert le soir)* et surtout le **Musée archéologique** *(8h30-15h - gratuit)* : terres cuites, statuettes, moulins archaïques en pierre, stèles funéraires hellénistiques, dans un décor tout neuf.

Du **monastère de Faneroméni** *(3 km au sud-ouest)*, très restauré, vous aurez des vues sur Leucade et sa lagune.

Lagune

Peu profonde (1 à 2 m), elle est propice à l'exploitation des marais salants et à l'installation de viviers. Il est possible d'en faire partiellement le tour en voiture. Vous y verrez de vastes plages et des moulins. La vue sur Leucade, comme posée sur l'eau, est étonnante.

Fort Ste-Maure (Kástro Agía Mávra)

Construit sur le cordon littoral reliant l'île au continent, c'était la citadelle avancée de Leucade. Fondée au début du 14e s., elle était entourée par les eaux, que franchissaient de part et d'autre deux ponts. À l'intérieur de l'enceinte, vous verrez des vestiges épars de la ville de Sainte-Maure, qui fut la capitale de l'île jusqu'à la fin du 17e s. Des remparts, vous avez une jolie vue sur Leucade et sa lagune. Une petite citadelle turque, Kadiche Kale, lui fait face. Sur le continent, le château de Grivas, construit pendant la guerre d'Indépendance, garde le passage.

LE TOUR DE L'ÎLE★★

Une centaine de km, comptez une journée, visites comprises.

Partant de Leucade, la route longe d'abord la lagune de l'autre côté de laquelle se profile le fort St-Georges, bâti par les Vénitiens à la fin du 17e s., puis la côte est regardant le continent. Celui-ci est si proche que le bras de mer le séparant de Leucade ressemble à un lac. En arrivant à Nydrí, tournez à gauche afin d'atteindre le petit port.

Baie de Nydrí★

Nydrí est la principale station balnéaire de l'île et demeure assez agréable en dépit d'une fréquentation toujours plus grande. Le soir, l'animation le long des quais est considérable.

Délimitée par un archipel d'îlots couverts de cyprès et d'oliviers, la **baie★**, bien abritée, est particulièrement belle : contours harmonieux, douceur de la température même au cœur de l'été, limpidité de la lumière.

De Nydrí, des excursions en bateau dans la baie permettent de découvrir plusieurs îles : Madouri, Spárti, Meganíssi, Skorpíos *(ancienne propriété d'Aristote Onassis, on ne visite pas).*

À 3 km à l'ouest de Nydrí, dans la montagne, une promenade vous mène à deux chutes d'eau bien rafraîchissantes en été.

Baie de Vlychó

Le long de cette baie profonde et presque fermée, vous aurez des vues plongeantes sur la mer. Le village du même nom est réputé pour son port de pêche.

Póros

Le village s'étage sur une colline plantée d'oliviers. En contrebas se trouve une agréable crique.

Sívota

Au fond d'une baie profonde ressemblant à un fjord norvégien, Sívota est particulièrement tranquille, même en été. Une plage se trouve près du village.

Vassilikí★

C'est un charmant village de pêcheurs au débouché d'une plaine fertile (plage). De là, on peut gagner en bateau le fameux **saut de Leucade★** (appelé localement saut de Sapho), falaise haute de 72 m (phare) d'où la poétesse Sapho (6e s. av. J.-C.) se serait suicidée *(voir Lesvos p. 547)*. Le cap (Akri Doukáto) porte de minces vestiges d'un temple à Apollon. De la mer, le site est particulièrement imposant et la vue sur les îles de Céphalonie et d'Ithaque est très belle.

Le cap est également accessible par une mauvaise route puis par un chemin au départ de Komilio, à une dizaine de kilomètres au nord de Vassilikí.

Côte ouest★

Elle comprend de blanches falaises et quelques grandes plages, surtout dans la partie nord : **Porto Katsiki★**, réputée dans tout l'archipel, Egremni, Gialos, Kathisma, Milos, Pefkoulia. Le village d'**Ágios Nikítas** est un village de pêcheurs sauvegardé. L'itinéraire offre également des perspectives sur le mont Eláti, point culminant de l'île.

LA MONTAGNE★

Au sud de Leucade-ville, une route sur la droite se dirige vers **Karyá**, charmant village dans la montagne couverte d'oliviers et de cyprès. L'**itinéraire★** est magnifique et traverse de hauts plateaux déserts.

Leucade pratique

Informations utiles

Agences de voyages – Fos Travel - *Lefkáda - Odos Gouliemou -* *26450 24975.* Location de voitures. **Borsalino Travel** – *Nydrí - 26450 92528 - borsalino@otenet.gr.* Excursions vers les îles. **Sailinn** – *Vassilikí - 26450 31805 - www.sailinn.gr.* **Samba Tours** – *Vassilikí - 26450 31520 - sambatours@otenet.gr.* Billetterie avions et ferries, location de voitures et de bateaux.

www.e-lefkas. gr (en anglais).

Centres de santé – *Lefkáda - 26450 38200 ; Vassilikí - 26450 31065.*

Transports

En bateau – De Lefkáda, liaisons quotidiennes pour **Fiskardo** (Céphalonie) et **Fríkes** (Ithaque). De Vassilikí et Nydrí, liaisons avec **Céphalonie** (Fiskardo, Sámi) et **Ithaque** (Aetós), 1 ferry/j. pour Fríkes et Aetós (Ithaque), Sámi et Fiskardo (Céphalonie).

En avion – D'**Athènes**, 1 vol/j. pour Préveza (puis bus ou taxi).

En voiture – Depuis qu'un pont flottant relie Leucade au continent, l'accès à l'île par la route est aisé. Vous trouverez aussi facilement à louer une voiture sur place.

En bus – Liaisons avec **Athènes** et **Préveza** (aéroport d'Aktio), 4 bus/j., Thessalonique 1 bus/j. Sur l'île, plusieurs liaisons par jour pour les localités de l'île. Station **KTEL** – *En face du port - 26450 22364.* 6 bus/j. Nydrí, Ág. Ioánnis, Vassilikí, 2/j. pour les villages.

Se loger

LEUCADE-VILLE

Hôtel Santa Maura – *2 odos Sp. Vladi - 26450 21308 - 18 ch.* Situé au cœur de la ville, sans être trop bruyant, ce charmant hôtel est aménagé dans une vieille maison rénovée, typique de Leucade. Chambres aux tons pastel, certaines avec vue sur le jardin. Accueil courtois. Un très bon confort, pour un prix raisonnable.

Hôtel Nirikos – *26450 24132 - nirikos@otenet.gr - 39 ch.* Grand hôtel dressé en face du pont reliant l'île au continent. Chambres simples avec vue sur le port ou sur une placette. Bon accueil.

NYDRÍ

Hôtel Athos – *Au bout du port, à 500 m de la plage, au sud de Nydrí. 26450 92384 - athos@otenet.gr - 43 ch.* Chambres fraîches avec balcon, réparties dans plusieurs bâtiments. Jacuzzi. Soirées animées et excursions possibles sur l'île de Meganissi. Atmosphère familiale.

VASSILIKÍ

Katina's Place – *En haut du village - 26450 31262 ou 69743 31242 (portable) - 5 ch.* Chambres simples et confortables, dans l'une des plus anciennes maisons du village. Salle de bains sur le palier. Vue imprenable sur la mer et les montagnes. Accueil très chaleureux. À côté, le fils a installé de charmants studios équipés avec balcon.

ÁGIOS NIKÍTAS

Hôtel Nefeli – *À l'entrée du village, à 100 m de la plage - 26450 97400/1 - www.nefelihotel.gr - 20 ch. - mai-oct.* Charmant hôtel aux chambres claires, très fraîches, certaines avec vue sur la mer. Trois terrasses. Accueil chaleureux, en français, des patrons, qui louent aussi 4 studios.

Se restaurer

LEUCADE-VILLE

Bon à savoir – La ville est assez morte à l'heure du déjeuner et de nombreuses tavernes ne servent que le soir.

Light House Tavern – *Philarmoniki 14 - avr.-oct.* Depuis plus de 20 ans, M. Ventouras et sa femme servent de bonnes grillades et des poissons, précédés d'entrées simples et fraîches. On dîne au calme, sous une jolie tonnelle couverte de lierre, à deux pas du théâtre en plein air.

Taverna Romantica – *Mitropoleos 11 (de la rue principale, prenez la 2e rue à droite après la Banque de Grèce).* Ne vous laissez pas décourager par l'immense salle Art déco, très kitsch : une agréable terrasse ventilée vous attend à l'arrière. Cette taverne à l'ambiance familiale sert une bonne cuisine locale, et des musiciens viennent l'égayer le soir.

ÁGIOS NIKÍTAS

Taverna Lefteris – *Dans la rue principale, à droite un peu avant d'arriver à la mer - mai-oct.* Cuisine fraîche et de qualité, servie sur une grande terrasse ventilée. Spécialités de poisson, spaghettis à la langouste, bonnes pâtisseries. Accueil courtois.

VASSILIKÍ

Taverna Stellios – *Mai-oct.* Jolie terrasse ombragée au bord de l'eau, idéale pour déguster un poisson grillé.

NYDRÍ

Restaurant Ionion – *Au bout du port (à droite en regardant la mer).* Bonne cuisine locale accompagnée de vins secs, servie avec beaucoup de gentillesse sous une belle terrasse-pergola fleurie. Plus calme que les tavernes du centre.

Événements

Pendant la dernière quinzaine d'août se déroule le **Festival international de danse folklorique**, avec concerts tous les soirs à 21h30 au centre culturel (à 500 m en longeant la lagune depuis le pont).

De juin à août : **Festival de la musique, des arts et des lettres**, avec performances théâtrales et concerts au fort Ste-Maure et au théâtre en plein air (fléché « Garden Theater »).

Paxos★

Paxi – Παξοί

2 438 HABITANTS – 25 KM²
CARTE GÉNÉRALE RABAT I A2 – ÎLES IONIENNES

Sereine et tranquille, Paxos est la plus petite des îles Ioniennes, à l'écart des routes maritimes. Fréquentée mais pas surpeuplée, elle est célèbre pour les milliers d'oliviers qui couvrent ses modestes montagnes. Ses trois petits ports ont gardé leur authenticité, ses plages de galets sont tranquilles, même au cœur de la saison.

- **Se repérer** – Au sud de Corfou, cette île allongée de moins de 10 km de long est traversée par une unique route du nord au sud, de laquelle partent des chemins qui traversent la garrigue pour déboucher sur des criques et des falaises.
- **À ne pas manquer** – Le tour de l'île en caïque, Antipaxos.
- **Organiser son temps** – Comptez deux jours de visite. Attention : tous les lieux d'hébergement sont fermés hors saison.
- **Pour poursuivre le voyage** – Corfou, Párga.

P. de Wilde / Hoa-Qui

Gaïos, la ville principale de l'île.

Se promener

Gaïos

Envahie par les Italiens, la capitale de l'île est assez élégante avec ses yachts et ses maisons vénitiennes. Sur le port, jetez un œil au **musée**, un bric-à-brac installé dans l'ancien lycée. Il rassemble des objets très divers : des silex taillés du néolithique à un poste de TSF, des poteries, costumes et deux-pièces traditionnels reconstitués. *☏ 26620 32566 - 10h30-14h, 18h30-19h30 en hiver, 23h en été - 2 €.*

Aux alentours, la côte est rocheuse, la mer translucide et piquée de rochers. La baie est fermée par deux îlots cachant le large : **Ágios Nikólaos**, réserve naturelle plantée de pins comprenant les ruines d'un château vénitien *(visite sur autorisation de la mairie : ☏ 26620 32100)*, et **Moni Panagia**, couronné d'un microscopique monastère *(accès en bateau, monastère ouv. seult le 15 août, sinon demandez la clef au musée)*.

Longós

À 6 km au nord de Gaïos. Village, avec un petit port et d'agréables tavernes.

Lákka

À 8 km au nord de Gaïos. À l'extrémité de l'île, vous découvrirez ce port charmant bordé de tavernes typiques, avec un aquarium où se trouvent poissons, mollusques et crustacés de la région. *Juil.-août 10h-14h, 19h-22h30 - 3 €.*

Tour de l'île en bateau★★

3 dép. de Gaïos le mat. à 10h, 11h et 12h ; retour l'apr.-midi à 17h30 ou 18h30 - rens. auprès des bateaux sur le port. La balade dure 2h, puis le bateau vous dépose sur l'île d'Antipaxos. Cette belle promenade vous permet de découvrir de magnifiques sites naturels : plages de galets, rochers, falaises blanches, grottes marines, arches taillées dans la mer.

Île d'Antipaxos★ (Antípaxoi)

Au sud de Paxos, accès au dép. de Gaïos. Couverte de vignes et de cultures maraîchères, Antipaxos est le verger de Paxos. Elle possède de magnifiques **plages★** de sable fin.

Paxos pratique

Informations utiles

Agences de voyages – Pas d'office de tourisme dans l'île mais vous obtiendrez tous les renseignements dans les diverses agences touristiques.
www.bouastours.gr, www.routsis-holidays.com et *www.paxos-holidays.com.*

Banques – **Commercial Bank** - *Gaïos (sur le front de mer).* C'est la seule de l'île !

Centre de santé – *Bogdanatika (2 km à l'ouest de Gaïos) - 26620 31466.*

Transports

En bateau – Laisons avec **Corfou** en hydroglisseur *Flying Dolphins* (3/j. en été, 1/j. en hiver). Il passe certains jours par Igoumenítsa. Liaison avec Corfou en ferry (1/j. en été). Liaison avec **Párga** en caïque en été, pour les passagers uniquement (1/j.). Liaisons avec **Athènes** en ferry + bus (3/sem.). Renseignez-vous au port *(26620 32533)* ou dans les agences. Des bateaux relient Paxos à **Antipaxos** toutes les 30mn de 9h à 17h en été, 2/j. en hiver. Se renseigner sur les ports.

En hydravion – Liaisons depuis **Corfou** en hydravion avec la compagnie **Airsealines** (2 vols/j.) - *www.airsealines.com.*

Gare routière – *À Gaïos (en haut de la rue principale, derrière la pl. de l'Église).* 6 ou 7 liaisons/j. entre les 3 principaux villages Gaïos, Lákka, Longós.

En voiture – **Alpha Hire** - *sur le front de mer - 26620 32505.* Ou auprès des agences touristiques. Possibilité de louer également des scooters à Gaïos.

Se loger

Bon à savoir – Paxos dispose de deux hôtels (de luxe), à Gaïos. Nombre de chambres sont à louer à Gaïos, Longós et Lákka, certaines dans de vieilles maisons très agréables, mais toutes prises d'assaut en été. Pour les appartements, allez voir les agences de voyages, qui centralisent les réservations.

GAÏOS

Hôtel Paxos Beach – *26620 32211 - www.paxosbeachhotel.gr - 42 ch.* À 1 km de Gaïos, établissement tranquille composé de bungalows en pierre s'étageant parmi les pins et les oliviers jusqu'à une plage privée. Chambres claires et impeccables. Navette pour le port. Accueil chaleureux, en français. Réservation impérative.

Hôtel Paxos Club – *À 1 km de Gaïos vers l'intérieur des terres - 26620 32450 - info@paxosclub.gr - 26 appart. dont 7 suites.* Sur les hauteurs de Gaïos, bel hôtel moderne parmi les oliviers. Du studio au 4 pièces, clairs, avec balcon, kitchenette et minibar. Navettes gratuites pour Gaïos et les plages. Réservation impérative.

Se restaurer

LONGÓS

Taverna Basilis – *26620 30062.* Dans une jolie maison orange au sol en pierre, juste avant l'ancienne fabrique d'huile d'olive. Terrasse au bord de l'eau, où vous dégusterez poissons frais, langoustes et moules, accompagnés de salades bien préparées. Allez-y le soir de préférence.

Faire une pause

Café Volcano – *Sur la pl. de l'Église.* Idéal pour prendre un verre, manger une crêpe ou une glace. Petite terrasse à l'étage qui offre la plus belle vue sur le clocher.

Événements

Fêtes – Fête de l'île le 29 juin, jour de Gaïos, et nombreuses cérémonies à l'occasion du 15 août.

Concerts – Fin juin-début juil. : **Festival de musique pop-rock.**
En sept. : le **Festival de musique classique** rassemble jeunes musiciens et concertistes de renommée internationale *(rens. Association culturelle - sur le port de Gaïos).*

Zante★

Zákinthos - Ζάκυνθος

39 015 HABITANTS – 406 KM² –
CARTE GÉNÉRALE RABAT II A2 – ÎLES IONIENNES

L'île comprend deux parties bien distinctes : à l'ouest, une chaîne calcaire qui culmine à 756 m ; à l'est, une riche plaine couverte d'oliviers, d'agrumes et de vignes. Malgré les tremblements de terre, dont celui de 1953 qui a été très destructeur, Zante reste la « fleur de l'Orient » vantée par les Vénitiens pour la douceur de son climat, la beauté de sa végétation, la blancheur de ses falaises, la splendeur de ses plages de sable fin, celle dite du Naufrage étant la plus célèbre de Grèce. Une espèce de tortues marines, *caretta-caretta*, vient pondre sur certaines plages. Pour protéger ces tortues des dégâts causés par un tourisme toujours plus intensif, des mesures en leur faveur ont été instaurées.

Simeone / Photononstop

La célèbre baie du Naufrage sur la côte ouest.

- **Se repérer** – L'île la plus méridionale des Ioniennes fait face au cap de Hlemoútsi (Péloponnèse), dont elle n'est éloignée que de 20 km.
- **À ne pas manquer** – La baie du Naufrage, le tour de l'île en bateau. Goûtez les vins blancs réputés de l'île (delizia, verdea).
- **Organiser son temps** – Comptez trois jours de visite.
- **Pour poursuivre le voyage** – Céphalonie, Péloponnèse.

Comprendre

Un foyer artistique et littéraire – Ayant appartenu de 1489 à 1797 à Venise, qui y entretenait une oligarchie, Zante connut alors une période de grande prospérité. Des artistes venus de la Crète occupée par les Turcs furent à l'origine de l'École ionienne de peinture (fin du 17e s.), alliant la tradition byzantine à la Renaissance vénitienne. L'architecture locale fut aussi très influencée par Venise (arcades, campaniles).

À la fin du 18e s. et au début du 19e s., Zante est une pépinière de poètes et d'aristocrates dans l'esprit desquels se conjuguent les cultures hellénique et italienne. **Ugo Foscolo** (1778-1827) est ainsi un des chefs de la littérature romantique italienne, qui milite pour l'indépendance de l'Italie, et **Dionysios Solomos** (1798-1857), formé en Italie, un militant pour l'indépendance grecque, auteur de l'hymne national.

Se promener

ZANTE-VILLE★ (Zákinthos)

Chef-lieu et port principal de l'île, Zante fut dotée d'églises, de palais et de places à fontaines et arcades sous la domination vénitienne. En grande partie détruite par un séisme suivi d'un incendie dévastateur en 1953, la ville, très étendue, a été reconstruite à l'identique. La spécialité locale est le nougat mou *(mandolato)*.

Strata Marina
Non loin du port de ferries, cette promenade en bord de mer est très fréquentée.

Place Dionysios Solomos
Cette esplanade, principale place de la ville, est ombragée de palmiers et dominée par deux élégants bâtiments néoclassiques. Dans le **musée d'Art byzantin**, vous découvrirez des souvenirs de la Zante ancienne (maquette du théâtre, tableaux et gravures, meubles), mais surtout une riche collection d'icônes du 16e au 19e s. et des peintures religieuses de l'École ionienne des 17e et 18e s. : monumentale iconostase de l'église du Pantocrator, fresques et peintures murales. *℘ 26950 42714 - tlj sf lun. 8h-14h30 - 3 €.*

Kyrias ton Angelon
L'église Notre-Dame-des-Anges comprend une élégante façade de la Renaissance vénitienne, et, à l'intérieur, une somptueuse iconostase du 17e s.

Musée Solomos
Place Agios Markos - 9h-14h - 2,50 €.
Dans ce musée situé sur une place très fréquentée, vous verrez la tombe de Solomos et plusieurs souvenirs des célébrités de Zante.

Kastro★
Tlj sf lun. 8h-14h30 (19h en été) - 3 €.
Épargnée lors des tremblements de terre, l'ancienne citadelle vénitienne, située sur une colline, offre des **vues★★** étendues sur la ville, la baie et la côte du Péloponnèse.

Séjourner

LA MER ET LES PLAGES★★
C'est le principal intérêt de l'île. Ses plages figurent parmi les plus belles de la Méditerranée orientale. Les principaux lieux à visiter sont décrits ici, au départ de Zante-ville, dans le sens des aiguilles d'une montre.

Banana Beach★
Côte est. Cette longue écharpe de sable est bordée de dunes, de rochers et de pins.

Pláka
Elle prolonge la précédente, fermée par les rochers du cap Ágios Nikólaos.

Pórto Róma
C'est une agréable crique cernée de falaises basses, dotée d'une taverne installée sous des canisses face à un beau point de vue.

Gerakas★
Côte sud. Immense courbe de sable en partie couverte de parasols, elle est bordée de curieux rochers de tuf.

Dáfni
C'est sur cette plage sauvage que les tortues *caretta-caretta* viennent pondre depuis des millénaires, sans que l'on sache encore exactement pourquoi elles le font ici (et sur certaines plages proches) et non ailleurs.

Cap Kerí ou Marathiá★★ (Akrotiri Kerí)
Côte ouest. Non loin du village tout simple du même nom, le cap Kerí est un prodigieux promontoire rocheux couvert de bruyères mauves d'où vous pourrez contempler le coucher de soleil et les hautes falaises de la côte ouest. Vers le sud apparaissent d'impressionnants récifs, les Mizithres, deux lames de pierre blanche.

Baie du Naufrage★★★ (Navagio)
Le seul moyen d'atteindre la crique proprement dite est de prendre un bateau au départ de Pórto Vrómi, à 5 km au sud, de Límni Kerí, de Kokinou ou de Zante-ville. Le plus célèbre site marin de Grèce – avec la caldeira de Santorin – s'appelle en réalité Ágios Giórgios. Voilà une vingtaine d'années, un bateau (le *Panayotis*) s'échoua ici, et depuis la plage a changé de nom. L'endroit est dominé par d'impressionnantes falaises blanches. Un point de vue a été aménagé (panneau « Shipwreck ») : le **panorama★★★** est sublime.

Cap Skinári★★ (Akrotiri Skinári)
Koríthi est un hameau situé au nord de l'île. Plus loin, au bout de la route, au cap Skinári, vous aurez une vue extraordinaire sur la mer et l'île de Céphalonie.

Kokinou

Côte est. Ce port minuscule se trouve au pied d'un petit cap rocheux. Vous pouvez vous embarquer ici pour les fameuses **grottes bleues★ (Galazia Spilaia)**, belle succession d'arches creusées dans la falaise. La mer, par réfraction de la lumière, y prend une étonnante teinte turquoise presque phosphorescente.

Makris Gialos

C'est une plage charmante encaissée dans un écrin de rochers blancs.

Alykés

Cette station balnéaire abritée avec plage de sable fin offre une agréable vue sur l'île de Céphalonie.

Autres plages de la côte est

Entre Alykés et Zante-ville, la grande plaine côtière (vergers, marais salants) est bordée de nombreuses plages aménagées, bondées en été.

PROMENADES EN BATEAU★★★

Outre les balades évoquées ci-dessus au départ de Pórto Vrómi et de Kokinou, deux promenades sont très vivement recommandées.

Tour de l'île★★★

Comptez environ 20 € (les tarifs ne sont pas les mêmes d'un bateau à l'autre). À Zante-ville, choisissez plutôt un bateau pas trop gros, comme le Dias, *en face de l'agence Pilot J.*
Vous remontez vers le nord jusqu'au cap Skinári puis vous longez les impressionnantes **falaises★★★** de la côte ouest, cachant çà et là de délicieuses plages, dont celle de la baie du Naufrage, où le bateau fait escale.

Îlot de Marathoníssi★

À Límni Kerí, au sud de l'île, vous avez la possibilité de prendre un bateau vers les grottes alentour *(2h - dép. ttes les heures de 9h à 18h - 15 €)* et l'**îlot de Marathoníssi**. Adressez-vous directement au capitaine sur le port et négociez.

Zante pratique

Informations utiles

Bon à savoir – Avenue Vassileos Giorgiou et autour de la place Ágios Marcos se concentrent nombre de services : locations de scooters, banques, restaurants et bars.

Agences de voyages qui vous renseigneront bien : **BesTour** – *92 odos Lombardou - 26950 24808 - 8h30-20h en été;* **TEZ** – *52 odos Lombardou - 26950 29061 - 8h-13h, 17h-20h.*

www.zanteweb.gr

Poste – *Odos Tertseti (parallèle à 21 Maiou, à l'angle d'une ruelle finissant en escalier) - 7h30-20h.*

Téléphone - OTE – *Pl. Ágios Markos.*

Centre de santé – *Sur la colline qui domine la ville - 26950 49111 ; Urgences - 26950 23166.*

Police touristique – *Sur le front de mer - 26950 24482/4.*

Transports

En bateau – De **Killíni**, sur le continent *(26950 22083)*, 8 ferries/j. en été, 5 en hiver. De **Céphalonie** : 2 ferries/j. depuis Pesáda pour Ágios Nikólaos, à la pointe nord de Zante. Pour rejoindre le chef-lieu, il n'y a que le taxi ou bien essayez de profiter d'un car de tourisme en vous renseignant au bar du ferry.
Police du port – *26950 28117/8.*

En avion – L'aéroport *(26950 28322)* de Zante est à 2 km au sud de la ville, par la route de Lithakiá. Liaisons en bus et taxi.D'Athènes à Zante : 1 vol/j. dans les deux sens.

En bus – **KTEL** - *42 odos Filita (parallèle au front de mer) - 26950 22255.*
4 à 5 bus/j. pour Pátra et Athènes via Killíni. 2/sem. pour Thessalonique.
Sur l'île, bus toutes les heures pour Argási, Kalamaki, Laganás, Tsivili.

En voiture – Nombreux loueurs à Zante-ville et dans les centres touristiques de l'île.

En deux-roues – Idéal car l'île est petite et le réseau routier en très bon état. Tarifs négociables pour plusieurs jours.

Se loger

ZANTE-VILLE

Chez Giorgios Zouridis – *30 odos Lakker (juste en face de l'église Kyrias ton Angelon) - 26950 44691 - 14 ch.*
Décoration soignée. Au rez-de-chaussée, très agréable salon sur deux niveaux, avec mezzanine. Bar. À l'étage, les chambres comprenant toutes une kitchenette sont confortables, spacieuses et claires. Un excellent rapport qualité-prix. Pas de petit-déjeuner.

Hôtel Yria – *4 odos Kapodistriou - 26950 44682 - www.yriahotels.gr - 32 ch.*
Hôtel moderne et accueillant, à côté de la place Ág. Marcos. Chambres spacieuses

à la décoration raffinée, toutes avec balcon. Accueil charmant et efficace. Très bon rapport qualité-prix.

VASSILIKOS-ÁGIOS NIKÓLAOS

Christina's Appts – *Un peu après l'entrée du village - ✆ 26950 35474 - 6 ch. et 4 studios.* Une adresse de charme. Petit immeuble aux lignes agréables, doté de très confortables appartements, joliment meublés (bois et lits en métal blanc façon jardin). Cuisine équipée, balcon. Accepte les chèques de voyage. Pas de petit-déjeuner.

LÍMNI KERÍ

Seaside – *Sur le port - ✆ 26950 22827 ou 69372 50158 (portable) - 4 appart. de 3/5 pers. et 4 studios de 2 pers.* L'adresse de charme par excellence. Olympia, une artiste-peintre (qui parle anglais) vous accueille avec chaleur dans son petit immeuble tout neuf. Appartements spacieux, impeccables et très bien conçus. Tous possèdent une très agréable terrasse. Le tout à un prix imbattable, encore moindre en hiver (ouvert sur demande).

Villa Finikes – *En retrait du port, en remontant quelques mètres sur une petite route qui monte vers Keri-village - ✆ 26950 49175 ou ✆ 21061 26513 (à Athènes) - www.villa-phoenix.com - 10 appart. dont 5 pour 4 pers.* Un vrai havre de paix : les studios s'alignent dans un jardin soigné, aménagé au milieu des oliviers. Spacieux, bien équipés et dans un calme total, tous ont leur terrasse sur la campagne, avec le chant des grillons.

Se restaurer

ZANTE-VILLE

Arekia – *À la sortie nord de la ville.* Une petite taverne en bord de route, dont la terrasse, aux allures de cantine, est installée face à la mer. Protégé par des palissades en bambou, l'endroit est bien connu des habitants, et encore peu des touristes. On s'assoit sur des bancs sommaires couverts de vieux tissus pour déguster une bonne cuisine, toute simple, en écoutant des chanteurs interpréter des *arekia*, les vieilles ballades locales, avec gouaille et talent. À ne pas manquer.

Venetziana – *Pl. Ágios Markos.* Goûtez l'agneau *kleftiko*, cuit en papillote avec des tomates et des pommes de terre. Le service est aimable et professionnel, le cadre agréable.

LÍMNI KERÍ

To Posto – *Peu avant l'entrée du village - mai-oct.* On dîne sous les arbres, dans un très agréable jardin. À la carte : savoureux plats traditionnels locaux, mitonnés avec raffinement par les membres de la famille.

ÁGIOS NIKÓLAOS

Ammos – *Sur la plage.* Sous une immense tonnelle, un bar branché où il fait bon prendre un verre, ou même déjeuner, en écoutant une excellente musique, discrète et choisie (grecque ou internationale, jazz...). Bonne cuisine. Prix un peu plus élevés qu'ailleurs, décor oblige.

Faire une pause

Rock Café – *Límni Kerí (sur le port).* Architecture moderne très réussie, tout en pierre et en bois, avec un beau mobilier et une terrasse où il fait bon prendre un café frappé, un ouzo ou un jus d'orange. Musique locale et internationale.

Logos Café Bar – *Sur la route de Vassilikos-Ágios Nikólaos (dans les pins).* Discothèque ouverte tous les soirs à partir de 22h.

Sports et loisirs

Plongée – Turtle Beach Diving Center – *Límni Kerív - ✆ 26950 49424 - www.zanteweb.gr/turtlebeach.* Pour découvrir les tortues *caretta-caretta*. Tous niveaux.

Water Sport Center – *Plage d'Ágios Nikólaos - ✆ 26950 35325/8.* Plongée, planche à voile et bateaux pour Límni Kerí.

Les îles du **nord de l'Égée**

CARTE GÉNÉRALE RABAT I B1/C1-2

Les îles du nord de l'Égée – Chíos, Ikaria, Lesvos (Mytilène), Limnos, Sámos, Samothrace, Thassos – constituent chacune un univers à part aux confins de l'Orient et de l'Occident. Révélant des paysages contrastés, tantôt arides, tantôt verdoyants, elles feront le bonheur des amateurs de randonnées, des adeptes de la plage ou des curieux de ruines antiques.

Sime / Photononstop

Sur le port de Mytilène, dans l'île de Lesvos.

Se repérer – Ces îles du nord de la mer Égée ont été réunies par commodité géographique. En réalité, elles appartiennent à deux régions administratives distinctes. Thassos et Samothrace sont rattachées à la **Macédoine orientale et à la Thrace** qui forment une seule région, tandis que Chíos, Ikaria, Lesvos, Limnos, Sámos (et les îlots adjacents) constituent la région appelée **îles de l'Égée septentrionale**. La capitale en est Mytilène, chef-lieu de l'île de Lesvos.

On accède aux îles de différents ports du continent : Kavála (proche de Thassos), Alexandroúpoli (au nord de Samothrace), Le Pirée via les Cyclades. Une liaison saisonnière existe entre Chíos et la Turquie (port de Çeşme, près d'Izmir).

L'éloignement de certaines de ces îles fera préférer un voyage en avion. Les aéroports de Chíos, Lesvos, Limnos, Sámos et Ikaria relient la région au reste du pays, notamment à Athènes et à Thessalonique. Les deux îles situées à l'entrée du détroit des Dardanelles appartiennent à la Turquie.

Chíos★

Χίος

53 408 HABITANTS – 842 KM^{2}
CARTE GÉNÉRALE RABAT I B2 – ÎLES DE L'ÉGÉE SEPTENTRIONALE

Chíos, où serait né Homère, est dominée par des montagnes d'origine volcanique (le mont Pelinaío culmine à 1 297 m). Ailleurs, plaines et collines alternent, et l'on trouve de belles plantations d'agrumes. Le sud de l'île doit sa renommée à l'exploitation du lentisque dont les habitants ont tiré le « mastic », une résine aromatique unique. Chíos possède de belles plages, mais elle retiendra surtout les amateurs d'art byzantin, d'histoire et de couleur locale. L'île doit à sa proximité avec la Turquie des liens historiques très étroits, parfois sanglants.

- **Se repérer** – Située à 8 km de la Turquie, l'île est en forme de croissant qui ferme le golfe d'Izmir. Mieux desservie et moins montagneuse qu'au nord, la côte sud-est est la plus peuplée de l'île.
- **À ne pas manquer** – Les villages du Mastic ; le monastère de Néa Moní ; la ville de Chíos.
- **Organiser son temps** – Comptez cinq jours de visite.
- **Pour poursuivre le voyage** – Lesvos, Sámos.

J.-P. Nail / MICHELIN

L'une des splendides mosaïques du monastère de Néa Moní (11e s.).

Comprendre

L'un des carrefours du commerce méditerranéen – Placée à l'intersection des routes maritimes desservant Thessalonique, Istanbul, Izmir, la Crète, Rhodes et Chypre, le Moyen-Orient et l'Égypte, Chíos a joué, de l'Antiquité jusqu'au 19e s., un rôle capital dans les échanges entre l'Orient et l'Occident.

Dès le 8e s. av. J.-C., elle fait partie de la confédération ionienne (avec Sámos et les villes grecques d'Asie Mineure) et atteint au 6e s. son premier âge d'or culturel et économique (elle est, entre autres, la première cité grecque à pratiquer le commerce des esclaves). Il n'en reste que quelques vestiges rassemblés au musée de Chíos-ville. La prospérité s'achève en 493 av. J.-C. avec l'invasion des Perses. Elle passe ensuite sous domination athénienne, macédonienne et romaine.

Après de longs siècles d'abandon, Chíos retrouve sa place de carrefour maritime. Vénitienne dès 1172, puis byzantine, elle devient de 1346 à 1566 le centre d'un « empire » génois qui s'étend aussi sur les îles alentour. Gênes y délègue son autorité à une « mahone », association financière et militaire. La « mahone Giustiniani », du nom de la famille qui l'administre, détient quasiment le monopole du trafic commercial en Égée orientale. Le port voit affluer les produits d'Orient ainsi que des esclaves. Mais les produits les plus importants restent le mastic local et l'alun des mines de Phocée en Anatolie, utilisé pour la teinture et expédié principalement à Bruges. Malgré les conflits avec les Vénitiens et la menace des Turcs (prise de Constantinople en 1453),

Chíos voit converger des bateaux de toutes nationalités, des banquiers, des marchands et leurs agents. Le célèbre financier Jacques Cœur, ancien homme de confiance de Charles VII et commandant d'une flotte papale destinée à protéger l'archipel contre les Turcs, y meurt en 1456.

La mainmise des Turcs et les révoltes – La domination turque n'a pas de conséquences graves sur le commerce de l'île, bien que celle-ci serve de base aux pirates. Les dames du harem du sultan raffolent tellement de la gomme de mastic qui parfume leur bouche que les paysans producteurs en tirent certains privilèges. Au 19e s., la flotte de Chíos rivalise avec celle d'Hydra ou de Spétses.

En 1822, l'île se soulève contre les Turcs à l'instigation des habitants de Sámos qui s'y sont réfugiés. Mais la révolte est durement réprimée et les Turcs massacrent des milliers de Grecs. Ces cruautés causent une intense émotion en Europe occidentale, notamment en France. Chateaubriand, qui a séjourné à Chíos en 1806, proteste. Une toile célèbre de Delacroix *(Scènes des massacres de Chio)* et des vers de Victor Hugo *(L'Enfant grec)* témoignent de la solidarité des intellectuels romantiques à l'égard des habitants de l'île. Quelques années plus tard, en 1827, les troupes françaises du colonel Fabvier, accompagnées de soldats grecs, s'emparent d'une partie de la ville de Chíos. Finalement, elles doivent se retirer devant l'afflux des renforts turcs, et ce n'est qu'en 1912 que Chíos revient à la Grèce.

Se promener

CHÍOS★

Chíos est une agréable ville portuaire face aux côtes de Turquie. Malgré la tragédie de 1822 et l'important tremblement de terre de 1881, la ville a conservé un certain charme.

Le **port★**, animé et coloré, est bordé de terrasses de cafés et de restaurants.

Derrière les rues commerçantes parallèles au quai, la vie locale se concentre autour de la grande **place Vounaki**, occupée en son centre par le jardin municipal, vaste enclave de verdure aux allées bordées de palmiers. Au nord de la place se trouve une charmante **fontaine turque★** (1768) ornée d'éléments floraux sculptés.

Musée byzantin (Bizantino Moussio)

En cours de rénovation - se renseigner à l'office de tourisme.

Il occupe une mosquée construite au 19e s. La cour, bordée de fontaines turques et de canons, rassemble des fragments d'édifices paléochrétiens et byzantins, ainsi que des sculptures et pierres tombales des époques byzantine, génoise et turque.

Kastro

Au nord du port et de la place Vounaki. La vieille ville est encore entourée, sur trois côtés, des remparts édifiés au 14e s. par les Génois sur l'emplacement d'un fort byzantin. Au Moyen Âge, les grandes familles génoises et grecques y possédaient de somptueuses résidences. À l'époque ottomane, seuls les Turcs et les juifs y habitaient. De nos jours, c'est un quartier paisible, un peu à l'abandon, cachant néanmoins quelques témoignages du passé.

Après avoir franchi la porte principale (près de la place Vounaki), reconstruite par les Vénitiens en 1694, vous verrez, à droite, la sombre salle inférieure du donjon qui servit de prison.

Le Petit Palais (To Palataki)

En face de la porte du kastro. Tlj sf lun. 9h-14h30 - 2 €.

Cette demeure du 15e s. abrite une collection d'art byzantin : belle mosaïque du 5e s. retrouvée au centre de la ville moderne ; fresques et icônes byzantines provenant de diverses églises de l'île.

Non loin se trouve une galerie qui expose des pièces d'artillerie, notamment des canons français et vénitiens.

Cimetière turc

À gauche en sortant du palataki. Ce minuscule cimetière contient les pierres tombales sculptées de notables turcs du siècle dernier.

Odos Frouriou

Cette rue traverse tout le kastro et rejoint une colline pelée d'où se découvre un beau **panorama★** sur la ville et la mer. Vous verrez le toit des anciens bains turcs : quatre dômes de couleur terre, percés de petites ouvertures et envahis de roseaux.

Bibliothèque Koraïs et musée Argentis★

À l'angle de odos Koraïs et F. Argentis, près de l'église Métropole. ☏ 22710 44246 - lun.-jeu. 8h-14h, vend. 8h-14h, 17h-19h30., sam. 8h-12h30 - entrée libre dans le hall, 3 € pour les salles.

L'écrivain **Adamantios Koraïs** (1743-1833) vécut longtemps en France, d'où il contribua au renouveau littéraire et national de son pays. Il légua à son île sa bibliothèque, qui compte maintenant plus de 100 000 volumes et en fait l'une des plus grandes bibliothèques de la mer Égée. Dans la salle de lecture sont présentés diverses éditions des œuvres d'Homère et plusieurs livres français. Dans le hall d'entrée et l'escalier est exposé un intéressant ensemble de cartes et gravures du 15e au 19e s.

Au 1er étage, un petit **Musée ethnographique** rassemble la **collection de portraits** de membres de la famille Argenti et témoigne, par les costumes et le décor, de l'aisance des grandes familles de Chíos au siècle dernier. Sur le palier, reproduction d'une partie des *Scènes des massacres de Chio* de Delacroix et original grec sur le même sujet.

Musée archéologique

Odos Mihalou, au sud du port, à côté de l'université de l'Égée. ☏ 22710 44239 - juil.-oct. : tlj sf lun. 8h-17h ; nov.-juin : 8h30-15h - 2 €.

Il renferme des objets retrouvés lors de fouilles dans l'île : fragments de vases, de statues, d'éléments de temples et tombes antiques.

LE CENTRE DE L'ÎLE★★

Une route panoramique gravit les contreforts de la montagne jusqu'au vallon abritant le monastère Néa Moní signalé par des cyprès et encadré par un mur d'enceinte.

Monastère Néa Moní★★

À 10 km à l'ouest de Chíos-ville. Du lever au coucher du soleil - fermé de 13h à 16h - entrée libre, tenue correcte exigée.

Inscrit au Patrimoine mondial de l'humanité par l'Unesco en 1990, cet ensemble est l'un des plus remarquables monuments impériaux de l'époque byzantine. L'empereur Constantin Monomaque, dit le Gladiateur (980-1055), décida de bâtir un monastère à l'endroit où fut trouvé une icône « miraculeuse » de la Vierge par trois ermites qui lui avaient de plus prédit son accession au trône. Les meilleurs architectes et artistes de Constantinople furent chargés de la réalisation.

Extérieur – Fortement endommagé par le tremblement de terre de 1881, l'extérieur est actuellement recouvert d'une chape protectrice qui le disgrâce. Le clocher-porche est de facture récente. L'église, de type octogonal, représente la meilleure expression de l'architecture de cette époque en Grèce.

Intérieur – L'exonarthex a subi de nombreux dégâts. Couvert de trois coupoles, il comportait un revêtement de marbre rouge surmonté de peintures dont subsiste, au sud, un Jugement dernier. Au sol, la décoration de marbre représente la Multiplication des pains. Les **mosaïques★** (11e s.) du narthex intérieur et du catholicon sont d'une grande unité d'expression : figures austères, traits expressifs, couleurs vives. Remarquez dans le narthex intérieur (en venant de l'exonarthex) : la Résurrection de Lazare (à gauche de la porte du catholicon) ; le Lavement des pieds (à gauche, sur le mur extérieur) ; sur le mur sud, à droite, la Trahison de Judas et la Prière au jardin des Oliviers. La haute coupole du catholicon fut refaite en 1900, ainsi que la fresque du Pantokrator. Les mosaïques les mieux conservées sont, dans les absides, la Vierge entourée des archanges Michel et Gabriel ; dans la partie centrale, à droite du chœur (puis dans le sens des aiguilles d'une montre) : en bas, Jean l'Évangéliste, puis, au-dessus, le Baptême du Christ, la Transfiguration, la Crucifixion, la Descente de Croix et enfin la Résurrection ou Descente aux limbes ; plus bas à gauche, saint Marc.

Anávatos

À 12 km de Néa Moni.

Sur son éperon, ce village abandonné apparaît comme une ville fantôme. Très impressionnant, il fut probablement édifié à l'époque ottomane pour défendre la côte. La majorité de ses habitants périt lors des massacres de 1822.

Du village **d'Avgónyma**, au retour, vous aurez une belle **vue★** sur la côte ouest.

AU NORD DE CHÍOS-VILLE

Mármaro

À 27 km. Au creux d'une baie profonde, au nord-est de l'île, Mármaro est le port de la petite ville voisine de Kardámyla. Un peu plus loin, Nagós et ses environs offrent les plus belles **plages★★** de l'île.

Pityoús

À 28 km. Tout comme Volissós, Pityoús revendique d'avoir vu naître Homère. Sa forteresse médiévale, sur la montagne, est couronnée par une église byzantine jaune, dont le dôme rouge surmonté d'une croix d'or se découpe sur le ciel bleu.

Volissós

À 46 km. Au pied d'une forteresse médiévale, ce joli village a pour port de pêche Limniá. À 6 km au nord, vous trouverez une belle **plage** devant le monastère Agía Markélla. La route qui mène à Chíos-ville offre des **vues★** plongeantes sur la côte ouest.

PLAINE DU KAMPOS★

Faire l'excursion en la couplant avec celle des villages du Mastic (voir ci-dessous).

Le Kampos est une plaine fertile au sud de Chíos-ville. Plantée de milliers de citronniers et d'orangers, elle est parcourue d'un réseau très dense de routes et de chemins bordés de hauts murs ocre destinés à protéger les vergers du vent et de la poussière. Depuis le 15e s. et jusqu'au siècle dernier, cette région a compté près de 200 résidences, parfois même des manoirs, où séjournaient en été les familles des grands commerçants génois ou grecs. Après les catastrophes du 19e s., il n'en a subsisté qu'une dizaine, parfois en mauvais état, mais encore très évocatrices du passé.

De la route conduisant aux villages du Mastic, vous verrez de beaux porches bordés d'une tour ou d'une maison de garde ; la demeure principale, souvent en retrait, est construite en hauteur pour dominer les plantations. Il est parfois possible, sous certaines conditions, de visiter la **maison Zigomalas** (au début de la route, à droite, à environ 800 m après le pont traversant le torrent Parthenis), de style néoclassique, avec une belle cour ornée de galets, ou la **maison Argenti** (environ 5 km plus loin, sur une route parallèle à l'ouest), très bien conservée, dont les cours et pergolas abritent les citernes et le puits à aubes servant à l'irrigation du domaine.

Circuit de découverte

VILLAGES DU MASTIC★★ (Masticho Choria)

Cette région couvre toute la partie méridionale de l'île, à partir d'Armolia, englobant une vingtaine de villages. C'est le domaine du **lentisque**, arbuste de 2 m de haut, dont les incisions permettent de récolter au début de l'automne une résine, le mastic, utilisée dans la confection des alccols *(mastika)*, sucreries et patisseries orientales. L'île de Chíos est le seul endroit au monde où cette résine se solidifie de façon naturelle.

Circuit d'environ 90 km au sud-ouest de Chíos-ville.

Vous pouvez, en chemin, observer la ravissante église byzantine **Panagía í Krína** (12e ou 13e s.) dont une partie des fresques a été déposée au musée du Petit Palais (Palataki) à Chíos-ville.

Accès par le village de Vaviloi, 1 km plus loin, puis environ 15mn à pied par un sentier à droite dans une oliveraie.

Pirgí★

Malgré la disparition de ses remparts, ce village a conservé son aspect médiéval autour de sa tour centrale. Sa spécificité, unique en Grèce, est le décor géométrique horizontal, gris et blanc, qui recouvre la plupart des maisons et des églises.

Au nord-est de la place, un passage voûté donne accès à l'église **Agii Apostoli** (Saints-Apôtres), construite vers 1200, remarquable pour son architecture, typiquement byzantine. L'intérieur conserve des fresques de 1665. Sur la place, la grande église de la Dormition, du 17e s., possède un joli mobilier sculpté.

P. Jausserand / MICHELIN

Le décor très particulier des maisons de Pirgí.

Emporiós★

À 6 km au sud de Pirgí.

Une petite place blanche bordée de quelques maisons s'ouvre sur la mer. Au sud du port, un sentier mène à deux magnifiques **plages★★** de galets noirs, dans les replis d'une falaise volcanique, et bordées d'eau turquoise.

Mestá★

Peu après Olympoi, autre bourg médiéval.

Ce village a conservé sa muraille constituée d'un rang serré de maisons fortes. Entrez par une porte à l'est. Vous pouvez vous promener dans les ruelles anciennes et charmantes, aux nombreux passages étroits, parfois voûtés. La place centrale et son église ont remplacé la tour de défense qui s'y dressait autrefois. Plus loin, la vieille église des Taxiarques, byzantine, renferme une très belle iconostase sculptée du 18e s.

Revenez à Chíos-ville par Liménas, le port de Mestá, puis la route de Véssa qui offre, en son début, des **vues★** étendues sur la côte ouest, aride et ouverte.

Chíos pratique

Informations utiles

CHÍOS

EOT – *Odos Kanari (à l'angle d'odos Roïdou) - 22710 44389 - saison : 7h-14h30, 18h-22h, w.-end 9h-13h, 18h-22h ; hors sais. : lun.-vend. 7h-14h30.*

www.chiosnet.gr

Poste – *Odos Omirou.*

Centre de santé – *22710 44302.*

Police touristique – *22710 81539.*

Transports

En bateau – Liaisons en ferry avec **Le Pirée** (2/j.), **Lesvos** (2-3/j.), **Sámos** (3/sem.), **Limnos** (5-6/sem.) et **Rhodes** via Kálymnos et Kos (1/sem.). Liaison quotidienne avec **Çeşme** en Turquie : le billet s'achète la veilleet le passeport (ou la carte d'identité) est exigé.

Capitainerie – *22710 44433.*

En avion – L'aéroport *(22710 81400)* est à 3 km de la ville. Plusieurs vols par jour pour **Athènes**, 2/sem. pour **Lesvos**, **Limnos** et **Rhodes**, 1/sem. pour **Sámos**.

En bus – Gare routière de Chíos - *près du débarcadère - 22710 27507.* Liaisons quotidiennes avec Pirgí, Elínda via Néa Moni, Volissós et Emporiós (en saison).

En voiture – À Chios, agences sur le port.

Se loger

Bon à savoir – Dans nombre de villages de l'île, chambres chez l'habitant. Procurez-vous la liste à l'office de tourisme.

CHÍOS

Chíos Rooms – *Sur le port - 22710 20198 - www.chiosrooms.gr - 10 ch.* Vieil édifice plein de charme. La moitié des chambres disposent d'une salle de bain privative, quelques-unes d'un balcon.

Rooms Alex – *29 odos Livanou (près du port) - 22710 26054 - 7 ch.* Chez Alex, chaque pensionnaire devient un membre de la famille. Petites chambres sobrement décorées, et terrasse.

KAMPOS

Perivoli – *En venant de Chíos, dir. Pirgí puis Kallimasiá - 22710 31513 - 16 ch. - de Pâques à fin oct.* Belle maison typique. Choisissez en priorité une des quatre grandes chambres avec leurs hauts plafonds, agréables même en été.

VOLISSÓS

Kyriaki House – *Dir. Pyrgos Village, suivre le panneau « Artemis Apartments » - 22740 21941 - 2 appart.* Deux studios confortables avec lambris et pierre apparente, et magnifique terrasse avec vue sur le village et la mer.

Volissós Travel – *Plusieurs maisons réparties au sommet du village - 22740 21421/21413 - www.volissostravel.gr - 16 appart.* Vieilles maisons sobrement restaurées et décorées avec goût. Un hymne à l'irrégularité et à la rusticité ! Quelques vastes maisons à prix spéciaux.

Se restaurer

CHÍOS

Byzantio – *Odos Ralli (dans le quartier du marché) - fermé dim. hors sais.* Cuisine populaire toujours savoureuse, dans un décor typique : tomates et poivrons farcis au riz, *youvetsi* généreusement saupoudré de fromage, etc.

Iakovos Plytas – *20 odos Georgiou (à l'intérieur du kastro) - ouv. en soirée sf dim.* Beau restaurant occupant une ancienne remise pavée. Cuisine grecque traditionnelle et soignée : crevettes aux oignons, friture de poisson légère…

KAMPOS

Perivoli – *Voir « Se loger » - hors sais. : ouv. seult les soirs de w.-end.* Dans le jardin de la superbe demeure Perivoli, derrière une noria. Vaste terrasse sous les orangers. Veau au vin, *psaronefri* (filet de porc grillé recouvert d'une tranche de tomate).

VOLISSÓS

O Zikos – *Sur le port.* Quelques tables pour déguster d'excellents produits de la mer : espadon, moules au fromage, langouste aux spaghettis.

Plages

La plage de **Karfás**, à 4 km au sud de Chíos, propose la plus grande variété de sports nautiques de l'île. Sur la côte ouest, la plage d'**Elínda** est admirablement encaissée au fond d'une crique.

Événements

Volissós – L'endroit conserve une bien étonnante tradition pascale : la bataille de feux d'artifice, que se livrent les deux principales églises.

Pirgí – Pour le 15 août, le village est en fête jusqu'au petit jour.

Ikaria

Ικαρία

5 392 HABITANTS – 267 KM^2
CARTE GÉNÉRALE RABAT I C2 – ÎLES DE L'ÉGÉE SEPTENTRIONALE

Traversée de gorges profondes, Ikaria présente un relief intéressant, particulièrement au sud, où la montagne plonge directement dans la mer. Le climat agréable de l'île permet de produire un vin rouge – appelé icarus ou nicaria –, auquel Homère faisait référence.

Se repérer – À mi-chemin entre les Cyclades, le Dodécanèse et les îles du nord de l'Égée, Ikaria s'allonge d'est en ouest sur une quarantaine de kilomètres, culminant à 1 037 m au mont Atheras.

Pour poursuivre le voyage – Sámos.

Se promener

Ágios Kirykos et ses environs

Capitale de l'île, la petite ville aux typiques maisons à deux étages encadre un port de pêche. Un peu à l'ouest, le long de la côte, on trouve **Thérma Lefkádas**, station thermale réputée pour ses sources chaudes.

Côte nord★

Plus accidentée et plus fraîche que le reste de l'île, cette côte est très belle. On y trouve beaucoup de petites plages.

La route venant d'Ágios Kirykos traverse l'agréable village de **Karavostamo**, dominé par la resplendissante chapelle d'Agii Pantes, et atteint **Évdilos**, qui s'étage au-dessus de son petit port.

Au-delà, une route mène à **Kampos**, dont le petit Musée archéologique présente des objets antiques trouvés dans les environs. *9h-15h, 2 €*, puis à **Pygi**, où un beau monastère conserve des fresques.

Après Kampos, vous pénétrez dans la partie la plus belle de l'île, qui s'étend derrière **Armenistís**. Deux grandes plages s'étendent à proximité : celles de **Messachti** et de **Livadi**. En poursuivant sur la côte ouest, joli monastère Evangelistrias (17e s.).

Autour de **Christos Raches**, adorable village où le temps semble s'être arrêté, vous avez des vues ravissantes sur la côte et la mer.

Le vol d'Icare

Selon la légende, c'est à proximité de cette île qu'Icare tomba après s'être enfui du Labyrinthe avec son père Dédale *(voir Knossós)*. S'étant trop approché du soleil, il vit fondre ses ailes de cire, ce qui le précipita vers la mort. Héraklès aurait récupéré son corps et l'aurait enterré sur l'île, qui prit alors le nom d'Ikaria.

Ikaria pratique

Informations pratiques

Centre de santé – *22750 22330.*

Police – *22750 22222.*

Transports

En bateau – Seulement trois liaisons maritimes par sem. au départ du **Pirée**, en général lun., jeu. et vend. Les bateaux abordent à **Ágios Kirykos** (côte sud) ou à **Évdilos** (côte nord). En été, des bateaux relient l'île à **Pátmos**, **Páros**, **Chíos**, **Léros**, **Kos** et **Kálymnos**.

Autorités portuaires – *22750 22207.*

Se loger

ÁGIOS KIRYKOS

Hôtel Akti – *Face au port - 22750 23905.* Grande maison juchée sur un rocher au-dessus du principal port de l'île. Les chambres sont propres et assez agréables. D'une terrasse, vous aurez une belle vue sur la mer.

Hôtel Karras – *22750 22494.* Hôtel simple et calme, non loin du port.

ÉVDILOS

Rooms Spanos – *22750 31220.* Ces chambres toutes simples possèdent une salle de bains individuelle.

Se restaurer

KARAVOSTAMO

Taverne – Ce grand restaurant accueillant se trouve au centre du village. La cuisine est savoureuse et le patron fort sympathique.

Lesvos (Mytilène)★

Λέσβος

91 014 HABITANTS – 1 633 KM²
CARTE GÉNÉRALE RABAT I C2 – ÎLES DE L'ÉGÉE SEPTENTRIONALE

Appelée encore Mytilène, du nom de sa capitale, Lesvos est très peuplée, touristique et de grandes dimensions. L'île est célèbre pour la beauté de ses villages, ses nombreuses plages, ses paysages montagneux, ses deux golfes immenses et ses oliveraies, dont on tire une huile réputée. L'Antiquité a laissé peu de traces, mais d'imposantes forteresses témoignent du passage des Byzantins puis des Génois.

Sime / Photononstop

La citadelle qui domine le village de Mólyvos.

- **Se repérer** – La plus grande des îles de l'Égée orientale et la troisième île de Grèce en surface, après la Crète et l'Eubée, est blottie dans un repli des côtes anatoliennes (Turquie). Deux points culminent à une même hauteur (968 m) : Lepetymos au nord et Olympos au sud.
- **À ne pas manquer** – Les paysages déserts de l'ouest, le musée Teriade.
- **Organiser son temps** – Comptez quatre jours de visite (louez une voiture pour visiter l'île à votre rythme).

Comprendre

Le saviez-vous ? – L'île fut le berceau de la poétesse **Sapho** et de **Théophraste** (vers 372 av. J.-C.), disciple de Platon puis d'Aristote. Il écrivit *Les Caractères*, dont La Bruyère s'inspira.

Dans l'Antiquité, l'île fut un foyer culturel actif, notamment aux 7e et 6e s. av. J.-C. Après le partage de l'Empire romain, Lesvos resta sous l'autorité de Byzance. Puis en 1354, l'île passa aux mains du Génois Francesco Gatteluzzi jusqu'à la conquête turque en 1462. L'île ne fut rattachée à la Grèce qu'en 1914.

Lors de l'échange de population, en 1922, des milliers de Grecs d'Anatolie, démunis, arrivèrent sur l'île et commencèrent une nouvelle vie loin de leur terre natale.

Sapho, figure mythique

La poétesse **Sapho** (ou Sappho), artiste de génie, femme et esprit libre, composa une œuvre aussi réputée dans l'Antiquité que les épopées d'Homère. Née à Eressos à la fin du 7e s. av. J.-C., elle aurait dirigé à Mytilène une école d'art et de poésie où l'on se consacrait à la louange des muses. Odes, hymnes et chants, ses vers chantent l'amour, la beauté et les affinités féminines. Platon la nomma la *Dixième Muse*. Elle se serait suicidée à Leucade.

Se promener

Les distances, souvent importantes, sont calculées à partir de Mytilène.

MYTILÈNE★ (MITILÍNI)

La capitale de l'île est située face à la côte anatolienne avec laquelle elle entretenait autrefois d'actives relations commerciales.

Ancien cœur de la ville à l'époque ottomane, le quartier s'étalant sur l'isthme séparant les deux ports a conservé quelques jolies maisons, les restes d'une mosquée et sa cathédrale qui renferme une très belle iconostase.

Maison de Lesvos (Lesviako Spiti)

Consacrée aux femmes de l'île, elle abrite des collections d'arts et traditions populaires, tout comme le petit musée adjacent.

Kastro

Tlj sf lun. 8h30-15h (19h en été probablement) - 2 €.

S'élevant sur un promontoire dominant les deux ports, la citadelle fut reconstruite au 14e s. Vous remarquerez au-dessus des portes du château les armes de Byzance (un aigle à deux têtes), le fer à cheval des Gatteluzzi et des inscriptions turques. Une petite plage (très fréquentée) se trouve au pied de la citadelle.

Musée byzantin

☏ 22510 28916 - mai-oct. : tlj sf dim. 10h-13h (en hiver sur RV) - 2 €.

Il se trouve derrière l'imposante église néoclassique Ágios Therapon et rassemble de précieuses icônes du 13e au 17e s.

Musée archéologique

☏ 22510 40223 - tlj sf lun. 8h30-15h (19h en été probablement) - 3 €, gratuit dim. Sur la route de la citadelle, une jolie villa abrite ce musée où vous découvrirez des céramiques, des sculptures et surtout de beaux fragments de mosaïques romaines.

Théâtre hellénistique

Tlj sf lun. 8h-15h (19h en été) - entrée libre.

Au nord-ouest, sur la colline, vous verrez les restes d'un théâtre restauré par les Romains. Il impressionna tant Pompée, de passage à Lesvos, que celui-ci en fit édifier un semblable à Rome. La plupart des gradins ont disparu, réutilisés pour des constructions médiévales, notamment la citadelle. La taille du théâtre (qui pouvait contenir jusqu'à 15 000 spectateurs) témoigne de l'importance culturelle de la Lesvos antique. Des gradins supérieurs, vous aurez une belle vue sur la citadelle et la côte turque.

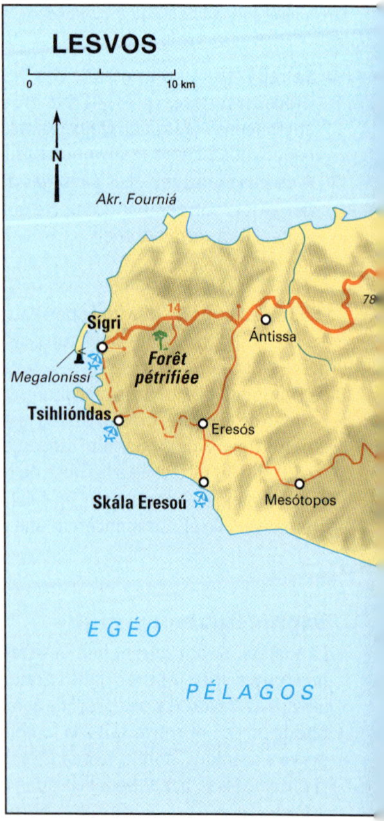

ENVIRONS DE MYTILÈNE

Thermí

À 11 km. Loutropoli Thermis est une station très fréquentée dont les eaux chaudes et curatives étaient déjà utilisées dans l'Antiquité. Les environs conservent des tours d'habitation traditionnelles. Au sud de Thermí, à l'ouest du gros village de Moria, surgissent les imposants vestiges d'un aqueduc romain. Il en existe un autre près du village de Lámbou Mili, sur la route de Kaloní.

Vareiá

À 4 km. Stratis Eleftheriadis-Teriade, critique et éditeur d'art originaire de Mytilène, fit construire deux musées dans sa propriété : le **musée Theophilos** abrite 86 des œuvres de ce célèbre peintre naïf, né à Vareiá (1873-1934) ; elles représentent de façon colorée des scènes populaires ou des hauts faits de l'histoire grecque. *✆ 22510 41644 - tlj sf lun. 10h-17h - 2 €.*

Dans la même oliveraie, le grand **musée Teriade** rassemble une riche collection de livres de l'éditeur d'art, illustrés par des gravures ou lithographies en couleur de Chagall, Picasso, Fernand Léger, Matisse et Giacometti. Une section contient aussi des peintures de Iannis Tsarouchis et de Theophilos. *✆ 22510 23372 - tlj sf lun. 10h-17h.*

SUD DE L'ÎLE

Agiássos

À 25 km.

Située sur les pentes boisées du mont Olympe (968 m), Agiássos a conservé tout le charme d'une petite ville d'autrefois. Vous découvrirez, au hasard de ses rues pavées et ombragées, de délicieux restaurants, cafés et fontaines.

Plomári

À 42 km.

Célèbre pour son délicieux ouzo, la deuxième ville de l'île cache ses ruelles pentues et ses nombreuses maisons anciennes au creux d'un cirque invisible du large. Le moderne front de mer est bordé de cafés et de restaurants. Le soir, l'endroit est particulièrement animé. À l'est de la ville, **Ágios Isidoros** est une grande plage de galets ronds très fréquentée.

Vaterá

À 52 km.

C'est l'une des plus belles plages de l'île. Le cap Fokas (Akrotiri Ágios Fokás) porte les restes d'une basilique paléochrétienne. Une autre se trouve à l'est du village.

Des fêtes extraordinaires

Les fêtes sont ici célébrées avec grand éclat. À chaque fois, elles sont accompagnées d'une importante foire agricole et commerciale.
À **Mandamádos** *(34 km au nord-ouest de Mytilène)* a lieu, le troisième week-end après Pâques, la fête de saint Michel-Archange, patron de l'île. Le samedi après-midi, un taureau et quelques brebis et chèvres, décorées de fleurs, sont sacrifiés sous un grand platane dans la cour du monastère. Les participants trempent leur mouchoir dans le sang des animaux et se marquent le front pour se protéger de la maladie. Le sacrifice est suivi d'une messe solennelle en présence de l'archevêque, et la foule, venue de toute l'île, vient embrasser la très ancienne icône en terre cuite de saint Michel-Archange. Le lendemain, après de nouvelles cérémonies, la viande est distribuée à l'assistance.
Une célébration similaire se déroule la dernière semaine de mai près de la ville d'**Agía Paraskeví**, au centre de l'île. La procession du samedi, où chevaux et mulets empanachés défilent au son de la musique, est la plus suivie. Le taureau est sacrifié le samedi soir. Le dimanche, après la messe et le partage de la viande, a lieu une spectaculaire course de chevaux.
Les sacrifices de taureaux, tolérés par l'Église, remonteraient à l'Antiquité et seraient inspirés du culte à Mithra, divinité des Perses.
Le 15 août, la Vierge est fêtée à Pétra et surtout à **Agiássos**.

OUEST DE L'ÎLE

Eresós et Skála Eresoú

À 90 km.
Port du gros bourg d'Eresós, Skála Eresoú est bordé par une longue **plage de sable★**. De l'antique Eresós, ville natale de Sapho, située sur les pentes d'une colline à l'est du village, il ne reste que quelques murs, mais vous verrez deux basiliques paléochrétiennes décorées de mosaïques et des ruines de tours génoise et turque.

Forêt pétrifiée (Apolithomeno Dassos)

✆ 22530 54434 - www.petrifiedforest.gr - de mi-juin à mi-oct. : 8h-20h ; de mi-oct. à mi-juin : 8h30-16h30 - 2 €.
Entre Eresós et Sígri se trouve un surprenant ensemble d'arbres fossilisés voilà plusieurs millions d'années, ensevelis sous des cendres éruptives, puis dégagés par l'érosion. La hauteur des arbres peut atteindre une dizaine de mètres et les troncs ont jusqu'à 8 m de circonférence. Les plus accessibles, disséminés dans une large zone, se trouvent à gauche de la route Ántissa-Sígri, à environ 7 km de ce dernier village. Au sommet de la « forêt », les **vues★★** sont spectaculaires.

Sígri

Entouré de petites plages, ce village de pêcheurs de langoustes s'abrite dans une baie gardée par un fort génois et protégée de la houle par l'île de Nissiopi.

Monastère de Leimónos

Ouvert du lever au coucher du soleil. Non loin du gros bourg prospère de Kaloní, sur la route de Sígri, s'étendent les bâtiments du principal monastère de Lesvos. Ses 40 moines, dont les activités sociales et éducatives rayonnent sur toute l'île, entretiennent un petit musée d'Art religieux et populaire.

Pétra

L'église de la **Panagia Glikofiloussa**, perchée sur le rocher qui donne son nom à la localité, possède de remarquables icônes. Au centre du village, la **maison Vareldzidena**, aux gracieux balcons de bois, abrite dans un salon du 1er étage de délicates peintures évoquant la flotte et les villes de l'Empire ottoman. Dans l'église **Ágios Nikólaos**, vous verrez des fresques du 15e s.

Mólivos★ (Míthymna)

Ce beau village est fréquenté par des artistes. Il possède une plage de galets et un port de pêche. Des maisons aux teintes pastel s'échelonnent sur les pentes montant vers une imposante **citadelle** d'où vous jouirez de vues sur la ville et la côte. *Tlj sf lun. 8h-14h30 - 2 €.*
À 3 km à l'est de Mólivos, au-delà de la plage d'Eftalou, une source radioactive (46,8 °C, piscine et baignoire dans un abri) réchauffe la mer alentour. *10h-14h, 15h-19h - 5 €.*

Lesvos pratique

Informations utiles

MYTILÈNE

EOT – *6 odos Aristarchou (50 m du débarcadère) - ℘ 22510 42511/42512- lun.-vend. 9h-14h.* À l'intérieur d'une belle villa.

www.mithymna.gr

Poste – *Odos Vournazon* (200 m à l'ouest de l'anse historique).

Internet – *Odos Komninaki.* Nombreux cybercafés dans cette rue.

Centre de santé – *℘ 22510 57700.*

Police touristique – *Débarcadère - ℘ 22510 22776.*

MÓLIVOS

EOT – *Dans la rue menant au port - ℘ 22530 71347 - mai-oct. : 9h-15h.* Informations complètes : bus, visites, programme du cinéma de plein air.

Transports

En bateau – En été, plusieurs bateaux par jour assurent la liaison avec **Le Pirée** et plusieurs fois par semaine avec les îles voisines : **Limnos**, **Sámos**, **Rhodes**. Occasionnellement, des bateaux relient l'île à la **Turquie**.

Capitainerie – *℘ 22510 40827*

En avion – L'aéroport *(℘ 22510 38700)* se trouve à 8 km au sud de Mytilène. Vols réguliers (plusieurs fois par jour en été) avec **Athènes**. Vols aussi pour Thessalonique, Limnos, Chíos.

En bus – **Bus urbains** - *Pl. Safous - ℘ 22510 46436.* Liaisons avec Vareiá *(7h-20h, ttes les h env.).* **Gare routière** - *Odos El. Venizelou - ℘ 22510 28873.* Liaisons avec Agiássos, Mólivos et Sígri.

En voiture – **Mytilène**, agences odos Pavlou (près du débarcadère). **Mólivos**, agences sur la rue menant au port. Moyen idéal pour découvrir Lesvos, bon état général des routes.

En deux-roues – Agences de location dans toutes les villes et stations touristiques.

Se loger

MYTILÈNE

Bon à savoir – Cité peu touristique, Mytilène dispose cependant d'hôtels à petits prix. Ils sont concentrés à proximité du port historique.

New Life – *Tangente d'odos Ermou (150 m à l'ouest du port historique) - ℘ 22510 42650 - 9 ch.* Décoré avec goût. Petit jardin sur le côté, pour se détendre à l'ombre des arbres.

Pension Thalia – *100 m à l'est d'odos Ermou (au niveau de la mosquée) - 3 ch. et 1 appart.* Dans un vieux quartier de Mytilène, une maison au fond d'une impasse, avec un petit jardin.

Alkaios – *16 odos Alkaio (tangente ouest du port historique) - ℘ 22510 47737 ou 69455 07089 - 18 ch.* Villa proche de la rue Ermou, entourée d'orangers et envahie par un grand rosier. Portes anciennes, plafond lambrissé et bel escalier. Chambres tout confort.

MÓLIVOS

Mólivos Camping – *Sur la route d'Eftalou (1,5 km de Mólivos) - ℘ 22530 71169/71079 - www.molivos-camping.com - 88 pl. - mai-oct.* Sur ce terrain en pente douce, chaque parcelle, entourée de hautes haies, est ombragée par un arbre. Les parties communes sont sombres mais propres. L'endroit est agréable et bien situé, non loin des plages et en face de la citadelle de Mólivos.

Paradise – *Entrée du village - ℘ 22530 71778 ou 69454 03236 - 6 appart.* Au milieu d'un champ, quelques studios simples et propres, avec vue directe sur la citadelle et le village à ses pieds. Fruits et légumes à disposition.

Nassos – *20 m à droite en montant la rue principale (au niveau de l'office de tourisme) - ℘ 22530 71232 - www.nassosguest.com - 7 ch. et 1 appart. - mars-déc.* Charmante maison rustique ayant conservé toute sa simplicité. Quelques chambres avec salle de bains privative.

SÍGRI

Rainbow – *Rue principale - ℘ 22530 54322- 4 appart.* Quelques studios en balcon au-dessus de la côte rocheuse, dans le village et à côté du château. Également des studios modernes, en face du petit port de pêche.

Se restaurer

MYTILÈNE

Avero – *Sur le port historique (à côté de l'hôtel Sappho) - fermé un dim. sur deux.* Depuis 1925, ce restaurant populaire prépare une délicieuse cuisine familiale, où l'on fait son choix devant les grandes marmites.

Matzourana – *Odos Komninaki - ouv. le soir.* Un bistro contemporain où l'on déguste une cuisine inventive et présentée avec soin. Bœuf au miel, poivrons rouges farcis à la semoule et aux raisins. Bon vin blanc maison.

MÓLIVOS

Panorama – *20 m de l'entrée de la citadelle - mai-oct.* Plats typiquement grecs et pâtisseries du jour raviront les amateurs de repas simples et bons dans un cadre de rêve.

Événement

La citadelle de **Mólivos** est le cadre idéal d'un festival d'été de la mi-juillet à la fin août. Chants, musique ou danse tous les week-ends vers 21h30 *(rens. à l'EOT).*

Limnos★

Λήμνος

18 104 HABITANTS – 477 KM²
CARTE GÉNÉRALE RABAT I B1 – ÎLES DE L'ÉGÉE SEPTENTRIONALE

Située entre la presqu'île du mont Áthos et la côte turque, non loin de l'entrée du détroit des Dardanelles, Limnos (ou Lemnos) est une île volcanique aux paysages étonnamment variés et bien préservés. Sa partie orientale, où se trouvent les principaux sites antiques, est couverte de plaines fertiles. Sa partie occidentale est dominée par des chaînons montagneux aux allures sahariennes se dressant en avant d'une côte bordée de plages. Peu fréquentée par les touristes du fait de son éloignement, elle reste accueillante et tranquille. Le soleil y brille généreusement, mais le vent, intense, est fréquent, surtout en août.

- **Se repérer** – La moins boisée des îles du nord de la mer Égée présente un littoral tourmenté, échancré de golfes et troué de lacs aux couleurs étranges. Les bus étant peu nombreux, il est utile de prévoir un moyen de transport autonome.
- **À ne pas manquer** – Le kastro de Mirina et son panorama, les belles plages de la baie de Káspakas, les sites néolithiques (Polióchni) et hellénistiques (Ifestía et le sanctuaire des Cabires).
- **Organiser son temps** – Comptez trois jours de visite au moins.

Ph. Longin / MICHELIN

Les remparts de l'ancienne citadelle dominant l'échancrure de la baie de Limnos.

Comprendre

L'île d'Héphaïstos – La présence à Limnos de volcans et de sources chaudes est à l'origine de sulfureuses légendes. Ainsi un jour, Zeus, en colère, précipita son fils **Héphaïstos** (Vulcain) du haut de l'Olympe. Celui-ci atterrit à Limnos en se blessant à la jambe et resta boiteux. Le dieu du Feu et des Métaux demeura dans l'île, s'activant à ses forges, situées dans les volcans de l'île, et enseignant aux habitants l'art des métaux.

Une histoire complexe - Les fouilles de Polióchni, à l'est de l'île, ont révélé une implantation humaine dès le **néolithique**, au 4e millénaire av. J.-C. Les habitants furent par la suite en étroite relation avec l'île de Lesvos, la ville de Troie, puis avec les Cyclades. Une population se maintint dans l'île jusqu'au 7e s. av. J.-C., parlant une langue non encore déchiffrée, bien qu'écrite en caractères grecs.

Après les guerres médiques, l'île resta sous l'influence athénienne. Puis, comme ses voisines, elle passa tour à tour sous contrôle macédonien, romain, byzantin (jusqu'en 1204) et vénitien. Les Turcs l'occupèrent de 1479 à 1912. Durant la Première Guerre mondiale, les Anglais établirent une base navale dans la rade de Moúdros, d'où partit en 1915 l'expédition franco-britannique des Dardanelles, qui fut un fiasco. Dans cette même rade fut signé, le 30 octobre 1918, l'armistice entre la Turquie et les Alliés. En 1920, par le traité de Sèvres, Limnos revint officiellement à la Grèce.

Se promener

Mirina★

La capitale de l'île, agréable et tranquille, est dominée par une citadelle construite sur une presqu'île rocheuse. Au sud de celle-ci, dans une baie, se trouve un charmant port de pêche. Au-delà du port s'étend la plage appelée Tourkikos Gialos (« rivage turc »), très fréquentée. Au nord s'étire la grande plage sablonneuse de Romeïkos Gialos (« rivage grec »), bordée de cafés et de restaurants, puis celle de Richa Nera (« basses eaux »). Le noyau ancien de la ville, qui occupe l'isthme au pied de la citadelle, a conservé un petit nombre de maisons à balcons de bois datant du siècle dernier.

Citadelle (kastro)★ – Ici s'élevaient dans l'Antiquité un temple dédié à Artémis et une ville. Il ne reste que les fondations de l'enceinte antique, recouverte par les murailles édifiées par les Vénitiens, les Génois et les Turcs. Au-delà de la porte de la citadelle, un sentier à gauche conduit au sommet des remparts. De là, vous avez une **vue★★★** magnifique sur la ville, la côte et, à l'horizon, par grand beau temps, le mont Áthos (2 033 m) surgissant de la mer. Le spectacle est particulièrement somptueux au soleil couchant. Une vue analogue se découvre au bout de la presqu'île.

Musée archéologique – *Près de la plage de Romeïkos Gialos. Tlj sf lun. 8h30-15h - 2 €.* Il présente avec pédagogie les trouvailles faites par les Italiens dans les trois principaux sites antiques de l'île. D'Ifestía proviennent les amusantes sirènes (femmes au corps d'oiseau), les sphinx (6e s. av. J.-C.) et des céramiques archaïques. Le sanctuaire des Cabires a fourni des objets datant du 7e s. av. J.-C. à l'époque romaine : le culte des Cabires, divinités mystérieuses, se célébrait la nuit, ce qui explique le grand nombre de lampes à huile retrouvées à cet endroit. Le site de Polióchni a livré des objets très anciens (néolithique, âge du bronze) : pilons, meules, poteries. La ville a ouvert en complément plusieurs zones de fouilles accessibles au public *(se renseigner au musée)*.

Musée ecclésiastique – *À côté du précédent - en cours de restauration - horaires probables après la réouverture lun.-vend. 9h-13h - gratuit.* Ce musée intéressera les férus d'art religieux : icônes byzantines, vêtements liturgiques, livres et objets sacrés…

Baie de Káspakas★★ (Órmos Káspakas)

À 11 km au nord de Mirina.

Au-delà du cap Pétassos, la route longe la côte formée de baies d'une grande beauté. Peu avant le village de **Káspakas★**, accroché au flanc de la montagne, apparaît une **baie★★** magnifique. À la sortie du village, une petite route descend jusqu'au hameau d'Ágios Ioánnis où se succèdent de belles plages de sable.

Baies de Platý et d'Ágiou Pávlou (Órmos Platý, Órmos Ágiou Pávlou)

À une quinzaine de km au sud de Mirina.

En contrebas du village perché de **Platý** s'étend une longue plage de sable. Au sud, peu après le village de Thános, vous découvrez la jolie baie d'Ágiou Pávlou. La plaine, plantée de céréales, est cernée de pitons volcaniques dénudés.

Baie de Gomáti★ (Órmos Gomáti)

À 20 km au nord-est de Mirina.

Cette excursion permet de parcourir la zone la plus montagneuse de l'île. Prenez la route de l'aéroport sur 6 km puis tournez à gauche vers Kornós. Continuez jusqu'à **Dáfni**, qui domine la plaine orientale, puis **Katálakko**, joli village perché sur un éperon rocheux. Plus bas, à l'extrémité d'une vallée cultivée, vous atteignez la baie de Gomáti et sa belle et grande plage de sable. S'il vente, ce qui est fréquent, vous profiterez en été d'un peu de fraîcheur (rare sur les autres plages), mais la mer est souvent agitée.

Imprudente Aphrodite

Mariée de force au dieu boiteux Héphaïstos, la belle **Aphrodite**, déesse de l'Amour, lui fut infidèle. Après une dispute entre les divins époux, les femmes de Limnos prirent le parti du dieu du Feu et refusèrent d'honorer la déesse. Celle-ci se vengea en les affligeant d'une odeur si insupportable que leurs maris les remplacèrent par des étrangères. De rage, les femmes massacrèrent tous les hommes de l'île, à l'exception du roi Thoas qui réussit à s'enfuir, aidé par sa fille Hypsipyle. Celle-ci devint alors reine d'une société exclusivement féminine. Mais un jour, les Argonautes, conduits par **Jason**, en route pour la Colchide à la recherche de la Toison d'or, abordèrent à Limnos. Ils y séjournèrent quelque temps, et l'île fut repeuplée.

Golfe de Móudros★ (Kólpos Móudros)

À une vingtaine de km à l'est de Mirina.

Cette rade immense, l'une des plus sûres de la mer Égée, pénètre profondément à l'intérieur de l'île. Elle est bordée de plaines semées d'orge ou de blé. De petites plages quasi désertes, protégées du vent et des vagues, s'offrent à la baignade, notamment celle de **Fanaraki**. Du village de **Kallithea**, au sud de Livadochóri, le panorama est splendide.

Visiter

Ruines de Polióchni★

À 37 km à l'est de Mirina. Tlj sf lun. 8h30-15h - gratuit.

Un village de huttes ovales existait à cet endroit au 4e millénaire av. J.-C. Il devint au millénaire suivant une ville fortifiée qui connut quatre phases successives de construction (distinguées sur place par les couleurs bleu, vert, rouge et jaune). D'après les archéologues italiens qui commencèrent à fouiller le site en 1930, la première ville (vers 2800-2550 av. J.-C.) serait antérieure à la fondation de Troie. Le site fut détruit à plusieurs reprises, sans doute par des catastrophes naturelles. C'est dans les vestiges de la dernière période (en jaune, 2200-2100 av. J.-C.) que l'on a retrouvé des squelettes humains, des poteries et des bijoux en or. L'occupation du site, plus modeste, s'est poursuivie jusqu'en 1275 av. J.-C.

Les vestiges de ces cités successives ne sont pas très imposants, mais les rues, les maisons rectangulaires, les puits et quelques parties de l'enceinte sont bien évoqués. Une petite salle, derrière l'accueil, expose une maquette du site avec des explications en grec et en anglais.

Au sud de Polióchni se dresse le monastère Ágios Sózon, au milieu d'un étrange paysage de dunes de sable.

Ruines d'Ifestía

À 36 km au nord-est de Mirina. Tlj sf lun. 8h30-15h - gratuit.

Ifestía, dont le nom évoque le dieu protecteur de l'île, était à l'époque classique la principale cité de Limnos et devint ensuite le siège d'un évêché byzantin. Elle fut abandonnée suite à un glissement de terrain.

Le **site**★ donne son intérêt à l'endroit, sur un petit cap cerné par la mer. Un panneau signale l'emplacement d'une agora ; plus haut se trouve un sanctuaire et plus bas, au nord, un petit théâtre hellénistique et romain. La crête de la colline offre une vue étendue sur la baie de Pournias (Kólpos Pourniás), notamment sur la pointe qui porte le sanctuaire des Cabires.

Ruines du sanctuaire des Cabires★ (Kavírio)
À 41 km au nord-est de Mirina. Tlj sf lun. 8h30-15h - gratuit.
Les Cabires, dieux mystérieux,furent engendrés, disait-on, par Héphaïstos. Comme à Samothrace, ils étaient vénérés lors de grandes cérémonies nocturnes.

1 km avant le sanctuaire, le sommet d'une colline (signalé par une petite colonne blanche, à gauche) offre un **panorama★★** splendide sur le golfe de Pournias et les terres pelées de l'est de l'île.

Le sanctuaire lui-même se trouve dans un très beau **site★**. Sur la terrasse supérieure se trouvait un immense *telesterion* (lieu où se déroulaient les mystères), d'époque hellénistique, dont il reste les onze colonnes de la façade sud. La colline au-delà et la terrasse du sud-ouest portent des vestiges datant de la fin de l'occupation romaine.

La partie la plus ancienne du sanctuaire (8e-7e s. av. J.-C.), en contrebas, comprenait un temple, un *telesterion* et un portique.

Non loin des ruines d'Ifestía et du sanctuaire des Cabires, au sud-est, s'étendent les eaux étranges de deux lacs. Celui de **Chortarolímni** a des teintes rose et brun.

Limnos pratique

Informations utiles

MIRINA

EOT – *Dans la salle d'attente, débarcadère (à l'entrée) - 22540 22208 - saison : 8h-14h30, 18h-22h.* Brochures, informations et réservations.
Au cas où la salle serait fermée, rendez-vous à l'une des deux agences suivantes situées sur le port : **Petrides Travel** – *22540 25506* ; **Aegean Holidays** – *22540 24835.*
www.lemnos-island.com

Poste – Poste centrale - *Odos Garofalidi.*

Téléphone - OTE - *Pl. Ipsipilis.*

Centre de santé – *22540 22166.*

Police – *22540 22200.*

Transports

En bateau – En ferry, liaisons avec **Le Pirée** (1-2/sem.), **Lávrio** (60 km au sud-est d'Athènes, 2-3/sem.), **Lesvos** (5-6/sem.), **Chíos** (5-6/sem.), **Sámos** (2/sem.), **Kálymnos**, **Kos** et **Rhodes** (1/sem.). **Capitainerie** – *Sortie du débarcadère* - 22540 22225.

En avion – L'aéroport *(22540 29400)* se situe en plein centre de l'île, à 22 km à l'est de Mirina. Vols pour **Athènes** (3/j.), **Lesvos**, **Rhodes** (4-5/sem.), **Chíos**, **Sámos** (2/sem.).

En bus – Station de Mirina - *pl. El. Venizelou - 22540 22464.* Liaisons avec Platý, Kaminia (2/j.) et Ág. Aléxandros (2/j.), Móudros (4/j.). Pas de bus le dim.

En voiture et en deux-roues – À Mirina, agences concentrées autour du port et taxis *(pl. Ipsipilis - 22540 23820).*

Se loger

MIRINA

O Stokali – *Ruelle à l'arrière de la baie nord - 8 appart.* Dans une ruelle silencieuse à 50 m de la plage de Mirina, studios simples à l'intérieur d'un édifice de caractère.

Poseidon – *Au bout de la plage de Romeïkos Gialos (50 m en retrait) - 22540 24821 ou 69449 19664 - 20 appart.* À la lisière de la ville, hôtel soigné et confortable, avec une vaste cour intérieure. Les chambres sont équipées d'un réfrigérateur. Bien aérées et dotées d'un balcon, certaines regardent vers la mer.

Apollo Pavilion – *Odos Garofalidi (derrière le cinéma) - 22540 23712 - www.apollopavilion.com - 11 appart.* Avec ses colonnes, ses moulures et ses cygnes forgés, l'Apollo s'affiche clairement kitsch. Accueil attentif. Grande terrasse sur le toit et cave pour dégustations conviviales. Chambres pour 5 personnes à prix intéressants.

ÁGIOS IOÁNNIS

Sunset – *30 m au-dessus de la route principale - 22540 61555/67593 - www.sunsetapartments.gr - 14 appart. - juin-sept.* Magnifique panorama sur la plage d'Ágios Ioánnis, les falaises et les collines alentour. Quelques studios au-dessus des vignes. Petit-déjeuner possible.

THÁNOS

Petradi – *Sur la plage - 22540 29905 - www.petradi.gr - 12 appart. - de mi-mai à fin sept.* Petit établissement isolé au bout de la plage, proche du promontoire et d'un étang fréquenté par quelques échassiers. Studios propres avec balcon, pour profiter du coucher de soleil.

KÓTSINAS

Dionysos – *Chemin longeant la chapelle - 22540 41660 ou 69362 06513 - 9 appart. - de mi-mai à fin oct.* Petite résidence au milieu des champs, à deux pas de la plage. Calme absolu. Accueil simple et chaleureux de Stella et Tetradis, producteurs de miel. Vue sur la chapelle et la mer, de part et d'autre.

Se restaurer

MIRINA

⊖ **Platanos** – *Odos Karatza (50 m de la pl. Ipsipilis).* Impossible de manquer les deux grands platanes qui ombragent la rue principale de Mirina. Savoureuse cuisine, simple et mijotée, à base de viande.

⊖ **Glaros** – *Sur le port - de mi-avr. à fin nov.* Magnifique emplacement entre le petit port de pêche et l'anse principale. Restaurant de poisson réputé : bar, dorade, sar, maquereau, gambas, rouget, loup, langouste, etc.

PLATÝ

Plusieurs restaurants en bord de plage, de qualité moyenne. Dans le village même, sur les hauteurs, trois agréables tavernes.

Faire une pause

MIRINA

Karagiozis – *Sur la plage.* Au bout de la plage Romeïkos Gialos. Trois atmosphères différentes : salle avec un DJ, salle de l'entrée plus calme, et terrasse avec vue sur le château. Vaste choix de whiskies.

Achats

Profitez des gourmandises de Limnos : retsina, confiture de figues, miel de thym, fromages (Kalathaki, Melihloro), vin blanc (Kalambaki).

Plages

Les plus belles sont sur la côte ouest et sud-ouest : Ágios Ioánnis, Nevgadis, Thános. Pour les amateurs de plages désertes : Fanaraki et Foúrni.

Sámos★

Σάμος

36 734 HABITANTS – 477 KM²
CARTE GÉNÉRALE RABAT I C2 – ÎLES DE L'ÉGÉE SEPTENTRIONALE

Face aux côtes turques dont elle n'est séparée que par un goulet large de 2 km, Sámos est mondialement célèbre pour son muscat doux et liquoreux. C'est une île montagneuse, culminant au mont Kerketeas (1 433 m), très verdoyante et arrosée. Le spectacle de ses côtes découpées, ses nombreuses plages et criques, ainsi que d'intéressants vestiges archéologiques invitent à un séjour prolongé, qui peut être complété par une excursion à Éphèse, en Turquie, où se trouvent des ruines antiques de toute beauté. À Sámos même, le temple d'Héra est l'un des plus anciens de Grèce.

- **Se repérer** – Une route goudronnée longe la côte nord de Sámos et fait un circuit dans l'île, mais au sud et surtout à l'ouest, les pistes sont difficiles.
- **À ne pas manquer** – La très jolie ville de Sámos, Pythagória, les environs de Kokkári et Vourliótes, les ruines de l'Heraion… sans oublier les vins de Sámos.
- **Organiser son temps** – Comptez quatre jours de visite.
- **Pour poursuivre le voyage** – Ikaria.

P. de Wilde / Hoa-Qui

À Sámos, le quartier de Vathi est construit comme un amphithéâtre.

Comprendre

Un tyran éclairé – À l'époque archaïque, l'île était riche, couverte de vignes et de figuiers, industrielle et commerçante. Elle traversa une période brillante, qui atteignit son apogée au milieu du 6e s. av. J.-C. sous la domination d'un certain **Polycrate**, tyran éclairé, de 535 à 522 av. J.-C.

Polycrate régnait sur une flotte de cent navires avec laquelle il entreprit des expéditions à travers toute la mer Égée. Il fit refaire le port de Sámos, protégé par un long môle, établir des chantiers navals et creuser un aqueduc souterrain, merveille du monde antique. Parallèlement, il accueillit des écrivains, comme le poète Anacréon, auteur d'odes célèbres, fit reconstruire le temple d'Héra et encouragea l'école de sculpture locale. Celle-ci se caractérisait par une facture d'une grande finesse.

Polycrate, dont la chance était proverbiale, allait pourtant tomber dans un piège tendu par les Perses et mourir crucifié en 522 av. J.-C. Les Perses s'emparèrent par la suite de Sámos, qui devint l'une de leurs colonies.

L'île demeura prospère jusqu'à l'époque romaine, sans jouer de rôle politique. Elle vit naître le mathématicien **Pythagore** (6e s. av. J.-C.), le sculpteur **Pythagoras** (5e s. av. J.-C.), le philosophe **Épicure** (4e s. av. J.-C.) et l'astronome **Aristarque** (3e s. av. J.-C.), qui le premier considéra que la Terre tournait sur elle-même et autour du Soleil.

De Byzance à la Grèce moderne – Sous l'Empire byzantin, Sámos fut la proie des pirates à plusieurs reprises. Les Vénitiens occupèrent l'île par intervalles. En 1414, les Génois de la famille Giustiniani, installés à Chíos, s'emparèrent de Sámos, mais durent la céder aux Turcs en 1475. L'île se dépeupla alors au profit de Chíos et de Lesvos.

En 1821, les Samiens participèrent activement au mouvement national de libération. En 1824, la flotte turque fut anéantie près de Pythagóreia. Malgré l'acharnement de ses habitants, l'accord de Londres en 1830 n'inclut pas Sámos dans le nouvel État grec, mais le sultan nomma un gouverneur chrétien, ce qui laissa à l'île une grande autonomie. L'union à la Grèce, votée par les Samiens en 1912, se fit en 1913.

Se promener

SÁMOS-VILLE ET SES ENVIRONS★

Appelée parfois Vathy (du nom de son quartier ancien), la capitale de l'île occupe un **site**★★ magnifique au fond d'une baie. Le quartier du bas s'est développé au 19e s. autour du port. Il regroupe l'essentiel des activités économiques et administratives et la plupart des hôtels et des restaurants. Sur la place Pythagóreia, à l'angle du quai, au milieu des palmiers, se dresse un grand lion de marbre, symbole de courage. Les **jardins municipaux**★, en retrait du quai, sont l'endroit le plus agréable de la ville. La seule plage de Sámos-ville est celle de Gangos, 1 km au-delà de la jetée.

Musée archéologique★

☏ 22730 52055 - tlj sf lun. 8h30-15h - 3 €.

Il présente une remarquable collection d'antiquités provenant du temple d'Héra et de l'ancienne Sámos. Dans la 1re salle, vous verrez, sur un socle, un groupe exécuté au 6e s. av. J.-C. : ces statues, représentant sans doute une famille, furent retrouvées à l'entrée de la Voie sacrée près du temple : deux des statues du centre ont disparu, une autre se trouve au musée de Pergame à Berlin. La salle du fond est dominée par un kouros en marbre, de 4,75 m de haut, provenant également du temple d'Héra. Dans le bâtiment ancien adjacent, vous remarquerez au 1er étage un bas-relief du 4e s. av. J.-C. représentant l'Hermès Chtonien (messager des âmes) entouré de trois hommes. Une collection de bronzes, du 8e au 6e s. av. J.-C., témoigne des relations entre Sámos et l'Orient. Vous verrez également des terres cuites de Chypre, des ivoires du Péloponnèse, des oiseaux en faïence d'Égypte, des statuettes et des figurines de bois des 7e et 6e s. av. J.-C.

Quartier de Vathi

Au-dessus du port s'étage en amphithéâtre la ville ancienne de Vathi (ou Áno Vathi, « d'en haut »). Vous pouvez parcourir à pied ses ruelles étroites et pentues, bordées de maisons à encorbellement typiques de l'architecture ottomane. Des placettes ombragées sont ornées de chapelles ou de fontaines. Au sommet de la ville se cache une ravissante église byzantine (Ágios Gianakis) à deux coupoles et double nef, dédiée aux saints Jean et Théodore.

Musée paléontologique de Mytilinioí

À 10 km au sud-ouest. ☏ 22730 52055 - avr.-oct. : tlj sf lun. 9h-14h, dim. 10h-14h - 3 €.

Dans un bâtiment neuf à l'extérieur du village, le musée conserve près de 120 éléments d'animaux fossilisés vieux de 10 millions d'années, alors que Sámos n'était alors pas une île. Les fouilles commencées au siècle dernier aux environs du village ont livré en particulier de nombreux fossiles d'**hipparion**, ancêtre du cheval.

Monastère de Zoodóchos Pigí

À 8 km à l'est. Tlj sf vend. 10h-13h, 15h-20h - gratuit.

Le monastère de la Source de vie, fondé en 1755, occupe le sommet d'une colline boisée du cap Prasso. Les colonnes de l'église proviennent, dit-on, de l'antique Milet en Asie Mineure. L'excursion vaut surtout pour les **vues**★★ étendues sur les côtes de Turquie.

Au retour, prenez à gauche, à Kamara, la petite route conduisant au monastère d'**Agía Zóni** (1 km). Fondé en 1695, il renferme quelques fresques d'époque et une belle iconostase de 1801. Une charmante cour fleurie entoure l'église.

Psilí Ámmos

À 12 km à l'est. La belle plage de Psilí Ámmos (« sable fin »), sur le détroit de Sámos, s'étale face au cap Mycale en Turquie. Le passage le plus resserré entre la Grèce et la Turquie (1 300 m) se trouve à 1 km à l'est de la plage. Le phare blanc, en face de Psilí Ámmos, est situé sur l'îlot turc de Nadra.

Circuit de découverte

Le tour de l'île en voiture fait environ 140 km. Comptez une bonne journée, en partant tôt le matin. Vous visiterez la côte nord, puis le sud, le temple d'Héra, et le village de Pythagória.

CÔTE NORD★

Au départ de Sámos-ville, vers l'ouest, la route en corniche offre de belles échappées sur le golfe de Vathi et la côte turque.

Kokkári

Ce gros village de pêcheurs est devenu une station animée. Une presqu'île rocheuse sépare le port de la longue plage de galets située à l'ouest. La route surplombe ensuite les plages de Lemonákia et de Tsamadoú, où l'on peut facilement se baigner. Près d'Avlákia, la **vue★★** sur la mer est superbe. Arrêtez-vous et regardez le paysage s'étalant à vos pieds : le cap Kótsikas qui ferme le golfe de Vathi, Kokkári et son rocher.

Vourliótes★

Après Avlákia, prenez à gauche sur 4 km. Ce village viticole a conservé son architecture traditionnelle. À 2 km au sud-est, vous atteignez par une route de montagne le **monastère de Vrondianí** (fête le 8 septembre), le plus ancien de Sámos (1566).

La route qui redescend au milieu des vignobles offre des **vues★★** sur la côte de l'île et les montagnes de Turquie.

Ravin de l'Aïdónia★

Au lieu-dit Platanákia, tournez à gauche après le pont. La route s'enfonce sous de majestueux platanes et châtaigniers dans la vallée de l'Aïdónia, aux eaux toujours abondantes. Peut-être y entendra-t-on les nombreux rossignols qui fréquentent les lieux. La route grimpe jusqu'à Manolátes, village fleuri, en balcon au-dessus de la mer et du ravin.

Karlóvasi

Centre économique de l'ouest de l'île, Karlóvasi exporte le fameux vin doux de Sámos. Le quartier de Palaio Karlóvasi surplombe le port avec ses églises et ses maisons anciennes. Près de la jolie plage de Potami se cache, dans le creux de la montagne, l'**église de la Transfiguration★** (Metamorfosis), 11e s. Sa coupole repose sur quatre colonnes antiques.

Prenez la route qui traverse l'île (vers le sud). Vous parcourez alors une région plus montagneuse.

PAYSAGES DU SUD★

La route offre de belles vues sur la lointaine côte turque. Prenez, à droite, la route qui mène à Marathókambos : elle procure de belles échappées des deux côtés de l'île. En descendant, vous avez de belles **vues★★** sur le golfe de Marathókambos : l'archipel de Fournoi et, bien au-delà, par temps clair, sur les sommets de l'île d'Ikaria ; à gauche, la petite île de Samiopoúla ferme l'horizon.

Marathókambos

Ce gros village est étagé à flanc de montagne. Son port, Órmos Marathokámpou, est devenu une station estivale fréquentée grâce à sa grande plage et aux excursions en bateau vers d'autres îles, notamment Pátmos. Plusieurs belles plages se trouvent dans les environs.

Regagnez la route principale, en direction de Pythagória (à droite).

Les premiers kilomètres offrent de très belles **vues★** sur le golfe de Marathókambos. L'itinéraire se poursuit dans la forêt jusqu'aux villages de **Pírgos** (miel) et de **Koumaradaioi** (poteries). À l'entrée de ce dernier village, prenez à droite une petite route.

Les vins de Sámos

D'après la légende, le dieu Dionysos, protecteur du vin et de la vigne, aurait offert à l'île des plants prodigieux, tout en y enseignant la viticulture. La raison ? Les gens d'ici auraient tué les Amazones, femmes légendaires, chasseresses vivant dans le Caucase et qui tuaient leurs enfants mâles.

Le vin de Sámos est aujourd'hui connu dans le monde entier. Muscat de toute première qualité, il peut se déguster en apéritif ou en dessert. Mais l'île possède également d'autres vins de qualité, blancs ou rosés, bien agréables.

Monastère de Megáli Panagía

Le monastère de la Grande Vierge, fondé en 1586 dans un vallon boisé, fut reconstruit au 18e s. après un incendie. Un autre incendie le ravagea à nouveau durant l'été 1988.

Reprenez la route principale. Au bout d'environ 5 km, tournez à gauche vers le monastère de Timíou Stavroú.

Monastère de Timíou Stavroú

9h-12h, 17h-coucher du soleil. Le monastère de la Sainte-Croix fut fondé peu après celui de la Grande Vierge, lorsque l'on trouva à cet endroit une icône représentant la crucifixion. L'église fut agrandie au 17e s. et les bâtiments refaits au siècle dernier. C'est un important lieu de pèlerinage, notamment le 14 septembre, fête votive.

La route circulaire traverse Hora, capitale de l'île au Moyen Âge. 3 km après le village, prenez à droite vers les ruines du temple d'Héra (Heraion).

RUINES D'HERAION★ (IRAÍO)

✆ 22730 95277 - tlj sf lun. 8h30-15h - 3 €.

Les ruines éparses de ce célèbre sanctuaire dédié à Héra, épouse de Zeus, bordent la mer sur un terrain assez marécageux. Le culte de la déesse est ici très ancien. Divers sanctuaires se sont succédé et parfois superposés. Le premier, remontant au 7e s. av. J.-C., est le plus ancien temple grec connu. Le plus récent date de l'Empire romain.

Vous longerez tout d'abord le soubassement de l'immense **temple d'Héra**, commencé au 6e s. av. J.-C. sous Polycrate. Un incendie ou un tremblement de terre avait détruit le grand temple précédemment édifié. Ce deuxième temple mesure à sa base 108,5 m de long sur 55,1 m de large – près de deux fois les dimensions du Parthénon. La seule colonne encore debout donne une idée du gigantisme de l'ouvrage : elle n'a cependant gardé qu'un peu plus de la moitié de ses 20 m d'origine. Les 61 colonnes du péristyle extérieur étaient surmontées de chapiteaux ioniques.

Ce temple, dont la construction se poursuivit jusqu'au 3e s. av. J.-C., ne fut sans doute jamais achevé, aucun élément de la toiture n'ayant été retrouvé. **Trois korai★** sans tête s'alignent sur fond de roseaux (les originaux sont au Musée archéologique de Sámos-ville).

Plus loin, une **basilique paléochrétienne** fut édifiée au 5e ou au 6e s. À l'est, une abside bien conservée provient d'une église du 16e s. À l'arrière, au-delà d'une rue dallée, se dressent les vestiges du grand autel à Héra construit devant le premier temple, vers 560 av. J.-C., et restauré par les Romains. Au-delà commence la Voie sacrée, bordée de Trésors, qui reliait le sanctuaire d'Héra à la ville antique de Sámos.

PYTHAGÓRIA ET SES ENVIRONS★

Appelé Tigani jusqu'en 1955, ce port de plaisance et de pêche animé, sur la côte sud-est de l'île, a reçu son nom en l'honneur de l'illustre mathématicien et philosophe **Pythagore**, natif de l'île. La ville possède deux petites plages de chaque côté du port.

Château de Logothetis

Édifiée au début du siècle dernier, sa haute tour centrale domine toute la ville. La cour est renferme des vestiges romains et paléochrétiens. Près de la mer, la **vue★** est très étendue : le cap Mycale en Turquie, l'île d'Agathonissi et le cap Foniás.

Tunnel d'Eupalinos

À 1,5 km au nord-ouest de Pythagória. En cours de restauration (au Musée archéologique - ✆ 22730 62811). Une construction de style classique marque l'entrée du tunnel d'Eupalinos, dont on ne visite qu'une petite partie (50 m). Pour l'historien et géographe Hérodote (5e s. av. J.-C.), cet aqueduc creusé dans la montagne sur une longueur de 1 350 m était une merveille de son temps. Ce chef-d'œuvre de l'architecte Eupalinos de Mégare alimentait en eau la grande cité de Sámos, située à l'emplacement de Pythagória, depuis la source d'Agiades située de l'autre côté de la montagne, près du village de Mytilinioí. Sa construction s'acheva en 524 av. J.-C. Après 15 ans de travaux, les deux équipes de creusement se rejoignirent sous la montagne avec un écart de seulement quelques centimètres. Un escalier très raide et un étroit passage voûté

conduisent au tunnel, large de 2 m environ et éclairé électriquement sur toute sa longueur. Le canal d'adduction est bordé d'un trottoir (parfois un peu glissant) qui permettait de s'échapper de la ville en cas d'urgence.

Muraille antique

D'un périmètre de 6,5 km, elle protégeait la cité jusqu'au sommet de la montagne et comprenait 35 tours de défense. L'une des parties les mieux conservées se situe à une centaine de mètres à l'ouest de l'entrée du tunnel. D'autres parties de la muraille sont visibles en bordure de la route de l'aéroport à l'ouest et au-dessus de la route de Sámos-ville, à la sortie est de Pythagória.

Monastère de la Panagía Spiliani

Accès par la route qui grimpe sur 800 m, à la hauteur du théâtre. Ouvert du lever au coucher du soleil. Le monastère doit son nom (Vierge de la grotte) à une chapelle cachée au creux d'une énorme voûte rocheuse. Dans l'Antiquité, une certaine Phylo y rendait déjà des oracles. De là, vous avez une vue remarquable sur la plaine de Pythagória, le cap Foniás, celui de Mycale en Turquie et l'île d'Agathonissi au loin.

Therma (bains romains)

À la sortie ouest de Pythagória. Tlj sf lun. 8h30-14h45. Un important gymnase occupait le site à l'époque hellénistique. Les Romains le transformèrent en thermes, qui furent restaurés et agrandis à plusieurs reprises à la suite de tremblements de terre. À la basilique adjointe aux thermes (située en bordure de la route) succéda au 5e s. une basilique paléochrétienne à trois nefs, puis un baptistère byzantin.

Sámos pratique

Informations utiles

SÁMOS-VILLE

EOT – *Dans la ruelle derrière au nord de Platia Pythagora - 22730 28582 - lun.-vend. 7h30-14h30.*

www.samos.gr

Poste – *Sur la baie.*

Centre de santé – *22730 83100.*

Représentation diplomatique française – *3 odos Gymnasiarchou Catevaini - 22730 27793.*

Police touristique – *22730 81000.*

PYTHAGÓRIA

EOT – *Odos Logothetis - 22730 61381 - de mi-avr. à fin oct. 8h30-21h30.*

www.pythagorion.net

Poste – *Odos Logothetis*; Samos-ville - *sur la baie.*

Transports

En bateau – La plupart des ferries partent de Sámos-ville, quelques-uns de Pythagória. Départ de Sámos : tous les jours pour **Le Pirée**, 6 bateaux par semaine pour **Siros**, 4 pour **Mikonos**, 3 pour **Chíos**, 2 pour **Limnos**, **Lesvos**, **Náxos**, **Páros**, 1 pour **Kos** et **Rhodes**. De Pythagória, plusieurs liaisons pour

Kálymnos, **Pátmos** (3/sem.), **Le Pirée**, en saison (avr.-oct.) également vers **Rhodes**, **Kos**, **Kálymnos**, **Pátmos**.

Capitaineries – *Pythagória - ℘ 22730 61255 ; Samos-ville - ℘ 22730 27318.*

En avion – L'aéroport (*℘ 22730 87800*) est situé à 4 km de Pythagória. Des vols relient **Athènes** plusieurs fois par jour, 2 fois par semaine **Lesvos**, **Limnos** et **Rhodes**, 1 fois par semaine **Chíos**.

En bus – Attention, pas de bus le dim. hors saison. De Pythagória, liaisons avec Sámos-ville et l'Heraion. De Sámos, liaisons avec l'Héraion et Karlóvasi.

En voiture – Plusieurs agences de location à Pythagória (odos Logothetis) et à Sámos-ville (sur la baie). Pratique car les routes sont bonnes, sauf à l'intérieur. Possibilité aussi de prendre un taxi.

Se loger

PYTHAGÓRIA

⊖ **Pension Daphné** – *Pl. de la Paix (juste derrière le port) - ℘ 22730 61529/61344 - 5 ch. et 1 appart.* Quelques chambres très simples, dont trois à l'étage, avec balcon et vue sur la place paisible et verdoyante.

⊖ **Pension Despina** – *Pl. de la Paix - ℘ 22730 61677 - 3 ch. et 6 appart.* Chambres, studios et deux-pièces aux tons clairs, s'ouvrant sur la place ou sur la cour entourée d'orangers. Accueil chaleureux d'Athina.

⊖ **Paris** – *Rue longeant la mer (dir. le château) - ℘ 22730 95397/694 72/08300 - 7 appart. - mai-oct.* Petit établissement isolé, à deux pas de la mer. Murs en crépi, balcons dont quelques-uns nichés sous le toit. Le patron dispose aussi de studios avec vue sur le port.

SÁMOS-VILLE

⊖ **Dreams** – *9 odos Areos (au nord de la pl. Pythagória) - ℘ 22730 24350 - 11 ch.* Au sommet d'une ruelle en escalier dominant les eaux de la baie, des chambres propres, aux plafonds hauts, s'ouvrant pour la plupart sur un beau jardin à l'arrière. Pas de petit-déjeuner.

⊖ **Mirini Hotel** – *800 m au nord du débarcadère (dir. plage de Gagkou) - ℘ 22730 28452 - 34 ch. - mai-oct.* Édifice surplombant la mer. Agréable mobilier en bois et balcons panoramiques.

⊖ **Aeolis Hotel** – *Sur la baie (300 m au sud du débarcadère) - ℘ 22730 28904 - www.aeolis.gr - 50 ch.* Un excellent rapport qualité-prix, en plein cœur de la ville. Chambres standard entièrement équipées et piscine sur le toit.

ÁGIOS NIKOLAÓS

⊖ **Glaros** – *Sur le bord de mer - ℘ 22730 34906 ou 69462 84575 - 4 ch.* Minuscule pension familiale au bout de la route balayée par les embruns. Deux chambres avec balcon pour contempler les vagues.

Se restaurer

PYTHAGÓRIA

⊖ **Notos** – *Sur la plage près du château - mai-oct.* Quelques plats du jour (salades, *souvlakia*) servis en terrasse, devant la plage, sur fond sonore de jazz.

⊖ **El Coral** – *Sur le port.* Spécialités de viandes appréciées des habitués (médaillons de porc, faux-filet, côtelettes d'agneau) accommodées de sauce à la crème, béarnaise ou au fromage.

SÁMOS-VILLE

⊖ **Next** – *Sur la baie (200 m au sud de la pl. Pythagória).* Cuisine italienne généreuse, plébiscitée par les jeunes. Pizzas, spaghettis, mais aussi grands plats de viandes grillées…

⊖ **To Ostraki** – *Sur la baie (dir. Karlóvasi).* Grand choix de poissons et de fruits de mer d'excellente qualité.

ÁGIOS NIKÓLAOS

⊖ **Fishermans** – *Au bout du sentier littoral - mai-sept.* Calamars au fromage, crevettes à la tomate… à savourer devant un coucher de soleil inoubliable !

Achats

Le vin de Sámos, le miel de Pírgos et les poteries à Kouradaisi.

Sports et loisirs

Plages – Sámos dispose de quelques vastes plages, telles **Mykali** et **Tigani**, où vous trouverez toujours de la place. Deux petites plages sauvages sont particulièrement charmantes : **Tsamadoú** et **Lemonákia**.

Samothrace

Samothráki – Σαμοθράκη

2 723 HABITANTS – 178 KM^2
CARTE GÉNÉRALE RABAT I C1 – ÎLES DE L'ÉGÉE SEPTENTRIONALE

Cette petite île (20 km sur 12) est sauvage et peu fréquentée par les touristes en raison de son accès malaisé et de l'absence de ports sûrs. Elle offre cependant des vestiges antiques intéressants, parmi lesquels fut exhumée à la fin du 19e s. la célèbre Victoire.

- **Se repérer** – Le relief de l'île alterne côtes basses et hauteurs atteignant 1 611 m (mont Fengari). L'île est desservie par des ferries au départ d'Alexandroúpoli, en Thrace (2h30, 1 à 2 fois par jour). Liaisons en saison avec Kavála (1 à 3 par semaine), Limnos et Lávrio (Attique).
- **Organiser son temps** – Comptez deux jours de visite.
- **Pour poursuivre le voyage** – Kavála, Thrace, Thassos.

Se promener

Ruines du sanctuaire des Grands Dieux★

8h-19h30 - 3 €.

Situé sur les pentes d'un ravin au-dessus de Palaiopoli, ce sanctuaire était dédié à des dieux mystérieuses, les **Cabires**, très vénérées des Anciens, qui se soumettaient ici à des cérémonies initiatiques. Les fouilles, entreprises par Champoiseau, consul de France à Andrinople, livrèrent en 1863 l'illustre **Victoire de Samothrace** *(voir aussi Rhodes)*, chef-d'œuvre hellénistique (3e s. av. J.-C.) aujourd'hui au musée du Louvre.

La splendide Victoire a traversé les siècles.

E. Lessing / Akg-images

L'*anaktoron* (1er s. av. J.-C.), « salle des princes » aux murs d'appareil polygonal, était utilisé pour les initiations. L'*arsinoeion*, rotonde de plus de 20 m de diamètre, la plus vaste de Grèce, fut construite vers 285 av. J.-C. par Arsinoé, épouse du roi Lysimaque de Thrace. L'enceinte sacrée, ou *téménos*, dont les fondations datent du 4e s. av. J.-C., abritait une statue allégorique du Désir, œuvre de l'illustre sculpteur Skopas. Le sanctuaire, ou *hieron*, important édifice du 4e s. av. J.-C., à portique dorique (colonnes remontées) et abside, était destiné aux sacrifices.

Près du théâtre, peu apparent, se trouvait la **fontaine de la Victoire** aménagée dans une niche rocheuse qu'ornait la fameuse *Victoire* ailée ; la main n'a été retrouvée qu'en 1950. Le *ptolemaion* avait été fondé par le roi égyptien Ptolémée Philadelphe (280-264 av. J.-C.) pour servir d'entrée monumentale au sanctuaire.

Musée

✆ 25510 41474 - tlj sf lun. 8h-19h30 - 3 €.

Des maquettes reconstituent l'état ancien des principaux éléments du sanctuaire des Grands Dieux. Parmi les sculptures, distinguez une statue de Victoire sans tête provenant du *hieron* et le buste de **Tirésias** (5e s. av. J.-C.), devin qui fut rendu aveugle par Athéna qu'il avait surprise au bain.

Thassos★★

Θάσος

13 765 HABITANTS – 380 KM²
CARTE GÉNÉRALE RABAT I B1 – ÎLES DE L'ÉGÉE SEPTENTRIONALE

Non loin des côtes de Macédoine, Thassos est une île montagneuse, verdoyante, riche en beautés naturelles. Elle culmine au mont Psári, qui domine l'étendue de l'Égée de ses 1 127 m. Les cimes sont couvertes d'une végétation abondante : plusieurs types de pins, des cyprès, des oliviers, des chênes, des châtaigniers, des noyers et même quelques peupliers, rares dans la partie orientale de la Méditerranée. Limenas, la capitale, conserve les ruines d'une cité autrefois florissante. Aux montagnes et aux curiosités archéologiques s'ajoutent des plages de sable ou de galets qui attirent les baigneurs amoureux de silence et de grands espaces.

- **Se repérer** – De forme presque ronde, la plus septentrionale des îles grecques fait face à la ville de Kavála, à 20 km.
- **À ne pas manquer** – Faites le tour de l'île en voiture pour découvrir la côte splendide et visitez les vestiges de Thassos.
- **Organiser son temps** – Comptez quatre jours de visite.
- **Pour poursuivre le voyage** – Kavála, Thrace.

Comprendre

Un passé antique prestigieux – Dans l'Antiquité, surtout du 7e au 5e s. av. J.-C., Thassos joua un rôle économique considérable dans la région. L'île exportait de l'huile, du vin et du marbre blanc de grande réputation. L'or et l'argent de ses mines étaient utilisés pour la frappe de certaines monnaies du Bassin méditerranéen. Les Thassiens dominaient alors une partie de la côte macédonienne, dont Kavála et Thessalonique.

L'île connut une période de moindre activité jusqu'à l'arrivée des Romains qui relancèrent la production de vin et l'extraction de marbre.

Au 15e s., les Génois l'occupèrent brièvement, y établissant un comptoir commercial sous les Gatteluzzi, seigneurs de Lesvos et de Samothrace.

Enfin vinrent les Turcs, qui conservèrent l'île jusqu'au début du 20e s.

En 1971, on découvrit près de Thassos, dans la mer, des réserves de pétrole peu importantes mais qui n'en suscitèrent pas moins un vif intérêt.

Se promener

Limenas★

La localité de Limenas, principal port de l'île, possède le charme envoûtant d'un havre de pêcheurs replié sur lui-même, où surgissent les vestiges d'un passé antique prestigieux. Coiffée d'une acropole, fleurie de lauriers-roses, elle dégage force et sérénité. Comme pour leur rendre hommage, les habitants de Kavála et des environs viennent y faire la fête tous les week-ends.

Agora

Située non loin du port, elle était entourée de portiques et pourvue de divers monuments et était reliée aux sanctuaires voisins par le **passage des Theores** (magistrats), décoré de bas-reliefs envoyés au musée du Louvre en 1864.

À la périphérie de l'agora, vous découvrirez les vestiges d'un portique d'époque romaine qui comportait 33 colonnes doriques. Le portique sud-est, de même période, est dominé par trois colonnes remontées.

D'autres vestiges se trouvent au centre d'un quadrilatère : les restes d'une *tholos*, un autel et des exèdres (bancs de pierre arrondis).

Remparts est et acropole★

2h AR. Derrière un long bâtiment à balcons face au port, un sentier longe d'abord l'intérieur des remparts, montant au-dessus du **port antique**. Vous devinerez celui-ci tapi au fond de l'eau transparente (remarquez les jetées). Au second plan apparaît l'îlot Thassopoula. Au delà des ruines d'une **basilique paléochrétienne** du 5e s. sise sur un promontoire, le chemin grimpe le long de la muraille, construite par endroits de magnifiques blocs polygonaux.

À mi-côte, vous apercevrez le théâtre d'époque hellénistique mais réaménagé par les Romains pour servir d'arène aux combats de fauves.

L'**acropole★** comprend trois sommets alignés, que séparent de petits cols. Le premier, que couronnait un sanctuaire d'Apollon Pythien, fut transformé en citadelle par les Génois qui réemployèrent fondations et matériaux antiques. Le deuxième, formant terrasse, portait un temple d'Athéna dont vous verrez les bases (5e s. av. J.-C.). Le troisième, où se trouve un petit sanctuaire rupestre dédié à Pan, offre de belles **vues★★** sur l'île et la mer jusqu'à l'île de Samothrace.
Les amoureux d'archéologie pourront poursuivre leur visite des remparts.

Musée

25930 22180 - 15 juin-15 sept. : tlj sf. lun. 9h-19h ; 15 sept.-15 juin : 9h-15h - 2 €.
Ce petit musée rassemble des objets issus de fouilles locales. Vous verrez notamment une intéressante collection de sculptures, dont un colossal kouros porteur de bélier, du 6e s. av. J.-C., provenant de l'acropole, une tête de Silène très réaliste (5e s. av. J.-C.), deux œuvres du 6e s. av. J.-C. découvertes dans le temple d'Artémis, un manche de miroir en bronze, une extraordinaire **tête de lion★** en ivoire, une effigie de Dionysos d'époque hellénistique, le bas-relief d'un autel romain représentant des griffons dévorant une biche, des portraits romains de l'époque impériale (Jules César, Claude, Hadrien).

Circuits de découverte

TOUR DE L'ÎLE EN VOITURE★★

80 km environ au départ de Limenas.
Une route circulaire longe le rivage, parfois en corniche au-dessus de criques, de plages et de petits bassins littoraux.

Panagía

En partant de Limenas, vous atteignez l'ancienne capitale de l'île, juchée sur une colline, aux maisons à balcons et toits de lauzes.

Alyki

Sur la côte sud, ce village occupe un site très agréable non loin d'une presqu'île entaillée par d'anciennes carrières de marbre (certaines exploitées dès l'Antiquité) qui semblent avoir été abandonnées voilà peu de temps. L'isthme portait une cité antique : vous y apercevez les restes d'un sanctuaire double. Sur le bord de la colline subsistent les vestiges de deux basiliques paléochrétiennes.

Limenaria

Au sud-ouest, Limenaria est un port de pêche et une station estivale animée. Plusieurs belles plages s'étendent à proximité.
Par la côte ouest, jalonnée de petits villages de pêcheurs, face au couchant souvent splendide, vous pouvez regagner la capitale, tandis que semble se rapprocher la côte macédonienne.
Si vous avez un peu de temps, vous pouvez faire un crochet par Maries *(29 km/AR de la route circulaire)*, joli village traditionnel et ombragé s'étalant non loin du mont Psarí.

CIRCUITS EN BATEAU★★

Voir la rubrique « Sports et loisirs » dans le carnet pratique.

Thassos pratique

Informations utiles

www.thassos.gr (en anglais).
Police touristique – *En face du débarcadère - 25930 23111.* Informations sur Thassos et possibilité de réserver une chambre.
Poste – *Odos G. Alexandrou (du port, prendre la rue Theogenous et tourner à droite au carrefour) - lun.-vend. 7h30-14h.*
Téléphone - OTE – *Odos 18-Oktovriou (près de l'hôtel Amfipolis).*
Centre de santé – *25930 71100.*

Transports

En bateau – Ferries de **Kavála** à Skala Prinos, 8 liaisons par jour de 9h à 23h.
De **Keramotí** à Limenas, une liaison par heure en été, de 7h à 22h.
En **hydroglisseur**, 4 liaisons quotidiennes (6 l'été) entre Limenas et Kavála. Horaires affichés à la capitainerie du port.
Autorités portuaires – *25930 22106.*
En bus – Service efficace sur l'île.
À Limenas, station en face du débarcadère. 8 bus/j. en été font le tour de l'île d'est en ouest. Plusieurs navettes/j. entre Skala Prinos et Limenas et liaisons par l'ouest avec Golden Beach, Limenaria.

Se loger

Bon à savoir – Vous trouverez des hôtels dans tous les villages de la côte. La plupart ferment d'octobre à mai. Le petit-déjeuner est généralement compris.

LIMENAS

Hôtel Vicky – *℘ 25930 22314 - 21 ch.* Des chambres confortables et lumineuses, dans un petit immeuble à trois étages au milieu d'une pelouse. La plupart sont équipées d'une kitchenette. Une bonne adresse.

Hôtel Victoria – *Odos K. Dimitriadou (à côté du Mironi) - ℘ 25930 23256 - 11 ch.* Un petit bâtiment résidentiel proposant des chambres spacieuses, équipées d'un réfrigérateur. Petit-déjeuner non compris.

Hôtel Mironi – *Odos K. Dimitriadou, ℘ 25930 23256 - fax 25930 23256 - 10 ch.* Un vaste hall en marbre précède de grandes chambres impeccables (avec réfrigérateur).

Timoleon Hotel – *Sur le port (près de l'arrêt de bus) - ℘ 25930 22177 - 30 ch.* Une grosse bâtisse proposant des chambres quelconques, mais confortables, avec balcon donnant sur le port. Navette en bus jusqu'à la plage d'Isteri (3 km).

PANAGIA

Thassos Inn – *℘ 259 61612 - 19 ch.* L'endroit idéal pour séjourner à Panagia, en haut du village, près d'une église (fléchage). Les chambres sont confortables, avec un réfrigérateur et certaines avec balcon.

GOLDEN BEACH

Dionysos – *℘ 25930 61822 - 33 ch.* Un peu en retrait de la plage, à flanc de colline, cette bâtisse à toit de lauzes jouit d'une superbe vue sur la mer. Chambres simples, lumineuses et confortables (avec réfrigérateur).

Se restaurer

LIMENAS

Bon à savoir – On y trouve un bon choix d'établissements en ville, en particulier sur le vieux port.

Takis – *Odos Polignotou Vagi.* Au cœur de la ville, sur une place ombragée construite autour de vestiges antiques, un restaurant proposant une cuisine grecque et internationale.

AUTOUR DE L'ÎLE

Restaurant Vigli – *À l'extrémité nord de Golden Beach.* Superbement situé sur un promontoire rocheux dominant la baie, on y propose *mezes*, grillades, pizzas et fruits de mer.

Taverne Theogenis – *Skala Potamias, près du petit port.* Plats cuisinés et fruits de mer.

Christos – *Agios Georgios.* Un agréable petit restaurant de poisson sous une tonnelle.

Pachys – *Pachys Beach.* Une terrasse ombragée très agréable, devant la plage, où l'on sert d'excellents poissons.

Faire une pause

LIMENAS

Anonymous Café – *Odos 18-Oktovriou (à côté du Full Moon).* Un choix de musiques éclectiques.

Sports et loisirs

Excursions – Le bateau **Zorbas** effectue un circuit d'une journée, avec arrêts pêche, baignade et plongée en surface dans les plus beaux coins de l'île. Départ du vieux port de Limenas à 9h45, retour à 17h45.

L'**Angetour**, qui mouille au même endroit, propose des sorties de pêche en mer.

Les îles du **golfe Saronique**

47 000 HABITANTS (DONT PRÈS DE LA MOITIÉ À SALAMINE) – 340 KM²
CARTE GÉNÉRALE RABAT II B/C2

Faciles d'accès au départ du Pirée, ce qui est agréable si l'on veut fuir la fournaise de la capitale, les îles du golfe Saronique, dont les chantiers navals ont été parmi les plus importants du pays, sont au nombre de cinq : Égine, Hydra, Póros, Salamine et Spétses. Baptisées également îles de l'Argosaronique (car proches de l'Argolide), elles sont très fréquentées par les Grecs qui les considèrent comme de petits paradis à quelques encablures du continent. Égine est devenue ainsi une agréable banlieue d'Athènes, tandis qu'Hydra ou Spétses accueillent une clientèle aisée.

R. Mattès / MICHELIN

Vue de Póros à partir du continent.

Se repérer – Les îles du golfe Saronique, très petites, appartiennent toutes à la région administrative de l'Attique.
Égine et Salamine sont très proches d'Athènes. Hydra, Póros et Spétses se trouvent face au Péloponnèse.
De nombreux îlots entourent les îles principales, ce qui ajoute au charme du paysage : Dokós, Angistri, Spetsopoúla, par exemple. Enfin, si vous séjournez dans les îles, sachez qu'elles peuvent servir de base de départ pour de belles promenades dans le Péloponnèse, notamment du côté d'Épidaure et de son fascinant théâtre antique.

Égine★

Aígina – Αίγινα

13 552 HABITANTS - 83 KM²
CARTE GÉNÉRALE RABAT II C2 – ATTIQUE

Célèbre depuis l'Antiquité pour le spectaculaire temple d'Afaía, l'île d'Égine présente un relief volcanique culminant au mont Zeus (532 m), dont le profil pyramidal servait jadis de repère aux marins. À l'époque archaïque (7e-6e s. av. J.-C.), Égine fut un État maritime ayant sa propre monnaie, la première d'Europe, frappée d'une tortue. Rivale d'Athènes, elle faisait du commerce avec l'ensemble du Bassin méditerranéen avant de péricliter au profit de sa puissante voisine. Égine est aujourd'hui une banlieue verdoyante d'Athènes et une destination de week-end pour fuir la chaleur, le bruit et la pollution. La culture locale est le pistachier, implanté sur toute l'île au siècle dernier.

P. de Franqueville / MICHELIN

La merveille d'Égine, le temple d'Afaía.

- **Se repérer** – Égine ne se trouve qu'à 20 km au sud-ouest du Pirée. La principale route parcourt l'île d'ouest en est (11 km).
- **À ne pas manquer** – Égine-ville et le temple d'Afaía.
- **Organiser son temps** – Comptez deux jours de visite.

Se promener

Temple d'Afaía★★

Près du port d'Agía Marina, relié au Pirée. ✆ 22970 32252 - 8h15-19h - 4 € (billet valable pour le musée).

Ce temple de style dorique est l'un des mieux conservés de Grèce. Il s'élève dans un **site**★★ splendide au sommet d'une colline boisée d'où la vue s'étend sur la baie d'Agía Marina, la côte rocheuse et, par temps clair, sur Athènes, Salamine et le Péloponnèse.

L'édifice comporte 22 colonnes de 5,30 m de haut en pierre calcaire, dont certaines sont d'un seul tenant. De proportions parfaites, il fut édifié au début du 5e s. av. J.-C. et consacré à Afaía, divinité locale. Les frontons de marbre sculpté représentaient Athéna présidant à des scènes de combat entre guerriers grecs et troyens. Ces « marbres d'Égine » furent achetés en 1812 par le prince Louis de Bavière, futur Louis Ier, et sont exposés à Munich.

Accédez au temple par une rampe près de laquelle se trouvaient les autels de sacrifice. À l'intérieur, vous verrez l'emplacement de la *cella* où se trouvait la statue d'Afaía. Au sud s'étendent les vestiges de propylées et des habitations des prêtres.

À l'ouest du temple, un petit **musée** aux horaires incertains comprend 3 salles. Elles présentent des reconstitutions, à l'aide de pièces originales, du second temple d'Afaía, détruit par le feu vers 510 av. J.-C., en particulier une façade polychrome.

Palaiohora★

Au centre de l'île, à mi-chemin entre le temple d'Afaía et Égine-ville.

Palaiohora fut la capitale de l'île sous les Vénitiens et les Turcs lorsque les corsaires dévastaient les côtes. Au 18ᵉ s., elle comptait plus de 400 familles et une vingtaine d'établissements religieux. Elle fut abandonnée par ses habitants au début du 19ᵉ s.
La visite complète du site dure 1h30. Ses maisons sont démolies, mais on a restauré sa cathédrale sur plan basilical, ses églises et chapelles (34 en tout), pour la plupart du 13ᵉ s., dont certaines conservent d'intéressantes fresques et iconostases. Du kastro vénitien qui surmonte la colline, vous avez une belle vue sur le mont Zeus et sur la côte.

Égine-ville (Aígina)

À l'ouest de l'île.

Elle eut son heure de gloire lors de l'Indépendance quand, de 1827 à 1829, elle fut la capitale du nouvel État grec et que Capo d'Istria y installa son gouvernement. Des imprimeries furent alors créées : elles publièrent les premiers livres et journaux de la Grèce libre, cependant qu'était fondue la première monnaie nationale.

Les maisons basses, blanches ou roses de la ville bordent un petit port de pêche et de plaisance que protège une charmante chapelle dédiée à saint Nicolas **(Ágios Nikólaos)**, patron des marins. Du port, la **vue★★** est magnifique sur les îlots du golfe Saronique et la côte du Péloponnèse.

Sanctuaire d'Apollon

Au nord d'Égine. Tlj sf lun. 8h30-15h - 3 € (musée inclus).

Le cap Kolona doit son nom à une colonne haute de 8 m, vestige d'un temple dédié à Apollon, du 5ᵉ s. av. J.-C. Des fouilles ont dégagé les restes d'un théâtre et d'un stade, ainsi qu'un habitat préhistorique. Un petit **Musée archéologique**, conçu comme une villa antique, conserve des objets trouvés sur l'île, notamment des stèles funéraires et des sculptures du temple d'Afaía.

La plage toute proche se trouve à l'emplacement du port antique, dont vous verrez quelques bases sous l'eau.

Perdika

À 10 km au sud d'Égine-ville.

Perdika est un charmant port de pêche. Vous avez une belle vue sur l'île d'en face, Moni. De petits bateaux y conduisent en été. Vous y découvrirez un ancien monastère et une plage agréable.

Entre Égine et Perdika se trouvent deux belles plages de sable, Faros et Marathonas.

Mont Zeus (Oros Dios)

4h AR au dép. de la plage de Marathonas. Le point culminant de l'île (532 m), où se trouvent des vestiges antiques, et notamment un étonnant escalier, domine une grande partie du golfe Saronique. Par temps clair, vous apercevrez l'île de Póros, les montagnes du Péloponnèse, l'île de Salamine, l'agglomération athénienne et la côte jusqu'au cap Sounion. Le mieux est de venir au lever du soleil.

Côte nord

Elle comprend plusieurs plages et criques assez agréables, face à l'île de Salamine et au continent. La **vue** sur l'énorme agglomération athénienne est impressionnante.

Égine pratique

Informations utiles

Pas d'office de tourisme mais des agences privées. Location de chambres, véhicules, billetterie, change.

Poste – *Square Ethnégarsias (à gauche du port).*

Téléphone - OTE – *Odos Aekon (à gauche de la police portuaire).*

Police touristique – *Odos Leonardos Lada (à droite du square Ethnégarsias) - ✆ 22970 27777.*

Centres de santé – *✆ 22970 22222 ; Agía Marina - ✆ 22970 32175.*

Transports

En bateau – Plusieurs compagnies relient l'île au **Pirée**, à **Methana**, **Póros**, **Hydra** et **Spétses** plusieurs fois par jour. Liaisons avec les Cyclades en juil.-août. Navettes quotidiennes entre Égine-ville et Agía Marina. **Police portuaire** – *✆ 22970 2328.*

En bus – Service régulier reliant les différents villages de l'île.

Se loger

ÉGINE-VILLE

Hôtel Plaza – *À gauche du débarcadère - ✆ 22970 25600 - plazainaegina@yahoo.co.uk - 37 ch.* Trois hôtels regroupés (avec Ulrica et Christina) les uns à côté des autres proposent un large éventail de prix, parmi les moins chers de l'île.

Nafsika Hôtel Bungalows – *55 odos Kazantzaki (500 m au nord du port) - ✆ 22970 22333 - mi-avr.-mi-oct. - 34 ch.* Presque invisibles de la route, des bungalows avec terrasse, noyés sous les bougainvilliers du jardin, reçoivent une clientèle de fidèles, amoureux de nature et de calme. Réservez.

Se restaurer

ÉGINE-VILLE

Areti – *En face de l'hôtel Plaza.* Cet établissement en bord de mer sert d'excellentes grillades de poisson.

MESAGROS

Argyris – *À la sortie du village, première route à gauche juste avant l'école, puis première à droite.* Connue des Grecs, cette taverne tapie dans la verdure sert des poissons grillés. Goûtez le feuilleté aux épinards.

ALONÈS

Kostas – *Au sud d'Agía Marina.* Sous sa pergola ombragée de verdure, cette taverne (et sa voisine Takis) propose de vrais menus grecs dans une ambiance villageoise. Bons *mezes* et spécialités de poissons. Repas barbecue le week-end.

Achats

Sur les quais, vous pourrez acquérir la célèbre pistache, tandis que certains bateaux sont aménagés pour la vente du poisson, des fruits et des légumes.

Sports et loisirs

Bon à savoir – À Égine-ville comme à Agía Marina, clubs de plongée et activités nautiques.

Excursions – Circuits pour Athènes et les îles voisines.

Événement

Le **9 novembre**, grande fête votive au monastère Ágios Nektarios.

Hydra★★

Idra –Ύδρα

2 719 HABITANTS – 86 KM^2
CARTE GÉNÉRALE RABAT II C2 – ATTIQUE

Séparée du Péloponnèse par le golfe d'Hydra, bras de mer formant une rade, l'île d'Hydra (Idra) est dominée par une crête rocheuse culminant à 590 m et s'allongeant sur 18 km. Elle fut l'une des principales bases navales de Grèce à partir du 15e s. et participa avec fougue à la guerre d'Indépendance (1821-1829). Elle est désormais une destination touristique de tout premier plan. La baie où se trouve la capitale ressemble à un théâtre géant dont la scène serait composée par le port et les gradins par les maisons.

Organiser son temps – Comptez une journée d'excursion.
Pour poursuivre le voyage – Póros.

La ville et le port d'Hydra.

Comprendre

Le problème de l'eau – Jadis, Hydra était plus verdoyante car irriguée de sources, ce qui lui valut son nom. Des bois de pins couvraient la montagne ponctuée de cultures en terrasses. Des citernes souterraines recueillaient les eaux de pluie, réparties ensuite dans les jardins, ou servaient parfois de cachette pour l'or et les marchandises. Peu à peu, l'eau de ruissellement devint plus rare, les forêts surexploitées pour les constructions navales, les cultures abandonnées. Depuis 1960, l'île doit importer de l'eau tous les jours, les citernes ne suffisant plus à alimenter les habitants et les touristes.

Un état maritime autrefois florissant – À la fin du Moyen Âge, Hydra vivait en autarcie, composant avec les Turcs, se protégeant des incursions extérieures grâce à ses côtes abruptes et à la combativité de ses soldats. En 1657 fut lancé le premier navire, et un siècle plus tard les chantiers navals commencèrent à construire des vaisseaux qui allaient commercer dans toute la Méditerranée et même en Amérique, ce qui fit la fortune de l'île. Répartis entre armateurs, capitaines et équipages, les profits pouvaient atteindre jusqu'à 400 % du capital investi. Les armateurs s'enrichirent, faisant construire de magnifiques maisons. Lors de la **guerre d'Indépendance**, ils furent à la fois bailleurs de fonds et initiateurs des opérations navales. En 1821, les Koundouriotis, les Tombazis, les Voulgaris, les Miaoulis armèrent la flotte grecque. Les fameux « brûlots » d'Andreas Miaoulis, vieux vaisseaux bourrés d'explosifs, étaient lancés, par vent portant, en direction de la flotte turque, explosant à son contact. L'île fut ruinée par ces opérations coûteuses et doit au tourisme récent de s'être enrichie de nouveau.

Se promener

HYDRA-VILLE★★

Elle se trouve dans un **site★★★** superbe. Dissimulé au fond d'une crique, le port de pêche et de plaisance, l'un des plus beaux de Grèce, est entouré de maisons étagées sur une colline rocheuse que domine un monastère. Très animés, les **quais★★** sont pavés de larges dalles et bordés de cafés en terrasse, restaurants ou pâtisseries.

Monastère de l'Assomption

Une grosse tour d'horloge marque l'entrée de ce monastère. Construit en 1643, il fut rénové dans la deuxième moitié du 18e s. après un tremblement de terre. Baignées de la blancheur du marbre, ses deux cours sont un délicieux havre de paix. Dans la basilique à trois nefs avec coupole, vous pourrez voir une impressionnante iconostase de marbre et une icône du martyr Constantin l'Hydriote. Remarquez aussi les lustres, décorés d'ex-voto figurant des navires. En sortant de l'église, une loggia accessible par un escalier mène à un petit **Musée byzantin** qui abrite une collection d'objets liturgiques, calices, crucifix, icônes. *℘ 22980 54071 - tlj sf lun. 10h-17h - 2 €.*

Musée des Archives historiques

Juil.-août : tlj sf lun. 9h-16h30, 19h30-21h30 ; sept.-juin : tlj sf lun. 9h-16h30 - 3 €.
Près du port, ce musée retrace le passé maritime de l'île. Au rez-de-chaussée, une salle présente l'histoire des phares du milieu du 19e s. à nos jours.

Belvédère

À l'ouest du port, une petite esplanade ombragée procure une belle vue sur le continent et l'île de Dokos. Des canons du 19e s. gardent l'entrée de la rade. En contrebas, dans les rochers, des plates-formes sont aménagées pour la baignade.

Ville haute★★

À l'animation des quais répond la fraîcheur tranquille de la ville haute. Vous aurez de jolies vues plongeantes vers le port en parcourant ses ruelles pentues. Les **maisons d'armateurs★ (archondika)**, édifiées pour la plupart au début du 19e s., sont parfois inspirées des palais vénitiens avec loggias ou cours intérieures. Certaines ont conservé leurs grandes salles à corniches de bois sculpté que garnit un mobilier d'époque. Parmi ces nobles demeures, dont beaucoup sont restées dans la famille de leur fondateur, il faut citer surtout, à l'ouest du port, la maison Voulgaris (à l'extrémité du quai), la maison Tombazis, qui abrite une section de l'École des beaux-arts d'Athènes, et la grande maison au crépi jaune de Lazare Koundouriotis (à mi-hauteur de la ville).

ENVIRONS D'HYDRA★

Monastères Profitis Ilias et Agía Efpraxia

2h AR par la rue Miaouli, puis par un vallon. Du lever au coucher du soleil. Ces deux monastères, l'un d'hommes, l'autre de femmes, sont bâtis près d'une pinède à 500 m d'altitude. Belles **vues★** sur Hydra, la côte et les îles saroniques.

Kaminia

À l'ouest d'Hydra - 45mn AR. En marchant sur le chemin côtier, vous arrivez à Kaminia, calme hameau de pêcheurs bordant une plage de galets.

Vlichos

Après Kaminia. Vous arrivez à cet autre hameau. Sa plage aux teintes rougeâtres contraste avec la blancheur immaculée des maisons.

Baie de Molos

Après Vlichos. Quelques bateaux de plaisance mouillent dans cette grande baie où il est agréable de s'attarder.

Cap Bisti

À l'extrémité de l'île, accessible à pied ou en bateau, c'est un bel endroit sauvage bordé par des eaux où la baignade est possible.

Mandráki

À l'est d'Hydra - 1h à pied AR ou par bateau-taxi. Se diriger vers l'est par le quai et dépasser l'École des capitaines de la marine marchande, installée dans une ancienne maison d'armateurs. Vous débouchez peu après sur la baie de Mandráki, jadis défendue par deux forts : c'est là qu'au 19e s. se trouvaient les chantiers navals, et que s'ancrait la majeure partie de la flotte, laquelle a compté jusqu'à 130 navires et 10 000 marins. La **plage de sable** est très agréable.

Hydra pratique

Informations utiles

Saitis Tours – *Sur le port - ✆ 22980 52184/54151 - 9h-20h.* Cette agence loue chambres et villas et organise des excursions sur Hydra et dans les îles voisines. Sa carte de l'île est fiable.

Poste – *Odos Ikonomou (perpendiculaire au port, près du marché).*

Téléphone - **OTE** – *Derrière le monastère de l'Assomption.*

Santé – Hôpital - *r. à droite du monastère - ✆ 22980 53150;* pharmacie - *même rue - ✆ 22980 52661 - fermé apr.-midi.*

Police – *En face de l'OTE - ✆ 22980 52205.*

Transports

En bateau – Des ferries partent toutes les heures du **Pirée**, à partir de 7h du matin. Les hydroglisseurs desservent aussi l'île plusieurs fois par jour au départ de Marina Zea, à 3 km à l'ouest du Pirée.
En été, des bacs et des hydroglisseurs assurent la liaison entre Hydra et **Ermióni**, sur la côte est du Péloponnèse.
Liaisons avec les **Cyclades** (juil.-août).
Caïques et bateaux-taxis (plus chers) desservent les plages et proposent des tours de l'île.

Autorités portuaires – *✆ 22980 52279.*

À dos d'âne – Sur le port, des muletiers transportent les bagages vers les hôtels et emmènent les promeneurs sur la colline. Fixez le prix à l'avance.

Se loger

Hôtel Nefeli – *En haut de la ville, fléché depuis le port - ✆ 22980 53297 - 10 ch.* Si vous êtes chargé, utilisez les services d'un muletier. Chambres très simples aménagées avec goût. De la chambre 15, vue admirable sur la ville.

Miramare – *Plage de Mandráki - ✆ 22980 52300 - www.miramare-hotel.net - 28 ch.* De frais bungalows avec terrasse et réfrigérateur encadrent la plage de sable de Mandraki, à 5mn en bateau du centre-ville (navettes jusqu'à 3h du matin). Nombreux sports nautiques, piscine pour les enfants, 0tour de l'île avec le bateau de l'hôtel.

Miranda – *Odos Miaoulis - ✆ 22980 52230 - 14 ch.* Cette superbe maison ancienne, transformée en hôtel, a conservé son jardin clos ombragé et son décor intérieur, typique de l'architecture hydriote (plafonds à caissons, meubles néoclassiques), qui lui donne des allures de musée. Chambres inégalement décorées.

Orloff – *Près du jardin public - ✆ 22980 52564 ou ✆ 21052 26152 (à Athènes) - www.orloff.gr - 9 ch. (2/4 pers.).* Discrète de l'extérieur, cette maison du 18e s. comblera les amoureux d'architecture authentique. Accueil charmant.

Se restaurer

To Steki – *Odos Miaoulis.* Taverne qui propose des menus complets, ouzo et dessert compris, à prix raisonnables.

Xeri Elia (Douskos) – *Au centre d'Hydra.* Sur une jolie place bordée de maisons blanches avec des tables sous deux arbres centenaires. Goûtez aux calamars farcis et au vin au tonneau, sur fond de musique grecque.

Gitonikon – *Rue à droite de la taverne Xeri Elia.* Un restaurant sur deux niveaux, dont une terrasse. Remarquable pour la fraîcheur de ses produits (poissons, crudités, grillades) et le soin apporté aux cuissons. Un des meilleurs rapports qualité-prix d'Hydra.

Mertazani Zoï – *Près de Mandráki.* Une petite ouzérie dont les tomates viennent du jardin et les poissons de la mer en contrebas. Au-dessus d'une petite plage de galets.

Bratsera – *Dans l'hôtel du même nom.* La table la plus chic d'Hydra, dans un décor de rêve. La carte présente à la fois des recettes traditionnelles, des plats internationaux et une grande variété de pâtes.

Sports et loisirs

Plages – Pontons bétonnés à 10mn du centre-ville, vers l'ouest, ou plages de Mandráki et de Kaminia. Sur la côte sud, des caïques desservent les plages bordées d'arbres de Bisti et Limionissa.

Plongée sous-marine – **Hydra Divers** – *✆ 22980 53900.* Propose aussi quelques excursions à la baie de Bisti pour une baignade dans un cadre enchanteur.

Excursions – Tour de l'île ou vers le Péloponnèse : Portochéli, Kósta, théâtre d'Épidaure.

Événements

Carnaval – Le dernier dim. avant le carême.

Vend. saint – Cérémonie à Kaminia en souvenir des victimes de la mer.

Fin juin – **Semaine nautique** ou Miaoulia avec courses de voiliers, démonstrations de la flotte nationale, danses et feux d'artifice.

15 août – Spectacle de danses folkloriques.

Fête nationale le 28 octobre – Régates entre Athènes et Hydra.

Póros★★

Πόρος

4 348 HABITANTS – 33 KM²
CARTE GÉNÉRALE RABAT II C2 – ATTIQUE

Douce et odorante, paisible et fleurie, Póros est si proche du continent que le faubourg moderne (Galatás) de sa capitale s'y est développé. Un chenal étroit sépare l'île du Péloponnèse, ce qui permet aux visiteurs de découvrir également les sites voisins de Trézène et d'Épidaure, hauts lieux de l'histoire grecque. L'île elle-même est divisée en deux par un canal : d'un côté, une grande île calcaire et boisée du nom de Kalavria, de l'autre un petit îlot volcanique, Sferia, occupé tout entier par la capitale, Póros. Ses pins, ses oliviers, ses citronniers, son climat agréable et ses côtes bien protégées font de Póros un lieu enchanteur.

- **Se repérer** – À quelques encablures de la côte du Péloponnèse, au nord de la côte argienne, l'île de Póros n'est qu'à cinq minutes en barque de Galatás.
- **À ne pas manquer** – Une flânerie dans la capitale de l'île.
- **Organiser son temps** – L'idéal est d'y passer quelques jours et d'alterner les baignades avec la découverte des grands sites antiques proches : l'ancienne Corinthe, Trézène, Tirynthe, Mycènes, Épidaure ou la cité de Nauplie.
- **Pour poursuivre le voyage** – L'Argolide, Épidaure, Nauplie.

P. Plantier / MICHELIN

Depuis le bateau, l'arrivée à Póros-ville.

Se promener

L'arrivée en bateau à Póros offre une **vue★** sur la baie, la blanche cité en forme de pyramide et les rivages verdoyants du continent dominés par une montagne de forme allongée surnommée « la femme endormie ».

Póros-ville★

Ses blanches maisons fleuries de jasmin s'étagent sur une colline. Du sommet, près du haut clocher bleu de l'église, belle **vue★** sur la ville et la rade envahie de bateaux faisant une noria incessante entre l'île et le continent.

Une promenade sur les quais offre des perspectives sur Galatás. À l'est s'étend le quartier des pêcheurs, très pittoresque avec ses cafés, sa halle aux poissons et ses tavernes décorées de peintures naïves. À l'ouest se trouve l'École de la marine nationale.

Un petit **Musée archéologique**, place Alexis Korizis, largement ouverte sur le port, conserve quelques beaux fragments architecturaux et des statuettes de terre cuite datant des 4e et 3e s. av. J.-C. *8h30-15h, 9h30-14h30 le w.-end, fermé lun. - 2 €.*

Kalavria★

Une magnifique forêt de pins, d'oliviers et de citronniers odoriférants couvre cette partie de l'île, que vous atteindrez après avoir traversé un isthme.

Temple de Poséidon (Naos Possidona) – *Tlj sf lun. 8h-14h30.* La route monte jusqu'aux ruines du sanctuaire (6e s. av. J.-C.) dont vous devinerez le plan sur le sol. Il est proche d'un beau bois de pins dans un site dominant l'île et le golfe Saronique.

Monastère Zoodochou Pigi – *9h-16h en hiver, 9h-21h en été.* Du temple, continuer la route qui descend vers le monastère de la « Source de Vie », tout blanc, situé dans un frais vallon où jaillissent des sources. Vous pouvez visiter le cloître où se dressent de beaux cyprès.

Plages – Vous en trouverez quelques-unes, de sable, noyées dans la verdure : Mikro, Megalo Neorio, Askeli.

Póros pratique

Informations utiles

EOT – *Sur le quai (au pied de l'hôtel Manessi).* Horaires des bateaux et des ferries, et quelques dépliants…

www.poros.gr (en anglais).

Urgences – *22980 22222.*

Police touristique – *22980 22462.*

Transports

En bateau – Nombreux ferries ou hydroglisseurs au départ du Pirée, de Méthana et de Galatás (d'où un bac pour voitures fait la navette toutes les demi-heures entre 7h et 21h30). Vous pouvez aussi laisser votre voiture au parking de Galatás et monter à bord d'une des barques qui font la navette en 5mn.

Autorités portuaires – *22980 22274.*

Se loger

Manessi – *Sur le port (pratiquement en face du quai des ferries, accès par la ruelle en escalier sur la gauche de la façade) - 22980 22273 - fax 22980 24345 - www.manessi.com - 15 ch.* Élégante maison néoclassique à façade blanc et bleu, cachant une décoration intérieure agréablement vieillotte. Toutes les chambres disposent d'un réfrigérateur et d'un balcon donnant sur un quai qui peut être assez bruyant en été.

Seven Brothers – *Dans un coin de la placette ouvrant sur le quai où abordent les barques de Galatás - 22980 23412 - fax 22980 23413 - www.7brothers.gr.* Petit hôtel moderne, très joliment décoré dans les blancs et bleus. Certaines chambres ont des balcons donnant sur deux ruelles piétonnes et toutes disposent d'une douche, de la télévision et de l'air conditionné.

Póros Hôtel – *Baie de Neorio - 22980 22216 ou 21094 00580 (à Athènes) - fax 21094 30161 - porosimage@hit360.com - 100 ch. - mi-avr. à fin oct.* Grand complexe des années 1970, rénové. Chambres vastes, très lumineuses et aménagées avec soin. Vue imprenable sur le port. Plage privée.

Sirene – *Baie de Monastiri - 22980 22741 à 43 - fax 22980 22744 - ouv. de mi-avr. à mi-oct.* Établissement de luxe au pied d'une falaise, entre la route et la plage. En dessous des chambres dotées d'un balcon (demandez celles qui donnent sur la mer) s'étagent restaurant, snack, dancing et deux piscines : pour adultes et pour enfants.

Se restaurer

Tavernes et restaurants occupent pratiquement chaque maison sur les quais. Face à Galatás, la **taverna Rota** est la plus plaisante.

Faire une pause

Posidonio Music Club – Entre Póros et le sanctuaire de Poséidon, ce bar avec piscine jouit d'une vue magnifique sur le port et Galatás. Concerts de musique grecque et internationale tous les soirs d'été. Bus gratuits à partir de 21h.

Événement

Semaine nautique – Début juil. : régates, manifestations et expositions.

Salamine

Salamina –Σαλαμίνα

30 962 HABITANTS – 96 KM^2
CARTE GÉNÉRALE RABAT II C2 – ATTIQUE

Fermant la baie d'Éleusis, c'est l'île la plus proche de la capitale (15 km de l'Acropole, 7 km du Pirée) et la plus grande du golfe Saronique. Des centaines de navires mouillent à proximité, dont certains dans un cimetière de bateaux étonnent. Très facilement accessible, elle est fréquentée par de nombreux Athéniens. Son nom évoque l'une des batailles les plus connues de l'Antiquité.

- **Se repérer** – Salamine, qui forme un croissant ouvert du côté de Megara, appartient au nome du Pirée. La pointe nord-ouest de l'île n'est séparée du continent que par un détroit de 2 km.
- **Organiser son temps** – Comptez une demi-journée de promenade.
- **Pour poursuivre le voyage** – Le Pirée, Athènes, Attique.

Comprendre

La bataille de Salamine (480 av. J.-C.) – Ayant occupé Athènes et l'Attique, les Perses avaient rassemblé leur flotte de guerre dans le golfe Saronique tandis que les bateaux grecs à rames (trières), bien inférieurs en nombre mais très maniables, firent semblant de battre en retraite dans la baie d'Éleusis. Une grande partie de la flotte perse s'engagea dans l'étroit goulet qui sépare l'île du continent et se trouva dans l'impossibilité de manœuvrer à cause du manque de place. Les éperons en bronze qui équipaient les navires athéniens percèrent alors les coques des navires ennemis et beaucoup coulèrent sous les yeux désespérés de Xerxès, le roi des Perses, qui suivait le combat d'une hauteur du littoral, assis sur un trône. Ce combat décisif de la seconde guerre médique a été raconté par **Eschyle**, témoin oculaire, dans sa tragédie *Les Perses*, et par l'historien **Hérodote**.

Se promener

Vous découvrirez plusieurs bourgs, en fait des zones pavillonnaires occupées par des Athéniens. La côte nord, où se trouve un **port de guerre**, fait face au complexe industriel d'Éleusis et ne présente guère d'intérêt. La station balnéaire de **Selinia**, à l'est, est assez fréquentée. Le Sud est relativement montagneux et offre de belles vues sur l'île d'Égine et les côtes du Péloponnèse.

Monastère de Faneromeni

À l'ouest de l'île, à 1,5 km de l'arrivée du bac de Megara, face à la côte.

Construit au 17e s., le monastère possède une église abritant de belles fresques du 18e s. (Jugement dernier). La tradition veut que la Vierge soit apparue ici et le monastère est fréquenté par de nombreux pèlerins.

Salamine pratique

Transports

En bateau – De très nombreux bacs et vedettes assurent la liaison avec le continent (Perama, Le Pirée, Megara).

Entre Perama et Paliouka, les traversées ont lieu toutes les 15mn dans la journée, toutes les heures pendant la nuit.

Se loger

Le mieux est de loger à Athènes, toute proche, et de venir pour la journée. Si vous tenez absolument à loger dans l'île, sachez qu'il existe des hôtels corrects à Selinia.

Se restaurer

Vous trouverez quelques tavernes à Salamina (Koulouri) et Selinia.

Spétses★★

Σπέτσες

3 916 HABITANTS – 22 KM²
CARTE GÉNÉRALE RABAT II B2 – ATTIQUE

Fréquentée par la bourgeoisie athénienne qui y possède de belles demeures, Spétses séduit par la douceur de sa lumière et ses odeurs de jasmin. Elle ne comprend qu'une seule ville s'étalant en face des côtes de l'Argolide, le reste de l'île étant constitué d'une vaste forêt de pins d'Alep. Ici, on ne circule qu'en fiacre, à pied ou en deux-roues.

- **Se repérer** – Spétses, une des plus petites îles du golfe Saronique, se trouve à l'entrée du golfe d'Argolide, à 3 km seulement des côtes du Péloponnèse.
- **À ne pas manquer** – La maison de la Bouboulina, la promenade au phare.
- **Organiser son temps** – Si vous n'y séjournez pas, consacrez une journée entière à Spétses.
- **Pour poursuivre le voyage** – Hydra, la péninsule de l'Argolide et Póros.

B. Chabrol / MICHELIN

À Spétses, le fiacre est l'un des principaux moyens de transport.

Comprendre

Une héroïne nationale, la Bouboulina (1771-1825) – Née en prison à Constantinople, Lascarina Pinotzis est la fille d'un capitaine d'Hydra, condamné à mort par les Turcs. Sa mère se réfugie à Spétses, où Lascarina grandit. En 1788, la jeune fille épouse un capitaine qu'elle accompagne dans plusieurs expéditions maritimes, mais qui meurt en 1798, coulé avec son navire par les pirates turcs. Elle se remarie avec un autre marin, Bouboulis, qui connaît la même fin. Celle qu'on appelle la Bouboulina dispose alors d'une fortune constituée par des chantiers navals et une flotte commerciale. En 1821, lors de la guerre d'Indépendance, elle construit plusieurs navires de guerre, dont *L'Agamemnon*, et participe de 1821 à 1824 à des batailles navales à la tête d'un corps de combattants. Mais, de retour à Spétses, ruinée, elle meurt assassinée par le parent d'une jeune fille enlevée par son fils.

Se promener

SPÉTSES-VILLE★★

Autrefois secrète et authentique, la capitale de l'île décrite par le romancier **Michel Déon** dans *Le Balcon de Spetsai* (1961) est devenue une destination à la mode, très courue en toutes saisons, notamment par les Anglais, et surpeuplée en été.

Quartier de Dapia★

Bateaux de pêche et vedettes sont amarrés dans le port bruissant d'une activité sans pareille. Le bassin est bordé de boutiques et de restaurants, ainsi que de quelques bâtiments administratifs. En été, la foule y est considérable, surtout le soir.

Les ruelles proches sont beaucoup plus calmes. Vous y verrez de belles maisons d'armateurs, dont certaines sont pavées de mosaïques de galets dessinant des navires, des animaux ou des emblèmes marins.

Maison de la Bouboulina – *Prendre une ruelle montant jusqu'à une petite place en retrait du port, que préside une superbe maison d'armateur. 13 visites/j., commentées en anglais et en grec : 9h45-19h30 - 4 €.* Transformée en musée par ses descendants, elle se dresse à l'écart d'une charmante place ombragée. Sa cour est ornée d'un beau pavement de galets formant des motifs végétaux ou animaliers. Au premier étage, vous verrez des meubles et des tableaux évoquant la guerre d'Indépendance.

Une puissance maritime

Enrichie comme sa rivale Hydra par le commerce maritime en Méditerranée aux 18e et 19e s., Spétses coopère efficacement à la lutte contre les Turcs. Quand éclate la guerre de Libération en 1821, les habitants de l'île transforment 50 navires de commerce en puissants bateaux armés et participent aux combats, allant jusqu'à détruire le vaisseau amiral de la flotte ennemie.

Maison Mexis – *À 300 m au sud du port de Dapia - suivre le fléchage depuis la place précédente. Tlj sf lun. 8h-14h30 - 3 €, fascicule en anglais commentant la visite.* Construite à la fin du 18e s. par le riche armateur Hadziyannis Mexis, premier gouverneur de l'île, cette magnifique demeure abrite un musée évoquant les grandes figures locales du 19e s. Mais le principal intérêt de l'endroit est la maison elle-même, à la remarquable décoration intérieure.

Ville haute★ (Kastéli)

La ville haute domine le quartier de Dapia et offre de belles vues sur l'Argolide. Elle fut fortifiée par les Vénitiens au 16e s. et conserve trois églises dont la plus grande, **Agía Triáda**, renferme une belle iconostase de bois sculpté.

À l'ouest du port, le rivage est bordé par un agréable **quartier résidentiel** comprenant de magnifiques villas. L'**hôtel Posidonion** dresse face à la mer sa majestueuse façade flanquée de deux tourelles d'angle. Construit en 1914, ce palace lança la mode du tourisme huppé à Spétses. Quant au collège **Anargirios-Orgialenios**, aujourd'hui utilisé pour des congrès, installé dans une riche demeure, il était réservé aux fils de l'aristocratie grecque.

Quartier du vieux port★ (Palaió Limáni)

Après la jetée principale de Dapia, suivre le bord de mer en longeant une petite plage, puis une promenade piétonne aménagée sur le rivage.

L'ancien port où mouillent quelques vétustes cargos comprend des ateliers de réparation de caïques, modestes vestiges des chantiers navals des 18e et 19e s. Moins envahi que Dapia, ce quartier, qui a conservé une grande part de son authenticité, abrite de sympathiques restaurants.

Ágios Nikólaos – À proximité du vieux port se dresse le campanile de la cathédrale de Spétses. Sur le parvis en galets trône un monument aux morts entouré de deux canons, où s'inscrit la devise de la Révolution : « La liberté ou la mort ». Il marque le lieu où fut hissé, en 1821, le premier drapeau de la Grèce indépendante. Noyé dans la pénombre, l'intérieur de l'église plonge le visiteur dans un havre de sérénité (et de fraîcheur) et cache une belle iconostase en bois doré sculpté.

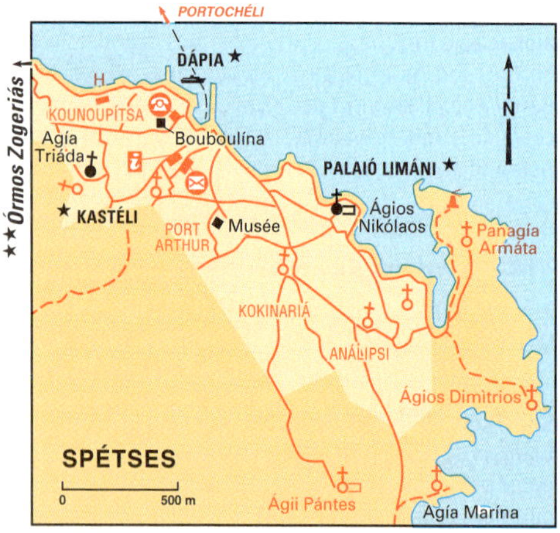

Promenade au phare★

Le phare se trouve sur une presqu'île à l'est de la ville, au-delà du vieux port. La promenade *(45mn AR)*, agréable, longe la mer. Vous découvrirez la chapelle de la **Panagía Armáta**, repérable à sa façade blanc et jaune. Édifiée pour commémorer la victoire du 8 septembre 1822, date à laquelle fut détruit le vaisseau amiral de la flotte turque, elle abrite un grand tableau de la fin du 19e s. représentant l'événement. Du phare, belle **vue★** sur Spétses et la côte du Péloponnèse.

Séjourner

Plages de Spétses

Plage de Kaïki

À 1 km à l'ouest de Dapia au-delà du Posidonion. Non loin du collège Anargirios-Orgialenios, plage agréable, bien que très fréquentée, proximité oblige.

Baie de Zogeria★★ (Órmos Zogeriás)

5h à pied AR, ou 2h à vélo AR (voir la rubrique « Transports » pour la location de vélo), des bateaux y conduisent au départ du port de Dapia. Prenez la route du bord de mer qui, après la sortie de la ville, monte à travers les pins d'Alep, contournant plusieurs criques avant de redescendre vers la baie de Zogeria dans un très beau **site★★** face au golfe de Nauplie.

Plage d'Agía Marina

Cette jolie crique se trouve au sud du vieux port.

Plage d'Agii Anargyria

À 13 km à l'ouest de la ville (bus au départ d'Agía Marina). Cette plage magnifique est bordée de pins et de garrigue.

Spétses pratique

Informations utiles

Sur le port de Dapia. Il s'agit en fait avant tout d'une agence de voyages.

Centre de santé - *22980 72472.*

Police touristique - *22980 73100.*

Transports

En bateau – Spétses est à 1h10 d'**Athènes** en hydroglisseur. Des navettes (très fréquentes) ainsi que des « taxiboats », précieux hors saison, mais plus onéreux bien entendu, assurent également la traversée depuis la côte de l'Argolide : de **Kósta** en une dizaine de minutes ou de Portochéli (20mn). Il vous en coûtera 15 € pour le premier port, 38 € pour le second (tarifs affichés à la station, sur le port de Dapia). Pour les plaisanciers, le mouillage des bateaux et des voiliers se trouve au vieux port, où l'on fait le plein d'eau et de fuel, ou, sur le continent, dans les baies de Portochéli et de Toló.

Autorités portuaires – *22980 72245.*

En deux-roues – Motorisés ou non, ils constituent le mode de déplacement privilégié sur l'île. Nombreux loueurs de *mountain bikes* et scooters (et même véhicules électriques) aux abords de Dapia (citons **MB Motovlakhos**, à côté du Posidonion).

Se loger

€€ **Armata** – *À une centaine de mètres au-dessus de Dapia : depuis le port, prendre odos Santou, devant la police touristique, puis à gauche sur la placette - 22980 72683 - fax 22980 75403 - 14 ch. dont 2 studios pour 4 pers.* Dans une maison traditionnelle blanc et bleu, à l'écart de l'animation du port, agréables chambres donnant sur un jardin planté de citronniers et de bougainvilliers et où se dissimule une piscine devant laquelle on prend le petit-déjeuner. Un bon rapport qualité-prix, le charme en plus.

€€€ **Posidonion** – *Sur le front de mer, à droite de Dapia, au-delà d'une statue de la Bouboulina - 22980 72208 - 43 ch. et 3 suites.* C'est l'établissement idéal pour retrouver l'atmosphère « palace » des Années folles : escalier de marbre, chambres hautes de plafond, et, sur le front de mer, une vaste terrasse ombragée de parasols et de palmiers invite à se poser devant un « drink ».

Se restaurer

Bon à savoir – Le long de la plage de la ville, entre Dapia et le vieux port, les tavernes se succèdent…

€€ **Mouragio** – *Au bout du vieux port.* Cet établissement calme et accueillant, avec terrasse donnant sur la mer, propose une cuisine de qualité : poissons à la spetsiote, cuisine française. Et pour les noctambules : musique grecque et piano-bar à partir de 2h du matin.

€€ **Tassos Taverne** – *Plage Agii Anargyria (à l'ouest de l'île).* Une des meilleures adresses de Spétses pour les plats cuisinés au four. Essayez la moussaka en caquelon et l'agneau.

€€€ **Orloff** – *À mi-chemin entre Dapia et le vieux port, sur le sentier piétonnier longeant la mer.* Un établissement « branché » d'où l'on a une vue imprenable sur la rade. Excellent assortiment de *mezes* arrosés d'un bon vin blanc.

€€€ **Patralis** – *Au bout de l'anse abritant la plage de la ville, au-delà du Posidonion.* Excellent restaurant de poisson à l'atmosphère raffinée, dont la salle, surplombant la mer, offre une vue imprenable sur les côtes de l'Argolide.

Faire une pause

Mamas – *Au-delà de Dapia, vers le vieux port.* Un « beach café » qui se présente aussi comme un « music café », le tout en grec dans le texte. Ses airs de cabine de plage oscillant entre la paillote et le « dur » lui confèrent une allure particulièrement sympathique.

Le Figaro – Une discothèque agréable du vieux port.

Le Papagayo – *Sur le vieux port.* Pour dîner ou prendre un verre en musique. Orchestre vend., sam. et dim.

Politis – *Non loin du précédent.* Ne manquez pas de goûter les petits gâteaux aux amandes.

Événements

Le 26 juillet : fête votive à l'église **Agía Paraskevi**, sur la plage du même nom.

Du 2 au 8 septembre : commémoration de la **victoire des armateurs** spetsiotes sur les Turcs avec danses traditionnelles et chants. Feu d'artifice le sam.

Les Sporades★★

16 000 HABITANTS – 470 KM²
CARTE GÉNÉRALE RABAT I B/C2

Les quatre Sporades, Alonissos, Skíathos, Skiros et Skópelos, proches du continent, sont fréquentées chaque été par de nombreux touristes qui apprécient leurs plages, leurs monastères, leurs petits ports de pêche et leurs villages aux ruelles ombragées. Skíathos est de loin la plus visitée. Skiros, plus secrète, est détachée du reste de l'archipel. Sporades signifie « dispersé », ce qui est vrai de la partie nord, composée de trois îles et d'innombrables îlots.

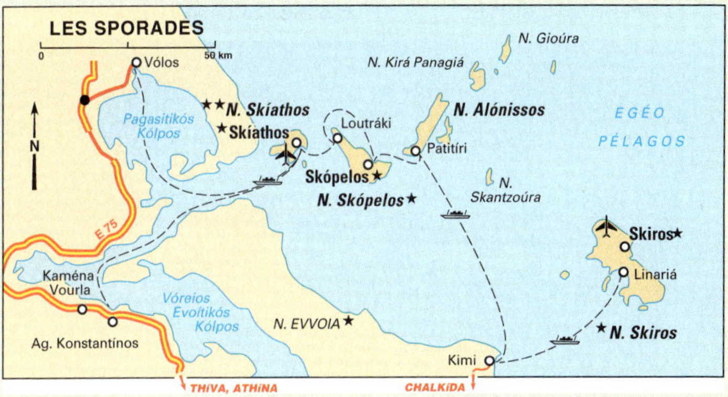

Se repérer – L'île de Skiros, qui représente la moitié de la surface de l'archipel, est rattachée administrativement à la Grèce centrale (capitale Lamía), tandis que les autres îles appartiennent à la Thessalie (capitale Lárissa). Toutes sont régulièrement accessibles au départ de Vólos (Skíathos, Skópelos, Alonissos) et de Kimi, en Eubée (Skiros, Alonissos). L'archipel est également relié à l'île de Limnos et à Thessalonique.
Skíathos et Skiros sont desservies par avion au départ d'Athènes et de certaines capitales européennes.

Organiser son temps – Comptez deux à trois jours de visite pour chaque île.

Alonissos

Αλόννησος

2 700 HABITANTS – 65 KM²
CARTE GÉNÉRALE RABAT I B2 – THESSALIE

Au nord des Sporades, Alonissos est une île au relief tourmenté. Ses collines couvertes de pins, ses plages de galets ou de sable, ses eaux cristallines ont beaucoup de charme. Curieusement, elle est peu fréquentée. Elle se trouve au centre d'une réserve riche en oiseaux et mammifères marins, notamment quelques phoques moines et de nombreux dauphins.

À ne pas manquer – Le village d'Alonissos ; les sentiers de l'île et les plages.
Avec les enfants – Découvrez le Parc national marin.
Pour poursuivre le voyage – Skópelos.

Simeone / Photononstop

Blotti entre des eaux turquoise et de grands pins, un coin du port de Patitíri.

Se promener

Patitíri

Port principal et capitale de l'île, Patitíri est un gros bourg moderne avec hôtels, restaurants, agences de voyages. Il est construit au fond d'une crique dominée par un promontoire couvert de pins et d'hôtels.

Musée du Folklore – *11h-19h - 3 €.* Pour connaître la vie au siècle passé sur l'île, ce musée présente des outils et des objets de la vie quotidienne.

Alonissos★

À l'ouest de Patitíri. Juché sur une colline, ce village typique, ancienne capitale de l'île abandonnée après un séisme, est composé de maisons traditionnelles blanc et bleu couvertes de tuiles ou de lauzes. Ses petites églises ont beaucoup de charme. Les ruelles tortueuses, piétonnes, sont ombragées çà et là de platanes. Au sommet du village, la vue sur la mer est très belle.

Plages

Plusieurs plages sont accessibles au départ d'Alonissos : Megalo Mourtia, Mikro Mourtia *(45mn de marche)*, Marpounda, Vrysitsa *(35mn)*. Plus loin, dans la partie nord, accessibles en bateau ou à pied, de nombreuses plages de galets accueillent les baigneurs. Celle de Gerakas se trouve à l'extrémité nord de la route. Si vous préférez le sable, la plage de Chrysi Milia est la plus agréable.

Parc national marin★

Excursion en bateau (« l'Odyssey ») au dép. de Patitíri chaque matin à 10h, retour à 17h30 (1 à 5 dép./sem. en mi-saison).

En plus d'Alonissos même, quatre îlots principaux (Pelagos, Gioúra, Psathoura et Pipéri) composent le Parc national marin, au nord de l'île. Vous y verrez (peut-être) des goélands d'Audouin, des cormorans huppés, des dauphins et des phoques moines.

Abondant dans les eaux de la mer Égée depuis des siècles (Homère dans l'*Odyssée* évoque « tout le peuple des phoques venu du sein écumeux des ondes »), le **phoque moine** *(Monachus monachus)* a bien failli s'éteindre complètement au 20e s. à cause de la pollution, de la surpêche et autres activités humaines. La création du Parc national marin et d'associations privées a permis d'enrayer ce processus et de maintenir, sous bonne surveillance, une petite colonie que vous aurez peut-être la chance d'observer au cours de cette très belle excursion.

Alonissos pratique

Informations utiles

PATITÍRI

Albedo – *À droite du débarcadère - ✆ 24240 65804 - www.albedotravel.com - 9h30-14h, 17h30-21h.*

Poste – *Odos Ikion Dolopon - lun.-vend. 8h-14h.*

Centre de santé – *✆ 24240 65208.*

Police – *Près de la Banque nationale de Grèce - ✆ 24240 65205.*

ALONISSOS

Alonissos Travel – *✆ 24240 66000.*

Transports

En bateau – L'île est desservie par des ferries depuis Kimi, en Eubée. En été, liaisons fréquentes en hydroglisseur avec **Skópelos**, **Skíathos**, **Vólos** et **Thessalonique** (1 à 2/sem.).

Capitainerie du port – *Patitíri - Odos Ikion Dolopon - ✆ 24240 65595.*

Bon à savoir – Le caïque est un bon moyen pour se rendre sur les plages de la côte est. Départs le matin à heures fixes de Patitíri, puis toute la journée dès que les bateaux sont pleins.

En bus – En été, toutes les heures entre Patitíri (en face du quai) et Alonissos.

En deux-roues – Plusieurs loueurs de vélos et motos à Patitíri (odos Ikion Dolopon).

Se loger

Bon à savoir – Alonissos est bien équipée et moins chère que Skópelos ou Skíathos. En été, les pensions exigent souvent un séjour minimum de 2-3 j.

PATITÍRI ET ENVIRONS

Bon à savoir – Les hôtels du port étant bruyants, préférez ceux de Kavos, à droite de la crique.

Rooms to Let – *Près du débarcadère - ✆ 24240 66188 - 10h-14h, 18h-22h - fin mai-fin sept.* Cet office municipal aide à trouver un hébergement.

Liadromia Hotel – *✆ 24240 65521 - www.alonissos.com - 20 ch.* Établissement très plaisant. Les chambres, avec balcon donnant sur le port, sont très confortables.

Paradise – *Sur l'éperon de Kavos - ✆ 24240 65213 - 31 ch. - ouv. mai-oct.* Établissement de luxe (réservez). Chambres agréables et petit-déjeuner en terrasse. Piscine avec vue sur la mer.

Se restaurer

PATITÍRI ET ENVIRONS

Garden Restaurant – *À la pointe de Kavos - fermé le midi.* Très agréable terrasse fleurie, face à la mer, où l'on sert de la cuisine locale et des fruits de mer. Carte des vins assez variée.

ALONISSOS

Les restaurants sont fermés dans la journée, sauf en juil.-août.

Taverna Paraport – *À l'extrémité du village.* La plus belle vue du village. Bon choix de plats cuisinés.

I Kira Nina – *En face du kastro.* Plats traditionnels et fruits de mer.

Faire une pause

ALONISSOS

Aerides – *Sur la première place du village.* Très agréable petit bar. Spécialités de pâtisseries.

Ostria Café – *Rousoum.* Charmant café donnant sur la plage.

Achats

Gorgona – Belle boutique d'antiquités et de tissages anciens.

Ergastirio – Bijoux traditionnels et artisanat local.

Sports et loisirs

RANDONNÉES

L'île est un petit paradis pour les randonneurs. La carte topographique de l'île au 1/40 000 présente tous les principaux sentiers *(en vente dans les agences de voyages de Patitíri).*

Skíathos★★

Σκιάθος

6 160 HABITANTS – 50 KM²
CARTE GÉNÉRALE RABAT I B2 – THESSALIE

Située dans le prolongement du haut massif du Pélion, Skíathos est couverte de pins et d'oliviers. L'île comprend de très nombreuses criques aux eaux turquoise et une splendide lagune de sable fin formant la plage de Koukounariés, l'une des plus belles de Grèce. Proche du continent, elle est devenue une destination à la mode fréquentée en toutes saisons. Elle plaira aux amateurs de farniente, de baignades, de promenades en bateau et de fêtes nocturnes.

Pour poursuivre le voyage – Skópelos.

Se promener

Skíathos★

La capitale de l'île a beaucoup de charme avec ses blanches maisons aux toits rouges escaladant deux collines. Une petite presqu'île, Bourdzi, couverte de pins, sépare le vieux port du nouveau. Tranquille en hiver, la ville est envahie par les touristes en été. Vous y trouverez de nombreux restaurants, bars, boutiques de souvenirs… Le soir, l'animation est à son comble, comme dans d'autres grandes stations de Grèce, Mikonos ou Íos. La musique, souvent anglo-saxonne, est particulièrement forte.

En retrait du port, vous découvrirez des ruelles plus tranquilles et plus typiques avec leurs maisons chaulées et des bougainvilliers.

S. Entressangle / MICHELIN

Le village de Skíathos et son port de plaisance.

Séjourner

Plages★★

Elles sont réputées pour leur sable et la beauté des eaux qui les bordent. On compte une soixantaine de criques. La plupart sont surpeuplées en été. Les plus paisibles, accessibles en bateau, s'étalent sur la côte nord : Lalaria, Nikotsara, Xanemo.

À la pointe sud-ouest de l'île, celle de Banana est assez belle. Hidden Beach, minuscule, se trouve au bas d'une colline couverte de bruyères. Mandraki est un ravissant tapis de sable fin.

La plus célèbre et la plus belle (mais aussi la plus fréquentée) est celle de **Koukounariés★★**, qui ferme un petit lagon cerné de pins. Le sable est magnifique. Heureusement, l'endroit est protégé.

Promenades à pied★

C'est le moyen le plus agréable pour découvrir cette île très touristique.

Kastro★

Sur la côte nord, 4h AR au dép. de Skíathos ou par bateau.

Le chemin passe par les **monastères d'Evangelistria** (près du point culminant de l'île, dans un magnifique écrin de cyprès et de pins, belle iconostase de bois sculpté) et d'**Ágios Haralambos** avant d'arriver aux ruines du kastro médiéval qui abrita la capitale de l'île jusqu'en 1825. Couronnant un promontoire rocheux battu par les flots, la citadelle n'était accessible que par un pont et une passerelle amovible qui franchissaient un précipice. Le kastro comptait 300 maisons et 22 églises dont deux sont assez bien conservées : celle du Christ abrite une iconostase de bois sculpté du 17e s.

Monastère de la Panagia Kounistra★

Au dép. de Ftelia, 3h AR, également accessible en voiture.

Au cours de cet itinéraire, vous aurez des vues superbes sur l'île. Du monastère, le **panorama**★ s'étend de tous côtés.

Skíathos pratique

Informations utiles

SKÍATHOS

Minuscule baraque en bois à gauche du débarcadère.

Poste – *Odos Papadiamantis - lun.-vend. 7h30-14h.*

Centre de santé – *24270 22222.*

Police touristique – *Rue principale (en haut à droite) - 24270 23172 - 7h30-21h.*

Transports

En avion – Aéroport *(24270 22049)* à 4 km au nord du bourg. En été, vols quotidiens avec Athènes et certaines villes d'Europe.

En bateau – Très bien desservie en saison. Ferries de **Vólos**, **Agios Konstantinos**, **Thessalonique**, de **Crète**... **Capitainerie du port** – *24270 22017.*

La plupart des plages du sud sont accessibles en **caïque**. Départ du vieux port dès 10h, retour dès 16h.

Se loger

SKÍATHOS

Karafelas – *Odos Papadiamantis - 24270 21235 - 20 ch.* Chambres lambrissées, au confort simple avec kitchenette. L'un des meilleurs rapports qualité-prix de l'île.

Hôtel Mato – *Dans une ruelle au-dessus du vieux port, près de l'église - 24270 22186 - 9 ch.* Petit hôtel de charme dans un écrin de palmiers et de bougainvilliers. Une de nos meilleures adresses.

KANAPITSA

Cape Kanapitsa – *24270 24440 - 39 ch - fermé oct.-avr.* Élégant hôtel au milieu des pins avec de très agréables chambres dallées de pierre et dotées de balcons donnant sur la mer.

KOUKOUNARIÉS

Camping – *Arrêt de bus n° 23 - 24270 49250 - 100 pl. - possibilité de louer des tentes.* Occupant un petit espace, ce camping propose néanmoins de nombreuses facilités (restaurant, supérette). Plage de l'autre côté de la route.

Se restaurer

Bon à savoir – La plupart des plages possèdent au moins une taverne.

SKÍATHOS

Psaradika – *Sur les quais, à l'extrémité du vieux port.* Excellentes grillades de poisson.

Mistral – *De Papadiamantis, à gauche à l'angle de la Banque nationale, puis à gauche au bout de la ruelle - ouv. le soir seult.* Charmant petit restaurant où l'on déguste de la cuisine locale à l'ombre des oliviers.

The Windmill – *En haut du bourg - ouv. en soirée.* Une institution à Skíathos, d'où l'on jouit d'une vue exceptionnelle. Décoration originale et cuisine raffinée. Réservation conseillée.

Sports et loisirs

Un bateau ancré dans le vieux port fait le tour de l'île avec toutes sortes d'étapes. Un autre sillonne la côte nord.

Presque toutes les plages ont leur club nautique (planche à voile, ski nautique...).

Achats

Antiquités – **Markos Botsaris** - *près du musée Papadiamantis.* Un véritable musée installé dans une maison de poupée.

Journaux – **Licos Line** - *sur les quais, à droite de la grande rue.* Presse française et anglophone.

Skiros★

Σκύρος

2 602 HABITANTS – 223 KM²
CARTE GÉNÉRALE RABAT II C1 – GRÈCE CENTRALE

Face à l'Eubée, l'île de Skiros est la plus grande des Sporades. Constituée de deux îlots montagneux reliés par un isthme, elle a un caractère plus sauvage que ses sœurs. La partie sud, appelée Vounó (« montagne »), couverte de chênes verts, est connue pour ses troupeaux à demi sauvages, notamment ses petits chevaux d'une race très ancienne, peut-être antique, ressemblant aux poneys des Shetlands. La partie nord, Meroí, est fertile et plantée de pins. Partout on trouve des criques désertes bordées d'eaux turquoise et des paysages marins d'une grande beauté.

- **Se repérer** – Une route fait le tour de la partie la plus habitée, au nord de cette île en forme de papillon.
- **À ne pas manquer** – Monter au kastro pour profiter du panorama sur l'île ; aller jusqu'aux superbes falaises au sud de l'île.
- **Pour poursuivre le voyage** – Eubée.

Se promener

Skiros★ (Hora)

Hora est composée de petites maisons blanches cubiques de type cycladique éparpillées sur la colline. Il fait bon flâner dans les ruelles tortueuses, parfois coupées d'escaliers. Certaines maisons comportent une cour fleurie, une grande salle à âtre arrondi avec mobilier de bois sculpté, plats de cuivre et faïences traditionnelles. Au n° 992 de l'**Agora** (étroite rue piétonne bordée de magasins), on peut en visiter.

Musée du Folklore Faltaïts (Laografiko Moussio)

℘ 22220 91150 - été : 10-14h, 18h-21h ; hiver : 10h-14h - 2 €.

Au nord de la ville, une vieille demeure renferme de belles productions de l'artisanat local, traditionnel et moderne : bijoux, broderies, tissus, costumes, sculptures sur bois, céramiques, plats de bronze et de cuivre. Vous verrez également la reconstitution d'un intérieur et des livres anciens.

Musée archéologique

℘ 22220 91327 - tlj sf lun. 8h30-15h - 2 €.

Non loin du précédent, il présente des objets des époques helladique (2800-1900 av. J.-C.) et romaine, en particulier des poteries et des statues en marbre.

Kastro

Fermé pour restauration. Cette citadelle vénitienne a remplacé l'acropole antique où le héros Achille aurait été caché, déguisé en fille. Des ruines, vous avez une **vue**★★ magnifique sur la ville et les toits en terrasse formant damier, sur la campagne envi-

Simeone / Photononstop

Une baie paisible à Skiros.

ronnante et sur la mer. Juste à côté se trouve le monastère Ágios Nikólaos, avec son église du 10e s., perché sur un éperon rocheux au-dessus de la ville.

La péninsule nord★ (Merí)

Elle est réputée pour ses nombreuses plages : Magazia et Molos (à la sortie nord de Hora) ; Kira Panagia et Atsitsa (à l'ouest), Ágios Fokas, près d'une forêt de pins (au sud-ouest).
Vous découvrirez également trois ports agréables, presque contigus : Pefkos, Acherounes et Linaria (où accostent les ferries).
Sur une colline au-dessus de Pefkos se trouve la chapelle Ágios Pandeleimonas, d'où la **vue★** sur l'île est belle.

La péninsule sud★ (Vounó)

Après la petite station de Kalamítsa et la plage de Kolibadas Bay, la route traverse un paysage désertique et atteint des **falaises★★** de toute beauté, au fond d'un golfe semé d'îlots.

Skiros pratique

Informations utiles

Poste – *Sur la Platia en bas de l'Agora, à côté de la station de taxis - lun.-vend. 7h30-14h.*

Centre de santé – *✆ 22220 92222.*

Police – *✆ 22220 91274.*

Transports

En avion – En été, 2 vols/sem. pour Athènes. L'aéroport *(✆ 22220 91 265)* se trouve au nord de l'île.

En bateau – 2 traversées/j. de Kimi (Eubée) au port de Linaria (1 en hiver). Achetez vos billets sur place ou à Skiros. **Lykomidis Ticket Office** – *Près de Skiros Travel - ✆ 22220 91789.* **Capitainerie** – *✆ 22220 93475.*

En bus – Le terminal se trouve en bas de l'Agora. Bus pour Linaria (5 fois/j.). En été, bus très nombreux pour Magazia et Molos.

En deux-roues – **Moto Rent** - *✆ 22220 91223 ;* **Moto Bagios** - *ruelle en face de la mairie - ✆ 22220 92957 ;* **Rent a Bike**, *sur le port de Linaria - ✆ 22220 93435.*

En voiture – **Skiros Travel & Tourism**, *✆ 22220 91600 ;* **Pegasus Rent a Car** - *Agora (près de l'agence Skiros) - ✆ 22220 91123 ;* **Théséus Car** - *en bas de l'Agora - ✆ 22220 91459.*

Se loger

SKIROS

⊖ **Domatia Anna Kiriazi** – *En haut de l'Agora (prendre à gauche à la fourche puis monter à droite vers les musées) - ✆ 22220 91574.* Coquette maison traditionnelle, avec lit en mezzanine, cheminée, céramiques et terrasse.

⊖⊖⊖ **Nefeli** – *À l'entrée du village - ✆ 22220 91964/92060 - 23 ch.* Une bonne adresse, proposant des appartements ou des chambres doubles, dans une belle bâtisse blanche avec cheminées à l'ancienne et vieux mobilier. Le bar près de la piscine est très agréable.

MAGAZIA ET MOLOS

⊖ **Domatia Georgia Tsakami** – *✆ 22220 91357 - 11 ch.* Cette pension familiale, avec un petit jardin, propose des chambres fraîches et confortables, équipées d'un réfrigérateur. La cuisine est en accès libre pour le petit-déjeuner.

⊖ **Domatia Kabadzina Papastathis** – *✆ 22220 91322 - 7 ch.* Cette pension confortable jouit d'une belle vue sur la citadelle. La plupart des chambres ont une salle de bains, trois disposent d'une kitchenette. Pas de petit-déjeuner

⊖⊖⊖ **Hôtel Hydroussa** – *✆ 22220 92063/64/65 - 22 ch.* Principal hôtel de la plage de Magazia, il occupe un site très agréable. Toutes les chambres ont un balcon avec vue sur la mer.

ÁGIOS FOKAS

⊖⊖ **Kalimanolis** – *9 ch.* Petite pension installée dans un site charmant. Formule en demi-pension. Au menu : fruits de mer, fromage maison et légumes du jardin servis sous la treille.

Se restaurer

SKIROS

⊖ **Chez Anemos** – *Odos Agora.* L'endroit idéal pour prendre un petit-déjeuner, une pizza ou une glace. La patronne parle français.

⊖ **Orestis** – *Rue principale.* Large choix de fruits de mer, de salades et de grillades qui attirent une clientèle grecque.

⊖ **Taverne Metopo** – *Rue principale.* Une cuisine variée et savoureuse (lasagnes, légumes frais, soupe de lentilles), un service rapide et une très agréable terrasse à l'ombre, pour un prix modique.

MOLOS

⊖ Molos compte de nombreuses tavernes : **Thomas**, l'**Asteria** et **Milos**, dans un ancien moulin à vent.

⊖ **Taverna Sargos** – *Sur la plage.* Salades et poissons.

Sports et loisirs

Skiros Holistic Holidays – *Contact au Royaume-Uni - ✆ (00) 44 (0)207267 442 4/7284 3065 - www.skyros.com.* Ce centre organise des vacances « alternatives » avec séjour dans des maisons traditionnelles à Skiros et à Atsitsa, avec cours de danse, yoga, escalade, théâtre, calligraphie, relaxation. Il faut parler anglais.

Achats

SKIROS

La rue Agora concentre nombre de boutiques.

Amerissa Ftoulis – *En haut de l'Agora, juste après la fourche.* Bon choix de broderies.

Stamatis Ftoulis – *En face de Skiros Travel.* Céramiques de Magazia.

Événements

En fév., ne manquez pas le fameux carnaval de Skiros, étonnant mélange de rites païens et chrétiens.

Pendant les trois premières semaines d'août se tient le **festival de Faltaïts** (théâtre, danse, musique) : demandez le programme au musée du Folklore de Faltaïts *(spectacles vers 21h, place 4-5 €).*

Skópelos★

Σκόπελος

4 696 HABITANTS – 97 KM²
CARTE GÉNÉRALE RABAT I B2 – THESSALIE

Verger au milieu des flots, la plus peuplée des Sporades est aussi la plus fertile, riche en vignes, oliviers, amandiers et surtout pruniers donnant d'excellents pruneaux. L'île comprend nombre d'églises et de chapelles ainsi que des monastères des 17e et 18e s. dont les blanches silhouettes se détachent sur la verdure. Comme sa voisine Skíathos, l'île possède criques et plages de sable bordées par une mer émeraude.

- **À ne pas manquer** – Skópelos et sa chapelle St-Athanase ; le mont Paloúki, avec ses couvents et monastères, qui dévoile de beaux points de vue.
- **Pour poursuivre le voyage** – Skíathos, Alonissos.

Se promener

Skópelos★

Ce beau village est bâti à flanc de coteau, à l'abri de sa digue, au fond d'une large baie. Les ruelles composent un agréable dédale ombragé de platanes, de maisonnettes à toits de lauzes et de chapelles.

Le **kastro** médiéval abritait de nombreuses maisons et plusieurs édifices religieux, parmi lesquels la chapelle St-Athanase érigée au 9e s. sur les fondations d'un temple antique. Elle abrite une somptueuse iconostase polychrome. Du haut des ruines, vous découvrirez une belle vue sur la ville, l'île et l'archipel des Sporades.

Glóssa★

Ce gros bourg du nord de l'île est très authentique avec sa vieille église, ses maisons blanches écrasées de lumière, son lacis de ruelles ombragées. Une route descend vers **Loutráki**, port de Glóssa, où se trouvent plusieurs agréables restaurants et où les ferries font parfois escale.

Mont Paloúki★ (Oros Paloúki)

Il comprend plusieurs monastères dont les blanches silhouettes se perdent dans la verdure composée de cyprès, d'oliviers et de lauriers.

Couvent Evangelistria

8h-13h, 17h-20h. Une nonne vous fera découvrir une belle iconostase et la vue magnifique sur la capitale de l'île.

Couvent Prodromos

8h-13h, 17h-20h. Coupé du monde, ce couvent abrite une belle église, mais l'endroit vaut surtout pour la vue qu'il réserve.

Le sommet du Paloúki (566 m) est un superbe belvédère sur l'île et ses environs.

Ph. Longin / MICHELIN

Au flanc du mont Paloúki, le monastère Metamorfosis.

Monastère Metamorfosis★

8h-13h30, 17h-20h30. Construit au 16e s., ce monastère abrite une église construite dans une jolie cour.

Les côtes★

Elles comptent de très nombreuses plages de galets ou de sable. Les plus belles sont au sud et à l'ouest de l'île. Celle de **Milia** à l'ouest, de galets, est la préférée des touristes.

Une agréable **route★** longe le rivage occidental au sud de Loutráki, traversant des pinèdes odorantes.

Skópelos pratique

Informations utiles

Informations touristiques – *Sur le port - ✆ 24240 24567 - 9h30-14h30.* Cette agence municipale vous renseignera sur les possibilités d'hébergement chez l'habitant.

Téléphone - OTE – *Du quai, remonter la rue jusqu'à la boutique Armoloï et tourner à gauche après le kiosque - lun.-vend. 8h-13h.*

Centre de santé - *✆ 24240 22240*

Police - *✆ 24240 22235*

Transports

En bateau – Le principal port de l'île est Skópelos ; mais en été, les ferries font aussi escale à Loutráki, le port de Glóssa (côte ouest). Liaisons avec **Vólos** et **Ágios Konstantinos**, **Thessalonique**, les **Cyclades** et la **Crète** (3-4 bateaux/sem.). **Capitainerie du port** – *✆ 24240 22180.*

En bus – Le terminal se trouve à 400 m du débarcadère. En été, 8-10 AR pour Glóssa, Panormos, Milia, Stafilos et Agnontas.

Location de véhicules – Les principales agences se regroupent à gauche du débarcadère.

Panormos Travel Agency – *✆ 24240 23380.* Loue des véhicules et des yachts, mais propose aussi des hébergements et des excursions.

Se loger

SKÓPELOS

⊖ **Domatia Angela** – *À 50 m de l'OTE - ✆ 24240 23358 - 8 ch.* Petite pension simple et agréable. Accueil familial et chaleureux.

⊖ **Kir Sotos** – *Sur le port (à l'angle de la ruelle qui monte à l'OTE) - ✆ 24240 22549 - www.skopelos.net/sotos - 12 ch.* Hôtel de charme, rustique et confortable, mais chambres sombres. Évitez celles donnant sur le port, trop bruyantes.

⊖⊖ **Hôtel Regina** – *✆ 24240 22138 - 16 ch.* Un établissement modeste avec des chambres parfaitement tenues. Certaines ont un balcon donnant sur la mer. Un bon rapport qualité-prix.

⊖⊖ **Hôtel Elli** – *Ring Road (en haut du village de Platanos) - ✆ 24240 22943 - www.skopelos.net/elli/ - 25 ch. - ouv. 20 juin-20 sept.* Joli hôtel précédé d'un jardin. Les chambres, coquettes et confortables, sont dotées d'un balcon et aménagées avec du mobilier traditionnel de l'île.

Se restaurer

SKÓPELOS

⊖ **Klimataria** – *Près du débarcadère.* Terrasse sur le port, idéale pour manger une salade ou des fruits de mer.

⊖ **Restaurant Périvoli** – *Juste derrière la place Platanos - ouv. le soir seult.* C'est un jardin d'Éden : terrasse couverte d'une épaisse treille à côté du potager. Cuisine locale avec des inspirations plus lointaines. Réservation conseillée.

Faire une pause

Café International – *Sur le port.* Spécialités de pâtisseries de Skópelos, idéal pour un petit-déjeuner ou un goûter gourmand.

Vrachos – *Prenez les escaliers près de la Banque nationale.* Vaste choix de cocktails, et musique reggae, pour la jeunesse locale.

Sports et loisirs

Excursions en bateau – Un bateau se rend à la plage de Glisteri, au nord du bourg *(dép. de 10h à 15h, retours jusqu'à 18h). L'Oceanis* propose aussi un périple *(1-2/j)* dans les îles du Parc national marin. Cher, mais inoubliable.

Achats

Antiquités – **Ploumisti Shop** - *du port, prendre la rue après le kiosque et tourner dans la 1re à droite.* Belle boutique proposant tissus, fenêtres en bois, bijoux.

Événements

La fête du patron de l'île, Ágios Riginos, a lieu le **25 février**, et celle de la Transfiguration du Sauveur, le **6 août**.

NOTES

NOTES

Acropole – Forteresse défensive dominant la cité.
Agora – Lieu où se réunissait l'assemblée des citoyens ; elle concentrait les administrations publiques et accueillait les marchés.
Amphore – Récipient utilisé pour le transport des liquides.
Anachorète – Ermite.
Archonte – Magistrat athénien choisi par tirage au sort et exerçant des fonctions religieuses ; l'archonte éponyme donnait son nom à l'année et en réglait le calendrier.
Aréopage – Assemblée, à Athènes, de citoyens éminents, sorte de tribunal dont le rôle évolua vers celui de gardien des mœurs et de la religion.
Armatoles – Troupes armées composées de Grecs et payées par les Ottomans pour lutter contre les klephtes et qui souvent se livraient elles-mêmes au brigandage.
Basileus – Titre pris par l'empereur de Byzance à partir du 7e s.
Bouleutérion – Sénat.
Bouzouki – Le plus connu des instruments de la musique grecque traditionnelle, sorte de mandoline à long manche.
Brouet noir – Plat traditionnel spartiate : ragoût de porc très relevé au sang, au vinaigre et au sel.
Canon – Idéal esthétique du corps humain défini par le sculpteur Polyclète (5e s. av. J.-C.).
Canthares et **Kylix** – Coupe à boire.
Caryatide – Figure féminine sculptée soutenant un élément architectural.
Cavea – Ensemble des gradins du théâtre antique.
Cella – *Voir Naos.*
Cénobites – Moines réunis en communautés.
Chancel – Sorte de mur de pierre travaillé séparant le chœur du presbyterium dans les églises paléochrétiennes.
Chiton – Tunique courte attachée aux épaules, portée par les Grecs de l'Antiquité.
Chryséléphantine – Sculpture mêlant l'or *(chrissos)* et l'ivoire *(elephas)*.
Clepsydre – Horloge hydraulique.
Cratère – Grand vase à deux anses.
Cyclopéen – Se dit d'un appareil constitué d'énormes blocs de pierre, ajustés entre eux par de gros cailloux. C'est le cas des palais minoens et mycéniens.
Démotique - De *demos*, peuple ; désigne la langue populaire devenue langue officielle en 1974.
Ecclésia – Assemblée des citoyens d'Athènes.
Éraste – Homme d'une trentaine d'années chargé de veiller à la formation d'un adolescent.
Eupatrides – « Gens de bonne race », autrement dit nobles qui dans les cités de la Grèce archaïque contrôlaient le pouvoir.
Gnomon – Cadran solaire.
Gymnase – D'abord réservé aux exercices physiques, le gymnase devint peu à peu l'ensemble d'un établissement voué à l'éducation. *Voir aussi Palestre.*
Gyrovaque – Moine mendiant itinérant.
Hécatombe – Sacrifice au cours duquel on mettait à mort cent animaux.
Héros – Enfant d'un dieu et d'une mortelle (ou d'un mortel et d'une déesse), ce qui en faisait une sorte d'intermédiaire entre les conditions divine et humaine.
Higoumène – Responsable d'une communauté monastique.
Hilote – Esclave à Sparte.
Himation – Ample manteau formé d'une pièce d'étoffe rectangulaire.
Holocauste – Sacrifice au terme duquel la totalité de la viande de l'animal scarifié était brûlée en offrande au dieu et non répartie parmi le peuple.
Hoplite – Fantassin de l'armée grecque.
Icône – Image peinte ou sculptée vénérée par les fidèles orthodoxes. L'iconoclasme, théorie interdisant la vénération des images du Christ et des saints, entraîna la destruction de nombre de représentations du premier art byzantin.
Kastro – Forteresse médiévale.
Katharévoussa – De *khatar*, pur. Grec écrit tentant de restaurer la pureté du grec ancien, opposé au démotique parlé par le peuple. Le khatarévoussa fut la langue officielle jusqu'en 1974.
Keramos – Argile (d'où céramique).
Klephtes – Bandes rebelles réfugiées dans la montagne afin de lutter contre les Turcs.

Koinè – Langue commune de l'époque hellénistique.
Korê (pl. korai) – Sculpture grecque archaïque représentant une jeune fille.
Kouros (pl. kouroi) – Sculpture grecque archaïque représentant un jeune homme nu.
Lavra – Communauté de moines.
Linéaire A puis **B** – Premières formes d'écriture en Grèce. Le linéaire A s'apparente aux pictogrammes. Le linéaire B est une écriture où chaque signe correspond à une syllabe. Il a cédé la place vers 800 av. J.-C. à l'alphabet phénicien, bientôt adapté pour devenir l'alphabet grec que l'on connaît aujourd'hui.
Mégaron – Grande salle palatiale rectangulaire entourée d'un portique et dotée d'un foyer central, caractéristique de l'architecture mycénienne.
Métèque – Étranger à Athènes.
Naos ou **Cella** (latin) – Salle centrale du temple abritant l'effigie du dieu. On y accède par un vestibule, le *pronaos*.
Odéon – Petit théâtre couvert abritant des concerts.
Œnochoé – Cruche.
Omphalos – Nombril du monde : censé se trouver à Delphes, au cœur du sanctuaire d'Apollon.
Opisthodome – Salle du trésor de certains temples.
Orchestra – Espace circulaire d'un théâtre, enserré par les gradins et fermé par la scène, où évoluait le chœur.
Ordres – Dorique, ionique ou corinthien : systèmes de proportion et d'ornementation appliqués aux colonnades d'un temple grec *(voir p. 79)*.
Ostracisme – Mesure de bannissement votée à titre préventif envers certains magistrats.
Pacha – Sous les Ottomans, gouverneur local représentant le sultan.
Palestre – Partie du gymnase réservée aux activités physiques.
Pancrace – Épreuve sportive combinant pugilat (combat avec les poings) et lutte.
Péplos – Tunique féminine retenue à la taille par une ceinture.
Péristyle – Colonnade encadrant un édifice ou une place.
Phanariote – Habitant du Phanar, le quartier grec de Constantinople. Descendants de nobles byzantins, les Phanariotes, longtemps associés à l'administration de l'Empire ottoman, jouèrent un rôle conservateur dans les débats précédant et suivant l'indépendance de la Grèce.
Phiale – Bénitier monumental.
Philhellène – Désigne le mouvement de soutien occidental à la libération du peuple grec.
Propylée – Entrée monumentale d'un palais ou d'un sanctuaire, généralement formée d'une colonnade ouvrant sur un vestibule.
Protepistatis – « Président » de la communauté monastique du mont Áthos.
Pythie – Femme chargée de communiquer les prophéties d'Apollon dans le sanctuaire de Delphes.
Rébétika – Chant populaire empreint de nostalgie.
Retsina – Vin blanc conservé par l'adjonction de résine de pin.
Rython – Récipient en forme de corne ou de tête d'animal.
Sophiste – Enseignant chargé à Athènes de l'enseignement supérieur. Il succède au grammatiste (activités intellectuelles) et au pédotribe (activités physiques) qui s'occupent des jeunes adolescents.
Stade – À l'origine, unité de longueur de 600 pieds, variable selon les régions (192 m à Olympie) ; le mot désigna bientôt les terrains de cette longueur aménagés pour la course à pied.
Stoa – Portique.
Stratège – À Athènes, membre élu pour un an (renouvelable) de l'exécutif.
Stylobate – Soubassement d'une colonnade.
Symposion – Banquet.
Tholos – Temple circulaire.
Trésor – Édifice en forme de temple édifié à Delphes par les cités grecques pour recevoir les offrandes de leurs concitoyens.
Tyran – Leader politique s'appuyant sur le peuple pour exercer un pouvoir solitaire.

Corinthe : villes, curiosités et régions touristiques.
Alexakis, Vassilis : noms historiques et termes faisant l'objet d'une explication.
Les sites isolés (églises, monastères...) sont répertoriés à leur propre nom.

A

INDEX

B

C

D

E

F

I

J

K

L

M

N

O

P

Q – R

S

T

CARTES ET PLANS

CARTES GÉNÉRALES

CARTES THÉMATIQUES

PLANS DE VILLES

PLANS DE SITES ET DE MONUMENTS

CARTES DES CIRCUITS

Manufacture française des pneumatiques Michelin
Société en commandite par actions au capital de 304 000 000 EUR
Place des Carmes-Déchaux - 63000 Clermont-Ferrand (France)
R.C.S. Clermont-Fd B 855 200 507

Compogravure : Nord Compo à Villeneuve-d'Ascq
Impression et brochage : LaTipografica Varese
Dépôt légal 12/2008 – ISSN 0293-9436
Imprimé en Italie 12/2008